한국현대철학사론

한국현대철학사론

세계상실과 자유의 이념

이규성 지음

이화여자대학교출판부

우리는 어린이가 밤을 무서워하듯 두려워하는
무(無)에 대한 어두운 인상을 축출해야 한다.
– A. 쇼펜하우어, 『의지와 표상으로서의 세계』 I

천지와 인간 그리고 만물이 영원히 지속하여 그치지 않는 대도(大道)는
부단히 창조하는 생생의 소통성[生生之通]에 있을 뿐이다.
[天地人物, 常久不息之大道, 惟在生生之通乎]
– 최한기(崔漢綺), 『기측체의氣測體義』

| 들어가는 말 |

이 책을 쓰게 된 것은 오늘날 한국에서의 철학의 상황과 연관된 한 가지 동기가 있었기 때문이다. 해방 후 철학 교육은 동서양 강국들의 이름이 붙어 있는 철학 사조들에 대한 소개를 중심으로 해왔다. 중국철학, 독일철학, 영미철학, 프랑스철학 등은 그 국가들의 어떤 특징적인 것을 갖고 있는 철학에 대한 이름으로 소개되었다. 국가별로 철학을 나누는 방식은 습관적 분류 방식으로 정착되었다. 그러나 그 이름들은 단순한 분류 표식이 아니라, 그 나라 사상들의 다양한 차이들을 제거하고 공통적 의미로 희석된 평균치를 의미하거나, 또는 주류라고 인정되거나 소문난 그 나라 다수자들이나 어떤 특정인의 철학을 의미하는 것이었다. 지적 오류의 원천인 거친 일반화와 풍문이 철학에 입문하는 하나의 유력한 인도자가 되었다. 그리고 그 분류 방식은 대부분의 유명한 이름들처럼 어떤 분위기를 전달하는 성격을 갖고 있었다. 후진국이라고 알려진 나라의 이름이 그 문화적 후진성을 경시해도 좋다는 의미까지 전달하는 심리적 이미지와 함께 통용되듯이, 강대국의 이름은 어떤 우월한 가치를 갖는 위세의 이미지와 함께 전달되었다. 그러한 심리적 후광은 그 나라의 주류라고 알려진 철학의 역사적 배경과 이론적 전제에 대한 객관적 검토를 방해했다. 이러한 여건은 한국인으로 하여금 철학적 문제를 언제나 외재적 권위를 가지고 밖에서 들어오는 것으로 인식하게 했다. 철학들이 갖는 자민족 중심적인 편견까지 의심 없는 주제가 되어, 그것에 맹목적으로 기대는 소외적 자세가 학계를 지배했다.

자연과학보다는 상대적으로 문화적 배경과 개인사적 경험이 반영되는 것이 철학이라 한다면, 그것에 대한 객관적 검토와 설명의 부재는 그것과 함께 오는 문화까지도 무비판적으로 수용하게 한다. 이러한 상황은 수동성이 주는 자괴심을 야기하여 학문의 주체적 수용과 발전 방안에 대한 연구자 자신의 반성을 촉구하는 계기가 되기도 했다. 그 문제에 대한 학술 토론회도 종종 있어왔다. 그러나 우리의 창조적 철학에 대한 희망은 형식적 방법에 대한 모색 이외에 별로 실질적 효과를 보지 못했다. 철학의 문제 제기와 해결 방법은 여전히 외부에서 주어지고, 연구자들은 그것을 학습하는 학생의 입장을 면치 못했다.

이러한 지적 수동성은 외래의 학술이 사실상 그들 나라의 많은 학자들의 기초적 연구의 토대 위에서 나온 것임에도, 갑자기 어느 천재가 나와 새로운 철학을 만들어낸 것처럼 인식하게 만들었다. 그들에 대한 신비화를 통해 자기를 주장하는 습성은 한국철학사에 대한 연구를 시대에 맞지 않는 골동품 수집증이 있는 사람들이나 하는 것으로 여기게 되어, 19세기 말 이후 근 백 년간의 사상적 흐름에 대한 관심을 갖지 못하게 했다. 이 시기의 사상에 대한 무관심은, 해방 후 미군정 학무국의 서울 국립대안(國立大案)이 보여주듯 타율적 학제를 통한 자율적 사고의 폐쇄, 그 후 전쟁으로 인한 파괴와 원조 경제가 주는 문화적 열등의식, 미소 냉전의 상황이 준 냉전적 사고의 유포에도 원인이 있을 것이다. 특히 냉전적 사고는 권력에 대한 금기의식을 조장했다. 이 상황에서 구자유주의 철학이나 위험성 없는 독일 관념론 철학이 현실성 없는 유령언어 게임처럼 유포되었다. 백여 년의 사상사를 공백으로 만들며 들어온 철학적 개념어는 생동하는 문맥을 상실하고 있었다. 그것은 새로운 개념을 창조하는 계기를 갖지 못한 유행어가 되기 일쑤였다. 그 언어들은 교환을 위한 사용가치를 갖지 못한 것은 물론이고, 사물의 진상을 규명하여 새로운 삶의 양식을 지향하게 하는 창조적 가치를 갖지 못했다.

또한 동양 전통철학에 대한 연구는 현대의 문제를 직접 대면하여 문제를 제기하고 해결하려는 적극적 개입보다는 동양적 가치의 부재를 탄식하거나 고전의 아름다움에 도취해 있게 되었다. 이에 따라 현재의 한국 사회가 갖고 있는 여러 문제들은 서양철학 전공자들이 다룰 수 있는 것으로 되었으나, 그들 또한 한국의 상황 속에서 문제를 제기하고 풀 수 있는 이론적 개념들을 자주적으로 구사할 수 있는 처지에 있지 못했다. 부도난 어음과 같은 공허한 언어를 주체적으로 쓸 수 있는 방법은 없었다.

이러한 문화적 곤경은 한국에서 철학을 하는 사람들에게는 거의 공통된 문제로 의식되어온 것이다. 박종홍(朴鍾鴻, 1903~1976)이 '우리의 철학'을 창조하는 문제로 고심한 이래 이러한 고민은 여전히 지속되고 있다. 그러나 21세기에 이르러 한국은 타국의 사상들에 대한 맹목적 추종이나 소개를 벗어날 수 있는 문화적 여건을 갖게 되었으며, 세계의 문제까지도 우리의 문제로 삼는 보편적 주체성을 가지려는 의욕을 품게 되었다. 이러한 변화는 기술 문명이 갖는 양면성에 대해 폭넓은 시야를 갖게 된 것에도 한 원인이 있을 것이다. 기술 과학이 주는 생태적 위기와 어두운 미래상은 인류사와 기존의 철학들에 대한 반성을 촉진했다. 다른 한편 그것이 주는 우주에 대한 광범위한 시야는 우주에서의 인간의 위치와 개인들의 진정한 유대에 대한 철학적 관심을 촉진하고 있다. 개인들의 소통적 유대와 자주적 가치에 대한 자각은, 인간관계의 사물화에 저항하여, 인간의 자기 가치에 대한 긍정의 요구를 통해 드러나고 있다.

자본주의의 국제화는 크고 작은 전쟁과 분쟁을 만들면서 지구를 하나로 묶어 냈다. 1920년대에 이돈화(李敦化, 1884~?)는 자본주의가 운송 통신의 발달로 전 세계를 하나의 통일체로 만들어, '자본본위(資本本位)'의 인간소외를 인류 전체의 문제로 만들었다고 선언했다. 그러나 그가 그의 시대를 세계개조에 대해 인류가 자각해가는 시대로도 본 것과는 달리, 오늘날 인종주의적 분쟁과 초강대국의 전투력은 날로 강화되어 분열과 전쟁의 위협이 전 지구적 근심거리가 되고 있다. 삶의 공간은 확장되었지만 이윤의 기획 아래 구획지워지고, 약탈과 소비의 공간으로 비좁아지고 있다. 한국은 농촌과 도시의 균형을 강도 높게 파괴하고, 세계 최고의 도시화 비율을 갖고 있다. 정신적 가치의 측면에서 보면 자본주의적 도시화는 생명의 자발성을 파괴하여 고결한 가치를 사회적 실천으로 표현하는 것을 막는다. 정신적 윤리의 사회적 실현에도 고심했던 비트겐슈타인(Ludwig Wittgenstein, 1889～1951)은 세기말 자본주의의 묵시록적 분위기를 '이 시대의 암흑' (Die Finsternis dieser Zeit, 『탐구』「서문」)이라고 기술했다.

철학이 시대의 어둠을 말하는 것은 시대가 중대한 결단을 통해 전환하지 않으면 가망이 없음을 알고 있다는 뜻이다. 새로운 개념의 창조와 함께 새로운 삶의 양식의 창조는 시대의 요구가 되었다. 20세기 초 아시아는 서구적 가치와 함께 전통적 가치를 새로이 음미하여 신문화를 건설해야 하는 상황에 있었다. 전통과 서구적 가치의 창조적 전승이라는 문제는 오늘의 우리에게도 여전히 주요 과제로 남아 있다. 러셀(Bertrand Russell, 1872～1970)이 기술 문명은 수용할 수밖에 없지만, 기계론적 서양철학을 맹신해서는 안 된다고 아시아인들에게 권고한 것은 오늘날에도 생생하다. 이제 한국 청년들은 주체적 수용의 문제에 대한 이론적 성찰을 하고자 고심하고 있으며, 인류의 보편적 가치에 대한 관심을 점차 높여가고 있다. 장자(莊子)가 종족문화의 특수성을 옹호하는 것에 대해 '지인무친(至仁無親, 최상의 仁은 부모가 없다)'의 가치를 주장했을 때, 그것은 지인(至仁)을 인류 보편적 가치이자 진정한 인간성으로 옹호하는 것이었다. 헬레니즘이 세계 인류의 자유와 보편적인 인도주의 가치를 후마니타스(Humanitas)로 주장한 것은 오늘날에는 실로 진실한 의의로 다가 오고 있다.

그러나 이러한 추상적 인권도 동서양 현대사가 증시하듯 식민지 조선인이나 아랍인, 무국적 유대인에게는 배제되는 것이었다. 자신의 독자적 공동체를 상실한 백성은 헌병 통치나 파시즘 앞에 정치적 평등에 대한 말조차 꺼낼 수 없었다. 제국주의와 파시즘은 인간을 산업적 공정을 통과하여 생산되는 원료로 간주하며, 급기야 인간은 시체로 제조되는 공산품이 되었던 것이다. 이 점에서 초기 한국 현대철학이 민족 자주의 문제에 예민했던 것은 충분히 이해될 수 있다. 또한 추상적인 평등한 인권은 자주적 공동체를 통해서만 공론의 장으로 나올 수 있다는 것도 하나의 역사적 교훈이 될 수 있을 것이다. 일부 근대 지식인들은 근대화나 보편적 인권론을 통해 세계화에 순응하여 자신의 민족 정체성을 벗어버릴 수 있다고 생각했지만, 조선인, 아랍인, 유대인, 원주민이라는 딱지는 그러한 국제적 순응이 자신의 생존 수단이 되었을 뿐 허상에 불과하다는 것을 입증할 뿐이었다.

세계화는 인종주의적 분열 및 전쟁과 분리될 수 없었다. 이러한 인류의 한계상황을 이해하면 현대 한국철학이 민족과 민권의 문제를 분리시키지 않고 상호 필수적인 보완관계로 본 것은 오늘의 상황에서도 희석될 수 없는 의미를 갖는다고 하겠다. 그리고 그러한 한계상황은 초기 현대 한국철학으로 하여금 노예 상태에서의 동물적 생명 유지를 비인간적 비겁성으로 인식하게 했으며, 우주적 통찰에서 오는 자유의 개념에 죽음의 문제를 연결시키게 했다. 죽음에 대한 승리를 통해서 알게 된 자유와 인간성은 실현되는 것이었다.

이러한 맥락에서 철학 공백기로 간주되었던 20세기 한국 현대철학사를 연구하여 그 사상과 실천의 의미를 음미해보는 것은 창조적 철학의 가능성뿐만 아니라 진정한 인간적 가치를 실현하는 데에도 도움이 될 것이다. 일반적으로 한국철학사 강의는 언제나 19세기 말에서 끝나고 그 이후의 철학에 대해서는 말할 수 없었다. 그러나 20세기 한국철학은 실로 견디기 힘든 역사적 현실에 대해 고뇌하고, 자기 나름의 개념들을 가지고 논설을 폈으며, 생명과 재산을 희생하고 민족과 인류애에 헌신했다. 그들의 언어와 문체는 오늘의 학자들처럼 논문 형태의 논증을 구성한 것은 아니었다. 그러나 그 언어들은 생의 고뇌에서 오는 심원한 의미를 담고 있었으며, 투박한 개념들을 구사하지만, 그 애매성은 폭 넓고 깊은 의미들을 함축하고 있었다. 그들의 개념은 명백한 의미를 갖는 산술적 정보가 아니다. 그들의 개념은 영혼의 진동과 생의 곤경을 담고 있다. 그들의 단편적 논설은 생과 사유의 정점을 축약한 것이었다. 심오한 의미와 명백한 정보는 반비례한다. 정보에서는 의미의 명확성이 증가할수록 심원한 의미가 감소한다. 철학의 핵심이 사유의 정제된 최고 봉우리를 전달하는 것이라면, 형식적 체계화로 인해 긴장을 상실한 철학은 핵심을 이탈했다고도 볼 수 있다.

서구 근대 인식론은 과학적 인식의 타당성을 문제 삼거나 그것을 정당화하는 방향에서 움직여왔다. 과학을 선호한 계몽주의적 인생관은 과학적 생산력의 발전과 산업 자본주의에서 자신의 자의식을 확인하고자 했다. 이러한 전통은 20세기까지 이어져 과학적 철학은 과학들에 대한 메타 과학적 반성에 의거한 통일적 보편과학을 지향하거나 확실성을 지식의 기준으로 하는 태도를 견지했다. 이러한 사고를 철학의 유일한 본성이라고 자부하는 태도는 논리적 난점을 갖고 있었다. 서양 현대철학 스스로가 메타 학문, 혹은 정당화로서의 학문이 정당화 불가능한 전제를 한없이 전제해야 하는 무한후진의 부조리를 갖기에 확실성의 철학이 불가능하다는 선언을 하기까지 보편과학으로서의 철학은 한국에서 유행했다. 그러나 인식론적 정당성과 확실성을 찾는 철학은 기껏해야 또 하나의 의심스러운 신화를 만들어내는 것이 아니냐는 회의를 낳을 수 있었다. 확실성의 철학은 언제나 증명해야 할 전제를 말하는 선결문제 해결의 오류에 빠지게 되는 것이다. 초월적 입장에서 논증을 구성하는 것에 의해 권위를 차지하는 방법은 철학이 무서운 권력의 학문이라는 이미지를 갖게 했다. 그러나 논리적으로 궁극의 근거를 찾아 우주를 견고한 반석 위에 올리려는 철학은 근거 부재로부터 오는 허무공포증에 쫓기는 지성의 허약성을 보여줄 뿐이었다.

이러한 지성은 불교가 번뇌의 원천으로 보았던, 불변하는 파괴 불가능한 실재를 존재로 상정하고 그와 정반대의 극에 있다고 가정된 무(無) 사이에 우주를 끼워넣는 서양 전통 형이상학에서 키워져왔다. 우주는 존재와 무 사이에서 무의 위협 아래 있으며, 철학은 존재의 자기 동일성을 파괴하는 그래서 모순과 역설을 야기하는 무를 회피함으로써 생의 불안을 이기려는 지적 안보 이데올로기로 기능해야 했다. 한낱 논리적 장치에 불과한 불파(不破)의 자기 동일자를 전제로 현상세계를 구원하려는 철학은 근대과학적 세계상에서 예측 가능하고 확실한 법칙에 대한 신뢰를 통해 근대적 형태로 다시 등장했다. 이러한 신념은 현상에 대한 법칙적 통제 방법을 조작해냄으로써 그 실용성을 입증했다. 예측 가능한 법칙의 엄밀성을 말하는 방법을 발명한 서양 근대과학과 과학적 세계관들은 불안을 피하고 견고한 토대를 추구하는 전통 형이상학의 태도와 사실상 같은 뿌리에서 온 것이며, 그것의 세속화된 표현이라고 할 수 있을 것이다. 과학과 형이상학 이 양자가 추구했던 확실성의 갈망은 서로 비판적 관계에 있으면서도 동일한 불안을 숨기고 있다.

그러나 이러한 지성 사용방식은 변화될 수 있다. 지성은 불변의 초월적 원리를 마련하는 데에서 출발하지 않고, 사물의 생성과 구체적 상황들이 안고 있는 문제들에 개입한다. 지성의 이러한 운동은 그 초월적 사용으로부터 내재적 사용으로 전환하는 활동이다. 이러한 생동하는 지성은 지적 상황이나 시대가 갖는 모순을 발견하고 이를 해결하고자 하는 노력과 함께 갈 수 있다. 이성의 진정한 기능이 사물의 모순을 발견하고 이를 극복하려는 노력과 의지라면, 이성은 이론적이거나 실천적인 구체적 상황을 저버리지 못한다. 철학은 현상세계에 대한 논리적 구원이라는 무서운 권위의 학문으로부터 벗어나 모순의 세계로 뛰어드는 위험하면서도 창조적인 모험의 학문으로 변형될 수 있을 것이다. 여기에서 철학은 자신의 사유의 근원인 삶의 세계, 즉 현실로 돌아가 잃어버렸던 역동성과 생기를 얻을 수 있을 것이다.

이 책에서 다룬 한국 현대철학은 세계의 변화가 주는 생명의 위기, 그리고 착취와 억압이 주는 고난 속에서 탄생한 것이다. 위기와 고난은 이전의 친숙한 세계의 상실감으로 집약되며, 세계상실은 상실한 사람의 인격도 분열시켰다. 세계상실의 경험은 세계의 회복과 인격의 고결성을 사상의 핵심으로 정립하게 했다. 세계가 인간화되지 않는다면 세계는 나의 것이 아니다. 세태의 힘에 의해 분열된 인격은 나의 통일된 고결성이 아니라 둔감한 속물성이 되거나 불행한 의식이 된다. 고결성은 세계극복과 함께 도덕적 실천을 요구했다. 동시에 이 실천은 사회적 실천의 성격을 갖게 되었다. 이러한 문제의식은 강도 높은 것이었다. 그리고 이러한 여러 문제 상황이 주는 고통과 소외는 그들로 하여금 진실로 체득된 주체적인 진리를 진리로 이해하게 했다. 그 진리는 고통의 심화에서 얻게 된 인류애와 대도(大道)로 표현된 우주에 대한 사랑을 바탕으로 했으며, 그 진리는 행동을 통해 표현되어야 했다. 진리의 근거는 현대에서 의심받게 된 수학적 확실성을 확보하는 것에 있기보다는 주체적 진실성에 있었다. 현대 한국철학을 통해 우리는 고뇌하는 인생이 도달한 자유의 높이와 구체적 실천의 깊이를 이해할 수 있을 것이다.

***

이 책이 나올 수 있었던 것은 편집인 정경임, 이정원 선생의 노력과 교정인 민경연, 인현정, 성유진의 헌신 때문이었다. 그리고 글 전체에 대해 조언한 안상원(安相垣) 교수(영화미학)와 김선희 교수(철학), 강지연 교수(철학), 체제와 문체에 대해 조언한 심재원 교수(철학)와 김시천 교수(철학)의 도움이 있었기 때문이다. 또한 김경희 교수(철학)의 자료 수집에 고마움을 표한다. 안상원 교수는 여러 이론적 문제도 제기했는데, 그 가운데 내면적인 형이상학적 통찰과 외적인 사회변형의 합일, 즉 내외합일의 도[內外合一之道]가 어떻게 가능한가라는 의문은 이 책의 핵심에 닿는 문제이기도 했다. 이에 대해 필자는 두 영역을 연결하는 결정적 원리가 없기에 응답을 망설일 수밖에 없었다. 만일 절대적 관념론을 옹호한다면 절대정신의 자기실현이라는 말로 대답할 수 있었을 것이다. 그러나 사물의 다차원적 성격은 각 차원에 적합한 원리들의 다양성을 존중하고, 그것들을 내외합일의 이념 아래 수용하는 관인(寬仁)의 도덕을 요구한다. 바로 그 이념에 대한 해석의 차이들이 현대 한국철학사를 다양하게 전개하는 추진력이었다. 필자는 다만 생성철학의 입장에서 생명 원리에 대한 내적 성찰은 자신의 생기로운 소통적 연대성을 바탕으로 자연과학과 대화하고, 역사적 사회에 실천적으로 개입하려는 심적 충동을 갖는다고 생각했다. 내외합일의 이념은 이론적으로나 실천적으로 단번에 완성되는 것이 아니라 부단한 갈등과 노력, 저항을 통해 채워져가는, 그래서 언제나 비어 있게 되는 이념이다. 하지만 동시에 새로운 삶의 양식을 형성하게 하는 구성의 원리이기도 하다. 이 문제는 이 책의 3부 2, 3장에서 더 상세히 논의될 것이다.

이 책은 철학계의 상황을 개선하는 방향을 갖고 있기도 하기 때문에, 일반 독자에게 낯선 내용일지라도 전문적인 철학적 문제들에 대한 논의를 피할 수 없었다. 그러나 그러한 논의들은 비전공자라 하더라도 철학을 연구하려는 사람에게는 흥미로울 수 있을 것이다. 「서론」은 각 사상들을 압축적으로 요약하는 가운데 필자의 관점을 추상적으로 말하고 있기 때문에 다소 어려운 인상을 줄 수 있다. 필자의 동기와 입장은 3부 3장과 「결론」에 잘 나와 있다. 각 사상들에 대한 세부적 논의에 관심을 가질 여유가 없다면 그 부분들을 먼저 읽는 것이 전체를 이해하는 데에 도움이 될 것이다.

***

이 책이 다룬 주요 인물들은 다음 열여섯 명이다. 수운 최제우(水雲 崔濟愚), 해월 최시형(海月 崔時亨), 야뢰 이돈화(夜雷 李敦化), 김기전(金起瀍), 홍암 나철(弘巖 羅喆), 해학 이기(海鶴 李沂), 백포 서일(白圃 徐一), 단재 신채호(丹齋 申采浩), 우당 이회영(友堂 李會榮), 영재 이건창(寧齋 李建昌), 백암 박은식(白巖 朴殷植), 서우 전병훈(曙宇 全秉薰), 열암 박종홍(烈巖 朴鍾鴻), 함석헌(咸錫憲), 신남철(申南澈), 박치우(朴致祐)이다.

간략하지만 맥락상 중요하게 다룬 인물은 담헌 홍대용(湛軒 洪大容), 혜강 최한기(惠岡 崔漢綺), 경재 이건승(耕齋 李建昇), 난곡 이건방(蘭谷 李建芳), 만해 한용운(萬海 韓龍雲) 등이다. 특히 홍대용과 최한기는 과학과 생성철학의 연관을 논했는데, 이러한 연관성은 서구의 베르그송과 라이프니츠에서도 중요한 과제로 설정되어 있었다. 이 맥락으로 3부에서 1970년대 이후 전개되는 사회상황의 특징을 논하고, 베르그송과 라이프니츠의 생성론적 세계관을 현대과학 및 동양철학과 연관지어 비교적 상세히 논했다.

이 가운데 최시형, 함석헌, 신남철에 관한 글은 기존 논문을 수정 · 증대하여 실었다. 최시형은 「최시형에서의 표현과 시간」(「한국학 논총」 v. 39, 2005)의 일부 오류를 수정한 후 논의를 확대했다. 함석헌은 「심정과 자유의 철학」(「시대와 철학」 v. 17, 2006), 신남철은 「한국 급진철학에서의 생의 감정과 전환」(「시대와 철학」 v. 22, 2010)을 수정 · 확대해 실었다.

차례

3부 **현실**과 **전망** 757

서문

성실성(誠實性)과 충실성(充實性)

19세기 말 은둔의 나라로 알려진 조선은 이전에 없었던 역사적 상황에 맞닥뜨리게 되었다. 조선은 위급한 국제 정세 속에서 나라와 그 구성원들의 자주성을 스스로 형성해야 하는 과제를 안고 있었다. 유럽에서는 제1차 세계대전을 목전에 두고 있었으며, 세기말의 분위기와 사회개조의 희망이 공존하고 있었다. 근대과학과 국가제도의 어두운 충동을 읽어낸 사람들은 유럽 문명의 허무주의를 논했으며, 이에 둔감한 사람들은 과학의 논리와 감각적 경험을 기술 산업사회인 이 세상에 매달려 살 수 있게 하는 마지막 연결 고리로 삼고 있었다. 과학적 인식의 다양하고 무궁한 발전 가능성에 대한 자부심과 비관적 전망이 이토록 혼재했던 시대도 일찍이 없었다. 유럽은 근대과학을 넘어서는 제2차 과학혁명을 앞두고 있었으며, 과학적 생산력을 갖춘 자본주의는 군사적 국제 자본주의로 확장되어갔다. 희망과 어두움이 교차하는 이 조류가 현대 한국철학이 극복해야 하는 상황이 되었다. 전통적 삶의 방식을 보장했던 세계상은 사라졌으며, 혁명과 이데올로기가 범람했다. 이 시대에 한국철학은 이러한 세계사적 상황이 주는 불안 속에서 그 극복 가능성을 둘러싼 문제를 해결해야 했다.

동학혁명과 러시아 볼셰비즘 혁명에 이어 1919년 3·1 운동이 일어났다. 이 운동이 보여준 광범위한 연대를 통한 자유의 외침은 한국 민족주의자와 마르크스주의자에게 뚜렷한 기억으로 남았다. 그것은 노예 상태로부터의 자유 없이는 그 누구도 창조적 활동의 포부를 실현할 수 없다는 진실을 환기시켰다. 3·1 운동의 정신은 인도의 비폭력 독립운동과 중국의 5·4 신문화운동에 영향을 주었으며, 4·19 혁명에서 다시 나타나 억압이 한갓 허상임을 보여주는 이념적 실재가 되었다. 5·4 운동의 상징적 인물이었던 진독수(陳獨秀, 1879~1942)는 「조선 독립운동의 감상」(『每周評論』, 1919년 3월 22일)에서 "위대, 간절, 비장한" 3·1 운동은 "명료하고 정확한 관념을 갖고서 민의(民意)를 쓰고 무력을 사용하지 않았으니 세계 혁명사의 신기원을 열었다."고 감격하고, 조선의 학생과 종교계의 '자유' 해방운동을 높이 평가하면서 저항하지 않는 중국의 '치욕'을 지적했다.[1] 20세기 초 조선의 해방운동이 명료하게 제시한 반제 반봉건(反帝 反封建)과 민주주의가 당대의 시대정신으로 자리 잡게 되었다.

동학 계열의 사상가들은 1920년대 『개벽開闢』을 통해 신문화운동을 전개했다. 이때 그들의 운동에 한 영향을 주었던 신칸트주의 사조는 과학의 논리와 인문적 가치를 조화시키는 문화운동을 통해 혁명을 우회하여 새로운 삶의 양식을 건설할 수 있다는 전망을 주었다. 독일과 비엔나에 영향력을 행사했던 이 사조는 문화운동이 좌절되자 실존주의와 논리 실증주의로 분열되었다. 1940년대 이후 한국 청년들은 변증법적 사조와 함께 바로 이 두 가지 사조를 만나게 된다.[2] 이 사상의 분열은 전공별 인적

1 陳獨秀, 「朝鮮獨立運動之感想」, 『獨秀文存』, 亞東圖書館出版, 1933, 607-608쪽.

2 하이데거의 실존주의와 논리 실증주의의 대립은 마르부르크(Marburg) 학파와 서남 학파를 아우르는 신칸트주의의 분열에서 발단된다. 신칸트주의는 구성원 사이의 편차는 있으나 수학과 물리학의 수리 논리적 형식을, 감성계를 초월하는 지성의 최고 발전 단계로 간주하고, 예술 종교 등 여타의 문화적 가치를 포용하여 균형 있는 가치 체계를 수립하고자 했다. 하이데거는 서남 학파인 리케르트(Heinrich Rickert)의 문하에 있었으며, 논리 실증주의자인 카르납(Rudolf Carnap)은 마르부르크 학파인 카시러(Ernst

구성 방식을 결정했으며, 철학도들의 심리적 분열의 원인으로도 작용했다.

이러한 일련의 과정은 유럽 문명이 군사적 자본주의로 발전해가는 세계화 운동과 분리될 수 없었다. 유럽 문명은 아시아를 위협하여 중국과 조선을 국제적 생존의 위기로 몰아넣었으며, 생존의 위기감은 자주성과 자존심의 위기로 이어졌다. 이러한 위기는 전통 산업과 생활 방식 및 사상을 혁신해야 한다는 반성의 계기가 되었다. 아시아에서 가장 먼저 근대화한 일본은 중국과 러시아와의 전쟁을 통해 과학과 산업, 근대적 관료제의 위력을 보여주었다. 이 제국주의 노선은 서구 근대과학 문명을 선취하여 아시아를 선도한다는, 인종차별적이고 군사적인 성격을 갖고 있었다. 중국은 일본과 유럽 제국들의 침략과 위협 아래에서 혁명전쟁을 목전에 두고 있었다. 그러나 이러한 국제적 상황 속에서 한국이 전면적 식민지라는 불운을 겪게 된 데에는 국내의 역사적 원인도 작용했다.

조선 후기는 이른바 삼정(전정(田政), 군정(軍政), 환곡(還穀)의 수취 체제)의 문란으로 허약해지고 있었다. 조선의 특권층은 소수 계몽 관료와 지식인을 제외하고는 노론(老論)이라는 하나의 파벌이 정치 · 경제 ·

Cassirer)와 바우흐(Bruno Bauch)의 문하생이었다. 하이데거와 카르납은 정치적 이념에서 급진주의적이었으나, 하이데거는 국가사회주의자가 되고 카르납은 마르크스주의자가 되었다. 카르납은 자신의 과학적 세계관이 마르크스의 보편적 국제주의와 부합한다고 생각했다. 그러나 이 분열은 정치적 이념으로부터 온 것만은 아니었다. 프리드만(Michael Friedman)의 『길들의 갈림, 카르납, 카시러, 그리고 하이데거*A Parting of the Ways, Carnap, Cassirer, and Heidegger*』(Open Court, 2000, pp.129-159)에 의하면, 양쪽의 대립과 상호 이해의 전적인 결여는 엄밀한 과학의 객관적 타당성을 보장하는 형식논리에 의존할 것인지, 아니면 객관적 타당성의 이상을 포기할 것인지의 딜레마를 가져왔다. 이러한 사정의 결정적 원인은 1933년 국가사회주의의 권력 장악과 이로 인해 카시러와 카르납을 포함한 수리 논리적 형식주의자들이 행한 미국 이주였다. 해방 후 한국 대학의 철학 교과 구성은 이러한 분열적 상황을 그대로 반영한 것이었으며, 그 문화사적 연원에 대해서는 논구된 적이 없었다. 이와 같은 역사적 연구의 결여로 한국철학은 서양철학 텍스트에 있는 원저자의 연구를 답습하는 것을 자신의 논리적 연구로 오해하게 되었으며, 자신이 어디에서 무엇을 하고 있는지에 대한 비판적이고도 반성적인 인식을 할 수 없었다.

군사의 모든 권한을 독점했다. 그들은 군주를 능멸하는 권세를 휘둘렀지만, 정작 외국 세력이 자신들을 유린하는 상황에 대해서는 속수무책이었다. 고위 관료들 중 실세의 일부는 근대화를 위해 강대국의 야심과 협력해야 한다는 근대주의 노선을 취하여, 1896년 갑오개혁 시기에 조선의 조세권을 담보로 차관을 얻어 개혁을 시도하기도 했다. 조선의 귀족제적 군주정은 귀족 세력과 대등한 위치로 성장한 상업 부르주아 세력에 힘입어 귀족을 억압할 수 있는 정치력을 지니는 서구의 절대왕정 체제와는 달랐다. 조선의 군주는 개혁을 하고자 해도 귀족 특권층의 세력을 억압하고 개혁의지를 실행할 실질적 권력이 이미 없었다.

또한 기존의 주자학적 이학(理學)을 통해 지배층이 된 사람들이 이학이 본래 지니고 있던 현실 개혁의지를 상실하자, 이학적 개념들은 구체적 의미를 상실한 공허한 수사가 되었다. 이미 18세기에 담헌 홍대용(湛軒 洪大容, 1731~1783)이 지적했듯, "학자들은 입만 열면 성선(性善)을 말하고 말만 하면 반드시 정자(程子), 주자(朱子)를 일컬으나, 재주가 높은 자는 훈고에 빠지고 지혜가 낮은 자는 명예와 이욕에 떨어지고 있었다." (『湛軒書』 1, 「贈周道以序文」). 시대의 모순을 발견하지 못하는 권력의 철학이 자신을 명리(名利) 세력의 비호 아래에 두는 상황은 조선 말까지 이어졌다. 나라의 주권을 상실하자 초야의 선비들은 위기의 왕조를 구하기 위해 군사적 저항을 했다. 전통적 가치관에 머문 선비들은 왕을 위해 군사를 일으킨다는 근왕주의(勤王主義) 관념에 따라 저항했으며, 일부 무관들은 의병운동의 경험을 통해 개명 선비들과 함께 자신의 계급을 넘어서 평민주의자가 되었다. 그들 중 일부는 무정부주의자나 사회주의자로 변화했다. 이러한 새로운 상황의 형성에는 조선 후기 실권 세력의 부패와 무능도 한 원인으로 작용했다. 실세 지배층은 서세동점(西勢東漸)의 조류 앞에서 자주적 근대화를 이끌어내는 데에 실패했고 다급한 생존을 위한 근대주의에 매몰되어 외세에 흔들릴 수밖에 없었다.

19세기 중반 이후 실천적 학술에 대한 소수 개혁 지식인의 관심이 고조되어갔지만, 조선 후기의 모순된 사회적 조건을 문제 삼고 해결해야 하는 책임은 공식 책임자가 아니었던 백성들에게 돌아갔다. 이러한 상황은 중국의 임칙서(林則徐, 1785~1850)가 영국과의 아편전쟁(1840~1842)에 패하자 동아시아의 불안이 고조되어가면서, 이미 최제우(崔濟愚, 1824~1864), 최시형(崔時亨, 1827~1898)과 같은 빈한한 유랑 지식인들에 의해 '世界의 不安'으로 감지된다. 이제 서민적 지성이 시대의 조류에 맞서 자신들의 주체적 자각에 의거, 백성과 나라의 자주성을 고민하고 확립해야 하는 시대가 열린 것이다.

곧 이어 빈한한 선비 출신인 해학 이기(海鶴 李沂, 1848~1909)와 같은 지식인들은 '민권(民權)'과 '공익(公益)'의 우선성과 '입헌공화제'의 이상을 가지고 구국 계몽사상을 주장했다. 개혁운동이 실패하자 그와 홍암 나철(弘巖 羅喆, 1863~1906) 및 역사 편찬 책임자이자 고위 관료였던 김교헌(金敎獻, 1868~1923)과 같은 인물은 새로운 종교철학적 세계관에 의거하여 교육과 독립운동에 헌신했다. 그들과 함께했던 경성사범(鏡城師範) 출신의 백포 서일(白圃 徐一, 1881~1921)은 그들이 재건한 대종교(大倧敎) 세계관을 체계화하는 한편, 대한 독립군 총재가 되어 무장 항쟁을 벌인다. 1920년 『개벽開闢』을 창간한 이돈화(李敦化, 1884~?)와 김기전(金起瀍, 1894~?)은 인간을 위에서 누르는 초월적 관념과 실재를 부정하고, '대지(大地)'의 생성철학을 바탕으로 문화운동을 통해 계급 문제, 인종 문제, 여성 문제, 아동 문제를 해결하고자 했다. 동학교도였던 방정환이 이끄는 색동회는 어린이라는 용어와 함께 어린이 문화운동을 미래 조선의 희망으로 전개했다.

이들 모두는 백성의 도탄(塗炭)으로부터 벗어나는 철학을 창안했다. 그들이 추구한 자유의 주체성은 안으로는 자연에 관한 생기론적(生氣論的) 사상으로 자신을 변형하고, 밖으로는 오욕의 역사를 자유가 실현된 진정한 현실성으로 전환하는 실천성을 갖추고 있었다. 시대의 고통은 내면의 심층을 탐구하는 깊이의 심성철학을 낳았으며, 외부세계를 변형하는 희망의 역사철학을 낳았다. 그들은 억압으로 다가왔던 역사의 무게를 무한자와의 내적 관계에서 경험되는 영원성의 체현을 통해 극복하고자 했다.

이러한 심층적 경험은 그들을 대담한 자유의 주체로 거듭나게 했다.

이 주체는 세계극복의 주체로서 생사여탈의 권한을 자기 내부에 지니고서, 수많은 우울을 떨쳐버리고 기쁨을 추구하는 인격이었다. 속박으로 다가온 현실의 역사가 자유의 사상을 자극했지만, 이제 오히려 사상이 현실을 지배해야 했다. 역사적 현실은 자유가 실현되는 현실성으로 전환되어야 했다. 인간이 하늘을 우러러 은하수를 명상한 이래 만인의 머리 위에 자유의 사상이 서리어 있다는 사상 중의 사상이 서민적 지성을 통해 비로소 최초로 선언되고 행동으로 표출되었다. 그리고 그것이 역사의 진정한 가능성으로 계시되었다. 최제우는 위로는 하늘의 운행을 보고 아래로는 역사의 가능성을 보았다. 사상과 자유를 예감하게 하는 성운(星雲)은 자신의 궤도를 한 바퀴 돌아 제자리로 돌아올 때 사상이 세계에 실현된다는 우주적 희망의 상징이 되었다. 도래하는 시대는 우주와 인간, 인간과 인간의 분열이 해소된 만인의 세계로 회복될 것이라 기대했다.

동학의 '무한한 대도[無極大道]'와 나철(羅喆)의 '위대한 영혼 대도(大道, 한얼)'는 역사적 사회가 가하는 잔혹한 억압이 훼손할 수 없는 궁극의 방어선이었다. 동시에 시대적 고통에 의해서 자각된 인간성이었다. 친근했던 세계가 밀어낸 정신은 대도를 열망하게 되었다. 이러한 주체는 유(有)의 극치에서 만나는 드넓은 태허(太虛)인 무한자(無限者)를 사유한다. 인간 내면의 광활한 공간에서 경험되는 광대한 무(無)로부터 창조적 생기(生氣)가 생기(生起)한다. 이에 대한 성찰이 그들을 자유의 주체로 형성하고 실천의 길로 나아가게 했다. 실천은 무(無)로부터 다시 세상의 유(有)로 돌아오는 회귀적 행동이다. 무로부터 존재로 나가는 이 마음의 기술[心術]은 자유에 대한 통찰[知]과 그것을 현실화하는 행동[行]을 합일하는 기술이었다. 이 기술을 평등한 유대와 개인의 독립 그리고 자유가 공존하는 '개벽(開闢)'과 '광복(光復)'의 이상이 이끌어갔다.

무한자에 맞닿아 있는 절대적 자아는 어두운 현실 속에서 희망을 가진 미래 의식으로 나타났다. 이 희망은 저항으로 나아갔다. 제국주의는 세계 정복이라는 권력 기술을 개발했지만, 20세기 문턱에서 한국철학은 세계극복의 지혜를 계발해야 했다. 이것은 인간 심성이 자유를 추구하고 희망을 실현하고자 하는 삶의 포부를 품고 있음을 실천적으로 증거하는 것이다. 이 시기 사상가들이 지닌 생의 포부는 부정된 존재가 희망하는 존재에의 충동을 실현하고자 하는 것이었다. 이 포부가 그들의 고통을 감내하게 했다. 그들의 언설에서 드러나는 내면성은 우주에서의 인간의 존재의미를 이해하는 기쁨과 평안한 마음을 읽을 수 있게 한다. 신남철(申南澈)이 인용한 니체(Friedrich Nietzsche)의 시를 활용한다면, 슬픔은 깊다. 그리고 세계도 깊다. 그러나 기쁨은 더 깊다고 할 수 있을 것이다.

동학과 대종교의 철학은 유가, 불가, 도가라는 동양 전통철학을 자유와 희망의 구도에서 변형시켜 시대적 현실에 적용했다. 이러한 변형에 그 독창성이 있으며, 그들의 개념들은 실천적 고결성을 갖췄다. 그들은 공동체의 고통에서 자각하게 된 심원하고 무한한 심성의 입장에서 세계를 봤으며, 강대국의 무도한 폭력을 극복하는 길을 모색했다. 이 극복은 안으로는 생사(生死) 전변의 세계로 들어가 절대적 자유의 주체성을 추구하고, 밖으로는 국제적인 사회악에 대면하는 길로 나아가는 것이었다. 선가(禪家)의 어휘로 표현한다면 그것은 향상(向上)과 향하(向下)의 두 길을 연결시키는 활동이었다. 이러한 방식의 삶을 통해 그들은 자신들의 공동체뿐만 아니라 인류 공동체가 노예의 길에서 탈피하는 방향으로 거듭날 수 있기를 희망했다.

그러나 1945년의 광복은 형식적 독립이었다. 자주적 건국방략은 무위로 돌아갔다. 그후의 역사적 흐름이 보여주듯, 봉건 유습과 정객들의 부패, 사회 불균등과 남북 분단 및 식민 잔재는 1960년 4월 혁명으로 이어지는 배경이 되었다. 청년 시절을 일제하에서 보냈던 박종홍(朴鍾鴻, 1903~1976), 함석헌(咸錫憲, 1901~1989), 신남철(申南澈, 1907~1958)은 한결같이 3·1 운동을 민주적 유대와 인간 해방의 정신이 표출된 것으로 보았다. 박치우(朴致祐, 1909~1949)는 해방의 정신을 자유주의의 논리에 대한 논리적 비판을 통해 보여주고자 했다. 그 해방의 정신은 빈곤의 극복에 필요한 기술 과학과 경제적 향상의 필요성에 비하면, 무엇인가 그들의 영혼을 흔드는 심원한 가치들을 동경하게 했다. 그들은 최시형과 서일처럼 대도(大道)에 근거한 대담한 주체성을 가지고 혁명전쟁과 독립전쟁을 한 것은 아니었다. 그들은 경성제대(박종홍, 신남철, 박치우)나 동경사범(함석헌)에서 정규교육을 받고, 이를 바탕으로 민족과 자신의 경험을 사상적으로 표현했다. 특히 그들은 서양 현대사상의 영향 아래 있었다. 당시에는 신사조였던 그 사상들은 그들의 절실한 문제의식에서 나온 고민의 어렴풋한 의미를 점차 구체화시킬 수 있게 해줬다. 그러나 그들의 구체적 방향은 서로 차이가 있었다.

박종홍은 3·1 운동의 정신을 개체의 실존적 자주성을 기초로 다시는 굴욕을 받지 않는 민족국가를 건설해야 한다는 역사적 사명으로 생각했다. 그는 그러한 방향에서 자신이 철학적으로 정초하고자 했던 4월 혁명 정신을 '창조의 논리'로 발전시키고자 했다. 그가 청년 시절부터 생각한 창조의 논리는 헤겔주의적 변증법으로 발전해갔다. 비인간적인 부정적 현실은 다시 부정됨으로써 진정한 현실로 전환되어야 했다. 진정한 현실은 창조적으로 실현된 현실, 즉 자유의 가능성이 실현된 현실성이다. 그의 철학의 핵심 문제는 실현이라는 의미에서의 현실성이다. 이러한 현실성은 동양 전통철학을 비판적으로 계승하는 문화 창조의 논리로 연결된다. 그는 조선 이학(理學)의 우주적 생명 원리인 천도(天道)의 운동을 부정에 의해 전개되는 역동적 원리로 재해석하고, 이를 민족적 문화 창조의 철학적 동력으로 삼고자 했다.

이 원리는 인간의 실존적 주체성에 의해 인식되고 실현되는 것으로 간주되었다. 이러한 입장에서 그는 역사적 유물론이 주체성을 수동화한다고 여겨 수용할 수 없었다. 그는 향내적(向內的)으로는 실존적 주체성을 천도의 변증법적 전개에 바탕해 확립하고, 향외적(向外的)으로는 자주적 근대화와 문화 창조를 지향하는 실천적 개입을 희망했다. 향내적 원리와 향외적 원리의 변증법적 결합인 내외의 절대적 통일이 그의 인생과 철학의 목적이었다. 그러나 그가 유물론적 역사 법칙론을 폐기한 것은 자본주의 너머의 이상적 유토피아에 대한 사고를 폐기하는 것을 의미했다. 유물론의 폐기가 논리적으로 해방의 이상을 폐기하는 것을 의미하지는 않지만, 박종홍은 이상주의보다는 민족중흥의 현실적 방안을 찾는 길로 나아갔다.

함석헌은 루터의 자유정신을 믿음과 성서의 속박까지도 넘어서는 완전한 내적 자유로 발전시키고자 했다. 초기 기독교의 공동체 정신에 관심을 가졌던 함석헌은 당연히 유물론적 역사법칙에 대한 신념을 갖지 않았다. 그는 인도철학과 고대 중국철학의 자유정신과 저항정신을 기독교적 관념 및 생명철학과 연관하여 재해석했다. 이를 통해 그는 우주와 인생을 논하고, 자본주의가 극복된 이상사회를 전망한다. 그는 인류의 진정한 종교와 철학이 무소유의 원리와 형제애가 지배하는 이상사회를 말하고 있는 것으로 생각했다. 소유의 원리가 지배하는 사회는 영혼을 사물화하는 사회이다. 물질적인 것의 극복이 자유라면 진정한 이상은 영적 코뮤니즘의 공동체이다. 정치와 종교는 본질적으로 하나이다.

이러한 입장에서 그는 정신의 본질을 물질의 타성적 운동에 역운동하는 자유의 운동이라고 봤다. 자유의 역운동이란 저항의 운동이다. 그리고 이 자유의 운동이 추구하는 궁극적 목적은 모든 영혼들이 물질의 장애를 벗어나 서로 투명하게 소통하는 세계이다. 모든 개체에는 자유의 영혼이 잠재해 있으며, 이 잠재적 '씨알'은 타성의 속박에서 탈출하고자 하는 생명의 충동이자 의지이다. 그가 3 · 1 운동과 4 · 19 혁명을 민중의 심층에 있는 씨알의 항거로 해석한 것은 바로 그러한 '씨알철학'의 발로였다. 그에 의하면, 만유의 근저에서 진화하고자 하는 생명 원리인 씨알은 자신의 속박에 괴로워한다. 물질의 중력과 독재하에 놓인 생명의 고통은 '씨알의 설움'이다.

그러나 민중을 주체로 하고 유토피아를 생각하는 그의 개방적 사고는 비목적론적인 동양철학의 영향에도 불구하고, 서양 기독교 철학의 목적론적 세계관의 흔적을 갖고 있다. 역사는 신이 씨알(민중)의 시련을 통해 자신의 자유의 뜻을 자신의 목적으로서 실현해가는 과정이다. 이러한 신학적 형이상학은 지성 자신의 합목적적 성격을 외부에 투사한 의인론(擬人論)의 일종이다. 그러한 관념은 신학적 철학자인 헤겔의 사변적 역사관에서 논리적으로 체계화된 적이 있다. 그후 청년 헤겔주의는 그러한 정신주의적 체계를 이미 '죽은 개'로 취급했다. 그러나 함석헌이 군사독재와 홀로 투쟁하여 씨알의 소리를 대변할 수 있었던 것은 기독교적 대속(代贖) 관념이 가져온 수동적 타성을 벗어나 자유의 본질이 내면의 자발적 능동성에 있다는 신념의 소산이었다. 함석헌은 안으로는 자기변형의 노력을 통해 내적 영혼의 자유를 확립했고, 밖으로는 민중의 자유를 위해 사회에 비판적으로 개입했다. 이러한 내외합일의 구도를 그는 인도철학과 유교경전, 노장철학(老莊哲學)을 통해 재해석함으로써 그에 동양철학적 의미를 부여할 수 있었다.

신남철과 박치우는 박종홍처럼 현실의 변형을 위한 실천적 방향에 서 있었다. 그러나 그들은 박종홍, 함석헌과는 달리 헤겔적이면서도 마르크스주의적인 역사관을 수용했다. 신남철은 인문주의적인 인간성의 완성을 지향하면서, 그것이 객관적 역사 발전을 통해 실현되기를 희망한다. 이러한 입장에서 그는 보편적 역사법칙의 실현에 자기희생적으로 참여한다는 비극적 변증법을 창안한다. 또한 그는 신칸트주의와도 무관하지 않은 19세기 유럽의 신 르네상스 낭만주의 철학 운동의 영향을 강하게 받아 다양한 인간성의 '현란다채(絢爛多彩)한' 개화를 동경했다. 그의 비극적 사고는 자연과 인생이 타성적 힘에 의한 속박을 극복하고 생명의 비밀, 즉 자유를 전개한다는 베르그송의 관념을 옹호할 수 있었다. 그는 생기발랄한 인간성의 완전한 표현과 역사적 현실의 변형이라는 두 과제를 시대의 사명이자 자신의 철학적 이정표로 삼는다. 그는 인간성의 완성과 현실의 변혁을 통일적으로 성취하는 이념을 역사적으로는 3 · 1 운동의 정신을 표출하는 것으로 생각했다. 그는 그러한 통일을 실현하는 인간상을 맹자적 인인(仁人), 의사(義士)로 간주한다. 그러나 인생에 대한 그의 주관주의적 접근과 역사에 대한 객관주의적 접근은 화해하기 어려운 것이며, 분열의 가능성을 내포하고 있었다.

그는 실천의지와 낭만주의적 문화 창조를 강조하는 가운데, '고민하는 인간상'과 '능산적 인간'을 이상적 인격으로 제시한다. 박종홍의 주제가 창조라는 개념을 중심으로 형성된 것이라면, 신남철에게도 인간성의 창조적 표현과 시대의 전환은 절박한 과제였다. 그의 구체적 대안은 1920년대 『개벽開闢』을 비롯한 진보적 잡지들이 제기했던, 자본주의적 계급 문제에 대한 해결 방안을 포함하고 있었다. 박치우 역시 자본주의적 자유주의가 자유의 평등을 배제함으로써 자유도 부정하게 되는 자기모순을 극복하기 위해, 자유의 보편적 확대라는 인민주권의 논리를 제시한다. 신남철과 박치우가 제시한 문제는 박종홍과 함석헌이 적극적으로 다루지 못한 것이다. 신남철과 박치우는 보수적 사고의 한계를 극복하고자 했으며 역사적 사회의 변형을 도모했다. 그들은 계급사회가 갖는 노예화를 극복하는 대안과 연관된 민주적 정치 · 경제의 문제에 주목했다. 이 문제는 인생에 대한 문예적 시각뿐만 아니라 비판적 정치경제학에 대한 안목을 철학에 포용해야 한다는 필요성을 각성시켰다.

박종홍은 민주정치, 즉 정치적 자유를 자주 민족국가의 형성과 연결하여 생각했다. 함석헌은 민주정치를 심층의 자유의지적 인간성인 씨알의 요구와 연결시켰다. 함석헌은 자유 민주제가 갖는 정치적 자유를 곧바로 내면적 자유와 연결시켜 계급과 제도의 속박이 없는 유토피아를 생각한다. 그러나 이들은 모두 신남철의 '진보적 민주주의'의 주요 원리인 민주경제와 민주정치 중에서 민주경제의 문제를 소홀히 한다. 박종홍은 민주경제를 기술과 경제 발전의 문제로 보았다. 함석헌은 민주경제를 영적 코뮤니즘(spiritual communism)의 세상에서 해소되는 것으로 생각했다. 그들에게 정치경제학적 사고는 거리가 먼 것이었다. 심지어 구체적 사회해방을 의미하는 민주경제는 민주정치를 위협한다고도 생각했다. 하지만 시대적 조건으로 볼 때 민주경제와 민주정치는 어떤 방식으로든 해결되어야 하는 현대적 문제였다. 그 문제는 이데올로기 대립으로 첨예화되어 그 중요성이 희석된 채로 오늘에 이르고 있다.

신남철은 노동과 생산의 민주화를 정치적 실천의 기초로 보았다. 정치를 경제의 표현으로 보는 그의 유물론적 관점은 실천적 대안에서 정치적 실천에 경제해방(사회해방)의 과제를 포용한다. 그러나 그가 신뢰하는 유물론적 역사법칙은 과거의 부르주아 역사관처럼, 목적론적 성격을 갖는다. 이런 관점들은 역사가 부르주아 편으로 흐른다거나, 프롤레타리아 편으로 흐른다는 사회적 희망을 과학화한 것에 지나지 않는다. 그것은 과학적 명제와 그 명제에 대한 심리적 태도를 구분하지 못한 비과학적 사고이다. 그러나 신남철의 과제이자 당시 유물론의 관심사였던 민주경제의 문제는 오늘까지 남아 있다. 인간은 경제적 문명을 창조했지만, 그 문명에 의해 자신의 자유와 다양한 인간성을 희생해왔기 때문이다.

박치우는 부르주아 시민계급의 평등한 일대일의 자유를 근로대중으로 확장함으로써 한국을 고도의 문화 공동체로 거듭나게 하고자 했다. 그는 이러한 방향으로 사고하는 것을 진정한 합리주의로 간주했다. 그의 정치철학은 특권층에 한정된 자유를 '사람'의 자유로 개방해 새로운 개방적 유대를 창조하는 행동을 통해 사회 모순을 해결하고자 하는 것이다. 그는 파시즘의 전체주의 문화도 아니고 소유적 개인주의도 아닌, 평등한 자유를 모순 없이 일관되게 생각하고 실천하는 것을 진정한 이성이라고 봤다. 이러한 이성은 실천의지에 바탕해 개방적 연대성을 추구하는 정신이다. 이 정신이 공동체를 참된 민주주의 문화 공동체로 만드는 기본 조건이 된다.

그러나 오늘날 인류의 불행을 초래하고 미래에 암운을 드리우게 하는 것은 생산력의 맹목적 개발에서 온 것이며, 이로 인해 개인의 경제적 삶의 실패는 생과의 이별로 이어지고 있다. 사회주의를 표방했던 국가들은 생산력 결정론을 사회공학적 공안 통치를 위한 이데올로기적 수사로 사용하고 있다. 그들의 기술 공학주의는 본질적으로 북아메리카의 군산복합체와 금융에 기초한 경제주의와 다를 바가 없어졌다. 변증법에 대한 통속적 이해는 그것을 지배술이나 처세술로 격하했던 부르주아적 유습에 따라 변증법이 자신의 영혼으로 갖고 있는 평등한 유대와 자유의 이념, 즉 사랑의 사회적 본질을 폐기했다. 사랑의 비밀이 타자 안에서 자기 자신으로 존재함으로써 대립을 해소하는 자유라면, 바로 이 자유가 실정성(實定性, positivity)이라는 기성 제도성과의 비판적 관계를 맺게 한다. 자유의 충동이 부정(否定)의 원천이다.

자유의 실현은 자신에 대한 부정을 다시 부정하는, 이른바 부정의 부정을 통해 자기 자신으로 회귀하는 활동이다. 이 활동이 타자를 사물화하여 통제하는 것이 아니라 너의 자유가 나의 자유의 본질적 조건이 되는 평등한 자유의 이념을 주체적으로 자각해가는 노력이다. 이 길에서 정치 · 경제적 모순들에 대한 문제 제기가 있었다. 민주경제와 민주정치의 문제는 현대 한국철학의 과제였으며, 오늘의 과제이기도 하다. 또한 기술 과학과 생산력의 발전이 박종홍과 함석헌이 우려했듯 생명의 자발성과 인간의 자유를 위협한다는 것은 주지의 사실이다. 대상화적 사고는 사고하는 자신을 대상으로 삼고 심지어 조작의 대상으로 다룬다. 정보소비사회에서 상품 자아로 외면화된 정신은 이미 사물화된 대상이다.

그러나 과학적 대상으로 관찰될 수 없는 광활한 심성의 세계는 열려 있다. 이 심성의 세계를 우주와 연관하여 개척한 심성철학은 최시형과 나철, 박종홍, 함석헌이 심혈을 기울인 것이었다. 신남철도 인문주의적인 다양한 인간성의 완전한 전개를 미래 사회의 특징으로 간주했다. 상품 선택의 자유, 표현의 자유 등과 같은 문명 의존적 자유가 아닌, 더 넓고 더 심원한 자유의 내적 차원에 대한 탐구는 인간성에 대한 이해에서 새로운 지표가 될 것이다. 이러한 자유는 문명 의존적 자유를 사실상 예속적인 것으로 보고, 문명과 과학적 사고의 본성을 비판적으로 극복하는 길에서 자유의 이념을 추구해갈 것이다.

이러한 맥락에서 볼 때 각기 자신의 방식으로 내적 자아의 완성과 외적 사회의 변형을 통일적으로 추구했던 현대 한국철학이 주는 문제의식은 오늘의 우리에게도 중대한 의의를 갖는다. 오늘날에도 내적인 인간성의 문제와 외적인 사회 문제에 대한 이해와 해결의 과제는 여전히 남아 있다. 내외 문제를 통일적으로 이해하고 그것을 실천적으로 해결해가는 것은 세계와 인간, 인간과 인간, 인간과 자기 자신의 분열과 소외를 극복하기 위해서이다. 이러한 자유의 방향은 잃어버린 세계의 회복과 위기에 있는 인격적 고결성의 회복을 지향한다. 세계와 인간의 진정한 화해 그리고 인간과 인간의 평등한 유대가 자유 이념의 본질적인 내용이다. 이는 보이지 않는 부재의 것이다. 그러나 그것이 쟁취의 노력을 통해 새로운 삶을 구성하도록 우리를 이끌어간다. 가능적인 것이 현실적인 것이다. 그것은 사실을 가치와 변형의 문맥에서 판단하기 때문에 진술을 사실과의 부합 여부에서만 생각하지 않는다. 과학적 인식론은 명제를 참과 거짓의 판단으로 종속시키는 논리학을 가르쳐왔다. 이러한 진위 판단의 논리학은 일면적일 뿐만 아니라 한국 현대철학의 흐름과 특징을 이해하는 데에 도움을 주지 못할 것이다.

박종홍이 논리 실증주의적 논리학을 근대화의 필요성에서 일면 인정하고 싶어 했으나, 그 논리학의 편협성에 대해서는 찬성하지 못했던 까닭 역시 창조적 변형의 논리를 사유의 보편적 형식으로 간주했기 때문이다. 인간의 언어적 활동이 사실로서는 부재하는 가능성의 지평에서 움직인다면 언어와 창조, 언어와 시간은 분리될 수 없을 것이다. 이 점은 동양의 한자 문화권에서 더 쉽게 이해될 수 있다. 수많은 어휘들의 창고에서 무한한 언어적 조합의 가능성을 동양의 문인들은 숙지하고 있었다. 그들에게는 기존의 관습적 소통의 문맥을 벗어나 어휘들의 새로운 조합을 통해 새로운 의미를 창조하지 못하는 언어활동은 예술성은 물론이고 문장의 가치도 갖지 못한다. 언어는 새로운 인식 방식, 새로운 삶의 양식을 창조하는 활동이지 기존의 사용 문맥에 갇혀 있는 보수적 힘이 아니다. 언어는 새로운 삶의 방향을 지시하는 잠재적 창조자이다. 그러나 창조의 논리를 완성하지 못한 박종홍은 언어와 창조의 관계를 개진할 수 있는 여건을 갖지 못했다.

19세기 실증과학이 만든 생활의 수량화는 인간의 질적 경험을 소외시키는 물화의 한 원인이 되었다. 강고한 생산력으로 자리 잡은 과학은 대규모 도살 전쟁의 효율적 수단이 되었다. 과학주의적 낙관에도 불구하고 과학은 세계와 인간의 분열적 소외를 낳는 요인이 됨으로써 유럽의 세기 말 허무주의의 유력한 조건이 되었다. 쇼펜하우어(Arthur Schopenhauer)와 비트겐슈타인(Ludwig Wittgenstein)은 과학적 지성의 형식이 구성한 세계의 밖에서만 삶의 의미와 진정한 윤리가 추구될 수 있다고 생각했다. 이 주장은 세계의 의미 추구의 올바른 방향을 지시한 것이라 하더라도, 과학과 생의 의미가 분리된 유럽인의 자기 분열을 증거하는 병적 징후가 아닐 수 없다.

삶의 분열은 근대과학을 수용해야 하는 처지에 있었던 20세기 한국의 지적 상황에서도 불가피한 문제가 되었다. 세계 회복과 인격적 고결성(integrity)의 문제는 정치 · 경제적 문제의 해결뿐만 아니라 과학의 가치를 어떤 위치에 두어야 하는가라는 가치 위계의 문제와 분리될 수 없었다. 생기론적 우주관을 바탕으로 하는 동학 계열의 철학은 근대과학의 위상을 형이상학적 가치들의 하위에 두었다. 박종홍과 동시대의 사상가들은 그것을 정신적 가치와 인문주의적 가치 아래에 두고자 했다. 한국철학은 과학의 본성에 관한 이해의 문제를 하나의 과제로 설정할 수밖에 없었다. 과학을 흠모하여 인문과학이라는 말을 당연하게 사용하는 오늘의 상황에서도 과학의 논리를 둘러싼 논의는 회피할 수 없는 것이 되었다.

오늘의 입장에서 현대 한국철학사의 맥락을 고려한다면 바람직한 철학의 방향과 성격은 다음과 같이 논의해볼 수 있을 것이다. 새로운 철학은, 근대 인식론과 과학의 논리에 대한 이해를 인식 비판적 관점에서 수행한다. 과학적 경험의 차원은 생의 의미에 대한 물음 앞에서 난파한다. 이 한계경험을 통해 철학은 우주적 심성철학으로 넘어간다. 철학은 광활한 심성의 세계로 초월하는 궁극적 자기인식의 방법을 따른다. 지성이 반성을 통해 자신을 이해하는 가운데 경험의 범위를 확장해가는 과정은 세계의 의미를 통찰하는 세계지혜를 궁극의 이념으로 설정하게 될 것이다.

과학에 대한 인식 비판적 초월은 자연에 대한 과학적 인식의 결과에 대한 반성적 음미를 필요로 한다. 그것은 생명의 진화를 아우르는 자연철학의 가능성을 배제하지 않는다. 자연이라는 존재의 신비는 철학과 예술을 위한 영감의 원천인 바, 세계의 의미는 자연과의 연관에서 물을 수 밖에 없을 것이다. 다양한 형태들의 차이를 창조해가는 생명의 진화는 우주에서 인간의 위치와 삶의 의미에 대해 무엇인가를 예감하게 한다. 도구적 과학주의는 자연의 이름으로 자연을 공격한다. 그러나 현대 물리학은 우주의 기원과 원리를 추론함으로써 대담한 형이상학적 사변으로 발전해가고 있다. 철학은 서구 근대의 사변이 아닌 다른 방식으로 우주와 대면할 수 있다. 자연이 인간을 밀어내면서도 자신에게 끌어당겨, 인간이 만유와 연속된 하나의 고리임을 예감하게 하는 것은 대체 무엇을 의미하는 것일까?

아시아 철학의 한 전통이자 한국 현대철학의 여명을 밝힌 세계상은 무수한 형태의 사물들이 무(無) 혹은 무극(無極)의 심연에서 생산된다고 보았다. 우주는 무의 심연에서 연원하는 창조적 생기(生氣)의 유희적 전개이다. 무는 공포의 대상이 아니다. 때문에 그것은 지성이 논리적으로 극복해야 하는 대상도 아니다. 세계는 무의 창조적 운동이 보여주는 유희의 공간이다. 존재는 생성이며 유희 자체이다. 따라서 이 유희를 유희할 수 있는가가 문제가 되었다. 인간은 자기 비판적 활동을 통해 궁극에는 드넓은 내면 공간에 참여함으로써 자연으로부터의 소외를 극복한 자유에 이른다. 이러한 사상적 구도는 인간성에 대한 탐구를 자유를 향한 초월적 방향으로 수렴시킨다. 철학은 인간의 자기탐구와 자기변형의 길이 된다. 이러한 단계적 상승의 노력은 우주적 심성의 세계를 추구하는 내적 성실성을 요청한다.

그러나 철학은 밖으로는 내적 자유의 공허를 채울 수 있는 내용의 충실성(充實性)으로 나아가는 길을 필요로 한다. 충실성은 현실과 관계하는 실천적 인식과 자연에 관한 탐구의 길을 모색한다. 이 길에서 철학은 인문적 가치들이 통용되는 문화 창조와 연관하여, 민주경제와 민주정치의 문제를 만난다. 이 길은 국가와 사회의 인간화를 향한 세계변형의 과정이다. 자기 자신을 알고 이를 변형하려는 사유에서는 내적 성실성이 주체적 근거로 요청된다. 그러나 충실성에 의거한 현실과의 관여가 성실성으로 하여금 그 구체적 현실성을 갖게 할 것이다. 내적 성실성만으로는 생동하는 삶과의 풍부한 연관성을 갖지 못한다. 그것은 내용들로 채워져야 한다. 사회적 현실의 모순들이 주는 자극은 주체적 성실성을 촉발할 것이다. 그러나 추상적 성실성은 풍요한 충실성을 통해 현실이 진정한 현실성으로 전환되기를 원한다.

또한 풍요를 추구하는 충실성은 자연에 대해서도 그 다양한 풍부성에 대한 이해를 추구하고자 할 것이다. 박종홍이 청년 시절 경도되었던 하이데거는 쇼펜하우어와 니체처럼 기존의 윤리 중심적 형이상학과 과학주의를 거부하는 허무주의를 통과하지 않고는 진정한 사유에 접근할 수 없다고 생각했다. 그는 허무에서 오는 절대적 권태를 견디는 것을 본래적 실존이라고 말하다가도, 무(無)를 극복하고 자연의 존재로 귀의한다는 예술적 삶의 길을 말한다. 박종홍은 이러한 사고를 통해 유(有)의 극치에서 무(無)를 만나는 성실성을 본다. 그러나 한편으로는 하이데거의 존재론에서 사회적 현실에 대한 참여정신이 없는 추상성과 나약성을 본다. 사실 하이데거의 존재론은 자연의 풍요로운 전개에 대한 자연철학적 관심을 제거한 어두운 추상이다. 이 어두운 추상은 국가 사회주의적 민족주의와 결부되었으며, 궁극적으로는 은둔의 변명으로 귀착된다.

하이데거 존재론이 갖는 공허성은 이미 조가경(曺街景)의 『실존철학實存哲學』(박영사, 1961)이 제기하고 있다. 그는 뢰비트(Karl Löwith, 1897～1973)와 핑크(Eugen Fink, 1905～1975) 같은 하이데거의 후예들의 비판을 참조하여 충실성(充實性)을 갖추지 못한 하이데거의 지적 폐단을 지적했다. 충실성 없는 사고는 20세기의 암울한 인간 조건을 반영한다. 그것은 서양 지성사에 대한 반성적 성찰이라는 의의를 갖는다 하더라도, 지적 공허가 여전히 남는다는 것이다. 충실성의 폐기는 수학과 과학의 불확실성에 대한 이해, 그리고 기술 과학이 주는 폐해에 시달리는 유럽의 상황에 대한 비판을 전제로 한 것이었다. 이러한 전제가 우주와 인생에 대한 자연철학적 관심을 억제했다.

하이데거의, 이른바 선구적 결단은 죽음을 선취함으로써 생의 궁극적 의미 차원으로 초월해간다. 그러나 거기에는 생명의 창조적 전개에 대한 관심을 생물학적 편견으로 간주하는 무생명의 삭막한 권태가 지배하고 있다. 하지만 물질과 생명의 역사가 갖는 비밀에 대한 대담한 자연철학적 관심만이 사유의 충실성을 보장함으로써 향내적 성실성을 지속적으로 유지시켜줄 수 있다. 초월을 향한 성실성은 내재적 충실성과 결합하여, 안으로는 인간의 자기완성의 길을 가고, 밖으로는 자연의 전개와 역사적 사회의 전개에 대한 이해를 통해 인류사회의 새로운 가치를 전망하는 길로 나아갈 수 있을 것이다.

성실성과 충실성은 인간이 갖는 양면성을 반영한다. 인간은 한편으로는 자기 자신과 관계하여 자신의 존재를 문제 삼으며, 다른 한편으로는 외부세계와 관계하여 세계와 다양한 사물의 본성을 이해하고 변형하고자 한다. 인간은 세계의 일부인 사회에 대해서 그곳이 인간적 삶의 장소이기를 소망한다. 또한 그곳을 인간을 위한 공론의 장소이자 진정한 삶의 처소로 삼고자 한다. 성실성을 통해 우주에서 인간의 진정한 위치를 자각하고, 충실성을 통해 세계를 인식하고 변형하고자 한다. 이 방향에 서 있는 인간은 자신의 자유를 동경하고 확충해가는 존재일 것이다. 성실성과 충실성은 내면성과 외면성에 대한 이해와 변형을 통해 내외의 실천적 합일을 실현해가게 한다. 이는 자유의 이념이 기초로 삼는 두 가지 덕이다. 철학은 성실성과 충실성의 덕을 실현하는 여러 방식에 의해 발전되어왔다. 미래의 철학은 그 두 가지 덕의 결합에 의해 발전될 것이다.

1부

자유와 현실

1장

표현과 개벽
: 최제우, 최시형, 이돈화, 김기전

1. 천명(天命)과 무극대도(無極大道)

동학사상의 출현은 기존의 관습적 삶의 방식을 붕괴시키고 우주와 인간, 인간과 인간의 새로운 관계의 필요성을 제기한 혁명적 사건이다. 박은식(朴殷植, 1859～1925)의 인식대로 동학사상은 불균등한 신분제와 관념 체계를 끝장내고 '평민(平民)'이 자기를 주장하는 시대를 열었다. 동학은 평민의 시대를 인류사의 운명이자 역사적 미래인 천명(天命)으로 이해한다. 이 역사적 운명이 최제우(崔濟愚, 1824～1864)라는 한 개인에 의해 자각되었다. 이 자각은 20세기를 통해 인류의 절실한 문제가 되었던 개체의 자주성과 평등한 연대성이라는 두 가지 주제를 담고 있었다. 진정한 자유는 안으로는 개체의 활력이 자주적으로 표출되고, 밖으로는 다른 생명체들과의 우주적 연대성을 자각하는 한에서 가능한 것이었다. 개체의 자주성과 만유와의 수평적 소통체계는 상호 필수적인 보완 관계 속에서 움직여야 하는 것이었다. 자유의 이러한 두 가지 조건이 현실에서 실현되어 새로운 삶의 형식이 될 때 사상의 개벽(開闢)은 구체적인 역사적 개벽을 전망하게 된다.

한 개인에 의해 선구적으로 자각된 자유는 현실적 사회제도로 표현되어야 했다. 그러나 자유로부터 현실로 가는 길은 정치적 충돌이 불가피한 것이었다. 종교와 정치는 분리될 수 없으며, 자유는 사회적 조직화 운동과 정치적 항쟁을 통해 실현된다. 이런 의미에서 동학은 자유의 사상이 현실을 지배한다는 관념론의 핵심적 관심을 증거하는 전형적 사건들 가운데 하나가 될 것이다. 이 하나의 사건은 새로운 삶의 방식을 강력하게 요구하는 것이었다.[1]

동학사상은 조선 후기의 대내외적 혼란을 몸소 겪고 그 문제의 해결을 방랑과 심성의 수련을 통해 접근한 수운 최제우(水雲 崔濟愚)에 의해 창도되었다. 그는 몰락 귀족의 후예로 전통 유교적 교양을 습득하고 불교 및 도교 사상을 배웠다. 그는 당시 다른 유랑 지식인이 그랬듯 민간에 유포된 일종의 민간 형이상학이자 정치적 예언서인 『참위서讖緯書』를 잘 알고 있었으며, 방랑기에 천주교 서학도 접한 것으로 보인다. 20세에 시작된 10년간의 방랑을 통해 그는 시대의 쇠퇴에 대한 경험과 사상적 학습을 반영하는 새로운 자각적 이념에 접근해갔다. 그는 종교적 대각(大覺)을 통해 새로운 시대를 열고, 나아가 민중 혁명의 사상적 기초가 되는 종교적 철학의 가능성을 보여주었다. 이 가능성이 그가 방황을 통해 자득한 하나의 미래적 진실이었다.

그의 시대적 경험이 종교적 자각과 역사적 예언의 성격을 갖는 것은

---

1 초기 동학교도이자 문장가이고 무관 급제자였던 이필제(李弼濟, 1825~1871)는 최제우의 신원(伸寃, 억울함을 품)을 요구하는 한편, 중원(中原)을 정벌한다는 북벌 의욕을 가지고 반란을 일으켰다(1871). 『정감록』을 이용하기도 한 이 난은 동학의 교세를 불법화하게 하여 약화시켰으며, 가능한 종교적 평화주의 노선을 통해 포교하고자 했던 최시형의 진노를 샀다. 그의 행동은 동학사의 관점에서는 지나치게 급진 좌경화한 망동으로 규정되었다. 동학과 정치와의 관계는 조선 후기의 민란사와 분리될 수 없지만 새로운 정신적 가치관의 출현이 사회적 조직화 운동으로 나타나는 사상운동의 시각에서 인식되어야 할 것이다. 그렇지 않으면 정신개벽을 통해 물질개벽을 이루고자 했던 동학의 철학적 의의가 제대로 드러나지 못한다. 이필제에 대해서는 다음을 참조: 연갑수, 「이필제연구」, 『동학학보』 제6호, 2003.

1739년 조정에 의해 그 존재가 처음 인지된 『정감록鄭鑑錄』과도 연관이 있다. 서북지방(평안도)에서 나온 이 비서(秘書)는 전쟁과 질병을 피할 수 있는 풍수지리적 방책을 제시하고, 양극화된 사회 모순의 참극이 전통적 혁명[易姓革命]으로 귀결된다는 정치적 예언서이다. "빈자는 살고 부자는 죽는다[貧者生, 富者死]"는 말은 당시 사대부들의 간담을 서늘하게 했으며, 다른 비서들과 함께 『정감록』은 조선 후기 반란사의 사상적 배경으로 작용했다. 정감(鄭鑑)을 사람 이름이 아니라 정(鄭)이라는 성을 가진 사람의 거울[鑑]로 본다면, 정의 거울이라는 기록은 예언가의 도구인 거울을 통해 현실과 미래를 비추어보는 책이 된다. 이 책의 내용 중에 사상적으로 중요한 것은 두 가지이다. 하나는 정치적 예언이고, 또 하나는 정신적 비결(秘訣)로 재해석될 수 있는 피난사상(避難思想)이다. 이 두 가지는 조선 후기의 민란에 작용한 것과는 다른 방식으로 최제우의 사상에 작용하고 있다.

(1) 정(鄭)은 말세의 참극을 다음과 같이 말한다.

> 말세에 이르면, 아전이 수령을 죽이고도 조금의 거리낌이 없으며, 위아래 계급의 구분이 파괴되고, 강상(綱常)이 잇따라 무너지며, 결국 군주는 어리고 나라는 위태로워, 고립되어 흔들릴 때에, 대대로 녹을 받는 관료들은 죽음이 있을 뿐이다.
>
> 若至末世, 則吏殺太守, 少無忌憚, 上下之分蔑裂, 綱常踵出, 畢竟主少國危, 孑孑之際, 世祿之臣, 有死而已.[2]

주희(朱熹)에 의하면 강상은 영원히 변치 않는 도[萬世不易之道]이다. 그러나 정(鄭)이 거울로 비추어본 말세는 하극상이 일어나 강상이 붕괴한다. "부자는 돈과 재산이 많기 때문에 장작을 지고 불에 들어가는 것과 같고, 빈자는 항구적 생계가 없으므로 어디 간들 가난하고 천하지 않

2 金水山 편저, 「鑑訣」, 『鄭鑑錄』, 홍익출판사, 1968, 137쪽.

을 수 없는[富者 多錢財故, 負薪入火也, 貧者 無恒產之致, 安往而不得貧賤哉]" 상황이 된다.[3] 최제우는 유랑을 통해 국외적으로는 제국주의의 위협을, 국내적으로는 사회 분열과 가치 체계의 붕괴를 '무서움'과 '불안'의 심정으로 체험했다. 이러한 체험은 종교적 수련을 통해 분열 없는 평화적 인간관계를 가능하게 하고 새로운 가치관을 추구하게 하는 동기가 되었다.

(2) 새로운 가치관은 역사의 압력으로부터 피난하는 정신적 장소이다. 이는 주관적으로는 그의 종교적 경험으로부터 나온다. 최제우는 선도(仙道)라고 하는 도교 내단술(內丹術, 호흡 조절을 통해 신체 에너지 흐름을 재조정하는 일종의 생리 · 심리학적 수양 방법)을 통해 우주생명과 감통하는 지혜를 얻게 된다. 『정감록』은 해석 여하에 따라 심리적 전환을 통해 경험하는 우주생명의 약동성을 상징하는 것으로 볼 수 있는 암호 같은 부호를 제시한다. 정(鄭)은 말한다. "인간 세상에서 몸을 피하는 데에 산도 이롭지 못하고 물도 이롭지 못하고, 가장 좋은 것은 두 궁[兩弓]이다[蓋人世避身, 不利於山, 不利於水, 最好兩弓]."[4] 여기서 양궁(兩弓)은 궁궁(弓弓)이다. 궁은 활이므로 궁궁을 활활로 새기면 넓은 평야를 의미하고, 활의 가운데[弓腰]를 의미한다고 보면 궁벽진 곳을 의미한다. 이러한 해석은 구체적 도피처를 지칭한다. 당시 사람들은 궁궁을 피난처로 보아 현재 남한 지역 안에 있는 승지(勝地)를 찾아가기도 했다.[5]

그러나 최제우는 이러한 세태를 우스꽝스러운 '웃을 것'으로 보고, "이로움이 궁궁에 있다[利在弓弓]"는 말을 물리적 실재로 해석하는 것을 분명히 경계한다. 그가 보기에 승지는 어떤 지역에 한정된 피난처가 아니다. 『정감록』은 '괴이한 동국참서(東國讖書)'이지만, '궁궁'은 분명 이상

---

3 김수산 편저, 앞의 책.

4 김수산 편저, 앞의 책, 138쪽.

5 『정감록』에 대한 역사적 연구로는 백승종의 「18~19세기 『정감록』을 비롯한 각종 예언서의 내용과 그에 대한 당 시대인들의 해석」(『震檀學報』 88, 1999)이 있다. 저자는 예언서의 철학적 의미보다는 그 정치 · 역사적 배경과 그에 대한 반란사적 해석을 다루고 있다.

향이라는 의미를 갖는다. 그러나 진정한 이상향은 역사의 '천운(天運)'과 '윤회시운(輪回時運)'을 관찰하여 '괴질운수(怪疾運數)'를 벗어난 '태평성세'의 개벽을 희망하는 데에 있다. 이 개벽은 더 이상 '개탄지심(慨歎之心)을 두지 말고' '만고 없는 무극대도'를 '천의(天意)'이자 '인간의 마음[人心]'으로 자각하는 것에서 시작한다(「夢中老少問答歌」). '한울님'으로 인격화된 님은 생성의 활력을 삼라만상으로 전개한다. 이러한 우주의 내밀한 의미를 도교는 천부(天符)라고 했다. 최제우는 님이 천부로 보여주는 생성의 비밀을 '영부(靈符)'로서 마음에 체인(體認)했다. 또한 '금수 같은 세상사람'은 영부에 접근하여 '지상신선(地上神仙)'의 자유인이 될 수 있다.

원래 도교의 우주발생론에 의하면 무극(無極)의 생산력이 태극이라는 통일체로 전개되고, 이것이 음양의 기운을 함축하고 있다가 발산하는 과정을 통해 만유가 생산된다. 최제우는 음양의 두 기운을 함축하고 있는 통일체를 태극으로 통칭한 전통에 따라 영부(靈符)를 천도나 태극으로 명명한다. "천도는 형상이 없는 것 같으나 자취가 있다[夫天道者, 如無形而有跡]."(『東經大全』, 「論學文」) 그는 바로 이 자취의 도상을 궁궁(弓弓) 혹은 궁을(弓乙)로 보았다. 이 자취는 빛이 근원에서 나와 만유를 창조하는 과정을 투시한 이미지이다. 그에 의하면 한울님의 말씀은 이렇다. "나에게 영부가 있으니 그 이름은 선약(仙藥)이요, 그 모양은 태극이요, 또 모양은 궁궁이다[吾有靈符, 其名仙藥, 其形太極, 又形弓弓]."(「布德文」).

천도는 님으로 관계하는 우주적 주체성이며, 이것과의 직접적 만남을 통해 심신의 건강을 회복하게 되는 자유의 약이다. 그 모양은 한국의 태극기에서 보이는 뉘어놓은 S 자형이거나 궁(弓) 자와 같은 것이 연이은 모습이다. '弓弓'은 궁자가 좌우에서 마주보는 배궁(背弓)의 형상인데,[6]

---

6 영부 도상에 대한 연구는 이찬구의 「東學의 靈符觀 고찰」(『동학학보』 제4호, 2002)에 상세하게 논의되어 있다. 저자는 도교의 삼신론적 관점에서 음과 양의 통일체인 제삼의 중기(中氣, 沖氣)가 도상에 반영되었다고 본다. 이 해석은 흥미롭다. 그러나 주렴계(周濂溪) 이래의 신유가가 삼원론이 아닌 이원론적 관점을 갖는다는 해석은 주렴계와 주희

그것은 음과 양의 기운이 서로 대극의 관계에서 상호 보완적으로 착종하면서 전개되는 태극의 형상이다. 이 때문에 최시형도 궁궁을 태극과 합치한 마음[心]으로 보았다. 천도교의 깃발에 있는 배궁의 도상과 최시형의 제자 김연국(金演局)의 『시의경교是儀經敎』에 있는 궁을영부 도상은 다음과 같다.

『시의경교』는 궁을영부 도상이 평면에 그려져 있지만 원래는 입체적 형상이라고 전한다.[7] 오른쪽 영부에서 궁을의 조합으로 된 원형의 선와(旋渦, 소용돌이)는 근원적 빛의 형상을, 다섯 단계로 내려오는 궁을의 조합은 현상을 형성하는 단계적 과정을 상징한다.

궁을영부는 무한자(En Sof)가 자신으로 회귀하고 남은 빈 공간을 빛이 번개와 같은 형상으로 발산하면서 만유를 창조적으로 채워간다는 카발라(Kabbalah) 철학을 연상시킨다. 카발라는 라이프니츠(Gottfried Wilhelm Leibniz, 1646～1716) 『단자론*Monadology*』(1710)에 영감을 준 배경이었는데, 사물의 본질인 영적인 모나드는 신의 창조적 활동인 빛의 발산

(朱熹)의 태극관이 도교에서 나온 것이며, 음양의 가운데에는 언제나 중(中)으로서의 태극이 내재하고 있다는 점을 간과한 것으로 보인다.

이유경의 「수운의 원형적 체험과 치유적 수용」(『심성연구』, 제23-2, 2008)은 궁을영부(弓乙靈符)를 대극의 합일 체험이 갖는 심적 분열의 치유를 상징하는 것으로 보며, 신의 창조적 내재 활동을 그린 것으로 본다. 융(C. G. Jung)의 영향을 받은 이 글은 영부에 대한 심리학적 접근을 시도한 것으로 흥미로운 관점을 시사한다.

7 金演局, 『是儀經敎』, 시천교총부, 1915, 148쪽.

(fulguration, 電光)에 기원한 빛의 조각들이다.[8] 각 개체들은 자신의 '섬광(flash)'을 생명의 '종자[씨알]'로 갖고 있다. 이 영적 심성을 통해 개체는 우주 전체와 소통하고 있으나 현실적으로는 자신의 한계 안에 갇혀 있다. 모든 것이 모든 것 안에 있다는 라이프니츠의 만유소통론은 카발라의 영적 코뮤니즘(spiritual communism)의 기초였으며, 라이프니츠도 그에 영감을 받아 평화와 조화가 이루어진 정의(jurisprudence) 공동체를 인류의 정치적 이상으로 전망한다.

『개벽』의 주필 이돈화가 주의 깊게 생각했던 스피노자(Baruch Spinoza)는 카발라의 이상을 발설하지 않고 가슴에 내밀한 진실로 간직하고 있었던 것으로 보인다. 그는 사물들을 하나의 실체인 무한자의 변양태, 즉 다른 사물과의 관계 속에서만 존립할 수 있는 무상한 양태(mode)로 보았다. 또한 그는 국가를 지성을 가진 개인들의 자유를 위한 수단으로 보는 민주공화제를 넘어서 영혼의 평등한 소통성이 지배하는 영적 공산주의 이념을 갖고 있었다.[9]

라이프니츠의 심령적 모나드는 무의식의 심층에 있지만, 영부처럼 심신과 사회의 건강을 유지하게 하는 선약(仙藥)이며 내부에 있는 신령[內有神靈]이다. 신령은 우주적 연대성의 원리이자 정치적 소통성의 원리이다. 이 원리는 대립의 초극에서 오는 자유의 근거로서, 1940년대 이전 유랑 지식인과 독립운동의 주력이었던 대종교의 나철(羅喆), 박은식(朴殷植), 신채호(申采浩)의 세계상을 지배했으며, 제3공화국에 저항했던 함석헌(咸錫憲)의 종교적 이상에도 작용했다.

---

8 Allison P. Coudert, *Leibniz and The Kabbalah*, Kluwer Academic Publishers, 1995, pp.13-34.

9 마트롱, 『스피노자 철학에서 개인과 공동체』, 김문수 · 김은주 옮김, 그린비, 2008, 844-845쪽: 마트롱에 의하면 카발리스트인 이삭 루리아 학파의 벤 이스라엘(Menasseh ben Israel)은 스피노자의 스승이었다. 또한 그에 의하면 데보린(A. M. Déborine)은 『스피노자의 세계관』에서 스피노자의 이상을 재화(財貨)의 공산주의와 국가 사멸론을 담고 있다고 보았다. 이러한 근거들에 의거해서 그는 스피노자가 '정신들의 코뮤니즘'을 인류가 자기 자신과 화해하는 길로 생각했다고 추정한다.

이돈화의 『천도교창건사天道教創建史』에 의하면 최제우가 본 궁궁(弓弓) 혹은 궁을(弓乙)은 약동하는 우주 생명 원리의 흐름을 모사한 형상이다.[10] 무극대도(無極大道)로부터 나오는 생동하는 생명력인 태극(太極)의 굽이치는 활동성을 그린 것이다. 이 해석은 궁(弓)을 북두칠성으로, 을(乙)을 새의 형상으로 보아 하늘과 하늘에 대한 초월적 경험을 의미하는 것으로 보는 관점에 가깝다. 심성은 무극대도와 합치하는 경험에서 자신의 본성이 무극에 바탕한 생동성임을 인지하게 된다. 동학의 후기 가사인 궁궁을을가(弓弓乙乙歌)가 천도(天道)와 내단술을 말한 다음 심궁성궁(心弓性弓)을 말하는 것은 바로 무극과 합치한 심성의 약동성을 의미한다.[11]

최제우는 우주와의 동일성 경험이 주는 어떤 진실을 세상에 말하고자 했다. 안으로는 심층적 자아의 우주적 확장에 이르고, 밖으로는 사회적 관계 양식의 전환을 실현하는 것이 그의 진실이 갖는 핵심 내용이었다. 우주를 하나의 생명체로 경험하는 것은 심리적 내상(內傷)과 신체적 질병 및 사회적 불건강을 치유하는 일종의 의학적 처방이었다. 이러한 변화는 의미론적으로는 궁궁이라는 동일한 형식이 담고 있는 과거에 침전된 의미인 피난(避難)에 이상(理想) 관념을 유비적으로 연결하여 새로운 이념적 의미를 생산해낸 것이다. 하나의 개념은 과거의 물리적 의미에 한정되지 않고 미래를 전망하는 시간성을 통해 새로운 정신적 의미로 거듭나는 재생(再生)의 언어가 된다. 최제우의 종교철학적 재생의 삶이 가진 진실은 기존 언어의 시간적 재생을 통해 창조되고, 시대적 분위기를 타고 공적으로 소통 · 전달될 수 있는 것이 된다.

최제우의 진실은 병든 세태와의 관계 속에서 우주의 궁극적 실재와 관계한다. 그는 말한다. 세상의 "인심(人心) 풍속(風俗) 살펴보니," 세상이 쇠퇴한 것은 "세상 사람이 불고천명[不顧天命]하기" 때문이다.(「夢中老

10 李敦化, 『天道教創建史』, 천도교중앙총부, 1933, 44-45쪽.

11 내단술에 대해서는 위의 책 2부 1장 「전병훈(全秉薰)의 정신철학(精神哲學)에 대한 해명」에 소개되어 있다.

少問答歌」) 최제우는 조선 후기의 인륜적 풍속을 문제 삼는다. 그는 혼란과 퇴폐의 원인이 '천명(天命)'이라는 궁극적 운명의 원리를 상실한 데에 있다고 보았다. '불고천명'이란 천명을 돌보지 않고 상실했다는 것이다. 천명은 조선 이학(理學)의 근본 원리 가운데 하나였는데, 일상생활에서도 흔히 쓰는 용어였다. 천명의 의미는 『주역周易』의 변역(變易) 관념과 연관하여 형성되어왔다. 그것은 과거의 사건에 의해서 미래가 결정된다는 숙명과는 달리 미래의 가능성을 내포한 운동성을 의미했다. 사물의 변화는 불변의 동일성만을 유지하는 것이 아니라 새로움을 창조하는 잠재적 가능성을 내포한다. 쇠퇴해가는 운동도 상승할 수 있는 잠재성, 즉 현실화하는 힘을 자체 내에 함축하고 있다. 이 힘은 어느 한 순간의 기미[幾]라고 하는 위기의 임계점을 통과해 새로운 상태로 변역된다. 『주역』이 자강불식(自强不息)이라는 강건성의 덕을 가지고 "날로 새로워지는[日新又日新]" 역동적 과정을 잘 관찰할 것을 권고하는 것도 그 때문이다. 운명은 숙명이 아니라 창조적 가능성을 갖는 명(命)이다. 그리고 이러한 운명 개념은 종교적 경외심이나 신비적 일치 체험이 갖는 본질적 내용이 되기도 했다.

최제우는 방랑을 끝내고 고향인 구미산(龜尾山) 용담정(龍潭亭)으로 돌아와 그해 입춘(1860년 4월 5일)에 종교적 체험을 통해 "무한한 드넓은 도[無極大道]"를 천명(天命)으로 경험한다. 무극대도는 우주의 존재와 생성을 가능하게 하는 무한자이다. 동시에 우주에 내재하는 신성한 실재이다. 이 실재가 만유에 작용하여 창조적 변형으로 이끄는 생명 원리이다. 모든 개체들은 이 원리에 의해 유기적 소통의 관계를 형성하며, 광대한 조화의 세계와 평등한 연대 속에 존재한다. 역사도 무극대도에 의해 변천되어가는 것이다. 역사는 과거의 숙명에 속박되어 있는 것이 아니라 우주와 인간, 인간과 인간의 평등한 연대적 관계를 회복하는 새로운 시대를 향해 갈 수 있는 생성 과정 속에 있다. 이제 1860년은 5만 년 전의 개벽인 선천(先天) 시대 이후로 퇴락해온 역사가 새로운 가능성으로 변역 · 생성해가는 후천개벽(後天開闢) 시대의 기점이 된다. 최제우가 대각

(大覺)한 시점은 결정적인 역사적 시점과도 맞물린다. 그것은 우주와 인간이 화해하고, 인간과 인간 사이의 원한이 종식될 가능성이 열린 개벽의 시간이다.

최제우를 계승한 해월 최시형(海月 崔時亨, 1827~1898)은 강론과 도망, 혁명의 세월 속에서 동학사상의 의미를 더욱 풍요롭게 개진할 수 있었다. 이들의 시대에 조선의 정규교육 제도는 붕괴의 조짐을 보였고, 부의 양극화와 정치권력의 특권화는 이미 고질적 병환이 되었다. 정규교육을 받은 지식인 집단은 체계적이고 세련된 개념 체계를 갖고 있었지만, 이미 그 개념들은 문화 권력의 공허한 상징이 되어 시대의 현실을 이해하고 혁신하기에는 그 경직된 한계를 벗어날 수 없었다. '필부필부(匹夫匹婦)'도 정치를 논해야 하며, 통치자는 '민중의 마음[民心]'을 '하늘의 마음[天心]'으로 알아야 한다는 유가적 정치사상은 제대로 작동될 수 있는 제도적 바탕과 활력을 상실하고 있었다. 이런 가운데에서도 그러한 사상을 다시 살려보거나 변화시키고자 했던 일부 소수 지식인들을 제외하고는, 기존의 체제 세력은 정치·군사적 권세 안에서 움직이는 기존 지식 집단의 부패와 무능을 스스로 개혁할 수 없었다. 더욱이 특권층은 사대주의와 경전 지식을 통한 지배와 봉건 유습에 젖어 있었기에, 서양과 일본에서 새로이 등장하는 제국주의적 운동이 가하는 위기에서 벗어나려고 노력하지 않았다.

이러한 조선 후기의 대내외적 위기는 토지에서 유리된 민중이나 체제 주변의 빈한한 지식인들에게 예민하게 감지되었다. 결국 그들은 기존 사대부 집단이 해결하지 못하는 문제를 떠맡게 되었다. 이러한 상황은 이미 19세기 말 중국 근대에서도 나타나듯 민주와 독립을 문제 삼는 새로운 시대정신과 연결된다. 영국과의 아편전쟁의 결과는 중국 지식인들에게 자국의 부강을 위한 제도의 개혁에 대한 관심을 갖게 했다. 그후 중국은 태평천국의 난을 15년간 겪는다. 송(宋)대 이학과 군사적 실천 방법을 결합한 증국번(曾國藩, 1811~1872)이 난을 평정함으로써 보수주의의 활력을 보여주었다. 마지막 보수주의라고 일컫는 장지동(張之洞, 1837~

1909)과 같은 사상가는 전통 이학에 서양 근대의 물질문명을 결합하여 상황을 개선하고자 했다. 위원(魏源, 1794~1857)과 같은 개혁 지식인들은 기술 문명의 가치와 서양의 공화제적 정치제도에 대한 관심을 중국의 봉건적 현실의 극복과 연관하여 보여주었다. 또한 일본은 메이지 유신을 통해 자본주의적 산업화와 관료제를 정책적으로 실현함으로써 동양의 강자로 부상하고 있었다.

한국은 20세기 현대의 문턱에서 자본주의 세계질서에 편입되는 변화를 겪게 된다. 전통 관료제는 그 합리성을 상실했고, 관료제 내부와 그 주변에서 형성되었던 전통적 세계관은 동요되었다. 이른바 국(國)이라는 이름으로 상징되는 조정 · 관료기구의 가렴주구와 도탄에 빠진 민생, 제국들의 경제력 확산은 새로운 정치제도와 세계질서에 대한 희망을 촉발하는 역사적 조건이 되었다. 이러한 역사적 상황은 역사의 잔혹성을 경험하게 함으로써 역사의 압력을 초극하는 새로운 철학과 생활양식을 모색하게 했다. 새로운 세계관은 새로운 가치와 삶의 방식을 하나의 의학적 처방으로 주장해야 했으며, 우주와 인생에 대한 철학적 기술(記述)을 제시할 수 있어야 했다. 이러한 철학은 새로운 미래에 대한 희망의 지평 안에서 움직일 수밖에 없었다. 또한 그것은 역사적 시간이 주는 압력을 초월적으로 용해할 수 있는 무한한 영원자를 추구해야 했다. 이러한 관점에서 미래의 새로운 세계란 영원의 시야에서 조명되는 우주와 인생의 존재의미가 실현되는 세상이다. 『주역周易』의 용어로 그것은 '형이상(形而上)'의 '원리[道]'가 구체적인 '형이하(形而下)'의 세계나 제도[器]로 표현되는 세상이다.

조선 후기 최제우의 시대는 서구열강에 의한 이른바 서세동점(西勢東漸)의 위기감이 감돌고, 정신적이고 신체적인 '괴질(怪疾)'에 대한 공포가 확산되어가는 시기였다. 이러한 상황에서 그는 사회적 경험을 반영하는 새로운 세계관[東學]이 출현해야 할 필요성을 자신의 책임으로 각성하게 된다. 그는 동도서기론(東道西器論, 정신적인 것은 동양이고 기술적인 것은 서양이라는 주장)의 한계를 넘어서 서양인은 군사적 과학의 힘을 갖고 있을 뿐만 아니라 '道'와 '德'이라는 정신적 세계관을 갖고 있다고 정확히 이해했다. 조선의 새로운 세계관은 서양의 정신적 원리와 물리적인 힘을 수동적으로 흡수하는 것이 아니라, 자신의 전통적 언어에 새로운 경험과 진실을 담아내는 창조적 계승의 맥락에서 나와야 했고, 또 그럴 수밖에 없었다. 새로운 세계관은 역사의 시간적 흐름을 넘어서는 영원의 '대도(大道)'와 "겹겹이 쌓인 현실의 문제들[百疊塵埃, 쌓이고 쌓인 세상의 먼지]"을 대비시킨다. 세상의 먼지를 씻어내는 지혜의 비와 같은 진정한 사상은 새로운 삶의 양식을 보여주는 철학이어야 했다. 새로운 삶은 '만민'이 "각자 가지고 있는 기상[各有氣像]"을 표출할 수 있어야 한다. 최제우는 그의 시 「우음偶吟」에서 예언적 분위기를 가지고 자신의 새로운 각성을 다음과 같이 말한다.

> 남쪽의 별들 원융하게 가득 차고, 북쪽의 은하수 돌아올 때,
> 대도(大道)는 하늘처럼 세상의 시간을 벗으리라.
> 거울을 만리(萬里)에 투영하니 눈동자가 먼저 깨닫고,
> 달이 삼경에 솟으니 뜻이 홀연히 열리도다.
> 누가 비를 얻어 사람을 살릴 수 있을까?
> 온 세상이 바람 따라 임의로 오고 가네.
> 겹겹이 쌓인 먼지, 내가 씻어 버리고자,
> 표연히 학을 타고 신선대(仙臺)로 향하리라.
> …… (중략) ……
> 사람이 세간에 나서 무엇을 얻을 것인가?
> 도를 묻는 것을 오늘 날 주고받는 일이겠지.
> 진리의 핵심 아직 깨닫지 못하지만,
> 뜻이 지혜의 문에 있음은 반드시 나와 같으리라.
> 하늘이 만민을 낳음에 도(道) 또한 낳았으니,
> 각기 기상(氣像)이 있음을 나는 몰랐었네.
> 南辰圓滿北河回, 大道如天脫劫灰, 鏡投萬里眸先覺, 月上三更意忽開.

何人得雨能人活, 一世從風任去來. 百疊塵埃吾欲滌, 飄然騎鶴向仙臺.

…… (중략) ……

人生世間有何得, 問道今日授與受. 有理其中姑未覺, 志在賢門必我同.

天生萬民道又生, 各有氣像吾不知矣.[12]

영겁의 관점을 갖게 하는 대도(大道)를 체현한 마음은 노자의 '현경(玄鏡)'처럼 드넓은 시야로 열린다. 인간의 마음은 세계를 비추는 눈동자이다. 이는 하나의 태양이나 달과 같다. 최제우는 영겁에 접하여 드넓은 공간으로 열리는 이러한 초월적 경험을 도교철학에 나오는 학을 탄 신선으로 묘사하고 있다. 출세간(出世間)의 경험은 세간(世間)에서 도를 주고받는 소통의 원천이자 지혜의 문이다. 지혜의 소통에 의해 이전에 알지 못했던 만민 각자의 생명의 활력을 각각의 기상으로서 드러낼 수 있다는 것이다. 모든 개체가 존재의 포부를 갖고 있다.

최제우가 겪은 출세간의 경험은 1860년 4월 5일 (35세) 용담에서의 '득도(得道)'라고 하는 체험에 의해 자연과의 일체에 대한 주체적 확신에 이르게 된다. 그 이후의 언설 대부분은 이러한 불혹(不惑)의 확신 이후에 나온 것이다. 그가 알고 있었던 이전의 전통적 개념들은 그것에 바탕하여 의미가 새롭게 심화되는 가운데 신앙적 성격이 강화된 것으로 보인다. 그의 언어에는 종교적 확신과 철학적 사변성이 혼재되어 있다. 바로 이 점에서 동학은 종교적 측면에서 바라보는 연구도 가능하며, 철학적 측면에서도 연구가 가능하다. 그러나 철학적 연구가 주체적 경험을 개념적 사변으로 환원하는 것이기는 하지만, 진정한 사변은 경험 없는 공허한 추론으로만 이루어지는 것이 아니라, 예술적이거나 종교적인 직관이 주는 어떤 고유한 의미를 담고 있다. 동서양의 형이상학의 역사가 보여주듯 사변적 개념과 추론은 최초의 종교적 체험을 회상적으로 담고 있다. 그리고 후세 신비가들의 영적 개명(開明)도 영감의 강도가 희박하게

12 崔濟愚, 「偶吟」, 『天道教經典』, 천도교중앙총부, 1993, 92-94쪽.

된 사변철학에 활력을 재충전하는 계기가 되어왔다.

최제우의 종교 체험은 "꿈인지 생시인지[如夢如覺]"라는 그의 표현에서와 같이, 의식의 각성 상태가 이완되어 무의식의 차원과 접하여 세계를 새로운 관점에서 보게 되는 일종의 한계경험이다. 이러한 경험은 인간세의 경계선에서 그것을 돌파하는 극한의 초월적 경험이다. 여기서 세간의 역사적 시간은 미래의 새로운 시간과 연결된다. 그리고 "만고에 없는 무극대도[萬古 없는 無極大道]"라는 표현이 의미하듯, 그러한 경험은 영원무한자와의 관계를 특이하고 고유한 의미를 갖는 것으로 파악하게 한다.[13] 무극대도는 이전에 없었던 삶의 의미원천이다. 그것은 만고에 없었다고 할 수 있을 만큼 극적으로 새로운 의미를 주는 본원이다. 영원무한자는 우주 만유의 존재근거이자 인간을 포함한 각각의 개체에 응축되어 있는 생명이다.

동학의 사변적 측면을 철학화하고자 했던 야뢰 이돈화(夜雷 李敦化, 1884~?)에 의하면, "인류와 기타 천지 만유는 하나의 연쇄 위에 세워져 있는 신(神)의 자기표현(自己表顯)이다." 이돈화가 무극대도의 본질적 속성을 '창조성(創造性)'으로 보았듯, 다소 격렬한 종교적 체험과 함께 이해되었던 최제우의 대도(大道)는 안으로는 그 자신을 창발적으로 거듭나게 했으며, 밖으로는 이전 5만 년의 대운이 다 소진되고 새로운 5만 년의 대운을 개벽하게 하는 역사 창조의 원리이다. 그것은 각 개체들이 우주적 연대 속에서 개개의 창발적 활력을 표현하는 새로운 삶의 양식을 가리킨다. 대도(大道)는 인간에게 질적으로 새로운 이상향에 참여하는 시간 의식을 갖게 한다. 그것은 미래를 향한 창조적 활동의 본원이 된다.

그러나 최제우에게 자본주의적 국가들의 국제적 움직임은 하나의 '무서운' 세상의 도래로 감지된다. 또한 동학사상 운동이 발전함에 따라 조선의 문명화와 제도의 혁신은 조선의 민중이 감당해야 하는 몫이 되어갔다. 조선 후기의 시대적 상황 속에서 태동하고 전개되었던 동학이 역사

---

13 李敦化, 『水雲心法講義』, 1925, 81쪽.

와의 고통스러운 만남을 통해 개체의 존엄성과 평등, 나라의 자주적 독립성을 문제 삼은 것은 당연한 것이었다. 조선 역사에서 민중을 포함한 만유의 존엄성과 신성한 가치의 깃발 아래 그렇게 많은 사람들이 자유의 가치를 현실에 구현하고자 한 적은 없었다. 동학사상의 견지에서 보면 그러한 자주적 자유의 실현은 자연사의 과정에서 나타난 생명체의 역사가 인간을 통해 완성되어가는 과정[開闢]이었다.

이돈화의 『천도교창건사』에 의하면, 최시형은 순조(純祖) 27년 경주(慶州) 동촌(東村) 황오리(皇吾里)에서 태어났다. 5세에 모친을 여의고 12세에는 부친을 여의었다. 17세에 종이 공장에 의탁하여 생계를 도모했다. 19세에 부잣집 딸과 결혼 중매가 있었으나 남의 덕으로 졸부가 되는 것은 정상이 아니라 하여 거절하고 밀양 손씨(孫氏)와 결혼하였다. 22세에 경주 마복동(馬伏洞)에 살 때 주민들의 추대로 집강(執綱) 일을 맡아 마을의 공익을 위해 힘써 마을 사람들이 비를 세워 표창했다. 그 후 35세에 최제우를 만나 그 인물과 사상에 감동하여, '목욕재계(沐浴齋戒)'하고 '극기(克己)' '명상(冥想)'을 거듭하는 자기수련을 했으며, 친구 김이서(金伊瑞)의 물질적 도움으로 집안을 안정시켜놓고 집을 나가 강론 설법의 길로 들어섰다. 이것이 최시형 방식의 공생애이자 출가(出家)였다. 이러한 선택은 사적인 삶의 방식을 공적인 방향으로 전환하는 성격을 지녔다. 그의 공적인 삶은 역사적 사회와의 만남에서 오는 정치적 의미를 갖는 것이자 운명적인 것이었다.

그는 정규교육은 받지 못했으나 마을의 사무적인 일을 맡았던 것으로 보아 일자무식이 아니었으며, 사서삼경과 불경 및 도교 철학서 등을 본 것으로 판단된다. 그러나 그의 지적 수양은 전통 이학자들처럼 문헌 연구나 주석하는 방식이 아니었다. 그는 안으로는 극기 명상의 방법을 통해 자기변형의 노력을 수행하고, 밖으로는 '사물에 편재하는 지극한 기운의 감응[至氣感應]'으로부터 오는 느낌과 소통의 능력을 구체적으로 표출한다. 자기변형과 사회적 소통을 함께 완성하려는 사상은 도교철학에서뿐만 아니라 이학과 불교에서도 생소한 것은 아니었다. 35세 이후의 그의 공적 생애를 보면, 그는 공간적으로 멀리 떨어진 사건들을 인지하거나 격리된 사람과 소통하며 병든 자를 치유한다. 이러한 투시적 감응과 치유는 동서양의 종교적 구원자에게 흔히 나타날 수 있는 현상이었다. 그러나 정치경제적 불균등의 심화로 인한 심각한 소외와 격리를 시대의 병리현상이자 신체적 고통으로 이해한 동학에서는 신체적 느낌의 소통과 병의 치유는 실천의 본질적인 부분이 된다. 이 부분은 최제우로부터 전승되는 동학사상 운동이 갖는 새로운 인륜의 원리이다. 내부에서의 자각과 외부와의 감응은 새로운 인간관계를 맺어가는 공적 원리가 된다.

이 공적 원리는 내적인 자기변형이라는 수련을 통해 주체적 토대를 마련한다. 동학적 주체성은 자신의 마음을 우주의 생성에 조율하는 노력을 통해 고요한 안정성과 포용성에 바탕하여 외부 사물과 소통하는 능력을 함양하는 데에서 이루어진다. 그러한 주체성은 협소한 시간과 공간에 폐쇄되어 일상의 감각주의에 몰입하는 경향성을 벗어나려는 노력을 통해 사물과의 대립을 극복한 마음이다. 이런 의미에서 김용휘의 언급대로 최시형의 철학은 '마음의 철학'이라 할 수 있으며, 그러한 마음은 감각주의적 경험에 매몰된 것이 아니라 우주의 생성과 감응하는 주체성이라는 의미에서 '심령(心靈)'이라 할 수 있을 것이다.[14]

심령은 빈부의 대립, 권세의 대립, 민족 간의 대립이 주는 고통을 극복하는 방향으로 움직인다. 이러한 심령은 이기적 경제인이나 권력자의 고체화된 자아를 파괴하는 극기의 노력을 통해 만유의 끝없는 흐름을 통관하는 우주적 자아가 된다. 우주적 연대성을 회복한 심령은 만유의 본성과 자신의 본성이 일치함을 경험한다. 이러한 경험에서 역사적 사회가 가한 온갖 외상과 내상이 치유된다. 마음의 단계적 발전과 향상에서 정신의 궁극적 본질이 이해되고 실현된다는 동학의 철학은 최시형이 표현했듯이 '심학(心學)'이며, 전통 이학의 용어로 표현하면 '마음의 기술[心

14 김용휘, 「海月의 마음의 철학」, 『海月 崔時亨의 사상과 甲辰개화운동』, 동학학회 편저, 모시는사람들, 2003, 111-132쪽.

術]'이다.

최시형은 만유의 근원을 생명 원리로 이해하고, 현상적인 모든 것을 그 표현으로 생각했다. 그는 우주의 생명 원리를 '하나의 기[一氣]'라고 한다. 전통적으로 우주의 원리를 궁구할 때 이기(理氣)의 탐구라고도 하는데, 이러한 의미에서 그는 우주의 생명 원리를 '이기(理氣)'라고도 말한다. 다양의 현상은 하나의 자발적으로 운동하는 생명성의 표현이다. 표현된 결과는 근원적 하나 속에 내재하고, 근원적 하나는 다양한 현상에 내재한다. 표현이란 내재적 표현이다. 인생과 역사의 바람직한 방향과 구원은 이러한 생명의 자기표현을 마음으로 느끼고 이해하는 데에 있다. 이런 의미에서 최시형의 철학은 철학적 종교이다.

그러나 종교적으로는 생명의 표현은 신성한 한울[天]의 임재로 경험된다. 인간은 그것을 절대의 현존(顯存)으로 이해하게 된다. 만유의 모든 곳에서 한울의 나타나 있음이 감지된다. 만유가 신성하다. 모든 것에 대한 신성한 감각을 최시형은 사물에 대한 '공경심[敬物]'으로 표현했다. 이런 의미에서 최시형은 그의 스승처럼 신성한 대도의 현존을 경험하는 현존의 명수(名手)로 역사 속에 나타났다. 또한 그는 스승이 우주적 진실을 깨달은 시점을 역사의 새로운 의미가 시작되는 결정적 중심으로 파악하고, 자신의 시대를 현존의 경험에서 드러난 생명의 진리가 새로이 전개되는 '개벽(開闢)'의 과정으로 간주했다. 태초의 인류 출현은 선천개벽(先天開闢)이다. 동학이 출현하여 각자의 생명의 활발성과 평등한 유대가 도래하기 시작하는 시간[時, 때]은 후천개벽(後天開闢)의 시작이다. 이러한 결정적 시간에서 삶의 진정한 의미가 현시되고, 민족과 세계의 진정한 역사적 방향이 드러난다. 그의 윤리적 역사관은 희망의 시간관이며, 이 희망의 인도에 따라 인생의 고통과 무서움이 치유되는 생명의 길이 열리는 것이다. 그리고 이 길은 우주적 생명 원리에 대한 종교적이고도 형이상학적인 이해에 근거한다. 최시형의 사상은 표현과 개벽의 철학이다.

이러한 철학은 그것과 접하게 된 사람에게는 인격과 삶의 핵심이 걸려 있는 사상이 된다. 그것은 새로운 삶의 방식을 결정한다. 이 삶은 이렇게 저렇게 변질될 수 있는 것이 아니다. 주체적 삶을 일으킨 사상은 객관적으로 유통 가능한 상식이나 과학이 아니라, 하나의 주체적 진리로 다가오는 열망의 진실이다. 그것은 믿음을 낳고, 그래서 죽음의 위협도 그 믿음의 진실을 버리게 하지 못한다. 법정의 심문 앞에서 취소될 수 있는 진리가 있고, 브루노(Giordano Bruno)의 경우처럼 화형을 당할지라도 취소될 수 없는 진리가 있다. 전자가 논증하고 검증할 수 있는 객관적 소통 가능성을 갖는 것이라면, 후자는 생의 근거에 대한 전인격적 투여와 열망에 의해 주체적으로 지지되고, 그래서 눌려진 희망을 각성하는 영감에 의해서만 소통되는 진리이다. 과학의 냉정함과 달리 심정의 감격과 정열에 의해 전달되는 진리는 주체적 고유성을 갖는다. 그것의 철회는 생의 핵심을 파괴하는 심각한 손상을 입힌다. 이 때문에 생의 진리는 모든 생명체에 대한 번민을 담고 역사 속에 나타나 시련과 저항을 통해서 빛을 발하는 것이다. 그 진리는 주체적이고 자각적인 경험이 일어나는 조용한 사건을 기점으로 시작된다.

1860년 봄 조선 후기에도 이러한 사건이 일어나고 반복해서 계승된다. 최시형은 최제우를 만나(35세) 제자가 되고, 스승이 아무도 몰라주는 고독 속에서 경험한 의미세계를 열망한다.[15] 최제우의 종교적이고도 형이상학적인 경험은 영원무한자를 빛의 휘황함 속에서 말씀의 계시와 함께 보는 것이다. 그의 '무극대도(無極大道)'는 인격적으로 표현되기도 하고 철학적 원리로도 표현되는 것으로, 인생을 포함한 모든 것의 궁극적 의미 근거이다. 최시형은 바로 이것을 생의 근거로 인수하고 새로운 미래의

---

15 동학 창시자들의 생애와 사상에 대해서는 다음의 연구서를 참조: 李敦化,『天道教 創建史』, 천도교중앙총부, 1933; 윔즈(Benjamin B. Weems),『개혁 · 반란 그리고 천도 *Reform, Rebellion and Heavenly Way*』, 홍정식 옮김, 신명문화사, 1966; 柳炳德 편저,『東學. 天道教』 시인사, 1976; 趙基周 편저,『동학의 원류』, 보성사, 1979; 朴應三,『동학 사상개론』, 원곡문화, 1975; 김월해,『천도교 사상』, 순환기업사, 1983; 윤석산,『수운 최제우』, 모시는사람들, 2004; 표영삼,『동학 1』, 통나무, 2004; 동학학회 편저,『동학과 전통사상』, 모시는사람들, 2004.

삶을 살게 하는 '회복(回復)'의 원천, 즉 신성한 생명 원리로 경험한다. 이 생명 원리가 진정한 '진실(眞實)'이자 '하늘과 땅의 생명본체[天地之生命体]'이다. 생명본체의 분화 운동에 의해 '만물은 부단히 생성하는[萬物生生]' 과정에 있게 된다. 생명본체로서의 무극대도는 모든 개체들의 생명성을 구성하는 '근원적 힘(元氣)'이다.[16]

생명 원리는 만유의 통일적 근거라는 측면에서는 초월적이며 만유로 '표현(表顯)'[17]된다는 측면에서는 내재적이다. 그리고 표현된 다양의 현상세계는 근원적인 하나의 힘 속에 내재한다. 현상을 발현시키는 무한한 원천이 무극대도이며, 이 무극대도가 하나이자 모든 것이다. 그것은 본질적으로 자신을 표현 · 전개하는 '약동(躍動)'의 '활발성[活潑]'을 가지며,[18] 모든 개체를 서로 내적으로 연결시키는 감응성을 갖는다. 모든 개체들은 감응적 소통성 속에서 움직인다. 대도의 활발성에 의해 다수성의 세계가 충만하게 펼쳐지고, 그 감응하면서 편재하는 능력에 의해 "천지만물의 융화상통[天地萬物, 融和相通]"[19]이 이루어진다. 초월적이고 내재적인 본체적 원리는 모든 곳에 빈틈없이 내재하는 충만의 원리이자, 개체들을 관류하여 융통시키는 연속성과 소통성의 원리이다. 융화상통은 정신과 물질의 통일 속에서 자유를 자각하는 우주적 연대성이다. 이것이 만유의 존재론적 원리로 자리 잡게 된다. 동시에 세상의 인류가 아직 각성하지 못하고 있지만 이제는 자각해야 하는 사회윤리적 원리가 된다.

이 원리가 무극의 교사 최제우가 최시형에게 준 세계열쇠이다. 그것과 동화하는 자기수련과 근본경험을 통해 최시형은 '만권시서(萬卷詩書)' 즉 문헌과 지위, 재산과 무관하게 추방자로 (35년간) 살게 된다. 그는 문

---

16 崔時亨, 「虛와 實」, 「海月神師法說」, 272쪽; 「靈符呪文」, 294쪽, 『天道教經傳』, 천도교중앙총부, 1981. (崔時亨의 법설인용은 『天道教經典』에 의거한다). 그의 법설에 대한 문헌사적 연구는 다음을 참조; 윤석산, 「崔時亨 法說의 기초문헌 연구」 (동학학회 편저, 『海月최시형의 사상과 甲辰개화운동』, 모시는사람들, 2003).

17 崔時亨, 基他, 『天道教經典』, 428쪽.

18 최시형, 위의 책, 434쪽.

19 최시형, 위의 책, 419쪽.

화적 권력과 정치 · 경제적 권력의 밖에 있다. 그가 경험하고 언어로 나타낸 진리는 기존의 문화를 번성시키거나, 특권층에 의해 양극화된 권력 사회를 번영하게 하는 것이 아니다. 그의 주체적 근본경험은 문화인이 갖는 신분과 소유의식을 언제나 피상적인 것으로 경험한다. 최시형의 근본적 경험주의는 기존의 통념과 질서가 세계와 자아, 몸과 마음을 분열시켜 내동댕이친 생을 수습하여 그것에 '생혼(生魂)'[20]을 부여하고자 한다. 이러한 방향성은 기존의 문화가 극복하지 못한 생에 대한 부정적 감각을 긍정적 감각으로 전환시켜, 잃어버린 "세계와 자아를 되찾는[復]" 전환이다. 최시형은 '긍정[和]의' '즐거움(樂)' 때문에 기존의 문화세계 및 제국들과 투쟁했다. 근본경험은 만유의 생명성에 대한 화해와 긍정의 경험이었으며, 이러한 경험에 의해 '거듭난 삶[再生]'은 '미래의 새로운 삶[新生]'[21]을 향해 움직인다.

이상의 논의에서 볼 때, 최제우와 최시형의 사상은, 비록 무극(無極)이나 대도(大道)와 같은 전통 언어를 계승했다 하더라도, 기존 성리학과는 다른 시대적 의미를 갖는다. 동학사상은 과거에는 정치의 대상으로 존재했던 사람들이 사회에 대한 책임의 주체로서 정치 무대에 등장한다는 것을 상징적으로 보여주는 사상이 되었다. 그리고 전통적 언어로 전통과는 다른 새로운 삶의 양식이 열리기를 희망한다고 표현해냈다. 개벽의 희망은 제도의 개조를 요구하는 것이기도 했다. 이러한 동학사상에 대한 철학적 해석은 1920년대 이돈화에 의해 시도되었다. 그는 동학사상의 진보성을 당시 서양 현대과학과 철학을 통해 해명하고, 자본주의적 제국주의와 사회적 불평등을 극복하는 신문화운동을 전개했다. 그는 동학을 시대정신에 적합하도록 개조하고자 했다. 따라서 그의 견해에는 동학에 대한 해설의 측면과 새로이 첨가된 이돈화 자신의 철학이 담겨 있다. 그는 동

---

20 李敦化,『天道教 創建史』, 천도교 중앙총리원, 1933, 63쪽.

21 崔濟愚가 '거듭남'을 강조한 이후 '새로운[新]'은 동학교도들의 공통의 어휘로 되었다. 잡지 「開闢」(1920)과 「신인간」(1926)에는 '신종교', '신생'을 비롯한 '신세계', '신인간', '신여성', '신생활' 등 새로움의 희구가 가득하다.

학의 '생혼(生魂)'과 '신생(新生)'의 정신을 문화운동의 차원에서 살리고자 노력했다.

이돈화 이후의 동학에 대한 연구는 주로 역사와 종교의 관점에서 이루어졌다. 그러면 이돈화와 연관하여 기존 동학 연구의 특징을 알아보기로 하자.

2. 두 가지 방법과 능동적 신비주의

이돈화는 '수운주의(水雲主義)'가 갖는 무극대도의 무한한 포괄적 성격과 약동적 '표현'의 활력을 크게 부각시켰다.[22] 그가 보기에 무한자로서의 무극대도는 최시형의 언급대로 '약동불식(躍動不息)'하는 것으로서, 베르그송과도 상통하는 생명 원리였다. 그리고 그는 스피노자적인 만유재신론(萬有在神論, panentheism)에서 주장하는 내재성에 바탕한 사상으로 수운주의를 이해했다. 이러한 이돈화의 해석은 동학에 대한 철학적 해석의 지평을 넓히는 계기가 되었다.

이돈화는 루소(Jean J. Rousseau)의 인민주권론과 크로포트킨(Peter A. Kropotkin)의 상호부조론을 동학의 정신과 일치되는 것으로 보았다. 또한 마르크스의 자본주의 비판을 수용하여 계급의식과 인도주의를 결합시키고자 했다. 그러나 문명의 후진성도 아울러 극복해야 한다는 관점에서, 실증주의적 사회공학까지 인류의 진보를 반영하는 가치들 안에 포괄했다. 당시 근대화에 매료된 다른 아시아인들처럼 그도 근대 사조들의 근본 전제에 대한 반성적 성찰 없이 그것을 활용했다. 스펜서(Herbert Spencer)의 사회진화론은 군사적 제국주의를 반대했지만, 시대적 조류로서의 그것이 지닌 제국주의적 성격 때문에 이돈화는 그것을 제일원리로 수용하지는 않았다. 그러나 스펜서를 콩트(Auguste Comte)의 실증주의와

22 李敦化,『新人哲學』, 천도교중앙총부, 1930, 9-18쪽.

함께 긍정적으로 언급했다. 스펜서는 물질의 항존성을 믿는 근대 기계론적 유물론과 진화론적 세계관을 전제하고, 개인주의적 자유주의라는 자본주의적인 경쟁적 윤리관을 주장했다. 콩트는 기술 과학과 인간중심주의 윤리가 종합적으로 완성되는 세상을 새로운 역사의 조류이자 이상으로 제시했다.

이돈화는 그의 『신인철학新人哲學』(1930)에서 '수운주의'를 '범신관적' 성격을 가진 것으로 언급하면서, 내재적 신(神)인 한울을 자연과 사회를 상승적으로 진화시키는 진화론적 원리로 해석하고 있다.[23] 이러한 해석은 그가 '시대정신'[24]으로 파악한 과학과 물질문명의 진보를 수용하여, 그것을 수운주의에 결합시키는 것이었다. 이러한 이돈화의 해석은 일제 지배라는 제약하에서 진보적 문화운동을 통해 동학사상의 급진성을 제도권 내에서 실현해야 했던 상황을 반영한다고 볼 수 있다. 이러한 한계 내에서도 그는 동학의 철학적 종교성과 자신의 역사진보론을 균형 있게 조화시키고자 했다.

그후 역사가들의 연구 태도는 동학을 인간의 주체적 삶의 차원으로 접근하기보다는 객관적으로 관찰 가능한 역사적 사실을 실증적으로 기술하는 방법을 통해 연구했다. 그러한 역사주의적인 태도[25]는 삶의 의미를

23 이돈화, 앞의 책, 97-128쪽: 그의 이러한 절충주의적 관점은 베르그송의 『창조적 진화』(1907)에 나오는 진화론에 대한 형이상학적 해석에 자극받은 것으로 보인다(『신인철학』 37쪽). 그러나 그는 베르그송 형이상학의 내적 추진력이 동서의 신비주의적 경험에서 나온다는 것을 의식하지 못했다. 이 문제를 다룬 베르그송의 후기 저술 「도덕과 종교의 두 원천」(1932)을 당시의 이돈화는 전혀 알 수가 없었다. 그러나 황문수의 지적처럼 종교와 형이상학이 과학과의 대화를 저버릴 수 없다는 점에서 이돈화의 과학화 노력에는 어떤 정당성이 있을 수 있다(黃文秀, 「夜雷에 있어서의 人乃天思想의 전개」, 『한국사상 12-최수운 연구』, 한국사상연구회, 1974, 402-425쪽).

24 李敦化, 『新人哲學』, 192쪽.

25 객관적 역사의 법칙이 단계적인 직선적 진보의 방향성을 갖는다는 신념은 기존의 많은 동학사 연구의 방법적 태도 가운데 주류를 이루었다. 식민 사관과도 친화성이 있었던 근대화의 관점은 그러한 입장을 전제하기 때문에 종교 사상이나 철학 사상을 역사 발전에 종속되어 출현한 우연적이고 부차적인 현상으로 간주하게 된다. 사상 체계는 단순한 시대의 외피로 격하된다. 이러한 객관주의적 태도를 보여주는 논문들은 다음과 같

역사의 진보적 발전에서 찾고자 한다. 이러한 관점은 역사 발전을 본질적인 것으로 보고 종교적 사상을 외피로 보게 된다. 따라서 무한자가 유한자 속에 현존(顯存)하고 있는 것에 대한 직관적 경험에서 삶의 의미를 찾는 수운주의와는 언제나 긴장관계에 놓이게 된다. 최시형과 그의 스승의 현존경험과 거기에서 나온 개념들에는 시대의 모순에 저항할 수 있는 실천적이고 역동적인 창조성과 긴장이 있다. 언더힐(Evelyn Underhill)과 베르그송이 지적하듯 신비주의적 경험에는 현실에 개입하여 활동하게 하는 창조적 능동성과 개방성이 있다. 그들은 그러한 경험을 '능동적 신비주의'로 간주했다.[26]

다: 朴宗根, 「東學과 甲午 농민전쟁에 대하여」『東學革命의 연구』 노태구 엮음, 박산서당, 1982, 13-47쪽; 金榮作 「東學사상과 農民봉기」, 노태구 엮음, 위의 책, 49-114쪽: 이와 같은 논문들에서 '농민 봉기는 종교적인 사항이 아니고'(박종근), 동학사상은 '관념적 신비적'이며, 동학의 '개인주의적 자기구제의 범주는 일체의 사회윤리와 무연한 것'이다(김영작). 노태구의 「東學革命과 太平天國 혁명의 비교」(위의 책, 323-337쪽)는 여기서 '동학사상이 중세봉건사회에서 근대시민사회로의 신기원을 여는 일대 사상적 분수령'이라는 동학의 시대 제약성을 강조하고, '급진적 샤머니즘적 요소를 제거하면' 동학이 민족적 '정치이념'의 창조적 원천이 될 수 있다고 주장한다.

이에 비해 신용하는 객관성과 주체성 사이의 균형을 찾고 동학의 조직과 주체 세력에 대해 연구했다(愼鏞廈, 『東學과 甲午농민전쟁 연구』, 일조각, 1993). 그는 동학이 이전부터 있어왔던 민란의 흐름에 '조직과 사상을 주었다'는 '동학과 농민전쟁의 결합설'에 입각한다. 그러나 동학의 종교-철학적 원리와 역사 사이의 유기적 혹은 필연적 연관에 대한 연구는 저자의 과제에서 제외되어 있다. 그에게도 동학은 현대적 의의를 주는 것이기 보다도 근대사회를 열어준 혁명 운동을 도와준 보조적 기능을 갖는다(3쪽, 35쪽, 391-393쪽).

신일철은 「최해월의 汎天主義 세계관」(『한국사상』 24, 한국사상연구회, 29-51쪽)에서 동학의 종교적 윤리를 베버(Max Weber)가 언급한 '탈주술화'되고 '세속화'된 '근대산업사회의 세속윤리'로 규정하고, 이 점에서 동학의 진보적 근대성을 찾는다. 그러나 탈주술화를 진보적이라고 보는 것은 지나친 오해인 것으로 보이며, 베버는 공리주의적 합리성이 지배하는 산업사회를 영혼과 가슴이 없는 어두운 시대로 통찰했다. 동학은 오히려 이러한 시대를 능가하고자 하는 사상적 요소를 갖고 있다.

26 신비주의 연구가들은 신비경험이 갖는 경이로운 능동성과 개방성을 발견한다. 대표적으로 언더힐(Evelyn Underhill), 『실천적 신비주의*Practical Mysticism*』(1914), 최대형 옮김, 은성출판, 2003: 언더힐에 의하면 '물자체에 대한 직관'은 '우주적 생명의 리듬과 하나가 되고' 그로 인해 '새로운 세상을 여는 모든 행동 중에서 가장 실질적인 행동'을 하게 한다 (63, 128쪽). 그녀의 저작을 활용하는 베르그송(H. Bergson)도 「도덕과 종교의 두 원

한편 최제우나 최시형의 종교적 근본경험을 역사적 사회로부터 분리시켜 개인적 내면세계에서의 체험으로만 다루는 주관주의적 태도 역시 동학의 저항적이고도 능동적인 사회적 실천을 간과할 수 있다. 심한 경우 그러한 태도는 근본경험을 허약한 개인의 삶을 위로하는 순수영혼이 가능하다는 안심입명의 수단이나 신통력을 부리는 것으로 격하시킨다. 과도한 주관주의는 근본경험이 함축하고 있는 풍부한 철학적 의미에 대한 개념적 이해와 해명을 간과할 수 있다. 또한 영혼의 초월적 순결에 몰입하고 구체적 현실의 모순점들을 삶과 무관한 것으로 치부함으로써, 실제로는 현실에 기대어 살면서도 자신의 영혼은 순수하다는 자기기만에 빠지게 된다. 이러한 영적 주관주의는 외부세계를 버리는 영혼의 빈곤을 면치 못한다.[27] 객관적 실증주의가 감각적 경험이나 과학적 검증

천」(송영진 옮김, 서광사, 1998)에서 그리스도나 인도의 성자들에게서 나타나는 개방적 정신을 논의한다. 그러한 성질은 생명에 대한 직관에서 오는 '영혼의 단순성'에서 비롯된다. 그것은 '진보의 무게에 신음하는 인류'를 살릴 수 있는 가치이기도 하다. 이런 의미에서 그는 '기계와 신비'를 대비시킨다(340-341쪽).

27 주관주의적 태도에 접근하는 논문으로 다음과 같은 것들이 있다: 崔東熙, 「海月의 종교적인 기본방향」, 『한국사상』 24, 1998, 5-28쪽: 해월의 종교 체험은 자연의 '기적적 현상'과 '정상적 현상'을 이해한 '만사를 깨달은' 체험이다(26-27쪽); 車玉崇, 「해월사상과 교인들의 종교 경험」, 앞의 책, 91-119쪽: 여기서는 동학교도들의 여러 체험 사례를 수집하여 보여주는 흥미로운 작업을 하고 있다. 해월의 종교 체험은 '물아일체'적이고 '생명긍정적'인 신비체험이다(100, 113쪽); 金敬宰, 「崔水雲의 신 개념」, 『동학사상논총』 1, 천도교 중앙총부, 1983, 209-225쪽: "수운의 신학은 진화를 포용하는 '범재신론(汎在神論)'이며, '반대일치 논리'로 서구의 모순율을 극복한 것이다. 김경재가 동학의 논리로 보는 반대일치의 논리는 이돈화의 「東學之人生觀」(1963)에 나오는 「반대일치의 진리」에서 영향받은 것으로 보인다. 이 개념은 원래 르네상스기의 이탈리아 철학자 니콜라우스 쿠자(Nicolaus Cusa)의 주요 원리였다. 이 철학자는 신비주의와 인문주의를 결합시켰기 때문에 그의 세계관은 이돈화가 그렇게 했듯이 동학의 세계관을 해명하는 데에 큰 도움을 줄 수 있을 것이다. 그러나 헤겔에서 보이듯이 반대의 일치(coincidentia oppositorum), 즉 대립의 통일 논리는 동학을 변증법적 신학으로 만들 우려도 있다. 르네상스기의 '반대의 일치' 개념은 카시러의 다음과 같은 책에서 논의되고 있다: 카시러, 『르네상스 철학에서의 개체와 우주』, 박지형 옮김, 민음사, 1996. 동학의 종교성에서 인본주의적 성격을 강조하는 경향은 역사주의적 태도로 회귀하는 성향을 보인다. 일례로 황선희(黃善嬉)는 「동학사상의 인본주의 성격」(『동학연구』 3, 한국동학학회, 1998, 119-151쪽)에서 최제우가 '관념적 이상향 추구'와 '도덕지상주의'에 치우치는 종교 생활을 한 것과 후계

가능성 등에서 실증성을 찾는다면, 영적 주관주의는 영적 체험만을 진리 검증의 기초로 보는 사실상 종교적 실증주의이다. 종교적 실증주의는 외부 현실을 무시하고 내면을 찾고자 하지만, 외부를 상실한 대가로 내면을 상실하는 역설에 봉착한다.

그러나 능동적 신비주의인 동학의 주체성은 밖으로는 비인간화된 사회의 변혁을 도모하고, 안으로는 우주적 생명 원리와 소통하는 인간 본연의 심층적인 심성의 세계를 경험한다. 또한 동학의 내면성은 그 약동(躍動)의 활력과 감응(感應)의 소통력을 외부로 표현하는 사회성을 갖는다. 이러한 약동성이 기존의 사회 구조에 저항하여 새로운 사회적 인륜을 희망하고 창조하게 했다. 동학의 근본경험은 내면의 광대한 공간을 열어젖히고 삼라만상의 존재를 신성(神性)의 조명 아래 긍정한다. 여기에서 사물의 존재는 신성을 표현하는 것으로 현전하게 되고, 따라서 공경하는 사랑의 대상으로 환기된다. 이러한 자연에 대한 긍정에 의거한 우주적 심정은, 신성을 표현하면서 펼쳐져 있는 자연 경관 속에 사물과 인간의 존재가 공동으로 귀속하고 있음을 경험한다. 이러한 경험에 자연 존재에 대한 진정한 긍정의 윤리가 근원하고 있다. 이 근원적 경험이 진정한 사회윤리적 관계의 산실이다. 동학의 주체성은 부정적 대립과 원한이 용해된 심정의 자유를 토대로 사회와 능동적으로 관계한다.

최시형이 체험한 근본경험은 실천적 능동성을 가지고 생명의 부정에 기초한 시대의 어두운 폭력에 저항하는 빛이었다. 동학혁명은 민간 · 도교적인 미신, 봉건적 군왕주의 유습 등의 단점이 있지만, 그 원리적 측면에서 보면 인간의 내면성을 우주와 연관하여 정립하고 그 내면성의 활력을 사회 · 정치적으로 표출함으로써 새로운 개벽을 도래하게 하려는 실천성을 갖는다. 송(宋)대 호상학파(胡湘學派)인 호적계(胡籍溪)의 이학적(理學的) 언어로 말한다면 동학의 철학적 구조는 "마음 본체를 밝혀 현

자들의 사회적 실천을 이원화시키고, 동학의 근대 민족운동 전개에 초점을 맞추고 있다(148-150쪽).

실의 적용에 이르는 학[明體達用之學]"이라고 할 수 있다. 그것은 내면과 외면의 통일적 완성을 지향하는 내외합일의 길內外合一之道이다. 동학이 갖는 이러한 이중적 성격 때문에 그에 대한 적절한 접근 방법은 사회적 객관성과 주체적 내면성, 이 양자를 함께 논하는 것이어야 한다. 물론 서로 다른 본성을 지닌 주체성과 객관성이 어떻게 일원적으로 통일될 수 있는가에 대한 철학적 논의는 여전히 문제로 남아 있다. 그러나 동학과 같은 사상들이 그러한 두 측면을 함께 갖고 있다면, 그 두 측면 모두를 논의할 수밖에 없다.

그리고 주관성과 객관성을 첨예하게 대립시키는 것은 유럽 근대의 과학적 세계관에 기원하는 것으로, 유럽인이 창조해낸 세계해석의 한 도식이다. 그러나 동학은 동아시아적 사고방식을 전승받아 이를 조선 후기의 상황에서 새로이 살려낸 것이다. 현대인이 객관적 사물이라고 하는 것은 동학적 해석의 관점에서는 기(氣)라고 부르는 생명 원리의 자발적 표현이다. 동시에 기는 인간의 몸과 마음을 구성하고 있는 것이기도 하다. 따라서 객관적인 것과 주관적인 것은 그 본원에서 동일하다. 동학은 그 두 가지를 하나의 생명 원리인 기(氣)로 해명하고 있다. 물질적인 것과 정신적인 것은 판명하게 분리되어 서로 대립하는 것이 아니다. 인간의 정신은 물질을 통해 자신의 발생적 본원을 상기해야 한다. 약동불식(躍動不息)하는 창조성이 하나의 심적 속성이라면, 고체적 물질도 본질에서는 그러한 심적 속성을 내부에 지니고 있다. 물질도 의식의 흐름처럼 연속적 흐름의 성질을 그 내면에 간직하고 있다. 물질도 미약하나마 내면성을 갖는다는 이러한 견지에서 동학은 외부 사물을 공경하는 존재론적이면서도 윤리적인 세계상을 창조해냈다.

또한 원리적 측면에서만 보면 동학적 내외합일의 길은 오늘날에도 창조적으로 적용될 수 있을 것이다. 그것은 인간을 인질로 삼고 그 위에서 명령체계로 작동하는 '경제 본위주의(經濟 本位主義)'(이돈화) 시대를 극복하기 위한 새로운 개념들의 창조적 원천이 될 수 있을 것이다. 동학이 동아시아 전통사상을 창조적으로 계승했듯이, 이러한 문맥에서 최제우,

최시형의 종교적 근본경험이 갖는 생명 원리의 표현성과 개벽이라는 시간성의 문제를 다루는 것은 오늘의 우리에게도 시대적 의미가 있다. 그리고 이 문제에 대한 논의는 현존과 무한성, 무(無), 개방성과 연속성, 영원과 개벽, 역사와 시간 등의 개념들에 대한 이해와 해명을 필요로 한다. 이러한 작업을 통해 동학적 신앙이 갖는 철학적 의미와 그 실천적 의미가 현대적 맥락에서 드러날 수 있을 것이다.

3. 경험과 표현(表顯)

최시형의 종교적 근본경험은 우주를 하나의 연속성을 지닌 살아 있는 개체처럼 보는 것이다. 이는 스승과 동일한 의미를 갖는 경험이자, 만유와의 우주적 연대성을 감응이라는 공감의 방식으로 느끼는 것이었다. 이 우주적 공감은 그의 종교적 신념과 철학적 개념들에 생기를 부여했으며, 새로운 사회적 관계에 의거하는 제도의 인성론적 기초가 되었다. 그의 종교와 철학 및 제도관의 핵심적 바탕은 우주적 연대성에 대한 공감의 경험에 있다. 이돈화가 "인류와 기타 천지 만유는 하나의 연쇄 위에 세워져 있는 신(神)의 자기표현(自己表顯)이다."라고 한 것은 최시형의 경험이 갖는 위와 같은 성격을 압축적으로 보여준다.[28] 손병희(孫秉熙, 1861~1922)에 의하면 '세계' 내에서의 '인간의 위치'를 보전하며 인간성을 '표출[顯明]'하는 세 영역이 있다. 바로 "신앙과 철학과 제도"이다. 이 가운데 철학은 인간의 궁극적 '본성계[性界]의 영원성[久]'과 '신변계[身界]의 유한성[暫]'을 나누어 추구하는 영역이다. 철학은 몸과 마음에 대한 인성론적 연구이다. 우주적 생명성과 소통하는 인간의 가장 본질적인 능력인 성(性)은 인간성의 영원한 부분이다. 제도는 본성의 영성을 갖춘 '성령인(性靈人)'과 '육신인(肉身人)'을 합일시켜 '하나의 광대한 이상세계[一

---

28 李敦化, 『水雲心法講義』, 천도교중앙총부, 1925, 81쪽.

大素天國'를 구성한다. 따라서 이상적인 사회제도는 심령적 본성[性靈]을 갖춘 신체적 인간들이 참여하여 상호 감응하는 화해의 관계를 맺는 조직체이다. 이는 제도라기보다는 차라리 하나의 유기적 개체라 할 수 있다. 그러나 철학과 제도의 원천은 신앙에 있으며, "신앙은 사람이 한울[天]에 다가붙어[粘着] 자기의 있음을 잃어버리는[自有를 忘] 것이다."[29]

신앙이 철학의 근원이 된다는 것은 종교적 근본경험에 개념의 창조 및 그 의미의 원천이 있다는 의미이다. 형이상학적 사변은 제임스(William James, 1842~1910)의 비교종교학적 연구가 보여주듯, 동서를 막론하고 궁극적인 것에 대한 직접적 경험이 주는 '열매'에 근원하고 있다. 열매는 '성스러움'과 '평화', '자기 테두리의 해체'라는 심정이며, 이것은 종교적 경험의 심적 결과로서 주어진다. 대승불교와 교부철학 같은 사변적 체계들은 그러한 심정의 열매에 뿌리를 내리고 있다는 것이다. 그러한 철학은 거듭나는 재생의 직관적 경험에 근원하기에 '두 번 태어나는 철학(twice-born philosophy)'이 된다.[30] 손병희도 암시하듯이 신앙과 철학에 대한 인간론적 접근은 인간 경험의 다층적 차원을 인정할 수 있다. 인간론적 해명은 세속적인 것으로부터 초월적 경험에 이르기까지 인간성을 표출하는 제반경험들을 포용할 수 있는 이점을 갖는다. 또한 여러 이론적 사변의 의미를 재생의 경험에 의거하여 이해하고자 하기 때문에, 이성적 사변으로부터 모든 것을 연역하려 하지 않는다. 사변으로부터 경험을 연역하는 것은 철학의 월권행위로 알려져왔다. 그러나 인간의 삶에 대한 폭넓은 경험주의적 이해는 그러한 월권을 범하지 않는 이점을 가질 수도 있을 것이다.

사변적 개념들의 의미는 종교적 직관에 연원한다. 그 개념들의 의미는 종교적 경험이 주는 어떤 의미들을 전달한다. 이성적 체계는 심원한 느낌이 갖는 심정의 통찰을 반영한다. 카발라 철학과 같은 신비주의적 정

---

29 孫秉熙, 「吾敎의 顯明時代」, 『天道敎經傳』, 천도교중앙총부, 1981, 565-656쪽.

30 제임스(W. James), 『종교 체험의 여러 모습들*The Varieties of Religious Experiences*』, 김성민 외 옮김, 기독교서회, 1977, 106쪽, 319-321쪽, 398쪽.

서를 존중한 셸링(F. W. J. Schelling, 1775~1854)은 우주에 대한 어떤 심연의 느낌에서 세계의 발생적 연원을 사유하는 철학을 시도했다. 그에 의하면 "모든 시대의 신비가들과 종교적 심정들은 인간과 신의 통일성에 대한 믿음에 도달했으며, 이 믿음은 이성과 사변보다는 내적인 감정에 상응하는 것으로 보였다. 성서도 우리가 신 안에 살며 신 안에 존재한다는 믿음의 확증과 담보를 자유의 의식 가운데서 발견한 것이다." 물질과 정신의 통일성을 자유의 본질로 하는 신비가들의 사유는 "인간은 신 바깥에 존재하지 않고 신 안에 있으며 그의 행위 자체는 신의 생명에 속한다"는 것을 생활신조로 갖는다. 그리고 이것이 그렇게 말할 수밖에 없는 '탈출구'이다.[31] 생의 궁극적 근거를 추구하는 종교적 철학은 세계의 존재를 논리적으로 증명하는 것이 아니라—존재는 증명될 수 있는 것도 아니다[32]—우주의 무한한 근원에 대한 신비적 감각을 추상적으로 전달하는 것일 뿐이다. 종교적 철학은 신비가의 원초적 경험과 그 언어가 함축하고 있는 풍부한 의미를 기술하는 해석의 지평에 있게 된다.

신비가의 경험에서 현시되는 영원하고 무한한 궁극의 실재는 그의 삶의 양식을 결정적으로 전환하며 세상과 반대되는 위기의 삶을 살게 한다. 이 위험한 여행은 기존 질서를 예속 상태로 보고 새로운 미래의 삶을 운명으로 받아들이는 모험이 된다. 그리고 그의 제자들은 세계에 대한 기존의 태도를 즉각 뒤집어 환기시킨 스승의 근본경험을 추억하고 열망한다. 그들에게 근본적 사유는 언제나 스승의 경험이 갖는 영원한 의미를 회상하는 재음미의 사유이다. 회상적 사유는 과거의 결정적 순간을

---

31 셸링, 『인간적 자유의 본질*Über das Wesen der menschlichen Freiheit*』, 최신한 옮김, 한길사, 2000, 56쪽.

32 김현태, 『둔스 스코투스의 철학사상』, 카톨릭대출판부, 1994, 108-122쪽, 132-164쪽: 존재의 증명은 또 다른 존재를 전제하기 때문에 무한소급의 불합리에 빠지게 된다. 신과 세계의 존재는 종교적 철학이 공허한 것이 아니기 위한 제일의적 전제이다. 종교의 영웅들은 대 긍정의 직관적 경험에서 사랑과 경이의 감정을 가지고 존재를 긍정적으로 수용한다. 프란시스코 수도회의 철학자인 둔스 스코투스(Duns Scotus, 1265~1308)는 신과 만유의 존재 일의성(univocitas entis)을 주장했다. 이러한 철학은 아시시의 성인 프란체스코의 존재에 대한 경외와 사랑의 경험을 이론화한 것이다.

반복함으로써 그것을 미래의 새것으로 만드는 창조적 활동이다.

그러므로 근본경험의 신앙적 진리와 전승을 이해하기 위해서는 그것의 경험자에게 일어난 인격적 사건을 먼저 이해해야 할 것이다. 우주의 존재에 대한 종교적 이해 방식을 알기 위해서도 고유한 인격적 경험을 존중하고 그것에 먼저 주목해야 한다. 정이(程頤, 호는 伊川, 1033~1107)의 주장대로 "성인을 관찰하면 우주를 이해한다[觀乎聖人, 則見天地]."[33] 성인적 경지를 체험하는 인격에 대한 이해를 통해 우주에 대한 그의 관점과 해석에 접근한다.

최시형이 계승하고 경험했던 '우리 도의 진리[吾道眞理]'는 최제우에게 일어난 결정적 사건과 결정적 시점(1860년 4월 5일, 오전 11시)[34]의 연장선에 있다. 이돈화의 보고에 의하면 여러 차례의 경험이 같은 해 9월 20일까지 지속된다. 그중 4월 5일의 경험은 무한공간과 그 안에 충만한 빛의 약동에 대해 보고한다. 그후의 경험들 가운데 또 하나의 결정적 경험은 상제(上帝)가 금력과 권력으로 유혹하자 최수운이 이 유혹을 이기고 무한시간과 무한공간을 경험한 사건이다.

> (1) 첫 번째 경험: 눈앞에 아무것도 보이는 것이 없고 다만 무한한 허공에 찬란하고 휘황한 빛이 가득 차서 뛰고 동하고 번쩍 어리되 宇宙의 한 끝과 한 끝이 서로 맞닿은 듯하며 한울과 땅의 뿌리가 서로 얽히어 온 천지 만물이 그 밑층으로부터 났다 꺼지고 꺼졌다 다시 나는 듯한지라 대신사(大神師) 이것이 영부(靈符)임을 알고…….[35]

무한공간에 가득 찬 광채가 영부(靈符)라고 하는 상징적 기호로 경험된다. 우주에 편만한 광채는 "한울과 땅의 속을 뚫고 일만 물건의 가운

33 程伊川, 「外書」 劵 11, 『二程集』 一, 中華書局, p.414.

34 李敦化, 『天道教創建史』, 천도교중앙총리원, 1933, 43쪽: 천도교에서는 이 시점을 기년으로 삼고 역사가 새로이 생성하게 되는 기점으로 본다.

35 이돈화, 위의 책, 1933, 44-45쪽.

데 통(通)하여" 있다.[36] 광채는 하늘과 지상을 관통하고 있는 어떤 영적 작용으로 경험된다. 이런 의미에서 우주의 두 끝이 맞닿았다는 것은 근원적인 약동하는 실재와 만유가 서로 내재적이고 일원적인 관계에 있다는 것을 암시한 것이다. 만유는 근원의 빛 속에 있고 근원적 실재는 만유를 관통하고 있다. '한울의 말[天語]'로써도 계시하고 상징적 부적을 주기도 하는 인격적 한울은 약동하면서 내재하는 자연종교적 성격을 함께 갖고 있다. 또한 근원의 실재와 달리 만물은 그 안에서 생멸하지만 만물의 생성 · 소멸의 과정은 그 율동을 영원히 지속할 수 있다.[37] 근원 실재를 상징하는 영부의 도상(圖像)은 태극의 형상(∽)과 궁(弓) 자를 연결해 놓은 것 혹은 궁(弓)과 을(乙)을 연결한 것 같다고 하는데, 실재의 약동적 리듬을 그린 것이다.[38] 생명 원리인 영부는 "천지만물의 생명"이다. 그것은 "사람의 죽은 혼을 산 혼으로 돌이키고", "사회의 모든 죄악과 병폐를 다스리는 불사의 약"이다.[39] 우주의 근원적 생명 원리는 영원히 자발성을 가지고 운동하여 만유를 살려내는 힘이다. 이것과의 소통을 통해 개인들과 사회는 재생의 조건을 갖게 된다.

동학의 근본경험은 그 종교적 정서 속에 장자와 같은 생성의 철학을 담고 있다. 종교적이고 형이상학적인 생명 원리는 무한자로서 영원히 지속한다. 그것은 "혼융한 근원적인 하나의 생명력[混元之一氣]"이다. 이 실재가 사회 · 심리적 병리와 인격적인 번민과 고통의 체험에 대한 총체

---

36 이돈화, 앞의 책, 45쪽.

37 야마다 케이지, 『주자의 자연학』, 김석근 옮김, 통나무, 1991, 184-193쪽: 영겁회귀설처럼 만물 전체가 융성과 쇠퇴를 주기적으로 시작과 끝도 없이[無始無終] 반복한다는 관념은 소강절(邵康節)과 주희(朱熹)의 근본 관념 중의 하나였다. 동학도 그것을 계승하여 생성의 새로움을 강조하는 시간관으로 변형시킨다.

38 이돈화, 앞의 책, 44-45쪽: 원래 궁궁(弓弓)은 『정감록』에서 조선이 맞이하게 될 최후 결전의 재앙을 피할 수 있는 풍수 지리적 지역의 모습을 그린 것인데, 약(弱)한 자가 강한 자를 이길 수 있다는 의미도 갖고 있다(구양근, 「동학가사 문학을 통해 본 최제우의 역사적 한국사상 계승 문제」, 『동학연구』 3, 214-219쪽). 아마도 최수운은 신성한 생명의 약동원리가 최후의 피난처라고 생각했을 것이다.

39 이돈화, 앞의 책, 45-46쪽.

적 구원의 원리이다. 근원적 생명이 최수운의 심정에 현존(顯存) 혹은 임재[降臨]한다.[40] 동시에 자아에 현현한 근원 실재는 개별적 사물의 존재근거로서 "사물에 현존[物에 在]"한다. 만유에 대한 현존의 경험을 통해서 자아의 존재와 사물의 존재가 신성한 빛의 조명 아래 전면적으로 긍정된다. 영원자가 현존하는 '순간'에서의 종교적 경험이 세계와 자아에 대한 존재론적이고도 윤리적인 이해를 가능하게 한다. 이러한 이해에서 자연과 자아의 존재의미가 이전에 의식하지 못했던 긍정적 가치로서 직관된다.

이러한 '대각(大覺)'의 사건이 주는 심원한 의미가 최시형에게 전승된다. 그것은 그를 현존과 긍정의 거장으로 만든다. 대각은 존재의미에 대한 통찰을 통해 삶의 방식을 근본적으로 전환하는 일종의 철학적 생의 기술(技術)이다. 이 기술은 고립된 개체들의 경직된 투쟁적 관계를 실재적 인생이라고 보던 과거의 관점을 하나의 환영과도 같은 가상으로 보게 하는 전환의 경험을 만든다. 『장자莊子』의 「대종사大宗師」에 의하면, 권력의 영광을 기뻐하거나 그 상실을 슬퍼하며 자아의 죽음을 자연의 변화와 연속하여 생각하지 못하고 탄식하는 관점은 '대몽(大夢)'이다. '대각(大覺)'은 갑각류가 되려는 고체적 관점을 가상으로 경험하고, 사물을 유동적 흐름의 잠정적 표현으로 보는 관점이다. 최제우의 경험은 만유의 유동성과 상호 소통성에 대한 장자적 생성의 철학을 담고 있다.

(2) 두 번째 경험: 무궁(無窮)을 외고 무궁을 노래하니 천지 일월성신 초목금수 인물이 한 가지로 그 노래에 화답하여 억천만 리 공간(空間)이 눈앞에 있고 억천만 리의 시간(時間)이 눈앞에 있어, 먼 데도 없고 가까운

40 보만, 『히브리적 사유와 그리스적 사유의 비교』, 허혁 옮김, 분도출판, 1975, 173쪽: 보이지 않는 실재의 현존하는 임재(parousia)의 경험은 기독교적 철학의 시원적 기초였다. 현존의 경험은 '눈으로 보고' '손으로 만져보는' 감각적 지각 속에서도 가능한 역설적 사건이고, '이 사건 안에 인간은 현재에서 참석(Anwesenheit)한다.' 불교철학도 대각의 순간 절대의 마음이 감각적 사물에 그리고 내 앞에 현전(現前)한다. 이 현전의 사건 없이는 불교 철학적 사변은 공허하다.

데도 없으며, 지나간 시간도 없고 오는 시간도 없어 백천 억 무량수의 시간과 공간이 한 조각 마음속에서 배회함을 보았었다.[41]

이 경험은 "내 마음이자 곧 너의 마음이니라"는 천인합일(天人合一)적 계시가 끝나는 '순간(瞬間) 갑자기' 일어난다.[42] 여기서는 무한공간뿐만 아니라 무한시간이 경험되고, 현상의 다수성이 통일적으로 모인다. 무한성은 부분적 조각들의 종합으로 도달될 수 있는 것이 아니라 한 순간에 주어진다. 유한한 것들은 무한성이 제한적으로 표현된 규정이 될 것이다. 무한자는 본래 '막히는 한계가 없는(無窮)' 것이다. 무궁의 시간, 즉 수운주의의 영원성은 플라톤에서 볼 수 있는, 시간을 넘어선 무시간의 영원성은 아닌 것으로 보인다. 무궁의 시간은 전통적으로 내려온 무시무종(無始無終)이라는 시간 자체의 끝없는 무한성이다.[43]

성리학적 어휘를 활용하자면, 개별 사물에 집착하는 삶에서 이탈하는 '태허(太虛)'에 대한 '열림[開闊, 開放]'의 사건에서 드넓은 '공활세계(空豁世界, 진잠실(陳潛室))'[44]가 경험된다. 이때 드넓은 태허는 공간적으로도 무한하고 시간적으로도 무한하다. 그것은 비어 있는 것으로 경험되지만, 스스로 만물을 창조적으로 형성하는 자발적 창조의 힘을 현시한다. 공허한 본체와 창조적 현상화 작용은 하나로 통일되어 있다. 이러한 본체(本體)와 발용(發用)의 통일성에 대한 경험을 통해 우주적으로 넓어진 인격의 개방성은 공활성 속에서 사물에 동화하는 '체물(體物)'을 실현한다. 체물은 과거에는 대립적으로 보였던 외부 사물이 나의 인격의 일부로 들어와 나와 동일한 근원을 함께하는 것으로 경험하는 삶의 방식이다.

성리학에서도 발견될 수 있는 이러한 '회통(會通)'과 내재적 현존의 경

---

41 李敦化,『天道教創建史』, 48쪽.

42 이돈화, 위의 책.

43 수운주의의 영원 개념에는 초월적 의미와 내재적 의미간의 긴장이 있어 보인다. 여기서는 내재적 의미를 살려 시작과 끝을 한정할 수 없는 무한정의 시간을 영원성으로 간주한다.

44 黃宗羲, 木鐘學案,『宋元學案』卷 65, 中華書局, 1989, p.2091.

험이 최제우의 경험에서는 감정의 급박한 움직임과 함께 나타난다. 다수성의 세계는 하나의 본체계 안에서 조화로운 전체로서 연결된다. 만유는 하나이자 전체이다. 이런 의미에서 그는 '궁극의 생명력[至氣]'을 '만물의 어머니며 생명'으로 이해하고 "전체를 사랑할 수밖에 없다"고 했다.[45] 만유의 연속성에 대한 이해와 생명 속에 만유가 내재한다는 자각 역시 첫 번째 경험인 빛의 현존을 통한 존재의 긍정과 사실상 같은 것이다. 빛의 보편적이고 내재적인 현존이 만유의 평등한 연속성을 고지한다.

그런데 최제우는 영원무한자인 무극대도와 세계와의 관계를 사변적으로도 추론해보았다. 그의 「불연기연不然其然」에 의하면 "각기 이루어짐이 있고 각기 형태를 가진[各有性各有形]" 만물은 이미 알고 있는 현상이다. 현상은 '합리적 이치[理]'에 따라 형성되어 있는 것으로 보인다. 그것들은 이성적으로 이미 친숙해서 '그것은 그렇다[其然]'고 긍정할 수 있다. 그러나 "사물들이 사물이 되고 이치들이 이치가 되는 광대한 활동[物爲物理爲理之大業]"의 이유나 근거는 알 수가 없다. 이 지점에서 최제우는 '사물과 법칙의 존재근거에 대한 인식을 갖지 못하는[不知]' 무지의 가능성을 생각한다. 세계는 합리적 인식 가능성을 벗어나는 것으로 보인다. 세계는 "이성적으로 그렇다고 하지 못한다[不然]". "만물의 끝과 본원을 헤아려 추구해보면[揣其末 究其本]" 궁극의 이치는 너무 멀어 파악할 수 없다. "마음은 암암지중에 있게 되고[心在於暗暗之中]," "이치는 망망한 아득함 속에 있게 된다[理遠於茫茫之間]." 이러한 맥락에서 생각하다가 그는 다음과 같이 결론을 내린다.

> 그러므로 합리적 필연성을 발견하기 어렵다는 측면에서 세계는 이성적으로 긍정되지 않는다. 친숙한 사물을 쉽게 판단할 수 있는 견지에서 보면 세계는 긍정될 수 있다. 그러나 그 먼 근원을 견주어 추구하면 세계는 거듭거듭 긍정될 수 없다. 하지만 세계를 조물자(造物者)에 의거해서 보면

45 이돈화, 앞의 책, 66쪽.

그렇다고 긍정할 수 있고 그럴 만한 이치가 있게 된다.

是故亂必者不然, 易斷者其然. 比之於究其遠則, 不然不然, 又不然之事. 付之於造物者則, 其然 其然, 又其然之理哉![46]

윤석산의 「수운 최제우 연보」에 의하면 최제우의 이 말은 1863년 11월에 이루어진 것이다.[47] 따라서 1860년 현존의 경험에서 이해한 무극대도에 대한 사변적 정당화를 시도한 말로 보인다. 이 추론은 경험적 사물에서 시작하여 그 원인의 원인을 소급해서 추리해가다가 우주 전체의 우연성을 극복하기 위해 필연적 존재를 상정하는 토마스 아퀴나스의 우주론적 신 존재 증명과 닮았다. 필연적 존재인 신은 스스로가 스스로의 존재 원인이다. 이로 보아 우주론적 신 존재 증명이 나오는 17세기 마테오리치의 『천주실의天主實義』를 최제우가 보았을 가능성도 상상해볼 수 있다.[48] 그러나 그와 유사한 추리가 『장자莊子』와 『열자列子』, 주희(朱熹)의 태극론(太極論)에도 나타난다고 한다면, 최제우는 전통 철학서에 대한 독서의 기억을 살려 무극대도의 존재를 합리적으로도 논증할 수 있다고 생각했는지도 모른다. 하지만 중요한 것은 추론의 정당성이나 그 영향관계라기보다는 이 추론에 내포되어 있는 심리적 요인이다.

존재의 우연성을 극복하게 해주는 필연적 존재란 어떤 정당성도 느끼지 못하고 떠도는 고독하고 승인받지 못한 인생, 그래서 스스로의 존재를 존재이유 없는 우연성의 포로로 느끼는 인생이 갖는 자기의식과 연관이 있다. 이 자기의식은 안으로는 자신의 존재를 무(無)의 심연 위에 떠

46 崔濟愚, 「不然其然」, 『天道教經典』, 57-64쪽.

47 윤석산, 『수운 최제우』, 모시는사람들, 2004, 311쪽.

48 최제우가 이서(異書) 혹은 천서(天書)를 보았다는 것은 초야의 지식인들이 도사나 승려 혹은 하늘로부터 받았다고 하는 도교 혹은 선도(仙道) 계통의 문헌인 것으로 보인다. 한국과 중국의 도교 사상사에서는 내단술(內丹術)과 연관된 도교서나 계시적 예언서인 참위서(讖緯書)를 천서(天書)라 부르는 전통이 있었다. 한국에서는 대종교의 경전이 된 『천부경天符經』, 『삼일신고三一神誥』, 『참전계경參佺戒經』 등을 천서라 했다. 이에 관해서는 다음을 참조: 임승국 주해, 『환단고기桓檀古記』, 정신세계사, 2007, 256쪽; 卿希泰 主編, 『中國道教思想史』 第1卷, 人民出版社, 2009, pp.413-425.

있는 허망한 존재로 인식할 수 있으며, 밖으로는 세계의 존재에 대해서도 그 무의 가능성을 생각하여 그것 역시 무의 심연 위에 이유 없이 놓여 있는 것으로 생각할 수 있다. 이 총체적인 정신적 파국을 벗어나는 하나의 길은 어떤 세간적인 정당한 목적을 찾아 몰입함으로써 자신의 우연성을 의식하지 못하게 하는 활동을 하는 것이다. 이 길에서 무를 극복하여 우연성을 벗어나기 위해 자신의 필연적 존재이유를 찾으려는 창조적 활동의 가능성이 열릴 수 있다. 이런 의미에서 인간은 스스로가 필연적 존재를 지향하는 존재로 보인다. 그러나 스스로가 스스로의 존재근거가 될 수 없는 인간은 언제나 다시 무의 가능성으로 미끄러질 수 있다. 그는 자신의 포부에도 불구하고 우연한 존재로 전락한다.

그러나 이러한 허무로의 전락 가능성을 근본적으로 치유하는 극적인 전환적 경험이 있을 수 있다. 이것은 자기를 투여할 일거리를 거듭 찾아나서야 하는 미봉책이 아니라, 자신과 세계가 무한으로 열린 전체에 용해되는 경험이다. 이 경험에서 자신과 세계가 전체의 생명 활동에 의해 창조된 형상들임을 이해하는 대긍정의 시야가 열린다. 이 위대한 긍정에서 세계의 공허에 대한 절망적 의식이 개체로서의 자기에 사로잡힌 습관에서 나온 것임을 자각하게 된다. 이러한 자각적 회심(回心)에서 허무 의식이 한갓 가상이었음을 알게 된다. 허무는 세계에서 밀려난 실존적 개인의 심리적 가상이다. 위대한 긍정의 순간은 출세간적인 초월의 순간인 동시에 무의 가상을 떨쳐버리고 세간으로 돌아오게 되는 계기이다. 세계와의 실존적 분리로부터 세계로 회귀하는 이러한 삶의 전환에서 새로운 관점을 통해 살아야 할 필연성을 깨닫게 된다.

그렇다면 최제우의 무극대도에 대한 논변은 그 논증에 의해 대도의 존재가 입증되었음을 의미하지 않는다. 그 논변은 자신의 본질적 경험에서 새로이 알게 된 존재근거와 삶의 의미에 대한 추론적 표현일 뿐이다. 이 표현에는 이제까지의 한(恨) 많은 부정의 무(無), 이 무를 벗어나려고 발버둥치는 고립과 투쟁의 삶, 그리고 지성에 의한 필연적 존재에 대한 논증을 무효화하는 일종의 본질 직관적 경험이 숨어 있다. 이 경험에서 열린 세계는 생명의 뜻[春意]으로 가득한 평화의 영역이다. 그의 「제서題書」에 의하면 봄과 같은 긍정의 정신은 "마음이 조화(調和)롭고 몸의 기운도 조화로운 가운데 봄의 조화를 기다린다[心和氣和, 以待春和]." [49]

유병덕에 의하면 최제우가 "불연과 기연의 두 명제를 쳐들고 전개시킨 이 논리는 형식 논리나 인식 논리의 차원에서는 쉽게 이해되지 않는다. (그것은) 우주 및 인생의 생성 진화를 체험한 각증(覺證)의 논리"이다. 이 논리에는 "두 가지 논지"가 내포되어 있다. 하나는 "이율배반의 세계풍광"을 '모순의 통일'로 귀결시키는 '조화(調和)의 철학'이며, 또 하나는 현실적 역사와 화해하지 못하는 "불연속적인" "불연의 심정을 경험함으로써" 그 부정적 불연을 "끊임없이 其然으로 돌리는 작업"이다. 후자는 '불연속의 연속'을 성취하려는 '역사철학적' 의미를 갖는다.[50] 최제우의 본질직관의 경험은 인생사와 지성의 모순을 화해시키는 조화의 성취이며, 영원무한자를 역사에 개입시키는 새로운 삶의 양식의 창조를 가리킨다.

최시형이 열망하는 이념이란 바로 그와 같은 의미를 함축하고 있는 생의 의미원천이었다. 그는 최제우에 의해 빛으로 경험된 '무극대도(無極大道)'를 '천령지령(天靈之靈)' · '심령지령(心靈之靈)' · '성령(性靈)'으로 이해하고[51] 빛과 표현(表顯)의 형이상학을 구성한다. 본체계는 "대우주, 대정신, 대생명(大宇宙, 大精神, 大生命)"이며, "만물화생의 근본[萬物化生之根本]"이다.[52] 이것이 기(氣)이며 "기는 현상계의 창조와 변화의 근원본체요, 근본이다[氣者, 造化之元體根本也]."[53] 기의 창조적 역동성은 인위적인 것이 아니라 자연의 신묘한 이법에 따르는 활동이다. "기의 운행은 강건하여 쉬지 않으며 창조적 변화는 현묘무위하다[氣運, 剛健不息, 造

---

49 崔濟愚, 「題書」, 『天道敎經典』, 104쪽.

50 柳炳德, 「韓末 · 日帝 시에 있어서의 민족사상」, 『韓國哲學史』 하권, 한국철학회편, 1987, 255-257쪽.

51 崔時亨, 「心靈之靈」, 『天道敎經典』, 274, 427쪽.

52 최시형, 「靈符呪文」, 위의 책, 292쪽.

53 최시형, 「天地理氣」, 위의 책, 241쪽.

化, 玄妙無爲].”[54] 본체계는 그 자체로 하나인 근원적 통일성[一氣, 元氣]을 지닌다. 물질적인 것의 본체는 개체들 간의 연속적 소통성과 시간적 지속성을 가능하게 하는 힘을 갖고 있다는 의미에서 정신이며 생명이다. 물질의 본질은 고체적 분할성이라기보다는 공간적 · 시간적으로 연속성을 갖는다. 그것은 분석 불가능한 하나의 심리적 원리이다.

이 점은 주희(朱熹)가 우주를 '우주의 마음[天地之心]'이 관류하는 '대천지(大天地)'로 보고, 인간을 소우주를 의미하는 '소천지(小天地)'로 이해한 것과 유사하다. 이런 의미에서 볼 때, 동학은 전통적 동양사상의 심학적 특징을 계승하고 있다고 할 수 있다. 심학적 마음의 기술[心術]은, 인격적 가치는 마음이 시공간적으로 좁을수록 낮아지며 그 폭의 확장에 따라 상승한다는 관념을 강조해왔다. 자기수양론인 정신의 자기변형론은 극기의 노력을 통해 정신이 자신의 소통 범위를 확대해나가는 운동이다. 최상의 인격은 시공간적 연속성에 대한 이해와 이의 개방적 확장에서 이루어진다.

그러나 주희가 태허라는 공활한 본원을 태극으로서의 이(理)로 본 반면, 최시형은 그것을 기(氣)로 본다. "기는 현상계의 창조와 변화의 근원본체요 근본이다[氣者, 造化之元體根本也]."[55] 그것의 창조적 역동성은 인위적인 것이 아니라 자연의 신묘한 이법에 따르는 활동이다. "기의 운행은 강건하여 쉬지 않으며 창조적 변화는 현묘무위하다[氣運, 剛健不息, 造化, 玄妙無爲]."[56] 본체는 그 자체로 하나인 근원적 통일성이며[一氣, 元氣], 현상계를 창조하고 그 안에 내재하면서 활동한다. 본체는 "천지 우주의 절대 원기이고 절대 성령[天地宇宙, 絶對元氣, 絶對性靈]"이다.[57] 천도(天道)라고도 부르는 이 절대적 생산과 생명 원리는 능동적으로 자기를 표현(밖으로 나타냄)하면서 표현된 것 안에 현존한다.

---

54 최시형, 『天道教經典』.

55 崔時亨, 「天地理氣」, 『天道教經典』, 241쪽.

56 최시형, 위의 책.

57 최시형, 其他, 위의 책, 427쪽.

위대하다! 천도(天道)의 영묘(靈妙)함이여. 일[事]에 간섭치 아니함이 없으며 사물[物]에 있지[有치] 아니함이 없나니, 만상(萬像)이 다 천도(天道)의 표현(表顯)이니라.[58]

천도는 스스로 영원히 존재할 수 있는 능력을 가지고 있으며, 동시에 사물로서 자기를 표현하는 역동적 전개의 힘을 갖는다. 천도의 존재 자체가 힘이고 운동이다. 천도의 본질은 표현의 약동성이다. 이런 의미에서 최시형은 스승의 경험에서 나타난 빛의 약동을 상징하는 '부도(符圖)'를 "심령(心靈)의 약동불식[躍動不息, 쉬지 않고 약동함]하는 모습(形容)을 표상(表象)하여 侍天主(시천주, 한울님을 모심)의 뜻을 가르친" 것으로 이해했다.[59] 인간을 포함한 모든 창조된 것은 천도의 영적 약동성을 나누어 갖는다. 이 나누어 가짐에 대한 종교적 이해가 모심[侍]이며, 그 현상적 형상들을 창조하는 창조력이 표현이다. 손병희에 의하면 "우주는 원래 심령(靈)의 표현인 것이다[宇宙, 元來 靈之表顯者]."[60]

이에 따라 다수성인 개체들이 갖는 특수성에 대한 해명도 표현의 논리에 따른다. '하나의 기[一氣]'는 개별적 사물을 구성하는 자발적 조직화의 능력을 갖는다. 이 능력의 현실화 과정에서 서로 다른 형태의 사물이 형성되는데, 그 이유는 사물의 내적 '조직(組織)'이 서로 다르게 구성되고 하나의 기가 그것에 의거하여 각기 다르게 내재하기 때문이다.

우주는 일기(一氣)가 역사한 것(所使)이며 일신(一神, 하나의 神氣)이 활동한 것(所爲)이라, 안전에 무수한 형상들[百千萬像]이 비록 그 형체가 각기 다르나(各殊) 그 원리는 하나(其理一)이다. 하나는 곧 천(天)이니, 천이 사물의 조직(組織)에 의하여 표현(表顯)이 각기 다르다[各殊].[61]

---

58 최시형, 앞의 책, 428쪽.

59 최시형, 앞의 책, 434쪽.

60 孫秉熙, 「性靈出世說」, 『天道教經典』, 653쪽.

61 최제우, 위의 책, 413쪽.

원래 일자인 태극이 기의 다양한 응결 방식에 따라 각기 다른 분량[量]으로 내재하여 개체의 본성(性)을 구성하게 된다는 견해는 이학(理學)에 익숙한 것이었다. "하나인 실재와 수많은 나누어짐[一實萬分, 주렴계(周濂溪)]", "원리는 하나이고 나누어짐은 특수함[理一分殊, 程伊川]"이라는 존재론적 구조는 최시형에게도 나타난다. 그에게도 우주는 "나누면 하나의 원리가 무수히 특수하고, 종합하면 하나의 기일 뿐이다 [分則 一理萬殊, 合則 一氣而已]." [62] 또한 정이천이 '생명 원리[生之理]'가 내재한 본성을 '종자(種子, 穀性)'에 비유하듯이, 최시형도 내재한 한울을 종자[씨알]에 내재한 "종자의 생명[種子의 生命]"으로 이해한다.[63]

이러한 견지에서 최시형은 사물들의 차이 가운데 그 '종성[種類]'의 차이에 주목하여 "복숭아와 자두의 열매[挑實, 李實]"가 다르게 익는 것을 지적한다. '동일한 비에도 종자는 다르게 자란다.' [64] 즉 다르게 표현된다. 따라서 그는 기의 표현 작용을 동종을 생양하는 '동질적 기화(同質的 氣化)'와 종을 나누는 '이질적 기화(異質的 氣化)'로 구분한다. '한울 전체로 본다면' 동질화는 종 내부의 '상호부조'를 이루게 하였고, 이질화는 "종끼리 서로 먹게 함으로써" "기화를 소통(通)시켰다"는 것이다. 이종 사이의 투쟁 관계만을 보는 것은 '좁은 견해[偏見]'이고 전체적으로 보면 우주는 '조화(調和)'의 관계를 형성한다.[65] 영적 생명 원리는 모든 곳에 편재하기에 "각각의 개체는 서로 순응함이 있고 조화가 있다[各各順應이 有하고 調和가 有하다]." [66] 만유의 소통적 관계에 대한 이해는 자연히 조화의 관념으로 나간다.

응고된 개체성에 대한 집착에서 오는 특권층의 부패와 백성의 원한에 사회적 병폐가 있다면, 조화의 원리는 사회적으로는 투쟁을 치유하고 심

---

62 崔時亨, 「道訣」, 『天道教經典』, 268쪽.

63 최시형, 「養天主」, 위의 책, 367쪽.

64 최시형, 其他, 위의 책, 413쪽.

65 최시형, 「以天食天」, 위의 책, 364-365쪽.

66 최시형, 其他, 위의 책, 414쪽.

리적으로는 원한을 용해하는 마음의 혁명성을 갖는다. 조화의 원리에 따라 최시형은 종교적 조직과 이를 통한 교세의 확산을 원했다. 그리고 이러한 활동 방식이 평화를 본질로 하는 그의 사상과 일치하는 것으로 보인다. 그러나 조선 후기의 상황은 조직력을 가진 동학으로 하여금 물리적 혁명의 길로 나아가게 했다. 결국 최시형은 혁명을 지시하게 된다. 그러나 이것이 평화적 조화의 원리와 모순되지는 않는다. 동학적 조화의 원리는 기존의 권력이나 사회와 조화를 하자는 것이 아니라, 양반과 평민의 분열과 제국들의 위협에서 오는 고통을 극복한다는 변혁성을 갖는 것이기 때문이다. 조화는 사회악의 소멸을 지향한다는 의미를 갖는다. 동학사상 내의 이러한 변혁성은 조선 후기에 지속적으로 일어난 민란 및 그 사회적 원인들과 결코 무관할 수 없었다. 동학혁명은 조직을 갖춘 동학이 시대의 반란적 흐름과 만나면서, 그 흐름이 반제 반봉건적 혁명으로 전환된 것이다.

동질적 기화에 의해 개체들의 종적 본성들이 형성되고, 이질적 기화에 의해 종들 간의 투쟁이 생겨난다. 그리고 우주 전체는 소통적 조화의 힘이 관류하고 있는 유기체이다. 영적 생명력이 각기 다른 분량으로 내재했기에 종들은 차이성을 갖게 된다. 또한 각 종들을 각기 다른 형태로 성장하도록 하는 어떤 조직성이 미리 구조화되어 있다. 각기 다른 분량으로 내재한 생명력이라는 것은 생명 능력이 지닌 강도(强度)의 차이일 것이며, 이 차이가 서로 다른 종들 간의 포식관계를 설명할 수 있을 것이다. 또한 개체에 구조화되어 잠재해 있는 어떤 구조적 양상[理, pattern]이 생명력의 추동에 따라 서로 다른 종들 간에 각기 다른 성질과 형태들을 표현한다고 할 수 있다. 여기까지는 기존 이학(理學)이 생각할 수 있었던 것이다. 하나의 생명 원리인 기가 응축하여 각 종의 생기(生氣)를 형성하고 동시에 잠재적 이(理)를 구성한다. 개체에 내재한 우주적 생기를 가진 종적 본성[性]은 잠재적인 내적 구조로서의 이가 표출되면서 드러나게 된다. 이런 의미에서 성은 언제나 이와 서로 분리될 수 없다[性卽理].

최시형은 바로 이러한 이학적 사고를 계승하고 있다. 개체들의 종적 본성이란 사실상 내재한 일기(一氣)이기 때문에, 개체들은 본질에서는 우주 전체와의 소통성을 갖고 있다. 개체들은 종적 차이를 보이면서 '우주의 마음[天地之心]'이자 '우주의 기[天地之氣]'인 "천지만물의 본래일심(天地萬物, 本來一心)"을 체현하고 있다.[67] 미세한 입자적 존재도 신령한 우주정신에 평등하게 참여하고 있다. "위로는 일월의 큼과 아래로는 미진(微塵)의 작음이 다 天道의 靈光"을 표현한다.[68] 이러한 사상을 몸소 살았던 최시형은 '새 무리가 뜰 나무에 앉아 우는 것을 보고' '천도의 영묘(靈妙)'가 '간섭(干涉)'하여, "밝게 임재하고 있는(照臨)" 것으로 직관하고 그것을 '시천주의 소리'로서 듣는다.[69] 그 어떤 미미한 개체라도 자신의 내적인 신성한 영적 본성에 의해 우주와 연속되어 있으며, 그 본성에 의해 자신의 고유한 존재의의를 표현한다. 이 때문에 어떤 개체도 공경을 받는다.[70]

표현의 철학에 근거한 종교심은 모든 개체들에 대한 공경심을 자신의 본질로 내포한다. 이러한 관대한 충심(衷心)은 다른 개체들의 독자적 존재의미에 긍정적으로 참여할 수 있는 능력이다. 진정한 종교심은 자신이 초월적 중심이 되어 집단을 통합하는 장악자의 권세심이 아니라, 생성과 무한의 관점에서 모든 것을 보는 마음이다. 진정한 인격의 독립성과 자유는 내재의 영역에서 생명의 영원성을 구체적인 현존으로 경험한다. 내재적 종교심은 세상의 충성을 요구하지 않고 세상에 충성한다.

최시형은 시대에 대한 충성과 충돌을 점차 운명[天命]으로 받아들인다. 그는 세상의 불안과 희망을 시대의 '운수'로 겪어야 했다. 동학이 보는

---

67 崔時亨, 「靈符呪文」, 『天道教經典』, 289.

68 李敦化, 『天道教創建史』, 41쪽.

69 이 사건은 1891년 강원도 인제 이명수의 집에서 일어난다. 최시형은 유랑하면서도 어디서든 반드시 나무(감나무)를 심었으며, 베를 짜는 여인이나 유아에게서 천주강림의 현존을 경험한다(위의 책, 125-126쪽).

70 영적 생명 원리는 전체의 핵심적 통일성이자 각 개체들의 고유한 중심 원리이기도 한 것이다.

시대는 무섭고 불안한 현실이다. 이 현실은 새로운 역사적 생성을 통해 역사와 인생이 화해하는 개벽의 힘이 시작되는 시대이기도 하다. 이러한 역사의 굴곡은 태초에 무극대도가 나타나 성장하다가 쇠퇴하고, 이제 다시 나타나 성장해가는 필연적 과정이라는 것이다.

4. 세계불안과 자기인식

최시형은 새로운 그리고 결정적인 때의 도래를 하나의 역사적 사건으로 보고, 자신의 삶을 이러한 과정에 일치하는 운명으로 인수한다. 시대의 상황을 전변하는 운(運, 운수 · 역운)으로 이해하는 아시아적 방식에 익숙했던 최시형은 기이하게도 세계의 불안을 언급한다. "천지도 불안하고 산천초목도 불안하고 강하와 물고기와 자라와 같은 온갖 수생 동물도 불안하고 나는 새와 지상의 짐승들도 불안하다[天地不安, 山川草木不安, 江河魚鼈不安, 飛禽走獸不安]." 세계불안은 '새로운 세계가 열리는 개벽의 역운(開闢之運)'이 겪는 필연적 전쟁 상태를 예감한다. 이 전쟁의 국면은 서로 다른 원리에 따라 자신을 전개하는 "과거 선천의 역운과 후천의 역운이 서로 교체하면서 서로의 원리와 세력들이 서로 전쟁하는[先天後天之運, 相交相替, 理氣相戰]" 상황이다. 이 상황은 "만물이 모두 전쟁하기 때문에 인간의 전쟁도 없을 수 없는[萬物皆戰, 豈無人戰乎]" 최후의 결전일 것이다.[71]

이처럼 그의 평화와 조화의 정신은 투쟁이 예감되는 불안을 동반하는 것이었다. 이러한 불안은 자기 개인의 삶이 초월적 영원자와 무한히 격리되어 있다는 것에 대한 실존주의적 불안이 아니다. 불안은 자연과 마음에 이미 현존하는 영원자를 권력의 세상이 알지 못하고 그에 적대하는

---

71 崔時亨, 「開闢運數」, 『天道教經典』 15, 330-331쪽: 인용문의 '이와 기의 투쟁[理氣相戰]'은 선천의 이치와 기운이 후천의 이치와 기운에 대적하여 싸우는 것이다(이영로, 『海月神師法說解義』, 천법출판, 2000 참조).

강력한 무력과 문화를 발전시키고 있는 현실인식에서 온다. 그것은 세계 불안이다.

역사에 대한 이러한 묵시론적 언설은 최시형의 생애 후반기에 행해지며 더욱 강해진 것으로 보인다. 그 묵시적 관념은 그와 그의 스승이 '진리가 현현하는[顯道]'[72] 후천 시대가 시작되는 시기라고 믿었던 결정적 시점[1860, 4, 5] 이후로, 동학교도의 역사의식에 불안의 정조(情操)로 배어 있다. 그 불안은 인간이 세계 속에서 자신의 존재와 자유를 획득하지 못한 채 세계와 괴리되고 자신과도 분열되어 있는 상황을 보여준다. 이 불안정성은 진리의 현현이 온전히 완성되는 시기에 대한 희망으로 더욱 선명해진다. 불안은 그 희망 때문에 잠정적인 것이 된다. 희망은 그의 삶을 전환시켰던 스승과의 만남(1861)에서 전승되어 자각된 우주적 진리[天道, 天理]의 회복 과정에 대한 신념에서 온다.

진리는 객관적으로는 시대의 역운을 타고 역사 내재적으로 실현될 것이고, 주관적으로는 자신들의 심성에 이미 실현되어 있는 것이다. 진리는 세계와 심연으로 분리되어 단적으로 초월적인 위치에 있는 신이 아니다. 더욱이 최시형이 언급한 불안은 어떤 신성의 흔적도 세상에서 발견할 수 없는 가운데 구원의 순간을 불확실한 가능성으로 감지하는 데에서 오는 실존적 불안도 아니다. 실존적 불안은 자연과 나의 존재를 전적인 무의미로 물들이는 무(無) 속에서 초월자의 계시를 가냘픈 가능성으로 기다리는 허무주의에 기초한다. 그것이 허무주의인 까닭은 무를 매개로 초월자와의 관계를 설정하기 때문이다.[73] 그러나 최시형의 내재주의적 진리경험은 세계와 분열된 인간 존재의 조건인 허무를 말하게 하지 않는다. "사물의 진리 혹은 진제[法諦]는 따로 고원한 곳에 존재하는 것

72 최시형, 앞의 책, 334쪽.

73 동학은 주로 동양전통적인 '평정의 종교'의 자원을 활용한다. 실존적인 '불안의 종교'는 인간 심성을 애태우는 고뇌 속으로 탈진시킴으로써 세속의 상대적 안정성에 투항하게 할 수도 있다. 그러나 불안에 근거하지 않는 종교는 세속화 속으로 종교적 긴장을 실종시킬 수 있다. 이 문제는 다음을 참조: 아라푸라, 『불안과 평정으로서의 종교』, 유경희 옮김, 서광사, 1995.

이 아니라 그대의 몸에 있으며 그대의 세계에 있다."[74] 불교적 용어인 진제(眞諦)는 진리를 의미하는 것으로, 무한자인 "천(天)은 만물을 창조하시고 만물의 내(內)에 거주하신다."[75]

만유로서 자기를 전개하는 하나의 진리는 "혼융한 근원적인 하나의 생명 원리[渾元之一氣]"이다. 이것이 만유에 내재하면서 모든 개체의 자발적 생명력을 구성한다. 그러므로 "우주에 충만한 것은 모두 혼원의 일기(一氣)이다[宇宙間, 充滿者, 都是渾元之一氣也]." 그의 진리경험에서 나타나는 경지 혹은 경애(境涯)에서는 신성한 우주가 하나이고 모든 것이다. 우주에는 어떤 빈틈의 무도 없다. 또한 최시형은 본원적 생명을 '심령의 존재[心靈之有]'로 경험한다. 그것은 '거대하고 무한한 것[大而無極]'으로서 전개되면 "우주 사이에 가득 차며, 응축하면 하나의 곡식알 속에 수장된다[用之則滿乎宇宙之間, 廢則藏乎一粒之中矣]."[76] 영적인 생명 원리는 무한히 큰 것으로서 우주에 편재하고 무한히 작은 것으로서 미세한 개체들을 규정하여 그것의 본성[性]으로서 응축된다. 어떠한 미물이라도 거기에 영적 실재가 '서리어[凝]' 있으며, 그 개체들은 모든 방향으로 연속되어 있다. 따라서 다수성의 현상세계는 서로 구분되어[異] 있지만 본질상 분석될 수 없는 통일성[同, 一]을 갖는다. 개체들은 자신의 물체성에 따라 소멸되는 유한성을 갖지만 무로 소멸되는 것이 아니라 형상화되었다가[變, 造] 전체성 속으로 변화[化]되어가는 것이다.

하나이자 전체인 이러한 경지에서 존재가 전면적으로 긍정된다. 그리고 개체들의 존재 능력은 이들에 서리어 있는 본성의 활력이다. 본성의 활력은 '우주적 활력[生機]'이 개체에 응축된 생명이다. 이 우주적 활력이 스스로 영원히 작용함으로써 자신의 존재 능력을 현시하고 개체들도 그 영원성에 뿌리를 내림으로써 실재성과 만족성을 갖게 된다. 연속성 속에서의 개체들의 만족성이 존재의 본질이다. 따라서 인간을 포함한 모든

74 崔時亨, 其他, 『天道教經典』, 422쪽.

75 최시형, 위의 책, 418쪽.

76 최시형, 「守心正氣」, 위의 책, 296-297쪽.

개체는 상호 교류하는 공감적[和] 관계 안에서만 존재의의와 기쁨을 느낀다.[77] 나아가 개체들은 영적인 근원자와의 접속관계 속에서 자아의 본질과 실재성을 경험할 수 있다. 그러므로 "개인들 각개가 능히 신인합일이 자아의 본성으로 된다는 것을 자각할 수 있다[個人各個가 能히 神人合一이 自我됨을 覺]." [78] 우주와 자아의 본질적 일치를 깨닫는 데에서 비로소 자아의 존재의의를 알게 된다. "천지의 정신은 나로 하여금 잠에서 깨어나게 하며[天地精神令我曉]", "천지정신이 총괄적으로 나 일신 가운데로 귀착한다[天地精神, 總歸一身之中]." [79]

그러므로 우주적 정신인 "도(道)를 안다 함은 곧 자기(自己)가 자기를 아는 것이니 자기를 알고자 아니하고 다른 것을 알고자 하는 사람"은 자기상실을 벗어나지 못하는 것이 된다.[80] 궁극의 진리는 자아의 본성을 회복하게 한다. 그것은 '욕념(慾念)' [81]의 대상으로서의 외적 사물도 아니고, 자아와 단적으로 멀어져 있는 초월적인 타자도 아니다. 자기 인식은 욕념에 지배되는 대립적 자기의식으로부터 벗어나는, 마음(心)의 내적 자기수렴 운동이라는 수양을 통해 이루어진다. 도교의 어휘로 말하자면 '근원으로의 환원(還元)'이자 '기질변화(氣質變化)'이다. 성리학은 그 가운데 '기질변화'라는 어휘를 채택했다. 그것은 인간의 본연지성[本然之性]을 이해하고 보존하려는 마음의 내적 노력이다. 이러한 의미에서 최시형은 동학을 '도학(道學)'으로, 도학을 '심학(心學)'으로 이해한다.[82]

원리적으로 사물을 이해하는 것과 윤리적 삶의 태도를 결합시키는 이러한 사유 방식은 중국이나 조선의 이학과 불교 및 도교 철학에서 이미

---

77 박재순, 「함석헌의 생명사상」, 이경숙 · 박재순 · 차옥숭, 『한국생명사상의 뿌리』, 이대출판부, 2001, 153-155쪽: 저자는 여기서 '아픔'에 대한 공감을 '종교적 영성'과 공동체의 기초로서 강조한다. 통절한 연민이야말로 자기겸허를 통해 '우주적 생명'과 '하나'가 되는 기쁨의 세계를 향하게 되고, 이를 통해 권력과 적대하는 원천적 힘이 되는 것이다.

78 崔時亨, 其他, 『天道教經典』, 423-424쪽.

79 최시형, 「降詩」, 위의 책, 406쪽, 「守心正氣」, 295쪽.

80 최시형, 其他, 위의 책, 410쪽.

81 최시형, 「守心正氣」, 위의 책, 296쪽.

82 崔時亨, 「篤工」, 『天道教經典』, 310쪽.

숙지된 것이었다. 최시형과 그의 스승은 이 점을 잘 알고 있었다. 다만 그들은 기존의 신분 위계 제도가 준 인생의 분열과 가치 저하에 대한 극복의지를 심학에 연결시켰다. 이로써 그들은 종교심에 의거해서 전통 심학 속에 함축되어 잠겨 있었던 긍정적 화해의 정신을 폭발시켰다.

원래 『능엄경楞嚴經』의 어휘였던 본연지성은 당송(唐宋) 대의 도교와 성리학의 주요 개념으로 자리 잡게 되었다. 그것은 사물과의 대립으로 이끄는 사사로운 자아를 극복하고 우주의 본원과 소통하는 광활한 본성을 의미했다. 이학(理學)에서는 본연지성을 인간의 마음에 내재하는 생명 원리로서의 '태극(太極)'으로 해석하고, 그 가장 중요한 내용을 만물과 일체를 이루게 하는 소통성을 가진 '인(仁)'으로 보았다. 이 인을 바탕으로 삼강오륜과 같은 봉건 가치체계가 서 있다고 여겼다. 동학은 우주적 소통성을 본질로 하는 본연지성을 계승한다. 또한 동학은 봉건 가치질서는 문화 · 정서상 전적으로 폐기할 수 없었으나, 점차 그 위계적 불평등성을 자각적으로 넘어서는 방향을 취하게 되었다.

바로 이 점이 그들이 유 · 불 · 도 삼교합일을 계승하지만 그것과 다른 사상을 말한다고 했던 이유이다. 심학적 '마음의 기술[心術]'[83]은 상류 사회 지식인의 내적 자기위안의 수단이 아니었다. 그것은 모든 개인으로 하여금 버려진 생을 되찾게 하여 자신의 본질을 획득함과 동시에 구체적 생활 속에서 모든 관계를 신성의 현현으로 변형시키는 기술이다. 개체적 사물이나 개체들의 관계에서 일어나는 사건들은 신성한 "한울(天)을 체화하고 있다[物物天, 事事天]." 인간의 경우도 마찬가지이다. "인간은 한울과 분리되어 있지 않고, 한울은 인간에게서 분리되어 있지 않다[人不離天, 天不離人]." "인간은 한울이며[人是天]" "인간은 한울사람(人是天人)"이다.[84]

이와 같이 개체에 내재하면서 그들 간의 관계를 신성한 질서, 즉 광명

83 최시형, 「待人接物」, 앞의 책, 286쪽.

84 최시형, 「以天食天」, 364쪽; 「天地父母」, 254쪽; 「待人接物」, 278쪽; 「開闢運數」, 위의 책, 329쪽.

으로 만드는 개체적 본질을 최시형은 '심령(心靈)' 혹은 '성령(性靈)'이라 명명한다.[85]

> 인간의 성령은 한울의 해와 달과 같으니 해가 중천에 이르면 만국이 자연히 밝고, 달이 중천에 이르면 무수한 강들이 자연히 달을 반사하며, 성령이 중심에 이르면 온갖 몸체가 자연히 평안하고, 심령이 중심에 이르면 만사가 자연히 신묘하게 자유로워진다.
> 人之性靈也, 如天之日月, 日中則萬國自明, 月中則天江自照, 性中則百體自安, 靈中則萬事自神矣.[86]

물체와 신체 속에 내재하는 심령인 성령은 물체들을 존엄한 주체로 구성하는 '주체성[主]'의 원리이다. 인간의 경우, 그것은 그를 '평화의 심정[安, 安靜]'으로 안정시키는 자기인식의 상관자이다. "신체는 심령의 집이며, 심령은 신체의 주체성이고, 심령의 존재는 일신의 안정이다[身體, 心靈之舍也. 心靈, 身體之主也. 心靈之有, 爲一身之安靜也]."[87] 진정한 주체성은 물체나 신체들 사이를 무(無)로 분할해 틈을 만드는 원자론적 고립화에서 찾을 수 없다. 주체성의 원리는 오히려 "나에게 있는 본연의 한울(在我之本然天)"[88]이다. 주체성은 단일한 한울이 다수성 속에 나누어져[萬殊] 존재하면서 서로 반사하고 있는 연대적 소통 관계에 대한 투시적 인식에서 얻어진다. 주체성은 타자를 부정함으로써 자신의 존재를 정립하는 분열적 관계에 의해 얻어지지 않는다. 주체성은 타자의 내부에서 자신을 발견하고 타자의 존재를 긍정적으로 조명하는[照] 데에서 형성된다.

이런 반사적 관계 속에서 개체의 본질[性靈]은 하나의 '거울(鏡)'이고

85 최시형, 「守心正氣」, 『天道教經典』, 296-297쪽.

86 최시형, 위의 책, 297-298쪽.

87 최시형, 위의 책, 296쪽.

88 최시형, 「靈符呪文」, 위의 책, 289쪽; 「天地人. 鬼神. 陰陽」, 위의 책, 268쪽.

'구슬(珠)'이 된다.[89] 구슬들 사이에는 어떤 간격도 없다. 구슬인 각 개체의 본질은 그 개체에 생기를 부여한다. 개체들은 생기의 충만을 자신의 한계 안에 구현하고 있다. 개체들은 존재의 포부와 요구를 갖고 있다. 또한 개체에 구현되고 있는 존재 능력은 자연의 영원한 생명에 본원한 것이기에 평등한 것이다. 존재는 어디에서나 평등하고 충만하다. 진정한 주체성은 만유의 평등성에 대한 회통적 인식을 바탕으로 성립하며 또 여기에서 진정한 자기 인식의 목표에 도달한다.

원래 장횡거(張橫渠, 1020～1077)가 우주를 태허(太虛)에 본원하는 하나의 기(氣)가 분화되어 전개된 것으로 보고, 거기에는 어떤 빈 공간도 없다는 의미에서 '무는 없다(無無)'고 단언한 이후, 이학(理學)은 만유의 연속성을 강조해왔다. 그에 의하면 있다 없다에 관한 의식은 인간의 욕망이 갖는 '애오(愛惡)'의 감정과 연관된 '시각[離明]'의 피상적 지각에서 나온 것이다. 시각적으로 있는 것으로 보이면 기뻐하고 없어지면 슬퍼하는 등의 감각적 삶은 만유의 연속성을 보지 못한다. 그 때문에 우주의 본원이자 '인간의 본래적 본성[天地之性]'에 대한 이해에 도달하기 위해서는 현상에만 사로잡힌 피상적인 '유무의 분별[有無之分]'에서 벗어나야 한다.[90] 무는 기대가 좌절되거나 있고 없음을 시각적으로만 판단하는 데에서 온 심리적 산물이라는 것이다.

또한 삼교합일을 전제로 인간성의 연금술적 변형을 주장했던 도교의 장백단(張伯端, 983～1082)도 '욕념지성(欲念之性)'의 발동을 '본원지성(本元之性)'으로 순화할 것을 주장하고, 본원의 '성 전체가 자각적으로 현현된[性之全體現]' 경지를 불가의 "유도 아니고 무도 아닌[非有非無]" 것으로 묘사했다. 그는 감각적 유무의 차원을 넘어서 우주를 전체적으로 평등하게 볼 것을 주장한다. '형체[形, 色]'에 대한 집착에서 오는 분별하는 의식에서는 '친소(親疏), 피차(彼此)'가 있으나, 유무를 벗어난 긍정의

---

89 최시형, 「守心正氣」, 앞의 책, 297쪽.

90 張橫渠, 太和篇, 『正蒙』.

마음은 "존비귀천을 일체로 평등하게 볼 뿐이다[尊卑貴賤, 一體等觀而已]."[91]

초기 동학이 장백단을 읽었다는 증거는 없다. 그러나 도교의 인간관과 사회관의 기본 특징들에 대해 동학은 잘 알고 있었으며, 스스로 수양의 체험에서 경험적으로 공감할 수 있었던 것으로 보인다. 윤노빈(尹老彬, 1941～?)은 눈을 동학이 갖는 그러한 우주적 평등의 관점에서 "대상을 감각적으로 쪼개는 칼"에 비유했다. 감각적 인식도 사물을 구분하는 초보적 단계이므로, 감각은 분석할 수 없는 우주에 대한 직관을 방해할 수 있다. 그러나 우주와 소통하는 "자아는 무궁히 팽창되어가는 공(球)과 비슷하다." 그에 의하면 자아의 연속적 팽창은 모든 분할과 막힘을 넘어서는 "무궁(無窮)의 상(相) 아래서" 우주의 "말씀을 듣고 있는" 관점으로 나아가는 정신의 운동이다. 생의 본질은 '넓이'이자 '깊이'이다.[92]

자아의 본질적 깊이를 존재론적 연속성에서 찾는 무궁의 철학은 사물을 분할하는 지성의 능력에 한계를 설정한다. 연속성의 철학은 지성에 가장 친화적인 시각을 들음이라는 청각으로 대표될 수 있는 공감의 교류에 종속시킨다. 진정한 관계는 부정적 혹은 경쟁적 대립이나 밀고 당기는 기계적 인과성이 아니다. 그것은 타자를 비껴가는 대상으로 삼거나 자아의 수단적 속성으로 환원하는 것도 아니다. 진실한 관계는 내적 교감 속에서 타자의 개체적 존재를 절대적으로 긍정하는 것이다. 진정한 관계는 타자와의 관계에 임재[臨, 侍] · 현존[顯, 現]해 있는 절대자[天主, 한울님] 속에서 이루어진다. 타인과 사물의 존재는 마치 절대자가 지금 여기에 현존하는 것처럼 나에게 나타난다. 따라서 절대자뿐만 아니라 모든 개체들의 존재는 현존으로 경험된다.

이러한 경험은 경험자로 하여금 절대자가 현존하는 현재(現在)의 순간에서 인생을 충실하게 살도록 한다. 이 충실성이 타자와의 관계를 자

---

91 張伯端, 『悟眞篇』(王沐淺, 『悟眞篇淺解』), 中華書局, 1990, pp.183-184.

92 윤노빈, 『新生哲學』, 학민사, 2003, 38쪽, 58쪽, 291쪽.

아의 대립적 속성으로 만드는 것이 아니라 본질적 화(和)의 관계로 정립한다. 이런 맥락에서 최시형은 '경천(敬天) · 경인(敬人) · 경물(敬物)'이라는, 모든 있는 것들의 평등한 존재에 대해 공경하는 종교심 속에서 살 수 있었다. 그의 '관서(寬恕)' 혹은 '인서(仁恕)'의 개방적 윤리는 그러한 존재에 대한 긍정의 경험에 근원한다.[93]

이런 의미에서 볼 때, 동학적 윤리 관념은 전통 유가적 가치 개념에서 권위주의적 의미를 벗겨내고, 평등한 긍정의 정신을 담아냈다. '관서'와 '인서'는 구체적 인간관계에서는 상호 존중의 덕이 되고, 사회적으로는 공익을 구하게 하는 민주공화제의 덕이 될 수 있다. 이러한 사회윤리는 20세기 일제하에서의 천도교의 진보적 사상 · 문화운동의 전개에 윤리적 초석이 되었다. 그리고 그 윤리는 자연과의 개방적 연대성을 추구하는 형이상학적 세계상에 기초한다. 이 세계상이 갖는 개방적 연대성은 봉건적 폐쇄성을 넘어설 뿐만 아니라, 자본주의적 개인주의가 갖는 정치 · 경제적 폐쇄성을 넘어서는 급진적 진보성을 갖는다. 20세기 초 민족자본가들의 헌신적 교육운동과 독립운동은 개방적 연대성의 관점에서 재해석된 유가적 가치관과 분리될 수 없다.

5. 개방성과 연대성

그러나 비록 재해석된 유가적 가치가 봉건적 제도에 대한 비판적 의미를 갖고 있었다 하더라도, 구체적인 정치 · 경제적 대안에 대해서는 여전히 추상적 단계에 머물러 있었다. 또한 상부상조의 협동적 성격과 정치 조직의 참여적 성격을 갖는 동학이 혁명적 조직으로 되었다 하더라도, 동학의 윤리와 조직은 사회 전체의 제도적 대안이 되기에는 종교적 조직이 갖는 일면성을 벗어날 수 없었다. 동학혁명 이후 동학은 두 가지

93 崔時亨, 「三敬」, 『天道教經典』, 354-358쪽; 「待人接物」, 앞의 책, 282-283쪽.

사상운동의 방향(민족적 자유주의와 사회주의) 사이에서 고민하거나, 자신의 개념들을 사회 문제들과 연관하여 더 개진해야 하는 상황에 직면했다. 근대화를 공업국의 지도 아래 추진할 수밖에 없다고 생각한 사람들은 제국주의에 둔감한 감각을 가지고 활동했다. 자주적 노선을 선택한 사람들은 정치적 투쟁의 길을 갔다. 이러한 중층적 상황 속에서 일제하의 천도교는 인권과 평등의 정신을 살리는 문화운동(어린이 해방운동, 여성 해방운동, 진보적 사상운동 등)을 전개했다.

이러한 사회운동은 개체의 자주성이 주관심사가 된 사회적 조류를 반영하는 것이기도 하지만, 거기에서는 개방적 연대성을 핵심으로 하는 동학적 심성과 가치관이 깊게 작용하고 있었다. 최시형의 '공경심[敬]'의 대상은 생명 원리로서의 기의 산물인 타인과 사물들이다. 그러나 더 정확히 말한다면, 공경의 본질은 존재하는 것들의 평등성이다. 평등성에 대한 긍정은 세속적 욕망의 호오감정에서 오는 유·무의 분할을 넘어서는 비움[虛]의 실천에 의해서 가능하다. 비움의 실천은 '사욕(私慾)', '사물(私物)', '사영(私榮)'을 포기하고, "광대한 공허 안으로 정신을 응축하는[凝神太虛]" 자기수렴의 운동이다.[94] 이 정신의 운동에 의해 태허 상태가 된 마음은 비로소 존재를 공경하면서 인수하는 겸허한 '수동성[無爲]'에 이르게 된다. 이러한 수동 상태는 절대자의 임재에 대한 직관에 의해 견고한 토대를 얻게 된다. 종교적 수동 상태에서 최시형이 도교의 어휘로 '영묘한 빛[靈光]'이라고 했고 손병희가 '허광심(虛光心)'이라고 했던,[95] 마음의 드넓은 개활성(開闊性)과 생기가 나오게 된다. 이런 의미에서 심정의 수동 상태는 사실상 생기가 약동하는 능동성이다. 이 능동성에서 활발한 즐거움이 나온다. 1926년 창간된 천도교 잡지 『신인간新人間』의 제목이 보여주듯 동학의 인간관은 안으로는 심성이 우주적 생기와 소통하고, 밖으로는 타자를 동포(同胞)로 포용하는 새로운 인간상을 창조해냈다.

---

94 최시형, 「篤工」, 앞의 책, 312쪽.

95 李敦化, 『天道教 創建史』, 천도교중앙총리원, 1933, 131쪽; 孫秉熙, 「三心觀」, 『天道教經典』, 467쪽.

타자를 향한 심적 개방성은 이윤[利]과 신분질서가 갖는 배타성을 용해시킨다. 개방성은 정착 없는 무주(無住)의 자유이다. 이 자유가 생을 무한으로 열어제치고 존재의 긍정을 위한 생의 모험과 방랑에 들어가게 한다. '현존의 스승[神人, 神師]'[96]으로서, 존재의 공경자로서 최시형은 역사 속에 나타났다. 영원한 가치는 동서를 막론하고 하나의 개체적 인격의 생애에 의해 드러나고 전승된다. 최시형이 드러낸 개방성과 자유는 모든 것을 산업적 유용성의 법칙과 차별적 예속의 질서에 종속시키는 역사의 흐름 한 가운데에 홀로 선 절개이다. "성인의 절개는 겨울 산마루의 외로운 소나무와 같아서 홀로 봄빛을 띠고 있다[聖節, 如冬嶺孤松, 獨帶春光]."[97]

이상의 논의에서 볼 때 최시형의 자기 인식에서 오는 자유는 근원적 고독과 사회적 참여라는 이중적 의미를 내포하고 있다.

(1) 내적 자기 인식에서 만나는 자아의 본질은 우주의 본질적 생명 원리이다. 생명 원리는 일단 유용성과 유위(有爲)의 삶에 대한 포기를 동반하는 '수심정기(守心正氣, 마음을 지키고 심신의 기운을 조화의 체계로 바로잡음)'라는 수양의 끝에서 직관된다. 그러므로 직관은 타성적인 감각적 직관이라기보다는 의지적 직관이 된다. 이 직관에 의해 "정신은 내면의 그윽하고 빈 계곡과 같은 상태에 들어가고, 종일토록 어리석은 것 같고, 기운은 평정되며 정신은 청명해진다[神入幽谷, 終日如愚, 氣平正, 心神淸明矣]."[98] 정신은 사교적 의사소통을 탈각하고 침묵의 고독 속에서 '절대 근원적 생명성[絶對元氣]'[99]에 접속한다. 정신의 이러한 근원적 고독은 언어적 사회성을 넘어서 있는 형이상(形而上)의 백치 상태이다.

또한 자유는 역사가 주는 현실적 종속뿐만 아니라 초월적 천(天)에 종

96 천도교에서는 최수운을 대신사(大神師), 최시형을 신사(神師)로 칭한다. 도교의 전통에서 신(神)은 무극(無極)에 접속할 수 있는 정신의 단계이다.

97 崔時亨, 「聖人之德化」, 『天道教經典』, 317쪽.

98 최시형, 「篤工」, 위의 책, 313쪽.

99 최시형, 其他, 위의 책, 427쪽.

속된 노예 상태를 탈피한 것이다. 최시형의 신앙[信]은 천이 가진 선한 가치들이 인간으로부터 소외된 것이 아니라 그것을 인간의 속성으로 변화시킨다는 인본주의적 믿음의 행위이다. 신앙은 믿음뿐만 아니라 수양의 행위를 요구하며, 이 행위는 '천지를 내 마음에 접근시킨다[是近天地我心].'[100] 나아가 내 마음이 '천도를 삶의 본체와 발용으로 하는 것이며, 이것이 인도이다[天道를 體用함은 是人道니].'[101]

프롬(Erich Fromm, 1900～1980)의 종교 심리학은 종교를 '권위주의적 종교'와 '인도주의적 종교'로 나눈다. "인도주의적 종교에 있어서 인간의 목적은 최대의 무력함이 아닌 최대의 강인함을 성취하는 것이다…… 권위주의적 종교에서 가장 뚜렷한 감정적 분위기는 비애감과 죄악감이었던 반면 여기서의 그것은 기쁨의 감정이다."[102] 이런 의미에서 최시형의 신앙이 창조한 자유의 인격은 세계 정복자를 넘어선 세계 극복자로서의 인격이라 할 수 있을 것이다. 그러한 초극된 인격의 고독이 바로 자유의 독립성을 가능하게 하는 근본 조건이다.

그러나 최시형의 신앙 대상인 '무극대도(無極大道)'는 그것이 비록 내재적 성격을 강하게 갖고 있다고 할지라도, 소유와 분석이라는 인간적 능력으로 접근할 수는 없는 것이다. 무한존재는 인간의 현세적 영광을 더 증식시키는 소유 목록의 하나가 아니다. 만일 지성의 분석적 인식도 동물적 포획과 소유의 연장선에 있다고 한다면, 무한존재는 일체의 소유적 파악과 이용으로부터 자유로운 초월성을 유지하는 것이다. 그것은 모든 인간적 관심 중에서 지고의 궁극성을 갖는다. 인격도 자유이지만 신격도 자유이다. 무한존재는 인간의 포로가 아니며 차라리 인간이 그것에 사로잡힘으로써 자신이 자유로 해방된다.

---

100 최시형, 「守心正氣」, 앞의 책, 302쪽.

101 최시형, 其他, 앞의 책, 426쪽.

102 에릭 프롬, 『정신분석과 종교*Psychoanalysis and Religion*』, 문학과사회연구소 옮김, 청하, 1983,54-55쪽: 프롬은 인도주의적 종교에 속하는 것을 초기 불교, 유교, 이사야, 예수, 소크라테스, 스피노자 및 유태교와 기독교 내의 신비주의적인 것 등으로 본다.

무극대도는 세간적 관심에 의해 완결될 수 있는 한정된 지평을 갖지 않는 무한히 숭고한 존재로 경험된다. 무지평의 존재는 '경외지심(敬畏之心)'[103]의 상관자이다. 따라서 최시형은 천주(天主)의 주(主)를 주인이기보다는 존엄의 뜻인 '님'으로 이해하고, '한울님에 대해 오만하지 말고[毋慢天]' '한울님을 굴복시키지 말라[毋屈天]'고 경계했다.[104] 이렇게 볼 때 근원적 고독과 자유는 진정한 종교적 경외심의 핵심적 조건이 되며, 모든 존재하는 것들을 사랑하는 심적 능력이 된다. 이 능력이 최시형을 현존과 공경의 명수로 만든 것이다.

(2) 개방적 자유가 갖는 근원적 고독이 인간을 폐쇄적인 개인의 내면으로 한정시키는 것은 아니다. 그것은 개인의 권리나 의무를 논할 수 있는 차원을 넘어서지만 내면에 고착된 것도 아니다. 개방성은 개인이 자신의 본원적 성품을 자연의 통일적 본성과 상통하는 것으로 자각하는 대양(大洋)의 경험을 의미한다. "마음이 하루아침에 드넓게 트여 진리를 관통하면 마음의 영적 가르침을 분명하게 들을 수 있다[心이 一朝에 豁然貫通하면 心靈의 敎를 聞하나니]."[105] 그러나 활연관통의 차원에 이르지 못한 응고된 개인들의 의식은 본질적 차원에서의 개체들의 상통성을 알지 못한다. 그들의 자기의식은 자기의 근저에 있는 우주 전체의 연속성을 인지하지 못한다. 의식에게 내적 깊이는 무의식으로 남아 있다.

최시형과 그의 스승은 불교에서 말하는 본성의 바다[性海]와 파도의 비유 그리고 이학(理學)의 나무뿌리[本]와 가지[末, 枝]의 비유를 통해, 현상적 의식과 심층의 생명 원리의 관계를 잘 알고 있었다. 개체성에 집착되어 있는 사람들의 사회적 관계는 각기 자신을 위하는 마음[各自爲心, 최제우]에 한정되어 있다. 그러나 생명의 원천으로 융화된 의식은 그 원천을 자신의 생활 근거로 삼는다. "사람이란 그들 모두가 모시고 있는 한울님의 영적 생명력으로 생활하는 존재[人皆以侍天主之靈氣生活者]"이

103 崔時亨, 「誠敬信」, 『天道教經典』, 306쪽.

104 최시형, 「十毋天」, 위의 책, 374쪽.

105 최시형, 其他, 위의 책, 415쪽.

다.[106] 심지어 그 사람은 "인간의 먹고 살고자 하는 생각도 한울님의 감응하는 마음[人之欲食之念, 卽天主感應之念]"이었음을 체험한다.[107]

이와 같은 인식은 사회적 관계가 본질상 감응의 연대성임을 자각하게 한다. 진정한 연대성이란 느낌의 우주적 연속성이 사회 속에 나타난 것이다. 이러한 연대성은 사회의 모순을 해소하는 총체성의 이념을 제시하여 그 깃발 아래로 사람을 응집시키는 것이 아니다. 응집하여 관리하는 사회 · 공학적 태도는 조작적 이성을 전제한다. 사회학이나 역사학이 이러한 입장에서 동학운동사에 접근한다면 출발점에서 이미 핵심을 비껴나가게 된다. 최시형의 연대성과 동학 조직의 근본정신은 도구적 이성에서 나온 것이 아니라 우주와의 소통적 관계를 역사 안에서 표출한 개방적 연대성이다.

개방적 인격은 안으로는 만유의 본질인 "심령의 부단한 약동[心靈의 躍動不息]"[108]을 갖추고, 밖으로는 그것이 표출하여 전개하려는 생명의 발용에 따른다. 따라서 이러한 실천 구조는 전통적 유 · 불 · 도 삼교가 그토록 강조했던 본체와 발용의 통일[體用合一]을 공경과 평등의 관계를 통해 실현해낸 것이다. "안으로는 신령이 있고 밖으로는 기의 실현이 있다[內有神靈, 外有氣化]" [109]는 최시형과 최제우의 신조는 위와 같은 우주적이고 사회적인 의미를 갖는다. 그것이 최시형을 기존 사회조직의 수혜자가 아닌 도망자로, 새로운 조직을 생성시키는 혁명가로 살게 만든 것이다. 김종민(白菴 金種敏, 1897~1974)에 의하면 "수운은 맑고 맑아 인간을 초월했고, 해월은 밝고 밝아 세계와 함께했다[水雲淡淡超人間, 海月明明共世界]."[110] 바로 이러한 '세계와 함께하는[共世界]' 정신이 동학을 단순한 주관적 해탈주의에 빠지지 않게 함으로써, 영성주의적 부패를 방지하

106 최시형, 「向我設位」, 『天道教經典』.
107 최시형, 위의 책.
108 최시형, 其他, 위의 책, 434쪽.
109 최시형, 「靈符呪文」, 위의 책, 293쪽.
110 金種敏, 『白菴錄』, 글나무, 2001, 141-142쪽.

게 할 수 있었던 것이다. 그러한 공세계(共世界)의 정신은 동학사상사를 한국 근대의 급진주의 사회사상사의 한 장을 차지할 수 있게 한 것이다.

동학의 연대성은 겉보기에는 이성이 타인의 주권을 상상력의 도움으로 인정하여 만들어낸 추상적 일반원리[公理]와 같을 수 있을 것이다. 그러나 타인의 존재의미를 평등하게 공경하는 동학의 원리는 사물 내부의 보이지 않는 심층적 실재를 향해 우리의 의식이 자신의 표층을 깨고 나와 확장해가는 활동이다. 이러한 자기변형을 통한 타자와의 심층적 동화작용, 즉 달라지면서 같아지는 마음의 기술이 사회조직의 심성론적 기초이다. 이 기초에서 서로 다른 개체들의 독립적 자주성을 평등하게 긍정하는 기술이 나온다. 이는 평등한 연대라는 사회적 원리가 생산되는 주체적 조건이다. 이 주체적 조건은 대지(大地)의 내부로 내려가는 마음의 하강운동과 다시 사회적 평등으로 나오는 수평운동을 결합시킨다. 이러한 심적 운동은 공통의 동의에 도달하기 위해 추상적 합의를 지향하는 개인들의 추상화 능력이 아니다. 타자의 존재에 대한 공감하는 긍정은 추상적 합의의 법칙에 따르는 것이 아니라, 타자의 심층과 교류하는 사랑[寬仁]의 능력이다.

최시형에 의하면 "한울을 공경함으로써 타인과 내가 포태(胞胎)를 같이하고 사물과 내가 포태를 같이하는 전체적 진리[理諦]를 깨닫는다[敬天함으로써 人吾同胞, 物吾同胞의 全的理諦를 깨달을 것이요]."[111] 이 말은 중국 송(宋)대 이학(理學)의 창시자 중 한 사람인 장횡거(張橫渠)의 「서명西銘」에 나오는 사해동포주의적 어휘를 활용한 것이다.[112] 그러나 장횡거가 사대부 사회 경영자의 견지에서 그것을 치(治)의 방법으로서도 활용했다면, 최시형의 사해동포주의는 자신과 각 개인의 내부에 잠재해 있는 생명의지를 드러냄으로써 모두를 새로운 유대의 방향으로 탈출하게 하는 이념이다.

---

111 최시형, 三敬, 앞의 책, 355쪽.

112 張橫渠, 「西銘」, 『正蒙』.

동화(同化)의 명수였던 동학의 사람들은 대낮에도 가끔 혼몽 상태에 빠진다. 처음부터 동학은 한밤과도 같은 어두운 심연과 빛의 경험으로부터 나왔다. 이들은 혼몽으로부터 자신을 수습하여 동화의 경험이 주는 의미를 말하는 주체성으로 거듭난다. 이 때문에 기존의 정상적 가치체계[正學]에 순응하는 선비의 눈에는 그러한 인격은 악마적 도착[邪]으로 인식되었다. 성리를 옹호하고 동학과 싸우는 위정척사(衛正斥邪)의 입장에서 동학적 주체성은 통제적 주체성에서 빗나가는 길[左道]이다. 빗나감은 "영원히 바꾸지 못할 불역(不易)의 가치체계[萬世不易之道]"를 명심하지 않고 거기에서 이탈하는 것이다. 선비의 살신성인(殺身成仁)이라는 엘리트 의식에서 의병 운동을 했던 안중근이 동학에 대한 토벌에도 가담했던 것은 동학을 좌도난정(左道亂正)의 길로 보는 입장의 발로라 할 수 있다.

그러나 최시형의 주체성은 과거에 일어난 경험에서 생명의 영원한 의미를 자각하고 그것이 실현되는 미래를 지향하는 시간 속에서 산다. 이러한 시간적 주체성이 새로운 역사적 사건을 연대적으로 조직한다. 최시형의 공적인 삶의 방식은 "모든 종(種)들 간의 연대적 성장발전을 도모하는 것[種屬과 種屬의 連帶的成長發展을 圖謀하는 것]"이다.[113] 그리고 이러한 입장은 선(善)이란 모든 선한 것들의 평균적 공통성도 아니고, 통제적인 합리적 도덕법칙도 아니라는 것을 암시한다. 근대적 사고의 특징은 합리적 정상인의 의식을 전제하고 표층적으로 드러나는 갈등을 이성적으로 해결하고자 한다는 데에 있다. 그러한 의식은 인생의 심층에 잠재되어 있는 생의 요구나 비언어적 아우성과 열망을 오히려 점잖지 못한 것으로 억압한다.

윤리에 이르는 또 하나의 길이 있다. 이것은 도시 시민의 개인주의적 합리성을 통한 합의에서 오는 길이 아니다. 진정한 길은 과거 성인들이 그랬듯 언제나 황야나 숲에 나아가 어떤 우주적 진실을 가지고 도시나 마을로 와서 세상을 공략한다. 이 길이 '권력의 도가니'인 도시나 마

113 崔時亨, 「以天食天」, 『天道教經典』, 365쪽.

을과 충돌하고, 세상 사람들의 심정에 열망을 불러일으킨다. 이와 유사하게 초기 동학의 창시자들은 생사의 위기로 점철된 생애를 보냈다. 이것은 그들이 기존의 권세와 이성에게는 낯선 생의 '약동(躍動)'을 '부적(靈符)'으로 가져왔기 때문이다. 생의 약동과 일치하는 삶은 나와 타자를 "유한한 형체를 가진 절대자[有形天]"[114]로 이해한다. 그러한 삶은 인간 내부의 영원성을 사회적 소통 관계로 드러내고자 한다. 소통의 노력은 기존의 노예 상태가 주는 모든 안이한 습관에서 벗어나 생명의 무궁한 흐름과 자기표현의 역동성에 근거한 자주성을 부단히 시험하고 연습한다.

손병희와 그의 시대의 문화운동은 개체들의 독자성과 연대성을 살리는 민주공화제적 방향을 갖고 있었다. 그러나 그들의 '공화심(共和心)'의 기초는 내재적 종교성을 가진 생명철학적 이념을 새로이 해석하는 노력이었다.[115] 이처럼 천도교가 공화주의로 나갈 수 있었던 것은 개방적 연대성을 함의하고 있는 생명론적 가치관이 초기부터 있었기 때문이다. 또한 그러한 가치관은 자기변형뿐만 아니라 객관적 상황을 떠나지 않고 공동이 참여하는 사회 개혁을 도모하는 것이다. 동학은 역사의 생성과 변화에 적극적인 관심을 가질 수밖에 없었다.

6. 때[時]와 개벽(開闢)

역사의 변화 법칙과 새로운 세상으로의 생성에 대한 관심은 '때[時]'와 '개벽(開闢)'이라는 개념에 집약되어 있다. 이 개념은 일종의 동학적 역사철학을 형성한다. 역사는 궁극의 삶의 의미가 현실화되어야 하는 시간적 영역이다. 삶의 궁극적 의미는 최제우의 종교적 근본경험에서 현시되었고, 이 시점부터 조선 후기라는 난세는 삶의 의미를 실현해가는 상승

114 최시형, 「開闢運數」, 앞의 책, 332쪽.

115 孫秉熙, 「聖凡說」, 「無體法經」, 『天道教經典』, 481쪽.

과정에 진입한다. 이러한 관점에서 동학은 역사의 향방에 지대한 관심을 가지면서, 그 역사에 삶의 희망을 걸 수 있게 되었다. 삶의 의미는 이제 역사적 의미를 갖게 되었다.

우주와 개체들에 대한 최시형의 현존경험은 그의 스승의 의미세계를 새로이 반복적으로 회복하는 것이었다. 그는 스승이 인식한 진리를 후천(後天)개벽의 시대—결정적 시점(1860)에서부터 5만 년 동안—를 전개하는 '근본 원리'로 이해한다. 이런 의미에서 그는 스승을 개벽의 시조를 상징하는 천황씨(天皇氏)로 부른다. 최시형에 의하면 자신들의 도는 "천황씨의 본심을 회복"한 것이다.[116] 회복은 『주역』의 이치에 따라 "지난 것이 되돌아오게 되는 법칙[無往不復之理]"에 의한 것이다.[117] 그의 스승 역시 "현재 순간에 천령이 강림한 것[只今天靈이 降臨]"을 "무왕불복의 이치를 받은 것"으로 해석한다.[118] 이것은 자신의 시대에는 쇠(衰)해버린 선천(先天) 시대(5만 년 전에 시작한 역사)의 생명력을 다시 회복했다는 의미이다.

최시형도 스승의 현존경험을 우주의 "창조적 생성의 근본[造化之根本]"을 '시창(始創)'한 것으로 파악했다.[119] 5만 년 전에 창조적 형성의 힘이 시작하여 성장하다가 최제우의 시점에까지 그 생기가 쇠퇴했다는 것이다. 그리고 최제우의 대각의 시점이야말로 새로운 창조적 형성의 힘이 시작되는 때이다. 성쇠·순환하는 역사적 때[時]의 법칙과 우주적 생명 원리[道]의 시간적 운명은 일치한다. "이 시대의 운수는 천지개벽 초의 대운을 회복하는[斯世之運, 天地開闢初之大運回復]" '잉태(胞胎)'의 과정에 있다. '개벽의 운수'와 새로운 시대의 진실인 '개벽의 원리[開闢之理]'는 회복의 과정에서 만난다.[120] 객관적인 역사의 행로와, 존재를 생명

---

116 李敦化, 『天道教創建史』, 117쪽.

117 「復卦」, 彖傳, 『周易』, "그 도를 반복하여(反復其道)," "천지의 마음을 본다(見天地之心)." 이돈화, 위의 책, 53쪽.

118 이돈화, 위의 책, 53쪽.

119 崔時亨, 「天道와 儒佛仙」, 『天道教經典』, 320쪽.

120 최시형, 「開闢運數」, 위의 책, 323쪽.

의 전개로 보는 새로운 삶의 방식의 성장이 하나의 과정으로 결합한다.

그러나 최시형과 후세 동학교도들이 주목한 것은 5만 년 주기의 순환 법칙이 아니라, 최제우에게 결정적 시점에서 일어난 새로운 정신적 의미를 반복함으로써 새로움을 창조하는 것이다. 회복하는 반복은 우주를 새로운 방식으로 경험하는 것, 새로운 주체성이 되는 것, 사회적 관계를 새로이 맺는 것이다. 그것은 "새 한울 새 땅에 사람과 사물이 또한 새로워지는 것이다[新乎天, 新乎地, 人與物亦新乎矣]."[121] 이러한 관점에서 '새로운'이라는 술어는 동학사상사에서 자주 쓰이는 용어가 되었다. 최시형에 의하면 새로운 인륜을 사는 방식은 생명의 발현을 기뻐하는 어린이가 되는 것이다. 그러한 인격은 '말과 글'에 익숙한 그래서 권력에도 익숙한 어른이 아니다. 진정한 인격은 '먼저 마음 가득히 즐거운[滿心快哉] 후에 희열과 감격으로 생명의 창조성에 마음을 확정[造化定]'한다.[122] 본원의 생명 원리는 '쾌활의 원리[快然之理]'이며, 이것을 직관한 인격은 "문득 젖먹이의 적자지심을 회복한다[恍然復赤子之心]." 이 회복이 '성철의 영역[聖哲之域]'에 도달한 것이다.[123] 기존의 민중[生民]이 갖는 사회적 관계가 특권과 배제라는 슬픔의 원리에 의해 지배된 것이라면, 이제 민중은 상

---

121 최시형, 「開闢運數」, 앞의 책, 323쪽.

122 이돈화, 앞의 책, 99쪽.

123 최시형, 「道訣」, 위의 책, 258-259쪽: 어린이에 대한 최시형의 존중은 각별했다. 모든 개체들이 각자 한울님이라는 사상에 의거한 것이다. 개체의 궁극의 본질은 우주 성령(性靈)의 일부로서 개별적 성령이다. 「대인접물待人接物」에서 그는 어린이를 스승으로 간주한다. "도가부인은 경솔히 어린아이를 때리지 말라. 아이를 때리는 것은 곧 한울님을 때리는 것이다. 한울님이 싫어하고 기운을 상하는 것이니라. 어진 것[仁]은 대인의 어진 것과 소인의 어진 것이 있나니 먼저 나를 바르게 하고 사람들과 융화하는 것이 대인의 어진 마음이다. 누가 나에게 어른이 아니며, 누가 나에게 스승이 아니랴. 나는 비록 부인과 어린아이의 말이라도 배울 만한 것은 배우고 스승으로 모실만한 것은 스승으로 모시노라." 이러한 아동 존엄성 사상에 입각한 천도교 문화운동에 의해 1923년 5월 1일 '소년운동의 선언'이 한국 최초로 나타났다. 3조로 된 선언은 어린이에 대한 인격적 예우와 14세 이하 어린이에 대한 노동의 금지, 배우고 즐겁게 놀 수 있는 사회 시설을 행할 것으로 되어 있다. 이 문제에 대한 연구는 다음을 참조: 임중재, 「동학사상의 근대적 개체성 논리와 인간관에 관한 고찰」, 『해월 최시형의 사상과 갑진개화운동』, 동학학회 편저, 모시는사람들, 2003, 329-333쪽.

호 긍정에서 오는 쾌활성을 향유하는 관계 속에서 살게 될 것이다. 이러한 생명 긍정의 관계가 병들어 고통스러운 관계를 치유하는 가장 본질적인 관계이다.

새로운 주체성의 창조와 일반화[布德]에 의해 새로운 세계가 도래할 것이다. 도는 '미래의 도[未來之道]'이다.[124] 그러나 아직 완성되지 않은 미래의 도는 이미 최제우가 경험한 결정적 순간에 예시되었다. 그것이 최시형의 '현재 시[現時]'에서 전개되려 하고 있다. 이러한 계승의 맥락에서 최시형은 자신의 현재와 스승의 생애를 모두 동시대의 현재 시로 생각하고 "현재를 후천 시대가 개벽하는 시대[現時가 後天開闢임]"로 파악한다.[125] 그리고 선천 시대는 정신이 쇠해가고 물질문명의 발달이 완성되어가는 시대였다.

> 선천은 물질개벽이요 후천은 인심개벽(人心開闢)이니, 장래 물질 발명이 그 극에 달하고 여러 가지 하는 일이 이전에 없던 발달을 성취할 것이니, 이때에 있어 도심(道心)은 더욱 쇠약해지고 인심은 더욱 위태로워질 것이다. ……(중략)…… (그러나) 일대 개벽의 운이 회복되었으니, 그러므로 우리 도를 천하에 포덕하여 창생을 널리 구원하는 것[布德天下, 廣濟蒼生]은 한울의 명(命)하신 바이다.[126]

물질문명은 통상과 '교역'에 의한 세계화로 나아간다. 그러나 물질문명이 도심(道心)을 쇠약하게 함으로써, 인류는 정신의 본질인 우주적 연대성을 상실해간다. 이처럼 동학은 초기부터 문명사의 본성과 그 방향에 큰 관심을 갖고 있었다. 그러나 그 문명사의 전개는 발전하면 할수록 위기에 봉착하고, 이 위기는 인심의 위기가 된다. 그리고 인심의 위기는 새로운 세상을 여는 후천개벽의 시대를 알리는 상징적 부호로 나타난다.

---

124 최시형, 『天道教經典』, 261쪽.

125 최시형, 其他, 위의 책, 417쪽.

126 최시형, 其他, 위의 책, 417-418쪽.

문명사의 물질적 팽창의 방향을 근대화로 생각한 이용구(李容九, 1868~1912)[127]는 '개방'과 '통상'의 시대에 동학이 갖게 될 이해관계를 최시형에게 묻는다. 그러나 최시형의 대답에 의하면, "우리 도의 운수는 세계와 함께 돌아가는 것[與世同歸]이니 우리 도도 이 운세를 당하여 일변해야 번영할 것"이지만, "곧 세계에 드날리게 될[布揚於世界] 우리 도는 외국 병마가 아국 강토에 몰려들어 쟁탈하는" 운을 만나게 된다. 그러나 이때 중요한 것은 "도를 드러내는 것(顯道)", 즉 "우리 도의 주의[名義]"를 드날리는 것이다.[128] 이어서 손병희가 제국주의와의 전쟁에서 우리가 어떻게 승리할 수 있는가를 묻는다. 최시형은 전쟁 중에 '계책전[策戰]'이 중요함을 언급하고 다음과 같이 답한다. "서양의 무기는 세상 사람이 대적할 수 없는 것이나 살인 기계[殺人器]라고 하는 것이요, 도와 덕은 사람을 살리는 기틀[活人機]이니 그대들은 이때를 당하여 지극정성으로 도를 닦는 것[修道]이 옳다." [129]

이 문답에서 이용구는 근대화가 갖는 정신적 위기의 문제를 의식하지 못하며, 근대화의 동력을 선진국의 지도력에 의존해야 한다는 근대화 식민지론적인 생각을 하고 있다. 그러나 최시형은 문명 발달의 운과 함께하여 번영하는 길은 인정하지만, 제국주의의 군사적 침략과 근대화는 맞물려 있음을 의식한다. 이러한 상황에서 최시형과 손병희는 혁명전쟁의 불가피성을 예감한다. 또한 서양 문물 가운데 가장 무서운 것은 살인 기계인데, 근대 아시아에서 유행한 사회진화론적 부국강병론은 근대화와 살인 기계의 발달을 적극 수용했다. 이에 반해 최시형은 정신적 도가 '사람을 살리는 기틀[活人機]'이라고 본다. 이 활인기라는 정신주의는 제국주의 침략과 근대화의 문제점을 극복할 수 있게 하는 제일의적(第一義

127 그는 세계화를 인생관으로 삼게 되고 결국 제국주의에 편승, 일진회를 조직하고 동학을 시천교(侍天教)로 바꾸는 등 친일 활동을 하게 된다. 이하의 문답은 갑오혁명(1894)에서 최시형의 죽음(1898) 사이에 있었던 것으로 생각된다.

128 崔時亨, 「吾道之運」, 『天道教經典』, 393쪽.

129 최시형, 위의 책, 394-395쪽.

的) 길이다.

위 문답에서 볼 때, 최시형의 사상은 실로 마음의 힘을 진정한 삶의 제일의적 원리로 보는 심학적(心學的) 철학임을 알 수 있다. 또한 그것은 역사적 세계와의 갈등과 긴장을 놓지 않는 역사철학적 정치의식을 동반한 것이었다. 내적 진실을 바탕[體]으로 외적 활동[用]을 통해 세상을 변형한다는 최시형의 이학적(理學的) 구도는 역사적 상황이 주는 시대의 문제들을 담아내는 동학적 구도가 되었다. 그에 의하면 근본 원리[道]는 그것을 이해하는 자로 하여금 생명을 긍정하고 생기(生機)를 자신 안에 체현하게 한다. 그것은 형이상의 심층적 "현기진리[玄機眞理, 현묘한 기틀로서의 진리]"이다.[130] 이 진리를 "본체로 하여 그것의 발용을 구체적 현실계에 구현하는 것[體用合一]"이 인생의 진로이다.

체용합일적 인생관이 지향하는 미래의 '신세계(新世界, 손병희)'는 정신과 물질이 종합된 '도덕 문명의 세계[道德文明之世界]'이다.[131] 그러므로 최시형의 도는 기존의 세상과 함께 가는 '여세동귀(與世同歸)'만도 아니며, 그렇다고 초월의 영역으로 가서 돌아오지 않는[往而不復] 것도 아니다. 그것은 만유에 내재하는 천도(天道)의 연속적 약동성에 근거한 마음을 본체로 하여, 생기로운 연대성을 창조해가는 길이다. 이러한 방식의 생활이 우주의 약동적 생성이라는 하나의 원리로 돌아간다는 '동귀일리(同歸一理)', '동귀일체(同歸一體)'의 길이다.[132] 최시형에게는 이 길이 "세계인민의 정신을 환기[喚起世界人民之精神]"하는 '광휘'였다.[133] 조선 후기 버림받은 민중 속에서 우주적 개방성에 기초한 정신을 새로운 삶의 양식

130 최시형, 「明心修德」, 앞의 책, 378쪽.

131 최시형, 「聖人之德化」, 앞의 책, 316쪽: 기존의 많은 연구는 천편일률적으로 동학을 신본주의에 반대되는 인본주의(개체의 인권과 기술 문명을 긍정)로 규정해왔다. 그러나 이 규정은 무한자를 본체로 하는 동학의 우주 중심주의적 성격을 간과한 것이다. 우주 중심성을 바탕으로 '동학적 네오휴머니즘'을 말하는 것이 더 적절하다(오문환, 『해월 최시형의 정치사상』, 모시는사람들, 2003, 184쪽).

132 崔濟愚, 「歎道儒心急」, 『天道教經典』, 84쪽; 「교훈가」, 앞의 책, 126쪽.

133 최시형, 「吾道之運」, 앞의 책, 392쪽.

의 근본 원리로 드러낸 것이 그가 역사 속에 나타난 의미였다. 그는 그러한 삶의 양식을 역사 속에서 필연적으로 나타난 무극대도의 역운(歷運)으로 이해했다. 그러므로 그는 요구한다. "무궁의 진리(無窮의 眞理)를 투시[透, 통찰]하여 무극(無極)의 대운명에 참여하라." [134]

이 운명에 동참하는 결단의 시간이 현재의 때[時]이다. 그러나 신세계는 인간의 참여적 실천에 의해 도래한다. 최시형에 의하면 도는 "미래를 표준으로 한다[未來를 表準]." 그리고 도는 인간이 "현재의 때를 활용[用時用活]하여" 형통하게 된다.[135] 구체적 실천은 미래를 바라보는 현재의 시점에서 일어난다. 최시형은 이러한 시간관념을 명심하기 위해 자신의 이름을 경상(慶翔)에서 시형(時亨, 때의 형통)으로 바꾼다(1876). 그의 시간관은 역사적 상황 속에서 나타난 진리와 진리의 구체적 실현이라는 맥락에서 생각된 것이다. 따라서 그가 말하는 시간은 추상화된 형식이 아니며 전통적 사고방식처럼 구체적 사물에 대한 표상과 분리되지 않는다. 시간은 달의 주기나 생물의 활동 주기, 왕조의 변화처럼 "차고 비며[盈虧, 盈虛] 왕성하고 쇠퇴한다[盛衰]." 시간은 천체들의 주기처럼 측정할 수는 있으나 측정된 시간은 구체적 형상을 가진 물체들이 진행하는 지속의 길이이다. 다시 말해 사건들의 흐름과 분리되지 않는 구체적 시간이다.[136]

이러한 구체적 시간관에서는 측정의 단위를 정지된 순간으로 잘게 미분하거나 이 순간들을 실로 꿰듯이 추상적으로 종합하여 얻는 직선적 시간은 중요하지 않다. 기하학적 점들의 연속으로 되어 있는 수학적 연속성은 불연속적 단위로서, 임의로 분할할 수 있는 추상적인 것이다. 이는 실재적 시간이라기보다는 흐름의 성격이 추상된 공간적인 것이다. 또

134 이돈화, 앞의 책, 144쪽.

135 崔時亨, 「用時用活」, 『天道教經典』, 353쪽.

136 보만, 『히브리적 사유와 그리스적 사유의 비교*Das hebraische Denken im Vergleich mit dem griechischen*』, 허혁 옮김, 분도출판, 1975, 165-193쪽: 여기서 보만은 초감성적 영역에서 영원성을 찾는 그리스의 추상적이고 공간적인 사유와 시간의 구체적 내용이나 사건을 중시하는 히브리적 사유를 대비시킨다.

한 약동불식이라는 부단한 구체적 지속을 실재로 보는 전통적 시간관에 익숙한 최시형에게는, 인도인이나 그리스의 제논(Zenon)이 생각한 연장 없는 점과 같은 순간 개념이나 이 정지된 순간들의 연속체와 같은 수학적 관념들은 낯설었다. 그러한 관념들은 서양 근대과학을 지배한 유클리드-뉴턴 시공간 좌표에 익숙한 사고방식에나 친근한 것이다. 기하학적 점이나 선, 미분과 적분 같은 수학적 관념은 근대과학의 발전과 함께 한 산업화 과정에서 광범위하게 유포된다.

최시형의 구체적 시간관에서 엿볼 수 있는 순간 개념도 수학적인 것이 아니다. 순간은 무한한 영원성이 구체적인 장소와 짧은 지속의 길이를 갖는 어느 때에 별안간 현존하게 되는 질적 순간이다.[137] 깨달음이라는 근본경험이 일어나는 결정적 사건의 순간이기도 하다. 이 사건은 영원의 한울(天)이 '인간의 마음에 있게 되고[在於心]' '인간의 마음이 한울에 있게 되는[在於天]' 상호 내재의 경험이다. 영원자가 자기를 표현하고 인간이 거기에 참여하는 사건에서 "한울과 마음은 본래 두 가지의 것이 아니며, 마음과 한울은 서로 합치하게 된다[天與心, 本無二物, 心天相合]." 이런 의미에서 "인간이 한울이고 한울이 인간이니 인간의 밖에 한울이 없고 한울의 밖에 인간이 없다[人是天, 天是人. 人外無天, 天外無人]."[138] 이러한 최시형의 관념은 이돈화에 의해 인내천(人乃天, 인간이 한울이다)으로 정리된다. 인내천은 자연과 인간의 동일성과 상호 귀속성을 의미한다. 약동불식하는 실재, 그리고 실재를 심원한 느낌 속에서 경험하는 소통적 합일에 우선성을 부여한다. 인간은 우주의 존재의미를 소통적 개방

---

137 崔時亨, 「天地人. 鬼神. 陰陽」, 『天道教經典』, 268-269쪽.

138 플라톤은 수학적 '순간(exaiphnes)'과 현존체험의 순간을 둘 다 언급했다. 「*Parmenides*」(156 C-D)에서는 순간은 운동과 정지 사이에 있으며 어떤 시간 속에도 있지 않은 기묘한 것이라고 한다. 그것은 정지가 운동으로 운동이 정지로 되기 위해 서로 들어갔다가 나오게 되는 이상한 것이다. 이에 비해 「*Symposium*」(210 D-211 B), 「서한」 7(341 C, D)의 '별안간(exaiphnes)'은 영원한 미, 영원한 선이 섬광처럼 영혼에 직관되는 순간이다. 별안간이라는 의미의 순간 개념은 현존경험을 기술하는 어휘로 스콜라 철학에 전승된다. 이것은 모든 종교적 신비 체험에 적용될 수 있다.

성으로 이해한다.

우주와 인간의 상호 소통적 관계는 기존의 주객 대립적 삶의 태도와는 전혀 다른 종류의 삶을 알려준다. 기존의 삶의 방식에 종언을 고하고 새로운 삶의 형태를 제시하는 우주와 인간의 소통적 경험이 먼저 최제우에게 한 순간 일어났다. 이 사건의 순간이 최시형에게는 역사의 의미를 보게 하는 시점이다. 이 시점이 역사의 새로운 출발점이자 중심점이다. 이 중심점이 역사를 선천과 후천으로 양분하는 기점[포덕(布德) 0년]이다. 그리고 후천개벽의 완성 과정은 기점이 갖는 의미를 반복적으로 회복하려 하는 동시대인들의 미래지향적 활동에 의해 전개된다. 또한 개벽의 전개는 한울의 명령적 역운에 동참하는 것이다.

동시대는 우주와 인간의 상합(相合)에 기초한 새로운 세상이 오는 것에 부응하여 일어나는 활동[動]의 시대이다. 이 시대가 새로운 활동 양식이 일어나는 현재이며, 현재의 활동은 "대운을 함께 성취해가는 터전[共成大運之地]"이 된다.[139] 현재의 활동은 미래의 '한울나라[天國]'로 다가가는 시점들이 '찰(滿)' 때를 기다리는 가운데, 그 시점들을 창조적으로 채워가는 것이다. 희망과 행동은 일치한다. 이 일치에서 천국이 도래하는 때가 채워져간다. 미래의 천국은 시간을 벗어난 무시간의 초월적 영역에 있는 것이 아니다. 그것은 '공간적 내세'가 아니라, 시간의 성숙을 통해 역사가 완성되는 미래의 어느 시점인 '시간적 내세'이다.[140]

그러나 현재에서의 창조적 활동은 우주의 무한한 생성 과정과 내면적으로 접촉하는 마음이라는 주체적 조건을 바탕으로 한다. 이 바탕이 '비워지고 자유로워진[虛靈]' 마음이다. 자유의 마음인 "허의 상태가 능히 운동의 기를 낳는다[虛能生氣]." 이 생기로운 자발적 활동의 기를 타고 관서(寬恕)와 공경[敬]이라는 윤리적 원리[理]가 실현된다. "허무의 상태가

---

139 최시형, 「道訣」, 앞의 책, 264쪽.

140 李敦化, 『水雲心法講義』, 천도교중앙총부, 1925, 100쪽: 최제우에게 미래의 인간은 지상신선(地上神仙)이다. 이돈화는 최제우의 미래 이상을 천국으로 해석하고 그것을 시간 안에 위치시킨다.

능히 이(理)를 낳는다[無能生理]."[141] 현재에서의 활동이란 마음이 내적 수렴을 통해 접하는 무극대도의 생기를 나의 본성이 실현되는 것처럼 표출하는 것이다. 이러한 생기의 표현으로서의 행동은 그렇게 행동하지 않을 수 없는 내적 필연성에 따른다. 이러한 인간의 행동에 의해 무극대도의 영원성이 현재에서의 마음의 활력을 통해 나타난다.

이처럼 동학적 삶이란 역사와 인간의 생활에 영원성을 개입시킨다. 포덕 0년이라는 역사의 결정적 중심점에 이를 때까지의 역사는 물질문명과 권세가 누르는 압력에 신음하는 시간이었다. 그러나 이제 후천개벽의 새로운 역사는 영원성을 심적 토대로 해서 시간을 진정한 생의 시간으로 형성해가는 실천적 과정이다. 이는 진부한 생활양식의 반복이 아니라 0년에 민중적 성인이 경험한 진리를 반복[復]하는 활동이다. 이 반복은 과거에 있었던 중심점을 회상하는 반복이자 시간의 억압을 치유하는 미래적 삶을 향한 회복이다. 그러므로 진정한 시간은 영원성에 접하여 자유로워지고 가벼워진 새로운 시간이다.

이와 같은 시간관은 대부분의 종교나 종교적 형이상학에서 유사하게 나타나는 현상이라고 할 수 있을 것이다. 종말론적 희망이 더욱 극적으로 강화되어 있는 신약성서의 시간관에서도 사도들의 입장에서 본 과거의 중심점이 있다. 이 과거의 중심점이 그리스도 생애의 정점인 죽음과 부활이라는 구속사적 사건이다. 쿨만(Oscar Cullmann)의 기독교적 시간관에 대한 연구에 의하면 "이미 발생했던 사건이 앞으로 일어날 그 사건에 대한 강한 보장"이다. 그리고 "미래에 대한 희망은 이제 과거에의 신앙으로 지지받을 수 있다." 따라서 미래의 "대망이 구속사의 중심일 수 없으며", "그 중심은 역사적 예수가 그의 사명을 완수함으로써 성취된 승리의 사건이 차지하고 있다." 이 승리의 사건은 죽음과 세속 권력에 대한 승리이다. "그러므로 우리는 이미 그리스도를 통해서 구원받은 시대에 있고," "성령의 시대에 우리가 살고 있는 것이다." 이런 의미에서 그

141 최시형, 「虛와 實」, 앞의 책, 271쪽.

리스도의 구속사적 사건이 일어난 시점은 '결정적 시간(kairos)'이며, 현재(nun)의 시간은 불완전하지만 그 빛에 의해 완전한 시대로 전환된다.[142]

그러나 동학의 중심 사건에는 부활이 없다. 그리고 최제우의 대각이 부활처럼 유일회성(唯一回性)을 갖는 것도 아니다. 대각은 누구나 가능하다. 그리스도의 재림도 없다. 그러나 이미 드러난 진리의 빛의 조명에 의해 역사적 삶의 궁극적 의미가 환기되고 미래를 희망하는 공동의 실천으로 나아가게 된다는 점에서 동학의 시간관은 신약성서와 유사성을 갖는다. 그런데 쿨만이 요한복음을 중시하면서도 영원성의 내재를 언급하지 않은 것은 의아하다. 그는 기독교적 직선 사관에 애착을 갖고 있는 것으로 보인다. 이는 보만의 지적처럼 "성서적 시간 파악은 선적이고" "그리스적 시간 파악은 순환적이라는" 쿨만의 "언제나 잘못된 표현"에 기인한다.[143] 쿨만에 의하면 그리스인은 시간을 "원환으로 보고 있기 때문에 인간은 이 시간에 어쩔 수 없이 매여서 노예 생활을 하고 또 저주받은 삶의 경험을 해야 한다고 느끼는 것이다."[144] 그들의 구원은 "시간의 순환에서 해방"되는 것을 추구하는 '무시간적 신비주의'의 성격을 갖게 되었다.[145]

그러나 요한복음에 의하면 그리스도는 영원한 창조주이자 유한한 피조물이다. 그리스도는 만유를 상징하고 모든 것을 함축(complicatio)하고 있다. 그리고 그리스도에 대한 믿음이 시간 속에서 그리스도 자신의 영광을 현시하는 보이지 않는 것의 실상이다. 그렇다면 왜 초기 기독교가 영원한 신성의 내재를 느끼고 말할 수 없었겠는가? 또한 그리스인들도 다른 민족처럼 "차안에서 피안적이고 불가시적인 신의 계시를 파악"하고자 했다.[146]

---

142 쿨만, 『그리스도와 시간*Christ and Time*』, 채위 옮김, 1974, 91-92쪽, 98쪽.

143 보만, 『히브리적 사유와 그리스적 사유의 비교』, 허혁 옮김, 분도출판, 192쪽.

144 쿨만, 위의 책, 55쪽.

145 쿨만, 위의 책, 57쪽.

146 쿨만이 내재의 문제를 배제하게 된 결정적 이유 가운데 하나는 성서의 영원(aion)을 무시간적 무한성이 아니라 시간의 무한성으로 보고 신을 끝없는 시간의 통치자인 하나의 극점으로 생각한 데에 있는 것으로 보인다. 따라서 그는 시간과 영원의 관계 문제를 중

새로운 세상에 대한 희망에 추동된 종말론과 영원한 신성의 현존에 대한 믿음은 서로 배제적인 것이 아니다. "종말론과 피안신앙은 서로 배타적인 그리스도교적 희망의 두 가지 형식이 아니라", 정당하고 필연적인 보충관계에 있다. "성서는 다가오는 영광뿐만 아니라 피안적인 영광도 알고 있다."[147] 성서적 시간관도 초월적 영원성과의 내재적 관계를 통해 이해되어야 한다. 물론 기독교적인 피안적 영원성의 내재는 신 그 자체의 내재라기보다는 그리스도와 신의 성령(Spiritus)의 내재이다. 이 점에서는 그리스도의 임재와 죽음 이후 성령의 임재라는 성서의 내재는 '조물자(造物者)'인 '무극대도' 자체의 내재성에 더 비중을 두는 동학의 '인내천주의'(人乃天主義, 이돈화)와는 대비된다.[148]

동학의 영원성에는 미묘한 양의성, 즉 초월적이면서 내재적인 성격이 있다. 최시형에 의하면 "우리의 도는 무극에 본원하여 태극에 나타나니 천지상하에 뿌리를 내리고, 변화의 이치(理)는 혼원한 하나의 기에 잠기어 있다[吾道, 源於無極而顯於太極, 根着於天上地下, 理潛於渾元一氣]."[149] 여기서 태극이란 무극이 음양의 두 기운으로 분화되어 조화의 관계에서 작용하는 이치[理]를 의미한다. 무극은 자신의 작용 법칙인 이 이치에 따라 자신을 표현하는 본원의 기이다. 이치는 기에 잠기어 활동하면서 하늘과 땅을 구성하고 그 안에 뿌리를 내리고 있다. 그러나 이러한 내재적 관계에도 불구하고 본원의 기인 무극 그 자체는 나타나기 이전의 것이다. 최제우는 "하늘과 땅, 음과 양이 갈라진 후에 무수한 만물이 생겨[化]나서"라고 말한다.[150] 그는 또 본체적 존재를 "그림자를 비추는 태양[太陽流照影]"에 비유한다.[151] 태양은 자기 동일적으로 머물며 피조물의 시간적

세의 사변신학으로 돌리고 성서의 신학을 직선적 시간을 전제한 역사적 신학으로 구성한다(위의 책, 65-73쪽).

147 보만, 앞의 책, 193쪽.

148 李敦化, 「新人哲學」, 천도교중앙총부, 1924, 53쪽.

149 崔時亨, 「天道와 儒佛仙」, 『天道教經典』, 319쪽.

150 崔濟愚, 「道德歌」, 『天道教經典』, 215쪽.

151 최제우, 「偶吟」, 위의 책, 97쪽.

변화를 영원의 관점에서 조명하고 있다. 이 문맥에서의 영원성은 초월적 성격을 갖는다. 무극대도는 내재적이면서 초월적이다.

송대 이학(理學)에는 피조된 만유가 형성과 파괴를 주기적으로 그리고 '무시무종(無始無終)'으로 거듭한다는 영원회귀설이 있다. 우주는 129,600년을 주기로 형성과 파괴를 거듭한다. 형성기에는 생기가 창조적 역할을 하며, 파괴의 시기에 우주는 혼돈의 상태로 돌아간다. 이와 마찬가지로 '순환의 이치[循環之理]'가 경과하는 '전만고와 후만고[前萬古, 後萬古]'를 생각하는 최제우[152]의 견해에는 분명 생성계의 영원한 주기적 리듬에 대한 전통적 관념이 들어 있다. 이 문맥에서의 영원성은 생성의 영원성, 즉 자연이 생성을 통해 영원히 존재한다는 의미의 내재적 성격을 갖는다. 궁극의 실재가 내재적이며 초월적이라는 관념이 전통 이학과 동학에 공존하고 있다.

이 점에서 이돈화는 스피노자의 개념을 활용하여 무극대도를 '능산적 자연'으로, 삼라만상을 '소산적 자연'으로 해석한다. 동학에는 분명 소산적 자연의 생성에서 능산적 본체의 영원성을 직관하려는 노력이 있다. 전통 이학에서도 만유의 본체적 통일성은 만유 안에서 작동하고 만유는 본체 안에 있다. 이학은 '만물이 하나의 생명 원리[萬物一理, 정이천(程伊川)]' [153]라는 원융한 체계를 의식적으로 유지하려는 경향이 있다. 본체는 초월적이면서 내재적이다. 본체의 통일성[一性]은 필연적으로 또한 본질적으로 자발적 운동인으로서의 생산 능력을 갖는다. 본체가 존재한다는 것은 곧 자기분화의 활력을 구현한다는 뜻이다. 이에 따라 본체의 무시간적 영원성은 내재적 시간의 무한성으로 현현한다. 초월적 영원성은 모든 개체들의 생명 활동에 내재되어 있다.

최제우의 현존경험과 최시형의 개체 공경의 삶은, 만유가 언제나 신성한 활력의 표현이었음을 직관한 결과였다. 최시형은 "진실성과 공경심과

---

152 최제우, 「용담유사」, 「도덕가」, 앞의 책, 123쪽.

153 『二程遺書』 권 25.

종교심[誠敬信]"을 모든 사회적 활동의 윤리적 기초로 삼는다. 이는 신성한 활력이 현재 나타나 있다는 직관에 근거를 둔 것이다. 심층적 생명원리에 대한 이러한 투시적 직관에서는 영원성을 삶의 토대로 삼게 된다. 이러한 삶이 역사와 사회를 변형시켜나가게 한다. 이 점에서 손병희는 동학적 세계관을 불교적 어휘로 해석할 수 있었다. 불가에서 말하는 세간(世間)이라는 현실세계는 우연한 만남에 의해 불행해지기도 하고 행복해지기도 하는 사건들의 그물체계(因緣의 체계)이다. 그럼에도 이러한 현상계의 심층에서 작용하는 천도에 대한 출세간적(出世間的) 직관은 세계에 내재하는 영원에 대한 근본적 경험이다. 이 경험이 우주적 영원을 표현하는 활력으로 사회적 관계를 채울 것이다. 이 활력이 표출하는 능동성은 마음을 쾌활하게 한다. 이러한 쾌활성은 모든 존재에 대한 긍정적 화해의 정서이다. 그것은 생명에 대한 부정적 적대심을 알지 못한다. 적대의 기억을 가진 한(恨)은 억압의 심리적 생산물이다. 한에서 비롯되는 공포와 죽음이 가하는 두려움은 동학의 정신적 능동주의에는 더 이상 작용하지 못한다.

최시형의 사상과 인격이 보여주는 신비주의적 직관과 능동적 실천성의 결합은 마음과 우주의 상합을 기초로, 내면과 외면의 합일을 창조해 나가는 삶의 양식을 삶의 모델로 제시했다. 진정한 내면적 주체성은 개체들의 근저에 성운처럼 편만해 있는 우주적 연속성에 대한 감응을 본질로 하는 인격이다. 감응이라는 정서적 파악이 마음을 좁은 시야에 정착시키지 않는 무주(無住)의 인격을 가능하게 한다. 감응과 자유의 인격은 만남에서 이루어지는 사건들의 연쇄를 부정적 대립이 아닌 긍정적이면서도 새로운 방식으로 엮어나가려 한다. 영원성이 나타나 있는 현재에서 생의 약동을 경험한 인격은 사물과 인간 모두의 충동인 존재에 대한 포부를 역사 속에 실현하려 한다. 존재하려는 포부를 긍정하는 것이 바람직한 생명가치이다.

바로 이 생명가치가 조선 후기에 버림을 받았고, 동학에 의해 다시 회복된 것이다. 이제 그 가치는 타자와의 새로운 관계 양식을 구성하는 새로운 사건을 창조하는 원리가 되었다. 선천 시대의 전통 이학에서 백성은 물(物)로 인식되고 취급되었다. 그리고 물질적 산업이 무섭게 발전한 선천 시대 후반에 백성은 상공업의 지배로 가공할 전쟁과 참혹한 물화(物化)를 겪게 될 것이다. 이러한 물화는 사물로 인식되기 쉬운 인간의 신체가 사실은 자연과 인간을 형성한 하나의 생명 원리의 표현임을 망각한 데에서 비롯된 것이다.

신체와 외부 자연은 본질적으로는 결코 권력과 산업의 수단인 객관적 사물이 아니다. 그것은 약동불식하는 심리적 실재의 현상적 표현이다. 심리적 속성과 물적 속성을 이원화하는 근대적 인간관은 인간에 관한 기술·공학적 관념에서 온 것이며, 그러한 인간관으로는 근대의 물화를 극복하는 대안적 가치를 제시할 수 없다. 인간의 정신적 본성이 드러나는 곳은 유용성을 무제한으로 추구하는 관점에서가 아니다. 그것은 인간의 마음이 자신의 관계의 폭을 공간적·시간적으로 확대하는 데에 있다. 정신은 우주적 연대성을 느끼는 포괄성과 개방성을 갖는 인격, 자연사의 시간적 흐름을 통관하는 무한과 영원의 관점을 체화한 인격에서 그 진정한 본질에 도달한다. 동학은 봉건적 방식과 근대적 방식의 물화에 대항하여 감응적 화(和)와 경(敬)의 소통성을 그 대안으로 제시한다.

동학의 대안적 가치관은 결코 지나친 낙관적 이상이 아니다. 그것은 내심에서 경험된 생명의 활력이 존재에 대한 포부와 내적 필연성을 가지고 나타나는 것이기 때문이다. 바로 이러한 내적 필연성이 최시형으로 하여금 제국들의 세계사적 억압에 저항하게 했으며, 일상의 궁핍과 환난을 기뻐하게 만들었다. 동학혁명의 주모자로 체포되어 사형 선고를 받고 감옥에 있었을 때, 최시형은 탈옥할 수 있었음에도 죽고자 했다. 감옥에서 그가 남긴 최후의 유언은 "조금도 근심하지 말고 그저 잘들만 (大道를) 믿으시오"[154]였다. 그의 신념은 절대적 믿음이었지 반증 가능성을 가진 과학적 가설이 아니었다. 또한 취소 가능한 학자적 신념이 아니라 억

---

154 一然, 「海月神師의 受刑 전후실기」, 『新人間』 7, 천도교중앙총부, 1928, 9쪽.

압적 고통에 저항하여 해방의 꿈을 선언하는 모든 종교적 선지자의 절대적 호소였다. '무서운' 권력과 '기쁜' 생명은 영원히 그 영광을 나누어 가질 수 없음을 그의 생애는 증언했다. 생애의 마지막에 지친 최시형의 몸은 조선 후기의 체제처럼 방향을 잃고 이리저리 쓰러지지만, 그의 기상(氣象)은 영원에 맞닿아 있었다.

동학혁명은 정치적 권력의 장악과 제도의 정립이라는 측면에서는 실패했다. 군사적 측면에서도 동학혁명의 무장력은 일본군과 관군의 신식 화력에 비하면 보잘것없었다. 그러나 동학은 후기 조선 사회의 가렴주구와 제국주의 침략이라는 대내외적 문제를 해결해야 하는 책임을 평민이 인수해 일으킨 것이다. 그리고 이러한 문제는 오늘에 이르기까지 자본주의적 형태로 계속되고 있으며, 그 해결의 길을 요구하고 있다. 기존의 주요 혁명사는 실패했을지라도, 해결할 수 없는 문제를 가지고 고민하는 것이 생의 이상에 도달하는 것임을 교훈으로 보여준다. 혁명들에 작용한 평등의 이상은 재물과 신분이 사회적 관계를 억압적 관계로 만드는 상황을 변형시키게 했다. 그것은 소유 관계를 균등하게 하는 것으로 나타났지만, 물질적 소망의 실현에서 그치는 것은 아니었다. 평등은 구체적 소유의 평등이라기보다는, 모든 형태의 소유 관계가 예속의 조건이 되어서는 안 된다는 공리(公理)이다. 또한 불균등 제도가 인간의 평등한 정신적 자주성의 발전을 저해해서는 안 된다는 것을 환기시킨다. 평등은 결코 정치·경제적 제도가 아니라, 그 제도를 변형하게 하는 초월적 이념이다.

동학혁명은 현대인에게는 지나친 종교적 관념성을 갖고 있는 것으로 보일 수 있다. 동학의 이상사회는 신비주의적 철학이 갖는 영적 코뮤니즘의 성격을 다분히 갖고 있다. 그러나 역설적이게도 그 관념성은 봉건적 제도와 그 이후의 현대적 제도까지도 넘어서는, 평등 정신의 초월적 본성을 잘 보여준다. 개체 속에 영적 본질인 성령(性靈)이 있다는 것은 개체의 절대성을 의미하며, 동시에 개체는 타자와의 우주적 소통 관계 속에 있다는 보편적 연대성을 의미한다. 사실상 타자는 없다. 이러한 정신적 가치들이 제도를 통해 나타나지 않는 한 인간의 삶은 불완전하고 불행하다.

마음의 개방성에 기초한 우주적 연대성을 깨닫는 기쁨의 삶은 폐쇄적 사회의 삶을 편협한 울타리 안에서 선악을 구분하는 비합리적 삶으로 규정한다. 또한 이제까지 합리적이라고 주장되던 가치관이 모순을 갖고 있다고 판단한다. 위계적 사회에는 권력의지의 기쁨이 있고 죄의식을 동반하는 복종의 슬픈 선이 있다. 그러나 선과 기쁨을 연결하는 윤리는 무서운 법칙이 주는 온갖 부정적 감정을 용해시키는 생명 긍정의 근본경험에서 나온다. 마음의 개명(開明)이라는 이 경험은 진정한 윤리의 원천이지만, 그 경험의 의미는 거의 대부분 시적 언어나 종교적 언어로만 묘사되어왔다. 그 의미세계는 명확한 객관적 정보가 아니기에 평균적 의미를 담고 있는 언어로 전달될 수 없다. 그러나 언어란 의미의 명확성이 증가할수록 의미가 빈곤해지는 법이며, 의미가 모호한 예술과 종교의 언어는 의미의 풍요와 심원함이라는 불투명한 아우라나 성운(星雲)을 배경으로 갖는다. 이 모호한 성운의 세계가 형이상학적 느낌을 동반하는 주체적 깨달음이라는 지혜의 차원이다. 그것은 형상화 능력이 뛰어난 사람에 의해 기술(記述)될 수는 있지만 논증될 수는 없는 것이다.

이렇게 볼 때 이제까지 동학과 대종교(大倧敎) 및 민중적 사상가들에 대한 철학계의 관심이 성리학과 실학에 비해 현저하게 미미했던 것도 이해가 된다. 그러나 쇼펜하우어가 파악했듯 동서양의 위대한 철학 체계는 '실천적 신비주의'와 내면의 빛에 대한 경험에 뿌리를 두고 있다. 그에 의하면 실천적으로 "고결한 사람은 오직 그 행위를 통해, 위대한 통찰 및 이론철학의 힘든 연구 결과와 동일한 인식을 표현한다." "이론적 지혜는 이론들을 통해 더디게 목표에 이르지만, 도덕적 탁월성은 단숨에 도달한다."[155] 이 때문에 체계적 철학에 대해 신비적 근본경험은 사유

---

155 쇼펜하우어, 『도덕의 기초에 관하여*Über die Grundlage der Moral*』, 김미영 옮김, 책세상, 2004(1840), 239-242쪽.

의 시원이 되며, 그 경험과 언어들은 후세의 철학적 해명을 기다리는 것이다.

7. 심령의 윤리와 영적 코뮤니즘

이 점에서 최시형의 선악을 넘어선 심령이 함의하고 있는 의미와 의의를 기술할 수 있을 것이다. 그의 윤리관은 근본경험이 갖는 우주적 소통성(疏通性)을 향유하는, 이른바 낙천(樂天, 하늘을 즐거워함)의 경지[境界]에 연원한다. 이 경계에서의 느낌은 장자(莊子)의 표현으로는 천락(天樂, 하늘의 즐거움)이 될 것이다. 그러면 이러한 형이상학적 즐거움을 가능하게 하고 생의 궁극적 의미를 느끼게 하는 근본경험의 구조적 의미는 무엇인가? 즐거움은 소극적 의미와 적극적 의미를 갖는다.

소극적 측면에서의 즐거움은 (1) 기존의 위계적 사회가 개체에 대해 의식적 혹은 무의식적으로 가하는 위압적 압력으로부터의 자유를 내적으로 경험하는 방식이며, (2) 주체가 자신 안에 내화되어 있는 억압적 심리 구조를 탈각하는 방식이다. 그것은 사회 전체가 누르는 힘과 주체의 권위주의적 심리 구조를 포함해 모든 심리적 고통이 가하는 중력으로부터 벗어나는 탈출의 느낌이다. 다시 말해 주 · 객관적인 권력으로부터 벗어나는 내적 해방의 느낌이다.

적극적 측면에서의 즐거움은 (1) 인간적 개체와 인간 이외의 개체들의 존재에 대한 긍정의 느낌이다. 이 느낌은 만유가 천(天)의 자기표현이기에 모든 것이 신성한 자기완전성을 보유한다는 것에 대한 강도 높은 각성의 효과이다. 이 효과가 존재에 대한 공경심(恭敬心)과 함께 존재에 대한 관인(寬仁)의 덕과 심정을 형성하게 한다. (2) 존재에 대한 긍정은 천(天)의 작용과 공감할 때 오는 마음의 개방성에 근거한다. 이 개방성은 기존의 폐쇄적 마음과 대비해서 볼 때 마음의 본래성으로 간주되며, 이 본래성이 주체성이 된다. 이 주체성은 우주의 생성 운동과 연동(連動)하는 활력의 원천인 본연의 성품[本然之性]을 함축한다. 이러한 내면성이 갖는 능동성은 사물과 공감하는 화해이므로 존재의 긍정에 도달할 수 있으며 자신을 포함한 모든 개체를 상호 침투적인 투명한 관계로 경험한다. 즐거움은 투명한 소통 관계가 주는 기쁨이다. 주체의 개방성은 자유이며, 그 영롱한 관계성은 평등한 소통성이다.

박종홍(朴鍾鴻)이 동학사상을 자유와 평등을 주장하는 민주주의로 파악한 근거는 바로 이러한 우주적 근본경험이 갖는 구조적 의미에 있다. 이 구조적 의미가 최시형이라는 개성을 통해 역사 안에 나타났다. 세계와 자아의 개명적(開明的) 일치와 공명에서 지고의 선의 원천을 경험한다는 개명주의적 윤리관은 유가와 불가 및 도가를 포괄하는 동양 전통에서는 이미 익숙한 관념이었다. 이 관념에 의거해서 본다면 도덕법칙에 대한 의무에서 오는 도덕적 양심은 근원적 양심에서 분리되어 왜곡된 것이다. 인간에게는 어떤 심층적인 느낌이 있는데, 그것은 우주와 분열되어 대립함에서 오는 심층적 심정의 불안이다. 이 양심불안(良心不安)은 전체와의 파열 속에서 온갖 대상들과 투쟁하는 인간의 삶의 깊이 속에 놓여 있다. 전체와의 근원적 동일성의 체험은 바로 이러한 대립을 용해시킨 자유와 해방의 기쁨인 것이다.

동학의 최제우와 최시형은 그것을 스스로 체회(體會)하여, 민중 각 개인의 존재의의를 우주적 연결 체계 속에 정초하고 그것에 역사적 의미를 부여했다. 함석헌(咸錫憲)의 어휘를 사용한다면 진정한 인간은 계약적 권리를 가진 외면적 관계로 분열된 개인이 아니라, 모든 제도적 가치를 초월하여 생명의 원천으로 환원된, 그리고 가진 것 없는 민중성으로 환원된 '바닥사람'이다. 후천개벽의 시대는 모든 개체의 존재가 고유한 가치로서 긍정되는 인간 세계가 미래로부터 도래하는 새로운 시대이다. 이 시대는 물질문명의 가치를 포함한 민주적 가치와 형이상학적 생명가치가 구체적 희망으로 작용하는 시대이다.

동학의 윤리설은 이러한 형이상학적 의미와 역사적 의미를 포함한다. 이러한 두 가지 의미를 결합하여 『천도교사상天道敎思想』은 홍미로운 해명을 하고 있다. 바로 선악관이 인류의 역사적 시기마다 다른 형태로 발전해왔다는 것이다. 이제까지는 씨족과 같은 자기집단, 민족과 국가라는 폐쇄적 집단을 중심으로 하는 선악관이 지배적이었다면, 더욱 발전된 형태의 선악관은 "세계일가(世界一家) 우주일체(宇宙一體)의 개념"으로 판단하는 관점이라는 것이다. 이러한 관점에서 볼 때 과거 시대의 '타율적 윤리학'은 '권력설(權力說)'이었으며, 이것에 역운동하는 생명의 창조적 힘에 의해 윤리는 점차 개체의 자유가 확대되어가는 역사적 과정을 거쳐 '자율적 윤리학'으로 진화해왔다.[156]

이러한 해석은 아마도 이돈화의 진화적 생명철학의 관점을 계승한 것으로 보인다. 그의 『신인철학新人哲學』에 의하면 사람의 자연스러운 본성인 '사람 · 性 · 자연'은 "씨족 시대, 부락 시대, 민족 시대, 국가 시대와 같은 정치적 형태 또는 노예 시대, 농노 시대, 자본주의 시대와 같은 경제 상태"의 진화를 경험해왔다. '수운주의(水雲主義)'는 현대에 이르기까지의 모든 '시대의 모순'을 극복하고 '신시대를 창조'하게 하는 궁극의 이념이자, "신시대에 필연적으로 필요한 생활 방식의 도안"이다. 수운주의는 "시대에 반항하는 불평(不平)의 철리(哲理)"이다.[157]

이러한 이돈화의 해석이 보여주듯 동학철학은 극복과 저항을 결합한다. 그가 파악하듯이 수운사상이 보는 과거 역사는 물질적인 것을 둘러싼 투쟁이 비록 진화해왔다 하더라도 폐쇄성과 억압성을 면치 못하는 선천(先天)의 역사이며, 새로운 후천의 역사는 생명 진화의 방향으로서 인간의 비밀스러운 진상이다. 그것은 인간의 내밀한 본질인 성령(性靈)의 구체적 표현(表顯)이 지시하는 의미에 일치해가는 과정이다. 우주와 인간을 이끌어가는 천도(天道)는 인간을 통해 자신의 자유를 부단한 노력 속에서 실현해간다. 현재의 인간 또한 부단히 노력하는 성실성을 바탕으로 극복과 저항을 생활양식으로 삼아야 한다. 이런 의미에서 최시형은

156 김월해, 『천도교사상』, 천도교중앙총부, 1983.

157 李敦化, 『新人哲學』, 천도교중앙총부, 1969, 115-117쪽.

말한다. “사계절이 차례가 있어 만물이 풍요롭게 무성하며, 주야가 뒤바뀌면서 태양과 달이 분명하고, 장구한 시간에 생명 원리[理氣; 한울의 자기질서에 따른 창조적 힘]는 변질되지 않는다. 이것이 우주의 지극히 성실한 휴식 없는 원리이다.[四時有序, 萬物盛焉, 晝夜飜覆, 日月分明, 古今長遠, 理氣不變, 此天地至誠無息之道也].” 마찬가지로 후천(後天)을 맞이하는 신인간이 “순수하게 한결같은 마음으로 노력하는 휴식 없는 성실성으로써 우주의 원리와 운행을 함께하면 비로소 그를 대성대인(大聖大人)이라 할 수 있을 것이다[使此純一無息之誠, 與天地同道同運則,方可謂之大聖大人也].”[158]

생명 진화의 방향과 극복의 노력을 개체의 자유와 연대성의 이상과 연관시키는 생각은 함석헌(咸錫憲)에게도 나타난다. 함석헌에 의하면 “부족 시대, 봉건 시대, 민족 시대, 제국주의 시대, 개인주의 시대를 통해 자라는 동안 우리는 어떤 제도도 우리를 방해하는 죄악이라 느끼는 단계에 이르렀다.” 기존의 제도가 방해하는 것은 인간의 주체적 자유이다. 새 시대의 자유는 상공업에 바탕한 서양 시민사회가 성취한 ‘외면적 자유’가 아니라 사적 소유와 상품 및 제도에서 자유로운 ‘내면적 자유’이다. 현대의 역사적 현실과 인생의 의미는 내면적 자유를 지향하는 데에 있다. 부르주아 사회가 사적 이익의 조절을 위해 소수가 전체를 대표하는 대의제를 취하고 있지만, 이제는 전체가 자유와 연대를 생각하는 시대가 되었다는 것이다. 사회 전체가 대표들을 이끌어가고 국가는 사회로 흡수된다. 학자와 관료의 권위주의적 생각은 민중 전체의 사유에 의해 사라진다. 이러한 방향을 지향하는 정신의 진화가 ‘정신혁명’이다. 심지어 ‘복지국가’와 같은 “황금신의 십계명을 깨버리지 않으면” 도래하는 이상인 ‘가나안’은 ‘안나가’가 될 것이다.[159]

함석헌의 이러한 정치적 비전 역시 생명 진화에 대한 ‘우주사적 비전’

---

158 崔時亨,「海月神師法說」,『天道教經典』, 303-305쪽.

159 咸錫憲,「새 역사로의 도약」,『함석헌전집』 9, 한길사, 1988, 310-311쪽;「새 윤리」,『함석헌전집』 2, 한길사, 1996, 383쪽.

에 근거한다. 현대인은 자신의 '생존경쟁의 철학'을 버리고 '우주적 심정'에 근거한 '자유의 윤리'를 선택할지 그 여부를 결단해야 하는 중대한 기로에 있다.[160] 자유의 윤리는 기존의 선악관을 넘어서 개체의 내적 본질인 우주생명의 응축이자 투명한 영혼인 종자(씨알)로 환원해 들어가, 타인은 물론이고 만유와 연동하는 투명한 소통적 관계를 사유하는 새로운 삶의 방식에 있다. 이러한 삶의 방식은 영혼의 코뮤니즘(spiritual communism)이다. 동학의 정치적 비전 역시 이 방향에 놓여 있다.

또한 함석헌의 『저항의 철학』(1967), 『혁명의 철학』(1968), 『인간혁명』 등에서 보이는 바와 같이, 그가 사용한 개념인 '창조적 다수'의 '우주윤리'는 언제나 긴장과 저항을 주체적 덕으로 포함한다. 자유와 연대의 형이상학적 원리인 '씨알은 새로운 생명의 잠재적 가능성의 총체요 그루터기'이기 때문이다.[161] 잠재성은 주체의 내적 성실성과 새로운 삶의 양식을 선택하는 결단 없이는 현실성을 갖지 못하고 자라나지 못한다. 우주생명의 진화와 성장에는 순간순간 첨단에서의 망설임이 있기 때문이다. 함석헌은 이 순간의 끝에서 슬퍼하고 전율했다. 잠재성은 창조의 원천이자 위기의 근원이기도 하다. 그는 우주의 잠재성, 즉 생명의 자발적 표현에 일치하는 우주적 심정의 기쁨을 어느 순간 경험하고는 그것에서 멀어지는 분열을 겪어야 했다. 진리는 언제나 부재함으로서 존재하여 그를 애타게 했다. 기쁨과 슬픔, 자부와 수치는 그의 노력이 갖는 운명적 역설이었다. 그가 좋아하는 표현대로 그는 '모순의 인간'이다.

그러나 다른 사람이 사색과 학습으로 도달하는 세계지혜를 단번에 주파한 최시형에게는 잠재성과 그것의 표현인 삼라만상이 이미 생명의 세계로서 그리고 기쁨의 세계로서 향유되는 것이었다. 그의 내면의 성령(性靈)은 자발적 표출의 힘을 신체적 행동으로 나타내는 활력을 지닌 것이었으며, 따라서 행동은 내적 필연성을 가지는 동시에 자발성으로서의

---

160 함석헌, 앞의 책.

161 김경재, 「씨알사상 一考」, 『싸우는 평화주의자 함석헌』, 전대열 편저, 276쪽, 298쪽.

자유를 지니고 있다. 이런 의미에서 이돈화가 동학의 자유를 자유와 필연의 종합으로 해석한 것은 일리가 있다. 최시형에게 사유와 실천의 일치는 내적 강제성을 갖는다. 그의 내면은 모순의 감정으로 상처받는 것이 아니라 생사여탈의 권한을 품고 있는 평화로움을 지니고 있다. 이러한 내적인 덕에서 나오는 그의 언어와 행동이 민중의 봉기와 함께 했을 때 그것은 혁명이 되었다. 이 혁명이 가리켜 보이는 방향과 의미는 개체의 신성함과 인류의 연대라는 개방성의 극한, 즉 '지상의 천국'이다. 이것은 극한 개념이기에 언제나 제도적 현실을 불완전한 것으로서 판단하여 넘어서게 하는 초월과 저항의 이념이 된다. 그것은 미래로부터 다가오는 희망이다. 이 희망이 역사를 생성하게 하는 가능성의 원천이며, 폐쇄에서 개방으로 나아가는 생명 진화의 방향이다.

생명 진화의 방향은 폐쇄적 집단이 명령의 방식으로 개체에게 강요하는 법칙주의적 윤리로부터 인류 전체를 아우르는 개방적 인류애의 윤리로 나아간다. 그리고 이 개방적 윤리는 소수 성인들이라는 개체를 통하여 역사 안에 나타나서 폐쇄적 공동체에 인생의 의미로서 주어지고, 이 공동체는 진정한 사랑과 자유로 전환된다. 이러한 진화의 운동이 동학의 대신사(大神師, 최제우)와 신사(神師, 최시형)를 통해 자각되었다. 개체의 자각에서 우주의 궁극적 본질이 내부에 있다는 것[內有神靈]이 알려진다. 이 본질이 자기실현의 힘을 가지고 밖으로 작용하여 타인을 주체로서 공경하면서 변화시켜 나간다[外有氣化]. 동학의 윤리는 바로 성인적 인격의 심층적 지혜인 '자기성명(自己性命)'의 자각과 실현에서 열려 보여진[啓示] 것이다. 이것이 바로 "자발적이고 자유로운 작용을 한다는 의미에서의 신령한 내적 본성이 세계에 출현했다[性靈出世]"는 의미이다. 세계에 나타난 세계극복의 윤리야말로 진부한 닫힌 도덕을 넘어선 열린 도덕이며, 폐쇄적 선악의 저쪽에 있는 지고의 선이다.

선악의 피안인 궁극의 선 '지선(至善)' 안에서는 '경천(敬天) · 경인(敬人) · 경물(敬物)'이 실현되는 공경의 세계가 펼쳐진다. 공경이야말로 주희와 퇴계의 철학에서와 마찬가지로 개체적 자기완성과 세계실현의 실천적 기초이다. 그러므로 "사람 사람이 마음을 공경하면 기혈[심신의 生氣]이 평안하고 조화롭게 되며, 사람사람이 타인을 공경하면 만민(萬民)이 와서 화합하고, 사람사람이 사물을 공경하면 만상(萬相)이 와서 자태를 드러낸다. 거룩하여라! 공경하고 공경할 진저![人人敬心則 氣血泰和, 人人敬人則 萬民來會, 人人敬物則 萬相來儀, 偉哉, 敬之敬之也夫]."[162] 사람은 각기 영성(靈性)을 응축하고 있다. "각기 본성을 갖고 각기 형태를 갖는[各有性 各有形]" 개체들이 맺는 소통적 관계를 우주생명의 발현으로서의 존재론적 질서라고 한다면, 공경심은 이 존재 질서에 대한 긍정적 체험에서 나오는 감정이다.

손병희에 의하면 존재긍정의 경험은 각 개체를 '영성의 결정체[靈之結晶]'로 인식한다.[163] 이러한 경험은 인간의 잠재적 본성이 열리기 이전의 상태인 '근원소[原素]'가 열려 펼쳐진 "빛나는 거울[良鏡]"로 변형될 때 이루어진다. "본연의 성품이 닫히면 만유의 근원소가 되고, 본연의 성품이 열리면 만유의 빛나는 거울이 되니, 만유가 거울 속에 들어와 움직이고 활동할 수 있으면 이것이 마음이다. 마음은 신령한 활력이며, 신령한 활력은 생명의 힘의 작용 효과이다[性闔則 爲萬里萬事之原素, 性開, 則爲萬里萬事之良鏡, 萬里萬事 入鏡中, 能運用曰 心, 心卽神, 神卽氣運所致也]."[164] 씨알로서의 근원소의 닫힘과 열림, 응축되어 있는 것의 은폐와 펼침은 공경심을 바탕으로 하는 자기변형의 노력 여하에 달려 있다. 본성이 펼쳐지는 전개에 따라 마음은 '활발한[活潑潑]' 능동성을 갖는다.

원래 이 활발성은 선가(禪家)에서 자유의 쾌활성을 의미한다. 왕양명, 특히 왕심재[王心齋, 이름은 간(艮)]를 중심으로 하는 태주(泰州)학파는 그것을 마음의 능동적 활력을 의미하는 것으로 사용했다. 손병희는 바로 이러한 개념을 가지고 인간 본성의 활력을 살려 그것을 구체적 행동의

162 崔時亨, 『天道教經典』, 305쪽.

163 孫秉熙, 「性靈出世說」, 『天道教經典』, 653쪽.

164 손병희, 「性心辨」, 위의 책, 437쪽.

주체적 바탕으로 삼고자 했다.[165] 이러한 개방성의 윤리는 기쁨과 활발성의 윤리이다. 그것은 기존의 선악 관념이 주는 심리적 억압을 치유하는 정신 병리학적 의미를 갖는다. 동학은 자발적 표현의 철학이다. 자발성이 분출되지 못하는 심령은 억울에 병든 마음이다.

인간 심리에 대한 임상학적 접근은 동학에서는 매우 중요한 것이다. 최제우는 자신의 시대를 총체적으로 '질병(疾病)' 상태에 있는 것으로 진단했다. 개인들은 역사적 사회 전체가 개벽되지 않으면 이 질병에서 헤어날 수 없다. 이 문맥에서 당(唐) · 송(宋)대에 발달했던 도교 철학의 성명쌍수(性命雙修, 내적 본성과 신체적 에너지를 함께 양육하여 조화시킴)의 정신에 따라 '성신쌍전(性身雙全, 내적 본성과 신체의 동시 완성)'은 이돈화와 그 이후에까지 동학 인간론의 주요 원리가 되었다.

이러한 문맥에서 동학의 윤리는 이돈화가 강조하는 최제우의 '삼단사상(三段思想)'을 포함한다. 제1단은 '보국' (輔國, 나라를 도움)으로서 '민족개벽(民族開闢)'이다. 제2단은 '안민(安民)'으로서 '사회개벽(社會開闢)'이다. 제3단은 "세계에 덕을 펼쳐 민중을 널리 구제하는 것[布德天下, 廣濟蒼生]"으로서 '지상천국(地上天國)'이다. 민족해방, 사회해방, 세계해방이라는 이러한 삼단을 성취해가는 주체는 자기해방인 '정신개벽(精神開闢)'을 필요로 한다. 이러한 주체의 자기혁신은 삼단의 해방을 통해 타인을 자발적 자기표현의 주체로 변하게 만든다.[166]

그러므로 자기표현의 주체는 심신의 활발한 쾌활성을 내적 바탕으로 하고 인류의 질병을 치유하는 해방적 투쟁을 해야 한다. 그리고 이 투쟁은 동학혁명이 소유를 위한 투쟁이 아니었듯 '동물적' '소유투쟁'이 아니며, '인간다운' '인간격(人間格)의 투쟁'이다. 이러한 방식의 실천을 이돈화는 '창조투쟁(創造鬪爭)'이라 했다. 이 지점에서 그는 동학적 개벽의 의미에 인문주의를 가미한다. 창조는 과학 · 종교 · 예술 등을 포함한 정

---

165 손병희, 「活動章」, 앞의 책, 607-608쪽.

166 李敦化, 『新人哲學』, 천도교중앙총부, 1925, 157-163쪽.

신적 인간성의 실현이라는 인문주의적 인간 완성을 지향한다. 인간다운 실천은 "자본주의 문명이 그 분화구를 연, 인류의 호쟁적 본능"을 넘어선다. 인간의 투쟁적 본능에는 질적 변형이 있어야 하는데, 이 변형의 방향은 "유물적 계급투쟁이 끝나는 날 다시 어떠한 출구를 찾아 나아갈까 하는 것"을 문제로 삼는다.[167] 진보적 문화운동에서 활로를 찾았던 당시의 천도교는 동학의 영적 코뮤니즘의 문화적 적용에서 대신사와 신사의 혁명성을 유지하고자 했던 것이다.

이 혁명성은 시대의 특수한 상황에 따라 여러 방식으로 적용될 수 있지만, 그 근본정신은 언제나 일정한 성공에 안주하도록 하지 않는다. 영적 코뮤니즘은 역사 내에서의 어떤 제도적 성취에 만족하지 않는다. 이돈화는 이러한 윤리적 태도를 '성공불거(成功不居, 공을 성취한 상황에 안주하지 않음)'라고 했다. 이 때문에 동학적 신념의 소유자는 미래의 희망을 대망하는 시간 안에 살게 된다. 그는 우주의 생명과 인간의 본성이 통일적으로 완성되는 세상을 동경하게 되며 또 실제로 그러했던 것이다. 이러한 시간성 안에서는 현실적인 것이 차라리 환상적이며, 미래의 환상적인 것이 현실적이다. 이것이 바로 시간의 윤리, 개벽의 윤리이다. 이 윤리의 시간적 본성은 최제우의 「시문詩文」에 잘 나와 있다.

> 겨우 한 가닥 길을 얻어, 걸음걸음 험난한 길을 걸어가노라.
> 산 밖에 다시 산이 보이고, 물 밖에 또 물을 만나도다.
> 다행이 물 밖에 물을 건너고, 간신히 산 밖에 산을 넘어 왔노라.
> 바야흐로 들 넓은 곳에 이르니, 비로소 대도가 있음을 깨달았도다.
> 안타까이 봄소식을 기다려도 봄빛은 마침내 오지를 않네.
> 봄빛을 좋아하지 않음이 아니나, 오지 아니하면 때가 아닌 탓이지.
> 비로소 올 만한 절기가 이르고 보면, 기다리지 아니해도 자연히 오리라.
> 봄바람이 불어간 밤에, 수많은 나무 일시에 알아차리리.

167 이돈화, 앞의 책, 160쪽.

纔得一條路, 步步涉險難.
山外更見山, 水外又逢水.
幸渡水外水, 僅越山外山.
且到野廣處, 始覺有大道.
苦待春消息, 春光終不來.
非無春光好, 不來卽非時.
玆到當來節, 不待自然來.
春風吹去夜, 萬木一時知.[168]

현재의 험난함을 넘어서게 하는 절대적 자유의 세계, 개체와 전체가 소통하여 우주생명의 의미가 현현된 세계는 미래에서 현재로 침투하여 인생을 미래를 향해 일어나게 한다. 이러한 인생의 시간적 의미는 광야(廣野)에서 더욱 절실히 다가온다. 봄의 빛과 바람으로 상징되는 우주적 경지[宇宙境界]는 애타게 기다리는 열망의 초점이지만, 어느 날 그것이 은밀히 세상에 실현되는 그 '때'에 세상은 그것을 알아차릴 것이다. 인간을 포함한 자연사의 존재의미가 총체적 개벽에 있음이 세상에 온전히 드러나는 날을 대망하는 동학적 삶의 양식은 일종의 존재론적 종말론이다. 이 긴박성은 존재의 의미인 개벽의 자유가 일으키는 열망에서 비롯한다. 따라서 세속적 선악의 저쪽을 지향하는 자유의 윤리는 우주의 존재의미에 대한 해독을 필수적 조건으로 갖는다. 존재와 가치는 분리되지 않는다. 만일 양자가 분열된다면 생은 사실로서의 역사, 사실로서의 자연이 가하는 압력과 지배를 자연스럽게 여길 것이며, 세계를 자신의 세계로서 향유하지 못할 것이다.

---

168 崔濟愚, 「詩文」, 「東經大全」, 『天道教經典』, 86-88쪽.

8. 표현의 정치학

새로운 삶의 양식에 대한 관심과 열망은 표현의 철학이기도 한 동학의 기본적 분위기이다. 시간과 영원의 접합점을 깨닫는 개명의 순간이 주는 새로운 삶의 의미에 대한 동경은 그러한 분위기를 한결 고양했다. 이렇게 고양된 심정은 시대에 대한 저항의식과도 결합되어 있었다. 동학혁명이 정부와 외세의 억압을 벗어나려는 정치적 자유와 양반 계급의 착취를 일소하려는 경제적 자유, 즉 정치해방과 경제해방을 시도했다는 것은 이미 이돈화가 언급했었다. 그는 동학혁명이 주는 교훈으로 계급의식의 문제를 거론하지 않을 수 없었다. 그의 『신인철학新人哲學』은 소유투쟁의 성격을 갖는 계급투쟁을 더 높은 인문주의적 가치와 영적 가치로 승화시키는 관점에서 논하고 있다.[169] 그는 『수운심법강의水雲心法講義』에서 계급의식의 의미를 설명하는 가운데, 동학의 '교화(敎化)'가 갖는 계급의식으로 '민중운동'이 가능했다고 한다.

그에 의하면 "계급의식이란 모든 계급의 대립으로부터 일어나는 사람의 감정"이다. 진정한 계급의식은 과거의 현인군자처럼 제도적 계급을 '하늘이 정한[天定]의 운명'으로 여기는 것이 아니다. 그것은 단순히 "피지배계급이 자기네가 방금 어떠한 계급에 있는 것을 의식함"도 아니다. 진정한 계급의식은 "계급은 완전히 고정 · 불변하는 것을 의식하는 동시에 그것을 자기네의 손으로 고치지 아니하면 영원히 자기네의 행복을 도모치 못할 것을 아는 것" 또는 "계급이라는 것은 순전히 인위적으로 나온 것인 고로 고치면 당연히 그 재앙을 면할 소질을 가졌다는 것을 의식하는 의식이다." 계급의식은 '노예 상태'를 극복하려는 의식이다. 이러한 "의식을 주입한 본가가 갑오 동학이다." [170]

그러나 이돈화에 의하면 "이 의식은 당초에 순수 혁명적 수단으로 들

169 李敦化, 『新人哲學』, 157-161쪽.

170 李敦化, 『水雲心法講義』, 천도교중앙총부, 1925, 138-140쪽.

어간 것이 아니요, 종교적 새 인생관으로 들어가졌다." 왜냐하면 "인내천(人乃天)은 그 근본 의의에서 인류는 절대평등"임을 의미하기 때문이다.[171] 이러한 해석은 계급의식이 동학의 본질적 요소는 아니지만 동학에 들어가는 한 계기일 수 있으며, '반동세력'과 만나게 될 경우 동학이 계급의식을 고취할 수 있는 가능성을 가진다는 것을 의미한다. 역사가들의 평가와 같이 동학은 민중의 저항의식을 선취하여 민중성을 갖는 사상을 그들에게 고지한 것이며, 최시형에 의해 혁명의 군사적 지도자들은 사상과 실천을 연결할 수 있었다.

이 맥락에서 이돈화는 동학혁명이 갖는 세 가지 특성을 다음과 같이 언급한다.

(1) '동학혁명'은 "무지한 관리의 압박과 몽매한 정부의 존재를 전복키 위하여 정치적 개혁을 목적으로 일어난 운동"이다. 이것은 '정치혁명'이다.

(2) '동학운동'은 "민중 대 양반, 민중 대 부자의 학살이 일어나게 된" '계급투쟁'이다.

(3) "지상천국의 생활을 희망하고 그를 대번에 조성하려는 신념에서 그 활동의 세력이 더욱 커진 것이다." 이것은 '이상향의 건설' 과정이다.[172]

여기서 이상향은 기존 유물론의 통속적 표현대로 계급투쟁의 외피이거나 광포한 환상만은 아니다. 이상은 과학성이냐 환상이냐의 이분법에 습관된 계몽주의적 전통의 관점에서 평가될 수 없다. 그것은 오히려 인류의 다차원적인 경험을 긍정하는 생명철학적 관점과, 앞서 언급한 존재론적 종말론의 관점에서 제대로 이해되고 평가될 수 있다. 동학의 이상향은 개체와 개방적 전체성의 통일적 완성이다. 이것이 적대적 계급투쟁의 상황에서든 평화적 문화운동의 상황에서든 어떤 상황과도 결합하여 개인들을

---

171 이돈화, 앞의 책.

172 이돈화, 앞의 책.

연대해서 고착된 역사를 생성하게 하는 이념이다.

동학의 이상향은 고정된 생활을 넘어가는 초월적 이념이다. 이러한 형이상(形而上)의 이념은 최제우가 경험했듯이 생을 제도와 인습에 안주하지 못하게 하고 언제나 가능성에 살게 한다. "대도가 밝게 드러나는 날[大道彰明의 時]"을 향한 희망 속에서 도가 현현하는(顯道) 때를 묻자 최시형은 예언자로서 답한다. "모든 산이 생명의 짙푸름으로 가득 변하고, 도로에 비단을 펼칠 정도로 문명이 개벽된 때이며, 모든 나라와 교역하는 때이다[萬山皆變黑하고, 路皆布錦之時也요 萬國과 交易之時也니라]."[173] 최시형이 보기에 선천 시대의 '물질개벽'은 후천 시대에도 발전할 것이지만 인심을 위태롭게 할 것이다. 그러나 '경물(敬物)'의 정신에 따라 생명 긍정의 개방적 영성이 실현되는 '인심개벽(人心開闢)'의 바탕 위에 물질개벽이 전개되는 시점이 바로 희망의 그때이다. 이 결정적 시간은 "만국의 병마(兵馬)가 아국 강토 내에 도래한 이후 물러가는 때이다."[174]

우주 '대생명'인 진실은 "천지만물을 융화상통[融和相通]"하게 하는 방식으로 표현(表顯)되어 있다. 그러나 본질적으로는 인간이 자신의 본성으로 회심(回心)할 수 있는가, 만유에 표현된 생명을 기쁨으로 향유할 수 있는가에 대해 진지하게 묻는 것이 선행 과제이다. 그리고 회심할 수 있고 기뻐할 수 있다면 전환의 기쁨은 생활양식으로 표현된다. 이 생활양식은 개체의 토대이자 연대성의 원리인 내적 '성령(性靈)'의 자발적 표현이다. 새로운 생활양식의 창조는 개인과 공동체 위에 군림하는 국가를 공동체 안으로 용해시키며, 개인의 원자화라는 고립과 사회 내의 계급분열이라는 폐쇄적 관계를 융화상통의 개방적 관계로 해체하는 정치적 의미를 갖는다.

표현의 정치학은 개인주의를 전제한 자유주의 법률 체계와 부르주아 시민계급의 생활 방식을 넘어서며, 프롤레타리아 계급의 지배도 넘어선

173 崔時亨,『天道教經典』, 334쪽.

174 최시형, 위의 책.

다. 그것은 소유투쟁과 계급투쟁 너머 저쪽인 영적 코뮤니즘의 인력에 추동되는 삶을 창조한다. 사법적 맥락에서 각 개인에게 부여된 권리주체는 자연과 인간 모두에 대해서도 공경(恭敬)을 최상의 정치적 생활로 하는 생태론적 주체로 변형된다. 이러한 생활의 표현인 공동체라는 사회가 모든 폐쇄적인 억압적 제도를 변형하면서 이끌어간다. 이런 의미에서 표현의 정치학은 하나의 생활양식이자, 인간이 인간에 대한 최상의 생태적 환경이 되는 철저한 민주주의이다.

그러나 이러한 근본적 민주주의도 공동체 구성원들의 자기반성을 통한 완성의 노력을 필요로 한다. 이 노력은 자연의 존재의미를 생명의 표현으로 경험하고, 이 경험이 인간의 본성을 구성하는 것임을 자각하는 과정이다. 이런 의미에서 인간의 내적 본성은 형이상의 초월적 내면으로만 후퇴하는 삶을 추구하는 구실이 되는 것이 아니다. 그것은 심층의 바닥으로 내려가는 환원(還元)의 과정을 통해 바닥에서 나오는 생의 활력을 정치적 실천으로 표현하는 동태적 삶의 원리이다. 연금술적 환원의 과정은 인간 자신의 삶을 권력의 주체에서 생명 긍정의 주체로 재생하는 일종의 생의 기술(技術)이다. 그러므로 생의 기술은 권력 세계를 자유와 상통의 세계로 전환하는 정치적 기술이기도 하다.

표현의 정치학은 내면의 고요 속에서 일어나는 존재의미에 대한 체험과 신체적이고도 정치적인 활동의 통일을 본질적 구조로 갖는다. 이러한 구조는 사실상 동양 전통에 친숙한 것이었지만 동학은 구체제의 몰락과 제국주의 시대를 만나 그것을 창조적으로 적용했다. 이 지점에서 동학은 정치학의 새 지평을 열어주는 사상을 전통적 언어에 담아냈다고 할 수 있다.

민주주의의 이름 아래 자유주의와 사회주의를 경험한 현대인은 그 두 이데올로기가 주는 고통을 통해 또 다른 정치학을 생각해야만 했다. 자유주의는 신분의 불균등을 타파하고 국가의 헌법에 의해 추상적 인권을 보장했지만, 제3의 신분인 부르주아 계급의 추상적 자기주장에서 나온 것이라는 태생적 한계를 벗어날 수 없었다. 추상적으로는 사회 내의 어느 누구도 다른 개인에게 명령할 수 없지만 실제적으로는 사회 내의 소유계급은 명령할 수 있었으며, 사회 위에 군림하는 국가는 개인들의 권리와 의무를 규정하는 명령자로서 존재했다. 인권이란 특정 신분이 벗겨져 개별화된 개인들인 시민의 권리로 천명되었지만, 사실상 소유계급과 국가의 명령권을 확보하는 사법적 장치로서도 기능할 수 있었다. 이러한 추상적 보편성은 하층민을 신분의 질곡에서 해방시킬 수는 있었으나, 법적으로 보장된 인권이란 정치 · 경제적 권력의 문제를 추상하고 파편화된 개인들의 추상적 동등성만을 말해왔다. 국가는 소유권을 법제화함으로써 추상적 동등성을 일관되게 실현하는 것을 막았다. 이 맥락에서 근대 계몽주의 철학은 산업 부르주아의 자기의식과 자존심을 만족시킬 수 있었다.

표현의 정치학이 물질개벽과 인간 존엄성을 주장한다 하더라도 이러한 자유주의와 혼동될 수는 없다. 동학의 물질개벽은 자연의 과학적 개발과 산업보다는 '경물(敬物)'이라는 가치에 우선성을 부여한다. 상공업은 인간 존엄성이라는 가치 아래에서만 의의를 갖는다. 개인들 상호간의 냉담한 개인주의는 '융화상통(融和相通)'의 연대성으로 혁신되어야 한다. 개인들은 신분은 물론이고 재산에 의한 계급분할 질서에도 종속되지 않는다. 또한 개인은 국가의 사법적 권위에 기대어 생존하는 시민이 아니다. 개인은 국가에 기대지도 않고 국가 위의 신에도 기대지 않는다. 그는 자신으로 돌아가 내면의 바닥에서 자신의 본래성과 우주적 생명 원리의 동일성을 자각하는 동시에 인류와의 내적 동일성을 자각하는 '새로운 인간[新人]'이다.

그러나 동학혁명의 한계를 고려한 평가를 주목할 필요가 있다. 박은식(朴殷植, 1859~1925)은 자신의 사상 발전에 따라 동학혁명에 대한 평가를 달리했다. 그의 평가들은 그 이후의 모든 평가들을 축약하고 있다. 그는 1910년 이전의 글로 보이는 「흥학설興學說」에서 "저번 동비(東匪)의 요망스러운 말은 족히 민중을 의혹시킬 수 없는데도, 온 나라 사람들로 하여금 모두 쏠려서 좇게 한 것은 어찌 교화가 허물어지고 인민이 우매한 까닭이 아니리요!"라고 했다.[175] 이것은 그의 초기 주자학 시기의 입장인 위정척사의 관점에서 평한 것이며, 조선 후기의 노론을 중심으로 한 수구파의 견해이다.

그러나 『한국통사韓國痛史』(1915)에서는 다음과 같이 논한다. "동학당은 본디 정치사상 · 혁명 성질이 포함되어 있으나, 대부분 비천한 무뢰배나 우준(愚蠢, 우둔)하고 무식한 무리에게서 나온 까닭에 난폭하기가 이와 같았다. 그러나 엄격하고 잔인했던 종래의 계급 관념은 이로 말미암아 무너졌으니 또한 가히 개혁의 선구[改革之先驅]라 이를 수 있다. …… 이러한 마력(魔力)의 군대를 인솔하고 밤을 새워 길을 걸어 바로 서울에 들어와 개혁을 착수하면 외인(外人)들의 간섭이 미치지 못할 것이니, 서구혁명의 피가 아시아 동쪽 반도에서 광복을 볼 것이라 하였으니, 어찌 이들의 담력과 식견이 없었겠는가."[176] 동학혁명의 역사적 의의를 인정하면서도 그 광포성을 비판하는 이러한 평가는 「갑오동학지란甲午東學之亂」이라는 표제 하에서 언급되었다. 이 평가는 그가 애국 계몽사상 시기를 지나 만주로 망명하여 독립운동을 하는 시기에 나온 것이다.

그러나 1920년 작품인 『한국독립운동혈사韓國獨立運動之血史』는 「갑오동학당의 대풍운甲午東學黨의 大風雲」이라는 표제 아래 동학혁명의 의의를 적극 옹호하고 있다. "대개 그들을 이렇게 분기하게 만든 동력은 양반의 압제와 관리의 탐학에 분격하여 나온 것이다. 즉 그것이 우리나라 평민(平民)의 혁명(革命)이다. 오직 그 도당들 중에 어리석고 무식한 자들도 많았고 그들의 거동도 난폭하고 기강이 없었으니 정치를 개혁하는 것은 그들의 할 수 있는 일이 아니었다. 그러나 구습(舊習)을 파괴하는 데에는 남음이 있었다. 그들로 하여금 외국인의 간섭이 없게 하고 또 유능한 자가 그 속에서 나왔다면, 그 파괴로 인하여 하나의 신선한 독립국(獨立國)을 건설하는 것도 처음부터 불가능한 일은 아니었다." 박은식

175 박은식, 「興學說」, 『朴殷植』, 이만열 편, 한길사, 1980, 130쪽.

176 박은식, 『韓國痛史』, 『朴殷植全書』 상권, 단국대동양학연구소, 1975, 110쪽; 이만열 편, 『朴殷植』, 228쪽.

은 동학혁명을 통해 타국의 간섭 없이 자력으로 독립국을 건설하는 것이 '평민혁명', "백성들의 혁명의 본의"였다고 한다.[177]

그의 이러한 평가는 독립을 기준으로 쓴 『통사痛史』에 비해, 『혈사血史』의 '민권民權' 의식을 반영한 것이다. 박은식의 평가는 평민이 역사의 정치 무대에 등장하여 자신들의 의지가 반영된 국가 조직을 건설하려 한 평민 혁명의 의의와 평민이 정치의 주체로 될 수 있는 역능의 결여를 지적한 것이다. 전자의 장점을 살리고, 후자의 단점을 극복하는 문제는 동학 이후 세대의 부단한 분투 대상이 되었다. 그리고 그 문제는 사실상 21세기 인류가 여전히 직면하고 있는 지난한 과제이다. 이 과제는 평민이 어떻게 자신의 역능을 높이는 가운데, 산업을 발전시킬 수 있는가의 문제이다.

9. 창조적 진화와 자유

이돈화(李敦化, 1884~?, 호는 야뢰(夜雷) 또는 백두산인(白頭山人), 함경남도 고원 출신)[178]는 일제 식민지 상황에서 동학의 정신을 계승하여

---

177 박은식, 『韓國獨立運動之血史』, 앞의 책, 454-455쪽; 愼鏞廈, 『朴殷植의 社會思想硏究』, 서울대출판부, 1982, 290-291쪽.

178 이돈화는 일찍이 한학을 공부하고, 1910년 천도교월보사에 들어가 천도교 사상의 보급에 힘썼다. 1920년 천도교청년회를 만들고, 『개벽』을 창간하여, 동학의 이론화와 근대 신문화운동에 힘썼다. 1922년 『부인지婦人誌』를 창간하여 여성해방운동에도 노력했으며, 김기전, 박래홍, 김형준 등과 함께 동학의 근대화는 물론 서양철학의 연구와 소개에도 힘썼다. 1923년 잡지 『신인간新人間』을 창간했다. 그는 서구와 일본이 신문 잡지를 통해 문화를 발전시키는 것에 크게 고무되어, 종교, 도덕, 예술, 철학과 자연과학, 경제학, 정치학, 사회학, 인류학을 포함하는 제반 학문에 대한 자주적 연구를 통해 사회와 정신을 개조하지 않으면, 조선은 가망이 없다고 간주했다. 그 당시의 천도교 잡지사는 중국의 『신청년』처럼 신문화운동을 주도하고, 일본은 물론 해외의 사상 동향을 주시했다. 그는 인류의 문제와 조선의 문제를 해결하는 데에 도움이 되는 모든 지혜를 흡수하여 소화하는 것을 청년의 임무라고 생각하는 '대식주의(大食主義)'라는 학습 태도를 강조했다. 그에 대한 지성사적 소개는 다음을 참조: 정혜정, 「이돈화의 인내천주의와 서구근대철학의 수용」, 『동학학보』 제19호, 143-188쪽; 허수, 「1920년대 전반 이돈화의 개조사상 수용과 사람성주의」, 『동방학지』 125, 2004: 허수의 글은 이돈화와 일본과의 사

신문화운동을 전개했다. 그는 민족의 정신적 자강의 필요성과 세계사의 진보적 방향성을 결합하여 특수와 보편을 종합한 문화를 창조하고자 한다. 이러한 노력은 1차 세계대전 이후 고조된 세계개조의 분위기 속에서 문화운동을 통해 평등한 자유를 실현하여 궁극적으로는 제국주의를 극복한 세계 평화와 조선의 해방을 지향하는 것이다. 그는 자각적 개인들의 문화적 연대를 통한 개량적 사회주의 혹은 사회주의적 휴머니즘 노선에 접근하는 것이 바람직하다고 생각했다. 이러한 노선은 당시 일본의 다이쇼 생명주의 시기(1910~1920년대)의 서양철학 수용과 연관하여 구체화된다. 당시 일본 사상계의 일부는 근대화의 정신적 폐단을 극복할 수 있는 대안으로서 신칸트주의의 문화주의 노선을 견지하고 있었다. 또한 예술적 개인주의 사상과 쇼펜하우어를 비롯한 베르그송과 니체의 생철학도 유행했다.

서남(西南)학파라고도 하는 신칸트주의자인 리케르트(Heinrich Rickert, 1863~1936)와 빈델반트(Wilhelm Windelwand, 1948~1915) 등은 각기 편차는 있지만, 자연과학적 인식 방법의 한계를 인식하고, 개체의 특수성을 바탕으로 하는 문화과학을 세움으로써 가치들의 균형을 찾고자 했다. 독일 관념론이 쇠퇴하자, 그들은 독단적 유심론과 유물론을 지양하고 물질적이고 감성적인 가치와 예술, 과학과 종교를 조화시키는 문화 창조를 자본주의에 대한 대안으로 생각했다. 천도교 문화운동 종합지인 『개벽』(1920)의 노선은 동학의 개벽 정신을 문화운동의 문맥에서 현대화하는 것이었다. 이러한 현대화는 베르그송, 니체와 함께 수용된 신칸트주의의 문화주의를 조선에 적용하고, 자주적 자본주의 발전을 '가치철학'과 결합하여 새로운 '생활 형식'을 창조해냈다. 신칸트주의의 문화주의는 경성제대의 철학 교수들을 통해 박종홍과 그의 제자 세대 및 신남철, 박치우에게도 '새로운 휴머니즘'의 문화로 인식되면서 일정한 영향을 준

상적 수용 연관을 상세히 연구했다. 그러나 정혜정의 지적처럼 이돈화의 동학적 사상에 바탕한 능동적 선택의지도 강조되어야 균형이 맞을 것으로 보인다.

것으로 보인다. 그러나 이러한 수용은 조선의 자주적 문명화와 자각적 인격 향상에 대한 열망이라는 실천적 능동성과 분리될 수 없다. 『개벽』의 문화운동은 독일이나 일본의 문화운동과 달리 식민지의 정치 · 경제적 상황을 예의 주시하는 반제국주의적 노선을 근저에 깔고 있었다. 그것은 단순한 수용이 아니라 선택적 활용이었다.[179]

이러한 선택은 최제우, 최시형의 시대와는 다른 역사적 상황 속에서 이루어졌다. 그 역사적 선택은 문화의 후진성이 민족의 자존심 손상과 함께 첨예하게 부각되었던 상황을 반영한다. 이돈화는 김기전(金起瀍, 1894~?, 호는 소춘(小春), 평안북도 구성 출신)[180]과 같은 그의 동료들과

179 이에 대한 연구로는 다음을 참조: 박찬승, 『한국근대정치사상사연구』, 역사비평사, 1992, 180-182쪽; 손유경, 「『개벽』의 신칸트주의 수용 양상 연구」, 『철학사상』 Vol. 20, No. 0, 2005, 81-106쪽.
박찬승에 의하면 당시 일본에 신칸트주의를 정착시키는 데에 크게 기여한 인물은 구와키 겐요쿠(桑木嚴翼, 1874~1946)와 소다 기이치로(左右田喜一郞)이며, 이돈화의 「문화주의와 인격상 평등」(『개벽』 6호, 1920)은 구와키 겐요쿠의 「세계 개조의 철학적 기초」(『개조改造』, 2호, 1919)를 요약, 발췌한 것이다. 박종홍도 『인식논리認識論理』(1953)에서 신칸트학파의 논리기초론을 소개하고 있다. 여기서 그는 신칸트주의의 인식론적 논리라는 맥락에서 논리주의적 측면을 조명하고 있으며, 그들의 가치철학적 문화주의에 대해서는 언급하지 않는다. 그러나 그의 자각적 문화 창조의 논리는 당시 널리 알려졌던 신칸트주의와 헤겔적 변증법 및 실존주의 조류와 무관하지 않다. 그의 후학 세대인 윤명노는 리케르트의 『자연과학과 문화과학』을 번역하여(1973, 삼성문화문고 26), 문화과학의 논리가 보편성과 함께 개체들의 특이성을 인식하는 '이타론적(heterologisch) 논리'임을 알게 했다. 오늘날 프랑스 철학을 통해서 들어온 차이의 철학은 신칸트주의의 이타성(異他性)의 현대적 버전인 것으로 보인다. 그러나 차이의 철학은 하나의 저항적 문화운동에 활용되지 못하고 금융 자본주의의 탈영토화 운동의 문화 콘텐츠나 지적 장식으로 변질되어갔다. 이렇게 된 것은 차이의 철학이 정의와 평등이라는 동일성의 문제를 소홀히 하고, 백성의 의(義)를 구하는 조선 유가의 지적 전통과 접맥되지 못한 데에서도 그 한 원인을 찾을 수 있을 것이다.

180 김기전(金起瀍, 瀍은 田으로도 씀)은 이돈화와 함께 개벽지의 주필을 지냈으며, 『매일신보』 기자로도 있었다. 그는 천도교 청년조직 운동에 노력했으며, 아동 문제, 농민 문제에 대한 실천적 연구를 했다. 그는 현대 서양철학의 소개에 힘써, 청년들의 사유의 현대화와 동학의 현대화에 기여했다. 그는 동학의 이론화와 서양 철학의 선별적 수용이라는 큰 틀에서는 이돈화와 뜻을 함께했다. 그러나 그는 종교성보다는 현대적 사상성을 상대적으로 더 강조했다. 1948년 평북 지역에서 행방불명되었다.

함께 민권 평등을 위한 계몽운동과 그에 적합한 인간상 형성을 문화 창조의 내용으로 삼고자 했으며, 그 인간상을 동학의 인간관에 접목시켰다. 문화주의와 인격주의는 함께 갔다. 이 맥락에서 '신인간[新人]'이 탄생한다. 이돈화는 무극대도인 무한자를 우주 진화의 창조적 원리로 해석한다. 신인간은 그 창조적 원리가 자신의 본질임을 자각하여 우주적 주체성으로 거듭난 인간이다. 이러한 주체성이 자주성의 토대이다. 자주성은 만유 그리고 타인들과의 공감적 유대로 나아가는 연대성의 기초이다.

이러한 해석은 우주와 역사를 섭리하는 초월적 주재자를 거부하는 유럽의 내재적 철학 전통에 자극받은 것이다. 이돈화는 인류사가 신권이 지배하는 신화 시대, 영웅이 지배하는 낭만 시대를 거쳐 오늘날 인류 각자가 자기의 운명을 결정해야 하는 '현실 시대'가 도래했다고 주장한다. 현실은 무한한 우주이고, 인류와 역사적 사회이다. 초월적 신이 무한한(無窮) 실재가 아니라, 무한한 우주가 '실재'이고 신이다. 이러한 입장을 그는 '범신론'이라 칭하고 인간도 신의 무한성을 갖고 있다고 했다. 신이 가진 속성은 사실상 인간의 속성이다. 이돈화가 보기에 동학의 성령(性靈)이나 씨알[種子]은 인간 내부의 무한자이며, 최제우와 최시형이 자각한 것이 그러한 내재적 생명 원리이다.

그는 이러한 견해를 포이에르바흐(Ludwig Feuerbach)의 『기독교의 본질』에서 말하는 인본주의에 의거해 옹호한다. 신의 본질은 인간의 본질이 소외된 것에 지나지 않는다. 신이 풍요하게 된 것은 인간이 자신의 본질을 신에게 양도했기 때문이다. 이로 인해 인간 자신은 빈곤해진 나머지, 그 어떠한 자기 성장의 자주적 노력도 포기하게 되었다는 것이다. 이와 같은 자기소외에서 나온 신과 영웅은 사실상 인간 이외의 다른 존재가 아니다. 이에 대한 비판적 대안 테제가 희열과 자각에 바탕한 새로운 문화 창조이다.

> 모든 공상과 미망과 허위가 이에 생함을 면치 못하였다. 예를 들면 신과 인간의 구별, 또 동일한 인간 중에도 이인(異人)과 상인(常人)의 구별, 하

늘이 낸 인간과 사람이 낳은 인간의 구별 등은 문득 모든 인류의 고유 능력을 자포자기에 타락하도록 하게 했다. 즉 전체 사람들은 사람 자기능력 가운데로부터 신의 전 능력을 제거해버리고, 또 위인 천재의 능력을 따로 나눈 까닭에, 전체 다수의 인류는 자기의 능력을 멸시하고, 의뢰(依賴)와 기원(祈願)과 탄식과 회의로써 헛되이 인생 일대를 허송세월할 뿐이었다. 그러나 현실 시대의 사람은 이처럼 이상과 사실을 따로 보는 것이 아니오, 사람 가운데서 나온 모든 이상을 사람 자기들의 고유능력의 발휘라 하여 그것의 실현을 노력하는 시대니, 이 시대의 인류는 사람 자기생활의 욕구를 의뢰와 기원에 말미암지 아니하고, 협동과 실행에 호소하며, 탄식 회의에 머물지 않고, 희열과 자각에 의하여 모든 이상을 사람 자기들이 손수 건설하는 시대에 이르렀다.[181]

'이상(理想)'은 '현실(現實)'을 초월한 위치에 있는 것이 아니라, 인간이 살고 있는 현실의 것이다. 현실은 생존의 동물적 조건이 아니라, 문화를 통해 인간의 모든 능력이 실현되는 수단이다. 현실은 인간 생명과 자유의 표현이지 목적이 아니다.[182] 이러한 관점을 그는 최시형의 무한자에 대한 자각에서 오는 평온한 기쁨의 현실적 의미로 해석했다. 인간 위에 소외된 인간성을 가진 신이나 영웅이 있다는 것은 인간의 무기력에서 온 것이자, 인간을 무기력한 노예로 만드는 것이다. 이돈화는 자신의 시대를 인간의 자주성과 독립성, 평등성을 요구하는 시대로 보았다. 이런 의미에서 '사람性주의'는 그러한 시대정신에 부합한다는 것이다. 인간은 자기 내부의 무한성을 자신의 '성(性)'으로 자각하고, 그것이 초자연이 아니라 '천연(天然)'의 자연임을 알아야 한다. 이것을 이돈화는 사람性주의 혹은 '사람주의'라고 했다.[183]

이러한 입장을 그는 스피노자(B. Spinoza)의 '신, 즉 자연'의 관점에 해

181 李敦化, 「時代精神에 합일된 사람性주의」, 『開闢』 권 5, 1921. 11.
182 이돈화, 위의 책.
183 이돈화, 앞의 책.

당하는 것으로도 보았다. 스피노자에게 신의 본질은 존재이며, 그 존재는 사실상 신 자신의 창조적 힘에 의해 무한한 우주로 표현된 것이다. 우주는 신의 본질 필연성에 따라 존재한다. 이러한 스피노자의 견해에서 이돈화는 그의 내재성의 철학과 신의 자연적이면서 창조적인 힘에 주목한다. 사실 스피노자에 의하면 신은 인간처럼 도덕적 선이나 의지를 갖지 않는다. 즉 인간의 도덕적 속성을 본질로 갖지 않는다. 도덕적 성질들은 신의 속성이 아니라 미신적 장식에 불과하다. 이로써 스피노자는 자발적 생명 원리로서의 창조적 힘과 신의 인격적 자유의지에 의한 창조를 분리할 수 있었다. 그가 보기에 후자는 지성에 의해 순화되지 못한 미신의 일종이다. 이러한 분리는 지성의 자유를 미신에 의한 노예 상태로부터 분리하는 윤리학의 기초가 된다. 이돈화는 내재적인 창조적 생명성에 주목했던 반면, 그 필연성과 결정론적 성격은 표피적 논리로 여겨 중시하지 않은 것으로 보인다.

이러한 입장은 당시 동아시아에서 인류의 희망을 보았으며 아시아 청년들에게 인기가 있었던 러셀(Bertrand Russell, 1872～1970)의 견해와도 상통한다. 러셀이 중국에 온 시기는 그가 영국에서 반전운동에 개입하다 반역자로 몰려 6개월간 감옥살이를 하고 출옥한 직후였다. 그는 1920년 중국에서 1년 기간으로 강연을 하고 있었는데, 김기전과 이돈화는 그의 생애와 사상을 윤리설과 정치사상을 중심으로 『개벽』(1921, 5월호)에 「사상계의 큰 별[思想界의 巨星], 버트란드 · 러셀 씨를 소개함」이라는 제목으로 게재했다. 러셀의 『사회개조의 원리』(1916)와 『자유에의 길』(1918) 등은 영국과 중국뿐만 아니라, 한국의 지성들에게도 커다란 위안과 희망을 주었다.

러셀의 활동은 개벽을 창조하려는 동학 지식인들에게는 그가 자신들의 비전과 활동을 함께할 뿐만 아니라, 자신들에게 철학적 정당성까지도 부여하는 것처럼 보였다. 김기전과 이돈화는 "우리는 전 세계가 근저에서부터 틀린 정신에 의하여 지배되어 있다는 것을 먼저 알아야 한다."는 러셀의 권고에 깊이 공감한 것으로 보인다. 특히 『사회개조의 원리』에서 러셀이 제시한 인간의 두 가지 충동, 즉 소유적 충동과 창조적 충동 개념에 크게 고무된다. 소유충동은 러셀이 자본주의적 '공업주의'의 기초로 본 것이고, 창조충동은 '지식, 예술, 선의' 등의 가치를 '인생에 부여하고자 하는 충동'을 의미한다. 그에 의하면 "창조의 충동이 최대 부분을 점하고, 소유의 충동이 최소 부분을 점하는 것이 가장 선량한 생활이다." 러셀을 소개하는 글에서의 결론은 "오호라! 죄를 범한 자는 노인이다"이다. 이러한 결론은 '인습'과 '퇴굴(退屈)'을 '전진'과 '창조'로 전환하는 '소년'으로 조선을 보는 입장에서 나온 것이다.[184]

이돈화는 「최근 사회의 新現狀을 보고 道德心의 수립을 切望함」이라는 글에서 "러셀의, 이른바 소유충동, 창조충동이라 함도 어떤 의미에서 전자를 물질 방면이라 할 것이요, 후자를 정신 방면이라 할 것이다"라고 하면서, 정신개조는 도덕심의 승리로 되어야 한다는 입장을 표명한다.[185] 러셀의 창조충동을 수용하는 것은 그것이 수운주의 정신과 부합한다고 여겼기 때문이다. 그에 의하면 "최수운의 사상은 전 조선민족의 사상 개척자이며, 전 세계 인류의 사상 개척자"이다. 이돈화는 자립적 신사조의 개척을 희망하는 문맥에서 새로운 세계를 창조하려는 러셀을 적극적으로 평가한 것이다.

러셀은 '공업주의'가 '제국주의'로 바뀌고, 이어서 러시아 볼셰비즘 또한 공업화를 중심으로 관료화되어 미국과 같아졌다고 판단한다. 그리고 서양의 '국민주의'는 '파시즘'이 되었다고 판단하고, 세계의 전면적 '혼돈상태'가 다시 대규모 전쟁으로 갈 것이라는 어두운 전망을 하게 된다. 또한 러셀이 진화론적 철학을 인간중심주의적 낙관론이라고 폄하하는 점에 대해서 이돈화가 분명하게 의식한 것 같지는 않다. 이돈화에게 진화설은 문화의 진보를 위한 기초가 되는 시대정신이었다. 만일 그가 러셀의 염세주의적 세계상을 알았다면, 그것을 배제하고 진화론적 낙관주의

184 金起瀍, 「思想界의 巨星, 버트란드 · 러셀 씨를 소개함」, 『開闢』 권4, 1921. 5.

185 李敦化, 「최근 사회의 新現狀을 보고 道德心의 수립을 切望함」, 『開闢』 권4, 1921. 8.

의 편을 들었을 것이다.

그러나 러셀의 기독교 비판과 정치적 사회 활동은 이돈화가 크게 공감할 수 있는 것이었다. 러셀은 신학과 투쟁하여 종교계에서는 증오의 대상이기도 했다. 김기전의 소개글과 에이어(A. J. Ayer, 1910~1989)의 보고에 의하면 중국에 와 있던 러셀이 병들어 죽었다는 소문을 언론에 낸 것도 종교계였다.[186] 그는 살아서 자신의 부음을 듣는 기쁨을 맛보았다. 종교계는 실망했지만, 한국에서의 소개글은 그의 건강과 건투를 빌었다. 그러나 기독교 신학에서는 신이 선하고 자비롭다는 명제가 신의 본질에 관한 진술이며, 그 명제는 영적으로 어떤 방식을 통해서든 확인된다고 주장해왔다. 스피노자와 포이에르바흐는 그것을 자연주의적 관점에서 비판했는데 이돈화는 거기에 동조했다.

러셀은 그러한 정신을 배경에 깔고 자신이 과학적 세계관으로 이해한 논리적 경험주의 입장에서 신학적 세계관을 논리적으로 비판했다. 신의 명령이 선하다는 명제가 신학이 주장해오듯 수학명제와 같은 항진명제(tautology)가 아니라면, 신과 선은 논리적으로 분리되어 있는 것이며, 선은 신 속에 있지 않다는 것이다. 그에게는 존재도 신의 본질적 속성이 아니지만, 선과 같은 가치도 인간의 윤리적 속성이기에 신의 속성이 아니다. "도덕의 근거를 부여하기 위하여 신이 요청된다는 논증은…… 권위가 도덕 체계의 근거를 줄 수 없다는 사실에 의해서 무너진다. 이 논증에는 권위가 명하는 것은 항상 참이라는 전제가 필요하며, 이 전제는 항진명제가 아니다. 내세에 있어서 상벌을 부여하고 정의의 균형을 회복하기 위하여 신이 필요하다는 논증은 선결 문제 요구의 오류에 불과하다."[187]

권력의 세계관을 파괴하는 이러한 논증은 김기전과 이돈화의 심정을 요약한다. 김기전에 의하면 자주를 타협보다 위에 놓지 않으면 다시 맹

---

186 에이어, 『러셀*Russell*』, 신일철 옮김, 이화여대출판부, 1982(1974), 9-37쪽.

187 에이어, 위의 책, 138쪽, 147쪽.

종으로 갈 위험이 있다. 그가 속류 동일성[比類, 균등]을 부단히 부정하는 행위를 주장하는 것은 그 때문이다. 그는 같음과 균등보다는 다름과 불균등에 우선성을 둔다.

> 아아 비류를 보고 다시 비류 없는 것을 보며, 균등을 얻고 다시 불균등을 생산하여 비류가 무비류와, 균등이 불균등과 타협하는 곳에 그 법칙을 끊임없이 반복(反復)하는 곳에, 우주의 생명이 있으며, 인생의 생명이 있도다. 러스킨의 유명한 경구가 있으니, 우리는 무엇을 가질지라도 오히려 그 이상의 무엇을 가지고 싶으며, 또 우리는 어디를 갈지라도 좀 더 다른 곳을 가보았으면 ……(중략)…… 하나니, 이것이 인생의 목적이니라. 최후로 일언을 발하노니, 금일 우리 조선 형제들이 하는 모든 것은 맹종이냐 타협이냐 또한 자주이냐! 그리고 누구에게라도 미혹되지 아니할 만한, 과거나 현재에 대한 철저한 판단을 가졌는가.[188]

과거와 현재에 대한 철저한 판단이란 인습과 권위를 비판적으로 극복하는 것이다. 다시 말해 '과거를 매장하고 현재는 살육하는' 것이다. 신이란 "우수계급(優秀階級)이 자기의 계급을 영원히 옹호하기 위한 술책"이며, "소수의 현명한 사람이 자기의 불완전을 번민하던 끝에 자기의 상상으로 뭉쳐놓은 완전의 상징이며", "다수의 무지자[不明者]가 자연계의 광대 숭엄을 경악한 나머지 '오라!' 하며 함부로 추정한 아호(雅號)이다."[189]

인격신에 대한 이돈화의 비판은 「속, 인내천의 연구(續, 人乃天의 硏究)」(1920)에 있다. 이 글은 "나(이돈화)의 의견과 동일한 구로이와 루이코(黑岩周六)의 최후 종교론"에 대한 소개와 평가이다. '천지만물이 신의 표현'이라는 범신론을 가장 지적인 최후의 종교라고 보는 구로이와의

---

188 金起瀍, 「盲從으로부터 妥協에, 妥協으로부터 自主에」, 『開闢』 권4, 1921. 6.

189 김기전, 위의 책.

『천인론天人論』(1903)은 이돈화에게 천도교의 철학적 종교와 부합하는 논설이었다. 인격신을 믿는 종교가 '인지 불충분한 시대에 존립한 종교'라는 구로이와의 견해는 그에게 정당한 주장이었다.[190] 그러나 정혜정의 지적처럼 이돈화는 구로이와의 생존경쟁에 의한 사회진화론과 이성이 우주를 지배한다는 이신론(理神論)적 주장은 언급하지 않는다. 이돈화의 의도는 최후 종교론인 범신론을 인내천주의로 대체하려는 것이다.[191] 나아가 그는 동학의 창조적 역동성과 자주적 독립 및 평등한 유대의 정신을 사람주의의 근본 내용으로 삼는다.

이돈화의 '사람性주의'는 이러한 독립 자주의 정신을 근간으로 종교, 예술, 도덕을 개조하여 '현대문화주의'를 창조하는 문화운동의 표어였다. 그에 의하면 "억조(億兆) 각자 스스로가 신이 되며 영웅이 되는 것이다. 요컨대 전 세계의 전 인류는 처음 신화적인 초인간적 신의 숭배로부터 낭만적인 영웅 숭배를 지나 결국에는 현실, 즉 신과 영웅을 다 같이 사람 자기의 가운데에서 구하는 시대에 이르렀다." 이러한 '사람주의'는 '불완전'으로부터 '완전'으로 나아가는 '향상 진보주의'이다. 이러한 자주적 완전가능성을 전제로 이돈화는 사람주의의 세 가지 본령(本領)을 제시한다.

(1) 시대의 요구로써 시대의 정신을 체현하여 사람의 의의를 철저하게 하는 일.
(2) 모든 사람의 이상은 사람 자기들을 토대로 하고 일어난 자이니, 그러므로 이상과 사실을 다 같이 사람 자기들의 생활 만족에 부합하게 하는 일.
(3) 사람 자기들의 이상을 실현하고자 하면, 전 우주의 위력(偉力)과 감능(堪能)을 사람 자기 중에 체인하여, 사람 자기의 권능으로써 모든 행

---

190 李敦化, 「人乃天의 硏究, 續」, 『開闢』 권2, 1920. 11.

191 정혜정, 「이돈화의 인내천주의와 서구근대철학의 수용」, 『동학학보』 19호, 2009, 174쪽.

복할 수 있는 능력[福能]을 증진하게 할 일.[192]

이 세 가지 본령은 시대정신을 사람의 존엄성으로 이해하고 사람의 본성을 우주의 창조적 활력의 표현으로 본다. 사람은 자연의 일부이다. 사람은 자연의 무궁한 진화의 창조적 활력에 의거하여 현실을 문화의 현실로 창조해가는 과정에 있다. 신인간인 사람의 사명은 "항상 현재의 경우를 부족타 하고 다시 만족에 만족을 구하여 영원 무궁히 향상 진보하는 것이다." 이 과정이 "창조의 힘(力)으로 생생한 새로움[生新]의 국면을 열고자 하는 운동이다." 완전을 향한 이 운동은 운동 그 자체를 목적으로 한다. 형성된 구조는 창조적 활동에 의해 구성된다. "인간의 본체, 즉 사람의 법성(法性)은 영원진화"이며, '부단의 창조충동'이다.[193] 완전을 지향하는 창조충동은 사회적 모순을 극복해가는 사회개조의 원리이다. "빈부의 차별이라든지 귀천의 계급이라든지 하는 것은 곧 이 불완전한 현상의 하나이니, 이 불완전을 각성한 현대인은 다시 비교적 완전한 경역을 짓기 위하여 진화적 창조력을 다시 한 번 힘 있게 펴는 중이었다." [194]

이러한 측면에서만 보면 김기전뿐만 아니라 이돈화의 철학은 무신론적 행동주의에 가까워진다. 그 행동주의는 우주에는 퇴보와 정체가 있지만 기본적으로 인간의 노력에 의해 자주성과 자유가 완성되어간다는 진화적 이상주의를 기초로 하고 있다. 그러나 그것은 정해진 목적이 미리 우주의 앞에서 우주를 이끌고 가는 형태의 신학적 목적론은 아니다. 이돈화가 의미하는 것은 자주성을 위해 노력하는 것이 오늘날의 시대정신이고 이 정신이 우주 진화의 방향이라고 하는, 약화된 형태의 창조적 진화론이다. 이러한 낙관주의는 1차 세계대전 이후 세계 각국의 독립이 제한적으로 이루어지고 혁명과 개조의 시대가 펼쳐진다는 그의 인식에 의해 더욱 강화되었다. 그의 세계관은 역사가 이미 주어진 목적을 자동적

192 李敦化, 『時代精神에 합일된 사람性주의』, 『開闢』 권5, 1921. 11.

193 이돈화, 위의 책.

194 이돈화, 위의 책.

으로 실현해간다는 기계론적 목적론이 아니다. 노력과 행동이 없다면 세계의 방향은 달라질 것이다.

이돈화의 낙관적 활동주의는 '사람性주의'와 함께 '사람性자연주의'를 말한다. 그가 자연주의라는 말을 추가한 것은 무한히 창조적으로 진화하려는 창조충동이 자연 내부의 본체이기 때문인데, 인간의 외적 활동은 그것의 '표현'이거나 '발휘'이다. 인간의 심령은 시간적으로는 미래를 지향하고 공간적으로는 삼라만상의 활력과 소통한다. 이돈화는 루소의 자연으로 돌아가라는 교훈을 이러한 맥락에서 수용한다. 자연으로 돌아감이란 "사람성 무궁을 그대로 발휘하고자 하는 적극적 자연"으로 나아가는 것이다. 그것은 "무한창조의 힘으로써 무한의 개척(開拓)을 의미한 자연주의"이다. 이러한 인본주의적 자연주의를 이돈화는 사람성자연주의로 명명하고, "사람성자연주의로 돌아오라"고 권고한다.[195]

그는 자연의 활력에 근거하는 사상은 『중용中庸』의 "솔개는 하늘에 날고, 고기는 연못에 뛰논다"와 노자(老子)의 '무위자연(無爲自然)'에도 있다고 한다. 그러나 이러한 사상은 자연의 질서에 의지할 뿐, '향상발전'의 창조적 활동까지 간 것은 아니다. 사실 자연의 생기로움에 대한 사유는 송명이학(理學)에서 우주의 천도와 합일한 성인의 마음의 광활한 초월적 기상을 의미했다. 이돈화는 이학의 심학적인 소요의 태도를 '처사'와 '은둔자'가 되는 것이 고상하다고 보는 소극적 생활의 원인으로 보았다. 그리고 그것이 조선인의 '퇴굴(退屈)'의 문화를 낳아, 오늘의 '비참'을 야기했다는 것이다. 이돈화의 우주적 기상은 진화적 창조성을 추가함으로써 우주와의 시간-공간적 소통을 통해 적극적인 문화 창조 활동으로 나아가는 형이상학적 기초를 마련할 수 있었다.

여기서 이돈화는 우주와의 동일성에 대한 최시형의 근본경험을 말할 수 있었다. 전통 이학은 '무대립[與物無對]'의 자유 그리고 자연과의 소통의 경험을 '의미(意味)' 혹은 '취미(趣味)'의 세계로 보았다. 이돈화는 "만

195 이돈화, 앞의 책.

물을 정관하니 모든 것이 그 자체 만족하며 자유롭다[萬物靜觀皆自得]"는 말을 취미의 세계로 보았다. 그에 의하면 이 세계에서는 "사사물물이 의혹의 속박이 없이 생사를 초월해" 있으며 그것들은 무궁한 전체와의 평등한 소통체계 속에 있음이 궁극적 생의 의미로 경험된다고 한다. 최시형은 이 경험을 통해 우주적 자유와 평등의 의미를 깨닫고, 거기에 윤리적 삶의 기초를 두게 되었다. 이돈화는 바로 스승의 이러한 의미세계를 계승한다.

> 천지는 영원무궁할 것이다. 강과 바다는 만고에 이르도록 다함이 없으며, 산악이 천세를 통하여 드높고, 태양과 달은 차고 이지러짐에 의하여 소멸과 성장[消長]이 없나니, 이곳에 처하여 인생 일대의 활동도 이 다함 없이 무궁한 것과 함께 사라져 민멸하지 아니할 것은 다시 말할 필요도 없을 것이다. 그러나 세상의 구차한 악착같은 중생이 요절과 장수와 부와 귀 사이에서 방황하여, 이로써 일희일비(一喜一悲)함과 같은 것은 깊은 연민을 이기지 못할 것이다. 요는 살아서 부귀를 초월하며, 장수와 요절을 망각하고, 오직 취미의 활동으로 최선의 노력을 다할 뿐이다.[196]

우주의 무궁함과 합치하는 마음을 취미 활동으로 삼고 최선의 노력을 하는 인간이 새로운 인간상이다. 그에 의하면 공자도 늙음이 오는 것을 몰랐고, 15세에 배움에 뜻을 두고서 단계적으로 불혹(不惑), 지천명(知天命), 이순(耳順), 종심소욕(從心所慾)의 경지로 초월해가는 활동을 보여주었다. 공자가 지향한 자기변화의 노력도 "활동과 도덕이 간명했던 시대"의 "향상(向上) 진화의 대활동(大活動)"인데, "만사가 진부하고 막혀 있어 개혁의 업이 산적한 우리 조선인"의 경우에는 말할 것도 없다는 것이다.[197] '우주개벽'과 '세계개조'는 인간의 자유와 개혁 활동에 의해 공존

---

196 李敦化, 「庚申년을 보내면서」, 『開闢』 권2, 1920. 12.

197 이돈화, 위의 책.

병행한다.

생각건대 우주는 영겁순환(永劫循環)이며 세계는 항구상존(恒久常存)이리라. 헬리 혜성이 와서 태양계를 파괴할지라도 우주의 본체에는 손익이 없을 것이오, 상전이 변하여 벽해가 될지라도 지구의 본질에는 증감이 없을 것이다. 로마의 비행기가 동경을 방문하였을지라도 광대한 허공은 의연히 창창(蒼蒼)할 뿐이며, 북해의 잠수함이 온 바다를 휘젓고 다녔을지라도 대양은 여전히 출렁거릴 뿐이었다. '연연세세 꽃은 비슷하나, 세세연연 사람은 같지 않네!' 오호라, 우주는 불변하고 세계는 상존할지라도, 오직 변하여 무상한 것은 인사(人事)뿐이었다. 이에 개벽이라 칭하며 개조라 말할지라도, 우주와 세계 그것이 스스로 변하여 되돌아감[變復]을 가리킨 것이 아니요, 다만 인류의 영력(靈力)이 자연에 대해 작용해가는 변화를 가리켜 말한 것이다. 그리하여 인류는 스스로 우주의 주인공이며 만물의 영장이라 칭하나니, 이 점에서 인사의 변화를 가리켜 우주의 개벽, 만물의 개조라 칭하여도 무방하리라. 원래 인류의 인류 된 진정한 가치는 실로 자기해방과 자연개척에 있다 하리라.[198]

인간은 우주의 창조적 생명 원리를 자기의 성령(性靈)으로 통찰하여 자기를 자유로 해방하고, 자연과 사회를 개조하는 존재로 태어났다. 사회개조의 기본은 비록 자연 개조를 하더라도, 기본적으로는 만유의 평등한 연대성의 원리를 상위에 둔다. 이 조건 위에 만인의 자주독립의 가치가 구현된다. 이러한 사회사상을 이돈화는 '평민주의(平民主義)'로 명명했다. 평민주의는 기존의 '자본주의 영웅들'인 자본가, "군국주의 영웅들, 현실과 다른 신들의 억압주의"를 타파한다. 또한 인류가 오해하여 만들어낸 모든 우상들을 파괴하고, "만인이 오직 자기의 의지(意志)대로 자기의 역능(力能)대로 활동하는 시대"를 여는 또 다른 형태의 우주개벽이다.

---

198 李敦化, 「新時代와 新人物」, 『開闢』 권1, 1920. 8.

문화란 바로 이 평민 개인들의 '역능'이 종교, 예술, 도덕 및 제반 과학으로 실현되는 삶의 양식이다.[199] 역능은 다름 아닌 인간에 내재한 우주의 창조적 진화의 힘이다. 역능은 자신의 창조적 힘을 자각하는 '성령(性靈)'이다. 성령은 우주 전체로 용해하는 소통의 능력에 따라 우주의 창조적 흐름을 정관하는 소요[優遊]의 취미를 근저에 갖는다.

그러나 취미의 활동은 평화의 소요에만 머물지 않고 안으로는 자주적 자유의 주체성을 확립하고, 밖으로는 사회적 불평등과 노예 상태를 타파하는 개조운동을 의미한다. 당시 이돈화가 제시한 전 인류의 4대 문제는 노동 문제, 부인 문제, 인종 문제, 아동 문제였다. 이 문제들의 해결 원리는 평등과 자유로 요약된다. 그는 세계 문제와 조선 문제로 눈을 돌려 "사람성의 자연한 발전을 해치는 모든 우상(베이컨의 4개의 우상)을 타파하고, 사회의 죄악 원인을 탐구"할 것을 청년들에게 권고한다.

> 눈을 크게 뜨라. 귀를 크게 열라. 그리하여 세계를 보라. 세계를 들으라. 세계를 앎이 곧 자기의 죄악을 앎이요, 자기의 장래를 앎이요, 자기의 총명을 도움이요, 자기의 일체를 개벽함이로다.[200]

조선의 문화적 특수성이 있지만, 본질적으로 20세기는 조선의 문제가 곧 세계의 문제라는 것을 이돈화는 잘 알고 있었다. 이미 세계가 운송통신의 발달, 그리고 제국주의적 자본과 무력의 확산에 의해 하나의 공처럼 좁아졌기 때문이라는 것이다. 평등은 조선의 문제이자 세계의 문제이다. 진화 향상의 시대이기에 평등은 인류 모두에게 실현되어야 하는 과제이고, "열악자의 수준으로 끌어내리는 것"이 아니라, "향상적으로 만들어가는 것을 기약하는 것"이다. 자유는 사회생활의 측면과 개인적 욕구의 측면으로 분리되기 쉽지만, '사람성자연주의'는 "각 개인이 각 개

199 이돈화, 『開闢』 권1.

200 이돈화, 「세계를 알라」, 위의 책, 1920, 창간호.

인 인격의 자유를 체득하여, 결국에는 나의 자유로써 타인의 자유와 융합하게 하는 방침이다." 이돈화의 사유와 실천의 길은 이처럼 정신개조를 근간으로 해서 사회개조와 물질개조로 나아가며, 정신개조는 나의 자주성을 확립하여 타인과 자유를 융합해 나아가는 길이다.

이런 견지에서 이돈화는 유럽 근대주의가 자유 문제를 다루는 방식에는 사회 측면과 개인 측면을 분리하여 발전시킨 폐단이 있다고 보았다. 그에 의하면 전자에서는 톨스토이가 대표이고, 후자에서는 니체가 대표이다. 이런 분열의 이유는 근대주의가 "인격의 원만성(圓滿性)을 통관(通觀)하지 못한 까닭이다." [201] 이돈화는 니체의 자주적 독립정신을 높이 평가하지만, 사회적 문화운동에는 허약했던 측면을 지적하고 있는 것이다. 인격의 원만성이란 인습과의 타협이 아니라 자유의 융합적 확산운동의 능력이며, 최시형처럼 공경심의 공감적 확산을 의미하는 것이다.

평등과 자유의 실현이라는 도덕심의 표현은 우주로 개방된 마음의 사회적 표현이다. "우주의 근저가 사람의 근저이다." "사람 자기는 우주와 더불어 근저가 같으며, 신과 부처(佛)의 의지와 더불어 그의 의지가 동일한 이유를 깨달은 후에야, 처음으로 우리의 활동이 근기(根氣)가 있게 될 것이요, 우리의 생활이 의미 있게 될 것이다." 사람의 본성은 공간적으로는 우주의 무궁한 범위와 일치하고, 시간적으로는 우주와 인간의 무궁한 발전과 일치한다. 이돈화에 의하면 이러한 사상의 단초는 이미 전통 이학의 우주관에 나타났다. 그에게 자신의 시대는 그 우주관을 새로운 요소와 결합하여 발전시켜야 하는 시대였다.

> 고인의 이른바 대인은 천지(天地)로 그 덕(德, 창조적 능력)을 합하고, 일월로 그 밝음을 합하고, 귀신(鬼神, 귀는 굽는 힘, 신은 펴는 힘을 의미)으로 그 변화에 합한다 함이 거의 오늘날의 소식에 통한 것이라 할지니, 금일의 사람은 이러한 본성의 자유를 오직 대인에 한하여 득할 뿐만이 아

201 李敦化, 「時代精神에 합일된 사람性주의」, 『開闢』 권5, 1921. 11.

> 니요, 세계인류가 공통적으로 일반적으로 일체(一體)가 되며 평등한 지위[一位]가 되어, 그 자유의 실현을 힘쓰지 않으면 안 되는 것이니, 이것이 이른바 사람性자연주의의 자유와 표현(表顯)이라 할 것이다.[202]

이돈화는 최제우, 최시형의 자유의 경험과 동귀일체(同歸一體)의 도덕심을 창조적 진화의 구도에 융합한다. 자연은 창조적 비약을 통해 무기물로부터 인류에까지 진화했으며, 이 진화는 생명이 자발적 활력을 가지고 단계적으로 자신을 표현한 진화이다. 이 표현은 생명의 시간적 발전이며, 발전은 창조의 경향성을 가진 운동이다. 이 운동하는 경향은 자유로 가는 방향성을 갖는다. 인류는 이 자유를 자각하여 자신의 자주성의 기초로 삼아 그것을 인류사회에 실천적으로 표현해야 한다. 이 도덕이 인류의 자주성과 일체성과 평등성[一位]을 완성한다.

이돈화가 동학을 시대의 사상이자 세계의 사상이라고 간주한 것은 바로 이러한 의미에서 나왔다. 그가 생명의 본질적 속성을 표현(表顯)과 자유(自由)로 정의한 것도 그러한 문맥에서 본 것이다. 생명은 자기 자신의 창조적 활동 그 자체를 목적으로 하는 표현의 활동이다. 이 표현의 활동은 자유의 '생활'과 '문화'로 표현된다. 표현의 활동은 인간 생명의 필연적 요구이자 충동이며 존재에 대한 포부이다. 이러한 방식의 삶은 내외적 차원 모두가 생의 실현이기에 그 자체로 목적이 된다. 정신개조와 사회개조는 이 목적의 실현이다. 이러한 창조적 활동이 인생의 본질이다.

> 인생의 선천적 약속이며, 본능적 충동이다. 그러므로 생활이라는 것은 결코 허식이 아니며, 치레가 아니며, 수단이 아니며, 과도가 아니며, 우연이 아니요, 인류의 생명이라 하는 고상한 원천으로부터 솟아나오는 귀결의 실재이며, 이미 정해진 행위이며, 필연의 목적이 되는 것이다. 이 점에서 사람이 있음으로 생활이 있다기보다 차라리 사람이 있기 위하여 생활

202 이돈화, 앞의 책.

이 있다 함이 더욱 절실할 것이다. 즉 사람은 자기가 있는 증명(의 수단으로)으로 생활을 영위함이 아니요, 자기를 살리는 목적으로써 생활을 영위한다 하리라.[203]

창조적 활동과 그 표현 자체가 인간의 인간격, 즉 인격이다. 곧 인간의 본질적 속성이다. 이돈화는 이러한 '인격주의'를 신문화와 '평민주의'의 기초로 보고, "이 정신으로 [……] 고도의 문화에 민중을 끌어 올린다[引上]는 의미의 평민주의"를 시대의 정치적 윤리로 주장한다. 평민주의 문화는 '의지의 자유'를 전제한다. 의지는 파괴와 창조의 능력인 자유의 의지이다. 문화는 "인간 능력의 자유발달이다." [204]

이 맥락에서 이돈화는 「문화주의文化主義와 인격상 평등人格上 平等」에서 창조적 진화 과정과 가치의 문제를 생각하게 된다. 가치의 창조는 미리 결정되어 있는 것이 아니다. 그에 의하면 문화는 사실의 차원에서는 어떤 필연적 법칙이 있는 듯 보인다. 그러나 새로운 단계는 자유의지의 비약성과 우연성이 개입하여 형성된다. 그에 의하면 부트루(Émile Boutroux, 1845～1921)와 그의 후예인 베르그송이 가치의 창조를 가능하게 하는 이론을 개발했다. 이돈화의 생각으로는 시간적으로 볼 때, 과거의 단계에서는 미래의 새로운 가치를 "절대적으로 결정"할 조건을 갖고 있지 않다. 따라서 '추측'도 불가능하다. 그렇다면 창조적 진화는 우연성과 비약에 의해 이루어진다. 동시에 우연성은 퇴보의 가능성도 준다. 자유로의 진화는 결단과 노력의 과정을 통해 주어진다. 이돈화에게 부트루의 『자연법칙의 우연성』(1874)과 베르그송의 『창조적 진화』(1907)는 매력 있게 다가왔다. 그들의 이론은 이돈화의 평민주의적인 실천적 사고에 이론적 기초를 주게 된다. 생명의 의미는 중국과 일본, 윌리엄 제임스(William James), 퍼스(C. S. Peirce, 1839～1914)의 형이상학에 영향

---

203 李敦化, 「生活의 조건을 本位로 한 朝鮮의 改造事業」, 『開闢』 권5, 1921. 9.

204 李敦化, 「文化主義와 人格上 平等」, 『開闢』 권2, 1920. 12.

을 주었다. 그것은 미시 차원의 불확정성과 시간의 불가역성에 대한 감각을 환기시켰다.

이돈화는 창조적 실천의지가 창조의 노력임을 알게 된다. 그에 의하면 베르그송의 생의 도약(跳躍)은 새로운 가치를 가능하게 한다. 부트루는 자연의 전개가 비약적으로 복잡성을 창조하므로 아래 단계의 자연법칙은 상위 단계의 법칙을 온전히 설명할 수 없다고 한다. 새로운 성질이 단계적으로 추가된다. "현상의 단계적 복잡성은 의지의 자유를 설하게 한다."

이러한 관점이 현대과학과 반드시 일치하는 것은 아니지만, 이돈화에게는 자연현상뿐만 아니라 문화현상에서도 일어나는 자유가 관심의 대상이 되었다. 자유이기에 창조가 가능하며 퇴보도 가능하다. 그는 사람이 우주의 창조적 과정에 바탕하여 진보적 문화의 방향으로 노력하는 것을 세계의 의미로 보았다.[205]

10. 대지(大地)의 철학 선언과 본위론(本位論)

이돈화에게 문화적 생활과 평민주의는 일제에 의해 빼앗긴 것이었지만, 대지가 주는 의미에 대한 해독과 연관되어 있었다. 그가 보기에 자연의 전개는 진화적 방식으로 일어난다. 그러나 이돈화와 김기전은 진화론적 적응이라는 수동성보다 적응 개념을 비판하는 니체의 의견에 따라 능동성과 힘의 실현을 강조했다. 이돈화는 인격의 노력 운동인 '정진(精進)'을 니체의 강력한 인격의 선한 속성으로 이해했다. 니체가 비굴과 겸손을 악덕으로 보았듯 그들도 퇴굴과 의지박약을 악덕으로 보았다.[206] 그들에게 최시형의 '약동불식(躍動不息)'의 교훈과 함께 베르그송의 창조

205 이돈화, 앞의 책.

206 李敦化, 「朝鮮人의 民族性을 논하노라」, 『開闢』 권2, 1920. 11.

적 자발성과 생의 도약은 잊지 못할 좌우명이 되었다. 그들의 사상은 대지에 충실하려는 생성의 사상을 근본 원리로 삼았다. "오직 생의 충실과 확대가 있을 따름이다." 그들은 1920년 『개벽』 3호에서 일종의 〈개벽철학 선언〉인, 「오인吾人의 신기원新紀元을 선언宣言하노라」를 발표한다. 이 글은 김기전이 기초한 것으로 보이며, 그들의 최후의 종교, 현대적 종교인 만유가 곧 실재[萬象 즉 實在](「人乃天의 研究」, 『開闢』 2호)라는 내재주의적 정신을 보여준다. 그들은 순수한 대지에 대한 충실성을 새로운 길로 선언한다.

> 형제들아! 대지[地]에 충실[忠]할지라. 옛날에 있어서는 이전 성인[先聖]을 모독함이 혹은 하느님 아버지[天父]를 모독함이 최대 죄악이었다. 그러나 선성은 동일한 미성품인 우리 우인(友人)이 되고, 천부는 그 존재를 인정키 어려운 금일에 있어서는, 대지[地]를 모독함이 일대 죄악임을 명심하지 아니치 못할 것이다. 견강부회의 말이라 하지 말지어다. 우리를 포옹하는 대지는 우주 대신비(大神秘)의 일대 결정체(結晶體)이니, 저 들판[原野]의 일초일목으로부터 산하의 하나의 돌덩이 하나의 모래알에 이르기까지 어느 것이나 다 그 신비의 현실화한 하나의 형상(形狀) 또는 하나의 복장(服裝)이 아님이 없으며, 인류는 그중 뛰어난 자이다. 그러므로 우리가 마음을 비우고 심기를 고요히 하여 대지의 가슴 속[大地의 胸懷]에 들어가면, 바로 유아가 자모에 귀의함과 같아서 사특한 기운이 없는 희열과 쾌활 느끼는 동시에, 곧 바로 대우주(大宇宙)의 신비 그 가야금 줄–자기의 창조적 변화의 근원[琴線–自己化生의 그 源頭]에 닿아 출생 그 찰나의 그 순수와 같은 대순수를 맛볼지니, 복잡한 이 세간에 있어서 잠시나마 이러한 정관[三昧]에 들어감이 없고서, 어찌 자기의 사명을 모두 완수하는 것이 가능하리요. 그리고 그의 흉회에 들어가면 부지불식 중에 인류는 물론이오 이 세간의 모든 생명체는 다 같이 땅 어머니의 하나의 태(胎) 속의 소산인 동시에, 그들은 확실히 우리 형제라는 가장 진지한 느낌[感念]을 얻으며, 〈어머니시여 저는 어머니의 처음 주신 그 순수한 열매[純實]로써

저 여러 형제와 근심과 슬픔을 함께 하며, 희비를 서로 나누어, 그 생을 함께 영위케 하겠나이다〉 하는 기도를 스스로 아니하지 못하게 되나니, 이 감념에 닿아야 우리는 비로소 자기에 충실한 순수한 사람이 될 것이며, 전 인류와 운명을 함께한다는 위대한 지극정성[大至誠]을 갖게 될 것이며, 천지와 그 변화와 성장[化育]을 나눈다는 광대한 느낌[大感念]을 갖게 될 것이다. 이 거사에 나오지 않고 오직 일시의 문서와 사에 의하여, 동포형제를 말하고 친친급물(親親及物, 친족을 사랑하는 마음을 타인에로 확대하는 仁)을 말하는 것은 허위의 허위－오직 세간을 우롱하는 무리가 될 뿐이다. 이러한 의미에서 오늘 이후의 우리는 무엇보다도 먼저 대지의 자비로운 품에 돌아가 대순수를 체득하기를 촉구하며, 이 세계의 인류는 모두 『땅 어머니』를 부를 날이 멀지 않아 도래할 것을 미리 말하노라.[207]

우주가 존재이며, 존재는 변화와 성장이다. 진정한 사유는 대지의 밖으로 나가 천상으로 초월하는 것이 아니라 대지로 내려가는 사유이다. 선언문에 의하면 이러한 사유에서 루소의 '순수무위(純粹無僞)의 심성'이 가능하고, '새로운 인생의 이정표의 수립자'인 니체의 대지의 초인이 가능하다. 최후의 종교는 창조적 진화의 원리에 의거한다. 그것은 다윈의 수동적 진화를 능동적 진화의 원리로 전환하여, 나약하고 속물화된 최후의 현대적 인간을 극복한 '초현인(超現人)'을 지향한다. 초인은 '생의 충일(充溢)', '생의 확대(擴大)'의 윤리에 따른 가치의 창조자이다.[208] 이돈화는 내재주의적 노선에서 시대정신에 맞는 철학성을 수운주의에 부여하고자 한다. 이 철학성과 윤리성을 갖출 때, 수운주의 종교성은 시대에 적합하며 가장 세련된 지적 종교로 승격된다. 그의 「인내천 연구人乃天 硏究」는 바로 이러한 방향에서 초월적 사고를 개조하고, 시대의 문제에 응답할 수 있으며 과학과도 대화할 수 있는 철학적 종교를 모색하는 종교

207 李敦化, 「吾人의 新紀元을 宣言하노라」, 『開闢』 권1, 1920. 3.

208 金起瀍, 「新－人生標의 樹立者, 프리드리히 니체 先生을 소개함」, 『開闢』 권1, 1920. 제2호.

개혁론이다. 그가 보기에 이 개혁에 기여할 수 있는 철학은 중세적 초월 철학이 붕괴한 이후 유럽 근대가 빠진 허무주의를 극복할 수 있는 것이어야 했다. 그것이 대지에 근거하는 내재적 구도를 가진 생성철학이다. 그러나 지나친 감각주의나 니체에서 보이는 '육체적 본능주의'는 인간의 우주적 품성을 경시할 수 있기 때문에 지양되어야 했다.

이돈화에 의하면, 최제우의 종교적 경험이 보여주듯 진정한 종교는 "만물 중에서 신을 보는" 관점에 의거한다. "만물에 모두 불성이 있다"는 불교가 그 한 사례이다. "신이 우주 내에 있다"는 것에 대한 경험은 여러 가지가 가능하다. 이는 과학적 통찰이나 철학적 사변에서도 가능하다. 그러나 이돈화는 최제우의 종교적 경험을 "신비적 혹은 천계적(天啓的) 암시에 의하여 종교의 종교 되는 근저(根底)를 얻은 것"으로 본다. 수운주의는 모든 종교의 장점들을 갖고 있었다. "최수운 선생의 사상은 실로 신계적 대각(神啓的 大覺)으로 초연히 종교 통일의 기초를 연 것이다." 또한 최제우는 동학을 유·불·도 삼교의 장점을 종합한 것으로 생각했다. 이돈화가 인용한 일본의 다카하시 료(高橋亨)에 의하면, "유·불·선 삼교합일은 조선인의 철학 및 종교에 대한 최고 이상이며, 동양 종교의 일대 간판이었다." 이 말에 동조하는 이돈화는 "삼교합일론은 사상 및 신앙의 최고처(最高處)요 철학 및 종교의 극치(極致)가 되어 정신적 세력이 지극히 광대하다"고 판단한다.[209] 그에게 삼교합일의 동학은 근대 서양의 허무주의에 대한 대안적 철학이자 종교이며, 시대의 문제에도 응답할 수 있는 원만한 체계이다. 이돈화와 김기전은 동학에 원융한 체계가 있다고 보고, 이를 시대의 사상이자 인류의 위기를 타개하는 보편적 사상으로 개조하고자 했다. 이러한 맥락에서 그들은 동서양의 내재적 철학의 의의를 말할 수 있었으며, 그 대지의 철학들이 최제우, 최시형의 우주적 직관과도 일치할 수 있음을 보여주었다.

이돈화의 내재적 종교, 철학적 종교는 허수의 연구가 보여주듯, 당시

---

209 李敦化, 「人乃天의 硏究」, 『開闢』 권1, 1920. 제2호.

일본의 이노우에 데쓰지로(井上哲次郎)의 『철학과 종교哲學と宗教』(도쿄, 1915)의 '현상즉실재론'과도 연관이 있다. 이돈화는 「묵념론默念論」(1919, 『天道教會月報』)에서 '유한상대(有限相對)의 현상'이 '무한절대'의 밖에 있지 않다는 것을 '현상즉실재론'으로 명명했다.[210] '현상즉실재론'은 만물이 신의 자기표현이라는 스피노자의 표현의 철학과 같은 내재적 세계관이다. 동시에 대승불교적으로도 해석되었다. 그것은 파도에 비유되는 전변하는 현상세계와 바다에 비유되는 창조적 본체가 둘이면서 하나이고 하나이자 둘[二而一, 一而二]이라는 이원적 일원론을 의미했다.

이돈화는 내재적 철학의 구도에서 자연사와 그 연속인 인류의 역사에 대한 진화론적이며 생명철학적인 해석을 시도한다. 그에 의하면 '대우주의 대생명체'는 다음과 같은 세 가지 형식의 삼단계로 진화했다. (1) 물질: 약동의 형식, (2) 생명체: 본능의 형식, (3) 인간: 의식의 형식. 이돈화는 1920년대의 양자역학의 발달과 그 성과를 생철학으로 수렴하려는 생성철학의 발전을 수용한다. 그는 근대과학의 거시적 관점을 넘어서 물질의 미시 차원의 성격을 생철학적으로 해석한다. 그에 의하면 미시 차원은 '소우주(小宇宙)'이다.

> 위대한 과학의 힘은 소우주의 미(美)를 발견하는 데에 큰 공효를 얻었다. 과학의 예민한 지력은 대우주를 건설하는 데의 위대한 볼거리[偉觀]보다도 소우주의 시간과 공간을 발현케 하여 인간의 지력을 과학적으로 신비화하는 데에 큰 힘이 있었다. 현미경 아래 비치는 모든 미균(黴菌)의 세계, 물리 화학적[理化學的] 추리 아래 나타나는 원자의 세계, 전자의 세계 등의 모든 소우주의 미를 인간의 마음[靈臺] 앞에 전개하게 되었다. 그리하여 인간은 과학의 힘에 의하여 소우주의 미로부터 한층 생명의 근저를 탐색함에 이르렀다. 생명이란 것은 만유의 근저에 드넓은[磅礴한, 방박한]

---

210 허수, 「1920년대 전반 이돈화의 改造思想 수용과 '사람性주의'」, 『동방학지』 125, 연세대 국학연구원, 2004, 121-154쪽.

소우주의 활력으로서 소우주 자체가 자율적 창조운동으로 자업자득한 영원의 진화 결정(結晶)인 것을 알 수 있었다. 그리하여 생명의 자율적 창조운동은 그 원시 상태에 있어서 단순한 약동적 충동의 형식으로 표현되었음을 알 수 있었다. 물질 자체 가운데에서 분자의 약동, 원자의 약동, 전자의 약동은 이것으로 넉넉히 만유의 근저에는 대우주 대생명이 무궁의 활력을 가지고 끊임없이 약동을 계속하고 있는 것임을 알 수 있다.[211]

여기서 미립자들의 약동은 진동을 의미한다. 그것은 이돈화가 대생명의 약동불식이라고 하는 심층적 약동이다. 생명의 충동과 활력은 기계적 운동이 아니라 창조적 진화가 갖는 불가역성을 갖는다. 이 생명의 흐름이 응결된 것이 미립자인 에너지 양자일 것이다. 생명 원리가 물리적 현상을 가능하게 하는 형이상학적 근거이다.

이돈화는 바이스만(August Weisman, 1834~1914)과 헥켈(Ernst Häckel, 1834~1919)의 생물학을 반영하여 생명체의 진화를 논한다. 생명은 우선 본능을 조직하는 단계로 진화했다. 본능은 식물의 운동, 곤충의 활동과 사회성, 혈액의 순환 등 "선천적으로 조직화한 욕동(慾動)"이다. 이것은 의식의 근저에 있는 불가지의 것이다. 다음 단계로 생명은 의식을 창조했다. 생명은 인간의 의식을 통해 자기 자신을 이해하게 된다. 이를 가리켜 이돈화는 "생명의 자기관조(自己觀照)"라고 한다. 의식을 매개로 생명은 "자기의 경로와 자기의 실질"을 알게 된다.[212]

이돈화는 의식을 두 가지로 나눈다. 하나는 좁은 의미의 인간 의식이다. 다른 하나는 넓은 의미의 '저정도(低程度)의 의식(意識)'이다. 그에 의하면 "물질의 극미분자는 일종의 활정체(活精體)로 그것에는 반발력[拒力]과 인력[吸力]이 있어 스스로 자기의식을 갖고 있다." "원자의 세계는 무한한 활력의 세계이다." 의식은 "물질 조직의 고하(高下)에 따라 정

211 李敦化, 「생명의 意識化와 의식의 人本化」, 『開闢』 권18, 1926. 69호, 5월호.

212 이돈화, 위의 책.

도의 차이"가 있다. 인간의 두뇌는 고도의 조직체로 고도의 의식을 갖는다. 두뇌는 "대우주의 대활정(大活精)이 신경조직으로 표현된 것"이다. 물질의 인력과 척력은 물질의 감정이다. 이런 의미에서 우주는 광대한 무량의 의식계이다. 그것은 사실상 심리적 원리인 생명이 물질의 졸도한 의식으로부터 인간의 의식에까지 도약적으로 전개된 의식 일반의 세계이다.

이 문맥에서 이돈화가 보기에 "우주와 나, 만물과 나는 절대의 구별"이 없고, 본질상 하나이다. 생명체의 생사도 우주의 창조적 진화로 돌아갔다가[歸] 다시 나타나는[幻] 상대적 변화, 즉 '귀환작용(歸幻作用)'에 불과하다. 생사의 작용은 미래로 나아가는 진화의 현상적 표현이다. 우주의 진화와 생명체의 진화인 자연사는 자유의식의 자각적 확대와 정의 인도(正義 人道)를 목적으로 운동해왔다. 이돈화는 이러한 진화를 목적론적으로 해석한다. "우주의 총 활동은 다 같이 일정의 목적에 의하여 나아간다." 우주는 보편적 의식의 세계인 동시에 진화의 목적을 갖는다. 우주는 '대의미 대감각(大意味 大感覺)'을 갖는다.[213] 이러한 이돈화의 생성철학은 목적론적 성격을 갖는다. 그러나 베르그송은 목적 개념을 지성의 합목적성에서 나온 것으로 보고, 그것을 자연사 전체에 적용하기를 거부한다. 자연사는 다수의 경향성들의 퇴보와 진화의 과정이며, 자유는 진화의 목적이라기보다는 한정된 경향성이 갖는 방향에 불과하다. 생명 진화의 의미는 이 방향성을 해독하는 데에서 획득된다. 그리고 생명 전체로 용해되는 경험에 바탕한 소수의 성인들이 개방적 윤리와 종교를 창시한다. 이돈화에 의하면 인간의 의식은 자연사의 의미를 우주와 인류의 목적으로 해독하고, 이에 의거해 역사의 의미를 이해해야 한다. 최후의 개방적 윤리는 인류 전체가 노력해야 하는 시대의 이상이다.

의식의 단계도 인류의 역사 과정에서 세 가지 본위(本位), 즉 (1) 신 본위 단계, (2) 영웅 본위 단계, (3) 경제 본위 단계라는 3단계로 진화했다.

---

213 李敦化, 「吾人의 新死生觀」, 『開闢』 권6, 1922. 2.

생명의 자기관조는 의식의 자기실현 과정에서 직면하는 내적 모순 때문에 단계적 진화를 겪게 된다는 것이다. 그 모순은 "본능의 작용과 의식의 작용의 대치"이다. 본능은 의식에 대한 "자연의 지배를 대표하고" 의식은 의지의 자유를 갖는다. "자연의 지배와 자유의지의 배치적(背馳的) 모순"에서 "인간의 지적 고통이 일어난다." 이러한 인간 내부의 모순의 갈등에 의해 일어나는 고통을 '조화'시키기 위해 인간의 의식은 "자유의지의 요구를 신이라는 초인적 대상의 힘에 의해 해결하고자" 종교를 창설했다. 인간은 신에 의존하여 자신의 고통을 타율적으로 해결하려 했다. 그 결과 종교는 "실재와 환상을 가설(假設)"하여, 신은 실재적 주체가 되고 인간은 허환적(虛幻的) 객체가 되었다. 이러한 단계는 인간 본위가 아닌 신 본위로서, 신과 인간을 교섭하는 책임을 가진 '승려 계급'이 발생했고, 이것이 인류의 계급 발생의 원인이 되었다는 것이다.

"영웅인 인간과 민중인 인간의 구별이 현격한 차이를 갖게 되었다." 영웅의 "혈족 계통이 일반 민중의 상층"에 있게 된 것이다. 결국에는 "봉건 계급의 진전"이 있었다. 그러나 이 단계도 '프랑스 혁명'과 같은 전환기를 통해 자본본위(資本本位)인 '경제본위주의'로 바뀌었다. 이 단계는 "본위의 인간화를 예기(豫期)한 역사적 변천"이었다. 그러나 자본본위 단계도 "인간을 망각한 생활 제도"이다. 거기서는 "자본이 주체가 되고, 인간이 객체가 된다." 이 제도는 "크게는 세계 국가, 작게는 일 가정, 일 개인의 파란이 모두 자본을 본위로 하고 일어난다." "자본 본위 아래서는 부자유친(父子有親)도 없으며, 붕우유신(朋友有信)도 없으며, 민유방본(民唯邦本, 민이 나라의 근본)도 없으며, 도학(道學), 성자(聖者), 예술, 종교도 없다." 자본주의는 인간화를 통해 '인간본위'로 전환된다. 이 입장에서 이돈화는 자본주의를 비판하고 그 제도의 소멸을 논한다.

> 자본본위는 그 성질상 자본 집중의 법칙에 의하여 어느덧 자본과 인간의 대립을 보게 되었다. 자본이라 하는 특권과 인간이라 하는 대상 사이에 큰 간격[鴻溝, 홍구]을 짓게 되었다. 자본이 인간을 위하여 있게 되지

> 못하고, 자본이 그 자체 집중권을 유지하기 위하여 있게 되었다. 그래서 자본의 특권과 인간적 평등의 사이에는 큰 물의가 일게 되었으니, 이것이 오늘날 세상이며, 그리하여 이것이 자본주의의 실각을 예언하는 것이다. 노골적으로 말하면, 자본 본위가 인간 본위로 전환되는 조짐이며, 인간이 인간을 본위로 하고 살아 나가고자 하는 인간 본위의 기원이다. 장구한 세월의 역사적 변천은 본위의 대체적 운동으로 볼 수 있다. 신 본위, 영웅 본위, 자본 본위, 인 본위(人本位)는 이렇듯 분명[歷然]한 경로를 짓고 있다. 인간 본위는 말할 것도 없이 자본주의의 인간화를 이름이다. 자본 본위 대신에 인간 자체가 본위가 되어, 모든 생활 제도를 인간의 가운데로 환원케 하는 주의를 이름이니, 이 점에서 현대의 활극(活劇)은 인간 본위와 자본 본위의 환절기(換節期)인 것을 알 수 있고, 그리하여 장차 도래할 사회는 확실히 인간 본위에 있는 것을 예언할 수 있다.[214]

이돈화의 자본주의 비판은 인간 본위의 가치 실현을 지향한다. 역사는 인간이 걸어온 자기 소외의 역사이자 그 소외를 극복하기 위한 운동사였다. 그것은 본위를 둘러싼 투쟁의 역사이다. 형이상학적으로 보면, 역사는 신을 존재로 보는 신학적 사고로부터 대지를 존재로 보는 생성철학으로 전환해가는 과정이다. 사회적으로 보면, 자본제에 이르기까지 노예제의 연속이었지만, 현대는 자본과 인간의 활극(活劇)이 '투쟁의 최종막(最終幕)'으로 가는 "인간 본위를 부르짖는" 단계이다. 역사와 가치 실현의 운동은 분리되지 않는다. 우주와 이 안에서 일어나는 역사는 생명의지의 자유를 실현해가는 생명의 거대한 진화적 전개이다.[215] 이돈화는 퇴보와 진보 사이의 투쟁으로 점철된 자연사와 인류사가 갖는 창조적 진화를 근거로 1920년대의 마르크스주의 사회철학을 긍정적으로 볼 수 있었으며, 계급의 극복이 시대의 과제임을 분명히 의식하고 있었다.

---

214 李敦化, 「생명의 意識化와 의식의 人本化」, 『開闢』 권18, 1926. 69호, 5월호.

215 이돈화, 위의 책.

그에 의하면 마르크스는 유심론자가 유심론을 통해 '도와 덕을 건설[道成德立]'할 수 있었듯, "유물론의 연구자인 동시에 유물론의 도를 성취한 자[道成者]이며, 유물론의 덕을 세운 자[德立者]이다. 즉 유물론으로 도성덕립(道成德立)이 된 자이다."[216] 유물론과 새 시대의 덕이 결합되어야 한다. 이 문맥에서 이돈화는 "인간 진화의 법칙은 인간의 장래가 누가 이기고 누가 지느냐에 있다는 것을 확실히 알 수 있다"고 했다. 그에 의하면 이러한 투쟁은 자기의 본가를 떠나 방랑하고 돌아온 부랑자(浮浪者)의 귀환과 같다. 인간은 "타율적 허위"를 찾아 방황하여 자신을 상실해 왔지만, 이제야 마지막 투쟁과 창조를 통해 자기 자신으로 귀환하는 운동 과정에 있게 되었다는 것이다.[217] 이돈화의 가치 창조론은 근본적으로는 자본주의가 극복된 저쪽을 전망한다. 그가 동학의 '지상천국(地上天國)'의 가치를 단순한 이상이 아니라 지상의 이상으로 설정한 것은 바로 이러한 내재론의 문맥에서 의미를 갖는다.

이돈화의 이상인 자본본위의 극복은 국가와 계급의 소멸과 함께 간다. '근대주의'에 대한 그의 비판은 근대적 허무주의를 진화론적 생명철학으로 극복하는 것을 의미했으며, 근대 자본주의 국가의 폭력성을 극복하는 것을 의미했다. 그에 의하면 근대의 '국가 절대주의'는 국가들이 서로를 인정함으로써 자기 국가의 절대성을 부정하는 '국가 상대주의'로 이행해야 한다. 그 다음 단계에서는 국가가 사라지고 민족 간에 서로를 '공인하는 민족 상대주의'로의 이행이 일어난다. 민족의 독립 자주와 개인의 자주성을 함께 실현하는 것을 조선의 과제로 설정한 이돈화는 민족 상대주의와 병행하는 '인류 상대주의'를 시대의 미래적 전망으로 제시한다. 인류 상대주의는 "국가를 초월하여 각 민족을 포용하면서" '세계 동포주의[四海主義]'로 나간다. 이돈화는 평등한 자유를 보편적 인간성으로 보고 이 인간성의 실현을 '인류 대왕국'의 이상으로 본다.

---

216 李敦化, 「현대청년의 新修養」, 『開闢』 권14, 1924. 51호, 9월호.

217 李敦化, 「생명의 意識化와 의식의 人本化」, 『開闢』 권18, 1926. 69호, 5월호.

이 왕국에서는 모두가 자기 소외의 대상을 섬기는 것이 아니라 '개성 각자의 발달'을 추구한다. 국가는 본성상 이러한 과제를 결코 실현할 수 없다. 개인의 평등한 자주성을 실현하는 책임은 "인류 전반의 자각에 있으며, 인류 전반의 의무와 책임에 전적으로 달려 있다."[218] 그것은 현대인과 조선인의 자각적 책무이다.

> 이 이상의 실현에 대하여 노력할 자는 오직 현대인이 있을 뿐이니, 현대인의 책임은 오로지 이 이상의 실현으로써 가장 많은 쟁투를 계속치 아니하지 못할 것이다. 모든 불완전 · 불철저와 쟁투하여 최후의 승리를 얻음에 있는 것이다. 인류는 전쟁으로부터 계급쟁투에, 계급쟁투로부터 다시 개성 개발의 쟁투로 옮겨가지 아니치 못할 것이니, 개성개발의 노력이야말로 사람의 가장 의의 있는 투쟁이며, 그야말로 신 및 인류에 대한 신성한 활동자가 되며, 그리하여 그 자각한 개성에 말미암아 건설한 왕국이야말로 인류 최후의 복지를 함께하는 절대주의가 될지로다.[219]

개성의 왕국이 인류 최후의 왕국이다. 이 왕국이 계급투쟁과 개성 개발의 투쟁을 통해 인류가 도달하는 최후의 사회이다. 이곳은 인간 위나 아래에 인간이 없는 절대적 인간 본위의 세계이다. 이러한 세계가 이돈화가 말하는 '정의 인도(正義 人道)'의 세계이다. 이러한 이상은 여러 동기에 의해 일어날 수 있으나, 이돈화가 보기에 계급사회에서는 '계급의식'을 동기로 이상이 일어난다. 그러나 계급의식은 도덕적 동기로 일어나는 경우가 대부분이며, 또 '양심적 동기'를 동반할 때 진정한 '혁신'과 '개조'의 길로 나아갈 수 있다고 한다.[220] 자아의 개조와 인류의 세계주의적 이상은 "인류의 필연적 요구의 도달이오, 이상의 사실적 표현의 과정

---

218 李敦化, 「人類 相對主義와 조선인」, 『開闢』 권7, 1922. 임시호.

219 이돈화, 위의 책.

220 李敦化, 「教外別傳」, 『開闢』 권14, 1924. 52호, 11월호.

[路程]이다.'[221] 개성의 실현을 통해 사해동포주의로 나아가는 이 과정은 이돈화에게는 시대의 요구이자 생명 진화의 윤리적 의미이다. 그것의 자각과 실현은 이상이자 사실이며 책임이자 노력이다.

11. 철학적 의의와 체용합일

이상에서 최제우와의 연관을 통해 최시형의 표현과 개벽의 세계관 그리고 그후의 동학 계열의 사상사를 기술했다. 동학사상에는 종교적 직관과 충심, 역사와의 갈등과 종말론적 신념, 능동적 실천주의와 긍정적 기쁨의 정서가 있다. 박종홍(朴鍾鴻)이 쓴 최제우의 비문에는 다음의 말이 새겨져 있다. "'어둠 속에 기쁨의 밝은 빛', '바로 그대 마음에 비치도다.', '급급한 세상사람 선각자를 몰랐어라.'"[222] 동학은 1920년대 진보적 문화운동의 초석이 되었다. 그 운동은 대종교(大倧教) 및 여러 급진주의 사조의 항일 독립운동과 함께 저항운동의 한 조류가 되었다. 천도교 문화운동은 자주적 개화운동의 맥락에 동학사상을 적용하고, 새로운 서양 사조를 소개하며, 다양한 계층의 사람을 해방하려는 관심을 보여주었다. 그러나 동학의 선각적 의미가 갖는 빛은 오늘날 철학의 시야에서 점차 사라졌다.

1920년대 문화운동은 1930년 일제의 탄압에 의해 약화되었다. 또한 일제하 자본주의적 생활 방식의 확산은 민족 해방운동에는 역사 · 과학적 인식을 요구하는 사회적 조건이 되었으나 종교단체는 이 점에 적극적으로 대응할 수 없었다. 미군정 이후 자유주의와 소유적 개인주의가 점차 사회적 통념으로 자리 잡아갔으며, 과학적 논리의 필요성에 대한 공감이 확산되어갔다. 이에 민족 사상은 상징적으로만 존속하게 되었다. 일

221 이돈화, 「教外別傳」, 『開闢』 권14, 1924. 52호, 11월호.

222 朴鍾鴻, 「崔水雲 銅像 銘文」(大邱달성공원), 『朴鍾鴻全集』 7, 형설출판, 1980, 293쪽.

례로 1920년대 초 중국에서의 강연을 통해 큰 인기를 끌었던 듀이(John Dewey, 1859~1952)는 제자 호적(胡適, 1891~1962)과 함께 과학적 탐구 방법을 아시아에서 실험하고자 했다. 그후 그의 철학은 한국의 교육 사상 형성에 영향을 주게 된다. 그는 과학 공동체가 부분적 탐구 영역에서 과학적 가설을 실험을 통해 검증하고 그것을 구체적으로 적용해보는 것을 중시했다. 적용해서 맞으면 통용된다는 것이다. 이러한 방법을 그는 자유주의적 개인주의 사회에 비판적으로 적용하여 사회적 유대와 개체의 독립성을 내용으로 하는 민주주의를 실현할 수 있기를 기대했다. 진독수(陳獨秀)가 '과학과 민주주의'를 아시아의 두 스승으로 제안하여 5·4 운동의 기본 정신으로 삼은 것은 듀이의 영향이 작용한 것으로 알려져 있다.

중국에서도 그랬지만 한국의 듀이 수용자들은 사회적 문제 해결의 대안을 각 분야의 과학적 가설로 간주함으로써 실천의 실험적 유연성을 확보할 수는 있었다. 해결해야 할 문제는 사회 전체에 있는 것이 아니라 부분들에 있다는 것이다. 그러나 이러한 각 부분에서의 실험주의적 문제 해결은 사회 전체가 주는 억압에 저항하는 선지자적 대안처럼 간절한 호소력을 가질 수 없다. 미국에서 듀이의 호소력은 마틴 루터 킹이 가슴의 꿈을 말할 때 지니는 호소력과는 비교할 수 없이 작은 것이었다. 강개한 심정의 동경을 일으키는 절대적 가치는 과학적인 실험적 대안이 갖는 상대성을 능가하는, 또 다른 차원의 삶의 요구가 있다는 것을 알게 한다. 그러한 요구에는 각 개체들이 갖는 존재의 포부라는, 생명가치에 대한 열망이 담겨 있다.

듀이의 과학과 민주주의는 그러한 열망을 담아내기에는 그릇이 너무 작았다. 그것은 위기의 삶을 사는 아시아인들에게 과학적 건전성을 갖게 할 수 있었지만, 그들의 내적 희망의 관점에서는 너무 무미건조했다. 이 때문에 부분적 문제와 곤경을 해결해간다는 듀이의 실험주의는 아시아에서 생의 내적 곤경을 방치하는 것이 되었다. 여기에 한국에서 듀이의 실험주의가 전통 이학과 동학이 말하는 생명철학적 요소들과 대화할 수 없었던 이유가 있다. 또한 이 때문에 실험주의는 현대의 기술 공학적 삶이 갖는 곤경에도 대응할 수 없었으며, 산업화의 조류를 반공 이데올로기와 함께 추종할 수밖에 없었다. 동학사상은 광포한 환상을 가진 비과학적 미신으로 배제되었다. 이런 의미에서 동학사상에 대한 현대적 의의를 다음과 같이 논할 수 있을 것이다.

(1) 이돈화에 의하면 절대적 생명 원리의 '표현(表顯)'이라는 관념은 인류 지성사적 의미를 갖는다. 그에 의하면 '근대과학문명'과 '세기말 비애'는 필연적 연관이 있다.[223] 사실 서양 근대과학은 기존의 신학-존재론적 세계관을 삶의 영역에서 퇴진시킬 수 있는 위협적인 것이었다. 종교-윤리적 가치와 과학적 가치 사이에서 방황하는 사람에게는 자신의 시대가 지적 공백과 가치 부재의 시대가 될 것이다. 이 분위기가 근대의 세기말 데카당스이다. 일부 사상가들은 이러한 허무주의의 도래를 극복하려 했다. 그들은 각기 편차가 있지만 과학을 비판적으로 수용하거나 넘어서는 방식으로 생의 영원한 근거를 자연 내재적인 방향에서 사유하는 제3의 길을 선택하게 된다. 이 길은 기존의 초월 신학적 사고를 지양하고 자연과 신체의 존재의의를 강조하게 된다. 이 노선이 신, 즉 자연(Deus sive Natura)으로서의 실체를 내재적이고 능동적인 생명 원리로 전환시킨 스피노자의 세계관과 직간접으로 연관되는 생철학적 조류이다.[224] 니체와 베르그송으로 대표되는 이들 철학 조류는 19세기 말 이후 아시아에도 수용되어 시대의 난관과 삶의 의미를 문제 삼는 청년들의 의지를 자극했다.

---

223 李敦化, 『水雲心法講義』, 천도교중앙총부, 1925, 86-90쪽.

224 쇼펜하우어, 『의지와 표상으로서의 세계*Die Welt als Wille und Vorstellung*』, 곽복록 옮김, 을유문화사, 1994(1818), 354쪽, 458-494쪽: 1차 세계대전 이전 세기말적인 자기 분열의 분위기를 심각하게 감지한 철학은 쇼펜하우어(A. Schopenhauer)의 철학이다. 그는 부르주아 문명의 실체인 과학의 사실 영역과 신비주의적 가치 영역을 명백히 구분하고, 물자체로서의 의지에 대한 직관이 브루노(G. Bruno)와 스피노자(B. Spinoza)의 생에 대한 긍정의 가치관과 자신의 입장인 부정의 가치관으로 나간다고 주장했다. 진정한 윤리적 가치는 언표할 수 없는 직관의 경험에 부딪치는 것에서 나온다. 니체(F. Nietzsche)와 베르그송(H. Bergson)의 긍정적 생철학은 전자의 방향을 발전시킨다.

이돈화는 이러한 서양 지성사의 흐름이 갖는 문제의식을 이해하고, 내재주의적 성격을 갖는 동학사상을 '새신비주의'로 규정한다. 그는 "천도(天道)의 발전이 다신관, 일신관, 범신관으로 되어오다가 인내천(人乃天)에서 궁극의 완성" 단계에 이른 것으로 평가한다.[225] 그에 의하면 허무주의는 신과 우주와 인간을 '분립(分立)' 혹은 '고립'시키는 데에 원인이 있다. 그러나 동학은 그것을 분리시키지 않고 모든 것을 '신의 표현'으로 본다.[226] 허무주의가 존재 상실을 의미한다면, '표현'의 세계상은 우주의 존재와 인간을 하나의 일원론으로 회복시킨 것이다. 표현의 세계상은 허무주의의 극복이 된다. 극복은 세기말 비애라는 근대 지성사적 상황의 극복이다. 이돈화가 보기에 표현의 세계관은 근대 지성사의 정점에 있다. 그는 근대 실증주의와 동학을 결합시키려고도 했지만, 동학의 철학적 의미가 실증주의와 허무주의를 초극하는 세계사적 의의를 갖는다고 본다. 이러한 해석은 동학에 보편성을 부여하려는 그의 관심을 잘 보여준다. 이 해석은 생명가치를 물리적 가치로 전락시키는 지성사적 문제를 극복하는 문맥에서 주목할 만한 관점을 제기한 것으로 보인다.

(2) 허무주의의 역사는 오늘까지 지속되고 있다. 존재와 공감적 관계를 맺지 않고, 존재를 도구화하고 군사화하는 것이 삶의 일반적 조건이 되었다. 공리주의와 결합한 인본주의의 귀결은 허무주의의 완성이다. 최시형의 예언에는 산업 문명의 발전에 대한 긍정적 관심과 거기에서 오는 제국주의적 재앙에 대한 예감이 세계불안의 분위기 속에 결합되어 있었다. 기술 문명에 대한 공포와 풍요의 전망이 공존하고 있는 것이다. 이 점을 오늘의 문명인은 자신의 심적 갈등을 통해 잘 알고 있다. 현대 문명이 허무주의적 병리를 드러내는 것은 영원성이 역사에 내재적으로 개입하지 못하는 데에 그 정신적 원인이 있을 것이다. 영원성과의 단절은 영혼 없는 집단과 산업 노동의 천국을 약속한다.

---

225 李敦化, 『수운심법강의』, 천도교중앙총부, 1925, 72쪽.

226 이돈화, 위의 책, 80쪽, 83쪽.

이런 맥락에서 볼 때 인간의 완전 가능성은 대상을 지배함으로써 그것을 주체 안으로 흡수하는 것과는 다른 방향에서 추구되어야 할 것이다. 이 방향은 기술과 과학에만 기대는 세계상과는 반대되는 가치를 추구할 것이다. 동학의 근본경험은 무극대도의 내재적 현존에 참여하는 것이다. 이러한 참여를 통해 인간은 생성에 대한 긍정의 마음으로 전환된다. 최시형이 구체적 장소(뜰 나무 앞, 새끼 꼬는 헛간, 삽질하는 밭)에서 무극의 현존을 경험한 것은 생명을 긍정하는 평화로운 마음이 지금 여기의 처소에 실현되어 있다는 것을 의미한다. 존재를 긍정하는 이러한 삶의 양식은 동서를 막론하고 고대인의 지혜에서 발견된다.

그리스의 헤라클레이토스(Herakleitos)도 그중 한 사람이다. 깊은 사색에 잠긴 모습을 기대하고 호기심으로 보러온 외래객들에게, 그는 빵 굽는 가마 앞에서 불을 쬐는 빈한한 모습만을 보여주었다. 그리고 그는 '여기에도 신들이 있다'고 한다. 그는 신성의 현존을 통해 궁핍한 '처소(ethos)'에서 사물의 존재를 긍정하는 평온을 경험한다. 생성계의 일부인 처소는 '평안의 권역'이 된다.[227] 기계적인 논증적 논리 이전의 이러한 긍정의 경험이 인간의 본질에 대한 새로운 이해 가능성을 보여준다. 새로운 가능성은 고대적 지혜에 대한 회상적 이해를 통해 얻어진다. 최시형의 생애와 사상이 보여주는 긍정적 평안도 현대인의 회상적 이해를 기다리고 있다

(3) 최시형이 '끝없는 약동(躍動不息)'을 말한 이후 그 관념은 갑진개화운동(1904), 3 · 1운동(1919), 신문화운동(1920)을 촉진하는 사상적 원리가 되었다. 개체의 생명 활동을 절대적 약동의 표현으로 보는 사상은 개혁운동에 진보적 해방성을 부여하였다. 이 운동은 자신들의 개벽의 교사가 열어놓은 의미세계를 회고하면서 그것을 미래의 희망으로 선포했다. 포덕 0년이라는 과거의 결정적 중심점에서 일어난 최제우의 대각 사건이

227 하이데거, 『「휴머니즘론*Über den Humanismus*」, 최재희 옮김, 박영문고, 1961(1946), 83-90쪽: 이 일화는 Aristoteles가 전한 이야기(「생물소론」, A5, 645a, 17)를 하이데거가 재해석한 것이다.

곧 삶의 의미원천이다. 이것이 천도교 문화운동을 미래로 향한 개벽 운동으로 이끄는 희망이 되었다.

그러나 오늘날의 상황은 개벽의 과정과는 정반대의 힘이 지배하고 있는 듯 보인다. 개체는 허상적 이미지를 통한 전자적 의사소통의 통로에서 기능하는 하나의 점으로 실종되었다. 지나친 사회화와 기술적 통제로 인한 개별 인신 지배는 점점 그 정밀도를 높여가고 있다. 동학사상이 그 자체로 이러한 곤경을 해결해주는 대안이 될 수는 없다. 다만 현대사회가 세계적인 규모로 인간의 물화(物化)를 확산해가고 있는 상황에서 최시형이 체득한 개방적 공감의 덕이 이 문제를 극복하는 하나의 사상적 대안으로 고려될 수 있다는 것이다. 우주를 공감적 감응 체계로 보는 그의 입장은 새로운 인성론의 발전에 기여할 수 있는 흥미로운 지표가 될 수 있을 것이다.

물질과 정신의 관계에 대한 최시형의 관점은 아직도 해결을 보지 못한 형이상학적 문제이다. 동서양의 신비주의 철학은 마음의 심층으로 수렴하는 노력을 통해 우주의 본원적 실재와 만난다는 일치의 경험을 말한다. 이 경험에서 마음은 생존의 유용성을 벗어나 공간과 시간의 폭이 거의 무한으로 개방되는 것을 경험한다. 이러한 세계 개방성은 유용성에 갇힌 계산적 이성의 세계를 동물성에서 탈피하지 못한 협소한 것으로 본다. 여기에서 신비주의 철학은 우주적 개방성을 최상의 심적 속성으로 이해하며, 개방의 폭이 시공간적으로 좁아지는 정도에 따라 동물성과 식물성 및 무기물과 같은 고체적 물질로 내려가는 것으로 본다. 그리고 무기적 물질도 본원적 실재의 산물이므로 미약하나마 심리적 속성을 갖고 있다.

이런 관점에서 우주는 유동적이고 연속적인 하나의 심적 본질이 표현된 것이지만, 그 심적 본질을 구현하고 있는 정도의 차이에 따라 사물들은 단계적으로 구분된다. 여기에서 나오게 되는 것이 물질은 정신이 갖는 시공간적 개방성과 연속성이 점차 굳어지는 응결의 경향이 가장 강하고, 정신은 그 반대로 우주적 개방성과 연속성을 최대로 실현하는 것으로 보는 관점이다. 시간적 측면에서만 보면, 물질은 그 기억의 길이가 가장 짧은 순간에 머물며, 정신은 기억을 과거의 방향으로 가장 길게 응축한다. 심지어 신의 정신으로 표상되기도 하는 최고의 정신은 인간보다 훨씬 긴 무한한 과거와 미래로 뻗어 있는 것으로 여겨지기도 한다.

이러한 우주관에서는 원리상 물질과 정신이 구분되지만, 그것들은 정신성을 구현하는 단계적 차이를 통해 발생된 것이므로 물질과 정신은 판명하게 구분되지 않는다. 물질은 시공간적 개방성의 폭이 좁아질 대로 좁아진, 그래서 먼지처럼 산만하게 분산되어버린 이완된 정신이다. 수양을 통해 생존이라는 비좁은 관점을 넘어선 정신은, 공간적으로는 가장 폭넓은 소통의 범위를 가지며 시간적으로는 가장 긴 시간을 현재에 응축하고 있는 긴장성을 갖는다. 신비주의 철학을 근대과학과 조화시키려 했던 라이프니츠(Leibniz)가 물질을 시간의 관점에서 기억이 없이 '순간에 머문 정신(mens momentanea)'이라고 한 것은 그와 같은 문맥에서 나온 것이다. 베르그송은 그러한 아이디어를 수용하여 물질이 미미한 연속적 지속성을 갖기 때문에 거의 순간들로 조각난 정신이라고 보았다.[228]

이런 의미에서 인간의 감각은 심원한 폭을 가진 정신으로 변형되지 않는 한, 물질에 가장 가까운 것이다. 그리고 이 점에서 신비주의 철학은 감각적 경험주의에 비판적이며, 개방성의 경험을 무시하고 개념적 사변을 지나치게 강조하는 합리주의에도 반대할 수 있다. 세계 개방성에 의거하는 최시형은 물체나 벌레에도 미미하나마 정신성이 내재함을 감지할 수 있었다. 내재적 정신성은 본질상 인간의 정신성과도, 그리고 우주 전체에 내재하는 무극의 정신성과도 상통한다. 그의 긍정적 기쁨과 평화의 가치관은 바로 그러한 경험에서 나온 것이다. 물질과 정신은 근대주의적 생존의 관점에서는 객관과 주관의 대립으로 나뉠 수 있지만, 최시형에게는 본질상 하나이다. 주객 대립을 전제한 과학적 관점이 주관의 연원을 알지 못하고 자신의 한계 안에 갇혀 있다고 한다면, 동학이 제시

228 Milič Čapek, *Bergson and Modern Physics*, D. Reidel Publishing Co, 1971, pp.214-222.

한 관점은 현대인이 더욱 넓은 심성의 세계에 관심을 갖도록 할 것이다.

(4) 동학에서는 저항적 연대성과 개벽의 시간관이 결부되어 있다. 동학의 집단적 저항은 농업사회적 제약 아래 형성된 것이지만, 개벽의 시간관과 연관하여 음미해볼 만한 점이 있다. 저항은 개벽이라는 새로운 삶의 가능성이 역사적으로 실현되어가는 과정에 동참하는 활동이다. 그것은 우주의 생성 과정에 대한 긍정적 이해에 바탕한다. 동학은 자신의 시대를 생기(生氣)가 인간을 통해 새롭게 상승해가는 시대로 이해했기 때문에 인간은 지금 바로 그 상승 과정에 들어가야 한다. 이러한 과정 속에 진입하는 것이 개벽의 시대를 살기로 결단하는 것이다.

현재에서 결단의 중요성은 함석헌에게 더 분명하게 나타난다. 그는 현재를 창조적 활동의 때로 알고, 이때를 우주의 생명 진화가 허무를 극복해가는 첨단으로 해석했다. 현재는 진화의 끝이자 새로운 가능성이 결단을 통해 실현되는 출발점이다. "영원의 항성의 빛이 발사돼 나오면 무한히 번져나가는 원을 그리면서 빈 탕의 어둠을 먹어 들어간다. 생명은 늘 자라는 끝에 나가 있고, 전체는 언제나 창조하는 현재선(現在線) 위에 있다."[229] 동학에서도 사회적 저항을 통한 의미 추구는 창조적으로 성장해가는 우주적 과정을 이해하는 주체성에 의해 가능하다. 그러나 함석헌이 자기 비하적 겸손과 자부 속에서 자신과 소수 개인들의 참여를 통해 저항 활동을 시도했다면, 최시형은 자신에 대한 생사여탈의 권한을 지닌 채 민중적 조직의 확장을 통해 민족 해방운동을 전개했다.

그러나 그들 두 사람이 보기에 기성 제도성 안에서의 인간관계와 의사소통은 진정한 개방적 연대성과 소통성을 갖고 있지 않다. 그것은 폐쇄적이고 억압적인 의사소통일 것이다. 그러나 최시형과 함석헌이 보여준 개방적 주체는 부자유한 소통체계를 성찰적이고 논쟁적으로 문제 삼는다. 그 주체는 언제나 기존 개념들에 새로운 의미를 부여하여, 민중에게서 새로운 삶의 의미를 향한 열망을 일으킨다. 이러한 열망적 의사소통

229 함석헌, 「새 윤리」, 『함석헌 선집』 2, 한길사, 1996, 384쪽.

은 폐쇄적 소통의 세계와 언제나 긴장 관계에 있게 된다. 폐쇄적 소통체계는 차별을 생산하지만, 개방적 연대성은 버림받은 개체를 절대적 자아로 존중한다. 열망적 의사소통은 의회 민주주의 정객들처럼 관습적 세계와 타협하여 평균치를 구하는 통계적 사고와 무관하며, 합의를 통해 일반성을 추구하지도 않는다. 그것은 이러한 통계적 합리성 자체를 포함한 관습적 소통의 세계 전체를 회의하고 문제에 붙인다.

최시형과 동학사상이 학자나 정객과 같은 안정된 영역에 있지 못하고, 위험스러운 저항성을 갖고 있는 것은 그 소통방식이 관습적 세계 밖에서 그 세계 자체를 문제로 삼기 때문이다. 최시형의 동학은 사회와 관계하면서도 사회를 초월하는 소통방식과 민중의 집단적 실천을 접목시키는 사상이다. 이러한 사상은 새로운 소통방식을 찾는 현대철학의 실천적 문제의식에 하나의 대안으로 기여할 수 있을 것이다.

(5) 이 지점에서 동학의 생명철학은 20세기 중반 이후 한국의 왜곡된 의회 민주주의와 투쟁했던 함석헌과 만나게 된다. 그는 천도교 사상가들처럼 대중 문화 운동을 창출해내지는 못했지만, 말과 글을 통해 독재에 저항했다. 함석헌의, 이른바 '영원무한자'는 우주에 생명을 부여하여 진화적으로 분화시켜가는 생명 원리이다. 그것은 시간을 통해 피조물을 전개한다. 생명의 전개는 과거의 폐쇄적 질곡에 '저항'하여 자유를 확장해가는 질적 비약, 즉 우연성의 계기를 포함한다. 진화는 '해안선에 끝없이 닿는 파도처럼' 부단한 노력의 과정이다. 진화가 인간의 단계에 와서야 인간은 자신의 자유를 자각하고 그것을 자연의 존재의미로 이해할 수 있게 되었다. 그러나 모든 유기체처럼 인간 내부에는 질적 도약을 방해하는 물질적 중력이 작용하고 있다. 이 하강하는 힘은 생을 기계적으로 만들고 상승하고자 하는 영혼의 노력을 무력화하며 결국은 죽음으로 이끈다. 따라서 영혼은 영원무한자와의 만남을 통해 궁극의 자유를 경험하려는 동경과 이것을 망각하게 하는 물질의 압력 사이에서 갈등한다. 인간은 폐쇄와 개방, 추락과 비약 사이에서 고뇌하는 '모순의 사람'이다. 모순 가운데 노력하는 "삶은 내기이다."

이런 맥락에서 함석헌은 자신의 철학적 시집 『수평선 너머』의 「삶 · 죽음」에서 '그러나'라는 전환의 단계를 거쳐 영원에 도달하는 삶의 의미 상승을 말하고 있다. 모든 기쁨이 영원을 원한다면, 영원과 맞닿아 생명의 의미를 절감하는 순간은 기쁨과 눈물이 뒤범벅되는 순간이다.[230] 이 순간은 기존의 선악 관념에 얽매인 자아의 영욕이 해체되고 생명 전체로 용해되는 순간이다. 시간과 영원이 접합하는 이러한 의미세계는 하늘을 공경하는[敬天] 감각을 가지고 무극대도(無極大道)를 경험하는 동학의 의미세계와 본질상 같은 선상에 있다. 또한 그러한 경험은 역사 속에서의 무거운 삶을 경쾌한 것으로 전환하는 해방적 사고의 원천이 된다.

함석헌 역시 이러한 의미원천에 충실하고자 했다. 그는 영원무한자에게서 오는 생명 진화의 전진적 방향에 따르는 것을 역사적 사명으로 이해했다. 자라나고 성장하는 생명은 현재 순간에도 퇴행이냐 전진이냐의 갈림길에 있다. 자유의 길로 전진하는 것이 우주의 존재론적 의미이다. 자신을 변형하고 역사를 생성시키는 것은 신성한 정언 명령이다. "생(生)은 명(命; 명령)이다." 그리고 이 명령은 수직적으로는 영원자로 상승하는 것이며, 수평적으로는 역사적 현실을 자유의 길로 변형하는 것이다. 이 두 가지 노력을 병행하는 것이 진화를 침식하는 어두운 허무의 힘을 이겨가는 극복의 길이다. "영원의 항성의 빛이 발사돼 나오면 무한히 번져나가는 원을 그리면서 빈 탕의 어둠을 먹어 들어간다. 생명은 늘 자라는

230 함석헌, 「삶 · 죽음」, 『수평선 너머』, 『함석헌 저작집』 23, 한길사, 2009.
삶은 얼마나 즐거운 일인가?
퍼져나가는 가지같이 그칠 줄 모르는 삶의 음악을
손에, 발에, 소리에, 얼굴에, 넘쳐흐르게 하는 일은
그 얼마나 아름다운 일인가?
……(중략)……
즐거움, 아름다움, 행복, 영광을 다 모르고
나도, 세상도, 온 길도, 앞날도 다 볼 줄을 모르고
그저 타, 타, 타, 영원한 불길로 타오르고만 마는 그 일은
아 아, 그 일은 얼마나 눈물 나게 거룩한 일인가?

끝에 나가 있고, 전체는 언제나 창조하는 현재선(現在線) 위에 있다.”[231] 생의 의미 추구는 창조적으로 성장해가는 만유의 존재에 대한 평화로운 신비감을 갖춘 창조적 주체성에 의해 가능하다.

이러한 입장에서 함석헌은 자유주의의 최대치라고 할 수 있는 개성의 발견을 생명 형이상학적으로 심화하여 그것을 민중의 사유로 전환하는 가운데 새로운 의사소통의 길을 열었다. 이것은 현실의 이해관계를 타협적으로 조정하는 것이 아니라 백성의 해방이라는 지평에서 움직였던 구약의 예언자나 맹자의 '우환(憂患)'을 닮은 소통방식이다. 본성의 회복[知性]이라는 보편적 기준이 끝없는 부정의 연속을 낳으며 타협을 시도하지 않도록 한다. 이러한 각성적 소통방식 때문에 함석헌은 그 민중성에도 불구하고 소수자의 투쟁에 머물렀다. 그의 '빈들의 소리'는 '씨알의 소리'를 대변했다. 그러나 함석헌 자신은 분명하게 의식하지 못했지만, 그의 사상은 동학의 생명 표현의 철학과 종교적 저항성을 닮아 있다. 다만 민족 민중해방이라는 거대한 문제에 직면하여 동학은 전통적 언어를 가지고 자신의 이념을 담아냈으며 대담한 조직화를 실현했다는 점에서 그와 분명한 차이를 보여준다.

동학적 해방 정신이 문화운동으로 표출된 것은 1920년대 천도교의 '신문화운동'이었다. 이 운동은 안으로는 '신성한 자유의 혼[神靈]'을 마음 본체[心體]로 하고, 밖으로는 후천 시대에 통용[通]되는 소통방식으로 삶의 양식을 변화시키려는[氣化] 구도 안에서 움직였다. 그리고 사회적 실천은 상황에 대한 인식과 구체적 행동 지침들을 고안해내는 합리적 지성을 요구한다. 지성은 수단과 목적이라는 합목적적인 활동의 맥락 안에서도 움직여야 한다. 이러한 맥락에서 신문화운동은 이전 시대에서 볼 수 없었던 어린이 해방운동, 여성 해방운동, 청소년 계몽운동과 교육 사업 및 『개벽開闢』, 『신인간新人間』 잡지를 통한 진보적 사상운동으로 전개되었다. 이 운동은 일제하의 상황에서도 가능한 한 진보성을 유지하기 위해

---

231 함석헌, 「새 윤리」, 『함석헌 선집』 2, 한길사, 1996, 384쪽.

합법성의 가장자리를 걷는 위태로운 위치에서 이루어졌다. 신문화운동은 사회 전체의 전복을 문제 삼는 혁명운동은 아니었다. 그것은 각 부문의 운동들의 결합을 통해 신인간을 창조하고, 이를 해방의 주체적 역량으로 삼기 위한 것이었다. 이러한 전략은 당시의 국내 조건에서는 불가피한 선택이었을 것이다. 신문화 창조를 바탕으로 미래에 국가주권을 회복하여 그것을 '생생한 영혼[生魂]'과 민권의 바다로 흡수하고자 하는 신문화운동은 오늘의 문화운동에서도 하나의 모델로 고려할 만한 가치가 있을 것이다.

동학은 전통 이학(理學)과 마찬가지로 내적 자기완성과 외적 세계변형의 통일적 완성이라는 구도를 갖고 있었다. 이러한 구도와 민중성이 결합하여 동학은 성리학의 귀족적 성격을 벗어나 서민적 조직화의 실천으로 발전할 수 있었다. "내부에 자유의 심령이 있고 밖으로는 생기로운 변화가 있다[內有神靈, 外有氣化]"는 이념은 애초부터 제도적 변형을 위한 자율적 조직화를 본질적 부문으로 함축하고 있었다. 조직화란 영혼의 자발성과 자유의 활력이 객관적 활동으로 표현되어[氣化] 우애의 협동체를 형성하는 사회적 실천이다. 전봉준의 혁명은 내외의 통일적 완성이라는 동학 이념의 외적 측면이 시대 상황과 맞물려 무장 항쟁으로 변형되어 강화된 운동이다.

이런 의미에서 볼 때 동학혁명은 오문환의 언급처럼 동학적 '공공성의 군사적 변형'이라고 보는 것이 균형 잡힌 시각일 것이다.[232] 동학혁명은 유물론이나 그 밖의 정치사상을 가진 혁명가가 동학 조직을 이용한 것이 아니며, 동학이 그들에게 조직을 주었던 것도 아니다. 동학혁명은 결정적인 '때[時]'를 앞당기려는 동학 내 행동파의 사태 파악 능력과 그 실천 방식과 연관이 있다. 시대 상황으로 보아 동학의 이념과 조직화에는 물리적 혁명의 길로 나아갈 수 있는 폭발적 잠재성이 내포되어 있었다. 최시형은 이필제의 군사적 행동과 전봉준의 1차 봉기를 때가 아닌 성급한

---

232 오문환, 『해월 최시형의 정치사상』, 모시는사람들, 2003, 262쪽.

것으로 비난했다. 그리고 그는 전봉준의 봉기를 어쩔 수 없는 '천운소치(天運所致)'라 여기고 혁명을 추인한다. 이러한 최시형의 태도에서도 동학의 잠재적 혁명성을 읽을 수 있다.

최시형의 입장은 최제우의 『탄도유심급歎道儒心急』의 교훈에 따라 시대의 주체적 역량을 축적하여 평화적 변혁의 시점을 가늠하는 것이었다. 그 교훈에 의하면 "역사의 변천을 이끌어가는 거대한 힘은 시대의 한정된 조건에 따른다. 현묘한 기미는 나타나지 않았으니 마음을 조급히 하지 말라. 공을 이루는 훗날 훌륭하게 신선의 인연을 지으리라.[風雲大手, 隨其器局, 玄機不露, 勿爲心急, 功成他日, 好作仙緣]."[233] 신선의 인연이란 새로운 생활양식에 들어가는 계기이다. 그것은 "혼탁한 기운을 쓸어버리고 맑은 기운을 어린 아기 기르듯 존양하는[掃除濁氣,兒養淑氣]" '정심(正心)'의 노력을 확산함으로써 이루어진다. 이 시점에서 고립적 인간관계가 종식되고 '모두가 하나의 생명의 의미로 회귀하는[同歸一理]' 새로운 인간관계가 완성될 것이다. 이처럼 최제우와 최시형은 종교적 측면에서 내적인 자기변화를 본체[體]로 하고 새로운 관계 양식에 따른 생활 방식의 창조를 발용[用]으로 하는 입장이었다. 그들은 이러한 체용합일(體用合一)의 이념을 전통 성리학의 정신을 계승하여 사회적 삶의 변형이라는 문맥에 적용했다. 동학의 정치 혁명화는 전봉준 같은 행동파가 동학 이념의 체용합일적 성격을 분명하게 의식한 것도 하나의 원인이 되었을 것이다.

원래 제도[禮法] 개혁은 18~19세기 실학의 주요 문제였다. 이 개혁론은 조선 후기의 정치 · 경제적 위기에 의해 촉발되었다. 개혁론은 정치적으로 실질적 영향력을 갖지 못했지만, 망국을 앞두고 새로운 제도를 갈망하는 유랑 지식인들에게 일정한 영향을 준 것으로 보인다. 다산 정약용(茶山 丁若鏞, 1762~1836)은 『경세유표經世遺表』(1817)의 서문인 「방례초본인邦禮草本引」과 본문에서 임진왜란 이후 전제(田制)를 비롯한 온갖 제도의 문란으로 인한 조선의 '체제붕괴[亡國]'의 가능성을 수차 암시

---

233 崔濟愚, 「歎道儒心急」, 『天道敎經典』, 84쪽.

했다. "전제가 문란해져 세금 거둠이 편중했으며, [……] 탐욕과 부패[貪墨]한 풍습이 크게 일어나 백성이 시달림을 받았다[生民憔悴]. 생각건대 대개 터럭 하나만큼이라도 병통 아닌 것이 없는 바, 지금이라도 고치지 않으면 반드시 나라가 망한 다음이라야 그칠 것이다[其必亡國而後已]. 이것이 어찌 충신과 지사(志士)가 팔짱끼고 방관할 수 있는 것이겠는가?"[234] "나는 오래도록 민간에 있으면서 향리(鄕吏)들의 하는 일을 익히 보았다. 그 나라를 병들게 하고 백성을 해롭게 하는 짓이 이루 형언할 수 없었다. [……] 진실로 이 때라도 교정하지 않으면 앞으로 닥쳐올 화란(禍亂)은 반드시 말하기도 어렵게 될 것이다. 나라가 다 망하고 백성이 다 죽은 다음이라야 그만둘 것이니[國必盡蠹而後已, 民必盡劉而後已], 내가 감히 실성해서 근거 없는 말[過情之言]을 하는 것이 아니다." [235] 이러한 예언적 사상은 동학혁명과 같은 농민 전쟁을 암시한 것이지만, 『주례周禮』에 의거한 『경세유표』는 그의 사상의 최대치, 즉 민주 민권주의를 표현한 것은 아니었다.

민권에 접근하는 그의 급진주의는 「전론田論」, 「원목原牧」, 「탕론湯論」 등에 있다. 아마도 이 글들에 있는 민주적 이상은 『경세유표』 별본別本(정약용의 작품이었으나 산실된 비밀본)으로 알려진 문서를 통해 전봉준(全琫準)과 김개남(金介男)에게 전수되어 동학혁명에 작용한 것으로 보인다. 일제 시기 문화사학자였던 최익한(崔益翰, 1897～?)의 『실학파와 정다산』(1955)에 의하면 정약용은 '만민 평등의 새 사회' 이상을 담은 별본을 문인 이청(李晴)과 초의선사(草衣禪師)에게 비밀히 보관 · 전포할 것을 부탁했으며, 그것이 일부 천주교도와 전봉준, 김개남에게 전포되었다고 한다. 이 사실은 동학혁명 후 관군이 다산 유배지 부근에서 그 괴서를 수색했다는 『강진읍지康津邑誌』「명승초의전名僧草衣傳」의 기록

---

234 정약용, 「邦禮草本引」, 『經世遺表』 5집 1권, 경인문화사, 1981, 2쪽: 『經世遺表』의 원래 제목은 『국가제도론 초본邦禮草本』이었다(번역은 『경세유표』, 고전국역총서 90, 이익성 옮김, 민족문화추진위원회, 1977, 40쪽 참조).

235 『經世遺表』, 5집 2권, 32쪽. 고전국역총서 90, 「秋官刑曹 제5」, 147쪽.

이 간접적으로 증거하고 있다. “(『경세유표』 별본은) [……] 갑오년에 기병한 전녹두(全綠豆), 김개남(金介男) 일파의 수중에 들어가서 그들이 이용하였는데 전쟁 끝에 관군은 다산 비결(秘訣)이 녹두 일파의 비적(匪賊)을 선동하였다고 하여 다산의 유배지 부근의 민가와 고성사(高聲寺), 백련사(白蓮寺), 대둔사(大芚寺) 등 사찰을 검색한 일까지 있었다.” 최익한의 말대로 「별본」과 동학의 관계는 “낭설이 아닌 것이다.”[236] 그러나 그가 본 『강진읍지』는 전란에 소실되어 현존하지 않는다. 이 점은 애석한 일이지만, 민란과 질병이 빈발하는 위기 시대에 유랑 지식인이 유명 지식인의 개혁서에 관심을 보이지 않았다면, 오히려 이상한 일이다.

정약용의 개혁 사상을 높이 평가한 강화학파 난곡 이건방(蘭谷 李建芳, 1861~1939)은 「방례초본서邦禮草本序」에서 정약용의 개혁론을 몽테스키외[孟德斯鳩]의 『만법정리萬法精理(법의 정신)』와 루소[盧梭]의 『민약론民約論』에 견주었다. 그는 “이들의 도(道)와 말(言)이 시행되어 공적이 한 세상에 아름답고 광채가 백대에 드리운 것에 비해 정약용이 때를 만나지 못했음을 거듭 슬퍼하고, 동서양이 서로 같아지지 않았음[不相侔]을 깊이 한탄”했다.[237] 이로 볼 때 정약용의 개혁 사상은 루소 철학처럼 혁명 이념으로 시대를 지배하지는 않았지만, 동학혁명뿐만 아니라 구한말 주체적 개혁 사상에도 일정 부분 작용했다. 또한 정약용은 기존 이학(理學)이 요순(堯舜)을 무위의 통치를 한 것으로 미화하고 그 무위성을 찬양해온 것

236 崔益翰, 「실학파와 정다산」(1955), 『최익한전집』 1, 송찬섭 엮음, 서해문집, 2011, 322-323쪽, 391쪽, 500-501쪽: 최익한은 근대 역사주의적인 선형사관의 일종인 사적 유물론의 관점에 따라 정약용이 평등이라는 민주적 가치를 말했으나, 노동계급의 선진성을 알지 못한 것으로 평가한다. 이러한 해석은 역사적 사명을 가진 노동계급과 현실적 노동계급의 차이를 분명히 하지 않은 것이다. 그의 입장은 많은 자료에 근거하여 정약용의 사상적 의의를 강조하는 장점을 갖지만, 현실적 노동계급이 상품사회의 물신주의적 지배력과 봉건적 토착성 및 파시즘적 민생 동원 이데올로기에 지배되고, 심지어 억압자와 같아지는 것에서 고통을 극복하는 심리적 전도 현상을 과소평가한 것이다. 역사는 각 계급의 자기도취를 따르지 않는다. 역사는 부르주아의 편으로 흐르는 것도 아니지만, 프로레타리아 편으로 흐르는 것도 아니다.

237 李建芳, 「邦禮草本序」, 『經世遺表』, 고전국역총서 90, 34쪽.

을 비판했다. 그에 의하면 "홍작(興作)하기에 분발(奮發)하여, 천하 사람을 바쁘고 시끄럽게 노역시키면서, 일찍이 한 번 숨 쉴 틈에도 능히 편안함을 도모하지 못하도록 한 이는 요순이요, 정밀 엄혹(嚴酷)하여 천하 사람을 공손하게 움츠리고 송구하여 일찍이 털끝만큼이라도 감히 거짓을 꾸미지 못하도록 한 이도 요순이었다." 강건한 실천적 의지를 요구하는 정약용은 우주의 본질적 원리의 성질을 강건성으로 본다. 태초에 강건성이 있었다. 그는 "천도의 운행은 강건하다[天行健]"라는 주역의 관점을 활용하여 행동의 '무휴식성[不息]'을 망국의 현실을 극복하는 주체적 원리로 제시했다.[238] 체제 내적 유배 지식인들과 혁명적 유랑 지식인들은 제도 혁신과 그것을 실현할 수 있는 주체성을 모색했다. 창조적 생산을 가능하게 하는 능산적 주체성은 그 후 현대 한국철학의 주요 주제가 되었다.

전봉준은 이념의 조직적 실현이라는 외적 측면에 주목하면서 가렴주구의 기제였던 봉건 관료제와 외세를 타격하려는 데에 관심을 갖고 있었다. 이러한 관심은 혁명의 시점을 현재 시점으로 앞당기게 했다. 이런 의미에서 전봉준에 대한 다음의 「심문록」은 주목할 만한 가치가 있다.

> 문: '마음을 바르게 하는 것'은 동학에만 있는 것은 아니다. 무언가 그것 이외에 너의 입당을 촉진시킨 것은 없는가?
> 답: 단지 마음을 바르게 할 뿐이라면 물론 동학에 들어갈 필요는 없다. 동학당의, 소위 마음을 닦고 하늘을 공경함[修心敬天]이라는 주의에는 마음을 바르게 하는 것 이외에 협동일치(協同一致)의 뜻이 포함되어 있으니 즉 당을 만든다[結黨]는 요지를 찾을 수 있다. 마음을 바르게 하는 자들의 일치단결은 간악한 관리를 제거하고 보국안민의 일을 성취할 수 있다고 생각하였기 때문이다.[239]

---

238 丁若鏞, 「邦禮草本引」, 『經世遺表』, 고전국역총서 90, 36-37쪽.

239 오문환, 『해월 최시형의 정치사상』, 모시는사람들, 2003, 273-274쪽; 박종근, 「동학과 1894년의 농민 전쟁에 대하여」, 『역사학 연구』 269, 1962, 10쪽, 24쪽: 이 심문록은 1895년 3월 6일자 「조일신문」의 보도이다.

전봉준은 동학의 정신이 내면과 외면 전체, 인간성 전체를 문제 삼았다는 것을 보여준다. '수심경천(修心敬天)'의 길과 '협동일치(協同一致)'의 길은 동학의 본질적 부분이다. 다만 조선 후기에 협동일치는 물리적 혁명을 의미할 수 있는 개념이었다. "도는 심학(心學)에 있다[道有心學]"[240]고 한 최제우의 「입춘시立春詩」는 세상의 삶을 새로운 삶으로 환기시킬 수 있는 것이었다. "도의 활력은 길이 보존되어 사특한 기운이 침입하지 못한다. 세간(世間)의 중인(衆人)과 같이 돌아가지 않으리라[道氣長存邪不入, 世間衆人不同歸]."[241] 새로운 인륜과 새로운 연대성의 창조가 최제우의 관심이었다.

이러한 새로운 삶의 양식을 추구하는 사상은 식민지 상황에서 개량적 문화운동이 갖는 한계에도 불구하고, 1920년대의 신문화운동을 촉진하는 원동력이 되었다. 이돈화와 김기전의 내재적 철학이 보여주듯 그들은 사법적으로 개인들의 권리를 찾는 차원을 넘어서서 개성의 근거를 개체와 우주의 연속성에서 찾는 생성철학의 구도 안에서 움직인다. 이러한 철학은 인간 존재의 의미를 생기(生氣)의 자발적 표현으로 이해하고, 자발적 표현을 자유의 의미로 이해했다. 이는 인간관계를 자유와 공감적 감응의 관계로 변형하는 윤리의 존재론적 기초가 되었다. 그리고 그 윤리는 인간 자신을 변형하면서 자본 본위(資本本位)의 사회를 인간 본위(人間本位)의 사회로 변형하는 실천적 참여정신을 보여줄 수 있었다.

동학과 대종교의 철학은 전통 이학의 가치관을 집약하고 있는, "인이란 천지만물을 나와 한 몸으로 삼는다[仁者以天地萬物爲一體]"는 가치를 국가의 폭력성에 저항하는 새로운 소통의 윤리로 발전시킬 수 있었다. 대립 없는 감응의 소통성이 반시대적 저항의 원리가 될 수 있다. 이것은 현대적 교양을 가진 신남철, 박치우, 박종홍이 간파할 수 없었던 것이다. 신남철에게 감응의 소통성은 "동양의 정체성(停滯性)"에 기초한 "직접성

240 崔濟愚, 「懺悔文」, 『天道教經典』, 66쪽.

241 최제우, 「立春詩」, 위의 책, 71쪽.

에의 몰입"에 불과한 것이었다.[242] 또한 자유주의적 가치관을 가진 사람들에게 공감의 소통성은 근대적 개인의 자유에 도달하지 못한 과거 유물에 지나지 않는 것이었다. 그러나 그것은 소유욕에 근간한 근대 개인주의를 비판적으로 극복하게 할 수 있는 저항적 유대의 가치로 재해석될 수 있는 잠재성을 갖고 있다.

이 창조적 잠재성은 이미 김기전이 「부분적 생활로부터 전적全的 생활에」(『開闢』 5권, 1921년, 11월호)에서 개진했다. 그는 가정과 사회에서의 각종 차별을 비판하고, 성인과 민중 사이의 차별을 비판한다. 그에 의하면 "공자는 대성지성문선왕(大成至聖文宣王), 석가는 세존(世尊), 기독은 신의 아들, 구세주라는 별명을 얻어 성전에 안치되어" '고립된 사내[獨夫]'가 되었다. 또한 "원시적 혼돈 무질서의 상태(原始的 混沌 無秩序의 狀態)를 미워하던 옛날의 성철"은 '상하', '노소', '장유', '부부', '현불초', '빈부귀천'을 구별하고, 나아가 '영과 육(靈肉)', '신과 인간[神人]'을 구별하여, '도덕의 신성불변'을 만들었다. 사회는 '계급과 계급, 계급과 개인, 개인과 개인'으로 구별되어, "사회는 황량하고 인정은 각박하게 되었다." 그리하여 이제는 모두가 독부(獨夫)가 되었다는 것이다. "한마디로 사람과 물, 사람과 사람 사이에서는 힘과 감정을 서로 통(通)하지 못하고, 다 같이 독부(獨夫)가 되고 말았다. 생각하면 얼마나 무서운 비참이냐. 그런 가운데 이와 같은 비참의 대부분이 이른바 성자의 소위(所爲)에서 배태된 것을 생각하면 더욱 기가 차도다." 그러나 윤리적 소통[通]의 원리는 우주의 존재론적 근본 성질이다. 곧, 우주의 '생명 대조류(生命 大潮流)'의 본질적 속성이라는 것이다.

> 이 우주의 조직은 전체를 통하여 비로소 그 사이에 맥락(脈絡)을 인지하고, 고찰할 것인 바, 그 사이의 어느 일부를 취하여 피(彼)라 하고 또 시(是)라 할 수가 없으며, 이 피(彼) 같고 아(我) 같은 삼라(森羅)의 가상(假

242 申南澈, 「東洋精神의 특색- 한 개의 東洋에의 反省」, 『朝光』 79호, 1942. 5. 183쪽.

> 想) 그 한 꺼풀 밑에는 이 우주의 전체적 생명의 대조류(大潮流)가 단절 없이[不絶히] 흘러 도는 것이다.[243]

우주의 흐름과 '융화(融和)'하면, 여기에 '자유(自由)'가 있고, '교만 없는 사랑'이 있으며, '거리낌 없는 희열(喜悅)'이 있다. 김기전은 이러한 우주적 소통과 개방성을 근본이념으로 하여, '독부의 본색을 쳐 없애고[打盡]', '환경(環境)을 개조(改造)'하고자 했다.[244] 평등한 소통성은 김기전뿐만 아니라 이돈화를 비롯한 당시 동학사상 후예들의 사유와 실천이념이었다. 그것은 '내유신령, 외유기화(內有神靈 外有氣化)'라는 동학적 관념을 폐쇄적 사회와 도덕을 개방적 사회와 도덕으로 전환하는 방향으로 발전시킨 것이다.

평등한 소통성은 오늘날에도 새로운 인륜, 새로운 연대성을 찾는 철학이 가질 수 있는 대안을 암시해주고 있다. 표현(表顯)과 개벽(開闢)의 철학이 주는 사상적 의의는 여기에 있을 것이다. 그러나 종교적 형태의 사상 대부분이 그러했듯이 계시적 직관이라는 특권적 인식을 우선시하는 태도는 집단적 조직화를 통해 대중의 허약성을 이용한 정신주의적 권력화로 전락할 수 있다. 이돈화와 김기전은 스피노자, 니체를 통해 종교의 그러한 위험성을 잘 의식하고 있었다. 이런 의미에서 스피노자의 다음과 같은 말은 종교적 사고가 망각해서는 안 될 교훈을 전해주며, 20세기 내내 한국 사상사가 부딪혔던 대중의 예속과 보편적 자유 사이의 딜레마를 환기시킨다고 할 수 있을 것이다.

> 대중(multitude)의 변덕과 비일관성이 지금까지 발생했던 수많은 잔혹한 폭동과 전쟁의 주요 원인이었다. [……] 대중의 변덕은 종교를 매개로 해서 통치자를 신과 같이 경배하다가도 다시 그들을 인류 공통의 해악으

243 金起瀍, 「部分的 生活로부터 全的 生活에」, 『開闢』 권5, 1921. 11.
244 김기전, 앞의 책.

로 저주하고 규탄하는 일을 밥 먹듯이 하게 만든다. 따라서 변덕과 비일관성에 대항하기 위해 엄청난 노력이 취해졌다. 그러한 노력의 요체란 바로 참되든 거짓된 종교이든 간에 어떤 충격에도 견딜 수 있고 숭배자에게 존경심을 계속 불러낼 수 있는 허례허식을 종교에 불어넣는 것이었다. [……] 극단적 비밀이 종교라는 그럴듯한 외피를 두르고 대중의 눈을 가리운채, 복종을 유지하기 위한 공포를 조장하는 전제주의(despotism)에서 대중은 자신의 구원(salvation)만큼이나 예속(servitude)을 위해 장렬히 싸운다. 게다가 폭군의 허영을 위해 목숨을 바치는 것을 수치가 아니라 최고의 영예로 간주한다. 하지만, 자유국가(civil state)에서 이 같은 해악적 방편이 고안되거나 시도될 수 없다. 편견으로 인간의 마음을 사로잡아 판단을 강제하거나 사이비 종교적 선동 수단을 동원하는 방식이야말로 보편적 자유(freedom of the people)에 전적으로 위배된다.[245]

---

245 스피노자, 『신학 정치론 정치학 논고』, 최형익 옮김, 비르투, 2011, 11-12쪽: 인용문 번역은 스피노자의 *Tractatus Theologico Politicus*(trans by Samuel Shirley, E. J. BRILL, 1989, pp.50-51)에 의거, 변형했다.

2장

저항과 위대한 영혼[한얼]
: 전병훈, 나철, 이기, 서일

1. 공화(共和)와 겸성(兼聖)의 원리

'약동불식'하는 생명을 역사 안에서 표현하고자 했던 동학은 아래로부터 일어나는 화해의 삶을 실현하고자 했다. 초기 동학의 사회적 실천은 개개인의 실천이 사회 전체에 영향을 주어 전체를 변화시키는 종교적 성격을 갖는다. 그것은 "성인이 나왔다"는 설레는 소식이 전파됨으로써 사람들의 심정을 흔들어 참여하게 하는 일종의 정보 소통적 유대를 만들어 냈다. 대표적인 사례로 황해도에서 머슴살이를 하던 백범 김구(白凡 金九, 1876～1949)는 그 소식을 듣고 인근의 동학 단체를 찾아가 평등사상에 감동하여 연비(連臂, 포교에 의해 교도가 된 사람)가 되었다. 그는 연비 15인과 함께 충북 보은 땅으로 최시형을 만나러 길을 나섰다. 최시형을 만나 황해도 접주가 된 후 그는 동학혁명에 가담하여 관아를 습격하다 실패하고 수배자가 된다.[1] 그후 그는 백정 범부를 축약한 '백범'을 자

---

1 김구, 『백범일지』, 서문당, 1989, 30-45쪽.

신의 호로 선택했다. 동학은 평민을 조직하여 전체적 연결망을 확장했다. 이러한 만남과 유대는 동학사상의 견지에서 보면 개체들의 생기(生氣)가 상호 평등한 연대적 관계를 새로이 맺는 것이다. 그것은 의식적, 무의식적으로 서민들의 자연발생적인 '공화(共和, 조화의 공유)'의 정신을 표출하는 것이었다. 공화 정신은 20세기 문턱에서 평민 철학의 일반적 관심사였다.

동학(東學)을 따랐던 증산 강일순(甑山 姜一淳, 1871~1909)도 도래하는 후천 시대는 '공화시대(共和時代)'임을 선언했다. 공화는 생기에 의해 창조되는 '조화정부(造化政府)'를 통해 실현된다. 그는 자신의 결의를 다음과 같이 밝힌다. "이전의 선천(先天) 시대에는 서로 투쟁하는 상극의 법칙[相剋之理]이 인간과 사물을 맡았으므로 모든 인사가 도의에 어그러져 원한이 맺히고 쌓여 삼계(三界)에 넘치매 마침내 살기(殺氣)가 터져 나와 세상에 모든 참혹한 재앙을 일으키나니, 그러므로 세계질서인 우주질서[天地度數]를 뜯어고치고 정신의 길(神道)을 바로잡아 만고의 원한[冤]을 풀고, 상생(相生)의 도로써 이상의 경지[仙境]를 열고 새로이 창조된 정부[造化政府]를 세우겠다."[2] 개별적 삶을 생기(生氣)의 창조로 연결시키려는 공화 정신은 억압 체제의 공격적 살기(殺氣)를 융해시키는 생기론적 정치의식으로 발전했다. 이 시대의 민중적 지성들은 서민의 이러한 자연발생적 의식을 전통철학 개념과 종교적 언어가 혼재된 언어로 표현했다. 그들은 잠재적 생명의 요구를 해독하여 그것을 언어적으로 표현하는 가운데 집단적 실천으로 나아가는 형태의 정치의식을 갖고 있었다.

한편 제국주의 압박이 더욱 조여오자 중앙정부의 요직에 있거나 과거시험을 통해 진출했던 지식인들 중 대종교(大倧敎)의 창시자들은 주체적 역사의식을 가지고 민족의 위기를 돌파하고자 했다. 이들은 밖으로는 자연발생적인 공화의 정신을 민족 간의 공존 상생의 원리로 확대하고, 안

---

2 유병덕, 「韓末 · 日帝 시에 있어서의 民族思想」, 『韓國哲學史』 하권, 한국철학회편, 1987, 243-244쪽.

으로는 한민족의 기원적 창건정신을 다시 세워 이를 민족해방의 문화적 기초로 삼고자 했다. 그들은 국가 존망에 대한 강한 책임의식을 갖는 유가적 교양을 가지고 있었기 때문에 국가주권의 문제에 첨예하게 반응했다. 그리고 정치에 대해서는 필부필부도 논해야 한다는 정암 조광조(靜庵 趙光祖, 1482~1519) 이래의 유가적 전통은 제국주의 시대를 만나 민족해방과 개체의 자주성에 대한 자각으로 전환되어갔다. 민족 간의 모순이 우선적 해결의 과제였기에 민족해방 투쟁은 민족을 위해서든 국제적 '공리(公理)'를 위해서든 일차적 실천의 과제였다. 이러한 판단에서 대종교인들은 '한국독립운동 혈사[韓國獨立運動之血史]'의 첫 장을 열게 된다.

그러나 독립운동 사상사는 한국 현대사에서 봉쇄되어 왜곡되고, 교육기구에서 배제되어 대종교인들의 독립과 저항의 철학은 거의 알려지지 않았다. 반대로 미국의 독립정신과 프랑스의 레지스탕스 정신은 매력적인 것으로 인식되어 그들의 철학과 함께 교육되었다. 이러한 상황에서 저항의 철학은 제대로 전승되지 못하고 분석 · 평가받지도 못했다. 심지어 폭력과 미신으로 얼룩진 난폭한 환각으로 간주되기도 했다. 1945년 이전은 물론 그 이후의 한국의 교육 상황은 제국들의 군사적 세계화에 따른 문화 정책의 성격을 벗어날 수 없었다. 이러한 상황에서 민족적 저항 사상에 대한 몰이해가 의식적 무의식적으로 조장되었다.

이러한 상황과 대종교인들의 독립 저항의 철학을 대비해볼 때, 그 후 대부분의 사상들은 강대국의 후광에 가려 그 사상적 전제에 대한 반성 없이 수용 · 추종되었다는 것이 드러난다. 청부받은 철학은 반성적으로 음미되지 않은 채 선호하는 대상을 중심으로 맴도는 편집증을 갖는 것이었다. 현대화에 집착하는 서양 중심적 사고, 과거를 미화하는 전통 중심적 사고는 자기상실에서 오는 무반성적 정신의 일면을 자기비하나 자기과시의 측면에서 보여줄 뿐이었다. 철학이 전혀 몰개성적인 객관성만을 갖는 것이 아니라 그 생산자의 인격을 반영하는 것이라면, 정신이 자기독립성을 상실하는 것은 노예-병리학적 심리로 이어지고, 사상의 자유를 상실한 사유로 전락하고 마는 것이었다.

대종교 철학은 한국이 이전과는 다른 세계질서에 편입되어 자본주의와 민주주의가 새로운 문제로 대두되고, 서양철학이 이국적인 매력을 가지고 산발적으로 유입되는 기간에 독립운동의 사상적 기초로서 형성되었다. 조선말 사대부 세도정치의 부패와 동학혁명의 실패에 뒤이은 주권의 상실은 전통적 교양을 갖춘 지식인과 평민으로 하여금 일상생활 속에서도 자주와 독립에 대한 관심을 갖게 했다. 이들의 사상과 행적에 관한 기록은 부분적으로 남아 있다.

독립운동에 참여했던 지식인들은 대종교(大倧敎)와 직간접으로 연관이 있었다. 그들은 전통적 개념들에 새로운 의미를 부여하여 세계와 인간에 대한 새로운 해석을 전달했다. 대종교인으로서 실심실학(實心實學)을 주장했던 백암 박은식(白巖 朴殷植, 1859～1926), 위당 정인보(爲堂 鄭寅普, 1892～1950)는 왕양명의 심학(心學)을 시대적 현실과 역동적 관여를 가능하게 하는 것으로 재해석하고자 했다. 석오 이동녕(石吾 李東寧, 1869～1940)은 민권 계몽운동을 하다 상해로 망명하여 3·1 운동 정신을 민주 공화주의와 대종교의 민족정신으로 계승하고, 1919년 임시정부 초대 의장이 되었다. 역시 대종교인이었고 제국주의를 흘겨본다는 뜻의 예관(睨觀)이라는 호를 가진 신규식(申圭植, 1879～1922)은 손문의 신해혁명(1911)에 참가했고, 대종교의 이념에서 민권(民權)에 기초한 급진 민주주의적 사상을 이끌어내었다. 이와 유사한 노선에 있었던 단재 신채호(丹齋 申采浩, 1880～1936)는 억압적 제도와 관념 체계에 대한 자아의 독립성과 투쟁성을 근간으로 급진 무정부주의를 제안했다.

주시경(周時經, 1876～1914)은 대종교의 정신에 따라 한글을 하늘이 명한 것으로 보고 문재[글, 經]의 민족적 본유성을 강조했다. 그는 소리인 언어와 글인 문자를 동일한 의사소통의 도구로 보면서도, '문자를 언어를 담는 기관(機關)'으로 보아 문자에 대한 과학적 연구를 강조했다. 또 언어와 문자를 단순한 '원소(元素)'로 분석될 수 있는 '합성(合成)'으로 보았다. 주시경은 수학의 인수분해나 과학적 방법을 언어 문자에 적용하여 언어에 대한 분석적 연구 방법의 창시자가 되었으며, 민족의 기관인 언어를 갈고 닦아 제국주의의 언어 농락에 저항했다.[3] 대종교와 직접적 연관은 없지만 민족의 자주성에 지대한 관심이 있었던 박종홍(1903~1976)은 헤겔(G. W. F. Hegel)의 창조적 부정을 생의 본질로 이해하고, 성실성[誠, 敬]을 부정의 주체적 조건으로 갖는 이학적(理學的) 주체성을 정치 · 경제적 근대화의 실천적 토대로 삼고자 했다.

이러한 한국 현대 철학의 흐름은 여러 편차가 있음에도 하나의 일관된 관심하에서 움직이고 있다. 그 흐름은 외세에 의한 나라의 강탈이나 강권정치가 주는 세계상실의 문제와 자아상실의 문제를 중심으로 움직이는 것이었다. 주객관적인 총체적 소외는 공동체 전체 속의 한 구성원으로 하여금 어떤 역설적 부조리를 느끼게 한다. 이 부조리란 객관적으로는 전체 속의 한 구성원으로 계산될 수 있지만 주관적으로는 구성원으로 귀속될 수 없는 밀려나 있음 혹은 아무것도 아님에 대한 경험이다. 이 경험은 자존성의 파괴로 느껴지며 현실 속에 살지만 사는 것 같지 않은 자기 소외를 보여줄 뿐이다.

세계와의 분열과 자기와의 분열은 역사 속의 시간적 삶을 곤고한 멍에로 자각하게 하고 역사에 저항하게 한다. 이러한 조건에서 사상가들은 어떻게 자기 자신과 세계를 인식하여 변형할 것인가에 대한 물음을 가질 수밖에 없었다. 이 물음에 대한 해답은 자기와 세계의 변형이라는 실천적 지평 안에서 이루어졌다. 변형에 대한 관심은 진실하고 분열 없는 통일적 생(生)에 대한 동경에 이끌려갔다. 역사에 저항하는 여러 방식(음주, 자결, 혁명, 자기수양 등)이 있었지만 전통적 교양을 가진 사람들은 인간 자신에 대한 심성론적 이해를 통해 역사에 접근하는 방법을 따랐다.

이러한 심성론적 자기 인식은 심층에서 우주적 생명 원리와 접속된다. 삼라만상의 다양한 세계는 하나의 본체적 생명 원리의 표현이다. 그 하나의 본질적 원리는 한울이나 기(氣, 동학), 심체(心體, 정인보), 한얼 혹

---

3 愼鏞廈, 「周時經의 愛國啓蒙思想」, 『韓國近代社會思想史硏究』, 일지사, 1987, 385-437쪽.

은 신(神, 대종교), 생명 혹은 씨알(함석헌) 등 다양한 이름으로 지시되었다. 어떤 이름으로 불리든 우주는 하나이자 모든 것이라는 통일적 생명체였으며, 이 다양의 개방적 통일성이 그들에게는 진정한 생의 이념이었다. 인간의 자기변형은 심성에 내재하는 우주적 생명 원리의 통찰에 이르기까지 단련하는 과정이며, 이 자기수련의 노력은 사회를 생의 이념에 따라 변형하는 노력을 동반했다. 우주에 관한 생명철학적 이해에 기초한 인간 심성에 대한 인식은 사회의 실천적 변형의 기초였다. 사회적 실천은 심성에 대한 이해와 변형이라는 마음의 기술(心術)에 토대했다. 동시에 사회를 변형하려는 실천은 역사에 개입하는 영원무한자(한울, 한얼, 하느님)의 본성을 실현하는 것이기도 했다.

그러나 대종교의 문헌은 상징적 부호와 유사한 언어로 되어 있기 때문에 접근이 어렵다. 그것은 『단군신화』나 『천부경天符經』, 『삼일신고三一神誥』와 같은 고대 비서(秘書)에 있는 종교적 사상과 연관되어 있다.[4] 특히 대종교 철학은 선도(仙道)라고 하는 인체에 대한 도교 철학의 연금술적 생리학에 해당하는 내단술(內丹術)과도 깊이 관련되어 있었다. 또한 대종교인들은 민족주의적 독립운동의 주력이었으며, 서양사상과 급진 정치사상을 흡수하여 20세기에 적용하는 많은 개혁 지식인들로 발전해갔다. 그들의 행적은 알기 쉬우나, 그들의 언어와 사상은 신비가의 부호처럼 안이한 접근을 피한다. 그들의 사상을 이해하기 위해서는 한국 전통 선도(仙道)에 대한 예비적 연구가 요구된다.

이러한 의미에서 한국 최초로 동서양 철학을 단군 사상을 기조로 하여

---

4 천부(天符)의 의미에 대해서는 김낙필의 「全秉薰의 天符經 이해」(선도문화 제1집, 2006)에 상세히 언급되어 있다. 그에 의하면 천부는 하늘의 운행질서, 하늘의 운행질서에 합치됨, 은미한 천기, 하늘의 보배 등을 의미한다. 전병훈은 천부를 겸성(兼聖)을 성취하여 하늘과 하나가 된다는 의미로 본다. 전병훈의 해석은 『음부경陰符經』을 은미한 본체와의 합일과 유가적 윤리 실천 및 병가적 전술의 결합으로 해석하는 주자(朱子)의 『음부경고이陰符經考異』의 내외합일적 관점에 접근한다. 내외합일과 겸성의 정신은 대종교 독립운동의 정신에 작용하여 자기수련과 교육운동 및 민족해방을 위한 군사적 실천을 결합한 실천으로 나타났다.

정신, 심리, 도덕, 정치 분야에서 연결시키고자 노력한 서우 전병훈(曙宇 全秉薰, 1857~1927)의 『정신철학통편精神哲學通編』(1919)을 이해할 필요가 있다.[5] 그는 자신이 단군철학의 기본경전으로 믿는 『천부경』을 주해해서 「동한 신성 단군 천부경주해東韓神聖檀君天符經註解」라는 제목으로 『정신철학통편精神哲學通編』 1권에 실었다. 이에 대한 이해는 나철과 서일 등의 대종교 철학을 해명하는 데에 예비적 과정이 된다.

『천부경』에 대한 전병훈의 주해는 최초의 주해이자 철학적 해석이다. 그는 박은식(朴殷植)과 함께 이항로(華西 李恒老) 계열인 박문일(雲菴 朴文一, 1822~1892)의 문하생이었다. 그는 을사보호조약(1905)에 대한 저항 상소로 좌천되어 1907년 중국 남경으로 망명, 내단(內丹)의 도교철학을 바탕으로 내성(內聖)과 경세(經世)를 종합하는 사상을 형성했다. 그의 사상은 대동론자 강유위(康有爲), 『천연론天演論』의 저자 엄복(嚴復) 등과 교류하는 가운데 형성되었다.

그에 의하면 천도(天道)와 인도(人道)를 포괄하는 '정신철학(精神哲學)'은 대종교에 의해 단군 시대부터 전승되었다고 인정되어온, 한국 도교[仙道] 경전 『천부경天符經』에 비밀스러운 의미로 담겨 있었다. 81자로 이루어진 그 글은 신라 시대 고운 최치원(孤雲 崔致遠, 857~?)이 옛 비석에서 신지가 기록한 문자[神誌篆, 신지전]를 보고 해석한 후 백산(白山, 묘향산)에 삼가 새겨두었다고 전해진 이래, 한국 고유의 도학(道學) 경전의

---

5 임채우, 「全秉薰의 『道眞粹言』과 暘星의 『仙佛家眞修語錄』의 관계에 관한 연구」, 철학연구 제73집, 2006: 전병훈의 저작으로 대표적인 것은 『정신철학통편精神哲學通編』(1919)으로 알려져 있다. 그러나 발견되지 않은 것으로 여겨진 『도진수언道眞粹言』 10권이 있다. 이 문헌에 대해서 임채우는 전씨 문중 자료인 『전씨종약휘보全氏宗約彙報』(1918) 등에 의거, 양성 윤일순(暘星 尹溢淳, 1892~1992)이 만든 『선불가진수어록仙佛家眞修語錄』 안에 실린 전병훈의 「서언緖言」이 『도진수언』의 일부이거나 그것에 해당할 것이라고 추측한다. 즉, 『정신철학통편』의 서언과 내용이 유사한 10조목으로 된 간략한 글이라는 것이다. 그러나 그 문헌이 산일된 것인지 중국에 남아 있는 것인지, 양성 윤일순의 책에 일부분으로 편입되어 있는 것인지 그 여부는 더 확실한 증거가 나올 때까지 기다려야 할 것으로 보인다.

하나로 간주되어왔다.[6] 특히 중국에 실례가 되는 전적을 수거 · 소멸하는 조선의 정책으로 인해 재야에 희미하게 전해져오던 것 중 하나로, 조선 멸국 이후 민족적 지식인들의 관심 대상이 되었던 글들 가운데 하나였다. 독립운동가 이시영(李始榮)을 포함해 오동진(吳東振), 홍범도(洪範圖), 여운형(呂運亨) 등이 모두 「천부경찬天符經贊」을 남겼을 정도였다.[7]

전병훈은 유학자 윤효정(尹孝定, 1858～1939)[8]으로부터 『천부경』 해석을 부탁받고(1918) 이를 정신 수련과 사회 변형을 종합하는 최상의 철학으로 해석하여 자신의 근본 종지로 삼고, 『정신철학통편』 제1권 첫머리에 싣는다.[9] 박은식(朴殷植)은 단군 고조선 · 고구려 · 발해로 이어지는 역사관에 따라 대종교의 단군 사상은 선학(仙學)과 함께 발전했으며, 고

6 조남호, 「최치원과 천부경」, 선도문화 제10권, 2010: 조남호는 최근 발간된 「崔致遠 天符經解釋本」을 연구하여 전병훈의 해석과의 차이를 언급한다. 그에 의하면 최치원은 유불도 삼교합일의 입장에서 천부경을 해석했다. 두 해석 사이에 큰 차이는 없으나, 최치원은 태극의 하나[一]를 불교의 아라야식(阿賴耶識)으로도 해석하며, 일중천지일(一中天地一)에 대한 해석이 최치원 해석에는 빠져 있다고 한다.

7 이근철, 『천부경철학연구』, 모시는사람들, 2011, 22-23쪽.

8 윤효정(雲庭 尹孝定)은 조선 말기 애국 계몽운동가로, 1898년 독립협회 간부로 활동하다 일본으로 망명, 조일의숙(朝日義塾)을 세워 유학생을 수용하고, 민비시해사건 연루자인 우범선을 살해할 것을 고영근 등에게 지시하여 성사시켰다. 이준(李儁), 양한묵(梁漢默) 등과 교육 계몽운동을 하기 위해 1905년 헌정연구회를 조직하고 친일단체 일진회를 비난했다. 1906년 이기(李沂), 장지연(張志淵) 등과 대한자강회를 조직, 교육과 산업의 진흥을 통해 독립 자강의 정신을 고취하고자 했다. 1907년 대한협회(大韓協會)를 조직하여 『대한협회보大韓協會報』와 『대한민보大韓民報』를 발간 일제의 통감정치를 비난했다. 일제의 차관을 갚기 위한 국채보상운동을 하다 추적을 피하기 위해 숨어 살기도 하면서 1931년부터 『동아일보』에 『풍운한말비사』를 연재했다. 이에 대해서는 임채우의 「전병훈의 천부경 주석이 갖는 선도수련의 의미」(선도문화, v 5, 2008)를 참조.

9 『천부경』이 전병훈에게 전해진 경위는 전후 사정으로 보아 다음과 같을 것으로 추정된다. 위서(僞書)로 알려진 『환단고기桓檀古記』, 『규원사화揆園史話』 등을 통해 고대사를 회복하고 민족 고유사상을 전파하다 일제에 피살된 계연수(桂延壽)가 묘향산에서 조사(照寫)했다(1916)는 『천부경』이 단군교당에 보내진다(1917). 이것이 다시 유학자 윤효정에게 해석이 맡겨지자, 윤효정은 이를 도교 철학에 조예가 있는 전병훈에게 보낸 것으로 보인다. 이 경위를 전병훈은 자신의 『정신철학통편精神哲學通編』 上, 1권 「천부경주해서언天符經註解緒言」에서 사실로 인정한다(윤창대, 『정신철학통편』, 우리출판사, 2004).

구려 동명성왕(東明聖王)이 신봉했고 연개소문(淵蓋蘇文) 등으로 전승되었다고 믿었다.[10] 전병훈은 자신이 이러한 사상사의 계보를 계승하고 있다고 생각했다.

전병훈의 『천부경』 해석은 인간 '심체(心體)'의 내적 완성으로 치우치거나 외적 발용(發用)이라는 사회적 실천으로만 치우치는 것을 지양하는, 체용합일 혹은 내외합일의 구도를 갖고 있다. 그에 의하면 그것은 스스로의 자각적 경험에 의거한 것이다. 이 길은 정치적으로는 모든 차별적 경계가 무너진 평등한 대동을 지향하고, 심리적으로는 우주의 본원인 '허무(虛無)'로부터 나오는 '자유로운 창조적 기운[神氣]'을 '심적 본성[性, 一點靈明]'으로 자각하는 것이다. 즉, 자유로운 본성[神性]은 물질과 무수한 형태들[有形]을 창조하고 서로를 평등하게 소통시키는 유통성을 본질로 갖는 '무형(無形)'의 생명 원리이다. 무형의 소통적 원리에 대한 자각이 인류의 정치 사회적 배타성을 용해하는 새로운 '진화(進化)'의 원천이 된다.

이러한 관념은 모택동(毛澤東)이 주장한 궁극적 평등의 이상에도 나타나는 강유위, 양계초의 대동론에 영감을 받은 것으로 보인다. 강유위 등의 변법사상의 영향도 보이지만, 중요한 것은 전병훈이 체용합일의 정신을 그가 '정신철학(精神哲學)'이라고 부른 단군 이래의 선도(仙道)를 통해 보여주고자 했다는 것이다. 자아완성과 세계변형을 종합하는 정신은 대종교의 민족 해방운동과 사회운동의 기저에서 작용했었다. 그는 『천부경』 주해가 민족적 정신철학인 단군 배달철학을 확립하는 계기라고 생각했다.

이러한 맥락에서 전병훈은 천부경의 입수 경위와 그 종지를 다음과 같이 말한다.

> 나는 『정신철학精神哲學』을 이미 다 저술하고 인쇄에 부치고자 했을 때,

10 金度亨, 「1910년대 朴殷植의 사상변화와 역사인식」, 『東方學誌』 114호, 2001.

홀연히 이 경을 얻었으니(老儒 윤효정이 방문했다), 진실로 하늘이 주신 신기한 일이었다. 세상에서는 음부경(陰符經, 선도의 비경(秘經)으로, 주자는 비평 주석서인 『음부경고이陰符經考異』를 썼다)을 황제(黃帝, 문명 제도를 창시한 전설적 군주)가 지은 경전이라고 하지만 나는 그것을 깊이 믿지 못하겠다(朱子도 그렇게 비평한 적이 있다). 오직 이 『천부경』만이 천도와 인도를 포괄하고 내외를 겸하는 성스러움[兼聖]의 원리를 다했다. 확실히 우리 단군 성조의 신성을 보존[存神]하는 진전(眞傳)이라는 것에 의심이 없다. 그러나 글의 의미가 심오하며 상식을 뛰어넘고 정미하여 실로 이해하기 어려웠다. 며칠을 깊이 생각한 끝에 어느 순간 깨닫게 되었다.

余旣編成精神哲學, 方某付印之際(老儒尹孝定來交), 誠天錫之神異也. 世以陰符爲黃帝經, 然(朱子有批評)余則不敢深信. 惟此天符 則包括天人, 道盡兼聖, 確是我檀君聖祖存神之眞傳, 無疑也. 然文義淵極超絶而精微, 誠難透解也. 潛思數日而一旦豁然.[11]

겸성(兼聖)은 『천부경』의 가장 중요한 원리로, 『장자』 「천하편」의 내성외왕(內聖外王)의 정신과 유사하다. 성스러움[聖]은 내성과 경세의 외성(外聖)을 완비해야 한다. 초월적 수련과 정치적 실천을 종합하려는 방향이 선도의 입장에서는 내선외왕(內仙外王)이 된다. 전병훈이 수련한 광동(廣東)의 나부산 충허관(羅浮山 沖虛觀)은 전진교(全眞教)의 계승자로 알려진 금나라 사람[長春眞人] 구처기(丘處機, 1148~1227)의 도맥을 잇는 사원이다. 전병훈이 배웠다는 충허관의 도사 고공섬(古空蟾)은 전진교 용문파(龍門派)의 법맥을 이은 사람이었다.

구처기는 생명 존중과 유가의 인의(仁義) 정신으로 칭기즈칸을 설득하여 정복전쟁을 끝내고 귀향하게 했다. 선도의 삼교합일 정신에는 유가적 윤리 · 정치적 참여 활동이 중요한 요소로 포함되어 있었다. 선도가 '성

11 全秉薰, 「天符經註解」, 『精神哲學通編』 上 1권, 현대사, 1980.

(聖)을 겸한다는 것'은 내외를 전체적으로 실현한다는 유가적 경향을 선학(仙學) 안으로 수용한 것이다. 전병훈은 이러한 내외합일의 정신을 저항적 독립운동의 시대에 적용하려 했다.

그에 의하면 『천부경』은 '생성하는 신묘한 우주적 본성[神性]'을 자각하여 "선인을 이루고 성인을 증득[成仙證聖]하며, 세상을 경륜하여 사물을 주재하는 최상의 교훈[成仙證聖, 經世宰物之至敎]이다." 그것은 '겸성으로 궁극의 지혜에 이르는 학문의 원리[兼聖極哲之學理]'이다. "지극한 창조적 자유정신[至神]은 내외를 완성하는 성스러움을 겸한다[至神兼聖]." '동한(東韓)의 단군 천부경'은 '겸성철리의 극치[兼聖哲理之極致]', '겸성의 최고 원리[兼聖之至理]'이다. "단조(檀祖)는 본래 하늘이 내린 겸성[天降之兼聖]이다." 단군은 "통일된 민주세계[一統民主世界]의 기초를 연[開基]" 선성(仙聖)이자 신인(神人)이다.[12]

소통성과 창조성을 본성으로 하는 지신(至神)의 기(氣)는 근원의 무(無)에서 생성되는 생명 원리이다. 『천부경』의 서두인 "하나[一]는 시작이 없는 상태에서 시작한다(一始無始)"에서 '하나[一]'는 영원히 본체로서 유지되는 '무'의 능동적 창조력을 의미한다.[13] 전병훈은 다음과 같이 주해한다.

> 천지는 허무 가운데에서 창조된 존재이다. 천지 이전에는 혼돈의 하나의 기(氣)일 뿐이다. 그것은 전적으로 비어 있어 조짐이 없는 상태이다. 그러므로 시작이 없다고 한다. 시작이 없는 것은 무극(無極)이다. 무극이고서 태극(太極)이다. 태극이 생동하여 양(陽)의 기운을 낳고, 고요하여 음(陰)의 기운을 낳아 천지가 비로소 성립된다(子丑의 때이다). 그러므로 하

12 전병훈, 앞의 책.

13 일(一)에 대한 해석은 그것을 무인 도(道)로 보는 관점과 도가 낳은 최초의 유인 생기(生氣)로 보는 관점이 있다. 그러나 『도덕경』과 『장자』는 그 두 의미를 분리해서 언급하면서도 분리하기 어려운 결합 관계를 의미하기도 한다. 도가의 도는 유와 무의 결합을 통해 우주를 생산해낸다.

나[一]는 시작이 없는 상태에서 시작한다[一始於無始]고 했다. 하나는 태극의 하나[太極之一]이며, 근원적 신[元神]의 생동하는 능력[元神之動能力]이 그것이다.

天地從虛無中生有, 天地之先, 只混沌一氣. 沖漠無朕, 故曰無始也. 無始則無極也. 無極而太極, 太極動而生陽, 靜而生陰, 天地始立(子丑之會). 故曰一始於無始也. 一者太極之一, 元神動能力是也.[14]

'하나'는 무극에 연원하는 "태극의 생명 원리이자 근원적 작용[太極之生理元神]이다. 그것은 소진되는 때가 없는[無有窮盡之時]" 불멸의 생명이다. 무차별하여 구분할 수 없는 절대적 평형 상태인 혼돈의 허무 가운데서 그 평형이 깨지면서 생성되는 근원적 생명이 '하나'이다. 『천부경』은 이 하나를 "변화의 힘을 활용하여 작용하지만 그 본체는 부동한[用變不動本]" 생명으로 본다. 그것은 단군과 인간의 "본심으로서, 본래 태양처럼 앙명한(밝은)[本心本太陽昂明]" 정신이다. 천지를 비롯한 현상적 사물은 생멸의 시간에 지배된다. 그러나 우주의 생명은 영원히 밝은 태양처럼 기울어짐이 없는 무시무종의 무궁한 존재로서 시간과 공간의 창조자이다. 그러므로 "하나의 끝은 끝없는 하나이다[一終無終一]." [15] 전병훈에 의하면 그것은 "원환처럼 끝이 없다[如環無端]."

무극의 완벽한 평형이 깨짐으로써 창조적 작용이 생기(生起)한다. 이 발산하는 능동적 역능이 만유를 형성하고, 만유는 자신의 붕괴하는 성질에 따라 혼돈의 무극으로 돌아가 파멸한다. 그러나 다시 능동적 생산력은 회복[復]되어 생기의 운동은 영겁을 통해 회귀한다. 이러한 『천부경』의 영겁 회귀와 그에 대한 원융한 깨달음에 대해 배달 민족주의자이자

---

14 전병훈, 앞의 책: '無極而太極'을 주희(朱熹)는 동시적 사건으로 보아 "무극이면서 태극이다."로 해석한다. 그러나 도교는 무시무종(無始無終)의 무극을 더 근원적으로 보아 발생론적 관점을 더 중시한다. 이 관점에 따라 "무극이고서 태극이다."로 해석했다. 자축지회(子丑之會)는 양과 음이 형성되는 기회[幾]의 때[時]를 12支로도 표시하는 전통에서 온 것이다.

15 『天符經』.

대종교인이었던 이시영(李始榮)은 『감시만어感時漫語』(1934)에서 다음과 같이 다른 주석가의 언급을 인용했다.

> 최근에 『천부경天符經』을 서문에 주석을 달고 이를 해석한 사람이 있는데 말하기를, 『천부경』은 처음에 「하나」라는 이치(理致)의 극치(極致)를 첫머리에 서술하고 중간에 가서는 만사만물(萬事萬物)의 설명으로 확산하였다가 말미에 가서는 다시 「하나」의 이치로 통합하였다. 우주의 전체를 빠짐없이 여기에 기재하였다. 즉 삼라만상과 우주의 은비[隱秘, 보이지 않는 비결]를 성주괴공(成住壞空, 삼계는 형성, 머뭄, 붕괴, 허공의 단계로 생멸 · 순환한다는 불교의 영겁회귀설)하고, 조겁변환(造刦變幻, 시간을 창조하고 유형의 사물로 전변함)과 인생 본연의 성명원리(性命原理)를, 그리고 도문(道門)의 비장(秘藏)과 원각(圓覺, 원융한 깨달음)의 묘체(妙諦, 훌륭한 진리)에 이르기까지 갖추지 않은 것이 없다 할 것이라고 하였다.[16]

이시영은 사대주의와 재화(災禍)로 인해 문화와 서적이 산일된 것을 '통한(痛恨)'으로 여기고, 『천부경』 전문을 게재했다. 그의 간접적 논평은 『천부경』이 천도(우주론)와 인도(인성론적 자각)를 담고 있음을 간명하게 보여준다. 우주와 인생의 구성 원리인 주재자는 하나를 통해 만유로 분화하고, 다시 하나인 자기 자신으로 회귀하지만 만유를 또다시 창조하는 생산성을 무한히 유지한다. 이러한 영겁회귀의 주체를 대종교는 '위대한 영혼 대도[한얼(大道)]', '신(神)', '하느님', '한님'으로 부르고, 그 속성을 무한성, 창조성, 주재성, 광명성, 소통성으로 보았다. '하나'는 광대하고 광명한 근원적 일자이므로, 위대한과 밝은(ᄇᆞᆰ)이라는 뜻을 가진 몽고어 칸을 음역한 한(韓)으로 변용되었다. '한'은 한글, 한국 등 무수한 용어들에 남아 있다.[17]

---

16 李始榮, 『感時漫語』, 일조각, 1983, 18-19쪽.

17 이근철, 『천부경철학연구』, 모시는사람들, 2011, 81-88쪽.

한의 정신은 만주 명동학교에서 윤동주와 문익환이 접했던 한족적(韓族的) 기독교의 근본정신으로 전승된다. 임시정부 주석이었던 이동녕(李東寧)은 당시 혁신 민족주의자들의 모임 장소이기도 했던 서울 상동교회의 청년회를 다니다가 대종교에 입교했다.[18] 초창기 한국 개신교는 미국 자유주의 철학의 전도체이기도 했지만, 자립교회들은 대종교의 자주 교육운동의 영향으로 민족 자주성과 평등한 연대성을 성서의 정신과 연결시킬 수 있었다. 이 경위를 함석헌(咸錫憲)은 잘 알고 있었다.

> '하나님'은 하늘과 관계있는 말이다. 하늘은 한울인지, 하날인지 그 분명한 것은 알 수 없으나, 아무튼 나라 이름, 사람 이름의 '한'과 하나인 것이리라. '한' 혹은 '칸'인데, 수의 하나를 표하는 동시에 또 크다는 뜻이다. '한'과 '큰'이 한 말일 것이다. 한은 한자로는 한(韓) · 간(干) · 한(汗) · 환(桓)으로 썼으나 음을 표현했을 뿐이다. 이 한 혹은 ᄒᆞᆫ이 우리 정신 생활의 등뼈다. 우리 사람은 한사람이요, 우리나라는 한나라요, 우리 문화는 한문화다. 그리고 그것을 인격화하여 대표하는 것이 한님 곧 하느님, 환인이다. 태백, 불칸(불함)은 산으로 이것을 표시한 것이다. 옛날의 종교는 산과 깊은 관계가 있었기 때문이다. 단군이 백두산에 내렸다는 것은 이것이요, 우리나라 곳곳에 백산, 태백산이 있는 것은 다 이 신앙의 중심이 되었던 것을 말하는 것이다. 그 '한'을 하늘에서 표시하면 해다. 그러므로 태양신 섬김과 하나다. '밝' 혹은 '박' 사상은 그리해서 나온 것일 것이다. 후대에 유교 · 도교 · 불교가 들어오면 이 하느님은 제(帝) · 상제(上帝) · 제석(帝釋)으로 바뀌어 불리게 되었고, 기독교가 들어올 때에는 그 유일신을 번역하는데 이것을 그대로 써서 '하나님'으로 부르게 됐다.[19]

초창기 민족주의적 기독교는 언어 사용 방식에서 전통적인 'ᄒᆞᆫ' 사상

---

18 李炫熙, 『光復鬪爭의 선구자』, 동방도서, 1990, 42-43쪽.

19 咸錫憲, 『뜻으로 본 한국역사』, 한길사, 2003, 140쪽; 이근철, 앞의 책.

이나 대종교 철학과 의식적 무의식적으로 연결되어 있었다. 이러한 연결 위에서 한국 기독교는 민주주의의 본래 의미와 성서의 정신을 함께 추구하는 전통을 형성했다. 민족적 기독교는 자유주의적 배타성과 개인주의적 냉담성과는 거리가 먼 것이었다. 주자학적 교양을 가진 전병훈이 단군의 '정신철학'을 형이상학으로 해석하는 경향이 있었던 데에 비해, 당시 대종교인들은 태극이라는 창조적 생산력을 발휘하는 하느님을 초월적 인격신으로 숭앙하는 종교적 자세를 갖고 있었다. 19세기 말 한국에 온 개신교 선교사들[1886년에 입국한 허버트(H. E. Hurbert)와 1885년에 입국한 언더우드(L. G. Underwood)]은 '하나님(Hananim)'은 기독교가 들어오기 이전부터 한국인들의 신앙 대상이었으며, 그것이 기독교의 신과 의미가 같다고 보았다.[20] 함석헌도 이 점을 의식했다. 그는 대종교의 나철(羅喆)의 자결을 기독교의 영향으로 추측하기도 했다. 그러나 그는 대종교의 하나님 종교가 회개가 없다는 점에서 기독교와 차이가 있다고 보았다.

함석헌도 대종교적 기독교에 가까운 유영모(柳永模)를 통해 자기수양의 일면을 계승했다. 대종교는 신체적 생체 에너지 흐름을 조절하는 수련[煉丹]을 통해 신인합일의 선성(仙聖)에 이르러 무극대도를 체험하는 것을 중시했다. 내단(內丹)이라고 하는 이 수련 과정에서 정신(精神) 개념은 핵심에 위치한다. 대부분의 『천부경』 해석은 선도(仙道)의 우주 발생론에 집중되었다. 이시영의 언급처럼 『천부경』은 천도와 인도 모두를 담고 있다. 전병훈은 『천부경』이 정신철학의 요체를 담고 있는 것으로 보고, 우주 발생론과 내외합일적 인생 이상을 종합적으로 해명했다.

그는 우주의 순행(順行) 발생을 거슬러 올라가는 역행(逆行)의 수련을 『천부경』의 중간 부분에 대한 해석으로 제시한다. 무극으로부터 만물로 내려가는 순행은 무한성과 소통성, 즉 광명한 본성[性]으로부터 멀어져 생사의 변화와 '권리지욕(權利之慾)'에 시달리는 부자유의 삶으로 귀결된다.

---

20 이근철, 앞의 책, 90-95쪽.

역행은 이러한 결과로부터 유위적(有爲的) 단련을 통해 무극으로 거슬러 올라가 광명을 회복하는 인간 의지[意]의 노력이다. 이런 의미에서 그는 『천부경』은 천도(天道)와 인도(人道)를 갖추고 있다고 보았던 것이다.

순행은 무극의 허무(虛無)가 일기(一氣, 능동적 神氣)를 거쳐 음양오행으로 변양되고 만물화생(萬物化生)으로 변화해가는 길이다. 이 과정은 선천(先天)의 기의 성질이 순수성과 소통성을 상실하는 강도가 증가해가는 하향의 길이다. 모든 단계는 허무의 무극을 본성[性]으로 함축하지만, 시공간적 한계도 증가한다. 이러한 전변은 일기(一氣)의 단계적 변양 과정이다. 선도에서는 '일기'의 변양에 따라 달라지는 기의 속성을 기준으로 신(神, 자유로운 소통의 기운) · 기(氣, 유동적 기운) · 정(精, 물체의 생명 에너지) 삼보(三寶)로 나눈다. 기는 정으로 포섭되기도 한다.

인체는 '일기'의 세 가지 변양태로 구성된다. 전병훈에 의하면 "정 · 기 · 신이 응취하여 인간의 신체를 형성한다[精氣神凝聚以成人軀]." 기를 정에 포섭한다면 "정신은 하늘에 본원한다[精神本天也]." 무극으로 상승하는 역행의 노력에서 소통적 자유의 능력인 신(神)을 체득하여 무극의 천(天)인 진성(眞性)에 합치한다. "인간의 자유는 신을 양육하여 진성을 성취하는 것이다[人之自由莫如養神成眞者]."[21]

정신은 신체의 생리적 에너지인 '정', 그리고 허무와 합치하여 만유와 소통할 수 있는 자유의 능력인 '신' 양자의 조화로운 결합을 의미한다. '정'은 생체 에너지이므로 생명[命] 유지의 힘이 된다는 의미에서 명(命)으로 부르고, '신'은 '정'을 조절하여 운용하는 궁극의 본성이라는 의미에서 성(性)으로 부른다. 정신철학은 '성명지리(性命之理)'를 이해하고 경험하여 자유를 실현하는 학문이다. 이러한 학문은 마음의 이치에 관한 학문, 즉 '심리철학(心理哲學)'이 된다. 그것은 "정신을 응결시켜 진성을 이루고 명에 거주하는 학문[凝結精神, 成眞住命之學]이다." "성명을 함께 응결시키는 대도는 정신을 오로지 하는 학문[性命俱凝之大道, 精神專學]

21 전병훈, 「緖論」, 앞의 책.

이다.” 22

이 학문은 인간에 대한 위생학(衛生學)적 이해와 우주에 대한 허무론적 이해를 인간의 ‘기질변화(氣質變化)’로 연결시킨다. 신체의 생명 활동과 마음을 포함한 것이 정신(精神)이라면, 정신은 자신의 의지[意]를 통해 자신의 구조를 변형하는 주체이기도 하다. 의지는 명(命)에 해당하는 생체 에너지[精]의 흐름을 변형하여 우주와의 소통 능력[性]인 신[神]을 회복하게 한다. 이러한 노력을 선도(仙道)에서 ‘성명쌍수(性命雙修)’라 한다.

2. 연금술적 위생학(衛生學)

왕양명뿐만 아니라 양명학적 전통이 선도의 영향을 받았음을 부인할 수 없는 것처럼, 대종교는 선도의 성명쌍수와 자유의 이념에 깊은 관심을 갖고 있었다. 왕양명이나 대종교의 대담한 군사적 실천과 사상마련(事上磨鍊, 실천적 상황 속에서의 수련)의 생활 방식은 선도의 자유정신을 실천적 상황에 적용하는 겸성(兼聖)의 원리를 반영하는 것으로 보인다. 그들의 주체성은 생사의 권한을 자신 안에 쥐고 있는 전사의 대담성, 생명에 대한 에너지 심리학적 비호인 위생(衛生), 부자유에 저항하는 자유를 특징으로 갖는다. 또한 그 주체성은 정신의 자유와 인류의 전체적 연대성이 조화된 대동 세계를 정치이념으로 지향한다.

전병훈은 선도(仙道)의 일반론에 따라 생리 심리적 에너지를 조절하여 우주 생성과 연동(連動)하는 자유를 실현하는 과정을 3단계로 구분한다.

(1) 연정화기(煉精化氣): 생체 에너지를 제련하여 유동적 기운으로 변화시킨다.

(2) 연기화신(煉氣化神, 전병훈은 氣化爲神으로도 표현): 유동적 기운을 자유로운 소통적 기운으로 전화시킨다.

---

22 전병훈, 앞의 책.

(3) 연신환허(煉神還虛, 전병훈은 신화성진(神化成眞)으로도 표현): 소통적 기운을 무극의 태허(太虛)에 합치시켜 정신(精神)의 자유를 회복한다.

'정'에 의해 '신'이 지배되는 것이 아니라 '신'이 '정'을 지배하는 역전된 구조가 생사, 빈부를 제압하는 자유의 생리학적 기초이다. 이것이 정신을 차린다는 것의 의미이다.

신체 내에 생명 에너지가 흐르는 형식을 정신의 자유를 위한 형식으로 전환하는 수련은 탄생 이후의 왜곡된 생리적 상태에 태아의 호흡 방식을 적용하는 내단술(內丹術)이다. 이것이 생리학적 위생(衛生)의 기술이다. 인간은 탄생 후 '기'의 세 가지 변양태[神, 氣, 精]로 구성된다. 전병훈은 「신체의 정, 기, 신을 운용하는 철리論人身精氣神運用之哲理」에서 다음과 같이 말한다.

> 신(神)은 원신(元神)이며, 성(性)의 진수다. 이것이 천진한 자연스러운 신[天眞自然之神]이다. 인간이 태어나 변화하기 시작할 때 하늘이 부여한 생명 원리[生理]가 성이다. 성이 인간에 있어 동하면[動] 마음[心]이 된다. 마음이 응결[凝, 神을 집약]하면 신이라 하고, 신이 고요해지면[靜] 성이라 한다. 신이 정(精)과 기(氣)에 의지하면 살게[生] 되고, 정과 기는 (수명을 좌우하는) 명(命)이 된다. 그러므로 세 가지는 성명의 근저[性命之根柢]다.[23]

본래부터 부여받은 원신(元神), 원정(元精), 원기(元氣)는 '생'과 '명'의 원리이다. 인간은 자신의 생명 원리를 이미 구비하고 있다. 그것은 감각적 욕망에 의해 왜곡될 수는 있어도 그 자체에서는 완전한 것이다. 다만 인간에게는 생리적 건강[신체의 자유]과 마음의 자유를 위해 그 생명 원리를 운용하는 기술을 연마하는 것이 문제이다. 생명 원리는 인간에 의해 인간을 살리는 '약물(藥物)'이다. 인성론적 견지에서 생을 비호[衛生]하

---

23 全秉薰, 「論人身精氣身運用之哲理」, 『精神哲學通編』 上 1권.

는 것이 심리철학의 목적이며, 그것을 사회적으로 실현하는 것이 정치철학의 과제가 된다. 정치철학은 인간에 대한 위생학적 지식에 근거한다.

전병훈은 「약물화후도藥物火候圖」에서 인간의 인성론적 구조를 선도의 전통적 상징을 사용하여 도식으로 보여준다. 그 도식에 의하면 신(神)은 성(性)이다. 성이 신체 내에서 자리 잡고 있는 곳은 심장[心]이다. 심장은 화(火)의 기운이 머무는 곳이다. 불은 『주역』의 리괘[離卦, ☲, 가운데 중효(中爻)가 음(陰)이며, 불 속의 진수(眞水)가 된다]에 해당한다. 불은 목(木)인 간장에서 나온 것이다. 그것은 연금술에서의 수은[汞, 홍]이며, 진수(眞水)와 연관하여 용(龍)으로 상징된다. 이에 비해 정(精)을 내포한 기(氣)는 명(命)이다. 이것은 마음이 운용하는 약(藥)이 되고, 신장[腎]에 위치한다. 신장의 기운은 물[水]이다. 물은 감괘[坎卦, ☵, 가운데 중효(中爻)가 양(陽)이며, 물 속의 진화(眞火)가 된다)]에 해당한다. 물은 금(金)인 폐에서 나온 것이다. 그것은 연금술에서 납[鉛, 연]에 해당하며, 진화(眞火)와 연관하여 호랑이[虎]로 상징된다.[24] 인간의 신체 속에는 불[火]의 신기(神氣)와 물[水]의 정기[精氣]가 심장과 신장의 위치에 상하로 배열하여 서리어 있다.

일상에서는 정신의 기능이 물리적 두뇌(頭腦)의 기능이 되지만, 궁극적으로는 수련을 통해 두뇌가 정신(精神)의 작용에 의해 움직여야 한다. 이러한 유심주의적 관점은 심리적 생명 원리의 창조적 작용에 의해 유형의 사물이 진화적으로 형성되었다는 생명주의를 반영하는 것이다. 전병훈은 플라톤[柏拉圖], 아리스토텔레스[亞里士多德], 칸트[康德]를 '심력(心力)'을 본체로 하는 정신철학으로 간주한다. 이 관점에서 그는 "중국, 한국, 서양의 철학은 모두 뇌수를 심신(心神)의 작용으로 간주하니 어찌 신성(神聖)의 지견이 아니겠는가[中韓西哲學, 俱以腦髓爲心神之作用者, 詎非神聖之智見耶]"라고 반문한다.[25] 인간은 물리적 조건의 속박을 이기는 자유의

24 전병훈, 「論胎息經爲眞功之切要」, 앞의 책.

25 전병훈, 「論腦神經」, 앞의 책: 칸트[康德]에 대해 전병훈은 플라톤과 아리스토텔레스를 포함하여 내선외왕(內仙外王)의 정신에 접근하는 겸성(兼聖)의 성인으로 해석한다. 칸

진아(眞我), 즉 절대적 자아를 생명(生命)으로 갖고 있다.

그러나 인간의 생리 심리적 조건은 정(精)과 신(神), 수(水)와 화(火)의 관계적 배열이다. 차가운 기운이 아래에 있고 불의 기운이 위에 있는 조건에서는 권세와 감각적 욕망에 지배되고, 건강한 소통구조를 가진 신체가 되지 못한다. 주어진 배열은 새로운 연금술적 융화관계로 전환되어야 한다. 즉 불[火]의 기운이 아래로 가고, 물[水]의 기운이 위로 올라가야 한다. 호흡을 조절하여 기운의 위치를 전도시켜 새로운 관계를 맺게 하는 노력을 '수화교구(水火交媾, 수화의 상호교합)'라 한다.

들이쉰 숨을 배 앞쪽의 임맥(任脈)을 통해 하단전으로 내려가게 하여 감괘(坎卦)의 가운데 효(爻)로 상징되는 양의 기운인 진화(眞火)를 척추 안 쪽의 독맥(督脈)을 따라 두뇌(頭腦)의 상단전 정상까지 올려보내는 호흡술이 태아의 호흡술인 태식(胎息)이다. 이때 감괘 속의 진화(眞火)인 진양(眞陽)은 위로 올라가 심장의 리괘(離卦) 속에 있는 진수(眞水)의 음의 기운을 메운다. 이렇게 되면 물인 감괘의 기운을 올려 상체를 식히는 운동은 사실상 감괘[☵] 속의 양의 기운을 리괘[☲] 속의 음의 자리에 채워서 건괘의 순수한 건양[乾陽]으로 제련해내는 것이다.

바로 이 건(乾)의 기운이 결과된 약물로서 두뇌로 올라가 순수한 능동적 생기(生氣)이자 소통력을 가진 신기(神氣)가 된다. 이것이 바로 마음

트에 대한 그의 해석은 실재(물자체)에 대한 독일 관념론의 형이상학적 해석을 닮아 있다. 그에 의하면 "사물의 현상(現象)은 변화하는 것이다. 사물의 본질(本質)은 불변한 것이다. 변화하는 것은 본래 생(生)을 허공과 영겁의 틈 사이에 의탁하기에 태어나 멸하지 않을 수 없다. 불변한 것의 경우에는 시간 공간(時間空間, 宇宙; 宇는 공간, 宙는 시간)과는 전혀 교섭하지 않는다. 우리는 이에 하등생명 이외에 고등생명(高等生命)을 가진 자로 존재한다. 고등생명은 본질이고 진아(眞我)이다. 이 진아는 시간 공간 밖에서 언제나 초연히 정립해 있어서 자유, 활발한 하나의 존재[自由活潑之一物]이므로 다른 것에 의해 속박받지 않는다. 그러므로 자유의 원리[自由之理]와 (유한한 조건을) 피할 수 없는 원리(不可違之理)는 병존하여 서로 등을 돌리지 않는 관계에 있다." (「도덕철학」, 『精神哲學通編』 下). 전병훈에 의하면 인간은 본질이자 시공간을 넘어선 생명인 자유의 원리를 갖고 있다. 칸트는 이 자유의 원리와 실천도덕과 영구평화를 추구하는 겸성(兼聖)이라는 것이다.

에 있는 이(理)이다. 전병훈이 정신철학을 심리학으로 규정하는 이유도 이 때문이다. 심리(心理)인 신기(神氣)가 신체 속의 음기의 지배를 제압하여 임맥과 독맥을 돌면서 그 밖의 모든 혈맥을 소통시킨다는 것이다. 이러한 신체 에너지의 소통에서 대립적 욕망과 불건강의 기운인 살기(殺氣)의 에너지가 조화의 에너지로 전환된다. 신체는 경쾌해지고 몸과 마음은 만유와 소통하는 새로운 봄의 정신[春和]으로 환골탈태하는 것이다. 생기의 회복을 통해 태허와 교류하는 우주적 화해의 자유가 그 결과로서 주어진다.

이러한 문맥을 전제로 전병훈은 『천부경』의 중간 부분에 있는 자기수양론을 해석한다. 언뜻 어려워 보이는 그 중간 구절은 다음과 같다. “삼(三)인 목(木)과 사(四)인 금(金)을 운용하여 원환[環]을 성취하고, 오(五)인 토(土, 意를 의미)와 칠(七)인 화(火), 일(一)인 수(水)가 화합하여 무궁한 조화를 갖추고, 양신(陽神)을 성취하여 자유로이 왕래한다[運三四成環, 五七一妙衍, 萬往萬來].” 이를 해석하면, 목과 금을 운용한다는 것은 목에서 나온 화(火), 즉 신기의 성(性)과 금에서 나온 수(水), 즉 정기의 명(命)을 운용하여 수화가 서로 결합하는[水火交媾] 원환적 에너지 교환 운동을 이룬다는 것이다. 이 운동에 의해 얻어진 양의 신기[陽神]를 온몸에 순환시키고, 이를 조건으로 만유와 소통하는 자유의 신기를 완전한 본성으로 체득한다. 신체의 생리적 에너지 배열을 전도(顚倒)시키는 수련은 마음의 의지[意]를 성(性)과 명(命)에 가하여 성을 해방시켜 명을 통제함으로써 영묘한 소통적 자유를 경험하게 한다. 이런 의미에서 전병훈은 신기(神氣)의 실현인 원환의 환을 장자(莊子)의 환중(環中, 속이 빈 원환, 지도리)으로 본다. 환중은 인간의 본성이자 우주의 생성 원리인 신기를 체현함으로써 자연과 원융한 일치의 관계를 성취한 자유의 세계이다. 전병훈은 이 문맥에서 신기를 노자의 창조적 생산의 원천인 현빈의 문[玄牝之門] 혹은 비밀의 관문[玄關]으로 본다. 자기변형을 통해 도달하는 자유는 현관을 여는 것에서 이루어진다.

임채우가 발견한 『선불가진수어록仙佛家眞修語錄』의 서언(緖言)은 『천부경』의 생의 기술(技術)을 다음과 같이 압축한다.

인간의 자유(自由)는 무엇보다도 정기를 키우고 신기를 응결시키는[養精凝神] 것이다[人之自由, 莫如養精凝神而成眞者]. 정과 신은 천(天)에 본원한다. 선천의 원정(元精), 원기(元氣), 원신(元神)은 사람의 세 가지 보배이다. 그러므로 도법은 의지[意]로써 정, 기, 신을 현빈(玄牝)의 안에서 운용하여 정을 제련하여 기로 변화시키고, 기를 제련하여 신기로 변화시키며, 신기를 변화시켜 진성을 이루어 천에 합일하는 것이다. 이것이 대도의 진전(眞傳)이다. 인간의 정신(精神)은 성과 명이기 때문에 성을 다하고 명에 안주하고자[盡性住命] 하면, 반드시 먼저 정기를 키우고 신기를 응결한다. 정기를 키우고 신기를 응결한 학은 성명쌍수의 도[性命雙修之道]다. 성의 본체와 명의 구슬[性體命珠]이 견고하게 응결하여 금강석처럼 영원히 파괴되지 않는 것이 어찌 지고한 철리(哲理)의 극치가 아니겠는가? 이것이 금단(金丹)의 지극한 보배이며 정신을 오로지 하는 학[金丹至寶精神專學]이다. 금단은 선천 태극의 건금(乾金, 건괘(☰) 오행 중 金에 해당, 여기서는 火의 리괘(☲)에서 가운데 중효의 음이 양으로 변환되어 양신의 건으로 되었다는 의미)이 인간에 부여하여 성명의 이치가 된 것이다. 물의 고향에 있는 진납(眞鉛, 수괘(☵) 속에 있는 양의 眞火)이 본래 건(乾)의 집에서 나와 이제 건으로 환귀하는 까닭으로, 금액환단(金液還丹, 금액은 金이 낳은 水, 이 수를 돌려 단으로 만든다)이라 한다. 이것은 배 뒤의 독맥을 올리고 배 앞의 임맥을 내려, 감(坎, ☵)의 중효인 진화(眞火)를 취하여 리(離, ☲)의 중효인 진수를 메워[取坎塡離], 신기의 태[神胎]를 응결하여 만드는 것을 의미한다. 대저 단공(丹功)의 영원한 요점은 모두 현빈의 한 통로[玄牝一揆]에 있다. 사람이 현빈(玄牝)에 투명하게 통하여, 양신을 출태하는[陽神出胎]하는 작용을 운용하면 진아의 진면목[眞我之眞面目]을 알 수 있을 것이다.[26]

26 全秉薰, 「緖言」, 『仙佛家眞修語錄』(임채우, 「전병훈의 미공개 자료 연구」, 동서철학연

이러한 생체 에너지 연금술은 납과 수은의 합금, 감(坎, ☵)과 리(離, ☲)의 융화, 물과 불의 융합 기술이다. 이것이 생명 에너지인 명(命) 그리고 자연과의 일치를 보장하는 정신적 힘인 성(性)을 결합하는 기술이다. 그 두 요소는 상징적으로 묘사되어 있는데, 고대의 종교적 수행자의 체험을 그러한 유비적 상징으로 묘사한 것으로 보인다. 겉보기 성질의 유사성에 의거한 유비추리는 비과학적 과잉 해석이 될 수 있다. 그러나 선도는 신체에 대한 에너지 역학적 해석이라는 흥미로운 관점을 제시했다. 그것은 연금술적 자기단련에서 경험되는 우주적 소통성을 유가의 인(仁)과 연결하여, 그것을 사회적으로 확장하는 계기를 마련했다. 그 소통성은 모든 차별적 경계를 용해시키고, 대동(大同)의 정치적 이상[公益, 弘益]을 가능하게 하는 인성론적 원리이다. 전병훈은 대종교 경전인『천부경』을 이러한 사상을 함축하고 있는 글로 해석했다. 대종교 또한 그것을 인류 구원의 진리이자 폐쇄적 경계를 강화하는 군국주의에 저항하는 실천원리로 발전시켰다. 전병훈은 다음과 같이 말한다.

> 도와 덕은 천도에 근거한다. 마음속에 있는 정신(精神)의 심리(心理)가 밖으로 발현하여 일상의 인간사에서 실천적으로 행해져 지선(至善)에 이르는 것이 대도이고 바른 덕이다. 그러나 외부에 감응하여 동하는 방식이 천리의 보편성[天理之公]으로부터 말미암지 않고 인욕의 사사로움[人欲之私]에 관계하게 되면, 공리(功利)의 길로 흘러들어 갈 것이다, 이것은 이른바 하늘의 도와 덕이 아니다
>
> 道德原天也. 精神心理之存於中者, 發於外, 踐行之於日用人事, 以至至善者, 卽大道也, 正德也. 然所以感動之者, 不由天理之公, 而或涉於人欲之私, 則流入功利之途矣. 非所謂天之道德也.[27]

구 제39호, 2006): 번역은 저자의 것을 참조하여 약간 변형했다.

27 전병훈,「道德哲學緖言」, 앞의 책 上, 3권.

생명 에너지[精]에 바탕하고 보편적 소통성을 가진 마음은 보편적 사랑과 정의[公理]의 덕을 갖는다. 덕은 보편적 공익을 행위의 결과로서 실현한다. 홍익인간 정신의 심리학적 기초는 하나의 영명[一點靈明, 광명한 투과적 소통 능력]에 있다. 이것이 신기(神氣)로서의 성(性)이자 진정한 주체성이다.

> 심리(心理)는 성 안의 근원적 마음의 일점 영명이다. 이것이 일신을 주재하고 만사를 주체적으로 제어해 나가는 것이다. 『천부경』이 말하는 '본래의 태양은 밝게 빛난다[本太陽昂明]'는 것 또한 심리학의 개산지조(開山之祖)이며, '변화의 능력을 활용하지만 근본은 부동하다[用變不動本]'는 것은 진실로 주체의 요체이다.
>
> 心理卽性內元神之一點靈明. 主宰一身, 宰制萬事者也. 天符云, 本太陽昂明者, 亦爲心理學開山之祖, 而用變不動本, 誠爲主要者耳.[28]

인간의 우주적 본성에 대한 자각에서 만유와의 본질적 동일성을 실천적 원리로 인식하게 된다. 만유와 인간은 허무로부터 생기한 능동적 창조력의 산물이다. 양자는 본원이 같다. 유형의 사물이 다양한 차이를 갖는 것은 동일한 본질이 다르게 발현되기 때문이다. 우주적 연대성이 윤리적 실천의 근본 원리이다. 따라서 "배우는 사람은 상술한 우주와 인간의 본원, 우주가 한 마음이라는 것, 국가의 경계를 파괴 제거하여 오대주를 형제로 하는 것을 반드시 먼저 이해한 후에야 인간사를 실천적으로 다 극복해갈 수 있을 것이다[學人必先明乎上述天人之源, 宇宙一心, 破除國界, 而兄弟五洲, 然後克盡踐形於人事]."[29] 이러한 내외의 통일적 완성을 선도에서는 '성통공완(性通功完)'이라 했다. 이것은 영묘한 신성(神性)에 자각적으로 통하고 그 결과를 사회적 실천으로 표현하는 내외합일의 노

---

28 전병훈, 「心理哲學緖言」, 앞의 책, 2권.

29 전병훈, 「總結論」, 위의 책, 1권.

력에서 진정한 공효가 완성된다는 것이다.

대종교의 경전인 『천부경』은 중국의 『주역』처럼 예부터 전해진 것이지만 저자와 연대를 정확히 알 수 없다. 그 경전은 선도(仙道)의 세계관을 암호 같은 언어로 81자에 압축한 것이다.[30] 전병훈의 해설은 『천부경』이 단군의 철학이며 정신, 심리, 도덕, 정치의 원리를 통일적으로 담고 있는 철학서임을 보여준다. 20세기 초 한국의 민족적 지식인 사이에서 단군 사상은 대종교인이든 아니든 간에 광범위하게 퍼져 있었다. 이시영에 의하면 "세상을 보전하며 백성들에게 교훈이 되는 진종대도(眞倧大道, 즉 대종교를 뜻함)와 교화의 진수라 할 국선(國仙)·조의선인(皂衣仙人)·화랑풍월주(花郎風月主) 등은 세상에 둘도 없는 독특한 역사인 것

---

30 천부경 원문은 다음과 같다. 번역과 네 가지 분류는 전병훈의 해석에 의거한 김낙필의 「全秉薰의 天符經 이해」(선도문화 제1집, 2006)를 참조했다. 최민자의 『천부경』(모시는 사람들, 2008)은 수양론인 내단설보다는 우주론적 관점에서 해설을 하고 있다. 아래의 번역은 천부경을 선도와 연관된 문서로 보아 내선외왕(內仙外王)의 관점에서 해석한 전병훈과 김낙필의 해석을 취했다.

(1) 우주발생론[始初開闢之理]: 一始無始, 一析三, 極無盡, 本天一一, 地一二, 人一三: 일(一)인 태극의 생동력은 시작이 없는 무극에서 시작되고, 태극은 천, 지, 인 삼재(三才)로 분화되니, 태극의 생성 전개는 다함이 없다.

(2) 인간 형성론[三才生成之理]: 一積十鉅, 無匱化三, 天二三, 地二三, 人二三 大三合六, 生七八九: 천일(天一)에서 십(十)인 지(地)에 이르기까지 전개를 완성하면, 소멸 없는 변화에 천지인 삼재가 갖추어진다. 오(五)인 천(天)은 음양으로 구성되고, 오(五)인 지(地)도 음양으로 구성되며, 인간도 음양으로 구성되니, 삼재의 음양이 교합하여 六을 이루고, 인간에게 오행의 이치가 갖추어 진다.

(3) 자기수양론[成眞證聖之法]: 運三四成環, 五七一妙衍, 萬往萬來, 목과 금에서 나온 불[火]과 물[水], 즉 신(神)과 정(精)을 운용하여 원융한 지혜를 이루고, 수[精] 화[神] 토[意]가 화합하여 지혜를 이루면 무궁한 조화를 갖추게 된다. 양신(陽神)의 신기를 응결하여 자유자재로 오고 간다.

(4) 겸성과 정치이념[兼聖濟世之法]: 用變不動本, 本心本太陽昂明, 人中天地一一終, 無終一: 겸성의 정신으로 시대의 변화에 대응하여 개물성무(開物成務)하되 근본의 심성은 부동이다. 본심은 태양처럼 무궁토록 광명한 지혜를 발하며, 인간은 중화(中和)를 실현하여 천지의 작용과 합치하고 영원하며, 태극의 생동함은 끝없이 무궁하리라.

종결부는 인간은 천지 가운데의 일이며, 우주의 일인 생기는 끝이 없는 하나이다[人中天地一, 一終無終一]로 해석하기도 한다.

이다."[31]

신채호(申采浩)의 『조선상고사朝鮮上古史』에 의하면 단군 이래 제천 의식을 거행하는 장소인 수두[蘇塗]에 참여하는 국선(國仙)이라고 하는 선비 조직을 고구려에서는 선배, 조의선인(검은 띠를 두른 仙人)이라 불렀다. 신라에서는 선인(仙人)을 랑(郞)이나 도령으로 칭했는데 화랑은 화장을 한 젊은 도령을 의미했다. 선인은 선인(先人)으로도 음역했듯이 선인(仙人)이라 해서 문자의 같음에 의거해 중국의 선도(仙道)를 계승한 것으로 보아서는 안 된다. 물론 단군 종교의 발전 과정에서 중국 도교의 영향을 배제할 수는 없을 것이다. 선배나 화랑은 고대 한국 특유의 종교 문화에 바탕하여 하느님의 창조물인 자연 속에서 심신을 수련하고, 공동체의 공익(公益)을 위해 자신을 희생해야 하는 청년 전사조직이었다. 이 조직은 고대 그리스나 인도의 경우처럼 고대 국가의 수호자 계급이며, 단군 종교와 학술 및 체육과 예술도 연마했던 것으로 보인다.[32] 대종교가 주목한 것은 도교철학의 내단 수련만이 아니라 한국 특유의 소도교(蘇塗教, 수두교로도 읽음)와 공익을 위해 투쟁하는 전사 조직이었다.

전병훈의 해설은 대종교의 철학이 안으로는 위생학적이고 연금술적인 자기수련을 통해 우주적 연대성과 자유를 얻고, 밖으로는 그 소통적 자유를 정치적 실천원리로 삼는 겸성(兼聖)의 철학임을 암시한다. 그는 분명하게 언급하지 않지만, 대종교는 일자인 하느님을 중심으로 그 정신적 교육자로 현상하는 존재와 정치적 지도자로 현상하는 존재라는 삼신일체(三神一體)의 신앙을 갖고 있었다. '철(哲, 喆)'은 선도에서 지혜라는 의미로 애호하는 말이지만, 전병훈은 종교라는 어휘보다는 철학(哲學)이라는 말을 빈번히 사용한다. 그는 단군교를 철리의 입장에서 접근한다. 그의 철학적 해설은 대종교의 이론과 실천을 철학적으로 이해하는 데에 예비적 도움을 줄 수 있다.

---

31 李始榮, 『感時漫語』, 일조각, 1983, 18쪽.

32 申采浩, 「朝鮮上古史」, 『申采浩全集』 上, 申采浩先生記念事業會, 1972, 160-162쪽.

그는 대종교의 단군철학을 다음과 같이 요약한다.

> 아! 지극한 신(至神)의 겸성이 어찌 이와 같을 수 있겠는가! 지난 4252년 10월 3일(대종교의 개천절) 신인이 태백산 단목 아래로 내려왔다. 나라 사람들이 그를 추대하여 군주로 삼았으니, 민주의 기초를 열었다[民主開基] 할 수 있다. 이 분이 단군이다. 즉 동한의 창립의 군주이자 스승이시다. 그의 장생과 지극한 덕으로 나라를 다스리는 신(神)의 교화와 겸성(兼聖)이 유구하여 끝이 없는 것은 중국 황제(黃帝)의 겸성의 역사와 동일하며, 천부경(天符經)의 글(천부경 81자)은 하도 낙서(河圖 洛書)에 부합하고, 노자(老子)의 신체를 변화시키는 방법(身易之法, 내단술)과 함께 간략할수록 더욱 정밀하여, 인간이 소우주[小天地]라는 이치를 분명하게 밝혔다. 아울러 감(坎, 물에 해당하는 精氣 혹은 命)과 리(離, 불에 해당하는 神氣와 性)를 운용하여 선을 이루고 성을 증득[成仙證聖]하며, 경세하여 사물을 관리해나가는[經世宰物] 최상의 가르침이 거의 다 포함되어 있다.[33]

겸성의 원리는 "천도에 따라서 인사를 밝히고, 수신하여 세상을 구제하고서 우주적 변화와 육성에 동참하는 것을 목적으로 삼는다[因天道以明人事, 修身濟世, 而參贊化育爲至]."[34] 제세의 원리는 민주(民主)이다. 그러나 중국도 마찬가지이지만, 19세기 말 이후의 민주나 공화 개념은 원래의 한자의 의미(『서경書經』에서 민주는 민의 주인, 공화는 왕족들의 공화)로도 해석할 수 있는 의미의 혼란을 벗어날 수 없었다. 이 점이 아시아인의 정치의식의 혼탁도를 증가시키는 데에 기여했다. 그들은 일상의 언어 사용 방식에서도 봉건주의와 민주주의를 분명히 분리하지 못하는 유습에 젖어 있었다. 성리학적 교양을 가진 전병훈의 언어에서도 그

---

33 全秉薰,「緖言」,『精神哲學通編』.

34 전병훈, 위의 책.

가 민주를 민이 주인이라는 평등주의로 해석하고 있지만 전체적 문맥에서는 의미 혼란의 영향을 벗어나지 못하고 있는 것으로 보인다.

그러나 그는 인민주권이라는 루소(盧梭)의 원리와 개체의 이기심을 보편적 이성의 원리로 삼는 스피노자(斯賓那莎)의 민주 공화 정신, 칸트(康德)의 자율성을 옹호한다.[35] 스피노자에 의하면 신의 힘이란 자연의 힘(potentia)이다. 인격신을 거부하는 이러한 무신론적 입장에서 그는 개체를 '자연, 즉 신'이라는 하나의 실체가 변양된 상대적 관계 속에서 전변하는 양태(modus)로 보았다. 양태인 개체는 관계의 범위에 따라 정해지기 때문에 개체들의 내부 조직체도 하나의 개체이며, 우주도 하나의 분석 불가능한 개체이다. 개체는 자기를 보존하는 활력인 코나투스(conatus)라는 자연의 생기(生氣)를 응축하고 있으며, 개체의 본질인 활력은 자연의 힘의 일부이다. 개체는 우주와의 연속적 관계를 맺고 있다. 자연 이외에 완전성을 가진 것은 없으므로 개체는 그 자체로 완전하다. 그는 개체의 생태적 가치를 존중하는 견지에서 개체에게 이로운 것을 이성적 도의심의 기초로 보았다.

전병훈은 이러한 자연주의적 도덕을 민주 대동의 원리로 본다. "스피노자의, 이른바 우리는 자기에게 이로운 것[利己者]으로 타인을 이롭게[利人] 해야 한다는 것이 이것이다. 바꾸어 그것을 추구하면, 무릇 사회에 유익함을 물려주는 공덕(公德)을 실행하는 사람은 반드시 자기 한 사람의 안녕[一己之安寧]을 증가시킬 수 있으며, 그것을 위배하는 사람은 자기 한 사람의 장애[一己之障碍]가 되기에 알맞을 것이다."[36] 스피노자에 대한 이러한 긍정은 개체의 신체가 갖는 생기론적 평안과 관계의 소통성을 중시하는 선도의 관점이 작용한 결과일 것이다. 전병훈의 민주 대동 사회는 개체의 생태론적 생명을 긍정하는 '겸성철리(兼聖哲理)'의 정치이념이었다.

---

35 全秉薰, 「道德哲學」, 『精神哲學通編』.

36 전병훈, 「道德哲學」, 위의 책.

대종교의 '성통공완(性通功完)'의 정신은 전병훈이 강조한 겸성(兼聖)의 원리와 사실상 동일하다. 식민 사관이나 근대주의에 매몰된 관점은 선학서(仙學書)와 단군 관계서를 위서로 단정하여 연구를 회피하게 했다. 위서 논쟁에 시달린 책들 중 하나인 『환단고기桓檀古記』의 「태백일사太白逸史」에 있는 「소도경본훈蘇塗經本訓」은 전병훈 사상의 기초이자 대종교 경전인 『천부경天符經』과 『삼일신고三一神誥』의 사상을 담고 있다.[37] 이러한 정신을 이해했을 때, 대종교인들의 민족적 자주성과 세계동포주의 이상을 향한 대담한 실천, 그리고 이를 통해 자유의 본질을 드러내고자 한 철혈주의(鐵血主義)적 노력을 이해하게 된다.

그러면 대종교 대종사(大宗師)인 홍암 나철(弘巖 羅喆)과 그와 함께 행동했던 해학 이기(海鶴 李沂)의 사상에 접근해보자.

3. 나철(羅喆)과 이기(李沂)의 벽파(劈破)

한국 독립·저항운동의 시조이자 대종교의 '대종사(大宗師)'인 홍암 나철(弘巖 羅喆, 1863~1916, 본명은 인영(寅永))이 1916년(52세) 황해도 구월산에서 자결하자 독립운동은 들판의 불길처럼 번져나갔다. 이때 그는 여러 가지 글을 남겼는데 그 가운데 「순명삼조殉命三條」[38]는 그의 세계관이 갖는 긴장과 심각성을 잘 보여준다. 그는 자신의 '죄악이 심중하다'고 했다. 그는 '하느님의 대도[天祖之道]'를 '정성을 바쳐' 다하지 못한 것을 자책하고, 세계의 '형제자매'가 '고통과 암흑에 떨어진 죄'를 대신하여 세계를 위하여 죽는다는 말을 남겼다. 이것은 대종교에 대한 일본의 대대적 탄압에 직면하여 자신과 역사에 대한 그의 마지막 저항이었다. 그

37 대종교의 삼일사상과 천부경과의 관계에 대해서는 다음을 참조: 민영현, 「「소도경본훈蘇塗經本訓」에 나타난 삼(三), 일(一)의 의미맥락과 천부경(天符經)의 철학사상」, 『선도문화』 3권, 2007.

38 박성수, 『나철』, 북캠프, 2003, 279-280쪽.

의 생각대로라면 조선 군주제의 마지막 군주가 주권을 내놓았을 때 그 주권은 조선의 '형제자매'에게 넘겨지는 것이지 타국에 이전되는 것이 아니다. 형제자매가 주권을 갖는 것은 '공리(公理)'이며 타국이 갖는 것은 '강권(强權)'의 '업신여김[侮辱]'이다. 세계질서는 각국과 그 구성원의 주권을 경외하는 '정의[義]'와 '인도(人道)'에 부합해야 한다. 이러한 인도주의가 "보편적으로 유익하게 하고 보편적 진리에 따라 변화되어가는[弘益理化]" 세계를 전망하게 하는 것이었다.

이 홍익정신은 민족 자주정신과 결합하여 평등과 공익을 강조하는 정치사상으로 발전할 수 있는 잠재력을 갖고 있었다. 홍익정신은 대종교인들의 일부가 무정부주의적 공산주의나 사회주의로 나아가게 되는 이유로도 작용했다. 무관학교 출신으로 시인이자 『한국혼韓國魂』의 저자이기도 한 예관 신규식[睨觀 申圭植, 1879~1922, 일민(一民), 청구한인(靑丘恨人)]은 급진 민주주의자가 되어 상해임정과 신해혁명에 가담했다. 대종교인 주시경의 영향으로 조선어학 연구가였던 김두봉(金枓奉), 웅변적 계몽가인 박일병 및 박순병, 안기성 등은 사회주의를 수용하고, 신채호(申采浩), 이회영(李會榮) 등은 무정부주의로 발전해갔다. 대종교 독립운동단체에는 군주제를 옹호하는 복벽주의(復辟主義)자도 있었던 것으로 추정되지만, 김동환의 연구가 보여주는 것처럼 상해 임정 수립 후에 점차 민주공화제의 영향 아래 급진주의 사조로 발전해간 인물들이 나오게 되었다.[39] 신규식의 시집 『소년의 눈물兒目淚』에 있는 나철 추모시 「유維」는 안으로는 한얼대도를 명상하고 밖으로는 공동체의 운명을 '공리' (公理, 『한국혼』)에 따라 변혁하려는 이들의 사상적 특징을 잘 대변한다.

> 아! 나라는 초췌하고 쇠패했으니, 세상은 더없이 기울었구나. 아득히 교화는 퇴폐했으니, 인민의 원기는 한갓되이 사라져 버렸다. 한얼님이 천사(天使)를 내려 보내니, 이에서 대종교가 부활했도다. 때마침 요사한 기운

39 김동환, 「일제하 항일운동 배경으로서의 단군의 위상」, 『선도문화』 10권, 2011.

> 이 하늘에 넘쳐 마귀의 장애와 감옥을 깨뜨릴 수 없었네. 만난을 물리친 대종교는 천겁을 겪고 내려와 우리 교에 미미하나마 단예(端倪, 단서)가 있었다. 스승은 날로 정성이 못 미친다 하여 입산수도 몇 년을 지냈도다. 창생의 질고(蒼生之疾苦)를 듣고, 삼일 목욕재계하고 한얼님께 기도하니, 단촌(檀村) 창생의 병 전부 회복되어, 모두 함께 한얼의 진리에 예배하네. 嗚呼邦國殄瘁兮, 世道何其凌夷. 逖矣敎化頹廢兮, 民氣徒以萎靡. 帝遣天使謫降兮, 大宗復活於玆. 適値妖氛漲天兮, 魔障牢不可破. 排萬難歷千劫兮, 吾敎稍有端倪. 師日餘誠未至兮, 入山修道有年. 聞蒼生之疾苦兮, 三日齋沐禱天. 檀村民病俱蘇兮, 偕來咸拜天眞.[40]

신규식에 의하면 한얼님의 진실이자 백성의 진실인 단예는 내적 수양의 단서이자 정치적 행동의 단서이다. 그는 스승 나철이 이러한 신성한 진리의 실마리를 전했다고 보는 것이다.

나철의 생애 전반기가 을사오적 암살과 외교적 독립운동이 주를 이루었다면, 후반기에서 드러나는 공리(公理)에 대한 인식과 행동은 정치적 현실에 대한 고려에서만 나온 것은 아니었다. 나철은 백두산의 도사 백봉신사(白峯神師)가 보낸 파유원(派遊員)인 백전(伯佺, 호는 두암(頭巖))이 1906년 1월 24일 서대문역에서 준 『삼일신고三一神誥』와 『신사기神事紀』의 사상에 접하게 되면서 점차 종교 구국의 길로 나가게 된다. 이 이전에는 비록 그가 세상에 내재한 한얼님[天神]으로서의 단군을 알고 있었다 하더라도 실천 상에서는 정치 외교적 활동만을 고려한 것으로 보인다. 그는 백봉신사가 보낸 두일백[杜一白, 호는 미도(彌島)]을 일본 개평관(蓋平館)에서 만나 영계(靈戒)를 받게 되면서(1908년 12월 31일) 결정적으로 단군교에 개입하게 된다.[41] 그러나 서대문역에서 백전과 만난 것

---

40 신규식, 『兒目漏』, 연세국학총서(조선민족문학대계 1), 신규식 편, 보고사, 2007, 390-391쪽: 번역은 필자가 적절히 변형; 신규식, 『한국혼韓國魂』, 범우문고 268, 김동환 옮김, 범우사, 2009.

41 조준희, 「白峯神師의 道統傳授에 관한 연구」, 『선도문화』 1권, 2006: 저자에 의하면 백

이 사실상 나철의 생애에서 일대 전환을 예고하는 사건이었다. 다음과 같은 그의 시는 자신의 진종대도(眞倧大道, 대종교)의 연원을 백전과의 만남에 두고 있다.

> 두암(頭巖) 노인의 맑은 자태 세속에 물들지 않았네.
> 아이 같은 얼굴 흰 머리는 하늘 사람(神仙) 같구나.
> 을년(乙年)에 받은 두 책 어두운 꿈을 깨웠으니,
> 우리 도의 연원은 이날 밤에 드러났도다.
> 頭叟淸儀不染塵. 童顔鶴髮似天人.
> 乙年二册警昏夢, 吾道淵源此夜眞.[42]

나철의 종교 구국은 '천신[天檀, 天神, 한얼, 위대한 영혼] 대도(大道)'라는 '선천(先天)'의 원리, 즉 대종(大倧)에 근거하는 종교적 철학에 의거하는 것이었다. 나철의 종교적 철학은 한국 역사의 개천(開天) 초창기부터 전승되어왔다는 신비서 『삼일신고』(三一神誥, 삼과 일의 통일성이라는 신의 교훈)에 대한 해석에 기초한다.[43] 그의 저작인 『신리대전神理大全』은 바로 이 『삼일신고』에 의거한 것이다. 이 두 문서는 초기 대종교인들에게 공통의 사상적 기반이 되었다. 삼위일체를 연상시키는 대종교의 삼신일체(三神一體)에 대해 함석헌은 기독교의 영향이 아닐까 추측했지만, 삼신일체는 단군신앙의 핵심 요소였다.

두산을 근거지로 활동한 백봉신사는 1904년부터 1909년까지 다섯 차례에 걸쳐 포교 활동을 했는데, 그가 전해준 문서들(『삼일신고』, 『단군교포명서』, 『참전계경』)은 나철의 대종교 중광의 기초가 되었다.

42 羅喆, 「走筆記事」, 『大倧敎重光六十年史』, 대종교총본사. 1971, 94쪽: 번역은 조준희, 『선도문화』 1권을 참조했다.

43 『삼일신고』는 『천부경』과 함께 신교(神敎)의 『대학』 『중용』으로 내려온 단군 이래의 경전인데, 대종교의 『사부합편四部合編』에 있는 것과 『환단고기桓檀古記』에 있는 것이 판본이 달라 약간의 차이가 있다. 이 점을 연구한 논문으로는 조남호의 「『桓檀古記』와 『三一神誥』」(『선도문화』 9권, 2010)가 있다. 저자는 『삼일신고』를 『환단고기』의 「단군세기」와 「대변경大辯經」과 비교하여 후자의 두 글을 전자의 주석으로 본다.

신채호는 『조선상고사朝鮮上古史』에서 굴원(屈原)의 『초사楚辭』, 『사기史記』 「봉선서封禪書」 등에 의거해서 "삼일의 신[三一神]은 천일(天一), 지일(地一), 태일(太一)이며, 삼일 중에 태일이 가장 존귀하다"고 한다. 그에 의하면 "삼일의 신을 다시 우리 고어로 번역하면, 천일은 「말한」이니 상제(上帝)를 의미한 것이요, 지일은 「불한」이니 천사(天使)를 의미한 것이요, 태일은 「신한」이니 「신」은 최고 최상이란 말이다." "「말한 · 불한 · 신한」은 이두문자(吏讀文字)로 「마한馬韓 · 변한卞韓 · 진한辰韓」이라 쓴다."[44] 신채호의 해석은 지고의 신이 있으며, 그 신이 종교적 가르침을 주는 상제로 나타나고, 동시에 세상에 현신하는 사자로도 나타난다는 것이다. 삼신(三神), 삼성(三聖), 삼황(三皇)은 예부터 한국적 신앙으로 전승되었던 말들이다. 나철이 자결한 곳도 단군을 기리는 삼성전(三聖殿)이었다. 나철의 사상은 『삼일신고』, 『신리대전』을 중심으로 2대 종사(宗師)인 김교헌(金敎獻, 1868~1928)과 3대 종사인 윤세복(尹世復, 1881~1960)의 주석 및 그 밖의 편지나 호소문 등에 의거해서 구성될 수 있다.

명문세족이자 왕립 역사 편찬의 책임자이기도 했던 김교헌은 모든 노예제[奴婢制]를 반대하고 단군을 시조로 하는 새 역사를 편찬(『신단민사神檀民史』, 『신단실기神檀實記』)함으로써 대종교의 역사관을 확립한다. 그는 신채호, 박은식의 배달민족사관의 선구자였으며, 3 · 1 운동 한 달 전(1919년 2월 1일)에 대종교인을 중심으로 한 무오독립선언(戊午獨立宣言)을 일궈냈다. 이 독립선언서는 단군사관에 바탕하여 '독립자주'와 '평등복리'의 이념을 분명히 했으며, 제국주의의 '무력 겸병'을 반대하고 '균평천하(均平天下)의 공도(公道)'를 주장했다. 종사의 자격을 사양하고 광복군 총재로서 무력 저항운동을 이끌었던 백포 서일(白圃 徐一, 1881~1921)은 대종교의 이론적 체계를 세우게 된다. 초기 대종교인들의 사상은 그들의 정신적 융화가 강도 높은 것이었기 때문에 그 개별적 윤곽을 분명하게 나누기 어려워 보인다. 그러나 대종사(大宗師) 나철의 사상과

44 申采浩, 「朝鮮上古史」, 『申采浩全集』 上, 申采浩先生記念事業會, 1972, 79쪽.

서일의 체계적 사상은 비교적 윤곽이 뚜렷하다. 이들의 사상은 윤세복이 편찬한 『역해종경사부합편譯解倧經四部合編』(대종교총본사, 1942)과 최근 편인 『대종교경전』(대종교총본사, 2002)에 수록되어 있다.[45]

대종교인들은 단군신화를 이론화하는 일종의 사상운동을 통해 시대와의 연관 속에서 여러 형태로 분화하지만, 단군을 중심으로 하는 '배달민족 사관'을 사대주의 사관이나 식민 사관에 대립시키는 신념을 공유한다. 이 때문에 그들의 세계상에는 단군신화가 갖고 있는 하나의 특징이 관류하게 되었다. 바로 인간 세상의 문화에 대한 존중과 공적 도의심을 유달리 강조하는 것이다. 그 신화에서 감지되는 '신화적 형이상학'은 "천상의 세계와 현상의 전체를 포괄하는 대전적 세계(大全的 世界), 이른바 전일적 세계(全一的 世界, totalistic world)라고 칭할 성질"을 갖고 있다. '한민족의 인간으로서의 자신에 대한 자각'은 초월적 존재에 매몰되지 않고, "생명감 넘치는 천지-세계 우주에서부터 조사(照射)된 우주적 정신(cosmic mind)에서 비롯하였다." 여기에서 "능산적(能産的) 우주가 능산적 인간에로 관계 맺는 새로운 인간 세계"가 열린다.[46] 대종교의 역동적 저항정신은 대전적 세계를 통해 세계상실을 극복하려는 생의 충동과 무관하지 않을 것이다.

나철의 경우, 저항적 실천과 사상이 밀접하게 연관되어 있기 때문에 그의 사상을 논하기에 앞서 생애를 간략하게 언급할 필요가 있다. 그의 생애는 1908년 두일백을 만나 영계를 받은 것을 기점으로 두 시기로 나눌 수 있다. 전기(1863~1908)는 외교적 독립운동과 매국 을사오적(乙巳五賊) 암살 기도를 주요 행적으로 하며, 후기(1908~1916)는 1909년 1월 15일 대종교 중광(重光, 재건이라는 뜻의 대종교 용어)과 종교적 철학

45 조남호, 「대종교의 삼교합일론 - 윤세복의 인식을 중심으로」, 『동방학』 17권, 2009: 윤세복의 관점이 유, 불, 도 삼교합일론을 대종교의 도(道)로 귀착시키는 대종교 특유의 종합의 논리임을 밝히고 있다.

46 李楠永, 「檀君神話와 韓國人의 思惟」, 『檀君神話論集』, 李基白 편, 새문사, 1988, 110-127쪽.

에 의거한 조직화 운동을 거쳐 황해도 구월산 삼성전(三聖殿)에서 자결(52세)하는 것으로 끝을 맺는다. 그는 전남 보성군 벌교읍 금곡리(부용산 자락)에서 자작농으로 생계를 유지하는 빈한한 양반의 후손으로 태어났다. 이때는 철종이 죽고 고종이 즉위하여 대원군이 섭정을 시작하던 무렵이었다. 그는 9세에 서당에 들어가 전통 방식의 교육을 받았다. 전하는 이야기로는 7세 때의 어느 날 불에 탄 옷을 입고 집에 들어왔다고 한다. 모친이 그 이유를 묻자 친구와 불장난을 하다가 친구의 저고리가 불에 타서 울자 자기의 저고리를 벗어주고 대신 친구의 저고리를 입고 왔다고 한다. 그는 어린 시절 누나들이 잡아온 개구리를 빼앗아 놓아주었으며, 길에서 뱀을 죽이지 못하도록 풀숲으로 돌려보냈다 한다.[47]

당시 시인이자 학자로 유명했던 천사 왕석보(川社 王錫輔, 1816～1868)는 다산 정약용의 국학 사상과 왕양명(王陽明)의 철학에 조예가 있었다. 그는 매천 황현(梅泉 黃玹, 1855～1910)과 해학 이기(海鶴 李沂, 1848～1909)를 제자로 두었다. 나철은 10세에 왕석보의 서당에 들어간 것으로 되어 있지만, 왕석보가 그 전에 사망했기 때문에 그 문하생들과 교류한 것으로 보인다. 왕석보는 개화파에 가까운 인물로 왕양명처럼 도교철학에도 조예가 있었을 것으로 생각된다. 20세기 초 대표적 우국지사들이었던 그의 제자들은 아마도 왕양명의 '광자'(狂者, 뜻이 높아 관습에서 벗어난 사람)의 기상(氣象)에서 나온 '대동(大同)' 관념과 '지행합일'의 실천정신을 배워 망국의 상황에 적용한 것으로 보인다.

대종교인이었던 박은식, 정인보, 장지연이 구체적 실천주의를 '실학(實學)'으로 이해하고 대동의 이상사회를 말하게 된 것은 당시 중국의 강유위(康有爲)와 양계초(梁啓超)의 영향과 함께 초기 우국지사들의 분위기가 전승적 배경이 되었을 것이다. 그리고 왕양명이 생생불식(生生不息)하는 자발적 원리를 우주와 인생의 본질이자 사랑의 원리[愛之理, 仁]로 경험한 이후, 강유위 역시 그것을 만물과 한 몸이 되는 우주적 연대성[與

---

47 『나철 · 김교헌 · 윤세복』, 근대인물한국사 305, 동아일보사, 1992. 10-11쪽.

萬物一體之仁]으로 경험한다. 이러한 자발성과 연대성의 전통은 대종교인들에게 일정한 영향을 주어 훗날 무정부주의적 경향의 인물들을 형성해낸 하나의 요인이 된 것으로 보인다.

그후 나철은 21세경에 서울에 가서 동도서기론(東道西器論)에 입각한 개화파 관료 운양 김윤식(雲養 金允植, 1835～1922)의 시 모임[詩會]에 참여하여 「신연新燕」이라는 시를 읊는 것을 계기로 그의 문하에 들어가게 된다.[48] 그는 1891년(29세) 과거에 장원급제하여 승정원 기거주(起居注, 왕실 史官)에 등용되었다. 1893년에 병조 사정(司正), 권지부정자(權知副正字)로 승진하였으나 사관을 그만두고 낙향하여 1895년까지 지리산 등지에서 생쌀을 주식으로 하면서 도교적 방식의 입산수도(修道)를 했다. 그 사이에 청일전쟁과 동학혁명(1894)이 일어난다. 1895년 5월 징세서장(徵稅署長)에 임명되었으나 1894년 갑오개혁에서 명성황후 시해에 이르기까지 국내 상황이 급변하자, 세금 징수를 나쁜 일로 생각하고 사양한다.[49]

이로 보아 30세 무렵 이미 나철은 정계에서 자신을 찾는 삶의 방식을 포기한 것으로 생각된다. 자주적 개혁정신을 가졌던 그로서는 당연한 일이었을 것이다. 고구려 을파소(乙巴素)가 전했다고 하고, 한 민족의 탈무드에 해당한다고 할 수 있는 대종교 윤리 교훈집 『참전계경參佺戒經』에 의하면, "안주하는 생각은 크게는 인간의 본성을 멸하고, 작게는 의지를 멸할 수 있다. 본성과 의지를 다 멸하면, 존망을 분별하지 못한다[安念者,

---

48 그의 시는 다음과 같다(박성수, 『나철』, 북캠프, 2003, 24-25쪽 참조).

새로 날라 온 제비

강남 언덕에서 나래 익히고, 한강 구름 위 날아왔네.

고루거각 즐비하지만, 한 기둥 봄을 (머무를 처마 밑을) 얻지 못하였네.

新燕

初習江南岸, 更飛漢北雲.

朱樓千萬戶, 未得一梁春.

49 대종교 중광 이전의 나철의 활동사에 대해서는 다음을 참조: 박환, 「羅喆의 인물과 활동」, 『동아연구』 17권, 1989. 나철의 대종교 운동사에 대해서는 다음을 참조: 박광수, 「弘巖 羅喆의 단군 신앙운동 연구」, 『종교연구』 53권, 2008.

大可滅性, 小能滅志, 性與志俱滅, 存亡難辨]."[50] 의지를 세워 본성을 실현한다는 실천의식은 대종교의 첨예한 도덕의식이었으며, 나라와 자신의 존망에 본질적으로 연관되는 것이었다. 젊은 시절 그에게 고대사와 단군사상의 의의를 알려주었고 학술 정보의 제공자이기도 했던 해학 이기(海鶴 李沂)의 구학망국론(舊學亡國論)인 「일부벽파론一斧劈破論」(『호남학보湖南學報』, 1908)을 보면 당시 그와 그의 동료들의 사상을 짐작해볼 수 있다.

그의 진취적 사상이 담긴 글은 유서(遺書)와 유고(遺稿)가 남아 있지만 아직 전집의 형태로 간행되지 않았다. 그의 사상을 이해하면 당시 애국 지식인들의 전형적인 개혁적 심정을 알 수가 있다. 그에 의하면 하나의 도끼[一斧]로서의 신학문이 구학문, 구사상, 구제도를 쪼개서 파괴[劈破]해야 했다. 해학 이기는 몰락 선비의 신분으로 태어나 그가 '인민(人民)'이라 불렀던 백성의 궁핍과 억압을 자신의 생활고와 함께 가슴으로 경험했다. 그는 제국주의에 의해 나라가 망국의 길로 접어드는 것을 알게 되자 봉건제와 제국주의에 반대하는 투쟁적 실천을 실행한 애국 계몽 지식인이었다. 또한 조선 후기에 몇 안 되는 반제 반봉건 사상가였다. 해학 이기는 시대를 '신학문'과 '신교육'으로 극복하겠다는 생각을 하다가 조선의 모든 사상과 제도가 망국의 상황에서는 아무런 의미도 없다는 것을 깨닫고, '회복국권(恢復國權)'을 일차적 과제로 설정한다.

정인보(鄭寅普)는 그를 다음과 같이 평한다. 그는 "한 자나 한 치 자리 무기도 없이 고달프건만 스스로 몸으로 치닫고, 벅찰 정도로 가슴에 쌓인 것을 견디지 못하여, 풍파를 무릅쓰고 가시덤불을 밟아갔고, 한낱 포의(布衣, 평민)로 나라의 성패를 위하여 엎드러지고 거꾸러져도 힘을 다하는 것을 현자는 우활하다 답답히 여겼고, 못난 자들은 미쳤다고 비웃

50 『參佺戒經』, 『大倧教經典』, 대종교총본사, 2002, 207쪽: 전(佺)은 완전한 사람이란 뜻으로 선인(仙人)을 의미한다. 『참전계경』은 이상적 인간형을 모델로 일상생활에서 행해야 하는 계율들을 366조항으로 나누어 말하는 교훈집이다. 이 경의 유래와 성격에 대해서는 다음을 참조: 민영현, 「『참전경』 해제와 그 문화사상적 의의」, 『선도문화』 6권, 2009.

었으나, 얼마 안 있어 몸은 죽고 나라는 망하자, 앎이 있는 선비들이 그 일을 뒤 미쳐 따짐에, 비로소 그를 위해 한숨 지으며, 그런 분을 보고 싶어 하여도 볼 수 없게 되었다." [51] 그는 나철처럼 구국의 일념하에, "인민의 사상이 자각하여 스스로 함[人民思想自覺而自爲]"으로써 교육의 종지가 만들어져 자주적 교육이 형성되기를 희망했다.[52] 일제에 의해 이 중심 과제의 해결이 어렵게 되자 그는 최후로 나철과 함께 전통 민족 종교인 대종교 중광 운동에 참여한다. 그의 애국 계몽사상은 교육 구국과 종교 구국을 특징으로 갖는다.[53]

『일부벽파론』에 의하면 쪼개야 할 것은 '신법(新法)' '신학문'이 아니라 '구법(구제도)' '구학문'이다. 그는 영국의 교육종지인 '자치독립(自治獨立)', 일본의 '존왕상무(尊王尙武)' 보다는 독일의 교육 종지인 '발휘조국(發揮祖國)'이 당시 한국의 상황에 적합하다고 생각하여, '회복국권'을 종지로 하는 교육 방책을 구상했다. 이 종지 없이는 신법도 '멸국 신법'이 된다. 국권 회복의 원칙하에 그는 한국의 구학문과 구교육의 '고질병'을 진단했는데,[54] 구학문의 폐단은 다음과 같이 세 가지로 정리할 수 있다.

(1) 구학문은 붕당과 작은 나라가 큰 나라를 섬긴다[事大以小]는 맹자의 사대주의 원칙에 의거해왔기 때문에 국민을 '단합[團體]'시키지 못한다. 이것은 '사대주의의 폐단[事大主義之弊]'이다. 이 폐단은 한국의 역사가 단군 시조 이래 고구려 발해를 창건한 '독립국(獨立國)'이었음을 모르게 했다.

(2) 구학문은 외국어인 한문만을 읽고 '국문(國文)'을 무시했다. 한국[韓, 韓國]은 배우기 어려운 한문 때문에 세계 제일의 문맹국이 되었고, 중국이 둘째이다. 배움에 성공한 소수 지식인들도 한국의 정신과 현실에

---

51 鄭寅普, 「해학 이공 묘지명(海鶴李公墓誌銘)」, 『薝園文錄』, 정양완 옮김, 태학사, 2006. 60쪽.

52 李沂, 「教育宗旨」, 『李海鶴遺書』 권3, 韓國文集叢刊 347, 민족문화추진위원회, 2005.

53 朴鍾赫, 『海鶴 李沂의 思想과 文學』, 아세아문화, 1995, 105쪽.

54 이기, 「教育宗旨」, 위의 책.

대해서는 무지한 "허문무실지학(虛文無實之學)"을 할 뿐이었다. 이러한 학에는 과거시험으로 관료가 되어 "일신의 사계(私計)"를 위하는 것은 있어도 "천하의 공익[天下之公益]"을 위하는 것은 없다. 이것은 "한문 습관의 폐단[漢文習慣之弊]"이다. 이러한 천하의 공익 개념은 대종교 홍익인간 이념의 기본 내용이었다.

(3) 구학문은 문벌과 신분을 구별하여 서로 원수같이 여기고 결혼도 안 하고 친구로 사귀지도 않는다. '반상(班常), 문무적서(文武嫡庶), 노소남북(老小南北)'의 분열은 단합을 해치고, "민족과 계급"만 있는 문명국에 비해 더 심한 것이다. 그것은 "문호구별지폐(門戶區別之弊)"다.[55]

이기에 의하면 이러한 세 가지 폐해는 "구학 시대의 사람들[舊學時人]"의 습관에서 온 것이다. 그 습관이 형성된 것은 학술을 현실에 적용하는 실험정신의 결여와 '외국 유학생[遊學外邦者]'들의 "견문의 좁음[聞見之陋]과 시세 습관의 오류[時世習慣之誤]"에서 벗어나지 못했기 때문이다. 그들은 본질적으로 "진정한 의지가 없다[無志]." 의지는 원리적 가치[理]를 현실에 실현하려는 의지인데, 의지는 '공익'을 결과로서 지향한다. 따라서 "도의는 공익을 지시한다[道義指其公益也]." 공익과 연결되지 않는 추상적 도의는 사계(私計)의 도구였을 뿐이다. 도의와 행복의 변증법적 종합이 사상으로 하여금 진정한 현실성을 갖게 한다. 이 입장에서 그는 실천의 "때[時]와 때 아님[不時]"을 보는 것을 중시하고, 기존의 학문[기정진(奇正鎭), 최익현(崔益鉉), 송시열(宋時烈)]은 훌륭하나[善且美] '보통'의 배움의 수준에 있는 사람들에게는 맞지 않는다고 평했다.[56]

또한 그는 자주적 의지를 갖지 못하게 하는 세 가지 학문 폐단에 대해 세 가지 대안을 제시한다.

(1) 사대주의에 대해서는 '독립(獨立)'의 의지가 대안이다. 신체의 불구가 홀로 설 수 없어 타인의 부축을 받는 것 같이 정신의 독립이 없으면

---

55 李沂, 「一斧劈破論」, 『李海鶴遺書』 권3.

56 이기, 위의 책.

"정신적으로 마비된 불구자[痿廢者]"이다. 인간이 신체적으로나 정신적으로 독립해야 "완전한 인간[完人]" 이듯이, '조국'도 "자주적으로 부강[自富自强]"해야 한다.

(2) 한문 습관의 폐단에 대해서는 '국문(國文)'을 사용해야 한다. '세종대왕'이 만든 한글은 '민간의 부녀자들이 소설을 읽는 데에 사용한 것' 이외에는 유포되지 못했다. 사대부들은 그 사용을 반대하고 비난하여 독립과 단합을 해쳤다.

(3) 문호 차별에 대해서는 '평등(平等)'이 대안이다. 평등은 사류(士類)들이 가장 반대하는 개념이다. 이는 시대의 조류와 고통을 모르고서 그러는 것이다. "만일 인민을 평등인(平等人)으로 허용하지 않는다면, 천하도 우리 한국을 평등국(平等國)으로 허용하지 않을 것이다." 과거에 사가 민의 위에 있었던 것은 농업, 공업, 상업에 대한 교(敎)를 그들이 갖고 있었기 때문이지만, 지금은 단지 '문벌의 명예'로 위에 있는 것에 불과하다. 이것은 타인에 대한 '하나의 강제[一强制]'이다. 강제는 타인의 '원한감정[憾情]'을 일으킨다. 이러한 사회적 감정에 대해서는 보편적 평등이 대안이다.[57] 이 평등관은 동학 이후 당시의 자강운동, 교육운동에 깊이 연관되어 유포되었던 관념이었다. 이 관념은 신채호의 무정부주의의 핵심 원리 가운데 하나이며, 해방 후 박치우(朴致祐, 1909~1949)에 의해 '부르주아 시민'의 '일대일의 형식 논리'로 이해되고, '근로인민'으로 확대되어야 할 것으로 발전된다.[58]

해학 이기는 자신의 세 가지 대안(독립, 국문, 평등)을 '단합'의 원리와 함께 '학교'에서 교육해야 한다고 생각했다. 그의 주장 '건설학교(建設學校, 학교를 건설)'는 '단체의 원리'와 '조국의 사상'으로써 '가정인', '사회인', '국가인'을 양성하는 기관을 세우자고 한 것이다. 고등, 중등 이하의 초등은 사립학교를 허용하지 않는다. 교육기관은 신체와 정신, 과학지식

---

57 이기, 앞의 책.

58 윤대석 · 윤미란 편, 「전체주의와 민주주의」, 「일대일과 형식논리」, 『박치우전집, 사상과 현실』, 인하대출판부, 2010, 194-219쪽.

을 아울러 살리는 체육(體育), 덕육(德育), 지육(智育)을 내용으로 하는 신학문을 가르친다.

이처럼 새로운 신체, 새로운 윤리, 새로운 지식이라는 삼원소(三元素)의 통일[一]을 지향하는 정신은 그 후의 대종교 '삼일철학(三一哲學)'의 기본원리 가운데 하나로 편입되었으며, 독립운동기 교육운동의 기본정신이 되었다. 해학 이기는 이러한 개혁 사상을 중국의 강유위와 양계초처럼 입헌공화제를 정치체로 하는 국가관으로 집약했다. 그러나 그의 국가관은 강한 민족적 유대를 배경으로 갖고 있다. 공화(共和) 정신을 지향하는 그의 신학문은 나철의 경우처럼 고종이 생존했던 대종교 중광의 전후 시기에는 민주공화제와 결부될 수 없었지만,[59] 일부 대종교인의 독립 저항의 사상들은 신채호의 경우처럼 점차 급진 민주주의의 성격을 띠게 된다.

4. 민권의 보편적 원리[通義]

해학 이기는 47세(1894)에 동학혁명에 의존하여 조정의 타도를 전봉준에게 건의하지만 김개남에 의해 거부되자, 혁명노선을 떠나 개혁으로 돌아선다. 따라서 그의 개혁론은 이후의 견해이다.[60] 그는 자신의 학문론과 교육론을 수렴하는 정치론을 구상한다. 그의 「국가제도國制」(1902)에 의하면, 천하는 "천하의 천하로서 일인의 천하가 아니다[天下之天下, 非一人之天下]." 천하의 군주는 '상쟁(相爭)'하는 '기교'나 '욕망', '용맹', '현명한 덕'으로 획득하는 자리가 아니며, 천하의 주인은 원리적으로 천하, 즉 천하 만민이 주인이라는 뜻이다. 태초의 황금시대인 요순시대 이전은 초월적 권력이 있을 수 없었던 시대였다. 이 시대는 문자 그대로 '공화(共

59 박성수, 『나철』, 북캠프, 2003, 44-45쪽.

60 이 사건의 전말에 대해서는 『海鶴 李沂의 思想과 文學』(朴鍾赫, 아세아문화사, 1995)의 「李沂 年譜」에 소개되어 있다.

和)'의 시대였다. 그에 의하면 요순시대 이전의 '공화지치(共和之治)'는 '상쟁' 때문에 삼대(三代)에 와서 '입헌지치(立憲之治)'로 바뀌었으며, 진한(秦漢)대 이후로는 '전제지치(專制之治)'가 되어 그 이후의 학문도 그 영향 아래서 발전했다. 또한 권력투쟁을 막기 위해 입헌을 통해 '선양[禪代]'을 하는 제도로 전환되었다.

그는 입헌공화제를 채택할 만한 것으로 간주한다. 그 '정체(政體)'는 군주(그는 구미의 대통령에 해당한다고 한다)의 자리는 "사유하지만, 그 법을 사사로이 하지 못했고, 문물 제도는 공통의 원리[通義]에서 나왔으며, 공과 죄, 형벌과 상도 중론에 의해 결정되었고, 군주에게 잘못이 있으면 인민이 쟁론할 수 있는" 제도이다. 이 점은 '서양의 상하의원' 제도와 같다.

진한 이후를 전제정치로 보는 관점은 강유위(康有爲), 담사동(譚嗣同), 양계초(梁啓超) 등의 변법사상과도 연관이 있어 보인다. 이들은 황종희(黃宗羲, 1610~1695)의 『명이대방록明夷待訪錄』에 나오는 '천하는 천하의 것[天下之天下]'이라는 원리를 루소의 민권론과 자유주의 정치론과 결합하여 입헌공화제를 주장하고, 이를 넘어 대동(大同)이라는 유토피아적 이상사회론으로 나아갔다. 20세기 문턱에서 중국도 공천하(公天下)와 민권의 문제로 고심한 것처럼, 한국은 국권을 탈취당하는 더욱 열악한 조건에서 그 문제를 생각해야 했다. 이기에 의하면 민권은 고대에 있었다고 가정된 공화가 파괴된 이후 무시되었다. 입헌이 무너져 "군권은 점차 무거워지고, 민권은 점차 가벼워졌다[君權漸重, 民權漸輕]." 그의 입헌공화제는 공천하의 통의(通義)를 실현하는 정치체이다. 전병훈(全秉薰)의 언어로 말하면 이는 '공익(公益)' 혹은 '홍익(弘益)'을 '인류 공리[公理]'로 구현하는 것이다. 그것은 천하의 일인 귀속성이 아닌 천하의 자기 귀속성을 정치 원리로 전제한다.

인민이 천하의 주인이라는 점에서 해학 이기의 민권론은 양도할 수 없는 권리에 의거한 인민주권론으로 발전할 수 있다. 그러나 당시 정황에서 그의 민권론은 형식상 자유주의 의회제를 모델로 하고 있다. 그의 입헌 공화국은 민권의 대변자가 국가를 경영하는 형태이다. 그리고 대표들은 거의 현실성이 없기는 하지만 민권을 위한 실천을 요구받는다. 그는 『질재고質齋藁』[61]의 「천당지옥天堂地獄」에서 '인심(人心)'을 "천하공동지심[人心卽天下共同之心]"으로 보았다. 이 원리에 따라 그는 당시의 시점에 적합한 정체를 "민을 두려워하는 마음으로 민에 가까이 가는 정치를 실행하는[以畏民之心, 行近民之政]" 형태의 것으로 주장했다.[62]

해학 이기의 민권론은 그의 집에 소장되어 있던 민족 종교서이자 홍익사서(弘益四書)로 불리는 문헌(太白眞訓, 三一神告, 天符經, 參佺戒經)과도 연관이 있다. 일종의 교훈집인 『참전계경』은 타인의 고통에 대한 공감의 덕과 용서, 자기희생적 사랑의 교훈을 담고 있다. 그가 묵자의 평등한 사랑을 수용하는 것, 민권 평등과 공화를 주장하는 것은 종교 교훈집에 대한 독서와 공감에 바탕한 듯 보인다. 그 책은 사회적 감성의 고결성 및 타인과 나의 공감적 유대를 강조한다.

> 기쁨을 추구하는 것은 인간의 천성(天性)이 원래 타인을 사랑하여 베푸는 것을 기뻐한다는 것이다. 인간이 천성에 반하여 타인을 사랑하지 않으면, 외롭게 되고, 베푸는 것을 기뻐하지 않으면 천하게 된다. 간절함을 안다는 것[認懇]은 타인의 간난(艱難)을 자기가 당한 것처럼 아는 것이다. 타인에게 위급한 간난(艱難)이 있을 때, 방략을 간구하는 것은 힘에 있지 않고, 타인을 자기처럼 사랑하는[愛人如己] 데에 있다. 긍휼의 마음이 발현되는 것은 자애의 마음(慈心)이 친소도 없고 선악도 없이[無親疎, 無善惡] 오로지 불상함을 본 즉시 발현된다는 것이다. 그러므로 맹수가 달려들어도, 오히려 그를 구한다.[63]

---

61 이 책은 대구에 있던 프랑스 신부 로베르(A. Robert, 金保祿)의 천주교에 대한 비판서이다. 이기(李沂)는 이학(理學)의 입장에서 천주교를 논평했다. 이 글은 朴鍾赫의 『海鶴李沂의 思想과 文學』에 소개, 번역되어 있다.

62 李沂, 「國制」, 「急務八條議」, 『李海鶴遺書』 권2, 韓國文集叢刊 347.

63 「參佺戒經」, 『大倧教經典』, 210-211쪽.

『참전계경參佺戒經』은 보편적 사랑을 최고의 가치로 주장한다. 그것은 경우에 따라서는 어떤 희생을 치르고서라도 실현되어야 하는 인간성의 원리이다. 보편적 사랑을 품은 고결한 감성인 '자심(慈心)'은 인류의 평등한 존엄성을 헤아리게 한다. 친소의 거리를 전제하는 유가적 인의(仁義)는 평등을 전제한 도덕 '원리[理]'로 거듭난다.

보편적 도덕 원리는 그것을 기(氣)를 통해 실현할 실천적 의지를 필요로 한다. 보편적 가치는 인간의 본성적 '성리(性理)'이다. "천부적인 본성을 돌아보는 것은 품수 받은 본성을 돌아보는 것이다. 하늘이 인간에게 부여한 것은 이(理)이고 기(氣)이다. 이에 의거하지 않고 그것에 합하는 자 있지 않고, 기에 부합하지 않고 행동하는 자 있지 않다."[64] 인간의 신체와 그 기능은 기에 속한다. 홍익(弘益) 혹은 공익(公益)에 따르는 실천은 기세를 의미하는 기의 능동적 참여에 의해 실현된다. 그리고 기가 실현하는 이는 공감적 추리에 의해 인식된다. "나를 미루어 생각하는 것은 타인을 나처럼 미루어 생각하는 것이다[推我者, 推人如我]."[65]

실천적 의지와 시대의 급선무[時務]를 강조하는 그의 경세론은 기존 이학(理學)이 사회에 초월적 입장을 취하는 것과는 다른 기학적 기초를 갖고 있다. 그가 보기에 기존의 이학은 평온한 자유의 향유(優遊), 즐거운 평온(雍容)의 기상을 고상한 심성의 단계로 추구했다. 실제로 주자학에는 그러한 심성을 높이 평가하는 측면이 있다. 이 요소는 이학(理學)으로 하여금 자연의 생기를 감상하는 고아한 예술과 결합하게 했으며, 도가와 선종의 초탈적 지혜와도 친화성을 갖도록 했다.

주렴계(周濂溪)와 정자(程子)에서 드러나듯 이학의 연원에는 도교와 선종이 스며들어 있었다. 그러한 정적주의적 측면은 평화시에는 문화 창조의 산실이 되지만, 어려운 시국에는 자신의 평화만 추구하다가 망국의 상황을 방관하게 할 수 있다. 해학 이기는 송(宋)의 이학을 남송의 멸국

64 『大倧教經典』, 225쪽.

65 위의 책, 195쪽.

과 연관이 있는 것으로 본다. 그는 전통 이학자들을 자기만을 위하는 위아론자(爲我論者)인 양주(楊朱)에 빗댄다. 물론 해학 이기의 철학도 이학의 구도를 갖는다. 그러나 그의 사상은 이학의 정적주의적 요인을 약화시키고, 장자(莊子)의 호매하여 매이지 않는[豪邁不羈] 자유정신과 묵자의 평등한 사랑[兼愛]을 결합한 형태의 철학이었다.

그는 「양주楊朱와 묵자의 차이에 관한 논변楊墨辨」에서 유자들의 비양심적 학술의 폐단을 비판한다. 그들 가운데 "치세에는 나가고, 난세에는 후퇴하여 산림에 족적을 의탁하는 자는 말은 유가인데, 행동은 양주(楊朱, 위아설의 주장자로 묵자와 함께 맹자에 의해 배척됨)이다. 너 죽고 나 살자며, 이익의 도모[功利]를 홀로 향유하는 자는 말은 양주이고, 행동도 양주이다. 공적인 것을 빙자하여 사리를 도모하고서도 명분·의리를 돌아보지 않는 자는 말은 묵자이고, 행동은 양주이다."[66] 해학 이기는 이러한 평가를 바탕으로 맹자가 묵자는 물리치고 양주는 물리치지 못했다고 다음과 같이 결론 내린다. "맹자의 중용을 헤아리는 길을 얻지 못할 바에는, 나는 차라리 묵자가 되고 양주는 되지 않겠다." 그는 묵자의 겸애에 담긴 하층민을 위한 평등 정신과 공익 정신을 높이 평가하고 있다.[67]

시대에 관한 그의 심정적 태도는 권력에 대적하여 교훈을 설파하는 맹자의 도도한 기상인 호연지기와 그가 좋아한 두보의 비극적 현실 감각을 융합한 것이었다. 그의 평등한 사랑은 현실에 저항하는 기세(氣勢)와 결합되었다. 기(氣)와도 동일시되는 이러한 기세(氣勢)가 사랑의 원리를 실현하는 매체가 된다. 그는 기가 발현하면 이가 타는 기발이승(氣發理乘)이라는 주기론적 원리에 따라 시대를 극복할 수 있는 역동적 의지를 실현하고자 했다.[68]

---

66 李沂, 「楊墨辨」, 『李海鶴遺書』 권3.

67 이기, 위의 책.

68 그의 주기론적 이학은 「박재춘에게 주는 편지與朴君載春書」에 비교적 명확한 형태로 나와 있다.

5. 성리(性理)와 의지[志氣]

해학 이기는 이학의 근본 구조와 주요 개념들을 이미 숙지하고 있었다. 그는 송대 정이천(程伊川)의 성즉리(性卽理)가 갖는 자연철학적 의미와 인성론적 의미를 이미 알고 있다고 전제하고 자신의 사상을 논한다. 이 때문에 그의 주장을 더욱 분명하게 이해하기 위해서는 '성즉리'의 의미에 대한 설명이 필요하다.

원래 정이천의 이(理) 개념은 창조적 생명의 원리로서 만물의 통일성을 가능하게 하는 하나[一]로서의 원리였다. 그러나 정자는 만물을 통일성으로만 환원하여 해석하기를 지양한다. 그는 경험적으로 확인 가능한 사물의 다양한 존재[有]를 적극적으로 인정하고, 그것을 해명하고자 했다. 이러한 태도는 현상계에 영원의 원리가 '나타나 있다[呈露]'는 내재적 존재론으로 발전된다. 그것은 위진 시대 배위(裵頠, 267~300)의 숭유론(崇有論)처럼 일상이 갖는 문화적 현실의 실재성을 신뢰했던 공자의 정신을 계승하는 것이다. 정자의 이러한 현세주의적 태도는 도를 아는 자[知者]의 태도와 불가를 대비시키는 다음의 문답에서 분명하게 드러난다.

> 문: 외물을 싫어하는 것은 어떻습니까?
>
> 답: 그것은 도를 아는 자가 아니다. 사물을 어찌 싫어할 수 있는가? 석가의 학은 그럴 것이다. 석가는 현실[事]을 물리치고 문제 삼지 않으려 한다. 이 현실은 있어야 하는가, 없어야 하는가? 있어야 한다면 어떻게 물리칠 수 있겠으며, 없어야 한다면 자연히 없어질 터인데, 다시 무엇을 물리친다는 말인가? 저 세상 밖을 추구하는 사람들[方外者]은 구차하게도 평정상태[靜]에만 힘쓰고, 산림 속으로 멀리 도피해 버리니, 이(理)를 이해하는 사람들이 아니다. 세상에서는 그들을 고상하다고 하지만, 이것은 미혹된 것이다.[69]

69 「遺書」 권18, 『二程集』 二.

'일상의 생활세계[方內]'는 실재한다. 그곳은 초감각적인 진리가 깨우쳐지는 장소이기도 하다. 세속은 관념상으로만 '벗어날 수[出世]'있는 것이지, 인간은 현실상으로는 "목마르면 마시고 배고프면 먹으며, 하늘을 이고 땅을 밟으며[渴飮而飢食, 戴天而履地]" 산다.[70] 감각적 생활 세계 자체가 형이상학적 도(道)의 일면이 현시되어 있고, 윤리적 원리들이 구현되는 공간이다. 이런 의미에서 「이정수언二程粹言」의 첫 구절은 도 바깥에 사물이 없고, 사물 바깥에 도가 없다[道外無物, 物外無道]고 선언하고. '인륜(人倫)'을 버릴 수 없다고 주장한다.[71] 이러한 현세적 정신에 따라 정자는 경험적 다양 세계의 형성 과정에 주목하고, 그것을 기(氣)와 이(理) 개념으로 해명하려고 한다. 이 두 개념은 만물의 분화 혹은 개별화의 원리로 기능한다. 풍우란(馮友蘭)이 생각하듯 이(理) 개념은 개별화라는 형이상학적 문제 해결의 맥락에서 필요한 동시에, 효과적으로 활용될 수도 있는 범주이다. 그것은 기의 분화 운동에 참여하여 '사물들의 특수한 범주의 이(the Li, its particular category of things)'가 되어야 했다.[72]

그런데 정자는 이 개념을 자발적으로 막힘없이 생성하는[自然生生不窮] 과정을 설명하는 문맥에서, 도교에서 말하는 '진원(眞元)'의 기를 논의하는 가운데 적용하고 있다(『遺書』 권 15). 여기서 정자는 기(氣)를 둘로 나눈다. 하나는 '진원지기(眞元之氣)'이고, 또 하나는 이것을 '본원(本原)'으로 하는 피조된 기이다. "진원의 기는 피조된 기가 그곳으로부터 발생하는 곳이다(眞元之氣, 氣之所由生)." "진원이 스스로 기를 생산할 수 있다[眞元自能生氣]." 생산된 기는 한동안 사물을 구성하는 '재료(材料, 朱熹)'[73]이다. 그러나 그 사물이 없어지면 그 기도 사라진다. "무릇 사물이 흩어지면, 그 기는 결국 없어진다. 본원으로 복귀할 리가 없다[凡物

---

70 앞의 책.

71 「粹言」 권1, 『二程集』 二.

72 Fung Yu-Lan, *A Short History of Chinese Philosophy*, edited by Derk Bodde, The Free Press, 1948, pp.296-298.

73 「周子之書」, 『朱子語類』 권94: 정자도 기(氣)를 그릇의 재료인 금속[金]에 비유했다; 「粹言」 권2, 『二程集』 二, 1257쪽.

之散, 其氣遂盡, 無復歸本原之理]." "이것이 피조된 기가 끝과 처음을 갖는다는 것이다[此是氣之終始]." 생산된 기는 이처럼 '유한성을 갖는다[有限量].' 따라서 '무한[無限量]'의 원천이 없다면, 우주는 이미 오래 전에 사라졌을 것이다. 그러므로 우주가 '가상[幻]'이 아니고, 영원히 반복해서 존재한다고 한다면, 무한한 생산력을 가진 원천이 있어야 한다. 이것이 바로 진원지기이며, 거대한 용광로(洪鑪)'이다.[74] 정자는 이것을 『淮南子』의 용어를 빌어 '조화자(造化者)'라고 부르고 "그것이 스스로 기를 생산한다[其造化者, 自是生氣]"고 했다.[75]

무한량의 본원은 이 문맥에서는 유한량의 기와 구별하여, 이(理)라고 분명하게 말하지는 않지만, 점차 이로 보는 경향을 보이며, 주희에 와서는 이(理)로 확정된다. 태극(太極)으로서의 이는 체(體)에 있어서는 고요하고 드넓어 조짐이 없는[沖漠無朕] 상태에 있지만, 동(動)하여 비로소 기로 변환하고, 기는 정하여 다시 고요(靜)로 귀환한다. 이 운동은 이와 기 모두에 무시무종의 시간의 무한성 속에서 전개된다. 본원의 이는 본질상 율동적 운동성을 가지고 내재해 있는 생산의 원천이자 율동적 법칙을 통해 자신을 실현하는 운동의 원인이다. 따라서 태극과 태극 아닌 것과의 관계는 선후관계가 아니라, '형체와 그림자의 경우처럼 동시적 관계[形影一時]'이다. 이 때문에 태극을 추상화해서 보려고도 했던 주희도 "태극은 동정을 함축하고 있다[太極含動靜]"고 했다.[76] 정자에서의 이(理)는 그 정태적 이미지에도 불구하고, '존재와 활동이 둘이 아닌 실체[存有活動不二的實體]'이다.[77] 이런 의미에서 조셉 니담처럼 "도(道)라고 하는 개념 전체가 힘의 장(場)의 개념이었다"고 할 수 있을 것이다.[78] 다만 이 힘의 장은 형이상의 장이며, 바로 이 장이 요동하여 만유가 형성된다. 이는 본체

74 「遺書」 권15, 『二程集』 一, 148쪽.

75 「精神訓」, 『淮南子』; 「遺書」 권15, 『二程集』 一, 154쪽.

76 「答楊子直」, 『朱熹集』 권45, 2154쪽.

77 蔡仁厚, 『宋明理學(北宋篇)』, 學生書局, 民國 66, p.261.

78 Joseph Needham, *Science and Civilization in China II*, Cambridge University Press, p.405.

의 측면에서는 태허(太虛)라고도 할 수 있는 비물체적인 "순수하고 드넓은 세계[淨潔空豁的世界]"이지만, 작용의 측면에서는 기로 변환되고, 이 기가 다양의 만물로 분열된다. 사실상 우주는 하나이자 모든 것이다.

이(理)의 본체성을 태허로 본다면, 창조적 힘으로 충만한 무한공간[太虛] 안에서 사물들이 생겨나는 것이다. 장횡거는 태허를 기(氣)로 충만해 있는 본체로 보았다. 이에 비해 기를 도(道)를 통해서만 무한정의 운동성을 획득할 수 있는 '유한한 기[有限之氣]'[79]로 파악하려는 정자는 태허가 이로 가득 차 있다고 생각할 수밖에 없었다. 그는 태허를 논의하게 되었을 때, 허공을 가리키면서 "모두가 이인데 어찌 허무하다 하겠는가? 천하에 이보다 실재적인 것은 없다[皆是理, 安得謂之虛, 天下無實於理者]"고 했다.[80] 주희는 바로 이러한 관념을 계승하여 이를 '태허실리(太虛實理)'로서 이해했다.[81] 정자와 주자의 '실리(實理)'란 이런 맥락에서 도출된 것이다.

또한 '조화자(造化者)'로서의 이는 '자발적으로 유한의 기를 생산한다[自是生氣].' 주희 역시 기를 '거대 용광로[大洪鑪]'로서의 '실재적 이[實然之理]'에 '근거해서 날로 창조되는 것[根於理而日生者]'으로 보았다.[82] 이런 의미에서 이는 역학적인 힘의 존재에 가까운 것이지, 풍우란(馮友蘭)이 생각한 '추상적인 것(the abstract)'은 아니다.[83] 더욱이 그것이 본질의 원리라 할지라도, 경험으로부터 추상화되어 추출된 어떤 공통적인 것을 가진 추상적 개념으로서의 보편자도 아니다. 이는 오히려 니담의 지적대로 '내재적 힘(immanent power)'[84]을 함축하고 있는 원리이다. 다시 말해

---

79 「遺書」 권18, 『二程集』 一, 204쪽.

80 「遺書」 권3, 『二程集』 一, 66쪽.

81 「答林德久」, 『朱熹集』 권6, 3173쪽.

82 「答廖子晦」, 『朱熹集』 권45, 2166쪽.

83 Fung Yu-Lan, *A Short History of Chinese Philosophy*, edited by Derk Bodde, A Free Press, 1948, p.285.

84 Joseph Needham, *Science and Civilisation in China V 2*, Cambridge University Press, 1956, p.456.

이는 동(動)과 정(靜)의 원리이다. 고요조차도 운동이 가능하기 위한 힘의 한 상태이다.[85]

해학 이기의 이기론(理氣論)은 이상의 논의를 배경으로 형성되었다. 해학 이기에 의하면, "이(理)는 활동의 바탕[爲作之體]이지만, 활동의 작용[爲作之用]은 없어, 기(氣)를 탄(乘) 후에야 발동(發動)이 나오게 된다." 17세기 중국의 왕부지(王夫之)와 유종주(劉宗周), 황종희(黃宗羲) 등은 이를 기에 종속된 항구적인 법칙적 속성으로 보았다. 이는 '기의 리(氣之理)'이다. 유종주는 이런 입장에서 주희를 "이가 기를 생산한다(理生氣)"는 관점이라고 비판하고 기의 리(氣之理)라는 관점을 고수했다.[86] 그러나 해학 이기의 관점은 이러한 형태의 주기론과는 달리 이(理)의 본체적 위치를 고수하고 다만 그 활동성을 기(氣)에 부여하는 성격의 주기론이다. "이는 항상 기의 본체이고, 기는 항상 이의 작용이다[理常爲氣之體, 氣常爲理之用]." 그러나 아직 발동하지 않았을 때를 보면, 이와 기는 분열되어 있지 않고 혼융한 미분 상태에 있다. 이 상태를 그는 "혼연한 함축과 포용의 상태로서 광막하게 비어 있는 평형 상태[渾含包圔, 廣漠沖澹]"로 묘사한다. 이것은 양자가 분화되기 이전의 잠재적 상태이자 다양의 현상이 없는 광막 고요의 상태라는 것이다. 이 상태는 "무엇이 본체이고 무엇이 작용인지를 알 수 없는" 상태이다. 만유는 이 미분의 상태에서 생성되었다. "천하의 모든 사물은 이로부터 발생하고 기에 의해 형성된다[通天下之物, 無不生於理, 而成於氣]." 창조의 원리는 이고, 형성의 원리는 기이다.

해학 이기는 이(理)를 잠재적으로 발생의 추진력을 머금고 있는 무극(無極)의 본체로 보고, 이 본체와 미분 상태에 있던 기가 작용하여 그 본체를 구체적으로 구현하는(成) 것으로 이해한 듯 보인다. 이는 생(生)의 원리이고, 기는 성(成)의 원리이다. 그렇지 않으면 이를 전적으로 추상적

85 이규성, 「정자에서의 생산과 생명의 원리」, 『철학연구』 44권, 1999: 이상의 정자(程子)에 대한 논의에 대해 설명했다.

86 黃宗羲, 「諸儒學案」 中 1, 『明儒學案』 卷47, 浙江古籍出版, 1985.

이고 정태적인 법칙 그 자체로 보아서, 전적으로 기가 운동하여 이를 실현하는 것으로 해석해야 한다. 그의 생각이 후자라고 한다면, 그는 중국의 유종주(劉宗周) 등의 기 철학과 같아진다. 그러나 해학 이기는 우주의 본체를 기라고 확정하지 않는다. 그는 사물의 법칙들과 함께 최초의 추진력을 머금고 있는 드넓은 고요의 세계인 이와 형성력인 기가 미분의 상태로 있다가, 이 미분의 상태가 분열되면서 만물이 탄생하고 형성되었다고 보았을 것이다.

그런데 이학(理學)의 전통에서 고요하고 드넓은 차원의 본체는 자기수양을 통해 통찰되어 현실에 구현되어야 한다. 본체는 수양의 극치에서 만나는 우주적으로 열린 마음의 내적 공간을 의미한다. 그것은 사실상 기의 원초적 본연의 상태인데, 이것을 따로 분리하여 생명의 잠재력을 갖추고 있는 본체로 보았던 것이다. 이 본체가 인간의 본연의 성품[本然之性]이다. 인간의 심층적 차원에 있는 본연의 성품은 생명을 머금고 있는 드넓은 본체가 마음에 내재해 있는 것으로 경험된다. 이 마음에 내재해 있는 것을 성(性)이라고도 부른다.

이러한 문맥에서 해학 이기는 그의 「양기론養氣論」에서 다음과 같이 말한다.

> 성(性)은 내용이고 기(氣)는 내용을 담고 있는 그릇이다. 성이 기에 담겨 있는 것은 물이 그릇에 담겨 있는 것과 같다. 강, 바다, 연못, 습지, 계곡, 시내, 개울은 모두 그릇이다. 강, 바다와 연못, 습지, 계곡과 시내 개울이라는 그릇에 담겨 있는 물은 서로 다른 적이 없으니, 즉 선한 성(性)은 하나다.
>
> 性者盛也, 氣者器也. 性之盛於氣, 猶水之盛於器. 江海淵澤溪澗溝渠皆器也. 夫江海之與淵澤, 溪澗之與溝渠, 其所盛之水, 未嘗有異也者, 卽性善一也.[87]

87 李沂, 「養氣論」, 『李海鶴遺書』 권3.

본연의 성은, 기질을 변화시키는 자기변형의 궁극적 경지에서 열리는 마음의 드넓은 공간에서 경험되는 우주의 무한한 생명 원리이다.

이 생명 원리의 주요 내용은 인의(仁義)를 비롯한 도덕적 가치들이다. 인(仁)은 내적 본원에서 나오는 생성[生]의 작용을 생명가치로 파악한 것이다. 창조적 생의 활력을 인이라고 이해한 것은 정자, 주자 이후로 전승되어온 것이다. 의(義)란 인(仁)의 힘에 의해 창조된 산물을 해치지 않는다는 소극적 의미의 정의(正義)이다. 인의는 우주적 생명 원리에 연원하는 일종의 선험적 가치이며, 이 심층적 가치들의 외적 표현이 도덕적 정(情)이 된다. 이 선험적 표현 구조는 모든 인류에 동일하고 평등하다. 그러나 그 구조를 담고 있는 기질에는 "맑음과 혼탁, 순수와 잡박(淸濁粹駁)의 차이들[不齊, 差]"[88]이 있다.

해학 이기는 기질의 차이들을 인정한다. 그는 만유와의 소통의 원리인 성(性)에 도달하는 노력의 정도와 단계에 따라 인격의 단계를 설정한다. 그 단계들은 '서민[衆庶], 선비(士), 군자(君子), 성인(聖人)'의 네 단계로 나누어진다. 성인은 궁극의 통찰에 도달하여 만유와 소통하여 우주가 하나로 연속되어 있다는 천지일리(天地一理)의 이치를 경험하는 우주적 인격이다. 따라서 해학 이기는 다음과 같이 말한다. "그 성(性)은 모두 물이며, 기(氣)는 모두 그릇이다. 성인의 그릇은 강과 바다이다. 도도하게 흐르며 드넓게 출렁거리며, 투명하게 사무쳐 맑고 깨끗한 경지[滔洋浩汪, 瑩澈澄湜]이다. 그것을 바라보아도 그 끝을 보지 못하고, 그것에 다가가도 그 깊이를 헤아리지 못한다. 모든 시냇물은 그것으로 돌아가나 채우지 못하며, 바다 밑 바닥에서 아무리 물이 새어도 다 비우지 못하고, 용과 고기와 거북 등 온갖 것들이 생겨 나와도 그 많음을 채우지 못하니, 이것이 그 광대한 드넓음을 언어로 규정하기 어렵다고 하는 것이다[廣蕩其難名之謂也]."[89]

---

88 이기, 앞의 책.

89 이기, 앞의 책.

서민도 동일한 성을 갖고 있기 때문에 이러한 대립 없는 절대적 경지는 기질 변형의 노력을 통해 도달할 수 있다. 그리고 인륜적 실천도 그러한 우주적 심성을 본체로 하여 그 생기와 덕을 외부로 발산하는 활동인 것이다. 이것이 실천 상에서의 체용합일의 구조이다. 해학 이기도 이러한 구도 안에서 시대의 문제를 고민하고 민권과 민족해방을 추구했다.

해학 이기는 항상 본체적 차원의 이(理)와 형상화 능력인 기(氣)를 분리할 수 없다고 언급해왔다. 그러나 실제로 이학자들이 이를 질서의 원리로 의미하는 문맥에서도 이기론을 말했듯, 해학 이기의 이는 법칙적 속성을 의미하는 것으로 해석해도 충분히 이해 가능하며, 그의 실학적 참여정신을 이해하는 데에도 지장을 주지 않는다. 자연의 생성은 이기합일적 구조를 갖는다.

> 그 천지에 있어서는 따뜻하여 봄이 되고, 추워져 가을이 되며, 녹아서 비이슬이 되고, 응결하여 눈서리가 된다. 이로써 바람과 안개, 천둥과 번개, 구름과 무지개 같은 것들도 그러함을 알 수 있다. 초목에 있어서는 나무로 되면 소나무, 전나무, 노송나무, 잣나무가 되고, 넝쿨로는 오이, 참외, 등나무, 겨우살이가 된다. [……] 금수에 있어서는 날아서 닭과 오리가 되고, 달려서 사슴과 돼지가 된다. 뿔이 나 소가 되고, 발굽이 나 말이 된다. 이로써 새, 솔개, 여우, 늑대 등의 경우에도 그러하다는 것을 알 수 있다. 참으로 어떤 사물도 이(理)에 의해 생기고 기(氣)에 의해 형성되지 않는 것이 없다. 이(理)는 항상 기(氣)의 본체가 되고, 기(氣)는 항상 이(理)의 작용이 된다[理常爲氣之體, 氣常爲理之用].[90]

이러한 체용합일의 문맥에서 그는 이(理)가 있으나 기(氣)가 없으면 봄은 따뜻하지 않고, 가을은 춥지 않으며, 새는 날지 않고, 소는 뿔이 없을 것이라고 한다. "기가 없으면, 사물의 고유한 작용성[常用]이 없다. 그러

90 이기, 「與朴君書」, 앞의 책, 권6.

나 기는 있으나 이가 없으면, 봄이 추워지고 가을이 따듯해지며, 새가 달리고 짐승은 날게 될 것이다. 이가 없으면 사물의 항구적 법칙성[常體]이 없다. 따라서 이가 체(體)가 되어야 사물은 비로소 고유한 작용(用)을 가질 수 있고, 기의 작용(用)이 있어야 사물은 비로소 항구적 체(體)를 갖는다."[91] 이러한 체용관계는 사람의 경우에도 마찬가지이다. 사람의 이는 사람의 마음에 내재하여 성(性)이 되는데, 이것은 "마음에 의거하여 주재하는[據是心而主宰]" 성(性)이다. 이 "성으로 말미암아 발동하는[迪其性而發動]" 것은 정(情)이다. 이 "정을 인연으로 계교하는[緣情而計較]" 것은 의욕[意]이다.[92]

성은 우주와 소통하는 원리이자 사회적 실천을 선으로 만드는 윤리적 원리이다. 우주의 사물은 자연의 이법에 따라 존재하는 것이기 때문에 존재는 소유의 대상이 아니다. 해학 이기는 이 점을 의식적으로 소중히 여긴다. 「류환당기留還堂記」에서 그는 장자(莊子)의 정신에 의거하여 소유[留]와 자연에 되돌리는 무소유[還]를 대립시켜 환의 삶의 양식을 선한 것으로 제시한다. 그는 말한다.

> 천하의 사물은 모두 나의 소유가 아니다[夫天下之物, 擧非吾有]. 내가 그것을 소유하고[留] 되돌리지[還] 않으면, 그것을 도적이라 한다. 선왕의 법제는 소유법을 가장 엄하게 했다. 그러나 장자는 말하기를, 낚시 바늘을 훔치면 주살하지만, 국가를 절도한 자는 제후가 된다. 그러므로 그 도적질이 크고 교묘하면, 국법도 어쩔 수 없는 것이다. 그래서 하늘은 그의 마음을 감옥으로 만들고 그 몸을 죄수처럼 만들어, 죽을 때까지 벗어나지 못하게 하는 것이다. 이것을 하늘의 형벌[天刑]이라 한다. 천형이 와도 그것은 깊어서 헤아리기 어렵고 멀어서 엿보기 어렵기 때문에, 그것을 범하는 사람들이 더욱 많아진 것이다. 납과 수은을 다려 장수를 기대

91 이기, 앞의 책.

92 이기, 앞의 책.

하는 것은 자연의 조화를 도둑질하는 것이요, 지위를 유지하고 총애를 굳히며, 그 탐애에 안주하는 것은 조정을 도둑질하는 것이고, 금전과 곡식을 축적하고 상품을 전매하여 이윤을 남기는 자는 백성을 도둑질하는 것이다. 사치한 옷을 입고 미식을 먹고 가득 찰 때까지 탐식하는 것은 자손을 도둑질하는 것이다. 그런데도 자기 소유라고 하여 반드시 보존하고자 하면, 사려가 있는 곳에 우환이 따르는 법이다. 결국은 그의 의지[志氣]를 억압하고 지체를 구금하게 된다. 화려한 집과 관에 까는 무거운 자리는 흙으로 되돌아 갈 것이며, 높은 지위는 족쇄가 된다. 세상에 혹 달관한 군자가 있어 옆에서 그것을 보면, 어찌 큰 슬픔이라 하지 않겠는가?[93]

이런 입장에서 해학 이기는 해교자(海嶠子)가 류환당(留還堂)을 지은 것을 계기로 예순이 넘어서도 자유로이 자연에 인생을 맡기며 요절과 장수를 생각하지 않는 그의 태도를 칭송했다. 해교자는 "주군(州郡)에서 벼슬하여 이백석의 월급을 받는 자리를 주어도 받지 않고, 집에 천금이 차기 전에 기꺼이 타인에게 주고, 수레와 의복도 타인과 함께하며, 자기의 살림은 검약하게 살고, 기름진 음식과 거친 음식을 가리지 않으며, 항상 다른 사람에게 말하기를, '하늘이 나를 낳았으니, 자족[適然]할 뿐이다. 생명도 스스로 소유할 수 없었거늘, 하물며 다른 것에 있어서랴!'라고 했다." 해학 이기는 환(還)의 덕을 류(留)의 삶을 극복하는 대안적 가치로 여기는 것이다. 그리고 그러한 가치는 의지의 힘[志氣]으로 추구해야 한다. 그는 의지를 통한 시대의 극복을 중시했다. 이러한 윤리적 가치관은 그가 「전제망언田制妄言」에서 토지 공개념을 주장하는 것과 연관된다. 그는 사적인 매매를 전면 금하고, 국가의 공적 매매만을 허용하는 일종의 토지 공개념을 도입하여 토지 겸병을 억제하고자 했다.

그의 경제 사상은 당시 토지조사 임무를 지닌 탁지부(度支部) 경제관

93 李沂, 「留還堂記」, 『李海鶴遺書』 권8.

료 어윤중(魚允中)의 부탁을 받아 토지개혁안으로 제출한 「전제망언」에 실려 있다. 그는 반계 유형원(磻溪 柳馨遠)과 다산 정약용(茶山 丁若鏞)의 실학적 토지론의 정신을 계승하여, 전통 유가의 정전제(井田制, 경지를 구획하여 재분배하는 정책)나 한전제(限田制, 토지소유 상한선을 정하는 정책)가 갖는 비현실적 성격을 조세정책의 운용으로 극복하고자 했다. 그가 제시한 공전제(公田制)는 김용섭(金容燮)과 김도형(金度亨)이 상세히 분석했다.[94] 김용섭에 의하면 해학 이기는 "모든 분야에 걸친 개혁을 구상하고 있었지만, 그 가운데서 제일 중요한 것은 경제 문제, 즉 토지 문제였다." 토지 제도를 문제 삼은 것은 "제도와 기구의 개혁을 위해서는 재원이 필요한 까닭이었으며, 국가 재정과 농가 경제의 안정"을 기하기 위한 것이었다.[95]

해학 이기가 보기에 정전제는 토지 사유제의 역사적 흐름 때문에 현실적으로 실현 불가능한 것이었고, 토지 구획의 현실적 어려움 때문에도 실행 불가능한 것이었다. 한전제는 토지 겸병의 원인이 되는 사유제를 인정하기 때문에 겸병을 막을 수 없다. 이러한 정책들은 사실상 그 추상성으로 인해, "백성은 날로 파산하고, 국가 재정은 날로 비어가는[民日耗, 國日虛]" 병폐와 함께해왔다.[96] '토지 없는 백성[無田之民]'을 없게 하고 국가재정을 확보하는 현실적 대안은 세부적 대안인 '치표지술(治標之術)'과 근본적 원칙인 '치본지술(治本之術)'이다.

치표지술은 전통적 두락제(斗落制)가 마을의 토지 품질을 잘 파악할 수 있다는 점을 활용하여 토지 등급을 정하는 결부법(結負法)과 병행하

94 金容燮, 『韓國近代農業史研究(2)』, 지식산업사, 2004, 238-265쪽; 金度亨, 「海鶴 李沂의 정치사상 연구」, 『동방학지』 31호, 1982: 저자는 해학 이기의 사상을 인민주권론에 접근하는 것이며, 기존의 민본주의를 넘어서는 농민적 토지 소유를 주장했다고 보았다. 그에 의하면 근대주의에 매몰된 외세 의존적 개화파는 '정신적 함몰을 당한 근대주의의 모습'을 보여줬지만, 해학 이기는 인민주권에 접근하는 사상을 가지고 자주적 근대화를 도모했다.

95 김용섭, 위의 책, 244쪽.

96 李沂, 「田制妄言」, 『李海鶴遺書』 권1.

는 대안이다. 이 대안으로 토지를 측량하여 세율을 정하되, 지주에게 바치는 사세(私稅)는 내리고, 국가에 바치는 공세(公稅)는 올린다. 두 종류의 세를 합하여 9분의 1세로 하면 농민의 사세는 18분의 1로 줄어들며, 지주제는 인정되나 지주의 세수는 줄어든다. 당시 사세는 공세의 6배가 되었는데, 해학 이기에 의하면 이것은 불의이다. 그에 의하면 "토지가 국가의 소유가 아닌 지 오래되었다. 비록 사세를 허용할 수밖에 없었지만, 그것을 공세보다 많게 하지 않아야, 명분과 말이 제대로 올바르게 되어 신민(臣民)들이 반드시 따르지 않을 수 없게 될 것이다[夫田非國家之有久矣, 雖不免許其私租, 然但使無加於公賦, 則名正言順, 爲臣民者固不敢不從也]."[97]

이러한 조세 정책을 시행하되 치본지술인 공전제의 목적을 완수하기 위해서는 사적 토지매매를 금하고 국가가 토지를 매수하여 점차 토지 사유제를 소멸시킨다. 만일 지주나 공무원이 공적 매수(公買)를 빙자하여 사유제 부활의 요인을 만들면 그들을 '대역부도(大逆不道)'로 다스린다. 이렇게 해서 부의 원천인 토지는 국유화되고, 모든 사람들은 토지를 균등하게 점유하게 될 것이다. 이러한 토지 공전제를 그는 민족과 국가의 명운이 걸린, '생사가 걸린 기회[死生之機]'로 간주했다. 해학 이기는 자신의 경제사상이 그의 입헌공화제 안에서 국법으로 자리 잡기를 희망했다. 이러한 대안들은 김도형이 지적하듯이 조선 후기의 농민항쟁의 문제를 해결하려는 그의 의지의 발로이기도 했다. 그것은 "전국의 토지가 부자 집[富家]에 집중되고, 소작농은 지주에 의해 탈경 · 이작은 물론이고 3분의 1에서 절반에 이르는 지대 때문에 처자를 이끌고 1년 내 농사를 지어도 한 그릇 밥[一飽]도 얻지를 못하고 있었던 현실"을 강개한 심정으로 직시한 데에서 나온 것이다.[98] 그의 공전제는 천하를 사유하는 사천하(私天下)가 아닌 공천하(公天下)의 정치적 원리를 경제적 정책으로 표현

97 이기, 앞의 책.

98 金度亨, 「개항 전후 實學의 변용과 近代改革論」, 『東方學誌』 124호, 2004.

한 것이다. 그의 천하공유[公天下]의 정치윤리는 사적인 의욕[意]을 선의 지[志]로 전환하는 것을 필요로 한다. 그의 인간관은 이처럼 현실 극복의 관점과 연관되어 있다. 인간의 정(情) 가운데 사적 의욕에 의해 왜곡되어 적합성을 상실한 정(情)은 도덕적 감정[측은지심 등의 사단(四端)으로 대표되는 선한 정(情)]에 의거하여 정상화되어야 한다. 자연적 감정인 칠정과 연관된 마음은 인심(人心)이다. 사욕에 의해 왜곡되기 이전의 인심은 자연의 산물이기에 그 자체로 무극이면서 태극[無極而太極]인 본체와 연속되어 있으면서도 본체가 현상적으로 표현된 것이다. 인심도 내재한 태극인 성(性)의 표출이다. 사단의 도덕적 정은 성(性)의 인간적 표출이며, 성의 주요 내용인 인의예지의 감정적 표현이다. 이 마음이 도심(道心)이다. 이런 의미에서 해학 이기는 인심과 도심은 (모두 우주의 산물이기에) 두 마음이 아니라고 말한다. 마찬가지로 정(情)의 모든 이름을 칠정(七情)으로 대표하고 그 가운데 선한 정을 사단(四端)이라고 한다면, 칠정과 사단도 두 가지 정이 아니다. 그는 조선 주기론의 전통에 따라 내재적 일원론의 구도에서 인간을 해명하고자 했다.

맹자가 식욕과 성욕[食色]도 하늘의 본성[天性]이라고 한 이후 이학사는 주리, 주기의 편차가 있었지만 전체적으로는 일원적 일관성을 갖는 체계를 형성하기 위해 노력한 역사였다. 주기론은 이기(理氣)를 분리하지 않거나, 아니면 아예 기를 본체로 선언함으로써 주희보다는 손쉽게 일관성을 확보할 수 있었다. 해학 이기는 이기를 분리하지 않는 입장에서 자연주의적 성향의 세계관을 지향한 것으로 보인다. 도덕과 그 이외의 자연적 본성들은 모두 천부적인 것이다. 인간도 "이가 낳고, 기가 형성한[理之所生, 氣之所成]" 생성된 존재이다. 다만 인간은 자신의 의지를 다해 천부적 도덕을 최대한 실현하여 현실사회를 도와 덕에 부합하는 세상으로 변혁해야 하는 것이다.

인간은 "성(性)에서 태어나 기에서 형성된 존재[生於性而成於氣者]"이다. 그러나 인간은 기로에 서 있다. 본연의 본성과 합치[合]하는 길로 나가느냐, 아니면 본성과 분리[分]되는 이욕의 길로 나가느냐가 문제이다.

이 위기를 그는 다음과 같이 묘사한다.

> (본성에 합일하는) 동쪽 길로 나갈 때, 산천은 드넓고 풍진은 맑게 가서, 수백 천리까지 이르러도 사람이 강건하고 말도 씩씩하면[사람은 본성, 말은 氣], 끝까지 편안히 가는 즐거움을 얻을 수 있다. 반대로 서쪽으로 나가면, 낭떠러지가 널려 있고 길은 험난하고 막히며, 수풀과 덤불이 가득 차 있으면 1, 2리도 못 가서 사람은 곤핍하고 말은 피로하여, 결국 근심의 우환을 가져오게 된다. 이것이 군자가 발동의 초기[發動之始]에 반드시 신중[愼]하지 않으면 안 되는 이유이다.[99]

기(氣)는 창조적 활력인 기세(氣勢)를 의미한다. 기는 형성의 원리이다. 인간의 본성은 자연의 생성 과정에서 생성된 것이지만 그 실현은 인간의 기세에 맡겨져 있다. 조국의 멸망을 목격한 해학 이기는 주기론적 세계관으로부터 시대에 저항하여 그것을 극복하려는 강건한 인간상을 만들어냈다. 그러나 공적인 보편적 가치에 합치하는 길은 그의 시대에는 "낭떠러지와 험한 길로 가득[崖豁險隘]"했다. 그는 많은 시를 통해 시대의 고통과 자신의 방황을 표현했다. 그의 시는 인간성과 시대를 건지는 도(道)를 이면에 깔고 있거나 전달하는 글[文]이었다. 실천적 의지의 기세가 이(理)와 성(性)을 싣고 가는 수레이듯, 고통을 담고 있는 글[文]은 도(道)를 실어 나른다. 문장은 도라는 이념을 자신의 근본의미로 전달한다. 「양백규에게 주는 편지與梁伯圭書」에 의하면 과거 위대한 시인들의 시풍은 강물에 불과하며, 진정한 시가 담는 도(道)는 모든 강물의 근원에 해당한다. 그는 실학자들처럼 육경(六經)의 실천적 전통이 문장의 의미에 진실을 부여한다고 주장한다. 문예적 문장은 '도의 껍질[道之膚革]'에 불과하다. 그에 의하면 문장에도 기(氣)가 있는데, 한유(韓愈), 유종원(柳宗元), 구양수(歐陽脩), 소식(蘇軾) 등의 기상이 각각 다른 것과 같다. 그러

---

99 김도향, 앞의 책.

나 문장의 진정한 의미를 규정하는 것은 이(理)이다.[100]

해학 이기의 사상은 이학적 구도에 새로운 내용을 담은 것이다. 그것은 학문 구국, 교육 구국을 통한 구국의 이상을 향하고 있다. 이 의지가 지향하는 이(理)는 그가 '한(韓)'이라고 부른 한국의 독립 자주와 '인민(人民)' 각자의 독립 자주이다. 이 독립 자주의 실현이 공익(公益)의 핵심 내용이다. 그러나 시대는 점차 학문과 교육으로도 감당 못하는 멸국으로 갔다. 이에 따라 그는 나철과 함께 종교 구국으로 나아간다. 세상의 시련은 그를 더 정신적인 깊이로 이끌어갔으며, 민족 종교의 부활로 나아가도록 했다. 그는 구체적 현실[有]로부터 초월하여 초절적 영혼의 소유자가 되고 다시 현실로 내려오는 길을 모색한다. 이러한 형이상(形而上)의 길은 유(有)의 극치에서 무한자를 사유하는 사유의 극한으로 나아가고, 다시 형이하(形而下)의 차원과 관계하여 새로운 방식의 실천을 모색하는 길이다. 그는 '위대한 영혼, 한얼대도'의 세계로 나아간 후 다시 유(有)의 세상으로 회귀하는 종교적 삶의 양식을 민족의 명운과 함께 하려는 의지와 결합시켜나갔다.

1908년 나철과 함께 대종교 중광에 참여하기 전부터 해학 이기는 비밀결사대를 조직하고 을사오적을 저격하는 등 여러 활동을 그와 함께했다. 이 이전의 외교 책임자였던 운양 김윤식은 일본 공사의 사주를 받아 죽은 명성황후 폐위에 관여되었다는 죄목으로 제주도 종신 유배형에 처해져 1897년에 제주도로 귀양 가게 된다.[101]

나철은 김윤식의 유배지로 동행하여 5년간 토론과 독서로 지내다가 1901년 제주도를 떠난다. 그는 1904년 러일전쟁까지 입산수도를 하는 등 야인으로서 지내다가, 1905년 미국 포츠머스에서 러시아와 일본의 강화회의가 있다는 것이 알려지자 해학 이기 등 동지들과 함께 그곳에 가서 일제의 야욕을 호소하고자 노력했다. 결과적으로 그들의 노력이

---

100 李沂, 「與梁伯圭書」, 『李海鶴遺書』.

101 『나철 · 김교헌 · 윤세복』, 근대인물한국사 305, 동아일보사, 1992, 20-21쪽.

실패하자 같은 해 6월 일본을 통해 미국으로 가려고 일본에 밀항하게 된다. 그러나 일본의 방해로 미국행은 좌절되었다. 결국 그는 동경에 머물면서 국가주권의 자결권과 공존, 동양 평화론의 도덕적 실질(동양 각국의 주권이 평등하다는 것)을 주장하는 외교적 노력을 했다. 이후 1908년까지 4차에 걸친 도일(度日)을 통해 외교적 노력을 이어갔다. 1905년 을사보호조약이 이루어지자 1906년 12월 을사오적을 제거할 계획을 가지고 귀국하여 다음 해 2월 해학 이기와 함께 '자신회(自新會)'라는 비밀결사대를 조직한다. 3월 6명의 동지들과 을사오적을 저격했으나(45세) 총기 사용 미숙 등의 이유로 실패하고 체포되고 만다. 나철과 해학 이기는 정부 전복죄로 10년 형에 처해졌다가 고종의 특사로 1907년 말에 석방된다.

나철은 해학 이기와 함께 저격 직전에 일종의 처형 허가장인 「참간장 斬奸狀」을 작성한다. 여기서 그는 '2천만 중생의 생사'에 대한 책임과 '자유에 대한 사랑'의 정신을 가지고 '국내의 병폐를 일소하여 자손이 독립된 천지에서 숨을 쉴 수 있도록 해야 한다'는 결의를 선언한다.[102] 이러한 결의는 나철이 한국사회의 문제가 교육이나 문화와 같은 부분들의 문제가 아니라 전체가 노예 상태에 처한 총체적인 문제임을 인식하고 제국주의에 물리적으로 저항하고자 한 것임을 잘 보여준다. 이른바 민족모순이 주요한 것으로 전면에 부각된 것이다. 그의 민족해방 의식은 약소민족의 생사와 '형제자매'의 자유 독립에 대한 우환의식을 가지고, 제국주의에 대한 실천적 저항을 요구하는 것이었다.

자유 독립은 이제 그의 삶을 위험으로 내몰았다. 자유 독립은 죽음의 의식이 없이는 생각될 수 없었다. 그의 몇몇 동지들이 유가적 의병운동에 관계한 인물들이었듯 그의 실천적 태도에는 유가적인 귀족적 책임의식과 우환이 저변에 깔려 있다. 그러한 의식은 살신성인(殺身成仁)이라는 자기폭력을 통해 사회악의 제거를 요구하는 유가적 선비정신의 핵심

102 박성수, 『나철』, 북캠프, 2003, 94-102쪽.

이다. 주희(朱熹)의 공리(公理)인 '보편적 가치를 보존하고 사욕을 제거한다[存天理 去人欲]'라는 명제는 안으로는 정치-윤리적 주체성을 확립하고 밖으로는 사욕의 세력을 제거하는 단호한 인간상을 창조해왔다. 이러한 인간상이 갖는 의식은, 세상에 불행하고 무고(無辜)한 사람이 한 사람이라도 존속하는 한 그리고 그에게 사심이 남아 있는 한, 결코 충족되지 않는 무한정한 의식이다.

그러한 책임의식은 무한한 성실성을 필요로 한다. 그것은 자신의 안정과 복지를 희생하고 보편적 가치를 추구해야 하는 긴장의 주체를 만들어낸다. 이 주체는 자기 자신과의 관계에서는 사심을 경계하고, 현실과의 관계에서는 근심해야 하는 전면적인 우환 속에 살아야 한다. 현실은 주체와 외면적 관계에 있는 것이 아니라 참여의 성실성을 사명으로 요구하는 세계이다. 이런 의미에서 유가적 주체성은 현실과의 운명적인 관계를 통해서 성립된다. 현실과 관계하는 이러한 주체성이 나철과 해학 이기를 비롯한 동시대 지식인들의 삶의 방식을 결정하는 사상적 기초였다. 현실의 변형을 지향하는 가운데 자신의 내적 변형을 추구하는 주체가 재난으로 닥친 현실 속에서 저항적 주체로 된 것이다.

나철은 이제까지 외교적 방법과 개별적 폭력의 방법으로 저항의지를 표출했다. 그러나 그것의 실패는 다른 방식의 저항의 길을 선택하는 계기가 되었다. 유배에서 풀려난 후 1908년 그는 다시 일본에 가게 되는데, 여기서 그는 생애와 사상의 일대 전환기를 가져올 한 사건을 경험하게 된다. 그해 12월 69세의 두일백(杜一白)이 나철 앞에 나타나 자기는 백봉신사(白峯神師)에게 사사한다고 하면서 『단군교포명서』를 놓고 갔다. 그리고 며칠 뒤 옮긴 숙소까지 찾아와 쓸데없이 시간을 허비하지 말라고 하면서 귀국하여 단군 대황조의 교화를 펼치라고 당부한다. 이에 나철은 크게 반성하고 국운의 회복을 위해서는 민족이 일치단결하여 생명의 근본인 단군을 숭봉하고 그 대은(大恩) 아래 교화의 대력을 얻어야 가능하다고 생각하게 된다.

그는 국가주권의 상실은 중국 중심의 사대주의 역사관을 배우고 교육하여 민족정신을 상실한 데에 있다고 생각했다. 1908년 나철을 중심으로 대종교[처음에는 단군교(檀君敎)라 했음] 중광이 이루어진다. 그리고 대종교 총본사를 만주로 이전하여 교육 사업과 독립운동을 병행했다. 일제가 대종교를 대대적으로 탄압하자, 1916년 8월 15일 나철은 황해도 구월산 단군 사당 삼성전(三聖殿)에서 스스로 호흡을 끊고 자결했다. 그가 남긴 여러 유서들 가운데 「교도들에게 삼가 알리는 글恭告敎徒文」은 그가 보는 세상의 비참상과 구원에 대한 책임의식을 잘 보여주고 있다.

> 아! 아프다. 우리 동포가 누군들 천신단제[天神檀帝, 하느님, 위대한 영혼]가 낳아 키운 영적 존재가 아니랴마는 모두가 본원을 잃어버리고 등져[忘本背源], 그릇된 길로 치달리고, 진리에 어둡고 허위에 빠져[迷眞沈妄], 재앙의 바다에 침몰하였으니, 거의 불에 몸을 던지는 약한 나비와 같고, 우물에 떨어지는 어린아이와 같다. 하물며 다시 귀신이 울고 도깨비가 날뛰게 됨에 있어서랴. 천지의 정수의 빛[精光]이 어두워지니, 뱀과 돼지들이 잡아먹고 달려들며, 인류의 피와 살이 홍수처럼 흐르고, 산하는 산산이 조각났으며, 모래먼지는 비바람에 흩날리고, 해는 지고 길은 막혔는데, 인간 세상은 어디에 있는가? 아! 슬프다. 이것이 누구의 잘못인가? 비록 그러하나 오직 우리 천신단제께서는 특별히 널리 포용하는 자애의 은혜를 드리워 어린아이가 떨어져 전락하는 것을 무시하지 아니하고, 다시 한 가닥 생민의 활로[生民之活路]를 열었으니, 우리 대종교문(大倧敎門)이 그것이다. [……] 나는 죄가 무겁고 박덕하여, 종문을 주관해왔으나, 8년 동안 대도의 빛을 널리 알릴 수 없었으며, 이 세상의 미혹한 길을 널리 구제할 수 없어, 오늘의 몰락이 있게 되었으니, 부끄러움을 이기지 못하겠다. 또한 모든 형제자매가 독실한 신앙을 가질 수 없었던 죄과라고도 할 수 있을 것이다.
>
> 나는 지금 천하 형제자매의 죄를 대신 짊어지고 한 올의 생명을 결단(決斷)하여, 위로는 하느님께 사죄하고 아래로는 동포에 사죄합니다. 내가 떠난 후에 대종교의 일은 오직 형제자매 분들이 어떻게든 노력하여

이 세상을 복되게 하기를 바랍니다. 진중(珍重) 진중(珍重) 늘 건강하시고, 노력하고 노력하십시오.[103]

본원은 한얼대도이다. 이것은 유(有)의 극치에서 만나게 되는 무(無)를 통해 통찰되는 만유의 근본인 위대한 영혼이다. 세계와 관계하는 인간은 감각적 삶에 몰입하는 허위의 길[妄]로부터 '하나의 무[一無]'인 대도로 나아가는 진리의 길[眞]을 보아야 한다. 진리는 '생명의 빛[精光]'이다. 진정한 빛의 회복[光復]은 조국의 해방일 뿐만 아니라 본원의 해방이다. 이 두 가지 해방의 결합이, 한국의 역사 연원이 하늘을 열어[開天] 시작했듯이 새로운 개천의 시작인 것이다. 동학적 개념으로 그것은 무극대도(無極大道)가 다시 돌아오는 후천개벽(後天開闢)의 완성일 것이다.

그러면 한얼대도(大道)와 "광대한 하나의 무[一無]"의 의미는 무엇인가?

6. '하나의 무'[一無]와 위대한 영혼(한얼)

동학의 사상과 혁명이 서민적 지성들에 의해 전개되었다면, 대종교의 창건은 문학, 철학, 역사에 대한 유가적 교양을 가진 선비들을 중심으로 이루어졌다. 그들의 유가적 우환의식(憂患意識)은 자신을 희생하지 않으면 안 된다는 비극 정신으로 발전한다. 죽어야 할 때 죽어야 한다는 그들의 유가적 정명의식(正命意識)은 그들로 하여금 더욱 죽음을 내면화하도록 했던 것으로 보인다. 또한 대종교의 존재론에 의하면 무극(無極)인 한얼대도의 산물인 현상세계는 관계들 속에서만 일시적으로 존립하는 변양태에 불과하며, 생명체와 인간 및 별들의 세계도 유한한 한계[可死性]를 갖고 있다. 죽음은 한얼대도 안에서 일어나는 필연적 사건이다.

이러한 형이상학적 세계관은 여러 대종교의 문헌에 나타나지만, 대표

103 羅喆, 「恭告教徒文」, 『大倧教經典』, 대종교출판사, 2002, 846-847쪽.

적으로 조선 16세기 초의 학자였던 이맥(李陌)이 편찬한 『태백일사太白逸史』의 「소도경전본훈蘇塗經典本訓」이 압축적으로 전하고 있다.

> 하늘의 근원[天之源]은 원래 하나이자 광대한 허무[一大虛無]로서 비어 있을[空] 뿐이다. 그러므로 어찌 일정한 실체[體]가 있겠는가. 하늘은 원래부터 근본적으로 일정한 체가 없으나, 28개의 성좌가 그것에 가탁하여 일정한 체가 된다[二十八宿乃假爲體]. 천하의 사물들은 부르는 이름이 있으니, 모두 수(數)를 갖고 있다. 수가 있어서 모두 힘[力]을 갖고 있다. 수를 가진 것으로 말한다면 한정된 수가 있는 것과 한정된 수가 없이 소멸하는 것의 차이가 있으며, 힘을 가진 것으로 말한다면 한정된 것으로 나타나는 것과 한정된 힘이 없이 사라지는 것의 구별이 있다. 그러므로 천하의 사물들은 유로 말하면 모두가 한정된 유이며, 무로 말하면 모두가 무이다.
> 天之源, 自是一大虛無, 空而已. 豈有體乎. 天自是本無體, 而二十八宿乃假爲體也. 蓋天下之物有號名, 則皆有數焉. 有數則皆有力焉. 旣言有數者, 則有有限無限之殊, 又言有力者, 則有有形無形之別. 故天下之物, 以其有言之, 則皆有之. 以其無言之, 則皆無之.[104]

한얼대도인 우주 본체는 허무이며, 성운들의 세계는 그곳으로부터 가현(假現)하여 일정한 물체로 된 것이다. "스물여덟 별자리가 다만 가체(假體), 즉 한순간의 형체를 이루고 있을 뿐이다."[105] 가현된 물체들은 상대적 유무에 지배되지만, 근원적 창조력을 잠재력으로 머금고 있는 한얼대도의 허무는 영원히 존재하는 가운데 광명을 발현하여 삼라만상을 생성시킨다. 인간과 만유는 이 창조적 빛을 본성으로 갖고 있다. 인간은 본성을 통해 근원의 빛에 접하여 소통할 수 있다[性通光明]. 물체로서의 인

---

104 임승국 역주, 「소도경전본훈」, 『환단고기』, 정신세계사, 2007, 231-232쪽; 여기서의 번역은 임승국과 민영현의 번역을 참조하여 변형했다.

105 민영현, 「「蘇塗經典本訓」에 나타난 三·一의 의미맥락과 天符經의 철학사상」, 『선도문화』 3권, 2007.

간은 소멸하여 무로 돌아가지만 그의 심성은 무한자와 소통할 수 있다. 인간의 영원한 실재성의 근거는 한얼대도에 있다. 그러나 그의 신체는 한얼대도의 가현으로서 일시적으로 존속할 뿐이다. 만유를 근본적으로는 하나라고 보는 이러한 세계상은 공익을 위한 대종교인의 연대적 행동주의를 강화한 것으로 보인다.

자주독립의 상실이라는 치욕 때문에 생을 버리고 의를 취하는 것[捨生取義](맹자)은 결코 대도에 어긋나지 않는다. 나철(羅喆)과 이기(李沂), 서일(徐一)은 모두 자결로 생을 마감했다. 그들은 수전일치(修戰一致)의 원칙에 따라 행동하는 가운데 독립운동의 사상적 기반을 세웠다. 특히 서일은 그 사상을 체계화하고 이를 군사적 실천의 기반으로 삼았다. 강렬한 윤리적 민족의식을 지녔던 이들은 최초의 뿌리를 신화적으로 찾아 계보화하는 방법에서 자신들의 역사관을 구했다. 또한 그들은 우주의 본원에 대한 종교·철학적 사유를 통해 자연과 인간의 존재론적 구조를 논했다. 그들의 윤리설도 그러한 존재론에 토대를 두게 된다.

『삼일신고三一神誥』와 나철의 『신리대전神理大全』(1911)에 의하면 우주는 '창조적 능력의 위격(造化之位)'을 가진 위대한 영혼(한얼)인 하느님(桓因, 大一者의 의미)으로부터 출현했다. 위대한 영혼은 동시에 '교화의 위격[敎化之位]'인 이성적 질서의 능력으로서 '천사(天師)'이기도 하다. 천사는 사물에 질서를 부여하고 이 질서는 사물과 인간에게는 지적 교훈이 된다. 동시에 하느님은 '치화의 위격[治化之位]'인 문명 창시자로서의 '천군(天君)'으로 변화한다. 지상의 인간으로 화한 천군은 '홍익인간(弘益人間)'의 이념을 치화의 원리로 삼는다. 그가 조선 민족과 모든 민족의 시조이자 문명의 창시자가 된다. 단군은 조선 민족과 문명의 시조이다. 하느님은 '삼신일체(三神一體)'라는 삼위일체적인 '삼진귀일(三眞歸一)'의 존재이다. 체(體) 혹은 주체(主體)는 하나[一]이고, 그 발용[用] 혹은 작용은 셋[三]이다. 대종교는 이러한 신학적 계보학이 조선 문명의 시작[開天]부터 고려 시대까지 존속했으나 그 후 쇠퇴해온 것으로 믿었다. 김교헌, 박은식, 신채호는 이러한 관점에서 역사를 재구성했다. 이러한 노력은 주권을 빼앗긴 민족의 정신적 정체성을 다시 구성하여 모든 민족과 공존하는 자격을 갖추기 위한 것이었다.

삼신일체의 하느님 사상은 사실, 진정한 주체성은 창조의 활력과 이성적 인식, 문명의 공익성이라는 세 가지 능력을 갖춘 인격임을 자각시키는 것이었다. 삼신일체론은 하느님에 대한 믿음과 세 가지 능력과의 실천적 합일을 지향한다. 그것은 동양의 내재적 성격이 강한 한국[韓]의 형이상학이었으며, 개인과 민족의 자주성을 형성해주는 사상이었다. 하느님의 내재적 활동성과 공익적 실천성을 강조하는 이 사상은 신성한 가치들이 인간으로부터 소외되는 것이 아니라 지상의 인간에 의해 지상에서 실현되어야 한다는 신념을 표현하고 있다. 그것은 조선인이 땅 위에 살고 있는 인간으로서 존재의 포부를 드러내는 한 방식이었다.

유대-기독교 전통의 초월적 개신교가 만주에 들어왔을 때, 학생 시절의 윤동주, 문익환과 같은 인물들은 대종교와 결합된 기독교 교육을 받았으며, 그 후에도 그것과의 갈등을 거의 느끼지 못했다. 그들은 이미 동양적 교양의 소유자로서 민족의 자주성을 공동 운명체의 관심사로 삼고 있었다. 그리고 이 관심이 초월적 하느님과의 관계 안에서 모순 없이 공존할 수 있다고 생각했다.[106]

위대한 영혼 '한얼대도'는 형태[形]와 언어[言]와 행위[爲]의 창조자인 동시에 그 삼자를 통해 자신을 발현한다. 세 가지 발용과 상대하여 위대한 영혼의 광대한 본체인 '대체(大體)'는 '형태 없음[無形]', '말이 없음[無言]', '행위 없음[無爲]'이라는 초월적 성격을 갖는다. 이러한 거대한 본체가 자발적으로 작용하여 다양의 존재가 형성된다. 위대한 영혼은 본질적으로 비어 있고 없는 것으로서 존재한다. 그러나 그 비어 있는 무는 존재를 창조하는 생기의 원천이다. 무형의 본체는 '울렁출렁[洋洋然, 도도하게 출렁거리는 흐름]'하는 운동을 통해 여실히 존재한다[如在]. 우주는

---

106 문익환과의 인터뷰, '독립운동의 대부, 홍암 나철', MBC 다큐멘터리, 2004. 2. 29(〈이제는 말할 수 있다〉, 74회, 3·1절 특집).

무의 출렁거림이라는 맥동하는 진동에 의해 생성되었다. 무언의 체는 들을 수 없으나 '아근자근[諄諄然, 아기자기하게 여실히 깨우침]' 말을 하여 인간으로 하여금 대도가 창조한 사물의 이치를 여실히 알게 하며[如喩], 대도의 소리를 듣게 한다. 인간은 무의 소리를 들을 수 있고, 현상적 사물의 이치들을 언어적 상징으로 인식할 수 있다. 무위의 본체는 '우글부글한[芸芸然]' 다양성을 형성하는 활동을 통해 만유를 여실히 재단한다[如裁].[107]

무는 자기 안에 폐쇄된 고요의 평형 상태에만 있는 것이 아니라 다양을 형상화하는 예술적 창조자이다. 인류 문명은 만물의 다양성에 의존한다. 그러나 세속적 문명 활동은 공익성을 갖출 때 비로소 그 우주와 문명을 창조한 의미를 얻게 된다. 인간은 창조의 의미를 구현하는 존재로서, 한얼대도와 마찬가지로 무형에 본원하여 유형을 창조하고, 무언에 본원하여 언어를 사용하며, 무위에 본원하여 유위의 활동을 하는 존재이다. 인간은 무로 수렴하고 다시 유로 발산하는, 정태적이면서도 동태적인 구조를 갖는다.

이러한 위대한 영혼의 세 측면에서의 발현은 한얼대도가 갖는 "신묘한 자발적 작용[妙用]"의 세 측면이다. 묘용은 '형태'로 나타나 "만물을 창조적으로 생성시키고, 말을 하여 창조적으로 질서지우며, 활동하여 만물을 창조적으로 형성한다[形而莫不資生, 言而莫不資化, 爲而莫不資成]." 하나의 정신인 신(神)은 삼신(三神)으로 발현한다. 이 삼신이 자연세계뿐만 아니라 인류의 지혜와 활동의 '세 근원[三宗]'이다.[108] 이러한 한얼대

---

107 尹世復, 『倧經四部合編』, 대종교 총본사, 개천 4406(1942).

108 羅喆, 『神理大全』: 대종교의 한글에 대한 관심은 국수주의적인 것이 아니라, 언어의 다양성과 독립성에 대한 자각이었다. 언어는 그 연원에서는 위대한 영혼의 다원적 분화 운동에 있다. 그것은 사물의 형태와 창조적 행동 사이에서 나온 것이다. 언어는 근원적 생명 원리인 한얼이, 형태들과 마주하고 있는 인간의 창조적 활동을 통해 나타난 것이다. 대종교의 한글에 대한 관심은 일제하 한글 운동으로 나타나고 한글학회의 형성으로 이어져, 주시경(周時經), 최현배(崔鉉培) 등의 한글 연구로 결실을 보게 된다. 결국 대종교와의 연관이 발각되어 체포, 구금되었다. 대종교인들이 보기에 지구상의 민족들(다섯 색깔의 민족)은 음성과 피상적 구문 구조가 각기 다르나, 한얼의 교화의 이치[理]는 하

도의 통일과 분화의 구조인 '대종지리(大倧之理)'는 "삼일일 뿐이다[三一而已]." 세계와 인류의 근거로서의 삼일의 신은 묘용을 통해 내재적으로 작용하여 유로 나타나지만, 무이기 때문에 초월적이다. 세계는 그 모용을 얻어 '듬북 버리[森列, 빽빽하게 늘어섬]'하게 다양성이 충만하다. 인류를 포함한 다양한 사물은 그것을 얻어 '자꾸 부르[繁殖, 번다하게 불어남]' 진화하고, 인류는 그 창조적 활동을 '느껴 본받[感效]'는다.[109]

인류는 '정신적 원리[神道]'의 산물로서 신 안에 있다. 인간은 그 작용의 이치를 '성취 모범[成效]'으로 본받아 실현하는 존재이다. 이러한 인간이 '신인(神人)'이다. 진정한 정신적 인간은 현상의 본원의 통일성에 기초하여 삼라만상의 듬북함과 불어남을 긍정적으로 이해하고, 문명 형성의 길로 나가는 존재이다. 우주에 대한 관심과 문명에 대한 관심의 공존은 단군신화에서도 암시되어 있었다. 그러나 20세기 대종교 사상은 보다 철학화되고 문명화된 것이었다. 그것은 신성한 가치들을 인간 세상에 내재적으로 연관시키고, 인간의 자주적 활동성과 연대성을 강화한 전일적(全一的) 체계였다.

나철과 함께 대종교를 창시한 역사학자 무원 김교헌(茂園 金教獻)은 『신사기神事紀』에서 문명 창조의 위치에 있는 '신인'의 의의를 태초의 신화적 인간사를 통해 보여준다. 시초에 나반(那般)과 아만(阿曼)이라는 남녀가 천하[天河, 송화강(松花江)]의 동과 서에 살다가 결합하여 자손이 나왔다. 자손들은 '오색 민족'[黃(누룽이), 黑(검둥이), 白(흰둥이), 藍(푸룽이), 赤(불긍이)]으로 나누어졌다. 이들은 "풀을 옷으로 입고, 열매를 먹었으며, 나무 둥지나 굴에 살았다. 선량하여 거짓이 없고, 종달새처럼 자유로웠다[衣草食木, 巢居穴處, 良善無僞, 鶉然自在]." 교화의 주체인 환웅

나이므로 언어의 구조적 원리는 하나였다. 민족들의 독립과 공존에 대한 그리고 이상주의적 공화에 대한 대종교의 관심은 다양한 민족 언어에 대한 존중과 연구의 의의를 최초로 자각하게 했다. 이러한 자각은 언어의 다양성을 파괴하는 오늘날의 상황에서 볼 때 중요한 의미를 갖는다고 할 수 있다.

109 尹世復, 「神理大全」, 『倧經四部合編』.

(桓雄)이 인간으로 화하여 '위대한 가르침'을 설하여 교화했다. 이 교화의 내용이 『삼일신고三一神誥』였다.[110]

신의 지혜를 대신하는 신인은 "출현하여 형체가 있고, 소통을 행하여 말이 있었고, 동하여 행동이 있었다[見而有形, 行而有言, 動而有爲]."[111] 그가 신의 활동을 우주, 문명, 정치로 나누어 각각 조화기(造化紀), 교화기(教化紀), 치화기(治化紀)로 구성한 것도 나철의 삼신일체의 정신에 의거한 것이다.

나철이 의거하는 『삼일신고三一神誥』「서序」는 발해 고왕(渤海 高王)의 형제 야발(野勃)이 썼다고 한다. 이 글에 의하면, 우주의 '진재(眞宰)'는 '무수한 작용의 계기들(群機)'을 통해 '유상(有象)'의 세계를 형성한다. 진재는 "무형의 존재이지만, 형상이 있는 것들을 창조하고 성장시킨다[陶鈞亭毒]." 인간과 사물은 형상적인 것들의 "존재[有]에 가탁해서 살고 죽고, 기뻐하고 고통스러워[生沒樂苦] 한다." 존재는 생물과 인간에게는 원초적인 것으로 주어져 있다. 나철에게 존재는 인간의 유위의 활동과 언어활동의 환경이다. 그러나 더 심원한 것이 있다. 그것은 "신이 부여한 본성[神錫之性]"이다. 신석지성은 "근원적으로 진리와 허위의 상대적 대립이 없는[元無眞妄]" 절대적 본질이다. 이에 비해 필연적으로 존재에 의거하는 측면에서 본 인간은 다양한 품성들로 나누어져 있으며, 그들의 자연적 형질들[人受之品]은 "순수와 잡박[粹駁]"이 섞여 있다. 절대적 본성과 상대적 본성의 관계는 "수많은 강들이 머금고 있는[百川所涵] 하나의 달[孤月]을 동일한 영상[同印]으로 갖고 있는 것"과 같다. 원래부터 진망의 상대가 없는 마음 본체가 하나의 비[雨]라면, 진망의 상대가 있는 현상적 마음은 "수많은 풀이 향기가 다른 것[萬草殊芳]"과 같다.[112]

윤세복(尹世復)의 말처럼 "수많은 존재들은 하나의 무(無)에서 발생[生]한 것이다." 인간의 심층적이고 예지적(叡智的)인 절대적 본성은 존재의

110 尹世復, 「神事紀」, 『倧經四部合編』.

111 윤세복, 위의 책.

112 尹世復, 「三一神誥」, 『倧經四部合編』.

본원인 무에 닿아 있는 것이며, 경험적인 상대적 본성은 다양한 현상과 관계한다. 그러나 진정한 인격은 예지적 본성을 각성하여 그것의 자주 독립성을 경험적 본성을 통해 표현하는 인격이다. 이 인격은 생사여탈의 권한을 자신 안에 지닌 자유의 주체이다.

당(唐)의 도교철학은 존재가 무에서 나왔다[有生於無]는 노자의 입장에서 우주와 인간을 해명하고, 그러한 입장을 대승불교의 관점에서 해석하기도 했다. 이러한 전통은 대종교의 철학과도 통할 수 있다. 화엄학에 의하면 허공(虛空)이자 공(空)인 진여의 마음[心]은 법신(法身) 혹은 이(理)이다. '이성(理性)'으로도 부르는 이러한 본래의 법성(法性)에서 만유가 서로 연기(緣起)의 관계를 맺으며 생멸을 거듭하는 사건들의 연쇄[事]가 전개된다. 법성과 사건은 서로 융통하는 내재적 관계에 있으면서도 법성은 사건에 대해 초월적이다.

이것은 이른바 성기론(性起論)으로 알려져 있는데, 도교철학은 그것을 노장사상과 결합하여 우주와 인간을 해석했다. 수많은 다양성의 세계[萬殊, 萬法]는 본질적으로 하나의 공한 마음으로 귀일한다[萬法歸一]. 대종교의 '세 개의 진수가 하나로 회귀한다는 삼진귀일(三眞歸一)'의 구조는 성기론과 유사한 구도를 갖고 있다. 그러나 문명과 인륜의 실재성과 역사를 중시하고 인본주의적 경향이 있는 대종교는 그러한 구도를 한얼대도로 종합하여 구체적 상황에 참여하는 내재적 구도로 전환시킨다. 나철의 철학은 본체적 무에 의거하면서도 보편적 인류와 특수한 운명 공동체인 민족의 삶에 요구되는 윤리적 실천을 중시하는, 초월적이면서도 내재적인 체계이다.

『삼일신고』의 「세계훈世界訓」은 "무진 수의 빽빽하게 늘어선 성신(星辰)을 보라!"고 한다. 그것은 "하나의 신(한얼)이 뭇 세계로 창조한 것이다[一神이 造群世界]." "성신들은 각기 하나의 세계이며, 지구는 하나의 둥근 환[一丸]과 같다. 지구는 중앙의 불[火]이 진동하고 울리어, 바다와 육지가 변천하여[海幻陸遷], 이에 보이는 형상들을 형성했다." "생물이 번식하며, 광물질도 생성 · 변형된다." 이러한 변형 과정은 모두 하나의 무인 한얼이라는 '진리에 의지하여 일어난 것[依眞而起]'이다. 일무의 신은 "세계를 형성하고 빚어내어 별들은 연이어 광활하게 뻗어 있다[陶輪世界, 星絡轇轕]." "뭇 생명들은 무수히 번성하고 물은 치솟고 불은 부딪힌다[群生芸芸, 水激火擦]." 본체가 바다라면 생성계는 '파도 거품(犢沫)'이다.[113] 이처럼 대종교의 우주관은 화엄법계를 연상시키는 광대한 생성계를 포용하는 포괄자를 하느님으로 생각한다. 이 포괄자는 인간 본연의 성품이며, 생사 전변을 아우르면서 초월해 있다.

전변하는 현상계에서 개체들은 분화 작용과 형질에 제약되어 유한하다. 개체는 본질에서는 근원의 무와 통하고, 전체와의 소통성을 갖지만, 형질에 제약되어 한정된 소통성을 갖게 된다. 여기에 '진리(眞理)'와 '허위[妄]'의 상대적 결합이 있게 된다. 허위는 형질의 제약의 크기에 비례한다. 형질의 제약이 크면 소통성은 적어지고 위대한 영혼을 이해하는 정도도 줄어든다. 마찬가지로 인류 가운데 '무리[衆]'는 근원적 진리로부터 이탈되어 약화되어 있다. 무리는 "사특과 우매[邪愚]"에 얽혀 "사랑과 지혜에 어둡다[昧仁智]." 무리는 각기 "욕망의 불[膏火]이 세상의 화로[世爐]의 불 길 속에서 서로 다림질[煎]하여, 번뇌가 마음 본성[心竇, 心性]을 은폐한다." 근원적 무한자에 비해 유한한 인간은 "피고 시들고, 일어나고 멸한다." 그들은 '아침 햇살의 하루살이[帶晞之群蜉]'와 같고, '불길에 날아드는 나비[赴燭之孱蛾]'와 같다. 이러한 인간 상황은 "어린이가 우물에 빠지려는 형국"과 같다. 이 형국을 극복하기 위해 한얼이 "창조의 덕, 이성적 지혜, 형성의 힘[德, 慧, 力]"을 가지고 단군으로 화신강세(化身降世)하여 "무리를 변화시켜 지혜자로 만드는[化衆成哲]" 문명을 일으켰다.[114]

신인은 무리의 이상적 인간상이기도 하다. 인간은 "고매한 변화를 통해 위대한 정신으로 초월해야[邁化超神]" 한다. 대종교의 초인은 우선 한얼의 세 가지 능력인 덕(德), 지혜(慧), 힘(力)을 갖추고 지상에서 활동한

113 「世界訓」, 『三一神誥』.

114 尹世復, 「三一神誥」 序, 『倧經四部合編』: "무리를 변화시켜 지혜자로 만든다[化衆成哲]"는 정신은 단군신화에 대한 문화철학적 해석의 계기로 작용해왔다.

다. 그는 내적으로 한얼의 본체인 하나(一)라는 통일성에 근거하고, 세 가지 능력을 실현한다. 이러한 인격으로의 변형의 과정을 "삼에 나아가고, 일에 나아감[卽三卽一, 삼이 곧 하나임을 의미]"이라 한다. 한얼의 세 가지 능력은 다음과 같다.

(1) 다양의 만물로 존재하려는 잠재적 능력이며, 이것은 창조적 생의 능력인 인(仁)의 덕이다.

(2) 덕은 질서의 원리를 통해 생성의 능력을 구현한다. 이것이 지혜(智)의 능력이다.

(3) 지혜는 자신을 구체화하는 실질적 힘을 통해 실현된다. 이것은 구체적 형성을 가능하게 하는 물리적 힘[力]이다. 그리고 이 세 가지 역능을 발현하는 본체의 통일성은 하나의 무(無)이다.

하나의 무는 발현의 잠재적 원천이자 자기 자신으로 회귀하는 성격을 지닌다. 그것은 발산과 수렴의 본체이다. 이 구도에서 삼으로 나아간다는 것[卽三]은 다양의 세계가 갖는 허위의 성질을 되돌려 세 가지 능력으로 나아간다는 것이다. 일로 나아간다는 것[卽一]은 하나의 본체로 수렴해가는 인간의 자기 환원의 노력이다. 이것을 "허위를 되돌려 진리로 돌아간다[返妄歸眞]"라 한다. 진리로 돌아가면, 인간의 마음 본체는 "항상 만유를 비추고 항상 즐겁다[恒照恒樂]." 이 경지에서 "만유현상이 봄의 생기를 함께 향유한다[群象同春]." [115]

대종교의 철학은 박종홍의 표현을 사용한다면 일종의 '무(無)의 형이상학'이다. 박종홍이 무와 존재를 통일하는 방향에서 사고했듯이, 나철 역시 무에 의거한 주체성에서 다시 존재로 나아가는 방향을 취한다. 그러나 박종홍이 '고독한 허무감'이라 하여 무를 소극적으로 보려 했다면, 나철에게 무는 인간의 고향이다. 그것은 생사여탈의 권한을 내부에 담게 하는, 담대한 주체들을 만들어내는 진정한 주체성의 근거이다. 나철의 무는 초절주의적 초인이 갖는 주체적 근거로서의 무이다. 『삼일신고』

115 윤세복, 「御製三一神誥贊」, 앞의 책.

「천훈天訓」에 의하면, 위대한 영혼인 대도는 본체의 측면에서는 '하나의 무[一無]' 혹은 '허공(虛空)'으로서 "형질이 없고 시작과 끝이 없으며 상하 사방이 없다[無形質, 無端倪, 無上下四方]."

존재의 극치에서 만나는 허공은 "전면적 허공으로서, 있지 않은 곳이 없고, 포괄하지 않는 것이 없다[虛虛空空, 無不在, 無不用]." 이 허공이 창조적 생명 원리의 본원이다. 이(理)를 허공에서 나오는 만유의 생산 원리라고 한다면, 이 원리가 '천리(天理)'로서의 '진리(眞理)'이다. "이는 하나의 무에서 일어난다[理起一無]." 이는 생명과 생산의 적극적 원리다. 이것을 잠재적으로 함축하고 있는 본체는 포괄자인 한얼이다. "본체는 만유를 포괄하고, 텅 비어 광막하다[體包萬有, 充虛曠漠]." 우주의 포괄자를 보는 눈은 '지혜의 눈[慧眼]'이며, 이 눈은 존재로부터 무로 가는 '창문[窓牖]'이다.[116] 그리고 지혜의 눈은 관인(寬仁)의 덕과 강건한 힘[力]으로 무장하여 문명의 공익을 위해 운명 공동체로 돌아온다.

7. 본연의 성(性)과 씨알 인성론

인간은 근원적 무와 소통하는 마음의 창을 갖고 있다. 이를 '성(性)'이라 한다. 이 본성은 허공으로서의 진리에 접근하는 창문이 된다. 진리는 '무수세계를 주관하고 무수한 사물을 창조한' 한얼대도이다. 그것은 존재의 무이기에 '이름으로 규정하지[名量]' 못하고, '친견(親見)'을 허락하지 않는다. 그러므로 인간은 "성으로부터 그 씨알[子]을 구해야 한다." "씨알은 내가 태에서 나오기 이전에 신으로부터 품수한 성이다." 그것이 본연의 성이며 본래의 성이다. 씨알이란 태에서부터 있는 잠재적 성이다. 그것은 발현되어 현실화되기를 기다리는 우주의 아들이다. '성으로부터 씨알을 구한다[自性求子]'는 것은 '성으로부터 우주의 생성 원리를 궁구한

116 「天訓」, 『三一神誥』.

다는 것[由性而究其理]'이다. 우주의 이치를 인식하는 것은 인간의 자기 변형의 노력을 통해 가능하다. 인간의 '신체'에는 '신의 나라[神國]'를 인식하는 잠재적 장소가 있다.

그곳은 도교철학으로부터 출발한 왕양명이 '뇌(腦)'나 '천궁(天宮)'이라고 이른 곳이다. 뇌는 신체의 단전에 집중되어 있는 정기(精氣)를 단련하여, 우주의 이치를 인식할 수 있는 신기(神氣)로 환원하는 장소이다. 도교에서는 '기질변화(氣質變化)', '환골탈태(換骨奪胎)'라고 한다. 이후 기질 변화는 송명이학의 주요 개념이 되었다. 정이천(程伊川)은 기질 변화를 통해 도달되는 본연의 본성을 '종자(種子, 씨알)로 보았다. 이런 의미에서 『삼일신고』「천궁훈天宮訓」에 의하면, 한얼인 신이 '모든 선과 모든 덕의 근원'이고, '대광명처(大光明處)'인 신의 나라이듯이, 인간의 신체도 신의 나라이며 '소우주(小宇宙)'이다.[117]

대종교의 씨알 개념은 동서양의 신비주의 철학에서는 이미 익숙한 것이었다. 도교와 왕양명주의는 그것을 '성령(性靈)'으로 표현했다. 명말청초의 당견(唐甄, 1630~1704)과 같은 실학적 양명학은 실천적 '공효(功效)'와 결합하여 '성공합일(性功合一, 본성과 공효의 합일)'의 사상을 만들어냈다. 나철의 대종교는 독립운동과 교육운동이라는 실천적 사명을 행동으로 옮겨야 하는 절실한 상황에 있었기 때문에 공효의 정신은 특히 중요한 것이었다. 일본의 개혁 양명학의 영향도 있었겠지만 대종교인들이 양명학에 관심을 보인 것은 그 성공합일, 지행합일의 실천적 정신이 이미 대종교의 철학에 들어와 있었기 때문이라고 판단된다. 사회적 실천보다는 대종교의 영적 측면을 계승한 유영모에 의해 씨알 개념은 함석헌(咸錫憲)에게 전승된다.

그러나 초기 함석헌의 루터교적 자유 관념은 동학과 대종교의 실천적 신비주의가 자신의 후기 사상과 상통하는 점이 있음에도 불구하고, 씨알의 민족적 연원사를 간과하게 만들었다. 그는 『뜻으로 본 한국역사』에서

117 「神訓」, 「天宮訓」, 『三一神誥』.

동학혁명을 미신에 의한 폭동 정도로 인식했으며, 대종교의 독립운동에 대해서는 거의 언급하지 않았다. 그는 대종교에서도 영적 씨알을 추구하는 사상이 있음을 어렴풋이만 알고 있었다. 그러나 그는 씨알 개념의 정신을 현대화했다. 그것은 원래 인간의 내적 성장의 원리일 뿐만 아니라 사회악과 싸우는 실천적 원리, 즉 내외합일의 원리였다. 함석헌은 씨알에 영혼의 의미를, 그리고 자본주의적 물질화와 사회 공학주의에 반대하는 저항적 자유의 의미를 부여했다. 씨알의 본질은 물질의 타성적 운동에 대해 역으로 운동하는 전진과 긴장의 운동에 있다. 그리고 저항운동과 자각의 주체는 민중인 바, 씨알은 민중의 본성으로 전환된다. 민중은 씨알이다.

그러면 나철의 대종교가 보는 인성론적 인간론은 무엇인가? 본연의 본성을 구성하는 '진리'는 허공과 같은 비물체적 무한자이다. 그러나 발용(發用)의 측면에서 무한자는 무수의 세계를 표출해내고, 다양의 세계로 '전변하는[幻]' 능력을 갖고 있다. 이 창조적 형성[造成, 造化]의 능력에 의해 대도는 형질적으로 분화된 우주로 존재하며 우주에 질서를 부여한다. 현상의 다양성을 형성하는 힘을 '기(氣)'라 한다. 기는 무궁한 창조적 생산과 질서의 원리인 이(理)로부터 나온 것이다. 이 때문에 기는 무궁한 활력을 얻고, 질서를 구현할 수 있다. 그런데 기는 본체적 이와 연속되는 측면에서는 자유로운 소통성과 유동적 활력을 갖는다. 이 측면에서의 기는 자유의 기운[神氣]인 성(性)과 동일시된다. 이러한 성이 없으면 개체는 다른 사물과의 소통적 감지나 인식의 능력을 갖지 못한다.

또한 자유의 기가 응결하여 사물이 되고 그것을 생존시킨다는 의미에서 기의 본성을 생명[命]이라 한다. 생명의 기가 없으면 그 사물은 소멸한다. 그것은 형태적 사물을 형성하고 유지시키는 힘이다. 기는 사물의 활동적 운동도 가능하게 한다. 이러한 측면에서의 기는 정기(精氣) 혹은 정(精)이 된다. 정기가 없으면 그 사물은 운동을 하지 못한다. 인간성은 이 세 가지 성질의 기로 구성된다. 이 성질에 따라 인간에 대한 삼원론적 이해가 나온다. 인간은 자유와 우주적 소통의 원리인 성(性), 생명 에너지인 명(命), 활동적 힘인 정(精)으로 구성된다. 이 세 요소는 하나의 기의 세 측면이다. 그리고 우주도 같은 성질의 기로 구성된다.

성(性)은 무한한 포용성과 자유로운 심령적 투과성을 갖는다는 의미에서 '영각의 원리[灵覺의 理]'이고, 창조적 생산 능력인 '광대한 덕[大德]'을 갖는다. 이에 비해 명(命)은 한정된 질서와 생명을 부여하여 존재하게 하는 원리로서, '생존의 원리[生存의 理]'이다. 이 명(命)에 대한 확고한 인식은 생사의 이치를 긍정적으로 통찰하는 지혜를 낳는다. 이 지혜는 생사전변에 휘둘리지 않는 '광대한 지혜[大慧]'가 된다. 생사여탈의 권한은 이 지혜의 획득에 달려 있다. 그런데 개체의 생존 능력은 그 활동성의 강약으로 나타난다. 활동성이 없다면 덕과 생명은 잠재성에 그치고 숨어버린다. 개체의 활동성을 구성하는 힘인 '정기[精]'는 신체적 힘을 강하게 하는 '큰 힘[大力]'으로 전환된다. 정기(精氣)는 신체의 운동성을 구성하는 원리 즉 "운동의 원리[運動의 理]"이다.[118]

인간성은 영각의 원리, 생존의 원리, 운동의 원리로 구성된다. 영각의 원리는 대덕(大德)이며, 생존의 원리는 대혜(大慧)이고, 운동의 원리는 대력(大力)이다. 이 세 가지는 인간성의 잠재적 세 요소인 성(性), 명(命), 정(精)을 그 실현의 측면에서 본 것이다. 이러한 인간론은 도교철학 전통에서 발전되어 나왔다. 고구려, 발해의 지배영역은 도교가 발전된 곳으로도 언급되는데, 단군과 연관된 민족종교와 도교가 결합된 사상들이 삼국시대에 이미 있었다는 추측은 일리가 있다. 나철의 대종교는 그 사상을 재건[重光]한 것이다. 그는 외교적 독립운동에 실패한 이후, 발해 시대의 작품이라고 전해지는 『삼일신고』에 나오는 사상을 새로운 대안으로 간주했다.

대종교는 민족의 신체적 자유가 박탈당한 현실에서 이 현실을 강건한 정신적 힘과 육체 · 물리적 힘으로 극복하고자 했다. 이 염원을 그들은 백두산인 태백을 성지로 갖는 한[韓, 韓國]을 하느님이 보우한다는 종교

118 尹世復, 「世界訓」, 「眞理訓」, 『倧經四部合編』.

적 신념에 담아냈다. 대종교의 투쟁은 모든 노예해방 투쟁이 그렇듯 생사를 걸 만큼 위험했다. 그들의 초미의 관심사는, 안으로는 생사를 초극하는 자유를 바탕으로 독립 자주의 주체성을 선취하는 자아실현이었으며, 밖으로는 민족해방의 실천이었다.

인간에게 생득적으로 주어진 인성의 세 요소는 배태의 초기부터 세 가지 장애 요소를 갖고 있다. 이를 '삼망(三妄)'이라 한다. 세 요소가 허위[妄]인 것은 인간의 마음과 신체가 경험적 사물과의 연관 속에서 움직이기 때문이다. 성(性)은 심(心)으로 나타난다. 거기에는 선과 악, 화와 복이 있다. 이 점에서 심성(心性)은 '길과 흉의 집'이다. 악을 극복하고 선을 경과하여 하나의 무(一無)의 진리에 도달하면 모든 선과 덕의 근원에 도달한다. 명(命)의 요소는 기(氣)의 응결이기에 맑고 탁함과 장수와 요절이 있다. 명은 '생사의 문'이다. 이 기가 맑으면 목숨은 길다. 그러나 절대적 성(性)을 인식하게 되면, 장수와 요절의 근심을 벗어나 목숨을 지배하는 자유를 얻는다. 정(精)은 운동하는 신체의 에너지이고, 거기에는 후박(厚薄)과 귀천(貴賤)이 있다. 신체[身]는 '정욕(情慾)의 그릇'이다. 성의 발현인 심(心)과 명(命)의 발현인 기(氣)와 정(精)의 발현 장소인 신(身)은 일상의 경험적 생활에서 각각 느낌[感], 호흡[息], 접촉[觸]이라는 '세 길[三途]'로 열려 있다.[119] 심은 느낌을 통해 분열되고, 기는 호흡의 제약을 받고, 신은 접촉을 통해 정욕의 지배를 받는다. 이러한 인성의 세 요소(心, 氣, 身)는 잠재적인 성(性), 명(命), 정(精)을 경험적 관계 속의 현실적 작용과 전락의 측면에서 본 것이다. 현실적으로 인간은 느낌과 호흡과 접촉이라는 세 가지 길[三途] 가운데에서 방황한다.

이처럼 인간은 본래적 측면에서는 성(性), 명(命), 정(精)이며, 향상의 측면에서는 덕(德), 혜(慧), 력(力)이고, 향하의 측면에서는 심(心), 기(氣), 신(身)이며, 감(感), 식(息), 촉(觸)이다. 이러한 삼원론적 구조는 대종교의 우주 발생론적 구조에서도 나타난다. 위대한 영혼, '한얼대도(大道)'는

---

119 윤세복, 앞의 책.

무한한 무형질의 '유일자[惟一無二]'로서, 자체적 통일성을 유지하면서 자연의 존재와 질서를 형성하는 역동적 힘을 갖는다. 그것은 하나의 역동적 원리가 고요의 무를 바탕으로 활동하여 존재[有]를 생산해내는, '고요한 무와 움직이는 유[靜無動有]'의 두 지위[位]를 포함하는 구조를 갖는다.

이 구조는 무형의 차원에서 유형의 차원으로 하강하는 발생적 구조이다. 한얼대도는 작용의 측면에서는 형태를 창조하는 형상화의 산출력을 발휘하고, 이것이 생명력으로서 각 형체적 사물에 내재한다. 이 형체적 사물에 내재하는 생명력이 물체에 밀착하여 응결되는 힘이 정기[精]이다. 본체인 고요한 무의 차원은 이(理) 혹은 성(性)이다. 그러나 본체는 무형이지만 무궁한 생산력을 잠재적으로 함축하고 있다. 이것의 발산 과정인 활동적 유(有)의 차원은 생명 부여 활동인 명(命)과 부여된 생명의 응결성[精]이라는 두 차원으로 나누어진다. 한얼대도는 성(性), 명(命), 정(精) 삼원적 구조로 결합되어 있을 때 본체와 발용을 아우르는 완전한 영혼이 된다.

인간을 포함한 차별적 현상은 이 세 차원이 발생적으로 하강하는 응결의 과정에서 생산된다. 이 과정은 하나로부터 셋으로 나아가는 운동[自一之三]이다. 그러나 이 발산의 과정은 하나의 동일한 심적 원리인 한얼대도 안에서 일어나는 분화의 운동이다. 여기에서 인간성도 삼진(三眞)으로 구성된다. 삼진은 앞서 언급했듯이 성[性, 무한한 고요의 본체], 명[命, 생명력], 정[精, 신체적 에너지]이다. 이 세 요소는 외부사물과의 착종관계에서 부분적으로 왜곡되어 마음[心]과 생명의 기운[氣]과 신체[身]라는 삼망(三妄)이다. 이 세 요소가 사물과 관계한다. 이 때문에 심, 기, 신(心, 氣, 身)은 각각 선악(善惡), 청탁(淸濁), 후박(厚薄)이라는 분열의 모습을 갖게 된다. 현실적 인류는 그 본래의 능력인 성, 명, 정으로부터 이탈하여 약화된 상태에서 살게 된다.

'진리'의 추구는 '본원'의 능력을 회복하는 것이다. 사물과 관계하는 인간은 삼망(三妄)의 심, 기, 신(心, 氣, 身)을 삼진(三眞)의 성, 명, 정(性, 命, 精)으로 변환시켜야 한다. 진성(眞性)은 선악이 없고[無善惡], 진명(眞

命)은 청탁이 없으며[無淸濁], 진정(眞精)은 후박이 없다[無厚薄]. 심, 기, 신을 진성, 진명, 진정으로 전환하는 노력이 '삼진귀일(三眞歸一)'이다. 인간의 자기변형 노력은 궁극에는 무상(無相)인 고요의 무에까지 상향운동을 해야 한다. 이 과정은 셋을 모아 하나로 나아가는[合三之一] 운동이다. 인간의 실천적 노력[功]은 본원의 성(性)을 회복하는 데에 있다. 따라서 실천적 노력은 우선 자신의 내부로 향하는 자기수양의 운동이 되며 이 과정의 끝은 본성에 대한 통찰이다. 이 통찰을 "성에 통한다[通性]"고 한다. 내적 수양의 완성[功完]은 선과 덕을 외부로 실현하는 행동으로 나타난다. 이러한 내외합일의 완성을 "성에 통하여 노력이 완성된다[性通功完]"고 한다.[120] 영각(靈覺)의 원리인 성(性)을 갖추면, 인간의 마음은 "만상에 두루 편재하여 자유로운[萬象周偏無碍]" '최상의 지혜[上哲]'에 도달한다. 이 지혜는 만유와의 소통성이며, 대립 없는 절대적 합일의 경지이다. 그리고 합일의 가능 조건은 하나의 무[一無]이며, 최상의 지혜는 유와 무의 통일에 대한 경험이다.

생존의 원리인 명(命)을 알면 생사의 미혹에 빠지지 않고, "모든 대상에 따라 가면서도 미혹이 없는[萬境隨順無惑]" "운명을 이해하여 인수하는 지명(知命)"의 지혜에 도달한다. 이것이 '중간 단계의 지혜[中哲]'이다. 운동의 원리인 정(精)을 보존하면, "모든 활동의 계기들을 주관하고 운용하는 것에 어그러짐이 없는[萬機幹旋無虧]" 능동성을 갖추게 된다. 이러한 '정기 보전[保精]'의 단계는 "하위의 지혜[下哲]"이다. 삼진귀일이란 결국 "본성과의 소통[通性]", "운명 인수[知命]", "정기 보전[保精]"의 노력이다. 이 노력은 인간의 자기완성이자, 한얼대도인 신(神)으로 귀의하는 실천이 된다. 이것이 "함께 한얼로 귀의하는 동귀일신(同歸一神)"의 과정이다.[121] 그것은 성, 명, 정에 대한 올바른 이해와 실현을 통해 거침없는 무애(無碍)의 자유, 미혹 없는 무혹(無惑)의 지혜, 위축 없는 무휴(無虧)

120 윤세복, 앞의 책.

121 「眞理訓」, 『三一神誥』.

의 행동 세계로 나아가는 노력이다. 무애, 무혹, 무휴의 삶은 자유와 운명과 행동이 하나로 일치된 삶의 양식이다.

이러한 삶의 양식이 대종교가 제시하는 최상의 도덕이다. 도덕적 노력은 세 가지 미망[三妄]과 섞여 있는 심(心), 기(氣), 신(身)에 잔존하는 부정적 요인들(악(惡), 혼탁[濁], 잡박[薄])을 제거하는 수양이다. 그것은 세 가지 미혹의 길인 삼도(三途, 느낌[感], 호흡[息], 접촉[觸])를 순화하여 세 가지 진실[三眞]에 따르도록 하는 것이다.

삼진에 순응하는 노력은 대중을 지혜자[哲]로 '전성(轉成)'한다. 지혜자는 "감각적 자극을 멈추고[止感]", "호흡을 조절하며[調息]", "접촉을 금한다[禁觸]." 이러한 세 가지 자기 조절을 통해 "허위의 삶인 망(妄)을 되돌려 참[眞]으로 나아가는[返妄卽眞]" 인간이 된다. 이러한 인간은 감정의 순화를 통해 마음이 평화롭고[心平], 호흡을 조절하여 기가 화평하며[氣和], 접촉을 금해 신체가 평안한[身康] 사람이다. 그는 "우주적 본원에 의거한 기쁨[天樂]"을 향유한다. 이에 반해 대중은 선악, 청탁, 후박이 서로 섞여 있는 사람들이다. 이러한 심적 상대성은 진리의 본원으로부터 전락하여 "감각적 대상[境]과 감성[途]"이 얽혀 있는 세계로 '떨어져 있는[墮]' 인간 모습의 특징이다. 현존하는 인류는 "한얼대도로부터 삼으로 나아가는 발생의 과정에서 세상에 던져진[自一而三]" 존재이다.

현존하는 인류는 본원에서 일탈한 '자의적[任]' 존재로서, "재앙과 경사[殃慶]"의 상대적 분열 사이에 살고 있다. 이러한 삶은 우주와 인간을 구성하고 있는 "세 요소를 통일하여 본원의 하나로 가는[會三之一]" 삶의 양식으로 전환되어야 한다. 인간은 자의[任]라는 현실성으로부터 다른 가능성으로 변화해가는 과정의 중간에 있다.[122] 장자(莊子)의 언어로 표현하면 인간은 타락한 즐거움인 '인락(人樂)'과 무극(無極)으로 회귀한 '천락(天樂)' 사이에 있다. 회귀하는 수렴의 운동은 다시 외부로 작용 발산하는 참여의 운동으로 나아간다. 초월에서 내재로 가는 이 방향에 "사랑

122 앞의 책.

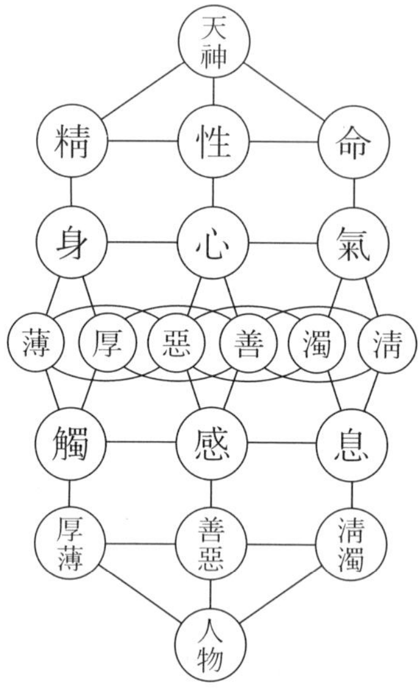

진리도

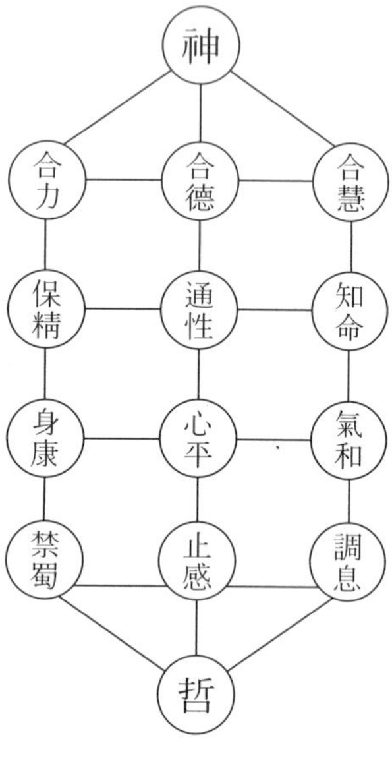

회삼도

을 함께하는[同仁]" 세상이 열린다. 이 세상이 바로 "사물과 함께 봄의 생명의지[生意]를 같이 향유하는[與物同春]" 세계이다. 이러한 세계는 장자(莊子)의 이상이자 도교철학의 이상이었으며, 조선과 송명이학에도 형이상학적 영감으로 작용했다. 나철의 대종교는 겨울과도 같은 상실의 시대를 당하여 봄의 생기를 공동으로 향유하는 이상을 한얼대도의 운명으로 이해한다.

이런 의미에서 운명은 과거 역사에 지배당하는 숙명이라기보다는 미래적인 것이며 희망을 내포하고 있다. 그것은 단지 기다리는 것을 요구하는 것이 아니라, 전락 상태로부터 자신을 향상시키는 자기변형의 노력 그리고 다시 세상으로 내려오는 향하(向下)의 노력을 필요로 한다. 이처럼 대종교는 인간의 삶을 미래를 지향하는 역사성을 갖는 하나의 운명으로 보며, 마음의 본질을 향상과 향하의 연결 체계로 본다.

이러한 사고는 신화의 모습으로 나타나기도 했다. 그것은 인간의 본성이란 세상으로부터의 분리가 주는 세계상실의 고통을 통해 성장한다는 것을 암시해주고 있다. 정신은 분리와 상실로부터 우주적 본원으로 향상하고, 다시 세계로 돌아와 전체적 생명을 위한 문명의 창조로 나아간다는 분열과 회귀의 구조를 갖는다. 여기에 자기희생을 감내하는 대종교인들의 고통이 있었다. 상실의 체험을 넘어 현실로 회귀하는 과정은 행동을 요구하며, 그 행동이 자기희생을 필요로 할 때는 죽음을 통해 대도(大道)를 보존해야 한다.

위 그림은 앞에서 논한 인간과 우주의 연속적 구조, 그리고 신과 합일하는 인간의 지혜[哲, 喆]를 도표로 그린 것이다. 이 그림은 『종경사부합편倧經四部合編』의 『삼일신고』에 있다. 진리도는 한얼과 인물(人, 物)의 구조적 연관을 기술한 존재론적 구도이며, 회삼도는 인간의 자기 향상의 구조를 묘사한 윤리적 구도이다.

8. 고요한 무와 움직이는 유[靜無動有]

한얼을 중심으로 하는 대종교의 진리는 존재론적으로나 실천적으로나 "삼원론적 일원론[三而一]의 구조를 갖는 신성한 가르침[三一神誥]"이다. 그것은 형이상학적 사변성과 종교심을 갖춘 일종의 철학적 종교이다. 그런데 이 사변적 자기수행(修行) 지침서와도 같은 삼일의 세계관이 어떻게 죽음을 넘어서는 저항과 집단적 무장 항쟁의 길을 열 수 있었는가? 물론 여기에는 대종교의 한얼사관도 작용했을 것이다. 그러나 대종교인의 삼일 세계관은 인간의 자기변형과 사회변형의 노력을 이끌어가는 두 가지 구조적 특징을 갖고 있다.

첫째, 인간의 자기변형 노력은 외부 현상과의 연관에서 언급된다. 다양의 현상세계는 하나의 본체의 표출이다. 이 표현의 과정은 하나에서 셋으로 가는, 하강하는 발산(發散)의 운동이다. 이 과정에서 인간과 "수많은 사물[生生 · 生生物, 대종교도는 生을 두 개 겹쳐 신으로 읽었음]"이 발생한다. 인간의 '심기신(心氣身)'은 환경과의 관계 속에 몰입하여 본원을 망각하고 살아간다. 이 모든 과정은 하나의 본체 안에서 생기하는 사건들이다. 대승불학적 표현으로 그것은 이(理)와 사(事)의 통일체이다. 다양의 현상계 없이는 본체도 없다. 이(理)로서의 한얼대도에 의거한 대지혜[大慧]는 현상의 존재에 순응하여[萬境隨順] 존립한다. 따라서 사건들의 세계를 떠난 '고요의 무'는 추상화에서만 생각되는 것이며, 현실에서 본체[先天]와 현상[後天]은 "서로 관통하여 틈이 없다[相通無間]." 같은 방식으로 인간은 다른 생명체처럼 자신의 환경과 상황을 떠날 수 없다. 다만 동일한 본원을 망각한 자아(我)가 세상과 맺는 집착적이며 상호 속박적인 관계가 문제이다.

이 문제의 해결을 위해 행위자는 잠시 사회적 활동을 멈추고 '무상(無相)'의 본원으로 수렴하는 자기변형의 노력을 해야 한다. 이 내적 자기변형에 의해 그는 생명의 본원에 접한다. 본원에 접한 자는 차별상이 없는 본원의 덕[大德]에 대한 경험을 가지고 현실적 상황으로 내려온다. 인간의 마음은 자신의 심층에서 경험 가능한 본성[性]의 덕을 실현해야 하는데, 본성의 덕은 무분별의 평등심, 포용하는 인(仁), 분산 없는 통일성을 근간으로 한다. 인간은 그러한 덕에 바탕하여 그것을 상황 속에서 구현하는 창조적 활동의 주체이다. 이와 같은 내적 수렴과 외적 활동의 종합적 구조는 바로 동아시아의 대승불교와 도교철학 및 송명이학(宋明理學)이 추구했던 내외합일의 세계관[內外合一之道]이었다. 대종교는 유·불·도의 주요 개념을 가지고 고유한 내외합일의 세계관을 전개했다.

둘째, 사회변형은 내외합일을 실현하기 위해 필요한 조건이다. 대종교는 내적 수렴과 외적 발산의 구조에 더욱 강도 높은 실천적 역동성을 부여했다. 이 역동성은 교사 출신이자 '대한독립군단'의 총재였던 종사(宗師) 백포 서일에 의해 그 의미가 더욱 체계적으로 전개되었다. 그는 나철의 정신을 계승하여 감각적 현상의 상대적 변화에 예속되지 않는 절대적 자유의지를 자아로 파악하는 절대적 자아론을 정치·사회적 윤리와 연관하여 전개했다. 이에 바탕하여 그는 김좌진(金佐鎭)과 지청천(池青天)을 지휘하여 대종교 독립 전쟁을 이끌었다. 1910년 만주망명 후 나철을 통해 대종교도가 된 이후 그의 활동은 단군 이래의 도랑(道郞, 도령) 정신에 따라 자기수련과 전쟁을 병행하는 수전병행(修戰竝行)에 의거했다. 도랑은 삼국시대에는 국선(國仙)이나 화랑(花郞)으로 불렸는데, 수직적으로는 한울님을 명상하여 자기변형을 심화하고, 수평적으로는 공익[弘益]을 위해 자기를 희생하는 전사적 인간형의 모델이었다.

백포 서일은 허공의 본체를 '본연(本然)'의 '자아(我)'로 이해하고 본체의 세 요소[大德, 大慧, 大力]에 따라 자아의 세속성을 이끌어냈다. 이 세 가지 속성은 세속의 세 가지 폐단에 대응한다. "세속은 계급을 숭상하여 귀함으로써 천함을 능멸한다[俗尙階級, 以貴凌賤]." 이에 대응하는 것은 '독립적 자아관[獨我觀]'이다(자아의 독립성). "인간은 권세와 이익을 추구하여 강함으로써 약함을 모멸한다[人趨勢利, 以强侮弱]." 이에 대응하는 것은 '자기 목적적 자아관[爲我觀]'이다(자아의 존엄성). "세상은 방자함을 사모하여 사사로움으로써 공적인 것을 해친다[世慕放達, 以私害公]." 이에 대응하는 것은 '비이기적 자아관[毋我觀]'이다(자아의 연대성). 독아관은 무계급의 '자존(自尊)'의 원리이며, 위아관은 무권세의 '자애(自愛)'의 원리이고, 무아관은 이타적 '자겸(自謙)'의 원리이다. 이를 정리하면 다음과 같다.

(1) 무계급의 자존(自尊)은 누구나 평등한 독립성을 가능하게 하는 '평등(平等)'의 원리이다. 이 측면에서 진정한 자아는 독립성과 평등성을 덕으로 갖춘다[獨我觀].

(2) 무권세의 자애(自愛)는 '자유[放任]'의 원리이다. 이 측면에서 진정한 자아는 권력에 의해 수단화되는 것을 탈피한 자유와 자아의 자기목적성을 갖춘다[爲我觀].

(3) 이타적 자겸(自謙)은 '상황 속에서의 올바른 행위[執中]'의 원리이다. 이 측면에서 진정한 자아는 사심을 떠나 공익성을 갖는 의로운 행동을 하는 실천적 주체성이 된다[無我觀].

"독아관이 확립되면 전제(專制)가 무너지고, 위아관이 나오면 속박 간섭이 폐기되며, 무아관이 일어나면 이기적인 폭행이 사라진다[獨我立而

專制壞, 爲我出而干涉廢, 毋我起而暴行熄]." [123]

독아관은 '무(無)인 허공에 대한 이해[通性]'를 통해 수립된다. '염세(厭世)'가 삶에 대한 집착에서 나오는 것이라면, 무에 대한 통찰은 염세에 빠지지 않는, 독립적이면서도 소통성을 갖춘 주체성을 확립하게 한다. 위아관은 생사의 초극을 바른 목숨(正命)으로 인식[知命]함으로써 '이기(利己)'에 빠지지 않는 자주적 주체성을 수립하게 한다. 무아관은 신체적 생명력을 보존[保精]함으로써 '문약(文弱)'에 빠지지 않는 강건한 실천적 주체성을 확립하게 한다.

본성에 대한 통찰이라는 통성(通性)으로부터 평등한 포용성이라는 '인(仁)'이 생긴다. 지명(知命)에서는 현상의 유한성에 대한 긍정적 인식에서 오는 '지혜[智]'가 생긴다. 보정(保精)에서는 '신체적 활력의 증진[健]'에서 오는 '용기[勇]'가 나온다. 인(仁)은 최상의 지혜[上喆, 上哲]이며, 지(智)는 중간의 지혜[中喆]이고, 용(勇)은 하위의 지혜[下喆]이다.[124] 진정한 자주적 자아는 존재의 무(無)에 관한 형이상학적 이해에 기초한, 사랑[仁]

---

123 徐一, 「三我」, 「會三經」, 『倧經四部合編』, 184-190쪽: 백포 서일(白圃 徐一, 1881~1921)은 함경북도에서 태어났으며, 본명은 서기학(徐夔學)이다. 그는 함일 사범학교를 나와 교육 사업에 종사하다가 대종교에 가입, 항일 투사가 되었다. 그는 만주에 동명학교를 비롯한 여러 학교를 세워 교육 사업에 힘쓰고, 만주 독립군 단체인 북로군정서의 총재로 취임하여 김좌진과 지청천의 전투를 지휘했다. 서로군정서 이상룡과 통합하여 대한독립군 총재가 되었고, 그 후 그의 군대는 1921년 러시아 소속 한인 볼셰비키 군대에 의해 이르쿠츠크에서 무장해제가 요구되자, 서로 총격전이 벌어져 2000여 명의 독립군 가운데 600명이 사살되고 900명이 포로가 되었다. 이동휘(李東輝)가 대표로 있었던 상해파 공산주의 운동 단체와 알력이 있었던 이르쿠츠크파 볼셰비키는 자생적 민주 민족 운동을 인정하지 않고, 공산당에 복속해야 한다는 중앙 집중적 대외 정책을 따랐다. 자유시 사변이라고 하는 이 사건 이후로 민족주의와 마르크스주의, 민족적 무정부주의와 마르크스주의 간의 알력이 노골화되었다(스페인 내란 때에도 자생적 무정부주의와 볼셰비즘의 무력 충돌이 있었다. 이 사건은 〈토지와 자유(Land and Freedom)〉로 영화화되었다). 서일의 부대는 후퇴하는 길에 중국 군벌 장작림(張作霖)의 마적 떼에 의해 공격받아 독립군 대부분이 살상당하자 그는 당벽진(當壁鎭)에서 바위에 올라 자결했다. 이때 나이 41세였다. 서일의 생애에 대해서는 다음을 참조: 이동언, 「서일의 대종교에서의 활동과 항일투쟁」, 『선도문화』 8권, 2010.

124 서일, 앞의 책.

과 지혜[智]와 용기[勇]의 주체이다. 공자(孔子)에 의하면 "지자는 미혹되지 않고, 인자는 근심하지 않으며, 용자는 두려워하지 않는다[知者不惑, 仁者不憂, 勇者不懼]." 그의 삼덕인 지혜, 사랑, 용기[智, 仁, 勇]는 서일의 대종교에 의해 형이상학적 기초를 갖는 것으로 재해석된다. 모든 국가나 개인들은 평등과 자유와 정의를 향유해야 한다. 이러한 사회 · 정치적 원리들을 실천하게 하는 주체적 덕이 사랑, 지혜, 용기이다. 이 삼덕을 이해하는[喆] 주체가 '철인(喆人, 哲人)'이다. 철인적 주체성은 향상의 방향에서는 고요의 무[靜無]에 근거하고, 향하의 방향에서는 움직이는 유[動有]의 삶을 구성해나가는 동정합일의 구조 안에서 움직인다.

동정합일의 구조를 주체의 본질로 보는 인간관은 지행합일(知行合一)로 나아가는 도약대가 된다. 원래 매천 황현(梅泉 黃玹, 1855～1910), 해학 이기와 함께 나철의 스승인 왕석보(王錫輔, 1816～?)는 정약용의 제자였으며, 왕양명(王陽明)에 조예가 있었다. 왕양명은 정무동유(靜無動有)의 구조를 지행합일로 파악했는데, 그는 이 구도에서 명조에 대한 여러 반란을 토벌하는 군사적 실천을 감행하기도 했다. 모택동의 스승이었던 양창제(楊昌濟) 교수가 과감한 실천의 모범으로 제시한 증국번(曾國藩)은 내면의 본원의 고요한 무에서 나오는 생기를 태평천국의 난을 토벌하는 군사적 실천의 주체적 근거로 간주했다. 모택동의 혁명전쟁은 유물론적 역사관을 이론적 기초로 한 것이었지만, 양창제 교수의 이학적 세계관과 무관하지 않다. 모택동의 철학은 자발성과 생동성을 기본으로 하는 강한 윤리적 성격을 갖고 있다. 이러한 특징은 그를 생산력 결정론과 관료주의에 저항하게 했다. 그는 과학성을 강조하는 서구적 마르크스주의가 기술전문 관료(테크노크라트)를 우대함으로써 새로운 착취계급이 성장하는 조건을 만들었다고 보았다.

서일의 자아론은 강도 높은 윤리성과 실천성을 갖는다. 이 두 가지 특징은 대종교의 교육운동과 무장항쟁의 사상적 기초로 작용했다. 서일의 사상은 대종교의 우주관과 인성론에 저항적이고 군사적인 실천의 의의를 부여했다. 그러한 실행의 정신을 박은식과 정인보는 왕양명 철학을 수용하여 발전시킨다. 호를 위당(爲堂)이라 했던 정인보(1892~1950)는 조선의 역사를 '허가(虛假, 헛됨과 거짓)로 전개된 자취'로 보고, '진학(眞學)'과 '실학(實學)'을 주장했다. 진실한 학은 동양과 서양의 말과 학설만을 표준으로 삼는 마음이 아닌 '실심(實心)'의 확립에 기초한다. 그에 의하면 사람들은 "영국의 어느 학자, 프랑스의 어느 대가, 독일의 어느 박사, 러시아의 어느 동무의 말과 학설"인 '저 말씀이야 세계적인 대학문'이라고 한다. 이처럼 '자신의 실심을 죽이는' 태도에서는 진실한 학이 나오지 않는다. 실심의 학이란 책에서 구하는 인식이 아니라 '나라와 백성의 문제를 내 마음 속의 일로 받아들여 서로 감통하게 하는' 인식이다. 실심은 왕양명의 양지(良知)처럼 자신의 상황과의 활동적 관계 속에서 인식하고, 인식된 것을 다시 활동 속에서 확인하는 지행합일의 과정을 살아가는 마음이다. "실행함에 있어서 밝게 깨닫고 세밀하게 살피는 것이 바로 앎이요, 앎에 있어서 진실하고 독실한 것이 바로 실행이다[行之明覺精察處卽是知, 知之眞實篤實處卽是行]." 이 말은 왕양명의 『전습록傳習錄 · 중中』에 나오는 것인데, 정인보는 그러한 지행의 변증법적 상호침투 관계에 의거해서 시대의 난관을 극복하고자 했다.[125]

또한 실심의 주체성은 사회적 상황과 관계하는 마음일 뿐만 아니라 왕양명의 견해처럼 '우주의 본체[天之本體]'와도 맞닿아 있는 '마음 본체[心之本體]'이다. 실심은 고요의 차원[靜無]인 '마음의 우주적 심연[天淵]'에까지 경험의 영역을 확장한다. 마음은 이 심층적 고요의 영역에서 발산해 나오는 우주의 생성 과정이 갖는 생의 활력을 생명 긍정의 인(仁)으로서 경험하고, 그것을 실현할 수 있게 된다. 이러한 형이상학적 경험의 주체가 사회적 상황을 변형해가는 심적 토대가 된다. 지행합일의 주체는 우주적 본체와 그것의 발산의 구조 내에서 인식하고 행동한다. 그의 삶은 내외합일적 구조의 체현이다.[126]

---

125 鄭寅普, 『陽明學演論』, 홍원식 · 이상호 옮김, 한국국학진흥원, 2005, 43-64쪽; 王陽明, 『傳習錄』 下.

126 앞의 책.

이와 같이 정인보의 심학(心學)에서도 객관적인 현실적 상황과 초월적인 내적 차원의 종합이 진정한 생(生)의 통일성이었으며 이념이었다. 박은식과 정인보가 왕양명주의와 친화성을 갖게 된 데에는 대종교의 자주성과 실천성을 강조하는 흐름이 배경이 된 것으로 보인다. 대종교의 강렬한 도덕성은 서구의 근대과학주의 전통의 결정판인 마르크스의 사상과는 바로 그 점에서 친화력이 약하다. 오히려 대종교는 생기와 자발성, 이타성을 신뢰하는 무정부주의 흐름과 친화성이 있으며, 실제로 이러한 성격은 신채호의 사상에서 드러난다.

그러면 자아론을 제외한 서일의 대종교 사상의 규모를 알아보기로 하자. 『삼일신고』의 「진리훈眞理訓」을 주해한 『회삼경會三經』이 그의 주저이다. 윤세복에 의하면 이 저술은 "불교의 묘법(妙法), 유교의 역학(易學), 도가의 현리(玄理)를 완비한 것"으로, "철학적 이치[哲理]를 강술하여 인생철학(人生哲學)으로 집대성"한 것이다. 아마도 나철의 강론을 듣고 그것을 자신이 연구한 것과 결합하여 만든 것으로 보인다. 서일은 나철의 삼신일체(三神一體)의 교리를 계승 · 발전시켜, 우주와 인간의 연속적 구조를 인간과 사회의 변형이라는 방향에서 논하고 있다. 그의 「삼문일답三問一答」은 '종교철학'에 대한 '이론적' 해명의 필요성을 그가 의식하고 있었음을 알게 해준다. 그 글은 세 번 사고하는 학생이라는 의미의 '삼사생(三思生)'이라는 소년이 한 가지 생각만을 가진 선생인 '일의자(一意子)'를 방문하여 대화하는 형식으로 되어 있다.

일의자는 주요 종교적 진리들이 서로 유혈 투쟁을 해왔던 사례를 지적하고, 그러한 폐단을 극복한 '진리공법(眞理公法)'을 말하면서, 대종교와 다른 종교에 대한 '이론적 평론'을 회피한다. 이에 대해 소년은 이론적 탐구 사색의 필요성을 역설한다. 소년에 의하면 희랍철학의 소크라테스, 플라톤, 아리스토텔레스가 사제 관계이지만 '학술과 이상'이 서로 반대되더라도, 아리씨(Aristoteles)는 "내가 진리를 사랑함은 내가 나의 스승을 사랑함이로라"고 말했다. 소년은 사사로운 감정의 호오를 배제하고, '이론을 깊이 강구하여 진리를 더욱 밝히는 것이 성철(聖哲)을 사랑하는 것'

이라고 주장한다. 일의자는 결국 이에 승복하고 자신의 '종교철학'을 이론적으로 해명할 것을 약속한다.[127] 이렇게 볼 때 서일은 대종교 사상의 개념화에 관심이 있었던 것으로 보인다.

우주의 본체인 한얼은 '주재자'이자 '창조의 장인[造物匠]'이며, '변화의 기술자[化工]'이다. 우주는 하나의 '거대한 풀무[洪鈞]'이자 '거대한 용광로[大陶冶]'이다. 그러나 우주의 본체는 "허무하여 비어 있다[虛以無]." 그것은 '광막(曠漠)'하다. 이 광막의 무가 변환[幻]하여 공기[空], 열[熱], 벼락[震], 습기[濕], 냉기[寒], 고체[固]인 육대(六大)를 낳고, 육대가 "형상적 만물을 형성[成象]한다." 6대와 만물은 허공의 무에서 창조적 발생의 계기[生機]가 나옴으로써 생기는 현상이다. 현상적 유(有)는 기(氣)로부터 시작하고, 무(無)인 본체는 생산의 원리[理]를 함축하고 있다. "유무가 서로 의존하고[有無相資]," "이와 기가 서로를 바탕으로 하여[理氣相乘]" 한얼인 신(神)의 공효가 전개되고 만유가 형성된다. 이는 기를 생산하는 능력을 갖춘 무(無)와 분리되어 있지 않다. 그러나 발생론적으로 말하자면 "이는 무에서 일어난다[理從無起]."[128]

이런 의미에서 만유의 구조는 "유와 무일 뿐이다[有與無而已矣]." 서일은 무로서의 신의 세 가지 능력을 삼분한다.

(1) 신은 "무형이지만 창조적 능력[無形而造]"을 '광대하게[溥]' 전개한다. 이러한 생의 능력은 창조[生]와 인(仁)을 동일시한 이학(理學)의 전통에 따라 인으로 파악된다. 신의 본질은 덕(德)이다.

(2) 신은 "무언이지만 사물에 각각의 생존의 한계와 질서를 부여하는 지혜의 원리[無言而敎]"이기도 하다. 신의 지혜는 사물에 한정된 생명을 부여하는 '밝은[炤]' 성질을 갖는다. 신은 지혜[慧]이다.

(3) 신은 "무위이지만 만유를 주관하는[無爲而治]" '강건성[强健]'을 갖는다.[129] 신은 사물을 형성하는 활동성의 원리로서 강건한 힘[力]이다.

---

127 徐一, 「三問一答」, 『大倧敎經典』.

128 徐一, 「三神」, 『會三經』.

129 서일, 앞의 책.

이와 같이 삼신은 체는 동일하지만, 발용의 방식이 다른 것이다. 위대한 영혼인 신은 창조적 생의 원리이고, 생존의 원리이며, 능동적으로 활동하는 형성의 원리이다. 신은 생산과 생명과 성취의 원리이다. 우주는 이 세 가지 원리의 표현이며, 인간은 그 원리에 자각적으로 참여할 수 있다.

창조적 생의 원리는 만유에의 소통성을 본질로 갖는다. 만유는 하나로 관통되어 있다. 이러한 소통구조를 조선과 중국의 이학자들은 사물들의 상호 감응[相感]으로 표현했다. "천지는 하나의 이[天地一理]"일 뿐이라고 한 송(宋)의 정이천(程伊川)의 말은 바로 그러한 소통구조를 말한 것이다. 우주의 소통성과 자발적 생기의 원천인 이(理)는 인간의 본연의 성(性)으로 인간에 내재한다. 인간과 사물은 본연의 본성을 온전하게 갖추고 있으며, 인간은 자기수양을 통해 그것을 온전히 자각할 수 있다. 그 밖의 동식물은 형질의 제약 때문에 본연의 본성을 부분적으로만 표현할 수 있을 뿐이다. 서일에 의하면 "천지는 이(理)로써 서로 감응하고, 만물은 그 본성[性]을 품수받았다[天地之以理相感而萬物禀其性]." 이로 인해 사물들은 서로 감응하는 능력을 자기의 한계 안에서 갖는다.

또한 "천지는 기(氣)로써 서로 호흡하고[相息], 만물은 그 한정된 생명[命]을 품수받았다[天地以氣相息而萬物禀其命]." 한정된 목숨은 자연에 의해 결정된 것이지만, 그것을 운용하는 주체는 무를 체득한 자유의 주체성이다."천지는 활동의 계기로써 서로 접촉하고[相觸], 만물은 그 정기[精]를 품수받았다[天地以機相觸而萬物禀其精]." 정기는 사물을 형성하는 힘이며, 인간의 경우 실천적 활동의 에너지가 된다. 성(性) · 명(命) · 정(精)의 삼진(三眞)은 모든 개체들이 갖는 세 요소이다. 이 세 가지는 원래 신의 창조적 조화(造化), 질서의 부여[敎化], 공익적 문명의 형성[治化]의 능력에 의해 주어진 것이며, 그것들을 계승한 것이다.

서일은 인간의 경우 신이 삼진을 부여하는 작용을 조화로 본다. 교화는 삼진으로 돌아가는 교육의 일이며, 치화는 삼진을 행하는 것이다. 정치는 인간성의 세 요소를 모두가 실현하게 하는 실천이다. 정치는 세 가지 인간성을 실현하는 수단이다. 정치를 포함하여 자기수양과 교육은 인도(人道)의 일이다. 인도는 결국 천지의 세 원리를 사회에 구현하여 인간에게 유익하게 하는 것이다. 인도는 위로는 "천지에 참여하는 활동[與天地參]"이며,[130] 아래로는 그 활동을 사회 · 정치적으로 표현하는 길이다.

서일의 『진리도설眞理圖說』(1917)에 의하면 인도란 천도가 자연에 부여한 능력들을 인간이 자각하여 실현하는, "우주와 인간이 서로 참여하는 길[天人相與之路]"이다. 이 길에 인류의 "구체적인 사회적 활동[日用事物之行]의 연원"이 있다. 그러나 인류는 감정과 감각적 삶을 조절하지 못하고, 본원적 신과의 원초적 동일성으로부터 이탈하여 분리되었다. 이들은 무리 대중[衆]이다. 현재[哲]는 "실천적 변화의 노력에 참여하는 자[贊功化者]"이다. 현자의 노력은 세 방향으로 나누어진다.

(1) 그는 "대덕에 의거해서[資乎大德]" 견문을 넓힘으로써, 궁극에는 마음을 '허무[虛]'로 만들어 신의 대덕과 합일한다. 이러한 합일을 통해 현자는 본연의 성품에 통하는[通性] 자아로 된다.

(2) 그는 "대혜에 의거해서[資乎大慧]" 지혜[知]를 궁구하여, 궁극에는 밝은 인식을 얻어, 운명을 아는[知命] 자아로 된다.

(3) 그는 "대력에 의거하여[資乎大力]" 그 행동을 넓혀, 궁극에는 신체의 강건한 활력[健]을 얻어, 정기를 보존하는 보정(保精)의 자아로 된다.[131]

통성의 자아는 우주적 유대의 덕인 인(仁)을 낳고, 인은 도량을 낳아, 타인을 이해하는 공감적 이해[恕]의 실행으로 나아간다. 운명을 아는 자아는 지(智)를 낳고, 지는 사물에 대한 헤아림을 낳아, 분별적 인식으로 나아간다. 보정의 자아는 용(勇)을 낳고, 용기는 응용력을 낳아, 실천적 정의[義]로 나아간다. 서일에 의하면 인 · 지 · 용의 주체적 연원인 통성(通性), 지명(知命), 보정(保精)은 인류의 '세 가지 보물(三寶)'이다. 인

---

130 서일, 앞의 책.

131 徐一, 「三哲」, 『會三經』.

의 외적 표현인 공감적 이해[恕]는 사물을 느끼는 것이고[感物], 지의 외적 표현인 분별[識]은 추리(推理)이며, 용의 외적 표현인 정의[義]는 사물에 대응하는 것이다[應事]. 이러한 감물(感物), 추리(推理), 응사(應事)는 인도(人道)의 외적 부분으로서, 인간의 내적 세 요소를 외부로 표현하는 동적 삶의 방식이다. 그것은 "자기 안에 보존하여 외면으로 나타내는[存乎己而顯諸外]" 삶이다. 공감적 이해는 사물을 수용하는 것[受物]이고, 분별적 인식은 사물을 분별하는 것이며[辨物], 실천적 정의는 사물을 지탱한다는 것이다[支物].[132]

이상에서 논의한 것이 서일이 해석한 대종교의 내외합일의 도이다. 그는 사랑, 지혜, 정의를 이해하고 실천하는 길을 대종교에서 발견했다. 그는 삼신일체의 천도에 근거하여 삼덕의 형이상학적 의미를 개진하는 동시에 형이하의 영역과의 연관성을 해명했다. 그의 형이상학적 논의는 절대적인 자주적 자아[獨我]를 형성하게 하는 것이었다. 나아가 그는 자아의 자발성과 독립성, 공존의 공익성을 해치는 제국주의와 정신적 물리적으로 투쟁해야 했다.

서일은 『진리도설』에서 대종교의 우주 발생론을 인간과 연관하여 좀 더 자세히 언급한다. 그는 천도를 발생론적 순서에 따라 네 단계로 나눈다. 태허(太虛)는 이(理)가 나오는 시초[理之始]이다. 태초(太初)는 기가 나오는 시초[氣之始]이다. 태시(太始)는 형태가 나오는 시초[形之始]이다. 태소(太素)는 질료적 내용이 나오는 시초[質之始]이다. 이러한 관점은 이(理)가 기(氣)를 낳는다[理生氣]는 주희의 관점에 접근하는 것이지만, 장자 이후 도교철학에서 자주 등장하는 관념이었다. 서일은 이러한 네 단계[태허, 태초, 태시, 태소]의 시초가 갖추어져야 하늘과 땅이 열린다고 생각했다.

그 네 단계에 상응하여 인간성도 네 부분으로 나누어진다. 성(性)은 태허(太虛)에 의거해서 시작한다[資太虛而始焉之]. 성은 내재한 태허 혹은

132 서일, 「三哲」, 『會三經』.

내재한 이(理)이다. 명(命)은 태초에 의거해서 생긴다[資太初而生焉之]. 명은 기(氣)의 생명력이다. 정(精)은 태시(太始)에 의거해서 변화한다[資太始而化焉之] 정은 형체의 신경 체계와 신체적 활동을 주관한다. 신체(身)는 태소(太素)에 의거해서 이루어진다[資太素而成焉之] 신체는 물체적 형질로 구성된다.[133] 인간의 성(性), 명(命), 정(精), 신(身)은 모두 발생론적으로 자연의 이, 기, 형, 질에 대응한다. 인간을 구성하고 있는 요소들은 우주의 주요 요소들로부터 온 것이다. 이런 의미에서 인간의 요소들은 선천(先天)의 요소이다. 그러나 감각과 그 대상과의 결합에서 인간의 몸과 마음은 분열되어, 고통과 기쁨의 상대적 착종관계 속에서 후천(後天)의 생활을 하게 된다는 것이다.

이로써 서일은 인간과 우주가 본질적 측면에서는 몸과 마음이 모두 우주의 일부로서 서로 연속되어 있으며, 서로 융통하는 개방적 관계에 있다는 것을 강조할 수 있었다. 현자로서의 철인(哲人, 喆人)은 신의 덕, 신의 지혜, 신의 역능에 조응하는 성, 명, 정이라는 삼극의 작용[三極之妙]에 통달하는 인격이다. 한얼의 무형, 무위, 무언의 무(無)와 인간계의 유형, 유위, 유언의 유(有)를 통일하는 사람이 철인이다. 철인은 신의 무와 합일하여 그 마음이 "거대한 허공과 같고[太空然], 그윽한 심연과 같으며[深淵然], 태산처럼 요동하지 않는다[泰山然]." [134] 철인은 마음 본체에서는 하나의 무이며, 그 작용에서는 유와 관계하여 실천적으로 움직인다. 그의 인도(人道)는 동정합일(動靜合一)의 길이다. 그는 감각적 분열의 길에서 만나는 "분열적 대상[岐境]"으로부터 신적 고요의 통일성으로 상승하고, 다시 그 고요로부터 나와 잡다한 분열 세계로 들어간다. 이러한 상승하강의 운동을 '해괄(該括, 일자로 포괄해 올라감)'과 '현형(現形, 구체적으로 나타남)'이라 한다.[135] 해괄과 현형의 삶은 내적 심층의 차원에서는 고요의 무를 증득하고, 외적 활동에서는 강건한 활력을 표출하는 삶이

133 徐一, 「眞理圖說」, 『倧經四部合編』.

134 서일, 위의 책.

135 서일, 위의 책.

다. 이러한 삶을 영위하는 주체는 고요의 무와 움직이는 유를 결합한 정무동유(靜無動有)의 주체성이다.

주체성은 상황을 회피할 수 없으며 상황을 인식하고 타개하는 혈로를 찾는다. 대종교가 만난 상황은 제국주의 식민통치의 상황이었다. 이러한 상황에서 서일은 군사적 저항을 교육운동보다 더 시급한 대안으로 선택했다. 고대 동양의 전사들처럼 그는 죽음을 내면화하여 자율적으로 주관하고자 했다. 『회삼경』의 「고考」에 고대의 병서(兵書)로 알려진 『소서素書』가 인용되어 있는 것은 전혀 이상하지 않다. "현인군자는 성쇠의 도를 이해하고, 성패의 수를 인식하며, 치란의 형세를 깊이 살펴, 전진과 후퇴의 이치에 통달한다[賢人君子, 明於盛衰之道, 通乎成敗之數, 審乎治亂之勢, 達乎去就之理]."

외적 상황은 때와 더불어 변화한다. 구체적 행동 방침은 형세의 변화에 적합한 것이어야 한다. 인(仁), 지(智), 용(勇)의 절대적 덕은 구체적 상황의 변화에서는 '시중(時中)'의 실천을 필요로 한다. 시중은 '시의(時宜, 때에 맞는 적합성)' 적절한 행동이다. 이러한 구체적 행동 방침은 경험의 상황에 의존하는 것이기 때문에 미리 주어진 일반 원칙은 없다. 그것은 그때그때의 사물의 변화에 대처하여 "그 변화를 제어[制其變]하는" 실천이다.[136] 이러한 실험적 실천을 통해 감각적 자아에 속박당하지 않는 서일의 절대적인 내적 자아는 대동을 지향하는 윤리적인 실천적 자아로 나아간다.

9. 아(我)와 대동(大同)

서일의 독아(獨我), 위아(爲我), 무아(無我)의 삼아론(三我論)은 자아의 관점에서 위대한 영혼인 한얼대도에 일치하고자 하는 노력을 의미한다.

---

136 徐一, 「三我」, 『會三經』.

그러한 관점은 외부의 역사적 상황이 주는 위협을 의식하지 않을 수 없었던 상황과 관련된다. 마찬가지로 대종교인이었던 신채호(申采浩)가 아(我)와 비아(非我)의 투쟁 관념에 민감하고, 새로운 자유, 평등의 보편성을 실현하는 새로운 자아를 추구한 것은 당시로서는 당연한 것이라고 할 수 있을 것이다. 서일의 독아는 자기 존엄성[自尊]의 원리이다. 특권 없는 자존의 보편성에는 귀천의 계급이 없다. 자존은 평등의 원리이다. 자존이기 때문에 평등할 수 있다[自尊, 故能平等]. 위아는 자애(自愛)의 원리이다. 자애의 보편성에는 사리와 권세에 의한 억압이 없다. 자애는 자유를 원한다[自愛, 故能放任]. 무아는 사익으로 공익을 해치는 것[以私害公]에 대항하는 자기 겸손[自謙]의 원리이다. 자겸은 공적 원리를 적절한 행동 방침[中]으로 선택한다[自謙, 故能執中].[137]

여기서 서일이 말하는 삼아론(三我論)은 현실적 인간의 자연적 자기애를 긍정하고 그것을 일반화하여 모두에게 적용하는 실천이성적 관점에서 본 것이다. 현실적으로 인간은 스스로 목적으로 대우받기를 원하는데, 이러한 자존 · 자애심을 자기만이 아니라 모두가 갖고 있다고 상상할 수 있다. 서일의 삼아론은 이러한 관점으로부터 무의 형이상학을 통해 향상과 향하의 두 방향에서 인간의 삶을 논할 수 있었다. 삼아론은 신규식, 신채호의 급진 정치사상의 원류가 된다. 루소는 분명히 구분하기는 현실적으로 어려우나, 본래의 자연적 자애심과 의도적 이기심을 구분하고, 자애심의 보편적 확장을 가능하게 하는 감성적 상상력을 도덕의 기초로 보았다. 이 관점은 실천적 이성의 기초를 감성의 윤리성에 두는 낭만주의적 인간관을 낳았으며, 자유, 평등의 급진 민주주의 정치사상의 기초가 되었다. 루소는 소설 『신엘로이즈』에서 클라랑(Clarens) 공동체를 만든다. 그 공동체는 상공업 문화에 찌든 도시인들이 아니라 감성화된 이성, 이성화된 감성의 선량한 사람들의 모임이었다.[138] 이른바 '아름다운

---

137 서일, 앞의 책.

138 루소, 『신 엘로이즈』 2, 서익원 옮김, 한길사, 2008, 273-287쪽.

영혼'(Friedrich Schiller)의 소유자들의 공동체를 꿈꾸는 사람들은 루소처럼 사회악에 민감했고, 주권을 소수 권력자에게 양도하는 것에 저항해왔던 것이다.

서일의 관점은 맹자가 인륜적 감정[情]에서 보편적 이성의 원리[理]를 찾고자 한 것과 연관된다. 그러나 쇼펜하우어의 지적처럼 맹자와 루소는 그 기본 착상에서 일치한다. 서일은 인간의 감정이 진리[眞]와 허위[妄]가 섞여 있다고 보고, 망의 요인을 순화하여 진의 감정으로 거듭나는 방향을 취한다. 그것은 신체 내부의 정기(精氣)의 표현으로 될 때 그 자연적 본래성을 회복하는 것이다. 루소처럼 서일도 그의 자유 평등에 대한 설명에서 본 것처럼 상상력에 의해 인간적 감정을 순화하고 이성화하는 것을 생각한다. 그러나 감정을 자기수련에 의해 정제하는 마음의 기술[心術]을 통한 노력의 과정을 중시하는 동양적 전통은 루소에게서는 발견될 수 없는 것이다. 또한 루소가 도시와 반대되는 시골의 자연에 접함으로써 도덕적 타락이 회복될 수 있다는 낭만주의적 사고를 한 반면, 서일은 자연의 근거를 일무(一無)의 영혼으로 보고, 우주적인 호연(浩然, 대양의 도도한 흐름의 기상)의 기상을 도덕적 실천의 주체적 기초로 보았다. 이 점에서 서일은 맹자적 전통과 도교적 전통의 결합 아래 실천적 정치윤리를 발전시킨 것으로 보인다.

이러한 맥락에서 서일은 자신의 자아론을 현실적 차원의 자아론에서 형이상학적 차원으로 높여간다. 현실의 자아는 위대한 영혼인 한얼대도에 '귀의(歸依)'해야 한다. 이 귀의의 과정에서 현실적 자아가 가질 수 있는 폐단이 극복된다. "자존이 극에 이르면, 염세로 나아간다. 자애가 극에 이르면 이기심으로 나아간다. 자겸이 극에 이르면 문약에 빠진다[自尊之極, 趨於厭世. 自愛之極, 趨於利己. 自謙之極, 趨於文弱]." 염세는 인(仁)의 정신에 어긋나고, 이기는 세상에 대한 지(智)에 어긋나며, 자겸은 용(勇)에 어긋난다. 현실의 자아는 이 삼덕으로 나아가고, 그것을 방해하는 분열적 미망[妄]의 상태를 지감[止感, 망의 감정을 멈춤], 조식[調息, 호흡의 조절], 금촉[禁觸, 망의 접촉을 금함]의 노력을 통해 순화한다. 이 세

가지 노력은 각각 명심(明心), 양기(養氣), 수신(修身)이다. 이러한 노력은 삼아(三我)를 확립하여 독립성과 명징성 및 강건성을 갖는 주체로 나아가기 위한 것이다. 따라서 세 가지 노력은 "삼아로 통합되어 통일된다[統乎三我而一之]."[139]

궁극의 단계에 도달하면, "독립적 자아[獨我]는 궁극적 통찰[覺]에 귀의하여 적멸의 즐거움[寂滅樂]을 향유한다. 초월적 자아[爲我]는 현묘함[玄]에 귀의하여 날아오르는 즐거움[飛昇樂]을 향유한다. 자아부정의 자아[無我]는 성인에 귀의하여 광대한 연대성의 즐거움[大同樂]을 향유한다." 이러한 세 가지 즐거움[적멸락, 비승락, 대동락]에 대한 언급은 불교의 '심성의 자각[明心見性]', 도교의 '심성의 수련[養氣煉性]', 유교의 '심성의 실현[修身率性]'의 원리를 수용하여 각각의 즐거움을 묘사한 것이다. 그리고 그 세 전통의 수용은 절대적 자아의 자유와 현실 참여를 내외의 종합으로 실현하려는 방향성을 갖는다. 이러한 세 원리의 종합적 실현은 뚜렷한 사회적 목적의식을 갖는다. 감정의 분열과 계급의 분리가 없는 독아의 원리는 '전제(專制)'를 무너뜨린다. 이기와 권세의 추구가 없는 위아에서는 '간섭(干涉)'이 폐기된다. 자겸의 무아에서는 '폭행(暴行)'이 없는 대동(大同)이 세워진다.[140]

서일의 대종교는 심층적으로는 천도의 성(性)에 통하고, 수평적으로는 평등과 대동에 통한다. 그의 자아관은 모든 곳으로 확산된다. 조상과 후손이 등차가 있지만 그 모두가 나이다. 사회적 타인도 나이다. 모두가 나이다.

> 세로로 보면 조상과 차등이 있는 내[等差我]가 있고, 가로로 보면 타인과 평등한 내[齊等我]가 있으며, 두루 보면 모두 같음의 내[共同我]가 있다. 존귀하여 조상이고 낮아서 후손이나, 모두 나 아님이 없다[尊而祖宗, 卑而

139 徐一, 「三我」, 『會三經』

140 서일, 앞의 책.

子孫, 莫非我也]. 귀하여 왕공이고 천하여 노예이나 모두가 나 아님이 없다[貴而王公, 賤而皂隷, 莫非我也]. 작아서 가정 국가이고 커서 세계이나, 모두 나 아님이 없다[小而家邦, 大而世界, 莫非我也].[141]

일무(一無)의 본체와 만유, 본체와 발용은 하나의 원융한 우주이다. 대중[衆]의 관점은 분열의 관점이기에 차별적 다양성만을 본다. 지혜[哲]의 관점은 본체의 성(性)으로 향상하는 과정에 있다. 신인(神人)의 관점은 적멸의 본체적 원리[理]와 생멸의 사건 세계[事]를 하나로 본다. 무리로부터 철인, 신인으로 향상하는 과정은 세계를 무한의 관점에서 보는 인격을 실현하는 과정이다. 무한의 관점에서 본다는 것은 사물을 우주적 연대성의 관점에서 본다는 것이다. 계급으로 분열된 사회일지라도 근본에 있어서는 모두가 나[我]와 연속되어 있다. 철인과 신인은 통시적으로는 과거 조상에 대해서 차등의 관점을 갖고, 공시적으로는 타인에 대해서 평등의 관점을 가지며, 세계에 대해서는 공익성의 관점을 갖는다. 상대적 차별주의와 침략주의는 무리의 관점 안에 있다는 것을 입증할 뿐이다. 그러나 절대적 원융의 이념에 접근하는 것은 마음의 태도의 전환일 뿐만 아니라 행동을 통해서 구체적 실현의 가능성을 갖게 된다.

그러므로 "본연의 참된 성[本然之眞]을 인식할 수 있는 것을 성에 통한다[性通]라고 하며, 나의 당연한 준칙[當然之極]을 행할 수 있는 것을 공효의 완성[功完]이라 한다. 그러나 인식하고도 실천하지 않으면, 진정한 지(知)가 아니며, 인식하지 못하고 실천하는 것은 진정한 행(行)이 아니다." 실천은 사회적 삼아론에 따라 세 가지로 나누어진다. "과거의 조상과의 차등이 있는 자아[差等我]는 조상의 존귀함을 범해서는 안 된다[勿以我卑犯尊]. 평등한 자아[齊等我]는 나의 귀함으로써 천인을 능멸해서는 안 된다[勿以我貴凌賤]. 연대적 자아는[共同我] 나의 사사로움으로 공익을 멸시해서는 안 된다[勿以我私蔑公]. 아(我)의 본분은 이에서 다한다." 실

141 서일, 앞의 책.

천은 근본적으로는 '연대적 자아[共同我]'가 구현된 대동 사회를 지향하는 행이다.[142]

서일의 대종교는 일상의 생활에 적용할 수 있는 인륜적 윤리를 논하기도 했다. 전통적 생활양식으로 살아야 했던 당시 역사적 조건을 반영하여 가정과 친족의 동질적 화합을 강조했다. 그의 삼륜설은 가정 인륜[愛倫], 정치 인륜[禮倫], 교육 인륜[道倫]으로 구성되어 있다. 애륜은 "부모 자식 간의 사랑[父慈子孝]"을 중심으로 하는 가정 윤리이다. 예륜은 "주권자의 정의와 백성의 충심[君義民忠]"에 기초한 민본주의적 윤리이다. 도륜은 "스승의 바름과 제자의 공경[師正徒敬]"이라는 사제 간의 윤리이다. 사제 간의 윤리에서 '세계(世界)'에 도달하는 가장 보편적인 원리들이 궁구되며, 궁극에는 위대한 영혼의 길처럼 하나로 동귀한다[同歸于一].[143] 가정은 동기동거[同氣同居]를 바탕으로 한 것이고, 국가는 동포(同胞)이며, 세계는 평등한 연대로 귀일[同歸于一]되어야 한다.

이러한 점에서 서일의 대종교 윤리에는 최시형의 동학처럼 유교적인 정적(情的) 유대를 강조하는 측면이 있다. 그것은 부르주아적 도시인들에게는 불편한 개념이지만 당시 독립운동과 교육운동의 기초였던 동질적 연대감의 반영이자 이 유대를 선한 가치로서 보존하려는 정신의 발로일 것이다. 대종교의 이런 측면은 당시 항일 운동가들 일부를 사회주의적 방향으로 나아가게 하는 계기로 작용했으며, 봉건적 감정과 결합하여 보수적 민족주의자인 보황주의자(保皇主義者)로 남게 하는 계기로도 작용했다. 서일의 대종교에는 전통적 가치와 인류에 유익한 보편적 가치에 대한 관심이 혼재하고 있었다. 자유와 평등의 가치도 삼일의 원리[三一之理]에 잠재하고 있었다. 이러한 양면성은 교육과 사회 · 정치적 윤리에 대한 다음의 말에서 잘 드러난다.

---

142 서일, 앞의 책.

143 徐一, 「三倫」, 『會三經』.

윗사람이 지혜롭지 못하면, 혼미하다[昏] 하며, 아래 사람이 지혜롭지 못하면 몽매하다[昧] 한다. 혼미하면 은폐하고[蔽], 몽매하면 덥혀 있다[蒙]. 덥혀 있고 은폐하면 인도(人道)가 폐색(閉塞)으로 나갈 것이다. 그러므로 자식이 장성했는데 교육하지 않으면 완고하다[頑] 하고, 백성이 도탄에 빠졌는데 구하지 않으면 사납다[暴] 한다. 다른 사람이 미혹되어 있는데 인도하지 않으면 사특하다[慝] 하며, 부모가 늙었는데 봉양하지 않으면 패역이라 한다. 나라가 위기인데 그 위난을 구하지 않으면 어지러움[亂]이라 하며, 도가 땅에 떨어졌는데 구원하지 않으면 태만[慢]이라 한다.[144]

나라가 위기에 빠지고 도는 떨어진 세상에서 서일은 안으로는 도를 구하고, 밖으로는 교육운동과 독립운동에 투신했다. 그의 대종교 철학에서 인간은 신의 길[神界]과 마의 길[魔界]의 중간에 있다. 인도(人道)는 천도(天道)라는 한얼대도를 향하여 향상해야 본래의 인간성을 실현하고 세계를 대동으로 향하게 할 수 있다. 궁극적으로 인간은 "우주와 인간은 하나의 원리를 공유한다[天人一理]"라는 하나의 진실을 각성해야 한다. 위대한 영혼의 본체는 무형(無形), 무위(無爲), 무언(無言)이다. 지상의 인간은 유형(有形), 유위(有爲), 유언(有言)이다. 유언(有言)의 인간은 무언(無言)의 영혼을 본체로 하여 진정한 언어를 갖는 존재가 된다. 현실의 언어는 진망(眞妄, 진리와 허위)이 섞여 있다.

그러나 진정한 언어의 근거는 무(無)에 있다. 존재의 근거는 무이며, 언어는 존재와의 관계 속에서 사용되지만, 무에 열려 있을 때 그 자유를 얻게 될 것이다. 현상적 언어의 의미는 인간세의 편견과 권력의 욕망이 섞여 있기 때문에 상대적이며, 무에 근거한 언어가 절대적 경지에서 오는 진실을 보여줄 수 있을 것이다. 현상적 언어가 상대적인 윤곽을 분명하게 하려고 하지만 무는 윤곽이 없다. 서일은 장자(莊子)처럼 무극(無極)의 상하(相下)에서 만유를 평등하게 보는 관점에 의거한다. 동시에 그

---

144 서일, 앞의 책.

는 차별적 억압이 있는 세상과 관계하여 유언(有言)과 유위(有爲)의 행(行)의 가능성을 찾는다.

서일이 추구하는 활동은 『예기禮記』「예운禮運」 이후 왕양명(王陽明)을 거쳐 강유위(康有爲)에 이르기까지 동양의 유토피아였던 대동(大同)의 이념을 지향하는 것이었다. 이 이념에는 『참전계경』의 정신인 평등한 유대와 자기희생적 사랑으로부터 나온 공화의 윤리, 그리고 해학 이기에서 나타난 민권론의 의미가 담겨 있다고 할 수 있다. 서일의 군사적 실천, 종사(宗師)인 무원 김교헌(茂園 金教獻)이 기초한 무오독립선언(1918), 가문과 재산을 희생한 이회영(李會榮, 1867~1932)의 무정부주의 항일 혁명 활동 등은 대종교의 실천적 의지와 그 급진주의적 발전 형태를 잘 보여준다.

서일의 『진리도설』은 태허의 무에서 자발적인 활동의 원리[理]가 생산되는 구조를 강조한다. 고요의 무는 다시 역동성으로 나아간다. "도는 고요 상태에 언제나 머물 수 없다. 고요가 극에 이르면 반드시 움직인다[動]. [……] 그러므로 천지는 항상 동하지 않으면, 주야가 생기지 못하고 사계절이 이루어지지 못한다. 물이 동하지 않으면 파란(波瀾)이 일지 못한다. 산이 동하지 않으면 언덕과 골짜기가 바뀌지 못한다. 사람이 사욕으로 망동하지 않으면 정욕이 그의 마음을 흔들지 못한다[惟道不可以恒於靜, 靜極必動, [……] 故天地不常動, 晝夜不生, 而四時不成, 水不動, 波瀾不起, 山不動, 陵谷不易, 人不妄動, 情慾不敢擾其中]."[145] 진정한 활동은 맹자적 부동심에 근거하여 발산된다. 수렴과 발산은 대종교 실천철학의 근본구조이다.

그러나 이러한 철학은 자기수양을 통해 초절적 경지를 지향하는 귀족적 정신주의의 성격을 갖고 있다. 그것은 다수의 대중에게 직접 적용되기 어려운 것이다. 이와 함께 대종교의 철학은 비역사적 무한자와 전변하는 역사를 결합하는 길을 제시하지만, 이론적으로는 어떻게 그 양자가

---

145 徐一, 「眞理圖說」, 『大倧教經典』, 710쪽.

연결될 수 있는가의 문제가 여전히 남아 있다. 그러나 역사의 무게를 견디는 방안에서 나온 것이 형이상학이라고 한다면, 무한자 혹은 무를 역사와 연결하려는 시도는 분명 매력적이다. 그러한 연결은 현실에 대한 저항성과 인격의 고결성을 하나의 인격에 집약해야 하는 상황을 반영하는 것일 수 있다. 안으로는 노예근성을 분쇄하고, 밖으로는 민중의 해방을 도모하기란 실로 지난한 것이며, 오늘까지도 인류를 시험하고 있는 문제이다. 대종교의 민족 해방운동사가 그것을 증언하고 있다.[146]

동학혁명 이후 대종교의 독립전쟁, 무정부주의 항일 혁명운동에 이르기까지 역사 사회의 변형과 인격의 고결성을 결합하는 문제는 가장 핵심적인 문제로 작용했다. 많은 저항단체들의 이합집산에는 언제나 사회해방의 방략에 대한 이념적 차이와 인격적 품성의 문제가 개입되어 있었다. 품성의 문제는 타인과의 관계에서도 문제된 것이지만, 중요한 것은 행동하는 개인의 내면성과 객관적 현실을 어떻게 하나의 통일된 전체로 형성하는가의 문제이다. 이런 의미에서 내면에 대한 형이상학적이고도 인성론적인 탐구와 객관적 역사에 대한 이해와 변형의 문제를 시대와 인류의 과제로 제시하고, 그 종합의 길을 모색한 한국철학은 오늘에 이르러서도 음미할 만한 가치가 있을 것이다. 내외 종합의 구조는 구한말로부터 1940년까지 자유주의와 과학적 사회주의를 제외하고는 사유와 실천의 이념에 작용했다.

146 대종교의 대한 독립운동사의 단계적 변형에 대해서는 다음을 참조: 박영석, 「대종교의 민족의식과 항일 민족운동」, 『한국사연구』 권 111, 2001.

3장

자아와 탈환(奪還)
: 신채호, 이회영, 이건창, 박은식

1. 자아와 호매불기(豪邁不羈)의 주체성

우주와 연속된 자아에 대한 관심과 사회를 변형하려는 의지를 결합한 내외합일(內外合一)이라는 사유 구조는 대종교 독립운동의 이념이었다. 이러한 이념을 초절적(超絶的) 자아의 절대적 자유에 의거해서 발전시킨 신채호(丹齋 申采浩, 1880~1936)는 배달민족 사관과 정치의식을 우주의 생성을 통관하는 진아(眞我) 혹은 대아(大我)에 그 기초를 둔다. 그의 민족적 정치의식은 시대의 반영일 뿐만 아니라, 노예 의식을 벗어버린 주체성의 발로이다. 이러한 첨예한 의식은 그가 무정부주의적 공산주의를 수용한 1920년대의 글에서부터 분명하게 나타난다. 이 이전에 그는 중국의 강유위, 양계초의 변법자강 운동의 영향을 받아 사회진화론과 개혁론을 가지고 교육 계몽운동을 했다. 계몽운동 시기의 신채호는 양계초의 영향을 받아 국제법학자 '블룬칠리(Johann Kaspar Blunschli, 1808~1881)의 국가유기체설을 연상시키는 국가론'[1]을 피력하기도 했다. 또한 신채호는 그들처럼 '마음의 힘[心力]'을 강조했다.

그는 중국의 변법사상과는 달리 강한 민족주의적 경향을 갖고 있었으며, 외래 사상의 무비판적 수용을 경계했다. 그는 1910년 중국으로 망명할 계획을 세운 애국계몽단체 신민회의 의견에 따라 이주한 이후, 중국에서 독립운동을 하면서 무정부주의를 접하고, 대종교 정신에 따라 민족주의 사관을 형성해갔다. 그는 제국주의의 본질은 역사를 빼앗는 것에 있다고 보고 민족사의 회복을 위해 노력했다. 이 측면에서 그를 주시경(周時經)의 '어문(語文) 민족주의'와 짝하여, '역사 민족주의'(신용하)라고 할 수 있을 것이다.[2] 그러나 그가 지닌 사상의 기조가 민족해방이 급선무였던 당시의 현실을 반영하여 민족주의적 성격을 띠고 있긴 하지만, 후기에 나타나는 무정부주의적 이상은 전기의 우주적 주체성 개념과 함께 민족의 범위를 넘어서는 보편적 의의를 갖는다고 할 수 있다.[3]

신채호는 삼국 시대 이전의 상고사를 조선의 자주적 전개를 위한 역사로 재구성함으로써 기존의 중국 중심주의[기자(箕子)의 조선 건국설]와 식민 사관(일본의 조선 남부 지배설)을 거부했다. 그는 『조선상고문화사』와 근대적 인식 방법을 적용한 『조선상고사』를 통해 자신의 자주적 사관을 정립했다. 특히 그는 조선의 주권을 지키고 강토를 확장한 일종의 종

---

1 申一澈, 「申采浩의 근대 국가관」; 姜萬吉 編, 『신채호』, 고려대출판부, 1990, 14쪽.

2 愼鏞廈, 『韓國近代社會思想史硏究』, 일지사, 1987, 448쪽: 신용하는 신채호 사상의 시기적 구분을 전기와 후기로 나누고, 1910년 망명을 기점으로 삼는다. 이 구분은 역사관을 중심으로 본 것이며, 1910년에서 20년까지를 독립운동과 사상적 모색의 시기로 본다면, 그 구분도 일리가 있다. 그러나 정치적 이념이 드러난 시기를 기점으로 본다면, 1920년 정도를 전후기의 기점으로 보는 것이 더 좋을 것이다. 신일철 등이 이러한 관점을 취한다(신일철, 「申采浩의 近代國家觀」, 강만길 편, 『신채호』, 고려대출판부, 1990, 1-29쪽).

3 신채호가 발간한 잡지 『천고天鼓』(1921) 제3권에 있는 「크로포트킨古魯巴特金의 죽음에 대한 감상」은 남명(南溟)이라는 필명으로 되어 있는 글인데, 남명은 신채호인 것으로 보인다. 이 글에서 저자는 크로포트킨을 연구[講究]한 적은 없다고 하면서 그의 인격은 러시아 노동정부에 의해서도 추앙받지만, 사상은 레닌주의에 의해 눌려 있음을 탄식하고 있다. 저자는 무정부주의가 정치적 성패에 구속받지 않는 초시대적 의의를 갖는다고 주장한다. 설사 그 글이 신채호의 것이 아니라 하더라도 그 의의에 관한 지적은 신채호에게도 해당될 것이다(최광식, 『단재 신채호의 天鼓』, 시대의창, 2004, 173-178쪽).

교적 군사 조직인 선인(仙人) 조직에 주목했다. 이러한 관점은 분명 대종교의 관점을 역사적으로 실증하려는 그의 의도를 잘 보여주며, 대종교의 전사(戰士) 정신을 그 역사적 연원에서 이해할 수 있게 했다. 선배(고구려의 선비)와 화랑[花郞, 신라의 국선(國仙)]은 안으로는 나라의 공익을 도모하고 밖으로는 나라의 수호자가 되는 전사 조직이었다.[4]

신채호는 「역사와 애국심의 관계」(1908)에서 강대국이든 약소국이든, 문명국이든 야만국이든 모두 역사가 있다고 전제하고, 개인의 각 신체 기관들이 나라를 위해 듣고 보며 생각하게 하기 위해서는 역사 이외에는 없다는 주장을 편다.

> 역사를 바탕으로 하지 않으면 이 성정(性情)을 발휘할 수 없으며, 역사를 의존하지 않으면 이 천직(天職)을 이행할 수 없나니, 위대하다 역사여, 나를 노래하게 하는 것이 역시며, 나를 곡(哭)하게 하는 것이 역사며, 나를 분노하게 하며 뛰게 하는 것이 역사로다.[5]

역사는 나라를 사랑하게 하고, 나의 민족적 주체성을 자극하는 '공효'를 갖는다. 역사는 노예 상태와 자유의지의 투쟁의 기록이다. 이것을 그는 "아(我)와 비아(非我)의 투쟁"으로 기술했다. 아란 나라와 관계하는 자아이자, 나라 사이의 투쟁 사건 전체와의 관계에서 성립하는, 총체적 연관 속의 자아이다. 따라서 민족적 자아의 내부에 극복해야 하는 비아의 요소(타국에 의한 노예화)가 잠복하고 있으며, 비아에도 민족-자아의 주체성에 도움이 되는 요소가 존재한다. 역사는 왕조사가 될 수 없고 사건들의 인과관계를 주체적으로 기술해야 한다. 역사는 민족-자아의 자유를 배우게 하고 자유는 실천적 행동에 의해 쟁취된다는 교훈을 주는 실용성을 갖는다. 이것이 '실학'이다.

---

4 李萬烈, 「丹齋 申采浩의 古代史 認識」, 姜萬吉 편, 『신채호』, 고려대출판부, 1990, 148-180쪽.

5 申采浩, 「歷史와 愛國心의 관계」(1908); 『丹齋申采浩全集』 下, 1972, 72-80쪽.

신채호에게 역사는 '신성'한 것이다. 그의 역작 『조선상고사朝鮮上古史』(1924)는 이러한 관점에서 썼다. 그의 관점에는 대종교의 민족 사관과 그가 다윈의 물경론(物競論, 적자생존론)이라고 불렀던 사회진화론, 마르크스주의와 무정부주의가 작용하고 있다. 그러나 그의 관점이 역사를 신성시하는 의도를 갖고 있다고 하더라도, 그가 보는 역사는 객관적 역사가 삶의 의미를 전적으로 결정한다는 역사주의는 아니다. 역사는 전제 시대로부터 공화 시대, 승평(昇平) 시대로부터 대동(大同) 시대로 나아간다. 그의 진화적 관점은 기계적 법칙에 의거한 것이 아니다. 역사는 민족-자아의 희생적 투쟁을 통해 이루어지며, 독립과 자유를 향한 강인한 의지를 통해 이루어진다.

이 때문에 그의 주의주의(主意主義)는 역사와 자아의 주체성을 역동적으로 연결시킬 수 있었다. 그런데 그의 주의론은 역사의 주체를 보는 점에서 전후기에 차이를 보인다. 무정부주의자가 되기 이전에는 그는 '영웅' 사관을 갖고 있었다. 그가 을지문덕이나 이순신에 주목하여 그들의 일대기[傳]를 쓴 것은 영웅을 요청하는 관점에서 한 것이었다. 같은 시기에 그는 민주 공화정에 관심을 가지면서 역사의 주체를 '국민'으로 보게 된다. 그러나 그는 점차 국가에 귀속된 시민이 아닌 '민중'을 역사의 주체로 보게 된다.[6]

신채호의 윤리 · 정치사상도 지나치다 싶을 정도로 의지를 강조하는 주의주의적 성향을 보여준다. 후기의 신채호는 첨예한 자기의식과 역사적 실천을 연결시키고, 민족적인 무정부주의적 공산주의 이념을 자유주의와 마르크스주의에 대립하여 분명하게 명시했다. 하지만 그의 정치적 이념에 변화가 있다고 하더라도 인격의 독립적 자주성과 사회변혁에 대한 관심은 일관된 것이었다. 1910년대 이전의 그의 글들에서도 절대적 행동주의와 모든 권력을 부정하는 무정부주의적 사상의 잠재성이 엿보인다. 이광수(李光洙)의 소설가다운 관찰에 의하면 신채호는 '하얀 얼굴

6 姜萬吉, 「申采浩의 英雄 · 國民 · 民衆主義」, 『신채호』, 고려대출판부, 1990, 50-77쪽.

에' '초라한 샌님'이었으나 '절대 비타협'적이고 '천생(天生)의 청절(淸節)'을 지닌 인물이었다.[7]

홍명희(洪命憙)의 회고에 의하면 "단재는 의론에 억양(抑揚, 비난과 칭찬이 분명)하고 행동에 교계가 적으나, 억양이 과한데 정렬이 있어 좋고, 교계가 적은데 속기가 없어 좋았다." 그의 술회에 의하면 단재는 '고집 세고' "괴벽스럽다(그는 고개 숙이는 것을 수치로 알아 고개를 들고 세수했다)고 흉보는 사람"이 있으나, "고집이 맘에 거슬리지 않고, 괴벽이 눈에 거칠지 않은" 사람이었다.[8] 그의 불굴(不屈)의 의지는 모든 노예 상태를 부정하는 절개(節槪)였다. 그의 일관된 절개는 민족 사관과 우주관 및 정치사상에서 강렬한 비분의 문채로 관철된다. 단재의 주체성은 그 자신 스스로 구현하고 있었으며, 그것은 저항의 주체성을 진정한 인격으로 보는 철학으로 표출되었다.

이런 의미에서 보자면 신채호의 후기 사상을 이해하기 위해서는 전기의 글을 참조하지 않고는 그 문맥을 알 수가 없을 것이다. 그의 글은 다른 어느 누구보다도 강도 높은 개성을 읽을 수 있는 일관된 의지를 보여준다. 그는 1925년 「낭객浪客의 신년만필新年漫筆」에서 인도주의의 나약성과 전통사상의 시대착오적 부분을 비난하고, 어떤 외래 사상이든 주체적으로 수용할 것을 선언한다.

> 마르크스도 카우츠키의 마르크스와 레닌의 마르크스와 중국이나 일본의 마르크스가 다 다름이다. 우리 조선 사람은 매양 이해(利害) 이외에서 진리를 찾으려 하므로, 석가가 들어오면 조선의 석가가 되지 않고 석가의 조선이 되며, 공자가 들어오면 조선의 공자가 되지 않고 공자의 조선이 되며, 무슨 주의가 들어와도 조선의 주의가 되지 않고 주의의 조선이 되려 한다. 그리하여 도덕과 주의를 위하는 조선은 있고 조선을 위하는 도

---

7 李光洙, 「脫出途中의 丹齋 印象」, 『丹齋申采浩全集』 下, 단재신채호선생기념사업회, 1972, 468-474쪽.

8 홍명희, 「上海時代의 丹齋」, 위의 책, 단재신채호선생기념사업회, 1972, 468-474쪽.

> 덕과 주의는 없다. 아! 이것이 조선의 특색이냐, 특색이라면 특색이나 노예의 특색이다. 나는 조선의 도덕과 조선의 주의를 위하여 곡(哭)하려 한다.[9]

노예 의식을 벗어나는 주체성은 소극적 방면의 활동과 적극적 방면의 활동으로 나아갈 수 있다. 소극적 측면은 "개인이 되어서는 이완용(李完用)이나 한규설(韓圭卨)이 되지 않고 (자결한) 민영환(閔泳煥)이 됨이며, 단체가 되어서는 (친일 근대화 단체인) 일진회(一進會)가 되지 않고 해산 · 체포 등을 당하는 단체가 됨이며, 사회를 위해서는 미국 보호의 선정(善政)을 받는 이보다 차라리 독립 자유의 가정(苛政, 가혹한 통치) 하에서 생활함을 좋아하는 것"이다. 적극적 측면은 '대소다과(大小多寡)의 차이나 비교하는' '학자적 이해타산'을 버리고 "혹은 민족의 자유를 위하여 혹은 계급의 평등을 위하여 목전에 유혈천리(流血千里) 복시백만(伏屍百萬)의 참해(慘害)가 있음을 고려하지 않고, 미래의 실제상 혹 정신상의 어떠한 이익을 취하는" 혁명적 활동이다. 이런 견지에서 신채호는 사회적 인격을 둘로 나눈다. 하나는 '예술 지상주의'나 '인도주의'의 관념에 몰입하는 '형식적 인물'이다. 또 하나는 '혈전(血戰)하는 정신적 인물'이다.[10]

신채호의 의지적 정신주의는 형체적인 '구각적 아[軀殼的 我]'로부터 '영혼적 아[靈魂的 我]'로, '소아(小我)'로부터 '대아(大我)'로 나아간다. 형태적 자아는 단기적 시간에 계박된 의식이다. 영혼적 자아는 시간의 영원성에서 영원한 생명을 통찰하는 우주적 인격이다. 이 인격은 자연의 생성 전변의 과정과 함께 연동(連動)하는 무대립의 절대적 자유의식이다. 우주적 연대성에 입각한 자아의 자유는 산하대지, 일월성신의 물질성을 속박으로 여긴다. 자유는 무한자를 하나의 사상으로 전환하는 것에

---

9 申采浩, 「浪客의 新年漫筆」(1925), 『丹齋申采浩全集』 下, 1972, 26쪽.

10 신채호, 위의 책, 26-34쪽.

서 절대적 자유로 거듭난다.

> 오호라. 아(我)가 과연 이처럼 미미하며, 아가 과연 이처럼 작은가? 그렇다면 아가 바람과 같이 달리며, 아가 번개와 같이 날며[翻], 아가 물거품[泡毬] 같이 변하며[幻], 아가 석화(石火)와 같이 멸하여, 저 공중에 빛나는 일월성신은 고금 일양이건마는 유독 나 하나[我 一個]는 구구한 수십 한서(寒暑)를 겨우 지내고 형체와 그림자가 모두 멸하나니, 오호라. 아가 과연 이처럼 미미하며 아가 과연 이처럼 작은가. [……] 아니다[否라]. 그렇지 않다. 그것은 정신적 아가 아니라 물질적 아며, 그것은 영혼적 아가 아니라 구각적 아다. [……] 오호라. 이 지구 2천2백만 년(서구 철학가가 추단한 지구 나이) 간에, 아의 생명을 백세의 단기로 한하여 백세 이전에 아를 구하여도 아가 없으며, 백세 이후에 아를 찾아도 아가 없는데, 그 가운데서 부귀니, 빈천이니, 공명이니, 화액(禍厄)이니, 도덕가니 실업가니, 대통령이니 부통령이니 운운하여, 이것은 길이라 하며 이것은 흉이라 하며, 이것은 근심[憂]이라 하며 이것은 기쁨[樂]이라 하니, 오호 애재(哀哉)라. 아가 이를 언급함에 비관함도 가하며 크게 울부짖음도 가하며 광가애곡(狂歌哀哭)함도 가하다 할지나, 지금에 이 물질계 구각계를 한번 초월[一超]하여 정신적 · 영혼적의 진아 · 대아를 아로 쾌오(快悟)하면 일체 만물에 불사(不死)하는 자－오직 아(我)라. 천지는 죽어도 아는 불사하며, 일월은 죽어도 아는 불사하며, 금석(金石)은 죽어도 아는 불사하며, 초목은 죽어도 아는 불사하며, 만곡해저(萬斛海底)에 아를 던져도 소아는 죽으나 대아는 불사하다. [……] 신성(神聖)하다 아(我)여, 영원(永遠)하다 아(我)여.[11]

대종교의 저항 노선은 자아의 독립성을 자각하려는 노력을 전제한다. 이 인성론적 전제는 신채호에 와서 초절주의적 자아 탐구로 발전되었다.

---

11 신채호, 「大我와 小我」(1908), 앞의 책, 84-85쪽.

그의 자유 개념은 사회 구조와 생사의 속박에 대한 전투적 극복의지를 통해 상대적 자유가 아닌 절대적 자유의 이념을 지향한다. 이 시대의 만해 한용운(萬海 韓龍雲, 1879～1944)은 자유가 상실된 현실을 임의 침묵으로 파악하고, 침묵과 소리, 원망과 그리움의 역설을 통해 추구했다. 이에 비해 신채호는 강렬한 초인적 의지와 철혈(鐵血)의 기상을 통해 만상을 희롱하는 기개를 보여주었다. 그러나 두 사람은 궁극에서는 자신의 죽음을 통해 절대 화해의 자유를 쟁취한다는 천인절벽(千仞絶壁)의 이념을 추구했다. 죽음의 공포는 주인이 노예를 만드는 수단이다. 헤겔(G. W. F. Hegel, 1770～1831)이 지적한 것처럼 상호인정 투쟁에서 죽음의 공포에 진 자가 노예가 된다. 정신과 사상의 발전적 전개는 죽음과 노예 상태의 극복을 통과해서만 가능하다. 정신의 본질은 자유이다. 자유는 사회의 모순과 심정의 한계를 극복하려는 자유의지를 통해서 나타날 수 있다.

신채호의 자아는 죽음을 통해 불사의 자유를 얻고 삼라만상 중에 어떤 것과도 같아질 수 있는 '무한 자유자재의 자아[我]'가 된다. 초월적 자아는 내재적 유희의 활동성으로 발현된다. 그의 자아는 "명심난망의 큰 수치가 있으면 온 천하에 포(砲)를 가지고 모이는 자－모두 아(我)이며," '동명성제[東明聖帝, 고주몽(高朱蒙)]'와 '대조영(大祚榮)', '최영(崔瑩)', '이순신(李舜臣)'이 된다. "아가 문학을 좋아할진대, 盧梭(루소), 懇討(칸트), 福祿特異(볼테르)"가 된다. "내가 춘광을 즐겨 감상하면 꽃과 수풀 사이에서 노래하고 춤추는 하나의 벌과 나비가 모두 나이며, 내가 강호에서 술 마시고 노래 부르면 물풀 끝에서 헤엄치고 뛰노는 하나의 고기와 자라가 모두 나다."[12] 자아는 주객대립과 차별상을 버리고 무차별적 동일성을 즐긴다. 초월과 내재는 하나로 접속하고, 자아는 경계를 파괴하고 다른 것으로 되는 생성(Becoming)의 자아이다.

생성 전변을 유희로 즐기는 활동성은 생사와 본무생사(本無生死)의

---

12 신채호, 앞의 책.

두 차원이 하나로 융해되는 절대 자유의 이념이다. 이러한 사상을 신채호는 본체와 발용의 통일이라는 대승불교 사상으로부터 영감을 받아 발전시켰다. 대종교와 깊은 연관이 있었던 위당 정인보(爲堂 鄭寅普, 1893~1950)는 다음과 같이 알린다. "단재(丹齋)는 사학 이외에 불학이 특별히 깊어 유마(維摩) · 능엄(楞嚴) 등 제경(諸經)을 이해[悟解]하는 정도가 당세 백의(白衣) 간에 최고(最高)할 줄 안다. 더욱이 유마를 좋아하여 항상 지우들에게 한 번 보라고 권하였으며, 또 마명(馬鳴)의 『대승기신론大乘起信論』을 깊이 연구하여 내가 기신론을 열독한 것이 아마 단재 권고를 받은 뒤인 듯하다."[13]

한용운 역시 죽음을 통해 절대 자유의 실현을 내다보며, 거기에서 임의 현현을 본다. 그러나 기다림 그 자체가 임이 오시는 때이다.

> 오셔요, 당신은 오실 때가 되었어요. 어서 오셔요.
> 당신은 당신이 오실 때가 언제인지 아십니까. 당신의 오실 때는 나의 기다리는 때입니다.
> [……]
> 당신은 나의 죽음 속으로 오셔요. 죽음은 당신을 위하여 준비가 언제든지 되어 있습니다. 만일 당신을 쫓아오는 사람이 있으면 당신은 나의 죽음의 뒤에 서십시오.
> 죽음은 허무와 만능(萬能)의 하나입니다.
> 죽음의 사랑은 무한인 동시에 무궁입니다.
> 죽음의 앞에는 궁함과 포대가 티끌이 됩니다.
> 죽음의 앞에는 강자와 약자가 벗이 됩니다.
> 그러면 쫓아오는 사람이 당신을 잡을 수는 없습니다.
> 오셔요, 당신은 오실 때가 되었습니다. 어서 오셔요.[14]

---

13 鄭寅普, 「殘憶의 數片」, 『丹齋申采浩全集』 下, 461쪽.

14 한용운, 「오셔요」, 『님의 沈默』, 『韓龍雲全集』 1, 불교문화연구원, 2006, 79-80쪽.

한용운의 기다림은 눈물과 희망 속에서 눈물을 진주로 만드는 동경이다. 그러나 기다림은 절대의 현현이 예감하게 하는 죽음의 준비로 나아간다. 님이 없는 현실은 죽음을 통해 색즉시공의 진제(眞諦)의 현전을 증거한다. 비로소 "사상과 행동이 하나로 되고, 몸과 마음이 하나로 되고, 헤어짐과 만남이 하나로 되고, 기다림과 다가옴이 하나로 되고, 님과 내가 하나로 되고, 보살과 중생이 하나로 되고, 색과 공이 하나로 되고, 꿈과 현실이 하나로 되는 것이다."[15] 그의 죽음 개념은 신채호와 마찬가지로 귀족주의적 높이를 가진 것으로 보이지만, 이들의 절규는 무명인사인 '민중' 자신을 자유 실현의 주체로 불러내는 것이다.

신채호의 자아론은 일체의 비아(非我)에 대한 전사적 투쟁을 『유마경』의 사랑과 연민[慈悲]에 연결시킨다. 유마(維摩)의 고통은 모든 생명[衆生]의 고통과 같다. 『대승기신론』은 생사 전변의 '생멸문(生滅門)'과 진리의 '진여문(眞如門)'을 하나로 통일시킨다. 신채호는 이러한 절대의 대각을 『능엄경楞嚴經』의 진아(眞我)인 '본연지성(本然之性)'에 대한 사유를 통해 주체적 자유정신으로 발전시킨다. 『능엄경』의 우파니샤드(Upanishad)적 자아론은 육체를 비롯한 일체의 비아적(非我的)인 것에서 진정한 자아를 발견할 수 없다는 논의로 시작한다. 신채호는 아마도 이것에 영향을 받아 피히테(J. G. Fichte, 1762~1814)를 연상시키는 절대적 자아를 말한 것으로 보인다. 피히테의 절대적 자아는 인과의 그물에 잡혀 있는 현상계와 경험적 자아를 넘어서 있는 자유의지이고, 이 의지는 물질적 규정을 받는 수동성을 갖는 것이 아니라 본성상 능동적인 실천의지이다. 이것은 경험적 인식의 최후의 선험적 근거인 초월적 자아를 자유의지에 다름 아닌 실천이성의 행동성으로 전환한 것이다.

피히테는 칸트의 선험철학과 도덕철학을 절대적 자아의 자유의식으로 통일하여, 행동 그 자체를 목적으로 하는 행동주의를 만들어냈다. 이 점에서 프랑스 혁명에도 자극 받은 그의 철학은 신채호의 비아와 자아의

---

15 廉武雄, 「萬海 韓龍雲論」, 『韓龍雲全集』 4, 2006, 404쪽.

투쟁론과 공통점을 갖는다. 그러나 쇼펜하우어가 비난했듯이 피히테가 유대-기독교적 전통과 문맥이 통하는 점이 있고 실제로 신학적 문맥에서 해설되기도 했다는 점에서는 신채호의 불교적 문맥과 다른 점을 갖는다. 신학적 목적론에서는 신채호의 생성 전변에 융해되는 유희의 활력이 보이지 않는다.

활성적 유희는 형태의 변형(變形)과 변신(變身)이다. 변신은 자기 동일성의 파괴를 통해 다른 사물로 달라지는 생성이다. 신채호의 이러한 생각은 장자(莊子)의 자유 개념인 '현해(懸解, 거꾸로 매달린 노예 상태로부터의 해방)'에 해당한다. 장자는 자여(子輿)를 등장시켜 다음과 같이 말한다.

> 내가 무엇을 싫어하겠는가. 가령 나의 왼쪽 팔뚝을 서서히 변화시켜서 닭[鷄]이 되게 한다면, 나는 그것을 따라 새벽을 알리는 울음을 내게 할 것이고, 가령 나의 오른쪽 팔뚝을 서서히 변화시켜서 탄환(彈)이 되게 한다면, 나는 그것을 따라 새 구이를 구할 것이며, 가령 나의 궁둥이를 변화시켜서 수레바퀴[輪]가 되게 하고, 나의 정신을 말[馬]이 되게 한다면, 나는 그것을 따라 수레를 탈 것이니, 어찌 따로 수레에 멍에를 할 것인가. 게다가 생명을 얻는 것도 때를 따르는 것[時]이며, 생명을 잃는 것도 때를 따르는 것[順]이니, 태어나는 때를 편안히 맞이하고, 죽는 때를 순하게 따르면[安時而處順], 슬픔이나 즐거움 따위의 감정이 나의 마음에 들어올 수 없다. 이것이 옛날의 이른바 현해(懸解)이다.
>
> 予何惡. 浸假而化予之左臂以爲鷄, 予因以求時夜. 浸假而化予之右臂以爲彈, 予因以求鴞炙. 浸假而化予之尻以爲輪, 以神爲馬, 予因以乘之, 豈更駕哉. 且夫得者時也, 失者順也, 安時而處順, 哀樂不能入也. 此古之所謂懸解也.[16]

16 「大宗師」, 『莊子』.

신채호에게 현해(懸解)의 자유는 해탈(解脫)과 결합하여 현상의 생성 전변의 세계와 허공의 본체계와의 통일을 성취한다. 장자의 현해에서 나는 닭이 되고, 탄환이 되고, 수레바퀴가 된다. 생사와 합일[安時而處順]할 수 있으면, 다른 것으로의 변형이라는 '화(化, becoming)'의 예술을 할 수 있다. 이러한 장자의 자유정신과 유사한 신채호의 자유 개념은 우주적 마음의 광활한 안정성과 변동의 유동성을 합일하는 드높은 광자(狂者)의 미학을 보여준다. 신채호의 자유의 주체성은 호매불기(豪邁不羈, 호방하여 얽매이지 않음)의 기상과 철혈(鐵血)의 기상이 결합되어 있다. 이러한 주체성이 혁명정신의 기초가 된다.

2. 자유와 탈환(奪還)

신채호의 속박 없는 자유의 주체성은 무정부주의 시기 이전부터 그의 강렬한 개성과 함께 추구되던 것이었다. 그러한 자유정신은 개체의 절대적 존엄성의 기초가 되고, 이 존엄성은 민중의 자각적 도덕이 된다. 이 자유의 도덕이 신채호의 무정부주의 혁명 정신의 주체적 기초이다. 혁명 정신은 민중 스스로가 가져야 할 덕이며, 이 덕에 의거해서 "민중(民衆)의 폭력적 혁명(暴力的革命)"이 일어난다. 신채호는 자유, 민중, 폭력을 하나로 연결하여 민중의 자주적 의거를 희망한다. 그 세 항목의 결합은 특권의 우월성을 극복한 평등 · 자주의 혁명을 민중 스스로가 수행하도록 만든다. 그의 혁명론은 무정부주의의 한 특징인 민중 직접혁명론이다.

> 갑신정변은 특수 세력이 특수 세력과 싸우던 궁중 일시의 활극이 될 뿐이며, 경술(庚戌) 전후의 의병(義兵)들은 충군애국(忠君愛國)의 대의로 격기(激起)한 독서계급의 사상이며, 안중근(安重根) · 이재명(李在明) 등의 열사의 폭력적 행동이 열렬하였지만 그 후면에 민중적 역량의 기초가 없었으며, 3 · 1 운동의 만세 소리에 민중적 의기(民衆的意氣)의 일치가 분

명히 나타났지만, 또한 폭력적 중심을 가지지 못하였도다. 「민중 · 폭력」 두 가지 중 하나만 빠지면 비록 굉렬장쾌(轟烈壯快, 거대한 열렬과 장쾌함)한 거동(擧動)이라도 또한 번개처럼 마무리될 것이다.[17]

무정부주의 혁명은 민중의 자발성과 폭력에 의한 혁명이다. 혁명은 특권 엘리트의 혁명이 아니다. 사실 김옥균(金玉均, 1851～1894)의 갑신정변은 일종의 혁명적 쿠데타였다. 그는 '완전 자주독립'의 이념을 가지고 입헌 군주제의 방향으로 조선을 혁신하고자 했다.[18] 신채호가 급진 개화파를 특수 세력이라고 비판하지만, 그는 김옥균의 독립 정신과 열린 세계상을 높이 평가 했다. 또한 그는 김옥균의 정변을 진취적 학설이 실천으로 귀결되는 전형적 사례로 간주했다.[19] 그러나 진정한 혁명은 혁명적 사상가가 민중과 "손을 잡고[攜手] 민중을 불러 각성하게[喚醒]"하여 민중의 자주적 자기 지배를 실현하는 것이다. 민중 자신의 폭력 혁명이 '강도 일본'과 '유산계급', 친일 협력자를 축출하고, "거국일치의 대혁명"을 통해

17 申采浩, 「朝鮮革命宣言」, 『丹齋申采浩全集』 下, 1972, 42쪽.

18 서재필은 김옥균의 이념을 다음과 같이 보고한다. "김옥균의 생각은 무엇보다도 청나라 세력을 꺾어버리는 동시에 그에 추종하는 귀족들의 세력을 빼앗은 후에 우리나라의 완전 자주독립 정치를 수립하자는 것이 그의 이상이었고 실현의 최고 목적이었다. 더욱이 청나라에서 대원군을 납치하였다는 것은 우리로서 참을 수 없는 치욕이라 하여 분개함을 참을 수가 없어 그 세력 구축(驅逐)과 귀족 타파의 깃발을 둘러메고 나서려 한 것이다."(『서재필박사자서전』 86-87쪽). 이 점에 대해서는 다음을 참조: 愼鏞廈, 「金玉均의 開化思想」, 『韓國近代社會思想史硏究』, 일지사, 1987, 215-222쪽.

19 신채호는 「地動說의 效力」에서 박규수(朴珪壽)가 자신의 집에서 연암 박지원이 북경에서 가져온 지구의(地球儀)를 한번 돌려 보이면서 김옥균에게 다음과 같이 웃으며 말했다고 전한다. "오늘에 중국이 어디 있느냐. 저리 돌리면 미국이 중국이 되며, 이리 돌리면 조선이 중국이 되어 어느 나라든지 중(中)으로 돌리면 중국이 되나니, 오늘에 어디 정(定)한 중국이 있느냐 하니, 김(金) 씨, 이때에 개화를 주장하여 신서적도 좀 보았으나 매양 수백 년래 유전된 사상 곧 대지 중앙에 있는 나라는 중국이요, 동서남북에 있는 나라들은 사이(四夷)니, 사이는 중국을 높이는 것이 옳다 하는 사상에 속박되어 국가 독립을 부를 일은 꿈도 꾸지 못하였다가 박 씨의 말에 크게 깨닫고 무릎을 치며 일어났더라. 이 끝에 갑신정변이 폭발되었더라."(「地動說의 效力」, 『丹齋申采浩全集』 下 , 1972, 384-385쪽).

민중의 자주 국가를 건설할 수 있다. 혁명은 파괴를 동반한다. 신채호는 파괴의 대상과 창조될 새로운 것을 다섯 가지로 열거한다.

(1) '이족(異族)통치', '이족전제'의 파괴를 통해 '고유적(固有的) 조선'을 창조한다.

(2) '특권계급'의 타파를 통해 "자유적 조선민중을 발견"한다.

(3) "경제약탈 제도"를 파괴함으로써 "민중생활의 발전"을 기한다.

(4) "사회적 불평균"을 파괴하여 "민중전체의 행복"을 위한다.

(5) "노예적 문화사상"을 파괴하고 '민중문화'를 향상시킨다.

민중문화는 '노예적 문화'를 파괴하고, 기존의 "종교, 윤리, 문학, 미술, 풍속, 습관"에서 "강자의 오락에 공급하던 제도구"의 성격과 "노예화하던 마취제"의 성격을 벗어버리게 한다. 이러한 창조적 파괴를 논한 후 신채호는 다음과 같이 선언한다.

> 민중은 우리 혁명의 대본영(大本營)이다.
> 폭력은 우리 혁명의 유일 무기이다.
> 우리는 민중 속에 가서 민중과 휴수(攜手)하여
> 부절(不絶)하는 폭력 · 암살, 파괴, 폭동으로써
> 강도일본의 통치를 타도하고,
> 우리 생활의 불합리한 일체 제도를 개조하여
> 인류로써 인류를 압박치 못하며, 사회로써 사회를 박삭(剝削, 착취)치
> 못하는 이상적 조선을 건설할지니라.[20]

이른바 민족모순의 문제를 근간으로 하는 민중 민주혁명의 이상은 민중의 자연발생적 저항의식에 기초한다. 신채호의 이상은 경제적 착취와 정치적 억압이 없는 무계급사회를 단계적 순서가 없이 급박하게 건설할 수 있다는 무정부주의 노선에 접근한다. 그의 노선은 자발성과 연대성

---

20 신채호, 앞의 책, 45-46쪽.

을 강조하며, 사상과 자연발생적 폭력성을 직접 연결한다. 레닌주의가 엘리트주의적인 중앙 집중적 요소가 강하다면, 민족주의적 정서의 강도가 높은 신채호의 노선은 민중의 자발성과 자연적 감정에 의존한다. 레닌주의가 지식인의 이론과 조직이 민중의 자연발생적 흐름을 외부로부터 합리화하여 지도해 나가는 것이라면, 신채호는 함께 손을 잡고 나아가며, 사상가는 거대한 민족 · 민주의 저항적 흐름을 위해 죽음을 하나의 희롱처럼 인수한다. 일제의 식민지 헌병 통치 앞에서 민족의 수난을 경험한 신채호에게 레닌의 합리적 혁명 노선은 적용되기 어려웠을 것이다.

레닌주의는 역사에 대한 이론적 인식과 이에 의거한 실천적 대안을 제시한다. 따라서 레닌주의는 비합리적 감정의 폭발을 억제하는 합리적 장치를 가질 수 있었다. 이 점에서 신채호의 노선은 합리적 기획을 중시하는 마르크스주의 노선과는 전략상 조화되기 어려운 것이었다. 레닌주의는 마르크스처럼 서구의 이성적 전통에 따른 과학적 인식과 실천을 근본 신조로 한다. 그것은 대지에 밀착하려는 무정부주의적 감각보다는 과학 문명의 부르주아적 진보성에 의존한다. 이에 비해 신채호는 대승불교의 우주적 대각(大覺)과 장자의 자유론을 근본 신조로 한다. 대지에 뿌리박은 신채호의 정신은 톨스토이의 신비주의적 대각에 접근한다. 또한 신채호는 이탈리아의 민족주의적 공화주의 혁명가인 마치니(Giuseppe Mazzini, 1805 ~ 1872)를 선호한다.

그러나 신채호는 "세계 무산민중의 생존!, 동방 무산민중의 생존!"을 위협하는 자본주의와 제국주의를 극복한 민중의 자유 · 평등 세계를 지향한다. 그는 세계 이상의 세계사적 조건을 명확히 인식한다.

> 저들 야수들이 중세기 이래 자유도시에서 발달하여 오는 과학과 공업적 기계 · 증기기계 · 전기기계 등을 절취하여 나날이 정치적 · 경제적 · 상공업적 · 군용적(軍用的) 모든 시설을 확대하며 증가하여 방연한[龐然, 거대한] 대지구가 우리 무산민중의 두뇌신골(頭腦身骨)을 가루가 되도록 갈고

있는 하나의 맷돌짝이 되고 말았다. 그러나 저들은 우리 민중의 참상에는 눈이 멀었다. 우리 민중의 비명과 애호(哀呼)에는 귀가 멀었다. 저들은 다만 우리 민중의 고기를 먹는 입만 딱 벌리고 있다. 아, 잔학(殘虐)·음참(陰慘)·부도한 야수적 강도(强盜)! 강도적 야수(野獸)![21]

이처럼 신채호는 현대 세계사의 법칙에 대한 인식에서도 비분의 감정을 표현하는 정도가 과학적 인식을 능가한다. 그는 '야수의 유린' 아래에 있는 "정치, 법률, 도덕, 윤리"를 포함하여, "군대, 경찰, 황실, 정부, 은행, 회사, 기타 모든 세력을 파괴하자는 분노적 절규 혁명(憤怒的絶叫革命)"을 제안한다. 분노적 절규 혁명은 민중이 스스로 각성하여 민중 자신을 위하는 집단적 행동이다.[22]

그러므로 우리 혁명의 제일보는 민중각오(民衆覺悟)의 요구니라. 민중이 어떻게 각오하느뇨? 민중은 신인(神人)이나 성인이나 어떤 영웅호걸이 있어 민중을 각오하도록 지도하는 데서 각오하는 것도 아니요, '민중아 각오하자', '민중이여 각오하여라' 그런 절규의 소리에서 각오하는 것도 아니요, 오직 민중이 민중을 위하여 일체 불평등[不平], 부자연(不自然), 불합리(不合理)한 민중 향상(向上)의 장애부터 먼저 타파함이 곧 민중을 각오케 하는 유일한 방법이니, 다시 말하면 곧 선각한 민중이 민중의 전체를 위하여 혁명적 선구가 됨이 민중 각오의 제일로(第一路)니라.[23]

혁명은 지적 엘리트가 민중의 외부로부터 들어와 중앙 집중적 조직을 통해 이루는 것이 아니라 민중이 직접 선각한 전위가 된다. 이러한 입장은 신채호, 이회영(李會榮), 이을규(李乙奎), 이정규(李丁奎) 등이 창간한 잡지 『탈환奪還』(1928)에서 분명하게 드러난다. 이 잡지는 크로포트

21 申采浩, 「宣言文」, 『丹齋申采浩全集』 下, 48-49쪽.

22 신채호, 위의 책.

23 신채호, 「朝鮮革命宣言」, 위의 책, 1972, 41-42쪽.

킨(Pierre Kropotkin, 1842~1921)의 『빵의 탈환The Conquest of Bread』(1892)에서 따온 것을 기관지 이름으로 했다. 이 잡지는 1910년 이전의 중국 사상계의 주류였던 무정부주의 조류[이석증(李石曾), 오치휘(吳稚暉), 유사복(劉師復) 채원배(蔡元培) 등]의 영향을 자연스럽게 반영하고 있다. 진독수의 『신청년』도 무정부주의 잡지 『신세기』의 영향과 무관하지 않다.[24]

신채호의 무정부주의는 중국뿐만 아니라 일본의 무정부주의 사상과도 연관이 있다. 1900년대 고토쿠 슈스이(幸德秋水, 1871~1911), 오스키 사카에(大杉榮, 1885~1923) 등은 중국과 한국에 잘 알려져 있었다. 그는 '가장 합리적'이라고 간주했던 고토쿠 슈스이의 작품, 특히 『장광설長廣舌』(1902)과 『기독말살론』을 흥미롭게 보았다.[25] 고토쿠는 신채호처럼 동양 전통 사상에도 조예가 있어 유럽의 사회주의 사상을 맹자와 주역 및 도가의 사상과 연관하여 표현했다. 그의 문체는 한국과 중국 지식인들에게 호소력을 가질 수 있었다. 그는 1909년 안중근의 의거를 기념하는 우편엽서를 만들었다. 그는 앞면에 다음과 같이 썼다. "생을 버리고 의를 취하며, 자신을 죽이고 인을 성취했으니, 안중근이여, 그대의 일거에 천지가 모두 전율했소[捨生取義, 殺身成仁, 安君一擧, 天地皆振]."[26] 그는 자유주의적 진화론을 넘어서서 사랑과 협동을 진보적 진화의 원리로 보고, 보수적 자유경쟁 원리를 진화에 역행하는 것으로 인식했다. 이런

---

24 이 문제에 대해서는 吳章煥의 「1920년대 在中國 韓人無政府主義運動」, 『韓國史研究論選, 일제, 현대사』 2, (백두문화, 219-245쪽)에서 『奪還』의 사상적 특징과 함께 자세하고 명료하게 논의되고 있다.

25 申采浩, 『申采浩全集』下, 公判記錄, 신채호선생기념사업회, 1972, 430쪽; 김삼웅, 『신채호평전』, 시대의창, 2005, 342-345쪽.

26 고토쿠 슈스이, 『나는 사회주의자다』, 임경화 옮김, 교양인, 2011, 465-466쪽: 사생취의(捨生取義)는 『孟子』(「告子」 上)에 나온다. "사는 것 또한 내가 바라는 것이고, 의(義) 또한 내가 바라는 것이다. 둘을 모두 얻을 수 없다면 생을 버리고 의를 취할 것이다[生亦我所欲也, 義亦我所欲也, 二者不可得兼, 捨生取義者也]." 살신성인(殺身成仁)은 『論語』(「衛靈公」)에 나온다. "뜻이 높은 선비와 어진 사람은 생을 구하여 인을 저버리지 않으며, 스스로 몸을 죽여 인을 이룬다[志士仁人, 無求生以害仁, 有殺身以成仁]."

인식하에서 그는 정치권과 정부에 의존하지 않는 직접행동을 통해 자유주의적 부패를 혁신하는 것을 경세(經世)로 보았다.

> 다른 길은 없다. 지금의 경제 조직을 근본적으로 개조하고 의식주에서 자유경쟁을 폐지하는 데에 있다. 생활의 곤궁을 제거하고 금전 숭배 풍조를 몰아내는 데에 있다. 만민이 평등하게 교육받을 자유를 누리고, 사회적 지덕을 증진하는 데에 있다. 만민이 평등하게 참정권을 누리고 국가사회의 정치 · 법률을 소수 인사가 독점하지 않는 데에 있다. 사회주의를 실행할 수 있다면, 사회는 총명한 판단력과 효과 있는 제재력을 발휘하게 되어, 암살의 죄악은 정로(바로) 근절되기에 이를 것이다. 이것은 경세(經世)의 군자가 마땅히 숙려해야 하는 것이 아니겠는가.[27]

고토쿠의 경세관은 점차 발전하여 천황제를 부정하고 국제주의적 입장과 민중 혁명론으로 발전한다. 그의 입장은 신채호의 철혈주의와 민족해방의 우선성과는 달리, 가능한 평화적 방법으로 국내 문제를 사회주의적으로 해결하려는 것이었다. 그러나 민중과 유리될 수밖에 없었던 신채호처럼 그도 노장적(老莊的) 평등사상을 내용으로 갖는 소수 지사인인(志士仁人)을 실천의 책임자로 보는 맹자적 참여 형식을 벗어날 수는 없었다. 그의 삶의 방식은 자기완성[成己]과 세계완성[成物]을 구체적 상황 속에서 단련해가는 사상마련(事上磨鍊, 왕양명)의 태도를 닮아 있었다.

천황제의 부정으로 인해 사형 선고를 받은 그는 죽기 직전 「사생死生」(1911)이라는 글에서 신채호의 생사를 넘나드는 주체성을 연상시키는 동양적 자기수양의 절정을 보여준다. 그에 의하면 죽음은 "두려운 것도 아무것도 아니다."

27 고토쿠 슈스이, 앞의 책, 161쪽.

> 제행은 무상(無常)하고, 우주는 변화의 연속이다. 그 실체(substance)에는 본래 시작도 끝도, 탄생도 소멸도 없을 터이다. 그런데도 실체의 양면인 물질과 세력이 구성되어 가현(假現)되는 천차만별 무량무한(無量無限)한 개개의 형체(form)가 되면 상주하는 것은 하나도 없다. [……] 만물은 모두 태어난 찰나부터 이미 죽어가고 있는 것이다. 이것이 태양의 운명이다. 지구와 유성의 운명이다. 하물며 지구에 서식하는 일체의 유기체, 작게는 세균에서 크게는 커다란 코끼리에 이르기까지의 운명이다. 이것은 천문 · 지질 · 생물 등의 모든 과학이 우리들에게 가르쳐주는 것이다. 우리들 인간만이 이 구속에서 벗어날 수 있겠는가.[28]

죽음은 운명이며 아무렇지도 않은 것이다. 문제는 개체의 자기보존과 종의 보존을 결합하는 생을 사는 것이다. 종의 보존은 인류사회에 불의와 재앙이 있는 한 자기희생적 사랑을 통해 가능하다. 그에 의하면 이 때문에 죽는 것은 당연한 것이다. 그는 결론짓는다. "병사나 횡사나 사형에 관계없이 죽어야 할 때가 오면, 충분한 안심과 만족으로 죽음을 맞이하고자 한다."[29] 이러한 대담한 초절적 주체성은 생사의 갈림길에서 움직여야 했던 한국 민족해방사에서 부단한 관심의 대상이었으며, 신채호, 이회영 등의 후기 인생을 지배했다.

고토쿠도 마찬가지였지만, 신채호도 사회주의의 무신론적 유물론과 반자본주의 정신을 분명하게 의식했다. 『탈환』 창간호의 제사는 "하느님께 폭탄을 던지자!"라는 무신론적 구호와 "각종 자본주의를 박멸하자!"라는 반자본주의 구호를 제시한다. 또한 창간호에서 「『탈환』의 주장」은 민중의 '자유의지(自由意思)'와 '자유연합(自由聯合)'으로 '개인의 자발성'과 '상호우애'를 파괴하는 일체의 억압과 계급, 정부와 조직을 파괴하는 이념을 제시한다. 약간 길지만 그것은 당시 무정부주의 선언이 갖는 주장

28 고토쿠 슈스이, 앞의 책, 532-549쪽.

29 고토쿠 슈스이, 앞의 책.

을 분명히 하는 성격이기에 다음에서 인용해 살펴보기로 한다.

> 우리는 사람이기 때문에 우리를 구사(驅使, 몰아쳐)하여 우리를 강박하는 정부, 법률, 도덕 등 사람의 자유의지의 발전을 저해하는 제반 장애물을 박멸코자 한다. 현사회의 모든 생산품은 노동자의 공동 노력으로 생산된 것이며, 현대의 문명은 과거 무수한 군중의 피와 땀으로 조성된 것이다. 그리하여 어떤 개인이나 정부를 막론하고 그것을 독점할 권리를 가지지 못한다. 그러나 예부터 정부와 병진하는 자본주의는 모든 것을 농단하여 특권계급의 소유를 만들어 낸다. 우리가 살기 위하여는 인류의 소유권의 탈환(奪還)을 실행하지 않으면 안 될 것이다. 다시 말하면 소유권의 공유를 완성하자는 것이다. [……] 우리는 어떠한 종류의 정부든지 그 존재를 절대로 불허한다. 자래(自來)로 사람의 역사를 펼쳐보자! 봉건시대의 군주정부는 황족 귀족계급의 이익을 위하여 농노제도를 실행하였으며, 자본주의 시대의 민주정부는 중산계급의 이익을 옹호키 위하여 정치는 특권계급을 조성하는 대의제(代議制)를 사용하였으며, 경제제도는 임금노예제를 사용하여 무수한 노동자의 뼈와 피와 땀으로 위대하고 교묘한 기계를 만들어 사람을 기계의 노예로 만들었다. 그리고 현재의 붕괴되어가는 소위 노동정부를 보자. 공산당이란 소 자본계급의 정부-전제 또 독재정치를 유지하기 위하여 자본을 정부로 집중-는 개인 자본주의의 확대인 국가 자본주의를 실행한다. [……] 예부터 지금에 이르기까지 정부의 역사를 고찰컨대, 그것은 확실히 소수계급의 정권이나 이익을 위한 보험회사와 같은 물건이다. 그러므로 어떤 정부든지 소수 강자가 극대다수의 민중을 압박하는 공구(工具)이며, 인간의 상호우애(互相友愛)를 방해하는 장애물이다. 그러므로 우리는 그의 존재를 불허하는 것이다. [……] 그리고 자본의 본신은 강자의 힘을 빌어서 도겁(盜劫)하여온 장물이다. 그것은 이미 학리상 또는 사실상에서 모든 가치를 잃어버린 것이다. 그것은 사람으로 하여금 자기의 동류를 침해하여 타인의 수요품을 결핍케 하는 것이다. 그러므로 자본은 모든 죄악의 원천이라고 한다. 그리하여 우리는

개인 자본주의나 국가 자본주의자를 막론하고 민중의 소유를 도겁하여 가는 강도라고 인정한다. 우리는 어떤 법식(法式) 하의 권력이든지 권력이라는 것은 절대 반대한다. 우리는 타인의 권력의 장악을 불허하는 동시에 자기도 권력을 요구치 않는다. 실제상 권력이라는 물건은 사유재산의 보호자요 사람을 횡폭(橫幅)하게 만드는 기구이다. 우리는 현재의 유산계급과 자본주의 사회를 박멸코자 하는 동시에 저 어리석은 자들이 말하는 것과 같이 사회조직을 버리고 살겠다는 것이 아니라 오직 비교적 가장 진보와 문명이 융합된 사회를 요구하는 것이다.[30]

이 선언은 제도의 강압성과 타협하지 않는 권력 비판을 담고 있다. 비판은 일상의 권력관계는 물론, 부르주아 의회제와 당시 러시아 혁명의 국가 자본주의적 성격에까지 미친다. 이러한 비판은 민중의 생기와 우애를 악의 세력과 대립시키는 톨스토이를 연상시킨다. 자본을 도적질한 장물로 본 것은 소유를 도둑질로 보는 프루동(P. J. Proudhon, 1809~1965)을 상기시킨다.[31] 또한 무정부주의의 전형적 입장인 민중의 자발성과 자율적 조직화의 원리는 레닌주의의 중앙 집중적 조직론을 비판하는 기준이 되고 있다. 이런 관점에서 「탈환의 주장」은 "사유재산을 폐지한 다음 부득불 공산(共産)으로, 무정부의 방면"으로 나아갈 것을 선언한다. 마르크스-레닌주의가 '정부 어용의 공산주의', '강권적 공산주의'라면, "정부가 없는 생산단체 자치의 자유 공산주의-무정부주의"가 혁명의 노선이라는 것이다. 이 노선이 "일본 자본 제국주의의 식민지를 자본주의 일본 정부의 수중으로부터 탈환하여 조선 피압박계급의 민중에게 돌리는" 원리이다. 무정부주의는 인류의 이상일 뿐만 아니라 조선 독립의 원리

---

30 『奪還』, 창간호, 1928. 6. 1.: 여기서 인용된 글은 국민문화연구소가 갖고 있는 파일본을 사용했다.

31 구승회 외 지음, 『한국 아나키즘 100년』, 이학사, 2004, 293-334쪽: 저자들은 아나키즘과 연관된 사상가들 즉, 톨스토이, 프루동, 크로포트킨, 슈티르너(Max Stirner), 허버트 리드(Herbert Read) 등을 예술론을 중심으로 다루고 있다.

이다. 「탈환의 주장」은 결론짓는다. "우리는 강권(强權)하에 들어간 민중 및 그의 소유를 탈환하기 위하여 우리는 진정한 사람의 생활을 환원키(회복하기) 위하여 민중의 자발적 충동을 격기(激起, 치솟게 함)키 위하여 『탈환』을 간행하는 것이다." [32]

이러한 관점에서 『탈환』은 증간호(1928년 6월 15일)에서 구체적 강령을 제시한다.

1. 일체 조직은 자유연합 조직 원리에 기본할 것.
2. 일체 정치운동을 반대한다.
3. 운동은 오직 직접 방법으로 할 것.
4. 정치적 당파 이외의 각 독립운동 단체 및 혁명운동 단체와 전우적(戰友的) 관계를 지속 존중할 것.
5. 국가 폐지.
6. 일체 집권적 조직을 소멸할 것.
7. 사유재산을 철폐하고 공산주의를 실행하되, 산업적 집중을 폐하고 공업과 농업의 병합 즉 산업의 지방적 분산을 실시할 것.
8. 종교를 폐지하며, 결혼 제도를 폐지-가정 제도 폐지.

이 강령은 자유, 평등, 우애에 입각한 "능력에 따라 일하고, 필요에 따라 가져간다[各盡所能, 各取所要]"는 무정부주의 입장을 구체화한 것이다. 그것은 "모든 빼앗긴 자유를 탈환하자!"는 구호를 실현하는 방안이다.[33] 그러나 이 강령은 당시 상해임정의 민족주의 진영의 분열에 대한 비판을 암시하고 있는 것으로 보인다. 신채호가 비난했던 이승만 등과 같은 인물은 조직을 정부 조직화하여 수장이 되려는 야심을 보인다. 이러한 정치 운동 때문에 상해임정은 무정부주의, 민족주의, 마르크스-레

32 『奪還』, 창간호, 1928. 6. 1.

33 『奪還』, 창간 증간호, 1928. 6. 15.

닌주의 등으로 분열된다. 무정부주의는 급진 민족주의 진영과 협력하여 독립운동을 하게 된다. 러시아 볼셰비즘의 중앙 집중주의 노선을 따르는 이르쿠츠크파가 서일(徐一)의 대한독립군(무정부주의와 민족주의가 결합된 만주독립군)을 흡수하고자 무력 공격을 감행한, 이른바 자유시 사변 후에 민족적 무정부주의와 볼셰비키와의 분리는 더 심화된다.[34]

탈환은 "민중의 자발적 충동"의 표출에 따라 인위적인 제도적 구조물에 저항하는 것이다. 이러한 저항이 증간호에 우관 이정규(又觀 李丁奎)가 쓴 「『탈환奪還』의 첫소리」에 의하면 생명의 본질이다. 그것은 개방성으로 향하는 인간 본성으로서, "인간성의 발휘이며, 생의 원리이다." 혁명은 사회악에 저항하는 일종의 생의 기술이다.

> 뿌리 깊은 인간성에서 생물적 본능에서 탈환의 함성은 소리쳐 나온다. 갖은 철쇄(鐵鎖, 쇠사슬)-정치적, 경제적, 종교적, 사회적-에다 목을 매이어, 갖은 고통, 혹사, 학대를 당하며, 사멸의 구렁으로 들어가는 우리 조선 사람에게, 이 본능, 이 인간성은 특히 탈환을 부르짖게 한다. 그러므로 죽음을 바라보고 살려고 발버둥치는 우리에게서는 생물적 본능으로 '왜놈에게 빼앗긴 것은 왜놈에게서, 조선 놈에게 빼앗긴 것은 조선 놈에게서 되빼앗아 오자!' 라는 절규가 그치지 않는다. 빼앗긴 것은 찾아야 한다. 그러나 애걸과 구걸은 찾는 방법이 아니다. 찾는 유일한 방법은 '되빼앗아 오는 것이다. 탈환이다.' 모든 것을 다 빼앗긴 우리 전 민중은 단결하야 철저히 탈환을 실행하자. 자유, 의식주 등 모든 생명적 조건을 탈환하자! 미국의 독립, 프랑스의 혁명, 러시아 혁명 등이 다 똑같이 민중적 되빼앗기 운동이었다. 민중적 탈환 운동이었다. 그러나 되빼앗기는 하였지만 민중들은 그 빼앗은 것의 참주인은 되지 못하였다. 이러한 데에서 본지는 조선 민중의 탈환 운동 즉 혁명운동을 이론적으로 실제적으로 고취

---

34 이정식, 『韓國民族主義의 政治學*The Politics of Korean Nationalism*』, 편집부 옮김, 한밭출판사, 1982, 206-220쪽.

> 하는 동시에 탈환 후의 건설 즉 우리 민중이 다 같이 조선의 주인공이 되어 가지고 이인치인(以人治人)의 강권적 조직 없이 경제, 사회 등 만반의 자유와 평등과 우애가 유지되어 가는 신조선 건설의 원리 및 방략을 연구하여서 신조선의 실현을 촉진 완성하기를 기하고 온 민중과 한가지로 혁명적 함성 탈환의 구호를 절규한다.[35]

이정규의 구호는 다음과 같다.

> 모든 빼앗긴 것은 되뺏자!
> 왜놈에게 빼앗긴 것은 왜놈에게서
> 조선 놈에게 빼앗긴 것은 조선 놈에게서
> 빼앗아온 모든 것은 영원히 내가 그 주인이다!
> 탈환 후의 사회는 자유의 무정부 공산사회이다!

이러한 무정부주의 혁명은 "고통과 박해"에서만 오는 것이 아니다. 이정규는 「혁명원리와 탈환」에서 크로포트킨의 『프랑스 대혁명사』를 인용하여 혁명은 '자유와 행복'의 '희망'에서 온다는 것을 강변한다. "왕왕 청년 혁명가들이 믿는 것과 같이 혁명이란 것은 결코 궁박 고통 중에 나오는 것은 아니다. 1789년의 민중은 가까워 오는 자유와 행복의 서광을 보았다. 이것을 본 민중은 큰 희망을 가지고 궐기했다. 그러므로 혁명에는 희망이 있고, 또 그 희망을 행동으로 생명을 내어놓고 실현해야 한다. 프랑스 민중은 이것을 하였다." 희망은 '원한과 분개'에 의해 추동되지만 근본적으로는 자유의 '동경'이다. "우리는 자유에 주린 사람이며, 배고픈 사람이다." 이정규는 '혁명의 이상'인 자유의 탈환을 바쿠닌(Mikhail Bakunin, 1814~1876)의 다음과 같은 말로 요약한다. "누구든지 자기 주위의 사람들을 다 해방하기 전에는 자기 자신만을 해방할 수 없다. 나의

---

35 『奪還』, 創刊 增刊號, 1928. 6. 15.

자유는 곧 온 사람의 자유이니, 그러므로 나의 권리가 만인의 자유 중에서 승인되며 찬성되지 않는 때는 참 자유는 없다. 행동의 자유가 없을 뿐만 아니라 이상의 자유까지 없다." 36

이상의 논의에서 볼 때 신채호와 이정규 등의 무정부주의는 마르크스주의 변증법이 시대의 물질적 조건에 따라 단계적 행동방안을 강구하는 것에 비해 과격주의적인 요소를 갖고 있다. 그러나 평등한 자유의 이념을 그들만큼 강조한 사람들도 없었다. 그들에게 마르크스주의는 일종의 변증법적 타협이며, 생의 자발성을 무시한 자본주의의 변종인 것이다. 사실 마르크스-레닌주의는 국가의 파괴를 논할 때에는 민중의 자발성을 옹호하기도 했지만, 혁명의 지도는 소수 자각적 대표들이 이끌어야 한다는 관점을 갖고 있었다, 혁명 후 민중이 수동성에 빠져 있을 때에는 중앙집권적 조직이 더욱 필요한 것이었다. 그러나 크로포트킨에 의하면 무정부주의는 민중의 생의 본능에서 나온 것이다. 그가 보기에 이 점에 무지한 모든 철학자, 대혁명가, 사상가들도 유명한 사람들은 전부 반민중적이었다. 『탈환』은 이 관점을 분명히 하고 있다. 민중의 저항은 "무명(無名)한 인사들의 자유발의(自由發意)에 의한 자유행동의 소산이었던 것이다. 대인물은 도리어 그것을 파괴하였다. 레닌도 그러하였으며, 로데쓰데어[로베스피에르]도 그러하였다. 저들은 실로 혁명을 죽인 대 죄인들이다." 37

신채호와 『탈환』은 엘리트주의적 조직론을 부정하고 민중의 자발적 능동성을 신뢰했다. 이 점이 마르크스-레닌주의와 첨예하게 대립하는 것이었다. 그들은 급진적 탈환의 정신을 중국의 무정부주의와는 달리 민족주의적 맥락에서 더욱 폭력화했으며, 민중과의 공간적 거리가 있는 상해에서 활동했기 때문에 민중의 단결보다는 테러리즘을 선호하게 되었다. 신채호에 의하면 "우리의 민중을 환성(喚醒)하여 강도의 통치를 타도하

36 앞의 책.

37 앞의 책.

고 우리 민족의 신생명(新生命)을 개척하자면 양병 십만이 일척(一擲)의 작열하는 폭탄[炸彈]만 못하며, 억천 장 신문 잡지가 일회 폭동만 못할지니라."[38]

크로포트킨에 대한 신채호의 애정은 지대했다. 그는 인류 3대 성인(예수, 석가, 공자)에 마르크스와 크로포트킨을 추가하여 5대 성인으로 추앙했다. 그러나 그는 크로포트킨에 대해서도 크로포트킨의 조선이 아니라 조선의 크로포트킨이 되어야 한다는 민족적 주체성의 입장을 견지했다. 신채호와 이회영의 노선은 단번의 탈환에 의해 사유재산 제도를 공산 제도로 전환한다는 것이었다. 이들의 급진 노선은 마르크스주의와 충돌한다. 마르크스주의에는 무계급사회로 가는 단계적 과정이 있다. 이 과정은 계급 정당에 의한 토지 재분배와 사회주의적 제도의 실현이라는 중간 단계를 필요로 한다. 그리고 이러한 발전은 정치경제학적 인식과 과학기술의 진보에 의해 밑받침되는 것이었다.

또한 무정부주의 사상과 그 민중성은 아시아의 생기론적 세계관과 강한 친화성을 갖고 있다. 그러나 마르크스주의는 과학과 산업 부르주아 문명의 의의를 중시하는 계몽주의 전통의 후신으로서, 실천성과 합리적 인식의 겸비를 혁명적 사고의 근본 특징으로 본다. 이 차이를『탈환』은 잘 인식하고 있었지만, 오히려 자신들의 관점이 더 진정성이 있는 것으로 여겼다. 마르크스-레닌주의적 공산주의는 "자본을 정부로 집중하는, 개인 자본주의의 확대인 국가 자본주의를 실행"하는 것이다. 그럼에도 "저들은 말한다. 이것은 공산주의로 가는 과정이라고, 과정! 과정! 과정! 아! 과정이란 압박이냐? 전제이냐? 착취이냐? 진정한 공산주의는 결코 국가라는 것으로 출생하는 것이 아니다. 자유는 압박으로부터 출생하지 않는다. 행복은 착취로부터 출생할 것이 되지 못한다."[39] 자발적 생기로 연합하지 못하는 조직은 억압과 착취의 도구일 뿐이라는 것이다.

---

38 申采浩,「朝鮮革命宣言」,『丹齋申采浩全集』下, 1972, 42쪽.

39 『奪還』, 창간호, 1928. 6. 1.

러시아 혁명에 대한 이러한 예언적 의구심은 후에 사실로 되어갔지만, 레닌주의에도 민중의 자발성과 국가의 파괴라는 무정부주의와 공유하는 부분이 있다. 그러나 레닌주의는 단계적 과정을 고려하는 신중성을 특징으로 갖고 있었다. 이 점은 무정부주의가 보기에 혁명의 진리를 유예하고 새로운 착취계급을 만들어내는 수단에 불과했다.

3. 강자의 도덕과 자유

신채호의 혁명론은 노예근성을 타파하려는 혁명적 도덕철학에 기초해서 발전되었다. 전기의 글로 보이는 「도덕道德」에서 그는 '민덕(民德)'의 중요성을 역설하고, 조선의 전통적 민덕의 폐해를 나라를 망치는 노예도덕으로 진단한다. 기존의 도덕은 '편협한 도덕'이며, '우망(迂妄)한 도덕'이다. "수백년래 조선의 도덕은 비도덕률의 도덕률"이었다. "습관이 성경(聖經)이 되고, 복종이 미덕이 되는" 도덕이었다.[40] 이러한 도덕을 그는 다음과 같이 논했다.

(1) 관념의 오류: 기존의 도덕은 문사 중심의 "인유온후(仁柔溫厚)만 도덕"으로 알고, '강의(剛毅)'와 '용감(勇敢)'을 배척한다. 이로 인해 사회는 '문약(文弱) · 투안(偸安)'이라는 구차하게 안주하는 습관에 물들게 되었다.

(2) 복종의 편중: "전제 시대의 도덕은 전제의 도덕"이다. 이 도덕은 상위에 있는 사람에 대한 '충근(忠勤)'이나 '공경'을 미덕으로 보고, 윗사람의 불의를 '풍간(諷諫)'하는 것에 그친다. 이러한 도덕은 세상을 '노예'로 만들어, "충신은 날지언정 혁명가는 나지 못할지며, 구유(狗儒)는 날지언정 파괴자는 나지 못하는" 문화를 만든다.

(3) 공사(公私)의 전도: 유가의 도덕은 사회와 국가에 대한 공적인 도

---

40 申采浩, 「思想家의 努力을 요구하는 때」, 『丹齋申采浩全集』 下, 1972, 154쪽.

덕이기보다는 "군신의 의(義)와 부자의 은(恩), 부부의 예(禮)와 붕우의 신(信)을 말하니," 이는 '공덕(公德)'과 '사덕(私德)'을 전도한 것이다.

(4) 소극의 태심(太甚): 동양도덕의 전형적 결점은, 의를 행하기보다는 불의에 굴하지 말라는 소극적 태도를 강조하는 것이다. "적극적 방면보다 소극적 방면에 더 주의를 하는" 도덕은 열사보다는 "은퇴하는 고사(高士)"가, '진취가'보다는 '보수가'를 더 많이 낳는다.

이상의 성질을 갖는 구래의 도덕을 신채호는 "망국민(亡國民)의 악도덕(惡道德)"으로 규정하고, 조선의 습관과 강대국의 도덕도 따르지 않는 "유국민(有國民)의 도덕"을 제시한다.

> 우리가 망국민으로서 미국 사람같이 평화를 부르면 금전은 벌지언정 노예는 면치 못할 것이며, 영국 사람같이 보수를 힘쓰면 생명은 가질지언정 수원[讐寃, 복수의 원한]은 갚지 못할 것이며, 톨스토이의 주의를 가지면 안신입명은 될지언정 정치의 생활은 못할 것이며, 부캇치 워싱턴(Booker T. Washington, 1856~1915, 개량주의적 흑인 시민운동가)의 논법을 좇으면 함포고복(含哺鼓腹, 배불리 먹고 배를 두드림)은 할지언정 정신의 고통은 없지 못할지라.[41]

자신의 시대를 제국주의 약육강식의 시대로 보는 신채호는 강대국의 도덕이 침략성을 숨기고 있을 뿐만 아니라, 복종을 미덕으로 만드는 노예도덕이라고 보았다. 그는 차라리 이른바 도덕을 보수의 진영에 던지고 기존의 선악 관념을 넘어서는 초절적 차원으로 나아간다. 그는 기존의 도덕보다 다음의 조건을 갖춘 진정한 강자의 도덕을 제안한다.

(1) 유제한적(有制限的) 도덕: 이것은 추상적 '문화주의'와 '세계주의', '인류박애'론을 제한하는 도덕이다. 이 관점에서 신채호는 반문한다. "만국평화회의 내면에 전란의 고통이 잠복하였으며, 동양평화 창도자

---

41 신채호, 「道德」, 앞의 책, 136-144쪽.

의 배후에 살인의 이기(利器)를 가졌나니, 하물며 우리의 자국도 보존치 못한 놈으로 박애를 말하며, 세계를 돌아봄이 치인(痴人) 치상(痴想)이 아닌가." 또한 그는 크로포트킨의 상호부조론보다 다윈의 경쟁설을 더 수입해야 한다고 말하고 있다. 그러나 이는 1925년 무정부주의를 수용하기 이전에 자신의 투쟁적 민족주의를 강조하는 문맥에서 나온 것으로 보인다.

(2) 무공포적(無恐怖的) 도덕: 하나의 국가를 상정한 후, 신채호는 국가를 위해서는 '스파르타인처럼 절적(竊賊, 도적질)'을 하거나 "몽고인처럼 전살(戰殺)을 즐기는 것"도 도덕이라고 한다. 이러한 입장을 그는 대승불교의 보살도가 아귀나 축생으로 현신하여 중생을 구제하듯 자유자재한 것이라고 한다. 그러나 이 입장만으로 보면 그것은 보편적 이성을 특수한 이익에 종속시키는 제국주의에게 폭력의 활로를 열어주는 모순을 갖고 있다.

(3) 국수적 도덕: 중국에서 온 도덕은 조선을 약화시키는 외래적 노예도덕이다. 조선의 역사는 구래의 고유한 도덕이 있는데, 그것은 모든 불의에 적극 저항하는 상무(尙武)적 도덕이다. 신채호는 민족의 전사적 도덕을 나라의 정수로 보고, 이 이외의 모든 사상의 주입을 "사상의 전제"로 비난한다.

이러한 신채호의 도덕론은 사회 진화론적 영향이 엿보이는 민족주의적이고 전사적인 투쟁의 도덕론이다. 그는 「이해利害」에서 자신의 입장이 폭력난무의 상대주의는 아닌 윤리적 고결성과 저항성을 가진 도덕임을 강조한다.

> 생존을 유지하기 위하여 시비를 묻지 않고 이해만 볼진대, 매국자도 일신의 생존을 위함이며, 정탐노(偵探奴)도 일신의 생존을 위함이니 이도 죄가 없다 할까. 아니라, 아니라, 나의 이른바 생존은 개신(個身)의 생존이 아니라 전체의 생존이며, 구각(軀殼, 육체)의 생존이 아니라 정신의 생존이니 구각과 개신의 생존만 알면 이는 금수요, 정신과 전체의 생존을 알

아야 이를 사람의 생존이라 하나니, 나는 사람의 생존을 위하여 이해를 가리라 함이요, 금수의 생존을 위하여 이해를 가리라 함이 아니로다. 개신의 생존만 구하다가 전체의 사멸을 이루면 개신도 따라 사멸하나니, 그러므로 군자는 개신을 희생하여서라도 전체를 살리려 하며, 구각의 생존만 구하다가 정신이 사멸되면 쓸데없는 일부의 취피낭(臭皮囊, 냄새나는 가죽 포대)만 남아 무엇이 귀하리오. 그러므로 열사는 적국과 싸우다가 전 국민이 백골을 태백산만치 높이 쌓아 놓고 명예의 멸망을 할지언정 노예 되어 구생(苟生, 구차히 생존)함은 하지 안하나니, 구생은 생존이 아니니라.[42]

구차한 인생을 생존이 아니라고 보는 도덕은 맹자적인 전사의 기상과 만상을 희롱하는 불교의 자유의 주체성을 배경에 깔고 있는 것으로 보인다. 그의 도덕은 약자의 도덕이 아니라 정신적 초인론에 기초한 강자의 도덕이다. 공포에 쫓기는 노예도덕에 대한 그의 격렬한 비난은 결국 무정부주의와 만나게 된다. 그의 초절적 강자의 도덕은 민족이 처한 위난의 시대에 혁명적 행동주의로 나아가게 되었던 것이다.

불교적 절대 자유를 행동주의로 발전시킨 신채호는 노예도덕의 특징인 시비선악과 미추의 상대성을 초극한 절대적 자유를 전사적 행동을 통해 표출하는 길을 선택한다. 문화화된 자비, 인의, 사랑, 경전 연구 등은 버려진다. 그의 시(詩) 「서분書憤」과 「술회述懷」는 초극 의지와 비분이 결합된 심정을 잘 보여준다.

서분(書憤)

부허(浮虛)한 것은 육경(六經)으로부터 열렸으니,
통쾌하다, 진시황의 한 바탕 불에 재로 부쳐졌도다.

---

42 신채호, 「利害」, 앞의 책, 150-151쪽.

하지만 한스럽다, 그 날에 다 못 태운 것이.
한(漢) 조정에 복생(伏生, 경전을 외우고 있어 다시 복원한 인물)이란 자가 또 있었구나.
浮虛之自六經開, 快付秦家一炬灰. 却恨當時燒未盡, 漢庭猶有伏生來.

술회(述懷)

선과 악, 현명과 우둔, 모두 희론(戱論, 중관불교의 용어로 관습적 언어 생활을 의미)이다.
기독교, 회교, 유교, 불교 헛되이 서로 비난하지만,
푸르고 흼[靑白, 완적의 눈이 사람의 호오에 따라 청백으로 변했다는 고사]을 분간하는 것 참된 눈이 아니라네.
티끌로 흩어지는 것은 도리어 이 몸이거늘.
망녕되이 자비(慈悲)를 생각하면 오히려 지옥이고,
뜻대로 도살(屠殺)함이 하늘 사람[天人] 만든다.
우리가 오고 가는 것 다만 이와 같을 뿐이다.
거짓을 버리고 진리를 구하면[捨假求眞] 도로 진리가 아니리.
善惡賢愚摠戱論. 耶回孔佛謾相嗔, 辨看靑白之非眼. 散作塵埃倒是身, 妄念慈悲還地獄. 任情屠殺使天人. 吾人來去只如此, 捨假求眞更不眞.[43]

진리, 자비와 같은 중생의 습관적 관념을 부정하고 나온 자유는 상황에 따라 방편을 달리한다. 경우에 따라서는 극단적 행동도 허용된다. 이러한 불교적 초인 사상은 신채호의 혁명적 무정부주의의 윤리적 기초가 된다.

신채호의 혁명론은 마르크스주의적 전통과는 달리 무정부주의가 갖는 주관주의적 성향을 강도 높게 갖고 있다. 그의 자발적 주체성과 강개

43 申采浩, 『申采浩全集』 下, 신채호선생기념사업회, 1972, 399-400쪽.

한 정서는 극한의 역사적 한계경험의 표출일 것이다. 레닌주의가 민중의 자발성과 변증법적 소통의 활력을 상실하여 붕괴했듯, 신채호의 '분노적 절규 혁명'은 민중의 의거를 촉발하는 객관적 조건에 대한 전략적 인식의 부재와 의지적 능동성에 대한 강한 신뢰가 결합되어 있다. 그는 혁명의 과정이 능동성으로만 형성되는 것이 아니라 공포감과 함께 민중과 지도자들이 수동화되는 현상을 동반하고, 의회제 아래에서는 사회의 구조적 제약이 강화된다는 데에는 주목하지 못했다. 그의 혁명적 선의지는 열사(烈士)의 고독한 순국으로 귀결된다. 그러나 그의 드높은 의지와 기상은 남아 있다.

민중의 자발적 주체성의 문제는 감정에 대한 미학적 문제와 함께 오늘날 다시 시급한 문제로 다가오고 있다. 어떤 방식으로든 새로운 삶의 양식의 창조는 미래적 감정에 기초한 주체성의 창조를 전제한다. 또한 동학과 대종교의 형이상학도 과학문명에 대한 반성과 함께 다시 음미되어야 할 것이다. 신채호의 생성 · 전변하는 유희 정신은 억압의 한계상황으로부터 급박하게 온 것이지만, 이제 그 정신은 오늘의 우리에게도 묻는다. 우리는 생성의 세계를 삶과 죽음을 향유하는 기쁨으로 살 수 있는가? 국가권력의 부르주아적 계급성을 시민의 건전성이라는 이름으로 은폐하고 불의와 타협하는 노예도덕을 인간화로 간주하는 것이 도시 시민의 자기기만이라면, 무정부주의적 강자의 도덕은 그러한 인간화에 저항한다. 강자의 도덕은 시민적 인간화를 짐승의 도덕으로 규정하고, 차라리 비인간화를 탈노예화의 길로 제시할 것이다. 이 혈로는 모든 비굴한 무릎을 일으켜 세우는 천인절벽의 기상이며 비근한 일상생활을 혁신하는 새로운 습관이다.

우당 이회영(友堂 李會榮, 1867～1932)은 노예도덕의 길을 거부하는 의지를 일상의 삶 속에서 인격의 통일성(고결성)으로 실현한다. 그는 백사 이항복(白沙 李恒福)의 후손으로 조선의 명문세족이었다. 그러나 정조(正祖)와 남인(南人)을 실각시킨 노론(老論)의 독재는 결국 조선을 근대화의 조류에 편승하여 일본에 거액으로 매매하는 망국(1905)으로 귀결된다. 당시 일본으로부터 매국의 대가로 작위와 상금을 받은 사람들 76명 가운데 56명이 노론이었다.[44] 구한말 개화파의 맹장이기도 했던 이회영은 망국의 경험을 통해 남존여비와 노비 제도와 같은 봉건도덕의 불의와 민족해방을 향한 열망을 가슴에 아로새기게 된다. 그는 자신이 귀속했던 계급을 넘어 민중의 세계로 나아간다. 또한 그는 대종교의 창시자인(1908) 홍암 나철(弘巖 羅喆)의 결사조직과 연락하여 을사오적 저격(1906)을 시도했으며, 신채호, 김구, 이동휘, 이동녕 등과 비밀조직 신민회(新民會, 1907)를 창설했다.[45]

1910년 신민회는 해외로 나가 독립운동을 하기로 결의한다. 이회영은 학문과 교육에 힘쓰며, 무력항쟁을 할 수 있는 기지를 만들기 위해 가문의 재산을 정리하여 자금(당시 화폐로 600만 환, 현재가로 600억 원이 넘는다고 한다)을 마련한 후, 가문(6형제와 가솔 40여 명) 전체를 데리고 만주로 떠났다.[46] 그는 주경야독(晝耕夜讀)의 정신을 살려 경학사(耕學社)를 만들고, 조국의 탈환을 위한 신흥(新興) 무관학교를 세운다.[47] 공동의 우애와 공동 소유의 정신에 따른 이상 농촌의 건설은 그 후 그를 무정부주의로 가게 하는 경험적 계기로 자리 잡게 된다.

그는 1919년 북경으로 이주하여 중국에서의 독립운동과 상해임정 수립에 참여한다. 북경에서 그는 중국의 무정부주의와 이정규, 이을규, 백

---

44 이덕일, 『아나키스트가 된 조선 명문가, 이회영과 젊은 그들』, 역사의아침, 2009, 73-74쪽.

45 李丁奎, 『友堂 李會榮 略傳』, 을유문화사, 1985, 30쪽, 39쪽.

46 이덕일, 위의 책, 60-61쪽.

47 신흥무관학교(新興武官學校)는 군사적 독립운동의 모형이 되었다. 무정부주의 행동단체인 의열단(義烈團)을 만든(1919) 약산 김원봉(若山 金元鳳)은 신흥무관학교를 방문한 이후 무장독립운동을 실행에 옮기게 된다. 김원봉은 톨스토이의 영향을 받고, 무정부주의에서 마르크스-레닌주의에 이르는 광범위한 이력을 거친다. 그는 민족해방을 기준으로 좌우합작 노선을 줄곧 견지했다. 1944년 그는 임정의 군사부장이 되고, 해방 후 귀국하여 여운형(呂運亨)과 함께 좌우합작노선에서 자주국가 건설을 위해 노력한다. 김원봉은 남로당의 폭력노선이 미군정의 좌익 불법화를 불러온 상황에서 친일파와의 결합을 통한 이승만의 강경 우경화 노선에 고생하다가 1947년 사라진 후 월북하여 민족협동노선을 견지하다가 북로당에 희생된다. 이에 대해서는 다음을 참조: 한상도(韓相禱), 「金元鳳의 生涯와 抗日歷程」, 백제문화, 109-179쪽.

정기 등의 조선 무정부주의에 접하게 되고 그것이 자신의 내밀한 사상과 일치함을 발견하게 된다. 그는 박은식과 정인보처럼 이미 개화파 시절 양명학이 새로운 실천철학으로 대두된 것을 잘 알고 있었던 것으로 보인다. 당시 독립투쟁에 참여했던 조선 귀족 신분의 사람들 중 그가 만난 인물 대다수는 양명학에 조예가 있었던 사람들이었다.[48] 양명학이 심성의 자발성과 개체의 자주성 및 자유로운 유대를 강조하는 방향으로 전개된 것은 17세기 명말(明末)의 양명학의 분화 과정이 잘 보여준다. 그 후 양명학은 강유위, 양계초의 변법사상의 주체적 기초가 되었으며, 20세기에는 베르그송주의자였던 양수명(梁漱溟, 1893～1988)이 이끌던 농촌운동의 사상적 토대가 되었다.

이회영이 무정부주의를 확신하게 되는 과정에는 조선 후기 역사에 대한 체험과 함께하는 그의 자기성찰과 자기부정의 노력이 개입되어 있다. 주희는 송대의 상황에서 반성의 노력을 내적 심성의 보존[存養]과 외적 성찰(省察)을 통일하려는 노력으로 보았으며, 왕양명은 그것을 의지의 성실성[誠意]을 통해 일원화했다. 성실한 의지는 안으로는 심성의 고요[靜]를 회복하고 밖으로는 자발적 실천의 활동[動]을 통일하는 주체적 원리이다. '자유와 평등'의 가치를 내면화하는 이회영의 자기반성은 역사의 풍운(風雲)과의 역동적 관계 속에서 이루어진다. 이정규(李丁奎)의 『우당 이회영 약전友堂 李會榮 略傳』(1985)은 다음과 같이 보고하고 있다.

> 선생이 사상적으로 지향하는 방향이 확정된 때는 1922년 겨울이었다. 선생은 시대적 조류를 따르고 또 자신의 천품과 성격에 따라서 사람은 '자유롭고 평등한 생활을 목적으로 하며 그 실현을 위해 노력하는 것'이 옳은 길이라고 생각한 것이다. 독립운동도 이것을 위해서만 빛이 나는 것이며, 혁명운동도 이것으로만 가치가 있는 것으로 보았다. 이처럼 자유 평등의 사회를 지향하는 사상적인 방향이 정해졌다 하여 곧 선생의 사상이

---

48 이덕일, 앞의 책, 131-135쪽.

완전히 확립된 것은 아니었다. 그것은 시작이었으며 선생의 번민은 계속 되었다. 그러한 사회, 그러한 나라를 실현하는 구체적 방안이 무엇인가, 곧 그 목적을 달성하도록 추진하는 운동의 조직과 새 나라의 제도와 그 기저가 되는 이론의 수립 등이 해결되어야만 선생의 고민은 완전히 해결될 수 있는 것이었다. 이처럼 구체적인 것들을 생각하고 모색하면서 선생은 당시의 상하이 임시정부는 물론 구미(歐美) 여러 선진국의 정치 형태나 정부를, 그리고 정치라는 그 자체에 관하여 연구 검토하고 해석하여 보았다.[49]

부드럽고 한없이 베푸는 그의 성품은 시대의 조류에 자극받아 그로 하여금 일상의 생활양식을 비롯해 인류의 정치제도를 성찰하게 하고, 이상적 건국방략을 모색하게 한다. 그러나 신채호와의 토의에서 드러나듯, 구미의 부르주아 의회제나 러시아 혁명정부를 그대로 모방하는 것은 자유와 평등한 삶의 이념에 반하는 것이었다. 이회영의 방향은 무정부주의로 정해졌다. 그러나 현대 정치사상의 실제 모습에 대한 검토 없이는 무정부주의를 확신할 수는 없었다. 그는 신채호를 만나 다음과 같이 말한다. "여러 선진국의 현 정치제도를 그대로 답습, 모방하여 가지고는 자유·평등의 사회 즉 정치, 경제, 사회, 문화 등 인간 생활 전반에 걸쳐서 자유롭고 평등한 사회가 실현될 수 없지 않겠는가?" "그들의 정치를 모방한다면 부자유와 불평등에 의해 불만, 불평, 억압이 생겨나는 저주스러운 현대사회의 결함을, 새로이 독립할 우리나라에서도 반복하게 되지 않겠는가?"[50]

이러한 반문은, 프랑스 혁명의 산물인 부르주아 의회민주제가 부르주아의 합의에 의한 독재로 귀결되고 러시아 혁명의 산물인 국가 자본주의가 관료 계급의 관료주의로 귀결된 역사를 회의하는 것이다. 전자는 부

49 李丁奎, 『友堂 李會榮 略傳』, 을유문화사, 1985, 75-76쪽.

50 이정규, 위의 책.

르주아 계급의 독재이며, 후자는 신흥 관료 계급이 프롤레타리아를 대표하여 지배한다는 프롤레타리아 독재이다. 이 두 제도는 사회 전반에 걸쳐 획일적 지배를 강화하는 계급성을 벗어나지 못하는 반혁명으로 전락한 것이었다.

이회영의 이러한 회의는 한 계기를 통해 확신으로 굳어지게 된다. 1920년 조소앙(趙素昂)이 서유럽으로부터 러시아를 들렀다가 북경으로 들어왔다. 이회영은 그를 만나 혁명의 경과와 득실을 듣고 다음과 같이 말한다. "그 냉혹 무자비한 독재 정치가 만인에게 빈부 차이가 없는 균등한 생활을 보장한다는 이상을 성취할 수 있을지는 모르나, 그처럼 자유가 없는 인간 생활이 가능할까? 그리고 인간 생활의 발전을 기대할 수 있을까? 그들이 말하는 평등 생활이 하루에 세 끼 밥을 균등히 주는 감옥 생활과 무엇이 다른가?" 조선 후기와 일제의 어두움을 절실히 경험한 이회영은 러시아의 정치는 "새 왕조가 세워지면 전날의 천민이 귀족이 되듯이 신흥 지배계급이 나타날" 수 있는 것으로 보게 된다. 그 후 그의 고민은 더 깊어졌다고 『약전略傳』은 전한다. 또한 그가 몸소 현장을 경험하지는 않았지만, 이때 이미 러시아 혁명의 반혁명성을 절망적으로 확인한 듯 보인다.

1923년 중국 무정부주의자인 주(周)씨가 양도촌[洋濤村]에서 자신의 광대한 토지를 한중합작으로 개간하여 무정부주의 정신에 따라 공동소유의 이상농촌을 건설한다는 계획을 이정규가 이회영에게 전하게 된다. 이때 만주에서 같은 경험을 가졌으며, 의열단인 유자명과도 친분이 있었던 이회영은 이 문제에 관심을 보이고 무정부주의 사상을 함께 논의했다. 이정규의 보고로는 이때에 이회영은 신채호, 유자명, 이정규 등과 '새 사회 건설의 문제'를 논의했으며, "1923년 말에 이르러서는 선생 자신도 무정부주의라는 자유 연합의 이상과 그 조직의 이론으로써 새 한국을 건설하여야 한다고 주장하게 되었다." 신채호도 이때 무정부주의자임을 선언했다고 한다.

무정부주의 독립운동은 만주의 대종교 민족주의 독립운동과 연합하여 활동했는데, 대종교인 김좌진(金佐鎭)의 친척 동생인 김종진(金宗鎭)이 1926년(이미 7년 전 김종진은 이회영을 흠모하여 몇 달을 함께 지낸 적이 있었음)에 이회영을 찾아왔다. 이때 이회영은 김종진과의 담론에서 자신의 정치 이상과 건국방략을 말하게 된다. 그는 계약론적인 부르주아 민주제와 레닌의 프롤레타리아 독재론과는 달리 자발성과 자유연대에 의거한 평등한 자유의 조직론을 논한다. 그것은 어떤 형태든 중앙집중제와 권력의지를 부정하는 것이었다. 정치를 자유와 평등의 문제가 아닌 권력의 문제로 푸는 과거의 유습, 정치를 종교적 영웅이라는 인물 중심으로 푸는 뿌리 깊은 노예 의식은 타파되어야 했다. 그의 정치 이상은 다음과 같다.

> 자유, 평등의 사회 원리와 민족 자결 원칙에 의해 독립된 한 민족의 내부 구조에도 자유 평등의 원칙은 그대로 적용되어야 할 것이다. 권력의 집중을 피하고 분권적인 지방자치제를 확립하면서 지방자치 단체의 연합으로서 중앙 정치기구를 구성하며, 경제건설에 있어서는 재산의 사회성에 비추어 일체의 재산은 사회화를 원칙으로 하고 경제의 운영관리는 사회적 기획 아래에서 되도록, 즉 사회적 자유, 평등의 원리에 모순이 없도록 민주적인 관리 운영의 합리화를 꾀하여야 한다. 그리고 교육은 물론 사회 전체의 부담으로 실시하여야 할 것이다. 무정부주의는 사회 개혁의 원리이자 생활의 원리인 까닭에 그 기본인 자유, 평등의 원리와 자유 합의의 이론을 살리면서 그 사회의 현실에 맞도록 합리화시켜야 할 것이다.내가 지금 말한 모든 구상은 내 개인적인 생각이기는 하지만, 한국 무정부주의자들도 약간 생각이 다르더라도 크게는 다 찬동할 것이다. 그리고 무정부주의는 공산주의와 달라 반드시 획일성을 요구하지 않으므로, 그 민족의 습속과 전통 및 문화적 · 경제적 실정에 맞추면서 그 기본 원리를 살려 나가면 되지 않겠는가?[51]

---

51 이정규, 앞의 책, 92-94쪽.

여기서 이회영은 자유와 평등의 불가분리적 결합인 무정부주의를 생활의 원리이자 사회개혁의 원리로 제시한다. 자유와 평등은 생명 원리이며, 일상생활의 신조이다. 이회영이 일상생활에서 정치적 권력 장악과 같은 욕구를 버리고 평등의 덕을 실행한 것은 당시에도 잘 알려져 있었다. 이정규의 보고에 의하면 "평소에 그렇게도 명랑한 성격이셨던데도 불구하고, 빈곤과 원한이 뒤얽힌 쓰라린 망명 생활 속에서 이젠 노쇠와 심려로 인해 초췌해진 우당 선생의 모습"과 "몰아적 자기희생 정신"은 독립과 저항의 삶의 전형이었다.[52] 그것은 내외합일적 고결성을 생활에서 구현한다는 전통적 선비의식의 발로이자 미래 사회를 구성하는 원리이기도 했다. 목적이 민주주의와 사회주의의 통일적 실현이라면 현재에서의 삶도 그것과 같아야 했다. 수단과 목적이 분리되어 있다면 기존의 혁명사와 러시아 혁명이 증시하듯 사회 공학적 억압의 수단이 미래 사회의 원리가 되어버릴 것이었다.

무정부주의가 비록 권력 장악이라는 급격한 성공을 기약하기는 어렵지만, 봉건적 지배의지나 공리주의적 동원 체제를 버리고 미래적 이상을 현재에서의 일상 문화를 통해 발현해나가는 과정으로 본 것은 중요한 의의를 갖는다. 획일적 통제를 거부하는 이회영은 바로 이 정신에 따라 미래 사회에 대한 방략을 구상한다. 미래의 조선은 정치 민주화와 경제 민주화를 국가와 경제의 사회화를 통해 실현하는 사회이다. 이러한 이념은 그의 말대로 3·1 운동에서 나타났다. 그러나 그 이념은 그의 시대에 실현되지 못하고, 신남철, 박치우의 인문주의적인 사회 철학에서 절박한 문제로 다시 등장한다. 그리고 광주항쟁에서 또 다시 나타난다. 감각에 인지되지 않는 부재의 이념은 생의 파괴가 있는 곳에서는 언제나 나타나는 비장(秘藏)의 사상으로 존재한다. 사람들이 이유를 알지 못하는 신비로운 사랑이 죽음과 고통을 요구하듯, 이회영은 "처참하고 고독한 생활"을 이어갔다.

---

52 이정규, 앞의 책, 86쪽.

나아가 이회영은 국제관계를 새로이 조직하는 세계이상으로 무정부주의를 제시한다. 이것이 아시아 전통에서 보편적인 평등한 유대를 의미했던 대동(大同)의 새로운 의미였다.

> 무정부주의는 궁극의 목적이 대동(大同)의 세계요, 세계가 한 집안인 하나의 세계다. 이 하나의 세계라는 말은 전 세계가 하나의 생활권으로 변한다는 것이니, 곧 각 민족 및 공동생활 관계를 가진 지역적으로 독립된 사회군(社會群; 國家群)들이 지구상에 있는데, 이들의 이해관계 등의 공통 관계를 계획하고 조정하는 세계적인 기구가 형성됨으로써 이들 사회군들이 자유 연합적인 세계 연합으로 일원화된다는 것이다. 이러한 세계 연합이 이루어지면 각 민족적 단위의 독립된 사회나 지역적인 공동 생활권의 독립된 단위 사회가 완전 독립된 주권을 지니면서, 자체 내부의 사건과 문제는 자주적으로 해결할 것이고, 다른 사회와의 관계나 또는 공통적인 관계는 개별적으로 또는 연합적인 세계 기구에서 토의·결정하여 처리할 것이다. 여기에 부언하여 둘 것은 국가와 사회와의 개념 문제이다. 곧, 단위 사회는 독립된 주권이 확립되어 있으니 한 국가가 아니겠냐고 할 것이다. 그것을 국가라고 보아도 무방하지만, 세계 연합의 일원인 까닭에 세계가 국가적 자유연합의 체제를 갖추게 되면 사회라는 어휘는 국가라는 어휘와 동의어가 될 것이다. 그러면 그때는 국가라는 말이 실용되지 않게 될 것 같다.[53]

세계 연합인 대동은 각 국가가 사회화되어 그 억압성을 갖지 않게 된 사회군(社會群)들의 연합이다. 이회영에 의하면 이는 전 지구가 하나의 생활권으로 개방된 연합체이다. 각 국가들은 미합중국의 '주'와 유사하다. 대동은 무정부주의 사회와 마찬가지로 자유 연합에 의한 결합체이다. 대동은 그 말의 뜻에 따라 광대한 동일성과 특이한 차이성이 조화

53 이정규, 앞의 책, 93쪽.

를 이룬 세계이며, 평등과 개성의 자유가 실현된 세계이다. 중국의 강유위(康有爲, 1858~1927)는 『대동서大同書』(1901)에서 대동 개념에 왕양명의 "천지만물과 더불어 사는 사랑[天地萬物之仁]"이라는 우주적 연대성을 추가하여 인류 궁극의 이상을 제시했다. 모택동(毛澤東)은 이러한 이상을 계승하여 공산주의 실현 단계를 넘어선 궁극의 단계로 대동을 설정했다. 이회영은 일국의 무정부적 사회주의 단계를 넘어 사회화가 전 지구적으로 성취된 세계를 궁극의 이상인 대동으로 제시했다. 이러한 이상은 전통적 표현을 사용한다면, 『예기禮記』「예운禮運」의 천하를 한 집으로 삼는[天下一家] 천하 공유[公天下]의 정신, 그리고 천하는 천하의 것[天下之天下]이라는 천하의 자기 귀속성을 현대적으로 표현한 것이다.

이회영의 무정부주의와 대동의 이상은 생존경쟁을 비과학적 사실로 여겨 반대하는 무정부주의자들의 전통을 반영한다. 그도 반다윈주의적 인성론을 바탕으로 인류이상을 제시한다. 그는 이기적 유전자론의 선구인 적자생존을 반대하고, 이타적 유전자론의 선구가 되는 크로포트킨의 상호부조적 생물학을 맹자적 성선론과 일치하는 것으로 이해한다.

> 인간은 원시 시대부터 상호부조 · 협동 노작(勞作)하는 본능, 즉 사회적 본능이 뿌리 깊이 박혀 있어서 때로는 이기적 투쟁도 하지만 그보다는 양보와 협동으로 상호간에 더 큰 이익을 보아왔다. 그래서 고립해서는 생의 유지가 불가능하다는 것을 알고 충돌과 투쟁을 피하고 타협 · 이해 · 관용으로써 자기 생존을 유지 · 보존하여왔다. 그리고 그것이 본능화되어 있기 때문에 때때로 나타나는 인간 상호간의 증오 · 불신 · 투쟁은 과도적인 것이며 결코 영속될 수 있는 것이 아니다.[54]

이정규에 의하면 "우당 선생은 인간의 성선(性善)을 주장하는 것이다." 이회영은 신채호처럼 노예 의식에 저항하는 자주적 자아를 보존했다. 그

54 이정규, 앞의 책, 94-95쪽.

것을 혁명 이후의 사회조직에 필수적인 요소로 보았던 것이다. 드높은 이상과 초인적 의지는 원래 크로포트킨의 집요한 관심사이기도 했다. 크로포트킨은 1917년 10월 러시아 혁명 이후 레닌에게 보내는 편지에서 관료주의적 볼셰비즘의 유물론적 공산주의가 자기파멸적 귀결을 맞이할 것임을 예언했다. "자코뱅이 집권한 지 40년이 지나서 프랑스에서 평등이라는 말이 저주가 되었던 것과 마찬가지로, 현 상황이 지속되면 사회주의라는 말도 저주가 될 것이다." 그는 죽기 직전 인류의 고귀한 이상이 볼셰비즘을 통해 땅에 떨어지고 있는 것을 아쉬워하며 다음과 같이 말했다.

> 러시아 혁명가들이 보여준 놀랄 만한 헌신적 행위와 러시아 혁명가들을 고무시켰던 고귀한 사회적 이상에도 불구하고, 우리는 최근 몇 년간 우리 생활 전반에 점차로 침투한 이론, 곧 경제적 유물론이 결국 우세해진 것을 목격하게 된다. [……] 블랑키주의자들은 공산주의를 수도사 집단이나 파라과이나 노예 식민지의 예수회 집단으로까지 이해하지는 않았지만, 사실상 물질적 만족에서부터 도덕적 자립성에 이르는 모든 것에 공산주의를 갖다 붙였다. 이것은 공상적인 것으로 간주할 수 있고, 슈티르너와 니체의 초인이 개인적 정열을 폭발시킨 것에 지나지 않는 사회혁명 사상으로 공산주의를 대체한 것이다. 러시아 혁명이 선행하는 혁명들과 다른 점은 바로 보다 고귀하고, 보다 고무적인 이러한 이상의 부재에 있다. 마지막으로 남은 것, 우리 인생의 유일한 희망은 혁명이 전제정치의 막바지에 받은 해로운 영향을 극복하고, 건전한 정신을 지닌 러시아 민중이 기운을 되찾아서, 혁명의 모든 힘을 빼앗고 혁명을 불모로 만들려고 위협하는 악에서 해방되는 것이다.[55]

55 크로포트킨, 『이상과 혁명』에서의 인용문은 다음에서 재인용: 프레포지에(Jean Préposiet), 『아나키즘의 역사』, 이소희 · 이지선 · 김지은 옮김, 이룸, 2003, 320-321쪽.

높은 이상만을 지닌 블랑키주의적인 소수 혁명가들의 음모라 할지라도 슈티르너나 니체의 자아주의적인 초인의 이상은 있었다. 크로포트킨이 보기에 러시아 혁명은 바로 이 이상적 가치의 부재로 인해 모든 윤택함이 벗겨진 메마른 속류 유물론으로 전락했다. 그는 다시 민중의 능동성이 나타나 배신당한 혁명을 극복할 수 있기를 희망했다. 그러나 이미 러시아 민중은 피로에 지쳐 수동화되었으며, 이러한 상황과 맞물려 있었던 엘리트주의는 소수 지도자의 변증법적 소통의 능력을 발휘할 수도 없게 했다. 그의 소망은 실현되지 못했다.

1931년 이회영은 쇠퇴해가는 무정부주의 독립운동을 다시 활성화하기 위해 남화한인청년연맹(南華韓人靑年聯盟)이라는 무정부단체의 결성에 참여한다. 이 단체는 무정부주의 원리에 입각한 다음과 같은 강령을 제시했다.

1. 우리들의 모든 조직은 자유연합의 원리에 기초함.
2. 일체의 정치적 행동과 노동조합 지상운동을 부인함.
3. 사유재산 제도를 부인함.
4. 위(僞) 도덕적 종교와 가족제도를 부인함.
5. 우리들은 절대 자유 평등의 이상적 새로운 사회를 건설함.[56]

연맹은 이러한 강령에 이어, 일제의 탄압과 영미의 자본주의 체제, 러시아 프롤레타리아 독재, 권력 지향적 야심가들을 비난했다. 그리고 그들은 육탄으로 투쟁하여 실현할 보편적 자유와 평등의 시대를 조선과 인류의 미래로 선언한다. 선언문의 대략은 다음과 같다.

친애하는 조선 민중 여러분! 우리 조선이 일본 제국주의의 강압에 약탈

---

56 박환, 『한인 아나키즘 운동사』, 선인, 2005, 121쪽; 남화한인청년연맹의 결성과 활동에 대해서는 114-160쪽.

당한 이래 우리 2천3백 만의 자유는 소멸되었고 기아와 모욕으로 억압을 받으며 나날이 멸망의 바닥으로 빠져들고 있는 우리 부모는 비운에 울고 우리 아이들은 기아에 울부짖고 있다. 그렇다면 우리들의 자유는 영원히 소멸되었는가? 아니다. 아직 멸망하지 않았으며 울부짖는 민중의 목소리에 분기하여 일본 제국에 대해 용감하게 온몸으로 선전했던 수많은 선구자를 우리는 가지고 있다. 민족의 자유와 해방을 위해 제국주의 강권자를 죽인 수많은 용감한 지사들을 우리는 가지고 있다. [……] 전 민중의 100분의 1도 되지 않는 자본가 계급에게 권력을 위임하고 전 민중을 다시 기아에 빠지게 한 일본 제국주의자에게서 우리들의 자유를 탈환해야 하지 않는가? 영국의 압박에서 벗어난 후 소수의 자본가가 대다수의 농민과 노동자를 착취하고 지금의 제국주의 체제를 받아들인, 데모크라시 미국을 건설하여 우리들의 어린이를 임금의 쇠사슬에 묶고 그 영혼과 육신을 소수자의 앞에 헌상해야 하는 우리들은 지금 제국주의 군대와 육탄으로 싸우고 있는 것일까? 또는 농민, 노동자의 당이므로 안심할 수 있다고 자칭하면서 당의 독재를 일삼고 소수 위원과 간부의 권력투쟁에만 관심이 있으며, 농민과 노동자를 그들의 노예로 삼아 제국주의 이상의 억압과 절대적인 부자유를 전 민중에게 강요하고 법률, 감옥, 군대, 사형 등으로 그 권력투쟁을 증대시키고 있는 공산 러시아와 같이 암담한 국가를 건설하기 위한 것인가! [……] 민중의 진실한 자유를 쟁취하기 위해 싸우려는 뜻있는 형제자매 여러분! 우리들은 우리 전선의 배후에 숨어 기회를 살피고 권력을 빼앗으려는 야심가를 끊임없이 주의해야 한다. 민주주의를 주장하면서 권력을 장악하려는 자본가의 사상, 이것에 의해 장래의 대통령을 꿈꾸는 야심가, 하루라도 빨리 제국주의자의 정치 기관에서 의원석을 점령하고 우리들을 현재 탄압하고 있는 조직, 그 기반을 탈취하고 대신에 같은 권력을 행사하려고 공공연한 운동을 개시하고 있는 사회 민주당과 공산당 등의 행위를 엄중하게 배격 박멸하지 않으면 안 된다. [……] 민중에게 미신을 뿌리내리게 하고 자유발의의 창조력을 빼앗아 지상에서 권력을 가진 신에게 굴복하게 하고, 이 시대의 권력자의 노예가 되는 것을 가르쳤던 종교와 거짓 도덕이 세계 도처에서 보는 결혼제도, 가족제도의 어두운 비애를 만들어 내고 있다는 것을 제군들은 이미 알고 있을 것이다. 우리 조선의 민중이 조선에 건설해야 하는 사회는 이러한 사회적 병의 근원, 사유재산, 국가 정부의 조직과 거짓 도덕을 완전히 없애버린 후에 비로소 건설할 수 있을 것이다. 누구도 만물을 내 소유라고 주장할 권리가 없다. 각 개인이 자기의 필요에 따라 얻고, 자기의 능력에 따라 일하는 절대적인 공산사회여야 한다. [……] 만일 제군이 진정한 해방을 조선민중에게 주길 원한다면, 우리들과 함께 제국주의자와 기타 야심가, 권력자 무리들을 지상에서 말살시켜야 한다. 이 운동에 적극적으로 참가해야 한다. 압박을 가하는 자를 모두 타도하고 무정부 공산의 신사회를 건설하기 위해 모이자!

무산 청년 아나키스트 연맹의 기치하로 모이자!

남화한인청년동맹[57]

이 선언문의 노선은 『탈환』의 사상과 거의 같다. 이 사상은 모든 형태의 국가권력의 범죄성과 특히 다수를 대표 · 재현(representation)한다는 재현주의적 악덕, 정치적 권력의지를 숨긴 종교적 도덕의 기만성, 재산 소유에 따른 노예화의 비극과 가족주의 등 인간을 억압하는 거의 모든 주요 사항들에 대한 비판을 망라한다. 이러한 이데올로기적 권력 비판은 자유주의의 야만성과 사회주의 체제의 범죄성을 경험한 오늘의 인류에게도 여전히 주목받는 주제이다. 그것은 21세기 철학의 주요 논제로 되고 있다.

이런 의미에서 한국 무정부주의 철학은 오늘의 과제를 선취하여 고민하고 실천한 예언적 사상이 될 것이다. 무정부주의 철학은 다음의 사실을 환기시킨다. 자연과 인간의 모순이 해결된 대립 없는 절대적 자유를 실현하려는 어떤 형이상학적 이상도 사회에 대한 정치적 이상의 지지 없

57 박환, 앞의 책.

이는 공허한 권력 수사학에 불과하다. 무정부주의 정치 이상이 인생 이상(理想)에 관한 형이상학적 논의를 반드시 필요로 하지는 않았다. 그러나 자유를 말하고자 하는 형이상학이 권력 비판적 정치 이상을 배제한다면, 그 철학은 기존의 국가와 종교, 학술 단체의 권력을 교묘하게 수식하는 섬약한 수사(修辭)에 그칠 것이다.

연맹이 1936년에 발간한 『남화통신』 1월호는 임생(林生)이라는 필명으로 흥미로운 글을 싣고 있다. 「최근 세계 정치경제의 동향」이라는 제목의 글은 1929년 세계공황 이후 각국의 경제 지표와 정치적 위기의 관계를 논하고 있다. 그 글에 의하면 각국은 자유경쟁이 제1차 세계대전과 공황으로 귀결되었다고 보고, 경제 회복을 위해 군수 공업을 발전시키고 국내 식료품 자급정책을 진전시키면서 국가주의 운동으로 나아가고 있다. 그리하여 자본주의 국가를 중심으로 블록 경제가 출현하여, 파운드 블록, 프랑 블록, 달러 블록으로 나누어져 자본주의 경제전쟁의 새로운 국면을 열었다. 자본주의 계획경제에 따른 관세장벽과 국산장려, 인플레이션 경기는 대자본가와 대지주에게는 이윤의 증가를, 나머지 사람들에게는 구매력 결핍에 따른 궁핍의 증가를 가져왔다. 각국이 자본본위의 경기회복을 위해 강행하고 있는 정책은 가공할 만한 정치적 위기의 초절정을 가속화하고 있으며, 각국의 분쟁들과 정계 재계의 동향, 군사적 움직임은 제2차 세계대전의 행진곡으로 바뀔 수 있다.

이 같은 판단에서 임생은 다음과 같이 결론을 내린다. "1936년은 사실 자본주의의 비상시인 것이다. 대외적으로는 제2차 세계대전을 피할 수 없을 것이며, 대내적으로는 파시즘 독재정권에 압박받고 있는 민중의 폭동, 그 중에서도 각 식민지 피압박 민중의 폭동이 격화되어, 이러한 내우외환 때문에 자본주의 경제는 몰락의 과정을 걷게 되고 피압박 민중의 신 사회조직이 건설되기 시작하는 것이다." [58]

이 예언적 결론에서 제2차 세계대전과 민족 해방운동의 격화에 대한

---

58 박환, 「자료」, 앞의 책, 170-173쪽.

예언은 실현되었다. 그러나 재계와 정계의 범죄행위에 의해 스스로 파멸하고 신사회가 출현한다는 예측은 유보된다. 자본주의는 다시 군산 복합체의 강화와 자유경쟁의 원리로 복귀하고, 정밀 기술의 개발, 문화 콘텐츠 개발을 통한 만물의 상품화를 가속화함으로써 위기를 기회로 이용할 수 있었다. 이회영을 비롯한 당시의 무정부주의와 사회주의 운동가들은 1930년대에 자본주의 운동의 파멸적 상황에 일말의 기대를 걸었던 것으로 보인다.

이회영의 고결한 이상도, 세계사가 자유의 방향으로 간다는 그의 낙관적 이상에도 불구하고, 시대의 지평선으로부터 어떤 응답도 없었다. 그는 이대로 인생의 석양을 맞이한다. 1932년 11월 66세의 이회영은 무장독립운동을 하기 위해 다시 만주로 가려고 대련(大連)행 기선에 오른다. 이것이 그의 마지막 결단이 되었다. 이회영은 뒤를 따라온 밀정과 왜경에 체포되어 고문사한 것으로 알려져 있다. 그러나 그의 젊은 동지들은 노년의 그가 스스로 사지를 선택했음을 알고 있었다. 극구 말리는 동지들에게 이회영은 다음과 같이 말했다.

> 인간으로 세상에 태어나서 누구나 자기가 바라는 목적이 있다. 이 목적을 달성한다면 그보다 더한 것은 없을 것이다. 그리고 그 목적을 달성하지 못하였다고 하더라도 그 목적의 달성을 위하여 노력하다가 그 자리에서 죽는다면 이 또한 행복인 것이다. 이것을 남의 눈으로 보아서는 불행하다 할 수도 있겠지만 죽을 곳을 찾은 것을 예부터 행복으로 여겨왔다. 같은 운동선상의 동지로서 장래가 만 리 같은 귀중한 청년자제들은 죽는 것을 제 집에 돌아가는 듯이 여겨 두려움 없이 몇 번이고 사선을 넘고 사지에 뛰어드는데, 내 나이 60이 넘어 70이 멀지 않았다. 그런데 이대로 앉아 죽기를 기다린다면 청년 동지들에게 공연한 부담을 주는 방해물이 될 뿐이니 이것은 내가 가장 부끄러워하는 바요, 동지들에게 면목이 없는 일이다.[59]

59 이정규, 『友堂 李會榮 略傳』, 을유문화사, 1985, 109-110쪽.

이회영은 스스로 죽음을 예감하고 사지를 선택한다. 그에게는 만주에서의 구체적인 목표가 있었다. 그러나 그의 실존적 선택은 의지와 행동은 동일한 것이라는 사실을 암시한다. 주저하는 소극적 의지는 주저하는 행동으로 나타나며, 적극적 의지는 적극적 행동으로 나타난다. 의지의 방향에 따라 행동도 달라진다. 억압을 극복하려는 의지는 자신을 미워하는 희생을 통해 생의 의미를 실현하려 한다. 이회영의 사후, 그보다 유복한 상황에 있었던 경성제대 출신인 젊은 박종홍과 신남철, 박치우는 각기 다른 길을 걷게 되지만, 자유의 이념이 기성 제도성[實定性]에 대한 부정의 정신에 연원하는 것으로 보았다. 그들은 보편적 자유가 변증법적 이성의 이념임을 분명히 했다. 자유를 본질로 하는 이성은 사랑에서 예감되는 대립의 극복과 화해를 자유의 이상으로 동경한다. 이성은 분열의 고뇌와 노력, 나아가 죽음을 통해 그 생명을 실현한다. 이성은 분석과 추론의 능력이기 이전에 부정을 불행 속에서도 유지하는 가운데 궁극의 자유를 열망하는 사랑의 정신이다. 정신이 사랑이라는 생의 통일성을 실현하지 못하면 자기 분열로 괴로워하는 '모순의 인간'이 된다. 그는 잉여인간으로 자신을 비하하거나 죽음을 통해 자유의 생명을 건지려 모험할 수도 있다.

진보적 방향을 취했던 신남철(申南澈)과 박치우(朴致祐)는 저항적 모험을 생각하고 감행하는 정신을 이성의 본성으로 이해했다. 이러한 문맥에서 이회영의 자유의 정신은 동학의 저항정신과 대종교의 독립 정신에 이어 한국 현대철학에서 줄기차게 나타나는 자유의 이념을 하나의 인격에 집약하고 있었다고 할 수 있을 것이다. 그의 생애는 우리로 하여금 진정한 이성이란 무엇인가를 다시 음미하게 하고, 우리가 그러한 이성에 따라 생각하고 살 수 있는가를 이 시대의 물음으로 간직하게 한다.

그러나 무정부주의의 일반적 문제점이 하나 있다. 무정부주의적 인생관은 권력 장악이 필요한 경우 정치적 실천으로부터 물러난다. 그리고 다시 반권위주의적 실천으로 나아간다. 무정부주의자는 부르주아적 권력이든 프롤레타리아적 권력이든 모든 정치적 권력을 거부하고, 다시 투쟁의 길로 나아가야 하는 부담을 갖는다. 만일 새로운 지배권력이 강고한 형태를 장기간 지속하게 될 경우 무정부주의자는 피로해져 내면화되든가 은둔하게 될 것이다. 부단한 투쟁과 피폐한 소외의 길에서 방황하게 되는 것이 무정부주의자의 현실적 운명이다. 아니면 자유주의적 무정부주의로 속화되어 내적 고결성을 상실하고 치유할 수 없는 자기기만으로 귀결된다.

그러나 무정부주의는 민주주의라는 명분을 가진 기존 정치체제와 그 이데올로기에 대한 비판을 통해 평등한 자유의 이념을 보여줄 수 있었다. 또한 무정부주의는 개인들의 자발성과 자주성이 갖는 절대적 의의를 존중함으로써 개체의 유일성(singularity)을 강조할 수 있었다. 개체적 삶의 특이성을 강조하는 입장에서 볼 때 그것을 억압하는 국가나 사회는 사이비 보편성에 불과한 것이다. 무정부주의는 개인들의 자발적 유대를 진정한 사회적 관계로 보기 때문이다. 신채호와 이회영은 민족해방을 중심 과제로 삼지만, 그들의 민족해방 원리는 개체의 자주성과 자유 연대를 기초로 한다.

그들의 정신은 실존주의적 무정부주의자로 알려져 왔던 슈티르너(Max Stirner, 1806~1856)처럼 부르주아 민주제와 프롤레타리아 민주제가 민주주의를 참칭하는 억압적 제도라는 것을 보여줄 수 있었다. 개체의 특이성을 절대적인 것으로 강조하는 슈티르너는 그가 오늘날과는 다른 의미에서 자유주의라고 부르는, 정치적 자유주의(부르주아 민주제)와 사회적 자유주의(사회주의) 및 인간적 자유주의(인본주의적 도덕주의)를 비판했다. 그는 『유일자와 그의 것*Der Einzige und sein Eigentum*』(1845)에서 이들 정치사상이 자신들의 한계 내에 통합되는 인간만을 인간이라고 인정한다면, 자신은 차라리 '비인간(Unmensch)'의 길을 갈 것이라고 주장했다. 비인간화는 인간화의 위선과 부자유를 벗어나 개체의 특이성을 회복하여 개체가 자기 자신으로 되는 진정한 자유화의 길이다. 이 길을 그는 기성 질서에서 모멸의 대상이 되어 왔던 '이기주의자(Egoists, 자아주의)'의 저항 노선으로 표현했다.

이러한 관점에서 슈티르너는 부르주아 시민이 국가를 통해 자신의 인권을 보호받는다는 점에서 사법적 체계 안에 있다고 보았다. 그가 보기에 시민은 절대왕정기에는 교회나 길드 혹은 지역 공동체라는 중간 조직을 통해 국가와 관계했지만, 부르주아 사회에서는 국가와 직접 관계를 맺음으로써 자신을 인간화했다. 이것은 구교가 교회를 통해 신과 관계했지만, 개신교는 신과 직접 관계함으로써 개체 자체를 종교화하는 것과 유사하다. 시민은 인권을 국가에 의해 보장받는 '국가의 시민들(citizens of State)'이다. 이들은 공민(公民)이지 진정한 개인적 주체가 아니다. 제3신분으로 천민 취급당했던 부르주아가 국가의 시민이 되자, 사실상 시민계급은 특권계급의 유산에 불과한 것이 되었다. "가장 이성적인 인간은 국가의 종복인 애초부터 선량한 시민으로서의 정직한 노예에 불과한 것이다." 이 순종하는 노예를 근대인은 '자유인'이나 '이성'으로 부르고, 이러한 이성에 의거한 사상을 '인류의 사상'으로 높인다는 것이다. 시민의 권리란 국가의 노예 도덕일 뿐이며, 독자적 자아의 자주성과는 거리가 먼 것이다.60

슈티르너에 의하면 사회주의는 이기심의 박멸이라는 명분으로 자아주의자의 존재를 아예 세상에서 없애버리는 방안을 만들었다. 사유재산의 제거는 '노동자들의 사회'를 새로운 지배자로 등극시켰다. 이른바 '정의로운 사회'는 '룸펜들의 사회'이며, 인류라는 미명하에 개인적인 것을 강탈하는 사회이다. 이 사회에서 "사람들은 자신에게서보다는 다른 사람에게서 죄를 찾아내며, 따라서 실제로는 우리의 죄 때문에 존재하게 된, 국가나 부자의 사리사욕에서 죄를 찾아내고자 하는 오래된 현상을 반복한다." 61 자유주의와 사회주의에 대한 슈티르너의 비판은 기존의 공리주의적 형태의 민주주의를 비판한 니체의 자유정신의 선구이다. 이들에게 개체의 특이성을 보편적 조직의 지배에 의해 변질시켜 '인간화'하는 것

---

60 Max Stirner, *The Ego and Its Own*, Dover, 2005, p.105.

61 Max Stirner, 위의 책, p.118.

은 사실상 야성을 순치하는 가축화의 길이다. 공동의 이익을 통해 평등을 실현하려는 체제는 소외된 노동자인 천민의 평등으로 귀결된다는 것이다. 바로 이러한 슈티르너의 비판은 마르크스로 하여금 공산주의 사회가 평등한 노동자들의 사회가 아니라 아침에 낚시하고 저녁에 형이상학을 하는 다채로운 자유의 세상이라는 말을 하게 했다(D. Mclellan).[62]

슈티르너는 자유주의와 사회주의에 대한 비판에 이어 인간적 자유주의(포이에르바하와 브루노 바우어의 인간주의)를 비판한다.

> (신학 비판을 통해) '신이 인간이 되었다'라는 명제에 이어 '인간이 내가 되었다'라는 명제가 나왔다. (인간적 자유주의에서 나란) 인간적인 나(the human I)이다. 그러나 우리는 그것을 다음과 같이 바꾸어 말한다: '내가 인간으로서의 나 자신을 추구하는 한, 나는 나를 결코 찾을 수 없다.' 그러나 이제 인간은 내가 되고자 하며 나 안에서 육신을 얻고자 하는 것 같지만, 내가 분명히 알고 있는 것은, 결국 모든 것은 나에 의존하고 있으며, (종적 인간) 인간은 나 없이는 상실된다는 것이다. 그렇지만 나는 이런 가장 신성한 것의 신전에 나 자신을 포기하는 데에 관심이 없으며, 이후로 내가 나의 하는 일에서 인간이냐 비인간이냐 하는 점에 대해 묻지 않겠다. 나는 이런 문제로 골치 썩이고 싶지 않다.[63]

당시 사회주의자들의 인간론은 보편적 인간성을 담지한 추상적 인간을 주제로 삼았다. 슈티르너는 이러한 인간론이 인간과 비인간을 양분하여, 대중의 이기주의를 말소하는 도덕적 억압을 자행했다고 본다. 종적 인간이 새로운 형태의 신성한 것으로 되었다는 것이다. 이러한 비판은 마르크스로 하여금 포이에르바하로부터 멀어지게 하는 데에 기여했지만, 개체성의 지나친 강조가 개인의 사회적 구속성을 경시하며, 민주주의의

---

62 맥렐란(David Mclellan), 『청년 헤겔운동』, 홍윤기 옮김, 학민사, 1984, 183-189쪽.

63 차인석 편, 『19세기 독일사회철학』, 민음사, 1986, 353쪽.

문제가 결국은 자유의 평등의 문제임을 희석시키는 단점을 갖는다.

그러나 슈티르너의 권력 비판론은 정치적, 도덕적 형태의 권력이 갖는 억압성을 환기시킨다. 역사적으로 휴머니즘을 표방한 사회주의 혁명도 범죄적 억압성을 극복할 수 없었다. 무정부주의는 권력 비판의 선구로서 그 빛을 잃지 않고 있다. 신채호의 철학은 민족주의적이고 철혈주의적(鐵血主義的) 측면이 있지만, 어떤 형태의 권력 앞에서도 굴하지 않는 개인의 자주적 기상의 의의를 보여준다. 이 점에서 슈티르너의 저항의식과 신채호의 강자의 도덕은 상통하는 점이 있다고 할 수 있을 것이다. 그러나 차이도 있다. 슈티르너는 실직, 파산, 징역과 같은 기구한 인생을 반영하는 측면에서 명민하면서도 혼란스러운 권력 비판론을 제시했다. 그는 불우한 소시민이 결국은 세상의 모순을 알게 된다는 성격의 저항적 면모를 보여준다.

그러나 신채호는 무장한 학자로서, 민족해방가로서 무정부주의 이념을 제시했다. 그는 아시아 전통철학, 특히 불교의 무상(無相)의 자유를 바탕으로 고정된 관념[相]에 대한 집착을 떠나 만상을 희롱하고 생사의 권한을 안에 쥐고 있는 전변무쌍한 주체성을 추구했다. 무상의 자유는 중생의 상(相)과 부처의 상이 주는 집착을 버리고, 세속과 하나가 되어버린 무대립의 절대적 자유를 향유하는 주체의 본질이다. 신채호가 슈티르너를 보았다면, 슈티르너는 자아의 상[我相]에서 자유를 찾는 모순된 사고를 하는 사람으로 보였을 것이다. 그럼에도 세속 권력이 만드는 생활양식에 대한 분석과 비판에서 슈티르너만큼 예리한 사람도 드물 것이다. 한국 무정부주의 철학은 일상의 생활을 지배하는 권력에 대한 비판적 분석의 필요성과 반권위주의적 생활양식의 가치에 대한 관심을 가질 것을 요구하고 있다. 나아가 권력 비판은 자신의 지평을 확대하여, 동양 전통 철학과의 대화가 필요하다는 것을 환기시키고 있다.

4. 혁신 유가와 개혁론

한국의 무정부주의는 대종교의 배달민족 사관의 독립정신을 공유하며, 조선 이학이 배척했던 왕양명주의와 일정한 연관성을 갖고 있었다. 백암 박은식[白巖 朴殷植, 1859～1925, 필명은 겸곡(謙谷)]은 『왕양명실기王陽明實記』(1911)[64]를 저술하여 조선 이학을 혁신하여 행동주의적 독립 계몽운동의 주체적 기초로 삼았다. 이 책은 일본 양명학과의 교류를 통해서 자극받은 것으로 다카세 다케지로(高瀨武次郞, 1868～1950)의 『왕양명상전王陽明詳傳』(1915, 다이쇼 4년)과 황종희 『명유학안明儒學案』을 참조하여 왕양명의 생애와 사상을 소개 · 평론한 것이다. 다카세 다케지로는 왕양명의 '실천윤리'를 강조하고, 그것의 형이상학적 기초를 '기(氣) 일원적 우주관'으로 파악했다. 그에 의하면 '양지의 조화적 정령(造化的精靈)'과 동일한 '일기(一氣)'는 질서를 생산하는 역동적 본원이다.[65] 그는 '이기이원론자(理氣二元論者)'인 주희보다는 왕양명의 '기일원론(氣一元論)'이 시대에 부합한 실천성을 확보해주는 것으로 보았다. 박은식은 이러한 입장에 동조했다. 그는 메이지 유신 이후 일본 문화가 양명학적 사상에 의해서도 주체적으로 추진된 점에 고무된 것으로 보인다.[66] 그러나 다카세 다케지로가 양명학을 일본의 근대화에 일조하는 신

---

64 『소년』 마지막 호에 실린 이 저술의 발간 년대는 통상 1910년으로 알려져 있으나, 한평수의 「박은식의 유교구신론」, 『시대와 철학』(제2호, 1991)에 의거, 1911년으로 표기한다.

65 다카세 다케지로(高瀨武次郞), 『王陽明詳傳』, 廣文堂書店, 1915, 332-337쪽.

66 박은식과 일본 양명학과의 교류 관계는 崔在穆, 「박은식의 양명학과 근대 일본 양명학과의 관련성」, 『일본문화연구』 제16집(2005, 265-293쪽)에 상세하다.

요시다 코헤이(吉田公平)의 『일본 양명학』(정지욱 옮김, 청계, 2004, 19-28쪽)은 일본에서의 양명학의 전개를 17세기 후반 나카에 토오쥬(中江藤樹)를 제1차 운동기로 시작하여, 명치 시기 대일본제국헌법이 반포되는 때의 신민화(臣民化) 정책과 맞물린 양명학 제4차 운동기와 제2차세계대전 후 일본국 헌법 시기에 시민의 교양이 문제되던 때의 제5차 운동기에 이르는 발전 과정을 거쳤다고 보았다. '양명학'이란 용어는 제4차 운동기에 정착되었다고 한다. 박은식, 정인보가 양명학 운동을 한 시기는 일본에서의 제4차 운동기에 해당한다. 그러나 그들의 운동은 신민화의 방향성을 탈각한 민족주의적 시민운동의 성격을 갖는다.

민(臣民) 사상으로 활용했다면, 시민운동을 지향한 박은식은 양지의 우주적 소통성을 바탕으로 민주적 평등과 민족의 독립을 지향하는 방향으로 나아갔다.

그는 신채호, 이회영과 함께 신민회를 만들었으며, 만주로 망명하여(1911) 대종교의 민족 독립사관을 정립했다. 이 이전에 그는 부친으로부터 주자학적 교육을 받았으며, 1880년(22세)에 정약용의 실학사상 저술을 섭렵하고, 1884년(26세) 운암 박문일(雲菴 朴文一)로부터 주자학을 체계적으로 배웠다. 그는 30대에 주자학을 바탕으로 하는 위정척사파(衛正斥邪派)의 정통 이론가들 중 한 사람이 된다. 그는 1894년의 동학혁명을 동비(東匪)의 반란으로, 갑오개혁 시기의 개혁론을 이단사설로 보았다. 그가 새로운 개혁적 사상을 갖게 되는 것은 1898년 독립협회의 자주 민권과 자강운동을 알게 된 40세 이후의 일이다.[67]

그는 "40세 이후에 세계 학설이 수입되고 언론 자유의 시기를 만남"으로써 그때까지 유지했던 주자학과 위정척사파적 사상을 시대 문제 해결에 도움이 안 되는 진부한 것으로 비판하게 된다.[68] 그러나 그가 유가 자체를 버린 것은 아니다. 그는 공자와 맹자의 진정한 정신을 계승하는 혁신유학을 바탕으로 동양의 노장사상, 불교 및 묵가와 법가에서 긍정적인 것을 수용하고, 서구의 진화론과 민주주의 및 과학을 수용했다. 이 시기의 사상은 1900년에서 1904년 사이에 지은 『겸곡문고謙谷文藁』와 『학규신론學規新論』에 들어있다. 40세 이후의 그의 사상은 대체로 동도서기론(東道西器論)에 가까운 것(한평수)으로, 혹은 동도서기론으로부터 1905년 이후 변법자강론으로 이행해 간 것(신용하)으로 평가되었다.

그러나 민두기의 연구가 보여주듯 동도서기론은 그 이름보다는 복잡

67 40세 이전의 박은식의 생애와 사상에 대해서는 다음을 참조: 愼鏞廈, 「民族抵抗時代의 哲學思想」, 『한국철학사』 하권, 1987, 295-308쪽; 40세 이전의 더 상세한 변화 과정에 대해서는 다음을 참조: 신용하, 『朴殷植의 社會思想硏究』, 서울대출판부, 1982, 1-39쪽.

68 朴殷植, 「學의 眞理는 疑로 쫓아 求하라」, 『朴殷植全書』 하권, 단국대동양학연구소, 1975, 197쪽.

한 내용을 갖고 있다. 그것은 동양의 정신과 서양의 물질문명을 나누는 장지동(張之洞)과 같은 입장을 지시하기도 하며, 서양의 도(道)인 정치이론과 기(器)인 제도와 기술을 동양의 도(道)에 결합시키려는 위원(魏源), 정관응(鄭觀應) 등의 동도서기론을 지시하기도 한다. 이들의 입장을 취하면 동도서기론은 변법자강 사상에 접근한다.[69] 실제로 박은식은 일본의 개혁에 자극받아 나온 중국의 변법사상의 영향을 받는다. 박은식의 「유교구신론儒教求新論」(1909)은 강유위, 담사동과 공통된 주장들을 담고 있으며, 양계초의 『덕육감德育鑑』의 논조를 반영하고 있다. 중국 변법사상에서 민권론이 입헌군주제의에 한정되듯, 박은식의 민주계몽 사상도 엄밀한 민주주의를 주장하는 것이라기보다는 입헌군주제에 한정된 것이었다.

그는 1898년 황성신문(皇城新聞)의 주필이 되었고, 1905년 을사보호조약으로 국권이 상실되자 주자학적 전통에 대한 격렬한 비판과 함께 반제국주의적 논조를 강화했다. 1906년 이후 그는 비로소 주자학을 '지리한만(支離汗漫, 분지가 많고 방대함)'하고 제왕의 권력에 아부하는 철학으로 비난하고, 양명학을 '간이직절(簡易直切)'하고 상황의 문제를 주체적으로 해결하는 '실학(實學)'으로 선언한다. 당시 한국의 구국계몽운동에 영향을 준 중국의 변법사상가 강유위(康有爲)와 양계초(梁啓超)는 왕양명주의를 토대로 이상주의적인 금문경학과 근대 서양사상을 선택적으로 흡수했다. 1914년 전후에 친교를 맺게 되는 강유위처럼 박은식은 점차 서양 과학과 사회진화론의 의의를 인정하면서도, 그 부도덕한 위험성과 제국주의적 야만성을 비판했다. 그의 비판은 왕양명의 우주적 연대성

69 민두기, 『중국의 전통과 근대』, 평민사, 1979, 85-122쪽: 저자는 정관응 등을 상인 계급의 이념적 합리화를 제시한 최초의 상인으로 간주하고, 변법운동이 이들과의 관계를 통해서 발전되었음을 입증하고 있다; 김도형, 「1910년대 박은식의 사상변화와 역사인식」, 『동방학지』 114호, 2001: 김도형 또한 40세 이후의 박은식의 사상을 유교를 수정하고 서양의 사상도 수용하여 자강을 도모하는 변법론으로 규정했으며, 그의 사상이 러시아 혁명에 자극받아 인민주권론으로 발전했다고 한다. 그에 의하면 이 변화를 잘 보여주는 저서가 『한국독립운동지혈사韓國獨立運動之血史』이다.

인 만물일체지인(萬物一體之仁)을 근거로 한 것이었다. 왕양명주의와도 연관을 갖는 일본의 메이지 유신도 한국의 구국계몽 운동에 영향을 주었다. 당시 계몽 운동은 왕양명주의와의 연관성을 직간접으로 갖게 되었다. 그 후의 계몽 운동가들 가운데 무정부주의자가 된 사람들 또한 자발적 생명 원리[生機, 生意]를 우주와 인생의 본체로 보는 왕양명주의 관념을 이미 숙지하고 있었다는 것은 자연스러운 일이었다.

신채호, 이회영이 교류한 인물들 가운데 조선 이학에 조예가 있었던 인물들은 대부분 왕양명주의자들이었으며, 특히 하곡 정제두(霞谷 鄭齊斗, 1649～1736) 이래 실세에서 벗어난 소론 계열 즉, 이건창(寧齋 李建昌, 1852～1898), 이건승(耕齋 李建昇, 1858～1924), 이건방(蘭谷 李建芳, 1861～1939)으로 이어지는 강화학(江華學)의 계보에 속하는 사람들이었다.[70] 위당 정인보(爲堂 鄭寅普, 1893～1950)는 『양명학연론陽明學演論』(1933)을 저술하여, 독립 사관과 국학 교육을 주요 내용으로 하는 교육구국 운동의 기초로 삼고자 했다. 그는 이건승과 이건방의 문하생이었다. 이들과 교분을 가졌던 박은식에게도 나타나지만 강화학의 전통에서는 일관되게 자아의 내적 성실성을 외적 사물과의 역동적 관계를 지속해 나가는 주체적 원리로 삼는다. 이들 모두의 공통된 주장인 '실심실학(實心實學)'은 이학의 주요 개념들 중 하나인 "성실하지 않으면 사물은 없다[不誠無物]"(『중용中庸』)는 교훈을 '의지를 성실하게 하는 노력[誠意]'으로 해석하는 왕양명의 관점으로부터 나온 것이다. 주체적 의지를 통해 마음과 사물을 연결시키는 실심실학은 과학적 탐구와 그 실용성을 강조하는 홍대용과 정약용, 최한기의 실학과는 또 다른 형태의 실학으로 계승되었다.[71]

---

70 강화학파의 양명학 계보와 반주자학적 경향에 대해서는 다음을 참조: 유명종, 『왕양명과 양명학』, 청계, 2002, 299-360쪽.; '강화학'이라는 말은 민영규(閔泳珪, 「李建昌의 南遷記」, 『史學會誌』 20(연세대사학회, 1971)에 의거한다; 이건창에 대한 문학을 중심으로 한 소개는 이희목의 『이건창 문학연구』(성균관대 대동문화연구원, 2005)가 있다.

71 실심실학의 사용 용례는 다음을 참조: 한예원, 「조선 후기 實心實學에 관하여」, 『한자한문교육』 제21호, 2008.

사실 성실성은 주자학이 강조해온 것이다. 그러나 양명학은 심체(心體)의 안정성을 유지하는 가운데 자발적 의지의 실천을 통해 상황과의 교섭을 지속해가는 참여의 노력을 강조했다. 주체적 자아는 사회 참여적 관심의 문맥에서 확립된다. 진정한 주체성은 민의 사회적 고통이 치유되는 대동(大同)을 도래하게 하는 실행에서 성립된다는 것이다. 이러한 자아가 성실한 실심이며, 이 실심이 행하는 일이 실사(實事)이고, 실심과 실사를 아우르는 학이 실학(實學)이다. 명분[名]은 이러한 실(實)에 종속된 부차적인 것이다. 고종에게 건의하는 이건창의 다음의 상소는 강화학의 실심실학적 정신을 잘 보여준다.

> 전(傳, 『중용』)에 이르기를 '성실하지 않으면 사물은 없다[不誠無物]' 했습니다. 대체로 성실성이란 실리(實理)입니다. 실리가 있는 곳이 곧 실사(實事)가 나오는 곳입니다. 실리가 내면에 있지 않으면 외면에서의 실사가 이루어지지 않는 법입니다. 성실하지 않으면 사물이 없는 까닭으로 진실로 실심이 없이 한갓 명분만 취하면, 한무제(漢武帝)가 예악을 일으키고 한원제(漢元帝)가 유술(儒術)을 숭상한다 할지라도 쇠란에서 구하지 못할 것입니다. 하물며 부강하게 개혁한다고 하는 일이, 명분이 충분하지 않고 그 일도 거의 편안한 것이 아니어서 어쩔 수 없는 상황까지 기다렸다가 이에 나온 것임에 있어서이겠습니까. 그것은 예악과 유술이 실심이 없다 하더라도 그래도 분식하고 선전하여 후세에 보여줄 수 있는 것과는 같지 않습니다. 대저 어쩔 수 없게 되어서야 이에 나온 것은 나의 실리를 다하고[盡吾之實理], 나의 실사를 실행[行吾之實事]함으로써 나의 실제적 부강의 효과를 보여주지 않을 수 없는 것입니다. 그런 후에야 비로소 천하에 할 말이 있을 수 있을 것입니다. 그렇지 않으면 위로도 요순시대처럼 될 수 없을 것이며, 아래로는 진초(晋楚)의 패도도 될 수 없어, 명(名)과 실(實) 양자를 상실하고 사물은 없게 되는 것에 가까울 것입니다. 명이란 실의 손님입니다. 실을 선행하고 명을 뒤로하는 것은 천하의 도가 모두 그러한 법이며, 부강의 기술만을 위하는 경우에는 더욱이나 명을 꺼려하

는 것입니다.

傳曰不誠無物, 蓋誠者實理也. 實理之所在, 則實事之所由. 實理不存於內, 則實事不成乎外. 不誠則無物矣. 故苟無實心, 而徒取其名, 則雖漢武之興禮樂, 漢元之崇儒術, 無救於衰亂. 況所謂富强變更者, 其名似乎未醇, 而其事近乎不靖, 必不得已, 然後出於此. 非如禮樂儒術, 雖無實心, 猶可以賁飾聲明以示後世也. 夫旣不得已, 而出於此, 則不可不盡吾之實理, 行吾之實事, 以見吾實富實强之效. 然後始可以有辭於天下. 不然則上不得爲唐虞, 下不得爲晋楚. 名與實兩失, 而幾乎無物矣. 夫名者, 實之賓也. 先實而後名, 天下之道皆然, 而惟爲富强之術者, 尤以名爲忌.[72]

실심(實心)의 행동의 원리[理]는 심즉리(心卽理)의 이이며, 나의 실리(實理)이다. 심(心)과 이(理), 사(事)와 물(物)은 하나로 연결되어 실행[行]의 상황을 구성한다. 주체적 실행이라는 양명학적 정신은 이건창의 개혁론의 근본 원리이다. 이 원칙에 따라 그는 보수적 위정척사론을 거부하고, 외세 의존적인 개화파를 비판했다.

그의 자주적 개혁론은 국권 상실 이전에 나온 것이지만, 이건승, 이건방, 정인보, 박은식의 양명학적 실심실학의 기초적 사상이 되었다. 이건창이 정약용을 높이 평가하듯 국학과 한국의 현실을 중시하는 정신은 양명학적 실학의 기본 정신이 되었으며, 그의 민시우국(憫時憂國)의 정(情)은 주체적 자각을 중시하는 정신을 반영하는 것이었다. 그는 사물과의 관계에서 일어나는 정감을 진솔하게 표현하는 '연정(緣情, 정을 시적 표현의 동기로 함)'의 미학을 창안했다. 문장은 가식 없는 정을 '담박하고 평이하게[平淡]' 표현하는 것이다.[73] 이러한 예술관은 가식 없는 정에 바탕한 양지인 '성령(性靈)' 문학론[원굉도(袁宏道, 1568~1610) 등이 주장한 명대 양명학적 문학론]과도 상통하는 것이다.[74] 다음의 시는 민시우국

72 李建昌,「擬論時政疏」,『明美堂集』, 韓國文集叢刊, 民族文化推進會, 2005, 101쪽.

73 이희목,『이건창 문학연구』, 성균관대 대동문화연구원, 2005, 27-40쪽.

74 유명종,『왕양명과 양명학』, 청계, 2002, 307-309쪽.

의 정을 통해 자신의 존재의의를 반성해보는 내적 자각의 정신을 잘 보여준다.

소리는 관아의 문[縣門]으로
늙은 농부[老農]는 들로 간다
담장 머리 계집아이는
장대로 대추 밤 따고
중도 절에서 내려와
석양에 시주를 구하누나
나는 홀로 무슨 사람이기에
이다지 안일을 앉아서 받고만 있을까
조석 두 끼 밥이 있고
기거할 집이 있지만
집은 진실로 내 것 아니고
밥은 또 어디서 나오나
애오라지 丈夫의 말을 전하여
뒷날 기필코 두터이 갚으리
少吏縣門去
老農田野適
牆頭小兒女
引竿撲棗栗
亦有下山僧
日暮猶行乞
而我獨何人
坐受此安逸
朝夕有兩盂
起居有一室
室固非我有

食當從何出
聊爲丈夫語
他日重報必[75]

이 시는 암행어사 시절 충청 관찰사 조병식(趙秉植)을 탄핵하고 미움받아 전남 보성으로 유배 갔을 때(42세), 자신의 안일한 처지를 민의 생활을 통해 반성하는 가운데 자기의 존재의미를 탐색하고 있다. 그는 민의 고통을 구제하는 실심실학을 통해 민에 보답하고자 결심했을 것이다.

이건승과 이건방의 경우처럼 양명학은 국권 상실 이후 다윈주의적 사회 진화론을 접하게 되고 점차 민주주의적 방향으로 발전해 나갔다. 이 시기에 이미 중국을 통해 양명학의 계승자인 황종희(黃宗羲, 1610~1695)와 루소(盧騷, Jean J. Rousseau, 1712~1778)의 연관성에 주목하고 민주공화제의 가능성을 선호하는 관념이 유포되고 있었다. 그러나 천하는 천하의 것이라는 자기회귀성의 원리와 민주의 원리는 봉건주의자에게는 두려움과 불편함을 주었으며, 근대의 개혁주의자에게는 활력을 주었다. 19세기 말 중국의 봉건 향신(鄕紳)인 엽덕휘(葉德輝)는 황종희가 "실로 금일의 사특한 주장들의 선성(先聲)을 열었다[實開今日邪說之先聲]"(『익교총편翼敎叢編』)고 비난했다. 정인보는 1913년 중국에 갔을 때 엽덕휘를 만난 적이 있으며, 신채호, 홍명희, 박은식, 김규식, 신규식 등과 교유했다.[76]

양계초와 담사동은 "민권공화(民權共和)의 설을 주장하여 『명이대방록』 초록 수만 본을 비밀리에 인쇄 산포하여 청 후기 사상의 급작스런 변화에 대단한 영향을 주었다."(양계초, 『청대학술개론淸代學術槪論』). 이들

---

75 이건창, 「借坡集讀東坡八首次韻須便寄保卿」, 앞의 책, 68쪽: 이 시의 번역은 이희목, 앞의 책, 27-28쪽에 의거했다.

76 민영규(閔泳珪), 「위당 정인보 선생의 행장(行狀)에 나타난 몇 가지 문제: 實學原始」, 『담원문록薝園文錄』 下, 정인보 · 정양완 옮김, 492쪽: 정인보가 일이 있어 중국에 간 것은 1911년이다. 정인보는 엽덕휘를 만났지만 그의 봉건적 입장을 지지한 것으로는 보이지 않는다.

무술변법(戊戌變法)파들은 한결같이 황종희를 민권민주 사상가로 해석하여 루소와 계몽주의를 전파하는 원동력으로 삼고자 했다. 이러한 분위기에서 황종희와 루소를 체계적으로 연관시킨 인물은 무정부주의자로 알려진 유사배(劉師培, 1884~1919)이다. 그는 루소를 본격적으로 연구하여 공자로부터 근대에 이르는 중국사상가들의 민주적 요소들을 전부 수집하고 일일이 루소와 대조하여 논술한 『중국민약정의中國民約精義』를 지었다. 여기서 그는 루소를 소개함에 있어 황종희를 적극 활용했다. 그에 의하면 "군주는 국가의 객체이지 국가의 주체가 아니다. 군주는 민에 의해 부림을 받아야 하며, 민이 군주에 의해 부림을 받아야 하는 것이 아니다. 그의 학술사상은 로씨(盧氏, 루소)와 같다." 국민 혁명파이었던 진천화(陳天華)에 의하면 "명말청초 중국에 하나의 큰 성인이 있었는데 맹자 이후의 제일인이다. [……] 그의 『명이대방록』이라고 하는 저서는 [……] 『민약론民約論』(『루소의 사회계약론』, 1762)의 완비함에는 미치지 못하지만 민약의 원리[民約之理]를 이미 안에 포괄하고 있었다."(『獅子吼』)

계명의숙(啓明義塾)을 세워 교육 구국 운동을 하다 을사늑약(乙巳勒約) 이후 서간도로 망명한(1910년) 경재 이건승은 "떠나서 (도를) 지키는[去而守之]" 입장을 선택했다. 이회영, 이시영 가문 전체가 망명한 것은 이건승보다 10여 일 이후이다. 이건승은 국문가사 「서행별곡西行別曲」을 통해 국멸(國滅)의 유민이 조국을 떠나는 고초를 형상화했다. 그는 황종희의 『명이대방록明夷待訪錄』을 읽고 "군주를 누르고 공리를 드러내는[抑君著公理]" 공천하(公天下)의 정신을 루소에 견주어 높이 평가했다. 그의 「서명이대방록후書明夷待訪錄後」에 의하면 황종희는 서구와 소통하기 이전 "전제(專制)에 익숙하여 성벽(性癖)이 되어버린" 수천 년 전통에서 '특이한 식견[特識]'을 보여준 '선견을 가진 선비[先見士]'이다. 또한 그는 황종희의 의견을 중국도 활용했다면 민주의 공효가 부강으로 이어졌을 것이라고 생각했다.

근일의 열강제국은 중국과 달리 사람이 있으면 남김없이 인재를 등용하여, 이른바 몽테스키외와 루소가 몸은 세상에 등용되지 못했으나, 그들의 말이 후세에 쓰이게 되어 삼권지론(三權之論)과 자유지설(自由之說)이 실현되자 국가는 부강해졌고, 공리(公利)가 사람들에게 미치며, 국가를 장구하게 유지할 수 있었던 것이 그와 같았다. 만일 황종희가 이것을 알았더라면 구천에서 어찌 한을 품지 않았겠는가?

近日列强諸國 不然, 有其人未嘗不用, 若所謂孟德斯鳩盧騷之輩, 身雖不用於世, 其言卒用於後, 三權之論 自由之說, 行而國以富强, 公利之及人, 享國之長久, 如彼也. 若使梨洲有知, 豈不抱恨於九原哉.[77]

이로 보아 이건승은 자신의 처지를 망한 명조의 유민이 된 황종희에 비추어보고, 뜻을 펴지 못하는 궁핍의 시기에 새 시대의 희망을 전망해 보고 있는 것이다. 그는 망명 후 박은식의 『동명왕실기東明王實記』와 『한국통사韓國痛史』를 읽고 깊이 감동하여 배달민족 사관에 접근한다.[78]

난곡 이건방은 이건창의 당쟁 폐단론을 계승하여 그것을 '하나의 거짓 없는 진심[一眞無假]'인 정(情)과 연관하여 논함으로써 특권층의 가도의론(假道義論)을 비판했다. 가(假) 아닌 진(眞)한 감정은 일상생활에서 일반 사람에게서 드러나는 보편적인 선한 정이다. 건전한 상식에서 드러나는 일반적인 도덕적 정감에 주목하는 이건방의 양명학은 이건승과 마찬가지로 봉건적 특권을 넘어서는 연대의식과 인민주권으로 발전할 잠재성을 갖고 있는 것이었다. 그는 거짓 도의론을 통해 권력을 잡은 대표적 인물로서 송시열(宋時烈)을 들고 망국의 실세인 노론의 독단적 '불인(不仁)'을 비난했다.

그들은 정암, 퇴계, 우계, 율곡 등 제선생의 뒤를 이어, 오로지 정자, 주자만을 숭상하고 자신들과 다른 것을 물리쳤다, 정주를 빌려 소중히 하

---

77 李建昇, 「서명이대방록후書明夷待訪錄後」, 『耕齋集』 上: 인용문 번역은 다음을 참조: 이희목, 『이건창 문학연구』, 「耕齋 이건승의 시와 서행별곡西行別曲」, 253-263쪽.

78 이희목, 위의 책, 268-283쪽.

면 일세를 복종시켜 커다란 명예를 얻을 수 있다고 스스로 생각하여 이에 결핏하면 정주를 끌어다 원칙으로 삼으니, 사류의 여론이 점차 귀의하고 조정의 부름이 많았다. 그리하여 계략이 팔릴 수 있음을 기뻐하고 또 평범한 언행으로는 타인의 이목을 놀라게 할 수 없다고 하여 더욱 돋보이는 특이한 행동을 하며, 경전의 교훈에서 근사한 것을 표절하고 부회했다. 이때에 다른 사람이 감히 말하지 못하는 것을 말하고, 다른 사람이 감히 하지 못하는 것을 하는 경우가 있다 하더라도 그 내실을 찾아보면 경(經)을 속이고 도를 배반하는 것이었다.

學者承靜退牛栗諸先生之後, 專尙程朱而屛其異者, 自念藉程朱爲重, 則可以服一世, 以取大名, 於是動引程朱以爲的, 士類之推詡, 漸歸而朝廷之施招屢勤, 則自喜計之得售, 而且以庸言常行, 不足以震駭人耳目, 益務爲嶄絶崖異之行, 而剽竊經訓之近似者, 以傅會之時, 或言人之所不敢言, 爲人之所不敢爲, 究其實, 皆詭經叛道.[79]

실세들은 정주(程朱)와 의견이 다른 사람들을 배제하고 이를 이용하여 권력을 유지했다. 그들은 "주자의 죄인으로 지목하여 성토하면, 지목당한 사람들이 내심으로는 옳지 않다고 알면서도 주자를 어찌할 수 없으므로, 더욱 두려워 굴복하고 대항하지 못하게 되면, 더욱 스스로 기뻐했다." 이러한 행태는 이건방이 보기에 "진실로 일세의 선비들에 재갈을 물리고[箝制一世之士] 그 마음을 복종시킬 수 있다고 생각한 것이다. 무릇 자기와 같은 자를 추천하여 끌어들이고 자기와 다른 자를 배척함에 주자의 말을 인용하지 않음이 없었다."[80]

이러한 주자학의 자기기만적 행동에 대한 비판은 사대부 귀족정치에 대한 비판인 동시에 양지에 기반한 백성의 보편적 유대와 인간에 대한 도의적 신뢰를 새로운 시대의 정치적 원리로 제시하는 것이기도 하다.

---

79 李建芳, 「續原論」, 『蘭谷存稿』, 청구문화사, 1950: 『난곡존고』의 쪽 번호는 글 제목이 다르면 다시 1쪽부터 시작되는 방식으로 되어 있다.

80 이건방, 위의 책.

후기 강화학은 압제할 수 없는 감정의 자발성과 만물일체의 인(仁)이 일상의 삶의 방식이 되는 시대를 예감하고 있는 것이다. 이건방의 「전필극론戰必克論」과 「원론原論」, 「속원론續原論」에 있는 다음의 글은 '공론(公論)'은 '공리(公理)'에 근거하고, 공리는 '보편적 유대감[天下之情]'에 근거한다는 강화학의 주장을 잘 보여준다.

> 천하의 정(情)은 하나[夫天下之情, 一也]이다. 그러나 그것이 결국에는 서로 달라지는 것은 그 배운 것이 같지 않아 습관이 되어 뜻[志]이 바뀌었는데도 그것이 그렇게 된 연유를 알지 못하기 때문이다. 성대한 예복을 입고 조정에 선 자는 명예에 마음을 두고, 재화를 가지고 시장으로 가는 자는 이윤에 뜻이 있는 것이다. 이윤과 명예[利與名]를 추구하는 것이 어찌 본성[性]이 다르기 때문이겠는가? 습관[習]이 그렇게 한 것이다. [……] 성인의 마음은 천하 만민의 무리를 친하기를 형제처럼 하고, 아끼기를 어린이처럼 한다. 친하는 것이 깊으므로 그들이 살기를 바라는 것이 절실하고, 아끼는 것이 지극하므로 그들을 배려 근심하는 것이 두루 미친다. 한 사람이라도 제대로 삶을 살지 못하면[不獲其所] 자신이 밀어 시궁창에 빠뜨린 것같이 한다(「전필극론戰必克論」).
>
> 성인의 도는 다른 사람과 다른 것[異]을 구하여 높다[高]고 간주하지 않고, 반드시 다른 사람의 정에 합[合]하기를 구한다. 그러므로 그가 도를 행하는 경우에는 명백하고 평이하여[明白坦易], 말을 하면 민(民)이 기뻐하지 않음이 없고 행하면 따르지 않음이 없다(「원론原論 · 중中」).

(「속원론」은 학자들의 가도의(假道義)를 비난하는 것이 너무 각박한 태도가 아닌가라는 반문에 대한 응답의 형식으로 시작하고 있음) 내가 이러한 비난을 하는 것은 바로 사람들에게 명시하여 세상을 면려하고 풍속을 경계하기 위한 것이다. 그대도 오늘의 풍속이 날로 야만화되고 마음씨는 날로 무너져 도의가 밝혀지지 않아 초래된 것이라고 하지 않았는가? 이것은 그대의 말만 그런 것이 아니라 나의 말도 어찌 그와 다르겠는가? 비

록 옛 성현이라도 그와 같지 않음이 없을 것이다. 인심이 순수한 것, 풍속이 아름다운 것, 정리(正理)가 드러나는 것, 공론(公論)이 행해지는 것은 모두 도의의 힘[道義之力]이었으며, 예부터 오늘에 이르기까지 혼동된 경우는 없었다. 오직 우리 한국의 오늘의 도의는 이와 달라, 도를 행하는 것이 높을수록 인심은 더욱 붕괴되고, 의를 행하는 것이 클수록 풍속은 오염되어, 정리는 그로 인해 엄폐되어 드러나지 못하고, 공론은 그로 인해 봉쇄되어 행해지지 못하게 되어, 국가와 백성의 화가 하루하루 많아졌으나 저들은 오히려 멋대로 도의의 설로써 고명 광대한 초월적 영역에서 스스로 자처하고[肆然以道義之說自處於高明廣大之域] 있다. 그리하여 사람들은 그들의 도를 존중하고 그 의를 흠모하지 않음이 없게 되어, 날로 전도 상실되고 사라져 소멸되어가는데도, 편안히 괴이하게 여기지 않으며, 냉담하게 돌아보지 않고 말하기를 이것이 본래 도이고 의라고 말한다. 도의가 귀중한 것은 그것이 세상을 구제하고 민을 평안하게 하기[濟世而安民] 때문이다(「속원론續原論」).[81]

특권층의 도의설이 공론이 될 수 없음을 주장하는 이건방은 비록 유가적 방식으로 성인을 주체로 설정하고 있으나, 민이 기존의 당쟁을 끝내고 자신의 공론을 통해 민이 함께 주체로 태어나는 시대를 전망하게 한다. 그는 「원론原論 · 상上」에서 다윈의 '진화의 법칙[天演之公例]'과 '생존경쟁의 법칙[物競之原則]'을 '필연적 원리[不得不然之理, 理之必然]'로 보았지만, 자유경쟁주의보다는 사회적 연대와 공론의 형성에 기초한 도의심을 정치적 실천의 기초로 설정하고 있다. 20세기 초 왕양명주의는 사회적 공익을 주장하는 이론이나 자유연합과 사랑과 협동을 강조하는 이론과의 친화성을 보유하고 있었다.

신채호, 이회영 등이 귀의하게 되는 무정부주의는 크로포트킨과 톨스토이 등의 영향으로 동양에 유포되었지만, 생명의 자발성과 우애의 연대

---

81 이건방, 「戰必克論」, 「原論」, 「續原論」, 앞의 책.

성을 강조하는 것은 동양 전통 사상과도 친화성을 갖는다. 더욱이 왕양명주의가 정제두(鄭齊斗)의 실심실학적 정신을 발전시키면서도 그의 우경화 노선을 벗어나 점차 평등과 독립 자주의 길로 나가게 되면서, 인민주권론이나 무정부주의와의 간격은 좁혀지게 된다. 또한 왕양명은 개체의 양성적(陽性的) 활발성[活潑潑]을 강조하는 가운데 타인의 고통을 동류(同類)의 고통으로 보는 대동(大同)의 이상을 제시했다. 이러한 사상은 명말(明末) 사조가 보여주듯 반국가주의적 급진주의와 공동체 운동으로 발전될 수 있는 잠재력을 갖는 것이었다. 이러한 맥락에서 무정부주의와 왕양명주의의 유사성에 주목하면서, 20세기 초 한국 양명학의 특징을 서술하는 것은 무정부주의가 동양인에게 친근하게 받아들여지는 사상적 원인을 이해하는 데에 도움을 줄 수 있다. 또한 무정부주의적 저항성이 아시아 사상과 결합하여 더욱 폭넓은 세계상을 전망하게 해줄 수도 있다.

그러면 박은식의 양명학적 민권 계몽론을 중심으로 왕양명주의의 특징을 알아보기로 하자. 그의 「유교구신론」은 「구습개량론舊習改良論」과 「물질개량론物質改良論」의 노선과 유사하다. 그 글은 주자학 중심의 조선 이학을 개량하여 주체성을 살리는 측면에서 공맹의 도[孔孟之道]를 회복하고자 한다. 그는 개량주의적인 비판적 계승의 모범을 양명학에서 보고, 그가 실학(實學)의 한 내용으로 간주하는 민권론과 '실업(實業, 서양 과학과 기술 문명)'을 수용해야 한다고 주장한다. 박문일의 문하생을 자처하고, 유림의 인사로 자기정체성을 확인하고 있는 박은식은 유교가 가진 문제를 개선함으로써 진정한 혁신 유림이 되고자 했다.

> 나는 대한 유교계에 일 분자(一分子)다. 나의 선조와 나의 평생이 공자의 은혜를 받은 것이 막대한데, 오늘날 공자의 교가 날로 암담해지고 날로 더욱 움츠려드는 상황을 만나, 무서워 두려울[懍然而懼] 뿐만 아니라 실로 놀라 땀이 날[實惕然發汗] 정도다. 그러므로 그 원인을 거슬러 고찰하고 그 잘못된 결과를 헤아려 보니 유교계(儒敎界)에는 세 가지 큰 문제

[三大問題]가 있다. 이 삼대 문제에 대해 개량하고 새 것을 구하지[改良求新] 않으면 우리 유교는 흥왕(興旺, 흥성)할 수 없을 뿐만 아니라 결국 멸절을 면치 못할 것이다. 하늘이 이 문화[斯文, 유교]를 버리려 하지 않을진대, 이 문제에 대해 개량구신할 큰 인물[豪傑之士]이 나와야 할 것이다. 그러나 우리 대한 세계에 있어 유림의 현황을 관찰하건대, 개량구신할 식견과 기백이 있는 자를 아직 볼 수 없구나. 오호라 고통이 극렬해지면 미친 말[狂言]이 저절로 나오고 궁함이 극에 이르면 자력을 분기시켜야 한다. 차라리 선배들에게 죄를 얻고 유림파에 분노를 일으킬지언정, 우리 공자의 도를 끝내 땅에 떨어지게 하는 것을 차마 두고 볼 수 없다.[82]

여기서 보는 것처럼 박은식은 유교의 위기와 국가의 역사적 위기를 함께 연결시키고, 독립 민권의 이상을 유교 개혁을 통해 실현하고자 했다. 이러한 방법은 강유위가 사대부 신분을 유지하면서 제도 개혁을 실천하고자 했지만, 이미 토지 귀족 중심의 신분 질서가 파괴되어가는 상황에서 손문의 삼민주의에 자리를 내주고 혁신 유교조차 유지할 수 없었던 것과 유사하다. 박은식의 개량구신주의도 그와 유사한 운명을 걷게 된다. 유림은 이미 그 물질적 기초를 상실해가고 있었다. 혁신 유교도 그 세계관을 받쳐주는 과거의 사회적 토대를 잃고 다른 곳에서 그 토대를 구해야 했다. 박은식의 양명학적 실학은 자본주의적 요소인 실업(實業)을 발전시킬 수 있는 상공업 부르주아를 위해 자신의 혁신 유교적 요소를 희생해야 하는 운명을 갖고 있었다. 실업을 용(用)으로 하고 민권 사상과 유교를 체(體)로 하는 그의 체계는 용의 역사적 우선성에 의해 체가 희생되는 운명을 지닌다. 이러한 상황에서 점차 한국 현대사에 무정부주의와 부르주아 민주제 및 사회주의가 운동의 이념으로 들어오게 된다. 그러면 그가 제기한 3대 문제란 무엇인가?

(1) 박은식에 의하면 "유교파의 정신은 오로지 제왕(帝王)의 편에 있었

82 朴殷植, 「儒敎求新論」, 『朴殷植全書』 하권, 단국대동양학연구소, 1975, 44-48쪽.

고, 인민사회(人民社會)에 널리 미치는 정신이 부족했다." 이것은 진한대(秦漢代) 이후 백성이 소중하다는 맹자의 "민을 무겁게 여기는[民爲重]" 의(義)가 계승되지 못하고, 순자의 군권을 존중하는 '존군권(尊君權)'의 의가 통치 원리로 정착되었기 때문이다. 진 · 한대 이후 주자학에 이르기까지 유교가 순자의 학에 지배되었다는 견해는 대동원(戴東原)과 변법사상의 통념이었다. 박은식은 이러한 견해를 채택하여 중국과 조선의 전통 이학을 비판하고 있는 것이다. "군자유(君子儒)라 하더라도 경연에 나가 강설함으로써 군주의 마음을 깨우치는 것에 그쳤으며, 소인유(小人儒)는 경서의 뜻에 맞추어 군주의 마음에 영합하는 곡학아세(曲學阿世)를 둘도 없는 훌륭한 비결로 간주했다." 이들 모두는 "민지(民智)를 개발하고 민권(民權)을 신장케 할 방침을 지니지 못했다." 이러한 입장에서 박은식은 개량구신하지 않으면 발달은커녕 보수(保守)도 불가능하다고 결론짓는다. "공문(孔門)의 진정한 충신이 되어 이 문화의 공덕을 발휘하고 백성에게 행복을 주고자 한다면, 이것을 개량해서 맹자의 학문을 넓혀서 인민사회에 널리 미치는 노력을 해야 한다" [83]

(2) 열국을 돌면서 천하를 바꾸려는 주의[思易天下의 主義]를 강구하지 않고, 내가 계몽될 사람[童蒙]을 구하는 것이 아니라 계몽될 사람이 나를 찾아야 한다는 주의를 고수하는 것이다." 공자는 "세상을 경각시키는 목탁(木鐸)"이었다. 그럼에도 유교파는 "경민(警民)의 목탁을 쓰지 않고, 인민사회에 대해 교화가 널리 미치지 못할 뿐만 아니라 자기의 견문도 고루에 빠지고, 물정과 세상의 놀라움에 대해 전혀 무지했다." 그러나 세계에 대한 인식은 진화론이 말한 것처럼 경쟁의 시대에는 더욱 필요한 것이다. "오늘날 세계의 문호는 널리 열려 있으며, 인류가 경쟁하는 시대라, 만일 이전과 같이 암혈 속에서 수양하는 전통을 고수하고 문 밖으로 나가지 않는다면, 광대한 천지는 타인들에 의해 점령될 것인데, 어디에 가서 우리의 도를 전수할 것인가? 마땅히 이 같은 사법(死法)을 개량하

83 박은식, 앞의 책.

여 진취방법(進取方法)을 실행해야 한다." 이러한 입장에서 박은식은 "피나는 성실성[血誠]"과 "진취적 활법[活法]"을 통해 사문(斯文)을 살려야 한다고 주장한다.[84]

(3) "우리 한(韓, 대종교는 朝鮮 이외에 한국을 지칭하는 말로 韓을 썼음)의 유가는 간이직절(簡易直切)한 법문(法門)을 구하지 않고 지리한만(支離汗漫)한 공부를 오로지 숭상했다." 기존 주자학은 경전의 문자를 중시하고, 문자는 관료에 입문하는 수단이기도 했기 때문에 교조주의적 권력화를 면치 못했다. 주자학은 자신 이외의 학문을 사문난적(斯文亂賊)으로 비난했다. 주자학은 퇴계가 양명학을 이단으로 규정한 이후, 공자의 일이관지(一以貫之) 정신을 실천적으로 살리는 양명학을 이단으로 취급하여 '본령학문'(本領學問, 본령은 왕양명의 心體 혹은 性體를 의미함)을 버리고, 번거로운 학습과정에 청년들을 몰입하게 했다. 주희에 의하면 "모든 사물의 표리정조[衆物之表裏精粗]에 도달하지 않음이 없어야 내 마음의 전체대용(全體大用, 온전한 마음 본체와 그 광대한 활용)이 밝아지지 않음이 없다." 이러한 공부 방법은 전체와 대용이 종합적으로 완성되는 경우를 한없이 기다려야 한다. 그 완성은 짧은 인생 일세의 세월로는 도달할 수 없다. 이는 학자에게 가능한 것이 아니다. 그것은 긴 세월을 필요로 하는 번거로운[支離] 공부이며, "그 방대하게 가득 찬[浩瀚森列] 언론문자(言論文字)에 종사할지라도 주희 자신이 원하는 본원(本源)상에서의 실제 통찰을 얻는 것은 어려울 것이다." 주희의 방대한 규모와 공부 방법의 점진성은 청년기를 허비하게 한다. 주자학 공부는 현대적 격물궁리인 과학에 대한 지식 탐구를 방해한다. "현 시대 학문의 각종 과학은 격물궁리의 공부로서 역시 지육(智育)에 속한다." 과학을 알아야 하고 날로 새로워지는 사업을 알아야 하는 청년들은 지육뿐만 아니라 덕육(德育)을 필요로 한다. 덕육은 간결한 양명학을 통해 이루어 질 수 있다. 청년들이 "각종 과학 외에 본령학문(本領學問)을 구하고자 하면, 양

84 박은식, 앞의 책.

명학에 종사하는 것이 실로 간단절요(簡單切要)한 법문이 된다."

박은식은 양명학을 그가 '심리학(心理學)'이라고도 부른 덕육의 요체로 보고, 지육에 속하는 과학과 함께 새 시대의 주체적 기초로 간주한다. "양지를 실현하는 치양지(致良知)의 학은 본심을 직접 지시하여 범인을 넘어 성인으로 들어가는 문로이며, 지행합일은 마음의 기술[心術]이라는 은미한 차원에서 성찰하는 방법이 긴절(절실)하고, 사물에서 응용하는 차원에서는 과감한 힘이 활발하다. 이것이 양명학파의 심성적 기절(氣節, 내적 신조)과 외적 사업(事業)에서 특징적으로 나타나는 공효(功效)가 실로 많은 이유이다."[85]

교육을 아우르는 박은식의 사상은 안으로는 심성의 역동성을 양명학을 통해 확립하고 밖으로는 새로운 과학과 사업에 대한 인식을 성취하는 방향을 갖는다. 이것은 내외의 종합적 완성을 기하는 전통 이학의 정신을 새 시대의 문맥에서 활성화한 것이다. 그에 의하면 자신의 개혁론은 "창신적(創新的) 의견이 아니라 경전 속에 갖추어져 있는 광명한 보물이다. 그것은 다른 데서 구하는 것이 아니라, 그 말류의 실수를 구제하여 그 본래 면모[本面目]를 회복하고자 하는 것이다." 그의 개혁 방법은 본질적인 것은 보존하고 지말적인 것은 새로움으로 채우는 방식이다. 그는 이러한 방식의 개혁이 문명사에 대한 장기적 안목에서 나온 것이라고 보았다. 서구문명의 병폐에도 유의했던 그는 자신의 관점을 22세기를 내다보는 심원한 것으로 간주했다.

> 과거 19세기와 오늘의 20세기는 서양문명이 크게 발달한 시기요, 장래 21세기와 22세기는 동양문명이 크게 발달할 시기다. 우리 공자의 도가 어찌 땅에 떨어지겠는가? 장차 전 세계에 그 광휘를 크게 나타낼 시기가 있을 것이다. 오호라, 우리 한의 유림이여 눈을 밝게 뜨고 관찰하여 몸을 일으켜 책임을 질지어다. 저 서양의 교계로 볼지라도 로마 구교의 시대는 유

85 박은식, 앞의 책.

럽의 암흑시대라 만일 마틴 루터(馬丁路得)의 대담함과 열혈로 개량구신함이 없었다면 유럽의 달과 태양은 지금까지 암흑 속에 있었을 것이다. 종교가 세상의 운명에 어떤 관계가 있다 하겠는가? 우리 한의 유자들은 기존 습관[結習]을 개량한다 하면 잘못된 변사로만 인식한다. 그러나 천하 사물의 대소를 막론하고 오래되면 폐단이 있게 되고, 폐단이 있게 되면 개혁해야 하니 만일 폐단이 있는데도 개혁하지 않으면 결국은 식멸(熄滅, 멸망)하고 말 것이니, 유념하지 않을 수 있겠는가? 구신(求新)이라 하면 별난 것으로 인정하지만 신(新)이라는 한 글자는 우리의 도(道)에 고유한 광명이다.[86]

박은식은 양명학을 통해 도(道)를 계승하고, 이 위에 민족자본에 의한 기(器, 기술 문명)를 발전시키는 관점을 취한다. 그러나 그 자신도 예감했듯이 기(器)는 단지 물질적 도구만이 아니라 기 자신을 발전시킬 수 있는 이론도 포괄한다고 한다면, 결국 기의 논리에 의해 도는 땅에 떨어지게 될 것이다. 이러한 구도는 1920년 이후부터 오늘에 이르는 한국 자본주의의 운동이 증거하고 있다. 도는 국가 자본주의적 형식을 갖거나 자유주의적 형식을 갖는 것이 되었다. 좌파 역시 민족자본을 인정하든 하지 않든 전통 이학에서의 도체(道體)에 대해서는 우주와 인간의 관계에서 자유의 문제에 대해서와 마찬가지로 적극적 관심을 가질 여유를 갖지 못했다.

봉건 신분질서를 약화시키는 사상으로 출발한 명대(明代) 양명학은 상공업과 친화성을 갖고 있었다. 박은식의 양명학은 독립운동과 시민적 계몽운동의 이념이 될 수 있었다. 그의 양명학은 안으로는 '국혼(國魂)'을 보존하면서 전통 신분질서를 파괴하고, 밖으로는 상공업 질서를 추진하는 가운데 그 개인주의적 폐단과 식민 질서를 극복하고자 했다. 그의 국혼에 대한 관심은 지대했다. 국혼은 대종교와 유교, 민족의 역사와 조선

86 박은식, 앞의 책.

실학, 한글과 국학 등을 포괄한다. 그의 민족주의적 양명학은 민족 자주와 시민운동의 이념으로 기능했다. 그것은 자발성과 우애의 연대에 의해 인간화된 사회를 예감하게 하며, 무정부주의와 같은 다른 급진주의 운동에도 영향을 줄 수 있었다.

5. 양지(良知)와 우주적 연대성

박은식은 일제하에서 유림이 친일화되는 것에 저항하여 양명학에 근간한 대동교(大同敎)를 창립했다. 그는 왕양명의 대동에 대한 관념과 그 철학적 기초인 치양지(致良知)를 그 시대에 절실한 실학으로 간주했다. 실학은 양지학과 대동학을 주요 내용으로 갖는다. 그의 「공자탄신 기념회 강연」과 「종교설」은 『왕양명실기』와 함께 대동교의 종지를 잘 드러낸다. 그의 양지(良知)는 무극(無極)의 실재이자 천지의 마음[天地之心]인 우주적 생명 원리에 조율된 마음 본체[心體] 혹은 성체(性體)이다. 우주의 심리적 원리는 본체적 고요함[靜]을 바탕으로 자신의 생기(生氣)를 삼라만상으로 실현하는 활발성을 갖는다. 생명을 자발적으로 구현하는 우주의 마음은 창조적 잠재력인 인(仁)을 가지고 만유를 생산해내며, 모든 개체는 생산적 생명성과 인을 자신의 본성으로 갖게 된다. 개체들은 자발적 활력을 본질로 갖고 있으며, 이를 통해 전 우주와 소통하고 있다. 이것이 우주적 마음인 양지의 공효(功效)이다. 이러한 공효를 갖는 인간의 양지는 인간을 우주적 소통과 연대성으로 이끄는 심리적 기초가 된다. 사랑과 정의는 이러한 우주적 심성에 근거하여 발휘된다. 이러한 맥락에서 박은식은 「공자탄신 기념회 강연」(1909)에서 대동교의 종지를 다음과 같이 말한다.

> 성인의 마음은 천지만물을 한 몸으로 삼는다[以天地萬物爲一體]. 이것은 의견으로 상상하거나 추론적으로 헤아려[意想推度] 나온 것이 아니라, 인

(仁)의 본체(本體)가 원래 그와 같은 것이다. 왜 그런가? 천지의 기(氣)가 곧 나의 기(氣)요, 만물이 받은 기가 곧 내가 받은 기다. 이 하나의 기[一氣]를 함께 하는데, 그 부여 받은 원리가 어찌 같은 것이 없겠는가? 그러므로 아기가 우물에 빠지는 것을 보면 놀라고 측은한 마음이 반드시 있게 되니, 이것은 그 인(仁)이 아기와 한 몸[一體]이 되기 때문이다. 새나 짐승이 울고 두려워하는 것을 보면 참지 못하는 마음이 반드시 있게 되니, 이것은 그의 인이 새나 짐승과 한 몸이 되었기 때문이다. 초목이 부러지는 것을 보면 가엾게 여기는 마음이 반드시 있게 되니, 이것은 그의 인이 초목과 한 몸이 되었기 때문이다. 기와나 돌이 파손되는 것을 보아도 애석한 마음이 반드시 있게 되니, 이것은 그의 인이 기와나 돌과 한 몸이기 때문이 아닌가? 그러므로 천지만물일체[天地萬物一體]의 인을 모든 사람이 갖고 있건마는 다만 사람들은 형체의 사사로움[私]과 물욕의 가리움[蔽]으로 틈과 거리[間隔]가 생기고, 사물과 나에 대한 계산과 비교[計較]가 반드시 생긴다. 이에 이해(利害)로 서로 공격하고 분노가 서로 치받는 경우에는, 천부의 훌륭한 것[天良]을 완전히 상실하여 생명을 쳐 죽이고 해치며, 인류에 독해를 끼치면서도 하지 못하는 것이 없으며, 심지어는 동족을 원수로 삼고 골육상잔하여 천부의 법칙[天彝]을 멸절하니, 천하의 혼란이 어느 때나 그칠 수가 있겠는가?[87]

천지만물의 생명 원리와 동일한 양지는 '한 점 영명한 마음[一點靈明]'이다. 그것은 왕양명이 『대학문大學問』에서 논하고 있는 것처럼 천지만물과의 일체성을 경험하는 우주적 연대성의 주체적 조건이다. 강유위 역시 만물일체지인(萬物一體之仁)을 탈아적으로 경험한다. 그는 이 경험을 대동(大同) 세계에서의 개체의 자주적 독립성과 평등한 유대의 원리로 삼게 된다. 박은식은 자연의 생명 원리에 근거한 개체의 자주적 자각[致良知]과 생명체와의 평등한 유대[大同]를 계몽적 시민운동의 이념으로 삼는

87 朴殷植, 「孔子誕辰紀念會講演」, 『全書』 하권, 59-61쪽.

다. 세계를 상실한 그는 세계와 분리되는 고통을 경험하지만, 우주 내부의 힘을 회복과 치유의 원리로 자각하고 그것을 세상에 가져오려 한다.

치유된 세계는 틈과 거리, 계산과 비교가 없는 화해[和]의 세상이다. 「종교설」에 의하면 "가르침이란 성인이 하늘을 대신해서 언어를 세움으로써 만민을 계몽하는 것이다[蓋教者, 聖人代天立言, 以牖萬民者也]." 양명학을 구국의 종교로 생각한 박은식은 자연에서 치유의 비결을 가져오는 성인(聖人)의 기능에 주목한다. 그러나 문제는 성인의 초월적 위치를 유지하는 것이 아니라 시대에 참여하는 그의 가르침의 정신이다. 새로운 시대의 성인의 교훈은 시민의 사상으로 전환된다. 이제 만민이 자각적 주체로 변형되어 그들에 의해 시대가 형성되어야 했다. 시대를 형성해가는 정신은 자연의 근원적 생명 원리에 근거한다. 자연의 근원은 "기계발달을 경쟁하는" 시대에 "인류사회 평화의 근본"인 인도(人道)가 갖는 우주적 덕[天德]이다(「日本 陽明學會 主幹에게」). 이러한 문맥에서 그는 다음과 같이 말한다.

> 천지만물은 다 같이 하나의 근원에서 나왔다[同出一原]. 동해 북해에서도 마음은 같고 원리도 같다[心同理同]. 성인은 내 마음의 같은 것[我心之所同然者]을 먼저 터득한 사람이다. 그러므로 그는 그 같은 것을 미루어 그들의 가르침으로 삼는 것이다. [……] 그 가르침이란 아래로는 기술적인 것을 배우며 위로는 우주의 이치에 이르고[下學而上達], 내면으로부터 출발하여 밖으로 미치며[由內而及外], 자기 자신에 근본하여 마음은 천지를 관찰한다[本諸身, 心察乎天地]. 이 마음은 지극히 미세한 것에 들어가 안이 없고[至小而無內], 지극히 큰 것에 이르러 밖이 없다[至大而無外]. 자기의 본성을 다하고 타인의 본성을 다하며 사물의 본성을 다하여, 포괄적인 것과 세부적인 것을 모두 성취함으로써 일이관지를 이루어, 지나치는 곳마다 교화되어 신묘한 활동이 있게 되며, 하늘과 지상이 함께 흘러가는 세계가 된다[盡己之性, 盡人之性, 盡物之性, 範圍曲成, 一以貫之, 過化存神, 上下同流]. 세속의 군주가 그 찌꺼기라도 쓴다면 치평(治平)에 이를

수 있으며, 그 전체를 활용한다면 천지가 모두 화락하고 뭇 평화의 징험이 있게 될 것이다[天地同和庶徵]. 이렇게 되면 모든 풀이 무성하게 번창하고 귀신들도 평안하며 물고기들도 모두 즐거울 것이다. 모든 하늘 아래의 것들 가운데 어찌 하나라도 제 삶에 평안하지 않음이 있겠는가[擧天之下, 寧有一物不獲哉]?.[88]

양지에 근본하는 대동의 세계는 자연과 인간, 인간과 인간, 생물체와 인간의 대립이 화해로 전환된 화해와 평화의 세계이다. 종교로서의 공자의 도[夫子之道]는 양명학을 통해 대동교로 재생한다. 박은식에 의하면 바로 이러한 원리가 쇠퇴하여, "선비의 기상은 날로 변질되고, 도의심은 닦아지지 않아, 허위가 날로 증가하여 결국 전국의 인민이 어둡고 무지하게 되었다. 인민은 서양 종교[西教]에 들어가지 않으면 동학(東學)에 들어가서, 누차 베어 없앴지만 더욱 치성해졌으며, 거기다 탐욕에 찬 관리들은 그물로 참새를 몰아 잡듯이 재물을 축적하니 전국 인민 가운데 하나라도 면할 수 있는 사람이 없게 되어, 그 천하의 재앙이 되는 것이 이루 말할 수 없는 지경이 되었다." [89]

『한국통사韓國痛史』(1915)에서 박은식은 "동학당은 본래 정치사상 · 혁명성질이 포함되어 있어, 많은 것이 비적 무뢰배나 어리석고 무지한 무리에게서 나온 것이기에 그처럼 난폭했다. 그러나 엄격 · 잔인했던 종래의 계급관념이 이로 인해 무너졌으니, 가히 개혁의 선구라 할 수 있다"고 했다. 그는 "(그들이) 서구 혁명의 피가 아시아 동쪽 반도에서 광복을 볼 것이라 하였으니 어찌 이들의 담력과 식견이 없었겠는가?" [90]라고 반문할 정도로 동학의 혁명성을 이해했다. 그러나 그의 전통 이학적 합리성은 그로 하여금 국혼을 지키고 선비 집단[士]을 개량적 계몽의 주체로 보는 것에 머물게 했다. 그의 이학적 합리성은 자연의 생명 원리를 세상

88 朴殷植, 「宗教說」, 『全書』 중권, 414-420쪽.

89 박은식, 앞의 책.

90 朴殷植, 『韓國痛史』, 『全書』 상권.

에 가져와 백성을 생명의 주체로 상승시키는 동학혁명의 급진성을 용납하지 못하게 했다.

동학의 폭력성을 비난하면서도 그 역사적 의의를 인정하는 이러한 양면적 평가는 1930년대에 성장한 마르크스주의 계열의 사상가들에게도 나타난다. 그들 대부분은 근대과학의 힘을 신뢰하는 근대적 이성과 변혁의 파토스를 결합한 변증법적 이성을 역사의 지렛대로 삼고자 했다. 그들에게도 동학은 일정한 혁명성을 갖지만, 그것은 레닌의 말대로 광포한 환상에 지나지 않는 종교적 신화의 구태를 벗어나지 못한 것이었다. 변증법적 합리성은 동학의 신화적 해원(解冤, 원한의 해소)의 논리와 이학적 합리성을 이해하지 못하고, 역사주의적 관점에서 그것들을 전근대적 유물로 치부했다.

그러나 신남철의 비극적 변증법은 자기희생을 통해 인민의 불행과 분열을 치유한다는 그리스 비극이나 예수 십자가 사건과 같은 고대 신화를 모범으로 한 것이다. 그의 변증법적 이성은 분명 현대판 신화의 소리에 영감 받고 있었다. 니체는 로고스 전통의 근대적 한계를 의식하고, 뮈토스(Mythos)라는 신화적 사고를 서구적 이성의 원한 감정(ressentiment)을 용해하는 철학으로 발전시켰다. 동학 계열의 이돈화와 김기전이 니체의 대지의 생성철학에서 시대의 불행을 극복하는 생명 사상을 발견한 것은 동학의 신화적 사고와 무관하지 않을 것이다.

사(士)의 질서가 붕괴하고 서교(西敎)가 들어오며 동학이 일어나는 시대를 당하여, 박은식이 보기에 "부자의 가르침[夫子之敎]"을 비판적으로 계승하는 것은 급하고 절박한[急且切] 것이었다. 이런 관점에서 그는 종교인 도덕지학(道德之學, 도와 덕의 학)과 개별과학학교[諸科學校]인 경제지술(經濟之術, 나라를 경영하고 구제하는 기술)의 '병행'을 주장한다.[91] 이러한 병행의 모범이 바로 왕양명이다. 그는 하학(下學)과 상달(上達), 동(動)과 정(靜), 천도(天道)와 인도(人道)를 지행합일로써 종합한 인

91 朴殷植, 「宗教說」, 『全書』 중권, 418쪽.

물이다. 『왕양명실기』에 의하면 그는 '도학가(道學家)'이자 '군략가(軍略家)', '정치가'이다.

> 선생은 각종 학술에 모두 몸소 시험 삼아 실천해보고, 그 옳고 그름의 진실을 연구해본 것이지, 결코 남의 말만 듣고 헛되이 상상(想像)한 것이 아니다. 그러므로 성인의 학을 하는 것은 한갓 강설(講說)만을 일삼는 것을 깊이 경계하고, 실천(實踐)을 위주로 하는 것을 힘쓰며, 세속 유자들이 향외(向外)로 치닫는 병폐를 힘써 교정했다. 이것이 선생의 이른바 '음식이란 먹어봐야 맛의 좋고 나쁨을 알고, 길은 다녀봐야 험함과 평탄함을 안다'는 것이다. 그래서 선생의 경력에 이와 같은 변화가 있었던 것이다. 또 선생이 학을 논하는 취지에는 때에 따라 변하는 뜻이 있다. 예를 들어 '양지는 변역[易]하는 것이다. 이 양지의 진리성은 자주 변하여 움직여서 한 곳에 머물지 않고[變動不居], 우주에 두루 흘러[周流六虛], 위아래에 고정된 위치가 없으며[上下無常], 정해진 규범이나 법칙이 될 수 없고 오직 마땅함을 따라 변한다[惟變所適]'고 말한 것과 같다. [……] 오호라 천지의 진화(進化)가 무궁하므로, 성인이 변화에 대응하는 것 또한 무궁하다. 그래서 때에 따라 마땅하게 조절하여 천하의 사업을 이룬다. 세속의 유자들을 되돌아보면 이러한 수준에 도달하지 못하고, 하나의 도리만을 고집하여 변할 수 없는 격식[不可變之格式]으로 삼았다.[92]

양지의 자각적 주체성과 우주적 연대성은 절대적 가치를 지니는 도(道)이다. 도는 외재적 법칙이나 격식이 아니다. 그것은 의무의 법칙이라기보다는 개인의 주체성의 능력이다. 또한 도는 변동하는 상황에 따라 실천적 응용을 통해 실현되는 변동불거(變動不居)의 상대성을 갖는다. 『예기禮記』「예운禮運」의 평등한 대동의 이상에 무관심하고 비실천적이

---

92 朴殷植, 「王陽明實記」, 『全書』 중권, 51-52쪽; 『왕양명실기』, 이종란 옮김, 한길사, 2010, 69-71쪽.

었던 조선 이학은 송대 이학의 "충실한 노예[忠僕]"였으며, "인간의 사상을 속박하고 조금의 자유도 개방하지 않았다[束縛人之思想, 不放開分毫自由]." 그들에 대해서는 "학술로써 천하를 죽인다[以學術殺天下]"는 육상산의 비판이 적용될 것이다.[93]

양지는 사회적 속박과 노예근성을 벗어나는 자유의 원리이자 자유로운 유대의 원리이다. 이러한 원리가 될 수 있는 것은 양지가 자신의 본질적 내용으로 천리(天理, 仁)를 함축하고 있기 때문이다. 양지는 "천리를 본체로 하며[以天理爲本體]", "인간으로서 우주적 생명에 합치하는[以人合天]" 마음이다. 이런 의미에서 박은식은 양지의 성격을 여섯 가지 측면에서 규정한다.

(1) 양지는 자연히 밝게 통찰하는 지혜이다[自然明覺之知]. 왕양명에 의하면 양지는 자연히 밝게 통찰하고 천리가 발현하는 곳이다[自然明覺發現處]. : 『전습록傳習錄』「답섭문울答聶文蔚」

(2) 양지는 순일하고 허위가 없는 지혜이다[純一無僞之知]. 왕양명에 의하면 양지는 순수한 천리라서 인욕의 섞임이 없다[心純乎天理而無人欲之雜]. : 『전습록』「설간록薛侃錄」

(3) 양지는 유행하여 쉬지 않는 지혜이다[流行不息之知]. 천도의 운행과 동일하게 운행하는 양지는 부단한 생명의 운동이다. 왕양명에 의하면 "내 마음의 양지의 운행도 한 순간의 멈춤이 없으니, 양지는 곧 천도이다[吾心良知之運, 亦無一息之或停, 良知卽天道]." : 『왕문성공전서王文成公全書』 권7, 문록 4, 「석음설惜陰說」

(4) 양지는 두루 감응하여 막힘이 없는 지혜이다[泛應不滯之知]. 왕양명에 의하면 "양지의 발현과 유행은 광명하고 원융하게 빛나서 결코 걸리는 장애와 차폐가 없으니 이것이 거대한 조화라고 하는 것이다[良知之發現流行, 光明圓瑩, 更無掛碍遮隔處, 此所以謂之太和]. : 『전습록』, 「치기량지致其良知」

---

93 박은식, 앞의 책.

(5) 양지는 성인과 우인의 차이가 없는 지혜이다[聖愚無間之知]. 왕양명에 의하면 "인심에서의 양지는 성인과 우인의 차이가 없고, 천하 고금에 같은 것이다[良知之在人心, 無間於聖愚, 天下古今之所同也]." : 『전습록』, 「답섭문울」

(6) 양지는 우주와 인간의 합일의 지혜이다[天人合一之知]. 왕양명에 의하면 "인심에서의 양지는 영원히 우주(宇는 공간, 宙는 시간)에 충만하여 동일하지 않음이 없다[良知之在人心, 亘萬古塞宇宙而無不同]. : 『전습록』, 「답구양숭일答區陽崇一」[94]

박은식은 이처럼 인간의 주체적 자주성과 능동성, 부단한 생동성과 감응성, 평등성과 우주적 연대성을 인간의 본질로 보았다. 그러한 가치들이 상실한 세계를 회복하는 원리이며, 새 시대의 요청이기도 한 것이었다. 그에게는 양지의 학은 "하늘에 있는 태양과 같아서 더 보탤 것이 없는 것"이며, "동서양의 도학계[東西道學界]에 오직 양명학만이 유일무이한 법문"이다.[95] 양지의 부단한 생동성은 민족의 독립 자주와 새로운 조직화 및 천지의 진화에 대응하는 역동적 원리가 된다.

마음 본체인 양지는 우주의 무한자[無極]를 생명의지[生意]로 경험하는 주체성이다. 이러한 경험에서는 주체의 궁극적 본질이 객체의 궁극적 본성으로 이해된다. 여기에서 생사전변(生死轉變)의 현상은 양지라는 우주적이고 불사적(不死的)인 심성의 발현으로 통찰된다. 생사의 세계와 생사 없는 본래적 세계[本無生死]는 주객 동일성에 대한 관통(貫通)의 경험 안에서 결합된다. 장자와 불교 및 도교의 우주적 지혜에 관심이 많았던 왕양명(1472~1528)은 정적들에 의해 귀주(貴州) 용장(龍場)으로 유배를 가기 이전(1506)에 이미 양지가 무한과 유한의 통일을 성취하는 마음이라는 것을 이해하고 있었던 것으로 보인다.

94 박은식, 「王陽明實記」, 앞의 책, 48-49쪽; 『왕양명실기』, 이종란 옮김, 한길사, 2010, 63-64쪽.

95 박은식, 앞의 책.

그는 용장으로 가는 도중 호랑이굴에서 자기도 하며, 자살을 위장하여 2명의 암살자를 따돌리는 등의 고통을 겪는다. 그는 자신과 가정의 미래가 어둡다고 판단하고 도교 사원에 은둔하고자 무위도사(無爲道士)를 만나지만, 도망자가 되면 가정에 화가 미친다는 말에 설득되어 주역 점을 쳐 명이괘(明夷卦)를 얻는다. 명이는 황종희에게도 희망을 주었던 땅[地] 아래 불[火]이 있는 형국으로, 어둠 속에서 희망을 기다린다는 의미를 전하는 상징적 형상이다. 왕양명은 사원의 벽에 다음과 같은 시를 쓴다.

> 험준과 평탄은 원래 가슴 속에 머물러 있지 않으니
> 뜬 구름이 거대한 허공을 떠가는 것과 무엇이 다르리.
> 밤은 고요한데 바다의 파도는 삼만 리를 치솟고
> 달은 밝은데 도사의 지팡이[飛錫, 초절의 상징] 하늘 바람 타고 내려온다.
> 險夷原不滯胸中, 何異浮雲過太空. 夜靜海濤三萬里, 月明飛錫下天風.

박은식은 이 시에 대해 "바다처럼 드넓고 하늘처럼 드높은 흉금이 진실로 생사의 관문을 벗어날 수 있었다[海濶天高之胸襟, 眞有能脫離生死關者矣]"고 평했다.[96] 왕양명의 '가슴 바다[胸海]'는 고요함과 치솟음이 하나로 결합한 해활천고(海濶天高)의 기상을 향유하며, 이 기상은 바람처럼 지상의 인륜세계로 내려온다. 박은식은 왕양명의 이러한 초절적 기상을 '망양지탄(望洋之嘆)'으로 바라본다. 후세의 함석헌(咸錫憲)도 '야정해도삼만리[夜靜海濤三萬里]'를 영원무한자로 상승하여 현실의 속박에 저항하는 의지로서 주의 깊게 음미하게 된다.[97] 이러한 기상은 역사적 상황과 관계하면서도 시대에 한정된 예의 법도에 구애받지 않는 자유의 정신이다. 자유정신은 장자의 현해(懸解, 매달려 있는 속박으로부터의 자유)

---

96 박은식, 「王陽明實記」, 앞의 책, 56-57쪽; 『왕양명실기』, 이종란 옮김, 82-83쪽.

97 야정해도삼만리(夜靜海濤三萬里)에 대한 해석에서 해도(海濤)는 속세에 대한 관심이 치솟는 것으로 보는 것이 문맥에 맞는 듯 보인다. 그러나 속세에 대한 관심이 자신에 대한 부정을 포함한다면 초월에 대한 충동을 배제하지는 않을 것이다.

와 출렁이는 바다의 기상인 맹자의 호연지기(浩然之氣)를 계승한 것이다. 박은식은 개혁의지와 연관하여 왕양명의 초절적 비결을 예의 주시한다. 1523년 무종이 후계 없이 죽고 세종이 즉위하자 조선에서처럼 대례(大禮) 논쟁이 일어났다. 왕양명은 밤에 벽하지(碧霞池)의 언덕에서 다음과 같은 시를 짓는다.

> 한 차례 비에 가을의 서늘함, 밤이 되니 새롭다.
> 연못가 홀로 떠있는 달, 정신(精神, 몸과 마음의 정수)을 환기시키네.
> 잠긴 물고기 물속에서 마음 비결[心性, 心訣] 전하고
> 둥지의 새는 가지에서 도의 진수[道眞]를 말한다.
> 천기(天機, 우주의 내밀한 생명)는 기욕(嗜慾)이 아니라 말하지 말라.
> 만물이 내 몸임[萬物是吾身]을 알아야 하네.
> 끝없이 예악(禮樂)을 어지러이 논란하니,
> 누구와 더불어 푸른 하늘의 묵은 때를 씻어 낼까?
> 一雨秋凉入夜新, 池邊孤月倍精神.
> 潛魚水底傳心性, 棲鳥枝頭說道眞.
> 莫謂天機非嗜慾, 須知萬物是吾身.
> 無端禮樂紛紛議, 誰與靑天掃舊塵.[98]

왕양명의 기상(氣象)에서는 연못 속의 물고기처럼 사람이 우주 내의 하나의 생명으로 내재하는 것이 최상의 삶의 양식이다. 일상의 주객분리의 태도는 아직 만물이 나의 몸임을 자각하지 못한 것이다. 속유들은 문화적 예악을 권력의 도구로 삼지만, 왕양명은 새의 울음소리에서 우주의 생명성을 직관한다. 진정한 자유의 삶은 우주가 자신임을 경험하는 생기(生起)의 삶이다. 이것이 신체적 생명[精]과 마음의 생명[神]이 조화를 이루는 진정한 정신의 삶이다. 우주와 인간의 대립이 화해로 귀결되는 생

---

98 박은식, 앞의 책, 148쪽; 『왕양명실기』, 이종란 옮김, 270-272쪽.

의 통일성이 인생을 새로움으로 생기하게 만든다. 일종의 낭만주의 철학인 생기론적(Vitalistic) 우주관은 자율성에 의거한 이상적 공동체에 관한 열망과 함께 간다. 이 점이 바로 한국 무정부주의가 양명학적 세계상과 친화성을 갖는 요인이다.

박은식은 예(禮) 논쟁에 대해 한마디도 언급하지 않는 왕양명의 초절적 기상을 중시하고, 예론이 발달한 조선 이학의 특징을 비난한다. 그에 의하면 1659년 효종이 죽자 복상 문제로 일어난 예송은 천하의 해가 될 뿐이었다. "기해예송(己亥禮訟)으로 사림이 서로 싸워 당쟁이 더욱 치열했다. 그리하여 조정에서는 하루도 편안한 날이 없었고, 국정의 부패상이 날로 심했다. 이와 같은 예송은 망국의 근본 원인[話柄]이라 해도 지나치지 않다. 노자의 이른바 '예는 진실성과 신뢰성이 적은 것이며 혼란의 으뜸[禮者, 忠信之薄, 而亂之首]'이라 한 것은 이를 말하는 것이 아닌가? 그러므로 예는 세상을 다스리는 도구인데 도리어 다스림에 해가 되었다." 박은식은 예가 '정쟁의 수단'이 되었으며, 이와 연관하여 이론적 논쟁도 나왔다고 보았다. "유학자의 폐단 가운데 하나는 심성(心性)과 이기(理氣) 논쟁이며, 또 하나는 예설 논쟁이다. 투쟁하는 마음[爭心]을 버리지 않으면 어떻게 예의 근본을 회복할 것인가? 왕양명 선생이 한 마디 언급도 안한 것은 그 쟁심을 싫어했기 때문이다."[99]

유림의 폐단에 대한 박은식의 비판은 당시 애국 계몽운동가의 공통된 생각을 대변한 것으로 보인다. 신용하가 조사한 당시 『황성신문皇城新聞』의 유림 비판의 논지는 다음 여섯 가지로 요약된다.

(1) 허문을 꾸미고 실사를 버리는 것.

(2) 유력가의 언론으로 자유 언론을 허락지 않는 것.

(3) 독선을 자탁(藉託, 가탁)하여 국민을 담담히 잊어버리는 것.

(4) 구철(舊轍, 구습)을 지키고 때에 적합한 것[因時制宜]을 강구하지 않는 것.

99 앞의 책.

(5) 자기의 좁은 소견을 주장하여 세계의 학술을 구하지 않는 것.

(6) 자중(自重)이 지나쳐 문 밖에 나가는 것을 허락지 않고 세사(世事)를 알지 못하는 것.[100]

이러한 누유(陋儒)의 유습은 조선 이학 내부의 이론 투쟁과 상승 작용하다가 결국은 노론(老論)이 승리함으로써 그들에 의해 국가의 전권이 농락되고 매국에 이르렀다는 것이 박은식의 논조의 저변에 깔려 있다. 조선의 멸국을 만든 것은 실권을 장악한 정부와 사림이었다는 것이다.

박은식은 이에 대한 극복의 대안으로 허식의 예가 아닌 진정한 예의 근본인 양지를 제시했다. 양지의 주체성은 자유와 우주적 연대성 및 능산적 실천성을 본성으로 갖는다. 그것은 권력 쟁취의 쟁심이 아닌 지행합일의 본체[知行合一之體]이다. 우주적 소통의 주체인 양지가 행동의 주체적 본체이다. 이기적 쟁심을 제거하고 본체를 드러내려는 노력을 왕양명은 발본색원(拔本塞源, 뿌리를 뽑고 샘의 근원을 막음)이라 했다. 발본색원은 우주적 소통[通]의 능력을 배양하고자 하는 노력이다. "성인의 마음은 천지만물을 한 몸으로 삼는다. 그는 천하 사람을 안과 밖, 멀고 가까움의 차별이 없이 보며, 모든 혈기(생명)가 있는 것을 형제, 자식과 같이 친(親)한 것으로 보아, 그들을 안전하게 하고 가르치고 양육(敎養)하여, 만물이 한 몸이라는 관념을 성취하고자 하지 않음이 없다."[101] 박은식은 왕양명의 발본색원론을 자신의 실학의 한 내용인 근대과학기술의 폐단을 극복하는 데에 적용한다. 그에 의하면 인의의 원리인 양지 본체를 드러내려는 노력은 과학의 질병을 치유하는 대안이 된다.

> 인류의 생존경쟁은 지식과 기능의 우열[知識技能之優劣]만을 중시하니, 발본색원론이 어찌 현실에 맞지 않는 추상적인 것이 아니겠는가? 그러나 성현은 천하의 투쟁을 쉬게 하고 천하의 혼란을 구하는 것을 목적으로

---

100 愼鏞廈, 『朴殷植의 社會思想 硏究』, 서울대출판부, 1982, 139-140쪽.

101 박은식, 앞의 책, 152-153쪽; 『왕양명실기』, 이종란 옮김, 280쪽.

> 하니, 어찌 지식과 기능으로 경쟁의 장에서 그들과 날 세우고 투쟁하여 백성의 재앙을 증가시킬 수 있겠는가? 이것이 이른바 인의(仁義)라고 하는 것이다. 이 발본색원론은 근세 과학가의 관점에서 보면 시무(時務)와 인류 생활에서 거리가 멀다 하겠지만, 과학가의 성질이 항상 개인의 이기심에 있고 공중(公衆)의 이해(利害)를 돌보지 않는 사람들이 대부분이니, 그 폐단이 어디까지 갈 것인가? 그렇다면 선생의 이 발본색원론 또한 교육의 도움이 될 수 있고, 과학가의 질병[科學家之病]을 치료할 수 있을 것이다.[102]

박은식은 양명학의 발본색원론을 근대과학의 병폐를 극복하는 방책으로도 생각했다. 그가 이런 생각을 하게 된 것에는 강유위가 유럽의 1차 세계대전의 비참성을 목격하고 온 뒤 변법사상가들에게 펴진 생각이 반영된 것으로 보인다. 그들은 서양 문명을 회의하는 동시에 동양 전통 가운데 반권위주의적인 요소를 긍정적으로 보았다. 강유위의 대동론은 왕양명의 만물일체지인(萬物一體之仁)이라는 우주적 공감을 중시하는 태도에서 나온 것이다. 또한 근대과학의 이상적 발전을 적극 강조하면서도 물질문명의 폐단을 극복해야 한다는 관점을 반영하고 있다. 더욱이 그의 대동론은 궁극에서는 신체성의 속박을 완전히 벗어버린 우주인인 선인(仙人)들의 세상으로 진화한다는 신념을 보여준다. 대동의 세상에서 인간은 영혼의 독립성으로서의 자유와 자유로운 소통으로서의 평화를 향유한다는 것이다. 그의 대동론은 영혼들이 과학의 극단적 발전을 수단으로 지배하며 최후에는 물질적 조건조차 필요로 하지 않는 일종의 영적 공산주의의 이상을 말하고 있다. 모택동(毛澤東)도 이러한 전통에 따라 역사는 공산사회 이후의 대동세계로 진화한다는 전망을 갖고 있었다.

박은식은 신비주의 종교의 이상인 영적 공산주의를 분명하게 언급하고 있지는 않다. 그러나 그의 대동론은 왕양명의 양지를 그 독립성과 능

---

102 박은식, 앞의 책, 156-157쪽; 『왕양명실기』, 이종란 옮김, 287쪽.

동성을 강조하는 관점에서 접근한다. 그의 대동론도 중국의 변법사상가들처럼 마음의 힘[心力]을 강화하는 관념론적 견지에서 형성된 것이다.

6. 마음과 평등의 공리(公理)

박은식의 대동론은 『몽배금태조夢拜金太祖』(1911)에서는 양지를 '일대영물(一大靈物)'로 보고, 그것을 국가와 사회 및 사업의 주체적 기초로 간주한다. '평등사회'도 양지에 기초해서 성립한다. 『왕양명실기』에서는 왕양명이 섭표(聶豹, 聶雙江)에게 보낸 편지 내용을 치양지(致良知)와 대동(大同) 정신을 말한 것으로 해석하는 문맥에서 대동을 언급하고 있다. 『몽배금태조』는 만주의 작은 독립 기지의 발전을 신라인 아골타가 작은 부족에서 일어나 송나라를 점령하는 대국으로 성장한 것에 비유하여 만든 글이다. 그것은 단군의 후손인 금태조와 무치생(無恥生, 나라를 잃고서도 수치를 모르는 사람을 의미)의 대화 형식으로 되어 있다. 박은식에 의하면 조선인은 자신의 역사가 "타국의 노예 문서[奴籍]"에 불과한 데도 예의지방(禮義之邦)이니 소중화(小中華)니 하는 노예근성[奴性]에 젖어 있었다.

> 그러므로 조선 인민의 정신에 자국 역사는 없고 타국의 역사만 있다. 이는 자기 나라를 사랑하지 않고 타국을 사랑하는 것이다. 이로 보건대 천여 년래의 조선은 단지 형식상의 조선뿐이요, 정신상의 조선은 망한 지가 이미 오래 되었다. 초학의 교과서가 이러한 즉–존화(尊華) 의식에서 나온 고대사–어릴 때의 뇌수 중에 노예정신(奴隸精神)이 근저가 되어, 평생 학문이 모두 노예학문(奴隸學問)이요, 평생 사상이 모두 노예사상(奴隸思想)이라. 이와 같이 비열한 사회에 처하여 이른바 영웅이란 자가 누구며, 이른바 유현(儒賢)이란 자 누구며, 이른바 충신이란 자 누구며, 이른바 공신(功臣)이란 자 누구며, 이른바 유명 인사[名流]가 누구인가? 필

> 경 노예의 지위[奴隷地位]라. 이러한 비열한 근성을 뿌리 뽑아 버리지 않고는 조선 민족의 자강 자립적 정신(自强自立的精神)이 배태할 원인이 없을 것이다.[103]

자강 자립의 정신은 조선의 '고담무실(高談無實)한' 유생들의 '충효의 허언'과 '인의라는 상투어' , 송의 "부문(浮文)을 숭배하는 견문이 좁은 누추한 학자[陋儒]들"의 노예근성에 의해 상실되었다. 그러나 진화 사관을 가진 박은식은 자신의 시대를 "세계의 큰 기운이 평등주의로 기우는" 시기로 보았다. 평등으로 가는 시대는 '개혁 시대'이며, 개혁은 "자연스러운 이세(理勢)"이다. "왜냐하면 개혁 시대에는 하등사회(하층계급)가 상등사회로 진보하여 평등사회(平等社會)를 조성하니, 이는 천지진화의 공례[天地進化의 公例, 公理]로 막으려 해도 막을 수 없는 것이다. 저 유생파는 과거 시대에는 상등 지위를 점령했던 자들이었다. 만약 그들이 신시대에 들어와 신학술과 신교육의 지식으로 유신(維新)의 사업을 이룩하면, 고등의 권리가 그들의 손에 있기 때문에 하등사회가 진보할 방면이 없을 것이니, 어찌 평등사회를 조성할 신시대가 있을 수 있겠는가? 그러므로 금일에 이르러 양반이라는 두 글자가 뇌리에 박혀 있는 자와 유생이라는 두 글자가 뇌리에 박혀 있는 자는 모두 신사상과 신지식이 그 뇌리에 들어가지 않으니, 이는 하늘이 그 혼을 빼앗아 열등한 인류로 추락하게 함이다." [104]

박은식에 의하면 개혁 시대에는 양반이나 유생과 같은 상층 계급이 퇴화하고, '구습(舊習)'에 의해 '허령(虛靈)'함을 상실하지 않은 하등사회의 사람들이 신문화를 더 잘 수용하여 진보한다. 이러한 현상은 혁명적 변화 시기의 특징이다. 박은식이 드는 예는 다음과 같다.

---

103 박은식, 「夢拜金太祖」, 앞의 책, 224-225쪽; 『朴殷植』, 이만열 편, 한길사, 1980, 185쪽.
104 박은식, 앞의 책, 248-249쪽; 앞의 책, 이만열 편, 195쪽.

과거 백 년 전 저 서양의 여러 나라에서 정치 압제와 종교 압제가 극심하고 맹렬했지만, 노사(盧梭, 루소)는 백난의 고생을 무릅쓰고 『민약론』을 크게 부르짖어 혁명의 도화선을 만들었다. 극림위이(克林威爾, 크롬웰)는 천하의 악명을 무릅쓰고 폭군의 머리를 베어 헌법을 제정했다. 마정노득(馬丁路得, 마틴 루터)은 교황의 위협을 무시하고 종교혁명의 공을 이룩했다. 4백 년 전 중국 학문계에서는 주자학의 세력이 광대하고 견고했지만, 왕수인이 천하의 비방을 고려하지 않고 양지학(良知學)을 주창하여 사림의 분위기를 진작했다. 50년 전 일본 막부의 무단력이 강력하고 엄혹했지만 길전구방(吉田矩方, 요시다 노리가타)이 한 몸의 생명을 던져 대화혼(大和魂, 일본정신)을 주창하여 유신의 기초를 세웠다. 이러하거늘 어찌하여 조선에는 이 같은 열혈아(熱血兒)가 없어 정치혁명도 못하고 학술혁명도 못했는가?[105]

이 글로만 보면 박은식은 유림에 호소하는 입장을 넘어섰지만, 무정부주의나 마르크스주의와는 달리 영웅적 인물을 중심으로 시대의 변화를 논하고 있다. 이는 그가 성인지학(聖人之學)의 전통을 현대화하는 관점에 있기 때문일 것이다. 이 때문에 그는 양지의 마음을 개인 생활은 물론이고 사회와 국가 형성의 동력으로 보는 관점을 유지하게 된 것으로 보인다. 『몽배금태조』는 이 점을 분명히 하고, 우주의 내적 본성이자 인간의 본성인 마음[心]의 활력을 다음과 같이 묘사한다.

천지간에 일대영물(一大靈物)이 있다. 그것은 세계를 포괄하고[範圍], 고금을 종합(綜合)하며, 바다와 육지를 늘리거나 줄이며[伸縮], 바람과 구름을 불어 대며[吹噓], 귀신을 부리며, 만물을 주조(鑄造)하는 능력이 있다. 그러므로 성인도 이로써 성인이 되며, 영웅도 이로써 영웅이 되고, 국가도 이로써 성립이 되며, 사회도 이로써 조직이 되고, 모든 사업도 모두

105 박은식, 앞의 책, 262-263쪽; 앞의 책, 이만열 편, 201쪽.

이로써 성취하는 것이다. 이 영묘한 것[靈物]의 실력(實力)과 묘용(妙用)을 획득하면 천하에 하지 못할 것이 없다. 그런데도 이를 수련하여 활용하는 사람이 적다. 그러나 만일 수련(修鍊)이라는 요소[元素]가 충족되면 과감성(果敢性)과 자신력(自信力)이 생겨, 활용의 기관(活用의 機關)이 비가 쏟아지는 것처럼 패연무애(沛然無碍, 막힘없이 세차게 흐름)할 것이다. 이것을 이름하여 마음[心]이라 한다.[106]

마음은 우주의 창조적 활력이다. 이 활력이 자발적 자유의 활동성이다. 우주의 창조적 능산성은 인간의 수련을 통해 획득되어 창조적 실천의 추진력이 된다. 이러한 동력에 따라 활동하는 것이 행위자의 진정한 주체성을 확립하는 것이며, 활력의 주체성은 사회와 국가를 새로이 조직할 수 있는 자발적 조직화의 원리가 된다. 이어서 박은식은 다섯 가지 측면에서 마음의 본체와 발용의 성격을 규정한다.

(1) 마음의 원질(原質, 본바탕)은 허령불매(虛靈不昧, 자유롭고 광명함)하여, 청명무하(淸明無瑕, 순수하여 속기의 허물이 없음)한 것이다.

(2) 마음의 본능(本能, 본래 능력)은 진실무위(眞實無僞, 진실하여 허위가 없음)하여, 독립불의(獨立不倚, 독립성이 있어 의타성이 없음)한 것이다.

(3) 마음의 진정(眞情)은 정직불아(正直不阿, 정직하여 굽히지 않음)하여, 강의불굴(剛毅不屈, 강직하여 굴하지 않음)한 것이다.

(4) 마음의 본체(本體)는 공평정대(公平正大)하여, 광박주편(廣博周徧, 드넓어 두루 편재 함)한 것이다.

(5) 마음의 능력(能力)은 시비를 감별(是非鑑別)하여, 감응신첩(感應神捷, 감응이 신묘하게 빠름)한 것이다.[107]

---

106 박은식, 앞의 책, 266-267쪽; 이만열 편, 앞의 책, 202쪽.

107 박은식, 위의 책.

이러한 마음의 "그 이상의 것이 없고 다함이 없는 영능[無上無盡靈能]은 사람마다 다 갖고 있다." 그러나 박은식이 보기에 인간은 "기세간(器世間)에 떨어져 사회의 습염(習染)과 육체의 정욕(情慾)으로" 위의 다섯 가지 본성이 변질되었다.

> 허령불매는 혼몽불령(昏蒙不靈)으로, 청명무하(淸明無瑕, 맑아 흠이 없음)가 재예불결(滓穢不潔, 더러워져 깨끗하지 못함)로, 진실무위가 교사가식(巧詐假飾)으로, 독립불의(獨立不倚, 의존하지 않는 독립성)가 구차의뢰(苟且依賴)로, 정직불아(正直不阿)가 야곡첨부(耶曲諂附, 굽혀 아첨함)로, 강의불굴이 유비나열(柔懦卑劣)로, 공평정대가 편사음휼(偏私陰譎, 이기적이고 음험함)로, 광박주편은 협애편벽(狹隘偏僻)으로, 시비감별은 전도착란(顚倒錯亂)으로, 감응신첩(感應迅捷, 예민한 소통력)이 질애불통(窒碍不通)으로 되었다.[108]

이렇게 '신령한 주인옹[神靈主人翁]'이자 '감찰관'인 양지가 세속화에 의해 변질되었다는 것이다. 이 문맥에서 보편적인 것과 특수적인 것, 본질적인 것과 비본질적인 것을 양분하는 박은식의 태도가 드러난다. 그는 왕양명의 자유정신이 감성과 이성의 분열이 용해되는 화해의 경지이며, 거기에서 인격의 자발성과 사회적 연대성이 이루어지는 것으로 본다. 이 입장에서 '공덕(公德)과 공리(公利)'가 우선시된다. '사덕(私德)과 사리(私利)'는 배제된다.

개체성의 의의를 소극적으로 보는 관점에서 박은식은 양명학의 정통을 섭표(聶豹, 호는 쌍강(雙江))와 나염암(羅念庵, 호는 근계(近溪))으로 보게 된다. 그는 양명 좌파로 분류되는 왕기(王畿, 호는 용계(龍溪))와 왕간(王艮, 호는 심재(心齋))을 "양명학의 진수를 잃었다"고 평하고, 반봉건의 반항자로 알려진 이지(李贄, 호는 탁오(卓吾), 1527~1602)를 전혀 언

---

108 박은식, 앞의 책, 267-268쪽; 앞의 책, 이만열 편, 203쪽.

급하지 않는다. 이것은 황종희의 『명유학안明儒學案』이 왕기와 왕간을 "명교(名教)가 더 이상 제약할 수 있는 사람들이 아니다"라고 비난하고, 이지를 전혀 언급하지 않은 태도를 따른 것이다. 황종희가 추동곽(趨東郭)과 유종주(劉宗周)와 같은 양명우파를 정통으로 인정하듯이, 박은식도 수련과 학습을 강조하는 양명우파를 양명학의 진수로 인정한다. 박은식에 의하면 "섭쌍강과 나염암은 수련과 실천의 노력[修鍊踐履之功]에 독실하여 그 진수를 잃지 않고 폐단이 없었다." [109]

'국민정신', '국가', '민족', '공리'를 우선시하고, 양지를 실현[致]하는 수련을 강조하는 입장을 박은식은 사실상 치양지(致良知)로 간주했다. 이런 의미의 치양지가 양명학의 진수라는 것이다. "양명학은 치양지 세 글자를 두뇌(頭腦, 핵심적 본령(本領))로 삼았으며, 양지는 본체이고, 치(致)자는 공부(工夫)이다. 그러므로 말한다. 본체가 곧 공부[本體卽工夫]요, 공부가 곧 본체이니, 지행합일이라는 것과 구체적 상황 속에서 갈고 단련한다[事上磨鍊]는 것, 모두가 치(致)자 공부이니, 양명학의 진수를 여기서 알 수 있다."[110] 박은식이 양명학의 종지를 치양지로 본 것은 보편자의 우선성과 사상마련(事上磨鍊)의 정신을 강조하는 자신의 관점을 반영한 것이다.

개체의 욕망과 자발성을 강조하면서 반국가적 공동체 운동을 모색했던 양명 좌파의 경향을 박은식은 공덕과 공리의 정신에 부합하지 않는 것으로 보고 있는 것이다. 이 점에서 박은식은 홍익인간이라는 대종교의 윤리에 접근하고, 개체의 자유를 중시하는 무정부주의적 혁명론과는 분리된다. 대종교의 김좌진(金佐鎭)은 무정부주의를 상당히 용인하여 함께 무장 항쟁을 했으나, 이 때문에 그가 러시아 공산주의자에 의해 암살되자 대종교와 무정부주의 사이의 갈등이 표면화되었다.[111] 실제 운동상에

109 朴殷植, 「王陽明實記」, 『全書』 중권, 166-167쪽; 『왕양명실기』, 이종란 옮김, 308쪽.

110 박은식, 앞의 책.

111 대종교와 무정부주의 사이의 연합과 갈등에 대해서는 다음을 참조: 박환, 『식민지시대 한인 아나키즘 운동사』, 선인, 2005, 114-128쪽.

서의 갈등뿐만 아니라 이론상에서도 갈등의 요인이 있었다.

대종교에 가까운 박은식과 보편자의 억압성에 민감한 무정부주의는 그 유사성(생명의 자발성과 연대성 및 민족감정)에도 불구하고 보편적 인륜인 국가와 가정의 우선성에 관해서는 차이가 있었다. 박은식의 보편적 단체성의 우선성은 그의 「서우학회취지서西友學會趣旨書」(1906)에 분명하게 나타나 있다.

> 모든 사물은 외로우면[孤] 위태롭고, 무리를 이루면 강하며, 합(合)하면 성공하고 떠나면[離] 실패하는 것은 본래의 법칙이다. 하물며 지금의 세계에서 생존경쟁(生存競爭)은 자연 진화[天演]의 법칙이며, 우승열패(優勝劣敗)는 공례(公例, 공리)라 한다. 그러므로 사회의 단결[團體] 여부가 문명과 야만을 구분하며, 존망을 가른다. 오늘날 이 같은 극열한 풍조를 당하여 크게는 국가, 작게는 자신과 가정을 스스로 보전하는 방책을 강구하자면, 우리 동포 청년의 교육을 개도 · 면려하여 인재를 양성하며, 중지(衆智)를 계발하는 것이 곧 국권을 회복하고 인권을 회복하고 인권을 신장하는 기초가 된다. 그러나 이러한 중대 사업을 일으켜 확장하고자 하면, 공중(公衆)의 단결력[團體力]을 반드시 필요로 할 것이다.[112]

박은식은 보편적 단체성을 제국주의에 대한 독립의 방책으로 제시한다. 이 방책은 사회 진화론적 가치관의 연속이다. 이러한 관점에서는 크로포트킨의 진화의 원리인 상호부조의 원리 및 개체들의 자유 연합적 조직화와 갈등할 수 있다. 또한 박은식은 단체성의 주체적 기초로 양지의 공감적 연대성과 사상마련(事上磨鍊)의 수련을 제시한다. 그러나 이때의 양지는 마음 본체로서 인류 보편적 마음이며, 개체의 사사로움을 감시하는 내면의 감찰관이다. 무정부주의 철학의 입장에서 보면 이러한 견해는 양지의 주체적 자발성과 자율적 연대성을 훼손하는 요인이 될 것이다.

---

112 朴殷植, 「西友學會趣旨書」, 『全書』 중권, 208-209쪽; 앞의 책, 이만열 편, 37쪽.

박은식은 『왕양명실기』에서 사상마련(事上磨鍊)의 정신과 연관하여 양지에 입각한 왕양명의 대동론을 언급한다. 사상마련은 지행합일과 분리될 수 없기에 구체적 상황 속에서 수련한다는 의미를 갖는다. 왕양명은 유배지로 가는 도중이나 유배지에서, 정적의 음모나 비난 속에서, 군사적 작전 속에서, 방황하면서도 성찰(省察)과 존양(存養)의 노력을 성의(誠意)와 신독(愼獨)의 의지로 수행해갔다. 마음이 움직일 때는 마음의 움직임을 성찰하고, 고요할 때는 내면의 천리를 존양하되, 이 양자를 하나의 의지의 성실성이나 고독한 경외심으로 단련해 나갔다. 이것이 '사상마련'이다.

이러한 상황 속에서의 수련은 대종교의 백포 서일(白圃 徐一)의 정무동유(靜無動有, 마음을 비워 고요하면서도 동하여 구체적으로 존재함)의 수련과 동일한 것이다. 그런데 박은식이 주목하는 것은 사상마련이 타인의 고통을 공감하는 광자(狂者)의 병에 바탕한다는 왕양명의 논의(「섭표에 보내는 서신」)이다. 길지만 양명학의 특징적 태도를 잘 보여주는 것이기에 인용하기로 한다.

> 내(왕양명)가 진실로 하늘의 신령[天之靈]에 의지하여 우연히 양지의 학을 알게 되어. 필시 이로부터 말미암은 이후에야 천하를 다스릴 수 있다고 생각했다. 그리하여 백성들이 고통에 빠져 있는 것[民之陷溺]을 매번 생각할 때마다 그에 대해 마음이 슬프고 아파서[惕然痛心], 자신의 못남을 잃어버리고 이러한 마음으로 구하려고 생각했으나, 내 위치와 역량을 스스로 알 수는 없었다. 천하 사람들은 이와 같음을 보고 서로 비난하고 조롱하며 배척하기를 미쳐서 실성한 사람[病狂喪心之人]이라고 여겼다. 아! 어찌 이것이 신경 쓸 만한 일인가? 내가 고통이 몸에 절실한데[疾痛之切體] 다른 사람의 비방과 조롱을 생각할 겨를이 있겠는가? 사람은 본래 부자형제가 심연에 빠지는 것을 보면, 소리 지르며 정신없이 달려가 신발 벗고 몸을 숙여 벼랑에 매달려 내려가 구하려 힘쓰는[呼號匍匐, 裸跣顚頓, 扳懸崖壁而下拯之] 법이다. 아무 상관없는 선비들은, 그 옆에서 예의를

차리고 담소하다가 그것을 본 사람이 체면과 의관을 버리고 그처럼 소리 지르며 허둥대면, 미쳐 정신 나간 것으로 생각할 것이다. 그러므로 물에 빠진 사람의 옆에서 예를 차리며 담소하면서 구할 줄 모르는 것은 오직 길 가는 사람으로 친척 골육의 정이 없는 사람이 할 수 있는 것이다. 그러나 이러한 경우에도 측은지심이 없으면 인간이 아니다. 부자형제의 사랑의 경우에는 본래 머리를 감싸고 아파하며 광분하여 진을 빼고 달려가 구하게 된다. 그러나 저 길 가는 사람은 물에 빠진 화를 돌보지 않는데, 미쳐서 정신 나간 사람이라는 비난인들 못 하겠으며, 타인이 믿어주느냐 아니냐에 대한 관심(자발성이 없다는 뜻)을 갖지 않을 수 있겠는가? 오호라! 지금의 사람들이 나를 미쳐서 정신 나간 사람[病狂喪心之人]이라고 해도 틀린 것은 아니다. 그러나 천하 사람의 마음이 모두 내 마음[天下之人心, 皆吾之心]이니, 천하 사람 가운데에도 오히려 미친 사람이 있는데, 내가 어떻게 미치지 않을 수 있겠으며, 그들 가운데에도 정신 나간 사람이 있는데, 내가 어찌 정신 나간 사람이 아닐 수 있겠는가? [……] 공자는 정신없이 바삐 서둘러서 잃어버린 자식을 길에서 찾는 것같이 하여 앉은 자리가 따듯할 틈이 없었다[汲汲遑遑, 若求亡子于道路, 而不暇于煖席者]. 그것이 어찌 자기를 알아주고 믿어주기를 바란 것이겠는가? 천지만물과 한 몸이 되는 인[天地萬物一 體之仁]은 고통 속에서 절박하게 다가오는 것[疾痛迫切]이어서, 그만 두고자 해도 원래 그만 둘 수 없는 것이다. 그러므로 공자가 말했다. "내가 이 사람들의 무리와 함께하지 않으면 누구와 함께하겠는가?[吾非斯人之徒與而誰與]."(『논어』, 「微子」) "자신만을 깨끗하게 하려 다가 큰 인륜을 어지럽힌다[欲潔其身而亂大倫]."(『논어』, 「微子」) "과연 그렇구나. (세상에 대한 관심을) 그만두기 어렵구나![果哉, 末之難矣]."(『논어』, 「憲問」). 오호라! 진실로 천지만물을 한 몸으로 삼는 자[天地萬物爲一體者]가 아니면, 누가 공자의 마음을 이해하겠는가?

세상을 은둔하여 유감이 없어, 천명을 알고 즐거워하는[遯世無悶, 樂天知命] 사람은 본래 어느 곳에서도 자득(自得, 自足)하며, 도와 함께 가며 어긋남이 없는 법이다. 나 같은 못난 자가 어찌 감히 공자의 도를 자임하라만, 그의 마음을 생각해보면, 고통이 그 자신에게 있음을 조금은 이해할 수 있다. 그래서 나는 사방을 방황하고 두리번거리며 나에게 도움이 될 사람을 구하여, 그 병을 제거하기를 강구했던 것이다[彷徨四顧, 將求其有助於我者, 相與講去其病耳]. 이제 진실로 기상이 높고 뜻이 같은 사람[豪傑同志之士]을 얻어 서로 도와가며, 천하에 양지의학을 함께 밝혀, 천하 사람으로 하여금 모두 그 양지를 스스로 실현하여, 서로 평안하고 부양하게 하며[自致其良知, 以相安相養], 사리사욕의 폐단[自私自利之蔽]을 제거하여 참소질투하며 이기려 성내는 습관을 한 번에 씻어버림으로써 대동 세계로 구제[濟于大同]하고자 한다. 그렇게 하면 나의 미친 병[病狂]이 참으로 시원하게 나아서 마침내는 정신 나간 질환[喪心之患]을 벗어나게 될 것인데, 어찌 유쾌하지 않겠는가?[113]

왕양명의 우주적 연대성의 인(仁)과 타인의 고통과 한마음으로 소통하는 양지(良知)는 주객 대립의 관점에서는 광기로 보일 것이다. 그러나 그는 바로 이 광기를 자임하고 천하의 고통을 치유하는 것을 인도(人道)의 본질로 생각한다. 고통의 치유는 대동(大同)의 이상을 미래 사회의 지평으로 갖는다. 그가 1527년(56세)에 조대(釣臺)를 지나다가 읊은 시는 장자(莊子)의 지인(至人)이 결코 은둔이 아니라 대동의 연대성에 참여하는 우로(憂勞)를 감내하는 것임을 말해주고 있다. "인생이 어찌 하찮은 것인가? (구름과 물을 바라보는) 고상함이 이와 같은데. 상처투성이 동포를 생각하니, 지인(至人)은 자기를 위하지 않는 것이었다. 내 집 앞 지나도 들어갈 겨를이 없는데, 근심 노고가 어찌 그칠 수 있으리. 세상의 도도한 흐름 참으로 가슴 아프나, 과연 그만두기 어려운 법이구나[人生何碌碌, 高尙乃如此, 瘡痍念同胞, 至人匪爲己, 過門不遑入, 憂勞豈得已, 滔滔良自傷, 果哉末難矣]." [114]

113 朴殷植, 「王陽明實記」, 『全書』 중권, 162-165쪽; 『왕양명실기』, 이종란 옮김, 301-305쪽.

114 박은식, 앞의 책, 171-172쪽; 앞의 책, 이종란 옮김, 323-324쪽.

박은식은 왕양명의 공감적 소통성과 연대의식에 의거한 대동의 이상을 실학의 핵심으로 본다. 인간의 자기수련은 이러한 소통의 감각을 가지고 구체적 상황 속에서 활동하는 가운데 단련되어야 한다. 자기수양은 이상사회를 지향하는 심정을 본질적 조건으로 갖는다. 그것은 고요한 초월을 좋아하고 역동성을 싫어하는[喜靜厭動] 태도를 필요로 하지 않는다. 박은식의 사상마련(事上磨鍊)의 정신은 이러한 정치적 지향성 안에서 단련되는 의지를 요구한다. "배우는 사람은 바람이 치닫고 파도가 치솟는 세파 가운데서 노력해야, 비로소 확고한 힘을 얻을 수 있다. 그래서 왕양명 선생이 일찍이 말했다. 고요함 가운데 존양하는[靜養] 것만을 알고 자기를 이기는[克己] 공부를 쓰지 않으면, 일에 임하여 실패할 것이다. 모름지기 일을 하는 가운데 연마해야 비로소 확고한 자주성에 설 수 있으며[方立得住], 비로소 고요함 속에서도 안정성이 있으며 움직이는 가운데서도 안정성이 있게 된다[學者, 亦要於風馳波蕩中用功, 始得其定力. 故先生嘗曰, 徒知靜養而不用克己工夫, 臨事便傾倒, 須在事上磨鍊, 方立得住, 方能靜亦定動亦定]."[115]

그러나 왕양명은 삼강오륜이라는 상징적 질서를 비록 개체의 주체성 안으로 내재화함으로써 그 초월적 억압성을 약화시켰지만, 여전히 그것을 유지하고 있었다. 이에 비해 박은식은 '다원주의'의 '강권주의(强權主義)'가 제국주의적 원리라는 것을 간파하고, '평등주의(平等主義)'를 새 시대의 대안으로 간주했다(『몽배금태조』, 1911). 왕양명으로부터 영감을 받고 있는 박은식의 대동론은 평등주의를 근간으로 하는 이상론으로 거듭난다. 이에 따라 동학혁명에 대한 평가도 점차 달라진다. 그는 『한국통사韓國痛史』(1915)에서 동학혁명을 「갑오동학의 난甲午東學之亂」이라는 표제로 다루었다. 그러나 『한국독립운동지혈사韓國獨立運動之血史』(1920)에서는 「갑오동학당의 대풍운大風雲」이라는 표제로 다루고 있다.[116]

---

115 박은식, 앞의 책.

116 朴殷植, 「韓國痛史」, 『全書』 상권, 단국대동양학연구소, 1975, 110쪽: 이 점을 신용하는 장을 따로 마련하여 특별히 다루고 있다(『朴殷植의 社會思想硏究』, 서울대출판부,

그에 의하면 동학란은 "우리나라 평민의 혁명"이다. 이 평민 혁명은 참여자들 가운데 무지한 자들이 많았고, 난폭하여 기강이 없었기에 실패했지만, "양반의 압제와 관리의 탐학에 분격하여 나온 것"이며, "구습을 파괴하는 데에는 남음이 있었던" 혁명이었다. 동학혁명은 "신선한 독립국을 건설하는 것도 처음부터 불가능한 것도 아니었다." [117]

이러한 관점에서 박은식은 20세기 초의 역사를 갑신정변, 갑오 평민혁명, 독립협회, 의병운동, 애국당 운동(계몽운동), 3 · 1 운동으로 이어지는 독립운동의 필연적 과정으로 파악한다. 그는 3 · 1 운동이 "학생 독립단, 교인(教人) 독립단, 농민 독립단, 시민 독립단, 노동 독립단, 걸인 독립단, 기녀(妓女) 독립단"(『혈사』, 555쪽)이 결합된 대중적 운동이었음을 강조했다. 나아가 그는 절대적 비폭력주의자는 아니었지만, 이 평화적 저항운동의 도덕성을 높이 평가했다. 그가 보기에 한국 현대사는 저항적 사상과 운동이 전개된 혈사(血史)였으며, 이 역동적 전개는 자유와 평등의 공리[公例, 公理]를 지향한 것이었다. 박은식의 시대 이후에도 3 · 1 운동의 정신은 해방 후 보수파와 급진파의 사상을 형성하는 데에 역사적 영감의 원천이 되었다.

박은식의 양명학적 심성론과 대동론은 인간의 생명성과 개체의 자주성 및 자유로운 연대성을 특징으로 한다는 점에서 무정부주의 사상과 친화성을 갖는다. 그리고 실제로 박은식이 지지하는 대종교의 무장 독립운동은 갈등 속에서도 무정부주의와 협력할 수 있었다. 그러나 무정부주의자 가운데 사랑의 보편적 유대를 박은식과 공유할 수 있는 사람들이 있었지만, 보편적 조직(민족과 국가 및 공적 단체)의 우선성을 강조하는 박은식의 성향은 무정부주의 사상과 원리상 결합하기 어려운 점이 있었다. 이러한 차이는 무정부주의적 사상 가운데 첨예한 형태의 것으로 알려져 있는 슈티르너(Max Stirner)의 자아주의적 사고와 비교해보면 분명

1982, 262-311쪽).

117 朴殷植, 「韓國獨立運動之血史」, 『全書』, 상권, 455쪽.

해진다. 슈티르너에 의하면 모든 국가는 자신에 복종하는 인간만을 인간으로 취급하는 '인간화'의 길을 간다. "너 자신이 되어라"는 교훈에 충실하려는 그에게는 차라리 비인간화의 길을 가는 것이 낫다. 맥렐란(David McLellan)은 슈티르너의 입장을 다음과 같이 요약한다.

> 자유주의 국가는 나를 단순히 인류의 구성원으로만 볼 뿐이지, 나의 고유성에 관심을 기울이려고 하지 않는다. 그것은 일반적인 사회의 이익을 위해 나의 이익을 종속시키라고 요구할 뿐이다. 그러나 인간사회와 인간의 여러 권리는 나에게는 아무것도 의미하지 않는다. 나는 나의 동료들과 여러 가지 유사성을 가지고 있는 것처럼 보이지만, 궁극적으로는 나는 비교될 수 없는 존재이다. 나의 살은 그들의 살이 아니고, 나의 정신은 그들의 정신이 아니다. 나는 타자의 이익을 위해 자신을 망각하기를 거부한다. 민족, 국가, 사회와 같은 타자들은 내가 이용하는 수단일 뿐이다. 나는 그 수단들을 나의 재산과 피조물로 개조한다. 나는 그 타자들 대신 피와 살로 이루어지고, 다른 무엇보다도 자기 자신을 좋아하며, 자유주의의 이상인 종적(種的) 인간을 위해 자신을 희생시키고 싶지 않는, 자아들의 결사(the association of selfs)를 내세운다. 이 종적 인간은 단지 개념이나 관념 혹은 유령에 불과하다. 참된 자아는 종적 속성을 갖지 않으며, 어떠한 규범이나 모범, 법률, 의무, 권리도 갖고 있지 않다.[118]

슈티르너는 모든 권위에 대항하여 개체의 자아의 특이성을 절대시한다. 자아의 고유성은 그가 자유주의 아래 포괄하는 이념들(정치적 자유주의, 사회적 자유주의, 인간적 자유주의)의 억압성을 비판하는 기준이 된다. 자아의 최대의 적은 국가인 바, 근대의 정치이념은 국가나 노동자 사회 및 보편적 인간성의 모범을 인간의 머리 위에 세운다. 그러나 진정한 공동체는 자유 연합과 사랑에 의해 맺어진다. 연합은 자아의 자율

---

118 맥렐란, 『청년 헤겔운동』, 홍윤기 옮김, 학민사, 1984, 176-177쪽.

적 결정에 의한 것이며, 사랑도 '나의 사랑'이라는 자아 중심성을 갖는다. 사랑의 중심에 자아가 있다. 진정한 '자유인'은 자아 이외의 보편자를 타자로 보며, 자기의 것으로 전화하고자 한다. 이러한 자아가 '창조적 자아'이다. 슈티르너는 이런 입장에서 초월적 신학을 인간성의 소외라고 비판한다. 또한 그는 보편적인 종적 인간성을 옹호한 포이에르바하도 비판한다. 포이에르바하의 인간관은 종적 인간을 우상화하는 '기독교의 마지막 변형태'에 불과하다는 것이다.[119]

개체의 특이성과 절대성을 기준으로 슈티르너는 '사회적 자유주의' (공산주의)가 노동자들의 사회에 개인들을 종속시킨다고 비판한다. 사회의 초월적 우월성이 '정치적 자유주의' (자유주의)가 갖는 국가의 억압성을 계승한다는 것이다. 이러한 관점에서 그는 노동 분업을 다양한 인간성의 상실로 본다. 진정한 "모든 노동은 인간을 충족시킨다는 취지에 맞게 이루어져야 한다. 그러므로 인간은 노동의 주인이 되어야 하며, 노동은 총체성(totality)으로 수행될 수 있어야 한다. 핀 공장에서만 일한다거나, 전선을 뽑는 일만 하는 사람은 기계처럼 일하는 것이다. 그는 거의 숙련되어 있어서 노동의 주인이 되지는 못한다. 그의 노동은 그를 만족시킬 수 없고 노동 속에서 자기를 완성시킬 수도 없다. 그는 다른 어떤 사람의 손아귀에서 노동하게 되고, 바로 이 사람에게 착취당하게 된다." [120] 자유로운 노동에 대한 이러한 관념은 무정부주의에 접근하는 푸리에(Charles Fourier) 같은 사회주의자들 사이에 일반적으로 알려져 있었던 것이다. 또한 이러한 견지에서 무정부주의는 자유주의와 사회주의 국가를 비판했다.

한국의 무정부주의 사상도 민족해방이라는 과제를 갖고 출발했지만, 실천 방안과 이상에 대한 논의에서는 자유주의 국가와 공산주의 중앙 집중제를 비난하고 개체의 자발성과 자유 연합의 정신을 강조했다. 그러나

---

119 맥렐란, 앞의 책, 181-182쪽.

120 Max Stirner, *The Ego and His Own, Dover*, 2005, p.120.

한국 무정부주의는 인의(仁義) 관념을 소중하게 여겨온 아시아의 전통을 갖고 있다. 특히 신채호(申采浩)는 생성 · 전변하는 우주의 창조적 전개와 연동하는 초절적 자아를 혁명적 주체성으로 삼았다. 신채호에게서 나타나듯 무정부주의는 양명학의 생기론적 우주관과 우주적 연대성의 정신에 접근하는 친화성을 갖고 있다. 그러나 아시아의 형이상학적 전통과 무관한 순수한 정치적 무정부주의와 박은식의 양명학적 개혁론을 다음과 같이 비교해보면, 양자의 특징들이 더욱 분명하게 드러난다.

(1) 무정부주의 이념은 노동의 소외 문제를 중시하여 자유로운 노동과 다채로운 인간성의 향유를 주장할 수 있었다. 노동에 대한 정치 · 경제학적 비판의식은 이상적 사회조직에 대한 논의에서도 강제노동의 위험성을 회피하는 방향으로 나아갈 수 있었다. 이에 비해 박은식의 대동론은 노동과 분업에 대한 정치 · 경제학적 논의를 하고 있지 못하다. 그에게는 노동 소외의 문제보다는 구국 계몽의 문제가 더 시급했다. 그는 자본주의적 선진 기술 문명과 과학의 도입을 구국의 필요조건으로 간주했다.

(2) 무정부주의는 개체의 특이성을 기본으로 한다. 그것은 공동체의 형성에서도 위반해서는 안 되는 본질적인 것이다. 이 점에서는 개체의 독자성과 그 존재의의를 강조하는 장자(莊子)에 접근한다. 그러나 장자는 궁극에서는 우주 생명 활동의 광대한 전체성에 개체가 용해되는 데에서 인간의 자유와 진정한 힘을 발견한다. 개체의 자기의식은 만유와 하나가 되는 우주적 평등과 연대성에 대한 자각으로 전환되어야 한다. 양명학에서 다시 나타나는 이러한 요소는 박은식이 주장하는 대동론의 기초였다. 개체의 특이성에 대한 단순한 정치적인 강조는 박은식의 견지에서 보면 개체적 마음의 고립을 무비판적으로 전제하는 것이며, 그러한 마음을 독립적 주체로 보는 것은 마음의 허약성을 보여주는 것일 뿐이다. 자유 연합에 의한 공동체는 개체의 자율적 의지에 의해 이합집산하는 우연적인 것이고, 개체가 이용하는 수단적인 것이다. 그러나 박은식의 대동은 소통적 유대로 연결된 평등한 동일성에 의거하며, 이런 의미에서 대동은 우연적인 것이 아니라 인간성의 표현이자 통일적인 자연의 힘[一氣]의 사

회적 현현태이다.

(3) 무정부주의는 근대 사회주의자들과 유사하게 신화와 종교를 과학 이전의 시대에 나온 미신적인 것이며, 긍정적으로 본다 하더라도 과학의 힘의 대용물로 상상된 것에 불과하다고 본다. "하느님에게 폭탄을 던지자!"라는 『탈환奪還』 창간호의 제호는 그러한 관념을 단적으로 보여준다. 이 때문에 그들은 신화가 과학의 대용물이 아니라 과학과는 매우 다른 논리를 갖고 있음을 보지 못하는 오류를 범하기도 했다. 박은식의 대동론은 그가 관계한 대종교의 단군신화를 전제한다. 위대한 영혼인 한얼대도는 인류 공동체의 화합과 조화의 재생을 가능하게 하는 원리이다. 초월적 한얼이 자기 부정을 통해 인간으로 전화함으로써 화합과 조화의 가능성이 열린다. 공동체와 분리되었던 한얼대도는 인간으로 내재함으로써 분리로부터 다시 공동체로 회귀한다. 공동체로의 복귀는 우주생명의 힘을 지상으로 가져와 공동체의 화해를 가능하게 하는 행위가 된다.

공동체로부터의 분리와 그것으로의 회귀라는 이러한 변증법적 운동은 지상에서의 비극적 행위가 갖는 본질적 구조이다. 회귀의 운동은 고통스러운 시련을 통과해서 일어나며, 공동체의 재생을 위해 회귀한 인간은 죽음을 당하기도 한다. 가사적 존재의 죽음은 위대한 영혼의 자기 동일성을 회복하는 것이자 공동체의 지상적 삶이 전개되기 위한 조건이기도 하다. 분리, 시련, 회귀, 그리고 다시 분리되는 고통이라는 구조는 그 여러 변형에도 불구하고 신화의 핵심이었다. 박은식이 수용하는 대종교의 신화에는 분리의 고통을 통과하여 지상의 공동체와 궁극적 화해에 도달한다는 신화의 본질이 숨어 있다.

박은식의 신화적 사고는 공동체 정신에 일치한 개체의 죽음을 애국지사의 덕으로 높인다. 이러한 죽음을 통한 공동체 재생의 모델은 그리스도의 십자가 사건이다. "모든 혈성남아(血性男兒)들아! 모든 천하의 일이 비상한 원인이 있은 후에야 비상한 결과가 있는 법이다. 서양 속담에 이르기를 '하늘이 중생들에게 말하기를 네가 원하는 것을 모두 줄 것이니, 너희는 그 대가를 바치라' 했다. 이것을 가히 격언이라 할 수 있으며, 가치 있는 것 가운데 피[血]의 가치가 제일이라는 것이다. 십자가상에 예수(耶蘇)가 피를 흘리지 않았다면 지금 20세기에 이르기까지 구세주[宗教翁]가 될 수 없었을 것이다. 동서 보는 나라에서 분명 태평의 치세는 유혈로부터 이룩되지 않은 것이 없다. 어찌 노력하지 않고 얻는 것이 있겠는가? [……] 대한정신(大韓精神)이여, 대한 정신이여! 응당 아무것도 없는 무로 사라져버리지 않으리라."[121] 박은식이 보기에 공동체의 독립과 진보적 발전은 신화적 비극을 요구한다. 자기희생을 통한 화해의 정신은 공동체의 보편적 정신의 재생과 보존을 가능하게 한다. 희생자는 자연적 신체를 희생하기도 하고 무아(無我)의 철학으로 거듭난 정신이기도 하다. 양명학에 깊은 영향을 준 장자(莊子)의 초인[至人]은 자기무화[無己]를 통해 현세적 공동체 안으로 회귀하여 "세속과 완전히 같아진다[大同于俗]."

이러한 신화적 희생 구조는 신남철의 비극적 변증법에서 좌파적 문맥을 가지고 다시 나타난다. 신남철이 민족자본의 의의를 인정하면서도 궁극에서는 자본주의의 문제점을 극복하고자 한 반면, 박은식은 민족적 자본주의 문명을 그 폐해를 지양하여 발전시키고자 했다. "오늘날이라도 우리나라를 구할 자는 실업학가(실업학가, 전문 기술과학자)이며, 우리 민중을 살릴 자는 실업학가이니, 사회상 자본가(資本家)와 뜻을 가진 자는 주식[株金]을 모집하여 제반 영업을 발전시키는 데에 힘을 기울여 노력하거나, 청년을 외국에 파견하여 실업학문(實業學問, 개별 과학들)을 많이 학습하게 하여, 국가의 부강(富强)과 민생의 쾌활(快活)을 힘써 도모해야 할 것이다."[122]

박은식은 개량된 자본주의 문명을 인간과 우주의 평화적 연대성이라는 고전적 가치를 매개로 실현할 수 있다고 믿었다. 그러나 일제하 자본주의는 두 가지 모두를 거부하는 방향으로 나아갔다. 자본주의를 둘러싼

121 朴殷植, 「大韓精神의 血書」, 『全書』 하권, 73쪽.

122 朴殷植, 「누가 우리나라를 구할 수 있는 자며, 누가 우리 민중을 살릴 수 있는 자인가? 실업학가이다.」, 위의 책, 37쪽.

문제는 해방 후 다시 논쟁의 대상으로 남게 되었다. 그리고 인간과 우주의 평등한 관계 설정의 문제는, 21세기 군사적 국제 자본주의가 묵시론적 상황을 연출함에도 불구하고, 여전히 해결을 보지 못한 과제로 남아 있다.

2부

현실과 창조

4장

현실과 변증법적 사유의 흥기

무극(無極)의 관점에서 세계를 보는 우주적 지혜를 저항적 삶의 양식으로 실현했던 동학과 대종교 계열의 사상들은 자본주의적 산업 시대가 본격적으로 시작하기(1920년대) 이전의 사회에서 형성되었다. 그 사상들은 중국과 일본을 통해 들어온 새로운 사조에 대한 관심에 따라 여러 편차들이 있었다. 그러한 관심은 주자학, 양명학, 실학으로 전개된 이학(理學) 그리고 도교와 불교 같은 종교적 배경을 바탕으로 했다. 한 예로 박은식(朴殷植)과 정인보(鄭寅普)는 풍부한 유가적 교양을 가지고 있었다. 그들은 국학적 실학과 양명학 및 유토피아적 대동론을 바탕으로 서구의 과학문명을 수용하고자 했으며, 그것을 바탕으로 독립운동에 헌신했다. 동학으로부터 박은식의 '평민주의(平民主義)'에 이르기까지 그들은 조선 이학(理學)에 비해 강한 민중성을 지니고 있었다. 그러나 한편으로는 조선 이학처럼 강렬한 우환의식과 실천성도 갖고 있었다. 그들은 우주를 인생과 연관하여 해석하는 전통에 따라 인간을 포함한 모든 생명체의 우주적 연대성을 사상의 기초로 삼았다.

그들은 현대적 교육 기구에 고용된 봉급생활자이자 전문직 학자들의 위치에서 역사적 현실을 보지 않았다. 현대의 추상적 관계보다는 전통적인 인격적 관계 속에서 움직이는 그들의 사상과 행동은 역사 밖이 아니라 역사 속에서의 활동이었다. 그들은 역사적 현실 안에서 생각하고 움직임으로써 현실을 개조하는 방향으로 나아갈 수 있었다. 이 점에서 그들은 조선 이학자들과 같이 화려한 정치적 경력을 지닌 것은 아니었으나, 역사의 페이지를 장식해 나갔다는 면에서 여전히 과거 지식인의 당당한 역동성을 보여주었다고 할 수 있을 것이다. 그러나 근대적 자본주의가 발전하면서 지식인의 지위는 분업화에 종속되어 봉급생활자의 지위로 떨어지게 되었다. 직업으로서의 학문은 현실의 한 구석으로 분리, 안치되었다. 전통 이학의 눈으로 보면 이러한 형국은 치욕적이다. 현대의 눈으로 보면 이른바 소외라는 언어의 출발을 나타낸다. 교육 기구 내에서 사적인 생계와 보편적 진리가 직접 대면하게 된 상황은 역사적 현실로부터의 소외와 진정한 인간성과 양심으로부터의 분리를 의미했다. 대학 사회는 출세의 통로이자 분열된 정신의 소유자들을 낳는 산실이었다.

1945년 해방 전후의 지식인들은, 현실이란 자신들이 자주적으로 만들어 가는 것이기 이전에 고유의 법칙을 가지고 스스로 움직이는 독립적 구조를 가진 것으로 경험했다. 현실로부터 소외되어 있다는 경험은 자연과학처럼 이른바 역사과학도 가능할 것이라는 관념을 갖게 했다. 산업화에서 이루어진 지식인 분해 과정에서 비롯하는 소외의 심정은 일제하 문인들의 무정부주의적 예술 감각에도 깊이 스며들었다. 더욱이 일제의 식민지 지배는 지식인들에게는 전면적인 소외를 의미했으며 자존심의 총체적 붕괴를 가져왔다. 이 시대의 한국철학은 망국의 절망과 독립의 희망이라는 분열적 심정을 근본 정조(情操)로 갖고 있었다.

윤명노(尹明老)의 회고에 의하면 "겨레의 가슴 속에 사무친 망국(亡國)의 통한(痛恨)"과 "조국의 독립(獨立)을 절규(絶叫)하는 온 겨레의 처

---

1 윤명노, 「哲學에 입문하기까지의 人生歷程의 小錨」, 『한국철학회 50년, 역대회장의 회고와 전망』, 철학과현실사, 2003, 34쪽.

절(凄切)한 함성(喊聲)"에 대한 경험이 철학의 분위기였다. 한국의 진화적 생성철학의 창시자인 이돈화(李敦化)는 자신의 시대가 "민중은 우둔하고, 지식계급은 이기적 야심에 빠지고, 각자는 압박의 곤피(困疲)에 빠졌다"고 절규했다.[2] 현실에 대한 고뇌와 극복의 열정이 결합한 심정적 경험은 철학의 내부에 깊이 스며들어 있었다. 또한 민족 분단과 함께 자본주의적이고 국가주의적인 근대화 과정이 각 개개인의 삶에 필연적 법칙처럼 주어짐으로써, 인생은 무거운 것이며 그래서 진정한 삶에서 소외되는 것으로 경험되었다. '현실'은 있다. 그러나 그것은 진실이 실현된 현실이 아니다. 세계와 자아, 영혼과 육체는 분열의 참상을 겪는다.

이러한 경험에서 현대 한국철학은 인간의 삶이 분열과 부정에 의해 얼룩져 있지만, 생(生)은 그 진정한 본질에서 자유라는 것을 자각하게 된다. 자유의 이념은 분열의 상처가 치유된, 대립 없는 절대적 화해인 생의 통일성을 의미하는 것이었다. 그리고 자유의 실현에 대한 열망은 좌절과 동시에 희망이라는 역설을 감내하게 했다. 바로 현실의 창조적 변혁을 시대적 사명으로 갖는 것이었다. 주관적으로든 객관적으로든 삶을 유린하는 부정적인 것들이 다시 부정되지 않고서는 삶은 결코 자신을 기쁨으로 발견할 수 없었다. 버려진 생은 스스로 생의 한가운데 서기 위해서 부정의 부정이라는 변증법적 '노력'의 과정 속으로 들어갈 수밖에 없는 것이었다. 생의 부단한 자기부정의 노력은 기존의 분열과 소외가 주는 속박과 차별이 아닌 자유와 평등을 본질로 하는 생의 통일성을 이념으로 갖게 된다.

부정의 부정, 생의 통일성은 소수가 주체가 되어 다수의 타자를 객체로 전락시켜 지배하는 권력의 기술이 아니다. 생의 통일성은 폐쇄적 전체성이 아니다. 자유는 만인의 자유라는 자유의 평등, 즉 개방적 동일성을 지향한다. 자유는 해방적 자유이다. 나의 자유는 너의 자유에 의해 보장된다. 평등한 자유는 일상의 개인적 관계와 정치·경제적 관계의 윤리

---

2 李敦化, 「赤子主義에 돌아오라」, 『開闢』 권15, 1925년, 55호(신년호).

적 공리(公理)이다. 그것은 동서양의 종교적 성자들의 사랑의 정신에 뿌리를 갖는다. 헤겔 변증법의 핵심적 혼은 노동과 통제를 통해 자유에 이른다는 것이라기보다는 사랑의 변증법적 구조이다. 동일성은 사랑의 혼이며, 자각적 개체성은 자유의 혼이다. 대립의 부자유를 극복한 사랑이 자유라면, 자유는 사랑의 평등한 연대성, 즉 소통성을 자기존립의 필수적 조건으로 요구한다. 평등한 소통성은 종교적 진리만이 아니다. 그것은 정치적 진리이기도 하다. 자유의 이념은 생의 통일성을 자유와 소통성의 결합에서 오는 개방적 전체성으로 지향한다. 현대 한국철학이 심장의 진실로 느끼고 사유하게 된 생의 통일성은 역사적 인생사에 대한 통절한 경험과 반성에서 체득된 것이었다. 그 진실은 어떠한 권세와 영광에 의해서도 훼손될 수 없는 삶의 '바닥'이자 근거였다. 이러한 맥락에서 해방 전후의 철학은 불가피하게 변증법적 사유의 특징을 갖게 되었으며, 새로운 세계를 향한 '부정'과 '창조' 및 '저항'과 같은 가치 개념을 선호하게 되었다.

박치우(朴致祐, 1909~1949)는 자기 시대의 초라한 지식인상의 역사적 연원을 분명하게 자각하고, 강단 아카데미즘을 떠나 시대에 대한 실천적 논설을 폈다. 그의 논설은 논리적 접근과 강렬한 실천성을 결합하는 특징을 갖고 있다. 그는 동일률과 모순율(모순배제율)에 의거하는 형식논리를 부르주아의 근본 논리로 이해한다. 개인을 추상적 단위로 환원하는 형식 논리적 사고에서 주권의 추상적 평등이라는 일대일의 평등한 자유 관념이 나왔다는 것이다. 그러나 부르주아 시민계급은 그 원리를 자신의 계급에게만 부여하고 근로 대중은 배제했다. 박치우는 그러한 형식 논리적 자유를 개체의 전면적 자각을 바탕으로 근로 대중으로 확장하려는 사고와 실천을 철학으로 규정했다. 자유의 평등을 구현하는 논리가 바로 변증법적 논리라는 것이다.

그의 실천적 변증법에 의하면 단 한 사람의 정치적 고통도 있어서는 안 된다. 그것은 개체의 자각을 근본 원리로 하는 철저한 개방성을 갖는다. 그의 논리는 모든 토착성(영토성)을 부정하는 방향에서 구성원을 전체의 지체(枝體)로 간주하는 일체의 폐쇄적 논리(원시사회와 고중세의 분유(分有)의 논리, 사회 유기체설 등)를 비판한다. 그의 해방으로서의 자유의 길에서 진보성은 탈토착화의 방향에 따라 사고하고 실천하는 것이다. 그는 스페인 내란(1936)을 인류가 만든 사상들의 결전장으로 보고 그 귀추에 '무서운 관심'을 보인다. 그는 사상의 현실적 해결을 '사상의 결투'로 인식한다. 사르트르(J. P. Sartre)의 『자유의 길』이 스페인 내란에의 참전으로 결정되듯이, 그의 자유의 길도 파르티잔으로서의 결투로 결말을 맺는다.

신남철(申南澈, 1907～1958)은 역사적 인생사를 비극적으로 전개되는 것으로 이해하고, 해방 전후의 상황에서 이상적 인간상을 '고민하는 인간'으로 정립했다. 이러한 인간은 '비판'과 '항쟁'을 통해 자기를 비극의 제단에 '희생'하는 인간이다. 그가 고민하는 까닭은 기존의 역사적 삶에서 얻을 수 있는 서로 모순되는 교훈까지도 음미하여 풍부한 인문주의적 교양을 갖추려고 하기 때문이다. 이러한 인간은 "잠언을 저작(咀嚼)하는 인간"이다. 새 시대의 인간은 삶을 제약하는 구조적 '필연성'과 이와 모순되는 '자유'의 충동을 인식할 수 있는 '지혜'와 '덕'의 소유자이다. 그는 '모순'의 인간이다. 실천적 측면에서 그는 자유를 추구함으로써 필연성의 법칙에 희생되는 비극의 주인공이다. 이런 의미에서 신남철의 변증법은 비극적 변증법이다.

박종홍(朴鍾鴻, 1903～1976)은 '다양의 통일'이라는 '생명'이 부정과 자각을 통해 자신의 자발적 자유를 의식적으로 실현해간다는 헤겔의 논리로 경도된다. 그는 학술에 점차 깊이 관여하면서부터 실천을 통해 '현실'에 직접 개입하기에 앞서, '창조'를 위한 방법론적 논리학을 수립하기 위하여 서양 논리학에 대해 포괄적으로 연구한 결과 '부정성'과 '자각', '현실성'의 개념에 도달한다. 그는 이 개념을 조선 이학의 전통과 연결시켜 신유가적 생명변증법을 구상한다. 또한 그는 조선 신유가에서 긍정적인 것을 수용하기 직전, 즉 헤겔적 변증법과 신유가 사이에서, 하이데거의 생명(zoe)과 자연(physis)의 통일체로서의 '존재' 개념으로부터 어떤 영감을 얻게 된다.

박종홍의 생명변증법은 이처럼 복잡한 우회적 경로를 갖는다. 그의 사상을 이해하기 위해서는 이러한 복잡한 경로를 그의 논리학 연구에 의거해 재구성해야 한다. 이와 함께 그의 생명변증법이 갖는 의의와 정치적 함의가 반성적으로 논의되어야 한다. 신남철의 제도적 혁명노선과는 달리, 그는 시대가 주는 모순을 주체적 내면성을 강조하는 가운데 변증법적 존재론을 통해 해명하는 것에서 출발한다. 이를 바탕으로 그는 '민주' '민생' (과학기술문명) '민족'에 근간한 '문화 창조'의 길에서 '현실'의 문제를 해결하고자 한다. 그는 안으로는 내면성을 개척하여 '인간 존엄성'을 확립하고, 밖으로는 창조적 부정의 논리를 교두보로 해서 민주적 도덕과 물질문명의 조화로운 실현을 희망했다.

또한 박종홍의 한국철학사와 논리학에 대한 연구는 내외의 통일이 실현된 진정한 현실성을 초점으로 하는 것이었다. 그는 자아의 내면성으로부터 현실로 나아가는 활력을 마련하기 위한 방법적 사색에 진력했다. 그러나 실천적 모색보다 상대적으로 방법적 사고에 힘쓴 그의 면모는 오히려 내외의 통일을 위한 이론적 가능성을 확보했는가에 대한 의문을 불러일으킬 수 있다. 박종홍뿐만 아니라 오늘의 우리에게도 논리적이고 심정적인 측면에서 내면성과 외면성이 어떻게 일관성을 확보할 수 있는가의 물음은 여전히 문제로 남아 있다. 또한 그가 한국 전통철학 특히 동학의 한 특징으로서도 언급했던 '민주 평등'의 가치가 실존적 내면성과 어떻게 견고한 연결점을 가질 수 있는지의 문제도 여전히 남아 있다.

함석헌(咸錫憲, 1901~1989)의 생명변증법은 객관적인 제도적 삶에 대한 과학적 인식이라는 신남철의 과학성이나 창조적 부정의 논리에 대한 철학적 연구라는 박종홍의 철학성을 갖지는 못했다. 그러나 그는 이 두 사상가가 이루지 못했던 하나의 사유와 실천의 길을 개척했다. 이 길은 자연에 관한 존재론과 정치·윤리적 가치를 직접적으로 통일시키는 사유이다. 이 사유는 자아의 내면 공간에서 통찰되는 우주적 생명의 흐름을 명상한다. 우주는 하나이지만 다양의 산물을 창발적으로 펼친다. 우주는 '다양성'과 '단일성', '수렴'과 '확산'의 통일이라는 존재론적 성격을 갖는다. 그의 명상은 이 창조적 전개에 종교적 심정으로 잠겨든다. 그의 종교적 경험은 개체들의 '독특성'과 평등한 연대성을 자유와 평등의 가치로 인식한다.

생명의 우주적 진화 운동은 자유와 평등을 향한 생명의 저항적 본성을 실현해가는 과정이다. 이것은 인간의 내성적 통찰을 통해 사회적으로 발현되는 운동인 동시에 민주주의의 정신이자 실천이다. 함석헌은 폐쇄성에서 개방성으로 전진하는 생명의 운동을 개체의 자유와 평등의 실현으로 직관함으로써, 형이상의 내면성과 외적인 정치적 실천을 연결시킬 수 있었다. 그는 이 연결의 통일성을 파악하는 것이 이른바 간디의 '진리파지(眞理把持)'의 내용이라고 인식했다. 자유와 평등은 사회학적 인권 개념이기 이전에 우주가 갖는 존재론적 의미이다. 그리고 자유와 평등을 본질적 요소로 갖는 생의 궁극적 의미는 사회적 권세를 낳는 일체의 명예로운 직업 같은 사회적 규정성[옷]을 벗어버린 '바닥사람'의 진실이다. 이러한 바닥사람을 자각적으로 형성해내고, 민주주의적 사고와 실천을 하나의 새로운 문화로 창조해가는 운동이 '사상의 혁명'이다.

이러한 사상 혁명의 핵심은 1970년 노동과 국가의 틈바구니에 끼어 밑도 끝도 없는 불행과 고독 속에서 형성된 전태일(全泰一, 1948～1970)의 생의 절규로 드러난다. "전체 속에 뭉치는" 총화단결이 주입되던 시대에 그는 "뭉친 덩어리를 전부 분해"해서 "덩어리가 존재할 수 없기 때문에 또한 부스러기라는 말이 존재하지 않는" '멋진' '용해되어 있는' 세계를 '희망'했다.[3] 이때의 함석헌 역시 "흩어져 하나가 되는" 개방적 동일성과 개체적 독특성의 통일을 생명 변증법의 핵심으로 사유하고 분투했다. 현대 한국철학의 변증법적 사유와 생의 개방적 통일성의 이념은 전태일에 와서 무정한 세상과의 투쟁을 통해 그 진정한 의미에 도달했다. 1920년

---

3 조영래, 『전태일 평전』, 돌베개, 1983, 196쪽.

대 일제하에서 자본주의가 발전한 이후, 한국철학은 자본주의 문제를 회피할 수 없게 되었다.

신남철이 역사를 변증법적인 전개의 과정으로 본 것은 자본주의 극복을 시대정신으로 파악한 것과 연관된다. 이러한 관심에서 그는 바람직한 인간상을 필연의 속박에 항쟁하는 자유인, 고뇌하는 인간으로 정립했다. 미래의 사회주의는 이 고민하는 자유인이 풍부한 인문주의적 자기성숙과 자유주의의 장점을 최대로 실현함으로써 기약할 수 있는 것이었다. 이 실현 과정은 필연에 저항하고 또 그것에 희생해야 하는 엄숙하고 장대한 비극적 변증법의 성격을 갖는다. 그의 역사적 유물론은 몇 가지 검토할 점이 있지만 자본주의 사회가 극복된 저쪽을 내다본다. 그는 3·1 운동의 정신에 따라 민중의 자발성에 기초한 철저한 민주주의(진보적 민주주의)를 시대의 과제로 설정했다. 박치우는 부르주아적 자유의 추상성을 근로 대중으로 확대하여 보편적 자유를 실천적으로 실현하는 데에서 참된 민주주의를 창조하고자 했다. 그러한 민주주의는 인민주권에 기초하는 것으로, 단 한 사람의 사회적 고통도 방치할 수 없다고 하는 심원한 도덕성을 특징으로 갖는 것이었다.

박종홍은 문명과 빈곤의 모순을 문화 창조와 근대화를 통해 극복하고자 창조적 부정의 정신을 먼저 정립하고자 했다. 그의 현실 개조는 니시다 기타로의 생명변증법의 자극을 받았고, 헤겔의 창조적 부정의 변증법을 바탕에 깔고 있었다. 그는 민족 민생의 정신에 따라 합리적 근대 국가 형성을 통해 자본주의의 개량적 발전을 실현하고자 했다. 그러나 이러한 향외적 발전은 전통 한국철학과 하이데거의 '무(無)의 형이상학'에 대한 향내적 관심에 기초해야 하는 것이었다.

함석헌은 인간 내면성의 본성과 근본적 민주주의의 사상적 실천을 직접적으로 연결시킨다. 그는 이 연결에 의거해서 자본주의의 저쪽이라는 무계급사회를 전망할 수 있었다. 그의 내면성은 생명 진화의 의미에 관계하고 민중성을 본질로 하는 '바닥사람'을 지향한다. 그는 정치경제학적 입장에서 사회주의를 전망하는 것에 반대하고, 생물학적 생명변증법을 토대로 내면성의 성숙이라는 정신주의의 입장에서 자본주의 극복을 전망한다.

박종홍과 함석헌의 생명변증법에 의하면 우주에서 이루어지는 생명의 진화적인 창조적 전개는 인간의 존재의미가 부정과 자유에 있음을 암시한다. 자연의 전 진화사는 자유의 실현을 위한 노력과 분투의 과정이다. 생명변증법은 생의 의미가 자유의 실현과 객관적 제도와의 항쟁에 있다는 사회 철학적 과제로 나아가게 한다. 이런 맥락에서 신남철의 '신체적 인간'과 '과학적 실천'도 생명변증법과 결합하여 보다 구체성을 갖는 생성의 철학으로 다시 태어날 수 있을 것이다.

이들의 철학이 갖고 있는 특징들은 다음과 같은 미래적 지평에서 발전할 수 있는 공통적 가능성들을 함축하고 있다.

(1) 그들의 사상들은 우주가 자발적이고 창조적인 변증법적 자기발전을 한다고 보았다. 이 생성 과정은 필연이라는 중력이 내려 끄는 힘과 필연을 넘어서고자 하는 자유의 힘의 변증법적 타협과 분열을 통한 부단한 진화의 과정이다. 이러한 자연의 노력은 인간의 단계에 이르러 자각될 수 있는 가능성을 갖게 되었다.

(2) 인간은 우주 전개의 원리인 생명을 이해할 수 있다. 인간의 본질은 이 생명이 분투하여 현실화하고자 하는 자유의 의미를 사유하고 실현하는 것에서 드러난다. 그리고 궁극적인 지고의 자유는 개방적 전체로서의 자연(생명, 존재)과 이를 향한 열망을 가진 사유와의 일치를 동경하고 실현하는 것에서 주어진다.

(3) 사회적 인간의 정치적 삶은 우주의 변증법적 전개에 대한 이해와 우주에서의 인간 존재의 의미에 대한 성찰에 기초할 때 진실성에 도달할 수 있다. 이러한 이해와 성찰은 인간관계를 개체의 독특성(차이성)에 기초한 자유와 모든 개체들의 평등성(동일성)을 의미하는 연대성을 향하여 변혁해 나가는 사유와 실천으로 전환한다. 근본적 민주주의는 이러한 전환에서 출발하며, 언제나 자유를 위해서는 평등을, 평등을 위해서는 자유를 실현하고자 분투하는 노력을 필수적 조건으로 갖는다.

그리고 그 방향은 국가의 윤리화 혹은 그 소멸을 지향하고, 사회 내의 경제적 착취와 문화적 특권이라는 타성을 파괴하는 새로운 습관을 지향한다.

(4) 이러한 습관은 자본주의의 특징적 속성인 개인주의와 전체주의를 넘어서 도래하는 민중이 생의 한가운데에 서는, 그래서 민중이라는 이름도 지워버리는 근본적 민주주의를 창조할 것이다. 따라서 이 습관은 '덩어리'를 골라내고 '부스러기'를 날려버리는 키질이나 채질이 아니라, 버려진 씨알들을 줍는 이삭 줍기이며 그것을 재배 · 양육하는 원예의 기술이다.

어두운 시대에 박치우는 '명랑한 정신'만이 시대를 극복하는 사고와 실천을 할 수 있다고 했다. 그러나 대체로 해방 전후의 사상가들은 강도의 차이에도 불구하고 우나무노(Miguel de Unamuno, 1864~1936)가 말하는 '생의 비극적 감각'을 공통으로 가지고 있었다. 민족의 노예 상태와 현실적 역사에 의한 개인의 피제약성은 각기 해결의 방법은 다르지만, 자유에 대한 강렬한 동경을 낳았다. 생의 실현과 자유는 일상의 생활에서도 감지되는 저지된 생의 감정 속에서 느껴진다. 이러한 감각은 철학적 물음으로 나아가게 했다. 궁핍한 생의 감정이 주는 비애는 인생의 유한성에 대한 의식과 함께 다음과 같은 물음을 묻게 한다. 나는 무엇이며, 세계는 도대체 무엇인가? 이러한 물음 자체가 이미 나는 나와 세계로부터 분리되었다는 것을 의미한다. 그리고 이 분리를 촉진한 역사적 현실은 가장 중요한 물음과 극복의 대상이 된다.

이러한 맥락에서 그들은 시대에 대한 이해와 해결에 우선적 관심을 보이는 한편, 나와 우주에 대한 이해와 함께 우주에서의 인간의 위치와 존재의미를 묻고 실현하고자 했다. 박종홍이 '시대와 철학'이라는 제목의 글을 쓴 것은 바로 그러한 문제의식의 표출일 것이다.[4] 그에 의하면 "인

4 朴鍾鴻, '時代와 哲學', 「轉換하는 현대철학」, 『哲學論考』, 『전집』 3, 형설출판, 1980, 439-442쪽.

간의 유한성에 부딪칠 때의 허무감은 모든 존재를 전면적으로 그 존재에 있어서 문제 삼게 한다."[5] 이러한 무(無)의 의식은 우주와 역사에서 생명이 타성적 습관으로 고정되는 것을 넘어서고자 하는 부단한 진통과 불안을 인간 존재의 설움이자 법칙으로 통찰하는 데까지 나아간다. 이 불안은 생명의 전개 법칙이 자유의 충동임을 증거한다. 자유는 퇴화와 진화의 갈림길이다. 타성적으로 운동하는 물질에 저항하는 생명체는 이 기로에 서서 고뇌한다. 인간은 이 지점에서 노력을 하기로 결단하는 존재이며, 현대 한국 사상가들은 이 노력의 노선에서 사유하고 투쟁했다. 철학은 노력이다. 그리고 인생도 노력이며 노력하는 한 자유이고, 자유인 한 존재의 의미를 더듬고 이 의미가 주는 희망 때문에 저항한다.

이러한 변증법적 역동성은 조선 이학(理學)을 민족중흥의 입장에서 개선하든, 종교적 무소유와 자유의 이념을 정치적 실천의 원리로 하든, 마르크스주의의 탈영토화라는 진보적 운동의 노선을 표방하든, 이 모두에 공통된다. 그리고 이러한 실천적 생동성은 전통과의 연관에서는 백성의 의(義)를 구하는 인인의사(仁人義士)의 면모를 지니고 있었다. 그러한 정신은 1920년대 이돈화와 김기전이 신칸트주의적 문화운동을 조선의 상황에 활용한[6] 이래, 고도의 문화적 성숙을 열망하는 신념과 함께했다. 개체의 자기 자각과 문화주의를 강조하며 '영원한 행동성'을 진리와 선의 토대로 간주한 신칸트주의의 메아리가 1970년대까지도 현대 한국철학에서 감지된다. 진리와 선은 결코 강단이나 현실에 안주하는 정신과는 거리가 먼 것이며, 오직 내적 자각과 동태적 활동을 통해서 추구되는 것이었다. 박종홍은 『인식논리認識論理』(1953)에서 신칸트주의를 인식의 논리적 기초에 초점을 맞추어 다루었다. 그가 다룬 인물 가운데 바우흐(Bruno Bauch, 1877~1942)는 그의 정치적 보수성과 과학에 대한 인식논리적 구성의 우선성을 제외하면 현대 한국철학을 자극한 파우스트적

---

5 朴鍾鴻, '自覺의 端初', 「哲學概論講義」, 『전집』 3, 43쪽.

6 1920년대 신칸트주의 문화운동에 대해서는, I 부 9장 각주 2를 참조.

인 자각적 역동성을 잘 보여준다.

바우흐에 의하면 이론은 감각적 경험 내용과 논리적 형식으로 구성된다. 그리고 이론의 객관성은 실증적 경험에 의해서가 아니라 논리적 형식이라는 구조적 체계성에 의해 확보된다. 그러나 구조적 형식은 인식 가능성의 선험적 조건인 선험적 주관성에 의해 능산적으로 구성된다. 구성(konstitution)은 인식의 궁극적 이념인 무한한 총체(unendliche Totalität)를 향한 부단한 운동이다. 구조적 형식들의 창조적 전진 운동은 시간 지평을 갖지만, 선험적 주관성은 괴테의 "태초에 행동이 있었다"의 영원한 '초시간적 활동성'이다. 인식의 과정이란 근원적 행동의 시간적 표현이다. 진리 탐구를 이끄는 이념은 통제적 이념이 아니라 구성적 이념이다.[7] 이러한 인식 논리는 삶의 형식을 구성적으로 창조해 가는 실천적 노력에도 적용될 수 있다. 새로운 삶의 형식의 창조는 개벽(이돈화), 겸성(兼聖, 전병훈), 탈환(신채호), 사상마련(事上磨鍊, 박은식), 창조적 구상력(박종홍), 생의 긴장(함석헌), 생의 전환(신남철, 박치우)에 대한 관심들에 줄기차게 관류하는 정신이었다. 삶의 형식은 자유의 보편적 완성이라는 이념의 제약 아래 구체적으로 구성되어야 하는 것이었다.

자유의 이념이 자각과 능동적 창조라는 시간적 삶을 가능하게 한다. 화해할 수 없는 모순을 비극으로 인식하고 이를 자각적 실천으로 극복하려는 파우스트적 정신은 조선의 실천적 선비의식과 결합하여 해방 전후의 변증법적 철학에 의식적 · 무의식적으로 스며들어 있었다. 변증법적 사상들은 학생운동과 비무장 범민중적 연대가 결합되어 혁명의 신기원을 이루었던 3 · 1 운동 정신을 계승하고자 했다. 3 · 1 운동은 아시아 민족 민주운동의 효시가 되어 인도의 비폭력 독립운동과 중국의 5 · 4 신문화운동의 기폭제가 되었다. 그것은 반제 반봉건(反帝 反封建)과 민중적 민주주의를 역사적 과제로 던져주었으며, 이를 해결하기 위한 방법과 지

7 朴鍾鴻, 「認識論理」(1953), 『전집』 2, 1980, 276-285쪽.

향점의 차이에 따라 변증법적 사상들은 여러 유파로 나뉘게 되었다. 그러나 그 창조적 역사의식은 새로운 삶의 형식을 하나의 문화로 창조하고자 하는 근원적 생의 충동이었다.[8]

8 1921년 신칸트주의 계열의 슈프랑거(Eduard Spranger)는 실증주의의 교육·공학적 태도를 비판하고, 개체의 자각적 능력에 의거하는 문화 창조의 중요성을 강조하는 『삶의 형식들*Lebensformen*』(1921)을 썼다. 신남철은 비트겐슈타인도 활용했던 삶의 형식이라는 말에 주목했다. 1930년대 이후 그 말은 새로운 문화 창조와 새로운 교육의 맥락에서 한국 지식계의 주목을 받은 것으로 보인다.

5장

현실적 변증법과 창조
: 박종홍(朴鍾鴻)

1. 현실과 창조적 주체성

열암 박종홍(洌巖 朴鍾鴻, 1903~1976)은 해방 전후 시기의 다른 사상가들처럼 '현실(現實)'이라는 개념을 중시했다. 만일 현실이 인간성에 일치하기에 장애물로 인식되지 않는다면, 현실은 문제로 의식되지 않을 것이다. 그러나 젊은 시절을 일제의 지배 아래 살았으며, 전쟁과 빈곤의 위난을 겪은 그는 현실을 사유의 대상으로 삼지 않을 수 없었다. 역사적 현실은 그에게는 모순으로 가득 찬 것이었다. 그에게 현실은 인간의 창조물이면서도 향유할 수 없는 모순된 것이었다.

현실의 모순은 떨쳐버려야 할 고통스러운 짐이 될 수도 있고, 반대로 그것에 저항하여 역사의 새로운 생성에 대한 관심을 갖게 할 수도 있다. 새로운 생성을 향한 관심은 인간성에 적대적인 현실을 인간화하려는 것이다. 적대적 현실은 제도와 인간, 인간과 인간의 관계가 분열되었음을 의미한다. 박종홍에게 분열은 생의 진정한 통일성을 성취하고자 노력하게 하고, 그 방향에서 이론적 사유를 하게 하는 것이었다. 이성적 사유는 의지의 표현이 되고, 의지는 사유에 의해 인도되어야 했다. 이 맥락에서 박종홍은 당시 신남철, 박치우와 같은 경성제대 청년들과 마찬가지로 이성적 로고스와 의지적 파토스의 본질적 연관성을 전제하는 역동적 사상의 범위 안에 있었다.

박종홍의 사유는 시대와 철학에 대한 자각적 이해와 미래를 새로이 창조하려는 관심에 추동된다. 그의 관심은 정념을 가지고 사는 인간이 현실적 정황에 대해 느끼는 고뇌와 함께하는 데에 있었다. 모든 철학이 자신의 고유한 분위기에 의해서 그 성격의 일면이 결정되듯, 현실에 대한 고민과 극복의지는 그의 사유를 결정지은 심정적 분위기이다. 그에 의하면 철학한다는 것은 "너무나 억울한 이 현실적 고뇌로부터 막가내하(莫可奈何, 어찌할 수 없는) 정세 밑에서 필연적으로 뻗쳐 나온 것"이며, "실천으로서의 해결을 요구하는 그것"이다. "자기 속에만 존재하는 사유"에게는 "제민족(諸民族)과 제개인(諸個人)의 생을 움직이는 바 모든 관심은 침묵한다." 철학은 "생의 노쇠한 자태에 갱생의 신성한 활력"을 주는 것이다. 그에게 자신의 시대는 '획기적 전환기(轉換期)'이다.[1]

억울함으로부터 벗어나려는 심정은 그의 철학함의 주체적 동기였다. 이것은 「우리의 현실과 철학 — 역사적인 이때의 한계상황限界狀況—」(1935)이라는 초기의 논고에 잘 나타나 있다. 그러나 그러한 태도는 「퇴계(退溪)의 교육사상」(1924)이라는 최초의 청년기 논문에서 이미 엿보인다. 그 글의 결론에서 박종홍은 한국을 위한 한국인의 교육을 염원하면서, 한국을 "奇怪한 역사를 걸머진 채 몸부림치는" 민족으로 이해하고 있다. 역사의 객관적 정황에 대한 이러한 정의적(情意的) 인식은 제국주의 열강 아래에서 탄압받는 민족의 지식인에게는 당연하다고 할 수 있을 것이다. 그가 민족(民族), 민생(民生), 민주(民主)라는 자신의 삼민주의에서 민족을 거론한 것은 젊은 시절의 사회적 현실경험의 산물일 것이다.

기괴한 역사에 몸부림치는 민족 현실은 박종홍이 가장 창조적인 사

---

1 朴鍾鴻, 「哲學槪論講義」, 『朴鍾鴻全集』 3, 10쪽, 19쪽(이후 『전집』으로 인용).

상으로 평가하는 최제우, 최시형의 동학 철학이 생사를 건 문제로 경험한 것이다. 봉건적 억압과 수탈에 대한 저항은 동학(東學)의 이념과 조직을 기반으로 해서 농민 혁명전쟁으로 이어졌다. 이 전쟁에 대한 경험을 통해 해학 이기(海鶴 李沂)와 같은 애국 계몽 사상가들은 경제를 비롯한 모든 영역에서 개혁을 주장했다. 박종홍의 어린 시절인 1910년대에는 동학이 이미 쇠퇴하고 대종교 및 좌우 민족 해방운동이 전개되었으며, 1920년부터 천도교 중심의 신문화운동이 시작되었다. 또한 일제(日帝)는 농업을 주된 산업으로 하고 약간의 자생적 공업을 갖고 있던 한국에 식민지 자본주의적 산업을 이식시키기 시작했다.

박종홍은 1919년 3·1 운동에 가담한 죄목으로 연행되어 한동안 (약 3주) 유치장 신세를 경험한다. 그는 이 경험을 통해 '우리'와 '민족'을 나의 것으로 절실히 자각했다. 그는 나의 노예 상태를 계기로 노예 상태에 있는 민족이 나와 같은 운명임을 자각하게 되었다. 이러한 민족적 공감을 통해 박종홍의 '나'의 존재는 '우리'와 동일한 것으로 자각된다. 자각적인 민족적 정체성은 그의 평생의 사유를 근저에서 지배한다. 나의 현실이 우리의 현실이며, 나의 가능성은 우리의 가능성이어야 했다. "주체는 나요 우리다."[2]

그의 정체성은 '우리'에 있다. 식민지적 노예 상태라는 역사적 현실은 민족적 유대에 대해 주체적으로 자각하게 하는 객관적 동기가 되었다. 이러한 자각은 나와 우리의 새로운 가능성을 지향하게 한다. 그러나 그 미래의 가능성은 현실화된 것이 아니기 때문에 그는 가능성을 실현하는 실천적 사유의 맥락에서 모순적 현실을 전환하고자 했다. 이러한 현실과 전환에 대한 실천적 태도는 마르크스주의자이자 인문주의적 낭만주의자이기도 했던 신남철(申南澈, 1907～1958)의 태도와도 유사점을 갖는다.

청춘에 대한 회상에서 박종홍은 아는 것에서나 실천에서나 자신보다 앞서 있던 2년 상급생인 어느 친우를 술회하고 있다. 3·1 운동에 매우

2 박종홍, '나와 우리', 「새날의 知性」, 『전집』 4, 288-289쪽.

행동적이었기 때문에 3년의 언도를 받았다가 감형으로 나온 뒤 사회운동에 투신했던 그 친우에 비해 박종홍은 자신을 '못난 나'로 규정하고 있다.[3] 문학과 사상 및 종교에 가슴 설레던 고등보통학교 학생이었던 그에게는 현실과 이상에 대한 지식을 획득하고, 이를 통해 현실에 대면할 능력을 키우는 것이 급선무였다. 이러한 학구적 태도가 그를 연구자와 교육자로서의 인생을 걷게 했다. 그러나 직접 사회운동을 하지 못하는 '못난 나'의 모습은 역사적 사회에 대한 실천적 개입과 정치경제학적 인식을 결합하는 방향을 선택하지 못하게 한다. 신남철이 사회운동에 대한 관심에서 생산양식과 계급관계를 문제 삼았을 때 박종홍은 그 문제에도 관심을 보였지만, 민족의 현실과 함께 의지적이고 실존적인 주체성의 문제를 더 중시하게 된다. 박종홍은 안으로는 심성론적이고 실존적인 주체성을 능동적으로 변형하여 수용하고, 밖으로는 민주적 민족국가의 형성과 근대적 산업화의 길을 생각했다.

그러나 고난에 찬 현실, 그리고 이 현실과 분열되어 있는 나의 삶은 언제나 문제로서 다가왔으며, 스스로 그 문제를 책임져야 했다. 이러한 문제의식은 1932년 경성제대 철학과 졸업 이후의 논문들에서 철학적 의식 안으로 들어가게 된다. 현실과 생과 철학은 총체적 극복을 향한 모색의 도가니 속으로 얽혀 들어간다. 이 모색은 "주체까지도 주체적으로 파악하는 철학"이며, 사물과의 관계를 부단히 이어가는 '성실성[誠]'을 통해 '진리[眞]'를 추구하는 것이다.[4]

철학은 나의 가능성이자 역사의 가능성인 새로운 가능성을 위한 것이었다. 그것은 현실적 가능성이지, 비현실적인 추상적 가능성이 아니다. 추상적이 되지 않기 위해서는 가능성이 현실에 대한 인식을 통하여 도달되어야 하는 목적이어야 했다. 철학은 실현 가능한 현실적 시간 안에서 움직인다. 이러한 관점에서 박종홍은 철학의 출발점이 '현실적 존재'에

---

3 박종홍, 「지나온 날의 주변에서」, 『전집』 7, 265쪽.

4 박종홍, 「哲學槪論講義」, 『전집』 3, 20쪽.

있다고 한다. 현실적 존재란 '감성적 활동'을 통해 일상적으로 이루어지고 있는 생활을 의미한다. 그것은 마르크스적 의미로는 구체적 개인들이 전개하는 삶의 양식일 것이고, 현상학적 의미로는 생활 세계가 될 것이다. 그러한 일상의 삶은 '개념 이전적으로(vorbegrifflich)' 체험되는 것이기 때문에 아직 개념화되지 않은 것이지만, 철학의 동기가 그 영역으로부터 나오는 것이라면 철학의 출발점은 거기에 있다. 철학은 자신의 뿌리를 구체적 현실에 둔다.

구체적 현실이 "일상의 평범성에 있어서의 실천적인 제일차적 근원적 존재"이다.[5] 구체적 현실이라고도 부르는 이 일차적 대상은 그 자체 실재하는 것으로 정신적 영역 안으로 환원될 수 없다. 현실적인 일상적 생활세계는 우리와의 공동 운명적 유대 속에서 인식되어야 한다. 그것은 의식 내재적 대상으로 관념화될 수 없는 것이다. 그의 이러한 실재론적 입장은 관조적이거나 관념론적으로 현실을 대하지 않겠다는 의지의 표명이다. 현실적 존재에 대해서는 다른 고차원의 '실존 양식'을 지향한다 하더라도, 거리를 두는 유보의 여유를 갖지 않겠다는 것이다. 현실은 희랍의 스토아 학파와 에피쿠로스 학파가 정신의 실천적 고양이라는 내적 운동의 첫 단계로서 행했던 판단중지(epoche)의 대상이 아니다. 이런 맥락에서 박종홍은 구체세계의 실재성을 판단중지하고, 순수자아의 절대적 영역으로 환원하는 후설(Edmund Husserl)의 현상학적 환원을 철학의 근본 요구에서 이탈한 것으로 본다. 그에 의하면 후설은 "세계의 실재를 어떻게 해결하는가"라는 "근본 문제에 눈을 감으며 떠난다." [6]

선험적 주관성이라는 '절대적 자아'로 현실을 환원해가는 후설에 대한 이러한 비판은 신남철이 현상학을 비역사적 사고의 전형으로 비판하는 것과 유사하다. 그러나 후기로 가면서 박종홍은 어떤 외적 구속을 떠난 절대적 자아를 이학(理學)의 심성론적 자아와 연관하여 이해하고자

5 박종홍, '철학하는 것의 출발점에 관한 一疑問', 「哲學的小論」, 『전집』 1, 314쪽.

6 박종홍, 위의 책, 309쪽.

한다. 동시에 그는 그러한 자아를 역사적 현실성과 연결시킨다. 그는 현상학적 운동의 주요 과제였던 주체성 회복을 통과해서 현실로 돌아가는 방향을 취한다. "역사적 현실에는 단절적으로 비약적으로 동일이 가능한 양극이 대립하여 있기 때문에 힘의 대항이 있고, 고민이 있고, 다시금 긴장된 통일로서의 행위가 요구되는 것이다." [7]

현실을 관념화하는 태도에 대한 비판은 박종홍의 현실적 체험으로부터 오는 정념의 강제, 즉 현실을 몰락으로부터 창조적으로 구원하려는 파토스에서 나왔다. 어떠한 방식으로든 현실로부터 떠나는 "철학은 어느 것이나 인류사회를 구원해내려는 철학이 아니요 그 결과에 있어서 오히려 개인을 사회로부터 구원해내려는 철학이 되고 만다. 현실적인 세계의 몰락으로부터 시작되는 철학이 되며, 생의 노쇠한 자태에 갱생의 신선한 활력을 넣어주는 힘이 없고 다만 그 노쇠함을 인식하는 데에 불과한 철학이 되고 만다." [8]

박종홍은 현실의 구원을 희구한다. 총체적 삶의 구원을 추구하는 그의 태도는 가난과 억압에 시달리는 역사적 현실을 나의 운명에 조율하고, 이 운명을 새로운 가능성을 향한 도전의 장으로서 선택하는 것이다. '철학한다는 것'은 나의 삶 가운데에서 일어나는 결정적 사건이다. 이는 곧 주관적이자 역사적인 사건, 즉 '생기(生起, Geschehen)'이다.[9] 철학은 그저 중립적으로 경험의 여러 측면들을 객관적으로 기술하는 것이 아니라, 삶을 심각한 결단의 장으로 체험하고 그것을 나의 진리로 살 수 있도록 전환시키는 창조적 활동이다. 창조적 활동은 역사적 현실의 변형이라는 가능성을 나의 가능성으로 선택하는 태도를 전제한다. 이 태도가 한편으로는 현실적인 나의 삶을 주체적 각오의 방향으로 나아가게 하며, 또 한편으로는 이 내적인 각오를 통해 현실을 급박하게 다가오는 '한계상황'으

---

7 박종홍, 「哲學槪論講義」, 『전집』 3, 22-23쪽.

8 박종홍, '철학하는 것의 출발점에 관한 一疑問', 「哲學的小論」, 『전집』 1, 313쪽.

9 박종홍, 위의 책, 302쪽.

로 인식하게 한다. "현실은 단절 없는 연속적 타성의 운동"이 아니다.[10] 주체적 '자각'과 객관적 한계상황은 열려진 가능성을 초점으로 서로 결합된다. 자아가 상황과 맺는 실존적 관계의 긴박성이 그의 철학을 지배한다. 삶 전체를 구성하는 내적인 것과 외적인 것이 변형을 추구하는 철학의 장 속에서 긴장을 유지하는 가운데 서로를 진동시킨다.

> 그러면 현대는 어떠한가. 대개 역사 진행의 과정에 있어서 특히 일정한 사회가 한계상황에 처하게 되는 일이 있다. 여기에 한계상황이라 함은 종국적인 궁박(窮迫)에서 헤매는 사람의 존재 양태를 이름이다. 견디기 거북한 막다른 골목의 곤란 밑에서 인제는 힘이 다하여[力盡하여] 그 앞에 한번 죽는 것[一死]이 남아 있을 뿐인 그러한 사람의 존재적 궁박인 것이다. 이러한 죽음 앞에서는 모든 권위도 기세를 쓰지 못한다. 이때에는 사람에게 속한 존재의 전체가 문제가 된다. [……] 모두가 문제이며 여러 가지 입장 그것조차 이제는 일면적이요, 추상적인 것으로 나타나 일체의 문제는 마치 뒤흔들리듯 되는 것이다.[11]

주체적 실존의 문제와 객관적 현실의 문제가 가능성의 지평 안에서 주어져 있다. 전체적 삶이 절망으로부터 벗어나기 위해 미래 희망의 조명 아래 인식되고 변형되어야 한다. 나와 세계는 새로운 생성을 향하여 움직인다. 세계는 가능성으로의 과정이다. 세계는 인간들의 구체적 활동, 즉 사회적 실천들에 의해 형성되어간다. 현실은 '생생한 사실'로서 살아 움직인다. 그것은 비약적 전개를 통해 움직이고 있다는 의미에서 '생생한 사실'이다. 새로운 비약적 가능성으로 도약하기 위해서는 '관상적(觀想的)인' 철학이 요구되는 것이 아니고, "구극적 결정(究極的 決定)이 그 실천에 있어서 절대적으로 요구되는 것이다."[12] 진정한 철학은 어떤 궁극

10 박종홍, 「哲學概論講義」, 『전집』 3, 30쪽.

11 박종홍, '哲學하는 것의 實踐的 地盤', 「哲學的小論」, 『전집』 1, 325쪽.

12 박종홍, 위의 책.

의 결단을 필요로 하는 '피 끓는 힘의 철학'이다.[13]

이와 같은 박종홍의 초기에 형성된 분투의 철학에는 1945년 해방 후의 사상적 원리가 이미 잠재되어 있다. 그의 『철학개설哲學概說』(1954)은 인간의 자각을 '향외적(向外的) 자각'과 '향내적(向內的) 자각'의 두 방향으로 나눈다. 그는 각각의 한계를 극복하는 방법을 모색하는 가운데, 내외의 종합적 해명과 극복을 철학의 과제로 설정하고 있다. 이런 입장은 해방 전의 작품인 「철학적 소론哲學的小論」(1933~1934)에서의 분투의 철학이 의욕했던 것이다.

1930년대 전반에 후기까지 연속되는 그의 철학적 구도가 형성된다. 그것은 실존적 주체성이 과도한 내면화로 경도되는 관념론적 자기회귀의 경향을 지양하고, 현실로 돌아와 현실의 모순을 인식하여 실천적으로 해결해 나가는 변증법적 주체성을 추구한다. 그의 패기와 정열은 운명처럼 인간을 움켜쥐고 있는 현실에 대한 '불안'과 '허무'에서 벗어나 창조와 희망의 파토스를 지향한다. 허무로 무너져 내리지 않고 희망을 가지기 위해서는 주체의 자각적 존재와 이 존재를 지속적으로 유지하려는 노력이 필요하다. 이러한 노력을 그는 『중용』의 중(中)과 성실성[誠]으로 이해한다. 후기에도 다시 나타나는 중의 변증법은 1939년 「현실파악現實把握」, 1940년 「사칠론四七論의 현대 철학적 전개에 관한 각서覺書」에 이미 나타난다.

자신의 철학적 좌우명이라고도 할 수 있는 "어중간한 철학은 현실을 떠나 버리지만 완전한 철학은 현실로 인도한다"는 원칙에 따라 그는 '현실 파악의 길'을 말한다. 파악이라는 인식은 변형의 실천적 문맥에서 의미를 갖는다. "출발점의 현실이 부정적으로 매개되어 그 귀착점에 있어서 혁신 창조된 새로운 면모를 가지고 나타나게 되는 것이 현실파악의 길이다." 이러한 실천적 인식은 대상을 변형하는 헤겔의 실천인 '勞作'(Arbeit, 노동)의 성격을 갖는다. 대상화적 활동으로서의 실천적 인식은

---

13 朴鍾鴻, '矛盾과 實踐', 「哲學的小論」, 『전집』 1, 333쪽.

현실을 떠나는 '왕로(往路)'인 초월의 '부정'과 '무(無)'로부터 다시 현실로 돌아오는 '귀로(歸路)'에서 일어난다. 이때의 귀로에서 현실은 '비약적 전환'이 일어난 새로운 현실이 된다.

이 운동이 '유무상전(有無相轉)'이며, "유(有)의 부정이 끝나는 곳에 무(無)의 부정도 끝나는" '유가 곧 무인[有卽無]' 동시적 결합이다. 이것이 '중(中)'이며, "철학적인 근원성에서 응당 문제되어야 할 깊이를 가지고 있는 '중'이다." 이러한 모순 해결방식은 "부정이 무저(無底, 무의 근저, 바닥)의 저(底)에 미치는 순간, '중'의 비약적 전환을 계기로 새로운 일상적 현실을 파악케 되는" '현실파악의 영예스러운 귀로'이다. 그러면 파악이자 구체적 실천으로서의 이 창조적 자각은 무엇을 창조하는 것인가? 그것은 "문화의 창조를 위한 투쟁이요, 국가의 건설을 위한 성전(聖戰)이다." 이 길은 '형극의 길'이며, '극소수의 예외자만이' 걸을 수 있는 길이다. 새로운 민족국가의 건설은 "고귀한 것이자 드문 것"이다(「現實把握」, 1939).[14]

그에게 중(中)은 "역사적 현실에 관한 제문제의 초점에 닿는 것"이고, "부정의 부정으로서의 절대 무(絶對 無)"(대립 없는 무)이다. 그는 그것을 이학적(理學的) 개념으로 해석하여 '치우침이 없는[不偏不倚]' 인간의 내적 본성의 원리로 간주하는 동시에 '천하의 대본[天下之大本]'으로 삼는다. 박종홍에 의하면 이학의 미발지중(未發之中)으로서의 대본은 '발현[發]' 혹은 '현성(現成)'의 능력을 갖추고 있으며, '내부로부터 외부로 나타나려는[顯]' 힘을 내포하고 있다. 한편 그는 이학에서의 '발현[發]' 능력은 '단절적인 비약'이라는 변증법적 논리가 갖는 '새로운 형성적 창조'의 의미가 미약하다고 본다. 그럼에도 미발의 중(中)은 부정의 부정이라는 변증법적인 원리로 재해석이 가능하다는 것이다(1940).[15]

이 시기의 박종홍은 중(中)의 변증법에 관한 글들에서 보이듯 헤겔과

14 박종홍, '現實把握', 「哲學的小論」, 『전집』 1, 423-432쪽.

15 박종홍, 「사칠론四七論의 현대 철학적 전개에 관한 각서覺書」, 위의 책, 433-438쪽.

마르크스의 언어들을 구사하지만, 기존의 역사적 국가를 특정계급의 국가로 보는 정치경제학적 관점을 보여주지는 않는다. 그리고 잉여노동을 이용하는 방식의 차이에 따라 사회를 인식하는 것도 아니었다. 모순은 생산관계(계급관계) 내의 모순을 의미하는 것이 아니었다. 그에게 모순은 민족모순과 함께 문화의 후진성과 선진성의 모순이었으며, 신남철이 주목했던 민주정치와 민주경제를 가로막고 있는 정치경제적 모순은 아니었다. 박종홍의 현실인식은 다양의 통일이라고 하는 '구체적 전체성'을 언급함에도 불구하고, 생산관계를 축으로 하는 경제적 사회 구성체에 대한 사회과학적 인식이 아니었다. 그의 이러한 관점은 그 후 그로 하여금 국가 자본주의를 개량적 입장에서 수용하고 그것을 선진적 부강의 길로 이해하게 했으며, 이에 따라 급진 민주주의 노선에서도 벗어나게 했다. 또한 그의 창조적 변증법이 타협 없는 주체성을 살리는 측면이 있다 하더라도, 그가 말하는 중(中)의 주체성은 향외적 방향과 향내적 방향에서 분열하거나 동요할 수 있는 것이었다.

그러나 박종홍의 자각적 창조의 원리인 변증법적 이성이자 심미적 원리이기도 한 생산적 '순수 구상력(純粹 構想力)'은 미래의 시간적 지평 안에서 부단히 초월하여 새로운 '형상[像]'을 창조하는 '자발성'과 '행위'의 원천이다. 이러한 관점은 이성과 실천을 결합하는 자신의 입장에서 상상력과 행동을 연결시키려는 의도에서 나온 것이다. 그는 '실존철학 전반의 한계'를 "새로운 건설에 이바지하는 박력을 가지지 못한 관상철학(觀想哲學)"이라고 보면서도, 야스퍼스의 '사유'가 실천적 현실 파악의 성격을 갖고 있는 것에 주목한다. 그에 의하면 야스퍼스는 "이성적인 것은 하나의 사유하는 변증법의 무제한한 과정에 있어서 나타난다(Philosophie, II, 212쪽)라고 했다." 이 점에서 야스퍼스의 "사유의 논리는 [……] 현실 파악을 의도하는 변증법적 논리의 하나이다."[16] 또한 박종홍은 이성과 직관을 '순수 구상력'으로 환원하는 하이데거의 착상을 매

16 박종홍, '理解와 思惟', 「哲學的小論」, 『전집』 1, 448쪽.

력적인 것으로 수용한다. 박종홍은 그러한 생산적 상상력을 본질로 가진 "현존재는 그 존재의 본질에 있어 세계 형성적이요, 더구나 여러 가지 의미로 형성적이어서 현존재는 세계를 생기(生起)케 하며 그리고 그 세계와 더불어 자기에게 한 근원적인 상(像)을 준다."[17] 그는 이러한 창조적 상상력에 능동적 실천을 결부시켜 철학의 근본 원리로 삼고자 했다.

이처럼 그의 자각적 창조의지는 그 철학적 기초를 모색할 정도로 지극했다. 실천적인 철학적 태도는 객관적 조건에 의해 규정되어 있는 '나'의 현실적 한계를 극복하고자 한다. 고전적 의미에서 철학이 인간 조건의 극복이라는 지평 안에서 이루어져왔다면, 박종홍은 삶의 극복이라는 본래의 철학적 과제를 현실의 고민 속에서 찾아낸 것이다. 일제하에서의 역사적 체험은 그로 하여금 사회 현실을 '모순'으로 파악하는 사상에 관심을 갖게 했다. 철학의 과제는 모순의 발견과 극복에 있다. 그의 철학적 자세는 최시형과 나철, 서일, 함석헌이 현실과 자아의 변형을 과제로 삼아온 태도와 그 구체적 내용의 차이에도 불구하고 형식상 유사하다. 또한 그 정치적 견해의 차이에도 불구하고, 태도에 있어서는 신남철과 박치우가 급진주의의 관점에서 모순의 문제를 첨예한 관심의 대상으로 삼은 것과도 유사하다.

해방 이전 모순에 대한 박종홍의 견해에는 당시의 철학적 정조(情操)를 알게 하는 흥미로운 점이 있다. 역사의 역설은 모순에서 드러난다. 그것은 현실의 경험적 삶을 진정한 삶으로 향유하지 못하게 하는 근본 요인이다. 이 요인은 생의 분열을 증시(證示)한다. 생의 분열은 생 자신에게 '고민'이라는 수동적 파토스를 겪게 한다. 주 · 객관적 삶 전체가 고민이다. '평범하고 심상한 조그마한 사물'도, '눈과 귀에 익어진 것'조차도 '심각한 고민'에 가득 차 있다. 모순은 생 자신이 만들어낸 것이면서도 생 자신에게는 부담스럽고 싫은 것이다. 그러나 이는 "싫다고 피할 수 없는 이 객관적인 것이요 기막힌 현실의 모순"이다. 모순은 생 자신의

17 박종홍, 앞의 책, 441-442쪽.

가능성을 향한 의지와 파토스에 저항하는 문제적 조건이기 때문에, 생은 그것 앞에서 '오불관언(吾不關焉)' 눈을 감을 수 없다. 모순은 운명적 필연성을 갖지만, 그 속에 뛰어들어 '희망의 빛'을 바라보는 기대와 이 기대를 실현하려는 의지 역시 생 자신에게는 필연적이다.[18] 철학은 외적 필연성에 적대하여 내적인 정열인 정의(情意)의 필연성이 이끄는 호소에 따라가는 의지의 활동이 된다.

기대를 가진 파토스와 기대를 실현하려는 능동적 의지가 이성을 추동한다. 박종홍이 강조하는 능동성과 힘은 바로 이러한 요구를 양심의 소리로 경험하는 자세로부터 온다. 이러한 자세에서 철학적 희망을 거의 종교적 분위기에 감싸여 있는 '구원'으로 인식한 그의 철학관을 비로소 이해할 수 있다. 생의 어느 측면을 보아도, 비록 그것이 아무리 평범하고 미세한 것일지라도 고통스러운 모순이라면, 이 인생 조건에 대한 감수성은 생의 재생을 희구하는 심미적이고 종교적인 색조를 갖는다. 동시에 그 모순을 합리적 방향으로 해결하기 위해 그것을 이성적으로 이해하는 것이 필요하다. 박종홍은 전통적 입장에 따라 이성이 감성을 통제한다는 견해를 가지고 있지만, 그의 철학관으로 보면 이성은 감성적 정조의 내적 강제에 조율되는 성격을 갖는다. 이러한 특징은 당시 대부분의 생각하는 사람들이 지닌 '고민'의 정조를 반영하는 것이다. 고민의 정조는 신남철의 경우에는 아예 '고민하는 인간'을 바람직한 인간상으로 제시할 정도로 의식적 주제가 되었다. 당시 스페인의 철학자인 우나무노의 『기독교의 고민La agoria del Cristianismo』이 『고민의 철학苦悶の哲學: 西洋精神の苦悶』(第一書房, 東京, 1937)란 제목으로 일본에서 번역 소개됐다. 그때의 청년들과 함께 박종홍과 함석헌, 신남철은 그 책을 접한 것으로 보인다. 박종홍의 '부정의 인간', 신남철의 '고민하는 인간'과 '능산적 인간', 함석헌의 '씨알의 설움'은 모순과 고민, 모순의 창조적 해결 의지에 대한 공감 없이는 이해될 수 없는 인간상이다.

---

18 박종홍, '矛盾과 實踐', 「哲學的小論」, 『전집』 1, 334쪽.

또한 생의 모순을 극복하는 것은 모순이 배제된 논리적 동일자를 진리로 가정하여 모순을 회피해버리는 방식으로 해결되는 것이 아니다. 그러한 동일자는 형식 논리적으로만 생각될 수 있다. 생의 모순을 극복하는 것은 대립의 고통을 겪고, 이에 대한 예술적이거나 종교적 접근, 혹은 실천적 접근에서 해결의 전망을 볼 수 있다. 박종홍은 역사적 현실 안에서의 실천을 통해 모순의 해결을 추구한다. 이러한 실천적 사고에서 모순에 저항하는 이성은 실증주의적 경험에 만족하지 않고, 현실적 생의 전체적 완성 안에서만 휴식하는 열정을 가진 초월적 능력이 된다. 이성은 생을 새로이 생성시키는 '힘의 이론'[19]의 창조자이자 구현자이다. 역사는 실천들에 의해 형성되며, 의지적 실천에 의해 비약적으로 진전된다. 이러한 주의주의적(主意主義的) 역사관의 입장에서 그는 모순을 극복 가능한 것으로 본다. 헤겔적 변증법에 의하면 사물의 생성 운동의 동력은 분열적 모순에 있다. 그리고 부정의 부정이라는 지양적 종합의 단계에서 새로운 가능성은 구체적으로 현실화된다. 역사적 생의 완성은 생의 완전한 통일성이 나타날 때까지 변증법적인 분열과 종합의 불완전한 단계들을 거쳐 성취된다.

그러나 젊은 박종홍은 종합이라는 잠정적 휴지(休止) 단계에서 정신이 자기 자신에 머무르는 안정성을 갖게 된다는 헤겔의 정관적(靜觀的) 측면에 대해서는 만족할 수 없었다. 그는 생의 궁극적 완성이라는 절대적 진리에 비해 상대적 진리가 불완전한 상태로 드러나는 것에서 생의 안정성을 찾는 것에 만족할 수 없었다. 상대적 진리들이 변증법적 전개 과정에서 그 한계들을 드러내고 궁극에 가서 생의 비밀을 완전히 실현할 때까지 생의 황혼을 기다려야 한다는 관점은 박종홍에게는 생의 분투를 약화시키거나 타락시키는 것이었다. 그에 의하면 차이 관계의 '가장 높은 정도'가 '대립'이다. 대립은 '차이의 극한'이다. 대립은 '두 사물이 대척적' 위치에 있는 상태이다. 그러나 '대립의 첨단'인 모순은 '일자(一者)와 타

19 박종홍, '우리가 요구하는 理論과 實踐', 「哲學的小論」, 『전집』 1, 385쪽.

자(他者)가 양립할 수 없다는 운명'에 있다. 일자가 타자를 정복하고 마는가, 그렇지 아니하면 타자에게 정복당하고 마는가의 관계가 곧 모순이다. 차이의 강도의 극한이 이러한 적대관계이다. 일자와 타자는 '과도적인 화해'나 '융합의 상태'를 용납하지 않는다.[20] 차이의 극단적 강도는 약화되어서는 안 되는 것이었다.

헤겔에 의하면 정신의 외화의 산물인 타자가 정신의 자기회귀를 통한 자기실현의 매개가 된다. 타자는 부정되지만 통일적 일자로서의 정신의 진리를 구현하는 활동에 기여할 수 있는 것은 보존된다. 이 보존되는 부분에 의해 매개된 정신은 비로소 자기만족을 할 수 있으며, 그 타자를 자기의 성취물로 정관한다. 정신은 거기에서 자기의 힘을 의식한다. 이러한 정신은 실재를 관념적으로 향유하는 의식이다. 그것은 부정적 분투를 유보하고 실증적 안정성에 의지하고 있는 관조적 의식이다. 이에 대해 박종홍은 다음과 같이 주장한다. "그러므로 우리는 마치 헤겔이 한 바와 같이 현대를 하나의 종합된, 그리고 성숙한 시대라 하여 지나온 자취를 오로지 회고 · 관조함으로써 그것을 철학의 직능으로 간취할 수는 없게 된다."[21] 박종홍이 보는 철학의 직능은 적대적 모순을 발견하고, 극복의 대상이 제거될 때까지 부정성이라는 실천적 분투 의지를 유지하는 것이다. 분투의 철학은 최종의 광명이 드러날 때까지 현실과 타협 없이 그 '불균형'을 지탱한다.

초기 박종홍에 나타나는 이러한 비판적 관점은 변증법에 대한 새로운 해석일 수 있다. 그것은 균형과 조화를 순응주의적으로 추구하는 같아짐의 종합을 거부하고, 진정한 생의 가치를 높이기 위해 대립적 갈등을 지향하는 부정의 논리를 제시한다. 그것은 균형에 대한 불균형의 우월성, 같음에 대한 다름의 우월성을 추구하는 의지를 요구한다. 그러나 종합을 통한 생의 통일성이라는 이념은 그에게서 떠나지 않는다. 나와 우

---

20 박종홍, '矛盾과 實踐', 「哲學的小論」, 『전집』 1, 334-335쪽.

21 박종홍, 위의 책, 337쪽.

리의 생을 부정하는 힘(일제의 식민지배)은 제거되고, 새로운 통일성이 실현되어 현실은 진정한 현실로 다시 형성되어야 했다. 이러한 관점에서 현실적인 것이 이성적이라는 헤겔의 주장은 박종홍에게 실천적 의의를 갖는다. 진정한 의미가 실현된 현실이 아닌 비현실적인 것은 이성적일 수 없다. 그에게 이성은 새로운 통일성을 구현하는 힘(Kraft) 혹은 에너지(Energie)이다. 이성적인 것이 현실화되었다는 의미를 갖는 현실성(Wirklichkeit)은 "외면과 내면의 유일 절대적인 통체성(統體性)"이다.[22] 정신적 통일성인 내면적인 것이 무기력을 극복하고 자신과 구분되는(차이 나는) 외면적인 것을 자기 안으로 지양하여 포섭할 때 진정한 생의 통일성이 실현된다. 생의 분열을 철학의 동기로 하고 그의 통일을 목적으로 하는 "철학의 내용은 현실이다." 이 현실은 진정한 통일성을 필요로 하는 나와 우리의 현실이다. "철학은 멸시된 현실을 변호하려 한다."[23]

이러한 변증법은 '너무나 억울한 현실'에 대한 극복의지를 헤겔적 개념으로 표현한 것이다. 그러나 박종홍은 해방 후 후기로 가면서 심성론적 전통철학의 창조적 계승과 문명의 근대화를 시대적 요구로 인식한다. 이에 따라 저항의 계기는 점차 비현실적인 것으로 약화되어갔다. 초기의 분투적 부정성은 자유의 자각적 실현이라는 의의를 함축하고 있었다. 그러나 이 부정적 자유의식은 사회해방에 대한 유토피아적 비전을 담고 있지 않았으며, 현실에 관여하려는 열정은 추상적 상태에 있었다. 현실에 대한 이론적 인식도 유보되어 있었다. 그의 학구적 의욕은 물질문명의 바탕 위에 정신문화를 창조하기 위한 방법적 논리를 개발하는 방향을 취하게 된다. 부정의 논리와 창조의 논리, 변증법적 논리와 주역의 논리, 인식논리 등에 대한 그의 관심은 그러한 방향의 연장선에서 나온다.

22 박종홍, 「辨證法的論理」, 『전집』 2, 508쪽.

23 박종홍, 위의 책, 509쪽.

2. 주객 변증법과 부정의 변증법

초기의 글에 나타나는 박종홍의 모순 개념은 해방 이전의 민족모순을 반영한 것이었다. 민족해방은 제국주의의 억압을 실천적으로 극복할 때 이루어지는 것으로 간주되었다. 변증법적 지양과 종합의 과정은 민족의 자주적 근대화와 자주적 국가의 형성을 목표로 하고 있었다.

한편 그가 관심을 가졌던 실존적 주체성은 당시 서유럽 문화의 과학주의적 객관주의에 항의하는 자각적 인격을 의미했다. 자각적 인격은 사회기구라는 거대 기계(megamachine)[24]의 부품이 되어버린 주체성의 위기에 저항하는 실존적 인격이다. 실존 개념은 현대 문명이 갖는 비인간화의 방향을 저지하고 개인의 자각적 자유를 존중한다는 의미를 갖고 있다. 박종홍의 모순과 부정의 개념에는 민족의 상황에 대한 항의와 실존적 개인의 자유의식을 확보한다는 의미가 담겨 있다. 박종홍의 주체성은 자각과 생산적 상상력을 통해 현실적 자기를 창조적으로 고양시키는 인간상을 지향한다. 생산적 상상력 혹은 구상력은 칸트가 지성적 인식의 주체적 가능 근거로 제시한 이후, 독일 관념론에서 인간의 모든 창조적 활동을 가능하게 하는 형이상학적 원리가 되었다. 구상력은 박종홍이 상(像)이라고 부르는 형태를 창조하는 자기부정적 활동성을 가진 이성적이면서도 의지적 원리이다. 박종홍의 부정의 변증법은 이러한 형이상학적 원리가 창조적으로 운동하는 방식을 의미한다.

창조적 구상력은 신칸트주의자인 리케르트(Heinrich Rickert)에게서 배운 미키 기요시(三木清, 1897～1945)의 관심의 대상이기도 했다. 미키 기요시는 창조적 구상력을 인류 문화와 자연 진화의 원리로 보고, 그것을 궁극적 실재로 하는 형이상학적 세계상을 수립하고자 했다. 그는 이 착상을 체계로 보여주기 위해 『구상력構想力의 논리論理』를 미완성

24 멈퍼드(Lewis Mumford), 『個性과 歷史』, 장진욱 옮김, 종로서적, 1983, 21-56쪽.

의 작품으로 썼다.[25] 박종홍은 이 저작에 상당한 관심을 보였으며, 신남철 역시 마찬가지였다. 신남철은 신칸트주의의 관념론적 성격을 비판하면서도, 개체의 내면적 자각을 통한 '현란다채'한 문화의 전개를 희망했다. 이러한 방향에서 그는 역사적 유물론과 휴머니즘적 인간론을 결합시킨다. 이 입장에서 신남철은 선불교의 선(禪)으로 경도되는 미키 기요시를 비판적으로 평가한다. 그러나 그는 니시다 기타로와 미키 기요시의 '생명 변증법'이 창조적 구상력 개념을 기본 원리로 제시하는 것에 긍정적 관심을 보였다. 그 개념은 당시 아시아 지식인들의 문제의식과도 부합하는 것이었다. 일본을 통해 들어온 실존주의와 신칸트주의 철학은 미키 기요시의 저작을 통해 당시 한국의 철학에 하나의 자극이 되었다.

키에르케고르(Sören Kierkegaard)는 자기존재의 문제를 일상의 인습과의 차이를 통해 첨예하게 문제 삼았다. 박종홍이 현실 변형의 측면에서는 키에르케고르의 무력함을 지적하면서도 그의 향내적 자각성을 인정하는 것은 그것이 자신의 사상적 원리 가운데 하나였기 때문이다. 키에르케고르가 비록 '종교적 사상가' (Martin Heidegger)일지라도, 하이데거와 야스퍼스가 높이 평가한 것은 현실과의 긴장 속에서 실존적 사고의 날카로움과 내적 진실성을 자유로운 사고를 통해 풍요롭게 전개한 데에 있었다. 박종홍이 그에게 매력을 느꼈던 것도 바로 그 점 때문이었다. 그러나 그를 떠나는 것도 그 점이 갖고 있는 섬약하고 무력한 내면성 때문이었다.

『변증법적 논리辨證法的 論理』에 의하면 키에르케고르의 실존적 변증법은 '질적 변증법(qualitative Dialektik)'이다. 키에르케고르는 "모든 대립을 정신적 실존의 내면 생활에 있어서 세차게 파악하였다." 그의 "실존 변증법은 고립한 예외자로서의 실존의 향내적 특색"을 갖는다.[26] 이 점은 박종홍의 향내적 주체성과 부합한다. 그는 실존적인 내적 진실성을

---

25 미키 기요시(三木淸), 『構想力의 論理』, 한단석 옮김, 광일문화사, 1989.

26 朴鍾鴻, 「辨證法的 論理」, 『전집』 2, 1977, 557-562쪽.

조선 이학(理學)의 내적 경외심[敬]과 연결할 수 있는 것으로 보았다. 또한 박종홍은 양적 발전을 통해 질적 비약으로 전진하는 객관적 과정도 중시한다. 그에게는 루터(Luthcr)교적인 개인의 내적 신앙의 원리인 실존적 진실성은 문화적 전통의 맥락에서 다소 낯선 것이었다. 그에게는 "신체를 가진 주체로서의 자기와 모순적으로 대립된 객체로서의 대상을 극복 지양하는 의미에 있어서의 실천"이 당면의 문제였다.[27]

이러한 실천적 지성을 그는 사회악과 싸우는 지성 즉 '인텔리겐차'로 이해했다.[28] 러시아에 기원하는 이 개념은 제국주의와 대결해야 했던 동아시아인들에게도 매력적이었다. 그러한 인간상은 사회악에 대항하여 세계변형에 대한 강도 높은 책임의식을 갖는다. 이러한 입장에서 박종홍은 섬세한 내적 성찰이 '사회적 무력(無力)'에 빠지는 것을 경계한다. 그의 인테리겐차적인 태도는 백성의 고통과 그 극복에 대한 책임을 강조해왔던 '지사인인'(志士仁人, 『논어』「위령공衛靈公」)이라는 유가적 지성과도 친화성이 있다.

이러한 맥락에서 박종홍이 신뢰하는 진리의 확실성은 역사적 정황이 요구하는 것에 적합하고 주체의 내적 요구에도 적합한, 주객 통일성을 실현하는 실천적 관심에 있었다. 민족이나 국가 같은 보편자를 비진리로 거부하는 키에르케고르의 주체적 확실성은 "감상적인 값싼 고독, 긴장 없는 영원(永遠)"에 불과한 것이다.

> 좀 더 투철(透徹)한 것, 확호한 것, 해야 바뀌건 말건(행운에 상관 없이라는 뜻) 한 걸음 한 걸음 틀림없는 뜻있는 인생의 길을 찾고 싶다. 그렇다고 부질없는 감상(感傷)이 깊이를 더하여 주는 것은 못 되리라. 값싼 고독, 긴장이 풀어진 영원(永遠), 모두가 산 현실(現實)을 힘차게 타개(打開)하며 살아가는 소이(所以)라고는 보이지 않는다.[29]

---

27 박종홍, '우리가 요구하는 理論과 實踐', 「哲學的小論」, 『전집』 1, 386쪽.

28 박종홍, 위의 책, 383쪽.

29 박종홍, '지나온 날의 周邊에서', 『전집』 7, 220쪽.

박종홍에게는 "산 현실을 힘차게 타개하는" 실천의 긴박함이 문제이다. 그 긴급성은 '현재 순간'에서의 결단을 필요로 한다. "현대는 현대 자신의 혼란을 구할 수 있는 진정한 반역자(叛逆者), 자기 부정자로서의 결단(決斷)의 윤리(倫理)를 요구하고"[30] 있다. 그의 "결단의 윤리"는 민족해방이 요구되는 시대의 문맥에서 미래를 향한 비판적 전투성을 부각시킨다. 그러나 결단의 윤리는 해방 후의 근대화 문맥에서는 문화 창달과 국가 건설을 위한 결단이 된다. 초기 결단의 윤리가 과거와의 비연속성을 특징으로 갖는다면, 후기의 결단은 근대화와 개체의 자각을 통일하는 개량주의적 노선을 특징으로 갖는다.

그의 주객 통일적 변증법과 질적 변증법을 비교해보면, 박종홍의 변증법이 갖는 동요의 성격을 더욱 판명하게 이해할 수 있다. 키에르케고르의 실존은 감각적 삶의 단계로부터 영원자와의 만남의 경험에서 오는 자유의 단계로 비약해가는 자기변형의 운동이다. 주체적인 것이 진리이며, 객관적인 것, 보편적인 것은 외면적인 것이고 비진리이다. 그는 양적인 것을 희생하는 대가로 인간이 놓인 불안한 조건과 내면적 경험의 풍요함을 세밀하게 기술하는 데에 그 누구보다도 성공했다. 그의 내적 실존은 일종의 환상적 사유 실험을 통해 삶의 이상을 자각시킨다. 예를 들어 그는 '제7의 천국'에 가서 주위의 신들이 들어준다는 희망을 말한다. 그 희망은 다른 세속적 가치들이 아니고, '웃음'이라는 철학적 유머(humor)를 누구나 지니고 웃는 것이었다. 그러나 이미 주위의 신들은 모두가 웃고 있었다는 것이다. 최후의 구원은 유한성의 고뇌를 극복한, 영원한 긍정의 웃음이다.

이에 비해 박종홍의 주체성은 역사적 사회의 발전을 위한 "실천적 모험"을 하는 주체이다. 생은 주객의 변증법적 통일성을 향한 힘찬 전진이다. 키에르케고르에게 객관적 삶의 운동인 '걸음걸이'는 '끊임없는 낙하'이다. 박종홍의 변증법에서 걸음걸이는 발을 내림(낙하)과 올림(상승)의

30 박종홍, '決斷의 時代', 「哲學的小論」, 『전집』 1, 401쪽.

변증법적 종합에 의해 전진하는 것이다.[31] 키에르케고르의 실존은 궁극적으로는 양적인 것과의 '매개 없는' 질적 '비약'을 통해 "역사적인 것(시간 속의 실존)을 영원한 것으로" 변형한다. 또 역으로 "영원한 것을 역사적인 것으로" 만드는 이 내적 사건이야말로 '경이'의 새로운 '생성'이며, 역사의 진정한 가능성을 희망하게 하는 진정한 역사성을 갖는다.[32] 이러한 역사성은 기존의 삶의 방식과의 연속성을 단절하고, '순간'에서의 비약적 결단이라는 내면의 운동을 통해 시간과 영원이 결합하는 삶의 방식이다. 결단은 과거와 나를 '떼어냄(Entscheidung)'이라는 도약을 통해 다시 시간으로 돌아오는 사건이다.

그러나 박종홍의 주체적 결단은 근대화라는 양적 진보를 추구하는 객관적 방향성을 갖는다. 양적 진보는 빈곤하고 허약한 민족 현실에 대한 부정의 힘에 의해 창조되어야 한다. 이러한 부정성은 시대의 일반적 흐름을 긍정적으로 매개해가는 활동이다. 그것은 반시대적 부정성이 아니다. 종합을 향한 매개적 부정성은 고독한 예외자의 비판적 실천의 길과는 다르다. 박종홍에게는 반시대적 부정을 다시 부정하는 타협적 성격의 종합이 문제였다. 이러한 주객 통일성을 지향하는 변증법적 운동이 객관적 현실을 창조적으로 '형성하는' 역사적 과정이다.

여기에서 박종홍의 변증법이 갖는 동요의 방식이 알려진다. 그는 객관적 역사에 대한 과학적 인식 앞에서 실존적 주체성의 상실을 우려한다. 따라서 유물론적 역사철학은 유보된다. 그의 역사관은 정치경제학적 분석력을 갖지 못한다. 그러나 실존적 주체성이 강화되는 이론 앞에서는 그는 객관적 역사에 대한 관심의 상실을 우려한다. 따라서 실존철학이 발전시켰던 철학적 기술(記述) 심리학은 유보된다. 그의 실존적 주체성

31 키에르케고르(S. Kierkegaard), 『哲學的 斷片』, 표재명 옮김, 世界의 大思想 21, 1961, 84쪽.

32 역사적 존재로서의 과거의 사건(예수의 출현)을 반복하는 이러한 역사성은 무한자와의 계시적 교통에 의해 근거 짓게 된다. 역사성은 퇴락한 역사를 초월하는 결단에 의해 생성되는 절대적 나의 체험의 진리가 인류를 향하여 작용할 수 있게 되는 시간성이다.

은 키에르케고르의 우울하지만 경쾌한 주체성이 아니라 현실의 무게를 내면에 지니는 무거운 주체성이다. 객관 앞에서 객관을 지양하고, 주관 앞에서 주관을 지양하는 이러한 절충적 성격의 '중(中)'의 변증법이 그로 하여금 유물론적 역사과학과 실존주의적 심리학을 떠나게 하는 원인이 되었다. 이는 그의 현실참여 방식의 특징을 결정하는 원인이기도 했다.

그러나 그는 부정의 논리, 변증법적 논리, 창조의 논리에 대한 이론적 연구를 통해 자각적 실천의 논리를 개발하고자 했다. 또한 민족적 정체성에 의거한 문화 창조를 위해 그는 한국 전통철학사를 연구한다. 이 연구를 통해 그는 변증법적 활동성으로서의 주체성을 전통 이학적 개념과 연결하고자 한다. 이 때문에 그의 주객 변증법은 이학(理學)의 내외합일의 길[內外合一之道]을 닮게 된다. 주체의 심층적 자아[마음 본체, 心之本體]에는 우주 생명 원리[生之理]와 동일한 본래적 본성[性, 本來之性]이 있다. 이 본연의 성품은 타자와 소통하고 생동하는 원리이자 구체적 활동의 내적 근거이다. 실천적 활동은 외부 사물과의 관계 속에서 도덕적이거나 생리적인 감정[情]을 통해 이루어진다. 본래적 본성은 이 감정을 매개로 외부세계로 발현[發]된다. 외부세계는 봉건제적 사회관계로 구성된 역사적 사회이며, 실천적 활동은 이 사회를 그 근본 체제를 인정하는 한에서 개선해가는 변형적 활동이다. 학문은 "내면적 마음 본체의 본연의 성품을 밝혀 외부로 발용하게 하는 학[明體發用之學]"이 된다. 이러한 체용합일(體用合一)의 길이 내면적 주체성과 외적 변형 활동의 통일이다. 박종홍의 주객 변증법은 이러한 이학적 구도에 부정을 통한 변증법적 전진의 성격을 부여한 논리이다.

또한 박종홍이 생각하는 부정의 부정을 통해 구현되는 현실성은 생명 변증법적 성격을 갖는다. 그것은 생명의 생동성의 논리로서, "허무의 심연"에 떨어지는 '허무주의'를 극복하는 한 방식이었다. 『부정(否定)에 관한 연구』(1959)는 생(生)에 대한 헤겔적 관점을 확인하고 있다.

"헤겔(Hegel)이 생각한 바와 같이 부정성의 전개를 전 과정에 있어서 파악한 것이 진리라고 할 수 있다면 역사적 현실의 파악이 다름 아닌 진리일 것이다. 그리고 부정성이 적극적인 긍정의 밑받침도 될 수 있는 것이다. 부정성은 니힐(Nihil)의 허무가 아니다. 허무는 자기 부정의 힘조차 없는 것이다. 허무가 아니기에 긍정의 밑받침은 가능한 것이다. 그러나 부정성은 산 것이다. 자기 부정이 가능한 것은 산 것이기 때문이다. 부정성이 있기에 생이 있다." [33]

부정성의 실현이 역사적 현실을 생동하는 현실로 창조한다. 이러한 부정성을 박종홍은 인간의 본성이자 세계의 영원한 이법인 천리(天理)로 본다.[34] 과거의 것이 지양적으로 보존되고, 새로운 것이 자기 지양을 통해 현실성을 획득하는 운동이 허무를 이겨 나가는 생이다. 생은 종합이라는 원환적 '휴지(休止)'에 잠정적으로 머물다가는 곧 분열된다. 역사의 전 과정은 상대적 완성태를 흔적으로 보존하면서 최후의 종결적 완성태로 나아가는 운동이다. 생의 과정은 당면의 현실에 닫혀 있다가는 다시 부정의 운동을 통해 자신을 실현한다. 그러나 박종홍은 생의 변증법적 전진을 급진주의적 관점에서 보는 것은 아니었다. 그에게는 초기 입장에서부터 '유토피아적 이상향'이 문제가 되는 것이 아니라 '현실적 존재'에 대한 '명백한' 파악이 문제였다.[35] 생의 의미는 객관적 측면에서는 현실적 역사 과정에 의존하여 구성된다.

이러한 주객 변증법은 종합적 구체성이라는 현실성을 생의 의미원천으로 삼는다. 이 현실성은 무정부주의나 사회주의 이념이 갖는 급진적 개방성을 갖지 않는다. 그의 '구원'의 희망은 역사의 지평 너머에서 미래로부터 현재로 도래하는 희망의 빛을 보지 못한다. 급진주의의 개방성은 기성 제도성이라는 실증성을 초월하게 하는 미래적 가치이다. 그것은 개념화할 수 없는 '아직 의식되지 않은 것' (Ernst Bloch)이다. 과거의 무의

33 박종홍, 「否定에 관한 硏究」, 『전집』 2, 676쪽.

34 박종홍, 앞의 책, 680.

35 박종홍, '哲學하는 것의 實踐的 地盤', 「哲學的小論」, 『전집』 1, 325쪽.

식이 아닌 미래의 무의식이 현재적 실천의 후광(Aura)이다. 신남철과 박치우의 역사적 이상인 무계급사회는 이와 같은 혁명적 개방성을 갖고 있다. 신남철이 해방 공간에서 적합한 방책으로 제시한 '진보적 민주주의'(5만 명 정도의 친일 대자본가와 대지주를 제외한 나머지 모든 계급과 계층들의 연합한 인민 민주주의)도 기존의 '반봉건 식민사회(半封建 植民社會)'에 비하면 비약적인 새로운 사회적 대안이었다.

그러나 박종홍의 보수적 역사관에도 상황을 저버리지 않고 그것에 충실하려는 상황 내재적 의지가 있다. 이러한 의지를 그는 시대의 윤리로 제시한다. 그에게 실존적 주체성이 갖는 내적 성실성은 객관적 상황에 대한 성실성도 포함한다. 그는 그것을 이학적 심성론의 고전인 『중용中庸』의 성실성[誠]으로 해석했다. "사물과의 유대를 잠시도 끊지 않으려는 성실성[不誠無物, 성실하지 않으면 사물은 없다(『중용』 25장)]"은 주객 변증법적 사고에 윤리적 근거를 주는 것이었다. 해방 이전의 그의 변증법은 역사적 상황 속에서 '비약'과 '반역'의 결단을, 해방 이후의 변증법은 긍정적 건설을 의욕한다. 그의 변증법은 현실에 밀착하여 현실을 변형하려는 내재적 성실성에 기초한다.

해방 후 박종홍은 창조적 구상력과 능동적 활동성을 결합한 창조적 부정성을 우주와 역사의 생성원리로 해석하는 존재론적 체계를 구상한다. 그는 부정성을 본질로 하는 생성을 이학(理學)의 생명 원리였던 생생지리(生生之理)의 본질로 해석한다. 이학적 헤겔주의라고도 할 수 있는 이러한 존재론에서도 궁극의 실재인 생명 원리는 자연과 역사에 내재한다. 그러나 이러한 체계에서도 실존적인 향내적 자각이 중시된다. 그는 존재론적 부정성에 만족하지 않고 '부정성의 자각'을 자신의 존재론적 구상의 본질적 계기로 삼는다. 그의 성실성 개념은 역사에의 참여와 자각을 결합시키는 주객 통일성의 원리이다.

이러한 관심에서 그는 실존적 주체성의 인간 중심적 의의를 살리는 가운데 우주와 역사의 생성 법칙을 해명하는 창조의 논리를 구상한다. 그의 사유를 사실상 총괄하는 존재론적 원리인 '창조의 논리'라는 말은

1948년 『일반 논리학』의 결론에 해당하는 글인 「창조創造의 논리에 대한 예비적 시고試考」에서 처음 등장한다. 이 글에서 그는 창조의 논리에 대한 예비적인 개요를 제시한다. 그는 죽음 직전까지 창조의 논리를 완성하고자 했으나 뜻을 이루지 못했다. 그러나 그의 변증법적 창조에 관한 관심은 멸시받는 조선을 철학적으로 그리고 실천적으로 극복하려는 1930년대 초의 청년기에서부터 발견된다. “우리의 철학”에 대한 관심과 함께 1930년대 후반의 글들(「현대철학의 제문제」(1938), 「고전 부흥의 의의—새로운 창조와 건설을 위하여」(1938))은 변증법적 창조와 인간의 활동이 갖는 논리에 대한 철학적 탐구의 의의를 강조한다.

또한 박종홍은 동양의 변화의 논리인 ‘역(易)의 논리’에도 관심을 갖게 된다. 그는 창조의 논리의 예비 작업이기도 하고 서양철학을 교육하는 학습 교재의 성격도 갖는, 형식 논리학과 인식 논리학을 넘어 창조적 생성의 논리를 구성하고자 했다. 그리고 자신의 사상의 기본 개념들을 형성해준 변증법적 논리학은 역의 논리를 흡수하여 창조의 논리로 거듭날 수 있기를 바랐다. 그러나 그 시론적 글인 「시고試考」의 개요는 하나의 체계로 완성되지 못했다. 이 점을 제자들은 애석해했다. 그러나 그의 창조의 논리를 채울 수 있는 주요 관념들은 그의 평생의 작품들 안에 산재되어 있다. 다만 그것이 체계로서 나타나지 않았을 뿐이다. 이것은 미키 기요시의 후기 주저인 『구상력構想力의 논리論理』(1939)가 이론적 체계에 접근하지만 미완의 저작으로 끝난 것과 유사하다.

니시다 기타로와 함께 미키 기요시는 인간과 자연의 활동은 의지적 정열(파토스)과 합리적 질서의 창조 능력(로고스) 양자의 결합에 의해 전개된다고 보았다. 파토스와 로고스는 독일 낭만주의 철학이 전개되는 과정에서 문제되었던 개념들 가운데 하나였다. 저지된 생을 극복하려는 생의 감정과 생의 충동인 파토스는 그리스의 합리성을 긍정하는 고전주의적 정신과 결합한다. 이러한 태도는 헤겔과 괴테에게서 잘 드러난다. 그러나 헤겔의 사변 이성이 수동성과 정관적 성격을 갖는 것에 비해, 괴테의 파우스트의 영혼은 화해할 수 없는 모순을 자기희생적으로 극복하는 비극성과 부단한 능동성을 특징으로 갖는다. 미키 기요시는 괴테의 이러한 창조적 정신을 구상력의 논리로 수용한다. 그는 유럽에 유학하여 많은 지적 정보를 접할 수 있었다. 그는 괴테와 생 틸레르의 형태 생물학에서 창조적 구상력이 형태를 창조하는 형이상학적 힘이라는 독일 관념론의 원리를 확증할 수 있다고 생각했다. 이러한 생각은 당시 신칸트주의의 자각적 문화주의와 베르그송을 비롯한 유럽 철학의 전개에 의해 더욱 강화되었다.

박종홍 역시 '구상력의 논리'에 큰 관심을 보였다.[36] 이렇게 보면 박종홍의 창조의 논리는 이성적 의지의 변증법적 운동에 의한 형태 창조라는 구상력의 논리와 유사한 구조를 가질 것이라고 추측할 수 있을 것이다. 그러나 "우리의 철학"과 이학적(理學的) 사고에 관심을 기울였던 박종홍은 창조의 논리를 한국적 철학으로 재구성하고자 했다.

그의 『부정否定에 관한 연구』(1959)는 하이데거의 존재론을 끌어들이면서도, 이학의 궁극적 실재인 태극(太極)과 천리(天理) 및 본연의 성품[本然之性] 개념에 주목한다. 이른바 천리유행(天理流行)이라고 하는 생명 원리인 태극이 자연 내재적인 흐름의 방식으로 운동함으로써, 개체들의 본성이 구성된다. 이 본성을 천명지성(天命之性)이라 한다. 태극은 이학의 전통에 의하면 우주의 마음[天地之心]이다. 우주의 마음이 인간과 사물에 내재하여 응축된 본성은 일종의 심리적 원리이다. 우주는 생명 원리의 지속적 전개이며, 인생과 사회도 그 심리적인 심층적 원리의 전개이다. 박종홍은 명(命)의 방식으로 유행(流行)하는 천리(天理)인 천명(天命) 개념에 주목한다. 그는 천명이 새로움을 창조하는 활동인 부단한 발생[生生]의 과정이라면, 그것의 본질은 부정성이라고 해석한다. 풍부하고 생동하는 세계를 창조하는 과정은 천명의 자발적 활동성을 구현하는

---

36 최정호, 「산다는 것의 거장」, 『스승의 길』, 291쪽; 김사협, 「천재란 스스로 법칙을 만든다」, 『스승의 길』, 111쪽: 이 글들은 박종홍이 미키 기요시의 『구상력構想力의 논리』를 흥미 있게 보았다(1953년)고 말했다는 것과 1960년에 미키 기요시 등의 서적을 사 보내달라고 했다는 사실들을 알려주고 있다(이병수, 『박종홍의 철학사상』, 111쪽 참조).

운동이자 다양으로의 분화 운동이다. 부정성 없이는 이러한 분화 운동은 불가능하다.

박종홍의 창조의 논리는 이러한 이학적 천명을 기본으로 전제한다. 아마도 창조의 논리가 체계로 완성되었다면, 그가 가장 창조적이라고 보았던 동학의 창조적 개벽(開闢)의 정신을 반영하는 체계일 수도 있을 것이다. 그는 도교와 불교의 무(無)와 공(空)이 창조적 활동의 근거가 될 수 있다고 보았다. 세계를 부정한 무(無)와 공(空)은 창조적 활동성으로 전환되어 다시 유(有)의 세계를 창조해가는 내재적 활동이 된다. 박종홍의 창조의 논리는 천명지성(天命之性)을 기본 원리로 하는[37] 윤리적 존재론이자 무(無)와 공(空)을 창조적 활력의 근원으로 보는 한국적 체계일 것이다.

그러면 해방 후의 후기 사상에서 주객 변증법과 창조의 논리는 구체적으로 무엇을 종합하고 창조하는 것인가?

3. 이학적(理學的) 생성론과 창조의 논리

박종홍의 궁극적 실재인 '천명(天命)'은, 주렴계(周濂溪)의 "무극이 태극[無極而太極]"을 "무극이면서 태극"이라는 본체(本體)와 발용(發用)의 관계로 해석한, 주희 이래의 관점에서 본 생명 원리이다. 본체와 현상의 관계는 시간적 선후 인과관계가 아니라, "무시무종[無始無終]"의 무한한 시간에서 존재하는 본체가 현상적 존재[有]로 무시무종의 시간을 통해 발용하는 관계, 즉 표현적 발현의 관계이다. 본체의 성질은 그 체의 측면에서는 "고요하고 순수한 드넓은 세계[淨潔空豁的世界]"이다. 이런 의미에서 그것은 무극(無極)이다. 그러나 그 세계는 자발적으로 요동하여 파도처럼 출렁이는 운동을 하는 세계이다. 현상은 이 출렁임을 통해 나타난

37 李炳秀, 『열암 박종홍의 철학사상』, 한국학술정보, 2005, 121-200쪽.

다. 무극은 생동하는 생명 원리로 실재하는 태극(太極)이다. 그것은 우주의 영원한 생성 과정의 실재적 근거이다. 이러한 체용의 관계 구조를 갖는 천명(天命)은 주희의 비유에 의하면 거대한 함선과 그 아래에서 도도히 흐르는 대양의 관계와 같다.

이런 의미에서 중국의 과학사가인 니담(Joseph Needam, 1900~1995)은 『중국의 과학과 문명』에서 주희의 태극으로서의 이(理)를 '힘의 장(場)'으로 해석했다. 가풍진(賈豐臻)의 『중국이학사中國理學史』도 "추상적인 것이 아니라 역학적인 것"으로 보았다.[38] 이러한 존재론은 생명 원리를 본체로 하는 과정의 철학, 생성의 철학이다. 박종홍은 이러한 생성 과정을 변증법적 언어로 해석한다. 자기 부정을 통해 "날로 새로움을 창조[日新又日新]"하는 천명은 한편으로는 자연의 생성으로 나타나고, 또 한편으로는 인간과 역사적 사회로 나타난다. 인간은 이학적 심성론에서처럼 향내적 자각을 통해서는 자신의 심층에 내재하는 천명의 흐름을 이해하고, 향외적으로는 인륜과 물질적 삶을 형성해간다.

조선 이학은 상공업 발전이 '민성(民性)'을 동요시키는 것으로 보아 농업을 보호하는 정책을 제시해 왔다. 그러나 박종홍의 향외적 실천은 상공업 발달을 향내적 자각을 상실하지 않는 한에서 촉진하는 것이다. 천도(天道)라고도 하는 천명은 우주 내재적으로 작용한다. 향내적인 자각적 인간은 그 내재적 원리의 창조적 능력을 역사적 사회에 구현해야 한다. 이러한 형이상학적 참여의 정신에 따라 박종홍은 야스퍼스의 '난파의 철학'을 언급하는 구절에서 기독교적 전통에서 온 초월적 사고를 거부한다. 그는 야스퍼스의 '존재(Sein)'에 대해 다음과 같이 논평한다.

> 야스퍼스는 일견 이성(理性)의 힘을 높이 평가하는 듯하되 단말마적(斷末魔的)인 궁경(窮境)에서 그의 무력을 오히려 폭로함으로써 엉뚱한 절대자

---

38 Joseph Needam, *Science and Civilization in China II*, Cambridge University Press, 1956, p.405; 賈豐臻, 『中國理學史』, 商務印書館, 1969, p.173.

를 내세우고 만다. 그러나 나의 의문은 여기에 있다.[39]

야스퍼스가 말하는 생의 궁극적 의미는 상식과 심미적 삶, 과학과 윤리적 삶을 포괄하면서도 그것들을 넘어서는 것에서 드러난다. 이러한 초월에서 만나는 궁극적 포괄자인 무한자의 현현(顯現) 앞에서 이성은 난파한다. 이 난파하는 충돌의 순간에 진정한 삶으로서의 실존이 가능하다. 박종홍은 『철학개론강의哲學概論講義』(1953)와 개정판 『철학개설哲學概說』(1954)에서 야스퍼스의 실존적 형이상학의 핵심적 원리들을 소개한다. 여기에서 그는 무한자와의 만남에서 실존의 진정한 현실성이 '증여되는' 형이상학적 모험을 무용한 것으로 평가한다. 야스퍼스의 실존은 안전한 대륙을 떠난 나비처럼 대양 위에서 불안하게 날면서 절대자가 현현하는 광휘의 순간을 기다린다. 그러나 박종홍이 보기에 그러한 철학은 현실에 침투하여 그것을 변형시킬 수 있는 잠재성을 지닌다 할지라도 무기력한 것이다. 진정한 자각과 주체적 실존은 대륙인 현실에의 충실성에서 이루어져야 한다.

> 영원(永遠)을 구하는가. 절대적(絶對的)인 것을 원하는가. 그것은 이 순간(瞬間), 이 현실(現實)에 대한 충실여부(忠實與否)에 달린 것이요, 여기서만 인생의 고귀한 가치(價値)도 실현(實現)되어 인간으로서의 삶의 보람이 있을 수 있는 것이다.[40]

생의 조용한 신비적 순간이 아닌, "「호미」를 든 이 순간, 「함마」를 둘러치는 이 순간"에서 "영원의 생명과 절대적 의의"가 드러난다.[41] 행동적 '탈존(Ekstasis)의 순간', 의식이 현재의 초점으로 집중되는 순간, 운동 신경의 수축과 이완의 순간에 생의 고뇌와 분열은 사라진다. 이러한 행동

---

39 朴鍾鴻, '實存主義와 現代 哲學의 課題', 「哲學論考」, 『전집』 3, 1952, 430쪽.

40 박종홍, 「哲學概論講義」, 『전집』 3, 31쪽.

41 박종홍, 위의 책, 28-30쪽.

주의적인 현실주의는 내적 영혼의 언표할 수 없는 잔잔한 기쁨을 버린다. 그것은 내면의 진동에서 생의 의미를 경험하려는 종교적 태도 또한 떠난다. 박종홍에게 신비적 경험은 "힘 없는 여가 활동"에 속한다.

이러한 측면에서는 박종홍은 인간적 주체가 자연과 역사를 변형시키고 개척해간다는 서양 근대의 인간중심주의 노선에서 사고한다고 할 수 있을 것이다. 존재 중심주의 혹은 우주 중심주의는 '은둔'과 '도피'의 행동이다. 그가 "함곡관(函谷關)에서 사라진 노자(老子), 나비가 된 장자(莊子)"에게서 "현실적 건설에 적극적으로 참여하는 아무런 희망도 볼 수 없다"고 불만을 표시한 것도 그러한 맥락에서 나온 것이다.[42] 그의 사고는 민생을 위한 도덕적 책임을 자각하고 실행해야 한다는 유가의 정치 참여적 태도에 접근한다. 그의 현실적 관점은 현실적 힘을 가진 '함'의 지평에서 이루어진 것이다.

그에게 존재한다는 것은 인륜성에 귀속하는 것이다. 그러나 이 귀속성에 의거한 실천은 자본주의적 인륜을 넘어서는 해방적 이상을 향해 움직이는 것이라기보다는 불쌍한 처지에 있는 "국가의 명운"을 바꾸는 것이다. 그의 실존적 주체성은 "조국의 국민으로서의 자각"이다.[43] 개인의 실존은 '민족', '공동체', '우리', '국가'라는 보편자의 통일성에 귀의했을 때 진정한 인륜적 실천이 된다. 그의 변증법적 이학 체계에서 향외적 실천은 마음 내면에 발현되지 않고 있는 내재한 태극인 '미발지성(未發之性)'을 자각적으로 실현하는 것과 연속된다. 향내성과 향외성의 이러한 종합이 창조의 논리의 근본 구도이다.

이러한 내외합일의 구도는 그에게 매우 긴급한 것이다. 그는 그것을 왕양명(王陽明) 좌파로 분류되는 왕간(王艮)과 왕용계(王龍溪)와 같은 명대 현성파(現成派)의 급진적 도식으로 표현했다. 그에 의하면 부정성에 대한 실존적 주체성의 자각은 '양지(良知)'이다. 양지가 직접적 행동으로

---

42 박종홍, 앞의 책, 28-30쪽.

43 박종홍, '主體의 일반적 摸索, 결론', 「哲學槪說」, 『전집』 2, 177쪽, 362-363쪽.

나타나는 실천을 '현성(現成, 드러나 성취되어 있음)'이라 한다. 양지가 곧 현성이다. 그러나 박종홍의 내외합일은 평등을 지향하는 현성파의 개방성을 가진 것이라기보다는 조선 이학의 주자학적 자장 안에 있다. 그의 민족적 정체성을 담은 천명(天命)의 형이상학은, 신남철이 낭만주의적인 유물 사관에 의거해 사회적 분업을 비판하는 태도와도 다르다. 박종홍은 "각자가 자신들이 잘하는 능력[所長]"에 따라 "분업을 담당하는" 것을 용인한다. 그의 "정치적 실천"은 "모든 만듦의 총계적 계획과 수행"이라는 총체적 관리의 활동이다.[44]

이러한 정치론은 인간의 정치적 삶을 민주정치와 민주경제를 위한 실천으로 보기보다는, 실천을 전체적 조화 속에서 적절한 분업이 이루어지는 사회적 본분 귀속론으로 축소한다. 전체적 조화는 통일성과 지도자의 사회 공학적 관리를 필요로 할 것이다. 그의 정치적 실천 개념은 지도자의 정책적 실천을 따른다는 의미를 갖는다. 박종홍에게 창조의 논리는 민족의 명운이 걸린 것이다. 그것은 과거의 너무나 억울한 현실을 극복하는 논리이다. 이에 대한 그의 신념은 매우 강했다. 그에 의하면 "창조의 논리에 대한 무관심, 무자각 때문에 광란적 혼미와 과대망상적 자기도취"가 일어나고, "부질없는 초조"가 생긴다.[45] 이러한 견해는 1960년, 기대했던 4·19 혁명이 새로운 문화와 정치를 창조하는 데에 실패하고 정객들의 부패와 혼란으로 이어지자 더 강화된다. 박종홍은 개명된 지도자의 출현을 기대한다. 이것은 해방 직후 백남운(白南雲)과 함께 진보적 민주화를 주장한 신남철이 지성과 품위를 갖춘 지도자의 출현을 기대하는 것과 방식은 다르지만 유사하다. 기술 문명과 정신문화의 후진성은 해방 후 한국 지식인의 불만들 가운데 하나였다.

'창조의 논리'의 개괄적 성격을 알 수 있게 하는, 『전집』 6권의 「새로운 것」과 『일반논리학一般論理學』의 결론인 「창조創造의 논리의 예비적 시

44 박종홍, 「지성의 방향」, 『전집』 6, 65-67쪽.

45 박종홍, '결론', 「일반 논리학」, 『전집』 3, 177쪽.

考」,『인식논리학認識論理學』 등은 창조의 구체적 내용을 비교적 분명하게 언급한다. 그는 생성론적 존재론과 기술(技術)의 창조 과정인 인위적 활동[有爲]을 종합 가능한 것으로 본다. 모든 창조는 기술이다. 이 '광의의 기술'은 둘로 나누어진다. 하나는 자연을 소재로 하여 도구나 기계를 만드는 '협의의 기술'이다. 또 하나는 사회를 대상으로 그 조직과 제도를 "새롭게 만드는 기술"인 정책이다. 이 두 가지 기술은 인위적 활동이다. 이 활동은 자연의 생성 과정의 직접적 연장은 아니다. 그러나 그 활동은 모든 기계들이 자연의 법칙 위에서 작동할 수 있듯, 자연의 생성과 단절된 인공적인 것이면서도 자연의 이치에 순응한다. 인간의 진정한 모습은 "유위(有爲)이지만 자연(自然)인 것에 있다."[46]

이러한 견해는 미키 기요시가 기술과 제도를, '형태를 창조하는' 생산적 구상력의 '만듦(poiesis)'의 산물로 해석하는 관점과 유사하다. 그러나 박종홍은 자연의 생성과 인위적 만듦이 조화를 이루지 못하고 서로 단절된 과도한 기술 문화는 파멸을 면치 못할 것이라고 한다. 그는 이학적 생명 원리와 과학기술의 화해를 변증법적 종합으로 간주한다. 생성을 무시한 만듦은 무의미한 것이다. 그는 "생성을 중심으로 자연에 순종할 것을 생각한 것은 동양 사상이며, 만듦을 중심으로 인간에 의하여 전복될 것을 자연이라고 생각한 것은 근대의 서양사상이다. 그러나 궁극에 있어서 생성과 만듦은 서로 뗄 수 없는 것이요, 보다 높은 일치와 지양의 실현에 있어서 인간은 인간으로서의 존귀한 의의를 발휘하게 되는 것이 아닐까?"라고 말한다. 그러나 이러한 "존귀한 의의"를 상실할 때, "달 로켓은 인간 파멸의 조종을 상징하는 것이 아니라고 단언하기 힘들 것"이라고 한다.[47] 그는 창조의 논리를, 부정성을 통해 전진하는 천도(天道)에 바탕한 향내적 주체와 인위적 만듦을 조화시키는 '획기적 지도 이념'이라고 생각했다.

---

46 박종홍, 「새로운 것」, 『전집』 6, 416쪽.

47 박종홍, 위의 책, 418-419쪽.

박종홍의 이러한 논리는 그 자신도 언급하듯 신체적 활동을 통해 '구상적(具象的) 형태'를 형성하는 '구형(構形)의 논리'이다. 이 논리는 재료에 선재하는 형식을 변형적으로 부여하는 활동 방식이다. 주어진 소재들을 '분석적으로 선택'하여 그것과 미리 계획된 형식을 종합하여 "소재 중에 없던 새로운 질(質)을 획득"한다. 여기에서 "주체적인 것과 객체적인 것은 질적인 비약적 종합"이 이루어진다. 이러한 합목적적 논리는 자의적 '공상'이나 '영감'에 의한 것이 아니라, 대상이 가진 '필연성'을 '인식된 필연'으로 파악하여 인간의 "자유를 역사적 현실적으로 실현하는 힘"으로 전환시킨다. 문화 창조에도 이 논리는 적용된다. '전통의 소재'는 창조의 논리가 적용되어 새로운 역사적 상황이 요구하는 목적에 의해 그 긍정적인 것이 보존된다. 보존된 것이 새로운 것과 종합될 때 '모방'이 아닌 창조가 나온다.[48]

그러나 박종홍에 의하면 기술 공학적 창조는 그 자체만으로는 '기술적 예속'으로 인해 "대중으로 하여금 비정신적 비인격적으로 화하게" 한다. 따라서 '사회 기술로서의 정책'으로 '협의의 기술'을 '통제' '계획'해야 한다. 이 '정치적'이고 '윤리적인' 정책은 '자본의 축적'이 갖는 병폐, 즉 "영리에 있어서 수적 계산에만 사로잡힌 소유충동에 좌우되는" 것을 방지하는 "총계획적인 기술로서의 정책"이다. 창조의 진정한 목적은 그가 '노동조직'이라고 하는 노동관계와 기타 '사회적 조직'을 자본주의의 물신화 현상을 제약하는 방향으로 형성하는 것이다. 이것이 "총계획적 능력의 목적"이다. 이 목적은 "장치(裝置)의 지배(Herrschaft des Apparatus, 야스퍼스(K. Jaspers))가 인간을 기계적 기구의 일부로 화하게" 하는 것을 막는 데에 있다.

여기에서 박종홍은 아리스토텔레스의 『니코마코스 윤리학』의 목적론적 정치윤리에 의존한다. 산업사회는 총계획적 목적에 '종속적인 능력의 목적들'이 수단으로 기능하는 아리스토텔레스적 위계질서를 필요로

48 박종홍, '創造의 論理에 대한 豫備的 試考', 「一般論理學」, 『전집』 2, 173-182쪽.

한다. 박종홍은 창조가 갖는 그러한 목적론적 도식을 “사회, 국가, 민족 내지 전 인류의 입장”으로 확대하고, 그것이 보편성과 민족적 특수성을 갖는다고 생각했다. 그에 의하면 “우리는 (자연 대상과 사회라는) 사물을 새로 만들어냄으로써 결국은 우리 자신을 새로 만들고” 있다. 만듦은 “새로운 자아를 창조하면서 사는 것이다.”[49]

이 새로운 자아는 어떤 자아인가? 박종홍에 의하면 “사회적 인간의 형성” 측면에서는 “모든 기술의 발달은 집단적 노동의 조직화”와 ‘협동 합력’을 필요로 하기 때문에, 이에 적합한 사회적 자아가 요구된다. 자본주의적 영리는 ‘봉사의식’을 가져야 한다. 이러한 ‘사회적 인간’이 “기술적 삶을 사는 것”은 조직과 제도가 “새로운 형태를 만들어준” 사회적 삶을 사는 것이다. 이 사회적 자아는 문화적으로는 전통을 지양적으로 계승하고, 자신의 주체성을 “새로운 사회적 인간 형성, 새로운 민족의 창조”에서 “신생의 서광을 보게 되는 것”에 투여한다. 이것이 박종홍이 상실된 세계를 ‘탈환’하는 방식이다. 그의 실존적 주체는 민족국가적 이성을 통해 경제적 이기주의를 봉사적 협동체로 전환한다.

이러한 창조의 논리는 주관과 객관의 분열을 지양하는 총체성을 진리로 보는 헤겔의 변증법을 전제한다. 객관과 분리되어 고립된 개체의 불안과 구원의 갈망은 나약한 실존이다. 그러한 삶은 분리를 고착시키는 ‘오성적(悟性的)’ 사고에서 나온 것이다. 진정한 사고는 사변적 이성의 총체성을 지향한다. 박종홍은 이 입장을 『변증법적 논리辨證法的 論理』(1977)에서 다음과 같이 논하고 있다.

> 헤겔에 의하면 이러한 오성적 추상적인 것들 사이를 전전하여 마지않는 것은 철없는 사람들이 하는 일이요, 인생의 경험을 쌓은 사람은 그러한 추상적인 이것이냐 저것이냐의 태도는 제쳐놓고 구체적인 것을 확보하는 법이라고 한다. 두 개의 오성적 규정 중 한쪽을 배제하고 다른 한쪽만을

49 박종홍, 앞의 책.

> 고집하는 것이 독단론이다. [……] 그러나 사변적인 진리는 그런 것이 아니다. 그것은 이와 같은 일면적인 규정을 가지는 것이 아니다. 일면적 규정만으로써는 도달할 수 없는 것이다. 그것은 통체성(Totalität)이기 때문에 독단론에 있어서 분리된 채로 확고한 진리라고 생각되어 있는 제규정을 자기 속에 합일하여 포함하고 있다. [……] 헤겔에 있어 이성의 싸움은 바로 오성에 의하여 고정된 것을 극복하는 데에 있다.[50]

이처럼 박종홍의 이성은 '통체성(統體性)'이라고 부르는 총체성 아래 다른 것을 포괄하는 정신이다. 이러한 입장은 독일의 후진성을 혁명을 통하지 않고 개명 국가를 통해 극복하고, 경제적 시민사회를 국가에 통합하려는 헤겔의 정치적 이념에 접근한다. 이 점은 이익사회를 지양하고 민족적 정체성을 근대국가로 수렴하려는 박종홍의 관심을 잘 나타내고 있다. 그의 헤겔 해석에 의하면 사변 이성은 "주관과 객관의 대립까지도 지양된 것으로 자기 속에 포함하는" "구체적이며 전체적인 것이다." 그것은 "모든 상대를 내포하는 절대"이다.[51] 생(Leben)의 유기적 통일성이라는 낭만주의적 철학으로부터 출발한 헤겔은 총체적 절대를 향해 운동해가는 이성의 논리학을 진정한 생명을 파악하는 길로 여겼다. 마찬가지로 박종홍에게도 '창조의 논리학'은 "모든 학문에 생명을 넣어주며, 모든 것을 살리는 영(靈)이다(Die Logik ist somit der allbelebende Geist aller Wissenschaften)"[52]

이러한 창조의 논리는 총체성이 사회의 '총계획적 목적'으로 나타날 때, 그 목적과는 다른 이질성들을 제약하거나 배제하는 이항 대립적 사고와 실천을 낳는다. 총체성은 자신의 종합적 도식에 따라 실재하는 이질성들을 실재로서 인정하지 못하고, 자신의 기준을 통해 타 민족과 타

---

50 박종홍, 「辨證法的 論理」, 『전집』 2, 415-416쪽: 이 저작은 유고 정리 중 수고(手稿)로 된 노트를 발견하여 1977년에 간행한 것이다.

51 박종홍, 위의 책, 420-421쪽.

52 박종홍, 위의 책, 426쪽.

인들이 결여하고 있는 것을 들추어낸다. 헤겔이 동양을 자유 없는 미개한 단계에 있는 아시아적 정체성으로 특징지은 것은 그 대표적 사례이다. 1970년대 이후 박종홍의 사상을 급진주의자나 자유주의자들이 불편해한 것은 바로 그 총체성 개념과 연관이 있다. 그러나 자유주의자들도 기술 공학주의와 자본주의적 공리주의에 자신의 출생 증명을 갖고 있기 때문에 헤겔적 이성주의와 공존할 수 있었다. 그들은 서로 긴장관계에 있었지만, 민주경제, 민주정치를 통해 인민주권을 구현하려는 모든 형태의 급진주의와는 협력할 수 없었다.

자유주의는 고립된 개인의 사법적 소유권을 보장하지 못하는 한국의 왜곡된 의회제를 후진적인 것으로 불만스러워 했다. 그러나 자유주의는 자신의 다원론적 세계상과 자유 민주주의적 정치체에 대해서는 그 전제를 비판적으로 해명하는 이론적 작업을 소홀히 했다. 이러한 맥락에서 자유주의적 개인의 자기폐쇄성을 현실의 모순을 문제 삼는 실존적 자각으로 변형하고자 한 박종홍의 생각은 일면 진지성을 갖는다. 그러나 그의 주체적 자각은 독일 관념론과 조선 이학의 심성론을 수용함으로써 그 중후한 면모를 갖출 수는 있었지만, 총체성으로부터 탈출하려는 개방적 정열은 가질 수 없었다. 1970년대의 철학은 개인주의적인 냉담한 자폐성과 폐쇄적 총체성의 이원적 갈등에 갇혀 개방적 전체성에의 철학적 출구를 찾지 못했다. 그 방향은 재야의 민중 사상의 몫이 되었다.

4. 생산적 구상력과 이성

박종홍의 창조의 논리는 한국 전통철학과 헤겔의 이성의 논리를 결합하고 있다. 그의 이성 개념은 구형(構形)의 논리라는 개념과 연관해서는 칸트의 '생산적 구상력'과 분리해서 생각할 수 없다. 박종홍이 칸트의 생산적 구상력을 "현실에의 환원이 완성되지 못한 사변적 실험"에 그쳤다고 비판하지만, 사실상 '구형의 논리'는 구상력을 현실적 창조력으로 전환한 것이다. 창조적 구상력은 헤겔에게는 신체적이고 이성적인 대상화적 실천으로서의 노동을 가능하게 하는 심층적 원리였다. 박종홍의 창조의 논리는 이와 유사한 구형의 논리이다.

창조의 논리는 사고의 형식만을 다루는 형식 논리학과 인식의 선험적 조건을 다루는 인식 논리학을 넘어서는 의미를 갖는다. 창조의 논리는 이성으로 인식된 대상을 실천적으로 변형, 창조하는 실천의 논리이다. 이 논리는 자연 대상을 인위적으로 변형하는 기술 과학적 실험의 논리이며, 전통의 비판적 계승이라는 문화 창조의 논리이자 총괄적인 정치적 지도의 논리이다.

생산적 구상력은 칸트의 『순수이성비판』, 「범주의 선험적 연역」에 나오는 인식론적 개념이었다. 박종홍의 『인식논리認識論理』(1953)에 의하면, 직관 능력이 없는 지성인 오성은 외부로부터 온 감성적 내용을 인식으로 성립시키기 위해 '매개적 중간자'를 필요로 한다. 구상력은 "대상을, 그것이 현존하지 않더라도, 직관에 있어 표상하는 능력"이다. 구상력은 감성처럼 "대상의 한정을 받는" 수동성이 아니라 "한정하는 자발성(自發性)"을 갖는다. 자발적 구상력은 지성의 선험적 범주에 의거하여 감각적 다양성에 '형상(形像)' 혹은 '상(像)'을 부여하는 '형상적 종합'의 능력이다. 이 능력은 인식을 가능하게 하는 능동적 능력이다. 이런 의미에서 그것은 '선험적 구상력'이며 구상력은 창조성을 갖는다. 선험적 구상력은 서로 이질적인 것을 연결하는 중개자라는 면에서는 "대립의 모순적 통일이라는 변증법적 지양(止揚, Aufheben)의 계기"이다.[53]

그러나 박종홍의 구상력은 감성과 오성의 중개자의 위치에 있지 않다. 그에 의하면 하이데거는 『칸트와 형이상학의 문제』에서 구상력을 "오성과 감성 사이의 중간적 능력으로서 그 다리[橋]를 가설해주는 매개 작용으로만 보지 않고," "오성과 감성이라는 두 줄기[幹]의 뿌리로 보았다."[54]

---

53 朴鍾鴻, 『認識論理』, 『전집』 2, 236-241쪽.

54 박종홍, 위의 책.

생산적 구상력은 자신의 창조적 본성에 따라 '시간'이라는 '도식'을 가진 근원적 능력이다. 그것을 근거로 주객분리 안에서 움직이는 지성적 인식이 성립한다. 시간을 본질로 하는 생산적 구상력은 인식론적 토대의 지위를 갖고 있다.

그러나 생산적 구상력을 인식의 뿌리로 보는 해석은 하이데거 자신의 말처럼 근대 독일 관념론과는 다른 입장이다.[55] 하이데거가 해석하는 생산적 구상력은 존재를 인식하는 데에서의 감성적 직관과 순수 사유를 가능하게 하는 종합적 통일의 선험적 근거일 뿐이다. 선험적 뿌리는 직관과 사유의 구조를 만들어주는 구조적이고 내적인 근거이다. 그러나 피히테에서 헤겔에 이르는 독일 관념론은 생산적 구상력을 인식의 가능근거일 뿐만 아니라 실재하는 객관과 주관을 산출해내는 형이상학적 원리로 확대했다. 이러한 관점은 미키 기요시의 『구상력構想力의 논리論理』의 기본 입장이 된다. 그는 생산적 구상력을 자연사뿐만 아니라 인간의 문화사를 창조하는 근원적 원리로 본다. 자연사와 인류사는 형태를 창조하는 생명 원리로서의 생산적 구상력의 창조적 전개이다.

박종홍은 생산적 구상력을 미의 창조적 원천이기도 하지만 역사와 사회를 창조적으로 형성해 나가는 실천적 원리로 본다. 그것은 인간의 역사적 활동의 근거이다. 피히테 이후 생산적 구상력이 생명 원리의 성격을 갖는 형이상학적 원리로 확장되는 과정은 독일의 문화사적 조건과 연관이 있다. 프랑스 혁명이 준 자유의식, 귀족적 관료제하에서의 자본주의의 성장, 유클리드-뉴턴 도식을 전제한 수리 물리학의 등장 등은 일상의 사회적 삶을 동요와 분열로 이끄는 요인들이 되었다. 이 요인들이 철학의 시야에 들어오자, 그것들은 다양한 인간성의 분열적 파편들로 인식되었다.

독일 관념론은 유럽 근대의 지적 삶의 분열상을 감지했다. 철학은 칸

55 하이데거(Martin Heidegger), 『칸트와 형이상학의 문제*Kant und das Problem der Metaphysik*』, 이선일 옮김, 한길사, 2001, 212쪽.

트철학이 보여주는 주관과 객관의 분열, 이론이성과 실천이성의 분열, 감성과 지성의 분열을 문제로 삼았다. 그러한 분열을 통일적으로 해결하려는 철학의 운동은 그 분열을 근저에서 통일하는 원리를 필요로 했다. 생의 통일성에 대한 문제의식은 감성적 파토스와 신비주의적 계기를 중시한 낭만주의 운동에 의해서도 촉진되었다. 이러한 파토스적 방향은 이성(Nous)에 질료와 형상을 종합하여 세계를 창조하는 능력을 부여한 고전주의를 수용함으로써 로고스와 결합된다.

박종홍의 『변증법적 논리辨證法的 論理』에 의하면, 피히테는 주관과 객관이 분열되어 있는 지성의 근저에 표상적 자아가 아닌 형이상학적 자아가 있다고 본다. 그러한 자아는 주객 상대적인 표상적 자아가 아닌 '절대적 자아'이다. 절대적 자아는 자아라는 표현 때문에 고정된 실체로 이해되기 쉬우나, 사실상 그것은 실체가 아니라 자발적 활동성인 '능동성(能動性)' 그 자체이다. 이 활동성은 일종의 생명 원리인 '사행(事行, Tat-Handlung)'이다. 사행은 주관과 객관을 자신의 효과 혹은 성과(Tat)로서 형성하고 그 안에서 활동성으로서 작용한다는 실천적 의미를 갖는다. 이런 의미에서 그것은 실행(實行)으로 번역할 수 있을 것이다.[56] 실행이라는 절대적 자아는 능산적 존재이며, 자신의 소산물을 자신 안에 통일하고 있다. 박종홍에 의하면 이 '근저(根底)에 있는' "자아(自我)라는 생산적 구상력의 능산(能産)과 소산(所産)이 궁극적 자기동일성(自己同一性)을 가지고 있다." 신적인 기능을 가진 자아의 활동성은 객관인 자연의 인과적 필연을 실천적으로 넘어서는 자유의 힘이자 노력이다.

박종홍은 생산적 구상력이 갖는 활동성과 노력에 관심을 갖는다. 구상력의 창조적 능동성은 헤겔에 의해서도 이미 이성의 변증법적 창조의 논리로 언급되었다. 이러한 착상이 박종홍에게 전승된다. 헤겔은 32세의 전기 저작 『믿음과 지식*Glauben und Wissen*』(1802)서 생산적 구상력을

---

56 事(Tat)의 의미에 대해서는 다음을 참조: 엘라이(Lothar Eley), 『피히테, 셸링, 헤겔』, 백훈승 옮김, 인간사랑, 2008, 52쪽, 186쪽.

이성과 동일시한다. 그는 생산적 구상력을 "실재하는 주관과 실재하는 세계 사이의 중간항으로 간주해서는 안 된다"고 전제한 뒤, 그것을 근원적 이성으로 해석한다.

> "생산적 구상력(상상력)은 최초의 것이며 근원적인 것으로서, 또한 이 구상력으로부터 주관적인 자아와 객관적인 세계가 필연적으로 이분화된 현상과 산출물로 비로소 나누어지는, 유일한 즉자존재(자체적으로 존재하는 능력을 갖춘 존재)로서 인식되지 않으면 안 된다. 근원적이면서 양면적인 동일성으로서의 이 구상력은 [……] 이성 자체 이외에 아무것도 아니다."[57]

생산적 구상력인 이성은 주관과 객관을 생산하는 형이상학적 원리이다. 이성은 창조적 능산성을 갖는 의지이자 형상을 창조하는 구상적 형성력이다. 또한 주관과 객관을 통일하는 총체성의 이념을 현실화하는 힘이다.

여기서 박종홍이 말하는 '현실'의 의미가 분명해진다. 그것은 구상력인 이성 개념과 연관된다. 그의 현실은 '억울'하게 하고 나를 '못난 나'로 만든다는 관점에서는 단지 이성의 밖에 있는 질료적 소재이다. 그러나 나의 근거인 창조적 이성의 이념에서 보면 현실은 가능한 미래의 어떤 형상을 기다린다. 형상은 인간을 실천적으로 과도적 과정에 있게 한다. 진정한 현실은 "고차의 현실"이다. 이 현실에서 근원적인 잠재적 능력인 이성이 자신의 본질인 자유와 총체성을 현시한다. 박종홍은 이러한 고차의 현실을 이성의 잠재성이 드러나면서 가능성인 형상이 실현되었다는 의미에서 "절대적 현실(die absolute Wirklichkeit)"로 명명한다. 현실은 아리스토텔레스적 의미에서 실현된 것으로서의 '현실성(energeia)'이다. 박종홍의 철학적 이성은 분투하는 합리적 의지이다. 의지는 현실을 원

---

57 헤겔, 『믿음과 지식*Glauben und Wissen*』, 황설중 옮김, 아카넷, 2003, 51-52쪽.

한다. 현실은 이성의 자발적 실현을 통해 총체적으로 구제되는 현실성이다.[58]

그는 『변증법적 논리辨證法的 論理』 「현실」 장에서 사신의 철학의 선구도를 보여주는 일종의 창조철학 선언인 다섯 가지 조항을 헤겔의 언어로 제시한다.

(1) 철학의 내용은 현실이다.

(2) 철학은 멸시된 현실을 변호하려 한다.

(3) 철학은 현전적인 것, 현실적인 것이 문제다.

(4) 철학은 이성적인 것의 탐구요, 바로 그러므로 해서 현전적인 것과 현실적인 것의 파악이다.

(5) 현실은 아리스토텔레스 철학의 원리이거니와, 직접적인 현존하는 것의 비속한 현실이 아니라 현실로서의 이념이다.[59]

변호된 현실은 비속한 현실이 아니다. 변호는 주어진 비속한 것을 직접적으로 옹호하는 것이 아니다. 현실은 이성의 이념을 실현하는 생기(生起)의 과정인 한에서 이성적이다. "현실은 결코 무사상적(無思想的)인 또는 사유를 좋아하지 않는 둔퇴(鈍退, 둔하고 완고함)해 버린 실제가(Praktiker)들이 상상하는 것 같은 악한 것도 아니며, 비이성적인 것도 아니다."[60] 이러한 현실주의 선언을 박종홍은 서양의 속담으로 압축한다. "수중(手中)의 한 마리의 참새는 지붕 위의 열 마리 참새보다 낫다."[61] 이성은 현실적 가능성을 추구하며, 나머지 다수의 공허한 가능성들인 지붕 위의 참새들을 쫓아버린다.

헤겔은 피히테나 셸링처럼 종교적 문화운동을 통해 개인주의나 관료주의와 같은 사회적 척박성을 극복하고자 했다. 그의 총체적 현실성은 신적 속성과 같은 인간 이성의 잠재성이 완전히 실현되어 내적 자유와

---

58 朴鍾鴻, 「辨證法的 論理」, 『전집』 2, 508-509쪽.

59 박종홍, 위의 책.

60 박종홍, 위의 책.

61 박종홍, 위의 책, 513쪽.

외적 인륜의 통일이 완성되는 단계이다. 이러한 변증법을 헤겔은 기독교적 정신(Geist)을 회복하려는 맥락에서 사고한다. 정신은 이성이며 이성의 본질은 자유이다. 자유는 총체적 현실성에서 완성된다. 헤겔에 의하면 이 과정은 세상이 "버림받았다는 것"을 의미하는 그리스도의 수난[신의 죽음]이 부활로 전환됨으로써 세상은 자유를 찾고 구원된다는 그리스도 사건이다. 그의 철학은 자신이 말하듯 역사적 그리스도 사건을 사변적 그리스도 사건으로 개념화한 것이다. '최고의 총체성'은 "가혹한 버림받음으로부터, 가장 깊은 바닥에서부터" "가장 명랑한 자유로 상승하면서 부활할 수 있고 부활해야만 한다."[62] 이러한 기독교적 사상은 자유를 생의 본질적 경향성으로 제시한다는 의의를 갖는다. 그러나 그것은 동양을 자유를 자각하지 못한 유아 단계로 비하하는 유럽 중심적 편견을 만드는 원인이기도 했다. 그러한 편견은 그리스적 변증법과 기독교의 결합에 의해 더욱 강화된 문화적 자기중심주의일 것이다.

박종홍은 창조의 논리의 핵심원리인 총체적 현실성을 한국적 현실에 적용하고, 그것을 전통 이학적(理學的) 개념으로 해석한다. 그에게 민족의 총체적 구원은 그리스도 사건을 회상하는 부활의 희망이 현실로 구현되는 것이라기보다는, 이학적 성실성[誠]과 경외심[敬]을 가진 심성론적 주체성이 현실에 개입하여 도탄에 빠진 백성을 태평세로 전환하는 경세적 실천에 의해 성취되는 것이다. 그의 민족적 정체성은 현실에 대한 변증법적 변호의 정신과 결합하지만, 아시아 후진론을 맹신하는 자유주의적 지식인들의 민족 비하 정서를 거의 갖고 있지 않았다. 그의 총체성은 전통적 지식인의 정치적 참여 방식을 통해 실현되는 것이었다. 동시에 정치적 급진주의를 포용할 수 없었지만, 개인들의 정치적 자유를 한 부분으로 포괄하는 것이었다. 이러한 입장에서 그는 동학(東學)사상의 내면성의 세계가 갖는 자유의 '기쁨'과 정치적 민주성을 높이 평가할 수 있었다.

---

62 헤겔, 앞의 책, 268-269쪽.

그에 의하면 동학은 "괴로운 어둠 속에 기쁨의 밝은 빛"을 폈다. 그 빛은 '만고의 진리'이다. 이 진리는 그것에 대한 "고요한 감격에 잠겨 나아갈 길을 더듬는 그대에게 새로운 삶의 힘"으로 솟아오를 수 있게 하는 '선각'의 진리이다.[63] 우리의 삶을 이끌 수 있는 기쁨의 진리는 우주의 마음이 곧 인간 마음[天心卽人心, 최제우]이라는 우주적 연대성이다. 이 진리를 최시형(崔時亨)은 '인간 섬기기를 하늘같이 하라[事人如天]'고 표현했다. 손병희(孫秉熙)는 그것을 인간이 하늘[人乃天]이라고 압축했다. 사람이 만들어낸 "무서운 것을 없애고 즐겁게 살려면" '한울님[天主]' 혹은 "무한한 근원적인 생명[渾元之氣]"의 창조적 활동성을 자각적으로 체현해야 한다. 근원적인 창조적 활동성을 나의 본질로 통찰하는 데에서 '지극한 즐거움[極樂]'이 생긴다. 이것이 '생명의 혼[生魂]'이다.[64]

박종홍에 의하면 동학은 가장 창조적인 '독자적' 한국 사상이며, "정치적 민주주의보다 철저한 윤리적이고 종교적인 민주주의"를 제시했다. 그것은 '민주해방의 사상'이다.[65] 그는 동학의 종교적 깨달음과 저항적 실천에서 높은 '휴머니즘'을 보았다. 조선 이학의 천도(天道)를 부정성을 통한 생성으로 이해하고, 천도를 인도(人道)의 근거로 생각하는 박종홍에게 인내천(人乃天)의 원리는 문화적으로 낯선 것이 아니었다.

그러나 이학적 주체성과 민족국가 건설에 대한 박종홍의 관심은 동학의 혁명성을 급진주의적 방향으로 발전시키지 못하게 했다. 박종홍의 현실주의 노선은 함석헌, 신남철, 박치우 등의 급진적 이상주의와 다르다. 함석헌은 폐쇄적 '총체주의(Totalitarianism)'를 거부하고 '바닥 인생'으로 '열려진' 개방성을 갖는 '전체주의(Holism)'를 주장한다. 신남철, 박치우는 사회해방의 노선에서 헤겔의 현실성을 민중이 실현해야 하는 과제로 삼

---

63 朴鍾鴻, 「銅像銘文」, 『전집』 7, 293쪽.

64 崔水雲, 「茂朱에서의 설법」, 『天道敎創建史』(李敦化), 천도교중앙종리원, 1936, 31쪽; 崔水雲, 「論學文」, 『東經大全』.

65 朴鍾鴻, 「韓國思想硏究에 관한 序論的인 構想」, 『전집』 4, 15, 47쪽; 「주체성의 문제」, 『哲學的 隨想』, 『전집』 4, 125쪽; 「한국사상의 方向」, 『전집』 5, 15쪽.

고 '인민성 민주주의'를 주장한다. 이들은 기본적으로 민중의 자각에 의거하는 정치체를 지향한다. 박종홍은 자신의 삼민주의인 민족, 민생, 민주 가운데, 민족과 민생에 상대적으로 더 무게를 둔다. 그러므로 총체성을 이념으로 하는 그의 이성은 봉건적 인륜, 자본주의적 인륜을 넘어서는 새로운 인륜, 즉 새로운 사회적 삶의 방식을 창조하는 원리가 되지 못했다. 그의 이성은 헤겔적 관점에서 사회를 국가에 지양적으로 종합하는 보수적 삶의 원리가 되었다.

한편 현실성에 관한 박종홍의 관심은 우주의 생성원리인 천도(天道)에 대한 이해를 동반한다. 이와 연관하여 그는 젊은 시절부터 공부했던 하이데거의 존재론을 천명(天命)과 연결하여 생각한다. 이 관점에서 그는 생성의 문제를 현실성의 창조와 연관하여 해명한다.

5. 존재론과 부정의 논리

'현실'과 '문화 창조'에 대한 시대적 관심은 여러 형태의 변증법적 사고를 낳았다. 박종홍은 함석헌의 자유의 변증법, 신남철의 비극적 변증법, 박치우의 실천적 변증법과는 또 다른 형태의 삶의 방식을 제시하는 세계관을 형성했다. 1945년 이후의 박종홍은 역사적 '현실'의 '모순'과 변혁에 대한 실천적 관심에서 일단 거리를 두게 된다. 그는 학술 연구라는 우회로를 거쳐 현실에 도달하고자 한다. 그의 현실 변증법적 부정성은 전통철학과 하이데거의 종말론적 존재론과의 대화를 통해 좀 더 복잡해진다. 그는 현대의 위기를 제도적 변혁의 관점에서 보기보다는 니체나 훗설처럼 인간성의 위기라는 문화적 관점에서 평가한다. 또한 인간의 자기반성을 통한 주체적 자기변형의 문제는 새로운 민족문화 창조에 대한 관심과 맞물려 전통 한국철학사에 대한 연구를 통해 전통의 지지를 획득하게 된다.

그의 『변증법적 논리』와 『부정에 관한 연구』는 앎과 실천을 위한 방법론적 기초에 대한 연구이다. 그는 이 연구들에서 "인간의 문화 창조"를 제시한다. 그의 방법론으로서의 논리는 문화 창조라는 맥락에서 '인간의 창조적 참여'를 위한 주체적 조건을 확립하는 것이었다. 논리는 사유와 문화적 실천의 선행 지침서와 같은 위치에 있으며, 그 지침이란 '부정성'과 '자각'이다. 창조적 주체는 부정성과 자각을 본질로 갖는다.

부정성과 자각은 그의 모든 논리학 연구(『일반논리학』『인식논리』『변증법적 논리』『부정에 관한 연구』)에서 도출해낸 결론이다. 이 두 요소에서 우위를 차지하는 것은 '자각(自覺)'이다. 자각은 부정성에 대한 자각이다. 그는 헤겔 철학에서 부정성만으로는 주체성이 가능하지 않으며 부정성에 대한 자각을 통해 주체성이 성립된다는 점을 파악해냈다. "주체라고 함은 부정성의 자기 내(自己 內) 반성을 전제"한다.[66]

박종홍은 부정성이 실현되는 영역을 둘로 나눈다. 하나는 '역사적 현실'이고, 또 하나는 인간 자신의 자각적 자기변형의 영역이다. 전자는 자체 내의 변증법적 법칙에 의해 전개되는 객관적 역사의 발전 과정에서 주어지는 '현실'이다. 그러나 그가 보기에 그러한 객관적 과정에 생의 의미를 거는 것은 '인간의 존엄성'을 무시하는 '허무주의'이고 "소극적인 비관적 태도로 전락하는" 것이다. 이 지점에서 신남철, 박치우가 생의 의미를 걸었던 과학적 역사법칙에 의거한 역사철학은 박종홍의 시야에서 점차 사라진다. 박종홍에게 역사적 현실을 생성하게 하는 부정성(자유)은 '우리 인간'의 자각 쪽으로 이전되어야 했다. 이 문맥에서 그는 자신의 철학의 성격과 삶의 방식을 결정짓는, 그리고 논리를 포함한 동서철학 연구의 마지막에서 일어나는, 최후의 물음을 묻는다.

그렇다 치더라도 인간이 수용적인 입장에만 서게 된다면 인간의 존엄성(尊嚴性)은 어떻게 될 것인가? 도대체 역사적 현실(現實)에 있어서의 인간의 지위가 문제될 성질의 것이 되지 못하는 것인가? 그런 것이 아니라 역사적 현실

66 朴鍾鴻, 「否定에 관한 硏究」, 『전집』 2, 678쪽.

의 부정성(否定性)을 자각함으로써 인간은 그 역사적 현실(現實)에 대하여 어떻게 새로운 참여를 할 수 있는 것인가? 이에 대한 해답은 어떻게 하여야 할 것인가? 이것이 이 연구에 있어서 아직도 남아 있는 나의 과제일 것 같다.[67]

이러한 조심스러운 물음은 인간의 주체성을 위한 내적 자기변형의 길로 선뜻 나서지 못하게 하는, 무엇인가 아직 해결되지 못한 하나의 문제가 걸려 있음을 암시하고 있다. 여기에서 그는 자신의 논리학 연구의 결론 부분에서 머뭇거리고 미결정의 혼란에 빠져들고 있다. 이러한 혼란은 『부정에 관한 연구』의 후반부가 정리되지 못한 초고 상태로 발간된 점에서도 드러난다.

그러나 위의 물음의 전후 문맥을 이해하고 그것을 『한국사상 연구에 관한 서론적 주장』(『전집』 4)과 연결해보면, 그가 자신의 물음에 대한 해답으로서 무엇을 새로이 창조하고자 했는가가 분명하게 드러난다. 물음에 대한 해답에 앞서 그를 머뭇거리게 한 것은 자신이 선호하는 주체성 개념이 데카르트 이후 유럽 근대를 지배했던, 대상에 대한 명령의 주체성, 즉 권력의 주체성이라는 하이데거의 비난을 회피할 수 없다는 것을 염두에 두었기 때문이다. 하이데거는 근대 유럽의 낭만주의 철학의 '생명(Zoe, Leben)'으로서의 자연 개념에 깊이 고무되었다. 이 관점에서 하이데거는, 나는 생각한다(cogito)가 근대의 지배적 정신이자 자연과 인간을 처분 가능한 대상으로 환원하는 주체성이라고 해명했다. 이 주체성은 대상에 인간의 지배 의지를 강요하여 변형하다가 결국은 자신도 객관으로 전락하고 마는 자기파괴적 성격을 지녔다는 것이다.

이 점에서 하이데거는 헤겔과 니체의 근대적 주체성의 철학 혹은 의지의 철학의 근본 특징을 인간 의지의 실현(Wirken)이라는 의미에서 "현실성(Wirklichkeit)의 끝없는 힘(Kraft)으로서의 절대적 부정성"이라고 보았다(*Zur Seinsfrage*). 박종홍은 서양 근대철학사의 근본 특징에 대한 이러

67 박종홍, 앞의 책, 679쪽.

한 하이데거의 논의를 『부정에 관한 연구』(1959)에서 개괄한다. 그리고 그것에 대한 논평 없이 곧 이어 헤겔의 역사관을 논의하고 있다.[68] 역사는 헤겔의 신적 정신에 해당하는 '절대자'가 부정성을 통해 자기를 실현해가는 역사이고, 이것이 '역사적 현실'이라는 것이다.

여기에서 그의 물음의 해답이 갖는 방향이 드러난다. 그것은 근대철학에 대한 하이데거의 비판을 의식하면서도, 근대철학의 부정성 개념을 선호하여 그것을 창조적 자각의 논리로 만드는 것이다. 그러나 그는 역사적 현실이 절대자나 특정 계급의 부정성에 의해 형성되는 자체적 독립성을 갖는다면 개인의 존엄성은 몰각된다고 생각한다. 진정한 자각은 개인들에 의한 자각이다. 근대적 부정성에 대한 하이데거의 비판에도 불구하고, 박종홍은 헤겔적 부정성 개념을 수용한다. 그리고 부정성에 대한 자각의 주체도 객관적 역사 쪽에서 인간 개인 쪽으로 이동한다. 하이데거의 문명 비판적 존재론은 부정성에 대한 실존적 자각을 통해 근대화의 폐해를 시정하는 문맥에서 수용된다.

그런데 부정성의 주제를 다루는 장의 결론 부분에서 (앞서 인용한 최후의 물음의 바로 다음 문장) 느닷없이 하이데거의 '여운 있는 함축적인 말'이라고 하면서 『근거에 관한 명제*Satz von Grund*』(1957)의 결론 부분이 길게 인용되고 있다. 이 인용된 문장은 체계적 문맥에서 인용한 것이 아니라 단순한 노트에 불과한 것처럼 보인다. 그러나 그 문장은 박종홍이 하이데거의 존재론적 교훈을 저버릴 수 없었다는 것을 잘 보여준다. 그 교훈에 대한 의미 해명이 이루어질 때, 박종홍이 끝까지 선호하는 부정성과 자각의 진정한 의미(하이데거의 수용에 의해 변형된 의미)가 밝혀질 것이다. 또한 이 의미 규명에 따라 한국 전통철학에서 그가 가져온 개념들의 의미도 해명될 수 있을 것이다.

---

68 박종홍이 기술하는 서양 근대철학의 특징에 관한 하이데거의 해명은, 하이데거의 『인본주의에 대하여*Über den Humanismus*』(1946)라는 책에서도 유물 사관에 대한 해명의 문맥과 비슷한 어휘들로 논의되고 있다. 앞의 책에 대한 번역서로는 다음을 참조: 하이데거(Martin Heidegger), 『하이데거 휴머니즘론』, 최재희 옮김, 박영사, 1961, 92-93쪽.

그러나 그 인용된 문장[69]만으로는 의미 파악이 어렵다. 따라서 그 전후 문맥에 대한 이해가 필요하다. 하이데거는 『근거에 관한 명제』에서 헤라클레이토스의 단장(Fragment) 52에 나오는 우주관을 아이온(aion, 시간이나 영원, 세대, 세상을 의미)이라는 근본 원리(arche)를 중심으로 논의하고, 마지막으로 박종홍이 인용하는 그 문장을 제시하고 있다. 하이데거는 '아이온'을 '세계시간(Weltzeit)'으로도 번역한다. 그것은 그의 역운(歷運, Geschick, 최재희는 운명이나 숙명으로 번역) 개념의 그리스적 기원이 된다. 헤라클레이토스가 우주의 존재를 생성으로 본다는 것은 철학사에서 잘 알려져 있다. 그에게 자연(physis)은 영원한 생성의 과정에 있다. '영원한'이라는 것에 주목한다면 자연은 언젠가 완전히 사라지는 것이 아니라 부단히 생성함으로서 존재를 유지한다는 것이 된다. 생성이 존재이다. 존재는 생성을 초월한 초자연적인 것이 아니라 자연 그 자체이고 이 존재 이외의 다른 신학적인 초월적 존재는 없다. 토마스 아퀴나스가 『신학대전』에서 나쁜 생각의 길로 경고한 세계관이 바로 자연이 스스로의 동력으로 존재를 유지한다는 그리스 자연철학의 내재적 사고였다.

생성으로서의 존재는 신학적 근거가 없다는 의미에서 무근거이며, 차라리 존재 자체가 근거이다. 자연은 스스로의 변화, 즉 시간적 흐름으로서 영원히 존속한다. 시간과 영원은 대립하는 것이 아니라 같은 것이다. 우주 자연은 자신의 시간에 따라 초월적 존재의 개입 없이 자발적으로 생성해간다. 인간사를 포함한 우주 자연의 온갖 대립적 변화들(밤과 낮, 높고 낮음, 부와 가난, 노예와 자유인……)은 세계시간(aion)을 벗어나지 않는다. 이런 의미에서 아이온(aion)이 모든 사건들의 운명적 법칙(근대

---

69 『부정에 관한 연구』, 680쪽: "아무것도 근거 없이는 있지 않다. 존재와 근거는 동일자다. 존재는 근거지어 주는 것으로서 아무런 근거도 가지지 않고, 무근거로서, 우리에게 존재와 근거를 던져주는 역운(歷運)으로서의 저 연기(演技)를 연출한다. 이 연기의 곡절들을 우리가 과연 들으면서 공연(共演)하며 연기에 참여하는 것인가, 또 어떻게 그렇게 하는 것인가 하는 문제가 남아 있다. 연기, 그것은 가장 높은 것이고 가장 깊은 것이다."

의 자연법칙이 아님)처럼 지배한다. 자연이 자발적으로 자유로이 전개한다는 의미에서 생성 과정은 우연성이 지배하는 자유로운 전개, 즉 유희(Spiel)이다. 그러나 그 과정이 다른 것이 아닌 그러한 과정으로 한정된다는 측면에서는 과정에 있는 사건들이 필연성을 갖는다. 만유(Panta)를 지배하는 원리인 근거는 왕좌의 위치에 있는 철없는 '어린아이'와 같다. 세계의 사건들은 어린아이가 아무렇게나 자유로이 이리저리 갖다놓는 '장기놀이'이거나 주사위 놀이이다. 이미 놓인 장기나 주사위의 숫자는 운명처럼 주어진 것이다. 어린아이, 즉 아이온(aion)이 만유에 운명을 부여하는 '존재의 역운' (Seinsgeschick, 時運)이다. 이런 의미에서 하이데거는 "존재의 역운: 놀이하는 어린아이"라고 압축적으로 표현한다.[70]

그리고 그 시간적 운명으로서 운동하는 어린아이는 운명을 가지고 존재하는 것들을 총괄적으로 자신에게 모으는 모음(Sammlung)으로 존재한다. 이 존재가 로고스(Logos, 하이데거의 의미로는 모음이나 총괄)이다.[71] 자연은 로고스의 총괄로서 스스로를 환하게 드러내면서 존재한다. 이러한 자연의 존재의미를 이해하는 능력이 헤라클레이토스가 의미하는 '지혜(sophon)'이다.[72] 이 지혜는 자연이 개시(開示)해 주는 존재의 역운에 귀의함으로써 자연과의 진정한 '연관' 속에 들어가 '안전하게 거주'하는 삶의 방식이다. 지혜라는 새로운 실존 양식에서 인간의 진정한 본질이 드러난다. 이전의 실존이 '근심' (Sorge)과 '원한'을 벗어나지 못했던 운명을 가진 것이었다면, 그리스인이 사유한 지혜의 삶은 더 이상 '근심이 없는(Sorglos)' 실존이다. '유럽'이나 '아메리카'의 문화 속에서 사는 현대인은 자연에 일치하는 지혜를 상실하고 있다. 그러나 우리 인간에게는 역사의 초기에 드러났던 존재의 역운을 '고향'으로 회상(Andenken)하고 그 역운(歷運)이 다시 반복되어 드러나는 시간(때)을 '기다리고 동경'하는

70 M. Heidegger, *Der Satz vom Grund*, Neske, 1971, p.188.

71 M. Heidegger, *Einführung in die Metaphysik*, vittorion klostermann, 1983, p.133, 139.

72 이 문제에 대해서는 모범적 번역서인 다음을 참조: 하이데거, 『강연과 논문』, 이기상 · 신상희 · 박찬국 옮김, 이학사, 2008, 269-380쪽.

가능성이 주어져 있다.

자연 그 자체인 존재를 상실하고 '위험'에 빠진 '서양(Abendland, 저녁 나라)'은 '어두움' 속에서 자연의 '빛'의 도래를 기다린다. 이러한 사유는 분명 초기 기독교의 종말론적 희망을 닮아 있다. 이런 의미에서 하이데거는 자연에 대립하는 인간의 '무조건적 의지라는 절대적 주체성'을 버리고, '역운적인' 것으로서의 존재 자체가 도래하는 때를 사유하는 자신의 철학을 '존재의 종말론(Eschatologie)'이라 했다.[73]

하이데거는 고대 전통에 대한 재해석의 관점에서 헤라클레이토스를 해석하고 있다. 그 관점에서 그는 말한다. "헤라클레이토스는 존재를 '세계의 때'(die Weltzeit, aion인 역운 혹은 時運)로 보고, 이 「세계의 때」가 어린아이의 놀이라고 생각했다.(단장 52)"[74] 유희는 유희일 뿐 이유가 없다. "세계유희인 [……] 거대한 어린아이는 왜 유희하는가? 유희하기 때문에 유희한다. 이유는 유희 속으로 침몰한다. 유희는 왜(Warum) 없이 있다. 어린아이는 유희하기 때문에 유희한다. 유희만이 남고 그것이 지고의 것이고 가장 심원한 것이다. 그러나 이것만이 모든 것이고, 하나이며, 유일한 것이다. 애써 근거라고 한다면 바로 이 '하나이자 모든 것'(hen panta, 헤라클레이토스)인 존재(eon, on) 그 자체(자연, 로고스, 역운, 어린아이)가 근거이다."[75]

박종홍이 '여운 있는 함축적인 말'이라고 인용하는 하이데거의 결론적 말이 위와 같은 해명에 이어서 나온다. 그러나 박종홍의 번역은 당시의 문체로 되어 있어 이해가 어렵다. 이상의 논의를 바탕으로 박종홍의 번역을 떠나 인용된 것을 다음과 같이 다시 번역해볼 수 있다.

---

73 하이데거, 「아낙시만드로스의 잠언」, 『숲길*Holzwege*』, 신상희 옮김, 나남, 2008, 481-482쪽.

74 하이데거, 「시인의 사명은 무엇인가」, 『하이데거의 시론과 시문』, 전광진 옮김, 탐구당, 1980, 57쪽.

75 M. Heidegger, *Der Satz vom Grund*, Neske, 1971, p.188.

어떤 것도 근거 없이 있지 않다. 존재와 근거는 동일한 것이다. 근거 지우는 자로서의 존재는 어떤 근거도 갖지 않고, 저 유희를 바닥 없는 심연으로서 즐긴다. 역운으로서의 유희가 존재와 근거를 우리에게 넘겨 준다. 물음이 남아 있다. 우리가 이 유희의 잠언들을 듣는 가운데 함께 즐기면서 유희 속에서 순응해 살고 있는지 그리고 어떻게 그렇게 할 것인지.

Nichts ist ohne Grund. Sein und Grund: das Selbe. Sein als gründendes hat keinen Grund, spielt als der Ab-grund jenes Spiel, das als Geschick uns Sein und Grund zuspielt. Die Frage bleibt, ob wir und wie wir, die Sätze dieses Spiels hörend, mitspielen und uns in das Spiel fügen.[76]

세계의 존재의미는 '하나이자 모든 것'으로 드러난다. 그것이 필연적 시운(時運)으로서 계시된다는 하이데거의 존재론은 박종홍이 본격적으로 철학을 연구하던 시기에 대안적 길 중의 하나로 다가왔다. 이 점은 그가 젊은 시절(1945년 이전)에 취했던 하이데거에 대한 비판적 태도와는 다른 것이다. 『하이데거에 관한 연구』 3부작(1933~1935)과 『철학적 소론』 19편(1935년 전후)에서 역사적 현실은 '모순'이 우리를 '강압하는' 사회적 현실이었다. 이 때의 모순은 그가 계급 대신 '그룹' (집단)이라고 하는 사회적 강자와 '근로대중' 사이의 모순 그리고 민족 간의 모순을 의미했다. 이 모순은 실천에 의해 긴박하게 극복되어야 할 '한계상황'이자 '최후의 압박'이다.[77] '산 역사의 과정'은 '모순과 실천'의 과정이자 '대립을 문제로' 갖고 있는 과정이다.[78] '위기'의 시대에 그는 "역사적인 사회의 객관적 법칙에 의지하여 그를 극복할 실천적 정열만 더욱 높아질 것"을 역

76 M. Heidegger, *Der Satz vom Grund*, Neske, 1971, p.188.

77 박종홍, '철학하는 것의 實踐的 地盤', 「哲學的小論」, 『전집』 1, 민음사, 341쪽.

78 박종홍, 「矛盾과 實踐」, 『전집』 1, 353-355쪽.

설했다.[79]

이 시기의 그의 역사관과 파토스는 계급적 실천과 역사법칙에 대한 구체적 논의는 없지만 신남철, 박치우와 유사한 측면이 있다. '전환기'에서의 '결단의 윤리'와 '노력'은 '너무나 억울한 현실적 고뇌' 때문에 긴박한 요구로 다가온다.[80] 그러나 그는 철학하는 자신과 실천의 괴리, 외국 철학만을 반복하게 되는 자신의 모습으로 인해 깊은 자괴감에 빠지기도 한다. 노력과 방황이 함께 했던 그의 젊은 시절에 하이데거 철학(야스퍼스를 포함)은 "주관적 계기를 편협되게 고조한 나머지 [……] 관상적 해석에 그치고 말게 된 것"이었다. 그것은 "개인의 내면적 생활 [……] 급기야 선험적 의식 안에 있어서의 대립을 문제로 삼을 뿐", "구체적 실천으로써 파악되는 바 세찬 모순이 있을 리 만무하다."[81]

이 관점에서 그는 하이데거의 강점과 약점을 「하이데거에 있어서의 초월의 내면적 가능성에 관하여」라는 논문에서 조심스럽게 논의한다. "하이데거의 철학은 이 초월을 그것의 내면적 가능성에 있어서 문제로 하는 것이 그것(하이데거 철학)의 하나의 특색이며, 또 유일한 강점이기도 하리라." 그러나 "현실적 강압력으로써 우리에게 밀어 닥치는" "현실성을 어떻게 자신에게서 도출할 수 있는가는 여전히 의문"이다. 바로 이것이 '초월의 내면적 가능성'이 '충실히 해결을 보지 못한 문제'이다. 박종홍이 보기에 하이데거의 초월은 현실을 부정하는 '무(無)'로의 초월에 갇혀 있어 다시 현실로 돌아오는 길을 잃어버린 것이다.[82]

이러한 비판은 하이데거 존재론이 갖는 비역사적 사고를 지적한 것으로 보인다. 젊은 박종홍이 원하는 철학은 "생의 노쇠한 자태에 갱생의 신선한 활력"을 불어넣는 노력이다. 이 입장에서 볼 때 하이데거의 철학

---

79 박종홍, 「우리의 現實과 哲學」, 위의 책, 398쪽.

80 박종홍, 「철학하는 것의 出發點에 관한 하나의 疑問」, 위의 책, 330쪽; 「決斷의 時代」, 위의 책, 421쪽.

81 박종홍, 「현대철학의 제문제」, 위의 책, 412쪽; 「모순과 실천」, 위의 책, 352-353쪽.

82 박종홍, 「하이데거에 있어서의 超越의 내면적 可能性에 관하여」, 위의 책, 275쪽.

은 '세계의 몰락으로부터 시작되는' '소극적' 철학이다.[83]

그러나 박종홍의 적극 철학은 전쟁의 참화와 4·19 혁명을 겪으면서 그 내부적 변화를 겪는다. 그 철학은 창조를 위한 방법론적 논리에 대한 연구가 된다. 그것은 분석철학을 비롯한 서양 논리에 대한 연구와 민족의 정신적 유산에 바탕한 '우리의 철학'을 창조하려는 학술적 노력을 포괄한다. 이 두 가지 노력의 결과는 한국철학사와 논리학에 관한 저작으로 나타났다. 이에 따라 그의 핵심적 개념들인 '주체성', '실천', '부정성', '자각' 등은 새로운 의미를 갖게 된다. 이러한 변화는 현실에 대해 직접적으로 관계하는 자연적 태도에 몰입하는 것이 아니라, 현실과 과학의 근본 전제와 의미를 묻는 반성적 태도를 기조로 한다.

과학의 논리와 의미를 묻는 것은 이미 과학이 아닌 철학적 태도이다. 유럽의 생철학과 현상학 운동은 역사와 과학에 대한 비판적 태도에서 출발했는데, 이 반성적 정신이 박종홍에게 내적 변화를 일으킨다. 이제 그의 부정성은 내면적 자각으로 내성화(內省化)된다. 신남철의 변증법이 순교자적인 비극적 변증법이라면, 박종홍의 변증법은 과학적 태도에서 궁극의 의의를 발견하지 못하고 난파하는 야스퍼스적인 '좌절적 변증법'에 접근한다. 박종홍은 하이데거 후기 존재론의 의의를 긍정하고 그것과 전통 한국철학을 연계하여 부정성에 기초한 새로운 형태의 자각적 주체성과 실천을 사유하는 길로 나아간다. 이 길에서 그의 '문화 창조'의 전망이 열린다.

이러한 맥락에서 그는 헤겔이 "주체성을 내세운 점에 있어서는 [……] 하이데거보다도 일보 후퇴한 것이라고 하여 무방할 것"이라고 한다. 그 이유는 헤겔이 '통체성(統體性, Totalität)의 전 체계에서 진리를 보려는' 입장에 있었음에도 불구하고 주체성이라는 '계기'를 지나치게 '강조'했기 때문이다.[84] 박종홍은 헤겔적 주체성에 대해 긍정하면서도 비판하는

83 박종홍, 「철학하는 것의 出發點에 관한 하나의 疑問」, 앞의 책, 329쪽.

84 박종홍, 「否定에 관한 硏究」, 『전집』 3, 679쪽.

지양적 태도를 갖는다. 이러한 태도는 서양 근대적 주체성이 인간의 지배적 의지를 존재에 강요하는 인본주의적 폭력성을 갖는다는 하이데거의 비판을 받아들이는 것과 맞물려 있다. 유럽 근대인의 인본주의에 대한 하이데거의 비판은 『휴머니즘에 관하여*Über den Humanismus*』라는 사르트르(J. P. Sartre)의 '실존주의'에 대한 비판서에 잘 나와 있다. 박종홍은 이것을 읽고 헤겔적 주체성을 제1원리로 삼는 것을 지양한다. 그는 마르크스의 역사과학을 하이데거 존재론의 입장에서 이해하고 비판할 수 있는 관점을 획득하게 된다.

하이데거가 보기에 서양의 역사는, '하나이자 모든 것'인 자연 그 자체로서의 존재가 망각되어 진정한 인간의 본질이 '소외'되어간 고향 상실의 역사이다. 이 점에서 "마르크스는 이런 자기소외를 경험함에 의해서, 그는 역사의 본질적인 차원에 침투했다. 그 때문에 역사에 관한 마르크스주의의 견해는 그 외의 사학(史學)보다도 우수하다."[85] 박종홍은 하이데거의 이 주장을 마르크스주의와 '생산적 대화'가 가능하다는 하이데거의 견해와 함께 『부정에 관한 연구』에서 인용하고 있다. 이러한 입장에서 박종홍은 마르크스주의에 대한 실천적 이해라기보다는 반성적 이해에 도달할 수 있었다. 하이데거에 의하면 '유물론의 본질'은 모든 것이 물질이라는 데에 있는 것이 아니라 모든 존재자를 기술과 '노동'의 대상, 끝없이 닦아 세우는 생산적 변형(Herstellung) 과정의 '재료'로 보는 데에 있다. 그는 이 관점에서 소련의 유물론과 북아메리카의 자본주의는 본질상 같다고 보았다. 박종홍은 유물론에 대한 하이데거의 칭찬과 비판을 적극 활용하지는 않는다. 그러나 그는 하이데거를 통해 헤겔의 부정성에 대한 자각과 하이데거의 문명 비판적 존재론을 결합시킨다.

박종홍은 노동과 생산의 문명사에 대한 반성과 함께 주체성 개념을 지양하게 된다. 그는 그 개념에서 노동을 통한 대상의 부정이라는 폭력성을 보고, 그것을 인본화가 아닌 반성의 관점에서 해명한다. 존재에 관한

---

85 하이데거(Martin Heidegger), 『하이데거 휴머니즘론』, 최재희 옮김, 박영사, 1961, 59쪽.

하이데거의 잠언은 개념적으로 파악하기 어렵지만 '여운 있는 함축적인 말'로 그에게 다가왔다. 이제 그는 "차라리 존재 자체에 육박한 대로 그의 투쟁(존재 자체의 투쟁)을 근거로 하는 하이데거"로 경도된다.[86] 여기서 투쟁의 의미는 무엇인가? 하이데거에 의하면 서양 역사는 그리스인이 시원(Anfang)에서 존재의 진리(aletheia, 진리는 탈은폐성인 환한 빛 속에서 드러난다는 의미)인 탈은폐성을 우주적으로 열린 마음의 개방성을 통해 경험한 뒤로 점차 존재를 망각해 간 '오류의 역사'이다. 시원에서 경험된 존재의 진리는 자연[大地]이 마음의 열린 공간 안에서 환하게 드러나는 개시성(開示性)이다.

철학의 시원에서 그리스인들은 자연의 둔중하고 불투명한 질료를 무규정자인 혼돈으로 보았으며 이에 저항하는 형태 형성의 운동을 발견했다. 자연은 무수한 형태들을 창조함으로써 질료적 혼돈으로 무화되려는 타성과 투쟁한다. 이 투쟁을 통해 자연은 자신을 존재로서 현시해 보인다. 존재는 〈무〉로부터의 '자라남'이요, 생성이자 투쟁이다. 청명한 개시성 속에 '서로 대립'하고 투쟁하는 관계가 있다. 이러한 투쟁은 열려진 공간 속에서 자연에 잠재해 있는 어떤 형상(Gestalt)을 예술적으로 형상화하는 시나 조각의 창작에서 분명히 드러난다. 형상이 드러나는 것과 무형상의 질료적인 것, 청명한 아폴론적 요소와 어두운 심연인 디오니소스적인 것의 투쟁은 탈은폐성이라는 진리가 갖는 본질적 긴장 대립이다. 그리고 중세를 거쳐 근현대로 오면서 시원적인 대립관계는 신학과 과학에 의해 더욱 분열되어, 존재의 탈은폐성으로서의 진리는 망각되고 오류의 어두운 역사가 되었다.[87] 서양철학사는 유물론과 관념론의 투쟁사이기보다는 "존재를 둘러싼 투쟁의 역사"이다. 그리고 이 역사의 시원에서 존재의 탈은폐와 은폐의 투쟁은 빛과 어두움의 관계처럼 긴밀한 관계에서 존재의 진리를 보존할 수 있었으나 그 후 존재의 빛은 망각되

---

86 박종홍, 『否定에 관한 硏究』, 『전집』 3, 679쪽.

87 이상의 논의는 다음을 참조: 하이데거, 「예술작품의 기원」, 「아낙시만드로스의 잠언」, 『숲길』, 신상희 옮김, 나남, 2008.

었다.

박종홍의 "존재 그 자체의 투쟁"은 이러한 문맥에서 나온 것이다. 그는 하이데거의 『숲길』을 활용하여 존재론적 투쟁론을 『부정에 관한 연구』에서 길게 논의하고 있다. 박종홍은 존재의 투쟁을 자연의 존재론적 생성 원리로 이해하고, 질료의 타성적 힘에 대한 부정을 통해 변증법적으로 창조해가는 과정으로 보았다. 동시에 그 투쟁은 인간성을 변화시키는 인성의 원리이다. 그는 부정의 근거를 존재 그 자체의 투쟁에 둔다. 또한 부정성은 은폐의 심화인 망각의 삶(일상의 안일성과 문명에 몰입)에 대한 부정 혹은 무화(無化, Nichten)이다.

존재가 시대적 운명으로서 주어진다는 하이데거의 역운의 개념은 박종홍의 헤겔적 부정성과 주체성을 가능하게 하는 원리로 작용한다. 존재의 역운에 합치했을 때 비본래적인 삶에서 본래적인 삶으로 도약할 수 있다는 하이데거의 암시, 즉 "사유와 존재의 일치"에 관한 신비주의적 암시가 창조의 논리를 개발하려는 박종홍에게 하나의 철학적 교훈이 된 것이다. 자각적 주체성은 인간의 자기변형을 통해 존재의 역운이라는 궁극적 의미로 나아가며, 이 과정을 하나의 '명(命)'으로 받아들이는 수용의 주체성으로 변형된다. 이 운명의 수용성이 그가 서양철학사와 논리학에 관한 연구를 통해 창조한 새로운 주체성의 본질이다. 이러한 주체성이 문화 창조를 가능하게 하는 선험적 조건이 된다. 주체성은 드넓은 내면 공간을 내적 수양을 통해 개척하고, 그 안에서 존재의 의미를 사유하는 '마음[心]'이다.

그러나 이러한 길도 박종홍이 보기에 '현실'과의 관계를 추상해버릴 위험성이 있다. 여기에서 박종홍은 문화 창조의 구체적 내용을 모색함으로써 현실 초월적 주체성에 구체성을 부여한다. 우주적 마음은 다시 자신을 부정하고 현실로 돌아와야 한다. 주체성은 존재론적 자각 이외에도 문화적 내용을 창조해야 한다. 그는 대지의 생성에 근거하는 내면성의 자각과 외적 문화 창조를 종합하는 총체적 실현에 대한 자각에 관해 "불교의 부정의 방법론"이 그 단초를 보여준다고 본다. 이 방법론이 부정을 통해 "적극적 의의를 발휘하는" "하나의 앎의 근거"가 될 수 있다는 것이다. 이러한 '앎'은 현실과 초월이라는 유무(有無) 양변에 대한 '무주(無住, 무집착)'의 지혜이다.[88]

그러나 박종홍이 보기에 이러한 앎이란 역사적 현실이나 인륜(人倫)에 대한 무집착에서 오는 자유를 지시할 뿐이다. 초월적 부정을 부정하고 현실로 돌아온다는 도가와 불가의 논리는 현실과 초월의 종합 가능성을 그저 추상적 '앎'으로만 제시할 뿐이다. 이 지점에서 그는 현실의 실재성을 긍정적으로 수용하고, 동시에 우주의 생성 과정에 일치하는 마음을 근본으로 하는 조선 이학(理學)에 주목한다. 사회적 현실과 형이상학적 초월의 종합이 어떻게 가능한가라는 박종홍의 방황은 조선 이학적 사유 체계를 재음미하는 데에서 안정을 찾게 된다.

이제 하이데거의 '존재의 역운(歷運, Seinsgeschick)'의 위치에 하늘의 운명(運命), 즉 '천명(天命)'이 자리 잡는다. 천명은 자연의 생성을 가능하게 하고 그에 생기를 부여하는 생명의 원리[生之理]인 '천도(天道)'의 운동방식[流行]이다. 천도는 무한한 궁극의 실재[無極而太極]이다. 그것이 내재적으로 운동하는 가운데 자신의 본성(생명성, 무한성, 소통성)을 인간과 사물에 표현하고 부여[命]한다. 개체들 각자의 한계에 따라 부여받은 본성이 인간을 포함한 사물들 각각의 본성이다. 천도로부터 천부적으로 부여받은 능력으로서의 이 본성이 박종홍이 보는 "하늘이 부여한 본성[天命之性]이요 곧 하늘의 원리[天理]다."[89] 정자(程子)는 그 본성을 응축된 생명으로 보아 종자(種子, 씨알)라 했다. 박종홍에게 자연의 통일성인 천도 혹은 태극은 유한한 고착성을 부단히 벗어나 자신을 실현해 나가는 '창조성'을 갖는다. 창조적 역동성은 '부정성'을 원리로 하지 않으면 불가능하다. 창조성은 "자기부정의 능동성"이다.

박종홍의 부정성은 하이데거의 역운(歷運) 개념과 동일하다고 이해된

---

88 박종홍, 『否定에 관한 硏究』, 『전집』 3, 640-642쪽.

89 박종홍, 「否定과 인간의 創造的 參與」, 『否定에 관한 硏究』, 680쪽.

이학의 천명 개념과 결합한다. "무극(無極)인 태극(太極)은 그대로 부정성"이다.[90] "부정성을 자각한다는 것은 천부본연의 본성[性]을 자각함"이다.[91] 인간의 갈 길인 '인도(人道)'는 "천명지성(天命之性)을 따르는 솔성(率性)의 생활"이다. 따라서 "인도는 천도를 떠나서 있을 수 없거니와 인도는 천도인 부정성을 자각하여 자연의 생성 과정[化育, 변화와 성장]을 돕는 데에 있다. 이것이 인간다운 창조다." "인간은 천지(天地)와 더불어 병립하여 인간성(humanity)의 존엄성을 발휘"한다.[92] 근대화는 이러한 인간성을 훼손하지 않고 실현해야 한다.

우주를 생명과 부정성의 본질적 연관에서 보는 이러한 '생명의 변증법'(니시다 기타로)은 신남철도 흥미롭게 보았던 존재론적 관점이다.[93] 신남철 역시 '문화 창조'에 지대한 관심을 갖고 있었다. 이것은 그가 '정치혁명'의 단계를 '진보적 민주주의(부르주아 민주주의 혁명 단계)'의 실현으로 본 것과 연관이 있다. 그는 사회주의 혁명을 당시의 상황에서는 훨씬 먼 후대의 일로 보고, 정치적 자유를 통한 자유 인문교양과 개성의 만개를 '전위당'과 대중문화 운동의 실천적 내용으로 인식했다. 이런 견지에서 그는 인문주의 '휴머니즘(humanism)'을 적극 옹호한다.[94] 박치우는 그것을 '새로운 휴머니즘'으로 본다. 함석헌(1901～1989)의 '사상혁명' 역시

---

90 박종홍, 앞의 책, 683쪽.

91 박종홍, 앞의 책, 680쪽.

92 박종홍, 앞의 책, 680-681쪽.

93 니시다 기타로, 『善의 연구』, 서석연 옮김, 범우사, 1990, 86쪽: "살아 있는 모든 것은 모두 무한한 대립을 포함하고 있다. 즉 무한한 변화를 일으킬 능력을 가진 것이다. 정신을 활물(活物)이라고 하는 것은 언제나 무한한 대립을 보유하고 정지하는 일이 없기 때문이다 [……] 참 실재는 하나의 내면적 필연으로부터 생겨나는 자유의 발전이다." 니시다 기타로의 초기 작품인 『善의 연구』(1911)는 신(神)의 자기표현인 세계는 일(一)과 다(多)의 통일이며, 이 실재는 '무한한 대립'을 통해 생성, 발전해 나간다는 생명 변증법적인 사고를 이미 보여주고 있다. 이것은 대립을 통해 자유를 실현한다는 헤겔의 생명(Leben) 개념을 수용한 것이다.
신남철의 『전환기의 이론』 118쪽에 의하면 니시다는 위와 같은 변증법을 '역사적 생명 변증법'으로 명명했다.

94 신남철, 『轉換期의 理論』, 백양당, 1948, 180-213쪽.

'생명'이 '부정'과 '저항'을 본질로 한다는 사상을 기초로 갖는다. 함석헌은 이러한 생명 변증법을 토대로 '우리'가 생각하고 자각하여 인간 존엄성에 기반한 민주주의 문화를 발전시킬 수 있기를 희망했다.

그들은 정치의식의 편차에도 불구하고, 창조적 변증법[天道]을 기초로 문화의 혁신적 창조[人道]를 시대적 운명으로 인수했다. 이런 맥락에서 박치우(朴致祐, 1909～1949)는 운명[命]을 과거에 사로잡힌 숙명이 아니라 미래적인 것으로 이해했다.

박종홍의 생명 변증법에서 천도의 부정성은 대지의 생성을 은폐하는 힘에 대한 부정이다. 이 부정에 따라가는 "인간의 자각적인 즉 주체적인 부정성에 의해서만 문화의 형성도 진리의 파악도 가능한 것이다." 그는 이러한 종합의 길을 '천인합일(天人合一)'로 이해했다.[95] 천도가 인간에게 운명처럼 부여한 인간성[人性]이 본질상 천도와 같은 것이라면, "부정성이 다름 아닌 인성(人性)이요, 더 나아가 절대자 자체로서의 천(天)인 것이다."[96] 그리고 인간은 '부단한 끝없는 생성[生生不已]' 그 자체인 존재를 실현하려는 '극기(克己)의 노력[窮理盡性]'을 통해 그것이 자신에게 '운명(命)'으로 부여된 것임을 비로소 자각하게 된다. 이러한 "자각적인 창조적 참여"에서 "인간의 적극적인 능동성은 확실[確乎]하게 견지"된다. 극기의 노력은 자기부정의 과정이다. 이 자기부정을 다시 부정함으로써 문화를 상징하는 "예(禮)로 돌아온다[克己復禮]."[97]이 돌아오는 운동이 '사랑[仁]'의 발산이다.

그러면 박종홍이 보는 인도(人道)의 구체적 내용인 문화적 요소들은 무엇인가? 그의 「한국사상 연구에 관한 서론적인 구상構想」에 의하면 부정성을 기초로 한 창조의 내용은 두 가지이다. 하나는 "민주 평등의 사상적 요구"를 창조적으로 실현하는 활동이다. 또 하나는 '민생(民生)'의 실현을 위한 "근대과학의 섭취"이다. 전자는 조선 이학 내에 잠재해

95 朴鍾鴻, 「否定과 인간의 創造的 參與」, 『否定에 관한 硏究』, 681쪽, 684쪽.

96 박종홍, 위의 책, 682쪽.

97 박종홍, 위의 책, 683-684쪽.

있는 민주적 요소를 드러내어 자각적으로 실현하는 활동이다. 또 그것이 동학의 '인내천(人乃天)'으로 완성되어 개벽(開闢)이라는 시대적 역운으로서 제시된 것이라면, 민주주의는 인간의 자기가치화 운동의 정신을 계승하는 이념이 된다. 또한 민생은 이학의 '경세택민(經世澤民)'의 정신을 '과학기술'의 발전을 통해 계승하는 것이다. 따라서 문화는 민주와 민생이라는 두 가지 요소를 '민족' 전통사상의 현대적 계승이라는 맥락 안에 포괄한다. 문화는 '민족정기'의 실현인 '민족적 주체성의 발로'가 된다.[98] 그것은 민족, 민주, 민생이라는 박종홍 식의 삼민주의를 주체적으로 형성해가는 삶의 방식이다. 이 삶의 방식이 인간의 길[人道]이다. 동시에 인도(人道)는 자기부정을 통해 생성하는 우주의 길[天道]에 참여하여 그 변증법적 역동성을 자각하는 우주적 주체성에 기초한다. 인도(人道)는 역사에서의 창조적 과정이며, 천도(天道)는 우주에서의 창조적 과정이다. 이 양자의 통일적 전개가 약동하는 총체성으로서의 실재 전체이다.

이상에서 볼 때 박종홍의 현실적 생명 변증법은 니체적 의미의 난파 혹은 좌절의 변증법적 단계를 거쳐 궁극의 존재에 도달하고, 다시 구체적 현실로 내려온다. 그리고 그것은 천도의 생명성이 잠재해 있는 미발의 핵심[未發之中]인 마음 본체[心之本體]를 문화적으로 발현시킴으로써 인생을 완성해간다는 조선 이학의 세계관으로 집약된다. 이 세계관은 "우주적 마음 본체와 발용이 근원적으로 하나이며 드러난 것과 은미한 것이 틈이 없이 통일된다[體用一源, 顯微無間, 정이천(程伊川)]"는 이학의 사유 구조를 현대적 문맥에 적용한 것이다. 이런 의미에서 박종홍의 변증법은 체용합일적(體用合一的)인 변증법이다.

그러나 그의 인도와 천도의 통일이 논리적 측면에서 견고한 연결을 갖는가? 천도에 대한 예지와 과학적 지식이 서로 배타적인 전제를 갖는 것이라면 전자에서 후자가 도출될 수 없고, 후자에서 전자가 도출될 수 없

98 박종홍, 「韓國思想 연구에 관한 序論的 構想」, 『전집』 4.

다. 그리고 어떻게 과학 문화가 우주적 지혜와 갈등 없이 종합될 수 있는가? 그가 중학생 때부터 읽었던, 평생의 생활철학이었던 『중용中庸』의 '변증법', 즉 중(中)과 화(和)의 통일의 논리는 그에게 하나의 준거점이었다. 우주의 생명과 소통하는 고요한[靜] 내면 공간은 미발의 영역이다. 조선 이학은 미발의 내적 공간에 사회와 관계할 수 있는 생기와 윤리적 능력을 부여했다. 이 능력이 발산하여 적절한 사회적 관계를 성취하는 정(情)으로 되는 것이 화(和)이다. 박종홍은 내면 공간[中]에 창조적 실천으로 나아갈 수 있는 생기를 부여했다. 그러나 이때의 생기와 그것이 함축하고 있는 도덕적 가치[仁]는 미발의 잠재적 상태에 있으며, 민중과 하나로 연속된 소통성으로 발현되는 것은 아니었다. 이런 의미에서 박종홍의 통일적 세계상은 한 쪽을 얻으면 다른 한 쪽을 상실할 수 있는 체계이다. 문화와 철학의 단적인 차이를 주장하고 문화를 끊어버리는 하이데거보다 박종홍에게는 더 큰 곤경이 있다.

그러나 이러한 곤경을 극복할 수 있는 실천적 방법이 있다. 그것은 인간성의 다원성을 인정하고 문화적 삶과 초월적 지혜의 삶을 분리하여, 현실적 삶을 지혜로써 제약하는 실천적 방법이다. 이는 하위의 가치를 상위의 가치로 제약하여 다층적 가치들을 모두 실현하는 방법이다. 박종홍은 이 방식에 따라 자각적 성실성[誠]을 통해 인도와 천도를 연결시킨 가운데 인도(人道)를 창조해가는 과정을 궁극의 선한 삶으로 제시한다. 성실성은 안으로는 천도에 통하고 밖으로는 인도에 통하는 덕이다. 그것은 우주적 지혜와 문화를 통일적으로 실현하는 윤리적 기초이다. 이런 의미에서 "성실성 그 자체는 천도이며, 성실하려는 노력은 인도이다[誠者, 天之道, 誠之者, 人之道, 『中庸』]." 이 성실하려는 '노력[誠之者]'이 진정한 삶의 방식이다. 그것은 창조로 열려 있는 '가능적 실존'이자 "민족의 기본정신"이며 현대적 보편성을 갖는다.[99]

박종홍은 우주에 관한 존재론적 비전을 가지고 새로운 민족국가 건설

99 박종홍, 앞의 책, 52쪽.

을 통한 총체적 구원의 길을 찾는다. 그의 국가 건설의 의지는 향내적 주체성뿐만 아니라 향외적 가치들을 필요로 한다. 향외적 가치들 가운데 문화적 실천 이외에 그가 중시한 것은 과학이다. 그는 현대과학적 철학의 성격과 의미에 관심을 갖는다. 그러나 그의 확고한 전제는 철학의 방법이 과학적 방법의 연장이 결코 아니라는 것이다. 그의 존재론은 과학과 물리적 사물에 대한 자연주의적 개념화가 아니라 과학 문명에 대한 비판적 성찰과 내성적 방법을 통해 접근할 수 있는 형이상학적 지혜이다. 그의 과학론은 과학적 방법론의 연장선에 있는 것이 아니라 철학 고유의 방법에 따르는 일종의 윤리적 형이상학이다.

6. 과학정신과 전환의 모색

박종홍의 이학적(理學的) 주체성은 '직접적 현실'을 변형의 소재로 하는 활동성을 포함한다. 진정한 현실, 고차의 현실을 위해서 직접적 현실은 변형되어야 한다. 향내적 성실성은 존재론적 생명 원리에 근거한 것이지만 현실의 창조에 투여되어야 한다. "생명의 약동을 고조하여 인생의 의의를 천명하는 것도 좋기는 하나, 나 자신의 절박한 문제가 더 한층 심각도 하려니와 내면적인 성실성에서 다루어지지 않을 수 없을 것이다."[100] 성실성은 스스로를 지양하여 인륜성 속에서의 '건설의 고투'를 통한 '창조의 발자취'를 따라간다.[101] 분투하는 향외적 자각은 기획하는 능력을 필요로 한다. 기획하는 능력은 과학과 산업의 논리를 가진 인간상을 요구한다.

사람의 눈은 새로운 가능성을 내다보며 미래를 계획할 줄 안다. 벌은 놀

100 박종홍, 「젊은이들에게 부침」, 『전집』 7, 161쪽.
101 박종홍, 위의 책, 171쪽.

라운 협동의 힘으로 건축가보다도 더 정묘한 기하학적 둥지를 지을 줄 안다. 거미는 방적공에 손색이 없을 정도로 실을 뽑아 그물을 칠 줄 안다. 그러나 그것은 본능에 의하여 둥지 짓기와 실뽑기를 되풀이하는 것뿐이요, 사람과 같이 가능성을 내다보며 미래를 계획하여 하는 일은 아니다. 사람은 전에 보지 못한 새로운 집을 짓기 전에 설계도를 그리며 머릿속에 새로운 계획을 세운다.[102]

기획의 능력은 세계에 대해 "능동적으로 새로운 반작용"을 하는 행위와 이를 위한 인식 활동을 포함한다.[103] 기획은 목적을 위해 수단을 강구하는 도구적 인간(Homo Faber)의 실천이다. 이러한 계획적 능동성은 그의 창조의 논리에 의해 더욱 강화된다. '향외적 자각'은 "향내적 자각을 매개로 하여 절대적 의의"를 가지는 순간의 활동으로 집약되어야 한다.[104] 이 행동의 순간이 '영원한 이 순간'이며, '절대적 가치'를 지닌다.[105] 박종홍의 창조적 실천은 내적 성실성이 외부로 투여되어, 행동하는 순간에 집약되어 나타나는 긴장성을 갖는다. 여기에서 우주의 영원한 행동성이 과학을 비롯한 인간의 창조적 구성 활동으로 표현된다는 신칸트주의자 바우흐의 관점이 엿보인다.[106] 박종홍은 신칸트주의를 『인식논리』(1953)에서 압축적으로 소개한 적이 있다. 그러나 그는 과학에 대해 언급할 때 과학의 실증적 경험 내용보다 그 논리적 형식을 객관성의 기초로

---

102 박종홍, '새날의 知性', 「哲學的 隨想」, 『전집』 6, 333쪽.

103 박종홍, 「思想과 行動」, 『전집』 6, 197쪽.

104 박종홍, 「哲學槪念講義」, 『전집』 3, 73쪽.

105 박종홍, 위의 책, 81쪽.

106 카르납(Rudolf Carnap)의 스승이었던 바우흐(Bruno Bauch)는 괴테의 창조적 형태 변형론에 따라 과학의 논리와 예술적 형상화 등을 자연의 영원한 능산적 활동성이 인간을 통해 발현되어 구성되는 것으로 해석한다. 바우흐에 의하면 과학의 논리적 형식은 선험적 주관성에 의해 구성된다(朴鍾鴻, 「認識論理」(1953), 『전집』 2, 276-285쪽); R. Carnap, *The Logical Structure of the World*, Trans by Rolf A George, Routledge & Kegan Paul, 1967, pp.101-103.: 카르납에 의하면 논리적 형식은 자아 심리적(autopsychological) 구성 능력에 의해 구성되며, 그것은 동시에 상호 주관적 객관성을 갖는다.

보는 신칸트주의의 관점을 자신의 입장으로 취하지는 않는다.

박종홍은 5 · 4 운동(1919～1922)기에 중국에 가서 자신의 다원론을 시험해본 이후 한국에도 잘 알려졌던 존 듀이의 실험주의에 관심을 보인다. 박종홍은 과학을 궁극적으로는 경험적 사실에 귀착하는 것으로 보고, 과학을 수학적 상징주의로 보는 수학주의를 거부한다. 그는 경험적 탐구를 위한 실험적 활동을 강조하는 과학론을 선호한다. 이 맥락에서 그는 존 듀이처럼 칸트의 인식론적 선험주의를 비판한다. 칸트의 지성에는 이미 보편적 형식이나 개념이 선험적으로 주어져 있다. 그것은 변함없이 경험에 적용되어 과학을 가능하게 하기 때문에 칸트의 인식론은 '실패를 모르는' 인식론이 된다. 칸트는 인위적 '조작[造作, operation]'[107]에 의해 실험적 상황을 인공적으로 만드는 실험적 활동을 알지 못한다. 또한 귀납－연역법에 의해 가설을 세우고 그것의 확증 가능성을 염두에 두는 경험적 검증 활동도 무시한다.

과학적 실험활동에는 유연한 자기 비판적 부정의 과정이 있다. 박종홍은 이러한 실험적 경험주의 정신이 갖는 변증법적 실천성을 존중한다. 그는 그것이 비록 향내적 계기를 결여하고 있다 할지라도 향외적 자각의 범위 안에 수용한다. 이러한 태도는 내외합일을 지향하는 총체성의 변증법을 '모든 기술의 어머니'(Scotus Eriugena)로 보는 입장에서[108] 과학적 실험주의를 여러 유형의 실증주의까지 포함하여 그 일면적 타당성을 수용하는 것이다. 그는 윌리엄 제임스(William James)와 존 듀이를 현대에서 향외적 자각을 대변하는 사상으로 소개한다.

박종홍의 「현실파악의 두 방향」에 의하면 실용주의와 실증주의는 현대 '경험주의적인 이론'의 양대 조류이다. 그는 미국의 철학이 그 두 조류의 결합에 의해 전개되고 있다고 본다.[109] 독일 관념론은 주관과 객관

---

107 박종홍은 'operation'을 '조작(操作)'이라고 번역하는 것이 적절하지 않다고 하여, 그 용어를 번역 없이 쓰고 있다.

108 박종홍, 「辨證法的 論理」, 『전집』 2, 400쪽.

109 박종홍, 「現實把握의 두 方向」, 『哲學槪說』, 206-207쪽.

을 분리하는 대상화적 사고를 오성적 지성에 한정하고, 그것을 주객 통일의 세계상으로 가는 과도적 단계로 설정한다. 이러한 사고에 익숙한 박종홍은 실증주의적 조류의 한계를 분명히 지적하지만, 민족의 자주적 근대화의 역사적 사명을 강조하는 문맥에서 과학의 실험적 실천을 필요한 것으로 간주한다. 그에 의하면 "자연의 인식은 단지 의식으로서의 주관에 있어서가 아니라, 행위적인 주체에 있어서 성립한다." "모든 과학적 법칙성의 근거도 오직 객관에만 있는 것이 아니요, 객체에 대한 주체의 operational한 연관에 의존한다." 이 조작의 행위는 '신체적 행위'이다.[110]

'사물의 진상(眞相)'은 '얌전하게 바라보는' 태도에서 알 수 있는 것이 아니다. "사물이 어떤 것인가는 [……] 변화를 일으키는 실험에 의하여 발견되는 때에 알려진다. 변화는 멸망(滅亡), 손실(損失), 적막(寂寞)이 아니요 가능(可能), 성공(成功) 등 일층 고차적인 것에 대하여 중요한 의의를 가지는 것이다." 존 듀이의 과학적 실험주의는 실체가 아닌 활동성 그 자체를 세계의 근거로 보는 피히테의 실천적 사고를 연상시킨다. 그러나 존 듀이는 관념론적 형이상학의 입장에서가 아니라 현대과학의 활동에서 변화를 위한 행동의 의의를 발견한다. "듀이에 의하면, 현대과학은 불변 고정된 것을 지식에의 관건이라고 생각하지 않고 도리어 타파하여야 될 장벽, 방해물이라고 생각한다는 것이다." 행위의 목적도 고정되어서는 안 된다. "목적은 발전 자체에 있다." "유일 절대적인 목표를 고정된 도달점으로 생각함은 보수적인 봉건사상에 기인하는 것이요, 우리의 생활이란 환경에 작용하여 한없이 자기를 다시 새롭게 하는 작용인만큼, 생장(生長)은 도달될 고정된 종극(終極)의 목적을 가지지 않는다."[111]

"목적은 현재 진행 중에 있는 사태를 고려하여 만들어져야 한다." 현

---

110 박종홍, 「認識論理」, 『전집』 2, 329쪽.

111 박종홍, 「哲學概論講義」, 『전집』 3, 61-73쪽.

실적 사태에 대한 고려를 통해 목적을 만들고 또 그 목적을 새로운 변화를 위한 수단적 소재로 하는 지성이 '창조적 지성'이다. 이러한 입장에서 듀이는 헤겔의 목적론과 공리주의의 행복 목적론을 폐쇄적 사고로서 비판한다. 공리주의는 "결국은 획득적 자본주의를 옹호하며, 계급적 관심을 조장하여 동적 인격 발전의 노력을 몰각하였다." 창조적 지성은 "분기로적(分岐路的)인 정세(情勢, forked road situation)에 처하여 상상적 선견(先見)으로써 미래를 통찰하는" '경험속의 사고'이다. 동태적 경험에서 형성되는 지식의 "내용과 형식은 한층 완전한 경험을 구성하는 도구" 즉 '기관(Organon)'이다. 경험의 문제는 '행동(Action)의 문제'이다. 행동은 "미지영역에의 등반"인 '계획(Projection)'이다.[112]

존 듀이는 이런 관점에서 미국 사회의 개혁을 주장한다. 그는 서양 개인주의 역사가 갖는 "어두운 충동"을 비판하고 공동의 유대를 갖는 민주주의를 제안한다. 박종홍은 듀이의 창조적 지성론뿐만 아니라 그의 사회개혁론에도 관심을 갖는다. "나 자신이 개조의 과정에 있는 것이라면 사회개조(社會改造)도 정당한 인격 창조의 수단으로서 필요하다"는 것이다. 듀이의 현실성 있는 창조적 행동론과 사회개조론은 박종홍에게 긍정적으로 보였다. 그는 자신의 문제의식과 연관하여 듀이적인 착상을 해본다. '전진과 개척'에서 "장해(障害)는 변화 반응에의 추진력이요, 진보의 기회다. 민족의 진전(進展)에 있어서도 불의의 화(禍)가 자극이 되어 도리어 좋은 진로를 개척하게 되는 일이 있음도 사실이 아닌가."[113]

박종홍은 총체성 원리의 입장에서 듀이의 다원론적 사고 자체를 비판하지는 않는다. 중국의 호적(胡適)이 듀이의 입장에서 사회주의의 총체성 개념이 부분적 문제 해결이 아닌 고정된 목적을 추구하는 '주의(主義)'라고 비판하자, 이대조(李大釗)는 '주의'의 입장에서 그것을 반박했다. 이른바 문제(問題)와 주의(主義) 논전이다. 신남철은 존 듀이의 현실

---

112 박종홍, 앞의 책.

113 박종홍, 앞의 책.

적 실천성을 긍정적으로 보면서도, 부르주아 문명의 특색인 부단한 동요와 창조를 옹호하는 이데올로기로 보고, 자신의 마르크스주의적인 구체적 총체성을 과학적 개념으로 보았다. 이에 비해 박종홍의 구체적 총체성은 향내적 자각과 향외적 자각의 변증법적 종합이며, 이 종합의 향외적 계기에는 존 듀이의 개량주의적 자본주의 논리가 들어 있다.

그러나 박종홍이 보기에 실용주의적 향외성은 그 낙관주의적 전진에 대한 자기비판적 반성을 결여하고 있다. 인간이 그 존재에 있어서 자기의 존재를 문제 삼는 존재라면 철학은 실존적 문제의식을 다루지 않을 수 없다. 또한 "자기를 밖으로 내세우려는 적극적 태도는 [……] 오늘날 자유경쟁에 입각한 기계문명의 힘이 밖으로 한없이 뻗으려 할 때, 자칫하면 몰도의(沒道義)한 침략을 당연시하는데 이르는 것과 다를 바 없을 것이다." [114] 향외적 자각의 한계는 여기에 있다. 박종홍이 보기에 향내성 없는 향외성은 "전란이 생기고 인류의 모든 비극이 연출되는" 원인이다. 이러한 한계의 극복은 근대철학이 갖는 과학을 옹호하는 인식론 중심주의를 비판적으로 극복하는 것이기도 하다. "진정한 세계건설의 길은 향외적 자각이 그 한 걸음, 한 걸음 향내적인 자각을 매개로 하여 절대적 의의를 가질 수 있게 되어야 하는 것이다. 여기에 현대에 있어서 향내적인 자각의 방향을 걷고 있는 구라파의 실존주의가 문제되는 이유가 있다." [115]

그러나 향외적 자각을 몰각한 향내적 자각은 현실성에 대한 관심을 상실한다. 향내성이 갖는 한계에 대한 의식은 박종홍에게는 심각한 것이었다. 『철학개론강의』의 「자각의 두 방향」(1953)에 의하면 "나라를 빼앗기고, 민족이 망하고, 굶주린 동포, 철없는 고아가 길가[路頭]에 방황할 때, 나의 보는 눈, 생각하는 방식을 달리하여, 나 홀로 스스로 만족할 수 있으며, 더구나 현인으로서 자처할 수 있을는지, 자못 의문이 안 될 수 없

114 박종홍, 「哲學槪論講義」, 『전집』 3, 53쪽.

115 박종홍, 위의 책, 73, 132쪽.

다. 현실의 향외적(向外的) 관계를 몰각한 향내적(向內的) 자각의 한계가 여기에 있다." [116] 향내성이 갖는 한계는 향내성의 현대적 표현인 실존주의 철학도 의식하고 있었다. 그는 이런 입장에서 하이데거를 평가한다. 초기 하이데거의 "선구적 결단성에 의하여 본래적 자기존재를 세인으로부터 탈환하는 것"은 "향내적 자각의 극치"이다. 또한 그에게 "본래적인 자기존재"는 "본래적인 상호 존재"이기도 하다. 상호 존재는 본래성이 "부동하는 고립적 존재"로 남는 것을 극복하는 길이다. 여기서 "향내적인 고독한 나는 다시 나올 길을 찾지 않을 수 없음을 본다." 그러나 여전히 "구체적 행동에 있어서 어떻게 형성되어야 할 것인가는 아직은 하이데거에 있어서 찾아볼 길이 없다." [117]

박종홍은 사르트르가 정관주의(靜觀主義), 염세주의(厭世主義)를 비판하고 책임과 실천을 강조하는 것에 긍정적 관심을 보인다. 사르트르는 결정론을 비판하고 자유의 인간상을 제시한다. 자기의식은 자기 자신을 선택하고 창조하는 자유의 주체성이다. 박종홍에 의하면 그것은 "근원적인 고립감", "결여의 허무감"을 갖는 고독한 내면성이다. 그러나 그가 보기에 사르트르의 실천적 선택은 "전 인류를 같이 선택하는" 연대성을 갖는다. "나는 전 인류에 대한 책임을 지고, 거기에 참여하여 행동함으로써 나의 개별적 환경의 정세(情勢)를 만드는 동시에 일반적인 환경의 정세를 만든다." 이 점을 그는 다음과 같이 평가한다. "고독한 향내적 실존사상이 그의 주체성을 매개로 하여 오히려 참여와 행동에 있어서 현실적인 인류를 찾는 길로 되돌아오려고 고심하고 있음을 력력히(歷歷히, 분명하게) 짐작할 수 있다." [118]

박종홍은 실존적 내면성으로부터 사회적 실천으로 빠져나온다. 그는 민족국가의 물질적 기초를 위해 과학적 사고의 필요성을 향외적 자각의 영역으로 포섭한다. 그는 내외의 이러한 통일을 '절대적 의의'를 갖는

116 박종홍, 앞의 책, 56쪽.
117 박종홍, 앞의 책, 105쪽.
118 박종홍, 앞의 책, 105-109쪽.

총체성으로 보았다. 절대적 의의란 "향외, 향내가 각기 궁극적으로 부정 매개함으로써 진정으로 살려짐을 의미한다." 그러나 박종홍과 사르트르는 차이점이 있다. 사르트르는 『변증법적 이성비판』에서 개인이 사회적 관계를 집약하고 있음을 보여주려 한다. 그가 말하는 '사회적 총체성'은 개인적 실존에 투영되어 개인의 삶의 조건을 이루고 있는 사회적 관계들의 총체이다. 그것은 개인들의 삶을 규정하고 있기에, 개인들의 삶의 양식을 이해하고 설명하는 원리가 된다. 그리고 그 총체성은 개인의 실존적 결단에 의해 사회해방의 가능성으로 변형되어야 하는 것이었다. 이에 비해 박종홍의 총체성은 '국민으로서의 자각'으로 귀착된다. "주체는 향내적인 자각을 꿰뚫고 넘어서 세계성이라는 보편적인 것에 부딪쳐 그것의 구체적 실현을 위하여서는 모름지기 조국의 국민으로서의 자각에 돌아오지 않을 수 없음을 본다."[119] 개인은 조국의 자각된 구성원이다. 자각의 한계는 국민 혹은 국가에 의해 자격이 부여된 시민이다. 우주의 생성과 결합한 박종홍의 주체성은 신채호, 이회영이 생각한 도시 시민과 관계없는 야성적 주체에 이르지 못하고 세속 국가에 안주하는 합법적 주체이다. 생의 변형에 대한 그의 관심은 이 방향 안에서 움직인다.

박종홍의 전환의 철학은 이러한 방향에 놓여 있다. 박종홍은 「전환의 모색」(1961)에서 근대적 세계관을 극복하는 길을 묻는다. "정녕 하나의 전환이 싹트고 있다. 갈 곳까지 가고야 만 근대적인 세계관은 이제 완전히 방향을 달리하는 새로운 모색에 의하여 이미 낡은 것으로 낙인이 찍혀지면서 있다. 여기에 새로운 모색이란 무엇인가. 과학철학 말인가? 그렇지 않으면 실존사상 말인가? 그 어느 것도 아니다." 그에게 철학은 민족적 삶에 유익한 세계관이다. 그러나 "세계관의 새로운 전환은 과학철학에서도 실존사상에서도 기대할 수 없다." 그러면 그 양자와 전적으로 다른 이질적 사상을 창조하는 것인가? 박종홍의 답은 그런 것이 아니다. 새로운 세계관은 '지양(止揚)'과 '포괄(包括)'의 형식을 갖는다. "새로운

---

119 박종홍, 앞의 책, 124, 129쪽.

세계관은 근대적인 것을 그저 박차버리는 방향으로만 갈 수 없고, 그것을 자기 밑에 지양(止揚)하여 나 중심의 사상을 그의 진의에 있어서 되살릴 수 있는 보다 포괄적인 것이어야 할 것이다."[120] 향내와 향외를 지양하고 포괄하는 철학이 그의 기본 노선이다. 이것이 조선 이학과의 관계에서는 체용합일(體用合一)의 구조로 나타난다.

박종홍의 세계관으로서의 철학은 문화 창조를 통해 창조적 현실성을 추구하기에 시대성을 갖는다. 하이데거가 철학을 문화 속에 포섭하는 태도에 강력히 반대한 것과는 반대로 박종홍에게 철학은 문화적 세계관이다. 박종홍은 「시대와 철학」이라는 제목의 글에서 "현대철학이 하나의 전환을 경험하며 있는 것이라면 그것은 곧 현대라는 시대적 고민의 초점이 어디서 어떻게 전환하며 있는가 하는 것과 불가분리의 관련에 놓여" 있기 때문이라고 한다. "시대를 떠난 것이 아니라 너무나 그 시대를 그 속에서 몸서리나게 체험하였기 때문에," 시대를 극복하는 시대의 지혜를 철학적으로 추구한다는 것이다. "철학도 다른 문화와 마찬가지로 시대정신의 표현이요, 시대의 아들인 것이다."[121]

박종홍의 시대정신은 역사 사회적 문제와 함께 현대과학의 한 특징을 반영한다. 근대과학은 사물을 실체로 이해했으나 현대과학은 고정성보다는 활동성인 기능 개념에 관심을 갖게 한다. 이 점은 베르그송이나 화이트헤드가 자발성과 유기적 관계를 중시하는 관점에서 강조한 적이 있다. 근대과학의 논리는 유동성을 배제하는 '고체의 논리'(베르그송)이며, 고체의 논리는 추상적인 것을 구체적인 것으로 오해하는 '단순 정위(定位)의 오류'(화이트헤드)라는 것이다. 박종홍은 카시러(Ernst Cassirer)의 과학철학에 의거하여 '실체개념(Substanzbegriff)'보다도 기능과 같은 의미를 갖는 '관계개념(Funktionbegriff)'을 현대사상의 특색으로 인식한다.[122] 그에 의하면 현대과학의 관계 기능 개념은 수리 논리학에서도 기본적인 것이

120 박종홍, '轉換의 摸索', 「哲學論考」, 『전집』 3, 432-438쪽.

121 박종홍, '時代와 哲學', 「轉換하는 현대철학」, 『哲學論考』, 『전집』 3, 439-442쪽.

122 박종홍, 「轉換하는 현대철학」, 위의 책, 451쪽.

다. 박종홍은 자신의 사상이 활동성을 중시한다는 점에서 현대과학 및 철학과 통하는 것으로 간주했다.

그는 하이데거의 존재 개념을 천도(天道)나 천명(天命)으로 해석한다. 그러나 그는 한편으로는 뢰비트(Karl Löwith, 1897～1973)의 의견에 따라 하이데거의 존재론이 기독교 신학의 변형에 불과하다고 본다. "존재가 역사적인 운명을 결정한다"는 하이데거의 생각은 "신이 섭리에 의해 모든 것을 결정한다"는 것과 다를 바가 없다는 것이다. 이에 대한 뢰비트의 대안은 "자연 자체로서의 세계를 중심으로 하는 새로운 전환"이다. 이제 "전환의 모색은 존재를 넘어 자연에까지 왔다. 하이데거 자신도 최근에는 Physis[自然]를 새로이 해석하고 있다." 이 맥락에서 박종홍은 동양의 자연관에 주목한다. "동양에 있어서 자연은 동시에 하늘이요, 하늘이 하는 일이 그대로 자연의 질서며, 세계 자체의 질서인 것이다." "자연의 질서란 곧 천리(天理)였다. 사람의 본성도 천명(天命) 이외의 것이 아니다. 사람이 사는 도리는 천리 그대로를 실현하는 것 밖에 없다." 지양과 포괄의 형식을 갖는 박종홍의 세계관은 향내적으로는 자연에 접근하고, 향외적으로는 현대과학을 포함한 인위적 실험 정신을 포용한다. 그는 결론짓는다. "그 자신 자연이며, 천(天)이며, 자기의 이법에 따라 움직이면서도 그것이 동시에 인위적인 것조차 그 속에 있어서 존재의의를 가지도록 되어 있는 세계가 [……] 전환에 있어서 모색되어야 할 유일, 진정한 세계일 것 같다." [123]

이러한 종합적 세계관을 박종홍은 기대하기도 했고 실망하기도 했던 4·19 혁명 정신의 철학적 표현으로 간주했다. "4월 혁명의 정신이 세계적으로 통하여 공명을 얻었고, 그리고 가장 새로운 의의를 가지듯이 그의 사상적 근거를 이론화함은 비단 우리의 혁명 완수에 도움이 될 뿐만 아니라, 전환하고 있는 현대철학의 갈 곳과 그의 귀착을 명시하는 것이 될

---

123 박종홍, 「轉換의 摸索」, 앞의 책, 436-438쪽.

것이다."[124] 3 · 1 운동을 잇는 4월 혁명의 의미는 그에게는 민족, 민생, 민주를 실현하려는 민족의 역사적 희망이었다. 다만 안타까운 것은 그것이 철학적 기초를 갖지 못한 무자각적 혁명이었다는 것이다. 이러한 혁명론은 함석헌이 4월 혁명을 민중(씨알)의 정치적 자유의 요구이며, 그 자유를 내면의 자유로 심화시켜 영적 코뮤니즘의 희망을 바라보게 하는 것이라 해석한 것과 대조된다. 신남철은 3 · 1 운동을 자율적 민중 연대 운동의 표현으로 보고, 그것을 다채로운 인간성의 르네상스 및 민주정치, 민주경제의 실현 가능성과 연관하여 해석했다. 박종홍의 뇌리에서는 부강한 국가에 의해 멸시당하는 조선, 전쟁과 빈곤 속에서 처참한 고생을 겪는 고아와 여인들이 떠나지 않는다. 그의 철학은 이 멸시된 현실을 자신의 총체적 현실성 개념으로 변호하고 구원하고자 하는 관심의 표현이다. 자주적 국가는 그에게는 거의 종교적 열망에 가까운 것이었다.

그와 제3공화국과의 연관은 이러한 문맥에서 봐야 한다. 4 · 19를 '측면의 혁명'으로 이해한 박종홍은 그것이 일시적 성공은 했지만, 그 혁명정신에 따라 "약진"하지 못했음을, 그리고 "전날의 타습 그대로 눈앞이 어둡기만"한 현실을 한탄했다. "산은 여전히 벗겨 있기만 하고 농촌은 굶주림뿐"인 정세에 대해 그는 "무엇이 잘못되었나?"라고 묻는다(「한국의 길」, 『한국일보』 1961년 1월). 이때의 절박함은 자신의 현실 창조의 논리에 따라 비약적 결단의 순간을 기대하는 애국의 심정이었을 것이다. 그러나 그러한 결단은 4개월 뒤, 특권층의 이익 투쟁으로 점철된 '악의 창고 같은' 과거사를 '불태워버려야 옳다'는(박정희, 「국가와 혁명과 나」) 음울한 정의감을 가진 14년 연하의 군인에 의해 성취되었다. 1970년 12월 박종홍의 정치 참여는 근대화와 민족 자주성의 수립을 위한 실천의 순간일 것이다. 그의 참여는 자신의 사상과 군사 정권의 입장에 공통분모가 있었기 때문이다. 그러한 참여는 실천을 위해 관리가 되는 아시아의 전통적 참여 방식을 닮아 있다. 그러한 방식이 자신의 이론에 충

124 박종홍, 위의 책, 464쪽.

실하다는 점에서 그는 성실했다고 할 수 있다. 다만 그가 민족적 자각에 제일의적 우선성을 부여함으로써, 근대화를 추진하는 국가권력의 조직적 폭력성과 억압에 대한 문제를 유보한 것은 현실적 역사의 한계였을 뿐만 아니라 생의 이상의 빈곤이었다.

박종홍의 철학은 젊은 시절 그에게 감동을 주었던 위고(Victor Hugo, 1802～1885)의 사상적 구도와 유사한 점이 있다. 위고는 근대 산업과 사회적 관계의 진정한 기초를 우주의 생성과 하나가 되는 우주적 소통성에 둔다. 스스로 비참을 겪고 나서 타인의 고통을 구제하기 위해 자본주의 산업을 일으키며 타인을 궁지에서 구해내는 장 발장은 미리엘 주교의 우주적 소통성을 기초로 하는 향내적 심성의 향외적 실현을 대표한다. 「지나온 날의 주변에서」에서 박종홍은 자신의 심금을 울린 두 작품을 술회하고 있다. 그것은 '가장 감명(感銘) 깊었기'에 '생생한 기억(記憶)'을 갖게 한 위고의 『비참한 사람들*Les Misérables*』과 '무척 마음에 들어' '지금도 나의 신변 가까이 꼭 간직하여 가지고 있는' 타고르(Rabindranath Tagore, 1861～1941)의 『생의 현실現實』이다.[125] 『비참한 사람들』은 철학적 진리와 역사적 현실과의 관계를 생생하게 보여준다. 미리엘 주교의 '어린아이 같은 쾌활성'과 '개미'와 같은 어떠한 미물도 멸시하지 않는 청빈한 너그러움은 주교라는 하나의 개체성에 집중되어 있다.[126] 그와의 만남을 통해 빛나는 무엇이 부정으로 가득 찬 인간(장발장)에게 조용한 비약을 일으킨다. 이러한 실존적 사건은 질서의 강제나 교육의 압박을 통해 이루어지는 것이 아니라, 보이지 않는 그리고 형언할 수 없는 영혼의 자각적 열림이다. 장발장은 혁명과 반혁명으로 점철된 시대에 특권에 의해 만들어진 가난에 대항하여, 자베르 형사로 대표되는 경계와 감시, 반혁명과 처벌의 세계와 싸우게 된다. 박종홍은 이와 유사한 현실을 고민하게 했음에도 불구하고, 민족주의적 애국심은 이학적 대유(大儒)의 우

---

125 박종홍, 「지나온 날의 周邊에서」, 『전집』 7, 248쪽, 255쪽.

126 위고, 『레미제라블』 (1, 2), 송면 옮김, 학원출판공사, 1991, 11-54쪽.

환의식에 머물게 했으며, 이것이 그로 하여금 감시와 처벌의 세계를 간과하게 했다.

미리엘 주교에게 우주는 무한하고, 그 속의 무수한 원자들이 끝없이 맺어지고 풀리면서 삶과 죽음이 생겨난다.[127] 생성과 소멸은 모두 '내재적인' 신성한 무한자의 자기표현이다. 개체의 생성은 영적인 힘인 '보편적 생명'에 의해 일어나는 사건이다. 지렁이의 생성과 소크라테스의 생성은 그 안에서 등가이다.[128] 밤하늘의 성좌를 명상하는 그에게는 '영혼의 심연과 우주의 심연'이 함께 소통한다. '자아를 내포하는 무한'—그렇지 않으면 무한이 아니다—, '무한이 내포하는 자아'가 곧 신이다. 그에 의하면 "철학은 하나의 에너지가 아니면 안 된다. 그것은 인간을 향상시키는 것을 그 노력의 결과로 삼아야만 한다."[129] 박종홍의 자연 철학적 천도(天道)는 부단히 생성해가는 생명이다. 인도(人道)는 이 생명과의 소통을 바탕으로 생의 비참을 구원하는 사회적 실천의 길이다. 그러나 그의 천인합일(天人合一)의 세계는 개방적 급진주의보다는 기성제도성이라는 실증주의적 정치의식과 연결되어 있었다.

타고르에 의하면 우주에 내재적으로 고동치는 생명 원리인 "보편성은 항상 독특성(개성) 속에서 그 완성을 찾는다. 그리고 우리의 독특성을 고스란히 유지하려는 욕망은 진실로 우리에게 작용하는 우주의 욕망이다. 우리 자신 속에 있는 기쁨을 우리에게 주는 것이 우리 속에 있는 영원의 기쁨이다."[130] 타고르가 님이라 부르는 아트만(atman) 혹은 불성(佛性)인 생명 원리는 개체들의 창조를 기쁨으로 삼는 신성한 내재적 힘이다. 이 창조적 힘에 의해 삶과 죽음의 생멸계가 펼쳐지며, 이 생멸의 세계가 기쁨의 세계이다. 슬픔을 기쁨으로 전환하는 이러한 생명 긍정의 정신은 박종홍의 형이상학적 감정과도 통한다. 그러나 인도처럼 제국주의에 신

127 위고, 앞의 책, 제2부 제7편, 397쪽.

128 위고, 앞의 책, 제4부 제3편, 669쪽.

129 위고, 앞의 책, 제2부 제7편, 399쪽.

130 타고르, 「삶의 실현」, 『타고르 선집』, 유영 옮김, 혜원세계문학(65), 1993, 398쪽.

음하는 '코리아'를 세계의 등불로 본 타고르는 현대 문명의 반생명성과 음침한 제국주의를 비난하고 동양의 지혜를 탈억압의 방향과 결합시켰다.[131] 박종홍은 이러한 해방의 방향보다는 자주적인 경제적 근대화와 형이상학적 세계상을 결합하는 노선을 취했다. 그에게는 형이상학적 감정에만 치우쳐 과도한 정적주의에 머물면 이는 구체적 현실을 상실하는 반쪽의 진실일 뿐이었다. 이러한 전제 아래 그는 무(無) 개념을 통해 생성하는 자연의 존재에 접근한다. 그는 자연의 창조적 생성의 원천이자 실천적 활력의 원천인 '무의 형이상학'을 생각한다.

7. 무(無)의 형이상학과 개방성

박종홍은 형이상학의 물음을 인생에 대한 회의적 고민과 연관하여 해명한다. 그에 의하면 인간이 세계 '수수께끼'를 갖게 되는 상황은 인생의 무의미에 대한 회의로부터 온다. '사라지는 구름과 같은 사바(娑婆)의 역려'(逆旅, 속세의 여행), '초로(草露, 풀잎의 이슬) 같은 인생'에서 "무엇 때문에 싸우며 무엇 때문에 고민하는 것인가"라는 물음이 일어난다. 이 물음은 주어진 인생을 '운명'으로 느끼는 가운데 일어난다. 쇼펜하우어는 『의지와 표상으로서의 세계』(II)에서 세계의 근거에 대한 물음은 인생의 비참성에 대한 번민과 회의에서 비롯된다고 보았다. 그것은 신화적 형태나 종교적 형태의 '민중 형이상학'에서도 그 근저에 깔려 있는 물음이라고 한다. 인간은 '형이상학적 동물'이다.[132] 박종홍은 쇼펜하우어와 같은 심정으로 형이상학의 발생 조건을 논한다. 그에 의하면 "세계를 가장 깊은 속에서 통일하고 있는 것이 무엇인가"를 알고자 하는 것이 인간이

131 타고르의 기쁨의 정신과 반제국주의에 대해서는 다음을 참조: 유영, 『타골의 문학』, 연세대출판부, 1983, 3-41쪽.

132 Arthur Schopenhauer, *The World as Will and Representation 2*, trans by E. F. J. Payne, Dover, 1966, pp.160-187.

다. "이 인생, 이 세계를 그의 궁극(窮極), 그의 본원(本源)에 있어서 인지(人知)가 이를 수 있는 곳까지 지적인 이론에 의하여 천명척결(闡明 剔抉, 드러내 밝히고 해결함)하려는 것이 다름 아닌 형이상학이다." 박종홍에 의하면 왜 존재하고 무가 아닌가라는 라이프니츠의 물음도 바로 형이상학이 '존재 자체를 존재인 한에서' '그의 원리나 원인'을 묻고 답하려는 학문임을 암시한다. 이러한 문맥에서 박종홍은 하이데거적인 무를 긍정적으로 논의한다.

하이데거에 의하면 라이프니츠와 같은 물음에 대한 해답에서 절대적 원리를 신, 의지, 이데아 등 여러 개념들로 표현하는 세계관들이 있게 되었다. 이러한 형이상학들은 무의미로부터 의미로 가려는 인간의 충동이 반영된 세계관이다. 형이상학에는 무의미의 불안을 견디지 못하는 인간의 정신적 한계가 은밀하게 숨어 있다.

과학을 전통 형이상학의 변형이라고 보는 하이데거는 과학의 무비판적 전제를 반성하는 한편, 형이상학의 물음이 일어나는 쇼펜하우어적 상황을 형이상학의 가능 근거로 본다. 인간은 이 상황 속에서 절대적 권태와 함께 나란 무엇인가, 세계란 무엇인가를 묻는다. 그 물음은 인간의 유한성에 대한 깊은 자각과 더불어 일어난다. 박종홍은 유한성의 자각에서 출발하는 '새로운 형이상학'의 가능성을 찾는 철학을 따라간다. 그에 의하면 새로운 형이상학은 "인간의 심각한 내면성을 속 깊이 살릴 수 있는 새로운 해결을 위하여 형극(荊棘)의 길을 정진(精進)하며 고투하고 있는 것이다.[133]

이 노선이 '무(無)의 형이상학'이다. 존재의 근거를 묻기 위해서 왜 존재이고 비존재가 아닌가라는 물음이 선행한다면, 존재에 대한 물음은 무(無)의 현시를 통해서 가능할 것이다. 박종홍에 의하면 "존재의 절대적 원리 근거를 천착하려는 것이 형이상학이다. 그러나 존재(存在)는 비존재(非存在)와의 관계에 있어서 비로소 근원적으로 다루어질 수 있다."

---

133 박종홍, '形而上學의 과제', 「哲學槪論講義」, 『전집』 3, 111-115쪽.

"존재는 비존재에 의하여 한정된 존재, 무(無)에 의하여 둘러싸인 존재인 것이다."[134] 그리고 무는 존재의 무근거를, 그 '심연'을 현시하기 때문에 존재는 불안(Angst)을 통해 현시된다. 본래적 실존이란 바로 이 무근거의 불안, 위안의 희망 없음을 견딜 수 있는 냉정한 정신을 의미한다. 바로 이 지점에서 박종홍은 하이데거와 야스퍼스처럼 동양의 무(無)의 형이상학과 만난다. 무에 접한다는 것은 과학의 세속적 지배를 잉태하고 있었던 서양 전통 형이상학의 역사를 회의한다는 것을 의미한다. 서양 형이상학의 패권적 성격과 그 현대적 완성태인 과학을 넘어서는 새로운 철학은 무의 형이상학이다. 전통 형이상학과 과학을 맹신하는 것은 비본래적 실존일 뿐만 아니라, 재래의 서양적 관습에 순종하는 것이다.

주희(朱熹)의 무극(無極)이면서 태극(太極)이라는 개념은 "유(有)의 극치에서 무(無)에 부딪히게 된 것"을 보여준다. 주희에 대한 박종홍의 이러한 표현은 주희에 대한 해석에 어떤 자극을 줄 수 있을 것이다. 박종홍은 묻는다. "그러면 유와의 관련에 있어서 문제되는 무는 과연 어떠한 성격을 가진 것일까?" 그에 의하면 이 물음은 "노장(老莊)철학이 여실하게 표현하려고 노력했다." "만물의 근원인 도(道)는 무(無)다." 이 "무로서의 도가 천지의 근원"이다. 그것은 "공허이지만 다함이 없고, 운동하여 부단히 만물을 낸다[虛而不屈, 動而愈出]." 도는 "부단히 생산하는, 지속하여[生生綿綿, 부단히 창조하는 이어짐] 다할 줄 모르는 작용"으로 자신을 표출한다. 이것이 도의 본성이다. 그것은 "함이 없으면서도 하지 않음이 없는 것[無爲而無不爲]"이다.[135] 원래 주희는 무극의 창조적 활력을 생각할 때 『주역周易』뿐만 아니라 『도덕경道德經』의 다함 없는 무한한 창조력에 대한 관념에서도 자극을 받았다.

본체가 무이고 창조적 발용의 원천이라는 사고는 이학의 체용합일(體用合一) 정신의 근간이었다. 또한 무에 바탕한 체용합일적 사고는 인도

134 박종홍, 앞의 책, 116쪽.

135 박종홍, 앞의 책, 116-117쪽.

불교에 뿌리를 두고 있다. 박종홍은 "서양문명은 도시의 벽(壁) 속에서 자라났고, 인도의 형이상학은 삼림(森林) 속 대자연을 모체로 하여 태어났다"고 하는 타고르의 말을 인용하면서, 불교의 공(空)을 무의 형이상학으로 이해한다. 그에 의하면 자기동일성[自性]을 갖는 '실체본유(實體本有)'에 대한 집착을 부정하는 공은 다시 자기를 부정하여 공과 유의 통일로 나아간다. "유를 부정하고 다시 공을 부정하고, 다시 공을 부정하는 데에서 생긴 것"이 불교의 진리인 "진정한 공 가운데 세계가 존재한다[眞空妙有]"는 것이다. 이것도 일종의 "부정의 부정"이다.[136]

원래 세간(世間)의 실재성에 대한 믿음을 대상집착으로 비판하고 출세간(出世間)이라는 무로 나간 후, 다시 세간의 유로 돌아오는 지혜는 초기 경전인 『잡아함경雜阿含經』의 「가전연경」이 이미 설하고 있다. 용수(龍樹, Nagarjuna)의 중도론(中道論)은 그 지혜를 논한 것이다. 그것은 붓다의 교리를 관찰하는 방식이다. 윤회 생성의 세계는 무지와 집착이 있는 한 존재하는 것[有]으로 봐야 하며, 무지와 집착이 없는 한 무(無)로 보아야 한다. 붓다는 유만을 말한 적도 없고, 무만을 말한 적도 없다. 그러므로 '유도 아니고 무도 아니라는[非有非無]' 관찰이 세계를 올바로 보는 방법이다.[137]

박종홍에 의하면 서양 형이상학의 역사는 무(無)의 형이상학으로 귀착되었다. 그러나 서양의 무의 형이상학은 허무로부터 벗어나 유(有)로 나아가고자 했으나, "적극적인 구체적 건설에까지 이르는 박력을" 갖지 못했다. 그 철학은 "백척간두(百尺竿頭, 백 척이 되는 장대의 끝)에서 일보를 다시 나아가 형이상적인 무에서 힘차게 돌아 나오는 면이 없다." 그러나 "무(無)의 형이상학은 유(有)를 가장 구체적인 현실에 있어서 살릴 수 있을 때에 그의 초지(初志)가 관철되는" 것이다. 유(有)에 대한 적극적 참여의 정신은 유가(儒家)의 것이다. 박종홍은 이학자들과 마찬가지

136 박종홍, 앞의 책, 117-118쪽.

137 「가전연경」, 「잡아함경」, 『아함경강의』, 조계종출판, 2008.

로 공자(孔子)의 극기복례(克己復禮, 자기를 극복하고 인륜으로 돌아옴)를 체와 용, 무와 유의 종합인 중용(中庸)으로 해석한다. "유교의 생활철학"은 향외적 실천성을 장점으로 갖기 때문에 구체적 현실로 나아가는 활력을 무의 형이상학에 줄 수 있다는 것이다. 그러나 무 없는 유는 향외성이 갖는 병폐를 면치 못한다. "가장 발랄한 생은 철두철미 무(無)에 의하여 침투되고 있다." [138]

박종홍의 현실적 주체성은 유의 무를 통과한다. 그것은 무의 창조적 활력에 의거하여 유로 나아가 현실을 '산 현실'로 창조하는 인격이다. 그에 의하면 이러한 종합은 동양의 전통일 뿐만 아니라 서양철학의 역사적 귀결이다. 그에게 창조적 종합은 동학혁명과 3 · 1 운동의 근본정신이었다. "3 · 1 운동은 향내적 실존이 향외적 건설로 용감한 첫걸음을 내어 디딘 거룩한 시범이 아닐 수 없다." [139] 그가 보기에 과거 독립운동과 혁명은 구체적 존재에의 포부를 가진 무(無)로부터의 생기(生氣)가 인간의 향내적 주체성을 형성하고, 동시에 향외적 자각으로 나타난 것이다. 이것이 박종홍이 보는 생의 절대적 통일성이다. 그는 이것을 "현대 전자 공학의 발전"과 "고속도 계산 기계"의 시대가 주는 '비극'을 극복하는 지혜로 간주했다. 박종홍에 의하면 인류 세계는 '사이버네틱스'의 학설을 주장한 비너(N. Wiener)가 역설적으로 문명의 비극을 말한 것을 수용해야 한다. 인류는 "자동조절 장치"가 주는 "비극적 운명의식"을 극복할 책무가 있으며, 향내적 반성을 통해 심원한 인격을 창조해야 하는 사명을 갖고 있다. 박종홍은 이것을 자신의 세계관이 갖는 '세계성'이라고 생각했다. 동시에 그것이 한국이라는 '국가'의 철학적 기초였다.[140]

이상의 논의에서 볼 때, 박종홍이 존재를 천도(天道), 천명(天命)으로 해석한 것은 존재의 극치에서 만나는 무를 통과해서 존재에 접근하는 하나의 방식이다. 천도는 존재와 무의 통일체이다. 그것은 주희(朱熹)의 무

---

138 박종홍, 「無의 形而上學과 東洋思想」, 『哲學概論講義』, 116-119쪽.

139 박종홍, 「結論」, 위의 책, 123-133쪽.

140 박종홍, 위의 책, 130-131쪽; '向外, 向內의 한계와 東洋思想,' 「哲學概說」, 『전집』 3, 322쪽.

극(無極)이면서 태극(太極)이라는 무형의 생명 원리[生生之理]에 해당한다. 노자(老子)의 혼돈(混沌)의 도(道)도 사실상 존재와 무의 통일체이다. 이러한 입장에서 박종홍은 『장자莊子』의 글들 가운데 유가의 입장을 비판하는 공자의 말을 소극적인 노장철학의 일반적 성격을 비판하는 것으로 해석한다. "공자는 말한다. 저 혼돈씨(渾沌氏)의 기술을 가짜로 배운 사람은 하나는 알고 둘은 모르며, 내면은 건설하지만 외면을 건설하지 못한다[孔子曰, 彼假修渾沌氏之術者也, 識其一而不知其二, 治其內而不治其外(在宥篇)]." 왕탄지(王坦之)의 『장자폐지론廢莊論』은 이 말을 실제로 공자가 노장을 비판한 것으로 활용한다. 그에 의하면 "혼돈의 기술을 연마하지만, 공자는 그것을 하나는 알고 둘은 모른다고 간주했다[修渾沌之術, 孔子以爲識一, 不識其二]." 이러한 입장에서 박종홍은 향외적 지식과 실천의 의의를 제대로 살린 것은 『중용中庸』이라고 본다.[141]

박종홍은 이학의 체용합일적 체계에 따라 『중용』을 해석한다. 인간의 본성은 천도의 본질인 천명지성(天命之性)이다. 인간은 향내적 노력에 의해 자신의 우주적 본성을 통찰하여 실현한다. 이 실현은 "천지의 변화와 성장의 과정에 조율되고 참여하는 것[贊天地之化育]"이다. 인간은 "도도한 흐름과 같이 만물을 발현시키고 성장시키며, 그 정신의 높이는 천도에 이른다[洋洋乎, 發育萬物, 峻極于天]."[142] 여기서 만물은 자연의 다양성과 인류를 포괄한다. 이학적 성인(聖人)의 세계관은 안으로는 태극의 창조적 본성을 체현하고, 밖으로는 그 본성을 인류에서 실현하는 구도를 갖는다. 박종홍은 장자(莊子)를 소극적 사상으로 평가하고 『중용』에 대한 이학적 해석으로 기울어진다. 그의 총체적 현실성의 원리는 하나의 통일적 원리와 다양성의 종합[理一分殊]이라는 이학적 도식에 변증법의 형식을 부여한 것이다. 이러한 입장은 중국의 풍우란(馮友蘭, 1894~1990)이 심원한 우주적 경지에 이르고 인륜의 도리를 따른다[極高

141 박종홍, 「否定에 관한 硏究」, 『전집』 2, 680-685쪽.

142 박종홍, 앞의 책.

明而道中庸]는 관점에서 전통을 평가하고 계승하는 것과 유사하다. 풍우란은 주희의 이학을 계승하면서도, 논리 실증주의가 중시하는 논리적 분석 방법이 중국철학의 단점을 보완할 수 있다고 본다. 차이점이 있다면 풍우란은 헤겔 변증법과 동양철학을 결합하지는 않는다는 것이다. 또한 변증법적 창조의 논리에 관심을 가졌던 박종홍에게 논리 실증주의는 향외적 기술(技術)의 영역에 한정된다. 과학의 논리에 대한 언어 분석적 방법이 반드시 실증주의로 귀결되는 것은 아닌데도, 당시의 분석철학은 반형이상학을 옹호하는 방법으로 수용되었다. 박종홍도 분석철학을 실증주의로 이해하고 그것을 기술의 영역에 귀속시켰다.

이 때문에 박종홍은 총체성에 대한 관심에도 불구하고 자연과학과 형이상학이 어떤 적극적 연관에 있을 수 있는지에 대해 논의할 수 없었다. 그는 최한기(崔漢綺, 1803~1877)의 경험과학적 정신을 높이 평가하기도 했다. 그러나 그는 과학적 지식과 형이상학적 기학(氣學)의 원융한 결합의 가능성을 보여준 최한기의 구도를 자신의 사상 안에 포용할 수 없었다. 이것은 그가 선호한 하이데거 철학이 카르납의 과학주의에 대한 적대의 성격을 갖고 있었던 데에서 온 것일 수 있다. 카르납은 자신의 주저 『논리적 세계 건축*Der Logische Aufbau der Welt*』(1928)에서 하이데거의 철학이 문장의 논리적 구문 규칙을 위반하고 경험적 실증성이라는 인식적 기초를 벗어났다는 도전적 주장을 제시했다. 이것은 형이상학이 사이비 명제라는 반형이상학적 태도를 분명하게 표명한 것이었다. 그는 하이데거와 카시러가 1929년 스위스 다보스에서 열린 국제대학 과정에서 각자 발표한 강연에 참관하여 3차에 걸쳐 하이데거와 대화를 나누었다. 이 이후에도 그는 자신의 원래의 입장을 되풀이했다. 카르납은 『인식*Erkenntnis*』에 「언어에 대한 논리적 분석을 통한 형이상학의 극복」(1931)을 발표했다. 하이데거는 이에 대한 반박으로 『형이상학 입문』(1935)을 썼다. 하이데거는 이 글에서 논리 실증주의가 존재에 대한 이해를 논리적 계사(is)로 환원하고, 수리물리학적 '확실성'을 신앙하는 맹목적 '세속성'을 비난했다. 또한 그는 실증주의가 "러시아 공산주의와 내외적으로 연관되어 있고, 미국에서의 승리를 찬양하게 된 것은 결코 우연이 아니라고" 공박했다.[143] 더 이상 호의적 대화는 불가능하게 되었으며, 이 여파는 미국과 한국, 그리고 박종홍의 사상에도 미치게 되었다. 정치의식까지 개입된 형이상학과 과학의 분열은 오늘에까지 한국 사상계에 잔존하여 양자 간의 순기능적 상호 작용을 모색하지 못하게 했다. 박종홍은 과학을 향외적 차원에서 수용하려고 했지만, 위와 같은 역사적 상흔 때문에 그 분열의 앙금이 남게 되었다.

또한 박종홍의 근본 원리인 총체적 현실성은 민족국가 건설에 제약되어 있었다. 이 때문에 그의 현실성 개념은 개방적 인륜을 창조하는 방향을 보여주지 못한다. 이러한 특징은 그가 동양철학에 관심이 있었음에도 불구하고, 장자(莊子)의 "최상의 사랑은 부모가 없다[至仁無親]"와 같은 개방적 도덕을 자각의 영역으로 편입시키지 않는 데에서 잘 드러난다. 그는 국가 건설을 우선시하여 사회 문제를 국가정책의 문제로 흡수했다. 급진적인 사회적 실천을 요구하는 문제는 개인의 실존적 태도 안으로 축소되었다. 이 점에서 그의 세계상에 사회정의 문제가 거의 부재하다는 점은 젊은 후학들에 의해 비판의 표적이 되기도 했다.[144]

20세기 초부터 한국철학은 민족해방에 대한 희망을 가지고 새로운 공

---

143 이에 대한 연구는 다음의 논문을 참조: Michael Friedman, 「*Overcoming Metaphysics: Carnap and Heidegger*」, Ronald N. Giere & Alan W. Richardson, *Origin of Logical Empiricism*, University of Minnesota, 1996, pp.45-79.
카르납은 하이데거의 문장, "무가 무화한다(Das Nichts selbst nichtet)"가 명사를 동사로도 바꾸는 잘못, 즉 문장의 구문론적 형식을 위반했다고 비난했다. 논리학에 금기의 도덕을 도입하는 듯한 이러한 비판에는, 경험과학들에 대해 물리학을 근간으로 하는 물리주의적 통일과학을 재구성하려는 카르납의 형이상학적 야심과 자신의 입장이 권력에 저항하는 진보성을 갖는다는 신념이 작용하고 있었다. 하이데거는 이러한 의도가 결코 문명사적 진보성을 갖지 못한다는 것을 간파한 듯하다. 하이데거의 이러한 태도는 과학과 대화하는 자연철학적 사고를 크게 벗어나는 그의 사상의 특징을 잘 보여준다. 박종홍은 근대화의 입장에서 과학의 실효성을 수용했지만, 바로 그러한 분열의 문맥에서 움직이고 있었다.

144 이 문제는 김석수의 『한국현대 실천철학』(돌베개, 2008, 114-144쪽)에 「국민교육헌장」 제정과 연관하여 상세히 논의되어 있다.

동체를 모색했다. 근대화의 문맥에서 이 노선을 이은 박종홍이 보기에, 진정한 공동체는 민족의 물질적 발전과 문화 창조가 연결될 때 가능한 것이었다. 이 두 가지 가치를 중심으로 하는 근대화가 실현될 때 일어날 수 있는 억압의 문제는 그의 시야에서 가려져 있었다.

오늘날 자본주의적 방향이 갖는 경제주의와 사회 공학주의는 향외적 소통과 향내적 성찰의 가능성을 질식시키고 있다. 1920년대 이돈화와 김기전은 조선의 사회 문제를 '계급 문제', '인종 문제', '여성 문제', '아동 문제'로 요약하고, 이 문제의 해결에서 인류 해방을 전망했다. 이러한 문제들은 오늘날에도 심각한 것이다. 또한 인간의 향내적 주체성도 의식의 방에 갇힌 폐쇄적 주체가 아니라 개방적 공감을 가진 새로운 주체성으로 전환해야 하는 상황에 놓여 있다고 할 수 있다.

박종홍이 철학을 하게 된 동기는 피난 시절 죽은 아이를 등에 업고 방황하는 아주머니를 목격한 것, 그리고 위고와 타고르에 의해 영혼이 흔들린 것이라 할 수 있다. 이러한 박종홍의 심정은 멸시받는 현실을 '변호'하게 했으며 미래의 자주적 근대국가를 옹호하게 했다. 하지만 그 변호는 그의 간절한 심정의 깊이를 다 표현하지 못하고 도리어 근대국가를 옹호함으로써 봉쇄되고 말았다. 현실이 가하는 억압을 벗어나려는 원심력은 국가가 배제한 것, 즉 숨어 있기에 아직 개념화되지 않고 있는 미래적 무의식이다. 이 무의식에 이끌려가는 심정의 완전한 발현에서 심정의 비밀은 드러날 수 있을 것이다. 또한 억압의 고통과 자유의 기쁨에 대한 공감의 핵심이 드러나면, 안으로는 생명을 자각하고, 밖으로는 그것을 평등한 자유와 연결하는 구도 속에서 움직이는 철학을 추구하게 할 것이다.

6장

씨알의 자유와 내면의 정치학
: 함석헌(咸錫憲)

1. 씨알철학과 사상의 혁명

박종홍의 현실 변증법은, 안으로는 내면적 주체성을 창조적 주체성으로 변형하고, 밖으로는 허약한 국가를 자주적 민족국가로 변화시키는 방법이었다. 그는 전통문화에 대한 비판적 계승을 통해 새로운 문화를 창조하여 다시는 타국의 노예가 되지 않는 부강한 민족국가 건설을 지향했다. 이를 위해 그는 창조를 위한 논리적 방법론을 철학의 일차적 과제로 설정했다. 이러한 설정은 창조의 논리를 통해 현실을 개조하는 실천적 주체성을 형성하고, 이것을 한국적 문화를 건설하는 기초로 삼기 위한 것이었다. 이 구도 안에서 그는 논리학과 전통철학사에 대한 연구를 성취할 수 있었다. 그는 전통철학 가운데 특히 이학(理學)의 『심경부주心經附註』(진서산(眞西山)의 『심경』을 명(明)의 정민정(程敏政)이 주석한 책)를 중시했다. 이러한 태도는 그의 향내적 관심이 갖고 있는 이학적 성격을 더욱 강화했다. 또한 그가 칭송했던 '천도교'의 '민주 평등'은 향외적 관심사 가운데 하나로 편입되었다. 함석헌(咸錫憲, 1901~1989)이 중시한 바닥 인생에 대한 공감은 그의 사유의 내면적 기초가 될 수 없었다. 박종홍이 말하는 사랑의 덕[仁]은 이학적인 것으로, 미발(未發)의 내면에 선험적 원리[理]로 잠재해 있다. 그의 실천의지는 왕양명(王陽明)의 지행합일을 닮아 있었지만, 모든 것과 소통하는 왕양명의 만물과 한 몸이 되는 사랑[萬物一體之仁]의 직접적 발산은 아니었다.

박종홍의 사유 체계인 천도(天道)와 인도(人道)의 종합적 완성은 의지와 합리적 이성을 결부시키는 조선 이학의 내외합일의 길[內外合一之道]에 접근한다. 그러나 왕양명이 송대 이학을 개체의 자발성을 강조하는 방향으로 발전시켰듯, 박종홍의 내외합일의 길과는 다른 유형의 내외합일의 길도 가능하다. 함석헌은 이러한 색다른 유형의 내외합일의 형식을 창조했다. 그는 박종홍과도 다르고 신남철, 박치우와도 다른 유형의 내용을 담고 있는 씨알 변증법을 개척했다. 종교적 영감을 가진 그의 시적 지성은 위로는 '영원무한자'의 초월적 신성(神性)과 그 생명 활동을 동경하고, 아래로는 '생명의 파편'이면서도 물질적 유한성이라는 한계를 가진 '나'를 민중적 지성으로 변형하고자 했다. 그는 역사적 현실의 죄스러움과 민중의 고뇌를 생각한다. 그리고 나의 '본질'인 생명의 파편[씨알]은 본성상 무한한 개방성을 갖는다. 이에 대한 예지적 통찰은 민중을 포함한 만유의 소통적 '평등성'을 자각하게 하는 것이었다. 나를 중심으로 수직으로는 영원과 통하고, 수평으로는 생명의 동일성[一]이 차별적 다양성[多]에 관류하고 있음을 자각한다. 그에게 천도와 인도의 전체성은 수직과 수평이 교차하는 십자 구조를 갖는다.

이러한 사유 구조를 배경으로 함석헌은 국가의 개입에 의해 독점 자본을 육성한다는 이른바 '국가 독점 자본주의'(박현채)가 본격화되는 1960년대 초반부터 제3공화국과 불편한 관계를 맺는다. 함석헌은 생산관계(계급관계)보다는 '국가주의'와 '물질주의'에 저항하여, '혁명'과 '철학'이라는 어휘를 빈번히 사용한다. 「누에의 철학」(1962), 「비폭력 혁명」(1965), 「레지스탕스」(1966), 「저항의 철학」(1967), 「혁명의 철학」(1968), 「생활철학」(196?), 「씨알 혁명의 꿈」(1980) 등과 같은 제목의 글과 연설은 함석헌이 자신의 사상을 현실의 혁신을 위한 새로운 사유 방식을 창조하는 철학으로서 인식했음을 잘 보여준다. 그의 사상의 십자 구조가 보여주듯이 그의 철학은 종교적 초월성과 내재적 생명성, 서민적 평등성을 갖는다. 이 평등성은 '씨알'을 각기 자신의 본성으로 갖는 '민중계급'으로 수렴하는데, 「씨알 혁명의 꿈」(1980)에서 그는 자신의 사상을 '씨알철학'으로 명명했다.[1] 각자의 씨알은 위로는 하늘을 바라보고 아래로는 지상의 역사와 민중을 보게 하는 생의 본래적 충동인 '생명 원리'이다. 그러면 그의 철학과 혁명의 의미는 무엇인가?

함석헌의 사유는 학술 언어로 현실에 접근하는 신남철이나 박종홍과는 달리 언제나 정치적 상황 속에서 말하는 사유이기에 그의 언어는 일상의 말 속에서 종교적이고 철학적인 의미를 살려낸다. 그러나 이러한 차이에도 불구하고 그들은 중요한 점에서 하나의 공통점을 오늘의 우리에게 유산으로 넘겨주고 있다. 바로 사실에 대한 도덕적 가치의 개입을 전제하고 옹호하는 관점이다. 과학적 사실조차도 결코 가치중립적일 수 없으며 선택적 가치의 빛 아래 조명되고 가치 실현의 문맥에서 평가된다. 예를 들어 당시 미국에서 수입된 신고전경제학이 가치중립성을 표방하고 현상을 수량화함으로써 역설적으로 자본의 이기적 가치를 옹호하게 되는 것에서 증시되듯이, 과학적 방법은 인간적 가치와 결합되어 있다. 이런 의미에서 과학의 가치중립성은 편견 없음을 표방함으로써 편견을 일반화하는 이데올로기적 기능을 갖는다. 이와 함께 1960년대 이후의 한국사회는 과학의 필요성과 더불어 과학주의와 도덕적 가치의 갈등이 사상적 문제로 등장한다.[2]

---

1 함석헌, 「씨알 혁명의 꿈」, 『함석헌 전집』, 12, 한길사, 1983, 98쪽: 이후 『전집』으로 약칭하고, 『함석헌 선집』의 경우에는 『선집』으로 표기한다.

2 박현채(1934~1995)는 자신의 '비판적 경제학(정치경제학)'의 견지에서 '민중의 생활상의 요구'를 반영하는 '인간주의', '민주주의(사회주의)'의 가치를 경제적 사실과 융합하고, 경제학과 '도덕 과학'의 분리불가능성을 주장하는 뮈르달(Gunnar Myrdal)의 관점을 계급적 구체성으로 보완하는 견지에서 정치경제의 민주화라는 민주주의 최대치를 옹호한다. 이것은 신남철이 가치와 사실의 통일체를 '과학'이라고 했던 관점과 연결되며, 함

박종홍처럼 함석헌도 바로 이 문제를 그 누구보다도 예민하게 의식했다. 그러나 박종홍은 유럽의 현상학적 실존주의 운동의 영향 아래 현실에 대한 과학적 인식 태도(자연적 태도)를 판단 중지(잠정적 유보)하고 그것을 내면적 주체성으로 환원함으로써 이른바 '절대적 자아'(E. Husserl)를 확립하는 귀족적 탈역사화의 단계를 거쳐서 현실로 돌아온다. 이에 비해 함석헌의 환원은 '바닥사람'을 회복하는 의지적 자기변형의 노력이다. 이것이 송대 장횡거의 개념으로 알려져 있는 '기질변화(氣質變化)', 즉 마음의 내적 수렴 운동이다. 그것은 '학자' '정치가' 등 모든 외면적인 사회적 규정성이라는 '옷'을 벗어버리려는 노력이다.

이 노력은 인간 차별의 수단인 명예로운 직업에 눌린 헐벗은 민중에 접근하는 것이자 나의 '근거'로서 주어진 '씨알'을 자각하는 운동이다. 이것이 '자기발견'의 '사유(思)'이다. 진정한 철학은 내적 '심정'에서 자각되는 민중성과 생명성이라는 '바닥'으로 돌아가 그것을 실현하는 부단한 사유이다. 그러므로 그는 '생활철학'의 문맥에서 다음과 같이 말한다. "우리 불행의 근본 원인은 우리가 우리 자신을 모른 것입니다. 자기를 찾으려 하지 않았습니다. 스스로 우리 자신을 업신여겼습니다. 내버렸습니다. 그러므로 우리 철학이 없습니다."[3] '우리 철학'은 사회에 의해 내동댕이쳐진 바닥인생과 스스로 모멸해버린 나의 생명성에 일치해가는 사유에 의해 가능하다. 이러한 합일의 노력은 본질적으로는 지도적 계몽을 필요로 하지 않는다. 다만 민중과 나의 동일한 근거인 씨알의 창조적 자발성을 자각적으로 표현할 뿐이다. '우리'의 '씨알철학'은, 동학교도 최시형(崔時亨, 1827～1898)이 만유를 '무한자[無極]'로서의 '광대한 생명[大生命]'의 '표현(表顯)'으로 경험한 것처럼[4] 씨알의 자기표출이라는

석헌이 과학을 사상이나 철학의 시야 안에서 평가하는 태도와도 공통점이 있다(박현채, 「제3세계와 빈곤」(1983), 『박현채 전집』 4, 해밀출판, 2006, 716쪽); 뮈르달, 『반주류의 경제학』, 조용범 옮김, 삼성문고 77, 1976, 11-95쪽.

3 함석헌, 「생활철학」, 『전집』 12, 292쪽, 412쪽.

4 최시형, 「海月神師法說」, 『천도교 경전』, 천도교중앙총부, 412쪽.

표현의 철학이 된다. 이러한 철학이 '살림의 철학, 인생철학, 곧 지혜'이다.

이러한 맥락에서 함석헌은 자연과학과 '사회과학'의 필요성을 일정한 한계 설정 안에서 수용하고 역설한다. 한계를 긋는 것은 과학과 철학의 물음이 다르기 때문이다. 사물의 인과를 묻는 것이 과학이라면, 철학은 사물 존재의 근본원인이나 본질을 물음으로써 우주와 인생의 존재의 의미를 묻는다. 철학의 이 근본적 물음이란 전체로서의 존재의 '뜻(의미)'을 묻는 것이다.

> 사람도 생리학 · 심리학 · 사회학의 대상으로 다루게 된 데가 현재의 진보가 있는 곳이지만, 그것을 인간의 전부로 안 데에 크게 잘못이 있습니다. 과학으로 건드리지 못할, 따라서 건드려서는 아니 되는 부분이 확실히 있습니다. 그것은 기술의 세계가 아니고 뜻의 세계입니다. [……] 그러므로 사람은 과학의 대상도 되지만 보다 더 철학의 대상, 종교의 대상입니다. 그것은 맛봄의 세계 감동 · 감응(感應)의 세계입니다. 감동 · 감응이란 뵈지 않는 전체에 하나됨입니다.[5]

존재의 '뜻'의 해명이 철학이라면 이러한 철학은 실증과학이 아닌 형이상학이 된다. 이 형이상학은 한편으로는 마음이 우주적으로 열리는 개명(開明)을 경험하는 종교와 대화할 수 있으며, 다른 한편으로는 진화생물학과 대화할 수 있다. 함석헌은 샤르댕(Pierre Teihard de Chardin, 1881～1955)과 베르그송(Henri Bergson, 1859～1941)처럼 고생물학이나 생물학과 같은 박물학적 지식을 형이상학적 의미로 해석해내는 생명철학적 태도를 수용한다. 또한 그는 신유가나 동양의 고전에서 생명철학적 의미를 갖는 관념들을 수용할 수 있었다.

함석헌은 인간과 사물의 존재의미인 '뜻'을 생명 개념을 중심으로 해

5 함석헌, 「생활철학」, 『전집』 12, 239쪽.

명한다. 생명은 '변증법적' 혹은 '역리적'(逆理的, 이율배반적) 성질을 가진 역설적 운동 과정이다. '모순적' 성질을 통일하여 스스로 자기발전을 해가면서 자기표현을 하는 노력의 과정이 전 자연사를 통해 자신을 관철해 나가는 생명이다. 생명은 과거에 고착된 습관을 넘어가는 '자기초월'의 추진력과 미래를 형성해 나가는 창조력을 가진다. 생명은 본성상 습관에 정지되면서도 그것과의 모순을 형성하고 새로운 습관을 창조하는 혁명성을 갖는다. 생명은 '그 자체가 혁명적'이다. 함석헌은 언제나 모순을 만들어 그 속에서 자신을 관철하는 삶을 지향한다. 이런 관점에서 그는 모순을 회피하지 않는 고뇌와 '설움'의 운명을 민중의 내면성이자 자연 진화사의 내면성으로 이해한다. 우주 진화사를 관류하는 생명은 역사에서 인간의 생의 포부로 드러나는데, 장애를 만나 방황하는 이 포부가 '씨알의 설움'이다. 벽에 부닥쳐 눌린 생명은 설움이며 벽을 뚫고 문턱을 넘는 생명은 혁명이다. 바로 이러한 씨알 변증법은 속박과 자유의 화해할 수 없는 모순을 회피하지 않고 그것을 생의 운명으로 이해한다. 이 점이 플라톤과 아리스토텔레스 논리학(모순 회피의 논리학)에 입각한 서양 형이상학의 주류적 전통을 넘어서는 함석헌의 반그리스적 계기이다. 그는 그 모순의 논리에 따라 '혁명'과 '씨알철학'을 필연적 연관에서 생각할 수 있었다. "그러니, 참 혁명이라고 하면 엄정한 의미에서 씨알의 혁명만이 참 혁명"[6]이다. "혁명이 역사를 밀어나가는 거룩한 생명의 운동이 되고, 혁명이 거룩한 정신의 운동이 되어서만 그 제단에 바친 제물은 살아난다. 일을 순화하고 건지는 것은 사상이기 때문이다. 살리는 것은 공로가 아니라 뜻이다."[7]

생명의 역설적 본성은 현재의 순간이 과거적인 동시에 미래적이라는 시간성에서 나타난다. 한계를 넘어가는 그 본성은 우리들 민중은 물론 만유와의 공감적인 '감응'의 관계에 진입하게하고 이를 확장적으로 소

6 함석헌, 「씨알 혁명의 꿈」, 『전집』 12, 107쪽.

7 함석헌, 「인간 혁명」, 『전집』 2, 63쪽.

통시킨다. 생명의 의미(뜻)는 시공간적인 개방성이며, 사회혁명과 과학은 이 '뜻'에 종속된다. "혁명 운동에는 반드시 사회과학이 앞서야 하고 그에 앞서서는 반드시 인생관 · 세계관이 있어야 한다." '관(觀)'이란 '인생의 뜻', '역사의 뜻'을 보는 것이다.[8] 생명의 뜻은 자연과 인간사에 있어서 모든 억압적 폐쇄성을 돌파하고 시공간적 개방성을 향한 노력을 생명의 '법칙'으로 통찰하라고 지시한다. 이 법칙을 함석헌은 '변증법적 정신의 움직임'이라고 한다. 이 움직임에 "과거에 대한 마감과 현재에 대한 알아봄과 미래에 대한 내다봄이 있다." 과거를 부정하는 혁명은 주어진 결과에 안주하지 않고 자기반사(反射, 반성), 즉 자기부정을 통해 다시 미래로 나아가야 한다. 현재의 자기 '심판'은 새로운 것을 긍정하기 위해 고착된 자기를 죽이는 것이다. 이것이 '부정에 의하여 긍정하는 죽음'이다. 인간의 자기 '개조'는 '죽음으로 살리는 역사적 건너뜀의 자리'에서 사는 것이다. 당시에는 더 참신한 개념이 없었기 때문이겠지만, 함석헌은 이 개조의 과정을 새로운 "합(合)의 자리는 정(正)과 반(反)에 대한 정당한 종합 없이는 가지 못하는" 변증법적 과정으로 언급한다.

그러나 변증법적 창조의 과정에서 함석헌에게 가장 본질적인 것은 '자기부정'인 '자기초월'이다. 자기부정은 자신이 '개혁자' '지도자'라고 하는 의식, 심지어 '사람'이라고 하는 의식도 거부한다. 타인을 동원하는 지도의식에 대한 거부는 우주적 소통성과 모든 생명에 대한 연대성을 책임으로 인수하는 데에서 온다. 이러한 책임의식에서 오는 자신의 죄에 대한 명증한 의식이 사회적 지도 의식을 어리석은 것으로 부정한다. 누구나 '바닥사람'에 도달해야 한다. 그리고 바닥인 내면의 '양심(良心)'에서 경험하는 우주 전체적 생명과 이 생명을 통해 자기를 표현하는 영원자의 소리(말씀, Logos)를 '천명(天命)'으로 들어야 한다. 따라서 혁명은 "누구를, 어느 일을 바로잡는 것이 아니라, 명(命)을 바로 잡는 일, 말씀 곧 정

8 함석헌, 앞의 책, 72쪽.

신, 역사를 짓는 전체 그것을 바로잡는 것이다."[9] "시간 속에 살면서 영원을 향한 것이 인격이다."[10] 신유가에 의하면 인간의 본질적 본성은 우주적 생명 원리가 응축된 생기의 잠재력이자 사랑의 잠재력[仁]이다. 따라서 "참 혁명은 제 속의 인(仁)을 발견하고서야 된다."[11]

혁명은 우리의 '바닥'에서 만나게 되는 내적 생명의 시간적 전진과 공간적 개방의 충동을 표현하는 행동이다. 이런 의미에서 혁명은 '사상의 혁명'이며, 인간은 내적 본성에 혁명성을 잠재력으로 갖고 있다. 함석헌의 정치학은 내면의 정치학이다. 그리고 정치적 실천의 방향인 각 개인의 자유(자주)와 평등한 전체적 연대라는 민주주의적 가치는 생득적 생명 원리의 본성이 밖으로 표출된 것이다. 따라서 민주주의는 결코 객관적 제도가 아니며 모든 제도가 누르는 중력에 저항하는 초월의 원리이다. 이런 견지에서 함석헌은 국가 독점자본주의와 경제적 자유주의에 빼앗긴 민주주의를 씨알민주주의로 되살리고자 했다. 그는 자유주의적 자본주의 너머의 저쪽(무계급사회)을 내다보았으며, '도래하는 민중' 민주주의를 지금 여기로 육박해오는 생명의 정언 명령이자 시대의 운명으로 이해했다. 그가 제시하는 '사상의 유격전'은 각자가 만나는 '상황', 즉 '학교' '다방' '놀이터' 등에서 일어나는 작은 혁명이며 생활양식이다. 기존의 온갖 차별에 의한 폐쇄적 생활 습관을 내적으로 전환(회심)하는 것과 새로운 습관을 익히는 것은 미래로부터 도래하는 민주주의를 향한 결단이자 민중(씨알)의 천부적 본성이다.

민주적 삶의 양식은 윤리적 형이상학으로서의 생명 변증법을 기초로 갖는다.

(1) 생명은 '모순의 구조'를 갖는데, "모순되는 것이 신 통일을 이루어 가지고 있는 것이 생명이다." 생명은 '경향성'인데, 경향은 '그저 많으려 하는 일이다.' 그것은 '무생물'로부터 '인격'에 이르기까지 다양을 창조

9 함석헌, 앞의 책, 66쪽.
10 함석헌, 앞의 책, 89쪽.
11 함석헌, 앞의 책, 92쪽.

해왔으며, 그러면서도 '하나 되려는 경향'이 있다. 이 점은 셸링(F. W. J. Schelling)과 베르그송의 자연철학이 하나인 생명(Leben)을 물질에의 저항운동으로 보고, 이것을 시간상에서 다양화하는 경향, 즉 진화적 창조운동으로 해석한 것과 유사하며, 신남철과 박종홍에게도 익숙한 것이다. "생명은 일(一)－다(多)의 원리로 되어 있다." [12]

(2) 생명은 물결의 '파문'처럼 '번져나가려 한다.' '한편 또 거두어들이려는' '모으려는 경향'이 있다. 번져나가는 운동은 '창조'이고, 모으는 운동은 '안식'이다. 전자는 '진보'이고, 후자는 '보수'이다. 생명은 '변하지 않으려 하면서 또 돌변하는' '진화'이다. 이러한 이중적 운동은 과거를 보존하는 가운데 새로운 가능성으로 열려 있는 생명의 잠재적 활력이다. 생명은 '확산－수렴의 원리' 이다.[13]

(3) 생명은 '모든 존재가 각각 저는 저려는' '독특하려는' '자유 하라는' 운동이면서 '통일되려는' '보통적(普通的)이려는 성질'이 있다. 생명은 '자유－통일의 원리'이다. 인간 사회의 '정치라는 현상도 이 원리가 나타난 것에 지나지 않는다.' 생명은 '자유－통일의 원리'이다.[14]

(4) 생명은 가장 수수께끼인 나고 죽는 생사의 '연속'이자 '연쇄'이다. 이것은 '신비'로 남아 있지만, '생사의 원리' 때문에 '모든 정신의 세계'가 창조된 것이다.[15] 죽음 덕분에 인간은 존재의 의미를 생각한다.

(5) "생명은 생각을 한다." 함석헌의 진화생물학에 의하면 "고등동물에 있어서 의식과 조직 사이에 정비례의 경향을 보인다면, 무생물이라는 것에도 생각을 가정해서 마땅한 일이다." 진화사는 '의식'의 강도에 단계적 차이를 형성해가면서 그 '끄트머리'에서 '결국 자아의식'을 갖는 인격을 창조해냈다.

인격에 와서 생명의 자유는 개체의 '독특성'을 자각하는 자유의식을

12 함석헌, 「인간 혁명」, 『전집』 2, 93쪽.

13 함석헌, 위의 책, 93쪽.

14 함석헌, 위의 책.

15 함석헌, 위의 책.

산출했으며, 동시에 그 자유의식은 '반사'의 능력으로 세계의 본질에 대한 인식 가능성을 갖게 되었다. 인격이 생명 그 자체로서의 '절대' 혹은 '원존재(原存在)'에 접근하면 개체적 '자아는 없어진다.' "의식은 자기긍정이면서 부정이 되어버리는 자기부정에 의하여 또 자기긍정을 하게 된다." 의식의 본질은 '쏘아 나가기도 하지만 또 되돌아오는' '반사 혹은 반성이다.' 정치와 철학과 종교는 진화의 최종 산물인 독특성의 자각을 승인하는 동시에 의식이 전체적 생명으로 용해되는 근원적 회귀를 통해 자유의 길로 나아간다. '인격의 본질은 자기초월'이다. 이 초월을 통해 인격은 비로소 인류의 존재의미를 파악한다. 우주적 '생명의 근본은 스스로 함인' 자발성이기에 '하나님'의 로고스(Logos)이기도 한 생명은 '까닭 없이 있는 이'이다. "까닭은 물건에 있지 생명에는 까닭이 없다. 그 자신이 까닭이다." 생명은 무근거의 근거이다. 생명의 이러한 무근거성은 인격에게는 심연으로 다가오며 생명 존재에 대한 사유는 존재와 사유의 일치를 몰아적으로 경험하는 것이다. 이런 의미에서 생명은 '의식-몰아의 원리'이다.[16]

이상의 논의에서 볼 때 함석헌의 씨알 변증법은 범심주의(Panpsychism)적 생기론의 성격을 갖는다. 자연의 역사는 하나의 심리적 원리가 갖는 타성적 운동(물질화, 폐쇄화)과 창조적 운동(정신화, 자유화)의 결합과 분리가 만드는 장대한 스펙타클이다. 생명의 도약인 엘랑 비탈(elan vital)은 연속 속에서의 불연속적인 도약, 즉 '껴 붙지 않은 껴 붙음[不連續의 連續]'이다.[17] 이러한 세계상을 통해 그는 우주에서의 인간의 위치와 존재의미를 이해할 수 있었으며, 세계의 수수께끼인 존재의 뜻을 해명함으로써 세계의 암호를 해독했다. 존재의 뜻은 자유를 향한 생명의 운동이다. 이 운동은 생명(씨알)의 설움과 기쁨을 경험해 나가는 가시밭길 속의 노력 이외의 다른 것이 아니다. 정치적 투쟁과 함께 자기초월이라는

16 함석헌, 앞의 책, 93-95쪽.

17 함석헌, 『들사람, 얼』, 한길사, 1996, 316-320쪽.

내적 투쟁은 노력으로서의 생명이 나타내는 현현태이다.

또한 함석헌의 내적 자기수양을 통한 영원무한자에의 접근과 여기에서 일어나는 해방의 경험은 그의 정치적 실천의 내면적 기초가 된다. 그것은 『바가바드 기타*Bhagavad Gita*』와 『장자莊子』 및 대승불교에 대한 강론에서 드러난다. 내면적 자기수양의 궁극에서 드넓게 열리는 마음의 개방공간은 자연을 모든 것이자 하나인 것으로 경험하는 '무한한 지평[天平線]'이다. 내적 공간이 무한으로 열린 자아의 개명(開明)에서 함석헌은 유한한 수평선 너머에서 드러나는 영원자를 신, 로고스, 그리스도로 보고, '그대'라고 부른다. 여기에서 전 자연[有]의 역사는 자신의 생명성을 '무(無)'의 '허공(빈 탕)' 속에서 진화적으로 전개하는 부단한 노력의 과정이자 자유의 자각적 실현의 과정으로 이해된다. 그리고 이 전 과정은 '그대'를 만나기 위한 동경의 시선을 따라 넘어지고 일어서는 반복과 분투의 여정이다. 그의 철학 시집 『수평선 너머』는 이러한 끝없는 생성의 여로를 모래 해안에 끝없이 부딪히는 바다의 파도로 형상화하고 있다.

> 들이치는 물결, 밤낮을 아우성치는 물결,
> 너는 무엇이 분하니 무엇이 노여우니?
> 이쪽엔 일고 꺼지는 유(有)의 물결
> 아득 아득한 수평선,
> 저쪽엔 죽은 듯 막막한 무(無)의 모래밭,
> 뽀얀 뽀얀 지평선(地平線),
> 수평선 지평선 내다보는 그 가운데 천평선(天平線)
> [……]
> 그 선 위에,
> 그 서품에,
> 한 형상 섰네,
> 어부 아닌 어부

호올로 서 있네.[18]

우주의 진화는 생명의 자발적 분화 과정이자 자유의 부단한 전개이다. 우주는 하나의 신성한 다양의 통일이다. 따라서 분화된 개체들도 신성한 고유성을 갖는다. 동시에 개체들은 하나의 전체적 생명과 연속성을 갖는다. 이 세계가 유(有)이며, 유의 세계는 그 존재의 구경(究竟)에서 무(無)와 접한다. 유는 무라는 빈 공간[무(無)의 모래밭]에 있는 생명의 근원[그리스도 어부]이 무를 이기고 존재의 포부를 전개한 것이다. 피조물은 생명의 근원에 부단히 부딪히는 파도처럼 상승하여 자유를 쟁취하고자 하는 의욕을 갖는다. 함석헌의 사유 역시 이 의욕에 따라 유를 넘어 무의 차원에까지 이르러 어부를 본다. 무(無)는 세상의 상대적 지평을 넘어선 무지평의 지평인 천평선(天平線)이다. 천평선에 생명체의 창조적 근원인 생명 그 자체가 서 있다. 생명 원리는 무한공간을 통해 경험된다. 함석헌이 '빈 탕'이라고 하는 무한공간은 유의 세계로 가는 통로이다. 이 통로를 따라 가는 사유는 마음이 광활하게 열려, 모든 것이 하나의 전체적 우주와 연결되어 있으면서도 각 개체가 독자적 가치를 갖는다고 생각한다.

그러한 관점에서 세계를 보는 인격은 개체성과 전체성을 개체들의 자발적 자유와 평등한 우주적 연대성으로 경험한다. 무(無)는 개체들의 자유와 전체적 평등의 가치를 경험하는 공간이다. 다양의 통일이라는 존재론적 범주는 자유와 평등이라는 가치론적 의미를 갖는다. 자아의 우주적 개명은 모든 것을 '평등한 눈으로 본다(Samadarsinah)'.[19] 만유를 영원의 상하에서 본다는 것은 '평등의 상하(相下, Samatvam, 평등의 관점)'에서 보는 것이며, 동시에 개체의 독특한 자발성을 긍정하는 자유의 관점에서 보는 것이다. 이 세 가지 관점(영원, 평등, 자유)의 융합을 함석헌은 『장자莊子』「칙양則陽」의 '대공조(大公調, 큰 하나 됨)' 개념으로 해석한다.

---

18 함석헌, 「수평선 너머」, 『전집』 6, 104-106쪽.

19 함석헌 주석, 『바가바드 기타』, 한길사, 1996, 30-34쪽.

장자에 의하면 광대한 우주적 조화인 대공조는 인습의 사자[人使]가 아닌 영원무한자의 사자[天使]인 대인(大人)의 관점이다. 대인은 "차이를 통일하여 동일성을 만들고, 동일성을 흩뜨려 차이를 만든다[合異以爲同, 散同以爲異]."[20] 존재론적인 동일성과 차이성의 융합은 평등과 자유의 융합이라는 윤리적 가치로서 경험되며, 양자는 상호필연적인 조화의 관계를 갖는다. 평등과 자유는 사회과학적인 단순한 인권의 문제가 아니라 윤리적 형이상학의 문제이다. 사회윤리는 형이상학적 사유와 경험에 의해 정초되어야 한다. 이것이 함석헌이 말하는 사상의 혁명이 갖는 본질적 내용이다. 사상의 혁명은 객관적 제도의 혁명 이전에 충족되어야 할 선행조건이다. 이 조건이 '바닥사람'으로의 전회이다. 정치적 민주주의의 덕인 평등과 자유도 형이상학적 개명의 경험이 갖는 평등과 자유(동일성과 차이성)로부터 도출된다. 함석헌이 추구하는 내면과 외면[向內的인 것과 向外的인 것]의 통일은 가치에서 가치가 도출되기에 논리적 일관성을 가지며, 동시에 심정의 열린 공간에서 체험되기에 심정의 일관성을 갖는다. 이러한 내외의 일관성은 동학과 대종교의 생명 형이상학을 제외하고 한국의 대학 강단 철학이 알아챌 수 없었던 사유세계이다.

2. 심정과 자유

'모든 이름은 깃발이다'라는 제사가 적힌 사진 한 장이 있다.[21] 사진 속에는 몇 명의 아주머니들이 구경하는 가운데 한 할아버지를 앞세우고 조직 아닌 조직의 무명인사들이 긴 행렬을 이루고 어디론가 가고 있다. 그리고 그 배경에는 자본주의 산업의 상징인 자동차와 주유소가 있고 민가와 경운기가 보인다.

---

20 함석헌 주석, 앞의 책, 283쪽; 「則陽」, 『莊子』.

21 함석헌기념사업회, 『민족의 큰 사상가 함석헌 선생』, 한길사, 2001.

그 한 할아버지(咸錫憲)는 그 후 다음과 같이 말한다. "오늘 우리는 지나친 행동주의의 넘쳐흐르는 속에 살고 있다. 그래서 생각할 줄을 모르고 있다. 컴퓨터가 모든 것을 해결하는 것처럼 알고 있다." [22]

그와 긴 행렬은 산업과 기계문명의 진보, 사회의 총체적 응집을 위한 폐쇄도덕을 뒤에 두고 삶의 새로운 가능성을 생각하고 묻는 길을 향한다. 새로운 가능성은 기존의 현실적 조건을 지탱해주는 원리와는 질적으로 다른 원천에서 오는 원리에 근거한 삶의 양식이다. 기계의 진보와 지능의 지나친 발달과 행동에 눌려 인생이 신음하고, 폐쇄도덕에 의해 삶이 곤충의 삶처럼 정지체가 되었다면, 새로운 원리는 지능적 지성을 넘어선 '정신'과 개방적 '자유'의 도덕에서 올 것이다. "사람은 생각함에 의하여서 하나의 새 단계, 생명의 보다 높은 새 한 단계를 개발"한다.[23] 이 새 단계가 바로 '정신계'이다.

함석헌에 의하면 정신의 본질은 자유이다. 지능적 지성은 자신의 자유의 초점을 지상의 땅의 개발에 두지만, 정신의 자유는 우주 전체로 확장되어 우주의 존재의미를 묻는 근거가 된다. 동시에 정신은 폐쇄적 사회도덕을 돌파하려는 저항성과 개방성을 본질로 하고 있다. 진정한 사유는 자신의 주의력을 땅에 둠으로써 생존의 논리에 갇히는 것이 아니라, 그것을 하늘에 둠으로써 '우주적 비전'에 토대한 새로운 생명의 활력과 역동성을 찾는다. 사유는 창조적 자유를 향하여 노예 상태를 벗어나려는 '심정'의 열망인 동시에 노력이다. 심정의 사유만이 새로움으로 생성되어 나아가는 정열을 갖는다.

이 맥락에서 함석헌은 우주를 역사적 진화의 관점에서 보아 그것을 정신적 생명 원리가 점진적이면서 비약적인 과정을 거치는 가운데 자신의 자유를 실현하는 개방적 발전사로 해석한다. 그리고 실재 그 자체인 생명 원리는 절대정신[신]이 자신의 창조적 생명성을 우주에 내재하는 것

22 김진 엮음, 『함석헌 명상집, 너 자신을 혁명하라』, 오늘의책, 2003, 239쪽.

23 김진 엮음, 위의 책.

으로 계시한 것이다. 내재적 생명 원리는 이완되고 타성화된 물질적 힘에 저항하여 그때그때 새로운 불연속성[차이]을 창조해 나간다. 이 때문에 그때그때 창조된 존재들은 예측 불가능한 불확실성과 미래적 가능성들에 직면한다. 그럼에도 그것들은 절대정신의 섭리에 의해 자유를 실현하는 방향으로 전진한다. 무한수의 이미 피조된 것과 장차 창조될 것들은 이 정신적 자유의 길에 의해 발전하는 것으로 해석된다.

인간의 단계에서는 개체의 자기의식을 통해 자유가 의식되기는 했지만, 그들 역시 미래의 불확실성 속에 있다. 그러나 인간은 내적 심층에 내재한 우주적 생명을 직관하고, 생명이 자신의 자유를 온전히 현시하는 궁극의 미래를 향해 결단하고 실천하며 기다려야 한다. 객관적 우주의 내적 본질과 인간의 내적 본질은 동일하다. 인간은 개별적 자기각성을 통해 만유가 시간상에서 다양하게 전개되지만 근본에서는 하나라는 '전체성'을 이해하게 된다. 우주사는 전체성의 자기전개이다. 인간의 자유는 이 전개에 참여함으로써 완성의 희망을 바라보게 된다. 함석헌의 우주관은 자유의 완성을 '의미[뜻]'로 가지고 있는 일종의 목적론적 성격을 가진 윤리적 형이상학이다. 그의 저항적 활동과 정치사상 또한 그러한 문맥과의 연관 속에서 이루어진 것이다. 함석헌에 의하면 "이제 철학은 하나됨이 철학일 것이다."[24] 개체의 진정한 자유와 개체성은 고립과 분열에 있지 않고, 독립성과 우주적 연대성에 있게 된다. 그는 이러한 관점을 세계에 대한 새로운 해석이자 새로운 사상 혁명의 특징으로 생각했다. "세계를 무한히 해석할 수 있다는 것은 우리의 세계를 정신에다 무한히 적용시킬 수 있다는 말입니다. 그 무한한 적용에 의하여 [……] 무한한 세계가 전개되어 있습니다. 생활은 정신의 발현이라 함은 이 때문입니다. 그러기 때문에 모든 혁신 운동의 밑에는 새 정신의 뿌리가 있습니다. 세계의 새로운 해석이 있습니다."[25]

---

24 김진 엮음, 앞의 책, 238쪽.

25 함석헌, 「제2의 종교개혁」, 『전집』 9, 221쪽.

함석헌 사상의 우주적 비전과 자유의 정치학은 하나가 다른 하나의 성격을 규정하는 상호필수적 관계에 있다. 그리고 그의 우주적 비전의 주체적 근거는 지능적 지성이 아니라 현실의 조건을 초월하려는 열정을 가진 심정이다. 또한 이 심정은 '우주적 심정'으로 확장된다. 따라서 우선 심정의 특징과 (절대정신과 연관된) 심정의 구조를 이해함으로써 그의 사상의 내적 구조 혹은 논리를 해명해야 한다. 또한 그의 사상은 윤리적 형이상학을 전제하고, 생명의 시간성을 통해 미래의 이상을 동경한다. 이러한 맥락에서 자유의 정치적 의미가 자리 잡는다.

함석헌은 시대를 심정의 진정성을 통해 반성함으로써 내적 인간성을 심화하고, 그것을 우주에 대한 존재론적 차원으로 확대하며, 다시 정치적 현실로 돌아온다.

3. 문체와 심정

한 사상가의 문체는 그의 기질이나 시대적 상황에 의해 영향을 받기도 하지만, 그가 추구하는 사상의 성격과 이와 연관된 심적 태도에 의해서도 결정된다. 함석헌의 『전집』[26]에 실린 글은 세계와 자아의 변형에 대한 강렬한 관심을 보여준다. 그러한 변형은 구경꾼의 태도를 취하는 것이 아니라 주체적 참여가 갖는 책임의식과 열정을 갖는 것이다. 이 정열은 세계가 겪는 고난과 이 고난을 공감하는 가운데 열리는 미래의 희망에 의해 추동된다. 희망은 미래로부터 도래하는 희망이다. 이 희망의 실현은 주체의 자기완성 과정과 여기에서 경험되는 '영원무한자'와의 올바른 관계정립을 통해서만 가능하다.

이러한 맥락에서 함석헌의 의식은 외적으로는 고난의 세계와 관계하고, 내적으로는 자기 자신과 관계하는 가운데 영원자와 관계하며, 궁극

26 『전집』 1-20, 한길사, 1988; 『선집』 1-5, 한길사, 1996.

적으로는 세계 및 자아의 모든 분열과 소외가 초극되는 최후의 영광과 관계한다. 이러한 세 가지 관계는 영광의 '그 때'가 도래할 때까지 그 긴장의 선을 끊지 않는다. 기존의 주 · 객관적인 조건을 넘어서려는 노력이 그의 종교적 철학이다. 극복의 노력이 사유와 동일하기에 그의 사유는 세계에 대한 비극적 인식을 끝까지 유지하는 가운데 이를 극복하고자 하는 저항적 사고가 된다.

바로 이 때문에 그의 문체에는 언제 어디서나 세 가지 근본적 관계가 반복해서 출현한다. 마치 해안가에 그칠 줄 모르는 간격을 두고 밀려드는 밀물과 같다. 그 세 가지 관계들 각각이 제시하는 문제들이 그 자신이 쓴 원고에서든 강연에서든 거듭해서 '되풀이'된다. 그러나 이것은 단조로운 반복이 아니라 세계와 자아의 '성장'을 위해 거듭 거듭 새로이 도전하는 진정성을 갖는 결단의 반복이다. 결단은 '지금 여기서'의 현재 순간의 분기점에서 일어나는 사건이며, 이 사건은 궁극적 미래의 완성이 현재를 향해 비추는 빛에 의해 구성된다. 현재 순간 반복해서 세워지는 문제는 언제나 성실성을 요하는 긴급하고도 본질적인 것이며, 따라서 내가 회피할 수 없는 강제적 필연성을 갖는다. 이러한 문맥에서 함석헌은 인간의 본질을 "되고 되고 한없이 끝없이 되자는 것", 즉 순간순간 생성해가는 존재로 규정한다.[27]

이러한 생성의 노력이 그가 선택할 수밖에 없었던 실존 양식이다. 인간은 영원자를 향하여 반복해서 나갔다 밀렸다 하는, "시간의 모래강변을 드나드는 밀물 금이다. 밤낮 쉬지 않고 들어왔다 나갔다 하는 강변의 금같이, 찰나의 쉼도 없이 됐다 아니 됐다, 잃었다 얻었다. [……] 알겠다 모르겠다의 넘나들이를 하며 울음을 우는 것이 내 생각이란 것이다."[28] 소유와 상실, 존재와 무가 역동적으로 교차하면서 전진하는 영혼의 운동이 근본적 사유이며 실존 방식이다. 이러한 사유는 함석헌에게

---

27 함석헌, 「하나님의 발길에 채어서」, 『선집』 5, 303쪽.

28 함석헌, 「하나님에 대한 태도」, 『전집』 3, 362쪽.

는 윤리적 명령이며, 그가 우주의 근본 원리로 이해하는 생명의 비약적 운동 과정에 근거하는 존재론적 질서이다. "다만 영원한 생명의 운동이 있을 뿐이다."[29]

그의 문체에서 드러나는 물음의 반복성은 그의 사상 내용이 갖는 긴박한 위기적 성격, 실존과 사유를 일치시키는 역동성에 의해 촉진되어 나타난다. 이런 의미에서 동일한 문제들이 반복해서 제기된다는 것은 진부하고 피상적인 동일성이 아니다. 이러한 문제 제기는 영원무한자 앞에서 나의 '존재'와 세계의 존재를 문제 삼고 그 '향상(向上)'적 변형을 도모하는, 그래서 '새로움'으로 거듭나는 창조적 반복이다. 반복은 본질적 차이를 만드는 결단의 과정이다. 그것은 결코 소유되거나 장악될 수 없는 진리[참]인 무한자를 향해 유한을 넘어가는 운동이다. "인생은 무한을 지향한 것이다. [……] 그렇기 때문에 있다 하면 없음이요, 곱다 하면 미움이요, 잘됐다 하면 잘못함이다. 모든 수식은 한정할 뿐이다. 부분이 전부가 아니라면 유한은 참이 아니다."[30]

진정한 인격은 무한을 동경한다. 그러나 진정한 무한자는 유한한 것들의 총괄조차도 넘어선 것이다. 그러므로 그는 일체의 유한한 것들, 특히 '문화세계'와 분리되어 '나그네'가 된다. 무한자를 초월적 '초점'으로 삼는 나그네는 그 초점을 문화세계와 자신의 존재를 양단하는 '쪼개시는 하나님'[31]으로 이해한다. 이러한 무한자는 다수와 소수, 가짐과 못 가짐, 억압과 착취와 같은 모든 상대적인 것들 사이의 분열 · 대립이 지배하는 '상대세계'를 넘어서서 '조화'와 '통일'의 세계를 지시해 보인다. 무한자는 무대립과 자유라는 절대의 비전을 진정한 고향으로 제시한다. 상대세계 속의 삶이란 고향 상실의 삶이다.

고향이 뭐냐? 그것은 자연과 사람, 흙과 생각, 육과 영, 개체와 전체가 하

---

29 함석헌, 앞의 책.

30 함석헌, 「진리에의 향수」, 『선집』 2, 171쪽.

31 함석헌, 「히브리서 강의」, 『전집』 11, 257쪽.

나로 되어 있는 삶이다. 거기엔 나 남이 없고, 네 것 내 것이 없고, 다스림 다스림 받음이 없고, 잘나고 못남이 없고, 나라니 정치니 법이니 하는 아무 것도 없고, 하나로 조화되어 스스로 하는 삶이 있을 뿐이다.[32]

어떤 형태의 것이든 적음이 많음을, 많음이 적음을 지배하는 세계는 '물질'과 '수(數)'가 지배하지만, 궁극의 미래에서 현재로 다가오는 우주적 영광의 고향은 '생명의 나라'이다. 수의 세계로 넘어지느냐 생명의 세계로 일어서느냐가 문제이다. "생명의 논리를 배워두라, 물질의 나라는 수로 되는 나라이지만 생명의 나라에서는 '전부냐, 그렇지 않으면 없다'가 그 논리다."[33]

이러한 양자택일(either or)의 논리는 과거의 황금시대로 회귀하여 합일하는 것이 아니다. 고향은 미래에 있다. 그러나 이 미래는 정치가들이 약속하는 현실적 행복의 발전과 같은 자본주의적 사이비 반복성이 아니다. 진정한 미래는 기존의 상대적 이익 대립의 질서를 파괴하고 들어오는 단적으로 다른 '절대미래'이다.[34] 그러므로 '장차 오는 나라' '저 쪽에 소망을 두는' 나그네는 "건너온 뒤에 교량을 끊은 자다. 다시 돌아갈 수는 없다. 이 의미에서 신자의 생애는 불안을 가지는 위기적인 것"이다.[35]

이런 관점에서 함석헌의 '향상'의 노력과 결합된 반복의 삶과 문체는 절대적 가능성이 고취하는 불안한 열정을 따라간다. 이 정열은 기존 질서가 약속하는 어떠한 안전 보장도 무의미로 만든다. '돌아갈 집'은 없다.[36] 따라서 그의 문체는 집으로 회귀하는 율리시스의 희망을 제시하지 않는다. 그의 사상은 그리스를 향해 머리를 두는 것이 아니라 도래할 미래에로 분기하여 나아가는 히브리의 아브라함을 닮아 있다. 헤브라이즘

32 함석헌, 「압록강」, 『선집』 5, 396쪽.

33 함석헌, 「윤형중 신부에게는 할 말이 없다」, 『전집』 3, 88쪽.

34 함석헌, 「새 시대의 종교」, 『전집』 3, 201쪽.

35 함석헌, 「히브리서 강의」, 『전집』 11, 270-271쪽.

36 함석헌, 「진리에의 향수」, 『선집』 2, 168쪽.

의 정신에 따라 기존의 질서에 머리 둘 곳이 없는 함석헌의 언어는 문화세계의 모순과 위기를 폭로하고, 무한자 앞에서 회개의 전환을 요구하는 선지자 '들 사람'의 소리를 닮는다. 문화세계 속에서는 죽고 광야의 말씀 속에서는 사는 정신의 언어는 온갖 형태의 권력에서 안정을 추구하는 그 알량한 삶을 흔들어놓는다. 진정한 작가가 잉크로 쓰지 않고 피로 쓰듯 선지자적 문체는 피로 말한다. "그러므로 하나님의 말씀을 한다는 것은 곧 죽음입니다. 말 중에서 가장 강한 말은 피로 하는 말입니다."[37]

기존 삶의 양식을 초극하고 변형하려는 관심에서 나오는 반복과 초월의 문체는 추론적 체계를 갖지 않는다. 추론적 체계는 객관적 태도에서 나오는 것이다. 그것은 주체적 태도의 상실을 의미한다. 이성의 객관적 태도는 문화세계 내에서 '안정'을 찾는 것이며, 모순의 비약적 극복이라는 주체의 고뇌와 긴박성을 은폐하는 자세이다. "이성의 법칙을 논리라고 한다. 인간은 만사만물을 자기 이성의 법칙에 비추어 처리"함으로써 "심중에 만족을 느끼고 안심한다."[38] 세계에 대한 학자적 태도, 심지어 '신학'을 하는 것도 지식권력이라는 안전한 길을 가는 것이다. 그러한 태도는 "모순을 풀려 노력하는 고뇌 속에 일종의 자존심을 느끼는"[39] 자기 자신과의 관계를 저버린다.

인간 정신은 관계이다. 그것은 절대자와의 관계하에서 자기 자신과 관계하려는 충동이다. 이러한 관계 의지는 모순들 중의 모순을 경험한다. 그것은 바로 "말할 수 없는 절대의 힘이 그 발을 꼭 붙들어 매어 한 치를 옮겨 도망할 수가 없이 되어 있으면서도"[40], 영원자는 언제나 이미 획득된 일체의 유한한 존재와는 단적으로 격리되어 있다는 단절의 경험이다. 존재를 넘어서 무를 경험하는 이러한 모순의 인격은 절대에 의해 이끌려가는 필연성에도 불구하고, 무를 통해 드러나는 무한의 "암연을 들

37 함석헌, 「나는 왜 "씨알의 소리"를 내나」, 『전집』 14, 353쪽.

38 함석헌, 「존재하는 종교」, 『전집』 3, 344쪽.

39 함석헌, 위의 책.

40 함석헌, 위의 책, 345쪽.

여다보고 눈이 어지러워진다." 현기증은 "우주의 깊은 속에 박혀있는 억제할 수 없는 슬픔, 안타까움의 발로인 것이다."[41] 바로 이 같은 분리구조를 인생의 본질로서 인수하는 의지는 '이성 이상'의 것이며, "자기의 헐떡이는 심장바닥에 엎디어 있는 무슨 괴물"이다.[42] 이 심연의 괴물을 가진 '인간의 가슴'이 바로 인간의 '무거운 짐이자 멍에'이다. 그것은 초월의 기쁨과 슬픔을 함께 엮는 부조리를 경험한다. 가슴에는 "초고뇌(超苦惱)의 고뇌, 초비애(超悲哀)의 비애가 들어 있다."[43]

그러므로 넘어서가는 형이상학적 진리는 번민을 안고 가는 심정의 진리이다. 심정의 진리는 문화세계 안에 위기와 초월을 만들어내기 위해 심정에 호소한다. 심정의 진리는 학술논문으로 제도화되지 않는다. 광야의 영혼의 교사와 학술원의 이성의 교수는 종류가 다르다. 전자는 모순을 심정 속에 집약하는 인격을 전제하지만, 후자는 모순을 회피하는 논리적 인식주관을 전제한다. 전자의 인격은 자신의 존재를 의식하면서도 언제나 자기부정을 행하는 초극의 비대칭 속에서 의미(意味)를 추구한다. 후자는 모순을 회피함으로써 모든 것을 중성화한다. 무모순의 체계를 추구하는 이성은 "제삼자의 자리에 서지만", 모순의 인격은 영원자의 말씀을 "직접 내 심정에 향하여, 내 영혼에 향하여 응답을 요구하는 말씀"으로 듣는,[44] 그래서 늘 세계와 자신을 물음 앞에 세우는 책임의 인수자이다.

이 같은 문맥에서 함석헌은 "현대의 혼란은 정신과 심정의 빈곤에서 오는 것"으로 판단하고,[45] 이성의 기능을 심정의 진리 아래 종속시킨다. 이성은 기존의 불합리를 넘어서는 비판적 기능을 하지만, 추론에서 중심적 기능을 드러낸다. 바로 이 지점에서 함석헌과—그가 20세(1921)에 접

41 함석헌, 앞의 책.

42 함석헌, 앞의 책.

43 함석헌, 앞의 책, 345-346쪽.

44 함석헌, 「히브리서 강의」, 『전집』 11, 199쪽.

45 함석헌, 「기독교 교리에서 본 세계관」, 『전집』 14, 254쪽.

한 이후 점차 심화된 이해를 하다가 수용하는(1961)—퀘이커주의는[46] 이성의 위험한 양면성을 인식한다. 이성의 추론은 최초의 전제들에서 출발한다. 그러나 "이성은 제가 만들어내지 않은 몇 개의 전제에서 출발"하는 바, "그 전제가 만일 나쁜데, 그것을 그 논리적 결론에까지 내밀면 가장 나쁜 악이" 나온다.[47] 그 전제는 '국가지상주의'나 억압적 종교와 같은 권력에서 나오거나 자유와 생명의 빛에서 나온 것일 수 있다. 그러므로 "이성에는 밝아진 이성과 어두워진 이성이 있다."[48] "기독교 역사에서 가장 악독한 핍박은 생각 깊은 이성 아래 된 것"이었듯[49] 이성은 중성적인 것이 아니다. 이성은 역사적으로 선과 악의 윤리적 제약을 받아왔기 때문에, 이성을 넘어선 심정의 진리가 이성 자신을 제약하여 올바른 위치를 회복시켜야 한다.[50]

이러한 함석헌의 관점은 서양의 근대 낭만주의 철학과 그 이후의 기독교적 실존주의 철학과도 공통된 계기였다. 심정의 진실을 우선시하는 이 계기는 이성과 과학을 일치시키는 근대적 지성의 위기와 자기분열을 반영한다. 사물을 객관화하고 양화하는 과학적 경험은 미적이며 윤리적이고 종교적인 태도와 함께 융화된 일상의 질적인 삶과 경험을 소외시킨다. 뉴턴(I. Newton)의 실험에 의한 수학적 설명의 세계는 그를 적대시한 버클리(G. Berkeley)의 질적인 감각적 경험세계와 분열된다. 이러한

---

46 퀘이커주의와의 연관에 대해서는 다음을 참조: 김성수, 『함석헌평전』, 삼인출판, 2001, 121-131쪽.

47 함석헌, '사상으로서의 속의 빛', 「퀘이커 300년(하워드 H. 브린튼)」 3, 『전집』 15, 144쪽: 사실 서양의 이성은 그리스와 유대-기독교적 문화사를 전제해왔다. 예를 들어 칸트의 이론이성의 이율배반은 유신론적 형이상학과 무신론적 형이상학 사이의 중세적 대립을 변증법적 대립으로 정돈한 것이다. 이런 의미에서 서양 이성에 대한 종교사적 이해가 요구된다. 같은 이성이라도 동양의 이성은 다른 문화사를 전제한다.

48 함석헌, 위의 책.

49 함석헌, 위의 책.

50 함석헌, 「산 우주」, 『전집』 11, 194쪽: 함석헌의 심정의 진리는 진리를 인간의 심리로 환원하는 심리주의는 아니다. 그에게 진리는 객관적 이념성을 갖는다. 영원한 실재는 "초절(超絶)하는 실재"이다.

현실적 삶의 내부 분열은 근대의 삶을 객관성과 주관성으로 절단하여 삶의 통일성을 상실하게 했다. 여기에서 근대의 사유는 과학과 산업의 낙관주의와 이에 대해 회의하고 반항하는 여러 형태의 낭만적 사조로 분열된다.[51] 이러한 근대적 삶의 위기는 가슴과 영혼이 없는 인간들로 가득 찬 세상을 전망하게 하는 동시에, 유럽 과학의 위기를 논하고 그 근거와 정당성을 회의하는 학문의 출현을 예감하게 한다.

과학적 학문의 위기는 근본적으로 그것이 소외시킨 주체적 심정의 위기이다.[52] 삶의 통일성의 상실은 칸트(I. Kant, 1724~1804)에게도 나타나는데, 이론이성의 한계를 설정하여 과학을 형이상학과 분리해 정당화하고, 형이상학적 실재를 도덕의 요청에 종속시켜 되살려내는 그의 이원적 태도에서 볼 수 있다. 과학적 인식주관과 실천적 주체성의 영역을 양단하는 그의 체계는 바로 그 때문에 형이상학적 통일성의 원리를 갖고 있지 않은 체계 아닌 체계가 되어버린다. 삶의 통일성의 원리는 그 이후의 낭만적이고도 종교적인 관념론 철학의 과제가 된다.

심정의 자각에 대한 함석헌의 관심은 서양 근대부터 심화된 삶의 통일성의 위기에 대한 감각을 분명히 의식하고 있다. 이러한 관심은 그가 어린 시절부터 접한 프로테스탄티즘에 대한 이해에 의해 강화된다. 또한 영혼을 내면의 '양심', 즉 '속(내면)의 빛'으로 정착시킨 퀘이커주의의 영향은 그의 개신교적 믿음을 더욱 내면화한다. 이 내면의 길에 생명의 자연 내재적 발전을 주장하는 변증법적 생명철학이 결합한다. 그의 초월적 관심은 내재성과의 역동적 연관을 갖는 자연철학적 성격을 갖게 된다. 제도를 극복의 대상으로 보는 그의 관점은 일본 유학 기간(1923~1928)에 배운 우치무라 간조(内村鑑三, 1861~1930)의 무교회주의와 연관된

51 유럽의 근대는 '계몽전제주의'시기라기보다는 과학적 이성에 의해 삶의 전체성이 파열된 위기의 시대이기도 하다. 이 점에 대해서는 다음을 참조: P. F. H. Lauxtermann, *Schopenhauer's Broken World-view*, Kluwer Academic Publishers, 2000, pp.9-18.

52 함석헌, 「기독교 교리에서 본 세계관」, 『전집』 14, 254쪽: "현대의 혼란은 정신과 심정의 빈곤에 오는 것"이다.

다.[53] 또한 그의 탈제도적 성향은 오산학교 시절(1921경) '영혼의 자아[얼나, 性, 理, 씨알, 불꽃, 빛]'에 대한 유영모(柳永模, 1890~1981)의 가르침에 의해서도 이미 형성되어 있었다.[54]

심정의 주체적 진리는 초월적 영원자이며, 동시에 심정의 심층에 잠재되어 있다. 따라서 지고의 지혜는 절대자를 향한 상승의 방향과 심정의 분산을 내면으로 응집하는 내적 수양의 방향이 일치해가는 과정에서 접근된다. 이러한 접근 방법은 아우구스티누스적 참회의 지혜와도 유사하다.[55] 함석헌에게 영혼의 운동은 '향상'의 새로움을 형성해가는 노력이다. 그러나 이완된 영혼은 향상의 긴장을 잃고 타성화된다. 위기와 긴장이라는 실존적 태도의 상실이 객관적 태도를 낳는다. 이러한 태도에 입각한 주체가 바로 학자적 이성이다. 그러나 영원무한자는 상대적 비교를 넘어선 '절대'이기에 이성에 의해 장악되지 않는 초월성을 갖는다.

이성과 내재성의 의의를 부각시키는 함석헌도 헤브라이즘의 전통에 따라 절대자의 단적인 낯섦, 즉 타자성을 경험한다. 무한자는 이성의 논리적 파악에 대해 언제나 배후로 물러나 있는 무지평의 근원존재이다. 무한자는 대상적 객체로 고정할 수 없는 '하나'의 원융한 진리 혹은 '절대정신'이다. 이러한 절대적 존재와의 관계는 반복해서 다가가려는 영혼의 상승운동을 필요로 한다. 이 맥락에서 함석헌은 이성의 우선성을 거부한다. "하나로 둥근 진리에 이빨 자리를 내어 까먹은 이성(理性)은 화

---

53 무교회주의의 내면성의 진리와 일본의 기독교적 사명에 대한 교설은 함석헌에게 큰 자극을 주었다. 그러나 점차 그는 '주의'에 매몰되는 것을 회의하고, 무교회주의의 정치허무주의를 벗어난다.

54 유영모는 함석헌에게 동양적 전통에서 생각하는 방법과 금욕주의적 내성주의를 주었다. 그러나 함석헌은 현대과학과도 결합된 생철학적 종교철학으로 사상을 확장하고, 동양의 정치적 상황과 정신적 상황이 주는 문제를 내면성과 연관하여 사유하는 종합성을 보여준다.

55 아우구스티누스, 『참회록』, 지경자 옮김, 홍신문화사, 1987, 200-201쪽: 아우구스티누스는 모친과의 대화 가운데, 이른바 오스티아(Ostia)의 회심이라는 영혼 상승의 경험을 한다. 여기서 상승을 통해 물질세로부터 정신세로 올라가는 것은 내면으로의 수렴 운동과 함께 가는 것이다.

있을진저."[56] '상대세계'에 대한 객관적 인식 태도는 실존적 영혼의 종교적 태도에 의해 순화되지 않는 한, 궁극적 가치를 가질 수 없다. 함석헌에게 객관세계와 이에 대한 인식은 정신적 진리의 하위에 있다. 실존적으로 결단하는 영혼의 운동이 가장 본질적인 사유라고 한다면, 진정한 사고와 문체는 실존적 사고이며 실존적 문체일 것이다.

함석헌의 '절대세계'는 상대적 대립이 없는 무대립의 '통일적 조화'를 지고의 선한 가치로 갖고 있다. 따라서 절대를 지향하는 영혼의 관점에서는 '나의 존재'를 포함한 모든 현상적 '존재'가 문제로 세워진다. "이 세계에는 풀려야 할 모순이 있다." "이 세계는 수수께끼를 가진 세계"이다.[57] 모든 현상적 존재를 물음 앞에 놓는 이러한 태도에서 함석헌은 세계와 자아의 문제를 그때그때 제기하고 그것을 절대와의 연관에서 해석하고 해결하고자 노력했다. 이 때문에 그의 문체와 심정에는 세계고(苦)에 대한 감수성과 의미 추구의 정열이 스며들어 있다. 그리고 거기에는 가장 본질적인 진실이 드러나는 '그 때'의 도래를 대망하는 기다림이 있다. 함석헌의 고뇌하는 사유는 궁극의 실재와 역사적 현실의 일치를 기다린다.

4. 통일적 세계상과 자기의식

함석헌에게 정신적 본질을 추구한다는 것은 문명 세계를 넘어서서 근원적 본질로 반성해 들어간다는 것이다. 반성은 문명 세계의 전면적 위기와 위험에 의해 더욱 긴급한 사명이 된다. 위험은 "생명의 씨가 아주 지구 위에서 멸망해버릴 위험"이다. "이 위험은 핵무기와 독가스와 병균"이라는 물질적 실체가 있는 것, 온갖 정치적 집단을 대표하는 '집단주

---

56 아우구스티누스, 앞의 책, 363쪽.

57 함석헌, 「잠깐 후에 오시는 이」, 『전집』 11, 272쪽.

의' 그리고 그 이데올로기와 같은 관념 체계 등에 의해 더욱 강화된다.[58] 그러므로 반성이란 세계절멸의 '무(無)'에 대항하는 사유이다. 이것은 기독교적 창조 신화를 회상시키는 사유이기도 하다. 왜냐하면 창조란 무의 '빈 공간[빈 탕]' 위에 존재를 부여하는 조형예술적 창조이기 때문이다. 세계의 위기는 이러한 창조성을 망각한 무지와 오만에서 온다. 반성은 심연과 같은 무(無)를 이기고 실현되는 영원자의 창조적 생명에 근거하려는 '내면화'의 운동이다. 인간은 우주의 창조적 생명의 산물이기에 반성을 통해 자신의 근원을 내면에서 자각할 수 있다. "사람은 생각하지 않을 수 없다. 반성하는 것이 생명이다. 반자(反者)는 도지동(道之動)이다. 자기가 지은 세계를 내면화함으로써 정신은 스스로 새로워진다. [……] 그렇게 해보는 동안에 우리 속에는 새 창조를 할 수 있는 힘이 생긴다." [59]

반성은 문명 세계에 맹목적으로 봉사하는 것이 아니라 내면성으로 후진하여 창조의 원리를 발견하는 운동이다. 문명의 폭력성에 허무를 느끼는 심정은 내면화에 의해 그 허무를 새로운 창조를 가능하게 하는 '부정'의 무로 전환시킨다. 언뜻 자기비하인 것처럼 보이는 함석헌의 끝없는 '자기부정'은 창조의 가능근거를 열기 위한 움츠림이며 자기 굴절운동이다. 이것을 그는 "불가능 속에 가능을 만들어내는 생명의 운동"으로 이해한다. 이 운동의 모형은 이미 저 태초의 명령, 즉 "두루뭉수리로 텅 빈 무(無) 가운데 그저 있어라!"에 계시되어 있다.[60] 이런 의미에서 세계의 암흑은 세계를 넘어서 존재의 근거를 사유하는 형이상학의 상실에 있다. 형이상학적 태도의 상실은 일상 세계의 실재성을 신뢰하는 현실 집착에서 오며, 따라서 그것은 무의 상실을 의미한다. 이 모든 상실은 얼을 빼는 내면성의 마모로 귀결된다. 그러므로 함석헌은 물질적 실증주의에서 멀어지고 정신적 초월주의로 다가간다. 이러한 내면성을 본체로 삼는

58 함석헌, 「평화운동을 일으키자」, 『전집』 14, 48쪽.

59 함석헌, 위의 책, 42쪽.

60 함석헌, 위의 책, 41쪽.

함석헌의 '정신주의'는 인도 우파니샤드 철학의 자아(Atman)론과 중국과 조선의 심학(心學)을 수용할 수 있다. 그가 힌두교 경전과 맹자와 육상산의 심학적 대인(大人)론에 관심을 보인 것은 이상한 일이 아니다. 심학은 '심지본체(心之本體)'를 깨닫는 데에서 '자기변형[氣質變化]'의 완성을 이루는 '마음의 기술(心術)'이었다.[61]

함석헌은 내면의 드넓은 열림에서 경험되는 초월적 무한자[신, 하나님]를 향한 열망에 이끌려간다. 근본적 사유는 열망의 사유이다. 그것은 내적 영혼을 발굴하는 영혼의 자기귀환 운동이다. 이 운동이 감성적 욕망과 이성을 순화시킨다. 추론적 이성이 따라야 할 전제는 영혼의 진리이며, 이성은 자신의 좁은 한계를 넘어가는 능력을 갖추어야 한다. 차라리 이성은 영혼화되어야 한다. "전체의 조화를 가지도록 힘쓰는" 것, "이것은 이성의 초월능력에서 오는 일이다. 이성은 곧 시간을 초월하고, 공간을 초월하고 자아를 초월할 수가 있다. 이것이 이성의 이성된 소이요, 인간은 이로써 절대자의 절대성, 즉 무한 영원을 알 수 있다."[62] 절대의 "영은 모든 진리와 이성의 샘 근원이다."[63] 이성은 인간의 초월 능력일 뿐만 아니라, '절대정신'인 신의 창조물이다.

이성은 진화사의 최후의 산물이면서 미래로 열려 있기도 하다. 인간의 이성은 생명 원리인 신의 정신이 전개하는 진화적 창조의 첨단에 있는 인격이다. "생명 진화의 역사의 최전선이 인격이요, 인격의 절정이 이성적인 것이다."[64] 따라서 인간의 이성과 영혼은 신적 생명의 나타남, 즉 "절대의지의 직접 계시"이다.[65] 절대의지도 이성과 영혼의 속성을 갖는 정신이며, 인간도 그 속성을 부분적으로 증여받았다. 인간은 내적 수렴 운동을 통해 자신의 영혼이 절대의 일부로 계시된 것임을 직관하며, 이

61 이것은 조선과 송명(宋明) 이학(理學)의 근본 주제였다.
62 함석헌, 「새 시대의 종교」, 『전집』 3, 213쪽.
63 함석헌, 「사상으로서의 속의 빛」, 『전집』 15, 144쪽.
64 함석헌, 「새 시대의 종교」, 『전집』 3, 213쪽.
65 함석헌, 위의 책.

성 역시 우주적 진화의 의미였음을 이해한다. 이러한 우주 생명사적 통찰에서 인간은 우주가 이성적 조화와 질서를 갖추게 되었다는 사실과 물질이 정신에 의해 전개되었다는 것을 계시적으로 인식한다. 계시는 창조이고, 창조는 전통 스콜라 철학의 관점에 따라 사랑의 넘침이다. 우주는 신의 사랑과 조화가 '미려하게' 나타난 세계이다. 함석헌의 우주관은 현대적 지성이 가지기 어려운 대담성을 지닌 심미적이고도 '윤리적인 우주관'이다.[66]

또한 이러한 '산 우주'에 대한 이해는 "직관, 계시, 영감은 산 우주의 숨쉼"이라는 하나의 생명 원리로 관통되어 있음을 아는 것이다.[67] 세계와 인간은 하나의 동일한 내적 본질의 '표현'이다. 이런 의미에서 열망의 심정은 '우주적 심정'이다.[68] 우주적 심정의 심화를 통해 우주와 자아의 본질적 동일성이 계시적 직관 속에서 섬광처럼 이해된다. 이러한 이해에 "보이는 현상 속에서 보이지 않는 진리를 읽어내는" 세계해석이 토대해 있다.[69] 따라서 세계해석으로서의 철학은 동일성의 철학이고, 이 철학이 헉슬리(Aldous Huxley, 1894~1963)를 통해 함석헌이 알게 된 '영원의 철학'이다.[70] 그러나 이러한 통일적 세계상(世界像)으로서의 철학은 "심정에서 심정으로 전하는[以心傳心]" 것, "믿음에서 믿음으로 전하는[以信傳信]" '심성, heart의 일'이다.[71] 믿음이 세계해석의 근거이자 의사소통의 근거이다. "믿음이란 절대자와 인격적 관계에 들어감에 의하여 우주에 산 통일을 주는 일이다."[72] 절대자와의 관계 자체가 분열의 고통을 치유하는 윤리적 의미를 갖는다. 이러한 윤리 종교적 경험이 타인으로 확장되어 "우주인생을 한 개 산(하나의 살아 있는) 인격적인 생명으로 자

---

66 함석헌, 「새 시대의 종교」, 『전집』 3, 213쪽.
67 함석헌, 「새 윤리」, 『선집』 2, 390쪽.
68 함석헌, 위의 책.
69 함석헌, 「기독교 교리에서 본 세계관」, 『전집』 14, 255쪽.
70 함석헌, 「달라지는 세계의 한길 위에서」, 『전집』 10, 163쪽.
71 함석헌, 「기독교 교리에서 본 세계관」, 『전집』 14, 255쪽.
72 함석헌, 위의 책, 259쪽.

각"하게 된다.[73] 함석헌의 우주적 심정은 형이상학적 의미와 아울러 "세계주의의 사해동포윤리"[74]라고 하는 윤리적 의미를 갖는다.

이처럼 모든 것을 '하나' 속에 융화하고 하나를 모든 것 속에 스며들게 하는 원융한 통일의 철학을 통해 함석헌은 비로소 세계와 자아의 분열, 세계 내의 투쟁과 소외, 인간성의 분열을 사상적으로 극복하게 된다. 그리하여 "원수는 이웃이 되고, 죽음은 영원한 생명의 한마디가 되고, 죄는 없어지고, 심판은 구원으로 되고, 일체는 산 하나가 돼버렸"[75]다.

이상의 논의에서 볼 때 함석헌의 통일적 세계상에는 그가 1945년 이전에 관심을 가졌고 "서양에서 19세기까지 주된 생각이었던 Idealism",[76] 이른바 칸트 이후의 관념론의 메아리가 남아 있다. 이 사조는 실천적이고도 심미적인 구원의 열정을 가지고, 하나이자 모든 것(hen kai pan)을 모든 대립이 변증법적으로 해소되는 존재의 의미로서 각기 다른 방식으로 사유했다.[77]

그러나 함석헌의 세계상에서 '하나'는 모든 것에 내재하기만 하는 범신론적 원리가 아니다. 신은 자신의 영을 통해 자연과 인간 영혼에 내재하는 것이지 신 자신이 내재하는 것은 아니다. 그의 자연철학이 갖는 인간주의적이고 내재주의적 계기는 루터 이후의 프로테스탄티즘이 갖는 초월신학 아래에서 전개된다. 함석헌이 비록 그리스도를 유일하고 일회적인 계시라고 믿는 초월신학적 계기를 벗어나 자연과 인간 종에까지 계

73 함석헌, 앞의 책.

74 함석헌, 앞의 책.

75 함석헌, 앞의 책, 267쪽.

76 함석헌, 「씨알의 소리, 씨알의 사상」, 위의 책, 370쪽.

77 Dieter Henrich, *Between Kant and Hegel*, Harvard University Press, 2003, pp.82-112: 계몽주의자 레싱(Gotthold Ephraim Lessing)은 '하나이자 모든 것(hen kai pan)'에 의거한 스피노자 철학 이외의 다른 철학은 없다고 주장한다. 18세기 기독교적 계시철학을 하는 사람들도 신앙의 본질 문제를 다룰 때 '하나이자 모두'라는 스토아의 주제를 다루어야 했다. 야코비(F. H. Jacobi)와 슐라이어마허(F. D. E. Schleiermacher)는 신앙의 입장에서, 셸링(F. W. J. Schelling)과 휠더린(F. Hölderlin)은 낭만주의 철학과 예술의 입장에서 그 주제를 중심으로 생각했다.

시의 범위를 확장했다 하더라도, 피조물의 허무성과 영원성을 죽음을 통해 단번에 증시해 보이는 '모순의 사람' 그리스도는 세계의 중심에 있다.[78] 이 역설의 완성에 의해 세계 초극자가 된 그리스도는 정신의 승리와 승리의 보편적 완성인 하늘나라의 도래에 대한 종말론적 희망을 가리켜 보인다.

그러나 세상에서 안전 보장에 몰입해 있는 죄스러운 유한한 인간에게는 무한자의 수직적 초월성과 희망의 수평적 초월성은 언제나 소유되지 않고 지평선 너머에 있다. 여기에서 함석헌은 인간을 유한과 무한 사이의 질적인 단절 속에서 그 때문에 세상의 풍랑 속에서 항해하는 '조각배'에 비유한다.[79] 조각배의 위치에 대해 '가물거리는' 무한자는 "우주 너머에 있다."[80] 그러므로 "프로그램 짜고 제도에 의해 살아가는 사람들"에게는 늘 때가 있지만, 제도를 넘어서 가는 '프로그램 없는 살림'에게 "내 때는 아직 오지 않았다."[81] 희망을 지시하는 무한자를 동경하되 자신의 때가 주어지지 않는 이 불안이 신의 내재에만 의거하는 몰아적 환희를 박탈한다. 불안의 의식은 무의미[비진리]와 의미[진리] 사이에서 떨고 있는 '나'를 의식하게 한다. "의식은 결국 자아의식이다."[82]

이 지점에서 함석헌은 자기의 존재를 사유하면서도 의지는 무한자를 지향한다는 데카르트(R. Descartes)의 자기 분열적 성찰을 지지한다. "'나는 생각한다, 그러므로 나는 존재한다'는 그대로 움직일 수 없는 진리면서 또 한편 의식의 절대인 하나님에 가면 자아는 없어지고 만다. [……] 의식은 자기긍정이면서 부정이 되어버리는 자기부정에 의하여 또 자기긍정을 하게 된다."[83] 자기긍정이란 자기존재의 확실성에 관한 의식이다. 그러나 존재의 확실성은 무한자 앞에서 부정되어 불확실성으로 역전된

78 함석헌, 「기독교 교리에서 본 세계관」, 『전집』 14, 267쪽.
79 함석헌, 「영원의 뱃길」, 『전집』 19, 35쪽.
80 함석헌, 위의 책.
81 함석헌, 「오늘의 기독자 상」, 『전집』 14, 208쪽.
82 함석헌, 「인간혁명」, 『전집』 2, 60쪽.
83 함석헌, 위의 책.

다. 왜냐하면 "존재 그 자체가 벌써 죄"이기 때문이다.[84] "존재라 할 때 벌써 원존재(原存在)에 금이 간 것이다. 존재의식은 타락이요 죄다."[85] 데카르트의 경우에는 자기존재의 확실성이 과학의 이론적 정초를 위한 절대적이고 자명한 출발점이지만, 함석헌에게는 불확실성의 근거이다. 불확실성은 죄의 극복이라는 선구적 결단의 실천적 출발점이다. 의식의 본질은 인격이며, "인격의 본질은 자기초월이다."[86]

존재와 무의 끝없는 변증법은 고통의 정열을 요구하는 아이러니의 삶을 살게 한다. "있다 함은 벌써 생각은 끊어진 것이요, 생각하면 벌써 있음은 깨어진 것이다."[87] 자기부정의 사유는 언제나 끝이 곧 시작이다. '마지막'은 거꾸로 '막지마'이다.[88] 이러한 초월 변증법적 자기부정에 대한 강조는 함석헌에게 현실에 대한 비판적 자기의식을 잃지 않도록 했다. "인생의 내재성만을 강조"하는 사람들에게는 "자아의 실현이라는 것이 그들의 최고의 표어이다. [……] 그러나 자기초월은 절대의 초월자를 믿어서만 될 수 있다."[89]

불확실성 속에서 긴장하는 자기의식은 절대자와의 고요한 한밤의 만남 속에서도 각성 상태를 잃지 않는다. "밤은 깨서 새기 위한 것이다. 낮에 물질을 보면 밤엔 영(靈)을 본다. 낮이 유한(有限)을 가르쳐준다면 밤은 무한(無限)을 전해준다. 그것을 듣기 위하여 [……] 뜬 눈으로 새워야 하는 것이 이 인생의 밤이다."[90] 밤은 '불면의 밤'이다.[91]

---

84 함석헌, 앞의 책, 61쪽.

85 함석헌, 앞의 책.

86 함석헌, 앞의 책.

87 함석헌, 「인간혁명」, 『선집』 2, 61쪽.

88 함석헌, 「마지막, 막지마」, 『전집』 8, 296쪽.

89 함석헌, 「민족위에 나타난 신의 섭리」, 『전집』 9, 237쪽.

90 함석헌, 「진리에의 향수」, 『선집』 2, 170쪽.

91 불면의 밤은 헤브라이즘을 철학화한 레비나스(E. Levinas)에게도 중요한 개념이다(강영안, 『타인의 얼굴』, 문학과지성사, 2005, 91-92쪽). 의식과 초월자의 단적인 차이성인 낯섬은 개체를 심연으로 몰각시키는 않는다. 그것은 언제나 초월자에 접근하는 자를 잠 못 이루게 하고 부대끼게 한다.

함석헌의 초월적 자기각성은, 제1차 세계대전 이후 키에르케고르의 변증법적인 종교 철학을 신학적으로 계승한 '신 정통' '변증신학(辨證神學)'과 연관된다.[92] 이 신학은 과학과 문화에 대한 낙관적 태도를 가진 자유주의 신학에 대항하여, "인간은 절대자에 직접 연결될 수는 도저히 없다는" '위기'와 '불연속'을 강조한다. 함석헌에 의하면 이러한 입장은 '비합리주의'인 것처럼 보이지만, 인간 '이성의 유한성'을 "자인함에 의하여 진정 이성적이고자 한 것이다."[93] 이 노력은 '감정을 고조하는 낭만주의'를 넘어서고 '이성 만능주의'도 넘어선다. 양 극단을 넘어서는 마음의 운동은 냉정한 언어로 유한과 무한의 단절적 관계를 첨예하게 자기의식화한다. "함석헌이 '생각'을 믿음과 이성의 중심 개념으로 설정한 것"은[94] 자기도취적 안전성에 취해 있는 '문화주의'와 대립한다. 이 때문에 기독교 '교회주의'는 그를 이단자로 여겼다. 그는 자기의식적 이성과 초월적 믿음에 따라 "나로 늘 새 끝을 들게" 해 달라고 간구했다.[95] 또한 진화의 첨단에 서는 그러한 태도는 범논리주의적 사변을 경계한다. "예수와 '믿는 나' 사이에 해석학적 이론과 사변이 끼어드는 것을 함석헌은 허락하지 않는다."[96]

그가 보는 자연과 역사의 진화는 퇴화의 힘에 의해 원환을 그리면서도 상향 진화한다. 진화사는 나선형의 회오리에 비유되는 변증법적 섭리사관의 성격을 갖는다. 그러나 이 과정은 헤겔의 경우처럼 이성의 변증법적 논리학에 의해 최종 완성 단계에까지 철저히 섭리되지 않으며, 역사 안에서 자유가 완성되어간다는 폐쇄적 전체성이 지배하지도 않는다. 함석헌의 전체성은 폐쇄적 완전성 너머로 열려 있다. 이 열려진 가능성의

---

92 함석헌, 「새 시대의 종교」, 『전집』 3, 213쪽.

93 함석헌, 위의 책, 214쪽.

94 박재순, 「씨알사상의 핵심: '스스로 함', '맞섬', '서로울림'」, 『함석헌 사상을 찾아서』, 삼인출판, 2001, 106쪽.

95 함석헌, 「대 선언」, 『전집』 6, 256-260쪽.

96 박재순, 「함석헌의 민속혼과 기독교 사상」, 『민족의 큰 사상가 함석헌 선생』, 한길사, 2001, 241쪽.

영역은 신의 새로운 창조의 가능성이다. 그것은 과거의 경향성에 의거해서 예견되는 것도 아니다. 또한 과거의 모든 순간도 다른 가능성으로 열려 있었다. 따라서 현재의 시점에서 보아도 과거의 사건은 필연으로 굳어 있지 않다. 모든 시간은 비약적 계시 앞에 있는 개방적 시간이다. 이 의미에서 "함석헌의 섭리사관은 [……] 헤겔류의 객관적 표현으로서의 관념론적인 역사철학도 아니다."[97] 그의 견해는 헤겔을 연상시키는 변증법적 측면이 있지만, 모든 것을 필연적 논리 속에 도식화하는 헤겔주의는 아닌 것이다.[98]

오히려 함석헌은 생명사의 시간적 전개의 모든 시점에 가능성을 향해 결단해야 하는 자기의식의 자유를 놓는다. 이 자기의식은 객관적 시대정신에 흡수되지 않고 그 첨단에 위치하여 미래의 가능성 앞에서 신의 종말론적 미래를 열망하고 기다린다. 함석헌의 사유가 갖는 내재적 초월은 실존적인 반시대적 계기를 가지며, 동시에 민중적 연대성을 지향한다. 이러한 관점에서 함석헌은 자기 자신의 존재를 늘 물음 앞에 세우고, 개체들의 공감적 연대와 통일을 사회적 '전체성'으로 정립한다. 그리고 이 전체성은 양적 '집단'과 질적 차이를 갖는 개방성을 본질로 갖는다.

함석헌의 우주적 심정의 사유는 윤리적 사랑과 객관적 이성이 실패한 지점에서 '절대와의 충돌'을 통해[99] 그것들을 다시 일으켜 세우는 종교적 사유이다. 이 사유는 세속철학을 넘어서는, 심오하고도 궁극적인 문제에 응답하려는 탈세상화의 철학이다. "철학은 철학에만 멈출 수 없습니다. 모든 위대한 철학은 다 종교적인 것에 통하고 말았습니다. 맘을 다 하는 자는 하늘을 아는 데까지 가고야 맙니다."[100] 열망하는 "따뜻한 심

97 김경재, 「함석헌 사관의 기독교적 요소」, 『민족의 큰 사상가 함석헌 선생』, 372쪽.

98 유현석, 「정신의 자귀복귀와 자기 혁명」, 위의 책, 159-188쪽: "함석헌의 기본 사상은 변증법적이고 사변적이다."라는 저자의 헤겔주의적 해석은 그의 사상에서 실존적 변증법의 우선성이 갖는 의의를 간과한 것이다. 그렇기 때문에 저자는 함석헌의 인격과 사상이 갖는 저항성을 드러내지 못하고 있다.

99 함석헌, 「기독교 교리에서 본 세계관」, 『전집』 14, 252쪽.

100 함석헌, 위의 책, 251쪽.

정은 [……] 우주 인생에 대해 적극적 열심을 가지고" 있지만, 하늘과의 충돌에서 심정은 '자기의 거짓을 느끼는' '근본모순'을 자각한다. 심정은 "영원의 바퀴에 찍히고 영의 날개에 부딪혀 미진으로 되어 어둠 속에 가라앉는 자기를 발견한다."[101] 심정은 이러한 근본모순을 경험하는 차가운 자기의식이다.

그러나 "인간에게 영원한 존재자인 신에 대한 숭경갈앙(崇敬渴仰)의 염이 자명적으로 내재하는 것을 인정하지 아니하고, 그 의미를 풀 수 있던가?"[102] 영원자의 영은 인간에 내재하고, 영(정신, 생명)의 본성은 만유를 자신에게로 회귀시키는 '인력(引力)'이다.[103] 따라서 인간의 영혼은 황량한 자기의식 속에서도 필연적으로 신과의 통일을 동경하는 생명의 격정을 갖는다. "어두운 밤 고요한데 파도는 구만리로 치솟는다[夜靜海濤九萬里. 왕양명]."[104] 우주적 심정은 '우주적 기상[浩然之氣]'이 되고, 이 기상은 영원자와의 합일에서 오는 '기쁨'과 '자유'를 획득하는 주체적 근거가 된다. 함석헌은 영원의 기쁨을 통해 진정한 향유와 절대적 자유를 향한의 생성(becoming)을 경험하는 차원으로 들어간다.

> "참 영광 참 기쁨은 내 속에 얻는 것이다. 얻음이 아니요 됨이다. 됨이 참 얻음이다. 되지 못한 것은 가버리는 것, 잃어지는 것이다. 그리고 됨이란 참 아니냐? 빛을 살고 기쁨을 살고 참을 사는 것, 이것이 참 삶이다. 그것은 살아도 삶이요, 죽어도 삶이다. 생사가 아닌 참 삶이다."[105]

이러한 상대와 절대의 통일 경험에서 이전의 모든 모순이 초극된다. 지고의 전체성을 체험하는 인간은 '하늘나라에 하나가 된 영'으로 거듭

---

101 함석헌, 「기독교 교리에서 본 세계관」, 『전집』 14, 252쪽.

102 함석헌, 「마지막, 막지마」, 『전집』 8, 296쪽.

103 함석헌, 위의 책, 163쪽.

104 함석헌, 위의 책, 296쪽.

105 함석헌, 「하나님을 기쁘시게 하는 음악」, 『전집』 10, 379쪽.

난다. 아마도 엄격한 초월철학은 이러한 만남의 경험을 종교적 경험 실증주의로서 비판할 수도 있을 것이다. 그러나 함석헌에게 기쁨의 경험은 드물게 일어나는 것이었고, 자기의식에 시달리는 불면의 뒤척임 속에서 영원무한자를 '무한의 저쪽'에서 빛나는 목적으로 동경하게 한 그 무엇이었다. 또한 그의 전 생애를 인도했던 '영원의 별빛'이기도 했다. 이 점에 한해서 그의 종교적 철학은 플라톤주의적이다. 계시적 직관은 영원자인 진리 자체가 드러난 것을 의식한다. 함석헌에게 진리 자체는 수나 이데아처럼 더 이상 분석할 수 없고 논증할 수 없는 '공리(公理)', '자명의 이(理)'이다. "우주에 있는 수(數)의 세계가 인간에게 나타나서만 공리의 이해는 가능하다. 마찬가지로 진리 자체가 인간 안에 드러내놓는 것, 이것을 계시라고 한다. 그러므로 종교는 결국 하늘에서 오는 계시로서 된 것이다."[106]

함석헌의 영원자는, 플라톤이 신이라고 하지는 않았지만 태양에 비유했던 인식과 선한 삶의 목적인 선 그 자체(to auto agathon)로서의 이념을 닮아 있다.[107] 또한 영원자에 대한 순간적인(별안간, exaiphnes)[108] 직관도 위로부터의 계시적 직관이다. 따라서 계시적 직관은 심리 내부의 심리적 사건으로 환원될 수 없고 자아의 오만을 강화하는 심적 소유물도 아니다.

함석헌에 의하면 동서양의 "종교의 기원을 아는 것은 영혼의 자기경험과 천계(天啓, 하늘의 계시)의 두 길밖에 없다."[109] 역사의 시초에서 종교경험은 감정의 광포함과 함께 나타났다. 그러나 그 종교경험에 잠재해 있는 영적 본질로서의 핵심은 이성과 자기의식의 시련을 통해 자각된 전체성으로 '성장'할 수 있다. 영적 본질은 생명이다. 생명의 역사는 생

---

106 함석헌, 「종교」, 『전집』 9, 161쪽.

107 플라톤, 『국가-政體(Politeia)』, 박종현 옮김, 서광사, 2005, 505a-511e.

108 Platon, *Symposium*(210D-211B), Plato 3, The Loeb Classical Library, Harvard University Press, 1967; *Epistles* 7(341 CD), Plato 9, The Loeb Classical Library, Harvard University Press, 1967.

109 함석헌, 「종교」, 『전집』 9, 160쪽.

의 통일적 전체성을 향한 줄기찬 노력의 과정이다. 그리스도는 이 과정에서 거칠게 나타난 이전의 종교 경험을 극복하고 나타남으로써 종교를 통한 인간의 자기완성 모델을 보여준 것이다. 따라서 그리스도의 삶과 죽음이 진정한 종교의 기원이다. "종교를 완성하는 자가 종교를 시작한 자이다."[110] 함석헌은 이 종교의 시작을 생의 중심에 놓고 인간의 심정을 우주적으로 확장했다. 그리고 조작적 이성과 이데올로기 시대에 저항하여 자기의식의 변증법을 고통스럽게 따라간다. 그의 정신적 여행은 생명의 한 분지선인 인간의 자기완성과 또 하나의 분지선인 역사(생명사)의 완성, 이 두 선의 통일적 접점에 대한 그리스도교적 희망에 의해 이끌려간다.

5. 심정의 진리구조

이상의 논의를 배경으로 함석헌의 우주적 심정의 진리구조가 밝혀질 수 있다. 영원무한자는 우주 너머에 있다. 인간의 사유는 내면의 심층에까지 내려가 영원자인 '너'를 인격적으로 만나는 노력이다. '내면화'의 실천은 상승하는 초월의 운동이다. "내 속을 파야 하지만 그 팜은 하늘에까지 뚫려야" 한다.[111] 영원자를 향한 '우주적 숭경(崇敬)'의 사유는 '비약'하는 '섬김[事]'의 '사유[思]'이다. 이 사유에 의해 문화적으로 규정된 정체성에 귀속된 '나'는 죽는다. "생각하고 생각하면 결국 나는 죽음에 이른다." [112] 죽음을 통해 거듭난 심정의 우주적 개방성에 영원자의 '은총'이 '주어진다[賜].'

이러한 네 개의 사, 즉 '사(事) - 사(思) - 사(死) - 사(賜)'의 구조는 수직적 관계이다. 인간의 자기포기(문화적 주체성의 포기)는 우주적 개방성

110 함석헌, 앞의 책, 162쪽.

111 함석헌, 「우으로부터 고쳐 나는 것」, 『전집』 18, 190쪽.

112 함석헌, 위의 책.

이라는 드넓은 '큰(한)' 심정으로 나를 고양시킨다. "큰 것은 하나님이요, 큰 것은 나다. 하나님과 직접 연락된 내가 '한' 곧 큰 것이요, 그 직선을 중축으로 삼으면 온 우주를 돌릴 수 있다."[113] 이러한 수직적 초월과 은총의 관계는 그리스도의 부활이 갖는 형이상학적 의미에 따른 것이다. 부활은 영원자가 만물로부터 자신의 존재를 회수하여 자기본질로 회귀하는 부정의 운동을 증시한 사건이다. "십자가에 죽어 부활하여 하늘에 간 예수는 곧 '무(無)'다. 만물을 부정한 데가 하늘이다."[114] 존재의 철회는 현상세계의 세상성(유한성과 죄스러움)이 그대로 여실하게 방치되었다는 비탄과 동시에 세상성의 초극을 지시한다. 수직적 관계는 셸리(P. B. Shelley, 1792~1822)의 높이 나는 종달새의 노래와 같다. "우리의 가장 아름다운 노래는 가장 슬픈 생각을 말한 것이다."[115] 그러므로 함석헌의 수직적 초월은 세상성의 내려끄는 힘[슬픔]과 상향하는 힘[기쁨]의 변증법적 갈등에서 오는 나선형의 "회오리바람의 운동"이 된다.[116] 이 회오리가 셸리의 사나운 '서풍'처럼 영원자로부터 나와 영원자로 향하여, 세상성에 엎어지고 자빠지는 나를 등 뒤에서 미는 힘이다.

우주적 심정의 수직적 구조는 브린튼(H. H. Brinton)의 지적처럼 '그리스적'이다.[117] 그러나 그와 유사한 구조는 헤브라이즘에도 있으며,[118] 내재적 성격이 강하긴 하지만 불교나 성리학에서도 주축을 이룬다.[119]

그러나 함석헌의 우주적 심성에는 수직적 구조에서 필연적으로 결과되는 또 하나의 구조가 있다. 이는 영원자의 본질적 능력과의 관계에서 나온다. 영원자는 만물에서 그 존재를 철회하는 무의 능력도 있지만, 존

---

113 함석헌, 「씨올의 설움」, 『선집』 5, 212쪽.

114 함석헌, 위의 책.

115 함석헌, 「존재하는 종교」, 『전집』 3, 345쪽.

116 함석헌, 「우으로부터 고쳐 나는 것」, 『전집』 18, 190쪽.

117 함석헌, '사상으로서의 속의 빛', 「퀘이커 300년」 3. 『전집』 15, 169쪽.

118 보만, 『히브리적 사유와 그리스적 사유의 비교』, 허혁 옮김, 분도출판, 1975, 193쪽.

119 유영모는 위의 두 전통(헤브라이즘과 성리학 및 불교)을 결합하여 성리학적 그리스도교를 형성해냈다. 수직적 구조에 대한 함석헌의 해석에는 그의 영향이 짙게 깔려 있다.

재를 부여하는 창조의 능력도 갖는다. 창조의 힘은 스스로 자기 안에 충족해서 존재하려는 신의 실체성, 즉 자기성의 부정에 근거한다. 이 자기부정은 자기와 다른 것을 창조하고 이 타자에 존재의 힘을 생명으로 부여하는 '사랑(agape)'의 충동이다. 피조물에 존재의 힘과 사랑을 부여하는 것은 무의 극복 운동이다. 진리 그 자체인 '참'은 우주의 존재 저쪽에 사랑의 통일적 원천으로 서 있다. 이것이 바로 내면화의 과정에서 보이는 비전으로 "무한의 허공에 서 있는 '한' 형상이다.[120] 영원한 생명 그 자체는 피조된 세계와 '깊은 구렁'이 있지만, 내면의 비약적 직관에서 '불연속의 연속'이 이루어진다.[121]

이 연속의 순간에 세계와 저쪽 사이의 내재적 사랑의 관계가 빛의 '확산'으로 경험된다. 이러한 은총의 경험에서 사랑은 비로소 심정 안에 자리 잡고 밖으로 확산된다. 이 활발한 작용이 "하늘로부터 새로운 영(靈)이 주입(inspiration)되어" 형성된 '자유정신'이다.[122] 자유정신이란 자의적인 것이 아니라 사랑이 심정의 내적 필연성에서 솟아나오는 활동성이다. 사랑은 당위적 의무나 정언명령이 아니다. 그것은 '폭발'처럼 그럴 수밖에 없는 직설적 필연성이다. 이러한 내면적 필연성이 행위자의 자유의 근거가 된다. 그것은 당위의 의무나 법칙이 아니라 '능력'이다. "사랑만이 능력입니다. 생명이 이기는 것은 사랑이기 때문입니다."[123] 그것은 '상대적 차별도덕'과, "이때까지의 모든 도덕적 판단의 전폐(全廢)"를 가능하게 하는 능력이다. 도덕법칙에 의해 "죄를 의식하는 것이야말로 죄를 짓게 하는 원동력"이다. 사랑은 상대세계에서만 실재하는 죄를 실재하지 않게 하는 해방의 근거이다.[124] 사랑은 세상의 '습관'과 투쟁하게 하는 생명이 생명을 위해 생명에 의해서 자발적으로 저지르는 "무모(無謀)요 위

---

120 함석헌, 「새 윤리」, 『선집』 2, 384쪽.

121 함석헌, 「무엇이 참 문제냐」, 『전집』 19, 265쪽.

122 함석헌, 「새 시대의 종교」, 『전집』 3, 208쪽.

123 함석헌, 「죄는 참말로는 없다」, 『전집』 9, 330쪽.

124 함석헌, 위의 책, 331쪽: 여기에서 율법으로 인해 죄가 세상에 들어왔다는 바울신학의 혁명성을 함석헌이 주목하고 있음을 알 수 있다.

험이다."[125]

이러한 생의 '모험'의 장소가 바로 그때그때 모험자가 처한 역사적 상황이다. 그러므로 사랑의 필연성 때문에 함석헌 사유 구조의 수직적 구조는 수평적 구조와 교차하는 십자형의 구조를 갖게 된다. 십자 중심에 영원자를 향한 수직적 사랑과 죄스러운 인간에 대한 수평적 사랑이 있다. 수평적 사랑은 사랑의 본성에 어긋난 정치적 현실로 돌아오게 하고, 그것과 충돌하게 한다. 따라서 사랑은 위로는 영원과 관계하고 아래로는 시간적 역사에 관계한다. 전자는 종교이고 후자는 정치이다. "정치와 종교는 다 인간의 생활을 각각 두 면에서 한데 묶어놓는 묶음이다. 하나는 평면에서 하나는 수직에서, 하나는 땅에서 하나는 하늘에서, 하나는 현실에서 또 하나는 정신에서."[126]

수평축에 따라 정치에 개입한다는 것은 삶의 의미를 정치에 두는 것도 아니고, 정치적 이상사회를 설정하여 조직적 기획에 사람을 동원하고 지도하는 '정치 운동'도 아니다. 수평적 관계 속에 들어가는 것은 퀘이커주의와 마찬가지로 "속의 빛의 필연 불가피한 결과로 행동을" 하게 되기 때문이다. 퀘이커주의의 안에 있는 '두 개의 운동'은 상호보완적 관계에 있다. 그것은 "진리의 근원으로 돌아가는 일과 행동하기 위해 이 세상으로 돌아오는 일이다." "명상적이면서도 행동적, 형이상학적이면서도 윤리적"인 '일관된 사상체계'는 '체험을 통해 결합'된 체계이다.[127] 사랑과 자유의 체험이 수직적 관계와 수평적 관계를 하나의 통일적 구조로 형성한다. 또한 사랑을 본질로 하는 생명은 모든 것의 통일을 지향하기에 "시간과 영원을 하나로 만들잔 것이 모든 종교의 이상이다."[128] '영원한 생명'이 만유의 궁극적 원리라면 "'하나됨', 그것은 절대명령이다."[129]

---

125 함석헌, 「죄는 참말로는 없다」, 『전집』 9, 330쪽.
126 함석헌, 「정치와 종교」, 『전집』 3, 300쪽.
127 함석헌, 「퀘이커 300년」, 『전집』 15, 169쪽.
128 함석헌, 「정치와 종교」, 『전집』 3, 301쪽.
129 함석헌, 위의 책.

함석헌의 우주적 심정의 십자 구조가 갖는 절대적 필연성은 영원자로부터 오는 것이다. 또 이 때문에 본질적인 것은 수직관계이고, 수평관계는 현상적이다. "올라가느냐 내려가느냐"의 도약 운동이 제일의적 문제이며, "평면을 중요시하는 인간사회"의 "좌우로 운동하는" '진자운동'은 지말적이다.[130] 그러나 도약의 의의를 부단히 환기시키는 문제 제기는 평면 축에서 나온다. 도약은 무한자에게서 다시 튕겨져 나와 불가피하게 땅으로 내려와서 고난의 역사 속에 사는 것으로 전환된다. 키에르케고르의 비유에 의하면 인생은 몸 전체를 날렸다가 다시 떨어지는 '공중제비' 같은 부조리의 운동이다. 그것은 멈춘 한 발과 들린 한 발로 전진하지만 '끊임없이 낙하하는' 사무원의 '걸음걸이'가 아니다. 도약 없이 멈춤을 매개로 나아가는 보행, 즉 사변적인 논리적 운동은 사회적 안정을 위한 정체된 사유이다.[131]

십자 구조는 함석헌 자신이 창안한 것이 아니며, 또한 비유 이상의 것이다. 그 구조는 이미 역사의 결정적 중심에 있는 그리스도의 수난의 십자가에 드러나 있다. 십자가에 '매달린' 그리스도는 역사에 찢기는 수난의 사람이다. 십자가에 '들리운' 그리스도는 영원한 생명 즉 세상의 승리자이다.[132] 이러한 모순이 종합된 십자가는 내가 지는 십자가가 된다. 따라서 '나'는 십자의 교차점에 놓이게 되고, 나와 영원자와의 관계는 '수직운동'이며 사회와의 관계는 '수평운동'이다.[133]

수직운동은 모든 유한성의 속박(죽음)으로부터 상향하려는 긴장(켕김)의 선을 그리며, 수평운동은 상향하는 나를 중심으로 '폭 넓은 진동'을 통해 주위세계로 반경을 넓혀가는 원을 그린다.[134] 수직선을 따라 향상하는 지점이 올라갈수록 그 지점을 중심점으로 하는 원 운동의 반경이 넓어져

---

130 함석헌, 「주의 길」, 『전집』 19, 89쪽.

131 키에르케고르, 『철학적 단편』, 표재명 옮김, 휘문출판, 1981, 84-85쪽.

132 박경미, 「요한복음서의 아이러니 연구」, 이화여대 박사학위논문, 1994, 63쪽: 저자는 십자가에 '올리움'의 이중적 아이러니에 주목한다. 올리움은 죽음이자 '영광받음'이다.

133 함석헌, 「새 삶의 길」, 『전집』 2, 324쪽.

134 함석헌, 위의 책, 325쪽.

파장은 세계로 그리고 우주로 확산된다. 이것이 "위로 하늘에 부끄럽지 않고 아래로 사람에게 부끄럽지 않은 원만무결(圓滿無缺)한 살림이다."[135] 영원자를 향한 수직운동과 전진하는 수평운동의 결합에서 오는 벡터의 힘은 '나선운동'으로 나타난다. 생의 과정은 언제나 중심으로 되돌아오는 '반복[되풀이]'이면서도 상향하며 전진한다. "생명은 자전(自轉)을 하면서 공전(公轉)을 한다. [……] 삶은 되풀이인 듯하면서도 늘 새롭고, 한없이 많은 듯하면서도 하나다."[136]

정태적 십자 구조는 나의 삶의 구조가 되면서, 나의 내적 본질[영혼, 생명]의 역동적 자기전개라는 회오리, 나선으로 변모한다. 그런데 생명의 원천인 "하나님은 초월적이면서 내재적이요, 내재적이면서 초월적이다"[137] 따라서 십자 구조 혹은 나선형 구조는 함석헌 자신의 실존적 삶의 형식이자, 자연사와 인류역사의 동태적인 내재적 구조가 된다. 그것은 존재의 구조이자 그것이 숨기고 있는 '의미[뜻]'이다. 의미는 그것에 대한 이성적 이해와 '해석'을 기다리고 있는, 순간순간 새로운 차이를 실현하는 생성에서 나타나는 것, 즉 계시이다.

> 생명은 지어냄[創造]이다. 맞춤[適應] 뒤에 대듦이 있듯이 대드는 바탈[性] 뒤에는 끊임없이 새 것을 지어내려는 줄기찬 힘이 움직이고 있다. 생명은 자람이요, 피어남이요, 낳음이요, 만듦이요, 지어냄이요, 이루잠이다. 하나님은 나타내[啓示, 實現]는 이다. 절대의 뜻[意]이다.[138]

상대세계에 나타난 계시적 의미에 대한 경험은 우주의 '수수께끼'를 풀려는 형이상학적 물음에 대한 응답이다. 이 응답에서 사물의 존재근거가 해명된다. "모든 일에는 뜻이 있다. [……] 사람의 삶은 일을 치름[經

135 함석헌, 「새 삶의 길」, 『전집』 2, 326쪽.
136 함석헌, 위의 책, 326쪽.
137 함석헌, 위의 책, 331쪽.
138 함석헌, 위의 책, 319쪽.

驗]이다. 치르고 나면 뜻을 안다. 뜻이 된다. 뜻에 참여한다. 뜻 있으면 있다[存在]. 뜻 없으면 없다[無]. 뜻이 있음이요, 있음은 뜻이다."[139] 의미는 만유의 존재의미이다. 존재가 의미를 갖고 있다는 것은 존재가 신의 '의지'에 의해 실현된다는 것이며, 실현된다는 것은 존재가 궁극적 '목적'으로 '성장'되고 '완성'되어가는 과정에 있게 된다는 것이다. 상향의 수직선과 전진의 수평성은 우주와 역사의 저쪽[종말]에서 만나는 '하나님의 나라'를 목적으로 수렴한다. 인간을 포함한 만유 '전체'는 어떤 장애와 우여곡절에도 불구하고 궁극의 완성을 향하여 자기를 실현한다.

신의 창조가 사랑이라면, 존재의 의미는 모든 것들이 '하나'로 조화되어 신성한 전체를 완성해가는 사랑의 생성 운동이다. "사랑은 하나됨이다. 둘이면서 하나됨이다." 하나 되려는 나의 "몸[全體]이 몸[全心] 안 전체에 있고 몸[全體]이 몸[全心] 안에 '있음'이다. 전심(全心)은 나요, 전체(全體)는 님이다. 내가 하나님 안에 있고 하나님이 내 안에 '있음'이다."[140]

존재의 구조는 다양성이 계시를 통해 공감 체계를 이루는 통일성으로 생성해가는 신의 의지의 실현 과정이다. 존재의미에 대한 함석헌의 형이상학적 해석은 믿음을 전제한다. 그의 믿음은 '절대의 믿음'과 '상대의 믿음'으로 나누어진다. 전자는 "위에서 주시어서 받아서 되는 믿음"이며, 후자는 "믿자는 [……] 힘쓰는 믿음이다."[141] 후자의 부단한 자기부정의 노력은 전자의 수직적 계시를 중심으로 움직여 궁극 목적인 '지선에 머무르는 것[止於至善, 『大學』]'으로 변화한다.[142]

이러한 맥락에서 함석헌의 진리구조인 십자 구조와 그것이 역동화된

---

139 함석헌, 「생각하는 백성이라야 산다」, 『전집』 14, 110쪽.

140 함석헌, 「새 삶의 길」, 『전집』 2, 313쪽.

141 함석헌, 위의 책, 336쪽: 계시와 이성 간의 관계에서 볼 때 함석헌은 직접적 경험을 옹호하지만, 그의 이성적 해석의 강조 때문에 "그의 주장은 직접적 계시로 이해될 수는 없다. 오히려 그것은 이성의 활동을 통해 간접적으로 파악한 것"으로 이해될 수 있다(이병창, 「함석헌의 대중종교의 개념」, 『씨올의 소리』 680호, 함석헌기념사업회, 2004, 94쪽).

142 함석헌, 「새 삶의 길」, 『전집』 2, 336쪽.

나선형의 회오리 구조는 의지와 생성이 결합된 목적론적 성격을 갖는다. 그것은 심정의 실천적 구조이자 자연과 역사의 구조이다. 그의 사상이 비록 표면적으로는 체계가 없고 체계를 목적으로 하지 않았을지라도, 십자 구조는 그 안에서 사유와 실천이 움직이는 내적 구조 혹은 내적 논리로 자리 잡고 있다. 그의 『전집』이 보여주듯 그의 언설은 상황에 따라 주제와 강조점이 다르다. 언설들은 때에 따라 수직적 방향에서 혹은 수평적 방향에서 이루어진다. 심지어 그는 일상의 인간관계나 편지 글에서도 그러한 방향들을 환기시키려 노력한다. 또한 그의 정치적 실천이 당파성과 조직을 경멸하고 일상 생활에 '사상의 유격전'이라는 양식을 갖게 된 것도, 현실에 영원성을 수직적으로 관계시켜 수평선 너머로 현실을 생성시키려는 사유에서 나온 것이다. 영원과 희망은 우선 조직을 요구하는 것이 아니라 결단의 회심을 요구하기 때문이다. "인생과 시대는 [……] 무한대의 반경을 두고 영원의 행진을 한다."[143] 생성과 행진의 주체는 정신적 생명이다.

6. 윤리적 형이상학

함석헌의 사유와 실천의 구조는 십자 구조이다. 이 구조에서 영원자는 자연사와 인류 역사에 내재적으로 개입한다. 영원과의 관계가 역사적 인간의 본질적 근거이다. "시간 속에 살면서 영원을 향한 것이 인격이다."[144] 영원을 향한 인격은 '내면화'의 노력을 통해 자신의 정신성과 초월자의 정신성[절대정신]을 자각한다. 정신적 인격의 근저에는 절대정신이 계시한 내재적 생명 원리가 잠재한다. 초월자의 정신성과 내재적 정신성은 본질상 동일한 것이다.

---

143 함석헌, 앞의 책, 325쪽.

144 함석헌, 「인간혁명」, 『전집』 2, 55쪽.

이 동일한 생명을 '내면의 예수'라고도 부르는 함석헌은 정신적인 것을 본질적 원리로 전제하고 그것에 의해 사유와 실천을 정초하는 관념론적 방향을 취하게 된다. 정신적 생명 원리는 부단한 자기부정에 의해 운동하며, 우리의 내면의 심층에서 느껴지고 직관된다. 생명에 대한 인식은 물질적 '현상세계'에 적용되는 '과학적 태도'를 넘어서며,[145] 그래서 물질의 운동과 긴장관계에 놓이게 된다. 그것은 물질의 타성에 대해 역운동을 필요로 하는 경험이다. "우리 자신의 인격을 해부하기 위해 스스로 죽는 지경에까지 가야만 참 우리 자신을 알 수 있고 그래야 세상을 건지는 법을 알게 될 것이다."[146] 객관세계는 인격에 대해 버티고 서 있는 실재이지만 궁극적 실재는 아니다. "정신세계에 들어오게 되면 객관적이란 게 있을 수 없어요."[147]

이 지점에서 함석헌은 자신의 사상이 갖는 관념론적 성격을 되물어보면서 확정하려 한다. "주관이 옳은가? 객관이 옳은가?"[148] 만일 나의 인격과 그 내적 본질을 전부 객관세계로 환원해버린다면 어찌 될 것인가? 이러한 객관적 태도는 과학과 상식에 부합하는 경험적 실재론으로 손쉽게 돌아갈 것이다. 경험세계에 대한 신뢰는 자연스러운 태도이다. 그러나 이 태도는 경험적 객관의 실재성에 대한 믿음 때문에 다른 세계의 가능성에 대한 상상을 막을 뿐만 아니라, 객관의 근저에 있는 형이상의 의미도 상실한다. 일상의 자연스러운 태도는 주객 대립 속에서 이루어지는 투쟁과 예속의 삶을 문제 삼지 않고 그대로 방치한다. 그 안에서는 온갖 권력들의 거짓 약속이 물량적으로 현혹하고, 기껏해야 세속국가를 개인의 합리적 계약에 의해 합리화하는 여러 형태의 권력 거래론에서 주권의 사법적 소유관계가 논해질 뿐이다.

실재론적 신념은 현상세계의 친숙한 인과성이 갖는 예측 가능성에 안

---

145 함석헌, 「내면의 예수」, 『전집』 19, 130쪽.

146 함석헌, 「인간혁명」, 『전집』 2, 54쪽.

147 함석헌, 「내면의 예수」, 『전집』 19, 130-131쪽.

148 함석헌, 「인간혁명」, 『전집』 2, 55쪽.

주함으로써 삶의 불확실성을 은폐한다. 그러한 세계 내적 안전 보장이 신념이 되면 현상적 존재의 근거와 의미를 추구하는 형이상학적 '수수께끼'는 실종된다. 상대적 현상세계에 안주하기를 거부하고 '철저한 허무주의'를[149] 부르짖는 함석헌은 경험적 실재의 배후를 넘겨다보고 투시(speculation)하려 한다. 그에게는 '독특하기를 원하는' '나', 영원의 의미와 '하나이기를' 운명처럼 받아들이는 나를 객관세계 속으로 환원하여 처분 가능한 대상으로 함몰시키는 것은 '너무도 허망한 것이다.' 나를 사물화하는 태도는 주관을 '아득한 바다 속의 곡식 한 알[渺蒼海之一粟]'로 무화한다.[150] 진정한 주관은 자신을 무화하는 세계의 밖으로 나가야 한다.

"상대의 이 세계는 아무리 개량을 하여도 탯집 안이지, 절대의 광명한 바깥세상은 아니다."[151] 여기에서 세상을 제대로 보기 위해서 주관은 "위에 있는 세계의 높은 봉우리만" 보려는 '독수리의 눈'으로 비상해야 한다.[152] 그러나 자연과 역사 모두가 주관의 환상적 투사물은 아니다. 객관세계는 자신의 독자적인 발전 논리에 따라 전개된다. 그 속에서는 "개체와 전체의 모순 때문에 자유와 통일의 갈등이 생기고 경쟁과 협조, 전쟁과 평화의 대립이 일어난다."[153] 또한 인간 역사는 고통과 죄를 연출하여 주관의 초월적 충동을 자극하는 구체적 실재이다. 우주는 신의 창조적 활동[사랑]에 의해 실재성이 부여되고, 미래의 새로운 계시로 열리는 '미완성'의 실재이다. 따라서 "만물이 모두 나에게 갖추어져 있다[萬物皆備於我, 맹자(孟子)]라 하면 너무도 (주관의) 자기도취인 것이다."[154] 만유를 주관으로 환원하는 주관적 관념론도 성급하고 온전하지 못한 것이다. 따

149 전대열 편저 · 대담, 「씨알의 의미와 민중운동」, 『함석헌, 싸우는 평화주의자』, 동광출판, 1982, 308쪽.

150 함석헌, 「인간혁명」, 『선집』 2, 55쪽.

151 함석헌, 「무엇이 참 문제냐」, 『전집』 19, 271쪽.

152 함석헌, 위의 책.

153 함석헌, 「인간혁명」, 『선집』 2, 54쪽.

154 함석헌, 위의 책, 55쪽: 맹자의 이 말은 자아와 우주의 연속성을 언급하는 문맥에서 긍정적으로 사용된다(함석헌, 『바가바드 기타』, 한길사, 1996, 283쪽).

라서 "유물론이 잘못이라면 유심론도 잘못이다. 객관이 주라 해도 안 되는 말이고 주관이 주라 해도 안 되는 말이다."[155] 경험적 실재론은 물질로 치우쳐 세계의 형이상학적 의미를 상실한다. 반면 주관적 관념론은 정신에 치우쳐 우주의 현상적 풍요를 상실한다. 현상세계의 다양성을 상실할 때 그 세계 속의 삶과 과학적 인식의 의의도 살리지 못한다.

이러한 문맥에서 함석헌은 분석의 방법과 투시적 직관(vision)의 방법을 종합하고자 했던 라이프니츠(G. W. Leibniz)처럼 다음 두 가지를 수용한다. 그는 미시적 분석의 극한에서 더는 분석 불가능한 어떤 단순한 영적 실체(spritual substance, life-force)가 있을 수 있다고 본다. 또한 그는 조직체의 복잡화에 따라 내면적 정신성이 자연사에 나타난다는 관점을 수용한다. 그는 사물에 대한 '현미경'의 관점과 우주 전체의 의미를 보려는 '망원경'의 관점을 통일하는 사상을 생각한다. 과학과 형이상학은 양쪽에서 다른 방식으로 천착하지만 궁극에는 만날 수 있다는 것이다.[156] 이 지점에서 과학적 분석은 현상을 넘어선 초월적 직관과 만난다. 여기에서 형이상학과 종교가 과학적 지성에 의해 세련되게 되고, 과학적 지성은 형이상학적 직관에 의해 더 높은 가치를 알게 된다. 형이상학적 경험과 과학적 경험을 종합하는 그의 사상은 객관적 관념론의 성격을 갖는다. 실재하는 객관적 우주 자연사와 인간은 동일한 정신적 생명 원리의 표현이다. 그의 객관적 관념론은 동일성의 철학이다. 또한 그것은 탈세상화를 통해 다시 세상으로의 회귀를 가능하게 하는 실천철학이기도 하다.

과학적 인식을 넘어서는 최상의 인식은 "내 마음이 아닌 우주를 꿰뚫

---

155 함석헌, 「씨알의 설움」, 『자전적 인생론』, 정우사, 2003, 81쪽.

156 함석헌, 「새 시대의 종교」, 『전집』 3, 233쪽: 현대과학에 대한 함석헌의 이해는 양면적이다. 현대과학은 물질과 정신의 경계를 알 수 없는 지점까지 왔기 때문에 신비의 영역을 열어줄 수 있다는 적극적 의의를 갖는다. 또 한편 과학은 인간의 관심을 무기 개발과 같은 생존투쟁에 쏠리게 하는 부정적 의의를 갖는다. 인조인간의 출현이 영성을 반성하게 하는 계기가 될 수도 있다는 그의 견해는 전자의 측면에서 나온 것이다. 그러나 과학적 인식 태도가 객관성과 유용성을 신뢰하고 주관성과 진정성에 적대한다는, 즉 대상에 대한 부정적 태도를 전제한다는 의미에서 과학이 원한감정(ressentiment)과 허무주의적 성격을 갖는다(F. 니체)는 점에 대해서 함석헌은 의식하지 않은 것으로 보인다.

는 그 마음에 내 마음을 합쳐가는 자리"에서[157] 성취된다. 우주와 나의 동일성을 인식하는 데에서 인간의 자기완성이 이루어지고 존재의 전 의미가 이해된다. 이러한 통찰은 일종의 본질 직관적 이해이다. 이러한 이해에서는 객관과 주관 어느 하나에 집착하는 것은 대승불교에서처럼 '꿈'이고 '잠꼬대'이다. 진정한 의미가 경험되는 세계는 "지극히 작아 안이 없는 것과 지극히 넓어 밖이 없는 것[至小無內, 至大無外]"이 하나로 관류하는 '전체성'이다.[158] 우주는 맹목적인 물질적 운동의 체계가 아니라 인생의 의미와 목적을 현시해주는 윤리적 우주가 된다. 존재의 의미는 외적이고 물리적인 것의 내적 핵심에서 드러난다. 이 때문에 함석헌은 칼라일(Thomas Carlyle, 1795~1881)의 종교적 정신에 따라 외면적 존재를 '의상'이나 '허울'로 규정한다.[159] 진정한 실재의 '꽃'은 허울 없는 어린이가 인식한다. "정말 철학은 꽃 파는 어린이만이 한다. 하나님은 그만이 만나고 있다."[160]

물리적 현상세계를 형이상학 아래에 포섭한다는 것은 분열과 소외의 삶을 전체성과 통일성을 향하여 극복한다는 것이다. 이러한 극복의 사유는 서양의 신학적 형이상학의 역사에서 여러 가지 형태로 있었으며, 동양에서도 심성의 '자기변형(transformation)'을 통한 우주적 통찰은 최상의

---

157 함석헌, 「내면의 예수」, 『전집』 19, 131쪽.

158 함석헌, 「인간혁명」, 『선집』 2, 55쪽.

159 칼라일(T. Carlyle)의 *Sartor Resartus*(1833-1834)는 *Clothes philosophy*(의상철학)으로도 불리는데 '신이 낳은 악마의 똥(Diogenes Teufelsdröckh)'이라는 이름을 가진 교수의 영혼 순례기를 저자가 재구성하는 식으로 되어 있다. 신을 상실한 시대는 황무지이다. 교회와 정부와 같은 외적 제도는 부정되어야 하는 옷에 불과하고, 자연은 신이 걸친 살아 있는 옷이다. 산 영혼은 '영원한 부정'에 의해 추구되고, 진정한 자유와 자발성은 살아 있는 신의 자연과 영혼의 발견에서 '영원한 긍정'의 덕과 함께 획득된다. 칼라일의 영적 세계관은 그의 귀족주의적 성격을 제외하면 함석헌의 관점과 너무나 닮아 있다. 함석헌은 이미 20세(1921) 경에 폭스(George Fox)의 『일지*Journal*』와 함께 『의상철학』을 접했다(김성수, 『함석헌 평전』, 삼인출판, 2003, 43쪽). 『의상철학』에 대해서는 다음을 참조: From Sartor Resartus, *The Norton Anthology of English Literature*, v. 2, W. W. Norton & Company, Inc. 1986, p.964.

160 함석헌, 『자전적 인생론』, 정우사, 2003, 83쪽.

지혜를 의미했다. 예를 들어 송대와 조선 이학(理學)의 경우, 생명과 생산의 원리[生生之理, 生理]는 초월적이면서 내재적인 궁극의 실재[太極]이다. 이것이 우주와 인간의 심층에서 흐르면서[流行] 자기를 전개[發用]한다. 심층에서 흐르는 이 생명 원리가 본연의 성품[本然之性]이다. 인간은 자신의 기질을 변화[氣質變化]시킴으로써 자신의 성품이 우주의 성품임을 자각하는 드넓은 합일의 경험[豁然貫通]을 하게 된다. 태극의 본질이 생명성이라면, 생명성의 본질은 사랑[仁]이다. 따라서 궁극의 자각은 사랑의 실천 근거이며, 사랑은 우주적 전체성[大全, 全體]과의 소통을 가능하게 하는 근거가 된다. 사랑의 실천은 자각적 행동이다. 그것은 우주의 본질적 원리를 인식하는 과정이기도 하다. 사랑은 불합리한 감정이 아니라 모든 불합리를 치유하는 합리성의 토대[理]이다. 그것은 윤리-형이상학적 의미와 함께 인식적 의미를 갖는다.

이학(理學)이 『논어論語』의 정신에 따라 일상에서의 인(仁)의 습관화를 강조한 것은 생의 전체성을 자각적으로 회복하여 문화를 건강하게 한다는 신념에서 나온 것이다. 함석헌도 바로 이런 의미에서 인(仁)을 '우주의 씨'로 이해하고, "인격의 핵심인 동시에 우주의 근본이다"라고 선언했다.[161] 인은 "기독교에서 말하는 사랑, 참과 같은 것이다."[162]

그러나 사랑의 공감이 관류하는 전체성에 대한 함석헌의 사유에는 계시의 하나님이 중심에 있으며, 전체성은 미완의 단계에서 완성의 종말을 향해 가는 합목적적인 과정의 선상에서 파악된다. 전체성은 시간적 역사 안에서는 불완전하게 나타나는 잠재적 가능성, 즉 역사의 이념으로 작용한다. 이러한 입장에서 자연사에 대한 진화적 생철학과 절대의지의 '계시철학'을 객관적 관념론의 형태로 형성한 유럽 근대인은 셸링(F. W. J.

---

161 함석헌, 「인간혁명」, 『선집』 2, 57쪽.

162 함석헌, 위의 책: 사랑의 기초가 동정심이 아니라 생명 형이상학의 차원에 있다는 점에서는 성리학과 기독교적 철학이 같다. 그러나 인(仁)은 수행(修行)이라는 조건이 붙지만 아가페(agape)는 조건 없는 용서라는 측면에서는 차이가 있다. 함석헌의 견해는 수행과 용서를 통합하는 노선으로 보인다.

Schelling, 1775~1854)이었다.[163] 함석헌과 마찬가지로 그는 "전체를 생명의 개념으로부터 해석한다."[164] 자연과 인간의 내적 본질은 생명 혹은 정신이다. 자연사와 그 끝에서 나타난 인간사는 이 전체성의 원리인 영적 생명이 진화적으로 전개된 역사이다. 생명의 자기실현의 역사는 신의 실재적 계시이며, 시간적 세계는 신의 자유로운 창조 과정이다.[165]

이러한 셸링의 생명철학은 베르그송에게 비목적론적으로 수정되어 영향을 미치고, 이를 다시 목적론적 형태로 바꾼 샤르댕에게 전수된다. 함석헌은 20세(1921) 초에 베르그송과 샤르댕을 접하게 된다. 그의 생명철학은 성서 신학적 관념과 동양철학적 관념에 결합되어 청년기의 학습과 시련을 통해 점차 깊어져, 1947년 남하 이전에 이미 거시적 사상의 틀이 잡힌 것으로 보인다. 또한 그의 목적론적 생명철학과 계시신앙은 한숨과 자기비하 속에서도 그를 '궁극적으로 낙관주의자'로 살게 했으며,[166] 시대의 저항자[protestant]로 살게 했다. 그가 이해한 생명의 본질은 물질적 타성과 역운동하는 자유이고, 고난의 역류를 거슬러 올라가는 구원의 노력이다. 그가 기꺼이 마모되지 않는 자기부정의 추방자로서 살게 된 것도 그 때문이었다. 그러면 보다 구체적으로 생명의 본성은 무엇인가?

함석헌은 베르그송과 샤르댕의 진화론적 생명철학을 수용함으로써 우주에서의 인간의 위치와 인생의 의미를 확정할 수 있었다. 또한 이러한

---

163 셸링 철학의 성격에 대해서는 다음을 참조: 요하네스 힐쉬베르거, 『서양철학사』, 강성위 옮김, 이문출판, 1987, 536-578쪽; F. W. J. Schelling, *The Ages of the World*(Weltalter, 1854), Trans by F. W. Bolman, Columbia University Press, New York, 1942, pp.66-79: 볼만(Bolman)은 셸링의 철학을 계시와 과학이 결합된 '형이상학적 경험주의(metaphysical empiricism)'로 규정한다. 셸링의 후기 저작은 자신의 원래의 관심(바울신학과 요한신학)을 드러내어 아예 제목 자체가 『계시철학*Philosophie der Offenbarung*』(1841~1842)이다.

164 힐쉬베르거, 『서양철학사』, 강성위 옮김, 이문출판, 1987, 545쪽.

165 F. W. J. Schelling, *The Ages of the World*, 1942, p.75.

166 안병무, 「비폭력 저항운동과 평화사상」, 『민족의 큰 사상가 함석헌 선생』, 함석헌기념사업회, 한길사, 2001, 410쪽.

세계상은 그의 계시 신앙적 종교성에 철학적 근거를 부여했다. 그의 철학적 종교성은 생명 진화의 의미를 자유와 사랑이라는 개방적 가치에 둔다. 그에게 이 가치는 그리스도교에 의해 혁명적으로 직관되었을 뿐만 아니라 또한 계시되었다.

이러한 문맥에서 종교성의 본질은 형식주의적 폐쇄성에 있는 것이 아니라 창조적 개방성에 있게 된다. 개방성은 '내면화'의 과정이 외면적 장애를 극복하고 자유를 쟁취하여 신적 정신에 다름 아닌 영적 생명 원리를 현현시키려는 노력에서 드러난다. 베르그송에 의하면 진정한 "철학은 인간적 제약을 초월하기 위한 노력"이다. 그것은 기존의 질서를 넘어서려는 분투의 노력이다.[167] 철학적 방법의 본질은 추상화가 아니라, "수많은 순간, 수많은 곳에서 정신의 모험을 감수해야 한다는 것이다."[168] 일본의 니시다 기타로와 같은 많은 베르그송 연구가들은 베르그송의 핵심인 이러한 저항성을 간과하고 안온한 내성주의로 변질시켜 그들의 보수주의를 합리화했다.

그러나 야성적 사유와 실존을 일치시키는 함석헌은 생명철학에서 본능적으로 저항적 핵심을 발견할 수 있었다.[169] 생명은 물질의 운동에 저항하여 출현한 것이다. 물질은 생명의 운동이 굳어진 것이다.[170] 생명은 물질의 혼돈을 뚫고 그것으로 각 종의 형태를 창조하는 자발적 조직화의 원리, 즉 '코스모스의 몸부림'이다.[171] 생명은 이미 조직된 형태에 갇혀 화석화되는 것만이 아니다. "생명의 길은 끊임없는 반항의 길이

---

167 베르그송, 「형이상학입문」, 『사유와 운동*La Pensée et le Mouvant*』, 이광래 옮김, 문예출판, 2001(1975), 233쪽.

168 베르그송, 「철학적 직관」, 위의 책, 149쪽.

169 베르그송에서의 실재 그 자체 혹은 예지계(noumena)의 본성은 언제나 예측 불가능한 새로움을 창조하는 것이다. 생명의 운동은 차이의 생산이다. 따라서 차이는 물 자체의 차원에 속하는 것이지 현상적 차이라든지 현상적 차이를 추상화한 평균치와는 종류가 다른 것이다. 평균치는 안전성과 확실성을 주지만, 차이의 생산은 불확실성과 저항적 모험으로 나아가게 한다.

170 함석헌, 「레지스탕스」, 『선집』 2, 110쪽.

171 함석헌, 「저항의 철학」, 『선집』 2, 122쪽.

다."[172] "생명이란 자유를 향하는 노력"이기에 "반역성을 가진 것"이다.[173] 그러나 반역과 저항은 정치적 의미만을 갖지는 않는다. 그것은 생명이 자신을 내면성으로 심화시키면서 영혼을 상승적으로 자각해가는 초월적 노력이기도 하다. "사람의 몸 구조에서부터 철학이 들어 있다. 진화란 다른 것이 아니요, 땅 위에 난 생명이 땅에서 떠나 하늘로 올라가려는 노력이다."[174] 저항은 우주의 질서에 참여하여 그것을 실현하는 형이상학적 행위이다.

함석헌의 씨알철학의 근본 전제에 의하면 "사람의 혼은 우주의 근본되는 절대의 정신과 그 바탈[바탕]이 하나이다."[175] 우주의 발생 원리인 정신적 생명은 인간의 심층심리적 원리이기도 하다. 그것은 진화사에서 최후에 발생한 인간이 내성적 반성을 통해 자신의 심층에서 감지한 것을 우주의 내적 본질로 유추한 것이다. 심리적 원리가 존재의 창조 원리이다. 이 점에서 씨알철학은 의인론(anthropomorphism)이라는 비판을 무릅써야 하는 부담이 있다. 그러나 셸링의 유추에 의하면, 인간 생명이 자연사에서 출현했다면 자연의 형성 원리에는 정신적 생명이 잠재적으로 잠자는 상태로 있어야 한다. 그리고 생명체의 진화사는 잠자는 의식이 깨어나는 과정이다. 인간은 내적 반성을 통해 자신의 심층적 본질을 직관할 수 있다.[176] 자연사는 잠자는 의식[무의식]이 깨어나는 각성과 성장의 과정이며, 인간에게서 그 자각의 가능성이 실현된 것이다. 나이를 먹어가는 우주의 의미는 인간에 있다.

이러한 우주 발생론은 베르그송과 샤르댕을 통해 함석헌에게 이어진다. 함석헌이 그토록 '반성'과 '산 체험' 및 '성장[자람]'을 강조한 것은 그러한 맥락에서 나온 것이다. 인간은 '초의식적' 힘의 운동의 표현이자 이

---

172 함석헌, 「레지스탕스」, 『선집』 2, 110쪽.

173 함석헌, 「성서적 입장에서 본 세계역사」, 『전집』 9, 45쪽.

174 함석헌, 『전집』 9, 77쪽.

175 함석헌, 「들사람이여, 오라」, 『선집』 2, 149쪽.

176 F. W. J. Schelling, *The Ages of World*(Weltalter, 1854), trans by F. W. Bolman, Columbia University Press, New York, 1942, p.15, p.150.

심리적[정신적] 생명 원리를 의식으로 드러낼 수 있는 피조물이다. "존재의 핵심에 있던 거룩한 힘이 초의식적으로 움직이고 있다."[177] 그런데 "우주의 정신적 발달사에 있어서 일 시대를 획하는 일"은 "포유류의 출현"이다.[178] 이 시기에서 비로소 "객관적으로만, 외적으로만 존재하던 생명이 스스로 그 자신을 돌아보아 자각하는 정신적, 내적, 주관적 생활을 가지게 되었다."[179] 두뇌를 발달시키는 것이 포유류에서의 모든 변화의 목적인 바, 여기에서 "진화의 성질이 양적 변화에서 질적 변화로 변하였다."[180] 이러한 변화는 인류의 "정신 발달의 기초를 잡은 것이다."[181] 인류 두뇌의 복잡성에서 비로소 "생명의 자기 내부에 통하는 길", 즉 영원무한자에 접속하는 길이 열리게 되었다. 생명의 본질과 방향은 물질적 현상의 기계적 인과성을 벗어나는 자유이다. 인간성은 이 자유의 힘의 산물이고, 그 자유의 힘을 자각한다.

따라서 인간은 "자유의 세계에 발원하는 자유자다." 인간은 위로는 '영계(靈界)'에 연접하고 아래로는 '육계(肉界)'에 연접한다.[182] 이러한 연접에 대한 자각에서 라이프니츠의 조화 세계처럼 자연과 은총이 전체적 통일성을 이루고 있음이 알려진다. '정신적 생명'의 자유로운 창조가 사랑의 실현이라면 만물의 형성 논리는 넘쳐흘러 '금할 수 없는' '사랑의 필연'이다. "이는 은총이다. 그렇다, 만물은 하나님의 은총에서 나온다. 그러므로 만물은 있어서 있는 자로서의 하나님의 표현이다."[183] 만물의 근저에는 "아가페로써 일하는 하나님의 창조의지가 움직이고 있다."[184] 창조의지가 하나[一]이고 표현이 다양[多]이라면, 진화의 과정은 '밖에 향하는 발

177 함석헌, 「성서적 입장에서 본 세계역사」, 『전집』 9, 68쪽.
178 함석헌, 위의 책.
179 함석헌, 「성서적 입장에서 본 세계역사」, 『전집』 9.
180 함석헌, 위의 책, 70-71쪽.
181 함석헌, 위의 책, 69쪽.
182 함석헌, 위의 책, 72쪽.
183 함석헌, 위의 책, 74쪽.
184 함석헌, 위의 책, 78쪽.

산'의 운동이며, 이 운동이 나아가면 나아갈수록 '일화(一化)'라는 '안에 향하는' 수렴(收斂) 운동이 심화된다.[185] 종의 분화인 발산 운동은 하나의 창조적 의지의 자기실현 과정이다.

이러한 창조적인 변증법적 운동을 베르그송은 상징화[수량화]하거나 고정화[일반화]할 수 없는 '혼융한 복수성(une pluralité confuse)'[186]으로 이해했다. 혼융한 복수성은 하나로 연속되어 있지만 차이를 생산하는 분지의 운동성이다. 이러한 분화 운동이 '지속'이다. 이것은 언제나 새로움과 독창성을 발명해내는 '생의 약동(élan vital)'이다. 함석헌 역시 기존의 것을 '거부[대듦]'하고 '자발적으로 차이를 만들어내는' '스스로 따로 함[自別]'의 '약진(躍進)'으로서 '알짬가짐[純粹持續]'을 이해한다.[187] 알짬가짐은 등질성(homogeneity)이 아닌, 서로 차이나는 부분적 항들의 연속적 '이질성(heterogeneity)'이다(베르그송). 그것은 "껴 붙지 않은 껴 붙음[不連續의 連續]"이다(함석헌).[188]

베르그송에 의하면 지속은 늘 새로움의 생성을 가능하게 하는 '심리적 잠재태(virtualités psychiques)'이다.[189] 생성은 이 잠재적 힘의 분출 혹은 폭발이다. 창조의 힘은 획일적인 기계적 인과를 벗어난다. 생명철학의 폭발의 인과에 함석헌은 고무된다. "인생은 [……] 고요한 호수가 아니다." 인생은 "끊임없이 물결 짓고 아우성을 치는" "새 폭풍, 새 태풍"이다. 그것은 "끓는 도가니요, 용암(熔岩)의 꿰미를 허공에 뿜어내는 화산이다." 그러므로 "우리는 터져 나가는 우주에 산다. 우리가 터져 나가는 우주다."[190] 터짐은 긴장[켱김]이라는 생명의 '응축'을 전제한다. "삶은 한 개의 켱김[緊張, tension]이다."[191] 긴장이 없다면 세계는 이완되어 물

185 함석헌, 위의 책, 74쪽.

186 H. Bergson, *L'évolution créatrice*, Universitaires de France, Paris, 1948, p.258.

187 함석헌, 「새 삶의 길」, 『선집』 2, 317-319쪽.

188 함석헌, 위의 책.

189 베르그송, 앞의 책, p.8.

190 함석헌, 「새 삶의 길」, 『선집』 2, 321쪽.

191 함석헌, 위의 책, 322쪽.

질적 외면성으로 전락한다. 긴장과 폭발을 통해 전개되는 우주는 강도(intensity)로 가득 찬 세계이고, 그 강도는 세계 내면의 창조적 본성이다. 모든 것은 "고조(高調)되는 혼(魂)의 노래이다."[192]

함석헌에게 긴장과 폭발은 우주 발생론적 원인일 뿐만 아니라 윤리-정치적 실천의 원리이다. 그것은 그 자신과 인류 모두를 새로이 변형하는 기제로 작동한다. 생명이 응축된 것이 모든 개별자의 내적 본질인 씨알이라면, 우리는 "우주의 씨알이다. 우주의 한없는 겨레가 터져 나올 씨알이다."[193] 씨알은 창조적 확산의 원리다.

미래의 전망과 관련하여 함석헌은 베르그송보다는 샤르댕의 강한 목적론적 관점에 접근한다. 기계론을 거부하지만 동시에 우주 전체에 목적론적 중심을 놓는 것 또한 거부하는 베르그송에게 생명 진화의 충력은 과거에 있다. 그는 작용인(efficient cause)만 인정한다. 잠재적 자유의 힘이 전개된 결과가 만유의 다양성이다. 이에 비해 샤르댕에게는 우주사의 중심에 그리스도가 있다. 이 그리스도를 모델로 한 인간성의 목적론적 진보는 신이 미래에서 잡아당기는 힘에 의해 전진해간다. 그리스도 십자가를 중심에 놓는 종말론적 신앙을 전제한 함석헌에게도 진화의 충력은 과거로부터 작용하지만, 그것을 인도하는 끈[목적인]은 만유를 '앞에서 당기는 필연성'이다.[194] 주체적 결단을 통해 실현되는 윤리적 이상은 객관적 역사과정의 목적론적 필연성에 의해 정당화된다.

함석헌과 샤르댕에 의하면 개체는 내면화하는 반성을 통해 점차 확대해가는 우주적 연대성을 자각한다. 자각적 개체는 그 전체성을 "수많은 개체들이 수렴되어 이루어지는 큰 개체"로서 실현할 수 있다.[195] 이 우주

---

192 함석헌, 「내가 믿는 예수」, 『전집』 9, 318쪽.

193 함석헌, 「새 삶의 길」, 『선집』 2, 321쪽.

194 이병창, 앞의 책, 85쪽.

195 샤르댕(P. Teilhard de Chardin), 『인간현상*Le Phénomène Humain*』, 양명수 옮김, 한길사, 1997(1939), 241쪽: 개체들의 집합도 개체이고, 또 이것들의 집합도 개체라는 발상은 스피노자나 라이프니츠의 견해이기도 하다. 개체와 전체는 상대적 관계 속에서 빵이나 눈덩이처럼 부풀어간다. 베르그송과 샤르댕, 함석헌은 이런 견해를 실재적 시간으로 펼

적 연대성이 인류 전체, 나아가 우주 전체의 규모로 성취되는 단계(오메가 포인트)가 궁극의 목적이다. 이러한 목적이 자연사를 앞에서 필연성을 가지고 이끈다. '나'라는 개체는 과거의 생명사와 연속되어 있으며 미래의 인류의 씨앗을 잠재태로 갖고 있다. 함석헌에 의하면 "나는 내 안에 있지 않고 장차 오는 인류 속에" 있으며, "지나간 모든 인류 속에 있다."[196] 나는 시간선상에 늘어선 모든 인류이다. 나는 아브라함이며 카인이고 '도래할 민중'이다. 주체의 내면화를 통한 이러한 심정의 우주적 자기분산에 함석헌뿐만 아니라 사실상 종교적 천재들의 죄의식과 책임의식의 폭이 놓여 있다.[197]

그러나 함석헌과 샤르댕의 견해에는 비판받을 수 있는 관념이 있다. 바로 절대정신이 역사의 고난을 통해 인간에게 자유의 진보적 계기를 인식하게 한다는 목적론적 신념이다. 이러한 관념은 고난을 사후적으로 정당화하며, 자연사가 인간의 편으로 휘어져 흐른다는 인간 중심주의적 해석이다. 샤르댕은 실재로 그런 이유 때문에 비판받았으며, 목적론을 약화시키려 한 베르그송에 비해 지적 호소력을 감소시켰다. 이와 연관하여 함석헌의 목적론적 형이상학은, 과학의 영역인 현상세계와 믿음의 통찰 영역인 절대세계를 명확히 분리하려고 했음에도 불구하고, "인간 이성의 절대에 대한 참람(僭濫)함으로 규정될 소지가" 있다.[198]

사실 서양 전통 형이상학은 신학적 관점하에서 존재의 근거를 논하는 '존재-신학론적(ontotheological)'[199] 틀 안에서 발전했다. 그것은 인간의 권력을 세계의 중심으로 접근시키는 권력의 형이상학이기도 하다. 이러

쳐놓는다.

196 함석헌, 「내가 믿는 예수」, 『전집』 9, 318쪽.

197 박정희는 함석헌을 '정신분열자'로 명명한 바 있다. 그것은 비난의 의미였다. 그러나 그것을 뒤집으면 진정한 종교적 인격의 본질이 나온다. 반대로 분열자가 아닌 박정희는 정신편집증자이다.

198 이병창, 「함석헌의 대중종교의 개념」, 『씨알의 소리』 680호, 2004, 94쪽.

199 A. Schopenhauer, *On the Fourfold Root of the Principle of Sufficient Reason*, trans by E. F. J. Payne, Open Court, 1974, p.20.

한 측면에서 보면 칸트가 형이상학을 이성의 자기한계를 넘어선 참월로 규정한 것은 교의학적 독단에 대한 반성을 촉구한다는 의미를 갖는다. 그러나 과학적 지성이 권력의 시녀로 전락하고 가련한 인류의 생존의 근거로 된 시대에는 과학의 본성과 근거에 대한 반성을 통해 새로운 형이상학의 가능성을 모색하는 것이 이성의 사명이 될 수 있다.

칸트의 이성비판은 역설적이게도 그가 교육받은 스콜라 철학의 전제에 근원한다. 이 전제에 의하면 신적 지성은 원형적 지성으로, 개념이 주어지면 실재적 대상이 주어진다. 그러나 이러한 예지적 직관능력에 비해 파생적 지성인 인간적 지성에게는 외부 대상에 대한 감각적 경험에 의해서만 개념의 대상이 주어진다. 따라서 실재 그 자체에 대한 예지적 직관은 감각적 직관의 제약을 받는 인간의 지성으로는 불가능하다.

베르그송은 이러한 전제가 인간의 직관능력을 감각으로만 좁힌다고 비판하고, 감각적 직관은 지성과 의식의 도움을 받아 자신의 느낌의 범위를 확대 심화할 수 있다고 한다. 직관은 '의식의 노력'을 통해 본능과 접속하여 생명의 흐름인 '실체'와 광범위한 '공감' 관계 속으로 침투할 수 있다.[200] 이 지성을 넘어선 '초지성적(supra-intellectual) 직관'에 진정한 '사변(speculation)'의 가능성, 즉 형이상학의 가능성이 있다.[201] 사실 가톨릭과 불교의 사변 체계도 그러한 직관의 경험이 함축하는 의미를 개념적으로 표현한 것이라고 할 수 있다.[202] 이러한 철학은 어떤 직관적 통찰을 철학소(philosopheme)로 갖는다.

함석헌이 직관적 산 체험과 심정을 강조하는 가운데 윤리 · 형이상학적 언어를 구사한 것은 바로 위와 같은 문맥에서 그 인식적 의의를 이해할 수 있다. 그의 종교적 신념에 바탕한 우주관도, 목적론적 편견이 있지

---

200 베르그송, 「철학적 직관」, 『사유와 운동*La Pensée et le Mouvant*』, 문예출판, 2001(1975), 154쪽; 「변화의 지각」, 169쪽, 189쪽.

201 H. Bergson, *Creative Evolution*, trans by Arthur Mitchell, Dover Publications, 1998, p.360.

202 제임스(W. James), 『종교 체험의 여러 모습들』, 김성민 외 옮김, 대한기독교서회, 1977, 106쪽.

만, 우주에 대한 형이상학적 해석들 가운데 하나의 유력한 후보로 논의될 수 있을 것이다. 그리고 함석헌 자신도 자신의 세계해석이 유일한 독단이 아니라 자신에게는 가장 절실한 선택지였음을 의식하고 있었다.

그의 세계관의 핵심적 요소들 가운데 하나는 시간이다. 생명의 본질은 자유이고 자유의 본질은 시간이다. 생명의 전개에 동조(同調)되고자 했던 함석헌은 차라리 자신이 하나의 시간이고자 했다.

7. 시간과 자유

함석헌의 시간관에는 생명의 본성에 대한 이해와 헤브라이즘의 예언자적 시간관, 그리스도교적 시간관이 겹쳐 있다. 그래서 언뜻 혼란스러워 보이지만 하나의 통일성을 이룬다. 생명의 창발적 전개는 순간순간 새로운 것이다. 현재 시점 이후의 전개는 예측할 수 없는 '불확실성'으로 열려 있다. 현재 시점까지의 진화는 신의 계시적 창조이고 미래의 것도 신의 계시의 영역으로 남아 있다. 미래는 인간에게 불확실성으로 남아 있다. 그러나 미래는 신의 계시를 대망하는 예언자적 희망의 영역이다. 생명의 전개는 희망의 미래로 열려 있는 역사성[시간성]을 갖는다.

그런데 그리스도의 삶과 죽음이 일어나는 현재의 시점에서 이미 영원자의 현존(parousia)과 승리에 대한 경험이 이루어진다. 이 영원한 현재에 대한 요한 신학적 경험은 우주적 구원의 희망[종말]을 기다리는 시간관을 포함한다. 이 때문에 함석헌에게 현재의 시점은 영원자와 관계하는 결정적 시점의 성격을 가지며, 구원의 희망이 실현되는 미래의 빛에 의해 구성된다. 현재는 언제나 미래를 향해 새로움을 생성하는 첨단이 된다. 그리고 이 끝은 과거에 실현되지 못한 희망까지 희망하게 하는 중심점이다.

이 첨단이 지금 여기이다. 현재 시점은 그리스도의 십자가 사건인 결정적 시점에 대한 회상에서 계시된 미래의 희망에 참여함으로써 구성된다. 인간 생명의 시간성은 그리스도를 통해 알려진 구원사적 방향을 갖는다. 현재 시점은 미래의 불확실성으로 열려 있으면서도 회상과 희망에 의해 새로운 창조적 활동이 시작되는 결정적 기점이다. 현재 시점은 수평적으로는 과거에서 오는 회상과 미래에서 오는 희망이 집중하는 시간이고, 수직적으로는 영원자와의 상승, 하강(초월과 은총)의 관계가 이루어지는 중심이다. 이러한 십자 좌표 아래에 피조물의 진화사가 구성된다. 현재 시점까지 전개된 우주사는, 신의 시야 안에 있던 무수한 가능성들 가운데 그의 '자유의지'가 선택한 창발적 진화사이다. 따라서 다른 방식의 진화가 가능했었다. 마찬가지로 현재 시점 이후에 전개될 진화의 방식도 무수한 가능성들로 열려 있다. 그러나 궁극적으로 신의 섭리는 인간의 내면화에 의한 자유의 완성이라는 방향으로 작용한다.

이와 같이 신의 자유의지를 전제한 그리스도교적 시간관과 진화론이 결합한 결과, 함석헌의 시간관은 매우 흥미로운 성격을 갖게 된다. 현재는 영혼의 내면화 운동과 함께 급박한 행위의 요구가 집중되는 시점이다. 과거의 방향에는 회상(우주 창조와 그리스도 사건의 의미에 대한 추억)의 원천이 있다. 그리고 실현된 역사 배후로 밀려난 무수한 가능성들이 열려 있었다. 미래의 방향에는 구원의 희망이 있고, 무수한 가능성들이 있을 것이다. 과거와 미래는 구원사적 의미 실현의 방향을 제외하고는 전면적으로 개방되어 있고 불확실성 속에 감춰져 있다. 이런 의미에서 신 그 자체는 시간 너머에 있는 영원성이지만, 그의 자유의지의 영역은 무한수의 가능성을 포함하는 과거와 미래 양방향으로 열려 있다. 키에르케고르의 통찰처럼 '가능성'이 '존재'해야 생성의 운동이 가능하다. 그에게도 '운동(kinesis)하는' 사물은 '불확실성' 속에 있다.[203] 가능성이 현실적으로 실현되기에 앞서 존재한다.

---

203 키에르케고르, 『철학적 단편』, 표재명 옮김, 휘문출판, 1981, 124-140쪽: 함석헌에 의하면, "역사에는 허다한 '만약(萬若)'과 '있었을 것'이 있다." 또 그는 "이 세계 밖에 다른 세계가 있을 수 없다고 생각하는 미망에서 벗어나올 것"을 말하고 있다(『전집』 19, 「예수 출현의 우주사적 의의」, 281-283쪽).

신의 세계는 구원의 빛과 공포스러운 '심연'의 어둠이 동시에 있다. 함석헌의 믿음의 사유는 자신이 부딪힌 이 심연 앞에서의 몸부림이며, 이는 빛의 방향으로 굴절한다. 그는 심연의 사상가로 사라지지 않고 빛을 찾는 아폴론적 신앙의 전사(knight)가 된다. 언제나 현재 시점은 '선험적 진리'에 의해 새로운 사물이 형상화되는 출발점이다. 창조는 심연의 무(無)를 극복하는 계시적 활동이기에 선하다.

> 종교적인, 선험적인 자리에 서면 선은 끊임없이 확대되어 나아가는 역사적 국경선에 있다. 신앙하는 인생의 올라가는 운동이 도덕하는 역사에서는 나아가는 데에 있다. 영원의 항성(恒星)의 빛이 발사돼 나오면 무한히 번져 나아가는 원을 그리면서 빈 탕의 어둠을 먹어 들어간다. 생명은 늘 자라는 끝에 나가 있고, 전체는 언제나 창조하는 현재선(現在線)위에 있다.[204]

현재는 신의 '자기회귀[안식]'에 의해서 머물거나 퇴화하는 시점이지만, 신의 '발산[창조]'의 힘이 계시적으로 드러나는 순간이기도 하다. 모든 순간이 질적으로 새로워지는 '혁명'의 때이다. "모든 날 모든 시간이 혁명의식으로 꿰뚫려" 있다. "생명은 쉬지 않고 폭발하려 하고 달려 나가려 한다."[205] 생의 "기(機), 곧 vital한 것이 개체적 존재의 핵심 혹은 첨단(尖端)이다."[206] '자기보존'을 하는 생명은 생기에 의해 '자기발전'을 한다.[207] 이미 형성된 과거의 것은 인간이 이해할 수 있지만, 생성될 새로운 것은 인간에게는 알려져 있지 않다. 미래의 것은 "지금까지 있지 않은 것, 전연 미래인 것"이다. 그것은 '반복적인 것'이 아니라 '일회적인 것'이다. 일회적인 것은 "하나님의 뜻인데, 하나님께 있어서는 뜻이 곧 함이요, 일

---

204 함석헌, 「새 윤리」, 『선집』 2, 384쪽.

205 함석헌, 「새 나라 꿈틀거림」, 『선집』 2, 249쪽.

206 함석헌, 「새 시대의 종교」, 『전집』 3, 202쪽.

207 함석헌, 위의 책, 203쪽.

이기 때문이다." "절대자 편에서 보여주어야만 미래를 알 수 있다."

따라서 미래의 것은 "이유를 알 수 없이 위로부터 오는 것"이다. 그것은 "시간의 철의 장막 저쪽의 미래"이기 때문에 인간의 이성으로는 '추측'만 할 수 있고, "과거로써 미래에의 단언을 내릴 수 없다."[208] 실체적 생명의 발전인 선험적 질서는 '전일적(全一的), 내적인' 질서로서 "일회적으로 돼가고 있는 의미의 예시(豫示)로써 아는 미래"이다. 이런 의미에서 그것은 '절대적인 미래'이다.[209] 절대미래는 현상의 내적 운동으로서 언제나 질적으로 새로운 정신적 창조의 질서이다. 이에 비해 현상의 상대세계에서의 상대미래는 과거의 것으로써 예측할 수 있는 '되풀이하는 것'이다. 상대세계는 진부한 동일성의 반복에서 안전 보장을 획득한다. 그러나 새로운 차이의 부단한 반복이 일어나는 절대세계는 '예지(叡智)'의 '영감(靈感)'에 의해서만 접근할 수 있는 모험의 세계이다.[210] 베르그송의 어법에서 이러한 예지는 지성이 감성에 의해 확대되고 첨예화된 '극-지성적(ultra-intellectual)'인 의식이 될 것이다.[211]

모든 역사는 상대와 절대의 "두 법칙이 섞여 흐르고 있다."[212] '절대적인 것 혹은 로고스(logos)'는 '근원적 생명'이다. 그것은 "무한히 발전하라는 능동적인 것 동양사상에서 하면 건도적(乾道的)인 것이다. 고로 쉬지 않고 생생(生生) 변화한다."[213] "끊임없이 껍질을 벗는 이루어져가는 말씀"[214]이 지상의 변화를 빚어낸다. 그것은 심층의 생명 운동에 의해 허물을 벗어가는 표층의 변화이다.

근원적 생명은 인간 역사에서 개체를 통해 자유정신을 자각하는 인격

---

208 함석헌, 「새 시대의 종교」, 『전집』 3, 198-200쪽.

209 함석헌, 위의 책, 201쪽.

210 함석헌, 위의 책, 199-201쪽.

211 H. Bergson, *Creative Evolution*, trans by Arthur Mitchell, Dover Publications, 1998, p.360.

212 함석헌, 「새 시대의 종교」, 『전집』 3, 201쪽.

213 함석헌, 위의 책, 205쪽.

214 함석헌, 위의 책, 208쪽.

을 발명해낸다. 역사에서 과거의 것은 '필연'으로 굳어진 것이지만, 그것은 '자유'를 실현해가는 생명 운동의 결과물이다. 따라서 "역사는 개성에 있어서 낡으면서도 늘 새롭고, 필연적이면서도 자유롭고, 하나님의 예정 속에 있으면서도 도덕적이다."[215] "새롭지 못한 순간 죽음이 보인다."[216]

그러나 씨알(생명)의 자발적 창조를 통해 계시하는 신의 활동은 현재 시기의 우주, 인류 창조의 '한 단계'에 그치지 않는다. 미래는 무한수의 가능세계로 열려 있다. 그 가운데 신이 원하는 것이 '새 세계'로 현실화 된다.

> 이 현실세계에 여기 이 생명이란 걸 이렇게 나타내보시고 싶은 게 있어서 이렇게 된 것이지, 그러니까 이건 한 단계이지, 나로선 이것이 하나님의 전부인 것처럼 알고 싶지는 않아요. [……] 이 세계가 없어지더라도 얼마든지 새 세계가 날 수 있지.[217]

함석헌에 의하면, 가능세계에 대한 생각은 이 현실세계를 "수미세계(須彌世界)에 속한 하나의 세계"로 보고 그것 이외의 다른 무수한 세계가 있다는 인도인의 신화에서도 엿볼 수 있다.[218] 그러나 함석헌의 견해는 신의 자유의지를 상정한 신정론(theodicy)을 전제한 것이다. 미래의 다른 세계가 있을 수 있다. 그 세계는 시간의 궁극 목적이면서 시간의 지평선 너머에서 시간을 이끄는 하늘나라〔절대정신의 자기완성의 지점〕를 목적인으로 해서 선택적으로 현실화될 것이다. 모든 현실세계는 정신화의 과정이 성장해가는 향상의 선에 부합해야 한다. "하늘나라는 너희 안에(mésos, in) 있다."[219] 그러므로 "이 물질로 된 우주는 어느 날 가서는

---

215 함석헌, 위의 책, 204쪽.

216 함석헌, 「새 삶의 길」, 『선집』 2, 331쪽.

217 함석헌, 「믿음의 내면화」, 『전집』 14, 315쪽.

218 함석헌, 위의 책, 315쪽.

219 함석헌, 위의 책, 306쪽: 이 '안에'의 의미를 두고 안병무와 함석헌은 토의를 했던 것으로 보인다. 안병무는 'Among you'로 해석해서 사회적 관계를 강조하고, 함석헌은 'In

낡아 떨어질 수밖에 없다." "앞으로는 점점 내면화하게 될 것이다." [220]

이 문맥에서 현재는 언제나 향상과 향하의 가능성을 지닌, 그래서 "이렇게도 될 수 있고 저렇게도 될 수 있는 분기점을 늘 속에 품고 있는 불안"의 시점이 된다. 불안의 시점은 '위기'의 시점, 즉 기(幾)의 시점이다. "위기에는 죽을 가능성도 있느니 만큼 살 가능성도 있다." "시간은 늘 위태로운 것이다." [221] 현재는 불안과 결단을 잃어버린 '중성'화된 시간이 아니다. 현재는 "이거 아니면 저거"인 불안을 '운명(命)'과 '명령(命)'으로 인수할 밖에 없는 필연성을 갖는다. 이 필연성이 바로 주체성의 근거인 바, "세계는 기(幾)의 세계다." [222]

현재는 미래의 희망으로 나아가느냐 화석화된 과거로 절망하느냐의 '물음'이 운명적으로 일어나는 시점이다.[223] 따라서 주체성은 언제나 '문제' 앞에 직면함으로써 구성되는 것이지 문화세계가 규정하는 사회적 정체성에 의해 구성되지 않는다. 묻는다는 것은 과거와 미래로 분열되어 있는 현재의 중심에 섰을 때 일어난다. 시간성은 현재의 중심에서 미래로부터 오는 '의미'를 지향하고 굳어버린 과거를 부정하는 구조를 갖는다. 다른 시간은 이 시간성이 변질된 것이거나 망각된 것이다. 주체는 시간성에 근거할 때 퇴색되지 않는 주체성으로 회복된다.[224]

자기의 존재와 세계를 그때마다 문제 삼는 존재가 인간이라면, 시간성

---

you'로 해석해서 내면성을 강조했다.

220 함석헌, 위의 책, 304쪽.

221 함석헌, 「새나라 꿈틀거림」, 『선집』 2, 254쪽.

222 함석헌, 위의 책.

223 함석헌, 의 책, 254-255쪽: "하나님이 본래 묻는 하나님, 명하는 하나님이기 때문에 이 세계가 상대적으로 됐을 것이다. 시시각각으로 두 손에 두 길을 갈라 쥐고 내놓으며 사람의 마음을 향해 '네가 스스로 결정하라, 행하라'하는 것이 그다."

224 이 관점에서 함석헌은 동양의 시간관에는 발전적 시간관념이 없다고 지적한다. 시간의 본질에 대한 그의 이해는 그리스도교의 종말론적 시간관에서 유래하기 때문이다. 그러나 그는 생명의 영원성이 만유에 내재한다는 문맥에서는 무시무종(無始無終)의 시간의 무한성을 마음을 비우고 이해해야 한다는 동양적 시간관에 접근한다. "도는 빔에 모인다. 비게 함이 마음을 깨끗이 함이다[唯道集虛, 虛者心齋也]."(「人間世」, 『莊子』); 함석헌, 『바가바드 기타』, 한길사, 1996, 226쪽.

이 인간의 본질이다. 이러한 인간에게 희망은 '장차 오는 세계'이다. 현재에서의 결단은 "장차 올 날을 오늘에 이미 보는", 미래를 앞당겨 오는 선구적 결단이다.[225] 그것은 '기다림'인 동시에 자유의지의 의지적 결단으로서, "한 세계에서 다른 세계로 옮겨가는 일이다." 옮겨가는 일은 의지의 행동이다. 그것은 "사는 세계를 바꾸는 일이다." "고로 싸움이 끊길 수는 없다."[226] 이러한 투쟁적 행동은 삶의 모든 영역에서 가능하지만, 기본적으로 그것은 기존 질서와 충돌하는 정치적 의미를 갖는다.

정치 영역에서 일어나는 투쟁은 본질적으로 존재의 의미, 즉 '만물의 회복'에 대한 기다림이라는 태도를 구체화하는 것이다. 이 활동이 현상세계의 발전 근거인 실체적 생명의 자발성을 구현한다. 생명의 자발적 분출은 그것의 본성이 자유라는 측면에서는 개방성을 가지며, 생명의 창조적 활력이 사랑이라는 측면에서는 비폭력성을 갖는다. 생명의 자발성은 그때그때 현재에서 드러난다. 따라서 비폭력 행위는 평화라는 목적 실현의 수단이 결코 아니다. 그것은 현재에서 실현되는 생명의 활발성이 행위자의 내적 필연성으로서 나타난 것이다. 행위 자체가 자발성을 가지며 비폭력 행위 자체가 목적이다. 설사 그것이 수단으로 생각되는 경우에도 그 수단은 자발적 비폭력성을 또 수단으로 요구한다. 진정한 실천가란 사회공학자가 아니라 생명나무를 키우는 원예사이기 때문이다.

생명의 진화 운동은 영원자의 계시적 활동이다. 현재의 순간은 이 계시적 활동에 접속할 수 있는 수직적 직관이 이루어지는 시점이다. 따라서 "찰나는 영원의 찰나요 자아는 그 영원의 찰나 속에 자기근본 모양을 나타낸다."[227] 이 문맥에서 시간성의 수평적 삼차원 구조는 순간을 통과하여 현존하는 영원성의 현상적 모습이 된다. 또한 앞서 고찰한 바와 같이, 개체적 인격이 출현하기 이전의 생명 진화사에 내재하는 '생의 비

---

225 함석헌, 「인생의 두 길」, 『전집』 11, 164쪽.

226 함석헌, 「히브리서 강의」, 위의 책, 204-205쪽.

227 함석헌, 「인생의 시 · II」, 위의 책, 180쪽.

약'에도 불확실성 속에서 미래로 전개해가는 시간성이 잠재 상태로 있었다. 그리고 이 잠재적 시간성도 영원자가 세계에 내재하는 현상 방식이다. 따라서 인간의 시간성이란 잠자는 상태에서 꿈틀거리던 자벌레의 움직임 같은 시간성이 각성되어 의식화된 것이다. 인간의 주체적 시간성은 우주의 객관적 시간성의 연장선에서 각성된 형태이다. 우주의 본질과 인간의 본질은 근본에서는 동일하다.

영원자와의 수직적 관계로부터 오는 생기에 추동되어 행동이 일어나는 지점이 현재 순간이다. 이 현재가 함석헌의 사유와 실천의 구조를 십자 구조로 만들며, 현재의 시점이 그 교차점에 위치한다. 바로 여기에 함석헌의 정언명법이 근거한다. "산 현재 속에서 행하라!" "내가 자유로 할 수 있는 것은 현재만이다. 현재만이 산 것이다. 현재란 것은 생명에만 있는 것이다. 우리 생명을 빼놓고 시간을 생각할 수 없다. [……] 다만 살 수 있는 현재다. 나는 이 현재 속에 있다."[228] 이 현재는 문명의 발전이 갖는 과거 그리고 이것의 양적 연장에 지나지 않는 미래와 '절연'하는 순간이다. 이 순간이 "생명을 꼭 붙잡고 있는" 그래서 생명을 긍정하고 살게 하는 현재이다.

긍정의 삶이란 과거 동서양 성현들의 지혜였다. 그것은 부정의 잔혹성으로 가득한 문명사를 수직으로 꿰뚫고 들어와 생명-긍정의 자유를 현재에서 경험하도록 한다. 긍정은 현재와 영원성이 직결되는 구조를 갖는다. 그러므로 "참 생활은 현재에만 있고, 현재는 찰나에만 있는 것이라면, 그 현재는 영원한 현재다."[229] 이 영원한 현재는 문화적 자아 정체성을 탈각한 '맨 사람'을 완성하는 원리이다. 그것은 영원성에 대한 명상과 현재의 행동을 통합한다. 신비주의와 정치적 행동은 영원한 현재에서 만난다.

영원의 상하에서 만유를 보는 긍정의 사유는 자기수양의 계기와 함께

228 함석헌, 「인생의 시 · II」, 『전집』 11, 178-179쪽.

229 함석헌, 위의 책, 179쪽.

함석헌이 동양사상을 수용한 주요 계기가 된다. 그는 『바가바드 기타』의 '평등한 눈으로 보는 것(samadarsinah)'이 '영원한 것이 만물 속에 다 같이 있음'을 보는 것이라고 한다. 이러한 관념은 대승불교의 핵심이기도 하며, 장자가 '도(道)'의 존재 장소를 자연으로 보고 가장 아래의 것(개미나 똥오줌)에도 도가 있다[『장자莊子』, 지북유(知北遊)]고 하는 도가적 관념에서도 나타난다. 이러한 긍정과 평등의 사유는 함석헌의 윤리 · 정치적 사상의 배후에 있는 근본 통찰 중의 하나이다.[230] 이러한 함석헌의 신비주의는 합리주의도 아니고 비합리주의도 아니다. 그것은 이성의 자기비판 능력을 절대의 벽에 부딪힐 때까지 밀어붙이려는 의지와 결합된다. 이성의 비판 능력이 초극의지를 내포한다고 본다면, 상대적 대립에 안주하는 이성은 불합리한 정신이다. 절대에 대한 동경의지인 이성은 상대세계와 절대세계의 '교섭'을 추구한다.

함석헌은 궁극의 미래에서 완성될 모든 대립이 초극된 절대(絶對)의 경지를 현재의 경험으로 앞당겨온다. 그는 척박한 현실 속에서도 만유를 포괄하는 대양(大洋)의 경험을 통해 대긍정의 경지를 엿보게 된다. 여기에서 시간과 영원, 생성과 존재는 '하나'로 꿰뚫어지고, 이 신성한 하나의 '전체성'은 '지금 여기'에 현존한다. 이 현존경험이 가능하기 위한 주관적 조건으로 함석헌은 베르그송과 니체도 즐겨 사용했던 '폭발' 개념을 사용한다.

개체에서 '자유정신'이 자각되면, 이 개체의 고립성과 대립성은 영원자의 은총에 힘입어 스스로 '폭파'된다. 만년에 접어들어 함석헌에게 청춘의 열망이었던 세계초극, 즉 영원의 '서풍(西風)'에 실려 가는 자유의 경지가 모습을 드러낸다. 이 경지는 영적 생명의 개방적 활력을 폭발시킬 때 가능하다. "여러분의 인격의 원자를 폭파케 해요!" "영혼을 폭파해 영원의 원자탄"이 된 존재는 그리스도이다. 이 그리스도는 우리 내면의 로고스이다. 이것이 "우리 육의 흙 속에 잠자고 있는 아들의 씨"이다. 폭파

230 함석헌, 『바가바드 기타』, 한길사, 1996, 223쪽, 299-300쪽.

는 이것을 "불러내어 광명 속에 피게 하기 위한" 것이다.[231] 폭발은 이미 그리스도의 부활에서 그 의미가 드러났다. 이 의미세계가 모든 대립의 초극의 지경이다. "원수는 이웃이 되고, 죽음은 영원한 생명의 한 마디가 되고, 죄는 없어지고, 심판은 구원으로 되고, 일체는 산 하나가 돼버린" 이 '하늘나라'가[232] 지금 여기에서 드러난다.

지금 여기에서의 긍정은 대립의 극적 전환이 일어나는 자유의 사건이다. "그러니 나는 아무것도 없지만, 제 노릇 못하는 죄인이람 죄인이지만 자유 아닙니까? [……] 부정 못할 것이 천지에 어디 있겠읍니까? 긍정 못할 것이 세상에 무엇이겠읍니까?"[233] 역설이 한꺼번에 긍정되어 경이의 반문이 터져 나오는 이 드넓은 세계 내의 모든 사물들은 기계적인 인과나 합목적적인 인과조차 벗어나 있다. 이 세계는 자유로운 '바람'의 유동적 세계로 경험된다. 우리는 '나들이 인생'이다. 그것은 "어디서 오며 어디로 가는지를 모르는 바람이 나불어오기 때문에 그리 불려가는 인생"이다. 모든 것은 바람이다. 바람은 '변함없는 바람'이라는 측면에서는 영원성이며, '늘 변한다'는 측면에서는 생멸을 거듭하는 것이다. 영원한 생멸은 하나로 긍정된다.

> 터럭만 한 더하고 덞이 서로 있을 게 아니고, 바람 붊 그 자체를 그들이(바람들이) 알 수도 변할 수 있을 것도 아닙니다. 천지개벽 이래 무한 갈래의 바람이 쉬지 않고 불었겠지만, 바람이 어디 가 쌓인 것도 아니요 어디서 무너져 나간 것도 아닙니다. 그저 변함없는 바람이지, 늘 변하면서 변함없는 바람이 있을 뿐입니다.[234]

바람의 우주 안에서의 "역사란 마치 아이들이 바닷가에 모래로 탑을

231 함석헌, 「기독교 교리에서 본 세계관」, 『전집』 14, 268-269쪽.
232 함석헌, 위의 책, 267쪽.
233 함석헌, 「영원히 불어오고 가는 바람소리」, 『전집』 10, 360쪽.
234 함석헌, 위의 책, 361쪽.

쌓는 것과 마찬가지"이다. "바다는 무심한 것이요, 아이들도 순진한 것입니다. 그러므로 기쁨으로 그것을 합니다." 우주는 순진무구한 유희의 세계이다. "영원의 바닷가에 아이들은 모였다 헤어지더라(타고르)."[235] 이 전면적인 순수긍정의 심미적 영감에서 하늘나라를 앞질러 보는 함석헌은 모든 고상한 영혼의 특징인 슬픔이 배어든 웃음의 삶을 권고한다. 이러한 실존 양식은 소꿉장난하는 어린이의 눈물과 웃음이다.

> 소꿉질 하는 뜰 아래 어린이들 모양으로 주고 싶은 것은 주고 받고 싶은 것은 받으며, 노엽거든 서로 싸우고 울고 눈물을 닦고, 반갑거든 다시 그 손으로 악수를 하고 그 눈물채로 웃고 웃음을 터쳐 내불면서 이 인생을 삽시다. 그러나 또 그들 모양으로 하루 살림을 다 살고 저녁 해가 영광을 펼 때는 두 손을 떨고 일어나 하루 종일의 수고를 아낌없이 발로 비벼버리며 하늘 바람에 맞추어 들뛰며 노래 부르기를 잊어서는 아니 될 것입니다.[236]

영원한 현재에서의 기쁨은 이 세상 안의 무엇에 의존하는 쾌락이 아니라, 그것을 '버리는 순간',[237] 영원성에 의거하는 '빼앗지 못할' 즐거움이다. 이러한 함석헌의 기쁨의 경험은 분명 『요한복음』(16장 5-33절)에서 선포된 '담대한' '기쁨(chara)'과 연관된다. 그는 늘 "나는 한 개의 수수께끼"라고 생각했다.[238] 그러나 그 기쁨은 모든 수수께끼가 풀리고 모든 것이 자명해지는, 그래서 타인의 '얼굴'의 신비가 온전히 이해되는 종말론적 기쁨이다. 이 세상 저쪽의 기쁨이 그리스도의 승리(부활)를 통해 영원한 현재에서 미리 성취되었다. 믿는 자에게 여기 지금에서 모든 물음

---

235 함석헌, 「새로 지음」, 『전집』 8, 66-67쪽.

236 함석헌, 「영원히 불어오고 가는 바람소리」, 『전집』 10, 361쪽.

237 함석헌, 「동문서답」, 『전집』 10, 382쪽.

238 함석헌, 위의 책: 타인의 얼굴도 수수께끼이다. 왜냐하면 얼굴의 배후에는 무한공간과 무한시간에 편만하여 흐르는 생명사가 있기 때문이다. 사랑과 자유의 관계에서 얼굴의 의미가 풀린다.

이 끝나는 '무문제성'과 '대담성'이 이루어진다. 불트만(Rudolf Bultmann, 1884~1976)의 해석에 의하면 "그들은 영원한 '지금'에서 산다: 그들의 날은 종말론적 '날들'이다."[239] 실존의 투명성이 드러나는 이러한 영원한 지금은 불트만도 지적하듯이 니체의 영감의 순간이자 영원이었다. "Nietsche, 모든 즐거움은 영원을 원한다."[240]

그러나 기쁨이 갖는 영원성에도 불구하고, 그 경험은 잠시의 현존경험에 머문다. 그럼에도 그것은 강렬한 여운의 강도를 남기면서 궁극의 희망을 당겨오려는 기다림의 주체적 근거가 된다. 기다림 속에서 영원과 기쁨은 지금 부재(不在)하지만 여전히 열망 속에 존재하는 역설적 희망으로 자리 잡는다. 함석헌에게 희망은 미래의 지평 너머에서 오지만 한없이 연기된다. "예수님은 하늘나라가 가깝다 하셨는데, 내 하늘나라는 멀고 멉니다. 아마 영원히 올 수 없게 있습니다."[241] 그는 여든이 되어서도 다시 수수께끼로 되돌아가 묻는다. "낡은 것이 무엇이고, 새 것이 어디 왔느냐?"[242] 순수긍정의 경험에서 사라지는 듯했던 첨예한 분열적 자기의식과 이것이냐 저것이냐의 물음의 순간이 되살아난다. 이 순간은 불신앙과 신의 부재가 끼어드는 시간이다. 그리고 시대는 신의 마법이 풀려버린 상업적 산업의 독재 시대가 아닌가? 그렇다. 이 시대는 진리가 아직 도래하지 않은 무신(無神)의 암흑시대이며, 시대의 오만한 자기확신은 계속되고 있다.

이런 의미에서 무신의 감정은 자기 자신과 시대에 대해 그리고 신과의 관계에 대해 줄기차게 묻는 조건이 된다. 인류 전체가 진리에 의해 무조

---

239 불트만(R. Bultmann), 『요한복음서 연구』 下, 허혁 옮김, 성광문화사, 1979, 645쪽.

240 불트만, 위의 책: 그러나 함석헌은 니체가 힘을 추구한다고 이해했기 때문에 불만이 있었다. 함석헌에 의하면, 기쁨의 자유는 금강경의 "생각나는 대로 생각할 것입니다. 그러나 무엇에 머무는[住] 것은 아닙니다(應無所住而生其心)"의 사상과 같다(「영원히 불어오고가는 바람소리」, 『전집』 10, 360쪽). 또한 '하늘 바람[天籟]'의 비유로 사물의 자유로운 상호변환[物化]을 말하는 『장자莊子』의 관념과 같다(「새로 지음」, 『전집』 8, 66쪽).

241 함석헌, 「동문서답」, 『전집』 10, 383쪽.

242 함석헌, 「새 것이 어디 왔느냐?」(1981), 『전집』 10, 398쪽.

건 정당화될 수 있는 것이 아니다. 그들은 여전히 자신의 존재의미를 묻고 사유하며 실천적 해답을 내놓아야 한다. 그리고 함석헌에게는 상대와 절대의 통일적 전체성에 인간 존재의미와 그 실현에 대한 모델이 주어져 있다. 그 전체성에 자유의 길이 향하고 있다.

8. 자유와 내면의 정치학

현존의 경험에서 중시되는 하나의 전체성은 개인적 실존의 이상이다. 그것은 모든 종교적 이상을 함축할 뿐만 아니라 역사가 지향하는 자유의 이상을 가리켜 보인다. "우주와 인생을, 시간과 영원을 하나로 만들잔 것이 모든 종교의 이상이다"[243] 이 원융한 하나의 세계가 모든 죄악의 기억을 안고서 들어가지만 용서되는 세계이며, 개체들이 세계와의 공감적 유대를 성취하는 전체성이다.

> 갈 곳은 오직 한 곳밖에 없다. 인간의 모든 쓰레기 찌꺼기를 다 받는 바다보다도 넓은 가슴, 모든 더럼, 모든 죄악을 다 태우고 녹여버리는 땅속보다 더 뜨거운 마음 속. 버릴 생각도 씻을 생각도 다 내버리고, 그대로 안고, 두 눈을 딱 감고, 감는다기보다는 차라리 뻔히 뜬 채로, 저 영원한 님의 가슴으로 뛰어드는 일이다.[244]

이러한 우주적 화해의 전체성이 절대자가 세계사에 이정표로 제시한 '영원한 생명'이다. "'하나 됨', 그것은 절대명령이다."[245] 우주 안에서 내재적으로 발전하는 우주영혼은 개체적 자기의식을 통해서 자기 자신을 인식할 수 있게 되었지만, 그 자기의식은 전체성에 용해됨으로써 진정한

243 함석헌, 「정치와 종교」, 『전집』 3, 301쪽.
244 함석헌, 「아름다움에 대하여」, 『자전적 인생론』, 정우사, 2003, 123쪽.
245 함석헌, 「정치와 종교」, 『전집』 3, 301쪽.

자기의식으로 거듭나게 된다. "전체의식으로 꿰뚫린 개인들이 모인 데서만 민(민중)은 주체라 할 수 있다."[246] 전체의식은 주체의식의 가능근거이다. "나 속에 전체를 보고 전체 속에 나를 본다."[247]

3 · 1 운동의 경험에서 비로소 민중이 세계사의 무대에 정치적 주체로 등장하는 것을 보았던 함석헌은 형이상학적 전체성에 대한 인식을 주체의 본질, 즉 주체성으로 보고 그것을 민주주의의 근본조건으로 이해한다. '씨알의 헌법'은 세속정치학과 법학의 진정한 근거이다. 그것은 형이상학적 명제로 선언된다. "부분은 전체 안에, 전체는 부분 안에."[248] 전체성과 주체성은 현상적으로는 정치-문화적 의미를 갖지만 본질적으로는 형이상학적 의미를 갖는다. 그것은 "개체면서 전체고, 전체면서 개체, 여럿이면서 하나, 하나면서 여럿이다."[249] 함석헌이 "민주주의는 사실은 종교"라고 보고, '종교의 세속화'를 주장한 핵심적 의미는 그것이다.[250]

또한 '민'의 종교-철학적 의미는 전체보다 작은 부분이 아니다. 그것은 근대 수학적인 것(부분은 전체보다 작다)이 아니라 '맨 사람' '순 인간'이라는 의미이다. 순 인간은 자신의 내적 '실재(實在)'인 영혼성을 잠재적 종자[씨알, 알]로 갖고 있다. 이것은 영원무한자의 한 편린이며, 무한성과 소통하고 있는 '얼[얼나]'이다.[251] 따라서 순 인간으로서의 민은 수적 '차별이 없는 인간', 즉 '아흔아홉보다 (귀)중한 하나'이다.[252]

이런 의미에서 그의 민[씨알] 개념은 부분적 요소가 무한성을 내포할 수 있고, 부분이 전체를 포괄하여 자신을 넘어설 수 있다. 그러나 그것은 수학적 질서를 넘어선 '혼융한 복수성'(베르그송)의 질서 속에 있다. 민은 양이 중시되는 정치-문화적 규정인 "어느 계급만도 아니다." "민

246 함석헌, 「민족 통일의 종교」, 『전집』 3, 185쪽.
247 함석헌, 위의 책.
248 함석헌, 「씨알의 소리」, 『전집』 14, 336쪽.
249 함석헌, 「민족통일의 종교」, 『전집』 3, 184쪽.
250 함석헌, 위의 책.
251 함석헌, 「씨알의 설움」, 『자전적 인생론』, 34쪽.
252 함석헌, 「민족통일의 종교」, 『전집』 3, 184쪽.

이란 것은 곧 전체다."[253] 그러나 현실적으로 "우리는 아직도 자기발견을 확실히 하지 못한" 개인이거나 민족이다.[254] 하지만 잠재적으로 우리 모두는 '씨알의 바다' 속에 있다.[255] 가능적으로는 우리 모두 '창조적 다수(creative majority)'이다.[256] "씨알은 새로운 생명의 잠재적 가능성의 총체요 그루터기다."[257]

미세입자나 아메바와 같은 미생물체 안에도 영적 실체가 있다. 이를 통해 그들도 무한의 우주와 연속된다. 인간의 우주적 연속성은 이러한 생태론적 연속성을 회통하는 우주적 연대성을 갖는다. 이것이 사랑과 공감의 심화이자 광대화이다. 이런 의미에서 함석헌에 의하면 수를 숭상하는 체제와 종교는 국가나 민족이라는 억압적 총체성에서 통일적 연대성을 찾는 파시즘적 전체주의를 낳는다. 그는 "히틀러나 무솔리니가 말했던 '토탈리테리어니즘'(totalitarianism)"과 "사랑을 온통으로 하는" 전체주의를 구분한다.[258] 그가 주장하는 '참의미의 전체주의'는 질적 사고에서 오는 '불연속의 연속'에 기초한 공동성, 즉 전체주의(Holism)이다. 그것은 양적 사고에서 오는 총체적 동원체제인 '잘살기' 총체주의(Totalism)가 아니다.

그가 '민중', '인민', '서민', '대중', '민', '민초'라는 말을 억압을 낳는 '집단주의' 산물로 보고 '씨알'을 선택한 것도 그러한 생각에 의거한 것이었다. 또한 사회운동의 주체성을 집단적 정체성에 두는 '정규전'의 방식을 거부하고, '사상의 유격전'을 선택하게 된 것도 같은 이유에서이다. "기술이 발달하면 할수록 사상의 유격전은 더욱 필요합니다. 이제 우리 싸움터는 국회의사당도, 법정도, 학교도, 교회도, 신문사조차도 아닙니

---

253 함석헌, 앞의 책.

254 함석헌, 위의 책, 185쪽.

255 함석헌, 「씨알의 설움」, 『자진적 인생론』, 35쪽.

256 전대열 편저, 「씨알의 의미와 민중운동」, 『싸우는 평화주의자 함석헌』, 298쪽.

257 김경재, 「씨알사상-考」, 위의 책, 276쪽.

258 함석헌기념사업회, 「민중과 새 역사의 지평」, 『끝나지 않은 강연』, 삼인출판, 2001, 120쪽.

다. 직장 · 다방 · 선술집 · 소풍 놀이터에 있습니다."[259]

함석헌의 질적 전체주의는 심대한 역사적 의의를 갖는다. 1938년 헝가리 출신의 작가 아서 쾨슬러(A. Koestler)는 『백주白晝의 암흑暗黑 *Darkness at Noon*』이라는 소설을 썼다. 그것은 1941년 유럽 파리에서 번역되어, 사르트르와 메를로-퐁티(M. Merleau-Ponty) 등이 가담한 격렬한 논쟁을 불러 일으켰다.[260] 스탈린 체제가 혁명의 아들들을 잡아먹을 때 사형당한 부하린(N. I. Bukharin, 1888~1938)을 인물화한 주인공 루바숍은 반혁명죄로 심문받고 처형된다. 이 과정에서 루바숍의 입을 통해 쾨슬러는 총체적 동원체제가 갖는 세 가지 원칙을 알게 된다. (1) 엄밀한 연역 논리, (2) '나'라는 주체의식의 문법적 허구화, (3) 무한성에 대한 모멸. 이 세 가지 법칙은 역사적 책임의식을 전제한 확실성의 논리에 대한 신뢰에서 나온다. '의미 없는 고통을 제거하는' 산업과 국가 발전의 역군은 관리 · 처분 가능하지만, 개체의 주체성과 무한성에 대한 대양(大洋)의 감각은 처분 불가능하다. 인간은 두 유형이 있다. 하나는 '인민위원회형'이고 또 하나는 '구도자(Yogi)형'이다. 저자는 논리에 대해 느낌을, 확실성에 대해 불확실성을, 토론에 대해 명상을, 개체들의 기계적 인과에 대해 공감의 관계를 주장하는 비폭력의 성인적 사고 유형을 상위에 놓는다. 성인이 느끼는 '무한감각[無量感覺]'에서 "개인의 인격은 바다 속의 한 알의 소금과 같이 그 속에 분해해버리고 만다. 그러나 동시에 무한한 대해가 그 한 알의 소금 속에 포함되어 있는 것과도 같다."[261] 개체의 진정한 독자성은 우주적 연대 감각에 근거한다.

이에 대해 실존주의적 마르크스주의자들은 역사적 책임의식을 가지고,

---

259 함석헌, 「나는 왜 『씨알의 소리』를 내나」, 『전집』 14, 347쪽.

260 한국에서는 1959년 이윤희(李允熙)에 의해 『백주의 암흑』으로 번역되었다. 이 논쟁의 성격에 대해서는 다음을 참조: 김홍우, 「메를로-퐁티의 스탈린주의 논고」, 「케이텁, 쾨슬러, 그리고 메를로-퐁티」, 『현상학과 정치철학』, 문학과지성사, 1999, 491-581쪽; 메를로-퐁티의 의견에 대해서는 다음을 참조: 메를로-퐁티, 『휴머니즘과 폭력』, 박현모 외 옮김, 문학과지성사, 2004.

261 쾨슬러, 『백주의 암흑』, 1959, 335쪽.

혁명 과정을 파괴할 수 있는 우연성에 대처해야 한다고 주장했다. 그리고 그들은 의식의 본성이 본질상 부정이기 때문에 자기의식은 타자를 인격화하는 것이 아니라 사물화한다고 보아 공감의 공동체는 불가능하다고 비판했다. 그러나 개인들의 관계를 투쟁적 자기의식들의 관계로 보는 이러한 실존주의적 마르크스주의의 관점은 근대 부르주아적 자유경쟁에 연원하는 것이지 초역사적인 것은 아니다. 고립된 개체들의 배타적 관계는 사물을 기계적 충돌[투쟁]과 힘의 상쇄[승인]의 관점에서 보는 근대과학적 인과관계와도 연관된다. 이로부터 개체적 권력을 사법적으로 조정하거나 계약적으로 재구성하는 개인주의적이고 반 마르크스적인 정치철학도 나온 것이다.

이에 비해 함석헌은 분명 구도자형에 속한다. 그의 자기의식은 종교 · 철학적인 사고와 연관된다. 그에 의하면 자기의식은 투쟁과 승인이라는 감옥을 넘어서는 노력과 우주적 전체성의 자각에서 자신의 발생 근원을 이해한다.

베르그송 역시 산업의 고체적 논리에서 편안을 느끼는 지성은 생명의 '국지적 응고'에 의해 형성된 것이고, 그 주위에는 우주와 연속된 '성운'이 있다고 한다. "철학은 다시 전체(le tout) 속으로 용해되려고 하는 노력일 뿐이다." 인간은 '점진적으로 그리고 집단적으로' "우리 속의 인간성을 확대하고, 인간성이 인간성을 초극하는 데에 이를 것이다."[262] 함석헌의 이상적 인간성도 이러한 베르그송주의적 초인이다. 함석헌의 초인은 세 가지 원칙을 갖는다. 그것은 (1) '현실' (2) 개체적 '극소세계' (3) '천체 우주적' '극대세계'에 대한 '세 가지 안목(三眼)'이다.[263] 현실은 개발 시국이건, 혁명 시국이건 정치적 총화의 목적 아래 급경사를 타서는 안 된다. 함석헌의 입장에서 현실은 극소와 극대를 연속시키는 초인의 안목이라는 우회로를 통해 성공과 실패의 논리를 넘어서 고려되어야 한

262 H. Bergson, *L'evolution créatrice*, Universitaires de France, Paris, 1948, p.193.
263 함석헌, 「씨알의 제소리」, 『전집』 8, 279쪽.

다. 현실과 관계하는 바람직한 방식은 생명-전체성에 대한 직관에서 오는 자유의 이념에 기초한 선지자적 실천이다. 함석헌의 정치학은 내면적 자유의 정치학이다.

내면의 정치학은 사회 공학적 급경사를 타는 조작주의를 피한다. 그것은 구도자의 인간주의를 따르기에 권력쟁취에 실패할 수도 있음을 각오하는 실천이다. 폭력적 급경사를 타는 혁명은 실패하고 반대로 역경사의 우회로를 가는 비폭력의 길은 실효성을 거두지 못한다는 '응용이성의 이율배반(antinomy)'[264]이 있다. 여기에서 함석헌은 실효성을 거두지 못하는 길을 선택한다. 그러므로 자유의 물음과 사상의 유격전은 한없이 계속된다.

함석헌의 구도자적 자유의식은 정치적 의미에서 서구 근대 상공업자의 부르주아적 자유를 비판적으로 한 단계 더 밀어붙인 것이다. 함석헌은 이 점을 분명하게 의식한다. 자본주의 경제와 제국주의의 역사적 성취는 "자유를 외적 · 물적인 뜻으로 취한 것"에 있다. 상업적 산업은 인간의 상품화라는 대가를 치르게 했지만, "옛날부터 모든 성현들이 이루고자 하면서 이루지 못했던 것", 즉 "가족적 계급적 종교적인 인습과 폐단"을 벗겨버렸다는 것이다. "자본주의 발달에 따라 자유의 정신도 자라왔다."[265] 인류는 '돈과 이욕'에 기대어 외면적으로 자유를 얻었다. 이제 자유의식의 발전 방향은 외적으로는 '돈'을 극복하고, 내적으로는 우주적 전체성에 접속하는 것이다.[266] 따라서 내면적 자유의 정치학의 역사적 위치는 부르주아적 자유를 더 심화 · 확대해서 전진시키는 데에 있으며, 그 의의는 '돈 없는 세상'을 지향하는 점에 있다. 이 투쟁은 "세계의 끝장을 내는" 최후의 '아마겟돈 싸움'이 될 것이다.[267]

최후의 싸움은 역사의 산물인 자본주의와 형식상의 민주주의를 돌파

---

264 김홍우, 앞의 책, 540쪽.

265 함석헌, 「새 윤리」, 『선집』 2, 383쪽.

266 함석헌, 위의 책, 384쪽.

267 함석헌, 위의 책, 383쪽: 이런 의미에서 함석헌의 정치사상을 소유적 개인주의를 전제하는 록크(J. Locke) 류의 자유주의로 해석하는 관점(김성수, 『함석헌 평전』, 75쪽)은 무소유와 민중성을 강조하는 함석헌의 견해와 다르며, 그의 종교적 역사의식을 간과한 것이다.

하여 모든 개체들이 씨알의 생명성을 드러내는 시대를 지향한다. 인간의 내적 본질인 씨알은 과거에는 부분적으로 드러났지만, 현대는 그것의 만개를 예비하고 있다. "골짜기 시내 같은 씨족 시대가 있었고, 소(沼) 같은 봉건 시대, 폭포 같은 민족 시대, 댐 같은 제국주의 시대가" 있었다. 이제 댐은 그 폭파를 앞두고 "영원의 음악을 아뢰는 씨알의 바다에 들기 시작했다."[268] 새로운 시대는 '세계주의'와 '인격의 특정성'의 통일이 이루어지는, 그래서 민(民)조차도 사라지는 씨알민주주의 시대이다. 종말론적인 "영원한 미래가 씨알에 압축되어 있다." 지금 여기서 "우리는 한(극소이지만 극대인) 씨알이다."[269]

그러나 역시 지금은 "개인이 죽어버리는 소위 산업사회"이다.[270] 개인은 노동자화 되고 획일적 여론과 제도적 학술 및 예술은 개인을 '상스러운 천민(vulgar mass)'으로 만든다.[271] 언론의 자유를 주장했던 함석헌도 그것이 현대의 아편임을 알게 된다.

> 저 신문장이들을 몰아내라, 잡지장이 연극장이, 라디오 텔레비장이들을 모두 몰아내라. 그 놈들 우리 울음 울어 달라고 내세웠더니 도리어 우리 입 틀어막고 우리 눈에 독약 넣고 우리 팔다리에 마취약 놔버렸다.[272]

학술과 예술의 중심지인 그래서 권력이 화려하게 자리 잡는 '도시'의 시민들은 저들 '사냥꾼의 개들'에게 쫓긴다. 현실 민주주의의 이러한 상황은 토크빌(Alexis Tocqueville)의 미국 민주주의의 위기에 대한 예언적 판단과 맞아 떨어진다. 그에 의하면 '평등의 시대'는 '대중의 무오류성(無誤謬性)'을 신뢰하여 "인류는 최대 다수의 일반의지에 의한 속박에 얽

---

268 함석헌, 「씨알의 설움」, 『선집』 5, 214쪽.

269 함석헌, 「씨알」, 『전집』 14, 327쪽.

270 함석헌, 「믿음의 내면화」, 『전집』 14, 307쪽.

271 함석헌, 「대중과 종교」, 『전집』 3, 258쪽. 한편 함석헌에 의하면 대중(mass) 전체의 덩어리가 스스로 말하고 생명을 각성하여 세계사의 주체로 떠오른 시대가 현대이다.

272 함석헌, 「씨알의 울음」, 『전집』 14, 342쪽.

매이게" 된다. 그들은 "새로운 노예 생활을 발견했을 뿐인데," "전제군주는 싫어한다."[273] 이러한 상황이 그의 용어로 유명해진 "민주주의적 전제주의(democratic despotism)"이다. 이 때문에 그는 미국의 민주주의는 노예의 길과 자유의 길을 선택해야 하는 시점에 와 있다고 판단했다.

함석헌 역시 미국의 민주적 발전을 인정하기도 했지만, 근본적으로는 그러한 판단 위에 있다. 민주주의는 실질적이기 위해서는 '모든 행동의 표준'인 '이욕주의(利慾主義)'의 '왕관'을 벗어야 한다.[274] 진정한 개체성은 "자기 위에 주인이란 것이 없고, 자기야말로 자기의 주인인 것을 알게" 되어가는 것이다. 이것이 '자유의 윤리'이다.[275] 그러나 자기가 자기의 주인이기 위해서는 '생존경쟁의 철학'을 벗어나, 극소와 극대가 영적 실체들로 빈틈없이 충만 되어 있다는 것에 대한 '우주적 심정'과 '우주사적 비전'을 가져야 한다. 자유의 윤리는 '우주 윤리'에 근거할 때[276] 진정한 인격의 무정부적 독립성을 쟁취하게 된다.

이런 의미에서 볼 때, 함석헌이 이해하는 진정한 개체성의 원리는 극소의 개체가 갖는 영적 실체[씨알]의 불가분성과 이 실체가 극대 세계와 갖는 소통가능성이다. 이 두 가지 원리는 윤리적 원리로 전환된다. 그것은 인격의 독립성과 연대성이 되어 새로운 정치적 자유의 원리가 된다. 이 맥락에서 함석헌은 "부족 시대 · 봉건 시대 · 민족 시대 · 제국주의 시대 · 개인주의 시대를 통해 자라는 동안 우리는 어떤 제도도 우리를 방해하는 죄악이라 느끼는 단계에 왔다"고 선언했다.[277] 이제 '복지국가론' 같은 황금신의 십계명을 깨버리지 않으면 "'가나안'은 거꾸러져서 '안 나가'로" 될 것이다.[278]

---

273 토크빌, 『미국의 민주주의』 II, 임효선 · 박지동 옮김, 한길사, 1997, 571-573쪽.

274 함석헌, 「새 윤리」, 『선집』 2, 383-388쪽.

275 함석헌, 위의 책, 387쪽.

276 함석헌, 위의 책, 389-390쪽.

277 함석헌, 「새 역사로의 도약」, 『전집』 9, 310쪽.

278 함석헌, 위의 책, 311쪽: 그는 「세상의 빛」(『전집』 9, 213쪽)에서 "어떡해서 국가 최고 이념이 복지국가예요."라고 힐난한다.

제도라는 죄악의 극복은 전체가 개인을 지배하던 부족사회가 '역사의 내면화 운동'에 의해 뒤집어져 개인의 자주성이 보편화될 때 가능하다. 이것이 전체가 '보다 높은 전체'로 거듭나는 것이다. 즉 '정신혁명'이다. 이제 새로운 전체의 실현을 앞에 둔 시대는 창조적 소수가 전체를 대표(representation)하는 재현적(표상적) 사고와 대의제 제도를 넘어서는 과도적 시기이다. 함석헌이 비록 군사독재 시기에 대의제를 옹호하기도 했지만, 그의 정치학이 갖는 현대적 의의는 대중의 합리적 합의와 대표제를 이미 낡은 것이며 본질을 벗어난 것으로 이해했다는 점이다. 추상적 대표를 생각하는 재현적 사고는 진정한 사유의 원천일 수 없다. 진정한 사유는 생명의 분출적 흐름에 대한 공감적 직관에 근거한다. 순간순간 이질적인 강도적(强度的) 차이의 흐름을 일반화하여 평균치를 내는 재현적 사고는 일반개념을 대표로 삼지만, 그것은 사물의 실체를 오해한 것이다. 마찬가지로 세련된 의식의 합의에 의한 일반적 평균값이나 대의제는 진정한 개체성의 원리[독립성과 연대성]를 망각한 왜곡의 정치학이다. 개체는 궁핍과 번민 속에서도 자신의 고유한 특이성과 우주적 생명의 충동을 고통스러운 신음을 통해 나타내고 있다.

이 맥락에서 함석헌은 생각하는 소수가 생각 못 하는 다수를 대표한다는 사고를 전복한다. "생각은 개인이 하는 것이 아니라 전체가 하게 됐다."[279] 우리 전체가 사유한다. 이 명제는 당위적 이상이라기보다는 어떤 어려운 상황 속에서도 인생의 본질적 이념으로 작용하는 새 시대의 원리이다. 이 이념은 함석헌과 같은 소수의 개인들이 생각하는 상황일지라도 언제나 지금 여기서 민중 스스로 생각하게 하는 준거 틀로 작동한다. 그것이 우리의 생활을 민주적인 것으로 형성하며 그 투쟁의 근거가 된다. 또한 그 이념은 '도래하는 민중'이 지금의 민중의 성장 결과임을 신뢰하게 하는 것이기도 하다. 이념은 구체적 상황 속에서 작동하여 미래로부

---

279 함석헌, 「새 역사로의 도약」, 『전집』 9, 309쪽: 이 견해는 샤르댕의 언급에서 영감을 받은 것이다. 샤르댕과의 관계에 대해서는 다음을 참조: 함석헌, 「국제적 협력의 도전」, 『전집』 19, 372쪽.

터 도래하는 가능성을 보여준다.

전체가 사유한다는 이념은 이처럼 급진적 의미를 갖는다. 그 급진성은 사실상 바울의 혁명적 사고를 이해하지 않고서는 의미가 충분히 드러날 수 없다. 바울의 혁명성은 두 가지로 요약된다.

(1) 모든 그리스적 고대 가치들의 재평가: 아리스토텔레스에 의하면 '이성에 따라 사는' '현자'는 "신에 의해 가장 많이 사랑받는다."(『니코스마스 윤리학』, 10. 8, 9) 현자는 목적인인 신이 잡아끄는 인력[Eros]의 최첨단에 있다. 이에 반대하여 바울은 말한다. "하나님께서 세상의 미련한 것들을 택하사 지혜자들을 부끄럽게 하려 하시고 [……] 세상의 천한 것들과 멸시받는 것들과 없는 것들을 택하사 있는 것들을 폐하려 하느니라."(「고린도전서」 1:27-28). 니체의 평가에 의하면 바울의 가치관은 "고대인들의 취향에 지나치게 무서운 모순"이며, "이전에 없었던 대담한 전도이다."(『선악의 피안』 46).[280] 그리스의 에로스는 지적 능력의 탁월성[덕]을 사랑하는 목적론적 동기에 따라 움직인다. 그러나 바울의 아가페는 본성상 죄의 용서를 의미하기 때문에 바닥의 인생을 조건 없이 우주적 생명 안에서 구원한다. 함석헌은 바울에 대한 강론에서 이 노선에 따라 "학자가 제 손으로 책을 찢게 되고 군인이 제 손으로 칼을 꺾게 되는 날"을 대망하면서, "지식과 용기와 기술로 세상을 건지겠다 하던 지혜의 인간이여, 네 면목은 어디 있나" 하고 반문한다.[281]

(2) 율법이라는 죄의식의 악순환으로부터의 자유: 바울에 의하면 "계명이 들어오니까 죄는 살아나고 나는 죽었다." "율법이 없으면 죄는 죽은 것이다"(「로마서」 7:7). 죄는 고삐 풀린 욕망이 아니라 법의 금지와 욕망이 얽혀 있는 삶 즉 '육신의 길'이다(플라톤적 육체는 아님). 법이 가능하기 위해 위반의 욕망이 필요하다는 '도착(perversion)의 덫'에 걸린 삶은 '죽음으로 인도하는' 길이다. 이에 비해 "사랑의 적극적 긍정적 태도

280 니그렌(Anders Nygren), 『아가페와 에로스*Agape and Eros*』, 고구경 옮김, 크리스찬출판, 1998, 209쪽.

281 함석헌, 「영원의 뱃길」, 『전집』 19, 49쪽; 「하늘나라 백성 자격」, 78쪽.

에 기인하는, 그 때문에 행위의 성취는 무의미해지는" 삶은 '영혼의 길' , 생명의 길이다.[282]

함석헌은 도덕법칙에 우호적이기도 했지만, 죽음의 세상에 있는 죄에 의해 우리의 영혼이 고소당하고 있다고 판단한다.[283] 그러나 "문제의 초점은 생명에 있다." [284] 생명의 길은 '사슬에 감긴 몸'으로부터 '해방의 탈주'이다.[285] 그리고 생명의 본질은 사랑과 자유이다. 이 자유는 분열의 통일에서 성취된다. "『로마서』는 통일의 책"이며, 통일은 "육과 영의 통일, 율법과 복음의 통일 [……] 인간과 우주의 통일"이다.[286] 따라서 "죄는 다른 것이 아니요 갈라짐(몸과 마음, 계급과 계급, 민족과 민족의 [……] 갈라짐)이다."[287] 자각적 삶은 만유의 내적 실체인 정신적 생명 원리의 분출을 근거로 삼는다. 이러한 삶은 법에 의해 세상의 '피고로 전도된' 죽음의 삶을 용해하는 유화(宥和)의 생애로 다시 태어난다. 상대세계의 사망성(死亡性)이 절대세계의 생명에 접하여 자유의 길로 전환될 때, 죄의 실재성은 이미 없다.

전체가 사유한다는 이념은 현대사회가 갖는 세계적 연관성과 현실 민주주의가 갖는 자유로운 활력에 대한 인식을 전제한다. 이제 모든 무명(無名) 인사들이 생각해야 하는 시대가 되었다.[288] 그러나 그 이념은 억압받는 하층인생에 대한 긍정적 급진성에 바탕한 것이자, 죄스러운 노예 상태로부터의 해방에 근거한 것이다. 그리고 이 자유는 '우주사적 비

---

282 지젝, 『까다로운 주체*The Ticklish Subject*』, 이성민 옮김, 도서출판b, 2005, 236-247쪽: 여기에서 바울의 회심을 진리 사건으로 보는 바디우의 견해(Alain Badiou, *Saint Paul. La fondation de l'universalisme*, 1997)가 논의되고 있다.

283 함석헌, 「영원의 뱃길」, 『전집』 19, 38쪽.

284 함석헌, 위의 책, 51쪽.

285 함석헌, 위의 책, 40쪽.

286 함석헌, 「하나로 통일하는 힘」, 『전집』 19, 17쪽.

287 함석헌, 위의 책.

288 이 점에서 함석헌은 평등사회가 갖는 활력을 우주생명에 대한 초월주의적 비전과 결합시켜 이상적 자유세계로 밀어붙이려 했던 에머슨(R. W. Emerson)과 휘트먼(W. Whitman)으로부터 자극을 받은 것으로 보인다.

전'에 의해 근거 지워진 종교 · 철학적 의미를 갖는다. 함석헌이 따르고자 했던 자유의 길은 바울신학을 통과해서 요한신학에 이르러 도달한 정점, 즉 영원자의 내재를 근본모델로 한다. 이 내재성에는 자유의 영광과 가시밭길이 공존한다. 따라서 그는 퀘이커의 창시자 폭스(George Fox 1624~1691)가 그러했듯이, 들판의 명상과 '인생대학' (감옥)을 넘나들어야 했다.[289]

함석헌은 세속국가가 허가한 사상과 종교의 자유를 통해 국가권력 안에 포섭된 종교와 학술이 야성과 혼을 상실했다고 보았다. 그는 신성함과 진실성이 증발된 시대와 분투했다. 세속화 시대의 국가 안에는 어떤 신성하고 고결한 영역도 있지 않았다. 그의 지성소(至聖所)는 내면 깊숙한 곳에 있을 수밖에 없었다. 그는 이 씨알을 내적 · 외적인 자유의 원천으로 삼고 그것을 전 우주로 확장하고자 했다. 그의 내면적 자유의 정치학이 주는 교훈은, 어떻게 하면 세속권력이 강제하는 총체적 동원 체제라는 급경사를 그 반대 방향으로 거슬러 올라갈 수 있는가에 대해 문제를 제기한 것에 있다. 정신의 본질이 그때그때 자유를 창조하기 위해 자유의 도약대에 서는 것이라면, 정신은 장애에 맞서 언제나 물음 앞에 서게 될 것이다.

한국 현대 지성사에서 함석헌이 관심의 대상이 된 여러 이유들 가운데, 오늘의 우리에게도 의미를 갖는 한 가지 이유가 있다. 그의 사고와 행동은 긴밀한 관계를 유지하면서도 언제나 시대의 정치 상황과의 고통스러운 연관에서 이루어졌다. 그러한 관계는 주체가 상황 속에 몰입되는 자기상실적인 것이 아니다. 그것은 상황이 던지는 것들을 문제 삼으면서 그 상황을 넘어서고자 하는 역동성을 갖는다. 그의 의지적 사유는 사회적 현실의 지배 논리에 순응하지 않고 비판적이고도 실존적으로 개입한다. 그의 참여적 사유는 지배 논리로부터 빠져 나오게 하는 양심의 요구

---

289 퀘이커주의의 창시자였던 폭스에 대해서는 다음을 참조: 폭스, 『조지 폭스의 일기*The Journal of George Fox*』, 문효미 옮김, 크리스찬출판, 1994.

에 따르는 활동이었다.

함석헌에게 이상과 현실의 이러한 긴장관계는 천도(天道)와 인도(人道)의 분리와 결합의 관계로 변환된다. 천도인 이상은 실패를 거듭하는 누(累)를 갖는 인도를 통해 실현된다. 양자는 "둘이면서 하나다." "이상은 영원히 실현되지 못함으로써 이상이 되지만 또 자기를 희생해 현실계에 내려오지 않고는 이상의 의미가 없다."[290] 이상은 언제나 양심의 요구에 응해 현실계로 내려온다. 양심은 자신의 불완전한 실현에 대해 만족하지 않고 현실로부터 미래로 물러난다. 이상은 물러남으로써 양심으로 하여금 상황에 더욱 민감하게 한다. 이상은 현실에 부재하기 때문에 대안적 상상력을 자극하며, 주체적 사유와 실천의 원인이 된다. 이처럼 함석헌은 객관적 현실과 주체적 초월 의지 양자에 대한 관심을 중시한다. 이러한 입장에서 그는 객관을 주관으로 환원하는 주관적 관념론을 배격한다. "유물론이 잘못이라면 유심론도 잘못이다. 객관이 주라 해도 안 되는 말이고 주관이 주라 해도 안 되는 말이다."[291] 그의 사유와 실천은 객관적 실재에 대한 적극적 관심과 이로부터의 초월적 의지를 넘나든다.

주체적 책임과 긴장은 자아의 안정된 동일성을 갖지 못하게 하며 그를 현실과 이상으로 분리시킨다. 공허한 양심은 현실의 존재로 충만하지 못하고 현실과 거리를 갖는다. 함석헌의 특이한 자기비하 의식과 '공허'에 대한 감각은 바로 여기에서 나온다. 그의 주체성은 충만과 공허(존재와 무)에 걸쳐 있다. 그의 자아는 있는 곳에서는 없으며 없는 곳에서는 있다. 이러한 역설은 비인간화에 대한 고통의 감각과 인간의 보편적 구원에 대한 책임의식에 의해 운명적인 열정이 된다. 그의 종교적 책임의식과 정치의식은 동서양 고대 종교에 대한 학습과 민주공화제적 정치사상에 대한 숙고를 통해 견고한 신념으로 형성된다.

그의 정치의식은 자주성을 제거하는 모든 실증주의, 그리고 정치의식

290 함석헌, 「낮지만 따라야 하는 것」, 『전집』 20, 191쪽.

291 함석헌, 「씨알의 설움」, 『자전적 인생론』, 2003.

을 소탕해버리는 자본주의적 종교와 학술을 거부한다. 이러한 정치의식은 권위주의적인 사회 공학적 지배에 저항하고 종교와 학술의 순응주의적 행태를 부정한다. 그의 부정의식이 갖는 비판적 생동성은 한국전쟁 후 외세의 개입 하에서 심어진 의회 민주주의와 만났을 때 더욱 첨예하게 드러났다.

한국에서 이 정치체제는 인민주권에 대한 분명한 자각을 가지고 자주적으로 쟁취한 것이 아니라 외세의 지배하에서 거의 타율적으로 형성된 것이다. 그 제도는 헌정상으로만 민주공화제였기 때문에 태생적으로 시민의 주체성이 받쳐주지 못하는 제도였다. 의회는 소수 정객들의 무법적인 과두적 지배기구가 되었다. 또한 국가 자본주의 발전에 따라 형성된 경제구조도 소수 권력이 독점하는 경제적 과두제의 성격을 갖게 되었다.

이러한 의회 민주주의의 현실은 건실한 의회제와도 상충함은 물론이고 진정한 민주주의 이념과도 모순된 것이었다. 여기에서 자유 민주주의는 군주제에 대항하여 정치적 자유(정치해방)를 획득했다고 선전함에도 불구하고 자주적 평등이라는 가치에 대해 소극적이거나 적대적일 수밖에 없었다. 따라서 함석헌의 시대에 자유주의적 의회 민주제는 객관적으로 다음 두 가지 역설적 문제 상황에 처하게 되었다.

(1) 각 개인의 (정치적) 자유는 독점 정치세력에 의해 형식적 선거권에 한정되었고, 그로 인해 보편적 평등의 길이 차단됨으로써 자기부정(부자유)에 이르게 되었다.

(2) 각 개인의 (경제적) 자유는 경쟁적 개인들의 소유권 보장을 통해 사회가 계급들로 분화됨으로써 대다수는 근대적 노예 상태가 되었다. 자유는 자기부정에 이르게 되었고, 상품생산 체제는 민권(民權)의 물권화(物權化)를 확산시켰다.

자유의 자기 부정은 정치 · 경제적 권력 독점에서 비롯한다. 그러나 진정한 민주주의 정신은 불균등 독점을 배제하고 평등한 자유를 요구한다. 모든 인간관계에서 평등이 제거된 자유는 종속관계를 낳고, 따라서 자유를 부정하기 때문이다. 또 역으로 자유가 제거된 평등은 민주적 자율성에 입각한 자기통치(self-government)를 부정한다. 평등한 자유의 공리는 어느 한 쪽을 부정하면 자기모순에 빠지는 이념이다. 인민주권의 보편성이야말로 민주주의의 본질적 정신이다. 자유와 평등의 필연적 연관성은 정치적 공리(公理)이다. 함석헌의 정치적 상상력을 자극한 것도 바로 그러한 평등한 자유의 이념이었다. 그것은 봉건제에 대해, 그리고 뒤이은 자유주의(자유경쟁)에 대해 저항하는 이념이었다. 평등한 자유는 현실 제도를 넘어서게 하는 하나의 정치적 진리이다. 그것은 위로부터의 명령체계를 거부하고 위와 아래, 안과 밖의 차별을 해체하는 개방성을 갖는다. 그것은 내동댕이쳐진 인생에 접하여, 폐쇄와 개방 사이의 분쟁선을 끝없이 확장해간다.

따라서 민주주의자는 체계의 정합성을 이탈하기에 사법적 합리주의자가 될 수 없다. 이른바 의회 민주적 증후군이라고 하는 타인의 인생에 대한 냉담증은, 소유적 개인주의를 전제한 합리적 합의가 가능하다는 신념의 유포와 연관된다. 그러나 민주주의는 평등한 자유의 확장을 의욕한다. 함석헌이 만난 정치 이데올로기적 상황은 바로 그러한 갈등을 문제로 갖고 있었다. 당시에는 의회제가 독재의 도구였기 때문에 개인주의적 이데올로기가 비판적 수단으로도 활용되었다. 그러나 그는 정치 · 경제적인 반민주적 상황에 대해 회의하고 '인생대학'(감옥)을 넘나드는 과정에서 정규대학 학자들의 합리주의적 삶의 자세에 강한 거부감을 갖게 된다. 이는 그의 내면의 정치학이 생명의 소리이자 민중의 소리인 씨알의 소리를 바탕으로 했기 때문이었다.

그러나 민중이 스스로 예속을 탈피하지 못하고 있다면, 어떻게 자기통치가 가능할 것인가? 예속 상태는 더욱 손쉽게 과두제적 권력 형성의 재료로 포섭될 것이다. 이른바 수동적 시민으로서의 민중(함석헌은 '대중', '군중'이라 부른다)의 욕망은 경제성장이라는 희망과 심리적 노예 상태에 추동되어 권력 질서를 욕구할 것이다. 민중은 권력을 두려워하면서도 권력 창출의 공포스러운 기반이 될 것이다. 이러한 정치 · 심리적 역설은 민주적 정치사상가들(특히 루소와 스피노자)의 고민거리였지만, 함석헌에게도 심각한 문제였다. 여기에서 함석헌은 민중 각 개체의 자주적 독립성을 '개체생명'의 성장이라는 관점에서 강화하는 특유의 씨알 인성론을 생각하게 된다. 그는 일상생활에 민주적 형식을 부여할 수 있는 입법자적 주체성을 민중이 가져야 할 덕목으로 제시한다. 민중은 체제 속에 있으면서도 체제에서 빠져나올 가능성과 역량을 갖는다는 것이다.

이러한 맥락에서 함석헌은 민중의 민주적 가능성을 정치적 사유의 주제로 삼는다. 그는 민중의 허약성을 구실로 주권을 일인이나 소수 혹은 다수(결)에 양도하는 길을 가지 않는다. 민중의 욕망이 예속과 탈출 사이에서 동요하는 정치적 이율배반 속에서, 그는 집단적 저항이라는 지름길을 떠나 먼 우회로(선지자적 사상 혁명)를 선택한다. 그러면 함석헌이 만난 문제 상황에서 나온 내면의 정치학이 갖는 의의는 무엇인가?

자유주의적 체제는 개인의 사적 이익을 풀어놓음으로써 불평등한 계급분열 체계를 정당화하거나 촉진했다. 이에 따라 그 체제는 이기적 개인주의와 경제적 과두제를 융합했다. 이에 반해 현실 사회주의 체제는 형식적 자유 민주주의를 진정한 내용을 가진 실질적 민주주의로 전환한다는 혁명적 의미를 가진 것이었다. 그러나 극복 대상인 자유 민주주의가 민주주의와 동일시됨으로써 점차 민주주의와 사회주의를 대립관계로 이해하게 되었다. 애초에 사회주의는 생산 수단의 사회화를 통해 민중 각 개인의 자기통치를 실현한다는 희망 아래 사회 민주주의로 명명되기도 했으나, 권력쟁취 및 총체적 산업화와 맞물리면서 정치적 자유를 억압하게 되었다. 그러나 자유주의의 문제점도 신자유주의로 인해 더 악화되고 있다. 따라서 현실 사회주의의 붕괴가 결코 자유주의 체제의 우수성을 입증하는 정황증거가 될 수 없을 것이다. 두 체제 모두 민주주의라는 동일한 뿌리에서 나왔지만 민주주의에 대립하는 반민주적 상황을 초래했기 때문이다.

이러한 오늘의 상황에서 함석헌의 내면의 정치학이 말하는 근본적 민주주의는 새로운 시민 문화 운동을 촉진하는 사상적 계기로 작용할 수 있을 것이다. 진정한 민주주의는 계급과 국가는 물론이고 학교, 병원, 여성, 어린이, 이방인, 장애인 그리고 일상생활 세계에서 접하는 그 밖의 모든 영역들에서 문화적 헤게모니를 확장할 수 있는 전망을 갖게 되었다. 민주주의는 구체적 사실로 구현되는 것이 아니다. 이는 하나의 초월적 이념이며 정치의 원리[理]이다. 그것은 구체적 체제에 부분적 흔적을 남기고 자신은 물러나는 정치적 진리이다. 민주주의는 어떤 한 체제의 이름으로 남용되어 왔지만, 본질적으로는 체제가 아니며 언제나 그것과 거리를 갖는다. 그것은 권력의지를 품고 있는 특정 형태의 목적론적 선동을 거부하며, 기성 제도성이라는 실증적 사실을 넘어선다. 민주주의는 무한정성을 갖는다. 어느 체제도 정치적 완성태를 선언할 수 없다. 어느 체제도 정치적 진리의 비판적 초월성을 회피할 수 없다. 여기에 정치적 양심의 소리가 있으며, 민주주의의 급진성이 있다.

씨알의 소리는 체제의 맨 바닥으로 내려가고, 맨 바깥으로 나감으로써 체제가 약속하는 행복과 안정을 거부한다. 이러한 강건한 덕이 정치적 진리에 접근하는 주체적 역량이다. 유대 기독교적 교양에 익숙한 함석헌은 한 사람의 이방인과 한 사람의 눌린 자에 대한 사랑에서 민주주의의 본질적 정신을 읽어낸다. 이러한 전복적 개방성은 잘난 자의 지식을 사랑의 이름으로 격하시키고, 못난 자의 고통에서 자유의 보편적 확대 가능성을 이해한다. 함석헌의 정치학이 주는 의의는 이러한 강건한 개방성에 있을 것이다.

그러나 민주적 개방성이 민중의 능동성에 의해 지속적으로 확보되는 것은 아니다. 4 · 19 혁명의 폭발이 있었지만 민주적 공동체와 시민 주권의 조직화로 이어지지 못했다. 혁명은 어렴풋하게 정치적 진리의 섬광만 보여주고 숨어버렸다. 평등한 자유의 진리는 혼융한 민중의 형태로 드러난 순간 놓쳐버리고, 다시 군중적 타성과 독재로 귀결되었다. 이러한 현실에 맞서 함석헌은 주체적 시민을 형성하기 위한 사상적 노력을 기울이게 된다. 그의 사상적 노력은 동서양의 형이상학적이고 종교적인 지혜에 대해 윤리 · 정치적 독해를 하는 것이다. 시민은 종교 · 철학적으로 음미된 인간성(씨알)에 대해 자각해야 했다. 시민은 씨알-시민이 된다. 그리고 인간은 우주적 생명에 공감하는 우주적 인간으로 확대된다. 철학적 종교라고도 할 수 있는 이러한 입장에서 함석헌은 한국 의회 민주제가 갖는 위기에 대면한다.

의회 민주제는 정치적 과두제의 수단이 되어 자유의 상실로 귀결되었다. 이에 대해 함석헌은 서양의 민주 공화적 혁명에서 선언되었던 자기 통치로서의 자유 개념을 발전시킨다. 자유는 그가 민중과 동일시하기도 했던 "씨알들이 스스로 자기를 다스려 갈 수 있는" '자치정치'이다. '자유의 윤리'는 '자기야말로 자기의 주인'이라는 '자주'의 원리이다. 소유적 개인주의가 유포한 '이욕주의(利慾主義)'의 '왕관'은 '자주성'으로 대체된다. 민주적 자주성은 "개인이 죽어버리는 산업사회"에서 "상스러운 천민"이 된 시민을 진정한 씨알로 거듭나게 한다. 전제군주나 독재자에 대한 공포가 사라졌을 때 '대중'은 서로에게 공포스러운 존재가 되어 또 다시 군주를 만드는 악순환에 들어갈 수 있다. 이에 비해 자주성은 그러한 순환을 끊고 빠져나오는 주체성의 원리이다. 그것은 어떤 객관적 제도에도 의존하지 않는 정신적 독립성을 갖는다. 그것은 "제도의 혁명"을 가능하게 한다. "모든 제도가 인간의 자립을 방해"하기 때문이다. 자주성은 타인의 자립을 촉진할 때에만 제약되므로, 평등한 개방적 연대의식을 동반한다. 그것은 개체의 독립성의 원리이면서 보편적 사회해방의 원리이다. 민주주의 정신은 전제적 전체주의와 양립할 수 없듯이 원자적 개인주의와도 양립할 수 없다.

여기에서 함석헌은 '씨알' 개념을 정치적 문맥에서 다시 사유한다. 그에 의하면 우주 삼라만상은 무한한 '빈 탕(허무)' 혹은 '무극(無極)' 안에서 전개된 것으로, 빈 탕은 나타난 우주의 존재보다도 드넓은 것이다. 현상의 존재는 이 빈 탕을 관통하여 흐르는 창조적 생명 원리의 역동적이고 전진적인 힘에 의해 형성된 것이다. 존재를 창조하는 생명의 힘 역시 무한하고 영원한 원리이다. 이것이 허무를 극복하고 현상적 존재를 전개하면서 그 안에 내재한다. 모든 개체들은 허무를 통과해서 형성되었기 때문에 파멸의 가능성을 가지며, 동시에 영원한 생명 원리가 자신 안에 내재하기 때문에 영원성을 갖는다. 개체들은 전체적인 우주적 생명의 흐름[전체 생명]과 연속성을 가지면서도 이 생명성을 자신의 독자적 '바탈'[性, 본성 혹은 본질] 즉 '개체 생명'으로 함축하고 있다. "부분은 전체 안에, 전체는 부분 안에" 있다.

우주의 한 부분인 인간의 의식도 생명 원리에 의해 형성되었다. 인간은 자기수렴의 노력에 의해 본성을 자각하여 자신이 우주적 생명 속에 있음을 깨닫는다. 이와 같이 인간을 창조하고 그 안에 내재함으로써 '상대계'와 '절대계'가 둘이면서 하나임을 알게 하는 이 생명 원리를 함석헌은 '씨알', '영혼' [얼, 넋, Spirit]이라고 불렀다. 씨알은 개체성의 원리이자 개체의 우주적 연대성의 원리이다. 이런 의미에서 그것은 '모든 의식의 근본이 되는 근본의식'이며, '초개인적이고 보편적인 근본의식'이다.

이러한 유기체적이고 생태론적 형이상학에서 함석헌은 민주주의의 정신을 읽어낸다. 그는 이 정신을 동서양의 고대 종교의 공통적 본질, 즉 종교성으로 이해한다. 자주성은 '제도의 혁명'을 요구하고, 더 나아가 '혼의 혁명'을 필요로 한다. 새로운 사상은 '전체 한 삶[大生命]'의 '숨(생명)'을 '내뿜는 것', 즉 '폭발'에서 실현될 것이다. 생명 원리는 진화적 전개를 거듭하여 인간의식에까지 이르렀다. 인간은 자신의 의식을 확장 · 심화하여 존재의 근거인 씨알을 자각하여 실현할 단계에 와 있다. 우주사적 진화 단계에서 인간은 '한번 큰 혁명'을 '점화(點火)'할 수 있는 시점에 와 있다. 이러한 사상 혁명을 통해 무엇이 드러나는가? '개체면서 전체고, 전체면서 개체, 여럿이면서 하나, 하나면서 여럿'이라는 만유의 존재론적 구조가 드러난다. 그리고 이 구조가 종교의 종교성이다. '민주주의는 사실은 종교'이다. '종교의 세속화'의 진정한 의미는 제도 혁명을 혼의 혁명으로 완성하는 것이다.

정치적 시민의 주체성은 형이상학적 씨알에 본원하여 '나 속에서 전체를 보고 전체 속에서 나를 보는' '호연지기(浩然之氣, 우주적인 드넓은 기상)'의 주체성이 된다. 이 드넓은 세계에서는 어떤 개체도 도구화될 수 없고 존재의 독자성이 훼손될 수 없는 자기 목적성을 유지한다. 동시에 모든 개체는 보편적 연대성에 따른 평등성으로 열려 있다. 진정한 인간성은 이러한 우주적 평등 구조에 자각적으로 참여함으로써 체득된다. 함석헌에 의하면 자연을 대상화하여 지배하는 태도는 억압적 행위에 입각한 '유위(有爲)의 정치'를 낳는다. 그러나 "민중을 살려 민중으로 하여금 나라를 하게(다스리게) 하는 것"은 '무위(無爲)의 정치', 즉 민주주의를 낳는다.

이와 같이 함석헌의 씨알민주주의는 우주사적 전망과 사명을 지닌다. 씨알민주주의 이념에서 그는 모든 위계적 구조를 탈각하고 존재 자체에 대한 긍정을 지향하는 사랑의 본질을 이해한다. 진정한 민주주의는 '사랑을 온 통으로 하는' 전체주의이다. 그것은 '참 의미의' 전체주의(Holism)이지 개체들을 대중화하여 사회 공학적 조작 대상으로 삼는 '잘살기', '토탈리테리어니즘(totalitarianism)'이 아니다. 진정한 전체주의는 통일성이 다수성[衆,多] 위가 아니라 개체들의 평등한 상호 연대성[一] 안에 있다.

이러한 맥락에서 함석헌은 '서민', '민중', '민초' 등 모든 민(民) 자가 들어가는 단어를 '집단주의'의 산물로 규정하고 민중을 씨알로 명명한 것이다. 민중은 선동의 객체나 주체가 될 때 씨알이 아닌 군중주의(populism)적 시민이 된다. 그러나 씨알이자 시민으로서의 민중은 정치적 자주성과 우주적 인간성[씨알]에 대해 자각적으로 사유하는 주체이다. 함석헌은 선언한다. "이제 전체가 생각하는 시대가 되었다!" 이와 반대로 "나는 생각한다"를 특권화하는 것은 데카르트가 왕정 체제와 친근했던 것처럼 그 어떤 억압체제와도 가까울 수 있다. 그러나 "우리가 생각한다"는 모든 억압적 지배에 대한 항의의 기호이다. 개체들의 평등한 자주성은 공동의 선을 생각하게 하는 '우리'의 진리이다.

함석헌은 민중의 지성화를 인류사적으로 전망한다. 인류사는 '부족 시대'를 거쳐 자본주의적 '제국주의 시대'와 '개인주의 시대'로 전개되어 왔다. 자본주의는 자유를 성취했지만, 그것은 '자유를 외적 물적인 뜻으로 취한 것'이다. 이러한 자유는 '가족적 · 계급적 종교적인 인습과 폐단'을 벗겨버렸다. '자본주의 발달에 따라 자유의 정신도 자라왔다.' 그러나 '돈과 이욕에 기대어 외면적으로 자유를 얻었다.' 함석헌의 이러한 평가는 부르주아적 시민사회의 정치해방이 소유권과 자본축적에 제약된 상황을 지적한 것이다. 그의 관점은 부르주아의 외면적 자유를 더 밀어붙여 '내면적 자유'로 심화하려는 것이다.

이것은 형식적 의회 민주제와 자본제에 대한 제도적 혁명을 사상의 혁명을 통해 가능하게 하려는 그의 의도를 보여준다. 내면성은 정치적 자율성과 경제적 해방의 주체적 기초이다. 이 주체적 기초는 세계 자본주의가 성취한 세계화를 평등한 자유의 왕국으로 전환한 '세계주의'를 전망한다. 그가 좋아하는 '도래하는 민중'이란 바로 이러한 역사적 전망 아래에서 나온 역사성을 갖는다. 미래로부터 다가오는 희망의 관점에서 역사를 보는 함석헌에게 민주주의는 제도가 아니라 제도를 전복하려고 도래하는 민주주의 이념이다. 그가 말한 '돈 없는 세상', 최후의 '아마겟돈의 싸움'이라는 극히 비현실적인 발언도 민주주의는 역사적 제도가 아니라 자유·평등의 초월적 이념임을 상징적으로 표현한 것이다. 이러한 이념성은 구체적 제도에 자신의 불완전한 흔적을 남긴다. 그것은 이 흔적을 가능성으로 삼아 인간의 내면성을 언제나 그 제도에 저항하는 역사적 주체성으로 구성한다. 이러한 구성이 씨알이 자라나는 과정이다.

인간의 내면성은 우주적 생성 원리이자 인간성의 원리인 씨알의 영역이다. 씨알은 자발적이며 창발적인 '성장(자람)'을 통해 스스로가 우주적 생명성의 자각적 구현자가 된다. 이로써 내면성은 모든 '형이하(形而下)'적 물체성의 옷을 벗어버린 '형이상(形而上)'의 자유를 체득한다. 이러한 자유는 우주적 개방성에 대한 경험에서 온다. 개방성은 모든 있는 것들이 있다는 사실[존재]을 그대로 긍정하는 관대[寬, 仁]와 사랑[agape, 慈, 仁]의 덕이 일어나는 장소이다. 이러한 우주 생태론적인 덕들을 함석헌은 '우주 윤리'라 부른다.

내면성의 심화에서 우주적 윤리로 나아가는 것이 정치적 의미를 갖는 시대적 사명이 된다. 내적 자기수련의 노력도 정치적 의미를 갖는다. 여기에서 함석헌은 자기수양과 정치의 연관을 논의해온 동양철학에 관계한다. 우주 윤리는 민주적 덕이다. 진정한 민주주의의 정신은 장자(莊子)의 주장대로 존재에 대한 평등한 관용 혹은 존재와의 화해인 '재유(在宥; 관대한 화해 속에 있음)'의 덕에 토대한다.

이러한 생태론적인 덕은 모든 노예 상태의 근원인 비굴한 '두려움' [畏]과 '공포' [恐]를 용해하는 자기수양을 필요로 한다. 민주주의의 적은 '비굴'과 '탐욕'이다. 그것은 생명을 지켜내지 못한다. 그러나 함석헌이 본 맹자(孟子)에 의하면 "마음을 다하여[盡心] 바탈(씨알)을 알면[知性] 하늘(우주적 생명 원리)을 알게 된다[知天]." 생명이 전개된 만유에 대한 평화로운 화해[和]의 덕이 '진리파지(眞理把持)' (M.Gandhi)이다. 따라서 민주주의를 향한 혁명은 비폭력성을 갖는다. 그의 정치학은 사상혁명으로부터 제도로, 내면에서 외면으로 나가는 발산의 정치학이다. 내면도 정치적 장소이다.

한국의 독점 자본주의에 대한 함석헌의 일관된 태도는 종교 · 윤리적 비판이었다. 그것은 1980년대의 민족민주 운동의 특징이었던 정치경제학적 비판의 태도는 아니었다. 그는 정치적 자유를 억압하는 독재와 의회제의 형식성 및 자본주의의 탐욕성을 비판했다. 이러한 비판을 통해 그는 진정한 민주주의의 본질과 그것의 형이상학적 기초를 드러낼 수 있었다. 그러나 그는 경제적 문제 상황에 대한 사회과학적 이해와 제도적 대안이 요구되는 곳에서 그것을 종교 · 윤리적 고뇌가 담긴 이상의 제시로 대체했다. 그의 선지자적 목소리는 1980년대 초 이후에는 들리지 않았다.

이러한 귀결은 그의 인생 초기에 북한의 군사적이고 물리적인 동원 체제에 대한 부자유의 경험이 여타의 혁신 경제정책에 대한 호의를 압도하는 경험에서 온 것일 수도 있다. 아마도 이러한 경험이 남한의 자본주의적 개발 동원체제와 물질적 행복의 유토피아 선전에 대해 더욱 민감하게 저항하게 했을 것이다. 그는 아래로부터든 위로부터든 모든 형태의 사회 공학적 조작정치를 부정했다. 그도 민주주의와 사회주의를 대립적으로 보려는 유혹을 받고는 있었지만, 사회주의는 민주주의를 필요로 하며, 자유주의도 사회주의를 필요로 한다고 보았다. 자유주의와 사회주의를 표방했던 두 체제는 자유와 평등이라는 민주주의 정신을 왜곡한 것이었다. 소유적 개인주의가 재산을 통해 타인의 자유를 억압한다면 이는 분명 반사회적이다. 따라서 자유는 자유 자체의 평등을 요구하며 필연적으로 사회화를 요구한다. 민주화는 독점화가 아니라 공동의 선의지에 따른 공동의 선을 추구한다. 그가 자본주의적 탐욕을 넘어선 도래하는 민주주의를 바라본 것은 그러한 사회주의적 상상력에서 나왔다고 할 수 있을 것이다.

'도래하는 민중'의 '자치정치'는 외면적 제도의 극복을 이끄는 정치적 상상력을 자극한다. 정치적 상상력이 구체적 제도 속으로 소진되어버리지 않기 위해서는 민주주의의 원리가 정치적 양심으로 내면화되어야 한다. 제도는 왜곡되거나 사라져도 내면의 도(道)는 남아 그 정치적 가능성을 동경하고 고취한다. 정치적 양심인 내면성은 권력관계가 있는 모든 곳에서 작동한다. 이러한 내면의 정치학에 따라 함석헌은 적대적 계급투쟁이라는 정규전이 아니라 '사상의 유격전'이라는 사회 저변에서의 일종의 생활 문화 운동의 확산을 주장한다. 그에 의하면 "기술이 발달하면 할수록 사상의 유격전은 더욱 필요"하다. 그러므로 "싸움터는 국회의사당도, 법정도, 학교도, 신문사"도 아니라, "직장, 다방, 선술집, 소풍 놀이터에 있다".

1990년대 중반 사회주의 체제의 몰락 이후 계급과 국가의 문제를 중심으로 한 사회운동은 썰물처럼 사라져갔다. 선지자의 목소리도 사라졌다. 신자유주의의 경쟁과 효율성이라는 반민주적 적대의 소리만이 합리성의 이름으로 주변과 바닥의 신음소리를 압도하고 있다. 그러나 금융 자본주의의 계급투쟁에 대항하는 정치적 양심은 남아 있다. 내면의 정치학은 바로 이 상황에 접목되어 정착할 수 있을 것이다. 사회해방을 위한 정규전이라는 급경사를 우회하는 내면성은 자신의 정치학을 통해 오늘의 상황을 극복하려는 생각에 도움을 줄 수 있을 것이다.

그러나 다시 돌아온 내면의 정치학은 전략상 이전과는 다를 것이다. 그것은 사상의 유격전을 자신이 소홀했던 계급과 노동의 영역뿐만 아니라 일상 생활세계 전반으로 확산한다. 내면의 정치학이 갖는 현재적 의의는 바로 여기에 있다. 이제 그 정치학은 외면성을 위해 내면성을 희생하지 않으며 내면성을 위해 외면성을 희생하지도 않을 것이다. 내면성도 정치적 사유와 실천의 원리이기 때문이다. 그리고 이 정치학은 민주적 정신의 우주적 연대성에 따라 영원한 생명의 흐름[씨알]이라는 형이상의 원리를 사유하는 인간상을 형성해낼 것이다. 사상의 유격전의 주체는 외면적으로는 민중 각자가 처한 위치에서 노동자, 농민 등 사회적 규정성을 갖지만, 내면적으로는 우리를 생각하는 평등한 주체이자 우주생명 원리의 창발적 흐름에 열려 있는 생명(씨알)이다. 우리-주체성과 우주적 생명에는 사회적 지위의 이름이 없다. 그러므로 도래하는 민중의 시대는 민중이란 이름도 지워진 무명인사들의 세계가 될 것이다.

9. 동양사상과 종교-윤리적 대안 논박

함석헌의 정치적 자유는 '전일자(全一者, 하나이자 모든 것)'라는 개방적 전체성을 배경으로 갖고 있다. 개방적 전체성은 우주적 원리이다. 그것이 사회적으로 적용될 때 소외된 소수, 이질적 소수를 포용하는 개방적 인륜의 원리가 된다. 그것은 개체를 위에서 지배하는 폐쇄적 통일성이 아니다. 생의 통일성은 함석헌에게 사유와 행동의 근본이념이었다. 그는 갈릴리 호반을 거닐며 황야에서 사색하는 예수에게서 자유정신의 구체적 이상을 보았으며, 자유정신을 개체의 내면적 생명 원리이자 우주의 생명 원리인 씨알의 구현으로 이해했다. 씨알은 개인의 독립적 정신의 '바탈(바탕)'이며 모든 인류와 생명체를 형성하는 보편적 원리이다. 함석헌은 개인과 우주의 연속성과 개체의 인격적 독립성을 함께 구현하는, 전체주의적 민주주의(holistic democracy)라는 이념의 구도 아래 움직인다. 이 입장에서 그는 평등한 연대성 위에 군림하는 권력의 총체주의(Totalitarianism)를 거부했다.[292]

그는 이러한 사상을 맹자적 개념으로도 표현했다. "인간의 자기이해는 그 본성(씨알, 바탈)을 인식하는 것이고 그 본성을 인식하면 우주의 본성을 인식하는 것이다[盡其心, 知其性, 知其性, 知天矣]." 인간은 심층적 본성의 이해를 통해 어떤 객관적 제도에 의해서도 수단화될 수 없는 개체의 자기목적성을 인식하며, 동시에 생명의 보편적인 진화적 흐름에 참여한다. 그러나 진화적 흐름에 참여하는 외향적 발산은 본성으로의 내적 수렴을 통한 내면성의 확립에 기초한다. 이러한 수렴과 발산의 통일적 구도는, 함석헌도 후기에 의식했듯 동학(東學)이 인간성을 '하늘의 도(天道)'로 이해하고 이의 실천적 '표현(表顯)'을 '새로운 시대의 도래[開闢]'로 선언한 것과 궤를 같이한다. 또한 그는 "대종교에는 비슷한 사상이 있다"고 하면서 "제 속에서 찾아라!"고 말한다.[293]

함석헌은 끝없는 자기비하 속에서도 내적 수렴을 통해 자기를 완성하고[爲己之學], 본성(씨알)이 주는 신성한 활력이 억압적 제도를 돌파하는 셸리의 '사나운 서풍(西風)'으로 실현되기를 염원했다. 억압에 저항하는 것은 씨알 이외의 모든 외면적인 것(제도와 자연현상)을 '껍질'인 '옷'으로 보고, 그것이 끌어내리는 힘에 역운동하는 것이다. 이러한 저항은 정신의 초월적 독립성과 급진 민주주의를 통일시킨 칼라일(Thomas Carlyle, 1795~1881)의 사상과도 소통할 수 있다. 그는 "칼라일을 읽었다. 『옷의 철학』은 몇 번 읽었다." [294]

칼라일의 『의상철학』은 주인공인 디오게네스 토이펠스드뢰크(Diogenes Teufelsdröckh, 신이 낳은 악마의 똥이라는 의미)의 방황의 기록이다. 그는 '공장(工場)의 힘'과 그 이데올로기인 '자유주의적 공리주의'에 대항하여, 악마적 부정의 정신을 가지고 독립적 '자유'와 '자발성'의 덕을

---

292 함석헌기념사업회, 「민중과 새 역사의 지평」, 『끝나지 않는 강연』, 삼인출판, 2001, 120쪽.

293 전대열 편, 『싸우는 평화주의자』, 동광출판, 1982, 304쪽.

294 함석헌, 「이단자가 되기까지」, 『선집』 5, 1996, 91쪽.

추구한다. 이 덕들은 감각적 우주 너머에 있는 '무한'과 '영원'에 일치하는 영혼을 '영원한 부정'으로부터 회심하여 '영원한 긍정'의 덕에 뿌리박게 한다. 이러한 정신은 고통의 세계를 그리스도가 슬퍼한 세상으로 보고, 세상을 '신성한 슬픔의 성전(聖殿)'으로 공감하는 데에서 현실세계와 연결된다. 칼라일이 보기에 모든 외적 규정성(옷)을 벗어버린 차원에서의 급진 민주주의적 행동은 번민 속에서도 무한과 영원을 시간적 역사에 개입시키려는 '인생철학(Lebensphilosophie)'이 수행해야 할 과제였다.[295]

예로부터 성인들은 도시에서 밀려나와 황야로, 황야에서 다시 도시로 회귀하여 자신의 내적 필연성에 따라 권력세계와 충돌했다. 함석헌 역시 이러한 삶의 형식에 따라 살고자 했다. 그는 삶의 의미가 역사에서 온다는 역사주의를 일면적인 진리만을 갖는 것으로 비판한다. 자본주의의 지배적 전개는 단지 '외면적 자유'만을 실현했고, 정신의 독립적인 '내면적 자유'를 새로운 숙제로 남겨놓았다.[296] 이제 인류사는 부의 축적으로 전진하는 자신의 머리를 뒤에서 움켜잡고 세계와 자신을 새롭게 반성할 단계가 되었다는 것이다. 이러한 역사적 전망 안에서 함석헌의 씨알사상은 인간을 우주에 연결시켜 생태론적 주체성을 수립하고, 이 주체성을 외적으로 표현하는 행동에 평등한 정치적 자유를 연결시켰다. 부자유한 삶에 평등이 있을 리 없으며, 불평등한 삶에 자유가 있을 리 없기 때문이다.

그의 생애 전반기와 후반기를 관류하는 하나의 역사적 경험은 근대화와 연관된다. 전반기의 경험은 일제하의 식민지적 근대화이며, 후반기의 경험은 군사독재 하에서의 산업 근대화이다. 함석헌이 보기에 타국에 의한 노예화의 존속은 속박된 민족의 '비겁한 짓'이다.[297] 굴욕을 장기적으로 극복하지 못하는 것은 자유라는 지고의 인간성을 저버린 것이다. 이것은 개발독재하의 총체적 동원 체재에도 적용된다. 이러한 역사적 상황

---

295 칼라일, 『의상철학』, 박상익 옮김, 한길사, 2008, 231-284쪽.

296 함석헌, 「새윤리」, 『선집』 2, 383쪽.

297 함석헌, 『바가바드 기타』, 한길사, 1996, 311쪽: 함석헌은 영국의 식민지가 된 인도인을 저항하지 못하고 비겁한 짓을 오래 한 것으로 보았다.

에 대한 함석헌의 경험은 그에게 노예 상태와 자유의 첨예한 갈등을 시대의 문제이자 인류 보편적 문제로 생각하게 했다. 이 문제는 인간의 삶을 수단과 목적의 연쇄로 도구화하고 사회 공학적 조작의 대상으로 삼는 태도에 대한 회의와 항의로 연결된다. 여기에서 그의 문제의식은 분명해진다. 그것은 밖으로는 사회의 인간화를 위한 상황의 변형에 대한 관심이며, 안으로는 사회가 조장하는 공포심이나 충동을 극복한 자유에 대한 관심이다. 자유의 완성은 인간 내면의 심층적 차원에 대한 인식과 그것의 함양에서 오는 심성의 안정성과 자발성을 실현하는 것이다. 이러한 자유는 근대 서유럽의 자본주의 발달과 함께 철학에 유입된 개인의 자율성에 종교적 전통에 기원한 신비주의 형이상학을 결합한 것이다.

이러한 맥락에서 함석헌은 인도와 중국의 고전에 관심이 깊었다. 그의 사유는 세계와 자아, 외부와 내부의 유기적 연결의 성취 여부를 끝없이 각성하며, 그 속에서 노력하는 정진의 운동이 되었다. 그가 관심을 가졌던 고전들은 『맹자孟子』와 『장자莊子』처럼 난세에서 삶의 의미를 묻는 것들이다. 특히 인도의 『바가바드 기타』에 대한 독해는 그의 사유가 갖는 긴장을 잘 보여준다. 그는 그 책을 한국전쟁 시기의 부산 피난 시절에 어느 헌책방에서 영역본으로 만났다. 그러나 그 책에 대한 관심은 이전부터 있었다. 간디의 사유와 실천을 지배한 책이라는 사실을 그는 이미 알고 있었다. 놀라운 마음으로 읽게 된 『바가바드 기타』에서, 그는 자신의 생각의 방향과 문제의식을 다시 확인한다. 그는 다른 동양의 고전들과 그것을 연관시킴으로써 자신의 세계관을 심화할 수 있었다.

더욱이 그 책이 설정하고 있는 문제 상황은 인간이 가장 고뇌하는 동족상잔의 전쟁이다. 이 책은 쿠루크셰트라 전쟁이라는 역사적 사건을 소재로 하는데, 쿠루족의 두 형제 가문인 카우라바(Kauraba) 형제들과 판다바(Pandava) 형제들의 왕권 쟁탈전이었다. 『바가바드 기타』는 이 전쟁을 무대로 판다바 가문의 셋째인 아르주나(Arjuna)와 비슈누신의 화신인 크리슈나(Krishna)의 대화를 철학적 대화로 각색한 것이다. 상대편 군대에 일가친척이 있다는 것을 안 아르주나는 번민에 빠져 고행자의 길을 선택하려 한다. 그러나 크리슈나는 "싸우라"고 말한다. 불교 경전과 다른 동양의 고전에서 말하는 내적 자기완성에 기초한 자발성과 비폭력 실천에 크게 감명받았던 함석헌에게 크리슈나의 말은 잠시나마 하나의 시험으로 다가왔을 것이다. 그러나 『바가바드 기타』의 교훈과 함석헌이 독해한 사상은 폭력을 의도하는 데에 있지 않다. 전쟁은 인간 내면의 자기투쟁을 상징하며, 동시에 불의의 시대에는 의로운 실천이 요구된다는 것을 의미한다. 그리고 이 실천은 "슬픔과 미혹으로 생겨난 장애를 제거하기 위한 촉구"에 따라 "육체적 생사를 초월하는" 자아를 확립하여 "사회적 의무를 수행"하는 것이다. 이 사회적 실천은 도구적 행동이 아니라, "결과에 집착하지 않는" 행동이다. 그것은 내면의 심층에서 자각된 진실이 자발적으로 외부로 드러나는 내외합일적 행동이다.[298]

바로 이 지점에서 함석헌의 사상은 유영모와 다른 특징을 보여준다. 유영모는 인간의 내면세계가 외부세계보다도 더 드넓은 대해(大海)이며 만유의 본체가 그 무한성을 가지고 드러나는 형이상의 차원임을 함석헌에게 각인시켰다. 이러한 내면세계의 가르침에 함석헌은 사회적 불의에 대한 관심과 정치적 비판 행위를 연결시킨다. 이러한 연관은 동원 체제와 도구적 지배가 주는 비인간화에 저항하는 것이자, 내적인 형이상의 경험에서 오는 자유를 실현하는 것이다. 그는 무장한 선지자이기보다는 병든 세상에서 병든 채로 수양하는 선지자이기를 원했다. 그에게 의미 있는 생활은 제도 밖에서 제도에 비판적으로 개입하는 것이다. 진정한 인생은 이기적 개체에 집착하는 응고성에 자유의 개방성을 대결시키는 자기부정적 정진의 과정이다.

이러한 과정은 도구적이고 조작적인 사고와 구도자적 자기실현의 사고가 충돌하는 전쟁이다. 이러한 갈등에 대한 그의 의식은 확고했다. 이것을 그는 전쟁에 임하기 전 제갈량(諸葛亮)이 던진 후출사표(后出師表)에 나오는 각오에 비유한다. "제 몸을 굽혀 다 지치고 부스러질 때까지

---

298 함석헌, 『바가바드 기타』, 한길사, 1996, 30쪽, 34쪽.

하다가 죽은 담에(후에) 말 뿐이지, 지고 이기고, 날카롭고 무디고(利鈍) 하는 데에 이르러서는 제 지혜를 가지고 능히 미리 알 바가 아닙니다[臣鞠躬盡瘁 死而后已 至於成敗利鈍 非臣之明 所能逆覩也]."[299] 여기에서 중요한 것은, 인간은 행동의 결과를 고려하지 않을 수 없지만 일차적인 것은 내면적 신념에 따른 행동 그 자체, 즉 공적인 자기실현이 목적이라는 것이다. 함석헌에게 "최고의 목적은 인간 앞에 놓여 있다. 자아의 실현, 또는 자유다. 모든 행동의 결과를 생각지 말라는 것도 이 목적을 위해서 하는 말이다." 이러한 행동은 라다크리슈난의 말처럼 '무사(無私)의 원리'에 예술적 유희의 활동이 갖는 자발성을 결합시킨 것이다.[300] 그러므로 『바가바드 기타』의 크리슈나는 아르주나에게 말한다. "부(富)의 정복자야, 너는 집착을 버리고, 요가(마음을 통일하는 기술)에 굳게 머물러 서서 되고 안 되고를 평등으로 보는 마음을 가지고 행동하라. 평등으로 보는 마음을 요가라 하느니라." 내면적 가치의 차원은 외적 성공의 유무에 따라 가치가 증대하거나 감소하지 않으며, 더 행복해지거나 불행해지지 않는다. 내적 독립성은 행불행의 규정을 받아 수동화된 예속 상태가 아니라 자유의 실현이라는 내적 필연성의 추동에 따르는 능동성이다. 이는 예술가의 창조적 충동처럼 내적 강제와 자유가 합일된 행동 방식이다.

자발성은 하나의 능력, 즉 덕이다. 그것은 외적 행불행과 득실을 '평등하게 보는(Samatvam)' 힘을 갖는다. 그러나 이 평등의 능력은 윤리적 관점에서만 이해될 수 있는 것이 아니다. 그것은 우주에 대한 종교적이고도 철학적인 통찰의 관점, 즉 형이상의 지혜에서 온다. 이 때문에 평등의 지혜는 자발성으로서의 자유가 성립하는 일차적 조건이 된다. 『바가바드 기타』의 가장 핵심적 원리는 여기에 있다. 라다크리슈난에 의하면 '평등한 눈으로 본다(Samadarsinah)'는 것은 "영원한 것이 만물 속에 다 같이 있음"을 보는 것이다. 이는 "사람에게나 마찬가지로 동물에게도, 브라만에

299 함석헌, 앞의 책, 114쪽.
300 함석헌, 앞의 책.

게나 마찬가지로 멸시받는 추방자에게도 있다. 브라만(Brahman)의 빛은 모든 속에 다 있는 것이요, 그것이 비춰주는 몸들의 차이 때문에 변동이 생기는 것은 조금도 없다."[301] 우주를 생산하고 그 속에서 작용하는 생명 원리인 브라만은 평등한 내재성을 갖는다. 크리슈나는 말한다. "어진 이(자아 실현자)는 학식 있고 겸손한 브라만(승려계급)이나 소나, 코끼리나, 개나, 개를 먹는 자(천민계급)까지도 평등한 눈으로 보느니라." 또한 우주적 생명 원리는 인간 각 개인의 자아의 심층적 본질이다. 따라서 "요가로 자기를 통일한 사람은 모든 곳에 평등관을 가져 일체 산 것 속에서 자아를 보고, 자아 속에서 일체 산 것을 보느니라."[302] 아트만은 브라만이다. 경험적 현상의 차원에서 만물은 다양하다. 그러나 본질의 차원에서 나를 포함한 만물은 하나이다.

함석헌의 윤리적 양심 개념은 이러한 우주적 연대성에 대한 자각과 개체들의 자기중심성의 대비에서 나온다. 인도 철학과 불교가 윤회라고 하는 신화적 형태로 생명체의 시공간적 연속성을 말한 것은 우주적 연대성에 대한 통찰을 통해 자유와 우주적 사랑[慈], 연민[悲]을 이해시키는 효과를 갖는다. 쇼펜하우어(A. Schopenhauer)의 불교적 도덕에 영향 받은 톨스토이의 우주적 양심도 위와 같은 맥락에서 의미를 갖는다. 이것에 공감하는 함석헌은 기독교의 원죄 개념 역시 우주의 보편적 통일성과 개체의 자기중심성의 갈등이라는 관점에서 이해한다. 속죄는 그리스도의 대속 사건을 믿고 안주하는 것이 아니라, 개체 자신이 자신의 현상적 한계를 초극하여 우주의 통일성을 경험함으로써 우주적 자아로 거듭 나는 데에 있다. 인간은 본질적으로 우주와 연속된 소우주이다. 앞서 언급한 것처럼 함석헌은 이러한 관점을 『장자』「칙양則陽」에 나오는 대공조(大公調, 큰 하나 됨)로 해명한다. 광대한 조화를 의미하는 대공조는 차이를 동일하게 보고 동일한 것에서 차이를 보는 관점이다. 이 관점에서

301 함석헌, 앞의 책, 223쪽.
302 함석헌, 앞의 책, 272쪽.

세계를 보는 사람이 대인(大人)이다. 함석헌의 해석에 의하면 "대인은 모두 한데 어울러서 하나됨을 하는 이[大人合併而爲公]"이다. 그리고 대공은 궁극적으로 테두리가 없다. 그것은 열려진 전체성이다.

함석헌의 초인은 개방적 전체성 속에서 개체에 대한 이기적 관심을 용해하는 인격이다. 그에게 중요한 것은 우주적 생명의 연속적 흐름인 유동성에 대한 통찰적 경험이다. 이 통찰에서 자유와 궁극적 만족에 도달한다. 그에게는 형이상학적 사변을 통해 일자(一者)에서 다자(多者)를 연역하는 체계를 세우는 것이 문제가 아니다. 진정한 인격은 생명의 흐름에 동조[調]하는 궁극적 관점(Pespective)을 주체적 관점으로 체험할 수 있는가를 문제 삼는다. 이런 의미에서 함석헌은 윤회전생을 우주적 연대성의 관점에서 긍정적으로 이해하고, 맹자를 활용하여 다음과 같이 말한다.

> 궁극에 있어 생명은 한 생명이요, 그 생명이 무한히 진화하는 생명임을 알면 그것(윤회 문제에 대한 종교 간의 이견) 때문에 싸울 필요는 없다. 그렇게 조급하게 생각할 게 아니라 곰곰이 오묘한 지경을 생각해보면 나는 결코 한 번만 나고 한 번만 죽는 내가 아닌 것을 알 수 있다. 자기를 조금 들여다보는 사람이면 '나'라는 것은 연속이 아니고 불연속인 것을 알지 않나? 지금 일념(一念) 사이에, 믿으면 영으로 태어났다가, 금세 또 믿음을 잃고 구렁이로 여우로 승냥이로 태어나지 않는 사람이 누구일까? 그래서 "천하 만물의 이치가 내 마음속에 갖추어 있다[萬物皆備於我]"라 하는 것이며, 그렇기 때문에 "돌이켜보아 정성되면 즐거움이 이에서 더한 것이 없다[反身而誠樂莫大焉]" 하는 것 아닌가?[303]

이처럼 함석헌은 생명의 진화에 심정으로 합일하여, 만유와의 평등한 연속성을 구현하는 것을 성실성[誠]으로 이해한다. 성실성은 "생명의 근

303 함석헌, 『바가바드 기타』, 한길사, 1996, 283쪽.

본이신 하나님께 전부를 온전히 돌리는" 것이며, 여기에 '말할 수 없는 즐거움'이 있다. 이것은 '생사도(生死道)의 연옥을 탈출해' 영원자로 자신을 높여가는 것이지만, "보살의 지위를 내버리고라도 야차로 태어나기를 사양 않는다는 마음"이다.[304] 성실성은 사물과의 평등한 연대성을 유지하는 원리이다. "성실하지 않으면 사물은 없다[不誠無物]"는 『중용中庸』의 정신은 함석헌에게 거대한 우주적 조화인 대공조(大公調)를 가능하게 하는 주체적 기초이다.

평등한 조화를 가능하게 하는 성실성은 자연을 도구화하는 합목적적인 지성보다 상위의 것이다. 우주적 자아는 본체적 측면에서는 '사마'(sama, 三昧)로서 '안정'과 '안식'이다. 이것이 '평화'와 '평안'의 원천이다. 함석헌에 의하면 서양의 기독교적 '적극주의'에도 뿌리를 두고 있는 '동류상식(同類相食)의 최고 문명'은 '상대' 세계에서의 도구적 지성을 절대시하는 데에서 나온다. 이에 대한 그의 대안은 우주와 나의 심층적 차원에 있는 생명질서와 만나는 마음의 고요, 즉 '절대'의 세계를 회복하는 것이다. "상대 절대 두 차원을 하나로 사는 것"이 사람의 길이다. 그는 말한다. "상대에서는 일함이 길이요, 절대에서는 잠잠함, 고요함, 쉼이 길이다." "요가가 어디 따로 있는 것이 아니라 이 우주가 바로 요가 도장이다. 만물이 요기(요가 수행자)이다. 이 병든 문명, 망할 인간에게 약이 있다면 단 한마디 '잠잠하라!' 뿐이다."[305] '평등관'은 고요에서 나오고, 고요는 내적 자기인식에서 나온다. 자기인식은 생명 진화에 접하는 영혼(씨알)에 도달하여 절대를 인식하는 데에서 완성된다. 이러한 자기완성이 세계극복의 지혜이다.

이러한 지혜는 조사 혜능(慧能)의 일상삼매(一相三昧), 일행삼매(一行三昧)와 일치한다. 일상삼매는 세속적 주객분리를 넘어서 있는 불성(佛性, 함석헌에게는 씨알에 해당)의 자기 통찰이다. 그것은 모든 차이 나는

304 함석헌, 앞의 책, 283-284쪽.

305 함석헌, 앞의 책, 241-242쪽.

형상적인 것들을 고요에 바탕하여 평등하게 관하는 것이다. 이것이 인간의 관습적 사고방식[俗諦, Samvriti-satya]인 차별화하는 습관을 전환하여 차별상을 하나로 보는 관점, 즉 진제[眞諦, Paramarta-satya]이다. 일행삼매는 이러한 평등관을 행동으로 나타내고 일상의 생활에서 습관화하는 것이다. 함석헌은 이러한 삼매의 평등관을 생명철학의 입장에서 수용하고, 여기에 민주주의의 실현이라는 정치적 실천을 연결시킨다. 이 입장은 그가 20세(1921)에 접했다가 60세(1961)에 교도로 참여하게 되는 퀘이커주의와 친화성을 갖는다.[306] 퀘이커주의는 초월적 신관의 전통에서 나왔지만, 마음의 고요에서 생명의 본원인 무한자를 경험하는 것을 강조한다. 이 경험에서 만인의 평등과 공동성이 체인된다. 퀘이커주의는 이 평등을 자발적으로 사회에서 실현하는 삶을 제시한다. 이러한 '능동적 신비주의'(베르그송)는 함석헌의 원래의 관심과 일치한다. 퀘이커주의의 창시자 조지 폭스(G. Fox)가 내면의 영적 각성이 주는 추동력에 따라 열정적으로 권력에 저항하는 모습은 함석헌에게 하나의 삶의 모델이었을 것이다. 내외의 완성을 병진하는 삶의 태도는 그가 보기에 동서 종교의 차이를 넘어서 모범으로 삼을 만한 가치가 있었다.[307]

함석헌의 내적 주체성은 수직적 방향에서 우주의 무한성으로 심화된다. 동시에 그것은 수평적인 화해의 평등관을 인류 전체로 확장해가는 정치적 개방성을 갖는다. 진정한 민주주의를 위한 그의 정치적 개입은 내면성의 정치적 확장이며, 단순히 사회학적 인권 개념에만 이끌려 간 것은 아니었다. 종교와 정치가 하나라는 그의 주장은 바로 그런 의미였다.

그의 주체성이 갖는 우주적 개방성은 대종교인이었던 신채호(申采浩)의 장자적이고도 불교적인 주체성과 유사해 보이지만 그들 사이에는 근본적인 차이가 있다. 신채호에 의하면 진정한 자아인 '본래면목(本來面

306 퀘이커주의와의 연관에 대해서는 다음을 참조: 김성수, 『함석헌평전』, 삼인출판, 2001, 121-131쪽.

307 함석헌, 「퀘이커 300년」, 『함석헌전집』 15; 폭스, 『조지 폭스의 일기』, 문효미 옮김, 크리스찬출판, 1994.

目)' 혹은 '진면목(眞面目)'이 발현하면 자아는 "모여서 연기가 됨도 가하며 흩어져 구름이 됨도 가하며, 날아가 꽃이 됨도 가하며 뭉쳐 열매가 됨도 가하며, 제련하여 황금 됨도 가하며 부수어 모래가 됨도 가하며, 잠수하여 고기나 자라가 됨도 가하며, 달려서 호랑이 표범[虎豹]이 됨도 가하며, 하늘에 오름도 가하며 땅에 들어감도 가하며, 불에 탐도 가하며 물에 던짐도가하며, 성인(공자)의 말하신 바 가함도 없고 불가함도 없다[無可無不可]." 우주의 어떤 것에서도 마음을 발견하는 주체성은 "생사의 관문을 간파하고 쾌활 세계(快活世界)에 용약 전진(踊躍前進)하고", "환천희지(歡天喜地)에 내가 장구하게 존재[我長在]하는" 공활하고 자립적인 자아이다.[308] 이러한 주체성은 드넓은 자연에서 전변하는 변신의 활력을 발산해 내는 호방한 자유로움이 특징이다. 그것은 무정부주의적 폭력 혁명을 주장하는 신채호의 혁명적 주체성에 적합해 보인다. 신채호의 전변하는 우주적 활발성은 유토피아적 기획을 가지고 합목적적 지성으로 사회에 개입하는 건설적 주체성은 아니다. 그것은 현재에서 모든 권력에 대항하는 활달한 무정부성과 철혈주의(鐵血主義)가 결합된 전사적 주체성이다. 이런 의미에서 그것은 우주적 개방성이라는 측면에서는 함석헌의 주체성과 상통하지만, 함석헌의 비폭력적 사랑의 주체성과는 분명한 차이가 있다.

함석헌의 사상에는 고대 동양 전통과 뚜렷이 다른 측면이 있다. 바로 함석헌이 자신의 생명철학적 사고에 진화론적이고 목적론적인 자연 철학적 관점을 결부시켰다는 점이다. 그는 샤르뎅의 목적론적 생기론에 대한 장문의 해설을 썼다. 또한 그는 「새 삶의 길」(1996)에서는 베르그송을 언급하는 전후 문맥에서 생명의 세 가지 본성을 '현대 생각의 특징'으로 주장하고 있다. 여기서 그는 생명과 이성을 밀착시키고, 그 저항성을 부각시킨다. 그에 의하면 생명에 접근하는 것은 먼저 이성의 관심을 환기하는 것을 필요로 한다. 그는 '이성의 등잔'의 작은 빛을 가지고

---

308 申采浩, 『丹齋申采浩全集』 下, 신채호기념사업회, 1972, 86-87쪽.

생명이라는 '태양'에 접근하기 위해 이성이 마음을 비우도록 한다. 이성은 폐쇄적 한계를 넘어서서 스스로를 자각시키는 능력이기도 하기 때문이다.

(1) 생명은 적응이다. 생물의 각 종은 "많은 진화의 과정을 밟아왔으며 앞으로도 변해갈 것"이다. "식물의 뿌리와 잎, 물고기의 비늘과 지느러미, 새의 날개와 깃, 짐승의 털과 발이 다 그 터전[境]의 변함에 맞추어 가는데서 발달된 것이다. 사람이 갖고 있는 높은 정신도 넓은 뜻에서 보면 변해가는 환경의 선물이라 할 수 있다." 여기서 높은 정신이란 대상을 합리적으로 지배하는 지적 능력과 함석헌이 중시하는 영원무한자와의 직접적 관계 능력을 의미한다. 이 후자의 능력은 인간의 존재의의를 드러낼 뿐만 아니라, 자연의 존재의미가 인간에게 있음을 알려준다. 그러한 인간의 종교적 능력을 통해 자연은 스스로를 본질에서 이해하는 조건을 갖게 되었기 때문이다.

(2) 생명은 대듦[拒否]이다. "생명은 수동이 아니라. 맞추어가려는 성질 밑에는 힘 있는 능동적인 것이 늘 움직이고 있음을 알 수 있다." 생명은 "밖에서 오는 힘의 지배를 받지 않으려는 힘이 속에 있다." 그것은 무한대의 우주에 대해서조차 자별(自別)하여 맞섬으로써 주체적이 되고자 한다. 신체의 자기조절 기능, 기계 발명, 과학 연구 뿐만 아니라 종교적인 극기와 이해 관계적 삶의 포기 역시 '대드는 정신'에서 나온다. 또한 역사에서의 반항과 혁명도 "없어질 날은 영원히 없을 것이다. 만일 없어진다면 우주는 영원한 어둠의 멎음일 것이다."

(3) 생명은 지어냄[創造]이다. 생명의 "대드는 본성(바탈, 性)뒤에는 끊임없이 새 것을 지어내려는 줄기찬 힘이 움직이고 있다. 생명은 자람이요, 피어남이요, 낳음이요, 만듦이요, 지어냄이요, 이루잠이다." 생명의지는 '영원히 된 것[完成]이면서' '영원히 되자는, 되고 있는 것[未完成]'이다. 생명은 '창조적 진화'의 과정이다. 이 과정을 함석헌은 베르그송에 따라 '알짬가짐[純粹持續]', '달려 나감[躍進]', '엘랑 비탈(elan vital)'이라고 했다. 그것은 자발적 '터져남[爆發]'이며, 연속 속에서도 불연속적 도약

즉 '껴 붙지 않은 껴 붙음[不連續의 連續]'이다.[309] "생명은 '노우!'다. '아니'함이다."

이런 입장에서 함석헌은 불교가 생명으로서의 시간인 '자람'을 무시했다고 지적한다. 시간은 과거와 연속되어 있으면서도 현재의 창조적 활동을 통해 미래로 홍기하는 과정이다. 그런데도 불교는 이 과정을 수직으로 단절하는 깨달음만을 강조했다는 것이다. 그러나 그는 불교와 도가 철학의 마음의 고요[寂과 虛]를 참여적 행동이 속물적 관심에 의해 침해받지 않고 가능하게 되는 근본 조건으로 보았다. 모든 반생명적 노예 상태에 저항하는 운동으로서의 생활, 즉 역사와의 관계에서의 수평적 삶은 무한자와 관계하는 수직적 삶 속에서만 가능한 것이었다. 사회적 실천은 내면적인 자기수양의 외적 표현의 구도 안에서 움직이는 삶이다.

내외합일의 구조는 사실상 함석헌이 별로 주목하지 않았던 주희(朱熹, 1130~1200)의 전 철학 체계이자 필생의 문제였다. 주희가 40세에 자신의 정설로 확정한 중화신설(中和新說)에 따르면, 초월적이며 내재적인 생명 원리[生之理]는 수양이라는 자기변형의 노력을 통해 실현된다. 이 노력은 두 갈래로 나누어진다. 먼저 마음 본체[心之本體]의 안정적 고요의 능력을 보존하고 양육해야[存養] 한다. 이 내면적 수양에서 마음에 내재하는 생명 원리의 흐름이 보존된다. 이 내적 고요를 존양하는 노력을 바탕으로, 외물과의 관계에서 일어나는 정(情)을 관찰하여 마음이 움직이는 방식을 조절하는 노력은 성찰(省察)이다. 존양을 토대로 성찰하는 가운데, 인륜적 실천을 수행하거나 정치 문제에 비판적으로 개입하는 것이 가능하다. 이것이 이른바 마음 본체와 그 발용(發用)의 통일을 도모하는 내외합일의 삶이다.

주희는 봉건 종법(宗法) 제도가 인륜의 상징적 질서였던 시대에서 내외합일의 길을 모색했고, 정약용(丁若鏞)에 이르기까지의 조선 이학사(理學史)가 그 구조 내에서 움직여왔다면, 함석헌은 독재와 자유 민주제 하

---

309 함석헌, 『들사람 얼』, 한길사, 1996, 316-320쪽.

에서 내외합일의 길을 모색했다. 또한 내외합일의 구조는 동학과 대종교의 철학에서도 민족해방의 맥락에서 생사를 건 삶의 형식이었다. 이돈화, 김기전이 과학과 민주주의 및 서구의 생성철학을 자기 나름으로 사유한 이래, 함석헌은 유서 깊은 내외합일의 구조에 종교적 윤리성과 정치적 민주주의라는 내용을 부여할 수 있었다.

이제까지 함석헌 씨알철학의 '우주적 비전'을 심정의 구조와 자유 개념을 중심으로 논의했다. 자유 개념은 시간성을 갖는 심정과의 연관 속에서 의미를 갖기 때문에, 자유의 문제는 생명과 시간성에 대한 해명을 통해 다루어졌다. 또한 생명은 민중성을 갖는 평등한 자유를 지향하는 개방적 정치학의 원리였다. 함석헌이 주제로 삼은 여러 종교·철학적 문제와 정치학적 문제는 오늘날에도 여전히 중요한 주제이다. 그리고 그의 대안적 해답들도 흥미로운 의미를 갖는 것이었다. 그러나 그의 세계상은 철학적 논의의 장에서 다음의 몇 가지 점에 대한 상호 논박적 논의를 필요로 한다.

(1) 그의 자연철학적 우주관은 목적론적 구조를 갖는다. 이러한 구조는 라이프니츠에서 헤겔에 이르기까지 서구 근대철학사에서 나타나는 사고방식이다. 근대과학의 영향을 제외한다면, 사실상 스콜라 철학의 수직적 위계질서를 갖는 우주관을 수평적으로(진화사적으로) 뉘어놓은 것이다. 스콜라철학의 우주관에서는 신의 사랑을 중심으로 피조물들이 신과의 거리를 좁히려는 경쟁[agon] 체제를 형성한다. 천사와 인간이 그 선두주자이다. 이러한 특징은 신학적 전통과 그리스의 위계적 우주관의 결합에서 온 것이다. 함석헌의 우주관에서도 인간이 이제까지의 진화사에서 최후의 것이지만, 절대정신의 본질인 자유의 의미를 자각하여 우주사의 의미를 선취하는 존재로 격상되고 있다. 존재의 의미가 인간의 자유의 완성이라는 관념은 매우 흥미롭고, 우리의 삶을 근본적 사유로 환기시키는 심대한 의의를 갖는다. 그러나 진화의 의미와 목적이 인간에 있다는 견해는 서구적 인간의 자기도취적 욕망을 실재의 질서로 투영했다는 비판을 감수해야 할 것이다. 함석헌이 반목적론적인 동양의 세계상에 심취해

있었고 후기로 갈수록 진화의 시간보다는 영원 무한성을 중시했다 하더라도, 그의 진화 생물학적 생명관이 목적론적 편견을 갖고 있다는 지적은 면치 못할 것이다.

이와 함께 그의 우주관은 현대 과학 철학자들로부터 검증도 반증도 불가능한 형이상학적 사변이라는 회의를 일으킬 수 있다. 그러나 함석헌은 논리적 사변을 우주에 확대한 범논리주의자는 결코 아니다. 그의 형이상학적 세계관은 심층적 실재에 대한 초월적 경험을 예술적 언어로 표현한 것이지 그것을 논리적 체계로 구성한 것이 아니다. 러셀과 비트겐슈타인이 신비주의에 연원하는 형이상학을 비판한 것은 그 논리적 사변에 대한 비판이었지, 신비주의적 경험 자체를 비판한 것은 아니었다. 그들에게는 신비주의는 세계를 영원의 관점(sub species aeternitatis)에서 보는 최상의 지혜의 원천이다. 이러한 입장을 취한다면 동학과 대종교에서 함석헌에 이르는 초절주의적 경험론은, 현대인의 삶의 양식의 문제와 연관하여 진지한 관심의 대상이 될 수 있다.

(2) 함석헌 자신도 실증과학 측의 회의가능성을 의식한 듯하다. 그는 신에 대한 믿음을 수학의 공리처럼 계시적 공리로 전제한다. 공리 자체를 문제 삼지 않는다면, 그의 신념은 일리 있는 것으로 유지될 수 있다. 그는 루터교적 유신론의 배경하에 생물학과 동양철학을 수용하여 내재적 사고에 접근해갔다. 그에게 철저한 내재론은 점잖지 못한 유물론으로의 전락이다. 그의 '정신주의'는 유물론적 전제에 머무르는 세계관과 대화를 가질 수도 있다. 그러나 그의 정신주의는 유물론에 가까운 노자(老子)는 수용할 수 있었어도, 자연의 산물인 인간 욕망에 대한 긍정을 통해 해방의 길을 개척한 스피노자와 마르크스의 유물론을 수용할 수 있는 포용성은 갖지 못했다. 그의 사고와 활동이 개신 기독교와 친화성을 유지하고, 유물론적 운동사에 놀라울 만큼 무감동하거나 긴장을 유지했던 점도 거기에 원인이 있는 것으로 보인다.

그러나 그가 보기에 미신과 혼합된 종교도 정신을 파괴하지만 산업주의와 연관된 자본주의적 속류 유물론도 정신을 파괴한다. 함석헌은 이 양극단을 지양하고 그 틈새를 빠져나온다. 그는 영원무한자의 내재적 현존이라는 관념과 대화가 용이한 동양의 유기체 철학을 수용하여, 개체의 생명성과 만유의 평등성을 성찰했다. 생(生)의 자발적 성장이라는 개념을 통해 그는 억압적인 음울한 사회에 저항했다. 그는 영원성의 증발을 시대의 '모순 고민'으로 선취하고, 영원성과의 관계를 사유의 본질로 보았다. 진정한 사유의 본질이 영원성에 대한 통찰이라면, "종교가 정신의 산물이 아니요, 소위 정신이란 것이야말로 종교의 산물이다." [310] 종교적 사유의 핵심은 윤리학이나 문화론으로 환원될 수 없다. 함석헌이 영원자의 내재성을 강조하면서도 그 초월적 낯섦을 옹호하는 것은, 영원자는 세계 속에 현현하면서도 세계의 어둠 저편으로 사라지는, '없이-있음'의 방식으로[311] 존재하기 때문이다. 영원자의 부재, 그것은 만물이 탄식하는 기간이다. 함석헌의 자기부정의 고뇌와 시대 비판적 참여가 갖는 진취성은 바로 그 부재에 대한 감각과 현존(顯存)에 대한 기다림 때문에 가능했다. 그의 사고는 모든 진실한 종교인들에게서 보이는 역설적 고민을 안고 있다.

(3) 함석헌의 내면의 정치학은 정치적 주체성을 생각하는 민중, 생각하는 전체에 둔다. 그는 민중 전체를 자각적 '씨알'로 불러내어, 그들 스스로가 정치적 주권을 행사하기를 바란다. 그러나 그가 보기에 민중은 군중이기도 했다. 따라서 그는 영혼의 계몽자로서 활동했다.

그는 모두가 내면의 자각을 통해 우주적 연대성으로 개방되기를 희망했다. 그가 보기에 해방 전후기와 1980년대의 당파적 주체성이라는 기성복은 너무 작아서 숨 막히게 하는 옷이었다. 그의 개방적 주체성은 어떤 옷도 맞지 않을 것이기 때문에 차라리 모든 옷을 벗어버리는 길을 택했다. 진정한 주체성은 '우주적 심정'의 '맨 사람'이다. '집단'은 생태학적인 우주적 연대성으로 전환된다. 그러므로 투쟁의 무기는 사랑이고, 투쟁의

---

310 함석헌, 「존재하는 종교」, 『전집』 3, 347쪽.

311 이기상, 「다석 유영모의 생명사상의 영성적 차원」, 『생명사상 재조명』, 오산창립100주년기념사업회, 2004, 80쪽.

장소는 그가 있는 모든 곳이며, 투쟁의 방법은 비폭력이다. 함석헌의 이러한 '유격전'은 새 옷을 장만하려는 사회운동가에게 그럴 필요가 없는 하나의 새로운 대안으로 선택될 수도 있을 것이다.

그러나 함석헌의 대안을 수용한다 하더라도, 그 대안은 단순히 자본주의적 국가에 대한 종교 · 윤리적인 비판이라는 한계를 갖는다. 자본주의 국가는 자본의 운동이 관철되는 경제적 사회와 혼동될 수 없다. 자본과 사회에 대한 이해는 생물학이 유기화학을 필요로 하듯, 정치경제학과 사회과학을 필요로 한다. 인간은 주관적으로는 내면성을 갖춘 정신적 존재이지만, 정치경제적 관계에서는 신체를 가진 객관적 대상으로 살기 때문이다. 그리고 사회적 문맥에서 대부분의 정신적 고뇌는 객관적 대상으로 살 수 밖에 없는 인간의 사회생물학적 한계에 뿌리를 두고 있다. 사회악의 제거는 윤리적 비판뿐만 아니라 객관적 대상으로서의 인간의 한계에 대한 학적 인식을 필요로 한다. 동서양의 종교 · 윤리적 세계관은 무지의 지혜에 의존하고 있다. 이 무지가 자본주의 메커니즘에 대한 무지와 결합할 때, 무지의 지혜는 자본주의 운동에 휩쓸려가는 것을 긍정적 화해의 정신으로 오해하게 된다. 함석헌이 부단한 자기비하 의식에 시달린 것은 그의 예민한 모순의 감각이 이러한 오해를 허용하지 않았기 때문일 것이다. 그러나 양심이란 언제나 주관적 자의성에 의해 둔화될 수 있는 것이기에, 그의 말년의 침묵과 산업사회의 올림픽에 대한 찬양이 추문으로 남는 것을 막을 수는 없었다. 이런 의미에서 그의 자기비하 의식은 물질적 삶의 방식에 대한 유물론적 이해에 의해 심화될 필요가 있을 것이다. 과학의 폐해에 대한 경계의식이 종교 · 윤리를 동어 반복적으로 유지하는 것으로 귀결된다면 또 하나의 현대판 교의학이 갖는 게으른 무지의 오류를 범하는 일이 될 것이다.

함석헌의 대안에 대한 이러한 한계 설정을 이해할 때, 비로소 그의 종교-윤리적 대안이 갖는 고유한 의의가 빛날 수 있을 것이다. 그가 통찰한 것처럼 생명의 자기실현의 역사는 아마도 인류 종 전체, 나아가 우주 전체를 사랑하는 소수의 종교적 영웅들을 창조하고, 그들의 희생을 통해 사랑의 최고 정점을 계시하는 것인지도 모른다. 그들이 보여준 지고의 '의미세계'에서 인간과 만유는 하나이며, 이 하나에 대한 통찰은 대립을 초월한 절대적 자유의 지혜이다. 나머지 사람들은 그들 소수의 행위와 말을 통해 그 '하나'를 진정한 존재의 의미로 예감할 수 있을 것이다. 개체들은 그 '하나 됨'에서 자신들의 독립적 존재가 마침내 실현된 평등의 세계로 느낄 수 있을 것이다. 그리고 이 의미세계가 비록 선각자에 의해 계몽된 것이라 하더라도, 그 세계는 평등한 자유가 나타난 우주로서, 어떤 계몽자도 필요 없는 세계이었음을 그들은 깨닫게 될 것이다.

7장

비극적 변증법과 생의 전환
: 신남철(申南澈)

1. 역사적 상황과 문제의식

갑오개혁(1896) 시기에 해학 이기(海鶴 李沂, 1848～1909)가 토지 공전제(公田制)를 민권과 민족해방의 수단으로 주장한 이후, 경제해방과 인간해방이라는 두 가지 문제를 함께 생각하는 철학은 해방 전후기에 활동했던 신남철에게 다시 나타난다. 이기의 공전제는 차등적 조세 정책을 통해 궁극적으로는 토지 국유화를 성취하여 모든 농민의 토지 점유를 가능하게 하고, 국가의 재정을 확보하여 자주적 개혁의 비용을 충당하기 위한 것이었다. 그러나 갑오개혁은 토지 실태 조사도 제대로 하지 못한 채, 조세 징수권을 담보로 한 일본의 차관에 의존하는 개혁을 하게 된다. 조선은 그대로 멸국의 길로 나아간다.

현대 급진 철학은 최시형(崔時亨, 1827～1898)의 사상에서 동학혁명과 함께 그 섬광을 발하고, 해학 이기와 나철의 강개한 애국 저항의 사상이 전개된 이후, 1920년대 신문화운동으로 이어진다. 이때 이돈화 김기전 등의 『개벽』(1920)을 비롯한 많은 잡지와 신문이 발행된다. 이 신문화운동의 시기에 마르크스주의 사조가 국내에 소개된다. 그후 마르크스주의는 해방공간(1945~1948)에서 새로운 건국방략의 문제에 논쟁적으로 개입했다. 1945년 8월 14일 물러가는 일본은 조선의 치안 유지를 위해 전 조선공산당의 지도자 중 점진주의로 알려진 몽양 여운형(夢陽 呂運亨, 1886~1947) 등과 합의하에 건국준비위원회(建國準備委員會, 1945년 9월 朝鮮人民共和國으로 개칭)를 만든다. 인민 공화국의 지도자였던 여운형은 미군정(1945년 9월 8일, 진주)의 협조 아래 좌우합작이라는 유연한 노선을 통해 점진적으로 자주 국가를 건설하는 방향으로 외교력을 발휘해 나갔다.[1]

남로당의 지도자가 되는 박헌영(朴憲永, 1900~1956)은 좌우합작에 협력하지만, 1946년 이후 여운형을 우경 기회주의로 비난하고 급진 좌경화된다. 남로당은 미군정에 의해 불법화되고 지도자인 박헌영은 정예주의적 강경 노선을 취하게 된다. 경성제대를 졸업하고 해방 후 1947년까지 서울대 교수로 재직했던 신남철(申南澈, 1907~1959)은 이 시기 여운형의 좌우합작 노선에 접근하는 조선경제사가 백남운(白南雲, 1895~1974)과 함께 활동했다. 이들의 사유와 활동은 경성제대 출신 박치우(朴致祐)가 남로당 박헌영의 급진 좌경노선을 선택하게 되는 것과 차이를 보인다.

1920년에서 1940년대에 이르는 시기는 손문의 신해혁명(1911)과 5·4 신문화운동(1919)을 경험한 중국의 상황처럼, 개인과 민족의 총체적 운명을 타개할 수 있는 실천적 전망에 대한 관심이 고조되었다. 이러한 상황에서 한국 사상은 공동운명체로 묶여진 전체의 해방과 개인의 해방이라는 어려운 문제를 해결해야 하는 시대적 상황에 부딪히게 되었다. 또한 개혁적이거나 혁명적인 급진사상들은 그 신선한 매력과 함께 관심의 대상이 되었다. 신사조에 대한 관심은 농업 문제와 봉건유산의 극복, 현대과학 연구, 정치적 민주주의의 실현과 제국주의로부터의 독립, 외세와

1 해방 후 한국 정치 상황에 대해서는 다음을 참조: 서대숙·이정식, 『한국현대사의 재조명』, 돌베개, 1982, 145-296쪽.

친화적인 대지주와 산업 자본가의 지배를 극복한 '민주경제' 확립의 문제 등과 연관되어 있었다. 그리고 이 여러 문제들 가운데 어떤 것을 중심으로 어떤 것과 연관시키느냐에 따라 서로 다른 사상을 갖게 되었다.

급진적 사조는 역사적 현실을 개인과 민족 전체의 위기로 보는 입장에서 위의 모든 문제를 고려했다. 백남운의 다음의 발언은 급진 사상가들이 파악한 총체적 문제의식을 잘 보여준다.

> 봉건정치는 개인 본위(本位)의 감각정치였지만, 오늘날의 정치는 인민본위의 민주정치가 아닌가! 또한 민주정치는 민주경제의 집행이 아닌가! 민주경제의 실현이 조선민족의 진로가 아닌가! 그 진로의 지침을 바로 잡는 것이 정치가의 책임이 아닌가! 크고 작은 파도(波濤)를 돌파하고 피안(彼岸)에 도달하려는 것이 연합의 정신(精神)이 아닌가![2]

이 선명한 말에 당시 급진 사상의 정치적 문제의식과 이상이 요약되어 있다. 연합의 정신이란 경제사상가로서 그가 낸 통계에 따르자면 중 · 대지주와 자본가 '약 5만 명'을 제외한 '3천 만'(애국적 지주와 민족자본가, 지식층과 노동자 및 소지주 이하 모든 농민을 포함)이 주체적으로 연합한 '연합성 신민주주의'를 의미한다.[3] 그가 '일반적 민주주의'라고도 부르는 이 정치체는 직접 민주제가 아닌 의회 대표제를 수단으로 한다. 그것은 연합의 구성이 보여주듯 부르주아 독재를 내용으로 하는, 이른바 '부르주아 민주주의' 혹은 '자유 민주주의'를 지양한 민중적 민주주의이다. 그것은 사회주의 혁명을 의미하는 '프로(레타리아) 민주주의'가 아니다. 그에 의하면 당시 한국의 특수한 조건에서 친제국주의 세력이었던 대부르주아가 지배하는 부르주아 민주주의는 사실상 부르주아 독재이다. 그리고 중국 혁명에서 모택동(毛澤東)이 중국의 실정에 맞지 않는다고 무

---

2 白南雲, 『朝鮮民族의 進路 · 再論』, 범우사, 2007, 67-69쪽.

3 백남운, 위의 책.

기한 연기했던 러시아의 프로 민주주의는 공업이 발달하지 않은 조선의 실정에 맞지 않는 것으로 간주되었다. 당시 러시아는 1917년 혁명 후 1921년의 '자본주의적 길'로부터 이미 '사회주의적 길'로 들어섰고 1935년 스탈린은 공산주의 이상이 완성되었다고 선전했다.

백남운에 의하면 한국의 변혁 단계는 모택동의 '신민주주의' 혁명 단계론에 자극받아 만들어진, 양식 있는 지주 및 부르주아와 연합한 민주주의적 단계이다. 그리고 이 단계론은 혁명전쟁기의 중국 혁명과도 다른 1945년 이후 조선의 상황 즉 건국 준비기라는 상황에서 나온 것이다. 이 시기는 위기와 창조가 혼재하는 불안 속에서 새로운 '건국방략'을 모색하는 쟁론과 조직화의 시기였다.

신남철은 바로 이러한 상황에서 나온 백남운의 '건국방략'을 수용한다. 그는 부르주아 독재를 극복하여 '민중'의 '사회해방'을 추진할 수 있는 민주주의를 '진보적 민주주의'라 했다. 백남운처럼 그도 진보적 민주주의를 연안 시기의 모택동의 『신민주주의론新民主主義論』(1940)의 입장을 이은 것이라고 했다. 그리고 진보적이란 표현을 쓴 것은 부르주아와 연합하지만 기존의 부르주아 민주주의와는 다르기 때문에 혼동을 피하기 위해 '부르주아' 대신 '진보적'이라는 말로 바꾸었다는 것이다. '진보적'이란 백남운의 견해처럼 일제와 영합한 대 부르주아와 중 대지주(약 5만 명)를 제외한 대부분의 민중의 연합적 정치화를 의미한다.

신남철의 이러한 일반적 전략은 외래 사조를 기계적으로 적용하지 않고 한국의 특수성을 살리려는 노력의 표현이다. 그가 보기에 한국의 실정은 일제하의 식민 지배와 '반봉건(半封建)적' 경제 구조가 중첩된 상황이다. 이러한 사회적 조건은 자본제와 봉건제가 이중으로 삶을 규정하고 있는 이른바 '불균등 발전' 현상에 속하는 것이다. 문화적으로도 봉건 유습과 식민주의 잔재가 여전히 남아 있었다. 이러한 여건에서 자유로운 사회 기풍과 과학과 민주주의에 대한 절실한 요구가 나오게 되었다. 그러나 그 요구에 비해서 새로운 가치들에 대한 문화적 의식 수준은 현저히 낙후되어 있었다.

이러한 상황을 신남철은 '사회해방'과 '인간해방'을 내용으로 하는 '신문화운동'이 필요한 단계로 인식하고, 역사적 사회에 대한 과학적 이론과 인문적이고 인도주의적인 가치를 추구하고자 했다. 이러한 유연한 형태의 마르크스주의는 당시 남로당의 지도자였던 박헌영의 교조주의적 노선을 비판하고 여운형, 백남운의 인민당 노선을 지지하고 있었다.

이제까지 그에 대한 관심은 주로 그의 역사 · 사회 · 철학적인 관점에 관한 것이었다. 신남철이라는 이름은 유물론적 역사 이론가와 결부되어 왔다. 신남철 연구는 철학계에서 김재현(金載賢)의 연구를 통해 시작되었다. 그의 연구는 자료를 찾아 정리 · 해제하고, 주로 신남철의 역사 · 사회 · 철학의 측면에 초점을 맞추고 있다. 그에 의하면 신남철은 유물변증법을 한국의 상황에 적용한 '한국적 마르크스주의', '실천적 마르크스주의'를 형성한 인물이다.

그러나 신남철의 두 저작 『역사철학歷史哲學』(1948)과 『전환기의 이론轉換期의 理論』(1948)과 그 이외 잡지와 신문에 실린 글들을 개관해보면, 신남철의 사상은 두 가지 요소가 긴장관계를 이루고 결합되어 있음을 알 수 있다. 하나는 김재현이 주목한 측면이다. 바로 역사적 유물론의 관점에서 역사와 사회의 객관적 발전 메커니즘과 그 현실적 가능성을 전망하고 실현하고자 하는 '실천적 마르크스주의' 노선이다.[4] 다른 한 요소는

---

4 김재현, 『역사철학』(해제), 이제이북스, 2010, 264-291쪽: 신남철의 『역사철학』 인용은 김재현의 번역 해제본을 사용했다. 신남철의 생애와 활동에 대해서는 다음을 참조: 김재현, 『한국 사회철학의 수용과 전개』, 동녘, 2002: 신남철은 중앙고보를 졸업하고 1927년 경성제대 예과에 입학했다. 1931년 철학과 3회로 졸업하고 대학원에 진학했다(박종홍은 5회로 33년 졸업. 함석헌은 1928년에 동경사범학교를 졸업하고 1928~1938년까지 오산학교 교사를 역임). 신남철은 1933년 철학연구회 발족에 참가했으며, 철학연구회가 발간한 『철학』 3호가 중단될 때까지 철학 활동을 했다. 그는 일제 말까지 『동아일보』 기자 생활을 하다가 중앙고보 교사를 한 것으로 알려져 있다. 그는 1947년 서울대 교수로 재직 중 서울대 안의 비민주적 조치에 대한 반대운동이 좌절되자 1948년 여름 다른 진보적 교수들과 함께 월북을 하게 된다. 그의 생애와 사상의 내용 및 한국적 성격에 대해서는, 김재현의 「신남철의 마르크스주의 철학 수용과 그 한국적 특징」, 『한국 사회철학의 수용과 전개』(동녘, 2002, 97-125쪽)에 명쾌하게 논의되어 있다.

낭만주의적이고 인문주의적인 측면이다. 신남철에게 기존의 현실은 생에 대한 부정으로 가득 차 있었다. 이 현실은 다양하고 풍부한 인간성과 인도주의적 유대를 필요로 하는 것이었다. 이 점을 그는 당시의 문화 후진성과 함께 절실하게 느끼고 전통 마르크스주의에서는 발견되기 어려운 인문주의적 가치관을 지향하게 된다. 그것은 생의 '결여(缺如)'가 아닌 '충실감(充實感)'의 실현을 목표로 한다. 그는 줄기차게 '생의 감정(感情)'과 '고차(高次)의 현실'로의 '생의 전환'에 관심을 갖는다.

이 때문에 신남철은 자발성에 바탕한 풍요로운 문화의 향상에 다른 누구보다도 관심을 보였다. 그의 진보적 민주주의는 정치 · 경제의 민주화, 자유로운 사회 기풍, 인간의 자발성과 정신적 본성들이 만개하는 인문주의적 문화의 향상을 추구한다. 그가 보기에 실질적 '자유와 평등' [人道主義]을 향유하는 가운데 과학, 종교, 예술 등 인문적 가치들을 형성해가는 사회적 삶이 민주적 삶이다. 그는 15세기 르네상스와 19세기 독일 낭만주의 신르네상스 운동이 가진 저항성을 모델로 하여 정신문화의 전면적 개화(開花)를 희망했다. 그는 사회해방을 추진하면서도 생동하는 인문주의 문화를 창조하는 운동을 조선의 '신문화운동'이라 했다. 그의 문화운동은 정치 · 경제의 변혁과 정신적 가치 창조 운동을 포함한다. 그에 의하면 이 운동의 정신은 국내적으로는 3 · 1 운동에서 나타난 '자발성'과 '해방'의 요구를 민중을 주체로 하는 입장에서 계승하는 것이고, 국외적으로는 중국의 5 · 4 신문화운동의 선례를 조선에서 보여주는 것이다.

이런 맥락에서 볼 때 신남철에 대한 이해는 그의 객관주의적인 과학적 세계상과 주관주의적인 낭만적 인문주의 정신을 포괄해야 한다. 그리고 그 두 가지 노선을 그가 몸소 겪었던 분열적 긴장관계에서 이해하고 해명해야 한다. 그의 철학의 두 가지 목표는 '사회해방'과 '인간해방'이다. 그는 이 두 가지 목표를 종합적으로 실현하려 했다. 그는 역사적 사회와 개체적 생을 총체적으로 완성하는 생의 통일성을 이념으로 간주했다. 그러나 이 웅대한 이념은 시대의 한계와 연관하여 비극적 변증법으로 형성되었다.

2. 역사와 생의 감정

'사회해방'과 '인간해방'을 내용으로 하는 신남철의 철학은 민주주의의 최대치를 실현하고, 인간의 인문적 가치를 최대한 구현하고자 한다. 인간의 완전 가능성을 신뢰한 그는 이 조화하기 어려운 것을 자신 안에서 분열적으로 경험해야 했다. 그는 사회적 책임의식에서 오는 고뇌를 겪어야 했다. 1926년(19세) 문학청년이자 철학도로서 경성제대에 입학한 이후부터, 그러한 고민은 커져만 갔다. 그의 내적 고민은 낭만주의 문학과 철학에 대한 관심에 의해 심화되면서 윤곽을 드러낸다. 이러한 태도는 1927년(20세)에 쓴 그의 시 「현실現實의 노래」에서 이미 드러나고 있었다.

> 거중(巨重)한 현실(現實)!
> 생과 사색생과 번뇌생과 욕구
> 이 부대낌의 사실이 정복과 투쟁을 낫게 하였다.
> 생의 확충(擴充) 생의 투쟁(鬪爭)
> [……]
> 현실(現實)의 생활자(生活者)에게 새 건설을 재촉한다.[5]

그에게 현실은 당시의 박종홍(朴鍾鴻)과 마찬가지로 "거대하고 무거운 현실"이었다. 1935년 『신흥新興』(1928년 학제간 진보적 학술을 표방하고 경성제대 학생들이 창간) 제6호에 실린 그의 시, 「새벽」에서도 '거중한 회포[巨重한 懷抱]'와 '이상'을 향한 '희망'이 '깨질듯 한 머리' 속에서 교차한다.[6] 무거운 현실을 가볍게 하려는 그의 낭만적 정열과 무거운 현실에 대한 고민은 그 시대의 한국과 중국의 사상가들과 비교해볼 때, 매우

---

5 신남철, 「現實의 노래」, 『文友』 제5호, 1927. 11., 71-72쪽.
6 신남철, 「새벽」, 『新興』 제6호, 1935.

드문 사례일 것이다.

그가 주목했던 5 · 4 신문화운동을 대표하는 가치는 진독수(陳獨秀)가 모시자고 제안한 두 스승, '과학과 민주주의'였다. 진독수는 이 두 스승을 새선생(賽先生, 사이언스)과 덕선생(德先生, 데모크라시)으로 불렀다. 유물론적 변증법을 과학과 동일시했던 것으로 본다면 모택동도 5 · 4 신문화운동의 후계자라고 할 수 있을 것이다. 그러나 그는 혁명전쟁기의 역동적 행동 속에서 생각했기 때문에 신남철의 시적으로 고뇌하는 지성과는 달랐다. 과학과 민주주의는 존 듀이(John Dewey)의 언어로부터 채용한 것으로 보이지만, 과학과 민주주의는 생명 형이상학에도 관심을 가졌던 20세기 한국 사상운동의 주된 고려 사항이었다. 신남철 역시 자연과학을 비롯한 개별과학의 발전을 강조하고, 그가 과학적 방법과도 동일시하는 유물론적 변증법과 민주주의를 추구했다.

신남철은 중국의 5 · 4 운동 정신에 따라 언어 연구와 문학 운동을 중시하고, "완고하고 미혹하고 맹목적인 도학자(道學者)들이 문학 예술의 의의를 깎아 내리는 것에 대하여 우리는 용서 없는 배격(排擊)을 가해야 한다"고 했다. 나아가 그는 사회와 문화를 전환하는 주체적 기초로서 낭만적 감성의 함양과 '교양'을 강조했다. 그의 혁명이론의 보이지 않는 배경이 되는 주관적 정조(情操)는 '생의 감정(Lebensgefühl)'이다. 그에 의하면 "명확한 혁명적 이론에 의하여 뒷받침된 투쟁 운동이라면 이 낭만적인 것(Das Romantische)이 전면에 나서지 못하지만 묵은 것은 사라져가고 새것이 아직 확실히 오지 않았을 때에는 일종 막연한 분위기 속에 낭만적인 감성의 활동이 강렬히 작용한다." 이러한 견지에서 신남철은 "사회혁명에 선행 내지 병행하는 문학혁명의 중요성과 필연성"을 다음과 같이 말한다.[7]

7 신남철, 「르네상스와 휴머니즘」, 『歷史哲學』, 서울출판사, 1948; 김재현, 『역사철학』, 이제이북스, 2010, 150-158쪽.

> 중국의 5 · 4 운동에 전후하는 문학 혁명과 그 뒤에 주체적 조직으로 발전한 민족해방 투쟁, 즉 반제 투쟁과 사회해방 투쟁, 계급투쟁의 성장이라든지, 우리 조선에서도 신문학의 태동 성장과 민족해방 투쟁으로서의 3 · 1 운동의 역사적 의의와 거기서 연원하는 반제 혁명의 해방 투쟁을 생각할 때, 문학예술의 선구적 임무는 아무리 생각해도 지나치지 않을 정도의 중요성이 있음을 기억하지 않으면 안 될 것이다. 르네상스라는 서양 역사상의 일대 혁명적 운동이 휴머니즘의 면모로 인간 생활의 각 방면에 침투하여 일반화해 갔다는 것은 '지금 이곳'의 모든 혁명 실천에 많은 시사점을 주고 있음을 인식해야 할 것이다.[8]

이처럼 그의 실천적 사고는 '새로운 사회적 · 정신적 운동'을 지향한다. 이는 '새로운 인간 유형의 문제'를 제기하는 '혁명과 문학과 휴머니즘'을 내용으로 한다.[9] 그는 신체적 가치와 정신적 가치의 창조적 풍요 속에서 생의 생동성을 느낄 수 있는 문화세계를 희구한다. 이것은 민족의 비극적 운명을 민족과 함께 하려는 그의 공감이 신체적 가치와 정신적 가치의 전반적 빈곤에 대한 회한의 상처를 포함하고 있기 때문이었다.

또한 식민지 상황의 자본주의적 삶이란 상품을 매개로 하는 물질적 관계의 지배에 있으므로 생에 대한 부정을 운명처럼 살아야 한다. 그의 현실적 삶은 생(生)에 대한 부정에 의해 무력화된 삶이다. 이것은 그로 하여금 '생의 감정'[10]이 긍정되는 방향으로 전환되기를 희망하게 했다. 그는

---

8 위의 책.

9 위의 책.

10 생의 감정(Lebensgefühl)이라는 말은 칸트(I. Kant)가 『判斷力 批判』(1790)에서 처음 언급했다(칸트, 『판단력 비판』, 이석윤 옮김, 박영사, 1974, 129쪽). 칸트는 감정적 생명의지가 외부조건에 의해 저지되거나 촉진되는 생리 심리적 인과에 대한 내적 지각을 생의 감정으로 표현했다. 이후 낭만주의 철학은 그것을 인간 심정의 이상주의적 고결성에 대한 동경과 연결시켰다. 칸트는 생의 감정을 다른 모든 감정의 기초에 있는 것으로 보았다. 괴테(J. W. Goethe)는 『빌헬름 마이스터의 수업시대』에서 자기성장을 통한 생의 감정의 충실성을 가슴으로 느끼고자 했다(안삼환 옮김, 민음사, 1999, 85쪽). 괴테가 제시하는 파우스트적 인간상은 방황과 시련의 경험을 통해 인간성을 변증법적으로 확대

감성적인 것과 실천이성의 조화에 바탕한 '아름다운 영혼(schöne Seele)'(F. 실러)을 동경한다. 그의 생의 감정은 심정의 이상주의적 비약을 통한 정신적 고결성과 감성의 조화를 열망한다. 이 열망은 생에 대한 억압, 저지된 생의 충동을 다시 부정함으로써 성취될 수 있다. 생을 긍정하고자 하는 의지와 그것을 부정하는 현실의 힘이 동시에 갈등하는 모순의 감정은 변증법을 이론적으로 심화하기 이전에, 이미 시대적 정조이기도 했던 '불안(不安)'을 통해 그가 심정적으로 경험한 것이다.

신남철은 생(生)의 부정에 대한 부정의 체험을 통해, 부정의 부정이라는 변증법의 원리에 이미 익숙해져 있었다. 그에게 있어 사물을 보는 과학적 방법론이자 존재론적 의미를 가졌던 변증법은 내적 심정의 요구였다. 서양사상사에서 줄기차게 나타난 것처럼, 학문과 이성의 사명이 모순을 발견하고 해결하는 부단한 노력이라고 한다면, 신남철에게 모순은 이미 생을 부정하는 현실에 대한 체험 속에 놓여 있었다. 그는 그것을 의식적으로 문제 삼고 해결하고자 한다. 이러한 주체적 경험을 바탕으로 그는 유물론적 변증법을 역사 사회의 모순들을 보는 방법적 관점으로 선택한다. 그것은 역사 사회의 발전 법칙을 인식하는 올바른 방법이자 실재하는 존재론적 법칙이다. 이러한 입장에서 그는 서양철학사를 '사상사로서의 철학사'로 보았으며, '사상(思想)'이란 '인간의 모든 질곡'을 실천적으로 타파하는 의지의 표현이었다.[11] 그가 보기에 철학사는 자유가 시련을 통해 자기를 현실화해 나가는 과정사이다.

그가 유물변증법적 관점에서 역사 사회를 인식하려 한 것은 '민주정치'와 '민주경제'를 진정한 생의 실질적 요건이자 실천적 이상으로 간주했

해 나간다. 『파우스트』의 젊은 여인 그레첸은 극도의 고통을 겪고 홀연히 각성하여 대속의 길을 가는 자기희생적 죽음을 통해 자유를 얻는 고매한 인간성을 보여준다. 또한 괴테의 파우스트적 인생관은 생의 감정을 이상주의적으로 확대한다. 신남철이 기독교적 자기희생을 통해 역사의 이상을 실현한다고 생각한 것은 괴테의 『파우스트』와 파우스트적 정신을 사변화한 헤겔의 『정신현상학』, 시대정신이 개인의 희생을 통해 실현된다는 헤겔의 『역사철학 강의』의 영향으로 보인다.

11 김재현, 『역사철학』, 이제이북스, 2010, 274-276쪽.

기 때문이다. 그리고 그것이 유물론적인 까닭은 정치란 일반적으로 경제의 표현이며, '정치'를 통한 경제해방이 없이는 정치해방이 형식에 머물기 때문이다. 신남철에 대한 일반적 관심은 그의 역사 · 사회관을 내용으로 하는 사적 유물론에 관한 것이었다. 그러나 그것은 그의 '진보적' 이상에서 그 외향적 측면에 한정된다. 이 측면은 전통적 언어로는 경세론(經世論) 혹은 경세제민(經世濟民)의 경제(經濟)에 해당한다. 이 외적 관심을 박종홍(朴鍾鴻)은 '향외적(向外的)' 방향이라고 했다. 신남철에 대한 사회주의자라는 선입견은 신남철을 유물론적 역사철학자로만 예단하게 했다.

그러나 그의 진보적 민주주의는 '사회해방'과 '인간해방'을 두 축으로 한다. 인간해방은 사회해방을 필요조건으로 하지만, 그것만으로는 충분하지 않다. 또한 사회적 실천의 주체인 민중이 기존의 야만적이고 빈곤한 인간성으로부터 해방되지 않으면, 진정한 사회해방의 목적에 도달할 수 없다. 수단이 비민주적이고 비인간화라면 목적도 비민주와 야만으로 귀결될 것이기 때문이다. 경성제대의 엘리트 의식도 작용했겠지만 신남철은 당시 좌우익의 폭력성과 무교양을 통탄했다. 그에게 인간성의 풍요는 그 자체로도 가치가 있다. 그에 의하면 지식인을 포함한 민중은 자기 '도야(陶冶)'라는 자기 '전환(轉換)'의 노력을 통해 '휴머니즘'의 인간, '고매한 정신(高邁한 精神)'으로 '재생(再生)'되어야 한다.[12]

이러한 신남철의 향내적(向內的) 관심은 '민주경제'에 대한 관심을 전제한다. 그러나 경제 민주화에 대한 관심이 희박했던 박종홍의 향내적 관심은 민족국가의 건설을 전제한다. 그것은 문명의 폐단에서 오는 '실존적 불안'의 극복에 대한 내적 관심으로 변화되었다. 그는 이러한 향내성에 전통문화의 재창조와 근대화라는 방향을 결합하고자 했다. 그러나 자신의 시대를 '역사적 전환기'로 인식한 신남철의 향내성은 특정 계급의 지배를 극복하는 것이 역사의 방향이라는 관점을 전제한다.

---

12 신남철, 「民主主義와 휴머니즘」, 『轉換期의 理論』, 백양당, 1948, 199-221쪽.

그는 향내적인 방향에서의 인간해방을 위한 '휴머니즘'의 의미를 세 가지로 주장한다. (1) "인간에 대한 자애로운 공감과 이해라는 심적 정신적 경향." (2) "비이기적이라는 사회적 정의감." (3) "고전에 대한 교양." 첫 번째의 길은 인간을 '한 개의 예술 작품'으로 보고, "감성과 이성과의 융화조정(融和調整)"을 통해 "인간의 완전한 개성을 형성"하는 것을 이상으로 한다. 두 번째의 길은 "자기를 희생, 헌신하는 의감(義感)"을 가지고 '결의, 결단'을 할 수 있는 인간상을 지향하는 것이다. 이 길은 '실천이성의 노력'을 의미하며, 이러한 노력의 전례는 15～16세기 르네상스 시기에 교회의 폭압에 항거하다 단두대의 이슬로 사라진 사상가나 포교사들이라고 한다. 세 번째는 "인문적 철학적 지식을 새 형태로 섭취하는" 것이다.[13] 신남철은 18세기 독일의 '슈트름 운트 드랑(Sturum und Drang, 질풍노도)' 시대의 '신휴머니즘'과 '낭만주의'가 이전의 르네상스 시기처럼 "문학과 역사와 철학에 대한 교양"을 중시한 점에 주목한다. 그에 의하면 "독일의 광란노도(狂瀾怒濤)"는 "인간성의 추상적 동일성을 구하는 것"이 아니라 "완성된 개성의 현란다채(絢爛多彩)한 활동"을 구하는 것이다. 이러한 운동 역시 이전의 르네상스가 "인간 개성의 독자성 근원성을 자각하여 주관적 요소를 높게 평가하는" 전통을 낭만성을 통해 계승한 것이다.[14]

신남철은 낭만주의가 계몽주의적 과학주의에 대항하는 측면을 지적하지 않는다. 그가 주목하는 것은 낭만주의의 높은 생의 이상을 향한 충동(Drang), 그리고 속박을 파괴하는 질풍(Sturm)과 같은 정열이다. 이러한 정열은 자유를 열망하는 생의 감정을 주관적 기초로 한다. 이처럼 그는 다양한 인간성들을 조화롭게 형성한 전인적 개성의 완성에서 인간의 이상을 찾고, 이 인간상을 생의 감정을 토대로 구현하는 인간관으로 제시한다. 그의 새로운 인간상은 그에게 매우 간절한 것이었다. 그는 그것을

13 신남철, 『전환기의 이론』, 백양당, 1948, 214-215쪽.

14 신남철, 위의 책.

당시 '진보파(進步派)'와 '완고파(頑固派)' 모두가 특히 정치적 지도자들이 가져야 하는 교양으로 간주했다. 그는 '낭만적 정신을 구비한' 지도자가 없는 것을 깊이 애석해 했다. 그 인간상은 그가 보기에 "혁명적 의식이 넘쳐나는" 당시 상황에서 요구되는 '확신'이었다.

> 휴머니즘은 한 개의 학설적 체계이었던 것이 아니라 역사적 전환기(轉換期)에 있어서 두 번 나타난 인간의 근원적인 생(生)의 감정(感情), 레-벤스 · 께플(Lebensgefühl)이었다. 정의와 조화를 실현하려는 사회질곡에 대한 항쟁의 정신이었다. 이러한 휴머니즘이 혁명적 의식이 횡일하여 있는 현재의 우리 조선에 있어서 [……] 인간은 계급적 인간으로서 규정된다는 대원칙에 서면서도 또한 민족 천년의 운명을 결(決)할 위기적 순간에 처하여 우리는 이와 같은 주장을 내걸 의무까지도 느끼는 바이며, 이것이 단순히 한 개의 희망이나 염원이 아니라 반드시 실현하지 않으면 아니 될 우리의 진보적 민주주의적 정치이념의 구현에 당하여는, 이런 「휴머니즘」이 작용할 필요가 있다고 생각하는 바이다. 우리의 현란다채(絢爛多彩)한 신문화(新文化) 건설에 있어서 반드시 관용성을 가지고 특수성과 인간성을 살리는 이 휴머니즘에 힘입는 바가 많을 것을 단언하는 바이다. 진보적 민주주의적 정치노선이 이러한 휴머니즘적인 낭만(浪漫)의 비옥한 평야[沃野]에서 전개될 때, 우리의 민족문화는 비할[比類] 데에 없는 결실을 할 것을 확신하는 바이다.[15]

진보적 민주주의는 휴머니즘을 내용으로 하는 낭만이라는 비옥한 들판위에서 전개되는 혁명적 휴머니즘이다. '혁명적 휴머니즘'은 '고전적 교양', '과학적 지식', '예술적 감수성'을 주요 내용으로 하고, 여기에 '낭만적 정신'을 주체적 원리로 추가한다. 신남철이 '사상적 운동'이라고 하는 것은 생의 실현이며, 생의 실현은 생의 감정을 '생명적 추진력(生命的 推

---

15 신남철, 앞의 책, 216-217쪽.

進力)'으로 한다. 정치는 생의 발현이자 실현이다. "그리하여 우리가 살고 있는 이 역사적 현실을 다시 조직하는 원리인 위에서 말한 진보적 민주주의는 이 휴머니즘에 의하여 인간성의 참된 발전을 보증하는 것이다." 휴머니즘은 현실과 정치로부터 분리된 추상적인 것이 아니라, "인간적 생명의 구체적 조건을 고려하는 휴머니즘이 될 것이다."

신남철에 의하면 현대의 '사회발전 법칙'은 '완전한 사회해방'을 지향하고 있다. 전인적 인간상을 가진 개인의 자유와 전체적 연대성이 조화된 고매한 이상을 생의 충동으로 가진 생의 감정은 '인간 자체의 완전한 인간적인 해방'과 '사회해방'을 염원하고 실천한다. 이러한 실천이 신남철이 주장하는 '혁명적 실천'이다.[16] 진정한 정치는 생의 감정에 기반한 '생의 전환(轉換)'의 활동이다.

생의 감정은 그에게도 서구 낭만주의 시인들(바이런, 셸리, 횔더린 등)처럼 전통적 습관의 부정과 민주 공화정을 향한 혁명 의식을 동반한다. 생의 감정은 셸리의 사나운 「서풍」이 자신의 등을 떠밀어 무계급의 영혼이 실현되는 방향으로 나아갈 수 있기를 바랐던 함석헌(咸錫憲)의 감정이기도 하다. 다만 그는 민주경제보다도 민주정치, 유물론적 역사보다는 신과의 관계에서의 영혼의 발전사, 사회해방보다는 '사상의 혁명'에 관심을 기울였다는 것이 신남철과 다른 점이다.

박종홍 역시 '창조'와 '부정의 논리'를 통해 생의 감정을 해결하는 방법적 기초를 마련하고자 노력했다. 그는 실존철학과 전통철학에 대한 연구를 통해 민주정치와 민족문화의 재건에 헌신하고자 했다. 생의 감정은 이처럼 현대 한국철학의 기본적 정조(情操)였다. 그것은 도탄에 빠진 민족의 역사적 경험에 대한 공감이 없이는 젊은 시절을 보낼 수 없었던, 그래서 현실과 창조를 문제 삼지 않을 수 없었던 시대적 운명과 함께하는 감정이었다. 그러한 정조는 5·4 운동기의 이대조(李大釗)가 베르그송과 에머슨(R. W. Emerson)이 말하는 생의 자발성과 창조적 활동성에

16 신남철, 앞의 책, 218-220쪽.

매혹된 데에서도 나타난다. 그는 현재가 생의 창조적 활동이 일어나는 결정적 순간이라고 보는 시간관을 기초로 급진 민주주의와 사회주의를 위한 이상주의적 행동주의 철학을 창조해냈다.

그런데 이대조와 유사하게 신남철의 생의 감정은 '신문예부흥적' 문화혁명을 위한 '생의 약동(躍動)' 개념과 긴밀한 연관이 있다. 그는 이러한 의미 연관을 『역사철학歷史哲學』, 「르네상스와 휴머니즘」에서 상세히 논하고 있다. 그러면 생의 약동과 연관하여 생의 감정은 어떤 의미를 갖는가?

3. 생의 약동과 압열(壓裂)

「르네상스와 휴머니즘」은 서양 근대철학사의 출발을 르네상스에 두고, 그것을 연구하는 방법적 태도를 논한다. 신남철에 의하면 철학사는 당시 유포되어 있었던 빈델반트(Wilhelm Windelband)의 『철학사 교과서哲學史 教科書, *Lehrbuch der Geschichte der Philosophie*』(1891)처럼 단순히 관념의 변천사에 대한 기술이 아니라, '과학으로서의 철학' 혹은 '과학적인 철학'의 입장에서 설명하는 것이어야 한다. 그가 의미하는 과학은 자연과학의 방법적 태도를 역사적 사회에도 적용하는 유물론적 세계관이었다. 이 입장에서 보는 철학사는 "자연의 사나운 위세와 사회의 질곡으로부터 자신을 해방시키려는 이중의 해방사를 자신 속에 가지고 있는 사상사인 것이다." 철학사를 자유의 쟁취 과정으로 보는 이러한 입장에서 그는 근대철학이 '상품경제'의 발달과 과학기술의 진보 및 종교 개혁기의 농민반란 등 일련의 진보적 과정의 산물이라고 말한다. 이 과정이 '봉건적 생산관계'와 관념 체계에 대한 저항이라는 진보적 의미를 갖는다. 이러한 맥락에서 '진보적 자유'와 '비판의 정신'이 충일해졌으며, 이것의 사상적 표현인 근대철학은 '혁명적'이고 '진보적'이다. 그것은 "감옥 속에 있던 이성(Reason in prison)을 자유로운 이성(Reason Free)(J. B. Bury)으

로 해방하려" 한다.[17]

신남철은 이러한 역사의 흐름이 어느 봉건사회이건 경과한다고 본다. 그가 보기에 "봉건주의 생산관계와 의식 형태가 아직 많이 남아 있는 조선에서 감옥 속에 있던 이성을 자유롭게 만드는 것은 당면의 중요한 임무가 아니면 안 될 것"이었다. 이 발언은 그가 반봉건사회인 당시 현실에 문예부흥이 도래하는 것을 필연적으로 보고, 자신의 '혁명적 휴머니즘'을 역사이론적으로 정당화하고 있음을 보여준다. 그에 의하면 "봉건적 사회 구성은 모든 민족이 일정한 단계에서 경과하게 되는 것으로서 그 규모와 성격과 시대적 계열에 차이가 있을망정 세계의 각 민족사에서 발견되는 것이고, 따라서 사회 구성을 토대로 한 모든 관념 형태도 대개 유사한 내용과 성격을 가진다는 것까지도 인식될 것이다."[18] 그러나 서구의 상부구조의 형태가 조선에서도 나타날 것이라는 인식으로부터 이태리에서 융성했던 르네상스나 독일의 신르네상스와 유사한 형태의 문화가 출현한다는 결론은 나오지 않는다. 르네상스가 고전으로 돌아가 중세의 고전 해석에 반기를 들었다고 한다면, 조선의 르네상스도 동양 고전에 대한 진보적 재해석을 통해 가능해야 한다. 신남철은 이 길을 가지는 않았다. 이 점은 동학 이후 고전에 대한 진보적 재해석이 없는 한국의 상황에서 애석한 일이다.

그러나 그가 르네상스에 주목하는 이유는 그것이 갖고 있었던 지역적이고 문화적인 특성이 아니라, 그것의 혁명성이었다. 그는 독일인이나 프로테스탄트가 그 시대의 변화를 '종교개혁'이라고 종교화한 것에 반대한다. 그는 엥겔스(Friedrich Engels)의 『독일 농민전쟁』과 『자연 변증법』에 나오는 15～16세기 문화운동에 대한 언급들에 의거하여, 르네상스가 '부활', '재생'이라는 혁명적 문화운동이며, "자유와 인권"의 해방을 향한 사회운동이라고 주장한다. 이러한 변혁기에서 인식론이 철학의 주요 주

17 신남철, 「르네상스와 휴머니즘」, 『歷史哲學』, 서울출판사, 1948; 김재현, 『역사철학』(해제), 이제이북스, 2010, 121-158쪽.

18 신남철, 「르네상스와 휴머니즘」, 『역사철학』(해제), 이제이북스, 2010, 121-158쪽.

제가 된 것은 철학이 '신학적 권위'로부터 벗어나 '지상의 철학'이 되었기 때문이다. 그는 엥겔스의 『포이에르바하와 독일 고전 철학의 종언』으로부터 다음의 해석을 인용한다. "사유와 실재와의 관계의 문제가 특히 근대철학의 근본 문제로서 충분히 명확한 형태로 제기되어 그 전체적 의의를 획득하게 되었다." 신남철은 이 해석이 '신학적 중세사상'과 "혁명적인 현실의 변혁 과정"이 결연한 것을 의미한다고 보았다. 혁명적 사고와 실천을 생의 표현으로 보는 그에게는 르네상스의 혁명적 사회운동은 "억압되었던 생의 감정"과 "본능의 약동"의 표출이다. 고전학을 부흥시킨 것도 "생명의 원동력"을 고대의 문물에서 '회상'을 통해 얻고자 함이다.[19]

르네상스는 "생의 감정이 본능적으로 약동하여 봉건적인 모든 지배 체제와 맞부딪힌" 운동이다. 신남철이 서구 근대에서 보고자 하는 것은 바로 이러한 저항성이다. 생의 약동은 억압으로부터의 탈출이 요구되는 시대에서는 어떤 형태로든 흘러넘친다. 생의 감정이란 생명의 자발적 활동성과 능동성에 대한 느낌을 의미한다. 자발성에 대한 그의 존중과 공감은 그가 현대의 새로운 인간상으로 스피노자(B. Spinoza, 1632~1677)의 감정의 능동성을 함양한 '능산적 인간'을 제시하는 데에서도 나타난다.[20] 그는 '고민하는 인간상'을 기본적으로 중시하면서도 수동적 감정을 노예적 인격의 기초로 보고 창조적 생산성을 갖는 기쁨의 인간상을 권유한다. 이러한 입장이 언뜻 모순되어 보이지만, 그의 고민하는 인간은 최상의 이상을 실현함으로써 생의 감정을 표현해보려는, 창조를 위한 "파우스트적 고민"의 성격을 갖는다.[21]

그에 의하면 괴테의 『파우스트』는 "모든 사람의 가슴 속에 흘러넘치는 생명력과 창조의 굳센 의욕을 표명한 것이다." 괴테는 그 작품을 통해 '창조적 정조'를 예술로 만들었다는 것이다. 신남철은 파우스트의 다음과 같은 외침에 고무된다. "젊은 생명의 행복이 새로이 불타는 것과 같이

19 앞의 책.

20 신남철, 「역사적 人間의 形態」, 『轉換期의 理論』, 백양당, 1948, 184-185쪽.

21 신남철, 「지도자론—고매한 精神과 창조적 政治—」, 위의 책, 235-236쪽.

나의 신경과 혈맥 가운데를 흐르고 있음을 느낀다. 일어나거라. 넓은 세계로 나아가거라 [……] 일어나거라. 배우는 자여, 꿋꿋하게 이 지상의 가슴에 숭엄(崇嚴)한 아침의 햇살을 받게 될지어다."[22] 신남철의 생의 감정과 약동은 낭만성과 급진성을 갖는다.

"해방되어야겠다고 하는, 이른바 생의 감정"은 "질곡, 착취, 압박에 항쟁하는 생명의 약동 없이는 성과를 가져올 수 없는 법이다." "개인의 본능적인 생명"이 다시 약동하는 것은 "생의 감정의 재생"이며, 이것이 "휴머니즘 운동의 근본"이다. 그가 보기에 르네상스는 본질적 차원에서는 생의 약동의 표현이다. 이 표현은 봉건제에 저항하는 사회운동과 전인적 교양의 성숙이라는 문화운동으로 나타났다. 사회운동의 측면에서 휴머니즘은 "부르주아의 일반적인 이데올로기적 표현"이었으며, 문화운동에서 '교양의 존중'은 "반드시 계급적 이데올로기에 직결되는 것은 아니었다." 그는 니체처럼 그리스와 피렌체의 문화와 전인적 인격을 찬양하는 부르크하르트(Jakob Burckhart, 1818~1897)의 『문예부흥기의 이탈리아 문화』(1860)에 영향을 받아, 자신의 진보적 민주주의 문화 운동의 내용을 다음과 같이 암시한다.

> 르네상스의 휴머니즘은 자연과 현실사회의 진상을 반성 관찰하면서 인간 능력의 자유로운 구사에 방해되는 질곡을 박차고 자연을 통제하고 미적 생활을 꿈꾸면서 이상적인 국가를 설계해보였다. 그리하여 이때의 유토피아적 창조 의욕이 일종의 예술적인 특질을 가지고 나타났던 것이다. 이해타산과 의욕의 창조물인 국가와 예술품으로서의 국가가 이 비약하는 신세기에 하나의 역사적 생명으로서 나타났던 것이다. 새로운 인간의 새로운 개성이 발견되어 신흥하는 부르주아 계급으로 하여금 정치, 경제, 문화의 각 영역에서 확고한 중심으로 서게 하였다. 해방된 개인의 약동하

---

22 신남철, 「르네상스와 휴머니즘」, 『歷史哲學』, 서울출판사, 1948; 김재현, 『역사철학』(해제), 이제이북스, 2010, 148쪽.

> 는 생명이 예술적 분위기에 싸인 유토피아적 '픽션'을 그려 보였다. 오래오래 두고 억압되었던 생활이 급히 무엇을 탐구하려는 의욕의 세찬 흐름 속에서 신흥 부르주아의 원형인(原型人)들은 그 천재적인 지성의 활동으로 어느 점에서 보면 역사의 발전을 한 걸음 앞질러 나아가 하나의 이상적 구도를 미리 가지려고 했던 것이다.[23]

르네상스를 이상화하는 이러한 표현은 분명 부르크하르트의 과장적 서술의 영향으로 보인다. 그러나 그 표현은 자신의 시대도 르네상스처럼 '해방된 개인의 약동하는 생명'과 '의욕의 세찬 흐름'이 일어나 '유토피아적' 이상 국가를 실현할 수 있기를 희망하고 있음을 잘 보여준다. 그의 진보적 민주주의가 기존의 부르주아적 단계는 아니지만, 그에게 그것은 부르주아 문화의 최대치를 살릴 수 있는 정치체제이다. 그러나 부르크하르트는 서양 근대 문명이 갖는 폭력적 파괴성, 예를 들어 자본주의의 경제 지상주의, 배타적이고 폭력적인 권력 국가의 등장, 제국주의적 야만성, 제1차 세계대전의 초토화하는 파괴성, 과학주의의 일방적 지배에서 오는 비인간화와 생의 분열 등이 주는 근대의 위기를 간과한다.[24]

그러나 신남철의 이상은 적어도 레닌주의의 문화혁명 도식인 '전기화(電氣化) + 소비에트 권력 = 사회주의'라는 메마른 산문적 대안보다는 시적 인간성을 포함한 인간성의 포괄적 발전을 이상으로 제시하는 마르크스에 접근한다. 1917년 레닌은 권력 장악 후에 문화혁명의 필요성을 주장한다. 그는 문화의 '변형'이 문제가 아니라 '부르주아 문화의 획득'을 과제로 삼는다. 그는 문화의 의미를 세 가지로 제시한다. (1) 문명으로서의 문화, (2) 지식으로서의 문화, (3) 이데올로기로서의 문화. 그는 혁명의 성공 후에도 이데올로기가 팽배한 것은 앞의 두 문화가 저급하기 때문이라고 보고, 기술 문명과 과학 지식이라는 부르주아의 두 문화를 획

---

23 신남철, 「르네상스와 휴머니즘」, 『역사철학』(해제), 149-150쪽.

24 부르크하르트, 『이탈리아 르네상스와 문화*Die Kultur der Renaissance in Italien*』, 이기숙 옮김, 한길사, 2003, 47쪽.

득해야 한다고 생각했다. 이러한 입장은 혁명이 부르주아 산업 문화의 사회주의적 계승이라는 점을 분명히 한 것이다. 레닌의 문화혁명은 부르주아의 경영기술을 포함한 과학기술과 지식에 주안점을 둔다.[25] 이 점이 줄기차게 이데올로기 우선성과 평등의 이념을 강조하는 모택동의 문화혁명론과 다른 점이고, 신남철의 신문화운동과도 다른 점이다.

이러한 점에서 중국 혁명은 유소기(劉少奇), 등소평(鄧小平)의 실용주의 주자파 노선의 승리로 귀결을 보았다는 점에서 레닌주의 노선에 접근한다. 이 두 혁명은 혁명이라는 개념을 무색하게 할 정도로 미국의 자본주의적 산업주의와 본질상 차이가 없는 문화를 만들었다. 이러한 전 지구적 상황은 서양 근대철학과 문화가 처음부터 갖고 있었던 딜레마가 보편화되었음을 보여준다. 일상의 삶에서의 질적인 경험은 과학의 양적인 질서에 의해 억압된다. 동시에 과학적 태도가 여전히 일상의 생존을 위해 필요하고 또 진리를 확보하는 길로 강요된다. 근대적 삶의 양식이 갖는 이러한 자기분열은 쇼펜하우어(A. Schopenhauer, 1788~1860)에 의해 유럽의 허무주의적 '퇴폐성(데카당스)'으로 인식된 이래 철학의 본질적 문제가 되었다. 인간과 사물에 대한 과학적 객관성을 자연스러운 것으로 믿는 관점은, 관찰할 수 없고 대상화할 수 없는 주관성과 생명에 대한 부정을 초래한다. 경제 발전의 토양에서 서식할 수 있었던 속류 물리주의적 유물론 문화는 생의 부정으로 귀결되었다. 그것은 사물을 그 내부적 생명 원리의 관점에서 심층을 투시하는 사상의 발전을 저해할 뿐만 아니라 문화로서도 받아들이지 못하게 한다.

신남철은 과학적 태도와 사물 내부의 관점에서 보는 태도 사이에 있는 갈등의 문제를 특정한 주제로 다루지는 못했다. 그러나 그는 생의 약동을 근본 원리로 하여 생의 한가운데에 서고자 했다. 이러한 입장은 포괄적 인간성의 실현을 바탕으로 과학을 수용하고, 불투명한 자본제적 사

---

25 Carmen Claudin Urondo, *Lenin and The Cultural Revolution*, trans by Brian Pearce, Harvester Press, 1977, ch.2.

회를 투명한 사회로 전환하고자 하는 모든 급진철학이 음미할 만한 것이다. 그의 낭만주의적 휴머니즘은 마르크스-레닌주의가 갖고 있었던 지나친 객관주의와 과학주의가 낳은 병폐를 극복하도록 하는 데에 기여할 수 있는 하나의 관점을 제시했다고 할 수 있다.

낭만주의적 관점에서 신남철은 베르그송의 '창조적 진화'의 철학에 긍정적으로 접근한다. 그는 「벨그송의 사(死)와 사상의 운명」(1941)을 통해 제2차 세계대전에서 독일에 패하고 피점령지에서 노년을 보내고 죽어야 했던 베르그송에 대해 깊은 동병상련의 감정을 갖는다. 그에 의하면 베르그송은 1차 세계대전을 "인간 생활의 기계화와 그것에 대한 생명의 투쟁으로 보았다." 독일은 "정신과 생활의 기계화에 의한 제일성(齊一性)의 제압" 아래 있었다. 따라서 그 국민은 '인격의 향상'과 '다양성의 조화'에 실패했다. 반대로 프랑스는 '자유로운 창조의 희망'과 '다채(多彩)한 이상'을 가졌다. 전쟁의 의미는 '사물의 제일성'의 힘과 '생명력, 창조력'을 기르는 힘 사이의 투쟁이다. 여기서 사물의 제일성은 아마도 유클리드-뉴턴적인 등질적 공간 좌표 아래에서 본 물질의 수량화와 도구화를 의미하는 것으로 보인다. 그러나 신남철이 보기에 프랑스와 베르그송 철학의 '운명'은 제1차 세계대전과는 달리 제2차 세계대전에서는 "무참히도 패배하는 것"이었다. 그에 의하면 베르그송도 느꼈을 그러한 '운명의 갈등'을 볼 때, "운명(運命)은 심연(深淵)이다."[26] 이 말의 의미는 무엇인가?

신남철이 본 베르그송의 "세계는 흘러 내려가는 시간의 세계-창조적 진화의 세계이므로 이러한 세계 안에서 생기전도(生起顚倒)하는 가지가지의 사건은 생의 불가지한 비약(飛躍)으로서 그 자신의 의미를 갖는다." 이러한 존재론적 전제하에 그는 전쟁의 패배라는 '비극'의 운명을 "생성의 미래를 향한 영원한 진화 가운데에서 발견되는 불가피의 사건"으로 본다. 그리고 베르그송은 자신의 노쇠의 운명처럼 그것을 '광채 없는 유전(流轉)'으로 직관한다. 그러나 동시에 그는 생의 자발성, 유동성 속에

26 신남철, 「벨그송의 死와 思想의 運命」, 『朝光』 7권 3호, 1941.

인간의 운명이 내재하므로, 그 사건을 "보다 높은 새 운명의 창조적 정서를 불러일으키는 늘 새로운 격류 속의 비약"의 계기로 생각했을 것이라고 한다.[27] 운명은 전도된 계기이자 희망의 계기이다. 생의 진화 속에서도 퇴화가 있는 것이 비극이다. 그러나 이 비극은 창조로 전환되는 미래적 의미를 갖는다. 이처럼 퇴화 속에서도 미래적 방향성을 갖는 생의 잠재성(virtualité)이 운명의 심연이다.

이러한 해석은 베르그송의 진화를 절망과 희망의 변증법으로 이해한다. 그리고 직관의 명수인 베르그송 자신도 그렇게 직관했으리라고 본다. 다양한 가능성으로 개방되어 있는 이 잠재성이 시간으로서의 실재인 바, "실재의 내면적 생명에 틈입(闖入)하는 직관적 인식"이 베르그송의 '지적 직관(知的直觀)'이다. 지적 직관은 지성이 직관한다는 것이 아니라 고체의 분석적 논리에 습관된 지성이 자기비판을 통해 의식을 본능과 생명 쪽으로 확장하여 감성의 공감 능력을 심화한다는 것이다. 신남철은 이제 심층적 실재에 대한 이해를 자신이 선호하는 어휘를 사용하여 묘사한다.

> 생명의 심오(深奧)에는 언제나 발랄(潑剌)한 생의 충동(衝動)이 끊임없이 작용하고 있다. 생명은 창시적 충동에 발원하는 것으로 그것이 나중에 분열하여 드디어 다종다양의 방향으로 점차 분화하여가는 것이다. 생명은 「생의 약동」(엘랑 · 비탈)이다. 생명은 류탄(榴彈; 파편들이 다시 폭발하는 폭탄)의 파편의 총체라고도 할 수 있으리라. 이 파편은 언제나 폭파할 가능성이 있는 새 에넬기를 무한히 발양할 수 있는 것이다. 이 에넬기는 물질 속에 작용하는 자유발전(自由發展)의 동경(憧憬)이다.[28]

생명의 잠재성이 전개하는 진화의 창시적 과정은 최초 과거의 충격 에

---

27 신남철, 앞의 책.

28 신남철, 앞의 책.

너지를 가지고 부단한 종(種)의 창조적 분화가 일어나는 퇴화 속의 전진의 운동이다. 이러한 분지화 혹은 차이화하는 과정은 물질의 수동적 이완의 힘과 역행하는 능동성과 긴장성을 갖는 생명의 상승 운동이다. 분지화 운동은 계기적 시간의 질적 다수성이기에 모순의 운동이라고 할 수는 없다. 그러나 물질적 수동성과 심리적 실재인 생명의 능동성이 동시에 역운동하는 것은 모순적 운동이라고 할 수 있을 것이다. 그러나 신남철은 베르그송에 대한 기술에서는 변증법적 어휘를 사용하지 않는다. 그는 다만 생명의 자발성과 창조성이 전개되어, 신문화운동의 창조적 실현이 이루어지고, 풍부한 인간성의 소유자들이 '백화난만(百花爛漫)'(「르네상스와 휴머니즘」)하기를 희망한다.

신남철은 베르그송을 낭만주의 철학의 관점에서 '예언적 철학자'로 보고 있다.[29] 그가 주목한 점은 낭만적 해석의 일반적 태도와 같이 생의 약

---

29 신남철은 「벨그송의 死와 思想의 運命」(1941)과 「最近 世界思潮의 動向」(1933)에서 베르그송을 예언자적 철학자로 높이 평가하고 대단히 긍정적으로 논의한다. 당시 대부분의 사람들처럼 그도 생의 약동 개념에 매력을 느꼈다. 유럽과 5·4 시기의 중국, 다이쇼 시기[大正期]의 일본에서도 대중적 베르그송주의는 주로 그 말과 연관하여 유행하였다. 그리고 실제로 베르그송의 철학은 셸링과 쇼펜하우어의 낭만주의 철학과 많은 연관을 갖고 있다. 러브조이(Lovejoy)에 의하면 베르그송은 '전형적인 낭만주의적 진화론'이다(러브조이(A. O. Lovejoy), 『존재의 大連鎖』, 차하순 옮김, 탐구당, 1994, 435쪽). 그러나 이러한 이해는 베르그송에 대한 일면적 해석이다. 근대 물리학에서 현대 물리학으로 넘어가는 과도기에 활동한 베르그송은 '비결정성' '우연성'에 의거한 자신의 물질관이 새로운 과학과도 연관될 수 있다는 '예언적' 생각을 했다.

양자 물리학자인 드 브로이(Louis de Broglie)는 「현대 물리학의 개념과 시간과 운동에 대한 베르그송의 착상」(1947)에서 베르그송이 양자역학의 기본 원리들을 예견한 것으로 본다(P. A. Y. Gunter, *Bergson and The Evolution of Physics*, University of Tennessee Press, 1969, pp.45-62). 이러한 입장을 계승하여 생 철학의 비낭만주의적 과학성에 대한 무시가 베르그송에 대한 잘못된 이해를 나았다는 관점을 가지고 베르그송을 연구한 밀리치 차펙(Milič Čapek)은 『베르그송과 현대 물리학*Bergson and Modern Physics*』(D. Reidel Publishing Co, 1971)에서 베르그송주의에 대한 기존의 대중적 오해를 현대과학과의 연관을 통해 해소하고자 했다.

신남철이 베르그송의 예언성을 말한 것은 생명의 본질인 자유가 물질과의 투쟁을 통해 진화하여 궁극에는 억압적인 폐쇄사회를 극복하고 개방사회를 이룰 것이라고 전망한 것에 관한 것이다. 이것이 생의 '심오한 비밀'이다. 신남철이 본 것은 베르그송의 현대

동과 자발성이다. 그는 베르그송의 예언적 견해에 감동을 받는다. 생명의 자유는 물질의 고체성과 투쟁하여 궁극에는 폐쇄사회를 이기고 개방사회를 성취할 때 그 본질이 드러난다. 그러나 신남철의 생명철학적 관점과 역사철학적 관점은 원만하게 결합하기 어려운 점이 있다. 그는 생의 자발성과 약동성을 주체적 실천의 기초로 삼으나, 역사에 대한 과학적 태도에서는 객관주의적 법칙을 이야기한다.

그리고 낭만주의의 고상한 이상은 어두운 역사로부터, 그리고 마르크스가 어두운 학문으로 보았던 경제학으로부터 그를 일탈시키는 유혹을 일으킨다. 이러한 내적 갈등을 신남철은 청년 시절에 겪는다. 이 시기에 그가 생의 약동과 역사의 관계를 어떻게 정립하고 있는지를 보여주는 중요한 단서가 있다. 그 두 가지 원리의 관계는 '압열(壓裂)'이라는 개념을 통해 이루어진다. 압력을 받아 분열된다는 압열은 일종의 모순 감정이다. 그것은 1931년(24세)에 쓴 문학청년의 면모와 이상을 잘 보여주는 「혁명革命 시인 하이네, 이성과 낭만의 이원고二元苦와 철학」에서 나타난다. 그는 하이네의 시집 『북해』에 있는 「의문」이라는 제목의 시를 제시한다.

바닷가에, 쓸쓸하고 컴컴한 바닷가에
젊은이가 혼자 서 있다.
가슴은 슬픔에 차고, 머리는 회의(懷疑)에 가득한 데
그는 애달게 입을 열어 창파(滄波)에 물었다.
「아 생(生)의 수수꺽기(수수께끼)를 풀라
그 애닯은 예로부터의 수수꺽기를」
[……]
창파는 끝없이 출렁거리고
바람은 거칠고 구름은 흩어진다.

과학성에 관한 것은 아니다.

별들은 무심히 찬 한울에 빛나는데
어리석은 자는 그 대답을 기다리고 있다.[30]

여기서 신남철의 세계 수수께끼에 대한 의문을 대신하는 인물은 하이네이다. 하이네는 전쟁과 혁명의 격동과 생활 고(苦)를 포함한 '세계 고(苦)'를 가슴에 품고 드넓은 창파 앞에 선다. 바다는 세계 수수께끼를 묻고 젊은이는 그것을 자신을 향해 묻는다. 낭만주의 철학의 형이상학적 물음을 '세계 수수께끼'로 정식화한 쇼펜하우어는 그 수수께끼의 해결을 지성의 기원 문제와 함께 '세계의 매듭'을 푸는 것으로 간주했다. 그는 세계의 근거를 신학적 기원에서 찾는 길을 포기하고, 세계의 궁극적 속성인 본질을 묻고 해결하는 데에서 찾았다. 이 길은 인간의 내적 성찰에서 내감에 의해 직관되는 '생명 원리'로서의 '생의 의지'를 인간의 본질로 보며, 나아가 그것을 유추하여 세계의 본질로 이해하는 길이다. 세계의 본질은 의지이다. 나의 신체적 활동도 의지의 표현이다. 세계의 본질과 인간의 본질은 동일하다.[31] 이러한 동일철학적 사고방식은 낭만주

30 이 시의 생략된 부분은 다음과 같다.
"상형문자가 새겨진 승모를 쓴 사람들,
터반과 검정 각모를 쓴 사람들,
가발을 쓴 사람들, 그리고 또 수많은
땀에 젖은, 가련한 인간의 머리들이-.
말해 다오, 인간은 무슨 의미를 가지는지,
인간은 어디서 왔는가? 어디로 갈 것인가?
저 위 황금빛 별들에는 누가 살고 있는가?"
『하이네(Heine), 노래의 날개 위에』, 임종대 역주, 혜원출판사, 1993, 144-145쪽: 승모 쓴 사람은 이집트 승려, 터반은 마호멧교도, 검정 각모는 목사, 가발은 교수를 가리킨다.

31 쇼펜하우어(A. Schopenhauer)가 이러한 해결에 도달한 계기인 '세계의 매듭'은 인간의 의식이 갖는 다음과 같은 질문이다. 나의 내부의 관점에서 보면 나는 마음인데, 객관적 관찰의 관점에서 보면 신체이다. 이러한 이원성이 어떻게 하나의 인격 안에 통일되어 있는가라는 심리 철학적 물음이 세계 매듭인 바, 나의 자기의식적 내감이 느끼는 것, 즉 신체적 운동이 의지의 표출이라는 내적 직관을 통해 그 매듭은 풀린다는 것이다. 무기물로부터 생물을 거쳐 인류의 단계에 이르기까지 자연사는 잠자는 의지가 단계적으로 깨어나는 진화적 전개이다. 생명 원리는 인간을 통해 자신을 의식하게 되었다. 나

의 철학을 대표하는 셸링을 통해 유신론의 수용 여부에 따라 여러 형태로 유행하게 되었다. 그리고 우주의 생명 원리와의 합일에서 생의 구원을 찾는 신비주의적 열정은 철학과 예술의 낭만적 이상을 대표하는 것이었다.

하이네 역시 이러한 분위기 속에 있었다. 그러나 형이상학적이고 예술적인 고매한 이상과 미래의 관념적 자유에 대한 동경은 견고한 현실, 혁명적 실천을 요구하는 역사적 현실과 충돌한다. 신남철이 하이네에 대한 추체험을 통해 이해하고자 한 것은 그러한 '이율배반적 갈등'이다. 또한 그는 역사적 삶의 모순을 인식하고 해결하는 것이 '이성'의 길이며, 이 길이 세계의 매듭을 푸는 길이라는 것을 확신하려는 의도를 미리 갖고 있었다. 그에 의하면 하이네는 '이상주의적, 형이상학적인 것'에 대한 낭만적 관심이 있었다. 동시에 현실은 "인간 홍수(洪水)는 광장(廣場), 가도(街道), 원야(原野)의 인간시장으로 밀리어 나려 가는" 자본주의적 사회이다. 이 현실은 '새 세계의 대문', 해방의 미래로 개방되어 있는 변동하는 현실이다. 이성적 역사의식은 생성하는 현실에 대한 의식이다. 신남철에 의하면 여기에서 하이네는 '이성과 낭만의 이율배반'에 빠진다. 그러나 그는 "알력(軋轢)의 협화(協和)"를 거부한다. 낭만은 이성에 반발하고, 이성은 낭만에 반발한다. 이 갈등은 '영원히 타협의 길이 없는' '희극적 비극'이다. "나는 생각한다. 그런 고로 나는 싸운다"라는 이성의 길과 "나는 느낀다. 그런 고로 나는 노래 부른다"는 낭만적 감성의 길은 압착하면 할수록 파열되고 분열된다. 조화 없는 이 '이원고통(二元苦痛)'이 '압열(壓裂)'이다.[32]

그러나 두 길 사이에서 하이네는 압열을 유지하는 가운데 혁명적 역사의식을 더 기본적인 것으로 선택했다. 신남철도 하이네처럼 "역사적 사회적 생활의 제 현상을 미래 암시적으로 구체적으로 표현하지 않으면 아

의 신체와 마음은 생명의지의 두 표현이다(*Die Welt als Wille und Vorstellung 1*, S.W, Suhrkamp, 1986, pp.156-165).

32 신남철, 「革命詩人 하이네, 理性과 浪漫의 二元苦와 哲學」, 『東光』 제27, 28호, 1931.

니 된다"라는 신념을 유지한다. 그는 이러한 관점에서 결론을 내린다. 하이네는 압열의 고통을 통해 민중의 연대[一致]를 선택하고, 그러면서도 압열을 유지하는 '위대한 사회주의 문화의 선구자'이다.[33]

신남철은 하이네에 대한 연구를 통해 자신의 내적 갈등을 그와 공유하고, 압열이라는 내적 이율배반의 고통을 진정한 시인과 지식인이 가져야 할 덕으로 추천하고 있다. 그것은 그의 사상적 특징이 청년 시절의 고민에 연원하고 있음을 잘 보여준다. 그가 선호하는 생의 감정과 약동은 낭만주의적 관념성과 객관적 역사 변혁 사이의 내적 긴장성을 가진 주체적 원리이다. 그의 이성은 낭만성에 의해 현실과 현실적 자아를 초월하는 초월성을 갖게 된다. 낭만성은 이성을 압열의 긴장 속에서 기존의 낡은 것에 대한 부정을 통해 전진하는 변증법적 이성으로 만든다. 그의 변증법적 이성은 분열 속에서도 희망을 갖게 하는 역사관을 필요로 한다.

4. 변증법적 이성과 역사법칙

신남철은 낭만주의적 휴머니즘이 러시아나 중국의 혁명기와도 다른 1945년 이후의 해방공간에서 다양한 전략들의 논쟁적 실천으로 하여금 '온건중정(穩健中正)의 예지(叡智)'를 갖게 할 것으로 믿었다. 그 예지는 당시의 정세에서 평화적 쟁론과 조직화가 자애로운 감성과 이성의 조화를 바탕으로 이루어지게 할 것이다. 예지를 통한 쟁론과 조직화가 진정한 민주 공화정의 건설에 예비적 기초가 될 것이다. 진보적 민주주의는 그가 '현란한 문화의 결실'이라고 부르는 '신문화' 창조의 이성적 결실을 필요로 한다. 그리고 이성은 과거의 '봉건도덕 사상' 및 최남선(崔南善)의 '국수적 신화적 민족론'과 충돌하는 "신시대의 가치전도적인 사조"를 지향한다. 그것은 미래 지향적 '예지(叡智)'인 변증법적 이성이다. 그는

---

33 신남철, 앞의 책.

이러한 이성이 보수적 사조와의 충돌, 학생자치 문제, 교수자치 문제 등 당시 쟁론의 대상이 되었던 문제들을 '원만하고 조화 있게' 해결해 나갈 수 있다고 믿었다.[34]

그러나 그의 이성은 토론을 통해 평균치에 도달하여 서로간의 타협안에 동의하는 방식의 소통적 이성은 아니다. 그의 이성은 생의 부정을 다시 부정하여 진보적 대안에 접근해가는 부정의 부정의 정신이다. 인생은 창조의 과정이며, 그것은 "분기하는 흐름[奔流]의 과정"이다. 이 과정은 '작열하는 정열과 동경'에 의해 추동된다. 그것은 미래적 '염원의 심상(念願의 心像)'이 이끌어간다. 그에게 이성은 본질적으로 유토피아적 상상력을 추동력으로 하는 부단히 초월해가는 혁명적 상상력이다. 이성은 어렴풋한 미래에서 오는 심상의 빛이 각성시키고 '계획'하고 '창조'하게 하는 정신이다. 이성은 인식 주관이 아니라 오히려 그 주관을 정립하여 객관을 인식하게 만드는 근원적인 창조적 상상력이다.

당시 한국철학은 문화 창조의 맥락에서 창조적 구상력(Einbildungskraft)에 비상한 관심을 보였다. 박종홍은 자신의 삼민주의(민주, 민족, 민생)를 문화운동의 중심과제로 설정하고, '현실'을 극복하는 '창조'의 주체를 이론적으로 수립하려 했다. 이러한 관심에서 그는 칸트의 선험적 구상력 개념에 매력을 갖게 된다. 미키 기요시의 자극에 의한 점도 있지만, 이러한 관심은 칸트가 과학적 분석의 능력인 오성의 선험적 근거를 이른바 선험적 통각으로 제시한 것을 헤겔이 생산적 구상력으로 해석하고, 그것을 다시 과학적 오성의 근거인 이성으로 해석한 독일 관념론의 전통을 매개로 한 것이다.[35]

---

34 신남철, 「휴머니즘과 民主主義」, 『轉換期의 理論』, 백양당, 1948, 218-220쪽.

35 헤겔, 『믿음과 지식*Glauben und Wissen*』, 황설중 옮김, 아카넷, 2003(1802), 51쪽: 헤겔은 인식주관과 객관으로 분열된 오성적 지성의 근거를 다음과 같이 말하고 있다. "생산적 상상력은 최초의 것이며 근원적인 것으로서, 또한 이 상상력으로부터 주관적인 자아와 객관적인 세계가 필연적으로 이분화된 현상과 산출물로 비로소 나누어지는 유일한 즉자존재(존재 그 자체)로서 인식되지 않으면 안 된다. 근원적이면서 양면적인 동일성으로서의 이 상상력은 우리가 앞에서 그것의 이념을 규정한 바 있는 이성 자체 이외에

만일 근대과학에 절대적 확실성이 있다고 보고, 오성만을 삶의 근거로 본다면, 이는 오성 절대주의가 될 것이다. 그러나 오성의 근거를 창조적 구상력으로 본다면 과학적 인식은 형이상학적으로 심층적인 구상력의 한 현상 형태에 불과한 것이 된다. 근대적 과학주의와 억압적 사회인습과 같은 일체의 속박을 벗어난 인간상, 즉 절대적 자아를 희구한 낭만주의 철학은 심층적인 창조적 자아에 열광할 수밖에 없었다. 이러한 연관에 있는 박종홍의 창조적 구상력은 민주경제보다는 민주정치, 유토피아적 상상력보다는 조선 이학의 현대화, 자유로운 전체성보다는 민족적 정체성을 문화 창조의 내용으로 한다. 그의 창조적 구상력은 하이데거(Martin Heidegger)의 생동하는 자연으로서의 존재가 현현하여 존재긍정의 유희의 삶이 이루어지는 낭만주의적인 예술적 이상과 연결된다. 하이데거에게 자연을 긍정하는 유희의 삶은 무기한 연기되는 종말론적 이념이다. 이 길에 관심을 보인 박종홍은 사회적 실천과의 연관을 일단 갖지 못한다. 그러나 하이데거의 종말론적 존재론은 박종홍에게는 서양문명 비판의 기준이자 동양 철학에 접근하는 통로가 된다.

신남철의 부정의 부정의 상상력에 비하면, 박종홍의 부정의 부정은 부정된 것과의 중도적 종합을 특징으로 한다. 이러한 종합이 모순의 감각을 약화시켰다. 그의 부정의 부정은 현실에 대한 부정적 자아를 다시 부정하여 현실로 돌아와 타협 가능한 것을 찾는 길이다. 그러나 신남철의 부정의 부정은 생에 대한 부정적 현실을 다시 부정하는 긴장과 분열의 성격을 가지며, 부정하는 자아에 도달하여 또 다시 그것을 부정하여 현실로 돌아온다 하더라도 이때의 실천은 진보적 이상을 창조적으로 구체화하는 것이다. 이 때문에 신남철은 진보적 사고를 할 수 있었고, 이상주의적 정열을 가질 수 있었다. 그러나 그는 박종홍이 보여준 전통철학에 대한 심도 있는 이해를 갖지 못하고 헤겔의 루터교적이고 마르크스의 부

아무것도 아니다." 신적 이성은 상상하면 대상이 주어지는 원형적 지성이다. 인간의 심층적 상상력의 이념은 바로 그 신적 지성이다.

르주아적 편견인 '아시아적 정체론'을 묵수했다. 이러한 점은 모택동이 광범위한 전통문화를 자유로이 활용할 수 있었던 것과도 대조된다.

그러나 부정의 부정과 연관하여 신남철과 모택동의 차이가 있다. 모택동은 변증법의 세 가지 원리인 대립의 통일, 양에서 질로의 전화, 부정의 부정 가운데, 부정의 부정을 의심스럽게 보고 폐기하고자 했다. 손문의 혁명전쟁 이후 전쟁을 통해 혁명을 해야 했던 중국 혁명기에 모택동은 대립의 통일에서 모순 대립이 절대적이며, 전체적 통일성은 잠정적이고 상대적이라고 보았다. 그리고 모순은 언제나 존속하며, 그것의 극복은 양적인 발전을 질적인 비약으로 전화시키는 운동이다. 바디우(Alain Badiou)에 의하면 모택동은 '구조적 전체성'의 인과력을 인정하는 "어두운 성직자와 같은" 알튀세르(Louis Althusser)의 구조주의와는 달리, 평등의 이념에 따라 부단한 계급투쟁을 통해 사회의 전체적 형태의 전화를 추구한 인물이다. 모택동의 변증법은 당시 양헌진(楊獻珍)의 "둘이 합하여 하나가 된다[合二爲一]"는 테제에 반대하는 "하나가 둘로 나누어진다[一分爲二]"는 절대적 모순론이다.[36] 이러한 무한 모순의 변증법에 의거하여, 그는 부정의 부정이 타협적 조정을 의미한다고 보고 의심했다. 그는 결국 부정의 부정을 버리고, 양에서 질로의 전화를 대립의 통일 법칙 안으로 흡수하여, 대립의 통일 하나만을 남겨 놓으려 했다.

지젝(Slavoj Zizek)은 모택동의 이러한 부단한 영구 혁명론의 발상의 의의를 인정하면서도, 부정의 부정이 갖는 의의를 보지 못했다고 비판한다. 그 의의란 평화적 건설의 상황에서 부정의 부정은 반드시 타협적 종합으로 귀결되는 것이 아니라 새로운 창조적 활동을 통해 착실한 어떤 결실을 맺어 나갈 수 있다는 것이다.[37] 신남철의 변증법은 건국 준비기라는 한국의 상황에서 이성적 논쟁과 문화운동, 조직화의 실천을 통해 정치적 이상을 실현해야 하는 역사적 조건에 대응한 것이다. 그의 변증법

---

36 킴멀레(Heinz Kimmerle), 『유물변증법』, 심광현 · 김경수 옮김, 문예출판사, 1987, 154-189쪽.

37 지젝, 『잃어버린 대의를 옹호하며』, 박정수 옮김, 그린비, 2009, 274-289쪽.

적 관점은 모택동의 유토피아적 이상주의와 통하는 점이 있지만, 부정의 부정의 원리와 연관해서 신남철의 사상에는 지젝이 제시하는 부정의 부정이 가질 수 있는 실천적 의의가 함축되어 있다고 생각된다.

신남철의 변증법적 이성은 압열(壓裂)에서 오는 분열과 '책임의식'을 갖고 있기 때문에, 외적 현실과의 긴장과 자기 자신과의 항쟁을 갖는다. 이러한 입장에서 그는 기존 마르크스주의 전통에 따라 신학적 사변의 틀로 되어 있는 헤겔철학에서 유물변증법의 핵심적 요소를 발견하고자 한다. 그는 「역사의 발전과 개인의 실천」에서 헤겔의 대립의 통일에 의거하여 책임의식 및 모순 대립의 항쟁을 강조한다.

> 외적 사상(事象)에 대하여 책임을 질 뿐 아니라 자기의 개인적 자유에 속하는 선악에 대해서도 책임을 지는 것이며, 이것이야말로 인간에 숭고한 절대적 규정의 증인(證印)인 것이다. 책임을 진다는 것은 투쟁의 하나이니, 이 책임을 지는 데(Schuld haben) 있어서 유한한 인간은 진실한 자기로서 신에 관계하게 되는 것이다. '나는 존재한다'는 것이 벌써 '이 투쟁'인 것이다(Ich bin-dieser Kampf). 곧 대립 항쟁인 것이다. 자아는 이 항쟁에서 하나[一者]가 아니라 서로 다른 두 개의 항쟁자인 것이다. 인간이 모순 대립하는 이 두 항쟁자의 통일자임은 위에서도 지적한 바 있다. 그리하여 헤겔은 자아라는 것은 서로 부닥치는 불과 물이며 서로 절대적으로 기피하는 양자의 융합이며 통일인 것이다.[38]

항쟁적 책임의식은 '공동체에 대한 자기헌신'으로 나아간다. 그러나 진정한 자기헌신은 '인간적 삶의 깊은 의미'에 대한 인식을 통한 자각적이고 '완전한 자유의식'을 가진, "지식적 자기헌신(Wissende Selbst-Hingabe)"이어야 한다. 그러면 '삶의 깊은 의미'는 무엇인가? 이에 대한

---

38 신남철, 「歷史의 發展과 개인의 實踐」, 『歷史哲學』, 서울출판사, 1948; 김재현, 『역사철학』(해제), 이제이북스, 2010, 70쪽.

해답에서 그는 기존의 유물론적 전통에서는 보기 힘든 "근원적으로 운명 지워진 희생"이라는 청년 헤겔의 낭만주의적이고 종교적인 관념을 수용하게 된다. 신남철에 의하면 "역사적 사회도 모순적인 것인 동시에 인간 자신도 또한 모순적인 존재"이다. 역사는 '자유와 필연과의 비극적 대립'을 통해 자유라는 이념을 구현해가는 '거대한 역사의 필연성'을 갖는다. 자유의 실현을 향하는 역사 발전의 필연성은 개인들의 행복과는 무관하게 그들을 수단으로 사용한다. 따라서 역사는 "고뇌를 가져다주는 지반"이 된다. "미래의 세력에 참가하는 비판하는 개인들은 역사의 담당자인 영광"을 갖는다. 동시에 이 영광은 "머지않아 희생되어 죽음을 각오하지 않으면 안 되는 비애의 소지자"가 된다.[39]

> 개인은 필연적 자유의 실현을 위하여 포기되는 유한자로서 죽음을 각오하지 않으면 안 된다. 그러나 이 같은 유한자인 인간은 자기의 충실을 염원하지 않으면 안 되게 운명 지워져 있다. 이 운명의 타개를 위하여 헤겔은 '신의 속죄'를 생각해 냈다. 인간의 이 같은 유한성의 부정에 의해 매개되는 '사랑의 공동체(Gemeinschaft der Liebe)'에서 신의 은총을 갈망하게 된다는 것이다. 인간적 실존의 모순을 지양(aufheben)하는 것은 인간의 희생에서 신의 계시로서 나타난다. 개별적 주체가 신과 사이좋게 지내는 것[宥和]은 직접적인 조화로서 나타나는 것이 아니라, 무한한 고뇌와 유한한 것, 감성적인 것, 주관적인 것의 포기, 헌신, 멸적(滅寂)에 의하여 나타나는 조화인 것이다. 그리하여 유한자와 무한자는 이곳에서 하나[一者]로 결합되며, 이 유화(宥和) 결합은 대립의 위대한 냉혹과 희생에 의해서만 해결되는 것이었다. 정신의 진상은 맹목적인 숙명의 침묵이 아니라 동경의 무한한 '에네르기'로서의 심령의 고뇌 속에서 나타나는 것이다.[40]

39 지젝, 앞의 책, 274-289쪽.

40 지젝, 앞의 책, 68-69쪽.

정신은 신의 아들의 희생으로 탄생한다. 이러한 이치는 유한한 피조물인 인간의 경우에는 자신에 충실하고자 하는 자기중심적인 신체적 행복을 희생함으로써 실현된다. 진정한 "정신의 탄생은 희생의 수행에서 완성된다." 정신은 기독교적 성령과 같이 무한한 정신과 일치하고, 사랑의 공동체에 긍정적으로 들어가는 정신이 된다. 시련의 고뇌 끝에 다가온 진실인 용서와 희생을 통한 정신의 회복이 '희생에서의 변화의 비밀'이다. 용서와 희생은 '결정적인 삶의 전환'이다. 이것이 신남철이 이해하는 '삶의 깊은 의미'이다. 헤겔이 신의 자기희생적 섭리의 자리에 절대정신의 변증법적 자기실현의 필연성을 놓고 개인을 이 필연성의 수단으로 보았다면, 신남철의 변증법적 세계관에서의 개인은 "무계급의 사회질서 건설"과 "자유를 실현해가는 수단인 것이다."[41]

신남철의 변증법적 이성은 창조적 활동을 가능하게 하는 자유를 본질로 하는 창조적 상상력이자 객관적 역사의 법칙적 필연성에 조응하는 정신이다. 그의 이성은 시대의 객관적 방향이 인간적 자유의 완전한 해방의 이상을 지시해 보인다는 헤겔주의적인 유물 사관을 필요로 했다. 이 개관적 방향은 그에게는 시대의 조류이자 인류 역사의 법칙이었다. 모택동과 백남운처럼 그도 봉건적 모순과 자본주의적 모순이 중첩되는 이른바 '불균등 발전' 현상이 있다 하더라도, 계급의 소멸로 가는 것이 역사의 보편적 법칙이라고 보았다.

사르트르와 그람시와 같은 사람을 제외하고는 마르크스주의자들 대부분은 이러한 신념을 갖고 있었다. 부르주아 직선 사관이 역사는 우리 쪽으로 흐른다는 자기도취에 빠졌듯이 프롤레타리아 사관도 그 유습에 따라 역사가 자신의 편으로 흐른다고 믿었다. 이것은 주관적으로는 인류의 미래에 대한 숭고한 희망의 표현이며, 실천에 인도의 끈을 주었다. 그러나 그 신념은 근대 자연과학이 믿었던 법칙의 엄격성과 정확한 예측성을 반성 없이 따르는 것이기도 하다. 유물 사관의 엄밀한 사고는 과학적 정

41 지젝, 앞의 책, 68-69쪽.

확성을 모델로 삼았다.

신남철은 당시 마르크스주의가 일반적으로 가졌던 신념을 계승하여 역사과학을 실천을 정당화하는 과학으로 사용했다. 현상들의 이론적 메커니즘을 해부함으로써 현상을 설명한다는 설명과학이 사고와 행동을 정당화하는 도구가 되었다. 이것은 과학적 법칙에 종교적이고 형이상학적인 필연성을 부여함으로써 가능한 것이었다. 이러한 신념은 근대과학이 과학에 생의 의미를 거는 과학주의로 발전해간 사상사적 경향을 반영한다.

그러나 이러한 비판은 자유의 가능성이 필연성으로 전화한다는 믿음을 과학으로 여기는 역사관에 한정된다. 그 비판은 제도도 아니고 개념도 아닌 평등의 이념을 훼손하지 못한다. 평등의 이념은 억압과 착취가 있는 곳에 언제나 현현하는 정치적 진리이자 내면의 양심이기 때문이다. 이 정치적 양심이 모든 형태의 급진 이론을 만들게 하고 희망을 갖게 하는 것이다. 평등의 이념은 신남철에게도 작용하여 그를 이상주의자로 만들었다. 다만 그는 그것을 마르크스주의에 고무되어 목적론적 역사철학으로 표현하고, 이 역사철학을 인류의 이상에 접근하게 하는 과학으로 간주했을 뿐이다.[42]

과학이 보장하는 희망도 그에게는 희생적 실천을 통해 실현되는 것이었다. 신남철의 역사법칙에 대한 믿음은 종교적 수난을 요구하는 도도한 비극적 신념이다. 그것은 '지금 이곳'에서의 '고난'의 실천을 요구한다. 실천은 궁극적 목적을 위한 '수단'이다. 역사법칙에 대한 이러한 희생제의적인 종말론적 신앙은 일제 36년의 노예화가 준 '고뇌'의 강도를 반영한다. 고뇌, 고민, 운명, 비극 등은 그가 자주 쓰는 말들이다. 그 말들은

---

42 신남철, 「情勢把握과 科學」, 『轉換期의 理論』, 백양당, 1948, 61-62쪽: "과학은 완승을 博하려 (완승을 확산하려) 한다. 과학의 정신은 비판의 정신이요, 비판의 정신은 투쟁의 정신이다. 투쟁만이 승리를 가져오므로 과학의 정신은 승리를 가져올 것이다. 지금 이러한 과학의 정신은 세계적 규모에서 굳세게 결합되어가고 있다. 과학의 정신의 앙양과 그 승리를 위하여 우리는 축배를 높이 들자!"

그의 정예주의적인 정신적 귀족성을 보여주는 것이기도 하다. 그는 자신을 기독교 수난극이나 그리스 비극 및 독일 낭만주의적 비극의 주인공과 동일시한다. 비극은 폐쇄적 사회규범에 대한 파괴적 '정열(pathos)'과 파괴의 대가로 오는 고난을 희생적으로 인수하는 종교적 화해의 정열을 요구한다. 비극은 억압적 규범이 가하는 생의 부정을 다시 부정하고 이 부정의 고통을 달게 긍정하는 순교적 열정을 필요로 한다. 그러나 역사의 변증법적 발전에 대한 인식은 분석과 종합이라는 과학적 방법에 따르는 이성(logos)을 필요로 한다. 여기에서 신남철은 변증법적 이성과 생의 구원을 지향하는 정열을 종합할 필요성을 주장하게 된다.

이러한 입장은 그가 신르네상스라고 하는 독일 낭만주의와 헤겔철학의 영향하에서 선구적 지식인의 자세를 정립하고 있다는 것을 보여준다. 헤겔의 역사에서 장차 보편화될 시대정신은 먼저 선구적 개인을 수단으로 하여 그 징조를 예시한다. 그 개인은 자신의 '정열(Leidenschaft)'로 시대정신을 영웅적으로 실현한다. 그 영웅은 예수처럼 희생을 통해 이성의 본질인 자유를 실현할 수도 있고, 루터처럼 농민 운동을 저주할 수도 있으며, 나폴레옹처럼 말 타고 돌아다닐 수도 있다. 그러나 기본적으로 자유의 역사적 실현을 위해서는 개인의 욕망이라는 신체적 가치와 행복은 무시된다. 신남철은 신체적 가치를 무시하는 비극적 정열이 갖는 희생을 택한다. 그의 향내성은 낭만주의적 헤겔주의의 성격을 갖는다. 그것은 삶의 명랑성과 지금 여기에서의 생의 자발적 표현을 강조해온 루크레티우스 이래의 유물론적 전통과 이것을 계승한 마르크스의 유물론과는 거리가 있으며, 모순되기까지 하다. 루크레티우스(Lucretius, B.C. 94～B.C. 55)에 의하면 종교적 사고가 청명한 대지를 어둡게 했다. 마찬가지로 신남철의 자발성과 창조성에 스며든 종교적 사고가 그를 어둡게 했다. 그가 스피노자의 능산적 인간상과 주체적 신체를 새로운 인간상으로 제시했음에도 불구하고, 그 종교적 사고가 감정의 능동적 명랑성에서 자유의 지성을 형성할 수 있는 길을 방해했다. 그의 유물론적 세계상은 인간의 신체성의 의의를 강조함에도 불구하고 신체적 가치의 경멸이라는 관념론적 관점에 의해 그 일관성을 잃어버린다. 이것은 시대의 모순을 고통으로 경험한 신남철의 심정을 반영한다. 이 심정은 자신을 미워함으로써 자신을 긍정한다는 변증법적인 사랑의 역설에 감동된 정열이다.

그의 진지함은 역사에 대한 종말론적 필연론이 주는 희망에 의해 더욱 강화되었다. 그가 말하는 역사법칙 앞에서의 '엄숙성'은 자신이 희구하는 자유로운 개체들의 행복한 '자발성'과 높은 인문주의적 '교양(教養, Bildung)'을 무색하게 한다. 그의 생의 감정은 역사법칙을 관철시켜야 하는 책임의식과 희생의 각오를 동반한 '엄숙성(Ernst)'을 갖게 한다. 그리고 이 희생적 진지함은 청년 헤겔의 영향과 결합하여 헤겔철학 특유의 행복 격하론에 의거해서 '개인의 열정과 의지'를 흡수해가는 '전체적 필연성'을 옹호한다. '삶의 심오한 의미'는 전체성에 대한 이해를 동반한 엄숙성의 감정을 통해 이해된다.

> 이 '엄숙'에 의하여 인간은 스스로 세계와의 관련을 이해하게 되는 것이다. 개인의 영욕과 성공 · 불성공은 애초부터 이념의 견지에서 보면 문제가 되지 않는다. 필연적인 역사법칙에서 보면 그것은 불가피한 논리적 요청인 것이다. 헤겔의 이와 같은 일반자, 전체자를 위한 개인의 희생의 엄숙성에 관한 논리는 그것에 물질성을 부여함으로써 그대로 우리의 현 단계적 현실의 중요성, 엄숙성에 적용되지 않을까. 시사하는 바가 많은 헤겔의 논리는 강인하게 우리에게 실제적 사색을 요구하고 있는 것이다. [……] 내가 인간 개인의 현 단계적 실천의 의의를 천명하려고 노력한 것도 헤겔 철학의 심원성에서 암시된 것임은 두말할 필요가 없다.[43]

신남철의 관념론적 엄숙성은 당시의 단계에서의 실천적 방향에 대한 하나의 태도를 의미했으며, '실제적' 요구이기도 했다. 그것은 그가 '과거

---

43 신남철, 앞의 책, 63쪽.

의 세력'이라 부르는, '봉건적 잔재 세력'과 '친일 잔재 세력'이 자유의 힘에 저항하다가 패배하는 '가혹한 엄숙성'이다. 엄숙성은 '무명의 혁명가'나 실천적 개인들이 당시의 현실 극복 앞에서 갖는 정치적 감정이다. 또한 당시 많은 사람들에게 유감으로 기억된, '여러 정당과 정치가의 우중(愚衆)'들이 과거의 세력을 옹호하는 "술책을 농단하는 많은 자의적 존재"로 있었다. 신남철은 이들을 '추상적 유물론자'(현세의 물질적 이익을 가치 있는 것으로 보는 세속적 물질주의)로 규정한다. 그에 의하면 "자각하고 있는 개인만이 참된 개인으로서 자기를 일반자의 목적에 봉사시킨다."[44] 그는 자신의 시대를 역사적 전환기이자 인류의 보편적 자유가 특수한 개인들을 통해 구체화되어야 하는 시점으로 파악했다. 그에게 엄숙성은 자유의 가치를 위해 특수한 존재들이 취해야 할 이성의 공적 사용을 의미했다. 이성의 공적 사용은 개인의 내적 영역에서 자의적으로 추상적으로만 있는 것이 아니라 개인의 특정 지배권력과 이익을 희생시키고서 구체화되는 것이었다.

보편적 자유의 실현이 역사적 발전 과정이 갖는 의미이다. 역사는 변증법적 논리에 따라 움직이는 '전체적 필연성'을 갖는다. 이러한 견해가 이성을 사적 이익을 위한 수단으로 사용하는 '과거의 세력'에 대한 신남철의 '개탄'의 근거이기도 했다.[45] 이것은 헤겔이 칸트의 계몽적 이성을 계몽주의의 천박성'이라고 비난하고 감성에 대한 이성의 변증법적 종합을 주장하는 것과 같은 맥락이다. 칸트적 이성은 개인의 내면적 차원에 있을 때에는 공적으로 사용될 수 있다. 그러나 권력과 이익이 지배하는 현실에서 이성은 사적으로 사용된다. 헤겔이 보기에 이러한 입장은 특수와 보편, 외면과 내면이 추상적으로 이원화된 것으로 변증법적인 구체성을 갖지 못한 것이다. 신남철은 역사법칙이 인류사를 앞에서 끌어간다는 목적론적 법칙을 믿었고, 동시에 인간의 능동적 저항성이 갖는 부정의

---

44 신남철, 앞의 책, 60쪽.

45 신남철, 앞의 책.

힘으로 자유의 구체적 실현을 추구하고자 했다.

이러한 그의 입장이 헤겔 철학에서의 '유물변증법적 핵심'과 '혁명적 사고'를 적출해내는 것으로 나타났다. 그러나 『전환기의 이론』의 「휴머니즘론」은 헤겔을 변혁 이후에 오는 안정기에 소극적으로 대응하여 '신질서'를 조정하는 '수성적(守成的) 인간'으로 본다. 이러한 인간은 '객체적 인간'이다. 이와 반대로 칸트는 "봉건 잔재를 완전히 청산하려는 시민적 인간의 세계지배"라는 '세계시민의 사상'을 창조했다. 그는 '오성의 용기'를 가지라고 하면서, "이성의 자율을 생활양식으로까지 앙양한" "계몽주의의 완성자, 극복자"라는 것이다. 칸트는 '주체적 인간'이다.

신남철은 브루노(Giordano Bruno, 1548~1600)와 스피노자를 대비하고 브루노를 주체적인 '능산적 인간'으로 본다. 이에 비해 스피노자는 "자기 침잠의 고독에서 자유로이 사색에 몰두하는" 수동적이고 은둔적인 '객체적 인간' 혹은 '소산적 인간'이다. 신남철에 의하면 헤겔의 보수성은 그가 "정체(政體)로서 입헌 왕정을 취하고, 혁명에 반대하여 점차적 개량을 선택한" 것과 "낭만주의의 조화의 이념, 실러의 「아름다운 혼」의 이상" 속에 매여 있었던 것에 그 원인이 있다.[46] 이러한 평가는 칸트나 스피노자에 관련해서 전문가 사이에 논란의 여지가 있을 수 있다. 그러나 신남철의 이 논의는 브루노로부터 스피노자를 거쳐 헤겔 변증법을 우회하여 마르크스에 이르는 탈신학적 세속화 과정을 보여주는 흥미로운 관점을 암시하는 것이기도 하다. 그러면 헤겔에 대한 그의 최종적인 평가라 할 수 있는 관점은 어떤 것인가?

신남철에 의하면 "인간이 「주체적」과 「객체적」의 변증법적 통일이라는 점에 그 비밀이 근원적으로 내재하고 있다." 인간이 세계에 의해 결정당하고 있을 때, 그는 객체적이다. 그러나 '전환기'의 인간은 세계에 대해 주체적이다. 그리고 '전형(轉形)'이 요구되는 이 시기에도 과거로부터 주어진 것에 의한 구조적 제약이 있다. 이 조건에서 인간은 객체적이고 주

46 신남철, 「휴머니즘론」, 앞의 책, 184-190쪽.

체적이다. 그런데 "인간이 주체적으로 제작하고 투쟁하고 창조하는 것은 개인의 힘으로는 어찌할 수 없는 필연적 형성인 것이다." 창조적 자유는 인간에게 주어진 피할 수 없는 본성이다. 다른 본성들은 이 선험적으로 주어진 자유에 의해 변형되거나 창조된다. 과거로부터 주어진 조건도 지금의 주체가 만든 것이 아니며, 자유도 주체가 임의로 만든 것이 아니다. 그러므로 인간의 "역사는 운명이다." "인간은 역사적 운명을 지고 있는 것이다. 너무도 심각하고 통절하게 불가피적으로 그 운명을 지고 있는 것이 인간이다." 헤겔은 바로 이러한 역사적 인간의 모습을 보았다. 그러나 그는 그것을 절대정신이라는 이념으로 관념화했다. "헤겔은 역사의 운명에 대한 변증법적 운명, 발전이라고 하는 위대한 직관을 명쾌하게 끄집어내었으나, 그는 언제나 이 역사적 운명을 늘 이념적 애(愛)에 의하여 유연한 것으로 돌려놓고 말았다." 여기서 신남철은 묻는다. "그러나 운명은 과연 이와 같이 유연하고 친근히 할 수 있는 것인가? 무섭지 않은 것인가?" 답: "역사적 운명은 필연적으로 우리가 전율을 느끼도록 무서운 심적 공포를 주고 따라서 일정한 각오와 협력의 태도를 요청하여 마지않는다." 47

신남철에게 역사법칙은 연대적 결단을 요구하고, '전위적 인민적 대열'을 구성해야 하는 노력을 요구한다. 그러나 이러한 실존적 결단은 자유의 보편적 실현으로 나아가는 역사법칙에 의해 희생된다. 역사법칙은 개인의 육신을 찢고 가는 역사의 수레바퀴이다. 이 바퀴에 갈리기 이전 인간은 '고민하는 인간', '잠언(箴言)을 저작(咀嚼)하는 인간'이 될 수밖에 없지만, 결국은 '주체적 인간'이 되어 자신의 객체적 조건과 구체적으로 합일해가는 사유와 실천의 길을 간다. 이 길은 개인의 실존을 규정하고 있는 전체적 조건을 전체적 필연성으로 인식하고 그것에 참여하는 결단을 역사적 운명으로 선택하는 길이다. 신남철에게는 이것이 "파시스트적 제국주의 잔재 세력의 발호"를 극복하는 길이다. 동시에 신화적 미신에 현

47 신남철, 앞의 책, 191-193쪽.

혹된 '민중적 형이상학'(인간의 형이상학적 본성을 신학이나 미신으로 오도하는 사상들을 지칭하기 위해 쇼펜하우어가 사용한 용어)을 뒤로하고 미래로 나아가는 '과학적 휴머니즘적인 실천'이다.[48] 형이상학적 장식을 떼어버리고 명료화된 그의 과학적 세계관은 과학과 휴머니즘의 결합체이다. 그리고 이 결합체는 희생적 실천을 요청한다.

신남철의 변증법적 이성과 종말론적이고 이상주의적인 역사의식은 구체성을 인식하고 변형한다는 실천적 관심과 함께 간다. 그의 이러한 태도는 '아시아적 생산양식'에 의거한 동양 정체론과 역사법칙의 종교적 의의에 대한 신념에 의해 더욱 강화되었다.[49] 신남철 역시 아시아적 단계로부터 루터의 개혁과 프랑스 혁명 이후의 단계에 이르기까지 변증법적으로 상승해온 것이 세계사라고 하는 헤겔과 마르크스의 서구 중심적 사고의 영향 아래 있었다. 그에 의하면 역사는 부르주아 지배 시대를 넘어서 계급의 지배를 종식시키는 시대로 간다. "문예부흥 시대에서부터는 명확하게 사회변혁의 이론적 기초로서의 유물론적 사상이 나타나서 뿌

48 신남철, 앞의 책, 192-193쪽.

49 신남철은 동양에서의 과학의 부재를 심각하게 생각했다. 그는 이 문제에 대해서 중국의 풍우란(馮友蘭)과 양수명(梁漱溟), 이대조(李大釗)의 글을 보고 자기 나름의 입장을 정리한다. 그는 동서의 특수성을 인정해야 한다고 본다. 그러나 유럽과 일본에서 서구 문화를 기준으로 동양에는 그에 부합하는 것이 없다고 보는 것은 인종주의적 편견이며, 일본이 그것에 부화하는 것은 동일한 편견을 가지고 타국을 지배하려는 제국주의적 야욕을 가진 이데올로기라고 하였다. 그는 풍우란의 글을 보고 그의 관점을 긍정적으로 보는 입장에서 소개하는 글인 「馮友蘭, 왜 지나(支那, 중국)에는 과학이 없나」(『春秋』, 제2권 제5호, 1941, 132-152쪽)를 썼다. 이 글에 의하면, 구주(歐洲)는 '자연을 인식하고 정복하여 지배'한 반면, "중국은 인간의 마음속에 있는 것을 아는 것에 의하여 영구한 평화를 찾으려고 하였다." 중국은 실천을 강조하다 보니, "지나(支那)의 철학자들은 감관적 지각(perception)의 확실성을 사랑하였으나, 과학적 개념(Conception)의 확실성은 사랑하지 않았다."풍우란에 의하면 서양은 외적이고 동양은 내적이며, 서양은 사물의 내용(have)을 중시하나 동양은 그 형식적 상태(are)를 중시한다. 그러나 마음의 평화와 행복을 기원한다면 지나(支那)의 예지로 돌아가야 한다. 신남철은 이러한 의견에 동조한다. 그러나 이러한 논의들은 선택된 주류 문화를 비교하거나, 하나의 문화사를 실체적으로 고정시켜 그 역사적 갈등과 세밀한 변천을 배제하는 거친 일반화의 오류를 범할 수 있다.

르조아지의 결정적 승리의 혁명기를 지나 오늘의 거창한 변혁 전환의 역사적 시기를 바야흐로 완성하려고 하는 것이다."[50]

이러한 역사관이 갖는 진보적 역사법칙에 대한 신남철의 헌신을 인류의 이상에 대한 열망의 소산으로 본다 하더라도, 한 가지 논의해야 할 것이 있다. 헤겔주의적 마르크스주의가 역사를 시련과 극복의 경험을 통한 자유의 실현 과정으로 보는 것은 자유를 인간의 본질로 보고 그 해방을 고무하는 중대한 의의를 갖는다. 신남철을 감동시킨 것도 그것이다. 그러나 세계사를 변증법적으로 해석하는 전체성의 원리로 자유를 실체화하면, 이러한 변증법은 진은영이 지적하듯 타 민족의 역사를 자유의 결여나 부재로 보아 실재적 차이들을 이항대립으로 환원하는 오류를 범하게 된다. 제국주의 시대에 유럽과 일본의 서구 중심적 사고는 그러한 이항대립을 침략과 토벌의 이데올로기적 원리로 삼았다.[51] 사실상 신에 해당하는 절대정신이 보편사의 주인이라는 전체적 통일성의 원리를 전제한 변증법은 실재적 차이를 경시하고 통일성으로 예속시킨다. 예속의 원리가 된 변증법은 자유를 주장하면서도 스스로 자유를 부정하게 된다.

그러나 신남철의 변증법은 절대정신을 전체적 통일성의 원리로 보는 변증법에 저항한다. 그의 유물론적 변증법은 역사적 사회를 전체적으로 이해하면서도, 개별자를 교양과 자유의 실현 주체로 삼는 변증법이다. 또한 그는 「동양정신의 특색」(1942)에서 아시아의 특수성이자 보편적 의의를 가질 수 있는 요소들을 '구체적 보편성'으로 변호한다. 동양정신의 구체적 보편성에는 '내재적 사고', '분리보다는 조화', '내적 자기실현을 통한 지혜의 추구', '종교와 과학의 투쟁 아닌 융합' 등이 있다. 그럼에도 그에게는 유럽 중심적 사고의 잔재가 남아 있는 것으로 보인다. 이러한 편견은 아시아적 생산양식(대규모 수리사업과 농업을 국가가 경영하는 양식)이라는 개념을 의심 없이 수용하여 '정체성'이 아시아 문화의 특성이

50 신남철, 「社會科學論」, 『轉換期의 理論』, 백양당, 1948, 25쪽.

51 통일성을 전제한 변증법에 대한 비판에 대해서는 다음을 참조: 진은영, 『니체, 영원회귀와 차이의 철학』, 그린비, 2007, 189-205쪽.

되었다는 주장에서 더 분명히 드러난다.[52]

그러나 신남철은 형이상학적인 다양의 통일을 전체주의의 원리로 의심했다. 이 점은 그의 부단한 부정의 의욕과 낭만주의적 급진성이 개체의 완전한 실현을 소망하는 것에 집약되어 있는 데에서 드러난다. 하지만 그가 엄숙성을 파시즘의 정서라고 했으면서도, 역사법칙에 대한 엄숙성과 헌신을 필요로 한 것은 역사주의 일반이 가지고 있는 과학적 냉혹성을 보여주는 것이다. 그는 이 냉혹성을 자신에게 가하여 자신을 희생시키려 했다. 이 자기 파괴적 의지는 그가 느낀 현실의 '거중성(巨重性)'에 대한 반작용일 것이다. 게다가 무거운 현실은 그 불투명한 전체성으로서 그를 밀어붙인다. 전체적 현실을 가볍게 하기 위해서는 그것을 투명하게 인식해야 한다. 인식의 투명성 확보는 사물적 관계가 되어버린 불투명한 인간관계를 투명한 관계로 전환하기 위한 필수적 단계이다. 여기에서 사회적 전체성에 대한 그의 인식론적 과학론이 나온다. 그의 비장한 인간상은 구체적 전체성에 대한 과학적 인식과 함께 간다.

---

52 신남철,「東洋精神의 특색」,『朝光』, 1942년 5월호, 8권 5호: 여기서 그는 인도의 타고르의 관점인, 서양에는 지혜가 없고 동양에는 물질문명을 만드는 활동이 없으므로, 체(體, Capacity)와 용(用, Activity)이 겸전해야 한다는 제안을 수용한다. 그러나 이 이상은 과학과 민주주의라는 동적인 것이 부분적으로 실현되어 있는 동양 사회에서는 요원하다고 한다. 이러한 관점에서 신남철은 당시 한국의 실정에서는 아시아적 정체성을 극복하기 위하여 과학과 민주주의를 실현하고, 나아가 동양의 특수성을 살려 세계 문화에 기여할 수 있다고 생각한다. 이 문제에 대해서는 홍영두의「일제하 역사철학자 신남철의 동서양 사상 인식과 도덕 · 윤리 담론」(『한국 근현대 윤리사상』, 현실과과학, 2008, 37-92쪽)이 있다. 홍영두는 마르크스주의의 일반적인 서구 중심적 사고를 지적하고, 일본 마르크스주의자들의 아시아 멸시관이 그들 자신을 서구 정신과 동일시하는 관점에 기인한다고 주장하고 있다. 그는「東洋精神의 특색」에 의거하여 신남철이 서구와 일본의 오리엔탈리즘적인 동양 경멸론을 비난하고, 아시아적 사고의 특색을 결점이 아닌 장점으로 간주했다고 말한다. 이 지적은 일리가 있다. 그러나 신남철이 의거하고 있는 아시아 정체론에 대한 정치 인류학이나 역사학의 비판에 대해서는 고려하고 있지 않다. 그리고 신남철은 일본의 동아시아 협동체론의 전제인 아시아적 동일성을 수용하고 있다. 그것은 아시아를 하나의 실체로 보고, 자연에의 '융화몰입'과 '직관성', '직접성' '합일성'이라는 속성들을 갖는다고 보는 사고이다. 그리고 이러한 특징은 아시아적 생산양식이 갖는 정체성에 기인한다는 것이다. 이러한 신남철의 관점은 '구체적 보편성'이라는 니시다의 헤겔적 편견을 여과 없이 수용한 것이다.

5. 구체적 전체성과 생의 전환

실천은 실재적 현실을 신체적 실천을 통해 변혁하려고 한다. 이러한 견지에서 신남철은 「역사철학의 기초론歷史哲學의 基礎論-인식과 신체」에서 인간을 역사 사회적 관계 속에서 신체적으로 인식하고 노동하며 실천하는 동적 존재로 보는 인간론을 시도하고 있다. 그에 의하면 "개인은 노동을 매개로 하여 사회적 관계에 몰입한다. 그러나 정치적 실천에서 자기의 노동, 창조를 완성한다. 이러한 의미의 인간이 '창조의 최후 목적'이다. 신체적 존재로서의 인간은 [……] 생물적 존재로서 전제되고, 사회적 존재로서 역사를 만드는 것이다. 전자는 자체적 인간이고, 후자는 노동 · 생산의 관계 속에 있는 인간이다. 이 양자는 하나이며 동일한 것(Ein und dasselbe)이다."[53] 감각적 인식 기능을 갖는 '육체'는 사회적 관계 속에서 노동하고 자각적으로 실천하는 맥락에서 '신체'가 된다. 신체적 존재로서의 인간은 사회적 연관 속에 있는 생물 · 사회적인 구체적 개인들이다.

이러한 개인들의 인식과 실천은 변증법적으로 발전하는데, 그러한 활동은 '자유'를 지향한다. 그러나 인식과 실천은 "역사 · 사회적 제약이라고 하는 근원적 제약성 때문에 상대적인 것이다." 따라서 자유는 제약을 갖는 '법칙적 자유'이다. 그러나 '인식 능력의 측면에서 보면' 자유는 "개인의 정신적 생산의 독창성을 구상(構想, Einbilden)시키는" 창조적 상상력이자 초월적 힘이다. 이런 의미에서 제약적 자유는 상대적인 것으로 나타나지만, 자유의 실현이라는 상승 발전의 원리는 이론과 실천을 창조해내는 본질적 원천이라는 점에서 '절대적'이다. 이렇게 역사 · 사회적 제약과 부정의 자유가 결합하여 '매개적 지양(止揚)과 부정적 보존'의 성격을 갖는 '변증법적 발전의 통체성(전체성, Totalität)'이 이루어진다.[54]

---

53 신남철, 「歷史哲學의 基礎論-인식과 신체」, 『歷史哲學』, 서울출판사, 1948; 김재현, 『역사철학』(해제), 이제이북스, 2010, 16쪽.

54 위의 책, 32-33쪽. 이러한 입장에서 신남철은 리케르트(H. Rickert)와 같은 신칸트주

'역사적 실천'을 '정치적 행위'로 보는 신남철은 '학문적 이론'을 '구체적 전체성'에 대한 인식으로 본다. 전체성에 대한 법칙적 인식이 과학적 인식이다. 과학적 인식은 대상 자체의 고유한 작동기제를 해부한다. 개인들의 삶이 사회적 전체성의 제약에서 자유롭지 못하다면, 막연한 추상적 전체를 분석하고 종합하여 그것이 갖는 본질적 요인들의 관계 체계를 드러내야 한다. 신남철의 과학적 방법은 이른바 헤겔과 마르크스의 방법론에서 잘 알려진 탐구(Forschung, 상승하는 분석)와 서술(Darstellung, 하강하는 종합과 설명)의 방법을 채용한 것이다.

신남철에 의하면 전자의 상승의 방법은 '상도(上道)이며, 후자의 하강의 방법은 '하도(下道)'이다. 이러한 방법에 의한 인식을 그는 '변증법적 모사론'이라 했다. 변증법적 형태의 모사론은 막연한 감각적 대상을 그대로 모사하는 '소박실재론'이 아니다. 변증법적 반영론은 분석 이전의 막연한 추상적 전체성을 비감각적인 본질적 요소들로 분해하고 다시 그것들의 연관성을 밝힘으로써 추상적 전체성을 다양한 규정적 요인들을 가진 구체적 전체성으로 보여준다. 이러한 형태의 인식은 레닌이 『유물론과 경험비판론』(1909)에서 언급했듯이, 원자의 실재성을 부인한 마하(Ernst Mach, 1838~1916)의 현상주의를 비난하고 열역학적 현상을 배후의 원자들의 운동 구조로 설명하려 했던 볼츠만(Ludwig Boltzman, 1844~1906)의 실재론적 과학론과 같다. 이런 의미에서 반영론이라고 하는 그 방법은 현상 기술에 만족하지 않고, 내부 구조에 대한 해부를 통해 그 비감각적인 '이론적 실재', 혹은 '구조적 실재'를 인식하는 것을 과학적 인식으로 본다.[55]

신남철은 「조선연구의 방법론朝鮮硏究의 方法論」(1934)에서 이러한 방법이 역사 연구에서 과학적 '역사성'을 확보한다고 보았다. 역사성은

의자가 말하는 모든 신체성을 탈각한 '무뇌수적 주관(Ein hirnloses Subjekt)', 후설(E. Husserl)의 '선험적 주관성' 등을 비역사적 사고의 추상화 산물로 보고 철학의 기본원리의 자격으로부터 제외한다.

55 D. H. Ruben, *Marxism and Materialism*, The Harvester Press, Sussex, 1977, pp.186-187.

사회적 현상의 내부에서 작동하는 생산관계에 대한 토대적 인식, 즉 '사상(事象)의 내면적인 통일적 인식'에 의해 얻어진다. 이러한 견지에서 그는 단군 사관과 같은 신화적이고 정신주의적인 일체의 사관을 배제한다.[56] 또한 그는 이러한관점에서 1930년대 신경향과 문예사조가 과학성 결여된 주관주의에 머물러 있다고 비판하여, 사실성과 낭만성을 창작의 원리로 보는 임화(林和, 1908~1953)의 반론을 일으킨 적이 있다.[57] 개인들의 생활은 사회의 물질적 생산관계를 기초로 하는 전체 구조에 의해 영향 받고 규정되어 이미 전체화되어 있다. 변혁은 그러한 속박에 저항하는 것이다. 과학적 인식은 전체성에 대한 구조적 인식과 기존 질서의 변화를 추구한다. 과학적 인식의 과학성은 구조적 인식과 그것의 실천적 적용을 통한 일반적 소통성을 성취하는 실용성에 의해 충족된다.[58] 그리고 이 실용성은 신남철에 의하면 파시즘적 총체성도 아니고 자유주의적 개인주의도 아닌 '사랑의 공동체'에 접근하는 개방적 공동체를 목표로 한다.

신남철의 「사회과학론社會科學論」(1947)에 의하면 구조적 전체성에 대한 '유물변증법적' 인식은 '유일 최후의 과학이론'이자 '실천철학'이다. 이 과학은 마르크스에 의해 수립되었다. 이러한 생각은 사회과학과 철학을 종류가 다르다고 보는 것이 아니라, 방법상 같다고 보는 것이며, 다르다 하더라도 정도의 차이로 보는 입장일 것이다. 이러한 견해는 그가 존중하는 베르그송이 철학을 과학에 대한 비판적 반성으로 보고, 방법상 질적인 차이가 있는 것으로 본 것과는 다르다. 베르그송은 이 반성을 통해 새로운 이질성을 창조해가는 생명 진화과정을 철학적 인식의 대상으로 삼는다. 신남철은 생명 개념을 중시했다. 그러나 생명 원리를 본격적인 철학적 논의의 대상으로 보았던 것은 아니었다. 생은 해방의 이상을

56 신남철, 「朝鮮硏究의 方法論」, 『靑年朝鮮』 제1권 제1호, 1934. 10., 8-16쪽.

57 이에 관한 연구는, 김윤식, 『임화와 신남철』, 역락, 2011, 19-258에 자세하다.

58 모택동은 바로 이러한 실천적 효과를 추구하는 과학적 반영론을 '能動的 반영론'이라고 불렀다.

열망하고, 역사과학은 그것을 전망한다. 생의 해방이라는 휴머니즘과 과학은 해방의 이상에서 서로 만나며, 생의 감정은 그 전망의 주관적 추동력이다.

신남철은 마르크스의 『정치 · 경제학 비판』, 「서언緖言」의 유명한 사회변동 구조론을 과학으로 수용한다.[59] 그것에 대한 신남철의 해석에 의하면, '사회의 생산관계의 총화'가 '경제적 구조'이며, '경제적 기초(Basis)'이다. 그런데 '인간의 물질적 생산력의 일정한 발전 단계에 상응하는 생산관계'라는 마르크스의 표현이 있다. 이에 따라 신남철은 생산관계라는 토대로서의 '하부건축'(하부구조)에 생산력을 포함시킨다. 생산력은 "인간이 주체적으로 (자연과의 연관에서) 생산할 수 있는 모든 힘으로서 나타나는 것"이고, 생산관계(계급관계)는 "인간과 인간과의 상호관계 속에 즉 사회관계 속에 나타난다." 생산력과 생산관계는 '대립 투쟁관계'에서 발전해가는 "변증법적 운동을 그 본질로 갖는다." 따라서 (생산력에 상응하는) 하부건축은 생산력과 생산관계라는 두 본질적 요소의 투쟁과정에 의해 생성해 간다. 그러나 이 투쟁관계는 간단하지 않다. 신남철은 「서언」의 다음의 말을 인용한다.

> 사회의 물질적 생산력은 그것의 발달의 일정한 계단(단계)에 있어서 현존하는(기존의) 생산관계와 (또는) 물질적 생산력의 소유관계와 모순하게 된다. 그 소유관계라는 것은 그 생산관계의 법적 표현에 불과한 것이며, 그리하여 이 소유관계는 생산력의 발전 형태로부터 생산력의 질곡으로

---

59 신남철, 「社會科學論」, 『轉換期의 理論』, 백양당, 1948, 28쪽: 이에 대한 신남철의 번역은 다음과 같다. "인간은 그 생활의 사회적 생산에 있어서 일정한 필연적인, 인간의 의지와 독립한 관계, 즉 인간의 물질적 생산력의 일정한 발전 단계에 상응하는 생산관계 속으로 들어간다. 이 생산관계의 총체가 사회의 경제적 구조인 것이고, 그 위에 일정한 법제적, 정치적 건축이 건설되고, 또 그것에 일정한 사회적 의식 형태가 상응하는 현실적 기초를 만든다. 물질적 생활의 생산방법은 사회적 정치적 및 정신적 생활과정 일반을 제약한다. 인간의 의식이 인간의 존재를 규정하는 것이 아니고, 그 역으로 인간의 사회적 존재가 의식을 결정한다."

> 전화한다. 그때에 사회적 혁명의 시대가 시작된다. 그리하여 경제적 기초의 변동과 더불어 방대한 상부 건축의 전 영역이 서서히 또는 급속히 변혁한다. 이 변혁의 고찰에 있어서 오인(吾人)은 경제적 생존 요건에 대하여 자연과학적으로 성실히 서술되어야 할 물질적 변혁과 법률적, 정치적, 종교적, 예술적, 또는 철학적 제 형태, 약언하면 이데올로기적 제 형태와를 구별하지 않으면 아니 된다.[60]

신남철이 개괄적으로 번역한 마르크스의 이 견해는 계급관계를 축으로 하는 생산관계와 생산력의 대립에 의해 역사가 변해간다는 주장으로 알려져 있다. 여기에서 신남철은 세 가지를 수용한다.

(1) 상부 구조에 속하는 모든 것을 이데올로기로 포괄한다. 그것들은 하부구조와의 상대적 거리(철학은 가장 멀다)에 따라 다른 요인들이 개입할 여지의 많고 적음에 의해 하부구조와의 관계의 편차(뉘앙스)가 다르다고 한다.

(2) 마르크스의 구조 변동론이 건축학적 비유로 되어 있는데, 대부분의 마르크스주의자들처럼 신남철도 비유를 실재의 구조로 간주하여 각각에 무엇이 귀속될 수 있는지를 생각했다. 마르크스-레닌주의적 전통은 사물의 개념적인 논리적 구조와 경험적 사실을 일치시키려는 '개념 물신주의적' 통념에서 자유롭지 못했다.

(3) 진보하는 생산력과 생산관계의 모순이나 대립의 기제를 '변증법적 상호 작용'이라는 마르크스에게서 확인되지 않는 표현을 수용한다는 것이다.

사회변동의 기제에 대한 위의 마르크스의 말이 이미 부르주아가 지배세력의 하나로 성장해 있었던 프랑스 혁명을 모델로 한 것이라면, 그것은 다음의 의미가 될 것이다. 기존의 생산력에 조응하는 소유관계(봉건적 생산관계의 법적 표현)가, 봉건제하에서 발전한 생산력과 현존하는

---

60 신남철, 앞의 책, 30-31쪽.

부르주아적 생산관계에서 발전된 생산력에 질곡으로 작용한다. 이것은 전통적 생산관계와 새로운 생산관계간의 갈등을 의미하기도 한다. 프랑스 혁명의 주도권은 이미 지배계급으로 성장한 상공업 부르주아 계급에 있었다. 따라서 마르크스의 혁명 기제론에 의하면 이미 지배계급이 되어 힘을 발휘하고 있는 계급이 혁명을 성공시킨다. 또 이 계급의 지배하에 있는 생산관계가 국가와 문화를 자본주의적으로 변형한다. 자본이 인간관계를 상품을 매개로 하는 물적 관계로 변형시킨다.

그러나 이러한 변혁론은 고대에서 봉건제로의 이행이 생산력의 퇴보에서 왔다고 본다면 이 이행기에도 적용되는 보편론이 될 수는 없다. 러시아나 중국의 혁명기에도 해당되지 않는다. 프롤레타리아 계급은 새로운 생산력을 대변하는 지배적 계급의 하나로 있지 않았다. 이와 연관하여 혁명의 양상도 달랐다. 신남철은 모택동의 『신민주주의론新民主主義論』의 광범위한 연대에 기초한 민주주의에 자극받아, 혁명전쟁의 상황이 아닌 논쟁적 상황에서 '진보적 민주주의'를 제안한다. 그는 이것이 조선의 특수성에 적합하다고 본다. 그러나 『사회과학론社會科學論』에서 그의 관심은 구체적 전체성 개념과 연관된 진정한 과학성에 대한 것이었다.

신남철은 '역사 사회과학' 혹은 '인민과학'이 진정한 과학이며, '부르주아 과학'은 이데올로기라고 한다. 이데올로기는 사회의 내부 기제를 인식하는 것이 아니라 현상을 "정지 고정의 상태"에서 인식하는 것이고, 모순된 현실을 고착시켜 유지하려는, '특권'을 위하고 '공익'을 버리는 '불의(不義)'의 가치관이다. 이에 비해 진정한 과학은 다음의 조건을 충족시킨다.

(1) 과학은 분석과 종합의 방법, 즉 변증법적 설명성을 가지며, 부르주아 과학처럼 형식 논리적 해석을 하지 않는다.

(2) 이 방법은 구체적 전체성을 인식하는 것이며, 이 전체성은 상부구조와 하부구조라는 두 구조의 '위상(位相)'을 갖는 위상학적 체계이다. 사회는 등질적인 여러 요소로 분리된 다원적 요소의 결합체가 아니다. 사회는 특수한 경우를 제외한다면, 경제 구조가 설명의 우선성을 갖는

유물론적 체계이다.

(3) 이론은 구체적인 실천적 맥락에서 생산된다. 이론은 사회를 역사적 발전이라는 동적인 과정에서 체계적으로 인식하며, 이상적 전망을 향한 실천과 통일하는 맥락 안에서 움직인다. 과학은 구체적 전체성과 역사적 실천성을 갖는다.[61]

이러한 입장에서 신남철은 진정한 이론적 인식을 '본질 파악'으로 보고, "권위적인 무원리적 원리에 의하여 현상 형태에 현혹되는" 생활 태도나 과학을 비난했다. 여기서 본질 파악은 그의 철학 경력에서 매우 중요하다. 그의 경성제대 졸업논문은 브렌타노의 의식의 '表向性'(지향성, Intentionalität)에 관한 것이었다. 당시 그는 낭만주의 사조와 마르크스주의 이외에도 심적 속성의 본질을 지향성과 시간성으로 본 브렌타노(Franz Brentano, 1838~1917) 이후의 철학적 심리학의 조류(현상학과 실존주의 운동)에 대해 공부했다. 브렌타노는 실증적 설명과학인 생리심리학으로는 관찰이 안 되는 인간 내부의 심적 현상에 대해서 내성적 기술을 통한 기술 심리학(descriptive psychology)이 하나의 경험과학으로서 가능함을 보여주었다. 심적 현상은 내적 지각을 통해 알 수 있는데, 그는 마음 내재적 심적 내용(content)과 이 내용의 객관적 대상(object)을 구분한다. 마음의 지향성은 개체적 실재인 대상과 심적 내용으로 갈라진다. 그는 의식 내재적 현상에 대한 경험적 기술의 가능성을 보여줌으로써 인간 내면에 대한 철학의 길을 개척했다. 그는 보편자에 대한 실재성을 거부하는 경험주의적 사고를 했다. 그에게 개별적 인간은 심적인 주관인 동시에 신체와 감정을 갖는 존재이다. 인간은 기술 심리학적으로 '사랑하고 증오하는' 주체적 신체이다.[62]

신남철이 추상적 보편자가 아닌 실재적 대상에 대한 지향을 수용한 것과 심신관계에 대한 심리철학적 관심을 보인 것, 인간을 '주체적 신체'

---

61 신남철, 앞의 책, 40-41쪽.

62 Dale Jacquette, *The Cambridge Companion to Brentano*, Cambridge University Press, 2004, pp.67-130.

로 보아 유물론적 사고에 접근한 것은 브렌타노의 영향인 것으로 추정된다. 그러나 그는 심리철학을 전공하거나 자율적 구조를 갖는 내면성에 대한 기술로 경도될 수는 없었다. 그는 구체적 개인들의 일상 세계인 역사 사회에 의해 제약된 신체적 인간의 모습에 더 관심을 갖는다. 그의 「최근 세계사조의 동향」(1933)에 의하면 후설과 하이데거는 일상의 자연적 태도에 대한 신뢰를 버리고 그것을 이념적 존재인 형상(形相)이나 순수의식 혹은 불안의 실존의식으로 환원하여 구체적 개별 세계를 떠났다.

신남철에 의하면 내면화에 집착하는 비역사적 사고는 브렌타노의 '실재를 지향하는' 태도나 "딜타이(Wilhelm Dilthey, 1833~1911)가 말한 현실의식(現實意識)"을 떠나 현실을 관념적인 것으로 환원하는 사고이다. 그는 '현실의식의 문제'를 1차 세계대전 이후 세계 철학의 근본 문제로 본다. 그러나 그에 의하면 독일의 철학과 신학은 위기의 현실을 피하는 관념화의 길을 현실의식으로 보았다. 미국의 존 듀이(John Dewey, 1859~1952)의 '실제주의(實際主義)'는 기존의 철학을 '도피의 철학'으로 규정하고 이론과 실천, 사실과 가치의 결합을 제기하면서 "실천의 문제를 모셔왔다." 그는 이 점에서 듀이를 "아메리카 자본주의가 낳은 위대한 사상가"라고 평한다. 그러나 신남철은 반문한다. "그러나 이 불안과 위험의 세계에서 어떻게 인류는 재생(再生)할 것인가? [……] 위기의식의 현실주의(現實主義)는 도처에 물결치고 있다! 거중(巨重)한 전형기(轉形期)!" 그는 듀이의 '신 개인성'과 '신개인주의'를 "세계적 불황에 허덕이는 인류에 내던져진 새로운 개인성의 발견"으로 칭찬한다. 그러나 수학적 질서에서 안정을 찾는 러셀의 논리주의와 듀이의 도구주의 철학은 "집단적 기계주의의 자본가적 생산방침에 대하여 순수한 논리적 기초를 주는 것"이다.[63]

현대철학에 대한 신남철의 이러한 관점은 러셀과 프레게의 논리학을 수용하여 과학적 문장에 대한 논리적 분석이 과학적 세계관을 옹

63 신남철, 「最近 世界思潮의 動向」, 『동아일보』, 1933. 9., 13-24쪽.

호하는 길이라고 생각한 카르납(Rudolf Carnap, 1891~1970)의 관점과 다르다. 그러나 흥미로운 것은 카르납이나 노이라트(Otto Neurath, 1882~1945)는 비엔나의 '마르크스주의자들'이었다. 그들은 '과학적 진술을 명료화'하여 '과학의 논리'를 보여주는 것이 학문의 영역에서 형이상학적 장식물을 제거하는 해방의 행위라고 믿었다. 이른바 논리 실증주의의 명료한 사고이다. 그것은 합스부르크 왕가의 봉건지배와 자본가 계급의 수중에 있는 과학과 기술을 탈환해오는 철학적 방법이다. 봉건적 지배와 파시즘 운동에 영합한 종교적 형이상학은 지배계급의 문화만큼이나 사회와 사고를 불투명하게 한다. 사고의 명료성은 사회의 모든 영역에서 그러한 불투명성을 벗겨내는 정치적 운동의 일환이었다. 과학적 논리의 건축, 노동자의 실용적 주거형식 및 장식예술로부터의 탈피 등을 포함한 과학적 문화의 '건축(Aufbau, 건설 혹은 형성)'은 노동계급의 해방과 진정한 민주주의의 건축으로 나아가는 초석이다. 이러한 정치의식은 마르크스가 자본주의 계급사회의 상품관계와 종교적 형이상학이 사회적 관계와 사고를 불투명하게 만든다고 인식하고, 그 불필요한 장식물을 제거하여 투명한 사회적 관계와 사고방식을 새로이 형성하고자 한 것과 유사한 태도이다. 그러나 '붉은 비엔나'의 마르크스주의는 '과학기술 지배(technocracy)'로 기울어졌으며, 그들의 과학적 세계관이 갖는 급진성은 미국 이주 이후 억압되어 과학적 논리만을 남기고 중성화되는 비운을 겪는다. 서구 마르크스주의는 과학의 논리를 무엇으로 보는가에 편차가 있지만, 과학적 세계관과 기술 발전에 대한 유토피아적인 열광을 일반적 신념으로 갖고 있었다.[64] 이에 비해 과학적 세계관을 표방하는 신남철은 베르그송과 하이데거의 형이상학에 전적으로 적대한 카르납과는 달리 그들의 매력적 부분을 인정했다. 그는 낭만주의적 인문주의와 민주주의를 연결함으로써 현란다채한 문

64 논리 실증주의의 정치 문화적 의미에 대해서는 다음을 참조: Peter Galison, *Constructing Modernism: Cultural Location of Aufbau*; Ronald N. Giere and Alan W. Richardson, *Origins of Logical Empiricism*, University of Minnesota Press, 1996, pp.17-44.

화의 건축을 지향했다. 이로써 그는 마르크스-레닌주의와 논리 실증주의가 갖고 있었던 과도한 과학기술 지배가 민주해방의 가치를 훼손하고 결국 자신들의 이념도 파괴하게 되는 역설을 피할 수 있는 가능성에 접근할 수 있었다.

신남철의 과학적 사고의 대상은 구체적 전체성이다. 구체적 전체성의 이론적 구조에 대한 인식이 과학적 인식이자 본질파악이다. 본질파악은 일상성에 대한 반성을 거쳐 다시 일상성으로 돌아오는 것이라는 문맥에서 이해되어야 한다. 그는 자신의 이러한 길을 잘 의식하고 있었다. 그것은 반성 없는 '즉자(an sich)'에서 자기반성의 '대자적(für sich)' 자아를 통과해서 다시 즉자로 돌아와 '즉자이자 대자'가 된다는 정신의 변증법적 운동이라는 것이다.[65]

신남철의 과학적 인식 대상은 그 구조에 대한 이론적 파악 이전에는 '거대하고 무거운 현실'로 주어진다. 과학적 인식은 인구나 상품과 같은 현상 형태가 갖는 내부 기제, 즉 본질적인 것에 관한 것이다. 본질적 요소들의 관계에 대한 개념적 인식이 현상을 설명한다. 여기에서 비로소 구체적 전체성이 드러나며, 인간의 사회적 삶을 규정하고 있는 모순과 부자유가 드러난다. 과학은 현실이 요구하는 문제 해결의 가능성에 대한 관심을 포함한다. 신남철이 중국에서 민주주의적 대안을 제시하고, 이대조(李大釗, 1888~1927)로 하여금 「문제냐 주의냐」라는 논쟁을 야기시켰던, 존 듀이를 칭찬하면서도 그의 관점을 수용하지 않은 것은 바로 그 때문이다.[66] 신남철에게는 타국에 의해 합병되고, 특권층이 경제정치 권

---

65 신남철, 「最近 朝鮮文學 思潮의 變遷」, 『신동아』 제5권 제9호, 1935, 6-14쪽.

66 1919년 존 듀이의 중국인 제자인 호적(胡適, 1891~1962)이 실제주의(實際主義) 입장에서 「問題를 많이 말하고 主義를 적게 말하자」(1919)라는 제안을 한 것에 대해 이대조는 「문제와 주의를 재론함」(『李大釗文集』 3, 인민출판, 1999)이라는 반론을 제기했다. 한국에서는 이미 해방 전후 존 듀이의 철학이 신교육의 대안들 가운데 하나로 되어 있었으며, 대종교와 천도교의 민족주의적 교육운동과 마르크스주의적 사조에 대항하는 이념으로 교육계에 작용했다. 해방 후 한국 교육운동 사조에 대해서는 다음을 참조: 홍영두, 「한국 교육이념과 1950년대 도덕 · 윤리 담론」, 『한국 근현대 윤리사상』, 현실과과학, 2008, 93-135쪽.

력을 잡고 있는 전체적 현실이 문제이다. 존 듀이에게는 노동이나 교육 등의 균등한 다원적 부분들이 문제이다. 내부 구조의 분석과 종합이라는 변증법적 해명과 사회의 총체적 해방에 신남철의 과학성이 있다. 이것이 이론과 실천의 곤경을 해결하는 길이다. 듀이의 과학성은 귀납적 가설을 연역적으로 적용하여 검증하는 실험적 실천에 있다. 가설은 잠정적이다. 따라서 그 가설은 '심장의 진리'로서 소통되는 열망과 동경의 원리가 아니라 체제 내 이성의 토론 주제이다.

신남철이 지적하듯 듀이의 관점은 '고도로 발달된 생산문명의 기반 위에서' '의회주의'가 진전된 미국의 조건에나 적용 가능하다. 그것은 당시 '노예적 우민화 정책에서 겨우 해방된' 한국의 정황을 등질적이 아닌 다양한 규정성들의 복합체로 보는 유물론적 과학관을 가진 사람들에게는 호소력을 갖기 힘들었다.[67] 더욱이 이대조처럼 낭만주의적 생철학을 가진 신남철과 같은 사람에게 반증 가능성을 내포한 잠정적 가설은 구체적 '전술'의 맥락에서만 수용 가능한 것이다. 근본적 일반 원리를 문제 삼는 '전략'의 차원에서는 노예냐 자유냐의 문제가 보편적 문제이다. 해방은 절대적 가치를 갖는다. 역사 자체의 극복이 문제이다. 급진철학은 역사의 저 너머를 전망하고, 인생을 역사 속에 적응하는 생존의 문제로 파악하지 않는다. 생은 완전한 '충실감(充實感)'을 원한다. 신남철은 이러한 인간상을 '사무사(思無邪)의 과학', '플라톤적 예지(叡智)'를 갖고 '공맹적 인의(孔孟的仁義)의 정신'에 따라, 역사적 사회의 '피제약성'을 넘어가는 인인의사(仁人義士)적 '지사(志士)'로 생각했다.[68]

신남철은 생산관계를 기초로 하는 구체적 전체성을 과학성으로 수용한다. 그는 사회를 현상적인 다양한 요소들의 다원성으로 보는 '허위적 총체성'[69]을 수용하지 않는다. 이것은 한국의 해방 운동사의 역사적 특성

---

67 신남철, 「朝鮮 教育建設 상의 諸問題」, 『轉換期의 理論』, 백양당, 1948, 148-149쪽.

68 신남철, 「社會科學論」, 『轉換期의 理論』, 백양당, 1948, 60-61쪽.

69 코지크(Karel Kosik), 『구체성의 변증법*Die Dialektik des Konkreten*, *Suhrkamp*』, 박정호 옮김, 거름, 1984(1967), 44-49쪽, 96-97쪽.

에 대한 그의 견해와 밀접한 연관이 있다. 그에 의하면 "삼일운동(三一運動)이 조선의 해방·혁명 운동의 위대한 연원이고 조국 재건의 창조적 출발이었다." 그러나 "민중은 아직 자기의 사위(四圍, 환경)를 주체적 과학적으로 파악하지 못하였었다." 또한 지도급들을 볼 때 그 운동은 '지주 중심의 자산계급의 해방운동'이었다. 따라서 '봉건 토지제도는 현상 유지'를 할 수 있었다. 여기에 일제는 골상학과 같은 '인류학적 방법'에 의한 인종주의적 열등화 정책과 '노동력을 착취하는' '병참기지 조성' 등으로 민중의 '자주적 문화 창조의 실천력을 약탈'했다. 신남철의 이러한 인식은 그가 극복하지 못한 동양 정체론과 연관하여 세계사와 연계된다. "사회발전의 세계사적 계열에서 볼 때 일반적으로 낙후, 정체, 미숙인 동양적 사회의 특수성에 의하여 그 일환인 조선의 혁명 해방 운동이 과학적 실천을 조직화하지 못하였다고 해서 별로 이상하게 생각할 것은 없다." 그러나 그 동안에도 식민정책에 의해 '농민분해'와 '노동계급이 탄생 성장'하였다. 독립운동은 이러한 "사회적 정황의 질적 변화에 의하여 사회운동으로 발전하였다."[70]

신남철이 계승하는 것은 새로운 가능성을 보여주는 독립운동으로부터 발전된 사회운동이다. 그가 버리는 것은 '과학 방법론'이 없고, 개인의 자발성에 기초한 문화가 없는 후진성이다. 그가 창조하려는 것은 밖으로는 사회운동의 문제인 민족해방을 포함한 '사회해방'이며, 안으로는 과학의 융성과 인문주의적 교양의 성장인 '인간해방'이다. 특히 과학적 방법이 권위적 사회운동을 극복하게 한다. "문맹자와 무지자가 사회에 충만되어 있는 이 현실을 권위적이고 신학적인 하도(下道, 위에서 내려오는 연역적 방법으로서 당시의 민족 종교와 기독교의 사고방식)의 방법만으로 피상적인 현상 형태를 위장함으로써 독립 건국의 위업을 성취할 수 있다고 생각하는 것은 절대로 불가능한 일일 것이다."[71]

---

70 신남철, 「사회과학론」, 『전환기의 이론』, 백양당, 1948, 47-49쪽.

71 신남철, 위의 책, 50-51쪽.

이렇게 신남철은 아래로부터의 해방에 실천적으로 참여하는 입장에 있었다. 이 때문에 그는 현상학적 조류가 과학 비판을 통해 철학의 독립적 위상을 확립하고, 학문의 위계를 인정하려 한 전통을 발전시키지 못한 것으로 보인다. 형이상학적 현학(玄學)의 입장에서 과학을 비판하는 중국의 현대 신유가와는 달리, 그는 유럽 근대과학의 발전을 유물론적 변증법으로 총괄한 세계상을 수용하고, 여기에 해방의 이상과 생의 충동을 결합시켰다. 유물변증법에서 과학과 철학의 질적 차이는 없다. 논리 실증주의 전통과 유사하게 철학은 과학적 방법의 연장선에 있는 보편과학의 위상을 갖는다. 그러나 생의 충동의 측면에서 객관주의적 과학적 방법은 생의 자유와 초월성을 인식하지 못한다. 신남철 사상의 이상주의적 계기는 주관 내부자의 관점에서 본 자성적(自省的) 생철학에 속한다. 이 계기는 그의 과학적 유물론의 계기와 일관성을 가질 수 없다. 그의 압열 개념이 감정상에서의 분열을 보여주듯 그 두 가지 노선은 인식론적으로 분열적 긴장관계에 있다. 신남철의 관점에서 이 갈등은 역사법칙이 해방의 이상으로 간다는 목적론적 신념과 생의 충동이 갖는 이상을 일치시킴으로써 해소된다. 그러나 이러한 해소 방식에서는 두 계기 중 하나가 먼저 상실되면 나머지 하나도 상실될 수 있다.

신남철의 노선에는 오늘날에도 의미있는 것이 있다. 바로 역사법칙의 합목적적 필연성을 믿기보다 현실이 갖는 사회적 가능성들을 인식하고, 이를 실현하는 노력을 통해 생의 충실성을 전개하는 길이다. 그가 비록 법칙의 필연성을 믿었지만, '진보적 민주주의'는 당시 현실이 요구하는 자유해방의 가능성을 담고 있다. 이렇게 이해한다면 신남철의 사상은 현실에 대한 과학적 인식을 수단으로 타율이 아닌 전면적인 절대적 자기통치로서의 자치(自治)의 이상을 '생의 전환'으로 사유하는 철학이다. 그것은 '자기안주성'에 있는 과거의 자신을 죽이고 두 번 태어나는 철학이다. 이는 "협애한 자기안주성을 비판, 극복하고 자기를 보다 높은 단계로 끌어올려서 전체적인 관련 속에서 재생(再生)하는 자기를 발견하는 것이어야 한다. 따라서 '자치(自治)'는 부정에 의한 자기형성(自己形成)의 과정

이다." [72]

절대적 자기통치란 모두가 자기의 지배자이며, 누군가에 의해서 지배당하지 않는 민주의 최대치이다. 이 정치경제적 이상에 "문화가치를 개인으로 하여금 분만케 하는" 교양이 가미되면 '다채현란(多彩絢爛)'의 세계가 된다. 신남철은 이 세계의 성격을 당시까지 인류가 만든 두 가지 부자유의 원리를 창조적 가능성으로 전환한 사회로 상정한다.

(1) 개인주의: 이것은 정치적 자유를 앙양하는 한에서는 진보적 민주주의가 수용한다. 그러나 그것이 민주경제를 저해하는 불평등의 원리로 작용하는 한 '공익'의 윤리로 승화되어야 한다. 그리고 다양한 인문주의적 인간성의 실현은 개인에 대한 존중에 기초한다. 그러나 신남철의 개인은 추상적 인격이 아니다. 그의 「인권과 인권옹호人權擁護」(1948)에 의하면 인간이 '자기 목적적 주체'인 것은 '신체'에 있다. 신체는 "인간의 주체성을 관철하여 생(生)을 실현한다." 신체가 '자주적 인격적 행위를 실현하는 주체'이다. 자연적 '육체'는 '사랑[愛]'의 대상이지만 신체는 '공경[敬]'의 대상이다. 신체는 '전인격적 신체'로서 '공경'의 대상이며, 그러한 신체는 '엄격(嚴格)'의 의미에서 '엄숙성[嚴]'을 갖는다. "인간의 신체는 자기 자신에 의빙(依憑)하여 자기의 주체적 자발성을 주장할 수 있는 공경[敬]의 대상이요 엄숙성[嚴]의 인격인 것이다." [73]

신남철은 자신에 대해서는 역사법칙 앞에서 엄숙성과 희생을 그토록 생각하면서도 인권의 차원에서는 유물론적 인간상을 주장한다. 그러나 그의 주체적 신체론은 자유주의 체제에서의 신체의 상품화와 노동력의 장소로만 보았던 사회주의 체제의 인간관을 극복할 수 있는 단서를 제시하고 있는 것으로 보인다. 생의 전환은 신체관의 전환을 요구한다. '이론인' 역시 "구상적(具象的) 세계에 능동적으로 작용하여 그것을 변혁하는 힘을 갖지 못한 영(零)의 인간"이 아니라면, 인간의 신체적 활동의 현실

---

72 신남철, 「自治訓練과 교육의 根本義」, 『轉換期의 理論』, 백양당, 1948, 129-131쪽.

73 신남철, 「人權과 人權擁護」, 『새한일보』 제2권 제8호, 1948. 4., 17쪽, 19쪽.

과 이상을 생각해야 한다.[74]

(2) '공리적 실용주의'와 국가 공동체: 이것은 '정치적 프래그마티스트'의 파시즘 형성 논리이다. 신남철은 심리학과 정치철학 교수이자 정치가인 헬파흐(Willy Hellpach, 1877～1955)의 말을 인용하여 다음과 같이 말한다. "공리적 실용주의자가 정치적으로 중대한 난관에 봉착하였을 때에 그는 반드시 자기의 행동에 대하여 그때그때의 분위기[氣分]를 초월 · 전환시킬 무슨 표준을 발견하려 한다. 무슨 일정한 철학적인 방법적 이론에 의하여 자기 자신을 반성함이 없이 국민이니, 민족이니, 또는 조국이니 하는 것을 규범으로 하여 내거는 것이다. 그리하여 본능적으로 누구나 불가피적으로, 당장은 어찌할 수 없는 것을 행동의 기준으로서 주창(主唱)함에 의하여, 자기의 정치 행동을 호도(糊塗)하려고 하는 것이다." 이것이 그들이 '상투적으로 쓰는 도피술이요 그 신조'라고 한다.[75]

신남철에 의하면 파시즘은 자본주의의 난관과 연관되어 있지만, 공리주의적 정객들에 의해 실행된다. 독일 관념론 운동이 그 빛나는 성취에도 불구하고 파시즘으로 귀결된 것은 공리적 실용주의가 "초계급적 국민 공동의 책임을 다하여 최고의 권위국가에 대한 절대적 예속을 주장"하기 때문이다. 그가 높이 평가하면서도 유감으로 생각하는 하이데거는 일상성에 대한 과학적 이해를 버리고 '카톨릭적 죄악관'에 빠져 '허무주의(虛無主義) 아닌 허무주의'로 나갔으며, 관념적 태도로 '재생(再生)을 기도(企圖)'하다가 결국 국가 공동체라는 비계급적 사고의 산물에 빠졌다. 이런 의미에서 하이데거는 '평범하면서도 위대한 철학자'이다.[76] 현실을 어두운 밤이자 사상(思想)을 명상하는 때로 보는 신남철의 「밤과 무와 산(夜 · 無 · 山)」(1933)에 의하면, 본래적 실존이 경험하는 무(無)란 "절대적 부인(否認)의 성격"을 갖지만 "기분적인 자기 내재적 상념"에 불과하다. 그것은 기분적인 상념에 불과한 것이기에 "부인된 존재 전체를 있는

74 신남철, 「文化創造와 敎育」, 『轉換期의 理論』, 백양당, 1948, 122쪽.

75 신남철, 「情勢把握과 科學」, 위의 책, 56-58쪽.

76 신남철, 「나치스의 철학자 하이데겔」, 『신동아』 제4권 11호, 1934, 85-90쪽.

그대로 인정하고 마는 뒤집어진 긍정의 사상"이다. 이 점에서 신남철은 '카톨릭 교인'인 하이데거가 히틀러의 파시즘과 연관될 수 있는 개연성을 가진 것으로 보고 있다. 하이데거의 철학은 권력에 허약한 '권위의 사상'이다.[77]

이에 대해 신남철은 괴테로부터 빌려온 '고차(高次)의 현실'을 대안으로 제시한다. 그것은 삶을 무(無)를 통해 비본래적 삶과 본래적 실존으로 두 동강내는 것이 아니라, 역사적으로 규정된 일상성을 해부학적으로 인식하고 현실이 갖는 진보적 가능성을 현실화하는 길이다. 이 현실화의 실천은 일상성을 고차의 현실성(Wirklichkeit)으로 창조하는 행위이다. 이것이 "극소에서 극대로 비약(飛躍)하는" '능동(能動)'의 길이다. 고차의 현실은 생(生)의 충실성을 감정으로 확인함으로써 진정으로 긍정적인 현실로 향유할 수 있는 세계이다. 그는 산악을 보고 '생명(生命)의 충실감(充實感)'을 느낀다. 그리고 이것을 '인간의 이상'으로 제시하면서 말한다. "인간은 이상을 가질 수 있게 된다. 인간 능력에 실망하지 않음으로-. 태산준령을 넘고 천고의 설협(雪峽)을 지나며, 고요히 인간의 역사적 발전과 사상의 시대적 파장(波長)을 생각하는 것 같이 인간생활의 장쾌하고 숭고한 때는 없을 것이다."[78] 이처럼 현실을 풍요로운 생의 현실로 만드는 것이 '생의 전환'이다. 진정한 철학적 사유의 길은 생의 전환의 구도 안에서 그 의의를 발견한다.

신남철은 1947년 당시의 국제적 상황을 반파시즘의 승리, 세계적 혁명의 도래, 자본주의 국가들의 평화 노력, 지식 문화인들의 국제적 연대 등으로 특징짓는다. 이러한 낙관적 전망 아래 그는 '과학의 승리'를 전망한다. 그의 진보적 민주주의는 민족해방을 '인류애의 정열'로 연결시킨다. 또한 '향토적 인인애(隣人愛)'로써 '독점 자본가의 모략'을 극복하여, '민주주의적인 세계 관련의 양식(良識)'으로 나아가기를 희망한다. 이 양식

---

77 신남철, 「夜 · 無 · 山」, 『衆明』 제1권 제2호, 1933, 87-96쪽.

78 신남철, 위의 책.

은 "거리의 원근을 초월하여 (세계로) 결합해간다."[79]

개인주의와 파시즘적 전체주의를 넘어서는 인류애와 과학의 승리, 절대적 자치(自治)의 세계적 실현에 대한 이러한 희망은 그의 비극적 낭만주의 정신이 품고 있었던 희생의 각오가 시대의 희망적 가능성에 고무되어 나온 것이다. 절망과 희망의 양면 감정은 20세기 전기의 동양의 급진 사상가들에게 공통으로 보이는 현상이다. 그리고 좁은 의미의 유물론적 변증법으로 보았건 과학 일반으로 보았건, 과학의 사유에 '사특함이 없다(思無邪)'는 것을 신뢰하는 것도 거의 공통된다.

한편 신남철은 자신의 시대를 "로만틱커의 정신적인 광란노도(狂瀾怒濤)에다가 육체적인 전생명을 걸은 아고니아(苦悶, agonia)의 시대"로도 보았다. 그는 「편지-K군에게」(1939)에서, "니체의 나는 다이너마이트다, 나는 철방망이를 가지고 사색한다"는 강인한 태도를 모범으로 삼고자 하면서도, "사실 고백하면 나에게는 확실히 회의주의적인 일면이 있음을 속일 수가 없다"고 한다. 이 회의는 개인주의적 경향과 역사의 미래적 이상과의 사이에서 생기는 미래의 가능성에 대한 회의적 고민이다. 이미 베르그송의 영향을 받은 우나무노의 『고민苦悶의 철학』을 읽은 그는 우주생명의 진화적 전개가 인류에까지 이르렀지만, 창조적이고 우연적으로 전개되는 생명은 언제나 그 끝에서 새로운 가능성들로 열려 있다는 것을 잘 알고 있었을 것이다. 고민은 '지금 여기'가 예측할 수 없는 가능성들이 잠재되어 있는 '첨단'이라는 사실에서 온다. 생명은 언제나 첨단에서 '주저(躊躇, hesitation)'한다. 고민은 창조적 가능성들 사이에서 그리고 그것과 퇴보 사이에서의 고민이다. 생명은 비극적 자유이다. 무엇인가 선택해야 하는 것이 생명과 자유의 슬픈 운명이다.[80]

미래에 대한 회의 속에서도 신남철이 선택한 길은 정치적 실천을 통해 경제구조를 변형하는 '능산적 인간'의 길이었다. 그는 이 길을 통해 자

79 신남철, 「情勢把握과 科學」, 『轉換期의 理論』, 백양당, 1948, 61-62쪽.

80 우나무노(Miguel de Unamuno), 『生의 悲劇的 感覺』, 장선영 옮김, 휘문출판사, 1981, 268-270쪽.

신과 민족이 진보적 민주주의와 인문주의적 문화를 향유하는 충실한 생의 감정을 누리는 세상에서 살 수 있기를 희망했다. 나아가 이러한 생의 전환의 노력이 세계 자본주의의 제국주의적 책략을 분쇄하고 전쟁 없는 '평화'가 도래하는 데에 기여할 수 있기를 원했다. 그의 철학은 그가 평소에 좋아했던 톨스토이와 루소의 이상적 생활에 따라, 풍부한 인간성과 윤리적 품성에서의 아름다운 영혼을 가진 개인과 그러한 개인들의 자유로운 공동체의 이상을 심정의 진실로 동경했다. 헤겔철학에서 아름다운 영혼의 단계는 극복되어 정신의 추억의 흔적으로 남는 것이지만, 신남철에게는 생의 이상이자 동력이었다.

그가 유물론적 변증법을 수용한 것은 그 진실을 실현하기 위한 '이성자(理性者)'로서의 자신의 일면을 실현하기 위함이다. 이성적 인간은 역사 사회에 대한 합리적 이해를 통해 생의 전환을 이루기 때문이다. 그의 철학은 객관에 대해서는 유물론적 과학관이며, 주관적 심성에 대해서는 생철학적 낭만주의이다. 또한 그 시대의 많은 지식인처럼 그의 사유는 객관적 현실과 관념적 생의 이상(理想)이 누르는 압력을 받아, 일치된 듯하면 분열하는 압열 의식에 추동되었다. 그가 헤겔이나 실존주의적 관념론으로 경도되어 파시즘과 연관된다고 의심했던 미키 기요시와 니시다 기타로의 '역사적 생명 변증법'을 존경하여 대립의 통일에 매력을 느낀 것도[81] 그 원리가 자신의 모순적 심정 상태와 부합되었기 때문일 것이다. 신남철의 생의 전환을 위한 노력은 현실성과 함께 하면서도 그것과 분열해야 하는 불행을 면치 못한다. 그럼에도 그는 모순이 능산적 정신의 실

81 신남철, 「文化創造와 教育」, 앞의 책, 117-118쪽: 이 맥락에서 신남철은 베르그송의 '純粹進行[순수지속]'을 모순적 대립과 통일이 없는 단순한 미래에의 운동으로 본다. 미키 기요시와 니시다 기다로에 대해 신남철은 현대의 불안과 모순을 하이데거처럼 기분적이고 내면적으로 파악하여 '지식의 悲劇'에 대한 '구체적 전망'을 보여주지 못하고, '가장 정신적이고 매혹적인 것', 즉 내면화된 종교적인 것으로 도피했다고 비판한다. 그 두 철학자는 무(無)의 기분적 원리에 매혹되어 무를 통해 결국은 존재를 긍정한다는 선종(禪宗)으로 나아간다. 그들은 비극의 내면화에서 능동적으로 현실로 돌아오지 못하는 비역사적이고 비변증법적인 사고를 했다(신남철, 「不安의 思想의 類型化」, 『衆明』 1권 3호, 1933. 7.).

천에 의해 초월적 신앙의 세계에서가 아니라 이 지상에서 해결되기를 추구했다. 그에게 구체적 자유의 이상은 버릴 수 없는 절박함을 갖는다. 생의 의미는 현실이 보여주는 가능성을 생의 표현의 방향으로 실현해 가는 데에서 주어진다.

이제까지 신남철의 비극적이면서도 생철학적 변증법을 논했다. 그의 변증법은 주관적으로는 '생의 감정'과 '생의 전환'에 기초하며, 객관적으로는 유물론적 역사과학에 의거한다. 그의 유물변증법은 생의 이상을 향한 전환의 의지를 전제한다. 그는 우주 자연에 대해 존재론적으로 논구하지는 않았다. 그는 자신의 인생의 방향과 한국의 역사적 현실의 이상적 방향을 일치시키기 위해 고민했다. 이러한 '고민'은 역사적 과거의 힘과 새로운 이상에의 충동이 서로 역방향으로 운동하는 동시에 충돌하는 모순에 기인한 것이다. 나아가 그는 그러한 비극적 감각을 역사의 이상을 위한 '희생' 개념으로 강화했다.

괴테의 말처럼 "비극적인 것이란 화해할 수 없는 대립(unausgleichender Gegensatz)에 기인한다."[82] 신남철의 변증법은, '모순의 영혼'을 사변이성의 정관적 인식의 관점에서 본 헤겔주의의 수동성보다는, 그것을 창조적 전환의 원리로 고양시키는 파우스트적 능동성에 접근한다. 그는 자신의 문제의식을 해결하기 위해 많은 독서와 토론을 한 것으로 보인다. 그는 당시의 문화적 낙후성을 극복하고 풍요한 정신적 가치들이 현란하게 개화하기를 원했다. 그는 민중이 안으로는 인류의 이상적 가치들을 갖추고 밖으로는 누구에 의해서도 예속되지 않는 전면적 자치체인 사회를 향유할 수 있기를 원했다. 전자의 측면에서는 낭만주의적이고 인문주의적인 가치들을 추구하고, 후자의 측면에서는 마르크스주의의 법칙주의적 역사관을 의지주의적[主意主義的] 요소를 부가하여 수용했다.

그는 당시의 실현 가능한 정치체로서 '진보적 민주주의'를 택했다. 무

---

82 안진태, 『파우스트의 여성적 본질』, 열린책들, 1999, 258쪽.

계급사회의 도래는 무기한 연기되는 것이었다. 진보적 민주주의는 의회제를 인정하는 한에서 민주경제와 민주정치를 시행하고, 자율성과 인도주의를 최대한 보장하는 교육 개혁을 시행하는 국가를 건설하기 위한 것이다. 이 국가는 제국주의적 자본가와 지주를 억압하고, 나머지 '민중' 혹은 '인민'이 주체가 되는 국가이다. 이 정치체제가 그가 해방 직후의 논쟁적 상황에서 신문화운동을 통해 택했던 '건국방략'이다. 그의 방략은 남로당 박헌영의 비타협적이고 교조주의적인 입장에 대한 비판이었으며, 좌우합작에 바탕한 유연한 것이었다. 그러나 1920년대 『개벽』의 동인들이 사회를 공론의 장으로 삼고자 했던 시도가 일제에 의해 붕괴되었듯이, 이 1945년 이후의 시대에도 사회는 미군정의 권력 지배 아래로 들어갔다. 공론의 장으로서의 사회와 논쟁적 상황도 점차 남북 분단의 상황으로 바뀌어 소실되었다. 더 이상의 창의적 사고와 쟁론의 장은 사라져 갔다.

그리고 '서울 국립대안'이 미국 군정의 학무국에 의해 사상의 자유와 비판적 사유를 억압하는 신식민지적 교육 방안으로 추진되자, 학문의 자율성과 학교의 자치를 주장하는 교수와 학생들의 반대가 관철되지 못하는 상황이 되었다. 서울 문리대 교수로 재직하고 있었던 신남철은 민족의 자주적 교육개혁이 좌절되자, 그의 희망의 발언은 절망으로 기울고, 1948년 여름 그는 다른 진보적 교수들과 함께 북쪽으로 간다.[83] 그 후 그의 창조적 사유는 중단된 것으로 보인다. 북한도 남한과 마찬가지로 소련의 지배 아래서 교육 제도가 개편되었으며, 남북한 모두 냉전의 논리가 학문과 사유를 제약했기 때문이다. 그의 몇 안 되는 1950년대의 글(「남조선에 대한 미제의 반동적 사상의 침식」, 『근로자』, 1955; 「실용주의 철학은 미제 침략의 사상적 도구」, 『근로자』, 1957)은 제목부터가 냉

83 이 문제에 대한 연구는 다음을 참조: 정종현, 「신남철과 '대학' 제도의 안과 밖」, 『한국어문학 연구』 제54집, 2010, 418쪽: "국대안은 새롭게 구축되는 냉전질서 속에서 미국 헤게모니 아래 남한의 지식-담론 및 제도를 재편해 가는 정책적 방향성을 지니고 있었다."

전의 논리를 반영한 경직성을 띄고 있었다. 이러한 글들이 비록 남한의 교육 문화 정책이 자유주의적 방향을 노골적으로 추진하는 것에 대해 비판하고 있지만, 이는 월북 이전의 생생한 논쟁적 상황에서 쓴 것들과 비교해 생동성이 떨어진다.

남한의 자유주의는 반공주의라는 냉전의 논리와 분리될 수 없지만, 자유주의는 이승만 정권의 부패와 억압에 대한 비판적 논의들이 『사상계』를 통해 전개되는 갈등적 상황과도 연관된다. 신남철은 이러한 갈등과 남한 민중의 저항성을 보지 못한다. "이승만 정권의 부패상에 대한 비판은 4 · 19 혁명으로 이어지는 담론적 기반을 마련한 것이다. 신남철의 입장에서는 이러한 남한 지배 엘리트 내부 분화는 중요하지 않았고, 그 차이는 변별되지 않는다." [84] 그럼에도 남한 문화가 점차 기독교 · 개신교와 가톨릭에 의해 침식되고, 존 듀이의 교육론이 반공주의 연계하여 유포되며, 언어 분석철학이 비엔나 학단의 진보성을 외면하고 비판적 사고를 마비시키는 상황으로 가고 있는 것에 대한 그의 비판은 일리가 있다. 하지만 그의 시야에서 남한은 분열 없는 하나의 실체로 인식되고 있었다. 그의 동양 문화관이 하나의 실체로서의 동양을 전제하는 일본식 동양관에 물들어 있었듯, 1950년대 그의 사고는 창조적 역동성을 보여주지 못하고 있다. 그러나 해방 공간에서 나타난 그의 마르크스주의는 목적론적 결정론의 성격을 갖고 있다 하더라도, 인문주의적 교양과 낭만주의적 정열을 필요로 하는 고결성과 활력을 지녔다.

1947년 이전 신남철 자신이 자신의 시대에 대해 야스퍼스(K. Jaspers, 1883~1969)의 말을 빌려 말했듯이, "마르크스주의에도 진리가 있다. 그러나 그 진리는 아직 순수한 형태에서 나타나지 않았다."[85] 진리가 나타나지 않았다는 것은 생성철학의 입장에서 보면 자유를 본질로 하는 '생명의 심오(深奧)와 비밀(秘密)'이 나타나지 않았다는 것이다. 신남철은

---

84 정종현, 「신남철과 '대학' 제도의 안과 밖」, 『한국어문학연구』 제54집, 2010, 424쪽.

85 신남철, 「不安의 思想의 類型化」, 『衆明』 1권 3호, 1933. 7.

이 비밀을 심정의 진실로 믿었다. 한편 그는 현대 물리주의자들이 물리학을 통일과학의 기본 모델로 보려 했듯, 유물론적 변증법을 보편과학으로 보았다. 그러나 그 과학은 이미 해답이 주어진 것이었기 때문에 반증가능성을 차단하는 변호의 방식으로 주장되었다. 그리고 그 명제들 가운데 일부는 이제 권력국가의 공안통치 이데올로기로 변질되었다. 중국과 소련 체제가 보여주었듯이 사회주의 국가는 '사회적 존재가 의식을 결정한다', '생산력이 역사발전의 결정적 동력이다' 등의 테제를 기술 공학주의적인 관료체제를 옹호하는 수식어로 사용하게 되었다. 인간이 경제인(homo economicus)이 되었다. 과학기술은 그 모든 폐해에도 불구하고 지배 이데올로기가 되어 종교화되었다. 러시아와 중국 혁명은 기술 공학주의적 관료 자본주의로 귀결되어 본질상 미국과 차이가 없어졌다.

이러한 상황이 주는 문제는 마르크스주의에게만 문제가 되는 것이 아니며, 이제 전 지구적 고민거리가 되었다. 학문적 사유가 모순을 숨기고 이 대세를 반영하며 그에 적응하는 온갖 논리적 기술을 개발하는 것이라면, 경제인의 절박한 실용성들에 응답하는 것이라면, 그래서 철학은 안전한 삶을 보장하는 분야라면, 그러한 사유는 진정으로 절박한 것을 사유하지 않는다. 한국철학이 진정으로 절실한 것을 문제 삼는다면, 신남철의 사상도 하나의 대안적 사유로서 이해할 필요가 있다. 당장 해결 불가능한 것, 지금 나타나지 않은 것을 절박한 것으로 생각할 때, 인간은 희망 속에 살 수 있으며, 가능한 것을 성취할 수 있을 것이다. 신남철의 변증법은 민족과 인류의 이상에 대한 간절한 열망을 담고 있다. 이상을 향한 역사의 운동을 위해 자신을 희생한다는 그의 비극적 정신은 민족의 고통스러운 비극적 운명에 대한 공감을 보여주는 동시에, 진정한 가능성은 현실보다도 더 현실적인 것임을 알게 해준다. 미래적 무의식인 환상적인 것이 현실적인 것이다.

6. 비극적 변증법과 전망

20세기 초 조선의 국가주권 상실이 가져다준 한국의 비극적 상황은 민족과 개인들의 자주성과 자발성의 파괴를 가져왔다. 이러한 상황은 자존심이라는 삶의 내적 핵심을 건드리는 적대적 현실이 되었다. 그 현실적 상황은 삶을 공격하는 생생한 실재이자 곤경이었으며, 해방이라는 가치를 당위로서 지시해주는 것이었다. 여기에서 외부 객관적 실재가 가하는 멍에[필연]와 내부의 자유의지 사이에서의 생(生)의 분열은 부조리한 모순으로 경험되었다. 그리고 이 분열 속에서의 극복의 의지를 자신의 책임으로 인수하게 될 때, 책임은 비장한 성격을 갖게 되었다. 이 책임의식은 생의 파열을 극복하고자 하는 비극으로 나타났다.

현대 한국 지성사는 이러한 비극의식 안에서 움직여왔다. '고민하는 인간'(신남철), '모순의 인간'(함석헌) 등에서 보이는 바와 같이 예속과 해방, 필연과 자유의 모순적 관계 속에서 고뇌하는 지성상은 그 강도의 차이에도 불구하고 공통된 것이었다. 그리고 필연과 자유의 문제를 어떤 방식으로 해결하는가의 차이에서 서로 다른 사상의 흐름을 형성해왔다.

신남철은 '삼일운동(三一運動)이 조선의 해방과 혁명운동의 위대한 연원'이라고 해석하고,[86] 마르크스주의 견지에서 헤겔과 실존철학을 이해하고 비평했다. 『역사철학歷史哲學』의 「사死에 의한 생生의 전환」이라는 절에서 그는 '필연성과 개인의 자유의 대립'을 인류 세계사의 보편적 특징으로 제시한다. 그러한 대립이 그에게는 '헤겔철학이 시사하는' 것이자 자신의 특수한 현실경험과도 일치하는 것이다. "역사는 행복을 위한 지반이 아니다. 세계사는 자유와 필연의 비극적 대립이 생겨가지고 그것이 끝끝내 부질기게 고뇌를 가져다주는 지반인 것이다." 이러한 지반 위에서 '거대한 역사의 필연성'에 대항하는 원리는 모든 개인들의 자유이다. 이러한 자유는 미키 기요시(三木淸)가 파시즘에 취약한 것이라고 비판한

86 신남철, 『轉換期의 理論』, 백양당, 1948, 47쪽.

'문화적 교양주의'에 대항하여 제시한 '새로운 인간 유형'이 갖는 자유이다. 이것은 "사색인과 같이 행동하고, 행동인과 같이 사색하는" '문화적 교양'(로고스)과 '정치적 교양'(파토스)을 겸비한 인간의 자유이다.[87] 인간론에 기초해서 사적 유물론으로 나아가는 미키 기요시를 구체적 역사 현실을 무시할 수 있다고 비판한 적이 있는 신남철도 그의 인간학으로부터는 영향을 받은 것으로 추정된다. 신남철에게 인문주의와 정치의식을 결합한 새로운 인간이 '운명적 비극' 속에서도 "개개인이 무명의 혁명가라는 위대한 의식을 가질 수 있는 것이다."[88]

신남철의 이러한 비극적 자유의식은 분명 아름다운 도덕적 의식이자 불행한 의식이다. 또한 그 자신이 언급하듯이 그러한 의식은 '플라톤적 예지의 정열'과 '공맹적 인의(孔孟的仁義)의 정신'을 겸비하고자 한다. 이 유가적인 정치-윤리적 우환의식(憂患意識)과 서구의 과학정신을 종합적으로 실현하려는 실천은 비극을 안고서 가기에 '가혹한' 고난을 감내하는 수난자의 실천이 된다. 그에게 실천가는 '엄숙한' 비극 속의 '희생'으로 바쳐지는 '수난자(asketes)'이다.[89] 이러한 금욕적 수행자의 태도에 입각해서 그는 '무계급사회질서'의 창조와 이를 성취하기 위한 '정치적 자유'의 실현의 길을 엄숙한 선구적 결단을 통해 선택하게 된다. 정치적 자유의 실현수단은 '개인의 주체적 실천'이며, 주체적 실천은 '전위조직인 집단'에 참여하는 것에서 그 역사적이고도 구체적인 사회적 내용을 갖게 된다. 그리고 전위조직에서 "개개인의 영예와 이익은 처음부터 논의될

---

87 미야카와 토루 · 아라카와 이쿠오, 『일본근대철학사』, 이수정 옮김, 생각의나무, 2001, 321쪽.
미키 기요시와 신남철, 박종홍의 연관에 대해서는 다음을 참조: 조희영, 「현대 한일 철학 사상의 비교연구」, 『용봉논총』 12, 전남대인문과학연구소, 1982; 김재현, 『한국사회철학의 수용과 전개』, 동녘, 2002, 97-125쪽.

88 신남철, 『역사철학』, 서울출판사, 1948, 51-52쪽.

89 신남철, 위의 책, 2, 47쪽; 『轉換期의 理論』, 백양당, 1948, 61쪽; 이병수, 「1930년대 서양철학 수용에 나타난 철학1세대의 철학함의 특징과 이론적 경향」, 『시대와 철학』, 17권 2호, 2006: 이병수는 신남철의 유가적 태도를 그 시대 철학의 공통된 성격으로 지적하고 있다.

성질의 것이 아닌 것이다."[90]

'근로인민대중'과 '전위당'에 헌신하려는 이러한 자신의 태도를 신남철은 콜로사이 사람들에게 편지를 보내 권고하는 바울에 비유한다. 바울의 '미래의 영상(影像, skia ton mellonton, 다가오고 있는 것의 그림자)'이라는 개념을 가지고, 그는 해방 후 상황을 미래로부터 다가오는 '본체'(그리스도의 몸, soma)가 아직 실현되어 있지 않은 '기구한 저주'의 상황으로 이해한다.[91] 미래의 것은 본체이지만 현재의 '속물적 쾌감'이나 세상의 법칙들은 이 세상에 속한 것으로서 영상에 불과한 것이다. '생명의 약동이 거부되어' 있기에 비극적인 역사적 현실은 영상이다. 이 영상적인 것들의 '본질'과 '의미'에 대한 인식에서 미래의 본체가 '희망'으로서 드러난다. 여기서 미래의 영상에 불과한 이 현실은 비로소 자유를 향한 실천의 장으로 전환된다. 진정한 진실인 본체는 현실이라는 영상의 미래이다. 그러나 그것은 현재의 진리로서 '지금, 여기서' 현현된다.[92]

신남철의 삶과 사유는 이처럼 초기 기독교의 종말론적 사유 구조를 비신앙적 문맥에 적용한 실존적 비극의식에서 출발하고 있다. 그에게 생명의 진리인 자유가 온전히 개화되는 미래의 희망에 비추어볼 때 역사적 현실은 부조리한 비극으로 인식되었다. 동시에 그에게는 역사적 현실에 잠재해 있는 자유가 세계사의 본질적 의미이다. 이 진실한 의미인 본체는 천상으로부터 오는 것이 아니라 세계사적 사명을 가진 '근로인민대중'의 실천적 가능성 속에서 인식되는 미래의 진실이다. 바로 이 지점에서 그는 부조리하고 저주받은 실존적 상황 인식으로부터 역사에 대한 변증법적 인식으로 넘어간다. 실존적 태도는 주체적 실천과 함께 역사에 대한 객관주의적 인식으로 전환된다. 이것을 그는 '과학적 진리의 세계에 들어가는' 것으로 이해한다. 과학은 자유라는 가치 실현과 분리되지 않는다. 이런 입장에서 역사에 대한 그의 과학적 인식은 헤겔에

---

90 신남철, 앞의 책, 56쪽.

91 신남철, 앞의 책, 12쪽.

92 앞의 책.

대한 유물론적 독해를 통과하여 사적 유물론의 입장에서 역사적 사회를 인식하는 것이다. 이러한 인식은 "개개의 사건 현상을 전체와의 연관관계에서 근본적으로 분석하여 그 사회적 본질과 의미를 탐색하는" 방법, 즉 '분석과 종합의 방법'에 의거한다.[93] 이것은 플라톤이 구사했고 마르크스가 자본론에서 구조-발생론적 문맥에서 적용했던 방법이었다. 자본제적 사회에서 개별적 삶의 특징은 자본주의적 생산관계(계급관계)에 의해 인식될 때 더 본질적인 인식에 접근하는 것이며, '근로인민'으로서의 노동계급이 존재한다는 것 자체가 그 계급의 자각적 자유의 실현을 역사적 의미로서 지시해 보이는 것이다. 구체적 개인들의 '자유정신'과 '창조적 상상력'의 보편적 실현의 단계를 거쳐 그 다음 단계의 해방된 사회를 가능하게 하는 실천적 의지의 구현에 노동계급의 존재의미가 있다. 이 실천적 가능성이 실현되어 자유가 구체적으로 완성되어가는 과정을 통해 자유는 비로소 구체적 현실성을 소유하게 된다. 여기에서 신남철은 역사의 객관적 과정이 나아가는 자유의 실현이라는 목적과 자신의 실존적 초월의지가 갖는 주관적 희망이 일치해간다고 봄으로써 내면과 외면, 주체와 객관의 분열이라는 비극적 고뇌를 완화시킨다. 삶의 의미는 봉건제와 자본제를 넘어서는 역사적 가능성을 주체적이고 집단적인 실천에 의해 창조적으로 실현하는 데에 있다.

박종홍(1903~1976)의 관점에서 보면 이러한 삶의 방식은 주체의 '향내적(向內的)' 태도를 통과하지 않고서 '향외적(向外的)' 태도로 나아가는 것이다. 주객 도식에 따라 사유하는 신남철의 헤겔적 마르크스주의는 주체의 능동성을 강조하는 주의주의(voluntarism) 성격을 다분히 갖고 있지만, 실존적 주체성에 기울어지는 박종홍에게 신남철의 유물 사관은 과도한 객관주의로 이해될 수 있다. 박종홍은 젊은 시절 잠시 사회의 계급적 모순을 생각하다가 이내 향내적 태도를 토대로 현실에 대한 향외적 태도를 수용하는 길을 선택하게 된다. 이 노선에 따라서 박종홍은 실존적 내

93 앞의 책.

면성을 근본[本]으로 하고 객관적 외면성을 지말[末]로 보는 조선 신유가의 사유틀에 의거해서 실존적 내면성을 긍정적으로 수용하는 가운데 현실의 창조적 변형 문제를 생각하게 된다.

그러나 이때의 창조적 변형이란 신유가의, 이른바 내적 마음의 본체[心之本體] 내에 내재하는 도덕적 인간성[仁, 義]을 내적 성실성[誠, 敬]을 기초로 해서 밖으로 확산해가는 문화적 변화[化]를 의미한다. 신남철의 '사회적 실천'은 제국주의적 자본제와 한국사회의 봉건성 및 분단을 극복하기 위한 계급연합적 '근로인민대중'의 '전위조직'을 전제하는 당파적 실천이다. 이 실천은 객관적 대상을 변형, 전유(專有)하여 객관적으로 새로운 질서를 갖는 대상으로 창조한다는 그의 이른바 '조직적인' '과학적 실천'이다. 그의 과학적 실천의지는 현재까지의 생산양식의 역사적 발전 및 그 안에서 객관적 가능성으로서 엿보이는 새 질서의 도래에 대한 역사과학적 인식에 매개되어 있다. 『전환기의 이론』(1948)에서 그는 역사에 대한 이러한 법칙적 인식에 토대해서 현실의 '객관적 정세'에 대한 분석에서 귀납되는 근본 원리(전략)를 다시 연역적으로 정세에 적용하여 구체적 '행동강령'(전술)을 찾는 방법을 과학적 실천원리로 제시한다. 사실 이러한 귀납-연역 추론법은 근대 자연과학이 구사하던 실험적 논리이다.[94] 과학적 실천은 계급사회의 자기부정의 과정(노동의 해방이 아닌 노동으로부터의 해방 과정)에 참여함으로써 '생명이 약동'하는 탈계급사회의 도래를 희망하는 실천이다. 비극적 실존의 의미는 비극적 역사가 갖는 궁극의 희망에 대한 믿음에 있다.

이에 비해 박종홍의 심성론적인 실존적 주체성은 과학적 실천을 필요로 하지 않는다. 오히려 그는 근대 유럽의 과학적 자연주의가 초래한 정

94 신남철, 『轉換期의 理論』, 백양당, 1948, 45쪽, 201쪽: 이러한 과학적 실험방법은 귀납적 일반원리에 대해 정치적 확실성을 확고히 믿는 태도를 제외한다면 가설-연역적 추론(abduction) (Ch. S. Peirce)이라는 과학적 탐구논리와 연관하여 다시 논의해볼 수도 있을 것이다. 듀이(John Dewey)는 이 방법을 아시아의 민주화 운동의 논리로서 중국의 5·4 운동 시기에 제안하고 적용한 적이 있다.

신적 주관성의 위기(신남철이 보기에는 부르주아적 주체성의 위기)와 인류 문명의 위기를 중시한다. 그러나 박종홍은 신남철과 마찬가지로 약소민족의 자주성의 상실을 비극으로 이해하여 과학적 실험이나 실천을 국가의 산업화에 의한 자주화 과정 속으로 흡수시킨다. 그에게 '경험주의적' 과학은 자본주의적인 부강한 민족 자주성의 원리이다. 이 기초 위에 각 개체들의 실존적 자립성이 승인된다. 그는 자본주의적 인간관계를 계급갈등의 문제로 환원하지 않고 현대 산업문명과 인간 심성의 갈등으로 환원한다. 이에 따라 그는 밖으로는 민족국가를 극복의 대상이기보다 근대화의 합리적 실현 주체로 변형하고, 안으로는 상품에 매개된 물적 질서에 의해 인간성이 물화되는 소외를 실존적으로 극복하려 한다.

역사적 현실에 대한 이러한 박종홍의 실존적이며 주관주의적인 접근 태도는 실천적 개입의 여지를 민족국가 앞에서 멈추게 한다. 더불어 철학의 시야를 객관적 제도 문제로부터 실존적 주체성의 함양과 '문화 창조'에 한정하게 한다. 철학의 현실개입은 문화 창조의 '논리'와 창조의 주체적 조건을 모색하는 방법적 사유로 한정된다. 이러한 정치적 개량주의는 마치 헤겔이 자코뱅주의의 공포스러운 혁명을 겪지 않고서 민족국가의 합리적인 개량에 의해 물질적 풍요와 개인들의 해방을 완수할 수 있을 것으로 기대한 것과 유사하다.

이에 비해 신남철은 비극적 변증법을 정치적 혁명노선의 관점에서 구성했다. 조선의 당시 '현실'은 '진보적 민주주의 혁명 단계'를 거쳐 훗날의 '사회주의 혁명'으로 진행되어야 했다.[95] '진보적 민주주의' 혹은 '신민주주의'는 부르주아 자유주의에서 자본주의의 단점을 버리고 자유주의 사상이 성취한 긍정적인 최대치를 실현하는 문화운동의 과정이다. 사회적 실천이 갖는 이러한 급진 민주주의의 가치가 그의 '문화 창조'의 근본 내용이 된다. 과학적 지식의 증대와 '자유, 평등, 박애'라는 민주주의

95 신남철, 앞의 책, 202-205쪽: 신남철이 과학과 민주주의를 사회주의의 전 단계이자 필수적 요건으로 생각한 것은 중국의 진독수(陳獨秀)가 『敬告青年』에서 德先生(덕선생, Democracy)과 賽先生(새선생, Science)에게서 배우자고 한 것과 유사점이 있다.

적 가치는 소크라테스의 '지덕합일(知德合一)'의 정신에 입각한 인문주의적인 교양과 덕을 갖춘 '자유의 정신, 비판의 정신, 희생과 항쟁의 정신'에 기초해서 자각적 '민중'에 의해 실현되어야 한다.[96] 사회주의는 각 개인들의 민주적이면서도 인문주의적인 자각이 일반화되었을 때 그 구체적 실현을 전망할 수 있다. '전위당'의 혁명노선과 과학적 실천의 필요성만을 제외한다면 그의 문화 창조 개념은 동시대의 박종홍 및 함석헌과 공유될 수 있는 성질을 갖고 있다.

신남철은 끝없는 '투쟁'과 '대립'을 생산하면서 자발적 생명 원리[phyr, 火]에 의해 전개하는 자연(physis)에 관한 헤라클레이토스(Herakleitos)의 존재론을 수용한다. 자연의 역동적 생명 원리(Logos)를 신남철은 '세계의 창조적 본체'로 이해하고, 그것을 '세계법칙(Weltgesetz)'으로 이해했다. 헤라클레이토스에게 생명 원리는 내재적인 신성한 신(Zeus)인 바, 신남철은 이러한 생성의 자연관이 볼셰비즘의 존재론인 변증법적 유물론(Dialectical materialism)으로도 수렴될 수 있는 것으로 보았다.[97] 박종홍이나 함석헌과는 다른 방식이기는 하지만 동시대의 이들처럼 그도 세계의 역동적 생명성을 존재의 근본 원리로 보고, 이 존재론적 원리에 혁명적 문화 창조의 삶을 세우고자 했다.

그가 보기에 반(半)봉건적이며 자본제적인 현실은 역사법칙에 따라 무계급사회로 나아간다. 그의 역사과학은 자기희생적 수난이라는 비장한 심미적 의지와 목적의식적 실천에 의해 현실에 적용된다. 현실은 자본제에 이르기까지의 전역사(前歷史, prehistory)를 뒤로하고 진정한 해방으로 전환된다. 이러한 문맥에서 그의 '역사과학'은 두 가지 계기를 갖는다.

첫 번째 계기는 '근로인민'의 유물론적 역사과학이다. 현재는 '무서운' 시대이지만, 세계사는 객관적이고 법칙적인 전개에 따라 결국은 근로인민의 자각적 실천과 이념에 부합하는 방향으로 진보한다는 낙관적 역사

96 신남철, 『歷史哲學』, 서울출판사, 1948, 97쪽.

97 신남철, 「헤라클레이토스의 斷片書」, 위의 책, 202쪽, 209쪽, 224-227쪽.

관이다. 그러나 이러한 생각은 현실적 계급들이 갖고 있는 여러 변수들과 사회적 제약에도 불구하고 '근로인민의 집단적 실천'이 가능성으로서만 지시해주는 의미를 객관적 사회사에 투영함으로써 세계사가 근로인민의 편으로 흐른다는 자기위안적 판단이 될 수 있다. 의미와 사실은 언제나 괴리될 수 있는 것이며 서로 일치하는 순간 현실은 의미를 저버릴 수 있다. 의미를 과학적 진리의 본질적 요소들 가운데 하나로서 포섭하려는 신남철의 관점은 커다란 의미상실의 경험에 직면하게 된다면 스스로의 관점을 파괴할 수 있는 계기를 내포하고 있다. 이러한 냉혹한 상황에서 그의 과학은 엄밀한 사실판단에 의거하는 냉소적 과학자의 비난을 감당해야 한다. 그러나 그의 과학관의 전통을 계승한 박현채(朴玄埰, 1934~1995)가 가치를 배제하는 자유주의적 경제학과 투쟁하여 '인간주의'의 가치를 역사과학과 정치경제학의 본질적 부분으로서 옹호했듯이, 신남철의 사유를 이끌어간 해방적 가치 개념은 여전히 사실을 비추는 인식과 실천의 근거로서 우리에게 남아 있다.

두 번째 계기는 원래 레닌주의가 갖고 있었던 주의주의적 성격이다. 혁명적 '전환기'에는 실천적 의지가 고양된다는 점에서 주의주의적 태도는 당연한 것일 수 있다. 신남철의 의지는 거의 종교적 수행자의 의지로까지 고양된다. 역사과학을 '무기'로 무장한 자각적 지식인들의 '비판'과 '항쟁'의지는 1945년 해방 공간과 같은 격동기에는 민중의 아래로부터의 정치적 요구와 일치되어갈 수 있었다. 레닌 역시 1917년 민중의 정치적 등장에 고무되어 새로운 질서는 아래로부터의 자발성에 기초할 것임을 역설했다. 아래로부터의 자발성이 진정한 민주주의의 토대이다.

그러나 이 자발성의 분출이라는 폭발적 사건은 잠시 후에는 민중이 정치적 능동성으로부터 수동적 시민으로 전락함으로써 탄력을 잃고 화석화된다. 이와 함께 혁명적 지식인은 사회 공학적 조작자로, 합리주의적 계몽자로 정예화된다. 민주주의적 사건은 정치적 삶의 의미를 계시해주고는 이내 타성적 습관이라는 사실로 전락한다. 이에 따라 구체적 민주화를 의미했던 사회주의는 민주주의라는 내용을 상실하고 관료적 형식만 남기게 된다. 여기에서 민생의 경제적 균등화만을 사회주의적 내용으로 선전하고 민중의 정치적 자발성에 토대하는 민주주의는 사회주의와 대립되는 부르주아적 자유주의로서 억압된다. 정치적 자유에 기반하여 일어섰던 레닌도 자신에 의해 이루어지는 위로부터 아래로 가는 그러한 명령체계화, 그리고 의미의 실증주의화를 목도하고 망연자실했다.

이처럼 현실적 역사에는 진정한 의미가 결여되어 있다는 의식으로부터 현실사회주의라는 말이 사회주의 체제 붕괴 이후 생겨났다. 레닌의 헤겔적 계기라고도 할 수 있는 정예주의적 주의주의는 신남철의 경우 헤겔적 언어를 통해 분명히 나타난다. 신남철의 주의주의적 사고 역시 정예주의가 될 수 있다. 만일 그가 그러한 결과에 저항한다면, 인문주의자이기도 한 그는 고뇌에 빠지거나 전위당에 의해 희생될 운명을 겪을 수 있다.

그러나 신남철에게는 빈곤과 예속 상태가 주는 타인의 고뇌에 대한 '인류애'와 자신의 계급을 넘어서서 인간의 가치를 높이려는 정치적 덕이 있다. 인생사에 대한 비극적 이해는 생의 이념에 헌신하려는 그의 심정적 결단으로부터 온다. 그에게 "인간은 미래의 세력에 참가하여 비판하는 개인의 집단으로서 역사의 담당자인 영광을 갖는 동시에 머지않아 희생에 제공되어 사(死)를 각오하지 않으면 안 되는 비애(悲哀)의 소지자로서의 본질을 가지고 있는 것이다."[98] 김재현이 지적하듯 그의 '비통한 현실인식과 각오'는 '한국의 마르크스주의 철학자로서의 특징이 잘 드러나는 부분'이다.[99]

신남철의 비극적 변증법을 이끌어가는 '하나이자 모든 것'(hen panta, 헤라클레이토스)이라는 생의 통일성은 그에게는 자기를 제물로 바침으

---

98 신남철, 앞의 책, 53쪽.

99 김재현, 「신남철의 마르크스주의 철학 수용과 그 한국적 특징」, 『한국 사회철학의 수용과 전개』, 동녘, 2002, 123쪽: 김재현이 지적하듯 그 밖의 한국적 특징으로는 하부구조에 의한 상부구조의 피결정성이라는 일반성을 그가 벗어나 있다는 것, 그리고 지벌과 우정과 같은 요인들도 상부구조적 관념에 속한다고 본 것이다.

로써 '민족공동체'와 인류의 도덕적 자존심을 회복하게 하는 이념이었다. 그리고 그것은 당시의 정세에 부합하는 진보적 민주주의의 실현 단계를 넘어서는 훗날의 사회주의 혁명에 의해 그 제도적 기반을 가질 수 있다고 생각되었다. 그러나 인류가 완벽한 전회(metanoia, 회심)에 의해 '사랑을 온통으로 하는 공동체'(함석헌) 속에서 살지 않는 한 생의 통일성은 언제나 초월적 이념으로만 작용할 것이다. 생의 통일성이 인류의 운명으로서 현시되지 않는 한 그것은 객관적 제도에서 자신의 존재근거를 발견할 수 없다. 또한 스스로가 스스로의 존재근거를 갖지 않기에 끝없이 분열해갈 수밖에 없는 인간 정신에게 이념은 언제나 현실로 주어지지 않고 산 너머 무지개처럼 뒤로 물러나는, 부재(不在)하는 존재일 뿐이다. 이 역설적 이념은 인간으로 하여금 실천적 의지를 일으키게 하면서도 자신은 사라지는, 그래서 인간에게 끝없는 이념에 대한 동경 속에서 충족과 공허를 가져다주며 무한히 후진하는 지평일 뿐이다.

이런 의미에서 신남철을 이끌어갔고, 우리를 이끌어가는 생의 통일성은 언제나 경직된 현실과 이상적 가능성으로 분열된다. 그것이 우리로 하여금 잡히는 것 없는 공허에 직면하여 몸서리치게 할 것이다. 바로 이 공허가 생의 통일성이라는 이념과 함께 신남철의 변증법적 철학이 오늘의 우리에게 남긴 유산이다. 암흑과 빛을 가진 현재의 우리에게 불가피하게 일어나는 반성은 다음 두 가지로 말할 수 있다. (1) 생의 통일성에 대한 또 다른 방식의 접근가능성을 모색하는 길이며, (2) 민주주의의 본질과 그 실현의 길에 대한 새로운 가능성을 찾는 길이다.

구체적 민주주의를 의미했던 사회주의 운동사는 민주주의와 사회주의를 대립시키면서 자신의 심장을 도려내게 된 결과, 개인주의와 전체주의 파시즘을 오락가락했던 자유주의 체제에 알리바이를 부여했다. 민주주의를 참칭한 두 체제의 허망함에 대한 경험은 자유와 평등을 본질로 하는 민주주의는 결코 제도가 아니며 언제나 제도에 저항하게 하면서도 역사적 현실을 벗어나지 않는 이념임을 알게 했다. 그것은 현실 내재적이면서도 초월적인 이념이다. 공허가 가능성들의 영역이라면 신남철철학의 유산이 주는 우회적 교훈은 현실 사회주의가 구체적 민주주의가 아니었듯 현실 자유주의 제도 역시 민주주의에 적대적이라는 것이다. 우리는 신자유주의적인 화폐의 만행 속에 살지만 민주주의는 언제나 우리를 그것의 밖에 서게 한다. 신자유주의의 허망함은 자유와 평등의 가치가 작동하는 가능성의 영역이다. 이러한 전망은 미키 기요시와 신남철이 미래적 시간의 지평에서 실천의 기초로서 제시했던 '창조적 상상력'을 다시 음미하는 계기가 될 수 있다.[100] 그리고 그 방향은 신남철이 '진보적 민주주의'라고 했던 인문주의적 문화운동의 정신을 진정한 생의 통일성에 대한 모색과 함께 지금의 상황에서 창의적으로 되살리는 방향이 될 것이다.

신남철은 하이데거의 무의 형이상학이 한국과 일본의 철학을 보수화시킨 것으로 의심했다. 하이데거가 인간을 자연의 존재의미가 드러나는 개방적 '내면 공간'[Innerraum, 릴케(R. M. Rilke)]이라는 의미에서 현존재(Dasein)로 규정했을 때, 그는 존재에 대한 계시적 경험에서 민주적 삶의 토대가 되는 가치의 요소를 배제했다. 존재의 의미가 '하나이자 모든 것(Hen Kai Pan)'인 전체 '생명(Zoe)'으로 드러나는 것임을 언급함에도 불구하고,[101] 존재론과 민족에 대한 그의 지나친 애착은 민주적 실존 양식으로 넘어 나아갈 수 있는 가치를 분명하게 의식할 수 없게 했다. 이 때문에 그의 내면 공간의 향내성은 국가주의의 외부 공세에 취약할 수밖에 없었다.

하이데거에 일정 부분 빚을 지고 있는 박종홍의 창조적 변증법도 신유가와 동학을 통해 내적 공간이 가치의 연원임을 알고 있었으나 그 인(仁)이라는 가치는 자발적 활력을 가지고 밖으로 드러나는 것이 아니라 내면의 심층에 잠존하는 것이었다. 그는 그것을 평등과 자유의 원천으로서 의식화할 수 없었다. 따라서 그는 앞서 지적했듯 향내와 향외의 두

---

100 신남철, 『轉換期의 理論』, 백양당, 1948, 116쪽.

101 하이데거, 「시인의 사명은 무엇인가」, 『하이데거의 시론과 시문』, 전광진 옮김, 탐구신서210, 1981, 54쪽, 107쪽.

차원 사이의 논리적이고도 심정적인 일관성을 결여하고 있다. 이 때문에 박종홍은 향내와 향외의 연결을 인위적이고 의지적인 통합으로 볼 수밖에 없었고, 국가주의와도 명백한 경계선을 그을 수 없었다.

신남철의 비극적 변증법은 생물 · 사회적 존재인 인간이 갖는 신체성과 역사 · 사회성이라는 기초적 하부에 주목함으로써 초월적 향내성이 빠질 수 있는 공허함과 위선을 경계할 수 있었다. 또한 그가 1930~40년대 조선의 이상적 인간상으로 제시하는 '고민하는 인간'은 '필연'과 '자유'의 모순을 고뇌하는 열정을 갖고 있다. 이 측면에서는 함석헌의 '모순의 인간'을 닮아 있다. '고민의 인간'은 자발성과 지성을 갖춘 스피노자(B. Spinoza)적인 '능산적(能産的) 인간'과 역사 · 사회적으로 규정된 '소산적(所産的) 인간'의 모순적 결합에서 탄생된 인간상이다.[102] 이러한 인간상은 사회구조에 의해 규정된 자신의 피동성과 그것을 극복하려는 능동성의 결합과 괴리를 예리하게 의식하는 성실성을 보여준다. 신남철에 의하면 이러한 인간상이 '민주주의와 휴머니즘'을 창조해 나갈 수 있는 '지성'이며, 이 지성은 계급사회 내에 있는 자본주의와 '진보적 민주주의'조차도 넘어서는 계급사회의 저쪽을 미리 내다본다. 이 저쪽은 평등과 자유와 박애가 문화적으로뿐만 아니라 자본주의적 생산양식의 극복을 통해 실현된 사회이다. 이를 위한 '실천'이 '과학적으로 조직된' 구체적 실천이다.

이러한 방향에서 신남철의 '고민하는 인간'은 내면적 자기변형에 기초하려는 박종홍과 함석헌의 향내적 태도와는 달리 향외적인 관심에 의해 지배된다. 그에게는 역사적 현실과 과학적 실천의 연관이 문제였다. 향내적 길이라는 우회로는 공허한 추상에 빠지는 것이었다. 이 지점에서 그는 서양 근대의 유물론적 계몽주의처럼 형이상학적 사변과 그 경험을 잘라버린다. 이러한 태도는 쇼펜하우어(A. Schopenhauer)를 활용하는 그의 방식에서 단적으로 드러난다. 쇼펜하우어의, 이른바 염세주의는

102 신남철, 앞의 책, 180-195쪽.

유대 · 기독교적 전통에서 나온 초월적 전통 형이상학이 갖는 낙관적 목적론에 대한 비판에서 유래한다. 그에 의하면 전통 형이상학은 '신학 · 존재론(Theo-ontologie)'이다. 그는 종교전쟁, 마녀사냥과 같은 종교적 잔혹사는 신학 존재론과 무관하지 않으며, 그러한 행위와 미신은 민중의 형이상학적 본성을 왜곡되게 자극함으로써 유포되어 대학에서 철학으로 가르쳐졌다고 보았다. 이러한 종교 비판의 문맥에서 쇼펜하우어가 비판적으로 보는 '민중 형이상학(Volkmetaphysik)'이란 말이 생겨났다. 신남철은 이 용어를 적용하여 파시즘이나 온갖 비과학적 신념에 '현혹 마취된' 사람을 '민중 형이상학자'로 규정하고, 그것이 '과학적 또는 휴머니즘적인 실천'에 의해 극복될 수 있다고 확신했다.[103] 그가 보기에 하이데거와 같은 실존철학도 전자의 부류에 속한다.

그러나 쇼펜하우어는 '생명 원리'인 '의지'의 진화적 전개를 주장하는 자신의 '내재적' 형이상학이 그 최후의 정점에서 생명체에 대한 지고의 사랑을 체험하는 '세계지혜'에 이르는 길이라고 믿었다. 이런 견지에서 그는 동서양의 위대한 '세계극복자'(붓다, 예수)와 사사로운 생존 의지를 포기한 신비가들을 인류 최상의 교사로서 추앙했다. 베르그송과 제임스(W. James)에 이르기까지 서양 생명철학의 역사는 쇼펜하우어의 그러한 교훈을 계승했다. 이에 비해 신남철의 냉철한 과학적 실천의 '조직적' 논리는 쇼펜하우어가 개척했고 동학과 대종교 및 함석헌에게서 다시 나타나는 향내적 세계지혜가 주는 심오한 의미를 볼 수 없게 했다. 함석헌은 자신을 '이 세상의 논리'를 거절하는 '철저한 허무주의자'로 인식했다. 이는 결코 부르주아 지식인의 '퇴폐적' 자기침잠이 아니며, 생명의 평등과 자유를 긍정하기 위한 필수적 단계였다. 그러나 신남철은 인간성을 과학적 실천의 차원으로 환원함으로써 자아와 우주의 소통적 공감을 지향하는 인간의 형이상학적 본성을 인식하지 못했다. 그의 변증법적 논리는 민중의 고통에는 민감한 것이었으나 우주적 직관에는 서툰 것이다.

---

103 신남철, 앞의 책, 193쪽.

그러나 인간이 신체성과 역사·사회성을 갖는다는 신남철의 인식은 간과되어서는 안 된다. 인간성 가운데 신체적 하부구조는 인간의 자기 이해를 위한 인식 대상으로 언제나 남아 있을 것이다. 나아가 그것에 대한 인식을 심화하는 것은 상부 차원에 대한 이해를 증진하는 길을 열 수 있을 것이다. 또한 함석헌도 그랬지만 생명철학의 역사는 과학과 기술의 한계를 설정해왔다. 그러나 과학과 형이상학은 함께 발전할 수도 있을 것이다. 쇼펜하우어의 비유로 말한다면, 산(山)의 반대쪽에서 과학과 형이상학이 자기 식으로 굴을 파지만 결국에는 하나의 점에서 만날 수 있을 것이다. 이런 맥락에서 신남철의 과학적 실험과 실천방법은 그것을 절대시하지 않는 한 내성적 방법에 따르는 생명 형이상학과 서로 공존할 수 있으며, 이를 통해 형이상학도 사물의 세밀한 구조적 맥락에 대한 정밀한 해석을 확장해 나갈 수 있다.

같은 맥락에서 신남철이 중시한 제도의 변혁과 '과학적 조직화'[104]는 자아와 우주의 공속성에 대한 내적 자각을 통해 그 차가운 도구주의적 성격을 완화할 수 있다. 이때 내면에서의 '참 생명적인 혁명'(함석헌)은 근본적 체(體)가 되며, 변혁과 조직의 활동은 그 용(用)의 차원으로 수용될 수 있을 것이다. 내적 사상의 혁명이 자신의 구체적 실현기반인 제도와 조직을 갖지 못하면 결국은 자신의 객관적 존립근거를 상실할 것이기 때문이다. 함석헌에 의하면 기존의 독립혁명이나 '계급혁명' (미국 혁명, 프랑스 혁명, 러시아 혁명)은 '개인주의'나 '국가주의'로 귀결되었다. 이러한 폐단을 극복하기 위해 그는 기존의 혁명을 '정신적 동기'에 의해 일어나는 혁명으로 전환시키고자 했다. 이때의 정신은 만물과 연대적 동일성을 추구하는 우주적 이념에 따라 억압받고 있는 민중의 생명과 같아지는 인간상을 지향한다. 그는 '전체 민중'과 '개인의 완전한 자유 발달'을 집약하고 있는 '바닥사람'이라는 새로운 인간상과 사회변혁을 결합시키려 했다. 이러한 인간만이 개체적 자주성과 전체적으로 열린 연대성을 실현

104 함석헌, 「혁명의 철학」, 『전집』 2, 28쪽.

할 수 있다.[105]

이 인격이 바닥사람인 씨알이다. 씨알은 독특한 개체성과 전체적 민중성이 집중되어 있는 '우리'의 본성이다. 바닥사람은 국가와 화폐의 폭력에 의해 억압받는 추방자가 있는 세계에 영원히 저항하는 나 자신이자 민중이다. 이러한 인간관은 언제나 반민주적 현실에 저항하여 미래의 삶의 방식을 앞당겨오기에 신남철이 대안으로 제시하고자 했던 심미적인 '창조적 상상력'을 바탕으로 한다. 신남철은 자본주의가 갖는 '개인주의'와 '공리적(功利的) 실용주의'를 비난하고 그것을 넘어서는 상상력을 고취하고자 했다.[106] 그의 진보적 상상력은 박종홍과 함석헌이 경고했던 기술 공학에 신음하는 현실에 대하여, 그리고 권력 국가의 초월적 지배에 대하여, 개방적 도덕과 진보적 민주주의의 결합을 창조해내는 상상력으로 발전할 수 있다. 이러한 창조적 상상력이 우리를 제약하고 있는 속박을 넘어 이성을 자유의 이념에 따라 움직이는 것으로 전환할 수 있을 것이다.

---

105 함석헌, 앞의 책, 29-31쪽.

106 신남철, 앞의 책, 56쪽.

8장

실천적 변증법과 반자유주의 논리
: 박치우(朴致祐)

1. 실천적 지성과 이상적 인격

박종홍은 자신의 졸업 동기생인 박치우(朴致祐, 1909~1949)의 저작 『사상과 현실』(1946년 11월 초판)에 대한 서평을 『경향신문』 「북 레뷰」 난에 쓴다. 그에 의하면 이 책은 "오늘날의 우리 현실의 제상(諸相)을 여지없이 척결(剔抉)하여 그 지향할 바를 청신한 필세(筆勢)로 명시한 훌륭한 문장[好文章]이다." 이 문장은 "독자에 군림하려고 아니한다. 지당한 노선을 암시함으로써 냉철한 독자의 묵회(默會)에서 솟아나오지 않을 수 없는 자신 있는 판단을 기다리는 태도다. 그러기에 논문마다 멈출 줄 모르는 여운이 독자를 이끌어 「사상과 현실」을 다시금 나의 것으로 파악케 하고야 만다." 아카데미즘에 의거하여 민족적 정체성과 창조의 논리를 수립하고자 한 박종홍이 이러한 호평을 한 것은 아마도 서로 방향은 달라도 인간적 우정을 우선시하는 그 시대 에토스의 발로일 것이며, 현실을 변증법적으로 극복하고자 하는 점에서 동질감을 느끼고 있었기 때문일 것이다. 급진적 실천에 나서지 못한 것에 대한 자괴감을 갖기도 했던 박종홍에게 박치우의 첨예한 삶은 이론적 작업을 더욱 자극하는 예봉이 되었을 것이다. 서평에서 박종홍은 '아카데미즘과 저널리즘의 양호접촉(兩弧接觸)의 절선(切線)'에서 당면 문제에 대해 '명쾌한 해명'을 하려는 박치우의 이성적 의지를 높이 평가한다.[1]

철학적 노선을 둘러싼 두 사람의 경쟁관계는 그들이 '현실', '시대', '로고스', '파토스', '실천'과 같은 개념들을 공유하면서도 그 의미를 달리 이해하고 있었다는 것에서 암시된다. 박종홍은 계급 문제에 대한 관심을

---

1 박종홍, 「박치우 저, 사상과 현실」, 『경향신문』, 1946. 12. 12.(마이크로 필름, 이화여대 도서관 소장): 박치우(1909~1949)는 함경북도 성진에서 목사 박창영(朴昌英)의 아들로 태어나 1928년 경성고보를 졸업하고, 경성제대 예과 B조 제5회로 입학했다. 그의 생애와 사상에는 종교적 희생정신에 대한 관심과 마르크스주의적 정치철학이 해방(자유)의 이념 하에 내밀하게 결합되어 있는 것으로 보인다. 1930년 본과인 법문학부 철학과에 들어가 고형곤, 이갑섭 등과 함께 서양철학을 공부했다. 1933년 경성제대 철학과를 선과생(選科生)이었던 박종홍과 함께 졸업하고, 지도교수인 미야모토 와키치(宮本和吉)의 조수가 되었다. 졸업논문은 「니콜라이 하르트만의 존재론에 대하여」였다. 1934년 26세에 평양 숭의실업전문학교(숭실전문) 교수가 되며, 『철학』 1권 2호에 「위기의 철학」을 발표했다. 그가 대학원을 포기하고 숭실전문에 취업한 것은 경제적 어려움 때문인 것으로 추측된다. 1938년 숭실전문이 일제에 의해 폐교되자 『조선일보』 기자로 취업하여 저널리즘을 통한 사상운동을 시작하게 된다. 그의 생애는 총체적 식민 상황 속에서 취업과 실업이라는 사건과 정신적 이념의 영향을 통해 결정되어갔다. 1943년 일제의 탄압이 심해지자 이전의 독립운동가들처럼 중국으로 탈출한다. 1945년 해방이 되자 귀국하지만 한국이 독립국가가 되기 어려운 현실에 실망하게 된다. 그 해 말 박헌영을 수행하여 3차에 걸쳐 평양에 왕래했다. 두 사람의 관계는 아직까지 분명하게 밝혀지지 않고 있다. 1946년 급진 언론지 『현대일보』를 창간하여 편집 발행인이 되며 곧 주필이 되어 사설을 썼다. 그 해 미군정의 수색 이후 『현대일보』는 정간된다. 대구 폭동 이후 지명수배 되자 월북하여 해주 인쇄소에서 지하 언론 작업을 했으며, 박헌영과 함께 강동정치학원 설립에 관여했다. 1949년 12월 남파 게릴라 부대의 정치위원으로 참여하여 파르티잔이 되고, 태백산 지구 전투에서 사살된다. 그의 생애는 『思想과 現實, 박치우전집』(윤대석 · 윤미란 편, 인하대출판부, 2010)의 박치우 연보에 자세하다. 그에 대한 간략한 소개로는 김재현의 「월북 철학자들-생애와 저작」(『시대와 철학』 제1호, 천지, 1990)이 있다. 박치우의 생애에 대한 정보는 위상복의 『불화 그리고 불온한 시대의 철학』(길, 2012)에 상세하다. 이 책은 생애에 대한 자세한 정보를 수집하여 쓴 것으로 보인다. 그러나 이러한 장점에도 불구하고 그 책은 보수 사상가 내의 편차와 마르크스주의 내의 차이들을 간과하고 선악 이분법적인 관점을 사상사에 적용하여 지나치게 단순화하고 있다는 인상을 준다.

가졌으나 점차 시대를 민족의 빈곤과 부강 사이의 모순으로 보게 되었다. 박치우는 시대를 민족모순과 계급모순이 중첩된 것으로 보았으며, 급박하게 돌아가는 정세 속에서 그의 생애 후반에는 노동계급의 입장에 서는 것이 진정한 좌익이라는 마르크스주의 안에서도 좌경 노선에 속하는 강경한 입장을 분명하게 표현했다. 이러한 차이는 박종홍의 문체가 무거우면서도 조선 이학적(理學的) 실천방식과 학자적 방황을 드러내는 반면, 박치우의 문체는 경쾌하면서도 의지적 결단을 보인다는 점에서도 알 수 있다.

그러나 그 시대의 생의 감정과 파우스트적 극복의지를 의식적으로 표명한 사람은 신남철이었다. 그도 박치우의 『사상과 현실』에 대한 서평을 『서울신문』「신간평」에 「보전補塡되는 진공지대」라는 제목으로 게재한다. 그에 의하면 박치우는 '종시일관한 슬기로운 실천'을 위한 '이론적 해명'인 '과학적 이론'을 '적절하게 전개'했다. 이론적 '해설지대'가 비어있는 시대에 그가 '이론의 계몽적 침투'를 가능하게 하는 '현실 사태에 대한 엄정한 분석과 비판'을 통해 그 빈 지대를 채웠다는 것이다. 신남철은 "전포섭적(全包攝的)인 과학적 이론의 수련 없이는 모든 행동 실천이 맹목적이 되기 쉽다"는 전제 아래 박치우의 작업을 과학적 인식을 성취하여 "막연히 밖에는 이해하고 있지 않던 문제가 뚜렷하게 해명되는 기쁨을 느끼게 하는" 것으로 파악하고 있다.[2] 박종홍이 박치우의 문체와 태도에 주목한 반면, 신남철은 그 인식적 의의에 주목한다. 박종홍과 함께 조선학술원 회원이었던 박치우는 이미 미군정의 요주의 인물이자 사상계와 언론문화계 및 여성계의 주요 인사가 되었다.

신남철은 자기희생을 운명으로 받아들이는 비극의식을 갖고 있었다. 이러한 의식은 철학적 사변을 지향하는 여유보다는 그것으로부터 떠나 이념의 실현을 위한 사회적 실천을 절박한 요청으로 간주하게 했다. 모

2 신남철, 「사상과 현실, 보전(補塡)되는 진공지대(眞空地帶)」, 『서울신문』, 1946. 12. 17.(마이크로 필름, 이화여대 소장).

순은 사변을 통해 극복되는 것이 아니라 행동을 통해 극복될 수 있다는 대담한 신념이 해방 후 진보적 사상계를 지배했다. 이러한 주의주의적 행동은 때에 따라서는 죽음을 건 결단을 필요로 하는 것이었다. 이러한 일이 박치우에게 일어났다. 그는 대학원에 진학하여 서양고대철학, 특히 그가 현실주의로 이해한 아리스토텔레스를 연구하는 학자의 길을 생각하기도 했지만, 그의 마지막 언어활동의 매체였던 『현대일보』(1946년 3월 25일 창간)가 1946년 9월 6일 미군정에 의해 정간되자 서울에서 사라진다. 그 후 한국전쟁 6개월 전인 1949년 12월 4일 동아일보는, 경성제대를 졸업한 뒤 평양 숭실(崇實) 전문 교수로 있었던 한 철학자의 죽음을 보도했다. "약 일주일 전 태백산 전투에서 적의 괴수 박치우를 사살하였다." 보기에 따라서는 '너무나 비철학적인' [3] 그의 죽음은 당시 역사적 상황과 연관된 다음과 같은 정치적이고 철학적인 의미를 갖고 있었다.

(1) 1945년 8월 14일 조선 총독부의 부탁으로 여운형(夢陽 呂運亨, 1886~1947) 등이 만든 건국준비위원회의 좌우합작위원회는 우파 민족주의와 급진 민족주의 및 좌파를 연합한 정부 수립을 지향했다. 좌파는 고려공산당을 김단야(金丹冶)와 함께 창설했던(1924) 여운형의 조선인민당과 러시아 레닌 학교 출신 박헌영(朴憲永, 1900~1956)의 조선 공산당이 중심을 이루고 있었다. 자주적으로 독립을 쟁취하지 못하고 미군정의 지배를 받게 된 상황을 현실로 인정하고 점진주의자가 되었던 여운형의 포괄적 외교력은 미군정뿐만 아니라 대중에게도 환영 받았다. 조선 공산당의 지도자였던 박헌영은 현 단계에서는 전략상 프롤레타리아 정당의 지도하에 '부르주아 민주주의 혁명'—낡은 형식의 부르주아 혁명이 아니라 '특수한 신민주주의 혁명'—을 수행해야 한다고 생각했다. 이것은 한국

---

3 박치우, 『思想과 現實, 박치우전집』, 윤대석 · 윤미란 편, 인하대출판부, 2010, 608쪽(이후 『전집』으로 인용): 박치우의 유일한 저작으로 남아 있는 『思想과 現實』은 1946년 11월 백양당(白揚堂)에서 출판되어 1948년까지 3판이 인쇄되었다. 인하대출판부 판본은 백양당 판본에 실리지 않은 신문과 잡지의 글들을 합하여 독자가 쉽게 접근할 수 있도록 교열한 것이다. 이 작업은 기존 연구자들이 하지 못했던 것으로 이하의 인용은 인하대출판부 판본에 의거했다.

의 식민지 · 반(半)봉건적 조건을 고려한 것이었다. 이러한 노선은 당시 코민테른이 제시한 마르크스-레닌주의의 노선(부르주아 혁명과 프롤레타리아 혁명을 연속적으로 계급 정당의 지도하에 수행한다는 노선)을 따르는 것이었다. 러시아 레닌 학교에서 혁명론을 배운 박헌영은 이 노선을 따랐다.

초기에 박헌영은 미국과 소련이 남북한에서 실권을 장악하고 있는 한계 속에서 좌우 합작에 협력했다. 그러나 소련과의 협력을 거부한 트루먼 독트린이 보여주듯 미소 양국의 냉전적 자세, 친일파와 미군정의 협력관계, 남한의 경제난 등 국내외 상황이 악화되어가자, 곧 이어 합작을 거부하고 급진 좌경화된다. 그의 노선은 안으로는 정실 인사에 의한 조직의 엘리트화(경성제대파 중심의 인사 정책)와 파벌 투쟁, 밖으로는 파업과 폭동으로 나타났다. 당시 빈곤에 콜레라까지 겹친 대구를 당국이 봉쇄하자 130여명의 사망자를 낸 폭동이 일어났는데, 이 대구 폭동(1946년 10월)에 남로당이 개입되어 있었다. 그 후에 일어난 일련의 파업과 폭동은 한국에서 노동자 농민운동의 조직적 활동의 위력을 보여주는 것인 동시에 소멸의 계기가 되었다. 박헌영의 좌경 노선은 불법화되고 그는 지하로 잠적하여 게릴라전이라는 무력 노선을 취하게 된다. 소련의 노선에 충실한 그의 전략은 노동계급 중심의 중앙 집중제라는 교조주의 성격을 뚜렷이 갖고 있었다. 신남철의 좌우합작 노선을 제외한 이른바 경성제대파로 알려진 박치우는 밖에서 보기에는 이 노선의 이론가였다.

그러나 그는 프랑스 혁명의 과제로 남았던 근본적 민주주의 정신을 논리적으로 옹호하는 작업을 했다. 그는 이 작업을 민족적으로는 3 · 1 운동의 정신을 살리는 것이며, 국제적으로는 사적 유물론에 바탕한 세계 민주주의의 조류를 따르는 것으로 생각했다. 그의 사상은 사회주의 이상을 민주주의 완성으로 보고, 사회주의와 민주주의를 분리하지 않았다. 러시아 혁명사가 이 양자를 분리하는 결과를 낳자, 유럽 마르크스주의자들, 특히 카우츠키(Karl Kautsky, 1854~1938)는 마르크스주의의 배반으로 보았는데, 박치우는 그의 저작을 통해 마르크스주의를 학습한 적이 있었다. 아마도 이 학습이 그가 비록 박헌영의 마르크스-레닌주의적 전략을 실천적으로 따랐지만, 근본적 민주주의론을 펴는 데에 기여한 것으로 짐작된다. 그러나 그는 수세에 몰린 남로당의 좌경노선에 따라 철혈주의(鐵血主義)로 나아가게 된다. 남로당의 활동은 대중으로부터의 이탈을 촉진하여 고립을 자초했으며, 전쟁 중에 죽거나 북로당에 의해 숙청되어 남한에서 진보주의 정치의 실패와 종말을 가져왔다.[4] 박치우의 죽음은 남로당의 급진 좌경화가 가져온 비극적 결과라는 측면에서 해석될 수 있는 정치적 죽음이었다. 그러나 그의 사상은 오직 나태하고 개념 없는 이성만이 회피할 수 있는 중요한 문제들을 제기하고 있다. 그의 새로운 휴머니즘의 추구와 반자유주의 논리는 여전히 오늘날에도 그 참신성을 잃지 않는다.

(2) 박치우는 모순은 학술에 의해서가 아니라 실천에 의해 해결된다는 변증법적 신념을 갖고 있었다. 형식논리학은 모순이 존재한다면 이성적 사고나 과학적 사고가 불가능하기 때문에 모순을 배제함으로써 이성을 구출하고자 한다. 이른바 모순율(모순배제율)은 동일률과 함께 사고의 논리적 일관성을 보증하는 전제로 강단에서 교육되어왔다. 플라톤이 '동시에 더 많기도 하고 더 적기도 한' 모순을 광기의 방황으로 규정하고, 모순을 회피하는 것을 학문의 사명으로 제시한 이후, 동일성에 대한 탐구는 이성의 보루로 여겨져왔다. 심지어 그 규칙들을 자명하다고 간주하여 형식논리의 근거를 더 이상 묻지 않는 사람들도 생겨났다. 이러한 생각은 이성적 사고를 그리스의 형식논리 안에 가둘 뿐만 아니라 모순과 역설에 대한 불안의 심정을 반영하는 허약성을 보여주는 것일 수 있다.

그러나 「아카데미 철학을 나오며」(『조광』, 1936)라는 글에서 박치우는 철학의 사명을, '이 절박된 우리의 위기 타개'를 목적으로 하는 현실적이고 실천적인 사고이자 행동으로 본다. 그는 '실천 개념의 철학적 해명'에

4 미군정기의 진보주의 이론과 활동에 대해서는 다음을 참조: 서대숙 · 이정식, 「美軍政期의 한국공산주의」, 『韓國 現代史의 再照明』, 돌베개, 1982, 212-296쪽.

대한 연구를 주요 과제로 설정해왔다. 실천 개념은 '시간, 공간, 역사' 개념과 함께 그의 초미의 관심사였다. 그리고 그 해명은 '다만 변증법적 방법에 의해서만' 가능한 것이었다.[5] 그는 철학을 '테오리아[靜觀]'로 보는 전통을 부정하고, 철학의 '본래적인 포레모스(싸움, polemos)적 계기'에 주목한다. 철학을 철학함이라는 활동으로 간주하는 그는 '모험'과 투쟁을 철학의 본질적 계기로 본다. 철학은 테오리아와 이론적 계기를 갖지만 그것은 '이즘'과 '사상'이라는 계기를 더 핵심적 요인으로 갖고 있다. 철학은 '강렬한 당파성'을 갖는다.[6] 그의 죽음은 이러한 강도 높은 당파적 실천성의 표현일 것이다. 박치우는 M1 소총과 실탄 150발로 무장하고 태백산맥을 통해 남하하다 파르티잔으로 죽는다.

그러나 박치우의 강도 높은 실천의지에도 불구하고, 그가 남긴 글은 매우 논리적이었다. 동시에 그는 형식논리를 구사하면서도 그 한계를 극복하고자 했다. 그는 박종홍처럼 논리학에 관심이 많았는데, 그의 논리적 사고는 당시 일본 철학 교수들도 가장 우수한 학생으로 인정했을 정도였다. 신남철이 미군정하에서 권력을 장악한 친일 매국자들에 의해 민간 파시즘이 형성되어가는 상황을 절망한 것처럼, 박치우는 파시즘의 전체주의와 부르주아 시민 독재가 갖는 사회 모순을 혁명적 실천을 통해 해결하고자 했다. 이런 문맥에서 그의 죽음은 철학적 의미를 갖는다고 할 수 있다.

철학의 투쟁적 계기는 플라톤 대화편 『소피스테스*Sophistes*』로부터 연원한다. 이 대화편에서 플라톤은 철학의 역사를 존재(on)를 둘러싼 올림포스 산정의 신들(플라톤 자신처럼 초감각적 원리나 신들을 믿는 관점들)과 대지에서 자라난 거인족(자연철학자나 소피스트와 같은 현세적 감각주의자들) 사이의 투쟁(polemos)으로 규정한다. 플라톤은 자신의 이론적 토대였던 이데아론이 자연의 풍요와 생성을 추상화함으로써 사실상

---

5 박치우, 「아카데미 철학을 나오며」, 『전집』, 12-16쪽.

6 박치우, 「철학의 당파성」, 위의 책, 20-25쪽.

빈곤을 면치 못하게 되었다고 반성한다. 그는 생성을 존재로 보는 관점을 긍정한다. 이 변증법적인 반전은 서양 사상사의 전개를 존재와 생성의 투쟁사로 볼 수 있음을 암시한다.

레닌은 이러한 역사를 당파성과 연관하여 유물론과 관념론의 투쟁사로 보았다. 그의 『유물론과 경험비판론』은 서양철학사를 과학적 방법론을 일관되게 적용하는 철학, 즉 유물론과 초월적 종교에 연원하는 관념론 사이의 투쟁사로 해석한다. 그는 논리적 분석의 극한에서 만나는 철학적 단순 요소인 물질(당시에는 원자로 보았다)의 불멸성을 전제하고, 이 유물론에 진보적 당파성을 부여했다. 유물론은 사물을 생성(운동)의 관점에서 보고, 운동의 가능성을 모순에서 찾는다. 모순이 있기에 운동이 있다. 이른바 대립의 통일은 상호 내적인 관계 속에서 대립적 관계를 유지한다. 계급들은 서로 상반된 이해관계를 가지고 동시대에 서로 대립하며, 이 대립은 서로의 존재를 부정하는 격화된 모순으로 발전한다. 혁명은 이러한 모순을 해결하는 의식적이고 지적인 실천이다.

박치우의 사고는 이러한 전통의 맥락에 있는 것으로 판단된다. 그러나 그는 일종의 유물론적 자연철학인 변증법적 유물론과 사적 유물론에 대한 이론적 해석을 제시하는 것보다는 "역사적 양심"에 입각한 실천적 지성을 강조한다. 그의 사상은 마르크스주의적 정치사상의 범위 안에 있었으며, 사적 유물론에 대한 선이해(先理解)를 전제했다. 엥겔스에 연원하는 변증법적 유물론을 그가 잘 알고 있었는지는 분명하지 않다. 대부분의 마르크스주의자들이 그렇듯 박치우도 물질로부터 인간에 이르는 자연사에 대한 변증법적 진화론이라 할 수 있는 변증법적 유물론에 대한 사변적 취미를 갖고 있지 않은 것으로 보인다. 그는 사적 유물론을 전제한 실천적 논설에 심혈을 기울였다. 그러나 그가 어떤 형태의 사적 유물론을 지지했는가는 단정하기 어렵다. 그가 마르크스-레닌주의의 통념인 생산력과 생산관계의 모순을 발전의 기제로 보는 입장을 지지했을 수도 있다. 그러나 그는 생산력에 우선성을 두는 스탈린과 중국 주자파의 생산력 결정론보다는 마르크스에 가까운-토대를 생산관계라는 구조로 해석할 경우-생산관계(계급관계)의 우선성을 지지할 수 있는 성향을 갖고 있는 것으로 보인다. 하지만 중요한 것은 그가 민주주의의 최대치를 시대적 실천 과제로 설정했다는 점이다. 그는 전체주의와 부르주아 민주주의를 근본적 민주주의로 전환하는 것을 통해 인간해방과 사회해방을 추진하는 것을 아시아의 지적 사명으로 보았다. 그는 「예지로서의 지성」(1938)에서 지성을 인텔렉투스(Intellectus)의 번역일 것이라고 하면서, 지성을 혜지나 예지로 이해하면 '동양적 지성'이 그 의미에 근접한다고 주장한다.

> 서구만이 '지성'을 독차지할 것이 아니라 동양에도 지성이, 좀 더 적절하게 말한다면 동양적인 지성이 있을 수 있으며 도리어 어떤 의미에서는 더 고도의 지성적인 어떤 모멘트를 동양문화 그 자신이 지니어 온 것이라고 이렇게도 볼 수 있을 줄 압니다. 그 이유는, 흔히 요즘 '지성'이라고 하면 서구적인 지식과 연락시켜 가지고 생각하기 쉬우나 '지성'이 '인텔렉투스'의 역어라면 '인텔리겐츠', 즉 혜지·예지와 다름없을 터이고 보니 혜지나 예지라면 희랍만 못하지 않게 인도문화나 지나문화, 따라서 조선문화 속에서도 얼마든지 찾아볼 수 있는 것인 줄 압니다. 따라서 요즘 우리네가 말하는 지성이란 것도 결국은 단순한 서구적인, 특히 자본주의와 함께 극도로 발달된 소위 '지식'의 원천으로서의 지성이 아니라 시대와 역사를 통찰하는 눈, 즉 높은 의미의 역사적 예지를 의미할 것이며 만일에 그렇다면 요즘처럼 혼돈 무쌍한 시대에 처해 있는 우리일수록 이러한 의미의 지성을 한결 더 힘 있게 옹호해 나가야 할 게 아닐까요? [……] 예지로서의 지성은 결코 학습만으로 되는 게 아닙니다. 거기에는 양(良), 역사적 양심이라는 것이 반드시 붙어 다니는 법입니다. 양심 없는 예지란 생각할 수 없으니까요.[7]

7 박치우, 「예지로서의 지성」, 『전집』, 26-27쪽.

지성은 예지이며, 예지는 역사적 양심에 기초한다. 이러한 지성은 동양문화의 특징이다. 예지로서의 "지성의 옹호"는 "엄숙한 우리네의 의무일 것이다." 박치우는 한문을 잘해 동양 고전을 잘 알고 있었다고 한다. 그의 변증법적 지성은 동양적 지성의 면모를 갖고 있다. 그의 동양적 지성의 면모는 맹자(孟子)의 실천방식에 대한 형식 논리적 분석에서 엿볼 수 있다. 그는 「돌아가는 맹자」(1930)라는 글에서 제(齊)를 떠나는 맹자(『孟子』「공손추(公孫丑), 하」)를 양도논법(兩刀論法, Dilemma)을 통해 논평한다. 맹자는 제를 떠나 국경인 주(晝) 땅에서 사흘을 머문다. 윤사(尹士)는 이를 다음과 같이 논박한다.

> 왕이 탕, 무(湯武) 같은 성군이 될 수 없음을 모르고 왔다면 이것은 지혜가 밝지 못한 것[不明]이요, 불가능함을 알고서 왔다면 이것은 은택을 요구한 것[干澤]이다. 천리 먼 길을 왕을 만나보러 왔다가 뜻이 맞지 않으므로 떠나가되, 사흘을 유숙한 뒤에 주 땅을 출발하니, 이 어찌 이리도 오랫동안 체류한단 말인가? 나는 이것을 기뻐하지 않노라.

이에 대해 박치우는 다음과 같은 양도논법으로 정돈한다.

> (제1전제) 만약 맹자가 제왕이 탕무(湯武)가 될 수 없음을 모르고 제에 왔다고 한다면 그는 성현의 명(明)을 가지지 않는다.
>
> 만약 또 그가 제왕이 탕무가 될 수 없음을 알고서도 제에 왔다고 한다면 그는 도록자(盜祿者)이다.
>
> (제2전제) 그래서 그는 제왕이 탕무가 될 수 없음을 모르고 왔든지 또는 알고서 왔든지 둘 중의 하나이다.
>
> (선언) 따라서 맹자는 성현의 명(明)을 가지지 못하든가, 또는 도록자이다.

이것이 윤사의 주장이다. 그러나 맹자는 이 논점을 회피하고 사흘을 유숙한 이유에 대해서만 변명을 한다. 그 변명을 요약하면 다음과 같다. 내가 왕을 만나러 온 것은 그렇게 하고자 해서 온 것이나 뜻이 맞지 않아 부득이 떠나는 것이며, 사흘을 머문 것도 오히려 빠른 것이고, 왕이 찾아오기를 바라고 머물렀으나 오지 않아 호연히 돌아간 것이다. 왕은 선을 행할 수 있는 사람이며, 나를 등용하면 제나라뿐만 아니라 천하가 편안할 것이다. 이러한 말을 듣고, 윤사는 말한다. "나는 진실로 소인이다." 박치우는 이 상황에서 "궤변가 맹자가 유감없이 폭로"되는 것을 본다. 맹자의 변명은 답변하기 난처한 윤사의 논박에 대한 것이 아니라, 사흘을 머문 이유를 댄 것이다. 여기에서 맹자는 성인처럼 되고 윤사는 '덫에 걸려' 소인이 되었다.

박치우에 의하면 맹자의 정치사상은 "정치와 윤리를 하나로 생각하는" "수기치인(修己治人)"의 사상이다. 그는 자기의 정치관이 "정치의 이상이지 이상의 정치가 아니라는 사실을 몰랐다. 그 때문에 그는 곧 환멸의 비애를 맛보지 않을 수 없었다." 그는 '민본주의'에 입각해서 '유교와 왕정 도덕과 법률을 같이 생각했던 것이다.' 그리고 이러한 한계에도 불구하고 주희와 한(漢)대 경학가인 공영달은 맹자를 성인으로 보도록 주석을 달았다는 것이다. 그러나 박치우는 맹자가 자기의 이상을 지켜 권력에 초연함을 유지한 것을 높게 평가한다.

> 우리들은 대례복을 입은 맹자보다도 시골 초가집에서 제자들과 의논하면서 감자라도 굽고 있는 맹자에게 더욱더 따뜻함과 친밀함을 느낄 수 있을 것이다. [……] 맹자는 결국 떠나갔다. 이것은 곧 그가 개적 이상으로부터 배척당함과 동시에 전적 사명으로 복귀한 것이다. 이리하여 비로소 맹자의 존재가 의의를 가질 수 있는 것이다. 나는 감히 말한다. 돌아가는 맹자는 진정한 맹자로의 복귀라고. 마지막으로 지금까지의 망언 우평을 맹자에게 사죄한다.[8]

8 박치우, 「돌아가는 맹자」, 『전집』, 314-328쪽.

박치우는 이처럼 맹자가 자신의 이상을 지키고 권력에 대해 '비통한 자기만족적 결심'을 하는 태도를 존중한다. 그는 맹자에게서 진정한 '실천적 지성'의 면모를 보고 있다. 박치우의 이상적 인간상은 이상적 정치를 추구하고, 동양적 면모와 러시아의 서민적 '인텔리겐츠'의 면모를 갖춘 지성인이었다. 그가 미적 추구와 종교적 구원을 함께 고민하다가 자결로 끝낸 아쿠타가와 류노스케(芥川龍之介, 1892~1927)의 「보유어保儒語」와 「서방지인西方之人」에 감동했다. 또한 그는 투르게네프, 톨스토이를 좋아했으며, 카우츠키의 『윤리와 유물 사관』을 재독하고 발췌까지 했다.[9] 문학에 대한 그의 관심은 그의 사회 실천적 관심이 심미적이고도 종교적인 구원의 성격을 심정에 간직하고 있었음을 짐작하게 한다.

2. 철학과 새로운 휴머니즘

박치우는 '철학이란 무엇인가'라는 물음을 "철학은 오늘, 이 땅, 우리에게 있어서 마땅히 무엇이어야만 될 것인가"라는 미래 지향적 물음으로 바꾼다. 사실 철학의 본질 규정은 다른 개념과 마찬가지로 추상화된 공통치를 말하게 되기 때문에 그 다양한 차이를 제거하는 오류를 범하기 쉽다. 철학사가 그 시대의 문제와 연관하여 각기 자신의 문제를 자신의 방식으로 해결하는 과정의 산물이었다면, 철학의 활동들은 도시의 구조가 시간의 흐름에 따라 변하듯 그 유사성 속에서도 차이성을 보여주는 것이었다. 박종홍, 신남철처럼 그도 철학을 "오늘 이 땅 우리에게 있어서 철학은 마땅히 어떠한 책임을 분담할 것인가"라는 물음과 그에 대한 해답의 역동적 운동으로 본다. 철학은 공간적 장소와 시간적 때, 문제와 주체를 분명하게 갖는다. "철학은 오늘 이 땅 우리들의 손에 의하여 어차피 그의 참된 자태를 자백하고야 말 가장 준열한 고문에 자신을 가로

9 박치우, 「내가 밤을 새고 읽은 책」, 『전집』, 460-461쪽.

뉘어놓고 있다." 이러한 견지에서 철학의 성격은 "우리가 지금 이 땅 이 현실 위에서 기도(企圖)하고 있는 이 무서운 시련의 결과만이 대답할 수 있는" 문제로 환원된다. 철학의 의미는 '시련의 결과'만이 보여줄 수 있다.[10]

철학은 실천적 도구성을 갖는다. 그 실천은 고문과 시련을 통해 해결의 결과를 지향한다. 박치우에 의하면 "도구의 '무엇', 도구의 본질은 다만 이것을 사용함에 의해서만 알 수 있는 것과 마찬가지로 철학이란 무엇인가를 정말 알려면 현실에다 적용해본 다음이 아니면 불가능할 일"이다. 그에게 철학은 활동성에서 그 의미가 드러나는 실용적 도구성을 갖는다. 그러나 철학적 도구성은 인류 해방의 가치를 구체적 상황 속에서 실현해가는 진보적 실천성을 근본으로 전제한다. 이 도구성은 실험적 검증 운동과 유사하다. 그러나 박치우는 논리 실증주의처럼 과학의 논리를 재구성하여 정당화하는 현학적 메타 과학을 만들지는 않는다. 또한 철학의 도구성은 실천적 수정 가능성을 용인하지만, 해방의 가치에 대해서는 다원적 반증 가능성을 배제한다. 실천적 도구성은 과학적 실험 활동을 수용할 수 있지만, '실험주의'(J. 듀이)를 수용하는 것은 아니다. 신남철과 마찬가지로 박치우에게 철학적 도구성은 생의 자존심을 건 심정의 진실 안에서 의미를 갖는다. 과학적 진리는 시련과 심문 앞에서 취소될 수 있다. 그러나 인생의 진리는 취소되면 그의 생 전체가 붕괴하는 치명적 핵심이기에 배반할 수 없다. 그것은 생사를 건 생의 진실성을 근저에 깔고 있는 '심장'의 진리이다. 박치우의 철학은 "관조적인 철학"에 대하여 "요구적인 철학"이다. 그것은 "비판적인 철학"이라기보다는 "호소적인 철학"이다. 그는 철학이 "내면적 요구, 호소를 전체로서 표현할 수 있는 세계관, 인생관이며 '이즘'이면 그만이란 점"을 강조한다.[11]

---

10 박치우, 「아카데미 철학을 나오며」, 『전집』, 12-16쪽.

11 박치우, 「나의 인생관」, 『전집』, 72쪽: 박치우는 진보적 철학을 사상으로 불렀던 유행에 따라 자신의 입장을 사상으로 규정한다. 이러한 견지에서 그는 메이지 시대에 Philosophia를 '철학'으로 번역한 니시 아마네(西周, 1829~1897)가 활동으로서의 철학

박치우는 이런 의미에서 '너무나 학적인 과거의 철학', '엄밀한 학'(E. Husserl)에 반대하여, 철학을 '사상' 혹은 '이데올로기'(이념론)로 규정한다. "사상가란 별 다른 사람이 아니라 현실의 강박, 현실이 그의 해결을 위하여 우리를 향하여 부르짖고 있는 그 소리를 '심장'을 통하여 힘 있게 들을 수 있는 인간을 말함이 아닐까요?" 현실의 소리는 '실천 개념의 철학적 해명이라는 문제'를 제기한다. 박치우에 의하면 그가 관심을 갖는 네 가지 개념(실천, 시간, 공간, 역사)도 '다만 변증법적 방법에 의해서만 해명될 수' 있다.[12]

이러한 그의 착상 가운데, 당시 대부분의 사상가들이 시간에 중점을 둔 것과 달리 그는 공간의 문제를 의식한다. 공간에 대한 그의 본격적인 논구는 없지만, 그러한 문제 제기는 주목할 만한 것이다. 아마도 그가 공간의 문제를 제기한 것은 정치경제학이 사회를 시간과 공간의 결합을 통해 형성되는 과정으로 보는 데에서 영향을 받은 것으로 보인다. 기존의 생성철학은 공간을 추상적인 기하학적 공간으로 보고, 구체적 생활공간의 생태론적 문제보다는 시간의 창조적 전개에만 관심을 가졌다. 그러나 생명과 공간의 관계가 생명의 진화와 분리될 수 없다는 점은 동양적 사고의 전통과 오늘의 생물학적 관점에서 중요하게 부각되고 있다.

박치우는 변증법적 방법을 그 자신이 몸소 강단으로부터 나옴으로써 실현했다. 현실에 대한 부정은 진정한 현실성의 창조를 지향하는 주체성으로 나아가고, 이 주체성은 다시 자기를 부정하여 실천적으로 현실로 돌아온다. 이러한 부정의 부정은 사실 모든 창조적 노력의 과정에 존립한다. 이런 입장에서 그는 강단과 저널리즘의 변증법적 종합을 시도한다. 그의 저술 『사상思想과 현실現實』(1946)은 그러한 종합의 관점에서 만들어졌다.

을 학으로서의 철학으로 만들었다고 비판한다.

12 박치우, 위의 책.

> 지금까지의 조선의 현상은 아카데미즘은 아카데미즘대로 저널리즘은 저널리즘대로, 마치 두 사람의 상관없는 이방인처럼 너무나 몰교섭적(沒交涉的)인, 벌어진 두 길을 걸어 왔던 것만 같다. 하지만 이래서 옳을까? 이래서도 좋을까? 두 개의 호(弧)는 기회를 다투어 서로가 되도록 덮쳐야 하며 덮치는 가운데서 서로가 실상은 보다 풍성해지는 것이며 보다 믿음직한 성과가 기약되는 것이 아닐까? [……] 저자가 언제나 이 두 개 영역 사이에 놓여 있는 소속 미상의 진공(眞空) 지대나 혹은 양호(兩弧) 접촉의 접선에서 자료와 대상을 구해보려고 노력해온 것은 이 때문이다.[13]

강단 철학이 현실과의 교섭에서 추상적 공허성을 벗어나 구체적 활력을 얻는다는 이러한 생각은 '위험'한 '모험'일 수 있다. 그러한 교섭은 양자를 부실하게 할 수도 있기 때문이다. 그러나 철학의 사변성이 발전하기 위해서는 인류가 처한 현실적 문제에 대한 의식이 필요하다. 철학의 관념성은 피할 수 없지만, 박치우는 현실을 떠난 관념이 사실상 '더러운 속세'로 여겼던 현실의 제약성을 버린 것은 아니라고 한다. 그의 비유에 의하면 " '관념'이라는 경기구(輕氣球)에서 안전한 오수(午睡)를 향락할 수 있었음에도 꼬리만은 언제나," "백화점 꼭대기나 이 같은 곳에 매어" 있다.[14]

이러한 입장에서 박치우는 모든 테오리아가 현실에 접근하거나 호소하기 위해 이즘화되는 경향이 있다고 한다. "테오리아는 정도의 차는 있을망정 객관적 보증을 얻기 위하여 실천에 교부됨을 희구하며, 이 희구의 강화가 곧 테오리아 자신으로 하여금 냉정한 테오리아 됨을 떠나서 정열적인 행동적인 이즘으로 화하게 만든다." 철학적 테오리아는 '인간의 생존과 운명에 관한 테오리아'이다. 이 때문에 "철학은 인심의 가장 격월야비(激越野卑, 거칠고 천함)하고 악의적인 정념, 사적 이해의 퓨리

13 박치우, 「『사상과 현실』 서序」, 『전집』, 18쪽.

14 박치우, 「철학의 당파성」, 『전집』, 21쪽.

신(神, 복수의 신)을 토구(討究)의 대상으로 삼는 경제학 못하지 않게 강렬한 당파성을 띠지 않을 수 없게 되는 것이다." 당파성은 일상의 의식 없는 상태에서도 인간을 지배한다. 이것은 근대산업 사회에서 더 강화되었는데, '신분의 붕괴로 인해' 수입에 대한 고려가 행동의 전부를 제약하기 때문이다. 여기에서 당파성은 근대 국가의 억압성에 기대는 것과 이에 저항하는 의식으로 양분된다. 실천적 의식은 진리를 알고자 하는 바, 학자는 '거연한 태도와 용의가 절대로 필요'하고, 진정한 '국가는 진리를 사랑해야' 한다.

박치우는 진리 인식과 연관하여 새로운 국가론을 제시한다. 이 문맥에서 그는 신채호처럼 단도직입적으로 국가 파괴론을 말하기보다는, 국가를 자유의 수단으로 보는 스피노자의 국가론을 연상시키는 관점에서 학문과 국가의 관계를 설정한다. 국가는 진리의 표현이어야 한다. "우리는 하루 바삐 가장 좋은 국가, 언제나 진리의 편인 국가, 진리를 언제나 재빠르게 자기의 것으로 할 줄 아는 국가, 진리를 자기의 것으로 하는 것이 가장 자신의 행복을 약속할 수 있는 국가를 건설할 필요가 있는 것이다." '학자의 고독을 풀어 줄 수 있는 국가'는 다음과 같이 말한다.

> 학자여! 안심하라!
> 국가는 어서 이 한마디를 들려주어야 할 것이다. 또 어서 이 한 마디를 들려줄 수 있는 그러한 국가가 되어야 할 것이다.[15]

이 국가론은 해방 직후 새로운 건국방략이 문제되던 시기(1946)에 나온 것으로 보인다. 신남철과 유사하게 이때의 박치우는 모든 정치적 자유가 만개하고 현란다채한 인간성이 구현되는 국가를 희구하고 있다. 이러한 입장은 이미 1939년의 글인 「교양의 현대적 의미」(『인문평론』)에서 나타난다. 여기서 그는 인식의 '명징한 시력'과 '새로운 휴머니즘'을 주장

---

15 박치우, 「연구와 발표의 자유」, (『대조』, 1946), 『전집』, 41-42쪽.

한다. 전자에 관해서 그는 '불혹(不惑)의 정신'을 요구하고, 후자에 관해서는 '교양의 역사성'을 요구한다. 그리고 불혹의 정신이 교양의 역사성을 인식한다.

박치우의 '교양론'에서 교양은 다음 네 가지 특징을 갖는다.

(1) 정신의 지평이 넓고, 다양다채인 점(정신의 다양성).

(2) 새로운 가치 섭취에 능동적이며 자기 개방적인 점(정신의 능동적 개방성).

(3) 정신이 더 높은 가치로 높아가기를 원하는 점(정신의 상승성).

(4) 언제나 자라나는, 그러나 움직이지 않는 마음의 중추를 확보하고 있다는 점(정신의 불혹성).[16]

이러한 교양의 보편적 특징에 대한 인식을 강조한 후, 박치우는 "교양의 역사성에 대한 투철한 통찰"을 요구한다.

교양의 역사성은 '개인' 개념에 대한 역사적 인식을 필요로 한다. 개인 개념은 초역사적인 것이 아니라 역사적으로 형성된 것이다. 서구 근대인들은 원자적 개인을 보편적 인간상으로 전제하고 개인들의 계약에 의해 사회가 구성된다고 보았다. 그러나 이렇게 구성되는 사회는 단지 사회를 초월적 견지에서 재구성한 논리적 구성물일 뿐이다. 마르크스는 서구 근대 자본주의 사회의 특징을 역사적으로 연구한 결과, 역사를 개별화(individualization)의 과정으로 판단했다. 역사는 정치 · 경제적 관계들에 의해 규정된 '구체적 개인들'에 의해 형성되지만, 자본주의 사회는 신분과 토착성의 계박에서 풀려난 구체적 개인들의 사회이다. 이러한 역사적 조건에서 이른바 원자적 개인에 대한 추상화된 개념이 나오게 되었다. 박치우 역시 이러한 역사적 관점에서 개인을 이해한다. 그에 의하면 현대인의 '자아'나 '개인'에 대한 관념은 봉건적 자아, 봉건적 개인과 자리바꿈을 한 '시민으로서의 자아', '시민으로서의 개인'이다. 이 인간상

16 박치우, 「교양의 현대적 의미」, 『전집』, 44쪽: 이 관점은 박치우에 의하면 케르셴슈타이너(Georg Kerschensteiner)의 교양론에 의거한 것이다.

은 시공간을 떠난 '순수 인간'이 아니라 '정황 속의 인간'일 뿐이다. 따라서 "시민사회의 동요에 따라 자아 개념의 붕괴가 들려오고 개인주의·자유주의의 몰락이 빈번히 외쳐지고 있는 것도 이렇게 보아오면 이유 없는 노릇이 아니다."[17] 사욕의 체계인 시민사회의 동요는 새로운 인간상을 모색하게 한다. 새로운 휴머니즘은 역사적 정황 속에서 미래의 인간상을 창조한다.

이런 의미에서 박치우가 말하는 '불혹의 정신', '명징한 시력'은 "과거와 현재와 미래를 꿰뚫을 수 있는 눈과 교양"이다. 이러한 교양이 "역사의 구조와 방향에 대한 깊은 역사철학적인 교양"이다. 진정한 교양은 "먼저 확고한 사관에 의해서만 부동의 토대를 얻게" 된다. "흔들리지 않을 맑고도 강한 시력"은 부르주아적 개인, 즉 시민적 개인을 보편적인 인간으로 착각하여 합리적 이기주의의 인간상에 매몰되는 것이 아니라, 역사적 과정에서 "그 속에 숨어 있는 본질을 투시할 수 있는 시력"이다. 이러한 인식 능력은 근대 사회의 모순을 인식함과 동시에 그 모순에 휘둘리지 않고 운명을 개척하는 새로운 삶의 방식을 가능하게 한다. "역사를 뒤엎는 듯한 사실의 첩출(疊出)로 사상이 이미 나침을 잃은 지 오래되었고, 미래를 내다보는 예견의 실마리가 모조리 끊어져버린 오늘이 아닌가. 우리는 인제는 부득불 나 자신의 손으로 자신의 운명을 결정하는 수밖에 없는 것이다."[18]

박치우의 새로운 휴머니즘은 '약동적인 인간', '심장적인 인간'을 요구한다. 이러한 인격은 역사철학적 인식과 미래지향적 의지를 갖춘 주체적 지성이다. 이러한 인간은 현실의 모순을 인식하고 모순된 현실과 모순된 긴장관계를 유지하는 '모순의 인간'이다. 「현대철학과 '인간' 문제」(『조선일보』, 1935)에 의하면, 그의 이상적 인간상은 무기력한 실존적 불안에 지배당하는 퇴폐적 지식인이 아니라, "명랑한 명일(내일)을 가진 사람들"

17 박치우, 앞의 책, 45-47쪽.

18 박치우, 앞의 책, 48쪽.

이다.

> 새로운 인간 타입에로의 질적 지양은 그러나 다만 무한(無閑, 한가함이 없음)한 금일과 명랑한 명일을 갖추어 가진 손에 의해서만 가능하다는 것은, 선례를 멀리 구할 것까지 없이 저 초기 신흥 시민계급 그 자신이 바로 이러한 금일과 명일을 가졌던 사람이었다는 사실이 무엇보다도 그 증좌(證左)일 것이다.
>
> 언제나 틈 없고 그러나 명랑한 명일을 가진 사람들에 의해서만 역사는 뒤집어지며 새 역사는 창조되며 새 인간, 새 인간의 타입이 비로소 창조될 수 있게 되는 것이다.[19]

이러한 명랑한 정신에 입각해서 박치우는「불안의 정신과 인테리의 장래」(『동아일보』, 1935)에서 당시 실존주의적 지식인상의 역사적 조건을 그 누구보다도 놀라우리만치 명확하게 해부한다. 그들의 비극은 '지식의 근대적 상품화'가 주는 '물질적 전락'과 '내적 파산'에 연유한다.

> 지식의 근대적 상품화가 시작된 후 신흥시민층의 거의 무제한한 지적 수요는 일시 마치 지적 피고용인[被雇人]인 근대적 인텔리겐차의 황금시대를 형출(形出)한 감이 불무하였으나 멀지 않아 닥쳐온 수요의 불가피한 퇴세는 타방 지적 노동군의 생산과잉과 아울러 필경은 금일과 같은 인텔리겐차의 대량적 전락(顚落)을 결말짓고야 말았던 것이다. 이리하여 오늘의 인텔리겐차는 석일의 화려와는 비할 길조차 없이 노동과 보수의 관계에 있어서 완전히 일개의 노동자로서 자신의 연명을 고모(苦謀, 애써 도모함)하지 아니치 못하게 된 것이니 그들의 불안, 초조, 절망 등 모든 정신적 고뇌는 실로 이 같은 물질적 전락에서 유래된 필연적 비극임에 불

19 박치우,「현대철학과 '인간' 문제」,『전집』, 104쪽.

외하다.[20]

지식의 상품화에 따른 필연적인 "외적 파산에 응하여 내적 파산이 오고야 만 것이다." 지식인들은 "생이냐 사냐 하는 이 극한 상황에 직면하여", "그의 몸뚱이 하나만도 건지기에 얼마나 무력한 물건인가를 뼈에 사무치게 느낄 것이다." 인테리는 "자신의 지력의 무능을 통감"하게 된다. 실존주의적 인간은 "유령들의 무기미(無氣味)한 한 개의 행렬"일 뿐이다. 이러한 상황에서 그들은 두 가지 길로 나아가게 된다. '패배적 봉사'의 길인 '숙명의 길'로 가거나, '파시즘적 행동인 신화의 길'로 갈 수 있다.[21]

현대사회의 지식인상에 대한 박치우의 사회사적 해명은 지식인들의 심기를 건드리는 통렬한 것이다. 그의 말은 지식인의 비현실적 관념들인 경기구(輕氣球)의 꼬리가 백화점과 같은 건물의 꼭대기에 닿아 있음을 의미한다. 박치우의 해명은 지식인의 관념과 사회적 삶의 양식 사이의 관계, 즉 꼬리를 해명한 것이다. 사회적 조건이나 출신 성분과 개념 자체의 타당성은 구분되어야 한다. 어떤 개념들이 출현하도록 하는 사회적 조건은 그 문제점에도 불구하고 의미 깊은 개념을 나오게 할 수 있다. 실존적 불안을 통해 현시되는 무(無)는 그 섬뜩함과 함께 경험되지만, 인간은 이 불안(不安)의 정조를 통해 자신과 자연의 존재의 신비에 접할 수 있다. 존재에 대한 관심은 철학의 근본적 동기인 경이(驚異)와 불안에 근원하고 있다.

동학과 대종교 계열의 철학으로부터 신채호, 한용운, 박종홍에 이르기까지, 이들은 무에 근거하는 주체성을 추구했으며, 자연의 생성 과정을 이 주체성과의 연관에서 문제 삼았다. 박치우는 그 자신이 분명히 언급했듯이, 자연에 대한 철학적 접근을 제외하고 있었다. "철학적 테오리아는 본래부터 자연에 관하여서가 아니라 인생의 문제, 세계관의 문제 등

20 박치우, 「불안의 정신과 인테리의 장래」, 『전집』, 81쪽.

21 박치우, 위의 책, 86쪽, 90쪽.

등 정히 인간의 생존과 그 운명에 관한 테오리아"이다.[22] 그의 사고는 그가 비판적으로 지지하는 맹자처럼 성인(聖人)은 죽음과 무를 알지 못한다는 유가적이고 현세적인 숭유론(崇有論)적인 입장에 접근한다.

인간의 역사적 삶에 대한 이해와 극복에 지대한 관심을 갖는 박치우의 새로운 휴머니즘은 현실에의 지적 봉사나 파시즘적 신비주의를 '역사적 근거에 대한 객관적 인식'을 통해 극복하는 인격을 제시한다. 동시에 이러한 인격은 스스로 내적인 심리적 성찰과 극기의 노력을 하기 때문에 역설의 고통을 겪어야 하는 모럴리스트의 인간상이었다. 신남철처럼 문학과 철학을 조화시키는 박치우는 그러한 인격을 지드(André Gide, 1869~1951)의 예술적 형상화를 통해 표현된 인간형에서 발견한다. 그는 지드의 『사전꾼』(1925)에 나오는 베르나르[23] 같은 인간형에 관심을 갖는다. 모럴리스트인 지드는 베르나르처럼 청년의 내부에서 무정형의 의지가 밀어내는 힘에 의해 생의 고결한 진실을 부단한 자기 부정과 극기를 통해 추구해가는 인간상을 제시했다. 궁극의 진실은 신비주의적 경험이 주는 절대적 자유의 기쁨과 사랑을 통한 평등한 소통이었다. 이 진실에 추동되는 인간은 절망과 자기 비하를 통해 부단히 운동하는 정신이 된다. 지드의 변증법적 정신은 자부와 비하의 역설을 감내하는 종결 없

---

22 박치우, 「철학의 당파성」, 『전집』, 25쪽.

23 사생아로 태어난 청년 학생으로 지드의 분신 에두아르와의 만남을 통해 자유와 사랑의 가치를 자각해간다. 그의 입을 통해 지드는 말한다. "나는 나의 내부에 어렴풋이 이상한 동경, 바다 밑의 파도와 같은 그 무엇, 어떤 움직임, 무엇인지 알 수 없는 동경을 느끼고 있어. 나는 그것이 끓어오르는 것을 방해하지 않기 위해서 그것을 이해하려고도, 관찰하려고도 하지 않고 있어. 얼마 전까지도 나는 나 자신을 분석했지. 늘 나 자신과 이야기하는 버릇이 있었어. 그런데 지금은 그렇게 하려고 해도 할 수 없게 됐어. 그러한 습성이 나도 모르는 사이에 갑자기 끊어져 버렸거든. 그러한 독백, 학교의 우리 선생이 말한 그 '내면적 대화'에는 개성의 분할이 따랐었다고 생각되는데, 나 자신이 아닌 다른 사람을 나보다도 더 사랑하게 되자 더욱더 나는 그렇게 할 수 없었던 것 같아." (지드 외, 「좁은문 · 전원교향악 · 사전꾼」, 『우리 시대의 세계문학』 26, 지성찬 옮김, 계몽사, 1989, 362쪽). 이 말에 사랑을 통해 내면에의 고착을 파괴하고 프랑스 빈민굴을 천사의 인도로 찾아가는 베르나르의 전환이 암시되어 있다. 박치우의 급진주의에는 사랑에 대한 지드의 종교적 자각이라는 요소가 들어 있다.

는 정신의 운동 안에서 사는, 결코 정지를 통해 자기를 기만하지 않으려는 모순의 인간이다. 박치우에 의하면 이러한 인간은 자신이 "이 시대의 인텔리의 절망적인 자기표현 이외의 아무것도 아닌 것"임을 역사적으로 자각하는 인간이다.

그가 보기에 지드는 "불안과 허무 중에서 이것을 헤치고 역사적 각성을 통하여 자신을 찾게 되는 전 자각 과정"을 모색한다. 이런 의미에서 새로운 휴머니즘은 '역사적 각성'을 통과하는 '지드의 길' 또는 '지드적 방향'이라고 할 수 있다는 것이다.[24] 자유와 사랑의 이념에서 진실을 발견한 지드는 아프리카 여행을 통해 식민지 토착민들의 비참함과 프랑스 빈민굴의 참담함을 체험한다. 그리고 1932년 "참으로 이해된 개인주의는 공동체에 봉사해야 한다"는 자각 아래 공산주의로 나아간다. 이 전향은 보수파의 반 지드 십자군 운동을 야기했다. 그러나 그의 전향은 "개인주의적 모럴의 필연적 진전"이었다.[25] 자유와 사랑이 생의 진실한 방향이었기 때문이다. 박치우는 이 방향을 따른다.

지드는 이러한 전환을 그리스도적 전환으로 본다. "한 알의 밀이 땅에 떨어져 죽지 않으면 한 알 그대로 있지만 그것이 죽으면 많은 열매를 맺는다. 자기 생명을 사랑하는 사람은 그 생명을 잃을 것이며 이 세상에서 자기 생명을 미워하는 사람은 그 생명을 영원히 보존할 것이다"(요한복음 12장 24-25절). 이 정신을 "지드는 『새로운 양식*Nouvelles Nourritures*』(1935)의 1권 3장에서 "개인은 자신을 망각할 때 비로소 자기 긍정에 이르게 된다"라고 썼다. 이는 분열된 자아와 이를 의식하는 섬세한 자의식의 소유자로 평생 '자아'의 끈을 놓지 못했던 지드에게, 진정한 자기 긍정을 위한 자기희생과 자기망각이 평생의 과제였음을 보여준다."[26] 박치

24 박치우, 「불안의 정신과 인테리의 장래」, 『전집』, 90쪽.

25 지드 외, 「데미안 · 좁은문」, 『학원세계문학전집』 23, 송영택 · 이휘영 옮김, 학원출판공사, 1991, 437-447쪽.

26 지드, 『젊은 날의 자서전, 한 알의 밀알이 죽지 않으면』, 권은미 옮김, 나남, 2010, 439쪽.

우는 예술보다 사회적 실천을 통한 자기망각의 길을 결단한다.

이러한 방향은 르네상스 시기의 인간이 부르주아 시민을 모델로 중세적 인간상에 대항했던 방식을 귀감으로 삼는다. 박치우는 자유주의적인 근대적 인간형을 극복하는 현대적 인간상을 제시한다. 번데기 상태의 자유는 나비가 된다. 이러한 인간은 역사철학적 자각(로고스)과 창조적 극복의지(파토스)를 갖는다. 그에 의하면 인간에 대한 관심이 현대에서 주요 주제가 된 것은 "현대가 바로 전환기"이기 때문이다.

자신의 시대를 일대 전환기로 보는 것은 신남철도 마찬가지이다. 전환기에는 새로운 능동적 인간상이 요구된다는 것이 이들의 공통된 생각이다. 이것이 인생사를 구조적 결정론으로 이해하는 구조주의적 접근을 회피하게 했다. 구조주의는 이들에게 의지적 극복을 폐기하도록 하는 치명적인 허점을 가진다고 보였을 것이다. 구조주의는 시대의 창조적 전환보다는 시대의 구조적 제약성에 굴복하게 하는 패배주의적 성향을 낳을 수 있다. 박치우는 역사의 구조적 제약성에 대한 '과학적 인식(냉정)'과 "원인 제거적 실천에 지향될 정열(용기)"을 겸비한 "인간다운 인간, 모순의 인간"을 제시한다. 이 인간형은 "역사적 사회적 정황에 처해 있는 자신의 위치를 똑바로 보는" 인간이자, "자아의 역사적 사회적 사명을 깨닫는" 인간이다.

이러한 인간은 단순히 '양적 지양'이 아닌 '질적 지양의 방법'을 통해 가능하다. 이것은 "구 인간 타입의 질적 지양을 목적 삼는 근본적인 반성"을 통해 시대를 넘어서려는 노력을 지향하는 실천적 방법이다.[27] 이러한 인간상은 박치우 자신이 자신을 '모순의 인간'으로 본 것에서 드러나듯, 구조적 제약과 의지적 극복 사이의 역설적 긴장을 갖는 주체성을 낳는다. 그 긴장 관계는 마르크스주의 역사에서 오랜 논쟁의 주제이자 마르크스 철학 내의 역설적 계기로서 비판되기도 했던 것이다. 박치우는 이 문제를 해명하는 학자의 태도가 아닌 실천적 창조자의 입장에서 접근

---

27 박치우, 「현대철학과 인간 문제」, 『전집』, 101쪽.

한다. 그의 '동태적 사고'는 구조주의적 정태성과는 다른 능동적 휴머니즘의 특징을 신남철과 공유하고 있다.

3. 위기의 운명과 단절적 개방성

인생에 대한 역사적 인식의 강조는 시대를 위기이자 전환기로 보는 관점에서 나온다. 이 시대는 기존의 시민적 인간상이 동요하면서도 새로운 가능성이 잉태되어 있기 때문에 위기이자 전환기이다. 박치우는 이러한 위기를 자신의 운명과 연관하여 이해한다. "위기에 있다는 것, 위기에 산[生]다는 것, 위기와 싸워야 한다는 것, 이것들은 현대에 살고 있는 우리에게 부과된 불가피한 운명이다." 우리는 "위기에 살며 위기와 싸워야 할 불가피한 운명에 던져진 존재이다." 이러한 운명은 "현대인이 가진 가장 큰 비극과 자랑"이다. 그리고 "위기의 극복은 다만 실천에 의해서만 가능하다." 실천은 모순을 극복하는 주체적 의지의 표현이다. 위기란 일반적으로 "모순으로서 나타나는 특정의 시기"를 의미한다. 모순이 없으면 위기도 없으므로 "모순은 위기의 근본구조에 속한다."[28] 운명이란 모순 감정을 경험하는 가운데 그것을 실천적으로 극복하는 것을 시대적 필연성으로 갖는 주체적인 것이다. 그것은 과거의 제약을 받지만 미래의 가능성을 전망하는 시간적 구조를 갖는다. 운명은 과거에 종속된 숙명에 저항하는 시간성이 된다.

> 숙명의 시간성은 과거임에 반하여 운명의 시간성은 미래에 해당할 것이다. 숙명을 숙명되게 하는 것은 과거성이지마는 운명을 운명되게 하는 것은 오히려 미래성이기 때문이다. 그리고 이 두 '명(命)'의 중간에 서는 것이 바로 '사명'이라는 다른 한 개의 '명'이라고 나는 이렇게 보고 싶은데,

28 박치우, 「위기의 철학」, 『전집』, 50-51쪽.

사명이란 다른 것이 아니라 과거적인 필연성을 자기의 것으로서 부하(負荷)한 채로 미래적인 가능성을 현재에까지 끌어당기려는 강렬한 자각을 의미하는 것이어서, 이 때문에 사명의 시간성은 현재이며, 그렇기 때문에 가령 '현실적'인 명, 자각, 따라서 가장 윤리적인 '명'이라고 할 수 있는 것이다.[29]

운명의 시간성은 피나 흙과 같은 토착적 숙명을 벗어나게 한다. 그것은 "자연적 응결성이 묽어질 가능성"을 갖는다. 운명은 개방성과 창조성을 갖는다. 운명은 폐쇄적이 아니라 개방적 연대성으로 나아갈 수 있다. "운명을 매개로 하는 결합은 목적에의 의식에 따라 종으로 횡으로 비교적 자유롭게 응변적인 착종한 운명권을 만들어낼 수가 있다." 이러한 입장에서 박치우는 운명 공동체라고 할 수 있는 새로운 연대성을 찾는다. 이 연대성은 '운명의 동일성'에 의거한 개방적 유대이자 '간접적 합일'이다. 그러나 피와 흙의 동일성에 의거한 유대는 '직접적 합일'로서 가족, 민족 등에 기초한 '무자각적, 연속적 연결'이다. 이것은 '비합리적인' 유대이다. 그러나 간접적 합일은 "운명에의 자각을 매개로 한 단절적 결합"이다.[30]

단절적 결합은 개체 자신의 자각과 타자와의 결합을 본질적 구조로 갖는다. 박치우는 봉건적 토착성을 버린 시민적 자유의 이념을 계승하여 그것을 새로운 연대로 지양, 창조하려는 변증법적이면서도 개방적인 사고 유형을 제시한다. 이러한 입장은 토착적 민족성에 접근하는 박종홍과는 거리가 있으며, 신남철의 변증법적 개방성과 유사하다. 변증법적 개방성은 당시 한국사회가 농업사회의 성격을 다분히 갖고 있었고, 상공업의 문화적 지배가 성장하지 못한 상황에서 대단히 선구적인 것이었다.

이 때문에 신남철과 박치우의 개방적 사고는 시대를 위한 것이지만 시

---

29 박치우, 「동아협동체론의 일성찰」(『인문평론』, 1940), 『전집』, 173-174쪽.

30 박치우, 위의 책, 174-175쪽.

대가 주는 시련과 고난을 겪어야 했다. 개체들이 일체의 토착성을 아무것도 아닌 것으로 던져버릴 때, 함석헌과 칼라일의 주장처럼 일체의 '옷'을 벗어버릴 때, 안정성에 대한 집착을 무로 할 때, 새로운 이상은 도래할 것이다. 이상을 향한 창조 의욕은 우리의 억척같은 자본주의적 생활방식을 마지막 토착성으로 인식한다.

박치우의 개방적 변증법은 "개(個)의 고도의 자각을 거쳐서 절대의 타자가 하나가 되는 변증법적 통일에 의해서만" 가능하다. 개체의 자각이 타자와의 절대적 분리[대립]가 되지만, 이 분리는 다시 하나로 통일된다. 이러한 통일은 개체의 자유를 평등한 소통성과 결합하는 것이다. 소통적 자유가 해방적 자유이다. 개체만을 강조하는 형식 논리적 분리는 변증법적 논리에 따라 단절적 유대로 나아간다. 이러한 역설적 결합이 분리에 집착하는 오성의 형식논리를 비판적으로 지양한 '이성'이며 새로운 '합리성'이다. "대립자의 통일이라는 것은 원래부터 변증법만이 가질 수 있는, 변증법만이 풀어낼 수가 있는 합리적 비밀이다." 진정한 이성적 합리성은 개체를 자각의 매개 없이 직접 전체로 연결하는 파시즘의 전체주의를 비합리주의로 거부한다. 비합리주의적 전체주의는 봉건적 토착성에 의거해서 구성원을 전체의 부분으로만 본다.

박치우의 개방적인 단절적 연대성은 "개체의 참된 개체의식을 토대로 하는 변증법적 전체주의"이다. 개체를 원자적으로 분리시키기만 하는 절대적 개인주의는 사실상 홉스(Thomas Hobbes)의 괴물(Leviathan), 즉 개체의 허약성을 보호하는 상위의 도끼[국가]라는 초월적 전체에 귀속한다. 개체의 머리 위에 있는 공포의 도끼와 상공업적 시민은 항상 공존해 왔다. 파시즘이란 박치우의 생각처럼 그러한 자각 없는 허약한 개체와 전체가 직접 접속한 것이다. 이러한 전체는 개인주의가 동요하여 '유기체설적인 결합논리'로 발전한 형태이다.[31]

박치우의 변증법적 개방성은 개방적 전체성을 지향한다. 이것이 이성

31 박치우, 앞의 책, 175-176쪽.

의 운동이다. "때려 부수어야만 할 것은 이성이 아니라 오성, 상노(商奴)적인 오성이라는 것을 우리는 잊어서는 안 된다. 데모크라시라든지 자본주의는 전부가 형식논리를 토대로 하고서 성립된 것들이다."이러한 맥락에서 박치우는 신분 관계가 아니라 분리된 개인들 간의 계약적 거래를 통해 인간을 상품으로 끼워 파는 사회의 합리성이란 결국 상노적 합리성이라고 본다. 이러한 합리성은 서구의 현대사가 증시하듯이 격렬한 위기시에 파시즘적 전체주의로 전환되었으며, 전쟁 후에는 다시 상노적 사회를 회복했을 뿐이다. 현대사회의 이러한 운동 과정을 박치우는 위기로 인식하고, 파시즘의 극성기를 당하여 이성의 능력을 자각할 것을 호소한다. 1940년 그는 다음과 같이 제안한다.

> 현실이 용이히(쉽게) 추단과 예견을 허하지 않는다고 해서 이성이 가진 통찰 능력에 대해서 필요 이상의 회의의 염을 가진다는 것처럼 위험한 일은 없다. 감정, 의욕, 본능 등속의 놀라운 행동력을 모르는 바 아니나, 오늘과 같은 시대일수록 우리는 이성적인 것에 대한 신뢰의 염을 보다 더 아껴가며 가꾸어갈 필요가 있지 않을까 한다. 이 의미에서 우리는 이성적인 것에 대한 종래의 공세 내지 증오를 잠시 멈추고, 넓은 의미의 합리주의가 가지는 바 긴박한 의의를 다시 한번 생각해 보아서 좋은 때가 아닐까.[32]

그에 의하면 이성은 고대, 중세, 시민사회에도 있었다. 그러나 문제는 누가 이성을 어떤 목적으로 사용했는가이다. 이러한 역사적 구체성을 인식하는 주체적 자각자는 '불행의 병원에 대한 과학적 진단'의 주체이자 역사적 인식의 주체이다. 역사적 인식의 주체인 이성은 실존주의 인간학자들이 비판하듯 현대사회의 이성과 과학의 맹신을 초래한 사회사적 원인, 즉 '그러한 낭패를 초래한 사주(使嗾)의 당사자를 적발해야' 한다.

32 박치우, 앞의 책, 176-177쪽.

시민은 그것(이성)을 처음에는 봉건에 대한 비판의 무기로, 다음은 자신의 배부를 줄 모르는 물욕의 도구로 삼았을 따름인 것이다. 시민사회 고유의 것인 자본주의, 개인주의는 뒷전으로 몰고 애꿎은 이성, 이지, 과학만을 나무라는 것은 그러므로 오늘의 인간학이 가장 경계하여야 할 한 개의 함정이다. 모든 죄를 이성에다만 둘러씌우려는 것은 인간의 불행을 원죄에다만 몰려는 기독교의 원죄설이나 별차가 없는 너무나 가혹한 한 개의 버릇이다. 이성이나 인간만을 족칠 것이 아니라, 화살은 언제나 먼저 사회, 시민사회의 근본 구조를 향하여 발사되어야만 한다는 것을 인간학은 깊이 반성할 필요가 있는 것이다." [33]

시민의 이성은 처음에는 비판적 의의를 가졌으나 물욕의 수단으로 전락했다. 그러나 이성의 수단적 사용은 이성 자체의 단점이 아니라 이성이 물욕의 체계인 시민사회에 의해 사주되어 함정에 빠진 것이다. 이성은 사회의 근본구조를 인식하여 그 상부구조적 이데올로기를 비판하고, 개체적 자각을 통한 새로운 연대성을 변증법적으로 추구하는 활동이다. 이성은 미래의 새로운 사회를 건설하기 위한 창조적 무기가 된다.

박치우의 이러한 정치사상은 기존의 레닌주의 운동사가 실패하고 남긴 지난한 과제와 연관하여 중요한 한 문제를 상기시킨다. 기존의 레닌주의적 혁명사는 개체성과 전체성의 변증법적 결합에 의거한 '구체적 민주주의'를 이념으로 했음에도 불구하고, 민주주의와 사회주의를 화해할 수 없는 대립관계로 만들어왔다. 민주주의는 부르주아 독재를 의미하는 것으로 단죄되었다. 정치적 민주주의라는 정치해방의 문제는 경제해방을 저해하는 반동적 요소로 내몰렸다. 정치적 자유화의 문제는 이로 인해 폐기되어 사회주의는 정치해방과의 변증법적 관계를 단절하는 부르주아적 형식논리에 매몰되었다. 이회영(李會榮)과 신채호(申采浩)가 기존의 사회주의 노선을 국가 자본주의와 테크노크라트의 관료주의로 비판

33 박치우, 앞의 책, 168-169쪽.

한 것은 변증법적 활력을 상실한 레닌주의적 국가주의와 엘리트주의를 겨냥한 것이었다.

박치우의 변증법적 개방성은 그가 학습 단계에서 읽은 독일 사민당의 지도자였던 카우츠키의 관점과도 상통하는 면이 있다. 카우츠키는 레닌주의가 생산의 사회화를 위해 민주주의를 포기하고, 사회주의를 목적으로, 민주주의를 수단으로 취급하는 전도된 방향으로 나아가는 것을 비판했다. 그러나 진정한 마르크스주의를 옹호하는 카우츠키는 레닌식의 프롤레타리아 독재를 비난하고, 민주주의와 사회주의의 불가분리성을 변호했다. 민주주의와 사회주의는 양자 모두 계급으로부터의 해방을 목적으로 하는 수단이라는 것이다.[34]

그러나 박치우는 카우츠키주의자가 아니었으며, 당시 박헌영의 레닌주의적 중앙 집중제 노선과 좌경 기회주의라고도 부르는 급진 행동주의 전략과 함께했다. 그럼에도 이론상에서의 그의 관점은 민주주의와 사회주의를 대립시키지 않는 그래서 정치해방과 경제해방을 함께 추구하는 새로운 방향을 제시한다. 박치우는 부르주아 민주주의와 '빈곤의 평등'이 되어버린 소련의 사회주의적 민주주의를 극복하는 진정한 민주주의를 지향한다.[35] 고대로부터 자본주의 금융, 상품 사회에 이르기까지 각기 고유한 토착성에 이성을 종속시켜왔다면, 새로운 이성은 토착적 집착과 싸우는 방향에 설 것이다. 이것이 박치우의 "보다 높은 의미에서의 창조,

---

34 카우츠키, 『프롤레타리아 독재』, 강신준 옮김, 한길사, 2006, 57-58쪽: 카우츠키에 의하면 "우리의 최종 목표는 사회주의가 아니라 '하나의 계급, 하나의 정당, 하나의 종족만을 지향하는 모든 유형의 착취와 억압' (에어푸르트 강령)을 지양하는 데에 있다." 그는 당시 유럽에서 마르크스 이론의 소개자이자 사회주의 지도자로 널리 알려진 인물이었다. 그러나 러시아 혁명이 성공하자 마르크스-레닌주의는 더 이상의 이론의 여지가 없는 이론으로 유포되어 갔다. 이러한 상황에서 카우츠키는 홀로 레닌주의의 반민주주의를 냉혹하게 비난했으나, 레닌의 권위에 눌려 영향력을 발휘하지 못하고, 도리어 레닌으로부터 배신자 카우츠키라는 오명을 쓰게 되었다. 그러나 카우츠키의 이론은 오늘날 모든 형태의 독재에 대한 저항의 이론으로 재평가되고 있다.

35 박치우, 「세계민주주의의 전령」, 『현대일보』 제2호(1946), 『해방공간신문자료집성』, 선인문화사, 1946-1948.

신질서의 창조"가 갖는 근본 방향이다.

그러나 박치우는 1946년 독립국가의 가능성이 있었고 좌우 합작의 건국방략이 모색되던 시기에, "후진사회의 정치투쟁이 폭력에 의한 파쇼적 해결"로 귀착된다는 것을 분명히 알고 있었다. 아시아의 일본은 물론 중국의 장개석과 태국의 피분(phibunlsonggram, 1887~1964), 라틴 아메리카의 혁명 등은 "봉건 유제의 대부분이 그대로 남아" 있으며, "민주주의적 훈련의 부족"으로 "파쇼적 폭력 정치"로 귀결되었다. "하물며 아직도 봉건 유제의 대부분이 남아 있고 자본주의라 하더라도 겨우 기형적으로밖에 발달 못 된 조선, 더구나 일제의 식민지라 민주주의는 고사하고 아무런 이렇다 할 정치적 훈련의 기회조차 가져보지 못한 조선이 아니냐."[36] 신남철에게도 나타나는 조선의 후진적 상황에 대한 탄식에 가까운 우려는 이돈화, 김기전의 신칸트주의적 문화운동으로부터 박종홍에 이르기까지 공통된 것이었다.

박종홍은 당시의 근본적 모순을 후진성과 선진성의 모순으로 보고 부강한 국가의 건설을 정치적 실천의 주요 내용으로 보았다. 그러나 박치우는 '합리 정신'을 파시즘과 독재정치에 대한 적으로 보았다. 그는 변증법적 이성의 합리주의라는 입장에서 '전(前) 논리주의', '반 논리주의', '신비주의' 등을 적으로 선언하고, "(부르주아) 합리주의 사상 진영과도 굳게 손을 잡고 끈기 있는 투쟁"을 해야 한다고 역설한다.

그의 전략은 파시즘에 대항하여 "모든 민주주의 공동전선"을 형성한다. 그것은 "정치적으로만이 아니라 경제적으로 사회적으로 문화적으로 진정한 민주주의 노선"과 연합 전선을 형성하는 것이다. "인간으로서의 일대일의 평등 논리"에 입각한 민주주의 정신을 부르주아 시민만이 아니라 근로 인민 대중으로 확대하는 것이 새로운 민주주의의 길이라면, 공동 전선은 "결국은 근로 민주 민족 전선"으로 합치는 길이다. 이 길을 박

36 박치우, 「국수주의의 파시즘화의 위기와 문학자의 임무」(『조선일보』 1946), 『전집』, 275쪽.

치우는 희망한다. 그러나 실제로는 독립국가와 민주주의를 건설하는 길은 몰교양적 정객들의 폭력과 외세의 개입에 의해 멀어져갔고, 분단은 점점 고착화되어갔다.

4. 파악의 성실성과 행동의 내재성

박치우에 의하면 위기의 시기에 새로운 합리주의는 이성적 파악을 필요로 한다. 파악의 대상은 모순이며, 모순에 대한 파악은 "주체적 파악"이다. "객체적 모순이 주체적으로 파악되는 것이다." 주체적 파악은 사물을 신명을 던져서 정열적으로 파악하는 것, "파토스적으로 파악하는 것이다." 정열적이라는 것은 단순한 바라봄이 아니라 모순을 가진 사물과의 '긴장된 대립'을 유지하는 태도이다. 모순은 존재하지만 이성의 합리주의와도 대립된다. 그러므로 정열적 이성은 모순과 대립하는 모순의 정신이다. 이 때문에 주체적 파악은 "사물과의 모순을 깨뜨리고 사물 그것을 향하여 단적으로 돌입하여 이것과 피투성이가 되도록 싸워서 그것을 완전히 내 것으로 극복하는 이러한 정열적 모험"이다.[37] 대상이 모순적이고, 또 내가 그 모순과 대립한다는 것은 아직 대상이 진정한 인간화가 되지 못하고 소외되어 있다는 것이고, 소외되어 있다는 것은 그것이 아직 나의 것이 되지 않았다는 의미이다. 모험으로서의 파악은 상실된 세계를 인간의 창조적 파악에 의해 극복하는 인식 방식이다.

주체적 파악은 정열을 지속시킬 수 있는 '성실성'을 주체적 조건으로서 요구 한다. 성실성은 『중용』의 "성실성은 하늘의 도[誠者天之道]"라는 말과 연관하여 박종홍이 중시하던 개념이었다. 박종홍은 우주의 창조적 전개가 우주의 성실한 노력에 의한 것이라는 형이상학적 관념을 실존철학의 내면적 자기성실로 전환하여 해석했다. 이러한 재해석을 통해 그는

---

37 박치우, 「위기의 철학」, 앞의 책, 52쪽.

실존철학이 갖는 행동 없는 내적 허약성을 극복하고 빈곤과 문화적 후진성을 극복하는 민족중흥의 실천을 헤겔적 변증법으로 정초하고자 했다. 그에게도 진리의 인식과 성실성은 변증법적 관계에 있었으며, 특히 성실성은 일관된 주체성의 기초였다. 박종홍의 정치이념은 자유주의적 정치해방과 국가주도적 산업화를 결합한다. 이는 박치우가 말하는 근로 대중의 민주주의와 다르다. 그러나 진리인식과 성실성의 관계를 중시하고 성실성을 주체적 기초로 삼은 것은 두 사람에게 동일하게 나타난다. 박치우의 성실성은 신남철의 주장처럼 비극적 희생을 필요로 한다. 그의 성실성은 무장한 철학자를 이미 잉태하고 있었다.

박치우는 주체적 파악의 성실성을 강약에 따라 세 단계로 구분한다.

(1) 교섭적 파악: 성실한 파악은 적어도 교섭적 관계이다. "사물을 학적으로가 아니라 생활적으로 파악"하는 것이다. 생활적 교섭은 '절실한 교섭, 산 교섭'이다. 예를 들어 '오막살이 한 채'는 "굶주리는 식구들이 깃들 곳으로 체험"된다.

(2) 모순적 파악: 모순된 사물은 "우리와 날카로운 모순관계"에서 파악된다. 사물은 극복되어야 하며, 더욱이 우리와 모순되기에 '적'으로 경험된다. 그러나 이 단계에서의 성실성은 "원망과 반목은 있을지언정 아직 싸움으로서의 행동은 없는 것이다."

(3) 행동적, 실천적 파악: 사물을 "완전히 내 것으로 극복하는", "돌입하는 비약"의 실천이다.[38]

강도 높은 성실성에 의거한 주체적 파악은 모순을 "나에게 육박하는 모순, 나의 모순"으로 인식한다. 모순은 외계에 방치되어 있는 것이 아니라 교섭적으로 파악된다. 이것이 '모순의 생동성'이다. '객체적 모순'은 '사회적 모순'이다. 그러나 시대를 위기로 파악하는 것은 사회적 모순을 "우리들의 몸과 마음을 심각히 흔드는 협위로서, 적으로서" 인식할 때 가능하다. 이러한 파악은 "사회적 모순과 자기 사이에 심각한 모순과 당착

38 박치우, 앞의 책, 52-55쪽.

을 자각"한다. 박치우는 이것을 '사회적 모순과의 모순'이기에 '모순의 이중성'이라 한다. 여기서 파악은 사회적 모순을 '뼈에 사무치게 체험'한다. 이 단계에서 위기가 자각된다. 위기의식으로부터 불안이 일어난다. "불안은 일반적으로 모순의식이다." 진정한 불안의 극복은 위기의 극복, 모순의 이중성의 극복이 된다.

위기와 모순의 극복은 '실천인 행동'을 통해서만 가능하다. 실천이란 "로고스에 즉한 행동", "이성에 의한 행동"이다. 즉 "로고스적인 것을 내포한 행동만이 실천"이며, 아리스토텔레스의 말에 따라 "메타 로곤(meta logon, 로고스에 따른)이란 성격을 가진 행동만이 실천"이다. 실천은 '망동'이나 '폭동'이 아니라, "이론과 행동의 변증법적 통일", "로고스와 파토스의 변증법적 통일"이다. 그러나 이론이 '참'일 때 "참인 실천"이 된다. 피와 흙의 토착성, 유기체설적 정치론 등 파시즘과 독재를 옹호하는 이론은 파쇼적 실천을 낳으며, 정치적으로 참인 실천을 낳지 못한다.[39]

박치우의 이러한 인식과 실천의 관계는 성실성의 강도가 전진함에 따라 실천적 극복으로 귀결된다. 이러한 상승적 과정을 생산해내는 인간이 박치우가 보기에 이상적 인간, 즉 "인간다운 인간", "인간적인 인간"이다. 위기의 발생 순서로 보면, 실존철학 측에서 보는 인간의 위기, 사상의 위기는 "사회의 위기"에 그 발생적 근거를 갖고 있다. 그러나 극복의 순서로 보면 "새로운 인간"을 발견하는 것이 문제이다. 이런 입장에서 박치우는 「나의 인생관: 인간철학 서상序想」(『동아일보』, 1935)에서 다음과 같이 새로운 인간상을 제시한다.

> 우리가 인간을 출발점으로 택하는 동기는 다만 이상과 같은 순전히 방법적인 필요로부터인 것이다. 인간 자체의 위기를 극복함이 없이는 여하한 위기의 극복도 바랄 수 없겠기 때문이다. 문제는 발생의 순서가 아니라 극복의 순서다. 그러면 현재가 가진 '인간'은 과연 이 같은 주체됨에 충분

39 박치우, 앞의 책, 56-66쪽.

한가? 부죄다. 현대가 가진 인간은 너무나 이기적이고 너무나 평면적이고 너무나 무기력한 인간이기 때문이다. 그것은 생선(生鮮, 살아 있어 신선함)한 인간성을 전적으로 상실한 고갈된 인간, 다시 말하면 비인간적인 인간이기 때문이다. [……] 나의 인간관은 인간에 대한 인간적인 철학이다. 그러므로 그것은 '인간'에 대한 '학'이 아니라 단순히 인간에 대한 일종의 요구, 호소, 주장 그것이다. 나의 인간관은 그러므로 인간에 대한 일종의 이즘이며 관(觀)으로서만 성립한다.

나는 이상과 같이 인간을 인간적으로 파악하기 위하여 다음과 같은 방법을 취한다. 즉 인간을 물체로서가 아니라 생명으로서, 공간성에 있어서가 아니라 시간성에 있어서, 평면성에 있어서가 아니라 심원성에 있어서, 인과성에 있어서가 아니라 운명성에 있어서 파악한다. 정적으로가 아니라 동적으로, 학적으로가 아니라 생활적으로, 대상적으로가 아니라 주체적으로 파악하려는 것이다. 이렇게 함으로써만 나는 인간다운 인간을 파악할 수 있으리라고 믿었기 때문이다.[40]

박치우의 '인간다운 인간'은 '나의 것'으로 "개성적이며 성격적인 것"이다. 그러나 인간적인 철학은 '시대의 요구'를 개성을 통해 체현하는 것, 시대의 요구를 반영하는 것이다. 위기 시대의 극복 주체는 무력하면서도 이기적인 인간이 아니다. 극복의 주체는 생명, 시간성, 심원성, 운명성을 갖춘 새로운 인간형이다.

성실한 파악에서 새로운 '선악의 규준'을 보고, '인간적인 인간'을 보려는 박치우는 "인간의 근원적 투쟁성"에 주목한다. 특히 그는 "진위, 선악, 미추 등 모든 인간적인 모순"을 가지고 싸우는 것에 주목하여, 근원적 투쟁을 '선악 이전의 선악', '도덕 이전의 도덕'의 차원으로 간주한다. "인간의 존재는 모순의 양극의 절대적인 투쟁 그것이다." "인간은 실로 모순 그것이다. 모순 없는 인간은 인간이 아니다. 이 인간이 내포한 모

40 박치우, 「나의 인생관」, 『전집』, 69쪽, 73쪽.

순은 실로 숙명적인 모순이다."[41] 이러한 근원적 인간 조건은 도학자처럼 '저주할 현실'이 아니라 '감사할 선물'이다. 박치우에게는 모순, 싸움, 행동이 하나로 연결된다. 그리고 이러한 내재적 일관성이 진정으로 선한 삶의 길이다. 선한 삶은 "선악의 피안에 서는 초인"의 길이 아니라 '선악의 차안'에 서는 길이다.

> 인간다운 인간은 이같이 모순의 인이며 따라서 싸움의 인이므로 그는 언제나 행동의 인이다. 무릇 '행하는 것', 즉 '한다는 것'은 그러므로 그의 생명이다. '행한다는 것', 이것을 중지하는 순간은 곧 죽는 것, 즉 싸움의 중지를 의미함으로써다. 그러므로 이에 있어서 최고의 선은 다만 '한다는 것' 그것뿐이며 따라서 제 일차적이고 근원적인 악은 '함이 없는 것' 그것이다. 무엇을 하였는가라던지, 따라서 행한 결과가 악인가 선인가는 제이차적인 문제다. 그것은 함이 없이는 받을 수조차 없을, 환언하면 한 다음에라야 받을 수 있을 사회가, 제도가 주는 평점에 지나지 못하기 때문이다. 그는 선악의 피안에 서는 초인이 아니라 언제나 선악의 차안에 서려는 인간 그것이다.[42]

박치우는 초월적 도학자의 길을 거부하는 내재적 입장에서 "울고, 웃고, 노하며, 싸울 줄 아는" 자기 자신을 고마워한다. 생성 운동이 존재이며, 생성의 근본 원리는 모순이다. 모순의 갈등과 해결을 통해 새로운 생성이 일어나며, 모순의 해결은 실천에 있다. 세계는 퇴락의 힘과 전진의 힘의 모순 속에서 움직인다. 전진의 힘의 편에서 산다는 것은 모순의 인식과 행동 안에서 산다는 것이다. 이러한 삶의 방식은 "몰도덕적인 것"이 아니라 도덕 이전의 '전 도덕적인 것'이다. 존재는 절대적 행동이다. 현상은 제 일의적인 행동의 표현이며, 이성적 인식과 결과에 대한 고려

41 박치우, 앞의 책, 77쪽.

42 박치우, 앞의 책, 77-78쪽.

는 수단적인 제 이의적 차원에 있다. 박치우에게 인간은 "싸움의 존재자, 실천하는 존재자"이다. 인간은 "사랑하고 증오하는 존재로서" 타인에 의해 "객체로 될 수도 있고, 주체가 될 수도 있는" 존재이다. 인간이 "도덕적 책임의 주체"일 수 있는 것은 "남의 생명을 노릴 뿐만 아니라 자신 언제나 경계하지 않으면 안 될 이런 인간"이기 때문이다. "선만을 행하는 존재는 도덕적 평가를 할 수 없는" , 그래서 "책임의 주체가 될 수 없는 존재"이다.[43]

박치우의 이러한 절대적 행동론은 신남철의 파우스트적 인간형을 닮아 있다. 박치우는 『파우스트』를 이해하기 어렵다고 회고한다. 그는 화해할 수 없는 모순 때문에 고뇌하는 것을 인간의 비극으로 파악하고, 그것을 경쾌하게 극복하려 한다. 그러나 괴테와 신남철이 궁극적으로는 종교적인 절대적 화해의 대각(大覺) 안에서 자기희생적 속죄를 통해 구원을 바라보고 있다면, 박치우는 그러한 낭만주의적 초월적 성향을 배제한다. 그는 괴테의 이상적 여인상이자 마리아의 현세적 구현인 그레첸(Gretchen)처럼 엄청난 고난 끝에 자신과 세계의 죄를 용서하는 성자(聖者)의 관념을 선호하지 않는다. 박치우는 '거세당한 초인'이나 "성자가 아닌 것을 고마워한다." 인간의 자유는 역사 · 생물학적 인간 존재에 의해 제약되어왔고, 또 그러한 존재의 부단한 투쟁에 의해 사회적으로 실현된다. 구체적 자유는 '근로 대중 민주주의'를 통해 역사 내부에서 실천적으로 실현된다. 사실상 행동하지 않는 것이 악이다. 속박을 부정하는 박치우의 '모순의 인간'에 기초한 행동론은 종교적 초월성을 배제하고 철저하게 역사적 상황에 충실한 내재성을 강조한다.

박치우는 자신의 내재적 사고를 "하이데거나 야스퍼스의 소위 실존(Existenz)과 대조하는" 가운데 제시한다. 그는 20세기 철학의 한 조류에 따라 인간의 문제에 관심을 갖는다. 그는 박종홍과 마찬가지로 자각과 실천의 문제에 초점을 맞춘다. 또한 그와 마찬가지로 실존철학이 '자

43 박치우, 앞의 책, 78-79쪽.

각존재'로서의 인간을 해명하는 태도를 경탄으로 바라본다. "나는 그들이 인간을 실존으로 규정함으로써 인간을 종래의 논리적 오성적 추상성으로부터 구출한 공적에 대해서는 쌍수를 들어서 감탄의 의를 표함에 주저치 않는다." 박치우가 보기에 실존철학은 위기의 인간을 제시하지만 순수 인간에서 극복의 길을 찾는다. 하이네만(Fritz Heinemann)은 실존철학의 사상사적 위치를 다음과 같이 언급한다. "실존철학이 헤겔주의와 마르크스주의에 대한 반동으로서 발생했다는 사실은 실존철학도 헤겔주의 및 마르크스주의와 공통된 점, 곧 인간의 소외를 극복하려는 소망을 갖고 있었음을 보여준다. 이 세 철학은 모두 인간을 소외로부터 해방시키려 한다. 이들은 비록 자세한 점에서는 근본적인 차이가 있지만 그 길은 비슷하다." [44]

박치우는 실존 개념이 갖고 있는 소외에 대한 자각적 극복의 노력을 지지한다. 그러나 그는 실존의 본질 구조인 '관심(Sorge)'이 지나치게 내면적 자기 자신으로 치우쳐, 인간을 비역사적으로 보게 되는 것을 비판한다. 그에 의하면 실존철학은 일종의 내성적 반성인 해석학적 방법을 신뢰하여 역사 · 사회적 존재로서의 인간을 "비변증법적 방법"으로 보는 관념성에 빠지게 되었다. 실존철학은 '체관적(諦觀的), 절망적인 인간관'을 낳았다는 것이다.[45] 그것은 역사 · 생물적 존재를 인식하지 못하는 "인간적 형이상학"이다.

실존 개념에 대한 칭찬과 반대의 양면적 입장에서 박치우는 신남철과 유사한 방식이지만 더 명료하게 하이데거를 평가한다. 하이데거의 "가장 큰 매력은 그가 '불안', '무' 등의 제 술어에다 그저 철학적인 의미만을 붙여서 지껄이고 있는 점에 있는 것이 아니라 이러한 '불안', '무' 등을 통하여 다시금 새로이 자아 및 세계에 관한 심각한 각득(覺得)을 얻어 보려고 힘쓴 점에 숨어 있다." 그러나 무의 형이상학으로 알려진 그의 사

44 하이네만(Fritz Heinemann), 『실존철학*Existenzphilosophie*』, 황문수 옮김, 문예출판사, 1976, 21쪽.

45 박치우, 「나의 인생관」, 『전집』, 78-79쪽; 「현대철학과 '인간' 문제」, 앞의 책, 104쪽.

상은 이른바 지하실의 인간과 같은 잉여인간의 비극을 그린 "셰스토프적 매력을 가지고 세계적 전염"이라는 영향력을 발휘했다. 실존철학에서 "인간의 인간다운 본질"은 "개유자(個有者), Das Einzelne(개별자)이고 유한자"이다. 이 때문에 개유자는 "자신을 자신의 문제로 묻지 아니치 못하는 그러한 존재"이다. 이러한 한계를 가진 것이, 이른바 자각존재이다. 그럼에도 "인간 존재의 본질적 규정성은 자각성[覺存性]이며 각자성(개유성)이다." 실존철학의 의의는 인간의 개체성과 개체적 자각을 강조하는 데에 있다.

그러나 박치우에 의하면 그러한 장점에도 불구하고 실존적 자각은 "역사적인, 사회적인 자각"이 아니라, "현실을 하루바삐 떠날지어다!"는 교훈으로 귀착된다. 실존철학을 "인간 존재의 리얼리즘"이라고도 하지만, 사실상 이는 "시민사회의 숙명적 모순의 산물인 정신적 룸펜"의 사상이다. 그것은 시민사회의 논리를 무시하는, '비유물론적'이고 '관념론적인' 이론이라는 것이다. 하이데거의 철학은 '자기 각득'을 통해 결국은 "존재자의 전체로서의 선적인 달관"에 이른다. 절대적 모순론과 행동론의 입장에 있는 박치우가 보기에 하이데거의 철학은 '아름다운 한 개의 패배의 철학'이다.

박치우의 하이데거 비판은 시민사회, 산업사회의 모순을 어렴풋이 느끼면서도 그 안에서 생존하고자 하는 지식인들의 심기를 자극할 수 있다. 또한 그것은 논리 실증주의자, 실용주의자의 심기를 불편하게 할 수 있다. 박치우는 이론의 진위보다 선악의 문제를 우선시한다. 그는 이론의 세련성을 평가하기보다 무행동과 관념성이 역사를 왜곡하고 악을 방관 조장하는 비굴함을 문제 삼는다. 무행동의 철학은 패배의 철학이고 알량한 생존 의지의 수단이다. 그 '실천적 격률'이란 다음과 같다.

> 인간은 중간자이며 따라서 모순자이다. 따라서 불안은 인간 존재의 숙명이다. 구태여 현대만이 그리고 구태여 자네만이 특히 불안인 것이 아니다. 사람이란 그러기 때문에 어떤 세상을 만나든 어떤 신분으로 태어나든

> 결국은 똑같이 본성적으로 불안한 존재임을 벗어날 수 없는 것이다. 하니 좀 불안하기로 그다지 분개할 것은 없지 않은가! 남을 원망할 것 없다. 사회존재를 주(呪, 저주)할 것도 없다. 다 마찬가지니까. 사람은 숙명적으로 불안한 존재니까. 어서 어서 불평을 거두고 시키는 일이나 충실히 하라. amor fati![46]

스토아주의적이고 니체적인 운명애는 노련한 달관의 지혜일 수 있다. 그러나 그것은 모순적 현실과의 고상한 차이만을 둘 뿐, 실천적 해결의지를 운명으로 인수하지 못하게 한다. 유물론으로부터 실천적 의지가 필연적으로 도출되는 것도 아니다. 역사가 증시하듯 관념론이 대담한 희생적 실천을 할 수도 있었다. 박치우는 무지 위에 세운 비현실적 관념을 인식으로 가장하는 것은 그것으로부터 안심과 권력을 끌어내는 것이라고 보았다.

5. 새 자유와 반자유주의 논리

소크라테스는 도시국가의 테두리 안에 갇혀 있었지만, 그 한계 안에서 논리(logos)를 통해 영혼의 노예 상태를 전사적 의지로 극복하여 이성(nous) 혹은 영혼의 자유를 지키려 했다. 유대-기독교 전통은 폭군에 대해 민중의 의를 구하고, 죄와 유한성의 속박으로부터 개체의 자유를 찾는 기술을 개발했다. 이 두 전통을 결합한 철학들은 이성과 자유를 본질적 연관에서 논의해왔다. 또한 서양철학사는 이성과 자유의 의미를 환기시키는 사건들을 사상사의 기념비로 추앙해왔다. 이러한 전통이 헤겔로 하여금 이성의 본질은 자유임을 선언하게 했다. 청년 헤겔에게 갈릴리 호숫가를 거니는 예수는 살아 있는 자유의 이성이었다. 그가 자유 실

---

46 박치우, 「불안의식의 인성론적 설명」(『사해공론』 1936), 앞의 책, 128쪽.

현의 역사를 이성에 의해 판정하고 이성의 투쟁사로 본 것은 그 때문이었다.

『순자荀子』, 「자도편子道篇」에 등장하는 안회(顔回)는 지란 무엇이며, 인이란 무엇인가? [知者若何, 仁者若何]라는 공자의 질문에 대해 다음과 같이 답한다. “지란 자기를 아는 것이고, 인이란 자기를 사랑하는 것이다[知者知己, 仁者愛己, 혹은 知者自知, 仁者自愛로도 쓴다].” 이 대답은 자로(子路)의 대답(지란 타인으로 하여금 나를 알게 하는 것이고, 인이란 타인으로 하여금 나를 사랑하게 하는 것이다)과 자공(子貢)의 대답(지란 타인을 아는 것이고, 인이란 타인을 사랑하는 것이다)에 비해 주체적 자각을 중시하는 것이었다. 안회의 대답은 공자로부터 '지혜로운 군자[明君子]'라는 최상의 평점을 얻는다. 이 대화는 중국 고대 도시국가 내에서 사(士) 계급 가운데 자신들의 전사적 업무와 행정 업무를 통해 이미 주체적 자각을 한 사람들이 있었음을 보여준다. 그들은 강한 자존심을 불굴의 의지로 지키고자 하는 인도(人道)를 개척했다. 공자가 '불선(不善)'과 선을 대립시키고, 맹자가 전사의 용기에서 영감을 받아 도덕적 주체성과 용사의 기상을 결합시켜 권력에 굴하지 않는 도도한 자유의지를 추구한 이래, 아시아의 사상사는 폭군에 저항하고 구체적 경제제도의 혁신을 통해 백성의 의를 구하며, 사심에 굴하지 않는 자유의지를 추구해 왔다. 20세기 문턱에서 조선의 해학 이기(海鶴 李沂)는 민권의 일반적 확장을 토지 공전제(公田制)를 통해 구현하고, 자신을 천하의 공리(公理)에 희생하고자 했다. 당시의 애국 선비들처럼 그의 주체성은 현실과의 강도 높은 긴장을 유지하는 성격을 지녔다.

박치우는 아리스토텔레스가 정리한 형식논리를 배워 자본주의 시민사회에 대한 비판적 이해의 수단으로 삼았다. 그의 논리적 사고는 말 자체와는 반대의 의미를 갖는 자유주의를 해명하고 진정한 자유의 길을 모색한다. 이 모색을 통해 형식논리의 한계가 자연히 노정된다.

근대 상공업 시민계급은 봉건 구세력에 대해 일대일의 평등한 자유를 요구했다. 이러한 요구를 정치적으로 관철시킴으로써 시민계급은 자신의 경제적 권리를 가지고 역사의 전면에 등장했다. 그들의 자유는 부르주아 시민계급의 자유였다. 그 자유는 귀족에 대해서는 억압으로 작용했고, 상공업자에게는 지배계급의 특권을 가져다주었다. 그러나 근로 대중은, 신분에서는 자유이나 새로운 산업 체계에 종속된, 자유로운 노예의 지위로 변화되어갔다. 이러한 사회 · 위상학적 변화의 문맥에서 의미를 갖는 이데올로기가 자유주의이다. 법률적 보장이야 어떻든 시민계급의 자유는 개체의 형식논리적인 자유의 평등을 말했지만 사실상 그것을 근로 대중에게까지 확대할 수는 없었다.

박치우는 이러한 맥락에서 시민계급의 자유주의를 문제 삼는다. 그는 자유주의의 자유 개념은 자기파괴적 역설을 갖고 있다고 본다. 이러한 역설은 자본주의의 자기 부정적 모순과 함께 박치우가 보는 자유주의의 자기모순이다. 자본주의와 자유주의에 대한 그의 비판적 태도는 당시의 상황에서 해방이 일반화되어야 한다는 요구로부터 온 것이다. 그의 해방 후의 글 「새 자유의 성격」에 의하면 당시 주어진 '민주주의적인 자유'는 소수 정치 · 경제적 특권층의 소유였다.

> 우리가 얻은 자유라는 것은 이름만이 자유이지 아직은 겨우 이런 정도의 자유밖에 더 될 것이 없는 것이다. 돈 있고 세력 있는 사람이라면 마음 놓고 제멋대로 살아볼 수 있는 참으로 좋은 세상이기는 하다. 그러나 여기에 멎고 마는 것이라면 해방은 무슨 해방이며 어째서 삼천만이 모두가 즐기며 반가워해야만 한다는 말이냐? 해방이 좋기는 무엇이 그다지도 좋다는 말이냐? 조선 사람이면 모두가 다 함께 잘살 수 있는 나라, 잘 살게 해주는 세상을 만든다고들 하지 않느냐. 이 말이 정말이라면 새로 얻어야 할 자유는 잘살던 사람들을 위해서보다도 못 살던 사람들을 위해서 먼저 획득, 활용, 이용되어야 할 것이 아니냐? [……] 왜냐하면 이렇지 않다면 해방은 참된 의미의 해방이 아니기 때문이다. 근로 대중의 해방이 없는 조선의 해방은 말만이 해방이지 해방이 아닌 때문이다. 민주주의 미국에도 흑인이 있다. 3억 5천 만의 인도인을 가진 대영 제국도 명색만은 훌

륭히 민주주의 국가일 수 있을 것이나, 그러나 민주주의 조선에는 한 사람의 흑인도 한 사람의 인도인도 남겨두어서는 아니 된다. 자유라는 미명하에 기실은 착취의 자유가 법으로써 보장된다든지 압제자의 압제의 자유가 그대로 남아 있게 되어서는 아니 된다. 상전의 자유는 노예의 자유가 아니며, 상전의 자유는 반대로 노예의 부자유를 의미하는 것이다. 덮어 놓고 '자유라는 것'이 있는 것이 아니다. 누구의 자유인가가 중요한 것이다.[47]

자유의 논리적 귀결은 평등한 자유이다. 상전의 자유는 노예의 자유가 아니라 노예의 부자유를 의미한다. 소수의 자유가 근로 대중의 부자유한 노예 상태를 의미한다면, 즉 자유의 평등이 없다면, 자유는 스스로를 부정하는 부자유를 의미하는 역설에 빠진다. 박치우가 자유주의를 형식논리에 근거하는 것으로 간주하고, 그 논리를 비판적으로 해명하려 하는 것은 이 때문이다. 이런 의미에서 그의 자유 개념은 형이상학적인 무제약적 자유가 아니라 '봉건 전제'와 '자본 독재' 시대의 특권적 자유를 극복한다는 '역사성'을 갖는다. 봉건 전제와 자본 전제 시대를 넘어서는 보편적 자유가 '진정한 민주주의 조선'을 형성하는 진정한 역사적 자유이다. 따라서 자유는 과거의 잔재 세력을 억압한다. "매국반족(賣國叛族)의 도배(徒輩)도 자유다! 친 파쇼분자의 행동도 자유다!"라는 주장은 논리적 모순이며, 사회적 악이다. "반민주주의자에게는 자유가 없다."[48] 자유의 평등의 실현은 과거에 관련해서는 이것을 논리적으로 혹은 물리적으로 파괴하는 세력을 억압해야 하며, 미래에 관련해서는 단 한 사람의 사회적 고통과도 싸워야 한다. 여기서 평등은 수학의 공리처럼 정치적 공리로 관철된다. 그것은 압제당하는 '단 한 사람의 흑인, 단 한 사람의 인도인'도 허용하지 않는다.

---

47 박치우, 「새 나라 건설을 위하여」, 『전집』, 419-420쪽.

48 박치우, 앞의 책, 421쪽.

박치우가 이처럼 평등과 자유를 논리적으로, 사회적으로 직접 연결시킨 것은 그의 불후의 공헌이다. 평등한 자유의 원리는 박치우의 시대뿐만 아니라 그 후 오늘에 이르기까지 사회악에 저항하는 근본 원리가 되었다. 평등한 자유는 소수 혹은 다수의 소외된 사람의 신음소리를 정치적으로 표현하는 것을 인간성의 표출로 보게 한다. 평등한 자유는 억압적 사회의 위상학적 거리를 제거하여 모든 거리가 주는 신비화를 없애는 원리가 된다. "신의 신비는 신과 인간의 절대적 거리에서 비로소 생성, 확보될 수 있는 것이며, 제왕 · 귀족 · 양반에 대한 불가침범적인 신비성은 이들과 서민의 사이에 엄격히 가로막혀 있는 사회적 거리 없이는 유지될 수가 없는 것이다."[49] 아마 니체적 초인도 이 거리를 정신적 귀족성을 확보하는 수단으로 활용할 것이다. 사회적 거리는 흔히 정객들이 활용하는 수법인데, 당시 해외 유공자들은 공로의 대가로 정권을 요구했다. 박치우에 의하면 조선을 사유화하려는 그들의 의도와 군중의 환호는 '착각'이고 '월경'이다. 공로자에게는 훈장을 주어야지 나라를 주어서는 안 된다는 입장에서 박치우는 "가혹한 일대 자기반성"을 촉구한다. 문제의 핵심은 자유가 누구의 것이냐, 누구를 위해 싸울 것인가이다. 이 문제는 "낡은 조선이냐 싱싱한 새 조선이냐"의 문제이다.

박치우는 무엇이냐 보다는 누구와 어떻게를 묻는다. 그리고 그는 매국반족 도배를 버리고 근로 대중을 선택한다. 전자의 편은 우익이며, 후자의 편은 좌익이다. 싸움의 실천을 '절박한' 상황 속에서 찾고, '죽을 생각'과 연관 지어 생각한다. "근로 계급을 위해서 죽을 생각인가? 이 각오만 있다면 그는 좌익이며 그렇지 않다면 그는 우익이다. 여기에 중간은 있을 수 없다. 각자는 그러므로 거저 막연하게 자기 자신을 좌우 어느 쪽에 배속시키기 전에 누구를 위해서 싸우려는가라는 이 엄숙한 질문에 먼저 정성껏 대답해 볼 일이다."[50] 이처럼 박치우의 평등한 자유에 대한

---

49 박치우, 앞의 책, 430쪽.

50 박치우, 앞의 책, 436쪽.

사고는 새 조선의 건국과 연관하여 급박하게 돌아가는 시국 속에서, 그리고 실천을 위한 결단이 요구되는 상황 가운데에서 움직인다. 이 시대에 그의 철학적 자존심이 서느냐 넘어지느냐는 실천적 결단의 유무에 달려 있었다. 신채호의 표현을 적용한다면 그는 백척간두(百尺竿頭)에 서 있다.

그의 반자유주의 논리는 이상과 같은 정치적 상황 속에서 비롯되었다. 그 때문에 그의 이지력이 예리하고 명료하게 발휘된 곳도 자유주의에 대한 논리적 해명의 부분이다. 우선 박치우는 그리스의 '데모크라티아'의 의미 해석부터 시작한다. 그것은 '오크로스(천민)'와는 구분되는 '데모스(시민권의 소유자로서의 시민)'의 지배를 의미한다. 그리스 민주주의는 도시 국가에서 토착성을 가진 자유시민의 지배로서, "일대일의 인권"을 소유한 시민권자들의 정치였다. 로마 공화정(res publica) 역시 이러한 유습을 계승한 것이었다. 프랑스 혁명 이후 부르주아의 시민적 민주주의는 민인 부르주아가 주권을 잡은 민주주의이다. 어느 형태의 민주주의든 "투표에 의한 다수결주의"를 택했다. 어느 형태의 민주주의든 "일대일의 원칙은 빼지 못할 가장 큰 특징 중의 하나"가 되었다. 그러나 고대 민주주의는 '본토박이' 의식의 토착성을 면치 못한 것이었다. 이에 비해 시민적 민주주의는 부르주아의 소유적 자아(사실상 부르주아 남성 가장이었지만)에 의거하는 것이었다. 그들의 탈봉건성에서 오는 개별적 자아는 원자적으로 실체화되어 봉건 전제에 대항하는 이론적 원리가 되었다. 박치우에 의하면 부르주아 민주주의는 이 일대일을 '사실적'이 아니라 '논리적' 근거로서 제시했다. 이러한 근거 제시에 헤겔이 오성의 논리라고 불렀던, 전통적인 '분석논리로서의 형식논리'가 봉사했다.[51]

전통적 형식논리는 2천 년을 변함없이 그대로 내려온 것에 대해 칸트가 경악했다고 하는, 그리스적 존재론에 기초한 논리학이다. 이 논리학은 박종홍이 『일반논리학一般論理學』으로 정리, 소개했다. 이 논리학은

---

51 박치우, 「일대일의 논리」, 『전집』, 209-211쪽.

구체적 관계 속에서 존립하는 현실에 적용하기 어려운 것이다. 그것은 추상적으로 명확하게 분리된 플라톤의 이데아와 같은 형상적 의미에 의거하는 문자 그대로 형식논리이다. 박치우에게도 "형식논리는 이념 존재의 논리다." 이 때문에 박치우와 박종홍은 현실존재를 다루는 데에 적합한 논리를 모색하고, 그것을 변증법적 논리에서 찾았다. 나아가 박종홍은 창조의 논리, 역(易)의 논리를 개척하고자 했다. 20세기 초 러셀과 프레게는 고전 논리학이 관계를 다룰 수 없다고 비판하고 새로이 현대 논리학을 개발했다. 그러나 박종홍은 그것이 주로 논리 실증주의자들에 의해 문장 분석의 방법적 기술(技術)로 사용되는 것을 보고, 이 조류가 '자각과 모색'의 철학에 도움이 안 된다고 보았다. 하이네만(F. Heinemann)은 유사한 맥락에서 산업적 과학기술처럼 현대 논리학이 기술화(技術化)된 것을 비판했다. 그는 논리 기술자를 자각적 인간화 아래에 종속시키는 것을 현대철학의 사명으로 제시했다.[52]

박치우 역시 유물론적 관점에서 자각적 인간화를 지향하며, 이 입장에서 형식논리의 의의와 한계를 논한다. 그에 의하면 "이념 존재의 논리이기도 한 형식논리는 사유의 원리라는 것을 공리로서 내세운다. 그리고 그 중에서도 가장 근본적인 것은 동일률(同一律)과 모순율(矛盾律)이다." 동일률은 a=a로 표시되고, 모순율은 모순을 인정치 않으므로 a=～(～a)로 표시된다. 형식논리의 공리는 "사유의 대상의 동일성을 절대의 전제로서 요청"한다.[53] 구체적 실재의 입장에서 보면 대상의 동일성은 추상적인 것을 실재인 것처럼 보는 '잘못 놓인 구체성의 오류' (A. 화이트헤드)라 할 수 있지만, 사유는 동일률과 모순율(모순배제율)을 따르지 않으면 혼란과 비일관성에 빠지게 된다.

박치우에 의하면 부르주아 민주주의는 "시민적 자유를 가진 시민적 개인"의 민주주의이다. 그러나 시민은 자신이 발견한 원자적 개인을 초역

---

52 하이네만, 『실존철학*Existenzphilosophie*』, 황문수 옮김, 문예출판사, 1976, 26-36쪽.

53 박치우, 「일대일과 형식논리」, 『전집』, 212쪽.

사적이고 보편적인 인간으로 신비화하여 인류를 참칭했다. 이러한 "자아 도취와 자아 과장", '자아 확대'는 부르주아 시민들의 '사고의 추상화'에서 나왔다. 이러한 추상화에서 다음의 개념이 생기게 되었다. '개인 그 자체', '절대의 타자로서의 개인', '자존자(自存者)', '자유자', "불가분할적이며 원자적이며 단자적인 원단위(原單位)" 등이 그것이다. 더 이상 나눌 수 없는 개인(individual)은 '무색투명한 개인'으로서 이념적 존재이다. 이러한 형식 논리적 이념화는 봉건 신분과 봉건 국가의 토착성에 대항하는 '인간 동등', '인간 무차별', '자유 평등'을 주장하는 훌륭한 논리적 장치가 된다. 이념화는 '현실적인 우열태(優劣態)'를 무시함으로써 추상성이 주는 보편적 의의를 선점할 수 있게 한다. 그것은 초월적 위치를 먼저 차지하는 이점을 선취할 수 있다.[54]

여기서 박치우는 말한다. "시험 삼아 가령 인간이란 것에 대해서 형식 논리적 이념화, 특히 동일률이나 모순율을 적용해보라. 한다면 시민 사회가 요구하고 있는 개인, 개성, 자유 등등을 얻어내기란 결단코 난사(難事)가 아닌 것이다."[55] 형식논리는 부르주아적 이해관계와 얽혀 있는 구체적 개인, 사회적 개인을 독립적 개인으로 추상하여 이념화한다. 이로써 부르주아는 귀족 세력에 대해 일대일의 평등을 주장하고, 자신들 중심의 다수결 원칙을 수립했다. 또한 이러한 추상적 단위화는 산술화이기도 하기에, 추상적으로 근로 대중의 인권 요구의 가능성을 열어 놓게 되었다. 역사적으로도 로베스피에르가 혁명의 실패에 직면하여 죽음을 걸고 평민의 자유를 위한 혁명의 연속을 주장한 것은 인권의 평등을 일관되게 따라 간 논리적 행위였다.

그러나 결국 그는 빵을 요구하는 평민의 방관 속에서, 빵을 줄 수 있는 승리한 산업 부르주아의 손에 처형되었다. 박치우는 봉건 토착성에 대립하는 시민 민주주의의 형식논리가 갖는 역사적 진보성을 지지한다. 그

54 박치우, 앞의 책, 215쪽.

55 박치우, 앞의 책.

러나 그는 그 부르주아적 한계를 지적한다. 그는 로베스피에르의 죽음을 가져온 지속 혁명론처럼 민주주의 원칙의 일관성을 실현하려는 열망을 갖고 있었다. 바로 이 지점에서 박치우의 이념은 바쿠닌이 뒤늦게 로베스피에르의 정신을 인정하고 따르게 되듯, 무정부주의자인 이회영과 신채호의 평등한 자유의 원리와 일치하게 된다. 박치우는 신채호가 해방의 이념 아래 역사를 조명한 것을 높이 평가한 적이 있는데, 신채호와 달리 논리적으로 접근하고 있지만, 개인의 평등한 자발성에 대한 그의 신념은 신채호의 정신과 공통된 부분이다.

동일률을 나에 대해 적용하면, 추상화된 동일한 나는 나이다. 모순율을 적용하면 〈나는 나 아닌 것이 아니다〉가 된다. 그리고 모순율에서 나는 나 아닌 것을 부정함으로써 나의 배타적 동일성이 확보된다. 그러나 부정을 나 아닌 것의 범위에 속하는 모든 개별적인 것들을 부정하는 것으로 보면, 나는 네가 아니고, 나는 그가 아니고, 나는 책상이 아니고 등등이 된다. 이것을 차이율이라 하는데, 모순율과 차이율은 "자아의 절대적 이타성(異他性)의 보증의 근거"가 된다. 나는 나고, 나 아닌 것이 아니다. 이렇게 해서 근대적 인간의 이념화된 개인인 시민적 개인, '원자적 인디비디움'(individium)'이 나오게 된다. 이러한 추상적 존재가 "자신의 존재이유를 다른 것에 가지지 않고 자신에 가지는" '자인적(自因的) 자유자'로서의 존재라는 개인이다.[56]

형식논리는 시민계급의 정치 · 경제적 주권을 보증해주는 논리적 근거로 작용했다. 그리고 이 논리는 의회제(여야로 구분된 부르주아 내의 의결기구) 안에서 다수결주의의 근거가 되었다. 부르주아는 자신들의 이해관계를 반영하는 법률을 토론 후 합의하여 통과시킬 수 있었다. 시민 민주주의의 형식논리가 사실상 부르주아에 대해서는 자기기만이자 근로대중에 대해서는 거짓인 형식적 민주주의로 된다는 이치가 여기에 있다. 박치우는 이러한 이치를 다음과 같이 기술한다.

---

56 박치우, 앞의 책, 217쪽.

> 이상으로써 우리는 시민사회의 기초논리가 형식논리인 것, 시민적인 일대일의 배후에는 형식논리, 특히 모순율과 동일률이 숨어 있다는 것을 밝힌 것이지만 그러면 현실에 있어는 과연 어떠했는가? 한마디로 말한다면 봉건에 대해서는 일대일을 주장하였고 또 실지에 있어 일대일을 얻었지만 일찍이 시민도 그 일원이었던 무권력 집단의 태반을 점령하고 있는 일반 무산대중에 대해서만은 사실상에 있어 일대일의 특혜를 여기까지 확장시키지는 못하였던 것이 어쩔 수 없는 사실이다. 그러면 일대일의 원칙은 거짓말이었던가? 부분적으로는 참말이었고 부분적으로는 거짓말이었다고 말할 수밖에는 없을 것이다. 즉 봉건 타도가 한참일 때는 참말이었고, 그 다음부터는 점점 거짓말이 되어 내려왔다는 것이다.[57]

박치우에 의하면 형식논리적 일대일은 개인주의 이념이 효력을 발휘한 초기 시민혁명에서는 정치적으로 참이었지만 그 후 그것은 거짓이 되었다. 시민적 자유는 형식적 공평 즉 '공평의 픽션'일 수는 있어도 '공평의 현실'일 수는 없다. 형식논리는 평등한 자유의 공평성, 즉 정치적 정의를 허구적으로 말할 수 있을 뿐이다. 진정한 현실적 정의는 자유가 주어지지 않은 근로 대중에게 공평한 자유가 주어질 때, "시민사회가 꺼꾸러질 때에만 기대할 수 있는 그러한 공평"이다. 정의로운 현실은 "능력에 의해서 노동하며, 노동에 의해서 분배하는" 그러한 형태의 공평이 실현된 사회일 것이다.[58]

이러한 정치적 평등은 보편적 민주주의를 지향한다. 박치우의 「민주주의의 철학적 해명」(『학술-해방기념논문집』, 1946)에 의하면 "민주주의는 주지한 바와 같이 인민의, 인민에 의한, 인민을 위한 정치를 주장한다." 민주주의는 '인민주권'의 원리를 현실적으로 일반화하는 정치적 개방성을 실현하는 정치체이다. 따라서 그것은 소수 특권층만의 주권이 아

57 박치우, 앞의 책, 218쪽.

58 박치우, 앞의 책, 219쪽.

닌 무주권의 다수가 주권을 행사한다. 그러나 주권의 획득과 행사는 분명한 자각적 주체성을 요구한다. 이런 의미에서 박치우는 인민에 대한 '외연적 규정'에 '내포적 규정', 즉 본질적 규정을 첨가한다. 기존의 민주주의 혁명은 "모든 권력을 인민에게로!"를 부르짖었지만, 인민은 여전히 '피지배층'에 불과했다. 이것이 인민의 역사적 외연이었다. 이러한 단순한 현실적 인민들만으로는 진정한 민주주의가 이루어질 수 없다. 박치우는 "인민이란 역사적 사회적 자각을 가진 다수의 피지배계급이라고 이렇게 내포를 규정 지을 수 있다"고 한다. 자각적 인간으로서의 인민은 이제 부르주아적 시민이 아니라 '근로 대중이어야' 한다.[59]

박치우의 이러한 관점은 마르크스가 역사적 계급으로서의 프롤레타리아와 자각적인 대자적 계급으로서의 프롤레타리아를 구분한 전통을 계승하여 인민에 확대 적용한 것으로 보인다. 그러나 부르주아는 정치적 자기실현의 확대를 통해 인민을 주권의식에서 일탈하는 수동적 노예 상태로 이끌 수 있다. 또한 서구의 역사가 증시하듯 시민사회의 모순과 동요는 파시즘으로 해결될 수도 있다. 박치우의 자각적 인간은 그 자신도 유의했듯이 언제나 그 두 가지 가능성을 의식하고 구체적 정세 속에서 그 틈을 모색하는 가운데 움직여야 하는 긴장을 갖고 있다.

그가 보기에 "자본주의 국가의 민주주의"는 자신의 혁명적 형식논리였던 일대일의 평등을 인민에게 실현하지 않았다. 그것은 '주식회사'인 '금(金)주주의'에 불과하다. 주식회사는 '주주의 수에' 의한 일대일의 원칙이 아니라 '주식의 수'에 의해 운영되기 때문이다. 일대일의 "형식논리를 일관되게 적용하면 주식회사는 파산"할 것이다. 소크라테스가 금권주의를 맹렬히 비난했듯이, 부르주아 금주주의와 주식회사적 국가를 극복하고 인민주권을 회복하는 것만이 민주주의의 참된 실현이다. 그는 「전체주의와 민주주의」(『민중조선』, 1945)에서 이 문제를 언급하고, '민주주의 조선'의 길을 제시한다. 그에 의하면 "일찍이 시민은 다수자였다. 그러나 지금

59 박치우, 「민주주의의 철학적 해명」, 『전집』, 220-221쪽, 231쪽.

시민은, 부르주아는 벌써 다수자가 아니라 비만한 소수자로 떨어지고 말았다.” 이러한 전락은 ‘스스로 전락’한 것이다. “일대일은 시민을 위하는 것으로부터 시민을 망치는 자기모순적인 것이 되어버린 것이다.”[60]

이러한 시민적 자유, 소유적 자유가 자신의 자유를 실현함으로써 동시에 자유를 부정 · 파괴하는 역설(paradox)에 봉착한다. 역설은 자유가 자유의 평등을 자신과 결합할 수 없다고 보고 배제함으로써 스스로(자유)를 파괴할 때 생긴다. 마찬가지로 평등이 자유를 부정하면 역시 자신을 부정하는 역설에 빠진다. 평등과 자유는 이처럼 서로가 존립하기 위해서는 서로를 필수적으로 용인해야 하는 상호 필수적 관계에 있다. 그러나 평등과 자유를 한쪽을 부정함으로써 한쪽을 유지할 수 있다는 모순 관계로 본다면 평등과 자유는 불구대천의 원수 관계가 된다. 과거 자유주의와 사회주의 양 진영이 자유와 평등을 모순 관계로 봄으로써 정치적 진리를 왜곡하고 냉전을 조장한 것은 각자 국가의 이익이라는 치명적 정치악에 이성을 견지하지 못했기 때문이다. 물론 박치우는 후대의 사회주의가 평등한 자유의 이념을 파괴함으로써 민주주의와 사회주의를 대립관계로 환원하리라는 것은 예상하지 못했을 것이다. 그는 부르주아 독재를 통해 자유의 역설적 파괴를 보았다.

박치우는 이러한 논리적 문제가 “역사의 변증법적 발전 과정에서” 귀결된 것으로 보고, 시민적 자유의 자기모순으로서의 역설을 극복하는 것을 ‘신생 조선’의 민주주의의 방향으로 본다. 민주주의는 “다수자의 요구인 일대일이 관철되는 현실적인 일대일, 현실적인 공평”이 실현된 ‘근로인민 민주주의’이다. 허구적 공평이라는 정치적 가상을 극복하는 사유가 진정한 합리적 사고이다. 참된 합리주의는 시민사회의 현실적 · 논리적 모순을 파악하고, 그것을 해결하려는 이성과 의지를 변증법적 논리에 따라 실현하는 것이다. 이 길은 “영미의 민주주의와는 비약적으로” 다르다.

---

60 박치우, 「전체주의와 민주주의」, 『전집』, 206-207쪽.

신생(新生) 조선은 민주주의 국가라야만 된다고 한다. 옳고도 옳은 일이다. 우리는 먼저 모든 특권 소유자에 대해서 다수자의 이름으로 일대일을 주장할 수 있게 될 터이기 때문이다. 그래서 이 일대일을 관철해야만 한다. 그러나 이렇게 관철되는 일대일은 조선의 경우에서는 영미 등의 민주주의와는 당연히 상모(相貌)가 달라져야만 하며 또 반드시 달라질 것이다. 왜냐하면 여기에서는 처음부터 다수자는 근로 대중이며 또 근로자임으로 해서 그 자신이 생산자이며 생산자이니만치 이렇게 해서 얻어지는 일대일은 결과에 있어 벌써 형식논리적인 일대일, 즉 공평의 가상(假想)이 아니다. 단서나 예외 없이 각자가 능력에 의해서 노동하며 노동에 의해서 분배하는 사회를 향해서 나갈 수밖에는 없게 되리라는 의미에서 다수자의 요구인 일대일이 관철되는 날 조선의 민주주의는 일대 비약이 필지(必至)일 것이다.[61]

이처럼 박치우는 이른바 소유적 개인주의(possessive individualism)의 시민적 자유를 진정한 자유를 부정하는 자기모순적 역설로 보고, 자유의 평등화를 통해 보편적 민주주의를 조선의 이상으로 제시한다. 시민적 형식논리는 그 자본주의적 한계를 극복함으로써 부르주아적 자유의 형식이 구체적 인민주권으로 지양·발전된다. 이것이 형식논리를 지양한 변증법적 논리이다. 변증법적 논리는 근대사회의 진보적 발전을 부르주아의 현실적 한계를 극복할 수 있는 잠재적 가능성으로 변용하여, 자유의 평등화를 역사적으로 실천하는 실천적 변증법이다. 이런 의미에서 박치우의 논리는 그가 '자유경쟁'으로 이해한 '자유주의'의 논리적 역설과 부르주아 독재성에 반대하는 반자유주의 논리라고 할 수 있을 것이다. 그는 말한다. "현실 존재로서의 인간의 행동과 역사를 옳게 취급할 수 있는 논리는 현실 존재의 논리로서의 변증법이 있을 뿐이다."[62]

---

61 박치우, 앞의 책, 207쪽.

62 박치우, 앞의 책, 205쪽.

박치우의 실천적 변증법이 전망하는 참된 민주주의는 개체의 고도의 자각과 교양을 기본 원리로 한다. 이 때문에 부분과 전체의 분리와 포섭 논리로 접근할 수 없는 성격을 지닌다. 개체는 구조적 전체가 그에게 압력을 가해서는 안 되는 존재이다. 전체가 소외된 개체를 단 한 사람이라도 고통 중에 방치한다면, 전체는 그 존립의 타당성을 의심받는다. 전체성은 언제나 탈전체화된 전체성이다. 그것은 미래적 개방성을 갖는다. 개체는 항상 폐쇄적 총체성 밖에 있으며, 전체성을 향해 평등한 연대성을 요구할 수 있다. 이런 의미에서 개체의 존엄성을 수용하는 박치우의 정치적 이념에는 개방적 전체성의 정신이 있다고 할 수 있을 것이다. 이러한 특징은 신남철의 문화주의적 마르크스주의에서도 엿보인다. 이러한 한국 급진주의 철학의 특징은 경성제대의 신칸트주의적인 문화 사상과 자발적 의지를 강조하는 전통 유가의 정신이 급진주의와 결합함으로써 형성된 것으로 보인다.

개방적 전체성의 맥락에서 박치우는 부분을 씨족, 민족, 국가라는 폐쇄적 전체의 지체로 보는 '분유의 논리'를 비난한다. 인류학자 레비브륄(L. Levy-Bruhl, 1857~1939)은 '토테미즘의 논리'를 '분유 법칙(Loi de participation)'이라 했다. 이 논리는 씨족사회의 논리인데, 여기서는 개인은 없고, 전체와 성원만이 있다. 박치우에 의하면 자유주의의 형식논리 이외에 분유의 논리라는 것이 있다. 분유의 논리는 "부분과 전체의 직접적 동일화의 논리"다. 고 · 중세의 부활을 꿈꾸는 파시즘과 같은 전체주의는 '유기체설적 논리'에 의거하지만, 개인을 전체의 지체로 간주하는 분유의 논리에 접근하므로 '20세기 토테미즘'이라고 할 수 있다. 박치우의 정치적 논리학은 분유의 논리와 형식논리를 비판적으로 지양하여 비판적 개방성을 특징으로 하는 변증법적 논리를 지향한다.[63] '형식논리적 자유'는 결국 '구속'이다. 이에 대해 박치우는 루소의 공익정신에 따르는 보편적인 자율적 자유를 제시한다. 즉 '변증법적 자유'는 "갑의 자유가

63 박치우, 「형식논리의 패퇴」, 『전집』, 152-154쪽.

곧 을의 자유이며, 통제가 곧 해방인" 자유이다.[64]

이러한 문맥에서 그는 변증법적 논리를 개인주의의 형식논리와 전체주의의 논리에 대한 비판적 대안 논리로 제시한다. 그의 「전체주의의 철학적 해명」(『조선일보』, 1939) 에 의하면 변증법적 논리는 부정의 논리, 대립과 투쟁의 논리, 운동과 발전의 논리이다. 이 때문에 "처음부터 현대의 전체주의로서는 (변증법을) 환영할 리가 없다." "헤겔주의자로 자처하는 크로너, 그록크너에 이르기까지 현대 전체주의자 거의 대부분이 약속이나 한 듯이 변증법 박멸"에 나서고 있는 것도 변증법적 논리가 전체주의에 적대적이기 때문이다.[65] 또한 박치우가 가족, 민족, 강토 등의 토착성을 떠나 조선 민족이 '문화 공동체'로 발전하기를 기대한 것도 그러한 탈폐쇄성의 정신을 변증법적인 과학적 세계관의 주요 성질 가운데 하나로 보았기 때문이다. 그가 보기에 미국은 여러 민족이 결합하여 하나의 국가를 이루었다. 마찬가지로 조선도 역사적으로는 새로운 가능성을 실현해야 하는 '운명 공동체'이지만, 하나의 '문화 공동체'로 발전하여 참된 민주주의를 성취할 수 있을 것이라고 그는 믿었다.[66] "'민족'이 아니라 '사람'이 중요하기 때문이다." "민족 운운이야 어찌되든 문화는 생성 · 향유 · 발전하는 그러한 것이라는 점이 중요한 것이다." 그리고 "원래 문화라는 것을 동양이니 서양이니 하고 나누는 것부터가 과학적이 아닌 것이다."[67] 박치우는 진보적 탈영토주의와 민주적 문화주의에 자각적으로 충실하다.

그는 이러한 정치사상의 견지에서 자유주의 경제 기구인 자본주의를 역사적 효력이 다한 것으로 판단한다. 자본주의는 '생산과 소비의 불균형', '가격의 저락', '이윤의 감퇴' 등으로 '본래의 의도와는 전혀 모순되는 사태의 도래'를 맞는다. 자유경쟁이라는 자유주의는 "시민을 위한 시

---

64 박치우, 「시민적 자유주의」, 위의 책, 133쪽.

65 박치우, 「전체주의의 철학적 해명」, 위의 책, 146-147쪽.

66 박치우, 「민족문화 건설과 세계관」, 앞의 책, 294-296쪽.

67 박치우, 「민족과 문화」, 앞의 책, 283-284쪽.

민 자신의 발전 형태로부터 지금은 마침내 질곡으로 변하고 만 것이다." '시민의 용병'이었던 자유주의는, 파시즘을 통해 왜곡된 형태로 연명하다가 "몇 사람의 우울한 인텔리겐차의 여윈 가슴에 매어 달려서 유골의 보존이나마 기할 정도"가 된다.[68]

물론 자유주의는 경쟁을 생활신조로 하기에 합리성을 이기주의에 종속시키는 세련된 이기주의적 삶의 양식이다. 논리적으로나 윤리적으로나 비진리의 삶이다. 그러나 자본주의의 위기와 그 파탄은 다르다. 박치우는 당시 마르크스주의 이론가들처럼 위기를 너무 쉽게 파탄으로 연결하고 있다. 마르크스도 언급하듯이 자본주의는 노동 시간을 늘려 추출하는 절대적 잉여가치가 한계에 이르면, 기술의 발전을 통해 상대적 잉여가치를 추출함으로써 이윤을 증대시킨다. 이른바 자본의 유기적 구성은 이처럼 상황에 따라 다른 형태를 갖는다. 자본이 자본의 적이라는 자본의 자기모순은 오히려 기술 발전을 촉진하여 사회를 부단히 동요시킴으로써 자본과 노동의 생산관계를 존속시킨다. 자본은 이러한 관계적 구조를 유지하기 위해 위기를 자기발전의 계기로 활용한다. 상품의 물신적 상징화 작용은 소비를 촉진함으로써 생산의 활력을 일으킬 수도 있고, 위기를 금융 조작이나 전쟁과 같은 물리적 수단으로 극복하기도 한다. 자본의 탈영토화적 확산은 모순으로 망하는 것이라기보다는 모순을 활력으로 삼는, 마치 『주역周易』의 '막히면 통한다[窮則通]'라는 논리처럼 작동해왔다. 그러나 오늘에 이르기까지 이러한 과정을 통해 군산복합체로 발전된 자본주의는 한 가지 결정적 위기, 즉 인류의 종국적 파멸이라는 생태론적 위기를 초래하게 되었다. 자유주의 세계는 참사를 예감하게 하는 '위험사회'이다.

이러한 상황은 박치우가 경험하지 못한 것이다. 그리고 당시의 진보적 철학도 계몽주의 전통의 '과학적 세계관' 안에 정치적 이념을 담고 있었다. 그들은 자연과 인간의 관계를 모순적 관계로 보고, 인간의 대상화

---

68 박치우, 「시민적 자유주의」, 앞의 책, 139쪽.

적 전유(專有) 활동을 통해 이 모순을 극복해간다는 낙관적 관점을 유지하고 있었으며, 이 때문에 그러한 관점에 대한 심각한 반성을 할 여유를 갖지 못했다. 박치우가 자연의 문제를 배제한 것도 그러한 전제를 의심하지 않았기 때문일 것이다. 그러나 오늘의 진취적 철학은 과학과 인간, 논리학과 인간, 우주와 인간의 관계를 다시 성찰할 것을 요구하고 있다. 그럼에도 박치우의 철학은 자유와 평등의 관계를 서로를 부정하면 자신도 부정되는 역설적 관계로 보아, 단 한 사람의 고난도 인류의 책임으로 보는 숭고한 윤리적 개방성을 보여주었다는 불후의 공헌을 남기고 있다. 이 불멸의 정치적 진리는 어느 상황에서도 비인간화를 문제 삼고 미래를 우려하며, 가능한 방식으로 실천해 나가는 '인간다운 인간'을 형성해낼 것이다.

그리고 그는 당시 시사적 문제였던 '스페인 내란'에 "무서운 관심을 보내고 있다"고 한다. 그에 의하면 "종교전쟁 이후론 처음 보는 가장 격렬·잔인한", "가장 자각된 형태의 사상 전쟁이다." "폭력에 의한 사상의 해결, 사상의 결투"가 갖는 '세계사적 문제'와 그 귀추는 1936년 그에게 초미의 관심사가 되었다.[69] 부르주아 의회제는 일대일의 동일률에 의거하여 자신의 계급 내에서 토의와 합의를 도출하는 것을 시민적 정치 행위로 본다. 그러나 그 온실의 밖에는 첨예한 갈등과 대립의 폭풍이 있다. 스페인 내란은 거의 대부분의 인류의 이념들이 무장을 하고 격돌한 인류 양심의 시험장이었다. 자연주의적 유물론자처럼 박치우는 인간의 이념과 폭력성의 여실한 만남을 인간다운 것으로 유심히 관찰하고자 했다. 심지어 성스러운 종교도 전쟁과 화형으로 물들인 인간이 아니었던가. 아마도 그의 이러한 역사 내재적 관찰 태도가, 당시 급진 좌경화된 남로당과 연관된 정세와 맞물려 그의 사상을 폭력으로 시험하게 한 것으로 보인다.[70]

69 박치우, 「두 편의 노작」, 『전집』, 448쪽.

70 좌우 합작에 의한 민주주의 과도 정부 수립을 도모한, 김규식(金奎植)과 여운형의 점진주의 노선은 박헌영에 의해 기회주의로 비난받는다. 이어 박헌영(朴憲永)을 지도자로

그의 이러한 시험은 역사가 사회주의를 지향하는 쪽으로, 그리고 프롤레타리아 쪽으로 흐른다는 신념을 과학적 믿음으로 전제했던 레닌주의를 한국사회에 그대로 적용하는 태도와 연관이 있다. 결과는 남로당의 붕괴와 한국에서의 진보 사상과 노동운동의 소멸이었다. 박치우의 실존적 진실성을 인정한다 하더라도 그러한 결과로 볼 때, 그의 태도는 주관적 소망을 과학적 명제와 혼동하는 교조주의라고 비판할 수 있을 것이다. 해방 후 진보 운동들이 처한 주객관적 조건이 남한처럼 현기증이 날 정도로 복잡하며, 거기에 강대국들의 지배까지 겹치는 나라도 드물다. 박치우의 사고와 실천은 이러한 복잡성 속에서, 그리고 자신의 세계관을 벗어나지 않는 한에서 단일한 명료성을 추구했다.

그러나 우파의 난폭성과 함께 남로당의 고립적이고 자폐적인 노선이 가져온 엄청난 고통과 한국사회의 광범위한 우경화라는 대가를 생각할 때, 범대중적 3 · 1 운동의 정신을 회고할 필요가 있다. 노동계급을 넘어선 광범위한 연대를 구성하기 위해서는 도회지에서의 파업과 폭동을 위주로 하는 좌경 기회주의 노선을 재고할 필요가 있다. 이 노선은 중국의 구추백(瞿秋白, 1899~1935)과 이립삼(李立三, 1896~1967)의 도시 노동계급 중심의 혁명론과 유사하다. 과거사를 되돌릴 수 없다. 그러나 어떤 역사적 사건은 한 개인이나 소수 집단의 결단에 의해서 일어나기도 한다면, 실현될 수 있었던 다른 가능성에 대해서 논의하는 것이 전혀 무의미하지 않을 것이다. 파토스에 이끌려가는 로고스의 명민성은 광대한 자발

한 남로당은 좌우합작을 포기하고 급진 좌경화된다. 그러자 중간파를 지지했던 미군정에 의해 남로당은 불법으로 지목된다. 남로당은 박헌영의 지도 아래 폭력 노선을 취하여 1947년 평양에 강동정치학원을 만들어 군사 교육기구를 두게 된다. 이러한 과정에서 극우파의 세력이 확장되고, 미군정도 좌우합작을 취소하게 된다. 동서의 냉전은 한국에서 분단의 고착이라는 최악의 사태로 귀결되었다. 박치우는 박헌영과 함께 활동하다가 1948년 남로당 서기국원과 강동정치학원의 부원장직을 수행한다. 1949년(41세) 유격대 정치위원으로 남하했다 태백산 전투에서 사살된다 (「박치우 연보」, 『사상과 현실』, 598-608쪽).

좌우합작의 실패와 분단의 과정은 다음을 참조: 강영철, 「左右合作과 南北協商」, 『韓國史硏究論選』, 현대사 6, 백두문화; 김운태, 「美軍政의 정책과 國內政治狀況」, 앞의 책.

적 연대를 구성하는 길을 모색할 것이다. 동시에 로고스는 자연과 인간의 관계를 동일자의 두 현현태(顯現態)로 보는 우주적 연대성 안에서 다시 거듭날 필요가 있다.

그러나 이러한 비판적 논의에도 불구하고 박치우의 반자유주의 논리가 갖는 철학적 의의는 오늘날에도 결코 퇴색되지 않는다.

6. 모순의 논리에 대한 논박과 옹호

사회적 실천을 모색했던 사상가들은 서로 다른 형태를 보여주지만, 부정, 모순, 실천, 창조, 전환 등과 같은 변증법적 개념들을 즐겨 사용했다. 그들은 이른바 정립, 반정립, 종합이라는 단계적 발전 논리를 도식적으로 적용하거나, 변증법적 논리학을 존재의 논리로 보는 독단적 철학을 하고자 한 것은 아니었다. 그들이 변증법적 개념들을 선호한 것은 전면적 소외와 분열의 삶의 양식을 위기로 인식하고 이 위기를 창조적 극복의 계기로 삼고자 했기 때문이다. 극복을 위한 창조적 실천의 문제가 절박하게 다가왔다. 과거의 것을 새로운 삶의 양식으로 형성 · 전환하려는 의지가 철학적 사유를 이끌어갔다. 객관적 사회구조나 일상의 언어 소통 양식, 혹은 한정된 사유의 구조가 삶을 제약한다는 구조주의적이고 정태적인 사상은 그들에게 인간을 수동화하는 반인간적 허무주의에 지나지 않았다. 모순의 극복이 초미의 관심사였다.

그들에게 현실이 첨예한 관심사가 된 것 자체가 현실이 모순적이며, 인생사가 불안정하고, 이념과 현실이 불일치하며 파열되어 있다는 것을 증거한다. 사회적 모순이든 내적 모순이든 모순은 혼란의 감정을 일으켜 그것을 극복하려는 비판적 사고와 실천의지를 추동한다. 이러한 사상은 부정을 통해 현실을 이끌어가는 능력을 주체로 보는 헤겔의 관점과 자연스럽게 연결된다. "참된 것은 본질적으로 주체이다."

> 진정한 정신의 생명력은 죽음을 두려워하는 나머지 그 자신이 파멸되지 않도록 고이 보존하고 간직하려 하지 않고, 죽음을 감내하면서 바로 그 죽음 속에서 자기의 생명을 보존하려 한다. 정신은 오직 갈기갈기 찢기다시피 한 내적 자기 분열을 통해서만 그의 진리를 획득한다. 그리하여 정신이란 결코 부정적인 것을 외면하고 긍정적인 것에만 집착한다거나, 또는 어떤 문제에 대해서 그것이 무의미하거나 거짓이라고 몰아붙인 채 외면하는 힘이 아니라, 오히려 부정적인 것을 직시하면서 바로 그 부정적인 것에 의지하여 그 속에 머무를 수 있는 힘을 의미한다. 이와 같이 바로 그 속에 머무르는 것(verweilen)이야말로 부정적인 것이 존재로 전환되도록 하는 마력과도 같은 것이다. 이 마력이 앞서 이른바 주체라는 것과 같은 것이다.[71]

자기분열 속에서도 마력과도 같은 부정의 힘이 정신의 본질이자 창조의 원천이다. 헤겔이 비록 『대논리학』을 통해 논리로서의 변증법과 존재론으로서의 변증법 체계를 수립했다고 하더라도, 사상으로서 그의 변증법을 잘 보여주는 것은 부정의 힘을 정신의 본질로 보는 시각이다. 사상으로서의 변증법은 자신의 시대를 "새로운 앞날을 지향하는 탄생의 시대", 혹은 "새로운 시대적 국면"을 여는 전환기로 보는 헤겔의 역사적

---

71 헤겔, 「서설: 학문적 인식에 관하여」, 『정신현상학*Phänomenologie des Geistes*』: 이 번역은 야지마 교시로(谷嶋喬四郎)의 『변증법의 사회사상사적 고찰』(이대현 옮김, 온누리, 1985)에 의거했다; 임석진, 『정신현상학』 1, 한길사, 2005, 71-72쪽: 임석진의 번역은 다음과 같이 원문에 가깝게 되어 있다. "(생명은) 결코 죽음을 회피하고 황폐함을 모면하려는 생명이 아니라 죽음을 무릅쓰고 그 안에서 자기를 유지해나가는 생명이 바로 정신의 생명이다. 정신이란 그 자신이 절대적인 분열 속에 몸담고 있음을 알아차리는 가운데 진리를 획득하는 것이다. 정신은 부정적인 것에서 눈길을 돌려 긍정적인 쪽으로 쏠림으로써 힘을 발휘하는 것이 아니다. 무언가가 주어졌을 때 그것은 아무 의미도 없는 쓸모없는 것이라고 하면서 당장 고개를 내저으며 다른 쪽으로 마음을 돌리는 것은 정신이 취할 자세가 아니다. 참으로 정신이 힘을 발휘하는 이유는 바로 부정적인 것을 직시하며 그 곁에 머물러 있기 때문이다. 그것을 따돌리지 않고 그 곁에 함께 머무르는 바로 그때, 여기에 부정적인 것을 존재로 전환되게 하는 마력(魔力)이 생겨나는 것이다."

관심을 반영한다. 그것은 이념의 실현을 통해 '정신적 상실'을 회복하려는 의욕의 산물이다. 따라서 이러한 사상은 시대와 문화의 상황과 연관해서 이해해야 하는 역사성을 갖는다. 그것은 범논리주의적 보편 교의학이나 초시대적 논리학을 수립하는 것과 구분된다.[72] 사상으로서의 변증법은 역사적 현실의 극복을 위한 창조적 실천과 사고의 논리이다.

변증법은 이념을 전제한 사유와 실천의 기술(技術, techne)이며, 이 기술은 각고의 수련과 단련을 필요로 하는 실천적 지식인의 삶의 방식이다. 괴테가 이해한 것처럼 "생의 비극은 화해할 수 없는 모순에 있다." 박치우에 의하면 이러한 모순을 심원한 심정으로 느끼고, "일체의 사물들 사이에 있는 차이를 변별해 낼 수 있는, 인간에게 주어진 논박의 정신을 단련해 나가는 것-그것이 바로 변증법이다"(『잠언과 성찰』). 변증법은 세계에 능동적으로 대응하는 하나의 생의 기술이다.

이러한 의미에서 현대 한국철학은 현실을 오성의 형식논리에 따라 분

---

72 변증법이란 무엇인가에 대해 그 윤곽이 불분명하고, 비판자들 사이에서 그 표적이 명확하지 않은 것은 변증법이 다의성을 갖기 때문이다. 그리고 그 역사적 연원도 운동의 모순을 논한 제논, 대화술을 개발한 소크라테스나 플라톤, 대립의 통일을 생성의 이법으로 본 헤라클레이토스, 신과 인간 예수의 삼위일체적 관계 등 여러 분지선과 연관된다. 심지어 대립의 통일을 말하는 신비주의 철학, 신앙의 역설을 말하는 키에르케고르나 칼 바르트의 변증신학도 변증법적 사고의 유형들로 분류되기도 한다. 또한 헤겔이 변증법을 논리학이라는 형태로 제시했지만, 형식논리학처럼 그것을 모든 사고의 기관으로 만들거나 현대 논리학처럼 인공 언어를 일상 언어의 기초로 삼기 위한 희망 없는 기도를 한 것으로 보이지는 않는다. 이러한 복잡함 때문에 변증법은 논리학의 의미로 축소되어 인식될 경우에는 여러 형태의 과학주의자들에게 비난의 대상이 되어왔으며, 창조적 실천의 논리로 이해될 경우에는 기존 제도성(실정성, positivität)에 안주하려는 사람들과 개량주의자들에 의해 증오의 대상이 되어왔다. 헤겔 변증법의 이러한 다의성 때문에 엄밀한 의미의 논리학이자 존재론으로 간주되는 악명 높은 변증법과 창조적 사고와 실천의 논리, 즉 사상으로서의 변증법을 편의상 분리하는 것이 변증법에 대한 유연한 이해를 가능하게 하고, 현대 한국철학의 고뇌를 이해하는 데에 도움을 줄 수 있는 것으로 보인다.
변증법의 다의성과 사상으로서 변증법이 지니는 성격에 대해서는 다음을 참조: 야지마 교시로, 『변증법의 사회사상사적 고찰』, 이대현 옮김, 온누리, 1985, 24-109쪽; 변증법의 다의성과 연관하여 헤겔에 대한 비판적 연구로는 다음을 참조: 호르슈트만(R. P. Horstmann), 『헤겔변증법연구』, 김창호 · 장춘익 옮김, 풀빛, 1983.; 부브너(Rüdiger Bubner), 『현대독일철학』, 김우철 옮김, 문예출판사, 1986.

리 고정시키는 고체적 사고를 뛰어넘어, 이념에 접근하는 생동하는 현실로 전환하고자 하는 이성의 논리를 따랐다. 이러한 능산적 변증법은 헤겔이 예감했듯이 사랑의 심정에서 이성의 본성을 해독하고, 계몽주의적 오성의 논리를 극복하여 원융한 전체성의 이념을 열망하는 논리이다. 사랑은 모든 존재자가 그 고유한 개별성을 가지고 심정의 내면에서 긍정되도록 하는 보편적 이성의 소리인 것이다. 사랑이 개체들의 자유를 전체적 유대 속에서 살려낸다는 이성의 이념은 형식논리의 한계를 넘어 사랑과 이성의 합치에서 자유의 이념을 직관한다. 사상으로서의 능산적 변증법은 기성 제도성[實定性, positivity]을 역사적 필연성을 갖는 것으로 인식하지만 동시에 그것을 새로운 가능성으로 변형하는 기술이다. 그러므로 이러한 의미에서의 변증법은 사유의 재정립과 변형을 위한 의지적 인내와 노력을 필요로 한다.

헤겔은 후진적 독일의 봉건 귀족제와 연관된 전통, 프랑스 혁명과 연관된 계몽주의 양자 사이에서 분열된 정신을 전체성의 이념을 통해 철학적으로 극복하고자 하는 의지를 보여준다. 이러한 노력은 밖으로는 귀족들에게 고개 숙이고 안으로는 계몽주의의 추상적 자유를 생각하는 인격의 분열과 이중장부(二重帳簿)를 청산하려는 노력이다. 이것은 사회적 관계에서는 교활성으로 드러나고, 고립되어서는 추상적인 공적 법칙에 따르는 허약한 이성을 청산하는 삶이다.

현대 한국철학의 변증법적 노력은, 한편으로는 제국주의와 봉건 유습 속에서 살아야 하고, 다른 한편으로는 자유의 이념을 생각해야 하는 분열적 이중장부를 비양심적 처사로 판단하고 극복하려는 것이었다. 박치우에게 강단 철학은 현실과 이념을 무심한 관계로 만들어, 생계를 유지하지 위한 이중계산 목록에 넣어 알량한 삶을 유지하는 것에 불과했다. 이러한 삶은 사랑이 양심을 통해 알려준 이성적 삶이 아니었다. 박치우의 죽음은 전략상으로 실패했다. 그러나 그것은 사랑과 이성은 분열의 고뇌와 죽음을 통해서만 자신의 생명을 건진다는 인생의 진실을 상징적으로 보여준다.

박치우와 신남철은 국가를 사회의 계급분화의 견지에서 해명하고 국가를 지양하는 길에서 자유의 이념을 실현하고자 했다. 이에 비해 박종홍은 마치 헤겔처럼 민족정신을 이성을 통해 재건하는 동시에, 국가를 근대화하고 사회의 사리사욕을 도덕적으로 지양하여 국가에 통합하고자 했다. 함석헌은 기독교의 제도성과 국가의 억압성을 비판하고, 사회의 사리사욕을 종교적 내면성을 통해 극복하여 궁극에는 무계급, 무소유의 세상으로 가기를 희망했다. 이들 모두의 이상에는 개방적 형태이든 폐쇄적 형태이든 전체성이라는 이성적 이념이 작용하고 있었다.[73]

그러나 자유주의자들은 변증법적 세계관을 전체주의적 유토피아 기획이라고 비판해왔으며, 특히 그것을 하나의 논리학으로도 보아 모순을 인정하는 불합리를 갖고 있다고 비판해왔다. 헤겔의 변증법에 의하면 생성은 모순이 있기 때문에 일어나며, 모순은 사물의 운동의 원리이다. 이러한 운동은 모순의 혼란을 극복하는 과정이다. 이러한 전제하에 변증법은 모순을 용인하면서도 모순의 극복 과정을 진정한 이성적 사고와 실천으로 간주했다. 모순은 창조적 사고와 행동이 기본적으로 참조해야 한다. 이러한 관점은 보수적 헤겔주의와 진보적 마르크스주의에 거의 공통된

---

73 여기서 말하는 전체성은 기능주의 사회학이 말하는 유기체적 전체성이나 유기적 기능들의 체계가 아니라, 이상적 이념으로서의 전체성을 의미한다. 이 이념은 신비가의 통찰인 자연과 인간의 대립 없는 통일을 사랑과 자유의 의미로 보는 낭만주의 철학과 연관된다. 이러한 전체성을 헤겔은 이성의 체계로 발전시켰다. 이 점에 관해서는 다음을 참조: Dieter Henrich, *Between Kant and Hegel*, Harvard University Press, 2003, pp.279-295.

다른 한편 사회과학에서 현상적 부분에 대한 실증주의적 연구방법과 인간의 사회적 삶이 총체적 연관 속에서 이루어진다는 점을 강조하는 변증법적 연구방법의 대립에서도 전체성이 논의의 초점으로 되어 있다. 이때의 전체성은 설명의 원리로서의 과학적 개념이 된다. 이 두 가지 연구 태도는 아직까지 화해를 보지 못하는 긴장관계에 있다. 실증주의가 과학적 가치중립성을 표방하고, 사회 전체의 목적에 대한 논의보다 기술적(技術的) 수단에 봉사하거나 것에 만족하고 있다는 것은 변증법적 연구 태도의 입장에서 심히 불만스러운 것이다. 반대로 실증주의는 전체성을 논하는 변증법적 태도의 거창한 이념성이 개인의 경쟁과 독립성을 훼손할 것이라는 두려움을 버리지 않는다. 이 점에 대해서는 다음을 참조: 아도르노 · 포퍼(T. W. Adorno and K. Popper), 『사회과학의 논리－실증주의 논쟁』, 김종호 옮김, 이문출판사, 1986, 179-264쪽.

것이었다. 이에 비해 자유주의 전통에 서 있는 사람들은 고전적 형식논리가 사고의 근본법칙으로 전제하는 동일률과 모순율(모순배제율)을 논리적 추론의 근본 공리로 전제한다. 그 규칙들은 이성적 사고의 일관성을 보장했다. 이 점에서 박치우가 형식논리를 자유주의의 논리로 규정한 것은 정확한 파악이었다. 자유주의자는 모순을 용인하지 않는다.

이러한 문맥에서 논리학을 둘러싼 논쟁과 알력은 자유주의와 반자유주의 사이의 대립을 보여주는 정치적 의미를 갖는다. 논리학은 비정치적 중립성을 표방하기도 했지만, 그런다고 비정치적 문맥에 자리 잡고 있지도 않았다. 전체주의와의 정치적 대립을 첨예하게 의식하면서 모순을 배제하는 자유주의의 논리를 제기한 사람은, 영국의 과학 철학자였던 포퍼(Karl Popper, 1902~1994)였다. 그의 주장은 이제는 자유주의자의 건전한 사고가 되었지만, 전형적인 자유주의 논리와 변증법에 대한 통속적 이해를 잘 보여준다. 그는 모순을 배제하는 자신의 입장을 자연철학적인 우주관으로까지 확대하여, 모순이 빠진 동일자의 추구를 자연과학의 형이상학적 근본이념으로 간주했다. 그의 최후의 저작인 『파르메니데스의 세계』(2010)는 파르메니데스의 동일자인 존재가 우주를 영원히 유지시키는 불멸의 물질이라고 말한다. 과학의 일관된 이념은 체계의 무모순성과 유물론적 물질의 동일성이다. 이 점에서 그는 우주의 본질적 통일성의 편에 서서 차이성을 얘기하는 창발적 진화와 같은 개념을 거부했다. 모순이나 창발적 차이성은 거부된다. 이러한 입장은 근대과학적 사고의 한계 안에 갇혀 있다는 인상을 주지만, 그의 신념은 대단히 강경한 것이었다. 자유주의와 전체주의를 이원적으로 대비시키는 그의 관점도 제3의 개방적 사고의 가능성을 생각하지 않았다.

그의 『추측과 논박*Conjectures and Refutations*』(1963)에 의하면, "우리가 모순을 용인하려고 할 경우, 비판과 더불어 모든 지적인 진보는 종말을 고할 수밖에 없다." "모순을 용인할 생각이라면, 그때 모순은 무익한 것이 될 것이고, 합리적인 비판과 토론 및 지적인 진보는 있을 수 없을 것이다." 이러한 포퍼의 입장은 단호한 결심이었다. 그러한 태도는 "오로지 모순을 허용치 않겠다는 우리의 결의, 우리의 결단이다." 그에게 모순의 용인은 '과학의 전면적인 붕괴'를 의미했다. "만일 모순되는 두 진술을 인정하게 되면, 어떠한 진술도 인정하지 않을 수 없게 된다." 바로 이러한 결말이 그가 우려하는 지적 붕괴이다. 그는 이러한 결과를 현대 논리학의 인공 언어적 기호를 사용하여 논증한다. 그는 p(소크라테스는 현명하다)에서 p∨q(p 또는 q)라는 형태의 모든 결론(소크라테스는 현명하다∨피터는 왕이다)을 타당하게 연역할 수 있다는 추론규칙(1)을 전제한다. 그리고 ~p와 p∨q에서 결론 q를 얻는다는 추론규칙(2)도 전제한다. 그는 이러한 "타당한 추론 규칙을 사용해서, 한 쌍의 모순된 전제로부터 우리가 바라는 어떠한 결론도 추론할 수 있다"는 것을 보여준다.

(a) 태양은 지금 빛나고 있다. (b) 태양은 지금 빛나고 있지 않다. 이 두 모순된 전제에 순서대로 (a)에 추론규칙(1)을 적용하여, (c) '태양은 지금 빛나고 있다∨카이사르는 반역자였다'를 (a)로부터 도출한다. 그리고 (b)와 (c)에 추론규칙(2)를 적용하여, (d) 카이사르는 반역자였다, 를 도출한다. 이처럼 그는 또는(∨)이라는 연결사를 활용하여 모순으로부터 어떤 임의의 명제를 도출할 수 있음을 보여준다. 마지막 임의의 명제는 2+2=5라든지, 2+2≠5라는 등의 어떤 명제도 가능하다. 이러한 결과는 경쟁하는 이론들 간의 반증 가능성을 불가능하게 한다. 한 쌍의 모순된 진술로부터 바라는 모든 것이 도출 가능하다는 것은 '비판의 종언'이 되기 때문에, '과학의 붕괴'로 이어진다는 것이다. 거기서는 모든 '임기응변식 이론'이 용인된다. 따라서 포퍼는 다음과 같이 말한다. "모순은 피할 수 없으며, 또 아주 생산적이기 때문에, 그것을 피하는 것은 바람직하지 못하다는 변증법 논자의 주장의 부정확성은 아주 위험한 과오로 끌리기 쉽다." [74]

이러한 비판은 변증법적 모순을 엄밀한 의미의 논리학 개념을 기준으

74 포퍼, 『추측과 논박*Conjectures and Refutations 2*』, 이한구 옮김, 민음사, 2001(1963), 133-176쪽.

로 판단한 것이다. 모순은 헤겔의 『대논리학』의 한 장[본질론]을 구성하는 개념이었고, 이성적 인식의 핵심적 계기이기도 했다. 포퍼는 변증법론자들이 모순을 '확정된 논리적 의미'로 사용하지 않고 창조를 가능하게 하는 갈등, 대립, 부정 등과 같은 의미로 사용한다는 것을 잘 알고 있다. 그는 이러한 경우에는 이론의 창조적 발전에는 항상 그러한 갈등과 부정 등이 있기 때문에 충분히 인정할 수 있다고 본다. 그리고 마르크스주의가 '인류를 신음하게 만드는 치명적인 위험'을 지적하는 것에 찬성한다. "철학자는 그러한 문제를 무시해서는 안 된다"고 한 것이다. 나아가 그는 결론을 맺는다. "철학자인 우리로서는 우리의 당면 문제와 다양한 당파가 지지하는 해결책에 관해서 합리적인 비판을 가하는 것 이상으로 좋은 일을 할 수 없다. 더 명확하게 말하면 내가 철학자로서 할 수 있는 최상의 일은 방법들에 대한 비판자의 무기로 무장하고 문제에 접근하는 것이라고 믿고 있다. 이것이 내가 하려는 것이다." 75

포퍼는 다음 두 가지 입장에서 모순의 존재를 용인하지 않는다.

(1) 그는 동일성을 과학의 이념으로 보고, 이 이념의 존재론적 구현자를 고대의 파르메니데스의 유물론적 존재론으로 상정한다. 모순과 창조적 차이성(우연성을 도입해야 차이성은 성립)은 비합리적 개념이므로 이 우주에서 배제되어야 한다.

(2) 그는 모순의 용인을 논리학과 변증법을 혼동하는 것으로 본다. 논리학의 범위 안에서 볼 때 모순은 배제되어야 한다. 그가 보기에 모순배제율(모순율)을 거부하는 헤겔의 논리학은 정반합이라는 경직된 도식을 생물학적 현상을 비롯한 모든 과학적 현상에 적용하는 '강화된 독단론'과 '범논리주의'로 이어졌다.

이러한 변증법 비판은 절대적 관념론이 되어버린 헤겔의 범논리주의와 변증법을 기계적으로 적용한 기존의 변증법론자에게 반성의 계기를 줄 수 있다. 그러나 그의 논변은 다음과 같은 논박에 직면할 수 있다.

---

75 포퍼, 앞의 책, 179쪽.

(1) 그는 인공 언어인 '∨'(vel)과 일상 언어인 '또는'을 동일하게 구사하고 있다. 일상 언어를 인공 언어로 환원함을 통해 사고가 더 명료해진다는 현대 논리학의 무비판적 주장을 포퍼는 계승하고 있다. 일상 언어를 의미론적 상승(semantic ascent)을 통해 인공 언어로 승화시키는 것이 일상 언어가 지니는 의미상의 혼란으로부터 벗어나는 길이라고 하는 생각은 상징적 기호에 대한 근거 없는 신앙일 수 있다. 상징은 상징일 뿐이다. 또한 '∨'은 '또는'이다와 같이 인공 언어의 의미를 일상언어로 규정해야 논리적 추리가 가능하다면, 이때 발생하는 두 언어의 위계 설정이 혼란에 빠지게 된다는 것은 주지의 사실이다. 여기에 비상식적인 어떤 혼란이 있을 수 있다. (a) '태양은 지금 빛나고 있다'에서 (c) '태양은 지금 빛나고 있다∨카이사르는 반역자였다'를 논리적으로 추론할 수 있다. 그러나 일상생활에서 '또는'이라는 연결사를 그렇게 사용하는 사례는 극히 적으며 때로는 비상식적이다.

물론 포퍼의 의도는, 일관성을 파괴하는 모순을 인정하면 원하는 대로 임의의 결론을 도출하게 된다는 점을 비판하려는 데에 있었다. 사실 모순된 명제를 전제하면 어떤 명제라도 그로부터 도출될 수 있다. 그러나 다음에서 보는 바와 같이 변증법적 모순은 두 명제 사이에 모순이 존재한다는 것이 아니라 힘들의 균열에 대한 존재론적 언명이다.

(2) 빌란트(Wolfgang Wieland)가 지적하듯 부정과 모순의 논리는 서로 외적인 관계에 있는 "p와 ~p라는 두 명제의 요소 사이에 존립하는 관계"를 말하는 것이 아니다. 모순은 "특수한 방식의 불일치(Diskrepanz)"이다. 변증법은 일자와 타자가 서로를 무화할 수 있는 위력을 가지고 분열되어 있으면서 서로 내적인 관계를 맺고 있는 특정한 균열사태를 기술한다. 통일성 속에서 대립하는 두 요소는 하나가 타자를 부정함으로써 자신도 부정하는 "초논리적 유사(類似) 역설(pseudoparadoxie)"의 문제에 처한다.[76] 이러한 역설이 인생사나 사물의 심층에서 작동한다. 변증법

76 호르슈트만, 「헤겔 논리학에 있어서 始初에 대한 인식」, 『헤겔변증법연구』, 비란트(W.

은 다만 그러한 역설적 구조에 부정이나 모순이라는 논리적 형식을 부여한 것이다. 변증법적인 헤겔 철학을 '모순의 철학' (임석진)으로 규정하는 이유도 여기에 있다.[77]

(3) 변증법론자가 보는 모순은 추상적 지성이 외면적으로 분별할 수 있는 차이나 구분이 아니다. '또는(∨)'이라는 연결사는 외면적 구분의 문맥에서 평이하게 적용된다. 그러나 변증법적 모순은 두 개의 힘들이 통일적인 내적 관계 속에 있으면서, 서로를 부정하는 대립적 관계를 전제한다. 따라서 그것은 '또는(∨)'과 같은 외면적 관계를 함축하지 않는다. 변증법적 모순의 의미는 첨예한 상호 부정의 갈등, 대립, 불균형, 불일치라는 구조적 관계에서 성립한다. 변증법은 이와 같은 의미 구조를 갖는 모순에 논리적 형식을 부여하고, 그것을 사물의 내부 구조로 본다. 또 이런 의미에서 박종홍, 박치우는 모순을 현실 존재의 생성, 운동의 원리로 보았다. 포퍼가 외면적 관계인 '또는(∨)'을 전제하고 변증법적 모순으로부터 임의의 원하는 모든 명제를 도출하게 된다고 말한 것은 변증법적 모순의 구조에 대한 이해를 회피하는 것이다.

Wieland) · 김창호 · 장춘익 옮김, 풀빛, 1983, 100-119쪽.

77 林錫珍, 「헤겔 辨證法과 矛盾의 構造」, 『時代와 辨證法』, 靑史, 1979, 41-50쪽: 그러나 임석진은 모순의 철학을 절대적 관념론 안으로 흡수한다. "모순과 대립의 본질은 결코 자체 내에 담겨진 분열과 갈등의 요소에 의하여 자기를 상실하고 절망과 불안과 죽음의 환상 앞에서 공포감을 되씹는 퇴보와 침체와 우연에 내맡겨진 논리가 아니다. 오히려 그것은 그때그때마다 닥치는 어떤 공허성과 위기감을 의식하면서까지도, 이것을 理性人, 즉 양식 있는 인식주체로서의 전인간적 자유의 실현을 위한 역사적 필연의 단계적, 순간적 표징으로 체득하고, 그것을 끝내 지양, 극복하는 데에 있다고 나는 말하고 싶다." 시간 속에서의 자유의 실현 과정은 끝내 완성을 통해 극복되어야 한다. 그는 "모순과 유화(宥和)의 상호투쟁과 이러한 대립 상극(相剋)을 겪고 난 뒤의 더 높고 새로운 전진적 운동을 향한 주체로서의 정신의 노동에 주목"한다. 정신의 노동(노력)은 더 높은 차원으로 비약한다. 이러한 정신은 "모순과 대립으로 점철된 세계현실 속에서 자아의 屈辱을 체험하고 그것을 인식한 주체자로서의 생활 속의 고난을 스스로 이겨내는 종국적 자기완성의 실현자일 수밖에 없는 것이다." 그의 종국적 자기완성에 대한 관심은 변증법을 정신의 자기완성이라는 향내적 관심으로 좁혀가는 종교적이며 관념론적인 방향을 취하게 된다(「辨證法的 사유와 사회비판이론의 反批判」, 「韓國哲學의 새로운 정립을 위한 과제」, 『時代와 辨證法』, 靑史, 1979).

변증론자도 일상생활과 추상적 지성의 한계 안에서는 형식 논리를 인정하며, 지적 소통과 과학의 발전을 인정한다. 과학적 오성이 갖는 위력은 근대인인 헤겔에게 중대한 의의를 갖는다. 다만 헤겔은 일자와 타자를 외면적으로만 구분하는 오성의 형식논리가 한계를 드러내며, 그렇다면 그것은 사유로 하여금 기존의 형식논리를 넘어서게 한다고 주장한다. 모순은 사회의 변동과 같은 운동의 근원적 원리로서 용인된다. 변증론자는 운동을 추상적으로 고정시켜서 보는 오성과 과학의 한계를 지적하고, 오성의 한계를 넘어서 좀더 심층적 차원으로 내려가는 사유의 변형을 제안하고 있다. 변증법은 새로운 논리학인 것처럼 등장했지만, 제3의 논리학을 만들어 기존의 논리와 경쟁하는 구도를 가질 수는 없다. 그것은 기성 제도성에 대해 의문을 제기하고 특정한 균열 사태를 기술하는 새로운 언어 사용방식을 제안하는 것이지, 일상생활과 과학을 붕괴로 이끄는 것이 아니다. 포퍼의 추론은 자신의 자유주의 정치관과 연관하여 변증법과 형식논리를 경쟁관계로 보아, 변증론자를 공격하기 위한 인위적 장치를 형식논리에 의거해 만들어낸 것이다.

(4) 그럼에도 포퍼와 그에 동조하는 사람은 형식논리적 입장을 고수할 수도 있다. 그러나 형식논리 안에서 생각한다 하더라도, 플라톤이 형식논리를 극한으로 몰고 가서 역설을 만나듯이 문제는 남는다. 일자가 타자와의 연관에 의해서만 성립하는 것이라면, 일자는 타자가 아니라는 부정성과 관계한다. 플라톤의 고민처럼 동일자는 엄밀한 자기독립성을 갖지 못하고 부정성이라는 관계에 의존하게 된다. 동일자는 타자와 다름이라는 타자성을 갖는다. 타자 역시 자신의 타자성을 동일하게 유지하려면 동일성을 가져야 한다. 이러한 관계는 일자와 타자에게는 자기파괴적 역설이 아닐 수 없다. 이것이 형식논리의 근저에 있는 혼란이자 동일성과 타자성을 역동적 관계로 볼 수 있는 가능성을 암시해주는 것이기도 하다. 동일률과 모순율은 이러한 혼란을 내포하고 있지만, 표면상 분명한 윤곽을 보여주기 때문에 사람들은 그것을 편리하게 여겨 공리처럼 전제한다. 공리의 가치는 역설을 숨기고, 사물의 한계를 명확하게 하는 유

용성에 있을 뿐이다. 자유와 평등이 서로를 배제하면 서로가 파괴된다는 역설을 회피하는 자유주의자가 인생사의 역설에 둔감하고 형식적 공리에 집착하는 것은, 그러한 유용성의 안전망에 걸려 있기 때문이다.

(5) 포퍼는 모순율(모순의 배제율)이 처하는 곤경과 이것과의 연관에서 작동하는 역동적 맥락을 소홀히 하고 있다. 모순율은 술어적 표현에서 하나의 경계 영역에 속하는 것과 그 경계 이외의 영역에 속하는 것이 동시에 겹칠 수 없다는 규칙이다. 따라서 모순율은 사물에 대한 추상적 윤곽을 설정하고, 그 속성을 한정적으로 규정할 수 있음을 전제한다. 추상적 규정 가능성을 전제하지 않는다면, 모순율은 나오지 않았을 것이다. 박치우가 형식논리를 추상적 이념의 차원에 적용되는 것으로 본 것도 이러한 맥락에서 비롯되었다. 그렇다면 물리학에서의 비결정성, 수학에서의 무모순의 불가능성, 생물학에서 식물과 동물의 경계선을 확정할 수 없는 경우와 같이, 사물에 대한 규정적 인식은 엄밀한 경계선을 확정할 수 없는 상황과의 충돌을 피할 수 없다. 무모순의 규칙에 따라 일정한 술어적 규정성을 명제로 표현하려는 과학은 식물이면서 식물이 아닌 것과 같은 모순과 대면해야 한다. 부단한 규정 운동과 탐구는 ……이면서 동시에 …… 가 아닌 것에 직면하여 모순을 극복해야 하는 어려움을 겪는다. 이러한 곤경과 역동성은 인식의 전진적 발전의 선험적 조건이 될 수 있다. 인간은 역설이나 모순의 상황을 만나 그것을 질서로 전환하는 변증법적 운동 과정을 시련으로 겪는 존재이다.

모순율은 사물에 대한 일정한 규정 가능성을 전제한 사고 규칙일 뿐이다. 모순율은 이미 인식된 기존의 규정성을 전제할 때, 그 규정성과 모순되는 무규정성에 직면해서 당황하게 된다. 모순이란 이성으로 하여금 미지의 새로운 것을 발견하게 하는 자극 요인이다. 그것은 포퍼가 주장하듯 바라는 대로의 임의의 명제를 도출하게 하여 과학의 합리성을 저해하는 것이 아니다.

여기서 페이어아벤트(Paul Feyerabend)의 논의를 주목해볼 필요가 있다. 그에 의하면 "포퍼는 「논리학에 있어서 참인 것은, 심리학 [……] 과학적 방법, 그리고 과학사에 있어서도 참이다」라고 쓰고 있다.(*Objective Knowledge*, Oxford, 1972) 이러한 독단적인 주장은 명료하지도 않고, (그것의 주된 해석에 있어서) 올바르지도 않다." "왜냐하면 이러한 영역들의 논리적 구조를 드러내 줄 수 있는 단일한 주제-논리-는 존재하지 않기 때문이다. 헤겔이 있고, 브라우어(L. E. J. Brouwer, 1881～1966)가 있으며, 형식주의자들이 있다. 그들은 논리적 「사실들」의 집합에 대해 다른 해석을 제시하는 것이 아니라, 전혀 다른 「사실들」을 제시한다." [78]

페이어아벤트는 이러한 통약 불가능성의 관점에 따라 포퍼의 독단적 단언을 헤겔의 모순의 논리, 공리계의 불확실한 창조적 변동을 말하는 브라우어의 직관주의적 수리철학(브라우어는 비트겐슈타인에게도 영향을 주었음)과 대비하여 보여주고 있다. 또한 페이어아벤트는 "단순한 논리적 규칙을 위반하는 과학적 언명들이 존재한다"는 것을 보여줌으로써 다음과 같이 결론짓는다. "모든 과학은 사실이나 다른 이론들과 모순되며, 구체적으로 분석되었을 때 그 모순을 나타내는 이론들을 포함한다."[79] 이와 함께 그가 보기에 포퍼의 교조주의적 형식논리는 자문화 중심적 편견을 전제하고 있다. 포퍼에 의하면 "완전히 다른 언어들(호피족의 언어나 중국어)도 번역이 불가능하지 않으며, 매우 훌륭하게 영어를 마스터한 호피인이나 중국인이 있다('Normal Science and Dangers', Criticism and the Growth of Knowledge)." 이러한 포퍼의 표현은 영어 국수주의적 편견을 숨기고 있다.[80]

이상의 논의에서 변증법이 갖는 범논리주의적 독단성을 배제하고 생각한다면, 모순 개념은 사물에 대한 좀더 심층적인 경험으로 이끄는 계기가 될 수 있다. 한편 플라톤의 주된 견해는 모순을 회피하는 것을 학문의 길로 설정한 것으로 알려져왔다. 이 방향에서 그는 동시에 보다

---

78 페이어아벤트, 『방법에의 도전*Against Method; Outline of an anarchistic theory of knowledge*』, 정병훈 옮김, 한겨레, 1987, 295-296쪽.

79 페이어아벤트, 위의 책.

80 페이어아벤트, 위의 책, 313-314쪽.

많기도 하고 보다 적기도 한 것, 즉 역설적인 것을 논리적으로 요청하고, 자기동일적 존재를 진리로 추구했다. 존재론적으로 모순은 생성, 운동의 원리이기에 그는 생성을 회피해서 진리를 추구했다. 존재의 진리에 비해 생성, 운동은 비존재에 속한다. 질료와 형상의 문맥에서 무규정적인 질료는 당연히 모순을 내포한다. 이른바 '미친 듯한 생성', 이성적 규정을 거부하는 '방황하는 요인'은 그러한 역설적 존재로 설정되었다. 플라톤의 이러한 생각은 형식 논리에 따른 인식은 그러한 역설적 존재와의 대면에서 움직인다는 것을 잘 보여준다. 심지어 그는 나중에 이전의 자신의 관점을 전복하고, 생성을 존재로 보는 내재적 관점으로의 전환 가능성을 보여주기도 했다.

헤겔은 이러한 그리스 존재론적 전통을 계승하여, 자신의 신학적 관점과 생성을 존재로 보는 내재적 관점을 결합시킨다. 박종홍의 『변증법적 논리』(1977)에 의하면, "(아리스토텔레스에게 있어) 논리의 모든 법칙은 그대로 바로 존재의 법칙이었던 것이다. 이 점에서 '논리학은 형이상학과 일치한다'고 한 헤겔의 논리학과 더불어 (아리스토텔레스 논리학은) 내용을 가진 존재론적인 것임을 알 수 있다."[81] 바로 이 때문에 포퍼가 비난했듯 변증법은 독단적 사변철학이 되었다는 비난을 받아왔다. 그러나 박치우가 고전적 형식 논리를 추상적 이념 존재에 적용되는 것이라고 판정하는 가운데, 모순에 대한 개체의 자각을 강조한 것은 고전적 형식 논리에 대한 사회철학적 비판이었다.

전변하는 생성계에 관심을 갖는다면, 변증법이 말하는 모순 개념은 세계에 관한 어떤 흥미로운 해석을 담고 있다고 볼 수 있다. 변증법은 모순배제율(모순율)을 거부하지 않는다. 다만 그것을 오성이라고 하는 추상적인 지성의 규칙에 한정한다. 오성은 사물을 표층적으로 보아 어떤 하나와 다른 것을 명확한 윤곽의 차이로 비교 구분하고 정돈한다. 오성은 외면적 차이에 주목한다. 또한 임의의 단위를 설정하여 사물을 측정

---

81 박종홍, 『辨證法的 論理』, 형설출판사, 1980, 398쪽.

할 수 있다. 그러나 더 깊이 들어가면 일자와 타자의 대립을 보게 된다. 여기서부터 오성은 이성으로 전환된다. 박종홍에 의하면 이성이 더 첨예화되면 비로소 '모순의 첨단'을 보게 된다. "사유하는 이성은 차이적인 것의 무디어진 구별, 표상의 한갓된 다양성을, 말하자면 본질적인 구별, 즉 대립에까지 첨예화한다. 그리고 다시금 다양적인 것은 모순의 첨단에까지 추진되어 서로 발랄한 생동적인 것으로 되며, 자기운동과 생명성의 내재적 맥동인 부정성을 그 모순 속에 있어서 획득한다."[82]

포퍼의 비판은 추상적 오성의 범위 안에서 의미를 갖는다. 변증법론자는 오성의 한계 내에서는 모순을 배제한다. 즉 모순율을 인정한다. 그 안에서는 모순이 존재하지 않으며 용인되지도 않는다. 이 점에서 포퍼는 논점을 회피했다. 변증법의 모순은 가장 심층적인 내부의 논리로 제시된 것이다. 또한 변증법이 세계를 표면과 내부적 심층으로 나누고 역동적 관계 속에서 보는 관점도 근대과학보다 현대과학에 접근한다고 할 수 있다.

헤겔의 『대논리학』 「II. 본질성 즉 반성규정」은 운동과 생명을 가능하게 하는 원리인 심층차원에의 관심을 분명히 보여준다. "모순이야말로 좀 더 심오한 본질적인 것이다." 헤겔은 라이프니츠의 단자의 '욕구나 격동'이 이에 해당한다고 한다. 그것은 물질적 중력과는 모순된 활력을 가진 것으로서, "그 어떤 것이 자체 내에 있으면서 동시에 자기 자신의 부정(das Negative seiner Selbst)을 뜻하는 하나의 결핍(Mangel) 상태를 의미하는 것이다." 대립의 통일적 관계 속에서 모순의 운동성을 갖는 것이 '근원(Grund)'이다. "모순이야말로 절대적 활동성이며, 절대적 근원이다." 추상적 오성은 현실에서나 이론적 반성에서 모순은 무(無)로 해소될 것이라는 것에 대한 '얄팍한 공포' 때문에 모순을 회피한다. 오성의 인식은 표면적이고 상대적인 것에 머문다. 심층을 본다는 의미에서의 이성의 "사변적 사유란 오직 사유가 모순을, 그러나 다시 이 모순 속에서 자기

82 박종홍, 앞의 책, 486쪽.

자신을 고수하는 데에 있을 뿐"이다. 이러한 심층의 절대적 모순은 현상적 운동으로도 드러난다. 운동은 "동일한 한 순간에 여기에 있는가 하면 또한 여기에 없기도 하다." 이런 의미에서 운동은 모순이다.[83]

그러나 헤겔의 심층적 모순은 가이어(Paul Guyer)가 주목했듯 라이프니츠의 개념론과 연관하여 논할 수 있는 자연철학적 세계해석과 연관된다.[84] 그는 라이프니츠와의 연관성을 언급하는 헤겔의 여러 구절을 인용하여 모순 개념에 대한 이해에서 라이프니츠의 필요성을 강조한다. 사실 헤겔도 『대논리학』의 모순 개념이 라이프니츠와 동일한 맥락에 있다고 언급한다.

라이프니츠의 생명 원리인 단자는 섬광이나 종자, 신적 영혼으로 묘사되는 개체(우주도 하나의 개체이다)의 영성적 실체이다. 단자는 영성이기에 모든 개체들의 속성과 관계, 즉 우주 전체를 지각하고 있는 '완전한 개념'이다. 그것은 능동성의 원리이며, 수동성의 원리인 물질과 언제나 반대 방향으로 운동한다. 능동성의 원리는 통일성의 힘으로서 존재의 기호인 '1'로 표기되고, 수동성의 원리는 분산의 힘으로서 무기력한 무의 기호인 '0'으로 표기된다. 개체나 자연은 존재와 무의 융합체이다. 마찬가지로 자연을 신성한 정신의 외재존재로 보는 헤겔은, 그것을 무력한 '무(無)'로 가는 유출(emanation)이라는 하강의 경향과 이에 반대의 방향으로 상승하려는 '개진(exposition)'의 경향이 통일적 관계를 이루면서 서로 모순되는 운동으로 해석한다. 전자는 무기력한 물질로 가는 퇴화(involution)의 경향이며, 후자는 정신적 생명의 방향으로 가는 진화

---

83 헤겔, 『大論理學(II) - 本質論』, 임석진 옮김, 지학사, 102-109쪽.

84 호르슈트만, 「헤겔에 있어서의 有限者의 모순」[가이어(P. Guyer)], 『헤겔변증법연구』, 김창호 · 장춘익 옮김, 풀빛, 1983, 140-169쪽: 가이어는 완전한 개념인 단자를 개체들의 실체로 보는 라이프니츠 체계에 대해 헤겔이 완전한 모순의 전개로 비판한 것에 착안한다. 라이프니츠가 모순인 것은 개체들이 절대적인 독립적 실체이면서도 우주 전체와 연속성을 갖는다는 것이 공존하기 때문이다. 헤겔은 이것이 분리와 구분에만 머무는 오성의 한계에 빠져 있다고 비판하고, 개체들의 절대적 독립성을 부정하고서 자신의 체계를 수립했다는 것이다. 그러나 가이어는 질료와 형상에 연원하는 수동과 능동의 대립에 대해서는 언급하지 않는다.

(evolution) 경향이다. "이 각각의 형식은 독자적으로는 일면적이다. 이것들은 동시에 존재한다. 영원한 신적 과정은 반대되는 두 방향으로 흐르는 하나의 강이다. 두 방향은 완전히 한 곳에서 만나서 서로 삼투한다." "물질이 참되지 못한 실존으로서 부정되고 더 높은 실존이 생길 때, 한편으로는 진화에 의해 이전 단계는 지양된다. 다른 한편으로 이전의 단계는 배경에 머물다가 유출을 통해 다시 산출된다. 물질은 생명에 포함되어 있기 때문에, 진화는 또한 퇴화이기도 하다."[85] 퇴화와 진화의 두 운동은 서로 모순된 관계 속에서 운동하여, 자연사에서 이전의 단계는 더 진전된 단계 안에서 흔적으로서 다시 나타난다. 자연의 심층에서는 이러한 부단한 모순의 운동이 전개된다.

변증법은 단지 이러한 운동의 원리를 모순 혹은 자기부정성이라는 논리적 형식의 언어로 해석하고 있을 뿐이다. 변증법은 형식논리에서의 모순배제율도 두 모순된 진술은 자신들을 제로(0)로 만드는 자기 부정성을 근거로 하고 있음을 보여줄 뿐이다.[86] 헤겔은 현실의 심층에서나 사고에서 자기 부정성이 작동하고 있다는 것을 환기시킨다. 유한자는 내부에 무한자를 가진 모순적 존재이다. 이병창에 의하면 모순은 우리로 하여금 '길을 찾는 과정'으로 나아가게 한다. 모순은 '두 가지 역할'을 한다. 하나는 "주어진 세계의 기초가 되는 개념체계를 포기할 근거가 된다." "모순의 출현은 그 출발점인 전제(개념체계)를 부정"한다. 또 하나는 "모순은 새로운 개념 체계를 사유하도록 강제하는 힘"이다. 이처럼 모순은 안주하는 행복의 심연에서 직면하는 무(Nichts)이며, 이 무를 통해 창조의 기회를 잡는 것이다.[87]

해방 전후 한국철학이 변증법적 논리에 관심을 갖게 된 것은 일제 체

---

85 헤겔, 『헤겔자연철학 1』, 박병기 옮김, 나남, 2008, 67-77쪽.

86 이 점에 주목한 논문으로는 다음을 참조: 이광모, 「모순률과 헤겔의 '의미론적 논리학'」, 한국헤겔학회 편, 『헤겔철학의 재해석』, 철학과현실사, 2003, 92-118쪽.

87 이병창, 『영혼의 길을 모순에게 묻다-생성하는 주관성의 철학』, 먼빛으로, 2010, 70-71쪽.

제 및 그 잔존 세력과 이에 저항하는 세력들이 격돌하는 상황을 창조적으로 극복하려는 열정에 기인했다. 그리고 이러한 열정은 실존적 내면의 심층의 소리로서 들려왔다. 이러한 내외의 조건에서 무감동한 표면적 경험과 긴장 없는 형식논리에 의거하는 것만으로는 도저히 그들의 강도 높은 결핍의 감정이 채워질 수 없었다. 창조적 부정이 그들에게는 상실한 세계를 회복하고, 개체의 심원한 자유의식을 일반화하고자 하는 심정의 요구였다.

이 맥락에서 헤겔의 변증법을 논리적 독단이나 국가주의적 지배술로 보는 통속적 이해를 벗어나, 그것의 진정한 정신이 무엇인가에 대해 관심을 갖는 것은 불가피하다고 할 수 있다. 헤겔이 낭만주의적 심정의 진리에 영감을 받았으면서도 그것을 논리적 개념화에 종속시켰다는 것은 잘 알려져 있다. 신남철이 파악하고 있었듯이 헤겔은 그리스 비극과 신약성서의 희생적 사랑과 자유의 이념을 동경했다. 헤겔은 귀족들에게 비굴하기도 했고, 『법철학』에서는 시민사회를 국가로 지양하는 보수적 개량주의 입장을 공식화했지만, 그를 철학으로 인도해간 정신은 프랑스 혁명의 자유정신, 성서의 사랑과 자유의 정신이었다. 이 점은 신학교에 입학한 헤겔의 청년 시기부터 나타나며, 후기에까지 이어졌지만, 개념적 논리화에 의해 은폐된 핵심이었다. 한국의 급진주의가 변증법에 관심을 보인 것은 그 논리의 배후에서 빛나고 있는 사랑과 자유의 정신에 어렴풋이나마 감동되었기 때문일 것이다.

사랑은 일상의 직관에서든 종교적으로 승화된 것에서든 변증법적 구조를 갖고 있다. 헤겔의 변증법을 움직인 논리는 바로 이 사랑의 논리이다. 철학화 과정에서 신적 정신이 개념이라고 확정되지만, 신적 정신의 본질이 사랑이듯이 개념의 본질은 사랑이다. 사랑은 대립의 화해를 통해 자유를 경험하는 정신의 운동이다. 이 정신을 이성으로도 표현하는데, 이성의 본질은 사랑과 자유이다. 이성의 언어(logos, 논리)는 계몽주의에서 강조되었던 합리적 오성의 형식논리와는 그 구조가 다르다. 이 문맥을 쫓아 변증법의 핵심을 보여주려는 연구가인 토이니센(Michael

Teunissen)은 변증법의 사랑과 자유의 논리를 해방적 자유, 소통적(kommunikative) 자유로 이해하고, 그것을 상호 주관성이 문제되는 현대적 상황에 적용하려 한다. 상호 주관적 관계에서 존재한다는 것은 "타자-속에서-자기-**자신으로**-머무는 존재(Im-Anderen-bei-sich-selbst-Sein)로서는 자유를 의미한다. **타자**-속에서-자기-자신으로-머무는 존재(Bei-sich-selbst-Sein-im-Anderen)로서는 사랑인 관계를 의미한다."[88]

이러한 평등한 소통적 관계가 이른바 타자와의 관계에 있어서 자기 자신으로 존재한다는 자유의 이념이다. 이에 대한 심정의 직관은 일상생활에서뿐만 아니라 동서양 종교의 창시자들이 신성한 규범으로 열망하게 한 진실이었다. 사랑과 자유의 이념이야말로 일상생활을 침식하는 국가권력과 봉건적 지배의식을 축출하는 해방의 동력이 될 수 있다. 현대 한국의 변증법적 사고가 봉건적 지배의식이나 교조주의적 정예주의 같은 문제들을 갖고 있었다 하더라도, 그 사고를 추동한 힘은 타인의 자유와 행복을 자신의 것으로 보는 보편적 유대의 정신이었다. 신남철과 박치우의 삶이 비록 고통과 죽음으로 끝났지만, 참된 사랑의 정점은 고통과 죽음을 통해 그 자신의 이념을 살리는 것이 아닌가? 그러므로 참된 이성은 형식논리에 머물 수 없다. 오성을 지양한 이성은 과학적 합리성에 의거한 계몽주의 그리고 자연과 타인에 대한 냉담성을 특징으로 갖는 자유주의를, 생의 진실을 파괴하는 권력의 이데올로기라고 비판하게 된다.

부정의 부정을 통해 회복하는 구체적 전체성은 부분이 전체성 속에 편입되어 통제되는 것이 아니라, 지배적 전체성이 하나의 부분적 계기로 격하되어 열려진 전체성이다. 이러한 전체성은 주객 변증법의 이원적 사고를 넘어선다. 개방적 전체성은 한 편의 주체에 의해 타자가 객체로

---

88 토이니센(Michael Teunissen), 『존재와 가상*Sein und Schein*』, 나종석 옮김, 용의숲, 2008(1980), 55쪽; 이와 유사한 관점에서 변증법에 대한 포퍼의 통속적 판단을 '언어의 사변적(변증법적) 본능' (H. G. Gadamer)을 전제로 해서 비판하는 것으로는 다음을 참조: 황설중, 「보편적인 세계해석으로서의 형이상학의 정당성」, 『철학연구』, 69-93쪽.

되어 전체의 구성 요소로 전락하는 폐쇄적 전체성이 아니다. 사랑과 자유의 결합은 타자의 자유를 나의 자유의 필수적 조건으로 보는 평등한 유대를 지향한다. 민주주의 본질은 이러한 평등이다. 사랑의 논리는 "소외된 지배관계의 의사소통적인 자유로의 지양"이다.[89] 분할하여 대립하는 형식논리는 의견의 공적 전달이나 논문을 쓰는 데에 유용할 것이다. 그러나 사랑과 자유를 추구하는 생의 차원에서는 인생이 변증법적 사랑의 이성에 제약받지 않는다면, 형식논리는 진실을 왜곡하고 권력화될 것이다.

변증법은 형식논리학을 대체하는 논리학인 것처럼 보였다. 이 때문에 변증법의 사랑과 자유의 정신이 해방의 추동력이라는 점이 은폐되어왔다. 그 정신은 박종홍, 신남철, 박치우에게는 낭만주의와 헤겔 및 마르크스의 변증법을 통해 젊은 날의 자극이 되었고, 함석헌에게는 퀘이커주의나 간디, 노장(老莊)의 평화사상으로 나아가는 동기가 되었다. 노예 상태로부터의 자유, 자유의 보편적 실현의 의욕이 있는 곳에 변증법적 사고와 의지가 없을 수 없다. 내동댕이쳐진 인생이 억압적 힘에 의해 부정된 것이라면, 이의 극복은 부정의 부정을 통과하는 역전을 필요로 한다. 다만 이러한 과정이 자유주의자가 우려하는 전체주의적 기획이 되지 않으려면 개인의 자주성이 보장되는 개방적 평등이 전제되어야 한다. 신남철, 박치우가 변증법적 입장에서 자각적 개체의 의의를 강조한 것은 바로 그러한 개방적 평등의 이념을 사상의 핵심으로 인식했기 때문이다. 그것은 유기체적 전체성을 폐쇄적 체계로 비판하고, 언제나 균열과 초월을 야기하는 요인이 됐다. 이 때문에 그들은 스스로를 모순의 인간으로 이해했다.

그들은 헤겔의 관념론과 당시에 일어났던 헤겔 부흥운동을 수용할 수 없었다. 그 운동은 지나치게 헤겔의 낭만주의적 측면을 강조하고, 전체성을 유기체적 전체성으로 타락시켜 파시즘의 운동과 궤도를 같이하는

89 황설중, 앞의 책, 67쪽.

측면이 있었기 때문이다. 독일 관념론은 자유의 문제를 인류의 최대의 문제로 인식시키고 거대한 체계를 수립하는 성과를 보였지만, 모든 성공이 그렇듯 그들의 모험은 비난과 손상을 입는 대가를 치렀다. 헨리히(Dieter Henrich)는 이 과정을 다음과 같이 언급한다.

> 그러나 그들이 왜 그러한 모험을 했는가를 잊어버리게 된다면, 우리는 나태한 것이 될 것이다. 그들의 목표는 근대 세계의 건설에 활기를 주는 저 특정한 의미의 자유를 확인하는 것이었다. 왜냐하면 그들의 시대는 프랑스 혁명의 시대였고, 그에 따라 지성계의 광범위한 변화가 일어났기 때문이다. 정치적인 것이 보수주의와 피상적 번영으로의 경향을 분리시켰을 때, 허무주의가 나타났다. 포괄적 철학 없이 관념론자들은 그들의 청년기의 경험에 충실할 수 없었다. 그들은 어쩔 수 없이 자유란 법칙과 법칙을 성취할 수 있는 능력에 우리 자신을 바치는 것이라는 칸트 철학의 교훈으로 이끌려갔다. 헤겔이 예나에서 자리를 잡고자 했을 때, 그는 다음과 같이 썼다. '청춘의 이념은 반성적 형태 즉 체계로 변형되어야 했다.' 그래야 했다! 피히테는 인간의 타락에 관한 성서적 상상을 자극하는, 보다 깊은 고백을 했다: '우리는 광란 속에서 철학을 했다. 우리는 우리가 벌거벗고 있음을 발견했다. 그 이후로 우리는 위급 상황 속에서 우리의 구원을 위해 철학을 하고 있었다.' 이 인용은 자유가 방어될 수 있다는 혁명 초기의 드높은 기상을 나타낸다. 동시에 그것은 희망의 감퇴와 곤경의 발견을 보여준다. 무엇보다도 그것은 우리가 객관적인 것을 저버릴 수 없다는 확고한 믿음을 나타낸다.[90]

독일 관념론은 청춘의 열정이 곤경을 만나 철이 들어가듯 체계를 잡아갔다. 관념론은 객관적 현실을 운명으로 받아들여 그것과 청춘의 이상을 결합하는 과정에서 나왔다고 할 수 있다. 이념적 가능성은 현실을

---

90 Dieter Henrich, *Between Kant and Hegel*, Harvard University Press, 2003, pp.330-331.

통해 낭만성으로부터 현실성으로 변화된다. 그러나 바로 여기에 청년 헤겔주의자들이 비난하는 것, 즉 현실을 합리화하는 관념론의 보수성이 연원한다. 아이러니하게도 마르크스주의의 연원도 여기에 있다. 객관적인 것의 중요성을 수용하여 이념적인 것과 결합시키기 이전에, 마르크스주의는 객관적인 것에 대한 합리적 인식을 통해 이데올로기적 공상성을 비판한다. 과학적 객관주의와 이념은 이데올로기 비판을 통해 결합된다. 서구 마르크스주의는 계몽주의적 과학정신과 프랑스 혁명이 남긴 평등한 자유의 이념을 비판적으로 결합하여 계승했다.

이와 달리 신남철, 박치우의 능산적 변증법은 헤겔의 부정의 논리가 갖는 사랑과 자유에 접근하는 심정을 담고 있다. 그들은 자기희생을 통해 세계상실에 저항하는 비극적 인간상을 스스로 보여주었다. 딜타이(Wilhelm Dilthey, 1833~1911)의 낭만주의적 헤겔 부흥에 따르는 김계숙(金桂淑)의 헤겔 연구는 역설적이게도 신남철과 박치우의 비극 정신을 잘 보여준다. 그의 「헤겔의 청년시대」(1955)는 헤겔의 사랑과 자유의 이념이 그리스 비극과 예수와 소크라테스의 비극에서 형상화된 저항적 죽음의 비밀임을 다음과 같이 묘사하고 있다.

> 헤겔에 있어서의 사랑은 결코 개인적 심적 작용에 한정된 애정(愛情)의 의미가 아니고, 악덕(惡德)에 대항하여 항쟁(抗爭)하는 적극적인 선(善)의 원리인 동시에 사회적 공동체에 있어서의 윤리적 법칙의 하나다. 여기에 있어서는 선의 원리에만 의한 항쟁 즉 이성적인 것과 감성적인 것의 항쟁만이 목적이 아니고, 자연(自然)의 왕국위에 선 자유(自由)의 왕국 건설이 종국의 목적이다. 따라서 진정한 생명(生命)의 희생은 그야말로 참으로 자유의 왕국의 백성이 되는 첫째 조건이 되는 동시에 제일보며, 예수의 희생은 그 실례의 하나다. '이와 같이 헤겔에 있어서는 예루살렘에 있어서의 최후의 충돌(衝突)과 예수의 죽음은 규칙과 율법을 묵수하는 교회신앙과 이성적 신앙(理性的 信仰)과의 사이에서 연출된 한 편의 희곡의 최종막(最終幕)이었다. 이것은 안티고네의 비희(悲戲)가 안티고네에 있어

서 나타난 영원한 권리의 기성 법률과의 싸움인 것 같다. 예수의 죽음은 『파이돈』에 있어서의 소크라테스의 그것과 같이 생각된다.'(딜타이)[91]

소포클레스의 비극 『안티고네*Antigone*』는 오이디푸스의 딸 안티고네의 저항 이야기이다. 그녀의 두 오빠가 권력투쟁을 하다 모두 죽자 크레온이 왕이 된다. 그는 폭군이 되어 인간의 권리를 무시하는 법을 만들어 두 오빠 중 하나를 들판에 버리게 한다. 크레온은 가족의 장례를 가족이 치러야 한다는 신성한 법도 행하지 못하게 한다. 안티고네는 이에 홀로 항의하여 오빠의 장례를 치루고 죽음으로 폭압적 권력에 저항한다.

이처럼 사랑과 자유는 희생을 통해 자신의 생명을 찾는다. 그러한 희생에서 사랑과 자유는 기성 제도성이 결코 아니라는 것이 증시된다. 사랑과 자유는 실정성과의 투쟁 속에서 자신의 본질을 현시한다. 신남철과 박치우가 보여주는 비극적 인간상이란 사랑과 자유의 본질을 실정성과의 모순 항쟁을 통해 현시하는 인간이다. 사랑과 자유는 눈에 보이지 않는 부재의 이념이다. 그러나 이 부재의 것이 인간으로 하여금 미래로 움직이게 하는 진실이다. 실증주의적 감각 자료는 진실을 보여줄 수 없다. 부재의 이념은 없음으로 나타나 개인의 결단을 일으키거나 집단적 항쟁을 일으킨다. 능산적 변증법이 갖는 의의는 바로 인간의 자주성을 저항을 통해 바로 세우려는 정신을 실천적으로 보여준 데에 있다.

자유의 실현은 기존의 삶의 양식에 대한 부정을 필요로 한다. 그러나 기존의 습관적 삶의 양식과 차이를 선언하는 니체와 같은 귀족적 거리두기만으로는, 초라한 지식계급은 임금 생활자로서 결국 소비문화 속에 휩쓸려갈 것이다. 이 지점에서 현대 한국철학의 진보적 사고가 지녔던 근본 주장, 즉 자각적 개체의 평등한 자유의 이념이 심오한 교훈으로 떠오를 수 있다. 그 이념은, 제국주의 폭력에 굴복하기도 하고, 냉전의 상황에 희생되기도 하며, 유격 조직에 몸을 던지기도 하고, 군사독재에 시달

---

91 김계숙, 「헤겔의 青年時代」, 한국철학회, 『철학』 제1집, 1955, 1-32쪽.

리기도 하며, 상노주의(商奴主義)에 시달리기도 하지만 개방적 전체성이라는 진취적 연대성을 일깨워왔다. 인간의 머리 위에 권력이라는 도끼가 내려다보고 있는 한, 세계 회복의 지고한 사상으로서 평등한 자유의 사상은 스스로 현실을 지배하는 형세를 창조하고자 할 것이다.

이에 비해 박종홍의 변증법적 사고는 후기로 갈수록 밖으로는 민족의 물질적 빈곤과 굴욕을 근대화를 통해 극복하는 방향에서 생각하고, 안으로는 정신의 자기완성을 지향한다. 정신의 자기완성이라는 구도자의 자세는 자연과 자아의 초탈적 통일성 안에서 전변하는 역사 세계를 정관하는 현자의 지혜를 지향한다. 청년의 울분은 점차 노년의 웃음으로 전환된다. 이 최후의 웃음은 헤겔의 변증법적 운동에서 마지막으로 도달되는 절대적 합일이라는 완성된 자유의 징표였다. 철학의 종언은 여기에 있다. 그러나 역사는 완성된 종언이 없었다. 역사적 생의 고뇌와 굴욕, 저항과 죽음은 비록 그것이 그림자의 꿈처럼 전개될지라도 대낮의 사실로 주어져 있다. 이 전변하는 역사에 대한 저항적 개입의 부재는 기성 제도성(실정성)과의 합일을 숙명으로 긍정하게 한다. 이러한 내적 지혜의 길은 우주에 관한 철학적 사변의 흥취를 자극할 수는 있다. 그러나 그것은 자유의 이념이 요구하는 저항적 창조의 길을 유보하게 할 것이다.

철학의 종언을 선취하여 내향성만을 추구하는 것은 자기완성이라는 체(體)는 있지만 사회적 모순을 극복하는 실천적 용(用)은 없는 유체무용(有體無用)의 사상이 될 것이다. 역사의 종언을 선취하여 기성 제도성에서 역사의 완성을 보려는 것은 실용적 용은 있지만 정신적 체는 없는 무체유용(無體有用)의 사상이다. 체와 용의 통일[有體有用]에서만 절대적 자유의 이념이 사회해방과 인간해방을 추진해가는 구성적 원리가 될 수 있다. 이러한 이념이 실증적으로는 부재의 것이지만 현실적 삶의 방식을 전환하게 한다. 그것은 영원의 상하에서 보는 관점을 체로 하고 현실에 저항하는 것을 용으로 하는 삶의 방식을 가리켜 보인다.

박치우의 급진 민주주의론은 시대의 실천적 극복을 과제로 삼는 용의 차원에서 의의를 갖는다. 그의 마지막 문화운동(1호부터 165호까지 발행)의 매체였던 『현대일보』의 사설은 필자가 명기되어 있지 않지만, 논조와 개념 사용에서 주필인 박치우의 글로 추정된다.[92] 그는 그 신문의 3대 사명을 그의 사설 제목으로 제시했다. 바로 「자유조선의 소리」(제1호), 「세계민주주의 전령」(제2호), 「새 나라 건설의 거울」(제3호)이라는 3대 논설이다. 그의 논지는 「세계민주주의의 전령」에서와 같이 영미의 부르주아적 자유민주주의와 '빈곤의 공평'뿐인 소련의 사회주의적 민주주의를 극복한 진정한 세계민주주의를 지향한다. 그의 이상적 민주주의는 휴머니즘 문화의 완성과 '풍요 속의 평등'을 핵심으로 한다. 이 점은 마르크스의 기본정신을 살리는 것이며, 이미 실증주의화된 마르크스-레닌주의를 벗어난다. 평등한 자유에 충실한 박치우의 사상은 그가 강동정치학원 시절 협력했던 북로당의 지도와 갈등을 일으킬 수 있는 소지를 갖고 있었다. 그리고 한국전쟁 이후 남한에서 터전을 잃은 남로당은 북로당에 의해 배제된다.

박치우가 벼랑 끝에 선 남로당과 함께 철혈주의(鐵血主義) 노선으로 나아간 것은 오히려 현실을 상실하는 계기가 되었다. 그의 실천에는 부르주아적 단계가 프롤레타리아 혁명을 매개로 해방의 단계로 상승한다는 근대과학적 진보에 대한 유럽적 신념과 도시 문명 중심의 사고도 작용한 것으로 보인다. 그의 폭력적 저항은 당시의 정황을 이해한다 하더라도 신남철이 제시했던 자기희생적 순교자의 모습을 보여준다. 신남철처럼 겉으로는 무신론적 유물론자였지만, 그에게는 타인의 고통에 대한 감수성을 가진 성자적 영혼의 한 조각이 있었다. 그것은 치명적 감수성이었다. 그는 기독교적 자기 희생의 진실에 깊은 관심을 갖고 있었다. 지상의 고통은 그리스도가 슬퍼한 성스러움을 갖고 있다. 그러나 그에게는 천상으로 올라가는 그리스도의 사다리를 다시 지상으로 거꾸로 놓았을 때, 그곳에는 역사의 수레바퀴에 갈리어 찢기는 순교적 죽음의 길만

92 위상복, 『불화 그리고 불온한 시대의 철학』, 길, 2012, 411-440쪽: 『현대일보』와 박치우의 관계에 대해 자세히 나와 있다.

이 있었다.

박치우는 목사의 아들로 태어나 브루너(Emil Brunner, 1889~1966)나 바르트(Karl Barth, 1886~1968)의 변증신학과 셰스토프(Lev I. Shestov, 1866~1938)의 비극의 철학에도 관심을 가졌다.[93] 박치우가 즐겨 읽었다는 아쿠타카와 류노스케의 『서방西方의 사람』에는 '천국이 가까이 왔다'라는 '도래하는 새 세상'에 대한 동경이 드러나 있다. 그 수필은 새 세상을 동경하는 서방 사상과 '태평한 초목'이 되는 '동방의 사람' 간의 결합 가능성을 암시하고 있다. 아쿠타카와는 다음과 같이 말한다. "그리스도는 '여우도 굴이 있고 공중의 새도 거처가 있으되 오직 인자는 머리 둘 곳이 없다'고 했다. 그의 말은 아마 그 자신도 의식하지 않았던 무서운 사실을 배태하고 있다. 우리들은 여우나 새가 되는 외에 쉽게 보금자리를 발견할 수 있지는 않다."[94]

여우나 새가 되는 것이 인류의 보금자리일 것이다. 그러나 자연으로 회귀하는 동방의 사람과 새 세상의 도래를 창조하려는 서방의 사람은 한 사람이다. 도래하는 미래의 세상을 열망하는 사람이 즉시 여우나 새가 될 수는 없지만, 자연으로의 회귀와 도래하는 민주주의의 결합에서 참된 자유를 발견할 수 있다면 동방의 사람과 서방의 사람은 한 사람이어야 한다. 여우나 새가 되는 것이 자연이 우리를 거부하는 가운데서도 우리를 잡아당기고 있는 존재의 신비라면, 바로 이러한 신비에 대한 사유를 통해서 우리는 자연에 접근할 수 있다. 자연을 향한 철학적 접근과 도래하는 민주주의가 수렴하는 지점에 사유의 이정표가 놓여 있을 것이다.

---

93 박치우, 「정독과 야독」(『조선일보』, 1935), 『전집』, 443쪽.

94 아쿠타카와 류노스케, 『西方의 사람』, 하태후 옮김, 형설출판사, 2000, 206-225쪽.

3부

현실과 전망

9장

현대의 상황과 생의 이상

1. 현실과 소통적 자유

현대 한국철학은 역사가 가하는 삶에 대한 압력을 극복하려는 사유와 실천의 소산이었다. 그 사상들은 정도의 차이는 있었으나 실로 육체적 고통과 정신적 고뇌를 동반한 것이었다. 그들에게는 총체적 삶의 분열과 소외가 목전의 현실적인 문제였다. 동아시아는 19세기 후반 자본주의의 군사적 세계화에 따라 시장사회에 편입되었다. 동양인은 기술과학과 공학주의적 통제 및 소비사회의 위력을 서구인 못지않게 경험했다. 동아시아에서도 서구적 삶의 특성이나 갈등들이 현저하게 나타났다. 산업화와 공화제는 민족적 전통의 제약을 받기도 하고 그것과 마찰하기도 하면서 형식적 제도로 정착했다. 우리의 삶의 역사적 조건을 이해하기 위해서는 자본제와 공화제에 대한 이해를 피할 수 없게 되었다. 중국의 5 · 4 운동 시기 『신청년』의 이념을 제시했던 진독수(陳獨秀, 1897～1942)는 유교적 전통을 비판하고 덕선생(德先生, Democracy)과 새선생(賽先生, Science)을 스승으로 삼아 모든 우상을 파괴해야 한다고 청년들을 고취했다.[1] 그는 유교를 부정하고 과학과 민주주의가 지배하는 합리적인 사회를 건설하고자 했다. 그러나 서구 근대국가의 식민지 정책에서 드러나듯 계몽적 이성은 권력국가의 군사적 무기와 기술 과학을 뒤에 숨긴 오만한 정신이라는 것이 밝혀졌다. 그뿐만 아니라 자본주의가 발전함에 따라 기술 과학과 민주주의도 사이가 벌어지게 되었다. 이러한 분화는 서양의 근대적 합리성이 이윤과 권력을 위한 도구적 합리성으로 전락해가는 과정에서 심화되었다. 이에 따라 원래 이성의 본질로 이해되었던 해방적 자유와 주체성은 자신을 밀어낸 도구적 합리성과 갈등하게 되었다. 혁명기에는 한 집안이었던 합리성과 주체성은 서로 배타적이 되었다. 그러나 자유의 주체성에 대한 존중 없이는 민주주의도 있을 수 없고, 도구적 합리성과 결합한 사회조직과 과학 없이는 일상생활도 존속될 수 없다. 기술 합리성과 자유, 합리성과 주체성은 서로를 필요로 하면서도 긴장관계에 있게 되었다.

현대 기업의 합리성이 사회공동체로부터 분리되어 사회를 대중소비사회로 형성하면서 개인주의화를 가속화하는 한편, 국가의 경제적 기능은 기업의 논리에 예속되는 경향이 점차 강화되었다. 과잉 투자에 의한 불황이나 공황의 상황이 아니라면, 기업과 개인의 자기성취를 위한 관용의 윤리 이외에는 특별히 다른 윤리적 방도가 없어 보였다. 관용을 가장한 다원주의는 정치·경제적 자유주의의 현실에 슬기롭게 적응하여 그것과 공모하는 것을 바람직한 삶의 양식으로 선전한다. 다원주의는 자유주의적 현실 논리에 대한 회의를 배제한다. 무제약적 자유주의는 자신에 대한 반대에 대해 전체주의의 가능성을 지닌다는 범죄 혐의를 덮어씌운다. 이러한 문화적 문법 아래 도구적 합리성이 유포하는 의미와 자유의 상실은 이제 일상 소비사회에도 만연되어 있다. 인격은 순간순간 변화하는 일회용 상품자아가 되었다. 이러한 상황은 봉건 유습과 권위주의적 주체는 물론, 의미와 해방을 추구하는 주체성까지 소멸시키는 것처럼 보인다.

---

1 周策縱,『五四與中國』, 時報文化出版, 臺北, 民國 68, p.506.

탈근대 이론은 근대적 권력 국가와 그에 종속된 시민적 자아에 대한 비판을 통해 창조적 상상력, 반공학주의적인 생태적 주체, 탈억압적 주체와 같은 새로운 주체성을 모색했다. 그러나 권력 주체가 갖는 병리적 심리에 대한 비판적 언설을 통해 유포된 것은 주체성의 소멸을 말하는 것으로 받아들여졌을 뿐만 아니라, 가상적 이미지만을 보는 일회용 상품 자아에 대한 비판적 인식을 회피하게 했다. 이러한 상황에서 탈근대론은 금융 해방운동의 성격을 갖는 신자유주의의 상품 정보사회와 공존할 수 있었다.

그러나 오늘날 세계 어디에서나 인종주의적 분규와 종교적 갈등, 군사적 충돌과 경제전쟁, 국가적 정체성을 찾는 주체들은 강도 높게 나타나고 있다. 자유(경쟁)주의 특정 문화와 종교, 집단적 특권을 가진 과학은 사회적 권력 이데올로기로 작용하고 있다. 영상 이미지도 강자의 지배 정치학의 수단이 되어 전자 소통적 시민 정체성과 군사적 정체성을 겹쳐놓는다. 이러한 상황에서 이데올로기의 소멸을 말하는 것은 너무 성급하다. 자유 민주주의 이데올로기는 인권이라는 허울을 쓰고 타 민족에 대한 협박과 섬멸 전쟁의 수단이 되었다. 유토피아적 이데올로기가 사라졌다는 이데올로기 소멸론 자체가 인류를 군산 복합체와 기술 공학주의에 가두어놓는다. 소멸론 자체가 이데올로기의 핵심이 되었다. 이러한 이데올로기는 자본과 군사적 세계화에 적응하는 일정한 형태의 정체성을 가진 예속 주체를 생산해내고 있다. 자유 민주주의 국가들의 지도자들은 새로운 형태의 순종을 미덕으로 선전하는 도덕군자가 되었다.

이러한 상황은 서양에서뿐만 아니라 동양에서도 모택동(毛澤東) 철학의 흥기와 쇠퇴의 역설적 과정에서 드러난다. 현대 중국은 등소평의 4개(농업, 공업, 국방, 과학) 현대화 노선 이후 국가의 지원 아래 자본주의적 축적과 개발을 대대적으로 실현하고 있다. 대도시의 자본주의적 성장과 군수산업의 현대화는 중국인들에게 부국강병에 대한 민족적 자부심을 갖게 했지만, 기술 공학적 독재의 길로 들어섰다는 비관적 전망을 낳게 했다. 이러한 국가 자본주의 노선은 전 지구적 차원에서 거대 국가의 물량적 확장에 따라 인류 미래에 대한 어두운 전망을 갖게 하고, 나아가 인류 문명의 향방에 대해 심각한 반성을 하게 한다.

중국은 이미 5·4 신문화운동(1919) 이후 모택동의 계급투쟁 노선에 이르기까지의 진보적 철학을 과거사로 폐기하고, 문화대혁명(1966~1976)에 대한 단죄를 통해 생산력 중심의 역사발전 노선을 공식적으로 채택했다. 생산력 결정론을 마르크스주의적 역사관으로 확정하여 선전한다 하더라도 이미 그 급진성은 제거되었고 마르크스주의적 언어들은 공허한 수사가 되었다. 수단이 자본주의적이라면 목적이 사회주의라고 선전되더라도 불평등한 상품 관료주의 사회가 될 뿐이다. 또한 고위 관료들의 영도와 국가의 헤게모니에 대한 민중의 위협을 완화시키기 위해, 중국은 총체적 통합에 기여하고 이데올로기의 공백을 채울 수 있는 이념을 새로 찾아야 했다. 바디우(Alain Badiou)의 지적처럼 문화대혁명 이후 중국은 이전의 "하나가 분열하여 둘이 된다[一分爲二]"는 원리보다는 "둘이 합하여 하나가 된다[合二爲一]"는 원리에 관심을 갖게 되었다.[2] 모택동의 노선이 모순(矛盾)을 전제하고 '단결'을 주장한 것이라면 현재의 중국은 국제주의적 진보성을 폐기한 일국 민족주의적 총체성과 '하나[一, One]'를 추구한다. 이 하나를 위한 이념이 바로 19세기 말 공자교를 국교화할 것을 주장했던 강유위(康有爲)의 공자(孔子) 복벽(復辟) 이후 다시 등장한 신공자주의(新孔子主義)이다.[3]

---

2 바커(Jaison Baker), 『알랭 바디우 비판적 입문』, 염인수 옮김, 이후, 2009, 65쪽; 바디우, 이은정 옮김, 「하나는 스스로를 둘로 나눈다」(바디우, 지젝 등저, 『레닌 재장전』, 이현우 외 옮김, 마티, 2010, 27-42쪽).

3 강유위(康有爲, 1858~1927)는 모택동이 학창시절에 추앙했던 인물들 가운데 한 사람이다. 모택동은 강유위의 주저인 『대동서大同書』(1902)를 잘 알고 있었다. 태평세(太平世)인 대동은 기술 문명의 진보와 함께 객관적 제도와 이기심의 제약을 완전히 벗어난 선인(仙人)들의 사회인 인류의 정신적 완성 단계이다. 이 단계는 영혼들의 완전한 자유와 무경계의 소통이 실현된 영적 콤뮤니즘의 세계이다. 그러나 강유위는 이 단계를 극단적 이상으로 간주했기 때문에, 루소의 평등주의와 함께 그것을 무기한 유보하고 공자교(孔子敎)를 국교로 하는 입헌 군주제를 당시에 적합한 단계라고 주장했다. 이택후(李澤厚)는 강유위의 대동이 자본주의를 미화한 찬송가라고 평가했다(『中國近代思想史論』,

프랑스 혁명과 볼셰비키 혁명에서도 볼 수 있듯 혁명 이후 일정 시기가 지나면 혁명은 수동화되어 로베스 피에르를 살해한 테르미도르 반동과 같은 현상이 일어난다. 이 현상이 보편적이라고 한다면, 중국 혁명의 수동화도 충분히 이해될 수 있다. 생산관계의 변형을 위한 혁명은 이성을 도구화하는 생산력을 해방시키고, 신흥계급의 성장에 따라 새로운 계급관계가 들어서게끔 한다. 스탈린 체제에서 소비에트 연방이 테크노크라트를 기반으로 한 국가 자본주의로 변질되었듯, 중국의 경우에도 공안체제 아래에서 테크노크라트의 지배는 이미 공고화된 것으로 보인다. 전통 공자주의가 지식인 관료체제를 유지하거나 그 제도 아래서 발전했듯, 현재의 테크노크라트는 마오주의자들의 비난 섞인 어휘로 말한다면 '주자파'[走資派, 유소기(劉少奇, 1898~1969)의 노선을 자본주의 주구(走狗)로 표현한 것]이자 현대판 '대유(大儒)'인 것이다. 사회는 대유들에 의해 관리되는 사회 공학적 대상으로 되어 이전의 혁명전쟁에서 나타났던 의지적 주체성과 평등은 역사 교과서 속으로 사라졌다.[4] 중국은 평등의 이념보다는 생산력 중심의 기술과학주의를 선택함으로써 부르주아 기술문명의 획득을 문화혁명으로 보았던 레닌과 스탈린의 핵심원리인 기술공학주의로 나아갔다. 러시아, 중국, 북아메리카는 본질상 동일한 사상의 지배 아래 있게 되었다.

그러나 이러한 현상들에 대한 성찰과 저항도 세계 도처에서 개인적이거나 집단적으로 나타났다. 개인주의화된 삶은 자기중심적인 자아실현(self-actualization)에 관심을 갖는다. 동시에 자기에 대한 관심은 자신의

天津社會科學出版, 2003, p.119). 그러나 민두기의 지적처럼 모택동의 이상사회론은 전통적 대동관념과 강유위의 대동론의 영향 양자를 모두 고려해야 한다(민두기 편, 『중국현대사의 구조』, 청람, 1983, 11쪽). 사실 모택동은 사회주의와 공산주의의 이후 단계로 대동을 주장한다. 그러나 그의 모순 절대론은 대동까지도 모순이 있어 더 나빠질 수도 있지만 더 진보된 다른 단계로 진화될 수도 있다고 보았다. 이처럼 강유위의 대동론은 사회주의 노선과 연관하여 응용될 수 있었다.

4 이규성, 「무한모순의 변증법과 생성의 세계」, 『시대와 철학』 제21권 2호, 2010, 310-312쪽.

삶이 무의미와 위험으로 포위되어 있는 상황을 의식할 수 있는 가능성을 갖는다. 여기에서 비롯하는 모순 감정에서 자아실현은 어떤 진정한 의미의 방향으로 초월해 나아가는[超出] '자아 초월(self-transcendence)'[5]로 전환될 수 있다. 미래로 초월하는 자아는 보편적 연대성을 창조하는 새로운 사회적 실천의 길로 나아갈 수 있다. 예속으로부터의 자유가 도구적 합리성과 충돌하는 현상은 현대의 삶을 이해하는 근본 틀이 될 수 있다.

모순 감정은 해방 전후기의 사상에서 나타나는 '현실'과 '생'에 대한 지대한 관심에서도 나타난다. 신남철(申南澈)은 일제의 억압과 사회적 갈등을 통해 화해할 수 없는 모순을 첨예하게 의식했다. '생의 충실성'을 향하면서 '소수 친일 부르주아'의 지배를 거부하는 그의 '생의 감정'은 인간과 사회의 변형을 통한 '생의 전환'의 길로 나아간다. 그의 '진보적 민주주의'는, 부의 원천(자본과 토지)을 예속의 도구로 사용하고 인간관계를 상품을 매개로 하는 물적 관계로 만드는 비인간화에 저항하는 정치적 수단이었다. 박치우(朴致祐)는 자유주의의 일대일의 추상적 평등을 근로대중으로 확장하는 사고를 변증법적 이성으로 보았다. 평등한 자유의 실현은 자유를 만인의 자유라는 해방적 자유로 전환하는 합리적 실천이다. 그들은 모두 모순 감정을 변증법적으로 극복하는 방향에서 자기희생을 통해서라도 소통적 자유를 실현하고자 했다. 그들은 변증법을 지배의 도구로 보는 통속적 이해를 벗어나 그 핵심을 생에 대한 사랑의 감정에 연원하는 해방적 자유로 보았다.

현대인의 삶은 물화된 인간관계를 만드는 도구적 합리성과 이를 문제 삼는 주체성이 공존하면서도 갈등하는 관계 속에 있다. 또한 전자 매체를 통한 시각적 이미지 소통은 〈봄〉에 매몰된 소비적 개인주의와 이에 저항하는 주체성 사이의 이율배반을 낳는다. 이러한 상황은 여전히 현대인을 모순 감정 속에 살게 한다. 일상에서 느끼는 모순 감정은 생활세계

5 프랭클(Viktor E. Frankle), 『죽음의 수용소에서*Man's Search for Meaning*』, 김충선 옮김, 청아출판사, 1997, 18쪽.

를 잠식하고 있는 정치, 경제적 권력을 밀어내는 사고와 실천으로 나아갈 수 있다. 부조리한 도구성과 이미지 산업의 대척점에 있는 정치적 자주성의 요구는 만인의 연대적 자유, 즉 평등을 요구한다. 평등은 일상의 삶의 원리이자 정치적 삶의 원리이다. 진정한 상호주체적인 소통적 자유의 이념 아래 일상생활을 구성하고, 정치적으로 실현 가능한 것을 창조해가는 것이 해방적 자유의 길이 될 것이다.

해방적 자유의 길은 변증법적 이성의 영혼이다. 그것은 동학이 우주적 연대성 안에 포용한 사회적 융화상통(融和相通)의 원리와 무관하지 않다. 상통적 자유는 이성이 자신의 진실로 함축하고 있는 이성의 본능이라고 할 수 있을 것이다. 자유주의적 개인주의는 타자에 냉담하면서도 그것을 공리주의적 맥락 안에서 배열해왔다. 상통적(相通的) 자유는 인간과 자연을 무심한 물질적 도구로 간주하는 것을 극복하는 원리가 될 것이다.

2. 주체성과 탈귀속성

현대사회를 논할 때 사람들은 현대적 삶의 복잡성과 세분화를 지적한다. 서구 근대의 특징으로 알려진 이 과정은 동양에서도 익숙한 것이 되었다. 아시아인들도 근대화에 따라 도시화가 촉진되면서 직업들이 분화되고 새로운 요소들이 출현하는 현상을 경험했다. 삶으로부터 씨족적 결합이나 유교적 통일성이 사라지고 종교, 과학, 예술이 분화되며, 이 분화된 것 속에서도 여러 분야가 새로이 분화되었다. 상품 관계의 보편화는 개인들을 추상적 교환관계로 연결시킴으로써 개인들의 고립화를 낳았다. 근대의 개인주의와 개인이라는 개념은 이러한 역사적 현상의 산물이다. 그것은 초역사적인 것이 아니었다. 근대적 개인은 자신의 어두운 충동과 과거를 가진 존재이며, 이 때문에 극복되어야 할 존재가 된다.

서양에서 이러한 개인의 분화는 경제적 사회와 정치적 국가의 분열이 시작되는 근대화 과정에서 나타나기 시작했다. 이 과정에서 교회와 국가가 분열됨으로써 세계의 종교적 통일성이 상실되었다. 신성한 통일성의 상실과 기술 산업의 성장에 의해 세상은 주객관적으로 '탈주술화'(M. 베버)되었다. 세속화 과정은 초월적 구원을 위한 금욕이 도시 시민의 자본 축적을 위한 금욕으로 대체되는 종교의 세속화 운동에 반영되어 나타났다. 종교 내부로부터 금욕의 형태를 둘러싼 분화가 있었다. 세속적 금욕이 종교에 의해 인정되는 사건이 이른바 종교개혁이 가지는 문화사적 의미 가운데 하나였다. 이로부터 세속적 인간이 인간을 관리하고 외적 자연을 지배하는 합리화 과정이 그 정당성을 주장하면서 진행되었다. 이성은 신에 대한 예지적 직관 능력이자 사랑이었던 영혼과 분리되어 자신의 독자성을 주장했다. 이성의 자기찬양과 도취를 만들어낸 합리화 과정은 인간에 의한 인간의 합리적 지배, 인간 주관에 의한 자연의 객체화를 의미했다. 이러한 과정은 칸트가 인식주관을 개인적인 것이 아니라 보편적 주관으로 만들어 객관의 생산 근거로 제시한 것에서 단적으로 확인할 수 있다. 그의 신념은 인간 종(種)에 대한 서구 근대판 세속 신앙인 것이다.

18세기 말의 프랑스 혁명은 자연과 사회에 대한 합리적 조직 능력으로서의 이성과, 무지와 억압으로부터의 해방 능력인 자유에 대한 신뢰에서 추진되었다. 합리화의 능력과 자유의지는 함께 협력하여 새로운 세계를 도래하게 할 수 있다고 간주되었다. 그러나 이러한 근대인의 낙관주의와는 달리 상업적 산업의 확장에 따라 합리화의 능력과 자유의 능력은 점차 분열되었다. 전자는 이성 자체를 도구적으로 사용하는 도구적 합리성으로 전락했다. 후자는 도구적으로 합리화된 사회로부터 고립된 개인들의 선택의 자유와 자기보존을 위한 선택적 합리성으로 축소되었다. 이성은 자신이 창조한 세계를 향유하지 못하고, 국가 관료주의와 화폐경제의 추상적 교환 능력에 종속되는 현상이 나타났다. 자유의 해방 능력이 상실되자, 개인들은 사회 내에서 기능적 자아로 축소되고, 인간이기에 앞서 시민으로서만 그 역할을 하게 되었다. 교환가치의 지배로 인해 신분적 구체제의 통일적 질서로부터 시민으로서의 개인들이 분화되었다. 그리하여 자유로운 개인들이 출현했지만, 이러한 개별화라는 것도 근대적 사회화의 결과물이었다.

시민적 개인화는 역사의 전제가 아니다. 그것은 근대적 역사 전개의 생산물, 즉 사회화의 산물이었다. 개인의 자유는 자유이되 이미 비인간화 혹은 사물화의 대가를 치르면서 이루어진 것이기에 해방적 자유가 아니었다. 비판과 초월의 능력으로서의 진정한 자유의 상실이 주체적 자주성의 상실을 의미한다면, 그것은 삶의 의미상실과 통하는 것이다. 이성의 실현이 도구적 합리성으로 축소 · 동화됨으로써, 이성은 해방적이고도 주체적인 자유의 능력과 분열, 대립되는 결과를 초래했다. 이러한 분열의 과정은 현대에서 더욱 가속화되고 있다. 이성은 전체적인 것을 사유하는 능력이라는 전통적 의미를 갖지 못하고 사사로운 이해관계를 지도해가는 사적 기능으로 축소되었다. 그러면서 역사 · 사회적 조건에 적응하는 수동적 기능이 되었다. 비좁아진 이성의 영역에 자유의 주체성이 들어오려 할 때, 사적 이성은 그것을 수용할 여유가 없으며, 있다 하더라도 내면의 심층의 소리로서만 의미가 있었다. 도시 시민은 사회생활에서는 이해관계 안에서 생각하고 움직이는 이기적 개인이며, 홀로 있는 가운데에서야 공적으로 생각할 수 있는 자기분열적 인격이 되었다. 철학은 논리화라는 명분으로 이러한 사적 인격의 좁은 공간에 비집고 자리 잡는 전공이 되었다.

그러나 개인은 사회적 소유관계에 의해 규정당하여 독립성을 상실하고 있으며, 동시에 국가 관료체계에 의해서도 관리되는 객체로서 살고 있음을 자각할 수 있다. 개인이란 자신이 현실적으로 사회 · 정치적 관계들의 집약체라는 것을 인식했을 때, 개인주의적 인간상은 추상화된 것이고, 따라서 사회 · 정치적 관계 속에 있는 구체성을 인식하지 못 하게 하는 관념이라는 사실을 알게 된다. 해방 전후의 한국철학은 이러한 현실과 자각 위에서 출현하여 구체적 개인의 삶의 양식을 역사 · 사회적으로 인식하고 변형하고자 했다.

함석헌은 국가에 의해 개인이 지배당하고 있는 정치적 조건에 주목하고, 개인의 내면성에서 정치적 양심을 찾아 그것을 자각적으로 실현하고자 했다. 그는 밖으로는 정치 민주화를 위해 독재정치를 비판하고, 안으로는 개인의 내면성을 종교 · 정치적 자각의 원천으로 만들었다. 개인의 내면성은 정치적으로 억압받고 소외당한 사람과 같아지는 '바닥사람'이다. 정치적 내면성은 우주적 생명 원리와도 소통하는 정신인 씨알에 의해 그 능동성을 얻게 된다. 신남철은 구체적 개인은 정치적 관계뿐만 아니라 사회적(경제적) 소유관계에 의해서도 규정당하고 있음을 중시했다. 이러한 피규정성은 피상적 지각으로는 인식될 수 없는 배후 메커니즘을 갖고 있기 때문에 정치 · 경제학이라는 유물론적 과학을 필요로 한다. 그는 밖으로는 '민주정치'를 '민주경제'의 집행 수단으로 주장하고, 안으로는 개인들이 자발성에 바탕하여 다양한 인간성을 풍부하게 향유하는 '능산적 인간'이 되기를 희망했다.

1980년대 이후 신자유주의의 세계화 여파를 타고 국가보다는 금융과 대기업이 사회 정치세력으로 부상했고, 각 개인들이 기업인이라는 정체성을 갖게 되었지만, 현대적 삶이 가지고 있는 근본 특징이 사라지는 것은 아니다. 자본주의와 인간화를 결합하는 대중경제를 주장했던 박현채는 신자유주의의 민간화가 국가독점 자본주의의 폐해를 벗어날 수 있는 가능성을 줄 수 있을지 모른다는 기대를 하기도 했다. 일부 사람들은 자유경쟁과 전자 매체적 이미지 소통, 정보사회에서 민주주의의 활력을 보고 싶어 했다. 그러나 현대사회의 근본 조건은 남아 있다. 바로 사회의 객관적 과정이 갖는 합리화의 힘과 주체적인 자유화의 힘이 공존하면서도 근본적으로 분열의 관계를 형성한다는 것이다.[6] 자연과 인간을 합리화하는 힘이 공리주의(功利主義)에 종속됨에 따라 일상의 인간관계까지도 도구적 이성에 의해 침탈되는 위기를 낳았다. 도구적 이성은 통제와 순종의 원리가 되었다. 이렇듯 사회통합 운동은 일상의 불만이나 혁명에

6 투렌(Alain Touraine), 『현대성 비판*Critique de la Modernité*』, 정수복 · 이기현 옮김, 문예출판사, 1995: 저자는 이 책에서 합리성과 주체성을 종합하려는 모든 입장을 거부하고, 양자의 분리와 갈등을 역사적 사실이자 당위로 주장한다.

서 작동할 해방적 주체성을 통제했지만, 다른 한편 소통적[相通的] 해방의 요구는 비판적 이론과 저항적 연대를 가능하게 했다. 이러한 자유화의 힘은 문학과 예술, 종교와 철학에서도 작동할 수 있다. 이는 실패하거나 왜곡될 수도 있지만 세계 도처에서 민중운동이나 사회혁명의 형태로 분출되었다. 그러면 자유의 주체성은 어떤 성격을 갖는가?

해방을 지향하는 소통적 자유의 주체성은 자신을 일정한 직업과 사회적 역할에 순응하는 기능의 행위자로서만 규정하는 것을 거부한다. 자유는 이러한 거절의 능력이다. 사회적 관계구조가 부여하는 기능적 주체의 능력이 아니다. 자유는 소외된 자가 악착같이 추구하는 소속적 정체성에 의해 규정되는 것도 아니다. 진정한 주체성은 우파적 기능주의와 좌파적 기능주의 모두를 거부하는 능력이다. 최근에 기존 산업으로부터 정보산업과 문화산업이 새로이 분화되어 나왔다. 자유는 이들 산업이 팔고 있는 시청각적 기호로서의 이미지들에 의해 형성되는 물화된 일회용 정체성에 의해서도 규정되지 않는다. 자유는 기능적 정체성에 대해 거리를 두는 능력이며, 대상의 견인에 대해 반발하는 능력이다. 또한 긴장과 갈등의 능력이다. 이런 의미에서 자유화는 사회적 지위나 신원이라는 이름의 존재[有名]와 그 이름의 무[無名] 사이의 갈등을 전제한다. 어느 사회이든 이방인이 있듯이, 인간은 근본적으로는 자신의 규정성(사회적 존재)에 대해 이방인이다. 인간은 정체성에 몰입된 자아가 아니다. 이로부터 인간은 자유의 나를 감지하는 탈귀속의 능력을 갖는다.

위계질서에 따라 인간의 삶이 조직되는 사회가 늘 그 내부로부터 도전받아온 것은 바로 사회적 나 아님으로부터 미래의 생을 희망하는 능력이 있기 때문일 것이다. 과거의 자기가 아닌 미래의 새로운 실존 양식을 창조하려는 현재의 자아가 주체성이다. 이 자아가 도구적 합리성을 비판하는 기준이다. 인간이 사회적 관계를 맺는 사회적 존재인 이상, 합리적 조직화는 있을 것이다. 그러나 조직화가 개인들을 객체적 존재로 침몰시키지 않는 사회화이어야 한다는 것은 소통적 해방의 요구가 있기 때문이다. 이 때문에 수단적 조직화와 주체적 자유화는 그 상보적 관계 속에서

조차도 언제나 긴장관계에 있다.

주체적 자유화가 없는 합리화는 개인주의를 가속화하면서 과학적인 통제체제를 낳을 것이다. 그러나 주체성은 불평등한 관계 구조에 귀의하지 않는 탈귀속성을 갖는다. 불균등한 사회적 소유관계에서는 주인이 있고, 이 주인은 사적인 것을 공적인 것으로 참칭할 것이다. 그러나 주체성의 입장에서는 사회는 어느 누구의 소유도 아니다. 공동체는 공동체 자신에 귀속된다. 그것은 '천하만민(天下萬民)'의 것이다[황종희(黃宗羲)]. 주체성은 특정 개인이나 집단의 지배를 배제하고, 공동체를 민주의 원리에 따라 개방적 구조로 변형하려 한다. 소통적 주체성은 성취사회나 성취자아가 폐쇄적 구조에의 기능적 귀속성을 전제한 것이라고 본다.[7]

자본주의가 발전함에 따라 사회화와 개인화는 같은 과정이었다. 탈귀속적 주체성은 한편으로는 이러한 사회화에 의해 제약 받고 있지만 동시에 그것과 거리를 두는 초월성을 갖는다. 주체성은 무시간적 초월 능력이 아니라 사회화라는 역사적 시간 안으로부터 생성된 초월 능력이다. 그것은 거리 두기를 통해 기존의 관성적 실존양식과는 다른 삶의 양식을 창조하려 한다.

기독교적 전통에서의 내면성에도 자유의 자기 책임성과 초월성이 있다. 초월적 신과의 관계는 인간을 모든 피조물과 현세의 자기성취로부터

---

7 이런 의미에서 주체성은 율법주의를 반대한 초기 기독교의 개방성 혹은 양무제(梁武帝)의 공덕을 무로 돌린 달마(達摩)의 부정성에 접근한다. 주체성은 자신의 존재의 변형에 책임을 지기 때문에 타인의 주체성에 대해서도 책임을 지는 삶에서 상통적 자유를 추구한다. 그것은 연대적 유대를 추구하며, 기존 질서를 유지하는 법칙이나 외적 성취로부터 삶의 의미를 도출하지 않는다. 양무제는 권세와 상층 귀족의 경제력을 배경으로 거창한 문화 사업을 일으켰다. 그러나 그러한 문화 사업은 그것이 비록 종교적인 평화와 안정성을 보장하는 것으로 보일지라도, 본질적으로 자주적인 나와 괴리되어 있다. 주체성은 문화의 견인력이 만드는 귀속적 정체성을, 그것이 아무리 세계와의 친근성을 보장한다 하더라도, 예속적 자아로 이해한다. 양무제는 자신이 자랑한 공덕을 이방인인 달마가 무로 돌리자 화가 났다. 양무제가 달마에게 그대는 누구냐고 묻자 '모른다[不識]'고 대답한 것은 자신에 대해서조차 인간이 거리를 둘 수 있음을 상징한다. 주체성이 갖는 탈귀속성은 대상화적 언설을 통해서는 인식할 수 없는 것이다(김동화, 『禪宗思想史』, 보연각, 1985, 84쪽).

분리시킨다. 파스칼(B. Pascal)의 생각하는 갈대는 '신이 내린 무거운 벌'을 지니고 있는데, 바로 '인간이 초자연적인 존재'라는 사실이다. 우주의 한 점에 불과한 인간이 우주의 전체성을 사유할 수 있다는 이 사실로부터 인간은 어떤 것도 향유하지 못하는 절대적 '권태'라는 무의미의 '심연' 앞에 놓이게 된다. 이 심연의 견지에서 보면 이성의 이론적 성취와 도덕적 성취는 물론, 유흥과 여가조차도 심연의 절벽을 보지 않으려는 헛된 행위에 불과하다. '비참의식'이 삶의 근본 조건이다.[8]

여기서 그 심연 앞에 선 비참성이 신의 은총에 의해 완화된다는 신학적 해결이 주어지지만, 근대적 삶이 가지는 물화된 의식으로부터 빠져나오는 주체성도 거기에서 나타난다. 파스칼은 역설적으로 '사유하는 나의 존엄성'을 이야기한다. 사유하는 주체성은 초월적 노력에 비추어 현실로부터 벗어난다. 파스칼이 현세적 권력관계에 허약한 민중과 권세가의 도덕주의를 비판할 수 있었던 것은 사물화에 저항하는 초월성을 기준으로 한 것이었다. 알튀세르의 이데올로기 비판이 종교적 후광을 비판함으로써 초월적 탈귀속성을 암시할 수 있었던 것은 파스칼의 비판적 사고로부터 영감을 받았기 때문이다.[9]

자유의 주체성은 세계 몰입적 관계로부터 세계 밖의 존재로 나아간다. 이러한 탈귀속성은 '고귀한 자의 최후의 약점'인 자기성취 의식까지도 부정하는 부정성을 갖는다. 사회적 성취와 질서에 밀착하는 자아를 부정하는 초월성은 바로 이 때문에 비사회적(비사교적)이다. 자아와의 거리는 비사교적 실존을 낳는다. 만인의 자유를 추구하는 소통적 자유는 바로 이러한 자기 초월적 탈귀속성에 바탕한다. 그것은 생활 세계에서의 상호주관성을 전제한 의사소통(J. 하버마스)보다 더 근본적이다.

주체성은 성취사회 속의 자아와 긴장관계에 있다. 주체성은 일정한 사

---

8 파스칼, 『팡세*Pensées*』, 김형길 옮김, 서울대출판부, 1996, 78쪽, 128-159쪽.

9 알튀세르(Louis P. Althusser), 『레닌과 철학*Lenin and Philosophy and Other Essays*』, 이진수 옮김, 백의, 1991, 183-184쪽; 알튀세르, 『철학에 대하여*Sur la Philosophie*』, 서관모 · 백승욱 옮김, 동문선, 1997, 58쪽.

회적 역할의 담지자로서 인식될 수 있는 타자의 대상적 측면과도 거리를 갖는다. 타자와의 관계도 이미 친근한 인식 가능성으로부터 멀어지는 비사교적 관계이다. 타자 역시 사회적 기능이라는 규정성을 통해서는 이해할 수 없는 무규정성을 갖는 주체성이다. 타자와의 이러한 비사교적 관계가 기존의 습관적 규칙으로부터 자유로운 의사소통이 일어날 수 있거나, 무정한 현실을 비판할 수 있는 동태적 공간이다. 이런 의미에서 의사소통은 이차적이다. 의사소통이 자유의 주체성을 근간으로 하지 않으면, 타자와의 관계는 정태적이고 폐쇄적인 관계로 응결된다. 과거의 규칙을 탈각한 관계의 동태성이 인간관계를 생동하게 한다.

서일의 '성통공완(性通功完)'은 무(無)를 우주와 인간의 본성[性]으로 이해하는 마음으로부터 실천적 공효를 생산하려는 것이었다. 신채호의 영혼적 아(靈魂的 我)는 가정과 국가를 벗어난 대아(大我)로서 만인의 자유연합을 조성해가는 자유의 주체성이었다. 박은식의 '구체적 상황 속에서의 심성의 수련[事上磨鍊]'은 자기중심성을 벗어나 사회적 연대[一體之仁]를 실현해가는 노력의 일환이었다. 함석헌의 '바닥사람'은 일체의 외면적 옷을 벗어버린 '맨 사람'에서 정치적 참여의 진실성을 찾는다. 신남철의 '능산적 인간(能産的 人間)'은 기존 질서와 계급을 넘어 다채로운 문화를 창조할 수 있는 모순의 주체성이었다.

그렇다면 현대의 합리화 과정은 어떤 문제점들을 노정하면서 주체성과 갈등을 형성하는가?

3. 합리화 과정과 주체성

18세기 이후 서구에서 종교적인 통일적 세계상이 쇠퇴했고, 계몽주의는 이성을 자연의 빛이라고 주장했다. 계몽주의적 이성은 자본주의 산업의 자기의식이 되었으며, 낭만주의의 반격 속에서도 부와 인도주의적 질서를 형성하는 진보적 원리로 발전되어갔다. 그러나 과학적 지성으로 좁아져간 이성 자신의 객관적 합리성은 점차 자신의 모순을 드러내게 되었다. 일상 세계에도 질적 경험이 있으며 동시에 그것을 과학적으로 수량화한 양적 질서가 있다. 질적 경험을 양적 질서가 소외시키는 이러한 인식론적 이율배반은 인간의 통일적 삶을 분열시켰으며, 그럼에도 설명과학에 의지하는 강도는 강화되어갔다. 근대과학이 총집결된 제1차 세계대전과 이 시기 유럽의 허무주의는 그러한 삶의 분열이 주는 세계상실을 총체적으로 겪게 했다.

또한 세계의 신성한 중심이 없어졌다는 탈중심화 과정은 사회와 국가의 조직원리라고 간주되었던 이성의 객관성에도 들이닥치게 되었다. 자유주의적 정치사상의 원천이었던 계몽적 이성은 인격의 통일성과 소유권을 연결시킴으로써 자본주의의 성장에 우선권을 부여했다. 기업의 성장과 함께 기술 과학과 조직적 경영 기술이 발전하고, 국가 지배기구는 관료화되어갔다. 이에 따라 청교도적 금욕이라는 겉껍질은 완전히 벗겨지고 세속화는 노골화되었다. 자기목적적인 이성의 보편적 진리 역시 화폐의 획득과 안락의 수단으로 전락했다. 또한 금욕적 노동은 그 자체의 가치가 없어지고 희생으로서의 노동이 생산과정을 유지하는 동력 가운데 하나가 되어, 자본과 노동은 대립관계를 형성했다.

이제 이성은 모든 특수한 것을 자신에게로 흡수하여 보편적 이성과 자유의 왕국을 확립하는 것처럼 보였으나, 그것은 현세적 재화의 욕망에 사로잡힌 사적 이성으로 축소되어갔다. 이러한 사사로운 이성은 사실상 자기만족을 추구하는 도취적 자아에 지나지 않는 것이었다. 이성은 총체적 인격의 완숙이라는 고전적이고 인문주의적인 성격으로부터 단절되어 이기적으로 주관화되었다. 동시에 이성은 개인적 주관에 대해 독립적으로 운동하는 경제의 논리와 국가의 지배적 조직화라고 하는 철옹성 속에 갇히게 되었다.

총체적 세속화는 종교적 가치와 이성적 가치들 가운데 본질적인 것을 희생하고 이루어졌다. 사회적 삶이란 고귀한 목적과 의미가 증발되어 버린, 그래서 무의미의 심연의 가장자리에 형성된 세상에서 물질주의적으로 사는 삶이 되었다. 세계의 중심점을 가정한 세계관의 '파괴(Destruktion)'를 철학의 원리로 들여온 하이데거는 사실상 서구 현대의 그러한 탈중심화 과정을 철학적으로 최종 확인한 것이었다. 그에게 기존의 세계관은 '하나이자 모든 것'인 전일자(全一者)로서의 자연 존재를 상실한 '권력의 철학'이었으며, 그 철학은 자연과학에서 완성되었다.

고대적 의미에서 물질주의적 삶은 주체성에 대한 배려가 없는 수동적이고 감각적인 삶이었다. 그러나 근대인은 그것을 자유로 오해했다. 고귀한 가치들에 맹목인 자유는 과학이 행하는 현상들의 법칙화 능력에 대한 신앙을 바탕으로 과학적 이성의 능동성과 확실성을 신뢰할 수 있다는 데에서 자기만족을 찾을 수밖에 없었다. 쇼펜하우어의 『의지와 표상으로서의 세계』는 근대 서구에서의 부르주아 시민의 자기만족적인 세계상을 자기보존에의 욕망(의지)과 대상에 대한 과학적 표상에 갇힌 맹목적 허상으로 묘사했다. 그의 욕망 비판론은 괴테의 경우처럼 욕망이 인문주의적인 예술로 순화될 수 있음을 보여주는 동시에, 무의미 속에서도 물질적 풍요를 통해 자기안락에 매달리는 도시 시민의 허약한 오만을 고발하는 것이었다. 시민이 허약한 것은 그들이 고귀한 가치들의 총화인 개인이 아니기 때문이며, 오만한 것은 비유럽인의 노예노동과 인종주의에 의지하면서도 자신의 삶을 충만으로서 규정하기 때문이다. 쇼펜하우어는 어린 시절부터 유럽의 산업이 쇠고랑 찬 노예들의 노동 위에서 시작했음을 목도하고, 그러한 현상을 붓다의 '고(苦)'로 인식했다. 그는 이를 해결하기 위해 궁극적으로는 '의지 부정'의 '해탈'을 제안하지만, 금리 생활자이기도 했던 그는 자본주의와 국가주의의 폐해를 충분히 인식하지는 못했다.

이성의 도구화는 베버(M. Weber, 1864~1920)의 근심 대상이 되었다. 시민적 인격의 통일성을 소유권과 전문노동에서 찾는 시대는 그에 의하면 '완전하고 아름다운 인간(베버에 의하면 괴테의 파우스트적 인간)의 시대에 대한 체념적인 이별을 뜻하는 것이었다.' 외적인 재화에 대한 배려는 "언제든지 벗을 수 있는 얇은 겉옷"이었으나 이제는 그것을 "강철 같은 겉껍질로 만들어버렸다." '승리한 자본주의' 시대는 공허한 '최후의 인간'이 사는 시대이다.

> 미래에 이 겉껍질 안에서 살 자가 누구일지, 이 엄청난 발전의 마지막에 전혀 새로운 예언자나 혹은 옛 정신과 이상의 강력한 부활이 있을지, 아니면—이 둘 다 아니고—일종의 발작적인 오만으로 장식된 기계화된 화석화가 있을지는 누구도 모른다. 만일 후자의 경우라면 물론 이 문화발전의 최후의 인간에 대해서는 다음과 같은 말이 옳은 것이 될 것이다. 즉 정신없는 전문가, 가슴 없는 향락자: 이 공허한 인간들은 인류가 전례 없는 단계에 도달했다고 생각할 것이다.[10]

이러한 니체적인 예언적 웅변은 의미와 자유를 상실해가고 있는 시대에 대한 탄식이었다. 자본주의 탈중심화 운동이 윤리·종교적인 의미를 송두리째 거부하게 되자 보편적 이성 자신도 자신의 해방적 성격, 즉 자유의 주체성까지도 내어주게 되었다. 근대인의 개인적 삶은 민족국가의 관료제와 '상품형식(György Lukacs)'의 지배 속에서 직업적, 가정적, 그리고 사회적 기능을 수행하는 역할의 다발로 한정되었다. 자유의 권리를 양도(alienation)한다는 정치이론은 위와 같은 소외된 물신주의적 삶을 문제시하지 않은 채 전제한 것이라는 의심을 받을 수 있었다. 소외(alienation)는 사회사적 필연성으로서 개인들에게 부과되는 것으로 나타나 그들에게 주체적 혼을 박탈당했다는 감정을 심어주었다. 사회적 삶은 육체와 영혼을 양단하여 개인들의 삶을 무기력하게 했다. 그럼에도 불구하고 부의 획득이나 직업은 자유로운 개인의 선택, 그것도 합리적인 선택이라고 주장되었다. 따라서 이러한 합리성이란 비합리적 생활태도를 합리화한다는 역설적 성격을 갖게 된다. 신남철과 박치우가 구자유주의

---

10 베버, 『프로테스탄티즘의 윤리와 자본주의 정신*Die protestantische Ethik und der Geist des Kapitalismus*』, 박성수 옮김, 문예출판사, 1988, 136쪽.

의 인민주권론을 확장하면서도 그 개인주의적 폐단을 부정하는 변증법적 사고를 진정한 이성으로 생각한 것은 자본주의적 계몽이 갖는 불합리를 극복하기 위한 것이었다.

물신화된 삶을 자유의 발판으로 삼는 태도는 상품과의 관계에서 극명하게 드러난다. 상품은 개인들이 자유롭게 관계 맺을 수 있는 것으로 주어진다. 그러나 상품의 추상적 교환가치가 생산 조직 내에서의 사회적 생산 활동의 결정체로서만 존립할 수 있는 것이라면, 교환가치의 추상성은 구체적 생산 활동을 추상하고 있는(은폐하고 있는) 것이다. 상품의 물질성이 사회적 생산 활동과 자신의 추상성을 가리고 있을 뿐이다. 매혹적인 사물인 듯 위장하고 나타나는 상품이 사실은 구체적 생산 활동의 추상화, 즉 소외이다. 개별적인 삶과 행복을 고려하지 않는 교환의 추상성(무자비성)은 이미 헤겔에 의해서도 인식되었다. 그는 상품이 정신 혹은 자아의 내적 대상이지만 사실은 자아 그 자신이라고 해명함으로써, 상품자아의 물신주의적 성격을 지적했다.[11]

그러나 "교환의 추상성은 경제 영역에만 국한되는 것은 아니다. 그것은 모든 형태의 사유에 이미 새겨넣어져 있어 사유를 물적으로 경직시키기 때문에, 사람들이 인간적이거나 개인적인 문제와 마주쳤을 때라고 믿을 때조차, 공허하고도 추상적인 개념의 껍데기 속에 사로잡힌 상태에서 벗어나는 것을 불가능하게 만든다."[12] 행위자들이 교환가치에 순응하게 되면서 타인들을 교환 가능하고, 그러므로 고유하지 않은 비주체적인 사물적 대상으로 바라보게 된다. 여기에서 주체의 대상화라고 하는 인간관계의 물화가 일어나게 되는데, 이것이 인간적인 상호이해를 차단하는 요인이 된다. 하버마스(J. Habermas, 1929～현재)의 표현에 의하면 이러

---

11 루카치(G. Lukacs), 『청년 헤겔*Der junger Hegel* 2』, 서유석 · 이춘길 옮김, 동녘, 1987, 143쪽.

12 샤이블레(Harmut Scheible), 『아도르노*Theodor W. Adorno*』, 김유동 옮김, 한길사, 1997, 152쪽.

한 대상화적 관계가 '생활세계'를 "객관적인 생활세계로 수축"시킨다.[13] 물화된 관계 위에서 화폐와 지위를 추구하는 성공 지향적 행위가 타인과 자신을 합리적으로 조정하고 기획하는 전략적 행위로서 자리 잡는다. 전략적 행위의 자유는 주체성의 자유가 아니라 주체성의 물화에 의존하는 것이다. 합리화된 인간관계란 표피적인 유대관계이다. 이 표피성은 개인들의 겉보기 독립성 안에 있는 비자립성을 감추고 있다.

교환가치의 일반화는 추상적 사유를 메마르고 경직된 성격으로 분화시킨다. 고대에서의 추상적 사유가 시적인 감수성과 신화적 예술성 혹은 종교적 열망과 함께 발전함으로써 정신의 풍요로움과 영혼을 가진 합리성을 보여주는 것에 비해서, 근대적 추상화는 경제 영역에서의 건조한 가혹함을 그대로 보여준다. 추상적 개념화는 개별적인 것들에서 이미 친근한 평균적인 것을 추출함으로써 성립한다. 이러한 관습은 특이한 것, 낯선 것은 개념으로 흡수하지만, 전혀 동화되지 않는 것은 외면하거나 버리게 된다. 감수성과 연관된 개별적인 것이 주는 특이한 느낌이나 분위기는 비진리로 간주되어 버려지고, 개념의 동일성 안에서 친근해질 수 있는 것만이 포섭된다. 이렇게 좁아진 '의식의 방(니체)'에 모은 것을 가지고 의식은 개별적 대상들을 제어하는 것이다. 논리적 명료성이라는 근대 이데올로기는 풍요로운 관계를 상실한 사막화된 의식의 방 안에 생긴 신기루이다.

베르그송이 고체의 논리로 명시한 인식의 물화는 사물에 대한 지배뿐만 아니라 산업주의적 국가의 지배에도 유용한 것이었다. 그러나 그것은 개념의 자기 고착성에 따른 빈곤을 면치 못한다. 개념의 동일성은 인식의 자유를 억압하고 다채롭고 풍요로운 의미들의 원천인 개별적 세계를 상실한다.

이처럼 의미와 자유의 상실은 물화된 개념적 사유에서도 나타난다. 언

---

13 하버마스(J. Habermas), 『소통행위이론*Theorie des kommunikativen Handelns*』, 서규환 옮김, 의암출판사, 1995, 401쪽.

어 활동은 동물적 폐쇄성을 벗어나게 했지만, 이제는 경화된 이데올로기적 성격을 갖는 언어 관습이 되어 새로움과 우연적인 것에 대립하는 형식화에 빠지게 된 것이다. 아도르노(T. W. Adorno, 1903~1969)가 지적하듯, 개념에 의해 감각적인 것들을 종합한다고 하는 칸트의 관념론적인 측면은 개념의 통일성을 신뢰하는 태도를 전제하고 있다. 헤겔의 변증법적 종합이라는 것도 보수적 문맥에 활용되었을 때는 보편성으로부터 일탈하는 것을 자기 안으로 흡입하는 통일성이다. 비동일성은 더 나은 긍정적 종합을 위한 단순한 계기에 불과하거나, 종합에 의해 통합되지 않는 쓰레기처럼 버려져야 한다.

그러나 버려진 쓰레기, 실패한 인생 속에 자유가 침묵의 절규로 숨어 있다. 그들은 의사소통의 도덕적 규칙, 즉 동일성으로부터 이미 먼저 빠져나와 있다. 그러므로 비동일성, 차이성, 개별성을 옹호한다는 것은 이러한 이미 먼저 빠져나와 있음을 배우는 것이다. 비동일성에 대한 긍정은 동의나 화해를 통해 권력의 구심력을 공고히 하는, 이른바 '헤게모니' 과정에 참여하지 않고 분리와 갈등 그 자체를 긍정하고 해방적 자유의 헤게모니로 나아간다. 자유의 주체성은 기존의 진부한 일반성에 대한 저항적 일탈과 소통적 재구성에서 구제될 수 있다.

특수성을 보편성으로 통합하는 합리화 과정은 주체적 자유의 물화를 동반하는 것이었다. 그 과정은 다른 민족에 대한 정책에서 나타나듯 폭력과 수탈을 정당화했다. 서구적 이성은 사실상 무력에 의해 보장되어왔다. 이성의 무력은 침략당한 민족에게 자주적 주체성을 향한 저항운동을 야기했다. 그러나 저항운동은 그 민족 내부에서 독재의 출현을 낳았으며, 독재는 다시 산업의 현대화와 연결되어 도구적 합리성이 전통 봉건성과 결합하기도 했다.

동서양에서 진행된 도구적 합리화 과정에서 나타난 인식의 물화 현상 가운데 하나는 개념을 개별적인 것의 대표(representation)로 보는 습관이다. 개별적인 것은 개념을 전제한 판단의 대상으로 표상(representation)된다. 표상적 사고는 사유의 확실성을 보장하는 것으로 보일 뿐만 아니라 대상에 대한 지배력을 갖는다. 이와 마찬가지로 지배정당이나 사회관리 집단은 개인들의 대표로 상정되고, 개인들은 동원 가능성을 가진 인식 대상이자 관리 대상으로 표상된다. 권위주의적 인성이 일반화된 사회에서 대표자는 쉽게 위세를 가진 관리자나 독재자가 된다. 그들이 예외적이고 초법적인 행위자로 행세하는 인식론적 기초는 그러한 표상적 사고에 있다. 지배 대상으로서의 피치자는 애초부터 물적 대상이 된다.

베버나 니체가 자유의 상실로 해석했던 근대적 개인은 권위주의적 의미 내용을 갖는 언어에 의해 구성된 사회화된 자아라 할 수 있다. 자아는 자신을 보다 힘센 자에 예속시킴으로써 자기보존을 도모해야 하는 종속적 주체가 된다. 예속적 주체인 자아는 중립적이거나 사회적 갈등으로부터 면제된 자율적 주체가 아니다. 자아로서의 주체는 억압된 주체이고 신경증의 운반자이다. 자아는 위계적으로 구조화된 의식의 장소이다. 의식은 외부환경에 현명하게 적응하여 성공적으로 자기를 보존하려 한다. 자아의식의 이러한 성격은 니체가 분석했는데, 그에 대한 들뢰즈(G. Deleuze, 1925~1995)의 해석에 의하면, "의식은 그가 종속되어 있고 그 안으로 결합되어 있는 우월한 자와의 관계에서 언제나 열등한 자의 의식이다." "자아(ego)에 관한 의식은 [……] 주인의 의식이 아니다. 그 자신 의식적이지 않은 주인과의 관계에 있는 노예 의식이다." 이 언급은 그가 인용한 니체의 다음과 같은 말에 대한 주석이다.

> 의식은 하나의 전체가 하나의 우월한 전체에 자신을 종속시키기를 원할 때만 통상 나타난다. [……] 의식은 우리가 그것의 기능일 수 있는 어떤 존재와의 관계에서 탄생한다. (니체, 『권력의지 II』)[14]

자아 의식은 노예 의식이다. 그것은 강자에게 종속된 하나의 기능이

---

14 Gilles Deleuze, *Nietzsche & Philosophy*, trans. by H. Tomlinson, Columbia University, New York, 1983, p.39.

다. 권위적이며 예속적인 사회관계가 내적으로 구조화되면서 의식이 형성되고, 이러한 의식을 가진 자아들이 서로가 자기보존과 자기강화를 위해 각축한다. 자아를 경쟁적 성공의 기제로 해석하는 자아심리학이 경쟁이 일반화된 미국 사회에서 유행하고 있는 것은 우연이 아닐 것이다.[15]

자아는 유동적인 심리적 에너지를 밖으로 투여하여 사회가 전체적으로 관능화되는 것에 참여할 수도 있다. 그러나 많은 자유주의 국가에서 보듯 시장경제는 국가의 완전한 사회 장악을 불가능하게 하는 요인으로 작용한다. 이것이 자유주의적 다원론과 경쟁의 윤리가 나오게 되는 조건이다. 이에 따라 개인주의화된 시장사회에서의 자아는 이윤과 획득이라는 유용성을 향해 정향된 성격으로 고정된다.

역사의 탈중심화 과정은 삶이 추상적으로 합리화되는 과정을 거치면서, 개별화된 자아도 주체적 중심이 아니라는 것을 보여주었다. 자아의 탈중심화에 대한 인식은 리비도 혹은 그것(Es, Id)이라고 하는 심리적 에너지에 대한 생물학적 발견과 억압된 무의식이 작용하는 꿈과 같은 현상을 분석하는 해석학적 발견에 의해서도 유포되었다. 자아에 대한 심리학적 해명은 의미와 자유의 상실이라는 시대의 분위기를 반영하는 것이었다.

현대에 만연된 문화적 노예화에 대한 대안적 사유는 기술결정론이나 구조결정론을 극복하라고 요구한다. 그것은 권력에 대한 편집증에 사로잡힌 권위주의적 인격이 갖는 의무의 도덕과, 이윤에 사로잡힌 고립된 합리성이라는 의식의 좁은 방을 허물고, 세계시민, 나아가 우주시민으로 거듭나려 한다. 자아 의식에 대한 비판은 소통적 해방을 추구하는 개방성에 따라 행위하고자 하는 신념의 도덕(M. 베버)을 고취할 것이다.

여기에서 베르그송이나 스피노자의 전략이 보여주듯, 금지를 내면화해서 가지고 있는 초-자아를 개방적 도덕을 운반하는 초-자아로 전환하려는 시도가 일어날 수 있다. 금지의 도덕이 사회적으로 학습된 것이라

15 터클(Sherry Turkle), 『라깡과 정신분석 혁명*Psychoanlytic Politics*』, 여인석 옮김, 민음사, 1995, 66-129쪽.

면, 개방적 신념도 학습될 수 있다. 개방적 도덕은 혁명적 전환기에 일어나는 문화운동에서 고취되어왔다. 자유의 주체성은 사회적 역할에 순응하는 자아를 초-자아의 혁신을 통해 순화함으로써 창조된다. 한 순간이라도 해방의 공간에서 기뻐하면서 소통했던 경험이 있는 사람들은 자아의 갑옷이 용해되며, 자발적 주체성이 창조적으로 흥기함을 현재에서 경험할 때 비로소 삶에 대한 긍정적 감각을 느낀다. 생의 긍정적 감각은 신남철이 첨예하게 의식했듯 저지된 '생의 감정'을 '고차의 현실'에 대한 동경의 감정과 결합시킨다. 이러한 결합이 '생의 전환'을 요구한다.

이러한 창조적 긍정성은 경직된 자아와 갈등하고 도구적 합리성에 통합되는 위기를 겪기도 하지만 때로는 조용하게, 때로는 폭발적으로 갈등을 증폭시키는 원리가 되어왔다. 주체성은 갈등과 창조의 원리이다. 그렇다 해서 주체성이 그 밖의 모든 것을 통합하는 원리가 될 수는 없다. 주체성은 세상과 분리되어 있지만 자기 자신으로 돌아가기 위해 통합의 권력을 위협한다. 주체성은 기존의 도구적 조직화에 대해 진정한 합리성으로 나아가도록 호소하면서도, 합리성과의 긴장관계를 잃지 않는다. 평등한 자유의 이념은 어떤 객관적 제도도 아니며, 합리적 재화 분배도 아니기 때문이다. 그것은 언제나 실현된 합리성을 초월하는 이념이다.

헤겔은 사회의 분화와 갈등의 문제를 심각하게 생각했다. 그는 근대적 주체성의 자각을 신적 주체로서의 정신(Geist)으로 승화시키고 그것을 입헌 군주국가로 귀결시킴으로써 근대의 분열을 종결짓고자 했다. 그는 이성이 합리성뿐만 아니라 자유를 자신의 본질로 한다는 의미심장한 통찰을 했지만, 신적 주체의 자기전개 운동 과정 속에 모든 것을 신비적으로 통합해버렸다. 헤겔 철학에서 변증법의 영혼인 해방의 요구를 발견하여 재해석하는 것이 중요하지만, 헤겔은 신학적 신정론과 변증법적 논리를 결합함으로써 부분을 전체로 통일하는 보수적 체계를 만들었다.

이에 비해 자유주의적 정치론은 소유권과 자아의 자기동일성을 전제한다. 자기동일성은 사회의 외부, 법적 계약의 외부에 있는 것으로 가정된 존엄한 권리의 권역이다. 이러한 추상적 개인의 권역은 사회화에 의해 형성된 자아, 즉 사회적 개인이 아닌 것처럼 나타난다. 그러나 개인이 소유와 연관될 경우에는 자기모순에 빠지게 된다. 개인은 시장사회 속에서 타인의 소유를 박탈함으로써 타인의 자유를 제약하여 그의 동일성을 부정할 수 있다. 사적 소유자로서의 자기동일성은 바로 그 소유로 인해 타자에 대한 부정으로 귀결된다. 소유적 개인주의는 개인의 존재를 부정한다. 적자생존을 찬성하고 국가의 사회적 개입에 반대하는 자유주의적 개인주의는 이러한 자기모순을 활용한다.

자유주의적 사고에는 비논리적 상상인 유추(analogy)가 개입되어 있다. 소유권에는 소유자가 있어야 할 것이고, 소유자는 민법이 적용될 수 있는 자기 동일성을 가져야 한다. 이것으로부터 사상이나 예술적 기능도 동일한 소유자의 속성(재산)으로 확대된다. 여기에서 소유권은 개인의 권리인 자아동일성을 보장하고, 개인의 권리는 소유권을 보장한다는 생각이 나오게 된다. 그러나 개인의 동일성은 사회의 구성적 관계에 들어가기 이전의 것으로서 독립된 권리의 영역으로 간주되었던 것이었다. 그럼에도 개인의 동일성과 사회적 소유 관계, 양자가 자연스럽게 결합된 것은 현실적으로 소유를 통해 개인권이 확보되기 때문이기도 하지만, 소유권이 유추적으로 개인의 동일성으로 발전되었기 때문이다. 양자는 유사성에 의한 유비관계에 있는 것일 뿐 합리적인 추론관계 속에서 체계화될 수 있는 것이 아니다.[16]

근대 민법의 문맥은 아니지만, 소유와 자아동일성의 결합을 가상으로 보는 불교는 그 가상을 파괴함으로써 우주적 소통성의 자유를 보여주었다. 진제(眞諦)에 대비되는 속제(俗諦, samvriti-satya)는 언어적 습관이라는 의미를 함축하고 있다. 대상이 나의 것(我所)이라는 소유욕과 결합한 세간(世間)의 습관적 자아동일성은 나라는 말에 불과한 망상이다. 이 문제를 논리적으로 접근한 용수(龍樹, Nagarjuna)는 자기 동일적인 주어(실

16 라이언(Michael Ryan), 『포스트모더니즘 이후의 정치와 문화*Politics and Culture*』, 갈무리, 1996. 247-270쪽.

체)와 술어(속성)의 관계를 전제하고 언어를 사용하는 습관으로부터 자아동일성이라는 허상이 나왔다는 통찰에 이르렀다. 인도-유럽어의 문법적 구조와 자아의식에 대한 유비구조를 비판적으로 인식한 니체의 언어철학적 비판도 용수와 유사한 발상일 것이다. 또한 소유적 개인주의의 자기모순은 그 추상적 인권의 옹호가 도리어 인권을 부정하는 결과를 초래한다는 역설에서도 드러난다. 이 점은 박치우가 예리하게 지적한 적이 있다. 이 때문에 자유주의는 개량(생활 환경의 향상과 복지, 노동운동의 합법화, 소수자 인권 등)의 길을 선택하기도 했다. 그러나 초강대국의 출현, 국제화된 경쟁, 종교적이고 인종주의적 편견과 같은 현상은 개량의 길조차 유린하는 요인이 되었다.

소유적 개인주의에 진정한 주체성은 없다. 주체성은 사회 바깥에 추상적으로 상정된 자기 동일적인 단위가 아니다. 또한 법률에 의해서 보장된 추상적 동일자가 아니다. 주체성은 제도적 역할이 형성한 순응하는 자아를 넘어서는 초-자아적 주체이다. 이 주체가 제도의 해방적 합리화를 촉구하고 추진하는 저항적 주체가 된다.

해방적 주체성이 각성된 것은 산업과 제도의 근대화라는 역사적 과정의 귀결이었다. 의미와 자유의 상실이라는 고통스러운 과정은 의미와 자유를 새로운 맥락에서 창조하려는 사상과 실천을 낳았다. 무지와 신분예속에 대항했던 합리화 과정에서 근대의 도구적 이성은 민족국가의 형성과 결속되어 있었다. 경제 성장과 개인의 권리는 상호 연관되어 있는 것처럼 보였다. 경제력은 생산력으로 측정되고 생산력은 기술 과학의 진보와 일치되었다. 욕망과 합리성도 서로 조화될 수 있는 것으로 여겨졌다.

그러나 현대에 와서 이러한 안정적 결속은 파열되었다. 자아도 재화획득을 위한 합리적 기획과 방향성을 잃고 끝없이 동요하는 변동의 물결 속에 휩쓸려 들어가는 조각들이 되어, 문맥과 상호 작용(E. Goffman)에 의해서만 정의되는 주체로 변해버렸다. 자아는 세계화된 시장 교환과 정보 그물망 속의 한 교차점이나 단말기로 환원된 것처럼 보이기도 하고, 쾌락적 소비를 강요받아 자발적으로 상품을 수용할 태세가 되어 있는 소비재의 하수구인 것처럼 보이기도 한다. 개인은 고립된 한 점이면서도 그의 생애는 세계의 그물망에 열려 있다. 개인은 관계의 총화(總和)에 걸려들어 총체화된 존재이자 산만한 분열적 존재가 되었다. 이러한 상황은 진정한 주체성을 구성하기 위한 성찰을 필요로 한다. 이 성찰은 탈총체화를 지향할 것이며, 이러한 이탈을 통해 진정한 전체적 관계 방식을 모색하게 될 것이다.

4. 성찰과 표상의 정치학

개인화된 인간은 자본주의적 세계화에 의탁하여 자신의 의식을 세계로 넓혔다. 그러나 그 넓은 공간은 의미가 증발한 텅 빈 제로 지대이다. 개인들은 무의미에 압도된 공허한 하나의 점으로 응축되어버렸다. 개인들은 자아 안에 갇혀서 자기 관점에서 세계를 반영하는 라이프니츠(G. W. Leibniz)의 단자(Monad)에 비유할 수 있게 되었다. 그러나 라이프니츠의 단자가 사물의 본질적인 것으로서 생명력이자 자발적 활력인 것과 달리, 단자적 개인은 언제나 교환 가능한 임의적인 존재이자, 세계에 대해 비본질적인 존재이다. 개인은 자신의 내적 생명력을 소통적 주체성으로 활성화하지 못하고, 정보나 상품의 추상적 교환가치로 외면화되어 있다.

이러한 정신적 공황상태는 개인들이 임의적으로 선택한 것은 아니다. 이른바 대중 소비 사회, 정보화 사회, 초산업적 사회, 후기 산업사회 등으로 불리는 사회적 경향의 산물인 것이다. 이러한 경향을 낳는 추동력은 여전히 기술 공학주의와 산업에 있다. 기업의 초국가적 성격과 국제 경쟁이 심화되자 비경제적 요인들은 기업의 발전에 협조하거나 예속되어갔고, 그만큼 기업의 도구적 합리성은 이전보다 더욱 독립성을 보유하게 되었다. 자본의 확대 재생산이 없으면, 즉 상품의 지속적 생산이 없으면 문을 닫아야 하는 기업은 자신의 활동을 전략적 활동으로 전환했다.

소비재는 소비를 창출하는 전략 상품이 되어 사용가치를 능가한다. 이것이 개인들을 유혹한다. 기업의 전략적 합리성의 기획에 순응해야만 생존할 수 있다는 생각이 사회 전체에 유포되어, 개인들 역시 창의성을 내세우는 전략적이고 기동적이며 동시에 개인중심적인 인간상을 추구하게 되었다.

사회가 상품 소비사회가 되고 교환가치가 개인주의화를 형성해내는 이면에서는 생산성 증대를 위한 생산의 전략적 합리화 운동이 전개되고 있다. 이 때문에 현대인의 삶의 조건을 이해하기 위해서는 단순히 소비사회에서 일어나는 상품 이미지들의 유혹성만을 지적할 수 없게 되었다. 강제적으로 소비에 유혹되든 필요성에 의해 소비를 하든, 생산 활동과 생산의 사회적 조직(노동과 자본의 결합)은 필수적이다.

그러나 현대의 생산과 생산관계는 근대와는 다른 성격을 갖게 되었다. 자연의 탈주술화 과정으로부터 출발한 근대에는 과학적 지식을 통한 자연의 지배를 통해 인간의 자유와 진보를 내다보았다. 무지로부터의 해방은 외적 자연과 내적 자연의 대립 구도를 자연스럽고 자랑스러운 것으로 간주하는 이론과 실천을 낳았다. 자연은 인간의 인식과 실천에 의해 지배되는 과정을 통해 인간에 헌신하기 위해 변형되어야 한다는 것이 자명한 전제로 간주되었다. 자연의 인간화 혹은 자연의 사회화라는 생산 활동은 인간적 개념과 형식을 질료에 부과한다는 표상적 사고의 승리를 보장하는 것으로 보였다.

그러나 자연과 사회를 대립적 관계로 보는 이러한 통념은 기술 과학적 지배의 부정적 재해(핵무기의 위협, 생태계의 파괴, 정복하기 어려운 새로운 질병의 탄생 등)의 출현에 의해 반성의 필요에 직면하게 되었다. 이러한 반성이 요구됨에 따라 새로운 관점에서 자연과 사회의 관계를 보아야 할 필요성이 발생했다. 재난은 우연적이어서 극복 가능하다는 생각은 이제 과거의 것이다. 총체적 파국이 아직 나타나지 않고 있지만 그것은 현실적 가능성이라는 점에서 사회에 위협이 되고 있다.

이러한 현대적 조건은 사회를 자기 성찰적으로 만든다. 벡(Ulrich Beck)

은 자신의 『위험사회*Riskogesellschaft*』(1986)에서 위험이 새로운 관점에서 사회를 이해하는 인식론적 원리가 된다고 보아, "자연과 사회의 대립은 끝났다"고 주장했다.[17] 이제는 자연이 사회의 외부로, 사회가 자연의 외부로 이해될 수 없다는 것이다. 이런 맥락에서 기술 경제적 발전은 비정치적인 중립성을 상실하고 "새로운 정치적 및 도덕적 차원을 획득한다." 이제는 생산 활동도 지배 대상으로서의 자연의 인간화라는 관점을 넘어서 새로운 방향 설정이 요구되는 정치적 성격을 갖게 되었다. 사회적 문제는 지구 생존과 연관하여 자연적 문제(S. 모스코비치)로 전환되면서, 정치적인 논쟁 영역이 되었다. 이제 생산 활동은 생태-정치적인 논의의 장으로 편입되었다. 이 변화는 기술 현대화를 숙명으로 받아들이는 맹목성에 대해 성찰적 개입을 요구한다. 이런 의미에서 벡(U. Beck)의 성찰성이 지나치게 묵시론적인 성격을 가지고 있기는 하지만, 도구적 합리성과 긴장관계를 이루는 주체성을 요청하는 것으로 이해할 수 있다.

생산관계 역시 사회의 광범위한 개인주의화와 연관하여 새로이 이해할 필요가 있다. 근대에 노동자의 집단적 계급 정체성은 비교적 견고했다. 이 점은 생산관계로서의 계급관계 혹은 구조에 의해 의식이 규정된다는 구조적 사회 인식과 조화될 수 있었다. 이는 노조의 단결과 실천을 쉽게 보장해주는 것이기도 했다. 그러나 개인들의 의식이 사적 공간으로 감축되고 소비의 일반적 평준화 과정으로 편입되면서, 개인들의 계급 귀속성은 약화되었다. 노동자의 의식은 구조에 의해 영향받는 것만이 아니다. 자유주의적 이데올로기는 구조에 침투하여 노동자의 계급 정체성을 구조에서 미끄러져 나가게 할 수 있다. 또한 노동자 역시 도시 시민 범주에 흡수되어 그의 생애는 소비사회의 온갖 상징 운동에 열려 있다. 노동하는 개인들의 사적 문화는 상품의 표면 가치와 소비문화에 귀속된다.

그러나 객관적으로는 노동자의 생존은 생산관계 속에 편입되어 유지

---

17 벡(Ulrich Beck), 『위험사회-새로운 근대(성)를 향하여*Risikogesellschaft, Auf dem Weg in eine andere Moderne*』, 홍성태 옮김, 새물결, 1997, 143쪽, 292쪽.

되고 있다. 기업경영의 전략화는 그들의 생존이 적자생존이라는 논리로부터 분리될 수 없다는 의식을 노동자에게 각인한다. 그럼에도 상품자아 형성에 따른 개인주의화는 노동자의 계급 정체성을 희박하게 한다. 또한 기업은 자신의 생존도 소비에 걸려 있기 때문에 기존의 소비 수준을 채워주어야 한다는 부담을 안고서, 대량의 소비를 공격적으로 조장하고, 늘 이해타산의 위기를 맞으며 정규와 비정규를 나누는 등 더욱 전략화된다.

노동하는 개인들은 해결될 기미가 보이지 않는 불평등을 안고서 물질적 성취사회의 맹목성에 기대는 생애의 무의미와 기술 현대화가 주는 위험에 직면하게 된다. 세계에 열려 있는 개인들에게 세계화가 주는 여러 문제점들은 개인 속에서 성찰을 요구하는 요인이 될 수 있다. 이제 개인들은 계급관계뿐만 아니라 세계적 문제에 노출되어 있는 총체화된 존재이자 이 존재를 성찰할 수 있는 주체적 조건을 갖게 되었다. "사적인 것이 정치적이다"라는 여성해방 운동의 주장은[18] 노동운동과 시민운동에도 적용된다. 도구적 합리성이 산출한 개인주의화는 개인들을 무기력하게 했지만, 역설적이게도 개인들은 성찰적 개인들이 되고 이것이 자유의 주체성으로 전환될 수 있는 하나의 조건이 될 수 있다. 이 주체성이 여러 집단 활동 안에서 정치 · 도덕적 원리가 되어 새로운 형태의 연대적 주체로 형성될 가능성을 갖는다. 이러한 전망에서 노동운동은 세계의 상황과 문제를 인식하고 개선하며, 도구적 합리성에 대항하는 문화운동의 성격을 갖게 된다. 이 문화운동이 나머지 다른 형태의 운동들과 연대할 수 있는 연결점이 될 것이다. 여러 운동의 평등한 연대를 지향한 1920년대 『개벽』의 신문화운동과 해방 후 광범위한 문화운동을 제기한 신남철의 정치적 상상력은 오늘날에도 응용 가능한 현재성을 함축하고 있다.

자연 지배를 위한 노동을 통해 자유의 성취가 가능하다는 것은 근대 좌우파의 통념이었다. 그러나 도구적 합리성에 대응하는 자유의 주체성

---

18 벡, 앞의 책, 309쪽.

은 주체성을 형성해내고 보존한다는 인간 생태학적 방향성을 가지며, 동시에 자연 생태학적 방향성을 갖는다. 도구적 합리성은 이러한 방향의 저항에 의해 생태적 합리성으로 나아가도록 수정된다.

그러나 주체성을 형성하고 이를 존중하려는 문화운동을 약화시키는 하나의 요인이 있다. 그것은 새로이 분화된 문화산업과 대중매체의 확산이다. 대중매체의 출현은 전략적으로 기동적인 개인들의 삶에 그 속도와 넓이를 증폭시킨다는 이점을 가져다주기 때문에 삶의 외면화와 추상화(모순의 은폐)를 가속화한다. "미디어 문화는 오늘날의 사회에서 문화의 지배적인 거점이고 형식이다" [19] 문화산업은 국가지원 사업이 될 정도로 수익성이 있을 뿐만 아니라, 강대국의 자기 이미지 선전이나 음모의 합리화 기능까지도 해낼 수 있다. 일상의 삶 전체가 식민지화의 위기에 있다. 미디어 문화는 지배적 이데올로기의 기능을 해내고 있는 것이다. 심지어 즐거움을 주는 자신의 속성을 활용해 저항의식을 일시적인 즐거운 저항으로 변질시키는 저항 물신주의(Douglas Keller)도 만들어낸다.

이 때문에 이데올로기 개념의 외연은 이론적 언설의 범주를 떠나 시각이나 청각을 주입 통로로 하는 영상이나 소리 등의 기호 이미지에까지 확대되는 것이 불가피하게 되었다. 사유의 감각화와 감각의 노예화는 옛 현인들이 영혼의 능동성을 배려하기 위해 경계하던 것이었으나, 이제 사유와 감각의 결합은 일반화되었다. 이데올로기의 유통은 사유보다는 감각을 통해 들어온다. 이 감각 소여는 구체적이고 생생한 표면이 아니라, 이미지 기호로 변질된 추상적인 것이다. 기호화된 감각은 일시적인 피상적 감상과 냉혹한 무관심을 결합하고 있다. 그러나 진정한 자유로운 소통은 상호 감정이입이나 감응(感應)이라는 내부 침투적 감수성이다. 개인주의화와 소비충동에 의해 욕망은 도구적 합리성으로부터 해방된 것처럼 보인다. 그러나 그 해방된 욕망은 가상이라는 동굴 속의 유희에 지

---

19 켈러(Douglas Keller), 『미디어 문화*Media Culture*』, 김수정 · 정종희 옮김, 새물결, 1997, 74쪽.

나지 않으며, 사실상 문화산업이 가지는 도구적 합리성의 죄수이다.

욕망이 그 구체적 생동성을 잃고 추상화될 때, 사유 역시 생기 없는 추상화로 화석화된다. 그러나 추상화된 감각은 구체적 삶의 고뇌와 기쁨, 사랑과 증오가 가지는 현실적 감각으로부터 분리되어 있기 때문에, 이미지 인식 전문가들을 제외하면 그 누구에게도 의미 해석이 가능한 자료가 될 수 없을 것이다. 사유 역시 내용과 의미가 없는 공허 속에서 기존의 추상적 개념이나 기호를 가지고 조작할 수밖에 없게 된다.

추상화된 감수성은 현실적 감각이 아닌 기호적 정보에 의해 형성된다. 정보가 풍부한 세계, 그것은 사유가 빈곤한 세계이다. 정보는 몇 가지 명확한 의미 이외에는 풍요로운 해석을 기다리고 있는 심층적 의미를 주지 못한다. 에코(Umberto Eco)에 의하면 정보의 양과 의미의 양은 반비례한다.[20] 심오한 작품의 언어들이 풍부한 의미를 함축하는 데에서 예술성을 확보하는 것에 비해, 정보는 이미 고정된 의미만을 가져다준다. 정보로 가득 찬 세계, 그것은 무의미로 가득 찬 세계이다. 사유의 형식주의화와 빈곤화는 이처럼 욕망의 추상화에 뿌리박고 있다. 문화가 정보산업화된 현대에 역설적으로 사유는 없고 정보가 사유하게 되었다. 이로부터 현대에 어떤 심오한 인문학적 작품이 거의 나오지 않은 채 엽기적인 것이 증가하고 있다는 사실을 이해할 수 있다.

형식화되고 정보화된 학문은 삶의 생동성과 창조성을 잃고, 욕망과 사유를 식민화하는 이데올로기적 기능을 갖게 된다. 이런 상황에서 과학과 이데올로기, 철학과 이데올로기를 명확히 나눌 수 없게 되었다. 과학은 이미 특권적으로 삶의 질을 지배 조작하는 이데올로기적 기능을 한 지 오래이다. 철학도 모순을 극복하는 사유이기를 포기하고 형식주의적으로 기호화되거나 전략화되어 집단적 기능으로 전락했다면, 이 또한 사유의 물신주의적 도구화를 면치 못한 것이다.

---

20 에코(Umberto Eco), 『열린 예술작품*Opera Operata*』, 조형균 옮김, 새물결, 1995, 73-177쪽.

삶과 의미를 황폐화하는 문화산업은 순간적 변덕을 자유로 오인하는 것, 즉 탈정체성을 이용하여 어떤 안정된 의미를 주는 듯한 이미지들을 만들어낸다. 이른바 표상의 정치학(politics of representation)이 그것이다. 강한 국가, 강한 남성, 세계를 주름잡는 사업가, 멋있는 스타일의 가수, 학술과 도덕의 대변자, 직업에 충실한 가장, 폭력배, 대통령 등이 보는 사람으로 하여금 각자 자기 영역에서 멋있는 중심이 되거나 한 것처럼 느끼게 하는 영상이미지로 만들어질 수 있다. 이 이미지들은 개인들에게 '일회용 정체성(instant identity)'을 부여함으로써 그들을 잠시 안정시킬 수 있다.

일회용 정체성은 일상의 삶과 학교나 군대에서 이데올로기적 언설에 의해 형성된 권위주의적 정체성과 상승 작용하여 집단적 정체성 형성을 도와줄 수 있다. 현대에는 파편화된 개인화에 의한 정체성의 위기와 이 상황에 붙어서 그것을 권위주의적으로 응집하려는 정체성 부여 운동이 공존한다. 현대사회의 다원성은 시장사회적 다원성이다. 권위주의적 주체를 형성하려는 이데올로기는 이 다원성이 저항성으로 변화하는 것을 저지하고 기존사회로 통합되도록 한다. 이 때문에 현대의 다원주의화는 소외집단을 옹호하는 긍정적 현상인 것 같지만, 사실은 인종차별주의와 위계화의 온상인 것이다. 획일적으로 상업화된 다원성을 바탕으로, "이데올로기는 지배집단/종속집단, 우월한 집단/열등한 집단 등으로 사람들을 차별화하고 분리함으로써 지배권력과 엘리트의 이익에 봉사하는 위계적 질서와 서열을 창조하게 된다"[21]

이처럼 개인들은 이데올로기적 정치의 장소가 되었다. 이 때문에 주체가 분해된 것처럼 보이는 상황을 과도하게 일반화하여 주체의 소멸을 주장할 수 없다. 현대에서도 여전히 권위주의적 주체는 생산되고 있다. 또한 이러한 주체는 욕망을 권위주의적 형식에 따라 구조화하고 있지만, 들뢰즈처럼 정치의 문제를 이데올로기적 문제가 아니라고 보고, 그것을

---

21 켈러(Douglas Keller), 앞의 책, 116책.

욕망의 문제로 환원하는 것[22]도 지나친 단순화이다. 리비도로서의 욕망이 탈권위주의적 형식을 갖도록 용도를 변경하려는 그의 전략은 저항적 주체성을 형성하는 것에 에너지 동력학적 기초로 활용될 수 있다. 그러나 이데올로기론이 없는 욕망 비판론은 개인들을 지나치게 주관주의적 자기변형론으로 기울게 할 수 있다. 더욱이 평등한 자유의 문제를 회피할 때, 그것은 정치의 장이 된 개인들을 탈정치화하여 자폐적이고 관념적인 무정부주의자로 만들 것이다. 신채호, 이회영, 이정규 등과도 무관하지 않은 슈티르너(Max Stirner)의 독자적 개체성(singularity)은 권력욕과 모든 이데올로기뿐만 아니라 민주주의의 공리(Axiom)인 평등원리까지로 부정하는 귀족적 원리였다. 들뢰즈처럼 슈티르너의 개체성을 무정부주의 원리로 사용하고자 하면서도 평등의 문제를 회피한다면 그것은 민주주의의 대의인 평등과 집단적 행동의 의의를 약화시켜 자유주의적 무정부주의와 민주주의의 공모를 용인하게 될 것이다.

현대사회에서 갈등의 영역은 정치 · 경제적 중심 갈등을 넘어서 소비사회로, 개인적 인격으로 확장되었다. 갈등이 개인들에 의해서 의식된다면, 개인들은 성찰적이 될 수 있고 이 개인들은 체제와 갈등할 수 있다. 소통적 해방의 주체성은 주객관적 조건과의 긴장 속에서 형성된다.

해방의 주체성은 자기 문화에 대한 방어와 집단 공동체(민족, 계급, 성별 등)에 준거해서 나타난다. 아프리카인의 저항적 실존은 유럽의 과학이나 철학이 아닌, 어두운 밤 속에서 자연을 호흡하는 아프리카적 혼과 검은 색에 준거한 삶일 수밖에 없음을 지적한 사르트르의 생각은 정당하다.[23] 현대를 이해하는 데에 성, 정보 소비사회, 국가 등이 분열되어 나온 현상뿐만 아니라 민족 문제의 중요성을 부각시킨 투렌(Alain Touraine)은 주체성의 두 얼굴을 말한다. 바로 "방어적 얼굴과 해방의 얼굴, 공동체

---

22 Gilles Deleuze, *Anti-Oedipus*, trans by R. Hurley, M. Seem and H. R. Lane, University of Minnesota Press, 1986.

23 사르트르(J. P. Sartre), 「검은 올페」, 『침묵하는 공화국』 IV, 천이두 옮김, 일월서각, 1982, 191-247쪽.

의 준거와 개인적 자유에의 호소"이다.[24] 두 얼굴 가운데 어느 하나가 지나치게 강화되면 자유와 저항의 주체성은 소멸된다. 두 얼굴은 서로 긴장관계 속에서 결합되어야 한다. 이런 맥락에서 개별적 주체는 저항하는 '집합적 주체'가 될 수 있다. 자유의 주체는 일정한 정체성과 결합한다. 그러나 집합적 주체가 집합이 강화되어 주체성이 지니는 탈귀속성을 말살한다면, 그 집합은 전체주의적 성격을 가지게 될 것이다. 또 현대의 다원성과 결합할 때는 집단 이기주의로 나아갈 수도 있다. 민족적, 계급적, 혹은 성적인 정체성은 개별적인 자유의 주체성을 인간 생태론적인 측면에서 존중해야 한다.

현대인의 삶의 조건에 대한 이상의 논의에서 볼 때, 합리성에 제약되면서도 그와 갈등하는 주체성은 (1) 자유의 주체성이며 (2) 생태론적 성찰에 매개된 성찰의 주체성이고, (3) 구체적 삶의 의미를 해석하는 사유의 주체성이자, (4) 집단적 정체성과도 결합할 수 있는 역사적 주체성이다.

진정한 주체성이 이와 같이 여러 성격을 갖게 된 것은 근대적 이성의 보편주의가 낳은 문제점들이 역사적 과정에서 노정되고, 또 이것이 현대에 이르러 여러 측면에서 새로운 양상으로 문제들을 제기하기 때문이다. 권위적 체계와 성공 지향적 삶으로부터의 탈귀속성을 본질로 하는 주체성은 자신의 요구를 수용할 수 있는 합리성을 지향한다. 이러한 합리성은 이윤과 권력을 동기로 하는 합리성과 갈등한다. 도구화된 합리성은 기존의 상업적 질서와 위계질서를 안정시키려 한다. 그러나 시장사회가 전체주의적 권력이 사회를 장악하는 것을 저지하는 가장 유력한 방어 장치임에는 분명하지만, 질서의 안정만을 아는 사회, 그래서 사고방식마저도 개선하지 않으려 하는 사회는 억압성과 부패를 면치 못한다.

주체성의 출현에 의한 삶의 근본적 불안정성이야말로 안정성을 구제할 수 있다. 현대인의 삶은 새로운 생산력(기계, 지식)을 창조해야 사멸을 면할 수 있는, 그래서 끝없이 동요하는 자본제적 사회 속의 삶이다.

---

24 투렌(A. Touraine), 앞의 책, 372쪽.

주체성은 이러한 역사적 동요라는 불안정성 밖에서 불안정성을 창조하는 모험의 인격이다. 자본의 오디세이를 능가하는 주체성의 자기초월 운동이 역사를 무의미와 의미의 갈등 과정으로 형성해낸다.

주체성은 자신에 대한 탈귀속적 책임 때문에 현실 및 현실적 자아와 갈등한다. 또한 주체성은 타자의 주체성에 대해 책임을 갖기 때문에 타자에 대한 대상적 수단화에 대해서도 저항한다. 주체성의 본질인 자유가 삶을 사회적 관계 속에서 소통적으로 만든다. 불안정한 삶이 선한 삶이다. 주체성은 화석화되어 안주하려는 이성을 창조적인 비판적 이성, 즉 변증법적 이성으로 만든다. "게으름은 이성의 안티테제이다(Fatigue is the antithesis of Reason)."[25] 이성은 언제나 아는 것으로부터 모르는 것으로, 명백한 것으로부터 모호한 것으로, 법칙화된 것으로부터 혼돈스러운 것으로, 한정된 것으로부터 무한정적인 것으로 넘어서 간다.

주체성은 기존 형식을 넘어서는 것에서 이성의 본래 면목을 회복한다. 그는 도구적이고 소비적인 옹색함을 벗어나지만, 미래의 분명한 청사진의 옹색함도 신뢰하지 않는다. 설계도를 가진 유토피아는 너무나 한정된 의미들로 차 있기 때문에 삶을 미래로 홍기시킬 수 있는 생동성을 불러일으키지 못한다. 그것 역시 안정 욕구의 산물이다. 역사란 온통 주체성에 의해 형성되는 것도 아니고, 궁극적이고 객관적인 어떤 목적에 이끌려가는 것도 아니다.

주체성은 상품의 변화와 정보의 흐름 속에 있는 순간적인 일회용 정체성을 삶의 모델로 삼지 않는다. 일회용 정체성은 탈경계적 정보 상품의 흐름에 휩쓸리는 욕망의 변덕스러운 개방성을 자유로 오인한다. 현대 산업과 표상의 정치학이 가져다 준 상품자아와 물류적(物流的) 자유는 현상적 경험과 인간 의식을 밀착시키는 속류 유물론의 포로가 보는 정체성이다. 이러한 현상은 표면적 화면 이미지를 존재로 착각하는 관점의 확산에 의해 더욱 강화되었다. 그러나 해방적 주체의 탈귀속성은

---

25 A. N. Whitehead, *The Function of Reason*, Bacon Press, 1958, p.23.

정치 · 경제적 합리화 과정에 저항하여 사회적 관계를 평등한 자주성이 통용되는 관계로 변형해갈 것이다.

인간의 자기해방 가능성을 신뢰한 현대 한국철학의 줄기찬 노력은 오늘의 우리에게 우리가 처한 상황을 인식하고 그 문제를 해결할 것을 촉구하고 있다. 그리고 그 노력 가운데 오늘의 상황에서 볼 때 중요한 의미를 갖는 것은 바로 우주와 인간의 우주적 연대성에 대한 열망이다. 자연과의 소통적 유대와 정치적 평등은 본질적 연관에서 다루어졌다. 그 두 가지 문제는 우주와 인생을 생명의 전개로 보는 생성의 철학 안에서 추구되었다.

내면적 성실성(誠實性)을 주체적 조건으로 하는 철학은 역사와 사회에 대한 관심뿐만 아니라 무수한 형태의 생명들로 분화하는 생명의 운동에 대한 자연철학적 관심을 필요로 한다. 이러한 관심을 통해 내적 성실성은 추상적 공허를 면하고 다양한 내용을 갖춘 충실성(充實性)을 지니게 될 것이다.

10장

현대철학의 자연철학적 전망

1. 소통방식과 자연철학

이돈화와 김기전은 우주적 연대성에 기초한 자주적 인간형을 문화운동을 통해 실현하고자 했다. 신채호, 이회영은 무정부주의적 이상사회를 건국방략이자 실천이념으로 선택했다. 박은식은 우주적 소통성을 바탕으로 평등과 민권을 이해하고 실천하고자 했다. 박종홍은 신유가적 무(無)의 형이상학을 문화 창조를 위한 현실 변증법과 연결했다. 신남철과 박치우는 자유주의를 넘어서는 변증법적 이성과 진보적 민주주의를 모색했다. 그들은 사회적 실천을 통해, 그리고 잡지와 신문을 통해 자신들의 사상을 논쟁적으로 소통시켰다.

그들의 소통방식은 서로 다른 의견들의 합의된 평균치를 내는 합의적 소통이기보다는 새로운 실존 양식과 소통적 자유를 미래적 가치로서 호소하는 것이었다. 실존적 자각을 중시했던 박종홍이 상황 내의 부분적 문제를 실천적으로 해결하려는 존 듀이의 다원론적 실험주의를 인정하면서도, 과학적 실험에서 가설의 다원성이 갖는 한계를 지적한 것은 그 때문이었다. 존 듀이의 가설적 실천이 갖는 호소력은 마틴 루터 킹이 "우리는 꿈을 갖고 있다"고 했을 때의 심금을 울리는 절대적 호소와 다르다. 노예냐 자유냐의 문제는 과학적 가설이 아니다. 자유와 사랑은 비록 일상의 화폐처럼 통용되지만 그 진정한 의미를 다시 물어봐야 할 이념이었다.

해방 후 한국철학은 민족과 인간성의 위기를 총체적으로 극복할 수 있는 방안을 호소했다. 급박하게 돌아가는 상황 속에서 그들의 논의는 대중들의 관심을 끌었다. 그러나 동학(東學) 계열, 대종교(大倧教) 계열, 함석헌의 의사소통 방식은 한 가지 다른 점이 있었다. 그들의 소통방식은 종교적 진실, 그리고 이 진실을 체현한 인격을 향한 열망에 의거하는 것이었다.

열망은 감격적 만남에서 일어나는 영혼의 진동을 경험하는 내면적 사건이다. 그것은 모호하지만 생의 진실을 암시하는 어떤 풍요로운 의미로 가득 찬 사상을 수용하게 한다. 그것은 내적 감동에서 오는 수용이라는 수동적 자발성을 특징으로 갖는다. 이러한 감정의 활력으로부터 실천적 의지가 나온다. 열망은 나의 삶을 임의적이거나 교환될 수 있는 것이 아니라 필연적이고 고유한 것으로 체험하게 한다. 개념적 지식은 교환될 수 있는 객관적인 것이다. 그러나 열망이라는 체험적 이해는 삶의 방향에 본질적인 것이 된다. 열망은 내가 임의로 비껴갈 수 없는 내적 필연성을 가지고 다가와 미래의 새로운 삶에 대한 동경을 일으킨다. 그 진실은 생에 대한 부정으로 점철된 현실을 부정하는 주체들을 생산해낸다. 현실에 대한 부정은 생에 대한 긍정과 평화를 담고 있는 고차원적 진실이 만들어낸 것이다. 혁명과 저항의 행동은 생의 긍정을 통한 부정의 행동이며, 이 긍정의 감각을 가진 저항적 행동은 생명에 대한 우주적 직관으로부터 유래한 것이다.

이러한 열망적 의사소통은 인도의 간디와 미국의 마틴 루터 킹의 경우에서 나타나고 대부분의 혁명과 저항을 가능하게 하는 소통방식에서도 나타난다. 한국에서의 열망적 의사소통은 조선 후기 동학의 평민 혁명과 대종교의 독립 저항운동 및 군사독재에 저항한 함석헌의 대중적 인기의 심리적 동인이었다. 그것이 자기변형과 세계변형의 노력을 호소하는 철학을 창조해낸 것이다.

그러나 나철과 함께 단군교(나철에 의해 대종교로 개칭되었다)를 중광한 해학 이기(海鶴 李沂, 1848～1909)가 자연과학과 사회과학을 연구하고자 했으나 책이 없는 것을 탄식한 이후로, 철학은 과학에 대한 이해의 필요성을 무시할 수는 없었다. 대종교의 홍익이화(弘益理化) 정신은 공동체의 공익과 이를 위한 합리적 지식의 탐구를 인류의 기본적 의무로 정립하고 있었다. 홍익이화 정신은 전통 유가의 인도주의적 합리주의와 결합하여 새로운 민족국가 건설의 이념이 되었다. 일제하에서도 대종교 정신을 가지고 최현배 등이 참여한 한글학회가 창립되고, 대종교인 남파 박찬익(南坡 朴贊翊, 1884～1949)이 주도한 공업연구회가 창건되었다. 공업연구회는 127명의 회원과 신규식, 신채호, 안창호 등 147명의 후원회를 가진 한국 최초의 기술과학회였다(1908).[1] 중국, 일본과 마찬가지로 서구인들에 의해 만들어진 과학이나 과학적 세계관에 한국인도 관심을 가져야 했다. 아시아인들은 자국의 발전이나 독립을 위해 자연과학과 사회과학을 적극적으로 수용했다. 1920년대 문화운동을 이끈 이돈화의 개벽주의(開闢主義)는 서구 현대과학을 수용함으로써 그 입체적 면모를 갖

1 남파 박찬익(南坡 朴贊翊)은 대종교도로서 임시정부 외사국장(外事局長)을 지내면서 항일 독립운동에 깊이 개입하여 독립자금을 모으기 위해 노력했다. 그는 일찍이 공업전습소를 나와 교육운동과 공업 발달에 관심을 갖고 있었으며, 공업학회지인 『공업계』에 「색채의 理와 염료의 혼합법」이라는 화학논문을 게재했다(1908). 비밀결사인 신민회(1907)에 가입하여 독립운동에 관심을 갖다가 일제의 탄압으로 방직공장을 세우려던 기존의 뜻을 포기하고 신민회의 망명과 함께 중국으로 망명(1910), 민주공화제 이념을 가지고 신규식 등과 함께 손문의 혁명전쟁에 가담했으며, 상해임시정부 창립(1919)에 헌신했다. 그는 대종교인 서일, 김좌진 등과 협력하여 광복군을 창설함으로써 민족해방운동을 이끌어갔으며 특히 외교 업무에서 능력을 발휘했다. 박찬익은 과학과 공업, 과학과 정치의식의 긴밀한 연관성을 분명하게 의식하고 있었다. 그의 과학정신은 과학 내재적 논리에 대한 관심보다는 그 외적 효용성에 강조점을 둔 것이었다. 박찬익에 대해서는 다음을 참조: 李延馥, 「南坡 朴贊翊 硏究」, 『韓國史硏究論選』, 백두문화, 83-108쪽.

출 수 있었다. 서구에서는 1920년대 양자역학의 발전과 함께 유클리드-뉴턴적인 근대의 기계론적 도식이 의심받게 되었고, 관찰 도구의 혁신적 발전과 함께 비결정성과 우연성을 논하는 현대 물리학의 도식이 출현했다. 이제 자연과 인간에 대한 철학적 이해는 이 두 모델(기계론적 모델과 비결정성 모델)에 대한 이해를 통하지 않고는 안 되게 되었다.

20세기 초부터 1970년대에 이르는 한국철학의 전개는 과학에 대한 관심에도 불구하고, 대체로 종교적 지혜와 우주적 직관, 제도의 주체적 혁신과 민주주의적 평등을 문제 삼는 윤리적 형이상학과 역사 · 정치철학에 주된 관심을 쏟았다. 이 때문에 그들은 점증하는 과학의 지배 속에 살면서도 과학의 논리나 본성 및 사물의 심층적 미시세계에 대한 현대과학의 논의가 어떤 철학적 의미를 가질 수 있는지에 대해 숙고할 수 없었다. 1970년대 이후에는 약간 상황이 달라지지만, 이 점이 그 때까지의 한국철학이 갖고 있었던 특징이자 허약성 가운데 하나였다. 그러나 지금은 근대과학이 갖는 성격과 한계를 이해하고, 현대과학의 이론적 모델이 주는 자연철학적 의의를 사유해야 하는 시대가 되었다.

베르그송의 자연철학은 20세기 초 아시아에 광범위한 영향을 주었고, 이돈화나 함석헌, 신남철, 박치우에게도 매력의 대상이었다. 베르그송은 러셀이나 듀이와 함께 알려졌지만, 그는 특히 동양적 사고와의 유사성으로 주목받았다. 그는 단순히 과학적 세계관을 표방하는 것이 아니라 근대과학을 비판하고 현대과학의 특징을 예언하며, 인류의 운명을 과학과 연관하여 논하는 사고의 전형을 보여주었다. 이런 의미에서 그의 사상이 갖는 동양적 연관과 현대과학적 의의를 논의할 필요가 있다. 이 논의를 통해 생성의 철학이 갖는 과학적 의의에 접근하는 시야가 열릴 수 있을 것이다.

중국에서 베르그송 사상의 소개는 1913년 전지수(錢智修)가 『동방잡지東方雜誌』(10권 1호)에 「현대 양대 철학가 학설개략現今兩大哲學家學說概略」이라는 글을 게재한 것에서 시작한다. 이때부터 독일인 오이켄(Rudolf Eucken, 1846~1926)과 함께 베르그송은 포격손(布格遜), 백격손(柏格遜), 백격삼(栢格森)이라는 이름으로 알려졌다. 1915년 이석잠(李石岑)이 『민탁』(제6호)에 「최근 철학의 신경향挽近哲學之新傾向」을 발표하여 제임스(Willam James, 1842~1910)와 베르그송을 소개했다. 양수명은 1916년 『궁극적 의문 해결론究元決疑論』에서 베르그송에 감복했으며, 그 후 비교적 체계적으로 연구하여 그것을 왕양명 철학 특히 태주학(泰洲學)과 연관하여 활용했다. 1919년 장동손(張東蓀)이 『창조적 진화』(1907)를 『창화론創化論』으로 번역한 이후 20년대 5·4 운동 시기에 이른바 베르그송 열풍[熱]이 일어났다. 베르그송은 좌우파에 모두 영향을 주었다. 이대조(李大釗, 1889~1927)는 1910년대에 무정부주의와 베르그송을 거쳐 마르크스주의로 나아갔다. 1921년에는 풍우란(馮友蘭), 방동미(方東美) 등이 소개 논문을 썼으며, 장동손은 번역과 학적 소개에 힘썼다. 1919~1927년 사이에 베르그송의 주요 저작이 거의 번역되었다.[2] 이러한 중국과 일본의 베르그송 열풍은 한국에도 영향을 미치게 된다. 『개벽』(1920)의 이돈화, 김기전 등은 신칸트주의의 문화주의와 함께 베르그송, 니체 등을 동학과 연관하여 활용했다. 이돈화는 베르그송의 생명론을 동학사상의 철학화에 활용하여 그 내재주의적 측면과 진보성을 부각시켰다. 함석헌은 그것을 씨알의 혁명적 저항성을 위한 존재론적 기초로 재해석함으로써 유럽 학자들의 보수주의적 해석을 능가했다.

근대 이후 유럽의 형이상학은 초월적 관점으로부터 내재적인 세속적 관점으로 전환해갔다. 이와 함께 과학의 논리를 확실성의 전형으로 믿는 철학들이 나오게 되었고, 그것을 의문시하는 생성의 철학도 나오게 되었다. 생성의 방향을 대표하는 베르그송은 근대 기계론적 도식의 사고와는

2 董德福, 『중국에서의 생명철학[生命哲學在中國]』, 廣東人民出版, 2001: 일본에서는 다이쇼[大正] 생명주의 기간에 베르그송 철학이 철학, 문학, 예술 영역에서 강력한 영향력을 행사했다. 1910년 니시다 기타로(西田幾多郞)의 논문 「베르그송의 철학적 방법론」을 시작으로 1920년대 말까지 대량의 논문이 나오게 된다. 번역서로는 『베르그송의 철학』(錦田義富 옮김, 1913), 『창조적 진화』(金子馬治 · 桂井當之助 옮김, 1913), 『물질과 기억』(高橋里美 옮김, 1914)을 시작으로 1936년까지 베르그송의 작품 대부분이 번역되어 출간된다. 중국과 마찬가지로 베르그송은 좌우 양쪽에 영향을 주었다.

전혀 다른 사고방식에 입각한 과학의 출현을 예감했다. 현대과학은 이미 유클리드-뉴턴 도식의 숨 막히는 확실성의 신앙을 붕괴시킬 수 있는 불확실성의 과학으로 발전하고 있었다. 이러한 발전은 레닌의 『유물론과 경험 비판론』(*Materialism and Empirio-Criticism*, 1908)의 인식 논리가 예감하지 못했던 것이며, 비트겐슈타인의 『논고』(*Tractatus*, 1921)의 논리학이 주목하지 못했던 것이었다. 이들 두 사람은 헤르츠(Heinrich Hertz)와 볼츠만(Ludwig Boltzmann)의 기계론적 과학의 실재론적 모사나 그림(Abbildung) 이론을 과학적 지성의 전형적 형태로 간주했다.[3]

이러한 관점들은 당시 부르주아 문명의 실체였던 기계론적인 과학적 세계관을 세기말 문화와 연관된 것으로 보면서도 그것을 전적으로 폐기할 수는 없는 근대 문명인의 동요를 잘 보여준다. 레닌은 러시아 혁명이

3 비트겐슈타인 본인뿐만 아니라 『논고』의 일부 주석가들에 의하면 그림 이론은 헤르츠의 『역학의 원리』에 나오는 상징주의적 그림-모델 이론에 연원한다. 예를 들어 제임스 그리핀(J. Griffin)은 다음과 같이 말한다. "그림 이론은 거의 전적으로 헤르츠에서 온 것이다. 아마도 비트겐슈타인은 의미에 관한 그림 이론을 언어 전체에 적용한 첫 번째 사람이었다. 그러나 그가 그림 이론을 일부분에 적용한 첫 번째 사람은 아니다. 비트겐슈타인은 그림 이론을 '우리는 사실의 그림(Bilder der Tatsachen)을 만든다'라는 주장으로 시작한다. 헤르츠는 『역학의 원리』 서문의 첫 페이지에서 '우리는 외부 대상에 대한 내적인 가상그림(Scheinbilder)이나 상징(Symbole)을 만든다'고 말한다[여기서 헤르츠는 가상그림이라고 말하지만 그가 더 자주 사용하는 말은 '그림(Bilder)'이다]."(*Wittgenstein's Logical Atomism*, University of Washington Press, 1964, pp.99-100). 비트겐슈타인은 레닌과 마찬가지로 헤르츠와 볼츠만의 물질(논리적으로 궁극의 입자라고 생각된 원자)의 파괴 불가능한 불멸성도 수용한다; 화이트(Roger M. White)는 제임스 그리핀과 같은 이러한 원자론적 해석을 논리 경험주의적 해석과 함께 반대하고 그것이 구체적으로 예시할 수 없는 논리적 공간에서 논의되는 논리적 원자론임을 강조한다(화이트(R. M. White), 『비트겐슈타인의 논리철학론 이렇게 읽어야 한다』, 곽강제 옮김, 서광사, 2011, 97쪽, 318쪽). 그러나 이 해석은 비트겐슈타인이 가장 먼저 꼽은 볼츠만의 영향이 어느 곳에서 나타나는가를 명시할 수 없게 하는 해석이다. 비트겐슈타인이 볼츠만의 원자론을 명제의 논리적 형식에 의해 생산된 과학이라고 보았을 가능성을 부인할 수 있겠는가?
베르그송은 물질의 불멸성에 회의적이다. 그러나 베르그송이 근대과학의 기계론적 사고를 수학적 상징 기호에 의한 물질의 근접적 측량으로 해석한 것은 헤르츠의 상징주의적 입장을 수용한 것으로 보인다. 포앙카레와 베르그송의 관점에서 수량적 상징은 진화적 자연사의 측면에서 고체적 물질에 적응하기 위해 발명된 지성의 편리한 도구이다. 상징은 쓰임새(use)의 관점에서 해석된다.

문화혁명의 성격을 갖고 있으며, 이 문화혁명이 전통 형이상학을 폐기하고 부르주아의 과학문화를 사회주의적으로 계승하게 될 것이라고 믿었다. 비트겐슈타인은 과학의 한계와 함께 전통 형이상학의 한계를 설정함으로써 도덕적 개인주의에 기반한 사회적 실천의 삶을 모색했다. 레닌의 과학주의는 대단히 강경한 것이었다. 레닌의 과학적 세계상은 네덜란드의 급진 사상가였던 판네쾩(Anton Pannekoek, 1873~1960)이 『철학자로서의 레닌*Lenin as Philosopher*』(1938)에서 레닌을 유럽 '중산층 부르주아의 철학'으로 규정할 정도였다.

레닌주의는 양적인 것의 질적 전화라는 변증법적 사고와 변혁의 의지를 연결시키는 역동성을 기조로 했지만, 그의 과학적 세계관은 근대과학적 성격을 갖고 있었다. 이 점이 인격의 고결성과 능동성을 억압하여 수동성으로 전락시킬 수 있는 요인으로 작용했으며, 창조적 생성과 그 자발성에 기초한 철학을 소박한 낭만주의로 배제하는 요인이 되었다. 당시 대부분의 서구 과학적 세계관은 기계론적 과학이 서양 전통 형이상학의 과학적 완성 형태일 수 있다는 것에 대해서 의심하거나 반성하지 않았다.

20세기 초 타고르(S. R. Tagore, 1861~1941)와 톨스토이(L. Tolstoy, 1828~1910)는 아시아 청년들을 내적으로 고양시키고 사회적 실천으로 이끄는 사상적 계기를 제공했다. 그들은 무정부주의자와 사회주의자 및 보수주의자 모두에게 영향을 주었으며, 현대 한국철학의 영감의 한 원천이기도 했다. 그 영감은 인격의 드높은 자유와 정의의 가치를 열망하는 내적 경험이었다. 비트겐슈타인도 그들을 깊이 숭상하는 개인주의적 모럴리스트로서 사회적 실천으로 나아가는 길을 고민했다. 그는 지성의 수량적 사고 형태를 관습의 산물로 규정하고, 과학의 범람이 정신적 가치와 실천의 영역을 속류 언어 게임으로 만드는 유럽 문화를 비난했다. 이 점에서 그는 레닌과 달리 양적인 것과 질적인 것을 비약적으로 나누는 쇼펜하우어나 키에르케고르의 '질적 변증법'에 접근하는 태도를 보여준다고 할 수 있다.

이렇게 볼 때 세계상실과 회복을 문제 삼는 철학은 현대과학과 연관하여 기계론적 세계상을 재음미하고 그 철학적 함의를 논의해야 할 필요성을 갖는다. 이러한 필요를 충족시킬 때 철학은 다채로운 생성론적 자연철학으로 거듭날 것이다. 생성철학은 자연에 관한 철학적 해석의 과제를 안고 있다. 동시에 도덕적 개인주의를 사회적 실천으로 연결시킴으로서 내면과 외면을 통일하는 삶의 양식을 모색한다. 이러한 철학은 어떻게 자신의 사상을 언어적 의사소통의 길로 나아가게 할 수 있는가를 모색해야 하는 책임을 갖고 있다.

그러나 생성철학이 비결정론적 현대과학과 연관된다 하더라도, 형이상학적 측면에서 무(無)의 중요성이 간과될 수 없다. 박종홍이 무의 형이상학이라고 했던 것은 무를 생성의 본원으로 보는 관점이었다. 차펙(Milič Čapek)이 지적했듯 베르그송의 생명 원리는 관찰 가능한 형태를 가진 것이 아니다. 그것은 미시의 차원에 있지만 근대 물리학이 표상하는 고체적 형태의 물질적 요소가 아닌 '이미지 없는(imageless)' 유동성 그 자체이다. 이미지가 없다는 표현은 물리학의 발전이 '요소의 고정성' 안에서 '유동성의 형식'을 보고, "어떤 이미지화된 표상(un représentation imagée) 찾기를 포기할 것이다."라는 베르그송의 예언적 관점에서 온 것이다. 생명은 요소들을 분석해내는 지성의 산물인 구조 개념이 아니라 무수한 형태를 주조해내는 창조적 활력이다. 베르그송은 물리학의 '탈물질화' 방향을 생명 형이상학의 과학적 계기로 삼는다.[4] 장자(莊子)가 생성과 개별화의 원리인 하나의 기[一氣]를 무로 보았듯이, 그것은 무형의 실재이다. 단지 베르그송은 무 개념을 심리적 '가상(illusion)'이라고 보아 회피할 뿐이다.

생명 원리를 무로 본 사람은 동양적 사고에 충실하고자 했던 쇼펜하우어였다. 그는 개체적 인간이 물자체인 생명 원리를 경험하는 섬뜩한 순

---

4 몬테벨로(Pierre Montebello), 「『창조적 진화』에서 물질과 빛」, 프랑스철학학회, 베르그송 『창조적 진화』 발간 100주년 기념 학술대회 자료집, 2007, 133-141쪽.

간을 묘사한다. 현상적 개체는 현재의 삶에 몰입하여 영양 섭취와 생식에 몰두하지만, 개체의 분비작용은 작은 규모의 죽음이며, 개체의 죽음은 대규모의 분비작용이다. 이러한 개체가 자신의 내감의 깊이에서 전혀 무형인 의지가 현상으로 나타난 것이 자신임을 알게 될 때, '그 깊이를 알 수 없는 공허 속으로 빠져 들어가,' 터무니없는 무근거성에 '몸서리(Schaudern)'친다는 것이다. 이때 우리는 자신을 '속이 빈 유리공처럼 느끼고', 거기에서 "어떤 소리(Stimme)가 들리지만, 그 원인을 알지 못한다." 우리는 "우리 자신을 붙잡으려고 하지만, 정체 없는 유령만을 낚아챌 뿐이다."[5]

존재의 우연성에 대한 몸서리와 현기증은 일상성에 애착하는 습관을 벗어난 무의 느낌에서 오는 형이상학적 감정이다. 그러나 일상 세계를 미화하기에 앞서, 무에 익숙해지는 노력을 통해 존재의 우연성을 하나의 유희로서 향유하는 단계로 나아갈 수 있을 것이다. 생성철학은 무의 개념과 연관하여 재해석됨으로써 동양적 면모를 갖게 될 것이며, 부르주아적 형태든 프롤레타리아적 형태든 역사에 대한 기계론적 목적론이 갖는 일상 세계에 대한 지나친 교조주의와 낙관주의를 경계할 수 있을 것이다.

중국의 풍우란(馮友蘭)은 「베르그송의 철학 방법柏格森的哲學方法」(1923)에서 생성철학과 과학의 연관성에 대한 통속적 오해를 시정한다. 사실 베르그송은 동서양에서 과학을 부정하는 비이성의 철학으로 오해되어 유행한 적이 있다. 베르그송의 직관을 동물적 본능의 직관이라고 오해한 러셀과 같은 해석들은, 베르그송 철학을 과학과 이성을 부정하고 직관을 배타적으로 강조하는 비합리주의나 신비주의로 보는 통속적 이해를 유포시켰다. 풍우란은 이러한 관점이 중국에도 있음을 의식하고, 베르그송이 본능을 지식보다 우월한 것으로 보는 것이 아니며 지식을 본능으로 대체하고자 하는 것도 아니라는 것을 밝히고 있다.

5 A. Schopenhauer, *Die Welt als Wille und Vorstellung 1*, Suhrkamp, 1986, ch.54, p.384.

그에 의하면 베르그송은 "분석을 궁극적인 것으로 보는 것에 반대했을 뿐이며 분석을 반대한 것이 아니다. 분석을 반대했다는 것은 큰 오류다." 그는 분석에 대한 베르그송의 태도가 효와 자(孝慈)를 폐기하자는 노자(老子)의 주장과 유사하다고 말한다. 노자의 주장은 지금은 효와 자로도 안 된다는 것이지, 효와 자 자체를 부정하거나 더욱이 불효(不孝)와 부자(不慈)를 주장하는 것이 아니라는 것이다. 분석과 과학에 대한 비판은 이성의 부정을 의미하지 않으며, 비합리를 주장하는 것은 더더욱 아니다. "러셀(羅素, B. Russell)은 베르그송은 언어를 불완전하다고 했으면서도 언어로 글을 썼다고 비난했는데", 이는 "베르그송에게 누명을 씌우는 것[冤枉] 것이며", "직관을 빌미로 자신의 혼동을 수식하는 사람들도 베르그송의 죄인(柏格森之罪人)이 된다." 6

풍우란의 이러한 견해는 베르그송에 접근할 때 유의할 점을 잘 보여준다. 생성철학은 생성에 대한 감각에 호소하지만, 그러한 경험이 함축하고 있는 의미에 대해서는 그것이 시적 지성에 더 친근하더라도 이성적 언어로 말할 필요가 있다는 것이다. 그리고 그 이성적 언어가 반드시 고체적 고정성에 근거한 그리스적 형식논리에만 순종할 것을 요구하지도 않는다. 오히려 생성의 유동성이 사물의 핵심이며 생성과 인간의 수평적 연대성이 더 이성적인 것으로 판명될 수도 있다. 한자 문화권이 유기체적 관계가 갖는 질서를 결이라는 의미의 이[理]로 이해한 지적 전통을 형성한 것은 비그리스적 형태의 합리성을 암시해준다. 이러한 합리성은 품사가 고정되지 않은 단 음절의 한자(漢字)가 무한한 조합의 가능성을 갖기 때문에 사물의 유동적 관계를 더 잘 묘사할 수 있다는 것과 연관된다.

그러나 풍우란은 미래의 철학을 전망하는 글(「중국철학과 미래세계의 철학中國哲學與未來世界哲學」(1948)에서 신비주의와 이성주의를 이분법적으로 전제하고 그 결합 가능성에서 미래철학을 전망한다. 그에 의하면

---

6 馮友蘭, 「柏格森的哲學方法」, 『三松堂全集』 11卷, 河南人民出版, 1992, pp.17-18.

"미래세계의 철학은 반드시 중국 전통철학에 비해 더 이성주의여야 하며, 서방 전통철학에 비해 더 신비주의여야 한다. 이성주의와 신비주의의 통일이 있어야 모든 미래세계에 부합하는 철학을 만들 수 있다." [7]

이러한 동서양의 상호 지양적 종합은 '고요한 침묵(靜默)'이라는 '형이상학의 소극적 방법[形上學的負的方法]'과 '논리분석적 방법'이라는 '형이상학의 적극적 방법[形上學的正的方法]'을 결합하는 것이다. 침묵은 이성의 인식 한계를 넘어서는 부정이며, 부정이라는 자체도 부정하는 '진정한 신비주의'이다. 이러한 궁극적 경계[天地境界]는 하위의 여러 생활경계(生活境界)를 극복한 경지이다. 하위의 생활경계는 생물적 자연경계(自然境界), 공리경계(功利境界), 도덕경계(道德境界)이다. 천지경계는 이들에 대한 의식적 반성을 통해 부정적으로 상승하는 빼기[負]의 운동에서 도달된다. 이것은 삶을 이상적 인생으로 고양시키는 방법이다. 형이상학의 적극적 방법은 더하기 방법인 '논리분석적 방법'이다.[8] 풍우란이 보기에 신비주의와 논리 분석의 결합의 모범은 '변론과 증명이 충분하지는 못한' 주희의 이학(理學)이다. 이렇게 보면 빼기와 더하기의 변증법적 결합은 분석의 극한에서 신비로 나아간다는 관점보다 더 나아간 것이다. 신비적 경험도 헤겔처럼 절대적 관념론으로 개념화되지 않는 한 합리적으로 표현되어야 하기 때문이다. 결국 신비주의와 논리적 사변성은 공존 가능하며, 과학적 이성과도 공존 가능하다. 풍우란의 이러한 입장은 근대과학과 비판적으로 대화하고, 현대과학의 발전을 따라가면서 생성철학의 사변적 발전 가능성을 신비주의의 인생이상(人生理想)과 연결하고자 하는 베르그송의 입장에 접근하는 것이다.

---

7 풍우란, 「中國哲學與未來世界哲學」, 앞의 책, 516-522쪽: 풍우란은 이성과 결합한 신비주의와 일상의 생활경계를 종합하는 관점, 즉 출세간(出世間)과 입세간(入世間)을 연결하는 정신을 바람직한 미래철학의 방향으로 설정한다. 이러한 방향을 그는 『중용中庸』의 '극고명이도중용(極高明而道中庸, 초월적 차원에 이르면서도 일상 현실에서의 올바른 삶의 방식을 따름)'으로 표현하고, 이것을 중국 철학사를 보는 기본 관점으로 채택하고 있다.

8 풍우란, 위의 책.

그러나 풍우란은 20세기 초 불확실성의 과학이 출현하기 시작한 것이 자연철학에 대해 무엇을 의미하는지 알지 못했다. 또한 그는 러셀과 비엔나 학파에서 나온 논리 실증주의를 과학적 독단이 아니라 과학적 사고의 유력한 모델로 간주하는 당시의 관점을 따르고 있다.[9] 이 관점은 논리학과 과학의 부재를 산업 기술의 부재와 함께 보완해야 할 단점으로 보는 20세기 초 아시아인들의 통념과 상승 작용해왔다. 그러나 논리학과 과학의 기초는 불확실성 속에서 이미 흔들리고 있었으며, 이에 따라 논리 실증주의와 같은 하나의 모델이 메타 과학의 행세를 할 수 있는 시기는 잠시에 불과했다. 이러한 역사적 맥락에서 볼 때, 생성철학으로서의 자연철학은 형식 논리학을 포함한 현대과학 그리고 여러 형태의 과학적 세계관에 대한 반성적 음미를 통해 이성을 발전시켜야 할 것이다. 이에 따라 실증주의의 제약을 벗어나 발전해온 논리분석적 방법은 생성철학의 범위 안에서 논의될 수 있을 것이다. 또한 생성철학은 논리분석적 방법이 경시했던 사회적 실천이 인생 이상의 한 요소가 될 수 있다는 것을 입증하고자 할 것이다.

9 논리 실증주의는 신비주의를 범논리주의화한 헤겔을 대신하여, 항진적 명제들로 구성된 형식논리적 체계와 감각 경험만을 진리로 인정하는 유럽판 위정척사(衛正斥邪)의 요새를 구축한 것으로 보인다. 논리 실증주의가 한국에 수입되었을 때 그것은 자유주의 이데올로기와 협력하여 군사 파시즘과 불편한 관계를 갖게 되었지만, 일체의 다른 사상들에 대한 비판적 검열의 기능을 수행했다. 현대 과학철학자들은 이미 그 독단성을 지적하고 신뢰하지 않게 되었지만, 풍우란과 유사한 생각을 한 한국의 박종홍과 그의 제자들은 논리 실증주의가 요구하는 것을 불편한 심기를 가지고 과학을 대변하는 강력한 모델로 인식했다. 논리 실증주의의 독단성에 대해서는 다음을 참조: 라카토스(Imre Lakatos), 『수학적 발견의 논리*Proofs and Refutation: The Logic of Mathematical Discovery*』, 우정호 옮김, 아르케, 2001, 17-24쪽; 박종홍과 논리 실증주의와의 연관에 대해서는 다음을 참조: 朴鍾鴻, 『認識論理』, 『朴鍾鴻全集』 2, 형설출판, 1980(1953), 361-379쪽.

2. 기계론적 그림 모델의 실패

유럽 근대과학은 근대 국가의 합리화 과정과 산업 및 전쟁 기계의 부품으로 성장해갔다. 그 지배 범위는 아프리카, 아시아를 넘어 극지방에까지 이르렀다. 과학은 사물의 신비를 걷어내고 그것을 물리적 사실 이외의 아무것도 아니라고 보게 하는 위력을 갖고 있었다. 관찰 도구의 발전은 거시 차원과 미시 차원의 간격을 없앨 수 있는 것처럼 보였다. 물리주의적 기술(記述)이 현상의 비밀을 해명해주는 유일한 방법이라는 착상이 지식인들을 유혹하기 시작했다. 이 고전과학은 각종 탐사도구의 발전으로 지각의 한계 임계점을 인위적으로 낮춤으로써 인식의 한계가 극복될 수 있다고 믿었다.

이러한 신념은 인식의 무궁한 진보와 기술 산업의 무한한 발전이라는 낙관을 강화했다. 전파 망원경과 결합된 사진판의 긴 노출은 도구의 발전과 지각 한계의 극복이라는 두 방법을 하나로 결합한 전형적 사례였다. 이것은 지각되지 않고 있는 물리적 작인으로부터 감각에 의해 지각될 수 있는 결과로 나아가는 인과적 고리의 구성을 가능하게 했다. 고리의 마지막 항은 망막의 이미지나 청각적 진동이다. 이 고리들의 연속성은 첫 번째 고리가 마지막 고리와 본질적으로 다를 수 없다는 믿음을 보장하는 것 같았다. 고전 과학은 미시 대상이나 거대 대상은 망막 이미지와 크기에 있어서만 다르다고 생각했고, 따라서 달에 있는 산과 계곡은 지상의 산이나 계곡과 본질적으로 유사하다고 보았다. 현미경의 발명자인 레벤회크(Antonie van Leeuwenhoek, 1632～1723)의 '이상하게 작은 동물들'은 기묘한 것이지만 동화에 나오는 용보다는 덜 이상한 것이었다. 따라서 관찰 도구의 발전이 주는 감각지각의 인위적 확장은 16～7세기 우주론적 혁명의 중심 관념인 공간에서의 자연의 통일성을 강화할 뿐이었다.

과학사가인 차펙에 의하면 이러한 믿음은 광학의 출현과 함께 빛의 파장적 성격이 전파망원경이나 현미경의 위력에 한계를 부여했을 때조차도 흔들리지 않았다. 이러한 한계는 단순히 기술적 한계로서만 간주되었다. 이것이 미시세계는 시각이나 촉각적 감각 세계의 단순한 축소판이라는 일반적 신념의 뿌리였다. 데모크리토스(Demokritos, B.C. 460～B.C. 370)에서 로렌츠(Hendrik Antoon Lorentz, 1853～1928)에 이르기까지 원자는 우리가 경험하는 거대 고체의 극단적으로 작은 복사물로 간주되었다. 원자들의 충돌은 당구공의 충돌로 상상되었고, 거대 우주상도 먼지 입자들의 구름으로 생각되었다. 고전 과학의 모든 설명 모델은 우리의 감각적 경험의 단순한 외삽법이었다. 따라서 '감각 아래의 세계'(subsensible world) (John Tyndall)는 감각적 경험 세계와 본질적으로 다르지 않았다.

이러한 관념을 배경으로 마하(Mach), 오스트발드(Ostwald), 스탈로(Stallo), 뒤엠(Duhem) 등과 같은 일부 과학자들은 인식론적 고찰에 의해 기계론적 설명의 유효성은 이미 끝났으며, 감각적으로 실증할 수 없는 원자나 분자는 개념적 허구라고 생각했다. 그러나 뒤이은 물리학의 발전은 이러한 생각을 불신하게 했다. 1914년 페랭(Jean Perrin, 1870～1942)은 『원자』에서 모든 증거가 유효하다고 하면서, 물질의 운동학적이고 입자적인 성격을 지지했다. 그는 원자의 객관적 존재를 부인하는 것은 불가능하며, 또 나눌 수 없는 것도 아니라고 보았다. 이는 원자가 그 이상의 입자들로 분해될 수 있는 복합성을 갖고 있음을 암시한다. 또한 이 시대에 전자가 기계적이고 전자기적인 현상들의 통일적 실체를 제공할 수 있음이 보여졌고, 핵 주위의 전자들의 궤도적 배열이 멘델레프(Dmitrii Ivanovich Mendelejev, 1834～1907)의 주기율에 대한 설명을 제공했다.[10]

---

10 Milič Čapek, *Bergson and Modern Physics*, D. Reidel Publishing Company, 1971, pp.40-45: 이것 이외에도 다음과 같은 발전이 있었다. 화학적 요소들 사이의 질적 차이는 요소들의 구조의 차이로 환원되었다. 화학적 친화성도 신비한 힘이 아니라 정전기적 인력의 특별한 경우로 밝혀졌다. 원자 스펙트럼과 전자들의 치환 사이의 상관관계에 대한 경험적 증거는 전자기 파장의 기원에 관한 실마리를 발견할 수 있다는 희망을 강화했다. 윌슨(Wilson)의 안개상자는 전자 그 자체는 아니지만, 전자들의 흔적에 대한 지각을 가능하게 했다. 밀리칸(Milikan)의 기름방울 실험은 단 하나의 전자를 조작하는 것이

운동학의 르네상스로 알려진 이 시기에 나온 전자 이론은 미시적인 것들을 시각화할 수 있는 가능성을 보여주었다. 이는 미시물리학에서 직관적이고 기계론적 모델이 거둘 수 있는 최후의 성공을 보여주는 듯했다. 그러나 미시물리학의 시각 · 촉각적 모델은 실패했다. 마이켈슨(Albert Abraham Michelson, 1852～1931)의 실험에서 정점에 이른 에테르에 대한 모델 구성의 어려움은, 가정한 매질이 가장 기본적인 고전 운동학적 속성조차도 갖고 있지 않음을 보여주었다. 아인슈타인에 의하면 "에테르란 말을 쓴다 하더라도 그것은 정지해 있지도 않고 운동하지도 않는다." 거의 같은 시기(1920)에 양자이론이 나오게 되었다. 그것은 파동 역학으로 발전하여 전자의 파동적 본성을 확립했다. 이것은 물질의 궁극적 단위가 입자 이외의 아무것도 아니라는 직관적 관념을 파괴했다. 마찬가지로 양자론은 빛이 그에 대한 직관적 관념인 파장 이외의 아무것도 아니라는 것도 파괴했다. 고전과학의 직관적이고 기계론적인 모델은 위기에 놓이게 되었다.

아인슈타인의 우주론의 등장과 함께 유한성(finiteness)은 한계성(limitedness) 개념과 논리적으로 분리되었다. 칸트는 공간과 시간에서 우주가 유한한가 무한한가를 물었지만, 시공간 자체가 유한한지 아닌지에 대해서는 묻지 않았다. 이렇게 생각한 칸트는 최초 영-시간(zero-time)을 통해 우주적 과거의 유한성을 가정한 르메트르(Georges Lemaître, 1894～1966)와 가모프(George Gamow, 1904～1968)의 우주 발생론에 충격 받게 될 것이다. 리만(Riemann) 기하학도 그를 당황하게 할 것이다. 물질의 연속적 창조를 대안으로 하는 호일(Fred Hoyle, 1915～2001)의 우주도 그를 불편하게 할 것이다. 경험의 제일 유추인 칸트의 실체 항구성의 원리는 더 이상 우리의 경험에 적용되지 않을 것이기 때문이다.

가능함을 보여주었고, 모든 실제적 사용에서도 그것들의 존재가 직접 검증되는 것으로 여겨졌다.

또한 동시성(simultaneity)의 상대화가 갖는 혁명적 의미는 동시적으로 공존하는 부분들로 되어 있는 기계론적 우주 모델을 배제한다. 순간적으로 퍼져가는 객관적인 우주적 현재(Now)가 없다면, 시각적 성격에 따라 부분들이 동시적으로 존재한다는 직관적(지각적) 우주 모델은 한정된 영역을 제외하고는 우주적 시공간을 대표하지 못한다. 따라서 시공간의 불가분리성을 전제한 극대의 시공간 영역은 극대와 극소의 중간 차원에 성공적으로 적용되는 근대의 지성적 습관에 저항할 것이다.[11] 고전과학은 순간적 동시성을 전제하고 미래나 과거에 동일하게 적용되는 운동 법칙의 가역성(reversibility)을 믿었으며, 이에 의거하여 불변의 기계론적 예측 가능성을 신뢰할 수 있었다.

베르그송의 생물학적 인식론은 직관적 모델의 실패를 예언하고 있었다. 감각적 반응이 도달하는 범위 밖의 영역에 우리의 사고방식이 어떻게 적응할 수 있는가? 적응할 수 있다면 자신에게 유용한 것을 선택적으로 감각한다는 유기체의 인식론적 경제의 놀라운 예외가 될 것이다. 또한 생물학적으로 중요한 부분만을 지각한다는 일반 규칙에 대해 설명할 수 없는 예외가 된다. 과거에는 미시적 양자의 불연속성과 공간의 비유클리드적 곡률을 지각이 무시하더라도, 이 무시가 인간 종에 불리한 것이 아니었다.

그러나 오늘날 우리는 우리의 거시적 환경이 얼마나 제한된 것인지, 이 환경에 의해 형성된 상상력과 사유가 얼마나 제한된 것인지를 깨닫게 되었다. 이러한 지적 상황은 중간 차원 밖의 차원에서는 시각 · 촉각적 모델이 실패한다는 것을 보여준다. 1889년 초 베르그송은 물리학의 경향이 직관적 모델에서 벗어나는 경향이 될 것을 예견했다. "자연현상의 구체적 존재는 대수적 공식의 먼지 속으로 사라져간다"(『시간과 자유의지』). 또한 그의 후기 저작들에서 직관적 모델의 부당성에 대한 더욱 체계적인 언급이 발견된다. 현대 물리학이 점점 분명해짐에 따라 그의

11 Milič Čapek, 앞의 책.

생물학적 인식론도 더 완전해지고 더 뚜렷해진다.[12]

현대 물리학과 인식론은 이미지 없는(imageless) 사유를 특징으로 갖는다. 베르그송의 생명과 지속의 개념은 미시세계의 차원에 있는 것이다. 양자 물리학자인 드 브로이(Louis de Broglie, 1892~1987)는 베르그송의 생성철학에서 불확정성과 개연성을 말하는 현대과학적 사고와의 일치성을 발견했다. 그에 의하면 근대 물리학에서 현대 물리학으로 넘어가는 과도기에 활동한 베르그송은 '비결정성' '우연성'에 의거한 자신의 물질관이 새로운 과학과도 연관될 수 있다는 '예언적' 생각을 했다. 그는 이러한 관점을 반영하는 「현대 물리학의 개념 그리고 시간과 운동에 대한 베르그송의 착상」(1947)에서 베르그송이 양자역학의 기본 원리들을 예언한 것으로 본다.[13] 이러한 입장을 계승한 차펙은 베르그송 철학의 비낭만주의적 과학성에 대한 무시가 그에 대한 잘못된 이해를 낳았다고 판단했다. 이러한 관점에서 그는 『베르그송과 현대 물리학*Bergson and Modern Physics*』(1971)에서 기존의 대중적 베르그송주의의 오해를 현대 과학과의 연관을 통해 해소하고, 생성철학의 풍부한 과학적 함의를 해명했다.

베르그송의 철학은 르 루아(Edouard Le Roy)의 표현대로 '경험의 형이상학(a metaphysic of experence)'이다.[14] 그것은 경험적 사실에 입각하는 '철저한 경험주의'에 속한다. 베르그송의 철학을 '유심주의(spiritualism)'로 보는 가용(Jean Gayon)은 베르그송의 '실증적 형이상학(positive metaphysics)'이라는 표현에 주목했다. 그에 의하면 베르그송의 철학은 과학철학은 아니었지만, '사실(facts)'을 존중하는 형이상학을 전개했다. 그는 베르그송이 과학의 발전에 '대면(confrontation)'하고 그것과 '협력

12 Milič Čapek, 앞의 책.

13 P. A. Y. Gunter, *Bergson and The Evolution of Physics*, University of Tennessee Press, 1969, pp.45-62.

14 Eduard Le Roy, *A New Philosophy: Henri Bergson*, trans by Vincent Benson, Kessinger Publishing, p.106.

(cooperation)' 하여 "부단히 자신을 혁신해 가야 한다"고 언급했음을 강조한다. 베르그송은 존재론이라는 용어를 사용하지 않지만, 가용에 의하면 그의 철학은 실체(substances) 존재론이 아니라 힘(forces)과 경향성(tendencies)의 존재론이다.[15] 일상적으로 경험하는 중간 크기 세계의 안전성은 잠재적 힘들과 경향성들의 운동에 의해 구성된다.

이러한 착상은 고전적 원자론보다는 양자론적 세계상에 접근한다. "양자론은 일반적으론 안정되게 지속하는 대상인 물리적 사물로 여겨지는 것이 미시적 차원에서는 단순히 통계상의 패턴, 즉 물결 치는 과정의 바다 속에 있는 안정성-파동에 불과하다고 가르친다." 작은 단위의 물질도 "통계상의 규칙성들에 의해 안정된 구조로 조직된 요동치는 과정들의 집합체일 뿐이다."[16] 미시 차원의 과정들이란 잠재적 개연성을 머금고 있는 힘들이고 경향성들이다.

감각적 이미지로 주어지지 않는 힘들과 경향성들은 우주 진화의 의미를 창조적 개방성에 두는 세계상의 기본 원리이다. 힘과 경향성의 존재론은 창조적 실천이라는 새로운 윤리적 함의를 전달한다. 이돈화에 이어 함석헌과 신남철이 베르그송에 관심을 보인 것은 그 과학적 의의에 대한 것이라기보다는 경향성의 존재론이 갖는 윤리 · 정치적 함의에 대한 것이었다. 신남철은 「벨그송의 사(死)와 사상의 운명」(1941)에서 베르그송의 예언성을 말한다. 신남철은 생명의 본질인 자유가 물질과의 투쟁을 통해 진화하여 궁극에는 억압적인 폐쇄사회를 극복하고 개방적 사회를 이룰 것이라는 베르그송의 미래적 전망에 관심을 갖는다. 해방을 지향하는 역사적 실천을 통해 결국은 나타날 개방적 경향성이 실현하는 자유가 생(生)의 '심오한 비밀'이다.[17]

---

15 Jean Gayon, 'Bergson' s Spiritualist Metaphysics and The Sciences', *Continental Philosophy of Science*, ed Gary Gutting, Blackwell, 2005, pp.43-57.

16 레셔(Nicolas Rescher), 『과정 형이상학과 화이트헤드』, 장왕식 옮김, 이문출판, 2010, 156-157쪽.

17 신남철, 「벨그송의 死와 思想의 運命」, 『朝光』 7권 3호, 1941.

신남철이 본 것은 베르그송의 현대과학적 의미에 관한 것이 아니다. 그러나 베르그송이 폐쇄적 사회의 속박을 넘어 자연과 인간의 모순이 해소되는 자유의 경지를 동경한 것은, 서양 산업사회의 기초가 되는 노동의 소외를 극복함으로써 자유에 이른다는 마르크스의 통찰과 무관하지 않다. 중국의 이대조(李大釗)가 베르그송의 역동적 생기(生起)를 존중했듯, 신남철도 사회해방의 경향적 힘을 자유로운 생명의 자발적 전개로 보고자 했다. 이처럼 생성철학은 잠재적 경향성과 힘을 세계의 존재론적 기초로 보고 있으며, 사회의 개방성을 지향하는 윤리 · 정치적 함의를 갖고 있다.

현대 물리학은 인식의 한계 설정이라는 칸트적 기획을 대담하게 무시하고, 우주에 관한 형이상학적 사변의 차원으로 나아가고 있다. 형이상학과 과학의 절대적 경계선은 사실상 이성이 그은 것이며, 이제 서양의 이성은 그 경계선을 파괴하고 있다. 과학은 이미지 없는 무의 세계를 넘겨다보고 있다. "철학은 죽었다"고 선언하는 호킹(Stephen Hawking)의 자연철학서 『위대한 설계*The Grand Design*』(2010)는 존재의 근거를 무의 자발적 창조로 본다. 그는 현대과학이 다루는 실재가 일상의 직관적 경험이나 근대과학적 관점에서는 상상할 수 없는, 전적으로 새로운 사고방식을 요구한다고 한다. 이것은 "새로운 형태의 결정론"으로 이끈다. "자연법칙들은 그 시스템의 미래와 과거를 정확하게 결정하는 것이 아니라, 다양한 미래들과 과거들의 확률을 결정한다"는 것이다. "과거도 미래와 마찬가지로 불확정적이며, 다만 가능성들의 스펙트럼으로 존재한다.[18] 이러한 관점은 균일성을 스스로 파괴하는 무를 존재로 나아가기 위한 포부를 가진 생명 원리로 보는 것이다. 그는 생명의 질서가 확률적 가능성들 가운데서 결정된다고 본다. 이러한 형이상학학적 논의는 베르그송의 자연철학에 접근할 뿐만 아니라, 현대적 자연철학의 구성을 위한 논의

18 스티븐 호킹(Stephen Hawking), 『위대한 설계*The Grand Design*』, 전대호 옮김, 까치, 2010, 91쪽, 103쪽.

에 주요한 참조가 될 것이다. 베르그송은 미시 차원에 대한 탐구를 예견했던 라이프니츠의 관점을 계승하지만, 그의 목적론적 관점은 배제한다. 미시차원에서 작용하는 생명은 라이프니츠의 거시적 목적론에 대한 비판을 통해 접근된다.

그러나 정도의 차이는 있지만 생명에 관한 라이프니츠와 베르그송의 진화적 사고는 기본적으로 자연사를 상승의 관점에서 본다. 이러한 관점은 동양인들에게는 대단히 의아한 것이다. 그러나 그들의 사상은 다른 어떤 사상들보다도 자연과 인간의 우주적 연대성을 강조하고 있다. 우주적 연대성은 계보학적인 수직적 위계질서보다는 인간을 포함한 만유의 수평적 유대를 본질로 한다. 니담(Joseph Needham, 1900~1995)은 주희(朱熹)와 라이프니츠의 관계를 상세히 연구함으로써 그들의 유기체적 세계관이 갖는 수평적 연대와 조화의 정신을 잘 보여주고 있다.[19] 라이프니츠는 신의 선한 자유의지를 신뢰하고, 우주가 신성한 선을 지향한다는 목적론적 신정론(Theodicy)을 전제한다.

그러나 그는 개체의 궁극적 본성을 능동적 활력으로 보고, 우주를 이 개체적이고 심령적인 활력들이 유기적 전체성을 형성하는 가운데 각자의 한계 내에서 소통하는 하나의 거대 생명체로 본다. 개체에 응집되어 있는 실체인 활력이 실체적 형상(形相, substantial form)이며, 나중에 그는 이를 모나드(monad)라고 부르게 된다. 그것은 구체적으로 자신을 실현하여 존재하려는 포부를 내적인 욕구와 충동으로서 갖는다. 모나드는 "순수한 과정들 이외의 다른 것이 아니다."[20] 라이프니츠는 자신의 이러한 생각을 세계 모든 민족들이 가질 수 있으며, 특히 주희의 이학(理學)이 자신의 생기론적 모나드론(Monadology)과 일치한다고 생각했다.

주희에 의하면 태극(太極)으로서의 이(理)는 안정적 힘과 전진적 힘[陰陽二氣]을 생산하고, 그것의 상호 교호적 섭동 운동과 출렁거리는 진동을

19 Joseph Needam, *Science and Civilization in China v2*, Cambridge University Press, 1956, p.456.

20 레서, 앞의 책, 29쪽.

통해 만상(萬象)을 전개한다. 태극은 만유를 생산하고 그것에 근원적 생명으로 내재한다. 대우주[大天地]의 마음[天地之心]이라고도 부르는 태극으로서의 이는 무시무종으로 부단히 개체들의 생명을 생산해내는 생명원리[生生之理]이다. 바로 이 생명 원리가 각각의 개체에 본래적 본성[本來之性]으로 내재한다. 이런 의미에서 주희는 '개개의 사물마다 전체적 태극이 내재한다[物物一個太極]'고 주장했다. 개체들은 서로 다른 기질(氣質)의 제약에 따라 각기 다른 성질을 나타내지만, 심층에서는 우주 전체의 생명성과 소통하고 있다는 것이다.

이 점을 이해한 라이프니츠는 자신의 최후의 저작 『중국의 자연신학에 대한 논고*Discourse on the Natural Theology of the Chinese*』(1716)에서 주희의 이(Li, 理)를 '실체적 형상'으로 규정하고, 주희의 사상이 자신의 사상과 일치한다고 했다. 그는 예수회 신부 롱고바르디(N. Longobardi, 1559～1654)의 정보에 의거해서 전체적 이뿐만 아니라 개체들의 이를 영혼으로 보고, 그것이 사물들의 '본질'이며, '생명'이고, '힘'이라고 주장했다. 그에 의하면 전체적인 하나의 "이(Li)는 자신의 본성의 완전성에 따라 여러 가능성들로부터 최상의 적합한 것을 선택하도록 되어 있었다. 그리고 이러한 수단을 통해 그것이 물질(matter)인 기(Ki, 氣)를 생산해내었다." [21] 그렇다면 이는 자발적으로 성장하는 생명력인 모나드가 된다.

조선의 퇴계 이황(退溪 李滉, 1501～1570)의 이기호발론(理氣互發論)은 이와 기를 구분하면서도 이에 생동적 운동성을 부여하려는 정주이학(程朱理學)의 관심을 잘 표현하고 있다. 물론 조선과 중국 이학사가 보여주듯 정주이학에 대한 주기론적(主氣論的) 해석도 가능하다. 궁극적 생명원리를 기(氣)로 전제하고 이를 그에 종속시키면 능동적 생동성은 그 문자적 의미만으로도 쉽게 역동성을 연상시키는 기에 부여된다. 주기론이 주리론보다 좀더 쉽게 우주의 역동성을 보여줄 수 있었다. 양자의 이러

---

21 G. W. Leibniz, *Writings on China*, trans by Daniel J. Cook & Henry Rosemont, Jr. Open Court, 1994, pp.75-93.

한 차이에도 불구하고 궁극적 생명 원리가 발산적 흐름[流行]의 성격을 갖는다는 신념은 동일한 것이었다. 상대적 편차에도 불구하고 이학사는 우주를 생성론적으로 구성하려는 관심을 버린 적이 없었다.

라이프니츠의 모나드론은 하나의 개체적 모나드가 전체 우주와 연속되어 있다는 종교적 경험의 세계를 전제한다. 나아가 그 존재론적 연속성은 세속적 평화의 원리가 된다. 그러나 그는 이가 기를 생산했다[理生氣]는 주희의 견해에 대한 오해(기가 이를 생산했다는 해석과 주기론적 학설들)가 선교사들에게는 물론이고 중국 내부에 퍼져가는 것을 우려했다. 이것은 스피노자의 유물론적 위험성을 경계하는 라이프니츠 자신의 기독교적 편견을 동양에까지 확대하는 강박적 고집을 보여주는 것이다.[22] 그러나 우주를 무수한 개체적 생명체들의 조화로운 복합체로 해석하고, 사상들의 보편적 조화(Harmony)를 평화의 원리로 보는 라이프니츠는 아시아에 대한 헤겔의 루터교적 편견과는 달리 동서간의 사상적 냉전의 벽을 허무는 철학의 가능성을 최초로 시도했다. 모나드론은 우주에 대한 이해 가능성의 존재론적 기초이자 인성의 기초였다.

러셀(Bertrand Russell)과 최근의 스튜어트(Matthew Stewart) 같은 연구가들의 지적처럼 이기적이고 지위를 탐하며 권세에 아부하는 라이프니츠는 자신의 이성과 감성을 조화시킬 수 없었다. 그리고 그는 자신 안의 무신론과 유럽에서의 무신론의 확산에 대한 강박적 두려움 속에서 살았다. 속물적 관심과 공익적 관심이 뒤섞인 가운데, 그는 마차 안에서 글을 쓸 정도로 부지런히 돌아다니면서 온갖 학술의 대표자를 자임했다. 그러나 순수 이성을 통해 지껄여댄 논고들이 귀족들에게 주는 헌사에 불과함을 스스로도 감지했을 때, 그는 유럽의 세계가 이기심으로 움직이는 사회이며, 자신도 모나드의 영성이 지배하는 세계에 살고 있지 않다고 생각했다.

---

22 Matthew Stewart, *The Courtier and the Heretic*, Norton, 2006, pp.275-276: 번역은 원제목 『궁정인과 이단자』를 변형해서 출간했다. 스튜어트, 『스피노자는 왜 라이프니츠를 몰래 만났나』, 석기용 옮김, 교양인, 2011, 510-513쪽.

라이프니츠는 자신의 생애를 통해 이성적 사고의 초라함과 불충분성을 입증하고 있다. 스튜어트는 라이프니츠의 분열적인 이 양면적 특성을 줏대 없는 '속빈 강정(corelessness)'으로 묘사했다.[23] 그의 이성은 감성적 삶을 이끄는 심정의 진리가 될 수는 없었다. 그러나 우주적 연대성과 개체의 자발적 생기에 대한 그의 관심과 해명은 생성철학의 핵심적 요소들이다. 한국의 동학 계열의 개벽주의, 대종교 계열의 민족해방, 신채호와 이회영의 무권력주의, 박은식의 심학적 평등주의에서 우주적 연대성과 생명의 자유는 자기희생을 통해서라도 현실에서 입증되어야 하는 심정의 진리였다. 저항과 감성과 이성, 영성은 서로 분리된 능력이 아니라 조화로운 관계를 맺음으로써 철학의 본질적 요소들이 된다. 이 점에서 기독교 공화국을 이상으로 생각한 라이프니츠보다는 저항적 태도로 자유의 공화국을 지향한 스피노자가 현대 한국철학의 정신에 더 접근하는 것으로 보인다. 그러나 라이프니츠의 유기체적 세계상과 이성적 논의는, 비록 기독교적 편견이나 자기분열적 강박증과 분리될 수 없었다 하더라도, 생성철학에 대한 논의에서 매력적 요소가 될 것이며, 그것을 논의에서 배제한다면 하나의 손실이 될 것이다.

3. 목적론과 자연철학

자신을 '자연의 사도'로 이해한 라이프니츠는 자연철학적 관심을 과학과의 대화와 유대 신비주의(카발라)의 자연에 대한 이해를 통해 실현하고자 했다. 근대과학과 종교적 가치관에 비판을 가하려 하기보다는 두 세계상을 조화시키려 했던 라이프니츠는 비물체적 영혼이라는 심리적 원리를 연장성을 갖는 복합적 물체의 근거로 설정했다. 그에게는 근대과학과 성서 및 신비주의 철학에 연원하는 심리적 원리를 조화시키는 것이

23 Matthew Stewart, 위의 책, p.118.(번역서, 216쪽).

젊은 날의 방황을 종식하고 진정한 "철학자의 길"을 가는 것이었다. 그에 의하면 근거는 근거 지워지는 물체와는 다른 비물체적인 것이다. 이러한 방식의 설명적 근거를 갖는 세계가 플라톤적 전통에 따라 '잘 근거 지워진' 세계 즉 현상의 구제가 된다. 그는 현상 기술에 만족하지 않고 궁극의 설명을 갖는 세계를 원했다. 그는 그렇게 사고하는 것이 자신이 자명하다고 여긴 충족 이유율에 의거한 합리적 사고라고 간주했다. 합리적 사고는 궁극의 심리적 원리를 근거로 하여 물체적인 것을 설명한다. 이 맥락에서 보면 유심주의적 단자론은 자연에 관한 이해 가능성의 존재론적 토대이다. 모나드는 개체성이지만 영적 무한자로서 전 우주를 지각하고 있는 완전한 개념이다. 이 개념 안에 개체의 모든 속성(술어)들이 이미 잠재되어 있으며, 참인 명제는 사실상 모나드(주어) 안에 있는 정보를 풀어낸 것에 불과한 분석명제가 된다. 하이데거의 지적처럼 "라이프니츠의 참의 논리학은 단자론적인 실체형이상학의 기초 위에서만 가능하다."[24] 이 기초 아래서는 라이프니츠가 사실명제와 분석명제를 나눈 것으로 통상 알려져 있지만 모든 참인 명제는 분석명제가 된다.

라이프니츠에 의하면 지고의 통일적인 심리적 원리는 신이다. 신은 그 본질이 존재인, 그래서 존재를 부정하면 자기모순이 되는 필연적 존재이다. 라이프니츠는 스스로 존재의 필연성을 갖는 신 개념을, 자유의지를 갖지만 선을 선택하는 신 개념과 결합시켰다. 이 두 가지 개념이 결합되어 있기 때문에 라이프니츠의 철학에 대한 서로 다른 해석들 사이에 혼선이 있었다. 또한 그는 카발라 신비철학자인 판 헬몬트(Johann Baptist van Helmont, 1577～1644)와 같은 사람들이 활용했던 모나드(monad) 개념을 채용했다. 그는 모나드를 물체의 섬광이나 혼으로 보는 카발라 신비 철학의 비유적 언어까지 수용했다.[25]

---

24 M. Heidegger, *The Metaphysical Foundations of Logic*, trans by Michael Heim, Indiana University Press, 1992, p.103.

25 Allison P. Coudert, *Leibniz and The Kabbalah*, Kluwer Academic Publishers, 1995, pp.13-34: 저자에 의하면 "라이프니츠에 대한 판 헬몬트의 영향을 확립하기 위해서는

라이프니츠의 범심주의(panpsychism)는 이처럼 근대과학적 방법과 논리적 방법 및 종교적 신념이 결합된 복합적 체계였다. 개체의 생명 원리를 의미했던 모나드라는 영적인 요소는 더 이상 분석될 수 없는 단순 요소라고 하더라도, 모나드의 존재에 대한 신념은 성서와 카발라 철학에서 온 것이다. 이 때문에 기하학으로 대표되는 논리학과 신비주의적 영감이 결합된 그의 체계는 논리적 접근 방법과 사상적 내용이 분리될 수도 있는 세계관이다. 이에 따라 개체들의 과정적 활력과 활력들 사이의 유기적 소통 관계를 기술하는 데에 고체적 명사가 발달한 그리스적 논리는 라이프니츠에게 심한 고통을 준 것으로 보인다.

라이프니츠 체계의 이런 복합성 때문에 그의 사상은 존재의 필연적 근거를 강조하는 측면에서 해석하면 스피노자의 필연적 결정론에 접근한다. 자유의지와 선의 측면에서 조명하면 그것은 무한수의 가능세계들로부터 최선의 현실세계를 선택했다는 우연성을 들여오는 목적론이 된다. 러브조이(A. O. Lovejoy)는 라이프니츠에 대한 러셀과 꾸뛰라(Louis Couturat, 1868～1914)의 논리주의적 연구의 일면성을 넘어서, 라이프니츠의 종교적인 목적론적 측면과의 균형을 추구하는 연구를 했다. 러셀과 꾸뛰라는 논리학을 존재론의 기초로 보고 라이프니츠를 해석했지만, 러브조이에 의하면 라이프니츠의 철학은 두 우주관으로 구성된다. 하나는 신의 본질 필연성에서 연역되는 우주관이며, 또 하나는 도덕적이며 목적론적인 종교적 관념과 연관된 18세기식 진화적 우주관이다. 전자의 측면은 꾸뛰라가 밝혀냈듯이 결정론적 세계관이며, 이것은 스피노자의 세계관과 거의 차이가 없다는 것이다.[26]

두 가지 점을 확립하는 것이 요구된다. 첫째, 라이프니츠의 성숙한 철학은 1686년에 『형이상학 논고*Discourse on Metaphysics*』를 쓴 시기에 위치하는 것이 아니라 판 헬몬트와의 접촉이 밀도 있게 강했던 1694년과 1698년 사이에 발전되었다는 것이다. 둘째, 라이프니츠 철학이 1694년 이후에 진실로 발전했다면, 그것이 판 헬몬트의 영향으로 돌릴 수 있는 노선을 따라 발전했다는 것을 보여줄 수 있는, 충분히 설득력 있는 증거가 있다는 것이다.

26 앞서 인용한 스튜어트(Matthew Stewart)의 『*The Courtier and Heretic*』(2006)은 결정론

러브조이가 보기에 라이프니츠의 결정론적 측면은 시간을 배제한 무시간적 관점에 의거한 것이다.[27] 그러나 베르그송은 창조적 진화 자체를 시간으로 본다. 그에 의하면 필연적 결정론은 무시간적 순간의 연속성(어디에서나 지금, Now)을 전제한 것일 뿐만 아니라, 라이프니츠의 목적론적 측면도 시간의 창조적 개방성을 완결된 것으로 닫아버린 폐쇄적 체계이다. 그가 보기에 지속의 시간을 무시하는 근대 기계론적 체계와

을 둘러싼 라이프니츠와 스피노자의 갈등을 주제로 한 흥미로운 연구서이다. 저자는 라이프니츠의 강박적이고 이중적인 태도를 중심으로 무신론적 결정론과 자유의지론과의 관계를 다각도로 다루고 있다; 애덤스(Robert Merrihew Adams)는 라이프니츠가 모나드인 실체 개념과 양태(mode) 개념을 다루는 방식을 연구하여, 라이프니츠가 스피노자의 입장에 접근하는 발언을 하기도 하지만 기본적으로는 신학적인 목적론적 선택론을 지지한다는 것을 보여준다. 그에 의하면 라이프니츠는 가장 완전한 존재인 실체(substance)로서의 신의 자유의지와 피조물인 사물들도 실체들(substances)에 의해 정초되어 있다는 두 가지 관점을 논리적으로 옹호함으로써 피조물을 단 하나의 실체인 신의 변양태들로 본 1676년의 자신의 발언을 1678년에 단호히 거부했다는 것이다. 애덤스는 이러한 변화 과정을 추적하여 "신에 대한 라이프니츠의 견해는 스피노자적인가?"라는 자신의 물음에 "그렇지 않다"고 단언한다. 원래 실체의 정의는 그 자체로 존재하며 다른 것과의 관계없이 그 자체로 자기동일성(identity)이 이해되는 실재성(reality)이다. 이에 반해 양태는 유한하며 다른 것과의 관계 속에서만 일시적으로 존립하는 무상한 환영과 같은 것이다. 피조물을 양태로 보는 관점이 파르메니데스(Parmenides)와 일치한다고 했던 1676년의 발언은 라이프니츠 자신이 보기에 사물들의 실체성을 부정함으로써 모든 것을 신 안에 있다고 본 '음흉하고 불경스러운(subtle and profane) 스피노자'의 관점이 된다는 것이다. 스피노자를 부인한 라이프니츠는 신이 생산한 다수의 실체들(형상들, forms)과 그것들 사이의 독립적 차이를 변호함으로써 세계와 신을 분리하는 신학적 관점을 유지하게 되었고, 피조물들의 실재성도 확보했다고 생각했다(R. M. Adams, *Leibniz*, Oxford University Press, 1994, pp.123-134). 신학적 편향성을 갖고 있는 애덤스는 신앙과 이성의 결합을 추구하는 라이프니츠의 논리적 표현의 변화 과정에 초점을 맞춘다. 그는 스피노자에 접근하는 신의 창조적이고 필연적 의지보다는 최상의 세계를 의지하는 도덕적 필연성, 즉 의지한다는 것의 필연성을 스피노자적인 맹목적 필연성과 구분함으로써 그에 대한 논리적 변호를 강조한다. 이로써 그는 컬리(E. M. Curley)가 라이프니츠의 필연성을 스피노자의 결정론에 근접하는 것으로 분석한 관점을 비판하고, 스피노자의 본질 필연성과 라이프니츠가 1677년 이후 죽을 때까지 고수한 목적론적인 도덕을 전제한 가언적 필연성이 다르다는 것을 보여준다(R. M. Adams, 1994, pp.9-52).

27 러브조이, 『존재의 대연쇄*Great Chain of Being*』, 차하순 옮김, 탐구당, 1994(1936), 238-253쪽, 358-370쪽.

라이프니츠의 목적론은 실체들의 총체를 영원한 현재의 관점에서 본다. 베르그송은 라이프니츠의 목적론을 과격한 목적론으로 규정하고, 체계를 위해 지속에 대한 경험을 희생시켰다고 비판했다. 라이프니츠의 예정조화설에는 '예정된 기획'이 있기 때문에 '발명과 창조'가 없다는 것이다. 그 조화론에서 새로운 종의 창조, 새로운 기관의 발명은 이미 신의 지성 안에 있는 본질[모나드]들 내에 함축(implication)된 정보가 표현된 현상이다. 그리고 그 표현(explication)은 그 밖의 다른 본질들과의 최상의 공존적 결합 가능성을 갖는 관계 체계 안에서만 표출될 수 있다. 이러한 체계는 그가 신의 도덕적 필연성이라고 부르는 신의 선의지가 선택한 것이다.

이러한 이론은 베르그송이 보기에 "모든 것이 이미 주어져 있다"고 보는 것이며, 시간을 '무용지물'로 만든다. 그것은 시간을 '혼란한 지각' 혹은 "안개처럼 사라져 버릴 지각"으로 간주한다. 따라서 라이프니츠의 목적론은 '조명'과 '견인력'이 "앞에 놓여 있는 것"이 다를 뿐, 시간과 창조를 무시한다는 점에서는 기계론과 별 차이가 없다는 것이다.[28] 또한 지성은 행동하기 위해서 "행동의 주형에서 찍어낸 것"이다. 지성은 유용한 행동을 위해 편리한 수단으로 형성된 고체의 논리를 사변화하여 기계론적 세계관을 만들어냈다. 마찬가지로 지성은 행동의 목적을 사변화하여 목적론적 세계관을 만들어낸다. 이것도 지성 자신에게는 자연스러운 일이다. 기계론과 목적론은 "지성에 자연스러운 개념을 지나치게 확장한" 것이다.

라이프니츠에 대한 베르그송의 비판은 그의 신학적 목적론에 초점을 맞추고 있는 것으로 보인다. 그러나 결정론적 측면과 목적론적 측면을 갖는 라이프니츠의 우주관이 모든 것을 이미 다 주어진 것으로 보는 전제를 갖고 있다고 한다면, 그에 대한 베르그송의 비판은 그 두 측면에 다 적용될 수 있다고 할 수 있을 것이다. 러브조이가 지적하듯 라이프니

---

28 H. Bergson, *Lévolution creatrice*, Universitares de France, 1948, pp.346-351.

츠는 자신의 논리적 사고가 스피노자의 것임을 분명하게 알았음에도 신의 목적론적 선택 의지를 고집했다. 이것은 평소 그의 정치적 처신만큼이나, 무신론에 접근하는 '스피노자 철학의 공포'에 대한 결단성 없고 용기 없는 반응이었다. 그러나 플라톤적 영혼으로서의 이데아나 실체적 형상(形相)에 대한 관심과 함께, 성서와 카발라 신비주의 철학에 대한 그의 관심, 그리고 종말론적 목적론과 연관하여 18세기에 나온 우주 진화론에 대한 신념은 확고한 것이었다. 그의 범심주의적 사상의 새롭고 흥미로운 개념들은 그러한 종교적인 것들로부터 온 것이다. 바로 여기에 베르그송과 라이프니츠의 공통점과 영향관계가 있다.

(1) 존재론적 관점 1: 차펙에 의하면 베르그송의 '이질성(heterogeneity)' 개념은 라이프니츠의 범심주의적 이질성에 접근한다. 이들의 이질성은 무엇인가? 라이프니츠는 서양 근대의 그 누구보다도 개별적 다양성을 강조했다. 그 자신이 고백하듯 그러한 사고의 고전적 연원은 플라톤의 『티마이오스*Timaios*』에 있는 충만의 원리와 연속성의 원리이다. 신의 완전성은 창조하지 않은 빈 공간을 남겨두지 않는다. 우주에는 빈틈이 없다. 무를 채우는 것이 창조이다. 우주는 하나의 연속체이다. 그러나 식별할 수 없는 동일한 것들을 창조하는 것은 낭비이다. 가능한 한 다양한 차이를 내는 것이 진정한 풍요이다. 이러한 고전적 착상을 받아들여 라이프니츠는 연속체가 수학적 관점에서 미세한 점으로 나누어질 수 있으면서도 연속성을 가지는 것처럼, 종과 종의 간격은 단절이나 비약이 있는 것이 아니라 다른 종들로 채워져 있고, 그 종들 사이에도 미세한 개체들이 있을 수 있다고 보았다. 어느 경우에는 종이 단지 개체 한 개일 수도 있다.

연속체에 이처럼 무수한 차이들을 재단해내는 것은 신의 일이다. 그러나 그 미세한 개체들의 궁극적 본질들[이것을 전기에는 이데아나 에이도스로 표현했으나 후기에는 모나드라고 하고 그 영적 성격을 강화했다]은 서로 다른 영적 모나드들로서, 신의 지성 안에서 이미 모두가 한 순간의 번개침과 같이 무수한 섬광들로 창조되어 있는 사실상 신의 영혼의 조각들이다. 신은 모나드들의 모나드인 통일적 모나드이다.[29] 라이프니츠는 종의 연속성과 차이성에 대한 이러한 생각을 구체적으로 언급한다.

> 인간은 동물과 연결되어 있고, 동물은 식물과 연결되어 있고, 식물은 화석과 연결되어 있으며, 화석은 우리가 감각과 상상력으로써는 절대로 무생물이라고 알고 있는 물체와 연결된다. 더욱이 연속의 법칙은 하나의 존재의 본질적 속성이 다른 존재의 본질적 속성에 가까워질 때, 전자의 모든 성질은 마찬가지로 점차로 후자의 모든 성질에 접근되어야 할 필요가 있기 때문에 자연적 존재의 종류 전체는 단일한 연쇄를 필연적으로 형성하며, 그리고 그 중에서는 다양한 종류들이 너무도 서로 밀접하게 연관되어 있기 때문에 감각이나 상상력으로써는 어디서 하나가 끝나고 어디서 다른 하나가 시작하는가를 정확히 결정할 수가 없다.—말하자면 경계선에 또는 그 가까이에 있는 모든 종은 모호하며, 인접하는 종의 어느 것에 귀속시켜도 좋은 그런 성질을 지니고 있다는 것이다. 따라서 식충(植蟲, 식물이면서 벌레), 혹은 부다에우스(Budaeus, 1468~1540, 프랑스 어문학자)가 명명한 바와 같은, 동식물(動植物, 동물이면서 식물)이 실재한다 해도 전혀 이상스러울 것이 없다.[30]

---

29 논리적으로만 보면, 개체적 모나드들이 신이라는 모나드에 제약된 것이라면 그 자체로 존재한다는 실체의 정의에 모순된다. 반대로 신이 다른 하위 모나드들에 제약된다면 신의 실체성도 파괴된다. 개체들을 실체가 아닌 제약된 변동하는 유한자로 보는 스피노자에게는 이러한 논리적 난점이 없다. 모순을 실현하고 있다는 헤겔의 지적은 이런 라이프니츠의 다원적 실체론에 관한 것이다(가이어(P. Guyer), 「헤겔에 있어서의 有限者의 모순」호스트만(R. P. Horstmann), 『헤겔변증법연구』 김창호 · 장춘익 옮김, 풀빛, 1983, 140-169쪽).

30 Buchenau & Cassirer, *Leibniz: Hauptschriften zur Grundlegung der Philosophie II*, pp.556-559: 러브조이는 여기에 인용한 것보다 더 긴 이 인용문이 이 책에 있다고 밝히면서, 자신의 『존재의 대연쇄』(198-199쪽)에서 인용하고 있다. 그는 그것의 진위를 문헌학적으로 검토하고, 쾨니히(Koenig)가 1753년에 라이프니츠의 것으로 발표한 것이라고 확인하고 있다.

라이프니츠는 종과 종의 간격을 분리하여 고정시키는 관점을 배제한다. 그는 우주에 빈 공간이 없다는 충만의 원리와 미세한 차이를 창조하면서도 연속되어야 한다는 연속의 원리에 따라 경험 · 과학적 사고로 나아간다. 고생물학적 발견과 박물학에도 관심을 가졌던 그에게 연속의 원리는 단지 사변에 머무는 것이 아니라, 실제로 자연에서 관철되는 '힘'이었다. 그는 분명히 구분되지 않는, 식물이면서도 식물이 아닌 역설적 존재들이 "발견되었다는 말을 들어도 놀라지 않을 것"이라고 했다. 그는 "미소한 크기 때문에 보통 관찰될 수 없었거나, 지구의 내부와 바다의 심연에 숨어 있는, 무수한 생명체를 계속 연구해 나간다면, 언젠가는 그러한 것을 잘 알게 될 것임을 나는 확신한다"고 했다.[31]

이중적 속성을 가진 역설적 생명체의 실재성에 대한 라이프니츠의 신념은, 자연의 창조적 진화가 질적인 새로움의 연속적 발명과 창조의 과정이기 때문에 '혼융한 이질성'을 갖는다는 베르그송의 견해와 큰 차이가 없다. 라이프니츠의 이질성은 연속체를 양적으로 분할하는 것이 아니라, 미세한 주름들을 만들어가는 과정이다. 개별적 실체인 모나드들은 과거와 연속되어 있으며, 미래의 더 완전한 모나드들로 퇴화하기도 하면서 진화해간다. 이 과정은 종말론적 목적, 즉 인간 각자의 영혼인 모나드들이 물질성을 벗어나는 단계로까지 진화한다. 라이프니츠가 말하는 이러한 영적 공동체주의는 베르그송의 지대한 관심사였다. 베르그송은 동서양의 신비주의 전통이 사회적 개방성의 윤리를 환기시킨다는 것에 주목했다. 그러나 그는 이 윤리를 종말론적 목적론의 체계 안으로 끌고 가지 않는다. 라이프니츠와 베르그송의 혼융한 이질성의 관점에서 보면 고체적 단위로 분할하는 원자론적 사고는 실재의 실상에 접근할 수 없다. 우주의 연속성은 이질성 속에서 관철된다. 이러한 우주에 접근하기 위해서 인간의 마음은 사물들의 심층적 생성에 동조되어 연동(連動)하는 우주적 공감을 필요로 한다.

---

31 Buchenau & Cassirer, 앞의 책.

바로 이러한 우주와의 연관성이 최제우, 최시형 이래의 동학 계열 사상가들과 전병훈의 천부경(天符經) 철학, 나철과 이기(李沂) 이래의 대종교 계열이 갖고 있었던 혁명적 주체성의 본질을 구성하는 것이었다. 그것은 진정한 사회적 유대를 가능하게 하는 상호 주관적 원리였으며, 박은식, 신채호의 민족해방운동을 추동하는 심성의 본질이었다.

(2) 존재론적 관점 2: 그러나 라이프니츠의 진화론은 그의 무시간적 필연론과 양립하기 어려운 점이 있다. 단자론에 의하면 신의 지성 안에는 무한수의 모나드들과 무한수의 관계방식이 가능적으로 있지만, 그가 최상의 것으로 선택한 개체적 실체인 영혼 혹은 모나드의 수는 일정하고 불변이다. 자연 안에 있는 것은 모두 언제나 자연 안에 존재해왔다는 것이다. 자연 안에 있는 것들은 최상의 공존 가능성(compossibility)에 따라 신이 선택한 것이다. 신이 선택한 모든 살아 있는 동물(animals)[우주 전체도 하나의 유기체적 동물이다]의 모나드는 이미 신의 지성 안에 있었던 것이 현실화된 것이다. 즉 그가 완전한 개념이라고 부르는 것인 모나드 안에는 그 모나드가 경과할 모든 속성들이 이미 들어 있고, 신의 관점에서는 한 순간에 모두 필연적으로 주어진다.

그러나 「아르노(Arnauld)에 보내는 편지」(1686. 11-12)에 의하면 동물의 모든 탄생은 이미 살아온 동물의 변형이다. 지금의 동물들은 이미 있었던 극미동물이라는 모나드의 진화적 변형태이다. 신은 그 모나드가 미래에 펼칠 모든 속성들을 알고 있다. 이 속성들은 원초적 극미동물에 종자처럼 봉합되어(enveloped) 있다가 종자 속에 있는 '존재에의 포부(exigentia existendi)'라는 창조적 활력(conatus)에 의해 진화한다. 따라서 진화는 미래의 정보를 함축하고 있는 종자가 성장하거나 펼쳐지는(developed) 과정이다. 영혼은 분할할 수 없는 통일성이고, 개체의 본질적 형상이며, 능동성의 원리이다. 그것을 카발라 철학은 '섬광(flash)'으로서의 생명, 빵을 부풀게 하는 '이스트'에 비유했다.

베르그송이 보기에 신이 선택한 모나드가 변형된다는 전성설적(前成說的) 발생론은 모든 것이 이미 주어져 있다는 폐쇄적 관점이다. 그러나 배아 속에 응축된 에너지에 의해 창조적 진화가 일어난다는 베르그송의 견해는 종자인 실체적 형상에 존재에의 충동인 능동성을 부여하는 라이프니츠의 관점과 상통한다. 다만 라이프니츠의 생기론이 부분적 부조화를 전체적 조화의 원리로 흡수하는 낙관적 관점을 보여준다면, 베르그송의 생기론은 라이프니츠의 중세적 유습을 버린다. 베르그송은 쇼펜하우어처럼 비관적인 것은 아니지만, 유기체들의 관계와 유기체 내의 부분들 사이의 관계에서 광범위한 부조화와 무질서, 퇴보와 고착을 보여준다. 예를 들어 생식 세포는 독립적인 생활을 영위하며, 식세포는 자신을 먹여주는 유기체를 공격한다. 그리고 세포 재생에서는 요소나 요소군이 자신을 전체와 등가인 것으로 행세하는 경우가 있다.[32]

베르그송은 종과 개체에서의 부조화를 사실적인 것으로 간주한다. 그는 그 원인을 종과 개체가 "생명의 전체적 충동으로부터 일정한 약동(élan)만을 취하고, 그 에너지를 자기 고유의 유익함을 위해 사용하는" 자기중심성에 둔다. 이러한 갈등은 생명의 '분지(divergence)'의 차원에서 '진화의 전면'에 나타나는 사실이다. 그러나 조화는 '진화의 배후'에 있을 것이라고 한다. 베르그송이 '상보성(complémentarité)'이라고 부르는 조화는 진화의 후면에 있는 '충동의 동일성', 즉 '원초적 약동'이라는 '공통의 약동(élan commun)'에 기인한다. 이런 의미에서 조화는 중세 철학이나 라이프니츠에서처럼 전면에서 신의 의도 안에 있는 선재하는 목적에 의해 이루어지거나 피조물의 '공통의 열망'에 의해 이루어지는 것이 아니다. 그러한 목적론은 미래를 기대하는 인간 지성의 성격을 우주나 신에 투영하는 의인론이다. 라이프니츠의 신학적 사고에서는 "생명이 어떤 길로 주파되었을 것인가(du chemin qui allait être parcouru)"가 신에 의해 예단되어 있지만, 베르그송에게는 "그것에 대해서 인간 정신은 어떤 할 말도 없다." "왜냐하면 그 길은 그 위를 주파한 활동(acte)에 따라서(au fur et à mesure) 창조되었으며, 이 행위 자체의 방향에 불과하기

---

32 H. Bergson, *L'évolution creatrice*, Universitaires de France, 1948, pp.41-42.

때문이다."[33]

바로 여기에서 베르그송은 자신의 범심주의와 라이프니츠적 목적론의 같은 점과 다른 점을 언급하게 된다. 목적론적 심리적 해석은 미래에 대한 기대가 있고, 결과를 사후에 가서 목적으로 간주하는 습관에서 온 것이다. 이러한 관점도 기계론의 관점처럼 생성의 지속을 외부자의 관점에서 묘사하는 것이다. 그러나 베르그송의 심리적 원리는 미래가 현재를 앞에서 이끌어가는 것이 아니라, 과거의 추동력으로 전진하지만 예측할 수 없는 가능성에 부딪히는 지속이다. 생명 원리가 심리적이라는 것은 과거의 기억을 가지고 "전진하며 지속한다"는 것이지, 앞선 목적을 의도하는 지성을 닮아 있기 때문이 아니다. 예측 불가능한 생명의 운동은 생명의 차이화(差異化) 운동이 나타내는 부조화라는 사실의 근저에 있는 것이다. 그래서 베르그송은 조화가 존재한다면 그것은 동일한 생명의 흐름을 전제하는 것으로부터 오는 것으로 원리상 혹은 '권리상(en droit)' 존재한다고 보았다.

이렇게 보면, '충동의 동일성(une identité d' impulsion)'인 전체적 생명 원리 자체에 조화의 원인이 있다. 그리고 그것은 '포괄적 실재'로서, 우리가 근원으로 거슬러 올라가서 '소급적으로' 생각할 때 가치와 의미를 갖는다.[34] 포괄적 실재의 동일성은 차이화를 통해 균열의 균열을 거듭함으로써 부조화를 나타낸다. 그러나 라이프니츠에게 조화는 신의 지성의 도덕적 의도에 있다. 두 사람의 차이는 조화의 위상학적 위치에 있다고 할 수 있을 것이다. 전자에게는 대지의 심층에 조화의 원인이 있고, 후자에게는 천상에 그 원인이 있다. 베르그송은 조화 위에서 부조화가 전개된다고 보았으며, 라이프니츠는 좁은 시야가 보게 되는 겉보기 부조화는 신의 시야가 보는 전체적 조화로 전환된다고 보았다. 이러한 차이에도 불구하고, 두 사람이 수동적 물질에 굴곡과 주름을 확산적으로 만

33 베르그송, 위의 책, 50-51쪽.

34 베르그송, 앞의 책.

들어가는 차이화 운동에 진화적 가치를 부여한 점(라이프니츠는 자연에 비약이 없다고 주장하지만)에서는 일치한다고 할 수 있을 것이다. 또한 인간의 윤리적 가치 상승은 우주의 심층적인 전체적 소통성에 대한 초인적 통찰과 투시적 직관(vision)에서 완성된다는 견해에서도 두 사람의 일치점이 보인다.

라이프니츠의 우주는 연속성의 원리에 따른다. 따라서 그는 허공 속에서의 원자들의 운동을 주장하는 원자론을 거부한다. 우주는 스피노자의 견해처럼 하나의 개체이다. 베르그송 역시 이 전통에서 사유한다. 라이프니츠의 모나드는 아무리 극미의 개체라 하더라도 능동성의 원리인 형상 혹은 본질적 영혼이다. 그는 종교적 신비주의 전통에 따라 모나드들 사이의 소통적 관계를 물리적 영향관계가 아닌 영혼들의 지각적 소통관계로 해석한다. 이것이 바로 물리적 영향관계를 벗어난 실체인 창 없는 모나드가 영혼의 지각을 통해 소통한다는 라이프니츠 특유의 유기체론이다. "각각의 모나드는 그 자체 내에 전체 우주의 거울을 갖고 있다. 거울에 비친 것은 전(全) 시간에 걸쳐서 모든 곳에서 일어나고 있는 것들의 그림이자, 그 자신의 활동이 어떻게 그 안에 들어맞는지에 관한 그림이다. 복합체는 하나의 모나드를 주체로 하는, 미세한 개체들의 연합체이다. 이런 점에서 모나드란 본질적으로 마음과 비슷한 무엇이다. 다시 말해 모나드들은 외재하는 세계의 그림을 스스로에게 구성해낼 수 있는 지각(perception) 능력을 지니며, 이러한 지각과정 자체에 대한 자각을 기록하는 통각(apperception) 능력을 지닌다." 이것이 대우주와 소우주의 원리이다. 각각의 모나드는 소우주인 바, "소우주가 전체적으로 한없이 작아진 대우주를 포함하거나 혹은 복제한다."[35] 하나의 모나드가 전체이다. 그리고 신 이외의 모나드들의 거울은 흠이 나 있어, 서로 다른 정도로 지각의 불완전성을 갖는다. 사물들의 차이는 이 지각의 불완전성의 차이로 설명된다.

35 스튜어트, *The Courtier and the Heretic*, Norton, 2006, p.245(번역서, 454-455쪽).

이러한 라이프니츠의 '존재론적 홀로그램'(M. 스튜어트)은 화엄(華嚴) 철학의 세계상과 놀라우리만치 유사하다. 하나의 태양에 비유되는 신(神)인 비로자나(Vairocana, 태양) 불(佛)은 무한한 전체의 마음이다. 진여일심(眞如一心)이라는 이 마음은 이(理) 혹은 진리(眞理), 성(性) 혹은 이성(理性)이라고도 부른다. 이(理)는 비어[空] 있지만 사건들이 그물망처럼 연결되어 생기하는 현상세계, 즉 사(事)를 통해 내재적으로 구현된다. 각각의 사건들인 개체들은 구슬처럼 각자의 차이를 가지고 연결되어 있지만, 서로 소통[通]하고 서로 반영[照]한다. 이러한 반사적 소통을 가능하게 하는 원리가 이(理)로서의 마음이다. 사건들의 관계체계는 하나의 사건과 나머지 전부가 소통적으로 관계한다는 일즉다 다즉일(一卽多 多卽一)의 환영 체계이다. 두 정자[二程子]와 주희(朱熹)가 이러한 존재론에 영감 받아 그 유심주의적 성격을 약화시켜 이일분수(理一分殊)의 존재론을 구성한 것은 주지의 사실이다. 왕양명이 인간의 최상의 발전 단계를 만유의 소통성[萬物一體之仁]에 참여하는 관통(貫通)의 경지로 본 것도 그러한 우주적 소통성을 장자(莊子)를 경유하여 계승한 것이다. 최시형과 해학 이기, 신채호와 박은식이 그러한 우주적 연대성과 대동(大同)의 정치적 이상을 결합시킨 것도 그러한 전통을 발전시킨 개념이다. 그리고 우주적 소통은 시간적으로는 우주의 전 과거와 미래에 미치며, 공간적으로는 무한한 전체를 함축한다(단 베르그송에게 미래는 미지의 결정되지 않은 것으로 남아 있다).

(3) 인식론적 관점: 미세한 것에 대한 관심은 지각론에서도 나타난다. 라이프니츠는 우리의 감각적 지각은 인간으로서는 식별하기 어려운 '미세 지각들(petites perception, minute perceptions)'로 구성되어 있다고 본다. 베르그송은 감각을 생명체의 행동 기관으로 보는 진화론적 관점을 갖고 있지만, 『물질과 기억』에서는 감각이 기계론적으로 파악될 수 있는 미세한 물리적 진동들로 구성될 수 있음을 언급한다. 이러한 생리물리학적 관점은 라이프니츠의 착상과 구조적 유사성을 갖는다.

라이프니츠의 미세 지각론은 무의식의 심층 차원으로 관심을 돌리게 한다. 이 점이 베르그송의 심층 심리적 사고로의 길을 열어주는 데에 기여한 것으로 보인다. 라이프니츠는 그의 『인간 오성에 대한 새로운 논고 *New Essays on Human Understanding*』(1703)에서 "각각의 순간에 우리 안에는 인지나 반성(통각, apperception)을 동반하지 않은 무한수의 지각들이 있다"고 한다. 이러한 지각들은 '인상들'이라고도 부르는데, "너무 미세하고, 너무 많으며, 너무나 차이가 나지 않아서, 그 자체로서는 충분히 구분되지 않기 때문에 우리가 인지하지 못하는, 영혼 그 자체 안에서의 변이들이다."

그러나 미세 지각들은 다른 미세 지각과 결합하여 전체를 이룰 경우 '적어도 혼란스럽게(confusedly)' 효과를 발휘하여 지각되게 한다. 예를 들어 '방앗간의 소리나 폭포수 소리'는 익숙해지면, 주의를 기울이지 않게 되는데, 이때의 감각은 전체적인 혼융한 소리일 뿐 그 세부적인 소리들은 들리지 않는다. 미세 감각들은 그 혼융한 무리(crowd)로부터 끄집어낼 수 없다. 해변에서 '포효하는 파도 소리'를 들을 때, 그 각각의 작은 소리들은 들리지 않는다. 그러나 우리가 전체적인 혼융한 소리를 들을 수 있는 것은, 우리 청각 능력의 가청 범위에 들어오기 시작하는 마지막 미세한 소리가 그 문턱(임계점)에서 첨가되었기 때문이다. 이 지점에서 미세 지각의 현실적 효력이 드러난다.[36]

이러한 미세 지각론은 자연에는 비약이 없다는 그의 연속성의 원리와 연관하여 광범위하게 적용된다. 모든 개체들의 영혼은 우주 전체와 연속되어 있다. 그러나 각 개체는 자신의 한계 내에서 그리고 자신의 관점 안에서 우주를 반영한다. 그들의 지각은 미세 지각들의 집합에서는 생생하지만 부분들에 대해서는 혼란한 지각이다. 감각 가능한 혼란된 지각은 의식되지 않은 무한한 것과 관계를 맺고 있다. 우리 주변의 물체가 우리에게 만든 저 인상들은 '무한한 것을 포함하고 있다.' 무한한 것은 "각각

36 G. W. Leibniz, *New Essays on Human Understanding*, Cambridge University Press, 1996, pp.54-55.

의 존재가 나머지 전 우주와 맺고 있는 관계이다. 이 미세 지각들에 의해 현재는 미래로 가득 차 있으며, 과거를 짊어지고 있다고까지 말할 수 있다. 모든 사물들은 조화를 이루고 있다－히포크라테스(Hippocrates, B.C. 460～B.C. 377)가 말한 것처럼 만유는 함께 호흡한다(sympnoia panta)－그리고 신의 눈과 같이 꿰뚫어보는 눈은 가장 저급한 실체에서도 우주의 사건들의 전 연쇄를 읽을 수 있을 것이다. 있는 것, 있었던 것, 그리고 곧 있을 것은 미래에 의해 불려 나온다(Virgil). 그리하여 이 감지할 수 없는 지각들은, 지각이 개체의 이전 상태들로부터 보존하고 있는 흔적들 혹은 표현들로 그 성격이 형성되는 개체를 지시하고 구성한다. 여기서 이전 상태들은 개체의 현재 상태와 연관되어 있다. 개체 그 자신이 이전 상태들에 대한 감각을 하지 못할 때조차도, 즉 이전 상태들에 대한 분명한 기억을 하지 못할 때조차도, 그것들은 초인적 정신에 의해 알려질 수 있다."[37]

목적론적 의식을 제외한다면, 라이프니츠의 심성론은 과거 현재 미래의 혼융한 침투성인 지속의 질서를 말하고 있으며, 이것은 베르그송의 지속 개념의 의미와 차이가 없다. 의식되는 지각과 무의식적 심층의 미세 지각들은 지속의 성격을 가지고 우주 전체와 연속되어 있다. 그리고 '그 미세 지각들은 그것들에 대한 사고가 없이도 개체들의 행태를 규정한다.' 따라서 그것들은 개체의 '인격성'을 구성하는 요인들이 된다. 인격은 '무차별적 평형상태'에서 오른쪽으로 가거나 왼쪽으로 가거나를 결정하는 자유의지를 갖지 않는다. 개체의 행동에는 무의식적 기억들이 행사하는 무수한 원인들이 포함되어 있다.[38] 라이프니츠의 이러한 인격론은 베르그송처럼 무의식적 순수 기억과 연관하여 논의되고 있다. 인격은 의식 내에서 분할된 인상들을 다시 종합하는 인위적 주관이 아니라, 지속으로서의 기억들이 현재에 침투되어 있고 미래로 열려 있는 시간성이다.

---

37 G. W. Leibniz, 앞의 책.

38 G. W. Leibniz, 앞의 책, pp.55-56.

이 지속이라는 시간성이 그 긴장성을 상실하여 이완되는 단계(정도)에 따라 물질성에 접근한다. 물질은 아예 완전히 이완되어 순간적 단위들로 끊어져가는, 지속 없는 어떤 것이다. 기억의 길이에 따라 개체의 인격성의 정도를 재는 라이프니츠와 베르그송의 입장은, 생명체의 행동[業]에 의해 기억이 축적되어 무궁히 연장된다는 불교의 시간적 연기(緣起), 균류(菌類)로부터 거대 동물로 전변한다는 장자적 진화, 인간을 소우주[小天地]로 보는 주희 이래의 이학적 심성론과 연관하여 우주에서의 인간의 위치를 새로이 전망하게 한다. 동서양의 근대 국가의 폭력성은 우주와 단절된 인식 주관이 객관을 의식적으로 지배해간다는 주관을 절대시하는 습성에 의해 정당화되어왔다. 이제 새로운 이성은 이러한 공학적 지배의 습관을 교정하는 방향에서 생각하고 실천할 것이다.

(4) 물질과 지각에 대한 관점: 과거의 기억이 현재로 응축되는 정도의 증가가 정신성(spiritualité)의 척도가 된다는 베르그송의 관점은 라이프니츠의 유심주의(spiritualism)를 라베송(Ravaisson-Mollien, 1813~1900)을 통해 계승한 것이다. 베르그송에 의하면 지속의 긴장이 극도로 이완되어 거의 순간적 진동으로 분산되면 그것은 물질성으로 내려간다. 차펙도 지적하듯 그러한 관념은 라이프니츠의 착상, 즉 "사실상 모든 물체는 순간적 정신 즉 기억이 없는 것이다(omne enim corpus est mens momentanea sive carens recordatione)"라는 견해에서 온 것이다.[39] 라이프니츠는 기독교 영지주의에 부합하고자 물리적 속성을 영혼의 작용이나 속성으로 환원하는 유심주의적 관심을 갖고 있었다. 물질은 모나드인 영혼의 자기 통일적 활력이 펼쳐지고 느슨해져서 오히려 저항과 방해를 받게 된 것이다.

베르그송 역시 그러한 유심주의적 관점을 유지하고 있다. 『창조적 진화』에 의하면 '중단된 긴장(une tension qui s'interrompt)'이 물질의 근본

39 Milič Čapek, *Bergson and Modern Physics*, D. Reidel Publishing Company, 1971, pp.214-216.

속성인 '연장(延長)'이다. 그것은 생의 비약의 반대인 '해체된 실재(realité qui se défait)'이다. 『물질과 기억』에 의하면 "우리는-우리 시대의 한 철학자의 심오한 말에 따라-물질성이 우리에게 망각을 낳는다는 것을 잘 이해할 수 있다"[40] 여기서 우리 시대의 한 철학자는 앞서 언급했듯이 라이프니츠를 따르는 라베송이다.

베르그송은 이 견해를 자신의 지속 이론의 '본질적인 부분'으로 여기면서,『창조적 진화』에서 다음과 같이 논의하고 있다.

> 우리 안에서 외면성으로부터 가장 멀리 떨어져 있고, 지성성의 침투가 가장 적은 것에 집중하여 보자. 우리 자신의 가장 깊은 곳으로 들어가 우리의 고유한 생명의 내부에서 우리 자신을 가장 친근하게 느끼는 지점을 찾아보자. 그 때 우리가 잠기게 되는 곳은 순수 지속 안이다. 거기에서는 과거가 언제나 전진하면서 완전히 새로운 현재로 끊임없이 불어난다(se grossit). 그러나 동시에 우리 의지(volonté)의 용수철이 그 극한까지 당겨지는 것을 느낀다. 우리의 인격을 자기 자신으로 격렬히 수축시킴으로써, 우리는 미끄러져가는 과거를 모아 담고, 그것을 압축하고 불가분인 채로, 그것이 들어옴으로써 창조될 현재 속으로 밀어 넣어야만 한다. 우리가 이 지점에 이르기까지 자기 몰입적인 순간들은 드물다. 이 순간들이 우리의 활동이 진정으로 자유로운 행위와 일체를 이루는 때이다. [……] 이제 우리는 긴장을 이완시켜 과거의 가장 커다란 부분을 현재 속으로 밀어 넣는 노력을 중단해 보자. 긴장이 풀어져 완전히 이완되면 더 이상 기억도 없고 의지도 없을지 모른다. 그 말은 우리가 절대적으로 자유로울 수 없는 것과 마찬가지로 그와 같은 절대적 수동성으로 떨어지는 일도 결코 없다는 것이다. 그러나 [이완의] 극한에서 우리는 끝없이 새로 시작하는 현재로 이루어진 존재를 엿보게 된다-거기에는 무한히 죽고 다시 태어나는 순간성 이외에 실재적 지속은 더 이상 없다. 물질의 존재가 그러한

40 베르그송,『물질과 기억*Matière et Mémoire*』, 박종원 옮김, 아카넷, 2005, 298쪽.

성격의 것인가? 아마 완전히 그렇다고는 할 수 없을 것이다. 왜냐하면 물질은 분석해 보면 요소적 진동들로 해체되며, 진동들 중 아무리 짧은 것이라 해도 아주 약하고 거의 사라져 가는 지속에 속하는 것이지, 무(無)는 아니기 때문이다. 그럼에도 불구하고 심리적 존재는 첫 번째 방향으로 향하고, 물리적 존재는 두 번째 방향으로 향해간다고 추정할 수 있다.[41]

지속이란 과거가 현재로 침투하여 부풀어가는 심리적 원리이다. 이것은 긴장의 성격을 갖는다. 이러한 심리적 원리는 창조의 순간에 몰두하는 예술가나 내면의 영혼에 몰입하는 신비가가 행하는 영혼의 자기집중 운동에서 경험된다. 반대로 지성은 기하학적으로 판명한 윤곽을 찾아 사물을 외면성의 관계로 만든다. 그것은 내면의 심층적 흐름을 인위적으로 절단한다. 심층의 지속이 긴장으로부터 이완으로 타성화되면, 즉 수동화되면, 극히 짧은 진동들로 나누어지지만 극히 약한 지속의 성격은 유지한다는 것이다. 물질에도 지속은 있지만 그것은 거의 정지된 순간에 근접하는 짧은 주파수를 갖는 진동일 뿐이다. 지속, 즉 심리적 원리가 전혀 없는 순수 물질은 라이프니츠의 발상처럼 전혀 기억을 갖지 못하는 순간적 정신이 될 것이다. 따라서 물질과 정신의 구분은 현실적으로는 긴장의 강도의 미분적 차이에 있는 것이기에, 절대적으로 구분되는 판명성을 갖지 않는다. 또 그 때문에 수리물리학적인 기계론적 기술은 물질의 운동에 거의 근사하게 접근하는 인식이며, 물질에 적응한 지성의 산물이 된다.

이 관점에서 베르그송은 『물질과 기억』에서 우리의 외부 감각의 질적 성질(quality)은 수많은 진동들을 감각하는 순간에 응축하여 고정시킨 것이라고 본다. 이 지점에서 그는 생리물리학적 연구와 긍정적으로 '대면'한다. "엑스너(Exner)에 따르면, 우리가 의식하는 텅 빈 시간의 가장 짧은 간격은 1000분의 2초와 동등하다고 한다." 그러나 의식되는 이 짧은

41 H. Bergson, *Lévolution créatrice*, pp.201-202(번역서 『창조적 진화』, 황수영 옮김, 아카넷, 2005, 301-304쪽).

순간은 더 짧은 무의식적인 진동들로 구성된다. 예를 들어 1초의 간격 속에서의 붉은 빛은 400조(兆)의 잇따르는 파동들로 채워진다. 만일 이 파동들을 의식적으로 목격하는 지각자를 가상해본다면 그는 2만5천 년 동안 계속 세어야 1초의 지속 안에 있는 파동들을 다 셀 수 있다.

이러한 인식론적 역설을 내포한 감각을 전제로 베르그송은 일종의 사유 실험을 하여, 수조 개의 파동들로 된 순간의 지속을 잡아늘여 느린 리듬으로 만들어본다. 이때 진동들은 리듬이 느려짐에 따라 색깔이 연해지고, 더 느려짐에 따라 남아 있는 색은 계기하는 인상들로 늘어져, 점점 색이 없어지면서 진동만으로 된 '순수한 운동들'로 해체된다. 음계의 낮은 음들처럼 "우리는 지각된 질들 자체가 내적인 연속성에 의해서 상호 연결된, 반복되고 잇따르는 진동들로 해체되는 것을 느끼지 않는가?" [42]

그럼에도 이 운동들은 '그 자체로 고려된 것'으로서는, '지속을 점유하고, 전과 후를 전제하는 불가분적인 것들'이다. 만일 지성이 그 연속적인 진동들에 인위적으로 불연속적인 원자와 같은 요소들을 개입시킨다면, 이것은 운동 자체와 그것을 응축시키는 질 사이에 고체성을 끼워넣는 것이다. 고체의 논리는 지성의 상상이나 습관에서 온 것이다. 그것은 진동들의 분절화된 연속성을 추상적 단위라는 공통분모로 환원하는 것이다. 그러나 '실재적 운동'은 "자신의 고유한 존재를 헤아릴 수 없는 무수한 순간들로 분절하는, 질 자체이다." 이 실재적 운동은 비록 무수한 순간들로 분절되면서 연속성을 이루고 있지만, 연속성을 갖는다는 측면에서 의식의 연속성과 어떤 유사성을 가지며, 이 점에서 극히 낮은 정도의 지속의 성격을 갖는다. 이때의 지속은 극히 빠르고 짧은 순간적 지속들로 구성된다.

여기서 베르그송은 기억과 대비하여 물질의 근본 법칙을 끌어낸다. 의식을 갖는 우리의 기억은 "사물들의 연속된 흐름(짧은 진동들의 흐름)을 감각적 성질들로 압축시킨다(solidifier). 기억은 과거를 현재 속으로 연장

42 베르그송, 『물질과 기억』, 박종원 옮김, 아카넷, 2005, 338-349쪽.

시킨다. 왜냐하면 우리의 행동은 기억으로 가득 찬 우리의 지각이 과거를 응축시키는 정확한 비율로 미래를 처분할 것이기 때문이다." 응축과 긴장의 정도는 '활력의 크거나 작은 강도'를 표현한다. 이 활력의 강도가 "지각의 집중력과 자유의 정도를 결정한다." 이와 반대로 "현재 속에서 존재하는 것, 끊임없이 다시 시작하는 현재 속에서 존재하는 것, 바로 이것이 물질의 근본적인 법칙이다." 따라서 물질의 리듬에 직접적으로 반작용하여 그 리듬으로부터 벗어나지 못하는 존재는 행동의 비결정성, 즉 자유를 갖고 있지 않은 존재이다. 이런 의미에서 물질의 법칙은 "받아들인 작용에 대해 그것의 리듬에 꼭 맞으면서 같은 지속으로 연속되는 직접적인 반작용으로 답하는 것이다."[43]

"우리의 지각 속에서 우리 의식의 한 상태와 우리와 독립적인 하나의 실재를 동시에 파악하는 과정을 이해하는 것"이 베르그송의 출발점이다.[44] 우리의 지각에서 실재와 직접 맞닿아 있는 접촉선은 무수한 진동들을 응축하고 있는 감각 질을 가진 '유충 내부의' 차원이며, 이것이 지각의 자발성과 물질의 진동하는 순간들의 지속을 예감하게 한다. 이러한 견해는 지각하는 생명체의 내부의 관점에서는 물리적 진동들에 대한 구성적 자발성을 존중하고, 객관적으로는 물리적 실재의 진동들을 존중하는 것이다. 차펙이 소개하듯 레비(Robert Levi)는 물리적 관점에서 '시간의 원자'를 '크로논(chronon)'이라 했다. 그는 그것의 시간적 길이를 $4.48 \cdot 10^{-24}$초로 추산했다. 미시 우주는 미시 시간으로 구성된다. 포앙카레도 '시간의 원자(L'atome du temps)'라는 개념을 만들었는데, 이러한 시간 원자는 베르그송의 관점에 근접한다.

그러나 베르그송의 물질의 지속은 미미하다 할지라도 연속적 이질성을 갖는다. 그는 원자와 같은 수학적 분할 가능성을 부정하고, 모든 지속들에서 과거와 현재 사이의 질적 차이와 통약 불가능성을 주장한다.

---

43 베르그송, 앞의 책, 339-351쪽.

44 베르그송, 앞의 책, 340쪽.

물질의 차원에서도 미미하나마 지속은 '혼융한 이질성'을 갖는다. 지속의 연속성은 원자들의 결합으로 구성되는 것이 아니다. "생명은 요소들의 연합(association)과 추가적 축적(addition)에 의해서가 아니라, 분리(dissociation)와 이분(二分, dédoublement)에 의해 진행된다."[45] 이러한 진행, 즉 과정은 세계영혼이라는 심리적 연속체가 주름 잡히듯 미세하게 분할되어간다는 라이프니츠의 착상과 무관하지 않다. 베르그송에게 생명의 진화는 물질의 장애를 받으며 분열해가는 분기의 운동이다.

이상과 같은 여러 관점에서의 유사성에도 불구하고 베르그송은 라이프니츠의 목적론에 대해 갖는 차이만을 부각시키고, 그 특유의 숨기는 글쓰기 방식에 따라 라이프니츠로부터 받은 영향을 밝히지 않는다. 그러나 베르그송의 유기체적 세계상은 미래의 목적이 현재에 주어져 있다는 합목적적 지성에 따라 구성된 것은 아니지만, 위에서 고찰한 것처럼 라이프니츠의 유기체론과 유사성을 갖고 있다. 이 점을 의식하고 그는 '진정한 목적론'에 대해 말한다. 이 진정한 목적론은 종과 개체들의 분화에서 오는 부조화나 물질의 저항에서 오는 퇴화와 정체를 수용하며, 조화와 상보성(complémentarité)은 우주의 전면에 있는 것이 아니라 배후에 있을 것이라고 추정한다. 진화의 충력(衝力)은 과거에 있으며 그 미분화된 '충동의 동일성(une identité d'impulsion)' 때문에 상보성이나 생명체들의 상동기관들이 존재한다는 것이다. 이 충동의 동일성이 분기해가는 과정에서 미래가 창조된다. 미래는 '현재를 확장하는 것으로 나타난다.' 미래는 '결과로서 간주되어야 할 뿐만 아니라 더 나아가 하나의 목적으로 간주되어야 한다.' 이때의 목적이란 지성의 관점을 인정했을 때에 한한다. 진화에 대한 대부분의 설명이 기계론적 관점에서 이루어질 때조차도 어느 사이에 심리적 목적 개념을 가지고 하듯이, 지성은 결과를 목적으로 '고려할 권리'를 갖고 있다는 것이다.[46]

---

45 H. Bergson, *L'évolution créatrice*, p.90(번역서, 146쪽).

46 H. Bergson, *L'évolution créatrice*, pp.51-53(번역서, 95-98쪽).

베르그송은 기존의 목적론에서 목적인이 갖는 합목적성을 약화시키고, 목적론적 설명을 생물학적 설명 내에 한정하면서 진화의 여러 분기 노선이 갖는 경향성들, 즉 방향성만을 인정한다. 진화는 여러 경향성들의 '다발(gerbe)'로 진행하다가 크게는 곤충의 본능의 방향, 동물의 지성의 방향으로 분기가 이루어진다. 본능과 지성의 분화적 진화는 자유의 확대라는 방향성을 갖는다. 인간은 자신의 지성의 한계를 초월하는 지성을 통해, 그리고 본능의 도움을 받아 만유의 우주적 연대성에 대한 통찰에 도달하여 자연과 인간의 대립을 초극하는 궁극의 자유를 향유할 수 있다.[47]

베르그송의 우주에서 원초적 동일성은 미래의 정점에 있는 것이 아니다. 그것은 태초의 과거에 부는 '바람'에 있다. "생명은 생겨난 이래로 유일하고 동일한 약동(un seul et même élan)의 연속이며, 그 약동이 진화의 분기하는 노선들로 나누어진 것이다." '포괄적 실재'인 약동은 '스스로 확장되어 자신을 초월하는 결과들을 창조하고 생산하는 것'이다.[48] 이 결과들은 정태적 상태라기보다는 경향성들이며, 이것들은 공존하면서도 분열하는 '경쟁관계(concurrence)'에 있다. 베르그송의 생기론에서는 차이성의 연속적 생산이 전면에 있고, 동일성은 과거의 충력에 숨어 있다. 그리고 수리물리학적 법칙이 갖는 동일성은 인간 종이라는 방향성에서 나타난 고체의 논리에서 온 것이다.

지성의 추상성은 고체에 대한 축적된 경험에서 온 것이므로 그 기원에 고체에 대한 감각적 지각이 놓여 있다. 그러므로 지성은 결코 감각을 넘

47 이 문맥에서 베르그송은 지성을 물질에 적응하는 고체적 논리의 능력으로 좁게 규정하여 궁극적 자유의 문제를 지성의 과제로 다루고자 하는 자신의 관심을 옹색하게 하고 있다. 그래서 도구적 지성을 반성하는 지성을 또 설정하게 된다. 또한 도구적 지성의 자유를 경과하여 신비가들이 말하는 궁극의 자유에 도달하는 과정을 생명 진화의 의미로 봄으로써 러셀이 불평하듯 진화론자에 공통된 지나친 낙관주의이자, 인간중심주의라는 인상을 주게 되었다. 그러나 궁극의 자유는 그의 문명 비판적 관심이 갖는 비관주의에 대한 최후의 대안이다. 서양의 논리와 과학이 자본주의의 기술이 된 지 오래인 오늘의 상황을 고려하면, 진화의 의미이자 생의 의미인 자유의 문제가 심각한 문제로 우리에게 다가올 것이다.

48 H. Bergson, *L'évolution créatrice*.

어선 능력이 아니다. 원자론의 원자가 고체적인 것이듯이, 고체적 형식 논리의 뿌리는 사실상 촉각과 시각에 있을 것이다. 또한 지성은 생명의 흐름이라는 포괄적 실재를 원인으로 하여 진화사적으로 형성되었기에, 바닷가의 조개껍질이 바다 전체를 대변할 수 없듯dl 자신의 존재 원인을 인식할 수 없다. 지성은 생명체의 생존의 문맥에서 발명된 도구이다. 그것은 인간을 도구인으로 만들고, 생존을 위한 목적 설정을 자신의 형식으로 가질 뿐이다.

그러나 미래는 현재에 있는 목적이 아니라, 생명의 '활동(acte, 능동)'이 주파함에 따라 만들어진다. 이 길은 직선적 진화의 선이 아니라, 다양한 선들로 분화된 노선들이 분기점에 부딪혀 그로부터 새로운 길이 파생되는, 분기의 분기, 차이의 차이를 생산하는 과정이다. 다중적 선들 각각의 다중화라는 이 운동은 생명의 약동이 전개하는 창조적 과정이다. 따라서 생명체들은 자신들의 원천이 갖는 약동에 근거하고, 경향성으로 정의해야 하는 것이기에 '적응'이라는 수동적 개념으로는 적절하게 기술할 수 없는 것이다. 니체가 라마르크처럼 생명체의 능동성을 강조하여 적응 개념을 수동적인 것으로 폐기한 것과 같이, 베르그송은 근대로부터 진화생물학의 관용어처럼 되어버린 적응 개념을 극히 제한적으로 사용하려 한다. 적응은 근대의 기계론적 진화론에 적응된 개념이다.

또한 기계론적 지성은 베르그송이 '의지'라고도 부르는 생명의 활동성에 장애로 작용하는 물질에 적응된 것이다. 이 때문에 그것은 형태적 이미지에 나포되어 있다. 생명이 창조한 형태가 그 자리에 정체되어 버리면, 생명 자체에 비해 그것은 생명의 '잔재'나 찌꺼기가 된다. 그가 『창조적 진화』에서 쇠줄밥 속을 통과하는 팔의 비유로 보여주듯, 팔이 생명이라면 통과하면서 패인 형태들은 잔재에 해당한다. 기계론적 지성은 팔의 운동 자체를 보지 못하고 형성된 형태만을 본다는 것이다. 이런 맥락에서 볼 때, 의지, 약동, 지속, 시간 등은 생동하지만 무형의 것이다.

베르그송이 보기에 서양 근대의 위기는 진정으로 사유해야 할 것인 시간을 사유하지 않고 망각한 데에 있다. 차펙에 따르면 근대인은 거시 우주와 미시 우주의 중간 차원인 근대적 시공간의 틀을 전제한 형태적 이미지들의 세계에 집착했다. 근대인은 이미지 없는(imageless) 미시 차원을 사유하지 못한 것이다. 베르그송은 바로 시간이라는 무형의 '이미지 없는 사유'의 필요성과 가능성을 열었다. 그의 철학은 19세기 제2의 과학혁명과 산업의 확장에 기뻐하는 근대적 낙관주의에 저항하는 사유이다. 유용성만을 추구하는 검은 충동과 연관된 과학적 지성은 결국 세계대전으로 귀결되었고, 기계적으로 영위되기 때문에 우스꽝스러우며, 기계 때문에 신음하는 일상적 삶의 한 원인이 되었다는 것이다.

그러나 베르그송 자신이 언급하듯이 근대과학이 발전하면서 패러데이(Michael Faraday, 1791~1867)의 전자기장과 오스트발드(Wilhelm Ostwald, 1853~1932)의 에너지 역학 등의 출현은 보이지 않는 차원에 대한 과학의 가능성을 열어주었으며 베르그송 역시 이러한 발전에 고무된 것으로 보인다. 그는 장차 자신의 철학이 과학과 함께 발전할 수 있는 과학적 학문이 될 수 있다고 믿었다. 현대 자연철학은 이 방향에서 새로운 생성철학으로 발전할 수 있을 것이다. 이러한 방향은 과학과 생기론적 기학(氣學)을 결합시키고자 했던 홍대용과 최한기의 실학적 사고에서 이미 드러나 있었으며, 1920년대 이돈화, 김기전 등의 천도교 신문화운동의 기본 노선이었다. 또한 대종교의 경전인 『천부경』을 주해한 전병훈(全秉薰)의 '정신철학(精神哲學)'은 그가 '경험과학'이라고 부르는 서양 근대과학(사회과학을 포함)과 형이상학적 생명 원리인 성명(性命)을 결합한 것이었다.

홍대용은 자신의 과학서 『주해수용籌解需用』에서 산술과 기하학의 실용적 적용의 의의를 강조하고, 지상에서 천상에 이르는 모든 현상에 대한 일반적 측정 가능성을 주장했다. 이를 위해 그는 서양 근대과학의 형성에서 나타난 바와 같이 과학적 지식 획득을 위한 측정기구[儀器]의 제작이 갖는 중요성을 역설했다. '천지의 체상[天地之體狀]'은 '생각과 추론만으로 탐구하는 의구(意究)와 이색(理索)'을 통해 인식되는 것이 아니라, "오직 측정 기구를 제작하여 관찰하고 수리적으로 계산하여 추론하는 것이다[唯製器以窺之, 籌數以推之]."[49] 이처럼 홍대용은 지상과 천상의 위계를 거부하고 그 보편적 측정 가능성을 옹호하는 과학정신에 의거하여, 도덕과 정치의 기(器)에 해당하는 토지 개혁이 법과 윤리에 대해 우선성을 갖는다는 것을 분명히 했다. 이러한 과학정신에 적합한 형이상학은 수리적(數理的) 체상을 생산하는 근원적 생명 에너지인 기(氣)를 전제한 기학적 우주관이다. 홍대용은 비록 통용되지 못하여 탄식과 은둔의 유혹에 빠졌지만, 이러한 내재적 형이상학을 기초로 경직된 주자학을 비판하고, 상하로 분열된 신분적 계급질서를 화평의 질서로 변혁하고자 했다.

이러한 정신을 계승한 최한기는 천문 지리학을 비롯한 당시까지 서양에서 발전된 제 과학을 흡수하여 그것을 전통 기학에 연결함으로써 전지구적 소통체계인 대동(大同)의 평화세계를 전망했다. 이러한 정신을 그는 자신의 주저 『기측체의氣測體義』와 『인정仁政』을 통해 표현했다. 그에 의하면 자유로이 운동하는 기[神氣]는 운행하여 사물을 변화시키는 운화(運化)의 원리로서, 다양한 경험과학적 탐구 대상들을 형성해낸다. 이 대상들은 운화의 범위에 따라 삼 단계 세계[三等運化]로 나누어진다. (1) 일신운화(一身運化) (2) 통민운화(統民運化) (3) 대기운화(大氣運化).[50] 일신운화는 생리심리적인 소통체계를 가진 개인이며, 통민운화는 인간의 역사적 활동이 일어나는 국가 그리고 전지구적 천하의 소통체계이다. 대기운화는 천지운화(天地運化)로서 광대한 우주적 소통체계이며 별들과 성운들이 생산되고 소멸되는 세계이다. 전지구적 소통체계는 천지운화에 관류하는 신기(神氣)에 토대하여 대동의 소통체계로 변형되어야 한다. 이러한 변형은 개인, 역사, 우주를 각각의 법칙에 따라 생산하는 기의 창

---

49 洪大容, 「籌解需用外編」 下, 『湛軒書』 3, 고전국역총서, 민족문화추진회, 1974, 45쪽(번역 부분 225쪽).

50 崔漢綺. 「測人門」 6, 『仁政』 1, 고전국역총서, 민족문화추진회, 1980, 91쪽(번역 부분 210쪽): 삼등운화는 일종의 三世界論이다. 그러나 가정과 사회의 '접인운화(接人運化)'를 더하면 四等運化라는 四世界論이 될 것이다(「測人門」 5, 接人運化, 『仁政』 1).

조적 질서를 인식할 때 가능하다. 경세적 실천은 삼 세계에 대한 과학적 지식과 기학적 소통성에 대한 이해를 통해 이루어지는 소통의 정치학이다. "천지와 인간 만물이 영원히 지속하여 그치지 않는 대도(大道)는 생생(生生)하는 소통[通]에 있을 뿐이다[天地人物, 常久不息之大道, 惟在生生之通乎]."[51] '생통(生通)'이라는 생기론적 소통성은 존재의 원리이자 행동의 원리인 인(仁)으로서, 이 가치가 개인, 가정, 국가뿐만 아니라 전지구적 대동의 원리이다.

인식[知覺]은 감각적 경험과 추론[推測]에 의해 획득되며, 추측은 사물의 인과관계[因 혹은 以]를 구성하는 능력이다. 경험을 무시하는 추측은 주자학적 이(理)나 양명학적 마음[心]만을 숭상하게 된다. 진정한 추측은 경험의 축적을 통해 감각을 넘어선 구조 혹은 법칙[物理와 數理]을 귀납하고 그것을 증험하는 과정을 통해 사물의 실리(實理)를 인식한다. 유형(有形)의 세계는 과학으로 인식할 수 있는 영역이며, 이 영역이 형이상학적 신기의 생산물이다. 신기는 과학적 추측과 증험의 대상을 생산적으로 가능하게 하는 일종의 우주적 힘의 장이다. 이런 의미에서 최한기는 신기가 사실상 무형의 것이지만, 물리적 현상의 근거라는 의미에서 유형(有形)의 기라고 간주했다. "신기 원리[神道]와 추측은 서로 나타내고 숨기는 관계에 있다. 추측이 진보하면 신도가 나타나고, 추측이 진보하지 못하면 신도는 숨는다. 추측이 미치지 못하는 곳에 원래 추측하기 어려운 신도가 있다. 신도는 신기하고 허황한 것을 말하는 것이 아니다. 하나의 기의 운화(運化)에 본래 실리의 진정한 자취가 있다[神道與推測, 自有顯晦, 推測進則神道顯, 推測不進則神道晦. 至於推測不及處, 自有難測之神道. 神道者, 非謂其神怪虛誕之說也. 一氣運化, 自有實理之眞跡]."[52]

최한기의 이러한 견해는 그에게 오륜(五倫)이라는 봉건적 가치체계가 남아 있었다 할지라도, 과학과 내재적 형이상학의 상호 작용과 공존 가

51 崔漢綺, 「神氣通」 3, 生通, 『氣測體義』 1, 고전국역총서, 민족문화추진회, 1979, 53쪽(번역 부분 139쪽).

52 崔漢綺, 「推測錄」 2, 『氣測體義』 1, 고전국역총서, 1979, 117-118쪽(번역 부분 267쪽).

능성을 예견하는 고전적 사례가 될 것이다. 그것은 두 학문이 서로의 발전을 고양시키는 순기능을 할 수 있음을 암시한다. 미래의 철학은 '생기로운 소통성[生通]'을 기초로 존재론과 윤리 · 정치적 실천을 결합시켜가는 방향을 개척할 것이다.

4. 고체의 논리와 성운(星雲)

철학자들은 대부분의 언어적 표현이 그렇듯, 그 표면적 언설의 배후에 자신의 내밀한 동기를 숨기고 있는 경우가 많다. 그 동기는 생애의 최후 저작에서 암시되거나, 주요 저술의 어딘가에 혹은 노년의 술회에 숨겨져 있다. 특히 기존의 지배적 철학에 대항하는 비주류 철학자의 문헌은 숨기는 글쓰기 때문에 처음부터 그의 내적 의도를 감지하기가 어렵게 되어 있다. 스피노자(B. Spinoza, 1632~1677)의 경우 1675년(43세)에 출간하려다 포기하고 사후에 출간된 『윤리학*Ethika*』의 제5부에서(총 5부로 구성된 이 저작은 1-2부와 3-5부 사이에 저술 시기의 간격이 있다) 자신의 철학적 동기가 우주와의 일치를 통해 고양된 자유에 있음을 암시한다.

그의 기하학적 논리에 따른 구성의 배후에는 논리적 사변과 거리가 먼 우주에 관한 사랑과 자유의 이념이 놓여 있었다. 이 이념은 기독교적 서양문명과 권력의 수사에 불과한 신학에 대한 저항의 문맥에서 움직이고 있었다. 이 점을 알고 보면, 투옥과 처형의 잔재가 남아 있었던 그 시대에, 그의 주저의 제목이 왜 『윤리학』이 되었으며, 왜 『신학-정치학 논고』(1670)라는 정치론을 『윤리학』 1, 2부까지 쓰고나서 집필하여 익명으로 간행했는지가 비로소 이해된다. 그에게 우주와 인간이 관계하는 방식은 자유와 정치적 생활의 문제를 본질적으로 결정하는 것이었다. 그는 자본주의 산업 발달에 동조했지만, 철학의 이념은 우주와의 관계에서나 정치 조직에서나 자유의 문제로 집약된다는 것을 분명히 했다.

베르그송은 자신의 윤리적 동기를 초기의 저작에서는 분명하게 드러내지 않는다. 그는 초기에 물리주의적 세계관에 유혹되기도 했지만, 부르노와 스피노자처럼 종교 · 정치적 위협이 아니라 유럽 문명의 위기와 극복이 철학의 동기임을 암시하고 있었다. 그의 윤리적 동기는 그의 주저 『창조적 진화』(1907)보다 25년 후에 나온 『도덕과 종교의 두 원천』(1932)에 가서야 분명하게 나타난다. 최후의 것이 곧 최초의 것이다. 그의 동기 역시 스피노자와 쇼펜하우어에 접근하는 것이었다. 그것은 우주적 연대성을 회복하여 자유와 사랑의 이념을 현실로 가져오는 신비가들의 인격을 새로운 삶의 모델로 제시하는 것이었다. 자유와 사랑은 세속과 투쟁하는 종교적 신비가의 삶을 통해 드러나며, 번뇌에 병든 성인적 정신을 통해서도 드러나는 성인성이다. 또한 근대국가의 폭력성, 부르주아적 법칙주의와 기계론적 경직성에 저항하여 제시되는 것이었다. 라이프니츠와 스피노자, 쇼펜하우어와 베르그송은 우주적 연대성에 대한 통찰이 종교전쟁, 경제전쟁으로 점철된 세계를 구제하는 이념이자 자유의 기초임을 각기 다른 문맥에서 의식했다.

베르그송이 한때 빠져 있었던 스펜서(Herbert Spencer, 1820~1903)의 진화론적 자연철학은 그가 보기에 무기물에 적용되는 설명 방식을 생명체에 적용한 것으로, 자본주의적 자유 경쟁주의를 부추기는 성격을 내포하고 있었다. 스펜서는 아시아에서 엄복(嚴復, 1853~1921)의 『천연론天演論』을 통해 소개되어 자본주의 발전을 둘러싼 논쟁을 일으킨 인물로서, 이미 잘 알려져 있었다. 그의 방대한 종합적 과학철학은 철학을 통일적 메타 과학으로 승격시키는 위력을 가진 것이었다. 그의 과학주의는 스스로 군사적 제국주의를 반대했지만, 유럽 과학의 승리가 제1차 세계대전의 어둠 속으로 치닫는 것을 은폐하는 또 하나의 가공할 권력의 철학이었다. 이 때문에 초기에는 아시아에 충격을 주었던 그의 철학은 곧 아시아 급진주의 철학에 의해 배척당하게 되었다.

베르그송도 젊은 시절의 태도를 버리고 통일 과학철학과 자유경쟁주의를 20세기 부르주아 문명의 희극으로 조롱하게 된다. 본질상 유동적인 세계에서 경직된 사고와 행동을 하는 것은 웃음거리에 불과한 것이다. 고체의 논리는 우스꽝스러웠지만 서양의 역사에서는 뿌리가 깊었으며, 근대에는 강력한 권력이자 인류의 재앙을 암시하는 것이 되었다. 초기 작품, 『의식의 직접적 소여에 관한 시론』에서 그가 강조하듯 근대과학적 지성은 일상의 고체적 사물에 대한 지각이 갖고 있는 척도를 가지고 우리의 내면적 의식의 흐름을 이해하려는 습관을 갖고 있다. 이러한 습관을 의지적인 노력으로 바꾸지 않는 한, 인간은 자신의 표피적 지각을 통해 정태적 사물에 홀려 살게 된다는 것이다. 공간 안에 안정적 사물이 놓여 있다고 보고 그 사물의 윤곽을 분간하는 지각은, 진화선상에서 보았을 때 행동이 가해지는 대상에 대한 지각이다. 지각된 사물의 윤곽은 행동의 관심이 오려낸 것이다. 지각은 생존을 위한 행동에 도움을 주지만, 다른 한편 우리의 습관적 경향에 대한 무자각과 자기상실의 요인이 된다.

여기에서 감각 생활이 고정 단위들을 인위적으로 연결한 집합이라고 보는 연상 심리학적 견해가 나온다. 이러한 심리주의적 태도는 우리의 내적 의식의 창조적 흐름을 보지 못한다. 혼융한 이질성이자 미래의 가능성들을 향해 열려 있는 이 잠재적 흐름은 어떤 동일한 형식에 규정당하고 있는 수동적인 것이 아니라 가능성 속에서 움직여 새로운 형식의 삶을 형성할 수 있는 자발성을 갖는다. 베르그송은 우리 내부 생명의 흐름인 실재적 시간을 재료(étoffe)라고도 부르는데, 이것은 그리스적 의미로 이해될 수 있는 것이 아니다. 재료는 외적 형식의 규제를 받는 것이 아니라 자생성(spontaneity)의 원리이다. 그것은 과거를 현재까지 증식시켜 오고 미래적 가능성 앞에서 주저하고 있는 잠재성이다. 미래의 결과는 예측 불가능하다.

생명은 기계론적으로 측정할 수 있는 것도 아니고 이미 주어진 목적으로 평가할 수 있는 것도 아니다. 스스로 전진해 나아가는 생명은 물질의 타성을 거슬러 올라가려는 노력의 과정이다. 타성과 역운동하는 것이 생명의 자생성이라면, 생명의 진화적 발산 운동은 퇴보와 고착 등의 우여곡절을 겪지만 근본적으로는 자유를 본질로 갖는다. 이런 의미에서 베르그송의 자연철학을 다소 도식적으로 이야기하자면 '수동성과 능동성의 이원론(박홍규)'[53]으로 볼 수도 있을 것이다. 최정식은 이 입장을 강화하여 "베르그송은 처음부터 끝까지 이원론자였으며, 그렇지 않은 적이 없었다"고 한다.[54] 이 주장은 베르그송 철학을 '동태적이며 진화적인 일원론(monisme dynamique et évolutif)'[통케덱(Joseph de Tonquédec, 1868~1962)]이라고 보는 관점에 반대하고, 물질과 영혼(생명)이 서로 반대 방향으로 운동한다는 점에 주목하는 것이다.

그러나 영혼이나 신으로도 부르는 생명이 창조적 긴장을 포기하고 타성화된 것이 물질이라면 이원론이라는 규정은 발생론적 역동성을 보여주지만 생명주의적 통일성을 아우르기는 어려워 보인다. 생성철학의 일원론적 성격을 무시한다면 생명체 기관들의 상동성을 설명할 수 없으며, 우주적 연속성에 대한 중요한 성찰을 잃어버릴 수 있다. 하지만 베르그송을 일원론이나 범신론으로 규정하더라도 이러한 표현이 종래의 폐쇄적인 완결된 우주관을 연상시킨다면, 그것은 우연성과 비결정성 및 창조적 생동성을 포괄하지 못할 것이다. 그의 생성철학은 모든 곳에서 작용하는 잠재적인 창조적 지속이 자신의 동일한 폭발력으로 무수한 형태들을 빚어내는 미완의 개방적 세계관이다. 이는 창조적 개방성을 인간 자신의 내적 의미로 자각함으로써 인간 내부에서 생명 진화의 의미인 자유를 실현할 것을 호소한다.

이러한 맥락에서 생성론적 자연철학은 앞서 논의했듯이 기계론과 목적론을 비판적으로 극복하는 방향을 취하게 된다. 그러나 목적론에 대한 비판적 극복이 요구된다 해서 한 개인의 인생사나 인류 역사의 과정에 대한 가치평가가 전혀 개입될 수 없는 것은 아니다. 박홍규가 무심하게 지나친 것이 바로 이 점이다. 그는 생명의 과정이 기계론적으로 예측될 수 없고, 목적론적으로 미리 확정된 목적이 없다는 베르그송의 관점

---

53 박홍규, 『베르그송의 창조적 진화 강독』, 박홍규전집 5, 민음사, 2007, 97쪽.

54 최정식, 「베르그송은 일원론자인가」, 베르그송 『창조적 진화』 발간 100주년 기념 학술대회 자료집, 2007, 51-63쪽.

에서, 4 · 19 혁명과 같은 역사 과정을 최종 판단이 불가능한 경향으로 본다. 그 경향은 다른 경향으로 갈 수 있는 가능성을 갖는다는 것이다. 4 · 19란 '하나의 통과지점'이 된다.[55]

그러나 베르그송의 생명의 과정은 상대적 상황의 중성적 전변이 아니다. 경향으로서의 생명은 절대적 자생성의 전진적 활력이 상대적 상황의 제약과 갈등하는 과정이며, 이 과정은 자유의 경향성의 실현 정도에 따라 평가될 수 있다. 베르그송의 자연철학이 자신의 언급대로 약화된 형태의 목적론인 것은 그러한 맥락에서 의미를 갖는다. 생명의 경향이 물질과의 타협과 투쟁의 과정이라면, 그래서 베르그송의 철학이 생명의 철학이자 자유의 철학이라면 이 우주에서 사실과 가치가 분리되는 순간은 원칙상 있을 수 없는 것이다.

또한 베르그송의 재료가 우리가 태어나기 이전의 모든 과거를 기억으로 가지고 있으면서 미래를 지향하는 생명이라면, 그리고 이 재료가 바로 우리 자신의 '성격(caractère)'을 구성하는 것이라면, 모든 생명체들의 역사는 좌절과 실현이라는 가치 지향성을 그 정도가 아무리 적다 하더라도 갖고 있을 것이다. 더구나 기계론적 습관과 투쟁하여 승리한 베르그송적 '초인(超人)'은 우주생명의 전체적 흐름에 자신의 지성과 본능을 일치시키고 있는 우주적 연대성의 감각을 갖춘 인격이다. 그리고 이러한 인격이 물질적 타성과 고체적 사고 습관을 벗어난 자유인이자 지성인이다. 철학은 자유를 보편적 인간성(Humanitas)이자 덕으로 갖는다. 이러한 이유로 생성론적 자연철학의 세계에서는 사실과 가치가 분리될 수 없는 본질적 연관성을 갖는다.

기계론과 목적론에 대한 베르그송의 비판은 자유를 향한 동경과 노력에서 오는 가치 감정을 전제한 비판이다. 그의 존재론은 과학의 논리적 기초라기보다는 인성의 기초이다. 그리고 우주와 인간 역사를 생명 진화적 "지속의 상하에서" 보는 착상은 다윈보다 앞선 셸링이나 스펜서가 제

55 최정식, 앞의 책, 13-14쪽.

기한 진화론적 세계상이 논의되던 시대적 분위기와 연관이 있다. 다만 진화에 대한 그의 해석이 스펜서와 헉슬리의 기계론적 형이상학과 다르고, 셸링과 헤겔의 목적론적 형이상학과도 다르다는 것이다. 그러나 또 이 때문에 큰 틀을 제외한다면 세부적인 면에서는 그들과 공유하는 개념적 착상들이 베르그송의 철학에 있을 수 있다.

예를 들어 헉슬리는 『진화와 윤리*Evolution and Ethics*』(1863)에서 사회진화론이 옹호하는 생존경쟁이라는 '우주과정'과 자기중심적 자아의 '무화(annihilation)'라는 '윤리과정' 사이의 길항관계를 윤리적 대안으로 제시한다. 그는 절대적으로 동일성을 유지하는 물질의 기계론적 법칙을 전제하고 이 법칙에 저항하는 인간의 자유를 주장한다. 그리고 이러한 자유는 스토아나 불교의 윤리관에 잘 나타나 있다고 한다.[56] 이러한 주장은 그의 체계 안에서 일관성을 갖기 어렵고, 베르그송의 유기체론적 전제와도 다르다. 그러나 그의 윤리과정은, 기계론적 사고에 친화적인 경쟁적 폐쇄 도덕과 평등한 사랑이라는 개방적 도덕을 대비시키는 베르그송에게 다시 나타나는 것을 볼 수 있다.

또한 헤겔은 물질에 잠재성으로 있는 정신(Geist)이 잠의 단계에서 변증법적 '매개'를 통해 각성해가는 과정을 자유의 자각 운동으로 보았다. 이 운동은 물질과 '타협'하면서도 그 타협의 단계를 극복하려는 베르그송의 생명(의식)의 자유와 유사성을 보여준다. 진화와 발전을 결합시킨 이 시대의 철학들에게는 무한량의 무생물보다는 한 송이 장미가, 무수한 식물보다는 한 마리 진드기가 더 심오한 의미를 함축하고 있었다. 베르그송의 세계관을 과학적으로 지지해주는 것으로 알려져 있는 프리고진(Ilya Prigogine, 1917~2003)의 '자기 조직화의 원리'는 물질을 매개로 하여 자기를 새로운 단계로 구성해가는 헤겔의 『자연철학』에 나오는 생명 개념으로부터도 영감을 받은 것이다.[57]

56 헉슬리, 『진화와 윤리*Evolution and Ethics*』, 김기윤 옮김, 지식을만드는지식, 2004, 87-135쪽.

57 헤겔, 『헤겔자연철학』 1, 박병기 옮김, 나남, 2008, 737쪽.

진화와 진보가 쉽게 결합되었던 근대인의 유럽 중심적 사고는 당연히 과학적 지성의 진보를 합리성을 통한 자유의 확대로 보게 했는데, 이러한 통념은 제한된 형태이긴 하나 베르그송에게도 그 여운이 남아 있다. 그에게도 지성은 이전보다 넓은 범위에서 행동의 자유를 보장해주는 능력이었다. 그리고 당시의 통념처럼 그도 인간이 진화선 상의 가장 끝에 선 동물이라는 전제 하에 인간의 존재의미와 윤리적 방향을 문제 삼았다.

그는 내성 심리학적 태도로 우리 자신을 먼저 되돌아보는 것에서 시작한다. "가장 뚜렷하게 확신하고 가장 잘 알고 있는 존재는 우리 자신이다. 우리는 자신에 관해서는 내적으로 깊이 파악한다. 자신의 감각, 감정, 의욕, 표상 등이 나의 존재를 나누어 채색하고 있다." 이러한 것들을 내적으로 의식할 때 우리는 '순간순간 변화'하고 '지속'한다는 것을 느끼게 된다는 것이다. 이러한 접근법은 쇼펜하우어가 '두뇌(Gehirm)'라고 부른 지성의 단계에서의 인식론적 감옥을 넘어 의지의 형이상학으로 나아가는 중간 단계에 해당한다. 이 단계는 지성이 대상에 대한 객관주의적인 과학적 태도로부터 주관에 대한 내성적 태도로 전환하는 단계이다. 이러한 태도에서 인간은 자신의 내감에 주어지는 느낌과 의욕 등에서 어떤 생의 충동이라는, 임의로 처분할 수 없는 힘의 의지를 감지할 수 있다는 것이다.

이런 의미에서 인간은 외적 사물보다 자기 자신에 더 가깝다. 내감을 통한 반성적 성찰은 지성의 외부적 관점에서는 느낄 수 없었던 것을 이해한다. 내적 성찰은 자신의 삶 자체를 거대한 '심연'으로 느껴지는 의지(Wille)의 한 표현으로 이해한다. 두뇌 생리학에 관심이 많았던 쇼펜하우어는 인간에 대한 객관적이고 과학적인 관점으로는 실재 그 자체(Ding an sich)가 아닌 현상만을 알게 될 뿐이므로, 인간 내부자의 관점에서 즉 주관의 내적 체험에 대한 반성적 음미를 통해 형이상학의 가능성을 찾았다. 내부에서 느껴지는 의지는 유추를 통해 객관 세계의 본질로 이전되어, 의지는 만유의 본질로 정립된다. 여기에서 세계의 수수께끼는 풀린다.

베르그송은 쇼펜하우어적인 내성 심리학의 관점에서 출발한다. 그는 우리 내부의 의식의 흐름을 성찰한다. 그에 의하면 우리 내부에서 만나는 지속은 한 순간도 동일하지 않은 혼융한 이질성이다. 그것은 과거로부터 밀려온 기억을 갖는다. 우리의 심상(心狀)은 현재 속으로 무엇인가를 밀어 넣고 있는 과거와 연속성을 갖는다. 심리적인 것은 시간의 길을 간다. 과거의 것이 현재로 침투하면서 축적된다. 따라서 지속은 '팽창함'이며, 비유적으로는 '눈덩이'와 같다. 심리적인 것은 모든 과거와 연결된 흐름(flux)이라는 연속성을 갖는다.

그러나 우리의 경험적 의식이 미치는 범위는 그 일부분에 불과하다. 우리의 '불연속적인 행위'에 따르는 '불연속적인 주의력'은 그 흐름의 일부를 도려내어 고정시킨다. 여기에서 의식은 지속의 흐름을 불연속적 상태들의 병치로 구성하는 습관을 갖게 된다. 이 습관은 주의(attention) 행위의 '절선(折線)'들을 따라가서 지속을 마치 '층계의 계단'을 보고 있는 듯이 생각한다. 그러나 지속은 '무수한 우발적 사건들'로 가득 찬 '예측할 수 없는' 흐름이다. 이 흐름에 인위적 '간격'을 만들어 여러 상태들을 구분하고 종합하는 것은 그 배경인 연속성 위에서 가능한 것이었다. 간격들로 잘라진 정지된 상태들의 나타남은 "점점 멀리서 울리는 팀파니 소리"처럼 연속성을 배경으로 단속적으로 들리는 소리들과 유사하다. 불연속적 상태들은 심적 존재 전체라는 유동적 혼연체(fluid mass)를 배경으로 지탱된다.

이로부터 불연속적인 단절된 상태들은 '목걸이의 진주알처럼 병치'되고, 이 진주알들을 꿰는 하나의 실로서 중립적이고 '무심한 자아(ego)'가 인위적으로 표상된다. 이러한 자아의 추상적 동일성이 단절된 상태들을 종합하는 자아로 생각되면, 인간의 주관적 영역에는 어떤 지속의 흐름도 있을 수 없게 된다. 그러한 것들은 '인공적 모조품'으로서 "논리나 언어의 요구"에 더 잘 부응한다. 베르그송이 보는 고전 과학의 인식론적 근거는 이러한 인공의 영역에 있다. 유클리드-뉴턴 공간은 지속을 인위적으로 추상화하는 데에 그 발생론적 연원이 있다. 그러나 지속은 "과거가 미래를 잠식하고 불어나가면서 전진하는 연속"이다. 따라서 지속에서는 과거가 "한없이 보존되고, 한없이 증대된다." 현재는 "과거에 합류하고", 과거는 "현재에 기대어 있다." 현재에서의 행동에 관심이 있는 의식은 과거를 받아들이지 않으려 하지만, 지속에서의 현재는 과거의 추진력을 가지고 "의식의 문에 압력을 가하고" 있다.

그러나 베르그송이 보기에 행동의 기관인 "두뇌는 과거의 대부분을 무의식 속에 밀어 넣는다." 쇼펜하우어가 여우가 굴을 두 개 파듯이 두뇌가 인식과 행동에서 인과의 범주를 적용한다고 본 것처럼, 베르그송의 두뇌는 현재의 상황을 밝혀주거나 준비 중에 있는 행동을 도울 수 있다. 두뇌는 결과적으로 유용한 작업을 제공할 수 있는 것에 관심을 갖는다. 실용적 의식은 이 관심에 한정된다. 쇼펜하우어와 베르그송에게 지성은 동물의 의식의 연속선상에 있다. 그러나 무의식적인 과거는 '추진력과 경향성'을 가지고 우리의 영혼들의 성향과 함께 우리의 활동에 포함되어 있다.

우리의 인격은 인도철학과 불교가 그렇게 보았듯 두 차원으로 나누어진다. 쇼펜하우어는 인격을 실재적 의지와 연속된 '예지적 인격' 그리고 생활에서 드러나는 '경험적 인격'으로 나누었다. 이 구분을 베르그송 식으로 이해하면, 생명 진화의 모든 과거를 축적하고 있는 무의식과 연속된 측면이 예지적 인격에 해당할 것이다. 다만 베르그송은 경험적 인격에서 행동과 연관된 지성의 인위적 조작이 고체적 물질에 진화적으로 적응된 것이라고 보는 인식 비판을 수행했는데, 이 점이 쇼펜하우어와 다른 점이다.

베르그송의 인격은 과거를 축적하여 가지고 있으면서 현재에서도 경험을 축적하며 순간순간 형성해가는 과정에 있다. 이 지속의 과정은 시간의 화살처럼 방향성을 가지며 세밀한 차이들을 갖기에 반복 불가능성을 갖는다. 그것은 과학 법칙처럼 반복 가능성과 예측 가능성을 갖는 것이 아니라 불가역성과 불가분성을 갖는다. 지속에서는 순간순간이 "창시적 역사의 창시적 순간"이다. 순간은 창조이고 '예술가'이다. 존재한다(exist)의 의미는 '변화한다, 성숙한다, 창조한다'는 것이다. 베르그송의 이러한 인식 비판적 해명은 인성의 변형을 지향하는 윤리학이자 사실상 기하학과 물리학의 가능 조건을 분석해내는 비판적 과학 기초론이다.

그러나 이 기초론은 과학의 정당성과 합리성을 찾는 방식이 아니라, 그 한계를 드러냄으로써 질적으로 다른 종류의 경험의 차원을 지시하는 비판적 인식론이다. 차펙은 중간 크기의 거시적 경험만을 기준으로 미시적 경험을 무시하는 근대적 편견을 비판하고, 베르그송이 두 경험의 차원을 질적으로 다른 것으로 구분하는 혁신적 사고를 제시했다고 본다. 그에 의하면 베르그송은 비결정성을 갖는 미시적 심층 차원이 기하학적 이미지가 없는(imageless) 사고를 필요로 할 것임을 예고했다는 것이다.

그러나 베르그송의 지성 개념은 이러한 예고를 수용할 수 있는 여지를 갖기에는 너무 좁다. 그가 한정한 지성은 지나치게 근대과학적 범위에 얽매어 있다. 이 때문에 그 자신도 근대적 도식을 넘어서는 지성의 발전을 직관의 영역으로 여기게 할 수 있는 위험성을 인식하고, 이러한 오해를 막기 위해 지성과 직관의 지나친 이분법적 오해를 스스로 경계한 것으로 보인다. 사실 그를 읽는 독자들도 현대과학적 지성에 대한 적극적 논의가 거의 없는 채로 직관을 논하는 그의 태도가 과학에 대한 지성적 논의를 하는 것이 아니라 비합리주의적 직관을 주장하는 것이라고 보았다.

베르그송 사상이 비합리주의라는 해석은 이해이자 오해이기도 하다. 베르그송에 동조하는 화이트헤드(Alfred North Whitehead, 1861~1947)도 지속의 시간을 공간화하는 지성에 대한 베르그송의 비판을 추상적인 것을 구체적인 것으로 오인하는 오류, 즉 잘못 놓인 구체성의 오류(Fallacy of misplaced concreteness)의 한 사례를 지적한 것이라고 환영한다. 그러나 화이트헤드에 의하면 지성의 그러한 오류는 '우연한 과오'이지 지성에 "필연적으로 따르게 되는 해악"은 아니다.[58] 이 지적은 지성의 고체적

58 화이트헤드, 『과학과 근대세계*Science and the Modern World*』, 오영환 옮김, 서광사,

논리를 진화론적 과정의 필연적 귀결인 것처럼 보는 베르그송에 대한 비판이다. 사실 베르그송은 고체의 논리에 습관화된 지성을 발생론적으로 해명함으로써 그것의 형성과 해악이 과정상 필연적인 것처럼 주장했다.

그러나 화이트헤드의 견해와는 달리 베르그송이 보기에 고대 플라톤이 고체의 논리를 활용했을 만큼 지성의 그 특성은 뿌리가 깊다. 또한 차펙의 언급처럼 고체적 사고는 칸토어(Georg Cantor, 1845~1918)의 크기 없는 점들의 집합이라는 관념에도 그대로 나타나며, 피어슨(Keith Ansell Pearson)의 지적처럼 집합론뿐만 아니라 아인슈타인의 수리물리학에도 나타난다.[59] 지성의 고체적 논리는 현대과학에도 구현되어 있다. 또한 베르그송이 지성에 대해 초(超)-지성(Supra-intelligence), 극(極)-지성(Ultra-intelligence)을 언급하는 것은 현대과학의 지적 발전과 자신의 생명원리인 지속에 대한 견해가 서로 유익하게 상호 작용하면서 전개될 수 있다는 것을 암시한다. 이 점에서 그가 고체적 사고를 습관적 필연성인 듯 제시하는 것도 충분히 이해할 수는 있다. 인간은 운동을 고정시키는 방법이 아니고는 어떤 수학적 기술도 할 수 없기 때문이다.

지속을 그 자체로 이해하지 않고 고정된 부분들로 잘라 재결합함으로써 운동을 해석하는 지성의 논리는 고체적 논리이다. 이 논리는 시간을 공간화하는 습성에 기인한 것이다. 고체에 편안한 지성의 습관은 물질적 대상을 그 자체 변하지 않는 부분들로 구성되었다고 보고, 사물의 운동을 위치만 변화한 것으로 간주한다. 만일 부분이 변하려고 한다면 그것을 더 세분하면 된다. 이 과정은 분자, 원자, 미립자에 이르기까지, 변화할 수 없는 것에 도달할 때까지 분할하는 것이다. 분할하는 지성은 복합체가 "부분이 위치를 바꿈으로써 변화한다"고 생각한다. 따라서 사물은 역사가 없으며, 상태는 원하는 대로 반복 가능하다. 미래의 상태도 현재의 상태 속에 이미 존재한다. 이른바 지금(now)의 연속으로 운동을 환원

2008(1926), 94-96쪽.

59 K. A. Pearson, *Philosophy and the Adventure of the Virtual*, Routledge, 2002, pp.43-44.

하는 뉴턴의 과학 법칙은 시간의 가역성과 반복 가능성을 갖는다. 고립된 계(系)에 부여한 시간 t는 '일정한 수의 동시성'과 이에 대한 '일정한 수의 대응성(correspondence)'을 갖는다. 여기서는 잘라진 "윤곽과 모서리", 즉 양 끝이 중요하지 간격의 내부는 중요하지 않다. "과학과 상식은 간격의 극단에 위치한다." 과거 현재 미래는 단번에 공간 속에 펼쳐진다. 이러한 사고는 아인슈타인의 지적대로 순간에서의 무한 속도를 가정한다. 그리고 이미 포앙카레(Henri Poincaré, 1854~1912)는 그러한 기하학적 사고를 인간의 경험에 의해 인도된 무의식적 선택으로 상대화했다. 그에 의하면 지구상에 고체가 없었다면, 논리학의 대표였던 기하학은 있을 수 없었을 것이다.

베르그송은 그 고체적 성격에도 불구하고 물질계에도 유동적 지속이 있다고 한다. 설탕물을 마시기 위해서는 녹기를 기다려야 한다는, 그의 『창조적 진화』에 나오는 유명한 비유에서 기다리는 시간은 수학적 시간, 사유적 시간이 아니라 "체험된(lived) 시간"이다. 이 시간은 절대적인 것이지, 지성에 의해 구성된 표피적이고 상대적인 것이 아니다. 설탕의 용해 과정 전체는 우리의 내적 의식처럼 시간적 흐름의 성격을 갖는다. 쇼펜하우어가 내감의 의식에서 감지되는 의지로부터 이 의지가 외부 대상의 물 자체가 될 것이라고 유추하듯, 베르그송은 내성 심리학으로부터 자연철학으로 나아간다. 지속은 심리적 흐름이자 우주의 존재론적 본질이다.

그러나 베르그송이 과학적 인식을 하나의 '조작'으로 본다 하더라도, 그것이 물질 인식의 주관주의적 성격만을 주장하는 것은 아니다. 물질이 '분할 가능한 조직 체계를 형성하는 경향성'을 갖는다면, 그래서 기하학적으로 다룰 수 있는 것이라면, 과학적 조작은 전적으로 인위적인 것만은 아니다. 과학적 인식은 '객관적 근거'를 갖는다. 그것은 물질에 적응해온 인류의 생물학적 지성의 산물이다. 그러나 이러한 지성의 조작이 인간의 경험을 다 포괄하는 것도 아니며, 우주의 궁극에까지 미칠 수 있는 것도 아니다. 지성은 자신을 인식과 존재의 표준으로 보편화하고 싶어 하지만,

그것은 자신을 발생시킨 생명의 진화적 흐름 앞에서 난파한다.

시간적 지속은 우주 전체에 내재하고, 우주의 가장 작은 부분에까지 그 지속이 전해진다. 지속은 부분들의 전체와 연관된 선들을 따라서 전해진다. 우주는 지속한다. 지속은 지성과 현상적 사물들을 생성해낸다. 그것은 새로운 것을 다듬어내는 재단(elaboration)의 원리로서, 발명과 형태 창조의 과정이다. 생명은 이러한 과정에 있는데, 이것이 베르그송이 상태라기보다는 경향성(tendency)이라고 부르는 것의 의미이다. 형태 창조의 경향성은 개별화의 경향성이다. 그러나 물체들은 물리 화학 법칙에 종속하면서, 전체와 불가분의 관계를 맺고 있다. 물체들의 개별성은 보편적인 상호 교류의 작용 속에 용해된다. 이 상호 교류 작용이 실재 그 자체이다.

생명체들은 자연에 의해 분리되어 자기 안의 자율적 세계로 폐쇄되어 있다. 그러나 그들의 개체화 경향성은 생식에 의해 반격을 받는다. 생식은 이전의 기관에서 떨어져 나온 한 조각을 가지고 새로운 기관을 재구성한다. "개체성은 자기의 적을 집안에 두고 있다." 따라서 물체나 생명체의 경우 개체성에 관한 정의를 요구할 수 없다. 기하학에서나 적용되는 정의를 생물학적 개체성에 대해 요구하는 것 자체가 불합리하다. 우리 지각의 가위가 자르는 윤곽에도 불구하고, 인간을 포함한 생명체와 물체들은 근본적으로 개체성의 한계를 갖고 있지 않다. 실재 그 자체가 개별화의 경향성이면서 보편적 상호 교류의 경향성이기 때문이다. 생명의 경향성이 지닌 이 두 가지 측면에 개별성의 분화와 우주적 연대성이 놓여 있다.

개체와 우주의 평등한 소통성의 원리는 아시아적 사고에서 친숙한 것이었다. 생명 원리인 기(氣)와 자연과학을 조화시키는 것을 실학(實學)이라고 주장했던 홍대용(洪大容)은 『의산문답毉山問答』이라는 대화체의 글을 통해 경험과학적 정신의 윤리 · 정치적 의의를 분명히 했다. 그를 대변하는 '실옹(實翁)'은 세계에 대한 과학적 지식과 사회적 평등에 관심을 갖는 충실성의 방향에 살고자 한다. 이에 비해 세속을 내려다보는 초월을 지향하는 도덕적 개인주의자인 자허자(子虛子)는 자신의 방향이 정학(正學)이라고 주장한다. 그러나 정학은 실학을 사설(邪說)로 배제하고, 인(仁)을 권력의 도구로 삼으며, 명철[明]을 이익의 수단으로 삼는 '도술(道術)'에 불과한 것이다. 자허자는 허(虛)를 숭상하는 차별성의 노예이다. 실옹은 '만물을 스승으로 삼는' 관점을 하늘의 입장에서 세계를 보는 것으로 간주한다. 그는 만유에 내재하는 생명 원리인 기의 편재성에서 인간과 사물의 평등한 유대를 관조한다. 이를 기초로 그는 인간이나 물(物) 그리고 지구 중심적 편견을 벗어나 미물로부터 지구와 은하계에 이르는 과학적 지식을 추구함으로써 진정으로 인생에 유익함을 성취할 수 있다고 본다. 이러한 우주적 관점을 그는 다음과 같이 상징적으로 표현한다.

> 대저 땅이란 허계(虛界)의 활물(活物)이다. 흙은 그의 피부와 살이고, 물은 그의 정기와 피이며, 비와 이슬은 그의 눈물과 땀이고, 바람과 불은 그의 혼백이며 영위(榮衛, 신경계)이다. 이러므로 물과 흙은 안에서 빚어내고, 태양 화기는 밖에서 쪼이므로, 원기가 모여 온갖 물(物)을 생산시킨다. 풀과 나무는 땅의 모발(毛髮)이고, 사람과 짐승은 땅의 벼룩이며 이(虱)이다.
>
> 夫地者, 虛界之活物也. 土者其膚肉也, 水者其精血也, 雨露者其涕汗也, 風火者其魂魄榮衛也. 是以水土釀於內, 日火薰於外, 元氣湊集, 滋生衆物. 草木者地之毛髮也, 人獸者地之蚤蝨也.[60]

미세 곤충과 식물을 비롯한 만유는 인간과 함께 동일한 본질인 생명 원리의 표현이다. 우주는 인간과 함께 고향이 같으며, 하나의 '대도(大道)', 즉 우주 생태계 안에 있다. 자연과학은 이 안에서 이루어지며, 진정

---

60 洪大容, 「毉山問答」, 『湛軒書』 1, 고전국역총서, 민족문화추진회, 1974, 91쪽(번역 부분, 484쪽).

한 인(仁)은 이 대도에 대한 통찰에 의해 가능하다. 만일 홍대용이 진화 생물학적 지식을 획득했다면, 동학 계열의 사상가들이 그랬던 것처럼 생명체의 진화를 내재적 형이상학의 관점에서 해석함으로써 새로운 형태의 철학적 세계상을 전개했을 것이다.

베르그송의 우주는 진화 과정에 있는 유기체이다. 이 관점은 고정된 형태에 우선성을 부여하고, 지속을 존재로 격상된 형태(Form)의 타락[비존재]으로 보는 플라톤주의와는 반대된다. 베르그송의 지속은 차이를 창조하는 과정이자 보편적 소통의 실재이다. 이런 의미에서 지속은 통시적 시간성과 공시적 연대성이라는 두 가지 의미를 함의하고 있는 개념이라고 할 수 있다. 그리고 기하학적으로 다룰 수 있는 성질을 가진 물질은 지속의 산물이다. 그것은 지속의 창조적 긴장이 이완되고 수동적으로 타성화된 운동의 산물이다. 우주에는 두 가지 대립된 운동이 있다. 하나는 성장과 창조의 과정인 지속이다. 이것은 상승의 운동이다. 또 하나는 감은 태엽이 풀리고 준비된 두루마리가 펼쳐지듯 진행되는 기계론적 물질의 운동이다. 이것은 상승에 저항하는 하강의 운동이다. 그러나 존재는 혼돈으로 해체되려는 물질에 대한 저항적 투쟁이며 시듦에 대한 자라남이고 죽음에 대한 생성의 승리이다.

이상의 논의에서 볼 때 기계론이란 시간의 공간화를 전제한 것이며, 아무리 정밀도를 강화한다 하더라도 행동과 연관하여 사물의 윤곽을 잘라내는 상식적 지각의 연장선상에 있는 것이다. 기계론이 객관적으로 타당한 영역은 무기적이고 고체적인 물체들의 세계이다. 기계론이 그 이외의 영역에 적용되거나 실재 그 자체에 적용되면, 지속이 갖는 개별화의 창조적 과정과 우주적 연대성을 손상시키는 참월이 된다. 이러한 입장을 전제로 베르그송은 기계론을 무기체에 한정하고 무기체와 유기체의 특성들을 변별한다.

무기체의 경우 "현재는 과거 이상의 무엇을 포함하고 있지 않으며, 결과가 보여주는 것은 이미 원인 속에 들어 있었다." 고전 물리학의 기계론적 명제는 동일자 이외의 것을 보여주지 못한다. 이 기계론은 "시간에 활동성과 실재성을 부여하는 것을 비유적인 것으로 간주한다." 그러나 이러한 생각은 무기물의 수리물리학적 법칙을 그 한계를 넘어 적용한 것에서 온 것이다. 그 법칙은 운동을 다룬다고 하지만, 수학적 의미의 시간이 독립변수의 역할을 하는 미분 방정식으로 운동을 표시하는 것이다. 이러한 수학적 상징주의에서 현재 상태는 과거의 함수일 뿐이다. 계산은 창조적 과정을 다룰 수 없고, 오히려 '유기적 파괴의 현상'만을 다룬다.

유기체의 경우 '성장과 변형'이 변별적 요인이 된다. 단세포 유기체의 경우 하나가 다수가 된다. 복잡한 생물은 새로이 낳는 능력을 생식세포에 한정한다. 생물에게는 '개체성의 추구'가 있지만 어느 것이 개체인지 아닌지 명확히 선을 긋는 것은 불가능하다. 이것을 베르그송은 예를 들어 설명한다. 지렁이의 일종인 룸브리쿨루스(lumbriculus)는 동강난 조각이 머리를 형성하여 하나의 개체가 된다. 히드라의 조각들은 같은 수의 개체들이 된다. 바다섬게의 알들은 완전한 배자(胚子)들이 된다. 개체성은 있었으나 그 한계를 그을 수 없다. 생명체는 근대적 사고의 전형인 '객관적 물체(object)'로 볼 수 없다. 그것은 인간의 의식과 마찬가지로 "전 과거가 현재 속에 연장되고, 현재 속에 남아 있으며, 현실적이며 실현하고 있는" 지속을 본질적인 것으로 갖는다. 그것은 이전의 상태로 설명할 수 없다. 이런 의미에서 베르그송에 의하면 하나의 생명체가 갖는 지속은 물체와 비교하기보다 '우주 전체'와 비교하는 것이 나을 것이라고 한다. 우주 전체의 지속은 "절대적으로 새로운 것을 만들어내는 끊임없는 노력"을 의미하기 때문이다.

동일성의 반복과 사물의 인과관계의 필연성을 회의하고, 진정한 실재인 새로움을 창조하는 지속으로 철학의 방향과 관심을 돌리는 것은 철학사에서 베르그송의 독창적 착상은 아니다. 그의 기본적 관심과 사유의 틀은 이돈화도 알고 있었듯이 이미 그의 선배인 부트루(Émile Boutroux, 1845～1921)가 제시한 것이었다. 그는 『자연법칙의 우연성*La Contingence des Lois de la Nature*』(1874)에서 그 제목이 암시하듯 근대과학이 말하는 법칙 필연성을 그대로 수용한 근대철학, 특히 독일철학에 이의를 제기했다. 데카르트나 칸트에게서 나타나기 시작한 필연성의 옹호는 부트루가 보기에 그 자체로 인간 삶의 향상에 해로운 것이다. 근대 개념적 철학의 한계에 대한 그의 비판과 윤리 의식은 로스웰(Fred Rothwell)이 번역한 『자연법칙의 우연성*The Contingency of the Laws of Nature*』(1920)에 있는 부트루 자신이 직접 쓴 서문에 명확하게 나와 있다. 그에 의하면 자신의 사상의 주요 노선은 두 가지이다.

(1) "철학은 자연과 인생이라는 실재와의 직접적 접촉에 놓여 있어야 한다. 더욱이 이러한 실재들이 우리에게 제공하는 측면에 대해 우리가 갖고 있는 가장 분명하고 신뢰할 만한 심상들이 과학이기 때문에 철학은 과학에 근거해야 한다. 본질적으로 개념적인 철학을 살아 있고 실재에 의거하여 형성되는 철학으로 되돌려놓는 것이 나의 노력이었다." 부트루가 보기에 이전 선인의 개념들을 약간 새로운 방식으로 바꾸어 그것을 반복하는 독일철학은 실재와의 생생한 대면과 경험을 무시하는 것이다. 부트루의 이러한 주장은 과학의 성과와 대화하면서도 단순한 감각적 경험주의를 넘어서는 폭넓은 경험에 의거해서 철학적 개념을 기초지우려는 베르그송에게서 다시 나타난다.

(2) 근대철학의 세 가지 유형(관념론, 유물론, 이원론)의 공통점은 "자연 법칙들을 일련의 필연성으로 간주하고 모든 생명과 자유를 가상적인 것으로 만들도록 강제한다"는 것이다. 그러나 부트루에 의하면 그 법칙들은 "일차적 원리가 아니라 어떤 결과(result)"이다. 오히려 '생명, 감정, 자유'가 '진정하고 심원한 실재들'이다. "과학이 이해하는 상대적으로 불변적이고 일반적인 형식들은 이 실재들의 적합하지 못한 표현이다." 자연의 법칙들은 새로이 창조되어가는 단계에 따라 다르다. 법칙들은 모든 것에 대해 객관적 필연성을 갖는 것이 아니라 우연성을 갖는다. 이러한 주장은 근대 기계론적 법칙들을 실재적 시간의 공간화라는 사고 습관의 산물로 상대화하는 베르그송의 인식 비판에서 다시 나타난다.[61]

61 Émile Boutroux, *The Contingency of the Laws of Nature*, trans by Fred Rothwell, The

기계론적 법칙의 필연성을 부정하는 이들은 인간과 자연을 동태적 활동 과정으로 보고, 이를 무시하는 철학은 생의 실현을 저버리는 죽음의 길에 있다고 간주한다. 베르그송의 생명철학이 사랑과 자유의 열망을 전제하고 또 그것을 목적으로 갖고 있듯이, 부트루의 생명철학 역시 그렇다. 부트루에 의하면 "인간은 자연에 대해 활동할 수 있다. 왜냐하면 자연 그 자체는 조악한 힘이나 생명 없는 사유가 아니라 오히려 진실한 존재이며, 이 존재는 지금까지도 자신의 방식으로 존재하고, 발전하며, 스스로를 초월하려 하기 때문이다. 만일 자연 법칙들이 현실적으로 필연적이라면, 그것들은 죽음의 부동성과 경직성을 의미할 것이다. 만일 그것들이 우연적이라면, 그것들은 생을 존엄하게 할 것이며 우리를 보다 높은 삶으로 일으켜 세우는 지지점이나 토대를 형성할 것이다."[62]

부트루에 의하면 필연성은 인간의 오성(지성)이 부여한 것이지만, 경험의 일반화에서 귀결된 것이기 때문에 선천성(a priori)을 갖지 않는다. 오성은 '질적 이질성'을 갖는 생명이나 감정을 제거하고, 자신이 보고 싶은 것만을 보는 좁은 시야를 갖는다. 수학적인 추상적 구성이 문제이기에 감관의 참여 여부에도 관심이 없다. "오성이 과학에 자신의 필연적 관계의 범주를 부여할 때, 감관이 인식의 생산에 관여하는지 여부는, 적어도 이론적으로는 문제가 되지 않는다. 완전한 지성은 과학 전체를 자신으로부터 도출하려고 하거나, 어떻게 해서든지 요소들의 총체로 간주되는 단 하나의 사실에 관한 인식으로부터 과학 전체를 도출하려 할 것이다. 세계는 전적으로 단 하나의 전체, 즉 부분들이 서로를 필연적으로 필요로 하는 체계가 된다."[63]

이처럼 지성은 모든 것을 수학적 필연성의 관계로 환원한다. 이러한 환원주의는 무기물, 유기물, 생명체, 인류라는 우주의 각 층위가 갖는 고유한 법칙들을 배제하고, 자신의 관점을 무차별적이고 일관되게 적용한

Open Court Publishing Co, 1920, v－vii.

62 Émile Boutroux, 위의 책.

63 Émile Boutroux, 위의 책, p.5.

다. 세계는 필연적 관계들의 총체가 된다. 따라서 부트루는 사실상 우연적인 물질의 법칙들이 다른 층위의 법칙들에 대해서도 상대성과 우연성을 갖는다고 본다. 그리고 그는 근대과학 법칙들의 최후 근거로 생각되었던 물질이나 에너지 동일성의 법칙을 우연적인 것으로 보았다. 베르그송이 근대과학과 철학이 세계를 단번에 다 주어진 것으로 본다고 비판했을 때, 그 요지는 그러한 '단 하나의 총체성'이 여러 다른 층위의 존재들을 포괄할 수 없으며 창조되고 있는 새로움을 예측할 수 없다는 것이었다.

차펙은 이러한 관점에 대한 부트루의 대담한 예언이 무시되었으나, 베르그송이 그것을 홀로 실현했다고 보았다. 마하(Ernst Mach, 1838~1916)와 헬름홀츠(Hermann von Helmholtz, 1821~1894), 포앙카레는 그것에 접근하는 생물학적 인식론을 착상하거나 법칙의 반복적 동일성의 인식론적 권리를 의심하기도 했으나, 근대과학의 에너지 보존 법칙과 미시세계의 결정론적 질서를 믿었다. 이러한 태도는 현대 인식론이 과학에 대한 실재론적 해석과 상대론적 해석으로 나누어져 있기는 하지만, 인간의 삶과 자유의 문제에 대해서는 중립을 표방하면서도 과학의 발전과 그 논리를 사유의 표준 모델로 간주하는 것과 유사하다. 그들에게 철학은 단지 자본주의적 문명의 역사적 발달에 적응하여 생존한다는 실증주의적 인생관이 안전하게 유지되는 한에서 수행되는 전문 기술에 불과한 것이다. 그러한 철학은 구체적 삶과 그 의미에 대한 물음에서 소외된 현대인의 세계상실과 자기상실 안에서 움직인다.

그러나 생명체의 유기조직이나 응고된 지성의 가장자리에는 성운과 같은 생명 활동이 있다. 베르그송에 의하면 이것은 '몰래 숨어 들어온, 진화하는 원리의 일부분'이다. 윌리엄 제임스의 표현으로는 경쟁적 진화과정에서 '뒷문으로 들어온 것'이다. 그것은 우리 인간성의 한 부분으로서 심층에서 약동하는 '순수 의지'이다. 이 무형의 것이 '우리 사유의 지적 형식을 확장하기 위한 정보'의 원천이다. 우리가 "찾으러 가야 할 곳은 바로 거기다. 바로 거기서 우리는 우리 자신을 넘어서는 데에 필요한 약동(élan)을 길어낼 수 있을 것이다."[64] 약동인 시간은 이미지 없는 대상이다. 이에 대한 사유는 응고된 지성을 해방시키는 자유의 인도자이다. 시간인 생명은 인생을 전환시키는 하나의 '힘(force)'이다.[65]

이상의 논의에서 볼 때, 과학과의 적극적 대화는 생명과 우주에 관한 철학적 사변의 세계를 더욱 입체적이고 풍요롭게 하며, 자연철학적 사변에 과학성까지도 확보해줄 수 있을 것이다. 이제 과학은 거시세계에 대한 인식과 연관하여 심층의 미시 차원을 인식하려고 한다. 과학은 결코 상식으로는 상상할 수 없는 차원을 논의한다. 물리학은 전통 형이상학의 물음인 우주의 존재근거에 대한 문제에서도 철학을 제치고 나아가는 대담성을 보여주고 있다. 그것은 물질과 생명의 비밀에 접근하여 그 신비의 영역을 보게 함으로써 우리의 지적 양심을 자극하고 있다.

인류는 앞으로 지구와 같은 수많은 행성들의 발견과 그곳에 있을 생명체와의 만남을 앞두고 있다. 인류는 새로운 차원에서 생명의 우주적 진화에 대한 관심을 갖게 될 것이며, 우주에서 인간의 위치를 심원하게 사유할 의무에 부딪힐 것이다. 이에 따라 진정한 인간성과 가치관에 대한 물음이 자연철학의 문맥에서 다시 던져질 수 있다. 그리고 이제까지 투쟁적 인간관계의 산실이었던 사회를 변형하여 평등한 자유의 나라로 만들지 않으면, 우주에서의 존재의미를 인식하지 못하는 무지와 나태의 삶을 살게 되리라는 것을 엄중하게 깨닫는 시기를 맞이하게 될 것이다. 현대적 생성철학은 인간 자신에 대해서는 자각과 자유의 실현이라는 내적 성실성을 요구한다. 그리고 우주에 대해서는 무기물로부터 인간사회에 이르기까지 여러 차원에 대한 과학적 인식과 대화하는 충실성을 바탕으로 풍요로운 세계상을 구상할 것이다.

자연과 역사적 사회에 대한 관심은 인간의 자유에 대한 물음이 일어나는 장소이다. 이 물음은 어떤 무엇인가의 힘이 우리를 자연으로 이끌

---

64 H. Bergson, *L'évolution créatrice*, p.49(번역서, 92쪽).

65 Suzanne Guerlac, *Thinking in Time*, Cornell University Press, 2006, pp.1-3.

고 있다는 것에 대한 예감에 바탕한다. 자연과 분열된 인류는 우주적 전체와의 분열에서 오는 형용하기 어려운 양심의 불안을 겪고 있는 것으로 보인다. 현대 한국철학이 인생의 의미를 걸고 실천적 삶에 관여하고자 했으며 자연의 근원과 조율되는 데에서 자유를 발견하고자 한 것은, 생의 통일성으로서의 우주적 유대를 회복하고자 하는 충동의 분출일 것이다. 우리는 자신을 심원하게 반성할수록 자연이 잡아당기는 보이지 않는 끈이 있음을 예감할 수 있다. 이런 의미에서 헤겔의 다음과 같은 말은 우리를 자연으로 이끄는 힘을 갖는다.

> 우리는 자연을 하나의 수수께끼나 문제로서 우리 앞에서 발견한다. 우리는 그것을 해결하도록 내몰려지는 것을 느낌과 동시에 그것으로부터 떠밀려나가기도 한다. 당겨지는 것은 정신이 자연 속에서 자신을 예감하기 [때문]이다. 떠밀려나는 것은 정신이 그 속에서 자신을 발견하지 못하는 낯선 것으로부터이다. 그래서 아리스토텔레스는 철학은 경이로부터 시작한다고 말한다.[66]

자연은 그 존재의미에 관한 신비를 감추고 있는 것으로 인간의 정신에 나타난다. 존재의 근원에 대한 물음은 그러한 신비와 함께 일어난다. 그것은 인간이 자신의 연원에 대해 자연을 향해 묻는 것을 포함한다. 이에 따라 세계와 자신의 존재를 궁극의 수수께끼로 갖는 인간은 존재의 의미를 물을 수 있는 자신을 진정한 정신으로 이해하게 된다. 그러나 그 정신은 자연의 밖에서 주어지는 것이 아니라, 자연의 창조적 전개의 산물로서 자연과 내재적 연속성을 갖는 존재로 통찰될 수 있다.

현대 한국철학의 여명기에 생성의 철학은 무극(無極)의 창조적 활력이 무수한 다양의 방식으로 응결하여 만상으로 펼쳐졌다는 세계상을 전제로, 상실된 세계를 회복하고 평등한 자유를 실현하고자 했다. 만유와 함

---

66 헤겔, 『헤겔자연철학』, 박병기 옮김, 나남, 2008, 22쪽.

께 인간은 무극에 연원하는 존재이다. 그는 정신의 자기수렴 운동을 통해 연대기적 역사 시간을 넘어서 영원을 체현하는 존재가 된다. 정신의 이러한 자기 고양으로부터 자연을 보편적 생명으로 긍정하는 우주적 윤리가 선언되었다. 이돈화와 김기전의 〈대지(大地)의 철학 선언〉은 영원을 역사에 개입시키는 삶의 양식을 자신들의 실존적 가능성으로 선택하는 결의였다. 그러나 그들의 현실은 생명에 대한 부정으로 가득 찬 것이었기에 대지의 철학은 변혁의 철학이 되었다.

자연에 대한 긍정의 정신은 자신을 부정하는 역사적 권력을 만나 그 역사적 힘을 부정하는 변증법적 의지가 되었다. 그리고 이 변증법적 의지는 권력의 시대에 맞서 일어서는 생기(生起)의 때[時]를 진실이 드러나는 결정적 시간으로 이해했다. 생성의 철학은 영원의 철학이지만, 윤리 · 정치적 지평을 가지고 역사적 희망의 시간에 참여하는 삶을 자신의 본질적 부분으로 갖는다.

5. 수렴(收斂)과 발산(發散)

인간을 포함한 개체들의 근저에 우주적 연속성이라는 성운(星雲)이 있다는 생성철학의 암시는 '영원의 상하'(스피노자)에서 보든 '지속의 상하'(베르그송)에서 보든 거의 동일한 것이다. 이 성운에 대한 접근은 기존의 삶의 방식에 대한 반성적 성찰을 요청한다. 이러한 성찰은 심층적인 우주적 연속성에 대한 예감을 내적으로 보존하려는 노력을 필요로 한다. 내면에서 우주적 진실을 보존하려는 노력은 그 진실에 적합한 윤리 · 정치적 행동이 요구되는 역사 · 사회적 지평을 갖는다. 미래 지향적 역동성[動]과 무 혹은 무극을 향한 내적 수렴에서 오는 심성의 고요[靜], 이 양자의 통일적 실현은 생성의 철학이 제시하는 삶의 양식이 된다.

내외의 통일적 삶의 양식을 모색하는 철학은 기존의 철학과 인간성에 대한 이해를 달리할 필요성에 직면한다. 그것은 제2차 세계대전 이후 신

자유주의의 극성기에 이르기까지 철학들이 소홀히 다루었던 것이다. 이들은 미래의 무궁무진한 과학적 지식의 가능성에 매료되어 낙관주의적 지식론에 의존하거나, 반대로 내면적 실존에서 삶의 가능성을 모색했다. 이러한 분열은 내적 수렴과 외적 발산을 균형 있게 연결하는 방향을 무시했다. 이러한 경향은 새로운 상품과 정보 기술 개발이 야기한 사회적 소동과 함께, 철학에 대한 서양 중심주의적 편견에 의해 더욱 강화되었다. 진화적 발전에 대한 변증법적 해석과 차이론적 해석, 실용주의적 해석은 차이의 생산을 동적 삶의 징표로 간주했다. 이들은 아시아적 사유를 정체된 것으로 보는 헤겔주의적 관점을 여러 형태로 표현했다. 19세기 말 중국의 엄복(嚴復, 1853~1921)이 노자의 무(無)를 정태적 사고의 표본으로 간주한 이래, 아시아의 현대적 지식인들도 퇴화에 대한 강박관념 때문에 새로운 것을 미래 지향적 활동과 연관하여 강조했다. 아시아적 자유주의와 사회주의 노선의 사상들은 동적 활동과 새로움의 창조를 우주와 역사의 존재론적 질서이자 윤리적 선의 특징으로 신뢰했다.

이러한 현대적 흐름들은 정태적 철학이 갖는 비역사적 사고의 단점을 극복하는 효과를 거두었다. 그러나 내적 성실성과 외적 충실성의 연결을 추구하는 관점에서 보면 그러한 흐름들은 지나치게 외향적 측면으로 나아간 것이 될 것이다. 과도한 동태적 사고는 인간이 자기 자신의 존재를 내적으로 문제 삼는 존재임을 간과하게 한다. 자신의 존재를 문제 삼는다는 것은 자신의 소유물과 함께 자신의 존재를 무의 공허 속에 띄운다는 것을 의미한다. 인간은 자신의 존재를 문제 삼아 무를 근거로 해서 존재를 생각한다.

아시아인들은 노장사상과 불교를 통해 이러한 무에 친숙한 전통을 갖고 있다. 동학의 무극대도, 대종교의 정무동유(靜無動有)의 구조를 갖는 위대한 영혼(한얼)은 '유(有)의 극치에서 무(無)를 만나는'(박종홍) 정신의 내적 수렴운동에 기초한 것이었다. 그러나 내적 수렴이 역사적 사회에 대한 무관심에 의해 외적 발산의 작용으로 나오는 활력을 갖지 못하고 내부에 갇히게 되면, 그것은 혁신성을 갖지 못하는 보수적 사상운동이 될 것이다. 초기의 현대 한국철학은 수렴과 발산의 결합을 역사적 저항의 문맥에서 성취하고자 했다. 수렴과 발산의 결합 가능성의 문제가 철학적 사유의 본질이었다.

생명체뿐만 아니라 마음의 본성을 동(動)과 정(靜)의 조화에서 보는 관점은 이학(理學)의 전통에서 가장 핵심적인 요소였다. 이 요소는 공자(孔子)가 그 단초를 제시했다. 그에 의하면 "지혜로운 자는 움직이고, 어진 자는 안정되어 있다[知者動, 仁者靜]." 동적인 것은 강과 바다의 물(水)로 상징되고 안정적인 것은 높은 산악(山)으로 상징된다. 따라서 "지자는 물을 좋아하고, 어진 자는 산을 좋아한다[知者樂水, 仁者樂山]." "어진 자는 근심하지 않는다[仁者不憂]"는 말이 암시하듯, 공자는 심정의 불안정성을 덕(德)을 붕괴시키는 약점으로 보고, 포용과 관대의 덕을 심화하는 데에서 심정의 즐거움(樂)과 그 밖의 다른 덕들의 심적 기초를 발견한다.[67] 관인(寬仁)은 심적 안정성과 항상성을 유지해주는 덕들 중의 덕이다. 주희(朱熹)의 표현에 따르자면 인(仁)은 "인심의 온전한 덕이다[人心之全德]." 인은 여타의 덕들을 떠받들고 있는 치솟은 산악의 정중(靜重)한 기상(氣象)이다. 이 기상 위에 사물의 변동을 인식하는 지적 활동성이 펼쳐진다. 지식은 덕의 일종이며, 사상적 논의에서 우선성을 가져서는 안 되는 것이었다.

이러한 윤리적 문맥에서 제기된 동과 정의 문제는 송대의 주렴계(周濂溪, 1017~1073) 이후 우주와 인생에 대한 존재론적 문맥으로 확대되어 논의된다. 이 논의는 1920년대 중국의 동태적인 과학적 실험의 방법을 주장하는 사람들이 현학(玄學, 신비주의)으로 비판했던 『주역周易』, 노장(老莊), 불교의 영향 아래 이루어졌다. 주렴계의 『통서通書』「동정動靜」에 의하면 "움직이면서도 움직임이 없고, 고요하면서도 고요함이 없는 것이 (본래적) 생명의 기능이다[動而無動, 靜而無靜, 神也]." 우주는 하나의 소통체계를 가진 유기적 생명체로서, 본질적 차원에서는 "움직임 가

67 「雍也」, 『論語』.

운데 고요함이 있고, 고요함 가운데 움직임이 있다[動中有靜, 靜中有動].” 우주는 무극이 동정의 출렁이는 운동 방식(태극)으로 자신을 표현함으로써 인류와 동식물 및 광물을 생산한다.

정자에 의하면 “부단한 생산의 작용이 신(神, 造化의 작용)이다[生生之用則神也].” [68] 따라서 고요함도 일종의 운동이며, 단적인 정지가 아니다. 고요함으로의 수렴운동과 동적인 발산운동의 ‘착종순환(錯綜循環)’에 의해 삼라만상이 전개된다. 현상적 측면에서 보면 사물들은 움직임과 고요의 어느 한 편으로 치우칠 수 있지만, 본질적 차원에서는 움직임과 고요의 상호보완적 조화의 운동이 만유를 하나의 소통체계로 만든다. 그러므로 “사물은 소통하지 못하지만, 생명의 운동은 만물을 자유로이 소통시킨다[物則不通, 神妙萬物].”

정자는 이 사상을 계승하여 다음과 같이 말한다. “우리의 마음을 우주적 생명성[性]에 일치시키는 방법[道]으로 성(性)에 소통하게 하면, 어찌 유한한 한계가 있겠는가? 천하에 성(性) 밖의 사물은 결코 없다[苟能通之以道, 又豈有限量, 天下更無性外之物].”[69] 우주의 생성 과정과의 심원한 일치의 경험에서 우주적 연대성과 소통성이 경험된다. 이러한 감응적 소통이 학문의 목적인 바, 주객 분열의 생활은 집착의 삶이다. “학(學)은 모름지기 우주적으로 소통[通]해야 한다. 이와 같을 수 없다면 집착이고 전락이다[學須是通, 不得如此執泥].” [70] 주희는 이러한 조화의 소통운동을 펼치는 생명 원리를 형이상의 원리[形而上之理]로 명시했다.[71] 이 원리가 인간과 만유에 관류하여 각 개체의 본연의 성품[本然之性]으로 내재한다. 그는 고요함이 움직임을 가능하게 하는 근거라고 보는 주렴계의 정신에 따라 고요함을 동정 순환운동의 본체로 보았다.

고요함을 내면의 심층적 차원에 있는 본체로 보는 이들의 관점은 동

---

68 程子, 「二程集」, 『遺書』 卷11, 中華書局, 1981.

69 정자, 위의 책, 권18.

70 정자, 위의 책.

71 周濂溪, 「動靜」, 『通書』 16; 朱熹, 『通書解』, 김상래 · 권정안 역주, 청계, 2000, 188쪽.

정의 조화운동 이외에 다시 제3의 정(靜)의 본체를 설정하여 "정을 주로 하는[主靜]" 정적주의로 빠질 가능성을 열게 되었다. 이 점이 명말청초의 왕부지(王夫之, 호는 선산(船山))와 유종주(劉宗周, 호는 즙산(蕺山)), 황종희(黃宗羲, 호는 이주(梨洲)) 등에 의해 비판되었다. 그들은 정적주의적 이학이 활발한 현실참여의 길을 약화시켜 체용합일(體用合一)의 구도를 파괴하는 것으로 보았다. 명말청초의 철학은 명조의 멸망 과정에서 오는 절실한 실천적 요구 때문에 동적 활동과 실사구시(實事求是)적 인식의 중요성을 크게 부각시켰다. 그들은 "백성의 의를 구하는 데에 힘쓰는[務民之義]" 길과 "인자불우(仁者不憂)"의 길을 종합하는 공자의 정신을 기학적(氣學的) 이학의 문맥에서 활성화하고자 했다.[72] 그러나 이러한 활성화도 송대 이학이 제기한 동정의 연결 문제를 수정, 계승하여 발전시킨 것이다.

내외의 통일성을 지향하지 않는 인격은 위선적 분열이거나 불안정성을 의미할 것이다. 유종주는 내외의 통일을 성취하기 위해서 기존 이학이 의지[意]를 외부와의 연관에서 발동하는 심의 발현[心之所發]으로 정의한 것을 수정한다. 그에 의하면 의지는 "내적 마음이 있는 곳[心之所存]"이다. 그는 인간의 마음을 사심에 규정되어 있는 인심(人心)과 도의심인 도심(道心)으로 양분하는 전통을 수정하여, '인간의 마음[人心]'으로 통일하려는 경향을 보인다. 의지는 공적인 도의를 지향하는 선의지로서 인간의 마음에 근원하고 있다. 이 의지가 마음에 내재적으로 관류하는 생명원리를 외부로 실현한다. 의지는 향내적으로 자기수양을 하여 자신의 심층에서 흐르는 우주적 흐름을 직관한다. 동시에 의지는 외부로 발산하려는 생명의 흐름을 자신을 통해 현실에 표출한다. 유종주는 향내(向內)와 향외(向外)라는 표현을 사용하여 의지의 두 방향을 지시한다. 그러나 의지는 그 두 차원을 통일적으로 연결하는 동정합일의 원리로 기능한다.

---

72 「雍也」, 『論語』: "번지(樊遲)가 지(知)에 대해 묻자, 공자는 백성의 의에 힘쓰고, 귀신(조상신과 자연신들)을 경외하되 멀리 하면 '지'라 할 수 있다(務民之義, 敬鬼神而遠之, 可謂知矣)."고 했다.

또한 의지는 심층적 생명 원리를 통찰하는 인식 능력과 분리되지 않는다. 의지는 마음의 본질적 능력이기에 마음 자신 안에서 출렁거리는 생명 원리를 체인한다는 것이다. 의지는 향내적 노력[靜의 방향]에 의해 심지본체(心之本體)로 수렴하여 우주의 생명 원리를 통찰, 보존하고 향외적 노력[動의 방향]에 의해 우주생명의 발산의 활력을 현실에 표현한다. 의지는 우주적 심성이 감정과 활동을 통해 발현되는 심성의 일원적 구조를 구성한다.[73]

황종희는 본체와 발용, 수렴과 발산의 유기적 종합이라는 이러한 유종주의 관점을 계승한다. 이들은 모두 "동(動) 가운데 정하고, 정(靜) 가운데 동한다[動中靜, 靜中動, 주희(朱熹)]"라는 송대 이학의 이념을 행동주의적 문맥에서 강조한 왕양명의 노력에 자극받았다. 심성과 실천을 일원적 구조로 형성하려는 황종희는 형이상의 이[形而上之理]와 형이하의 기[形而下之氣]를 이원화하는 주희의 초월적 경향을 비판한다. 그는 태극을 유기체로서의 만물 전체를 의미하는 이름에 불과한 '만물의 전체적 이름[萬物之總名]'으로 간주한다. 이러한 주장은 태극을 우주 내부에서 진동하는 내재적 원리로 보고, 주희가 말했던 태극의 내재성은 살리면서 그 초월성은 잘라버리는 자신의 입장을 분명히 하려는 의도이다. 이러한 의미에서 유술선(劉述先)이 유종주와 황종희의 사상을 '내재 일원론'으로 규정한 것은 일리가 있다.[74] 이들은 인간적 삶의 양식이 인격의 고결성(integrity)을 이루기 위해서는 의지가 그 통일의 원리여야 한다는 이학적 주의주의(主意主義, voluntarism) 노선을 창안했다고 할 수 있을 것이다.

의지적 주체성을 강조하는 유종주와 황종희의 사상은 향내적 폐쇄성에 안주함으로써 백성의 의[民之義]와 외부 사물에 대한 과학적 인식[格

73 劉宗周, 「子劉子行狀」, 『劉宗周全集』 卷5, 中國文哲硏究所叢刊, 1997: 이런 맥락에서 유종주는 정(靜)할 때에 존양(存養)하고 동(動)할 때에 상찰(省察)한다는 주희의 이원적 수양 방법을 수정하여 의지를 통한 신독(愼獨, 홀로 있을 때 근신함)에 해당하는 향내적 정존(靜存)의 방법만을 결정적 방법으로 제시하기도 한다. 이 문맥에서는 향내적 의지가 사심을 극복하는 작용을 겸하기에 사심의 발동을 성찰할 필요가 없는 것이 된다.

74 劉述先, 「重訪黃宗羲」, 『黃宗羲心學的定位』, 浙江古籍出版, 2006, pp.1-3.

致]을 폐기하는 경향성을 의식적으로 막으려는 동기에서 나온 것이다. 그들은 황제와 정부의 폭정을 비난했는데, 황종희는 천하가 천하의 소유[天下之天下]라는 천하의 자기 귀속성과 공천하(公天下)의 원리에 따라 중국의 군주정을 맹렬히 비난했다. 그러나 이러한 실천적 개입도 동정합일의 원리를 사상적 이념으로 전제하는 조건 하에서 가능한 것이었다. 향내적 수렴은 마음의 안정적 항상성을 유지하기 위한 필수 조건이다. 이 맥락에서 유종주와 황종희는 송명이학의 심성의 안정성이 갖는 두 가지 속성을 계승한다. 하나는 심성의 자유와 쾌활성이며, 다른 하나는 만유와의 수평적 소통성이다. 이 두 측면이 이학적 교양을 가진 최시형(崔時亨)과 동학 계열의 사상 및 대종교 사상에서 저항성과 연계하여 나타났다.

송대 이학사에서 맹자는 현인으로, 안회(顔回)는 아성(亞聖)으로 칭송되었다. 안회는 "한 그릇의 밥과 한 표주박의 마실 것으로 빈민굴에 살면서, 다른 사람은 그 근심을 감당하지 못할 것인데도 그 즐거움을 바꾸지 않았다[一簞食一瓢飮, 在陋巷, 人不堪其憂, 而不改其樂]."[75] 송대 이학은 활동성과 안정성[動靜]의 조화를 실현한 공자의 인격을 이념으로 삼았다. 자유와 즐거움을 향유하는 안회의 품성은 바로 이 이념의 내면적 요소로 편입되었다. 공자와 안회가 즐거워한 것[孔顔樂處]이 무엇인가는 과거 시험문제로 출제될 정도로 이학의 주요 관심사였다. 정자(程子)는 그러한 즐거움을 우주의 생성 과정에 밀착하여 생명의 자생성을 향유하고 음미하는 함영[涵泳, 침잠하여 헤엄침]으로 보았다. 이 함영이 자연을 정관(靜觀)하는 심성의 근본 태도이다.

이러한 우주적 심정에서 자유와 기쁨 및 만유와의 수평적 소통성이 체인된다. 그에 의하면 "사람이 천지 사이에서 조금도 폐쇄와 장애가 없으면 매우 크게 쾌활할 것이다[人於天地間, 竝無窒碍處, 大小大快活]."[76] "이 몸을 가져와 만물 가운데 놓고 동일하게 보면 매우 크게 쾌활할 것이다

75 「雍也」, 『論語』.

76 程子, 「二程集」, 『遺書』 卷15, 中華書局, 1981.

[將這身來, 放在萬物中, 一例看, 大小大快活].” 이에 대해 주희는 다음과 같이 주해한다. “이 도리는 천지 사이에서 곧 바로 탐구해 들어가야 한다. 지극히 섬세하고 지극히 상세한 것까지 충분히 투철하게 통찰하여 끝까지 다하게 되면 만물과 하나가 되어[與萬物爲一] 폐쇄와 장애가 없어 심정이 평안해질 것이다. 어찌 즐겁지 않겠는가[這道理, 在天地間, 須是直窮到底, 至纖至悉, 十分透徹, 無有不盡, 則與萬物爲一, 無所窒碍, 胸中泰然, 豈有不樂].”[77] 주객대립이 해체되어 “가슴 속이 시원하게 확 트이는[胸中廓然]” 주희가 보기에 이러한 경지는 세밀한 영역에 이르기까지 지적 탐구[窮理]를 수행한 이후에 총괄적 종합의 단계에서 성취되는 것이다. 그러한 궁극의 의미세계는 수직적 위계와 주객분리의 고착성을 부정하고, 무극(無極)에 일치해가는 장자(莊子)의 삶의 방식을 유가적 맥락에서 변형한 것이다. 장자의 초인[至人, 지고의 인간]은 무극의 관점에서 “천지와 나는 함께 살고, 만물과 내가 하나가 되는[天地與我竝生, 萬物與我爲一]” 우주적 기쁨[天樂]을 향유한다.[78]

이학은 만유와의 수평적 유대를 마음의 고요한 안정성의 핵심 요건으로 보았다. 그러나 이학은 씨족적 종족 제도[宗法]가 갖는 수직적 계보의 압력을 현실적 가치로 인정함으로써 수평적 소통을 내면의 차원에서 경험되는 것으로 한정하게 되었다. 이 때문에 수평적 소통은 한가한 귀족적 지식인들의 관념적 자기만족이거나 상류사회의 예술 활동에서나 나타날 수 있는 것이 되었다. 만유와의 수평적 소통은 구체적 사회 영역에서는 실질적으로 적용될 수 없었다. 그러나 그것은 그 후 개혁 지식인들의 전통에서는 위계적 사회질서의 관념이 주는 한계 안에서도 정치적 참여 활동에 활력을 부여하는 주체적 요인으로 작용할 수 있었다.

명말청초의 내재주의적 이학은 내적 수렴과 외적 발산을 유기적으로 결합하는 실천적 인간상을 보여줄 수 있었다. 19세기 말 강유위(康有爲)

---

77 朱熹, 『通書解』, 김상래 · 권정안 역주, 청계, 2000, 228쪽.

78 「齊物論」, 『莊子』.

와 담사동(譚嗣同)은 내면에서 자각된 평등한 소통성을 정치·사회적 관계를 새로이 조직하는 원리로 부각시킬 수 있었다. 동학 계열의 사상과 대종교의 해학 이기(海鶴 李沂), 신채호와 박은식 같은 민권 평등사상에서도 우주적 소통성의 원리가 새로운 사회 구성의 원리로 작용하고 있었다.

이상의 논의에서 볼 때, 수렴과 발산의 종합이라는 이념은 자연에 대한 인간의 조작적 지배 관계를 배제하고 자연과 인간의 연속성을 자각하는 데에서 자유와 기쁨을 향유하는 사상을 낳았다. 이 사상은 생성의 철학이 발전적 방향으로 사유하지 않을 수 없는 의미를 갖고 있다. 아시아인들을 옥죄고 있었던 종족주의와 권력의 우상, 그리고 이 유습을 유지한 채로 받아들인 지나친 생산력주의와 과학주의는 아시아의 문제를 넘어서 이미 21세기 인류의 어두운 문제가 되었다. 자유와 수평적 소통의 문제는 회상적 사유를 통해 과거로부터 배울 수도 있지만 이제는 현대적 문맥에서도 새로운 사유의 과제이다. 이 과제가 절박한 것으로 다가오지 않는다면, 아마도 인류는 과학적 종족으로 진화하여 우주선에 갇힌 채 방사능이 가득한 허공을 떠돌게 되었을 때에야 비로소 그 문제의 해결이 중요했음을 깨닫게 될지 모른다.

미생물학자 마굴리스(Lynn Margulis, 1938～2011)는 기존 진화론이 부추긴 미신, 즉 인간이 진화사의 정점에 있는 가장 우수한 종이라는 미신을 파괴한다. 인간은 미생물들의 공생체로부터 진화하여 약 1만조의 동물세포로 이루어져 있으며 약 10만 조(100,000,000,000,000,000)의 박테리아 세포를 지니고 있다. 그리고 인간은 미생물권이라는 생물권과 분리되어서는 한 순간도 생존할 수 없다. 마굴리스는 미생물 박테리아의 성(性)을 연구하여 그들의 수평적 소통의 능력을 양성생식 기술을 가진 거대 생물의 수직적 소통의 능력과 대비시킨다.

> 생물이 진핵세포로의 길을 걸어가면서 생물체는 얼마나 제한적이고 완고하게 되었던가! 우리는 거대한 몸체, 풍족한 에너지, 그리고 정교한 동

> 작 등을 즐길 수 있는 대신 유전적 융통성을 잃어버렸다. 이제 유전인자의 교환은 생식 기간 동안에만 가능해져서 우리는 우리의 종(種), 개체, 그리고 세대에 고착되고 말았다. 전문용어로 표현하자면, 우리는 유전인자를 '수직적'으로-세대를 통하여-전달하는 반면에, 원핵생물들은 '수평적'으로-같은 세대에서 그들의 이웃 세포들에게-전달한다고 말할 수 있다. 그 결과 유전적으로 융통성이 있는 박테리아는 기능적으로 불멸의 존재로 되었으며, 진핵세포에 있어서의 성(性)은 죽음과 연결되어졌다. [……] 유전인자를 공유할 수 있음으로써 박테리아들은 주어진 조건에서 최대의 성공을 거둘 수 있었으며, 따라서 동물과 식물을 포함하는 모든 생물체들을 최대로 번성시켰다. 또 그들은 모든 생물학적 순환과정을 가속시켰다. 박테리아 집단은 그들의 도움이 없이는 생존이나 진화가 불가능한 동식물들과 제휴함으로써 완전한 범지구적 조절시스템을 구성하였다.[79]

유전인자를 공유함으로써 박테리아는 다른 생명체의 기초적 환경이 되었다. 박테리아 집단의 수평적 유대는 자신들 전체를 하나의 개체로 형성했다. 그 전체 집단은 '범지구적 박테리아 초생물체'가 되었다. 그 범지구적 규모의 정보 통신망은 어떤 동물의 두뇌보다도 훨씬 많은 기본 정보를 처리하는 거대 컴퓨터의 역할을 한다. 범지구적 초생명체는 '거대한 데이터 뱅크'와 같다.[80]

마굴리스의 전체적(holistic) 관계론은 자연을 객관으로 표상하고 자신은 보편적 주관으로 표상하는 인식론의 허영을 회의하게 한다. 인식적 관계에 우선성을 부여하는 서양 근대의 인식론은 주관을 마치 세계 밖에서 세계를 대상으로 삼는 우월성을 지닌 보편적 주관성으로 본다. 과학과 논리의 객관성도 그러한 보편적 주관성을 기초로 전제한다. 인간 종에 부여한 인식적 우월성을 자부하는 습관은 우주와의 수평적 관계에 의

79 마굴리스, 『마이크로 코스모스』, 홍욱희 옮김, 범양사, 1987, 95-97쪽.

80 마굴리스, 앞의 책.

거한 우주적 연대성의 의의를 몰각하게 했다. 그러한 습관은 인간의 자기 이해에 있어서도 의식적 지성에다 우월성을 부여하여, 무기물과 미생물체에 연원하는 무의식의 방대한 심층 영역 및 이와 연관된 인간의 자연사적 위치를 음미하지 못하게 했다.

다윈주의는 적자생존과 자연선택을 통해 인간 개체나 사회가 다른 생명 집단과 경쟁하여 승리한다고 말한다. 그러나 현대 생물학은 그것을 다윈주의를 인간 중심적 편견이자 무지로 보는 방향으로 나아가고 있다. 다윈주의적 진화론은 이미 그 태생부터 자유주의적 경쟁주의 정치학을 자연에 적용했다. 이러한 진화 법칙은 인간을 전체적 유대에서 일탈시킴으로써 결국 환경 공간을 파괴하여 스스로의 생존을 붕괴시킬 것이다. 베이트슨(Gregory Bateson)은 환경과 유기체를 함께 고려하는 융통성을 진화의 단위로 보는 관점에서 다음과 같이 말한다.

> 오늘날에는 단위에 대한 더 많은 수정이 필요하다. 융통성 있는 유기체와 함께 융통성 있는 환경 또한 반드시 포함되어야 한다. 왜냐하면 내가 이미 언급했듯이 자신의 환경을 파괴하는 유기체는 자신을 파괴하기 때문이다. 생존의 단위는 융통성 있는 '자기 환경 내의 유기체'다. [……] 이 세상에는 서구의 인식론적 오류에서 자라난 많은 파국적 위험들이 있다는 사실은 오늘날 많은 사람들에게 분명해 보인다. 인간과 인간의 생태계에 대한 이 크나큰 위협의 집적은 깊고 어느 정도 무의식인 수준에서 우리의 사고 습관에 생기는 오류라고 나는 확신한다. [……] 그리고 세상에는 아직도 건전한 부분들이 남아 있다. 대부분의 동양철학은 서양이 낳은 그 어떤 것보다도 더 건전하며, 우리 젊은 세대의 표현하기 힘든 어떤 노력들은 체제의 관행보다 더 건전하다.[81]

81 베이트슨(G. Bateson), 『마음의 생태학*Steps to an Ecology of Mind*』, 박대식 옮김, 책세상, 2006, 680-731쪽.

인도의 붓다는 인류의 자아집착과 대상집착을 불행의 원천으로 보고, 집착 없음[無]을 진정한 기쁨의 삶으로 가는 전환적 계기로 보았다. 이러한 무의 사상은 서양의 인간 종족주의적 편견의 파국적 귀결 앞에서 그 심각성만큼이나 급박하게 다시 회상되어야 한다. 새로운 생성철학은 우주와 인간의 연속성과 만유의 평등성을 자신의 주요한 원리로 수용할 것이다. 자연과 인간은 하나의 연동체계(連動體系) 속에서 살며, 이러한 삶의 양식에서 자유를 추구한다. 앞 장에서 논의한 라이프니츠와 베르그송의 유기체 철학이 현대 철학에 기여할 수 있는 것이 바로 이 점이다.

베르그송은 광대한 전체성으로 융해하고자 하는 노력을 강조한다. 라이프니츠는 신학적 문맥 속에서도 개체들의 전체적 소통 관계와 수평적 조화(調和, harmony)를 철학적 사유의 기본 원리로 삼는다. 수직적 위계에 의거한 배타적 관계보다는 반대적인 것들의 포괄적 접속을 중시하는 그들의 사상은 동양의 수렴과 발산, 동정합일의 원리와 연계하여 새로운 생성의 철학으로 형성될 수 있을 것이다. 이미 라이프니츠는 주희의 유기체 철학을 자신의 철학과 동일시했으며, 쇼펜하우어와 베르그송은 우주적 연대성을 체현한 동양의 현자들을 높이 평가했다. 러셀이 현상의 인과적 사건에 한정된 과학적 지성을 넘어 서양이 배워야 할 것으로 제시한 '동양의 지혜'도 그런 것이었다.

우주와의 연동성을 자각한 인간의 마음은 자신의 심층적 차원에 무궁한 과거로부터의 생기(生機)의 흐름이 기억으로 잠재되어 있음을 알게 된다. 현재의 의식적 자아와 이 자아가 경험하는 세계는 그러한 잠재적 원리의 일시적 표현에 불과하다. 그리고 생기의 흐름과 그 창조적 표현 작용은 시간상으로 무궁하고 공간상으로 무한하게 드넓어진 마음 안에서 느껴진다. 이러한 마음이 정(靜)의 상태에서 생기의 흐름을 자신의 본래적 본성[性]으로 자각하고, 그 본성의 창조적 전개 활동인 동(動)을 진정한 심성(心性)의 활동성으로 이해한다. 잠재성과 이것의 실현인 현실성은 하나의 원융한 연동체계를 형성한다.

이학사(理學史)에 지속적 영감으로 작용해온 이 사상적 계기를 37세

(乾道 2년, 1166)의 주희는 다음의 시(詩)로 제시했다. 이 시는 퇴계 이황(退溪 李滉)의 내면세계를 구성하는 것이었으며, 도산서원(陶山書院)의 앞마당에 새겨져 있다. 그것은 마음의 정존(靜存) 보다는 생성의 활력과 연동하는 측면을 강조하는 40세 이전의 주희의 입장을 나타내는 것으로 활용되어왔지만, 그의 사상의 생성론적 측면을 추동하는 영감의 원천이었다.

반 이랑 네모난 연못이 하나의 거울로 열려 있는데,
밝은 하늘과 구름 그림자 함께 잠겨 배회하네.
묻노니 어떻게 그처럼 맑을 수 있는가?
근원에서 살아 있는 물이 끝없이 나오기 때문이리.
半畝方塘一鑒開
天光雲影共徘徊
問渠那得淸如許
爲有源頭活水來.[82]

삼라만상은 무궁한 생기의 용출이 다양한 형태로 발현된 것이다. 만상은 근원으로 용해된 마음의 고요한 맑음 안에 펼쳐지는 구름 영상으로 전환된다. 이 전환은 주객 분리의 불안정한 삶의 양식을 극복하려는 노력이다. 이 노력은 주객 분열의 삶이 생존을 추구하지만 사실상 생존을 부정하는 모순된 유형의 삶이라는 자각을 동반한다. 영원한 삶의 추구는 주객 분열이나 초자연적 힘에 의존하는 데에 있지 않다. 그것은 만유의 변화와 이에 내재하는 생기를 체득하는, 자유의 마음 안에서 발견된다. 이러한 영원한 자유를 청(淸)의 이옹[李顒, 호는 이곡(二曲), 1627～1705]은 다음과 같이 표현했다.

82 郭齊, 『朱熹詩詞編年箋注』, 巴蜀書社, 2000, p.178.

> 형해(形骸)에는 어림과 장성함이 있고, 늙음과 죽음이 있다. 그러나 이 한 점 자유로운 본원의 마음[一點靈原]은 어림과 장성함이 없고, 늙음과 죽음이 없다. 천지에 가득차고 고금을 꿰뚫어 잠시의 머물고 그치는 것이 없다. 이것을 이해할 수 있으면 천지는 내가 세운 것이며, 만유의 변화는 내가 낸 것이고, 성인은 모두 나와 비견되며, 고금은 한 나절이다. [……] 천지만물과 상하고금을 통틀어 모두 이 자유로운 본원의 실제[靈原之實際]다. 이 자유로운 본원이 아니면 천지만물과 상하고금을 알 수 없으며, 천지만물과 상하고금이 아니면 역시 이 자유로운 본원을 알 수 없다. 그러므로 크다 작다를 말하여 (만물을) 마음에 싣지도 말고 깨뜨리지도 말라.
>
> 形骸有少有壯, 有老有死, 而此一點靈原, 無少無壯, 無老無死, 塞天地, 貫古今, 無須臾之或息. 會得此, 天地我立, 萬化我出, 千聖皆比肩, 古今一旦暮. [……] 通天地萬物, 上下古今, 皆此靈原之實際也. 非此靈原, 無以見天地萬物, 上下古今; 非天地萬物, 上下古今, 亦無以見此靈原. 是以語大語小, 莫載莫破.[83]

주객 대립은 사물과 인식적 관계를 맺을 때 발생하지만, 그것은 대립이 주는 부자유를 면치 못한다. 무형의 잠재적 생기(生機)에 동조(同調)된 심성은 자유의 원천이자 만상의 본원이 된다. 우주의 창조적 과정에 동참하는 것을 자유로 경험하는 심성은 우주의 시간적 무한성을 영원성으로 경험한다.

이러한 문맥에서 보면 인간이 죽음을 두려워하는 것은 죽음 자체보다는 죽음이 주는 무의미성이다. 그러나 이 무의미성 때문에 인간 중심적 욕망에서 나온 목적성을 세계에 부여할 필요는 없다. 자유와 영원성은 자연과 심성의 동연성(同延性)을 자각적으로 경험하는 것에 있다. 이러한 우주적 자각에 도달하기 위해서는 세상에의 고착과 이기적 자기중심

---

83 李二曲, 「學髓」, 『二曲集』, 中華書局, 1996, p.18.

성에 의거한 낙관주의를 버리는 염세적 태도가 필요하다. 염세주의는 인간의 자만심에서 오는 우주의 목적론적 미화를 거부하는 결의를 갖게 한다. 러셀(B. Russell)이 다윈의 진화론 이후의 '진화의 철학'을 인간의 자만심의 위안으로 보고 다음과 같은 단호한 결의를 보여준 것(1917)은 주목할 만한 가치가 있다.

> 인간이, 달성하고 있는 목적을 전혀 모르는 제 원인의 산물이라는 것, 인간의 기원과 성장, 그 희망과 공포, 사랑과 신념 등은 모두 원자들의 우연적 배열에 불과하다는 것, 어떠한 정열이나 영웅주의, 사상과 감정의 강렬함도 개인의 생명을 무덤 저쪽까지 유지할 수 없다는 것, 모든 시대의 수고와 일체의 헌신, 모든 영감과 인간 천재가 지닌 일체의 눈부신 것도 태양계의 광막한 죽음 속으로 소멸해 버릴 운명을 가지고 있다는 것, 인간의 업적이 남겨 놓은 모든 기념물도 기필코 폐허와 같은 우주의 불탄 자리 밑에 매몰되고야 만다는 것—비록 이 모든 것들이 전적으로 잔소리 없이는 승인할 수 없다 하더라도, 이러한 것들을 배척하는 철학이 존속할 희망이 없다는 것은 거의 확실하다. 이러한 진리들의 틀 안에서만, 그리고 단호한 절망의 확고한 기초 위에서만 영혼(soul)의 터전이 비로소 안전하게 세워질 수 있다.[84]

이러한 결의에 찬 러셀의 염세적 신념은 그가 진보적 철학의 지표로 삼는 '과학적 세계관'의 근저에 놓여 있는 분위기였다. 이 분위기가 그를 메타수학에 관심을 갖게 했으며, 경험적 증거에 의존하는 경험주의적 성향의 지식론을 펴게 했다. 동시에 영혼의 진실에 대한 '신비주의적 통찰'을 지지하게 했다. 다만 그는 헤겔과 브래들리처럼 신비주의를 사변적으로 논리화하는 태도를 비난했다. 그에 의하면 신비주의를 논리화하는 것은 학문적으로 말할 수 없는 것을 말하는 것이다. 또한 신비적 경험을

---

84 B. Russell, *Mysticism and Logic*, George Allen & Unwin, 1917, pp.47-48.

논리적으로 사변화하는 것은 진화론 철학과 같이 인간 중심적 목적론이 되었다. 러셀의 염세주의적인 비판적 결단은 우주적 윤리로 나아가는 관문이 될 수 있다. 그에 의하면 서양인은 비목적론적인 우주적 통찰(스토아주의와 노장사상)을 과학적 세계관에 추가하여 노력할 때 '어른스러운 성숙한 지혜'를 성취할 수 있다.

> 재빠른 성공에 도취되어서 우주에 대한 진정한 이해를 위해 필요한 많은 것들이 망각되었다고 나는 생각한다. 헬레니즘의 어떤 것, 또한 동양적 포기의 덕(oriental resignation)의 어떤 것이 성급한 서양의 자기주장과 결합되어야만 비로소 젊은이의 열정을 넘어서 어른스러운 성숙한 지혜로 떠오를 수 있다. 이런 까닭에 나는 생각한다. 과학에 의존함에도 불구하고, 진정한 과학적 철학은 세속적이지 않은 희망에 호소하고 실천적 성취를 위한 보다 엄격한 훈련을 필요로 할 때, 보다 더 용기 있고 보다 더 초연한 어떤 것이 된다.[85]

장자는 관료주의와 군집 본능, 관습적 언어 소통의 삶을 돼지우리 속에서 화려하게 살다가 도살되는 돼지의 삶으로 규정한다. 초연한 우주적 통찰은 관습적 소통방식을 넘어서는 말할 수 없는 무언(無言)의 무를 엄격한 자기 훈련을 통해 체인함으로써 이루어진다. 러셀은 장자의 이 입장에 나타난 우주 중심주의적 의의를 진화론적인 목적론적 사변철학과 대비하여 강조한다. 목적론적 철학은 군집 본능에서 나오는 윤리를 무반성적으로 강화한 인간 중심주의적인 윤리적 형이상학이다.[86] 진화 윤리적 형이상학은 과학과 세속적 욕망이 결합된 부도덕한 편견이다.

대종교 계열의 역사가이자 무정부주의 혁명가였던 신채호는 장자와 불교의 무의 관점에서 우주적 생성 과정을 자신의 즐거운 운명으로 인수

---

85 B. Russell, 앞의 책, p.23.

86 B. Russell, 앞의 책, pp.106-107.

한다. 이 관점에서 그는 "인류로써 인류를 억압치 못하고 사회로써 사회를 박삭(剝削, 착취)치 못하는" 이상을 향한 해방의 주체성을 창조했다. 그는 동정합일(動靜合一)의 역동적 주체성을 조선 혁명의 급박한 상황에 적용했다. 이러한 주체성을 그는 '아(我)의 진면목을 발현하는 바른 깨침(正覺)'이라 했다. 본래 면목을 깨치는 자아가 불사(不死)의 자아이다.

> 이 진면목만 발현하면, 바로 저 작은 7척의 신체는 모여서 연기[烟]가 됨도 가하며 흩어져 구름이 됨도 가하며, 날아서 꽃이 됨도 가하며 맺혀서 열매가 됨도 가하며, 제련하여 황금이 됨도 가하며 부수어 모래가 됨도 가하며, 물에 잠겨 고기와 자라가 됨도 가하며 달려서 호랑이 이리가 됨도 가하며, 하늘에 올라감도 가하며 땅에 들어감도 가하며, 불에 탐도 가하며 물에 던짐도 가하니, 성인(공자)이 말씀하신바 가도 없고 불가도 없는 것[無可無不可]이 이것이어늘, 슬프다 저 우인(愚人)들이여, 그 눈을 감으면 자아가 죽었다 하며, 그 다리가 강직되면 죽었다 하고, 반드시 죽는 필사(必死)의 자아를 잠시 머물게 하고자 하여 불사(不死)의 자아를 욕하며, 필사의 자아를 존영(尊榮)코자 불사의 자아를 괴롭다 하며, 필사의 자아를 환락코자 하여 불사의 자아를 고뇌하며, 필사의 자아를 안태(安泰)코자 하여 불사의 자아를 타락시키니, 얼마나 어리석은가! [……] 비록 그러하나 나의 이 논설이 어찌 철학적 공상에 의하여 염세적 비관을 고취함 이리요. 다만 우리 유정(有情) 중생을 불러 본래의 면목을 맹성하며 생사의 관문[關]을 간파하고, 유쾌하고 광활한 세계[快濶世界]에 용약전진(踊躍前進)하다가 저 (필사의) 자아가 칼날에 죽거든 이 (불사의) 자아는 그 옆에서 조문하며, 저 자아가 탄환에 죽거든 이 자아는 그 앞에서 축하하여, 환희의 천지[歡天喜地]에 아(我) 장재(長在)함을 경축함이로다.[87]

신채호의 자아는 "천지는 죽어도 아(我)는 불사하며, 일월은 죽어도 아

87 申采浩, 「大我와 小我」, 『丹齋申采浩全集』 下, 申采浩先生紀念事業會, 1927, 86-87쪽.

는 불사하는" 자아이다. 그의 우주적 정신주의는 "정신적인 참된 자아[精神的, 靈魂的의 眞我, 大我]"의[88] 광대한 터전 위에서 생성전변과 생사윤회를 하나의 유희로 즐기는 자아를 새로운 혁명적 주체성으로 제시한다. 그의 행동주의적 의지를 담고 있는 붉은 심장[丹心]은 불교적인 본래적 자아[本來之性, 능엄경]의 우주적 활력을 토대로 발휘된 것이다. 이러한 자아는 장자의 "태어나고 죽고, 죽고 태어나는[方生方死, 方死方生]"[89] 생성 전화(轉化)와 함께 유영(遊泳)하는 마음의 운동을 가능하게 한다. 그의 본래적 자아는 세속에 동화된 긴장 없는 유연성을 적대하는 자아의 절대적 독립성에 바탕하는 주체성이다. 그의 광대한 우주적 동일성(大同)은 민족과 인류의 자유와 같아지는 동일성이며, 노예 상태와 같아지는 것이 아니다. 주인과 노예라는 막다른 길을 극복하려는 의지는 우주적 동일성을 실현해가는 대아에 대한 자각을 통해 궁극적으로 실현된다. 그의 무정부주의적 철혈주의(鐵血主義) 주전론(主戰論)은 그러한 주체성에 의거한다.

신채호가 대종교의 저항전쟁을 이어 받아 철과 피의 저항 노선을 취한 것은 홍이섭(洪以燮)의 지적처럼 그가 '희망의 교두보(希望의 橋頭堡)'에서 있었기 때문이다.[90] 신채호가 본 한국은 산산이 부서진 산하와 굴종만이 있는 '간난(艱難)의 겨울'이다. 여기서 그는 「大韓의 希望」(1908)에서 남은 것은 희망뿐임을 선언한다.

> 아! 오늘 우리 대한에 무엇이 있는가? 나라는 있건만 국권이 없는 나라이며, 인민은 있건만 자유가 없는 백성이며, 화폐는 있으나 주조권이 없고, 법률은 있건마는 사법권이 없고, 산림이 있으나 내 소유가 아니며 [……] 교육에 힘써 내일의 인물을 키울 대교육가가 있는가? 이것도 없으며, 그러하니 식견이 뛰어나 온 국민의 정신을 계발할 대신문가(大新聞家)가 있

88 신채호, 위의 책, 84쪽.

89 신채호, 위의 책.

90 洪以燮, 「丹齋 申采浩」, 『韓國의 思想家 12人』, 申一澈 외저, 현암사, 1975, 453-454쪽.

는가? 이것도 없으며, 대철학가, 대문학가도 없으며, 대이상가(大理想家), 대모험가도 없다. 텅 비고 아무것도 없는 나라에, 아무 데도 쓸모없는 사람이 되어 그 참담한 광경은 어린아이는 배고파 우는데 병 속의 조알까지 다 먹은 극빈한 집의 어려운 겨울 같다. [……] 그 생활은 마치 도탄에 빠짐과 같으며 산업은 산산이 파멸된 뒤니, 오늘 한국민이 가진 것이 무엇이라고 할 것인가? 아! 내 어리석음을 무릅쓰고 깊이 생각해보건대, 아직 한 가지 긴한 것이 남아 있으니, 그것이 무엇이냐? 희망뿐이다.[91]

전면적 절망 가운데 희망을 갖는 모순된 심정으로부터 신채호의 철혈주의가 나왔다. 강도의 차이는 있지만 그러한 변증법적 심정은 상황에 따라 여러 형태로 한국철학사에 나타났다. 박종홍의 구체적 현실성의 창조, 함석헌의 창조의 첨단에 선 자유의 기다림, 신남철의 비극적 희생과 건국방략, 박치우의 자유의 평등화에는 희망이 심정의 동기로 작용하고 있다. 신채호의 노선은 모든 권력 이데올로기와 권력에의 귀속 욕망을 파괴한다. 이러한 저항성은 욕망과 권력이 결합한 세상이 있는 한 불후의 희망이 될 것이다. 그러나 그의 절대적 행동주의가 갖는 비합리적 측면은 상황에 대한 인식에 의해 단련될 필요가 있다. 해방 후 오늘에 이르기까지 산 자들의 무정부주의는 시민사회가 받쳐주지 못하자 자신의 과격성을 발휘할 수 없었으며, 국가 자본주의자나 자유 민주주의자로 전락했다. 그러나 신채호의 생성론적 주체성과 독립적 자유의지는 자유를 지향하는 생성의 철학이 음미해야 할 의의를 갖고 있다. 자유와 생성의 사상은 보수적인 정치적 수사에 불과한 안도(安堵)의 철학을 떠나 기존의 삶의 양식을 새로운 양식으로 창조하는 전환적 행동과 사유를 자극할 것이다.

91 신채호, 앞의 책, 343-345쪽.

11장

도래하는 시대의 철학

1. 균열과 평등

이제까지 19세기 말 20세기 초의 철학으로부터 1970년대에 이르는 현대 한국철학의 흐름을 고찰하고, 그 후의 상황 변화에 대응하는 철학을 전망해 보았다. 한국철학은 상실된 세계를 자유의 세계로 탈환하기 위해 자연과 인간의 관계를 우주적 연대성의 지평에서 재정립하고, 민족의 자주성과 개인의 평등한 자유를 역사와 사회에 구현하려는 지난한 노력을 해왔다. 그러나 그 노력이 전제하고 있었던 여러 철학적 원리들은 제대로 성찰되지 못하고 방치되어 있었다. 1980년대의 군사 지배와 신자유주의의 유입 이후 한국사회는 점차 근본적 민주주의에 대한 관심과 시장 정보사회가 주는 유혹, 그리고 묵시론적 생태위기가 주는 불안이 공존하는 상황에 접하게 되었다. 이러한 상황은 민주주의에 대한 관심을 제외하고는 이전의 철학이 접하지 못했던 것들이다. 이런 맥락에서 오늘의 사회 상황을 새로운 삶의 양식이라는 전망 아래 기술하고 한국철학의 주요 흐름이라 할 수 있는 생성철학의 특징인 우주적 연대성과 자유의 개념을 논하는 가운데, 생성철학이 갖는 윤리-정치적 의미를 현대 자연과학과 연관하여 논했다.

서구 자본주의 상업의 군사적 확장에 휩쓸려 들어간 조선에서 세계상실은 사상의 핵심에 닿는 문제였으며, 자유를 향한 동경은 사상을 전개하는 추진력이 되었다. 현대 한국철학사를 회고해볼 때 20세기의 서양에서 나온 온갖 낙관적 내용들(진보적 선형사관, 정밀과학의 진보, 인류의 지구적 사교성, 철학의 논리적 정교화 등)이 19세기 말부터 20세기 중엽 사이에 그토록 대규모의 참화 속에서 나왔다는 것은 의아스럽다. 더욱이 그것이 아시아를 문명의 암흑시대에 있는 제로 지대로 규정하고 선전되었다는 것은 서구적 침략성이 어두움 속에서 초라한 삶을 강박적으로 변호하려는 것이 아닌가라는 의혹을 갖게 한다. 그 어두움은 아시아인들에게는 기술 산업과 배금주의가 결합된 군사적 자본주의로 다가왔다. 그것은 현대 한국철학사가 불행으로 경험한 세계상실의 역사적 원인이었으며, 오늘에까지 인류를 뒤에서 끌어당기는 보수적 힘이 되었다.

이러한 맥락에서 볼 때 현대 문명에 몰입하여 인류의 삶을 반성하지 않는 철학은 가망이 없어 보인다. 동서양에서 문명에 대한 회의는 광대한 하늘을 바라보고 기존의 삶의 방식을 재음미하는 것에서 가능했다. 쇼펜하우어는 이러한 정황을 동양적 감각을 가지고 다음과 같이 표현했다.

> 무한한 공간 속에서 무수히 반짝이는 천체들, 그 각각의 주위에는 일단의 작고 빛을 받는 천체들이 돌고 있으며, 이 작은 천체들의 핵은 뜨거우나 겉은 딱딱하고 차가운 껍질로 덮여 있다. 이 껍질 위에서 어떤 썩은 곰팡이 태(苔)가 살아 있으면서도 인식하는 존재를 생산해내었다—이것은 경험적 진리이며, 실재적인 것이고, 세계이다. 그러나 시작도 없고 끝도 없는 시간 속에서 우글거리며 밀치고 괴롭히는 가운데, 쉴 새 없이 그리고 재빨리 일어났다가 사라져가는 셀 수 없는 작은 존재들 가운데 하나로서 존재한다는 것, 그리고 어디로부터 와서 어디로 가는지 모르는 가운데 한정 없는 공간 안에서 자유로이 떠도는 저 무수한 천체들 가운데의 하나 위에 서

있다는 것은 생각하는 존재에게 하나의 당혹스러운 처지인 것이다.[1]

무한한 시공간 안에 펼쳐져 있는 우주, 어떤 위계적 가치질서나 목적도 없는 우주, 또한 천상에서 떨어진 것이 아니라 미미한 유기물에서 진화한 생각하는 생명체, 생성과 소멸을 거듭하는 무상한 사물들, 이들 앞에서 자신의 '당혹스러운 처지(eine mißliche Lage)'를 의식하는 인간 '두뇌'가 철학함을 시작한다. 이 두뇌는 자신의 과학적 지성으로 우주의 현상적 사건들, 즉 우주의 껍질을 인식한다. 이 껍질이 주관의 도식에 따라 구성된 표상으로서의 세계이다. 당혹과 섬뜩함 속에서 이 세계에 대한 반성적 물음이 일어난다. 세계의 수수께끼는 세계와 나의 존재의미에 대한 물음이 된다.

존재의 신비에 대한 물음은 어느 특정한 형이상학적 해답으로 나아가기 이전의 것이다. 존재는 "깊이를 알 수 없고 우리를 항상 불안정하게 하는 수수께끼(unergründliche, uns stets beumruhigende Rätsel)"이다. 존재의 신비는 "끊임없이 모든 시대, 모든 나라에서 인류의 보다 고상한 몫을 차지하며 인류를 불안정하게 하는" 물음이다.[2] 노발리스(Novalis, 본명은 Friedrich von Hardenberg, 1772～1801)의 말처럼 "철학이 본래 향수(鄕愁)로서 언제나 고향 집에 있으려는 충동"이라 한다면,[3] 저 수수께

1 A. Schopenhauer, *Die Welt als Wille und Vorstellung II*, Suhrkamp, 1986, p.11: 쇼펜하우어와 유사한 감각을 가지고 니체는 다음과 같이 말한다. "수많은 태양계에서 쏟아 부은 별들로 반짝거리는 우주의 외딴 어느 곳에 언젠가 영리한 동물들이 인식이라는 것을 발명해 낸 별이 하나 있었습니다. 그것은 세계사에서 가장 의기충천하고 또 가장 기만적인 순간이었습니다. 그렇지만 그것도 한 순간 꺼져갔고, 영리한 동물들도 죽을 수밖에 없었습니다.-누군가가 이런 우화를 지어낼 수 있을 것이다. [……] 인간이 존재하지 않았던 영겁의 시간이 있었다. 또 인간의 존재가 다시 끝난다고 하더라도 아무런 일도 일어나지 않을 것이다. 왜냐하면 인간의 지성은 인간의 생명을 넘어서는 어떤 사명도 가지고 있지 않기 때문이다. 그 지성은 인간적일 뿐이다."(니체, 『유고(1870년-1873년)』, KGW 2. 3, 이진우 옮김, 책세상, 2001, 370쪽).

2 A. Schopenhauer, 위의 책, pp.221-222.

3 Novalis, *Schriften*, II, J. Minor, 1923, Fragmente 21.

끼는 인류를 고향을 상실한 방황자로 만드는 불안의 원천이다. 이러한 불안은 "이 세계의 비존재가 존재만큼이나 가능할 수 있다는 것에 대한 분명한 인식"에서 온다.[4]

이러한 태도는 쇼펜하우어가 비록 근대과학의 객관적 근거를 칸트의 선험적 관념론 안에서 생각했지만, 사실상 그의 선험적 관념론이 세계상실이라는 유럽의 허무주의를 배경으로 한 것임을 암시해주고 있다. 그는 과학 문명의 맹목성과 생활의 과학화에 대한 비판적 반성의 길을 열었다. 또한 쇼펜하우어의 반성은 우파니샤드와 불교의 영향을 받아 이루어졌기 때문에, 그는 자신의 내성적 성찰을 통해 인간의 자기의식이 우주 생명 원리의 현상적 산물이라는 것을 통찰하는 데에까지 나아간다. 인간은 그 심층에서 내적 자기의식을 통해 자신이 우주 생성 과정의 한 고리에 불과하다는 것을 예감한다는 것이다. 의식은 우주와 인간 자신을 연결시키는 세계 매듭이다. 이 매듭을 푸는 것이 인간의 자기인식인 철학적 심리학이다.

과학에 관한 한 쇼펜하우어는 사물을 유클리드-뉴턴의 시공간 도식에서 보는 관점에 매어 있었다. 그러나 과학적으로 구성된 현상인 껍질의 내부에 있는 세계의 핵에 대한 그의 형이상학적 관심은 근대과학적 관점을 넘어서는 미시적 심층 차원에 대해 이해를 환기시킨다는 의의를 갖는다. 이런 맥락에서 드 브로이와 베르그송의 생성론은 근대적 사고방식과 부르주아적 산업 생활의 위기를 파악하고 그 전환을 시도한 것이라 할 수 있다. 철학은 서양 전통적 사고에 대한 인식 비판을 필요로 하며, 우주와의 연관에서 자유를 인간 존재의 의미로 제시하는 사상들과 협력할 수 있다. 도래하는 미래의 철학은 이 방향에서 움직일 것이다.

최시형의 개벽의 철학은 자연과 인간의 대립이 인간 자신에 대한 잔혹한 대립으로 나타난 것을 제국주의적 문명의 본질이라고 본다. 자연과 인간은 '약동불식(躍動不息)'하는 생기(生氣)의 '표현(表顯)'이다. 모든 개

---

4 쇼펜하우어, 앞의 책, p.221.

체들은 존재하려는 포부와 자발성을 자신의 본질[性靈]로 갖는다. 생명의 쾌활성은 이러한 개별적 자발성의 표출이며, 이 자발성을 서로 긍정하는 윤리가 사물 공경[敬物]이다. 제국들의 군사적 침략의 시대에 최시형은 생명의 자발성과 활발성을 근거로 하는 자연과 인간, 인간과 인간의 화해적 관계를 개방적 도덕과 정치의 원리로 제시하고 실천했다. 그의 생명 긍정의 윤리는 봉건제와 제국주의에 도전하는 혁명적 이념이었다.

이 점은 한국의 자유주의와 마르크스주의 철학이 유감스럽게도 주목하지 못한 것이다. 그들은 논리 실증주의적 과학관에 의존하거나 레닌처럼 과학적 실재론에 의지했다. 어떤 방식을 취하든, 그들은 과학적 세계관에 생의 의미를 거는 과학주의적 성향을 갖고 있었다. 이러한 태도는 그들만의 방식으로 과학적 산업세계에 매달려 살아가려는 한 방식이기도 했다. 이런 문맥에서 현대 한국철학은 기술 과학과 기존의 혁명이론에 대한 비판적 논의를 요청하고 있다.

신남철이나 모택동의 혁명이론은 자본제와 봉건제의 공존, 그리고 여기에 민족모순이 불균등한 중첩관계를 이루고 있는 상황을 잘 인식하고 있다. 바로 이 점을 과학철학도 주목했다. 과학사상가 페이어아벤트(Paul Feyerabend, 1924～1994)는 서로 환원할 수 없는 전혀 다른 사고 모델이 공존하는 상황을 과학사에서 확인했다. 또한 그는 그러한 통약 불가능성(incommensurability)을 사회사에서도 확인할 수 있으며, 레닌과 모택동과 같은 혁명적 지식인들이 그러한 현상을 예리하게 파악했다고 지적했다. 그와 대부분의 과학사가들에 의하면 근대과학의 수리 물리적 법칙은 현재 순간인 지금(now)의 동일한 연속을 전제하고서 성립한 것이다. 과학 법칙은 과거 현재 미래에 상관없이 동일하게 적용된다는 시간의 가역성(reversibility)과 대칭성을 갖는다. 이러한 전제에 대해 아인슈타인은 어느 곳 어느 시점으로도 순간적으로 갈 수 있다는, 순간에서의 무한 속도를 전제하는 것과 같다고 비판했다. 이러한 논의들은 서양 근대과학의 형이상학적 전제가 획일적 동일성이라는 사실을 환기시켰다.

이러한 맥락에서 페이어아벤트는 유클리드－뉴턴의 시공간 좌표를 전제한 사고 유형과 이를 전복할 수 있는 전혀 다른 통약 불가능한 새로운 사고 유형이 불균등하게 병존하는 현상에 주목했다. 이러한 불균등 발전은 광범위하게 나타나는 보편적 현상이라는 것이다. 그럼에도 만일 근대과학적 사고 모델을 유일한 합리적 모델로 통용시키고자 한다면, 그것은 사고의 독재이다. 혁명사에서 그러한 동일성에 근거한 환원주의적 태도는 교조주의적 인식 방식일 뿐만 아니라, 그것이 갖는 맹목성은 실천적 패배로 귀결된다. 한동안 한국에서도 유행했던 논리실증주의와 포퍼(Karl Popper)의 사고 모델은 근현대에 통용되는 것으로 믿고 있는 과학적 방법을 각기 다른 방식으로 옹호하는 것이었다. 포퍼의 『파르메니데스의 세계』는 근대과학의 전제인 동일성을 옹호하는 『동일성과 실재*Identity and Reality*』(1908)의 저자인 과학철학자 메이어슨(Emile Meyerson, 1859~1933)을 존경하고 계승하는 관점의 결정판이었다. 이렇게 보면 페이어아벤트의 『방법에의 도전*Against Method*』은 서양 지성사에서의 사고의 억압에 대한 저항을 옹호하는 셈이 된다.[5]

남로당의 급진 좌경 노선의 실패 이후 한편에서는 국가의 억압이 있었고, 다른 한편에서는 비판적, 논리적 사고를 표방하는 수입 학문이 있었다. 이러한 기만적 현실을 한국 청년들만큼 겪어온 나라도 드물 것이다. 철학을 왜 하는가? 라는 물음에 대한 응답을 망설이는 것은 이미 조건 없이 주어진 외래 철학과 과학에 주눅이 들어 있는 문화가 이미 응답으로 되어 있는 자신에 대한 부끄러움 때문일 것이다. 니체가 "교회, 국가, 군대 이 개들이 언제 죽고자 했는가?"라고 반문한 것은 은밀한 수치심 속에서도 유지되는 문화의 끈질긴 보수성을 잘 보여준다. 그러나 바로 이러한 보수적 힘이 있기에 그에 저항하는 힘과의 불균등한 균열이 동시대에 있었다.

페이어아벤트는 마르크스에서 모택동과 알튀세르(L. Althusser, 1918~

5 Emile Meyerson, *Identity and Reality*, Dover, 1908; 포퍼, 『파르메니데스의 세계*World of Parmenides*』, 이한구 옮김, 영림카디널, 2010; 페이어아벤트, 『방법에의 도전*Against Method*』, 정병훈 옮김, 한겨레, 1987.

1990)에 이르는 사상가들이 언급하는 역사에서의 다양한 불균등 현상을 주목한다. 예를 들어 마르크스는 구 생산관계를 앞지르는 예술 사상이 구제도를 이끌어갈 수도 있음을 언급했다. 트로츠키는 사회 내 각 제도적 층위들이 평행선 상에서 발전하지 않는다는 것을 강조했다. 페이어아벤트는 그러한 현상의 철학적 배경에 대해서는 모택동의 『모순론』(1937)이 훌륭하게 설명한다고 보았다. 레닌은 20세기 초부터 시작한 중국 혁명과 유럽을 비교하면서, 유럽의 부르주아 계급이 노동계급의 저항을 두려워하여 중세적인 것을 다시 들여와 그것에 안주하려고 하는 반면, 젊은 아시아는 역동적 혁명을 발전시키고 있다고 보았다.

중국 혁명은 교조주의와의 투쟁사이기도 했는데, 모택동의 철학은 중국 사회의 불균등 발전(봉건 군벌과 봉건적 유산의 잔존, 광범위한 농업과 도시 자본주의의 공존, 제국주의와 민족자본가의 공존 등)을 모순이라는 변증법적 개념을 활용하여 인식하고, 이를 통해 중국의 사회 성격을 파악했다. 그는 어떤 모순의 어느 측면이 지배적으로 작용하는가에 따라 역사가 어떻게 변동해가는가를 분석함으로써 그의 사회과학적 안목을 입증했다. 모순이란 반대 방향의 힘들이 동시에 서로의 존재를 가능하게 하는 가운데 공존하면서, 서로 알력을 생산하기도 하는 관계(대립의 통일)이다. 이 대립하는 힘들은 실제로 두 개 이상이다. 계급모순은 기본 모순이다. 그리고 과정에 있는 사회 성격을 규정하는 것은 과거의 봉건적 모순일 수도 있으며, 새로운 제국주의 세력에 의한 모순이 다른 모순들을 지배할 수도 있다. 그때그때의 사회 성격을 지배하는 모순은 주요 모순이라 부르고, 자본주의의 공통된 모순인 계급모순은 그것과 '중첩[重重疊疊的矛盾, 이대조(李大釗)]'된다. 이러한 융통성 있는 인식은 중국의 혁명전쟁을 성공적으로 이끄는 지식이 되었다.

이처럼 불균등 발전은 사회의 개조를 더디게 하는 요인이면서도 그것을 성공시키는 이점이 되기도 했다. 레닌은 그러한 불균등 현상이 마르크스주의를 비난하는 사람들에게는 '하나의 역설'이나 '변증법적 수수께끼(conundrum)'로 보일 것이라며 다음과 같이 말했다. "실제로 자연계에서나 사회에서나 생의 모든 단계에서 생존하고 있는 새로운 것이, 남아 있는 옛것의 잔재와 맞부딪히게 된다. 그리고 마르크스는 부르주아적 권리의 잔재를 독단적으로 공산주의에 끼워넣었던 것이 결코 아니며, 자본주의라는 자궁에서 출현한 하나의 사회에 있어서 정치적으로나 경제적으로 불가피한 것이 무엇인가를 지적했던 것이다."[6] 마르크스 역시 불균등 현상에 주목했으며, 이 현상이 내포하고 있는 새로운 힘을 불가피한 미래의 것으로 보았다는 것이다.

불가피한 것이란 상공업자 독재 사회에서의 민주주의적 인권과 권리를 의미한다. 비록 추상적 평등이지만 이 민주주의는 로베스피에르의 혁명 유산인 정치해방의 원리였으며, 혁명적 경제해방을 추구하는 단계에서도 필수적 진리였다. 이 필수적인 것이 '더욱 민주적인' 국가를 만드는 원리이다. 더욱 민주적인 국가는 파리코뮌(1871)을 모델로 한 것이다. 이것은 시민 각자가 국가 경영자가 될 수 있는 능력을 갖추고, 공직자가 반민주적인 경우에는 소환할 수 있는 장치가 마련된 국가이다. 민주주의 원리는 그 구체적인 역사적 형태를 비판적으로 초월하게 하는 정신이다. 이 정신은 계급과 민중이라는 언어조차 소멸될 때까지 전진하게 하는 이념이다. 민주주의와 사회주의는 함께 간다. 그러나 레닌 자신도 러시아의 상황에서 이 양자의 통일이라는 혁명 이념을 지킬 수는 없었다. 기존의 혁명사는 사회주의와 민주주의를 대립시킴으로써 민주주의를 자유주의 쪽으로 보내었고, 그에 따라 자유주의 체제는 사회주의를 정치적 독재로 인식하게 되었다.

그러나 "민주주의는 평등을 의미한다."[7] 부자유가 불평등을 의미한다면, 평등은 자주성의 평등이 될 것이다. 그렇다면 지구상의 국가들은 민주주의를 수사적으로만 사용해온 것이다. 억압 기구들의 복합체인 국가가 그 언어를 수식 도구로 오염시키는 것은 당연한 일이었다. 그에 따라

---

6 레닌, 『국가와 혁명』, 김영철 옮김, 논장, 1988, 122-123쪽.

7 레닌, 위의 책.

인간과 인간의 진정한 개방적 관계가 칸트적인 내적 양심으로 내면화되는 일이 생긴다. 민주주의가 정치적 양심으로 내면화된 것은 현대사회의 심리적 불균등 현상 가운데 하나이다.

이러한 현상은 반혁명의 상징이 된 테르미도르 반동(1794, 테르미도르는 혁명력으로 11월) 직전, 빵을 요구하는 평민과 그것을 줄 수 있는 산업 부르주아로부터 고립된 로베스피에르(M. de Robespierre, 1758~1794)의 고뇌에서 극적으로 드러난다. 그는 장차 인민들이 부르주아의 노예가 될 것임을 예감하고, 빵만으로 살 것인가라는 성서적 논쟁을 벌이게 된다. 그가 사라진 후 빵과 자유의 절충품이 나왔는데 바로 자유민주주의이다. 평등한 자유는 다시 숨어버려 내면화된다. 박치우는 자유경쟁을 원리로 하는 자유주의가 애초에 제시했던 일대일의 평등한 자유를 일반화함으로써 자유주의의 폐쇄성을 극복하고자 했다. 그는 부르주아 시민에게만 자유를 한정했던 편협성으로부터 벗어나, 그것을 변증법적으로 극복하여 보편적 인민주권에 도달한다. 인민주권은 참된 민주주의의 논리적 기초이다. 그러나 자유(경쟁)주의는 원자적 개인을 추상적으로 설정하고 개인의 자유와 평등을 주장함으로써 봉건 귀족을 타도했으나, 그러한 형식논리적 자유를 부르주아에게만 부여하고 근로대중을 정치적 생활에서 배제했다. 그에 의하면 형식논리적 자유를 근로 대중으로 확대하여 자유를 현실화하는 것이 시대의 역사적 가능성이다. 이 가능성을 인식하고 자각적으로 실천하는 논리가 변증법적 논리이며, 이 논리에 의해 실현되는 자유는 변증법적 자유이다.

중국의 문화대혁명은 원리상으로만 보면 생산력 결정론과 의지주의적 실천론 사이의 대립, 혹은 생 시몽(S. Simon, 1760~1825)에 연원하는 '기술 공학주의'와 '루소적이면서 맹자적인 평등주의' 사이의 대립(Benjamin Schwartz)이라고 할 수 있다. 문화대혁명은 우상화나 관료주의 같은 봉건 잔재의 영향, 문화에 대한 폭력적 파괴 등 여러 요인들로 인해 실패로 끝났다. 그 강렬하고 난폭한 평등에의 갈망에도 불구하고 혁명은 주자파의 승리로 끝났다. 주자파의 승리는 스탈린주의의 핵심 요소인 국가 자본주의적 기술관료 지배체제로 귀결되었다. 민주주의는 다시 내적 양심으로 숨어버렸다.

기존 혁명사를 개괄적으로 이해하면, 제도적 상황에 있어서나 내면화에 있어서나 폐쇄와 개방, 옛것과 새것 사이의 분열과 항쟁이 있다. 이러한 불균등 현상을 혁명적 사상가들은 형식논리학에서도 쓰는 어휘인 '모순(矛盾)'으로 표현했는데, 그들은 모순을 우주의 보편적 생성의 원리로도 확대했다. 모택동에게서도 나타나는 이러한 존재론적 우주관은 엥겔스의 근대적 우주관에 잘 나타나 있다. 그의 자연 변증법에 의하면 무한히 계속되는 자연의 진화사는 생명체의 생과 사, 그 총체적 절멸, 지구와 성운들의 파괴를 동반하면서 전우주적으로 일어난다.

그러나 현상계의 보편적 전변 과정에 대한 해석은 근대과학이 세운 물질이나 에너지 항존성의 원리, 즉 동일성의 법칙을 전제한 것이었다. 이 동일성은 과학적 법칙들의 항구적 동일성을 보장해주는 근대적 합리성의 공준으로 간주되었다. 아이러니하지만 동일성의 원리는 인식론적 관념론과 물질의 소멸 가능성을 언급했던 포앙카레(J. H. Poincaré, 1854~1912)나 마하주의자의 근대적 신념이었다. 아인슈타인도 그것을 버릴 수 없었다. 마하주의와 유물론은 과학에 대한 인식론적 해석의 차이에도 불구하고 과학적 세계관을 관철시키고자 했다. 물질 소멸론을 비판한 볼셰비즘의 강경한 과학주의와 아메리카의 부드러운 형태의 과학주의도 생산력주의에 기대고 있다는 측면에서는 기술 공학주의와 궤도를 같이 한다.

볼셰비즘뿐만 아니라 자유주의가 생명처럼 의지했던 과학적 세계상은 세계에 대한 무한정한 인식 가능성과 자연주의적이거나 물리주의적 태도에 대한 무비판적 신앙에 집착했다. 이러한 강박관념은 통약 가능성을 전제한 일방적 의사소통과 합의 가능성을 이성적 사고라고 믿는 습관을 형성했다. 이러한 신념은 자신들의 보수적 태도가 전혀 다른 심원한 인식 방법과 통약 불가능한 관계에 있다는 것을 깨닫지 못하게 했다. 이 인식 방법은 내감의 자기의식을 통해 이해하는 것이다. 이러한 내적 경험의 세계는 기억, 연속된 느낌들과 의지, 그리고 상상과 열망의 영역으로서 이른바 질적 경험과 통찰의 영역이다.

외감에 주어진 감각만으로 내감을 채우는 칸트의 무미건조한 지성, 근대과학을 맹신하는 레닌과 마하주의의 현대적 후예들은, 질적 자기의식의 차원이 인간과 생명의 진화를 포함한 자연사에 대한 새로운 해석의 지평을 열 수 있다는 사실을 다룰 능력이 없었다. 이러한 무능력에 속류 유물론의 한 형태인 물리주의적 심성론이 기초하고 있다. 그러나 산업의 도구인 수량화와 질적 자기의식의 광대한 차원 사이의 통약 불가능성에 대한 주의 깊은 성찰은 인간과 자연에 대한 또 다른 이해의 가능성을 열어줄 수 있다. 이에 따라 통약 불가능성에 대한 성찰은 인간의 의지와 상상에 기초한 혁명사에 대한 새로운 접근을 가능하게 한다. 혁명의 본질적 핵심인 자주적 평등과 그 주체적 기초에 대한 이해는 내감의 심화를 통해 그 진정한 가능성이 열릴 것이다. 쇼펜하우어와 베르그송은 지성의 객관화하고 고체화하는 습성과 내감에서 알려지는 의지나 생명 사이에 전혀 다른 종류의 불균등이 있음을 알고 있었다. 또한 그들은 서양 문명이 그러한 통약 불가능성과 역설을 회피한 것을 퇴폐적 파괴성으로 암시했다. 이를 다시 상기할 필요가 있다.

그러나 기존 생성철학의 낭만주의적 성격이 지나치게 부각되면서, 폐쇄적 고체의 논리에 고착되는 경향성과 개방적 유동성이 불균등하게 집약된 존재가 바로 생명체이고 인간이라는 점이 망각되었다. 생성철학은 자연사의 진화가 개방적 유동성인 자유의 충동이자 노력의 과정이며, 인간의 존재의미는 그 노력에서 드러난다는 점을 주제로 삼는다. 그리고 그 노력은 인간이 만든 온갖 도구들을 불평등의 도구로 만드는 계급의 분화를 극복하려는 사회적 실천으로도 나타난다.

2. 관계와 생기(生起)

이러한 맥락에서 볼 때, 잊혀진 조선 후기 동학혁명의 세계상은 다시 환기될 필요가 있다. 최시형은 혁명을 개벽(開闢)으로 이해했다. 개벽은 내적 성찰에서 통찰된 심층적 생기(生氣)가 굳어진 사회와 심리 구조를 용해시키면서 스스로를 '표현(表顯)'하는 전환점을 의미한다. 인간과 자연의 본성[性]을 구성하는 생기는 '약동불식(躍動不息)'하는 힘으로 우주를 생성시키고 응고된 인성과 사회를 혁신해 나간다. 유동성과 개방적 소통성을 가진 본성은 자유로이, 그리고 평등한 방식으로 자연과 인생사에서 자신을 표현한다. 진정한 주체성은 이러한 우주적 연대성의 원리를 바탕으로 억압의 시대를 돌파하면서 나타난다. 원래 『주역周易』에 연원하는 개벽은 양성의 생기(生氣)가 문을 열고 자신을 드러내는 운동을 통해 음성의 정체적 상태가 약화되는 전변의 시간을 의미한다.

최시형(崔時亨)은 자신의 이름처럼, 이러한 시간을 결정적인 형통(亨通)의 시간[時]으로 이해했다. 그는 소통적 공감의 힘이자 활력인 생기를 자기성찰의 노력을 통해 이해했고, 그 생동성이 이끄는 내적 필연성에 따라 실천했다. 이러한 정신은 이돈화(李敦化)와 김기전(金起瀍)에 의해 내재적 대지의 철학으로 발전된다. 그들은 자연과학과 사회과학의 의의를 인정하여, 그것을 바탕으로 진화론적 생성철학을 발전시켰다. 그들은 '정의와 인도[正義人道]'의 보편적 가치가 사회적 계급과 온갖 차별(인종차별, 여성차별, 아동차별)을 극복하는 것과 함께 실현되어야 한다고 믿었다. 그리고 그러한 인류의 '이상(理想)'과 실현은 창조적 생명 진화의 의미였다.

이돈화 이전의 초기 동학사상이 비록 역사적 사회에 대한 과학적 인식이 없었다 하더라도, 그 역동적 심성론은 응고된 사회를 혁신하는 새로운 인성론이었다. 그것은 고체적 수량화의 논리를 비판하고 생명의 흐름에 대한 내적 경험의 의의를 강조하는 생성철학에 접근하게 한다. 또한 그것은 사회를 새롭게 생기(生起)시키는 혁명적 세계관의 기초가 될 수 있는 가능성을 암시해준다. 이 암시는 이돈화와 김기전의 생성철학과 평등한 자유의 윤리로 발전되었다.

러시아 혁명과 중국 혁명이 결국은 기술 공학주의적 통제 사회로 변질되고 아메리카와 함께 군산복합체 사회로 나아가는 오늘의 역사를 볼 때, 진정한 민주주의 공리(公理)인 평등은 실로 실현하기 어려운 이념임을 실감하게 한다. 그러나 평등은 황야와 숲에서 온 저 고대의 성인들이 인생의 진리로 제시한 이래 일상의 번민에서는 물론 수많은 폭동과 혁명에서 나타났다가 사라진, 그리고 사라졌기 때문에 더욱 진실된 역설적 이념이었다. 평등은 야성의 이념이다. 그것은 순치되고 강경해진 문명에 대해 역(逆)운동을 하는 세력을 창조해낼 것이다. 이 세력은 자신의 젊은 생기로 그 사상을 구체적인 물질적 삶에서 나타나게 할 것이다. 그러나 평등의 이념은 다시 숨어버리고, 구체적 현실 속의 사람들은 그것이 채워질 수 없는 빈 것이라는 것을 절감하게 될 것이다.

박치우(朴致祐)는 자유주의가 그 말의 이미지와는 달리 점차 소수가 된 부르주아의 자유와 대다수 근로대중의 부자유를 낳았다고 보았다. 이러한 분열을 사회 모순으로 본 그는 모순이 오직 실천에 의해서만 해결될 수 있다고 생각했다. 실천은 자유주의 논리의 한계와 의의에 대한 합리적 인식을 하는 이성을 갖출 때 비로소 진정한 실천이 된다. 역사는 개체화의 과정이다. 개체는 이 과정을 합리적으로 자각해가면서 봉건제가 갖는 토착성과 시민사회가 갖는 부르주아 독재를 극복하는 자각적 주체로 전환한다.

함석헌(咸錫憲)은 정치적 양심의 문제를 종교·윤리적 맥락에서 생각했다. 그는 인간을 생명[씨알]을 '바탕(바탈)'으로 하는 존재이자 정치적 자유를 '생각하는' 무명의 민중으로 간주했다. 계급적 정체성이 문화산업의 감각적 패권에 의해 희석된 오늘날, 개체는 새로운 저항의 정치학이 작용할 수 있는 장소가 되었다. 산업이 개인의 감각적 생활을 지배하여 상품 자아로 만들어버리는 '표상의 정치학'이 아니라 '내면의 정치학'이 다시 요구되는 시점에 이르렀다. 이제 개인들은 이미지를 이용한 경제적 책략이 집중 공략하는 영역이 되었다. 그러나 내면의 정치학은 그 책략을 무력화하고 주체성을 회복하는 사회적 실천을 모색할 것이다.

신남철(申南澈)은 '사회해방'과 '인간해방'을 내용으로 하는 '진보적 민주주의'를 제안하고 이를 실현하는 주체를 '민중'이나 '인민'으로 보았다. 그는 개체의 '자발성'과 '생의 감정'에 기초하여 '현란다채(絢爛多彩)'한 '신문화'를 세우고자 했다. 그의 '인도주의'와 '인문주의'는 개체의 풍요한 정신적 성장을 내용으로 한다. 또한 그는 최시형과 함석헌, 나철과 서일이 결여하고 있었던, 구체적 개인들을 규정하고 있는 전체적 사회관계를 심층적으로 분석 종합하는 마르크스의 '비판적 정치 · 경제학'을 받아들였다. 그의 과학관은 헤겔주의적 목적론의 영향을 받고 있으며, 예측 가능성과 확실성을 믿는 근대과학적 신념의 영향 아래 있었다. 이 점은 과학철학적 논란의 대상이 될 수 있다. 그러나 그의 정치 · 경제학적 관점은 현상주의적 경험주의로써 설명할 수 없는 현대사회의 심층적 복잡성에 관심을 갖게 했다는 점에서 의의를 갖는다. 그의 '비극적 변증법'은 자기희생을 통해 세계와 화해한다는 고대 비극의 숭고한 인간상을 모델로 한다. 이러한 그의 진실성은 자유주의를 낙관적 이상으로 하는 퇴행적 몰감수성과는 질적으로 다른 윤리적 생동성을 보여준다.

민족 공동체의 독립과 번영을 위해 자기를 희생하는 신화적 비극의 정신은 나철(羅喆)과 서일(徐一) 등의 실천에서 드러난다. 그들은 독립운동의 사상적 기반을 세웠으며, 특히 서일은 그 사상을 체계화하고 그것을 군사적 실천의 기반으로 삼았다. 강렬한 민족해방 의식을 지녔던 이들은 강대국 중심의 역사관을 부정하고, 조선의 역사관을 신화 세계로부터 재정립했다. 우주는 '창조적 능력의 위격[造化之位]'을 가진 위대한 영혼(한얼)인 하느님[桓因, 大一者의 의미]으로부터 출현한다. 위대한 영혼은 동시에 '교화의 위격[教化之位]'인 이성적 능력을 갖는 '하늘 교사[天師]'이기도 하다. 천사는 사물에 질서를 부여하고 이 질서는 인간에게는 지적 교훈이 된다. 동시에 하느님은 '문명화의 위격[治化之位]'인 '천군(天君)'인 인간으로 화신하여 '홍익인간(弘益人間)'을 치화의 원리로 삼는다. 그가 한(韓)을 포함한 모든 민족의 시조가 되고 문명의 창시자가 된다. 단군은 조선 민족과 문명의 시조이다. 하느님은 삼위일체인 '삼진귀일(三眞歸一)'의 존재이다. 이러한 신학적 계보학은 빼앗긴 민족의 정신적 정체성을 다시 구성하여 모든 민족과 공존하는 자격을 갖기 위해 만들어진 것이다. 대종교는 지상에서의 민족들의 공존을 통한 한민족의 존재의 포부를 드러낸다.

그러나 대종교는 일면 근원적 통일성[大倧]을 찾는 보수적 세계상이라는 성격을 갖고 있다. 종교 운동에 대한 신남철의 평가와 같이 대종교는 '신화적인 비과학성'을 갖고 있다고 비판받을 수 있다. 또한 원래의 급진적 민족해방 운동이 보수적 민족주의로도 퇴색될 수 있었다. 그럼에도 과학과 민주주의를 필요로 했던 당시 동아시아의 사상적 상황을 대종교의 지식인들은 알 수 있었다. 대종교인들은 한글학회를 조직하여 민족문화 운동을 하는 한편, 무정부주의자들과 함께 활동하기도 했다. 그들 가운데는 급진 민주주의와 연결되어 신규식과 신채호처럼 민족적이면서 혁명적인 사상을 창조해낸 인물도 있었다. 대종교의 창시자 가운데 한 사람인 해학 이기(海鶴 李沂)는 민권 공화를 민족해방의 대안으로 제시했다. 그는 구학문, 구제도를 벽파(劈破)할 것을 주장하고 자주적 신학문의 창조를 역설했다. 박은식(朴殷植)은 자신의 주자학적 견해를 버리고 양명학적 사고를 바탕으로 평민주의를 시대의 정신으로 간주했다. 정인보(鄭寅普)에게서도 보이듯 이들은 외국의 사상을 모방하여 자기 정체성을 상실하는 학술의 풍토를 우려했다. 대종교 계열의 지식인들은 안으로는 자주적 학문 정신을 높이고, 밖으로는 민족해방 운동에 주력했다.

또한 만유의 존재근거를 '하나의 무[一無]'로 파악하는 관점은 존재의 우선성을 고집하는 모든 철학에 반성을 촉구하고 있다고 간주될 수 있다. '정적인 무[靜無]'가 '동적인 유[動有]'의 근거라는 존재론은 자기희생적 실천이 무(無) 위에서 펼쳐지는 하나의 유희라는 대담한 신념을 낳았다. 존재론과 윤리론을 필연적 연관에서 파악한다면 이 점은 주목할 만하다. 신남철의 비극적이면서도 낭만주의적인 주체성은 생사여탈(生死與

奪)의 권한을 자신 안에 쥐고 있는 동학과 대종교의 담대한 주체성에 비하면 섬약함을 면치 못한다.

동학을 가장 창조적인 사상으로 평가하는 박종홍(朴鍾鴻)은 광대한 심성의 영역을 사유한 하이데거의 실존적 심성론과 그의 우주 중심적 존재론에 관심을 갖는다. 같은 맥락에서 그는 조선 이학(理學)의 심성론과 하이데거의 '역운(歷運, Geschick)'과도 동일시된 '천명(天命)'의 우주론에 관심을 가졌다. 신남철처럼 '현실'과 '자각적 창조'의 문제를 고심한 박종홍은 향외적으로는 기술 과학적 문명과 정치적 자유의 발전을 희망했다. 또한 향내적으로는 부정의 논리에 의거한 창조적 주체성을 추구했다. 그에게 신남철이 주장하는 변증법적 역사발전 법칙은 실존적 주체성을 훼손하는 것으로 보였다. 또한 박종홍은 부정의 힘을 통해 자신을 실현해 가는 우주 자연사의 이치[理]를 우주생명의 운동으로 이해한다. 그것은 내적인 고독한 경외심[敬]에서 정관된다. 이 고요의 내적 차원에서 우주 생명 원리는 그것이 사물을 살리는 근원이라는 의미에서 인(仁)으로 체험된다. 그의 실존적 주체성이란 이학의 심성론과 실존의 내적 성실성이 결합된 신이학적(新理學的) 주체성이다. 그가 중시하는 창조적 주체성은 전통사상을 심성론적으로 계승하여 현실에 창조적으로 적용하는 실천성을 갖는다.

그가 본 현실은 정치 · 경제학적 구조를 갖는 것이 아니라 빈곤으로부터 부강으로 가는 근대화를 필요로 하는 것이었다. 그의 심성론적 철학은 근대화를 추진하면서도 그 물신주의적 병폐를 극복하려 한다. 박종홍의 현대 신유가적 사유는 근대적 자유주의 문명을 추구하면서도 그것이 인간의 내면성을 희생시키는 단점에 저항하는 것이다. 그러나 국가 자본주의적 현실은 인간의 내면적 가치를 파괴하고, 실존적 주체성을 감각적 상품자아로 만드는 자기소외의 과정이었다. 국가에 의해 추진된 산업의 근대화는 인간을 사회 공학적 관리 대상으로 만들고 상품사회는 인간관계를 물적 관계로 외면화했다. 역사적 현실이 인간의 내면성을 보장해 주는 현실로 변형되지 않는 한, 그 내면성은 자신을 실현할 수 있는 조건을 상실할 수밖에 없었다. 세계상실은 자아상실로 이어진다.

이에 비해 신남철의 '생의 전환'은 인문주의적인 인간성의 성장과 함께 현실 자체를 변형하는 실천을 포함한다. 생의 전환은 내적 가치를 지키기 위한 사회적 실천을 필요로 한다. 또한 역사적 이상과 인간의 완전 가능성에 대한 신남철의 신념은 현실적 자아에 대한 부단한 부정을 필요로 한다. 역사적 사회의 모순들은 오직 실천적 개입을 통해서만 극복될 수 있는 것이었다. 그의, 이른바 '생의 수수께끼'에 대한 해답은 '인간해방'과 '사회해방'을 향한 부단한 변형의 활동이었다. 이런 맥락에서 그는 헤라클레이토스의 불(火)의 철학을 수용하여 생성을 존재로 긍정했다. 그는 생성을 촉진하는 불의 에너지인 생명 원리의 자발성과 능동성에 관심을 갖는다. 이 때문에 그는 부단한 자기부정의 노력을 대표하는 괴테의 파우스트와 노력을 통해 생명의 비밀을 드러낸다는 베르그송의 철학에 적극적 관심을 보였다.

생명 원리에 대한 관심과 미래적 생기(生起)에 대한 열망은 그에 대한 해석 방식의 차이에도 불구하고 현대 한국철학을 관류하는 형이상학적 기조였다. '약동불식(躍動不息)으로 운동하는 생동하는 기운[生氣]'(최시형, 이돈화), '무(無)로서의 자유로운 기운[神氣]의 자발적 전개'(나철, 서일), '생생불식(生生不息)하는 양지(良知)'(박은식), '부단히 긴장하는 창조적 영혼인 씨알'(함석헌)의 생기(生起), '무한히 자기부정을 통해 전개되는 '천명 원리[天命의 理](박종홍), '무한 모순을 변증법적으로 해결해가는 생의 충동(衝動)'(신남철)은 생명 원리라는 형이상학적 실재에 대한 한결같은 관심을 보여준다. 이렇듯 줄기차게 나타나는 생성에 대한 사변적 관심은 상실된 현실을 변형해가려는 의지의 표출이었다.

생명 원리는 인간의 노력을 통해 자신의 비밀을 현실에 나타내는 것인바, 현대 한국철학은 한결같이 현실을 문제 삼았다. 역사적 현실은 생명의 본질인 존재하려는 생의 포부를 저지하기 때문에 극복하지 않으면 안 되는 것이었다. 그리고 그들은 각기 자기의 방식에 따라 현실의 새로운 생성 가능성이라는 미래의 조명 아래 구체적 상황 속에 충실히 남아 있었다. 사회를 원자적 개인들로 인위적으로 분해하고, 그것을 통해 사회적 관계를 계약론적으로 재구성하는 태도는 현실 초월적 태도이다. 이러한 태도는, 문제 상황 속에 내재적으로 대응하고자 하는 실천적 관점에서 보면, 안으로는 내적 불성실이고 밖으로는 불충실이 될 것이다.

이러한 초월적 태도는 상황 내재적 문제의식보다는 이론적 흥취욕을 만족시킴으로써 그 추상적 전제에 대한 반성의 길을 막았다. 원자적 개인들로 재구성된 국가는, 이른바 비역사적 환상 공동체에 불과한 것이다. 그러한 초시간적 환상은 상황이 주는 문제 해결의 요구를 저버리게 된다. 진정한 이론적 삶은 현실적 모순을 발견하고 창조적으로 해결하는 생기(生起)의 과정 속에 머문다.

또한 과학을 가장 기초적인 개념으로 환원하고 이를 토대로 보편과학을 재구성하는 철학은 언제나 그 전제에 대한 선결 문제 해결의 오류에 빠진다. 비순환적 정당화는 불가능하다. 노이라트(Otto Neurath, 1882~1945)가 비유하는 항해하는 '개념의 배'는, 정당화 이론이 항해 중에 있는 인생이라는 배를 부분들로 분해하여 재구성할 수 있다고 하는 불합리한 착상임을 보여준다. 과학자와 철학자는 배 안에 있다. 항해 도중 배의 판자를 뜯어 재구성해서 간다는 상상은 할 수 있지만 실제로는 불가능하다. 이론의 형성 과정에서는 상황과 기존의 논의에 대해 창조적으로 개입하는 인간의 존재를 배제할 수 없다. 사물에 대한 논의를 새로이 개선하고자 한다면, 개념의 배 안에는 '아무도 없다'는 말로 환원한다고 해결되는 것은 아니다. 재구성적 정당화는 정당화되어야 할 것을 전제하기에 거부되어야 한다.[8]

---

8 W. V. Quine, *Word and Object*, The MIT Press, Cambridge, 1960, p.3: 로마노스(George D. Romanos)는 의미 있는 담화가 언어 체계 전체와 상대적이라는 존재론적 상대성의 교훈이 노이라트의 '개념의 배'의 비유를 충실히 따르는 것이라고 한다. 그에 의하면 언어 체계 밖의 것을 말하는 전통 형이상학의 실질적 화법과, 형식적 화법을 필요로 하는 초기 분석철학의 논리적 분석 사이에 무언가 실질적 차이가 있다는 생각은 환상이다. 고전적 언어철학은 배의 완전한 모습을 보여주고자 했으나 형이상학이 기초가 없었던 것처럼, 언어철학이 그 확실한 토대를 추구한 것 역시 또 다른 형태의 형이상학이 되었

인식 과정을 초월적 위치에 서서 정당화하는 사고방식은 플라톤의 존재론에 그 연원이 있다. 그는 변화하는 현상계를 타락의 요인에 지배되어 있다고 보고, 그것을 구제하기 위해 논리적 양극을 가설(hypothesis)로 상정한다. 하나의 극은 비존재의 침투가 전혀 없는 파괴 불가능하고 견고한 동일성의 존재이며, 또 하나의 극은 동시에 크기도 하고 작기도 한 역설적인 것으로서 동일률을 어긴 모순적 생성이다. 이 생성은 전자의 존재가 아니라는 점에서 비존재에 속한다. 이 양극은 경험세계를 설명하여 구제하기 위한 논리적 장치이지만 실제로 있는 것처럼 존재론적으로 믿어졌다. 이러한 양극은 단적으로 속성이 달라서 결합될 수 없지만 생성을 강제적으로 설득하여 존재에 결합시킴으로써 현상계를 만든다. 이렇게 해서 존재를 부분적으로 수용하고 있는 현상계는 비존재의 위협 속에서도 견고한 존재에 의해 구제되는 것이다.

그러나 플라톤 자신은 『소피스테스*Sophistes*』에서 초월적 존재(올림포스의 신들로 상징됨)의 공허성을 지적하면서 생성(대지에서 솟아난 거인족 타이탄으로 상징됨)을 존재로 보는 관점의 전환을 보여준 바 있다. 생성의 철학은 존재를 둘러싼 투쟁에서 거인족의 편에 선다. 플라톤이 거인족의 편에 서서 자신의 주된 논조를 형성한 것은 아니지만, 생성의 철학은 파괴 불가능한 자기동일자이기에 모순이 없다는 초월적 존재를 고체적 사고의 산물로 본다. 비물체적인 논리적 단위나 원리를 생각해내어 그것을 가지고 수학이나 과학의 기초를 세우려는 사고는 자연사적 관점에서 볼 때 고체적 사고습관에서 온 것이라는 혐의를 받을 수 있었다. 복잡한 관계 속에서 함께 생성해가는(co-becoming) 사건들의 체계는 고

다는 것이다.

로마노스(G. D. Romanos), 『콰인과 분석철학*Quine and Analytic Philosophy*』, 곽광제 옮김, 한국문화사, 2002, 170-171쪽: 로마노스에 의하면 대상에 대한 말을 다시 대상으로 삼아 성찰하자는, 이른바 의미론적 상승(semantic ascent)은 전통 형이상학과 경험론이 언어적 고려 사항을 무시했다고 보았던 베르그송에게도 나타난다. 대상에 대한 인식이 언어적 상징들의 장막에 가려진다는 (쇼펜하우어에 연원하는) 베르그송의 견해는 비트겐슈타인처럼 신비주의적 직관으로 넘어가는 한 계기가 된다(앞의 책, 56-57쪽 참조).

정적 실체를 가정하는 실체적 사고로는 이해할 수 없을 것이다.

생성의 철학은 실체적 사고에 대한 무반성적 정당화를 벗어나 고체화하는 습관을 극복하려고 노력한다. 이 작업이 생성에 소통적으로 접근해 가는 이해방식이다. 그러한 노력은 변화하는 질적 시간을 파악하기 위해 기하학적 공간에 바탕한 수량화 습관을 넘어서 사물의 창조적 과정을 긍정하는 방법을 개발한다. 동학의 개벽(開闢) 개념은 이 방향을 예감하게 한다. 박종홍의 부정과 창조의 논리는 새로운 형태들을 창조해가는 역동성의 논리이다. 신남철은 괴테와 생-틸레르의 자연철학에 영감 받아 차이를 생산하면서 다양의 해부학적 형태들을 창조해 가는 자연의 능동적 과정을 의식했다. 그는 '생의 전환'의 주체로서 '능산적(能産的) 인간'을 설정하고, 새로운 '삶의 형식'을 희망했다. 생성의 철학은 고정된 고착성을 거부하고 변증법적으로 창조적 가능성을 전망하며 생명의 자발성을 긍정하는 윤리적 지평에 서게 된다.

박종홍은 자신의 창조의 논리의 철학적 배경이기도 했던 셸링의 자연철학에 대한 평가의 문맥에서 창조적 생성 과정을 다음과 같이 집약하고 있다.

> 자연의 본질은 절대적 생산성(absolute Produktivität)에 있다. 전 우주의 생명은 피안적인 정지 속에 머무르고 있는 것이 아니라 자기 자신을 제한하고 이 제한에 있어 그의 힘을 현시하며 그리고 다시금 이 제한을 극복함으로써 부단히 물결치는 동요를 하고 있다. 전 실재는 무제약적인 전성(轉成)이요 영원의 과정이다. 그리고 이 전성의 과정은 순수 동일(同一)에 있어서의 대립적인 행(行)에 의하여 가능한 것이니 능산(能産)과 소산(所産)의 대립이 이를 추진하는 것이다. 무한한 끊임없는 연속적 발전으로서 구별적 제한을 초월하는 능산과 그 제한 저지로서의 소산과는 서로 부인하는 경향(verneinende Tendenz)을 가지는 것이 아니라 파멸하는(無化하는) 경향(vernichtende Tendenz)을 가진다. 능산(能産)인 자연(natura naturans)은 주체로서의 자연에 해당하고 소산(所産)인 자연

(natura naturata)은 객체로서의 자연에 해당하는 것이니 양자의 종합 통일에 있어서 전적인 자연과정이 성립한다 하겠다.[9]

창조적 운동은 동일한 자연 내부에 대립적 차이를 생산하며 결국은 "지양된 차이(aufgehobene Differenz)"가 되어 종합적 통일성으로 나아간다. 여기서 주목되는 것은 대립적 차이가 종합적 통일성을 극복해가는 운동이라는 점이다. 이 전성(轉成)의 운동이 부정의 힘으로써 한계를 돌파해가는 창조적 전변의 과정이다. 그것은 한계를 파멸시키는 차이의 생산 과정이다. 변증법은 자연이라는 "절대적 존재의 자발적 본질에 기인하는 논리"이다.

생성은 창조적 의지의 물결치는 도도한 흐름이 장벽을 부수고 넘쳐나가는 운동이다. 창조의 논리는 고정된 실체의 감옥을 파괴하는 경향성을 자신의 본성으로 갖는다. 경향성은 고정되고, 관습적이고, 진부한 것을 넘어서 범람과 과잉을 생산하는 잠재적 능력을 갖는다. 경향성은 여러 가능성을 낳는 잠재성이다. 이러한 잠재성에 의거한 논리는 새로운 의미를 낳는 언어 사용 방식을 선호하게 된다. 그리고 감각적으로 주어진 경험적 사실을 의미의 유일한 기준으로 하는 경험주의적 논리를 일면적인 것으로 비판하게 된다.

이 점에서 박종홍은 러셀과 비엔나의 논리 실증주의가 감각적 사실을 명제 정당화의 근거로 삼는 태도를 반신반의한다. 실증주의 논리를 과학적 세계관의 근거로 삼는다면 잠재적 경향성이 갖는 범람과 파괴의 창조적 현상을 이해할 수 없다. 검증이나 간접적 확증을 통해 판단의 참과 거짓을 논하는 논리학은 미-소 냉전 하에서 수입되어 새로운 사유 방법으로 대학에 유포되었다. 실증주의적 논리학은 비트겐슈타인의 '언어의 한계'와 '새장의 벽' 등의 어휘까지도 검증주의적으로 곡해하여 교육함으로써 영어의 문법적 구문을 일반화하는 한편, 산업화의 분위기 속에

9 朴鍾鴻, 「辨證法的 論理」, 『朴鍾鴻全集』 2, 형설출판, 1980, 410-411쪽.

서 현재의 실증적 사실에 몰입하는 것이 진정한 언어 사용이며 삶의 형식인 것처럼 호도(糊塗)했다. "언어에 대한 논리적 탐구가 주로 경험주의 철학자들에 의하여 수행되어왔다는 사실은, 유감스럽게도 언어 분석적 방법의 사용 자체가 반형이상학적 입장을 함축한다는 아주 잘못된 견해로 이끌었다."[10] 박종홍은 당시의 통념에 따라 비트겐슈타인의 '언어비판(Sprachkritik)'을 실증주의적인 '과학적 인식론'으로 보고, "검증 가능성(verifiability)의 난관을 어떻게 돌파"하는가의 여부에 "논리적 경험주의의 발전"이 달려 있다고 평가했다.[11]

이러한 상황에서 한국의 실증주의 논리학은 카르납이 베르그송과 하이데거를 비롯한 일체의 형이상학을 과학이 아닌 시(詩)로 평가 절하했던 전통에 따라 당시 유행했던 실존주의의 인격의 고결성에 대한 주장을 배제했으며, 실존주의적 문예사조의 역설적 언어 사용 방식에도 주의를 기울이지 못했다. 그러한 논리학은 언어의 한계를 기술적(descriptive) 의미라기보다는 명령적(prescriptive) 금기의 의미로 사용했다. 이러한 상

10 스테그뮐러(Wolfgang Stegmüller), 『현대 경험주의와 분석철학』, 이초식 · 김영남 · 정영기 옮김, 고려대출판부, 1995, 26쪽, 138쪽.

11 朴鍾鴻, 「認識論理補遺」, 『朴鍾鴻全集』 2, 형설출판, 1980, 369쪽: 카르납(Rudolf Carnap)은 흔히 논리 실증주의 혹은 논리 경험주의로 알려져 있으나, 그는 엄밀한 의미에서 경험주의적이라기보다는 그의 주저 『세계의 논리적 건축*Der Logische Aufbau Der Welt*』(1928)이 보여주듯 수리 논리와 현대 물리학을 지성의 최고 산물로 보는 신칸트주의(마르부르그 학파)의 영향에 따라 과학의 논리적 형식과 그 상호 주관적 구성을 강조하는 논리적 구성주의에 접근하는 사상이다. 그는 직접적 검증 가능성 뿐만 아니라 간접적이거나 미래에 가능할 수 있는 관찰적 검증을 나타내는 확증 가능성(confirmability)라는 용어도 사용했다. 이러한 입장은 명제가 경험적 사실과 갖는 의미론적 관계와 이론 체계의 논리적 형식 사이의 연관성을 분명하게 보여주지 못했지만, 헴펠(Carl G. Hempel)에 의해 진리 정합설로 분류되었을 정도였다. 카르납은 헴펠의 평가가 적절하지 못하다고 지적하면서도, 자신의 입장이 과학의 논리적 형식을 다루는 논리적 구문론(logical syntax)임을 분명히 했다. 그의 논리적 구문론은 초기 현상주의로부터 벗어나면서 시작된 것이 아니라 힐버트의 형식주의적 메타수학에 관심을 가진 초기부터 1970년 세상을 떠날 때까지 일관된 태도였다. 이에 대해서는 다음을 참조: Ilkka Niniluoto, 'Carnap on Truth'. 위 논문은 다음의 책에 실려 있다. *Language, Truth and Knowledge*, edited by Thomas Bonk, Kluwer Academic Publishers, 2003, pp.1-25.

황은 카르납(Rudolf Carnap, 1891~1970), 노이라트(Otto Neurath), 화이글(Herbert Feigl, 1902~1988)과 같은 비엔나 과학철학자들이 과학적 방법의 일관된 적용을 강조함으로써 봉건적이고 종교적인 온갖 장식을 벗겨내려는 문화운동의 맥락에서 움직였다는 것에 주목하지 못하게 했다. 그들은 마하의 실증주의적 입장을 새로운 진보적 철학으로 보는 오스트리아 마르크스주의 권역에 있었다. 레닌은 그것을 주관적 관념론으로 일괄해서 비판했지만, 그들은 자신들의 입장이 마르크스의 과학적 세계관에 접근하는 진보성을 갖고 있다고 생각했다. 일례로 카르납은 기존의 종교적 건축 양식이 갖는 장식성과 형이상학의 비과학적 장식들을 벗겨내는 작업을 과학에 대한 '순수하게 경험적이고 합리적인 정당화(purely empirical—rational justification)'이자 사고의 '명료화(clarification)'로 간주했다. 그는 봉건 왕정과 부르주아의 권력에 잡혀 있는 과학의 정치적 위상을 탄식하고, 과학적 테제의 정당화와 명료화를 통해 과학기술의 근대화와 정치 경제적 해방이 결합된 새로운 '삶의 형식'을 창조하고자 했다. 철학은 삶의 양식을 전환하는 운동의 일환이었다. 그의 주저 『세계의 논리적 건축*Der Logische Aufbau Der Welt*』(1928) 「서문」은 이러한 비엔나 학단의 사상운동 선언(manifesto)에 해당한다. 그는 '우리'라는 주어를 사용하여 다음과 같이 선언한다.

> 이러한 방향에 대해 비판적인 형이상학적 철학과 종교의 운동들이 최근에까지 다시 상당한 영향력을 갖게 되었다는 사실에 대해 우리는 자신을 속이지 못할 것이다. 그렇다면 명료성, 즉 형이상학으로부터 해방된 과학에 대한 우리의 요구가 받아들여질 것이라는 신념은 어디로부터 오는가? 그것은 다음의 인식, 다소 조심스럽게 표현한다면, 이들 반대하는 힘들은 이미 과거에 속한다는 믿음으로부터 온다. 우리는 우리의 철학적 작업이 기초하고 있는 태도와 오늘날 전적으로 새로운 삶의 길에서 자신들을 표현하고 있는 지적 태도들 사이에 어떤 내적 친화성이 있다는 것을 느끼고 있다. 우리는 이러한 방향을, 예술 운동들 특히 건축, 그리고

개인적이고 집단적인 의미 있는 삶의 형식들과 교육 형식들 및 외적인 조직 일반의 형식들을 추구하는 운동들에서 느끼고 있다. 우리는 우리 주위의 모든 곳에서 동일한 기본 방향, 동일한 양식의 사유와 행동을 느끼고 있다. 그것은 모든 곳에서 명료성을 요구하는 방향이다. 그러나 이 방향은 삶의 직물이 포괄적으로 잘 이해될 수 없다는 것도 깨닫고 있다. 그것은 우리로 하여금 세부적인 것에 조심스러운 주목을 하게 하며, 동시에 전체를 관류하는 커다란 선들을 인지하고 있다. 그것은 사람들을 함께 묶는 연대를 인정하며, 동시에 개인의 자유로운 발전을 위해 노력하는 방향이다. 우리의 작업은 이러한 태도가 미래를 획득할 것이라는 신념에 의해 수행될 것이다.

비엔나 루돌프 카르납
1928년 5월.[12]

그러나 붉은 비엔나의 미래는 획득되지 못했다. 이주 사상가가 언제나 그렇듯 미국으로의 이주 이후 비엔나의 신념은 하나의 운동으로 전개되지 못했다. 노이라트가 우려했듯 비엔나의 과학의 논리는 언어 분석에 몰두함으로써 현대판 형이상학적 사변철학으로 발전해갔다. 과학의 논리는 '기술지배' 시대에 대한 철학적 옹호에 그치는 '테크노크라트'의 철학으로 변질되었다는 비판을 면할 수 없었다.[13] 이러한 귀결은 과학의 논리

12 Rudolf Carnap, *The Logical Structure of the World*, trans by Rolf A. George, Routledge & Kegan Paul, 1967, pp.15-18.

13 이 문제에 대한 연구로는 다음의 책을 참조: Ronald N. Giere & Alan W. Richardson, *Origins of Logical Empiricism*, University of Minnesota Press, 1996: 이 책에 실린 「근대주의 구성하기, 『Aufbau』의 문화적 위치*Constructing Modernism: The Cultural Location of Aufbau*」(Peter Galison, pp.17-44)는 비엔나 학단이 당시 마르크스주의 문화운동을 배경으로 활동했다는 것을 밝히고, 그들의 사상을 기술 지배와 연관하여 논하고 있다. 노이라트는 자신을 '민주주의 기술지배적 좌파'라는 다소 모호한 표현으로 소개했다고 한다. 카르납의 주저인 『세계의 논리적 건축*Der logische Aufbau der Welt*』(1928) 당시 문화운동 잡지들이 새로운 삶을 구성하려는 자신들의 태도를 나타낸 건축학적 표

에 대한 메타철학이 과학도 아니고 형이상학도 아닌 어중간한 위치에서 생존하려는 태도와도 연관된 것이었다. 그리고 그것이 과학 자체는 아니라는 점에서 또 하나의 유사과학적 이데올로기가 아닌가 하는 의심을 불러일으킬 수 있었다.

한국에서 논리 실증주의는 비엔나의 원래적 방향이 갖는 새로운 삶의 양식의 창조라는 미래적 신념에 주목하지 못했다. 한국적 논리 실증주의는 독재국가의 산업화에 침묵하고 자유주의적 삶에 정치적으로 편승하는 것을 '사변적이고 시적인 철학'을 회피하는 삶의 양식으로 오해하는 혼란에 빠져 들었다. 그 결과 서양 논리학 이외의 문예와 정치, 종교적 역설과 일상의 기지(機智) 등의 영역에서 광범위하게 일어나는 비실증적이지만 새로움과 흥미를 유발하는 언어활동의 의의를 감지하지 못했다. 심지어 전통문화의 산실이었던 한자가 무수한 어휘들을 새로이 조합하여 역설적이고도 새로운 의미를 창조해내는 문자라는 사실도 아시아의 후진적 언어라는 편견에 묻히게 되었다. 과학을 비롯한 대부분의 언어활동도 실증적 참과 거짓의 판단에서만 언어의 의미가 드러나는 것은 아니다.

비트겐슈타인에 대한 풍부한 문헌 연구가 어려운 상황에서, 한국의 실증주의나 물리주의는 그를 오해 · 왜곡했다. 비트겐슈타인은 전 · 후기를 일관해서 대중의 과학화, 윤리와 종교의 비실천적 형이상학화, 물질문명의 탈인격화를 유럽 문명의 종말적 위기로 보았는데, 이 점들이 제대로 이해되지 못하고 은폐되었다. 비엔나의 실증주의자들에게는 과학적 세계관이 비엔나 봉건 왕정에 저항하는 진보적 의의를 갖는 것이었다. 그러나 실증주의에 저항한 비트겐슈타인이 보기에 자신에게 영향을 준 『서구의 몰락』의 저자(Oswald Spengler)처럼, 보수적 형이상학뿐만 아니라 자본주의 산업문명의 견고한 생산력이 된 과학도 이미 보수적 힘으로 개개

어를 제목으로 채택했다. 『세계의 논리적 구조』라는 번역은 카르납이 지향하는 변혁과 건설 혹은 형성의 운동성을 제거한 중성화된 번역이다.

인의 인생에 작용하고 있다.

이사바(Luis Miguel Isava)의 연구에 의하면, 이러한 지적 분위기 속에서 비트겐슈타인은 1930년 바이스만(F. Weismann)과의 대화에서 말한다. "언어의 한계에 충돌한다고? 언어는 어떤 새장이 아니다(anrennen gegen die Grenze der Sprache? Die Sprache ist kein Käfig)" (*Wittgenstein und Wiener Kreis*, Band 3, S. 117) 이 말은 언어의 한계 개념이 논의되는 여러 문맥들 가운데 하나이다. 그가 새장의 벽을 넘어설 수 있다고 주장하고, 벽이 있다는 것에 반문하는 것은 "말이 참인지 거짓인지 무의미한 헛소리인지 전혀 문제도 되지 않는"(W.W.K, 117) 사용 즉 언어의 관습적 사용을 초과하는 이상한 탈관습적 사용(extra-vagant uses of language)이 가능하다는 것을 의미한다.

탈관습적 언어 사용은 과학사에서도 나타나고, 동서양의 신비가나 예술가들이 구사하는 언어의 시적 사용 방식에서도 나타난다. 비트겐슈타인은 위의 문맥에서 "종교의 말들은 비유(Gleichnis)조차도 아니다. 왜냐하면 그렇지 않으면 산문으로도 말할 수 있었을 것이니까" (W.W.K, 117) 라고 했는데, 이것은 언어의 관습 위반적 사용을 비-산문(시)과 동일시한 것이다.[14] 이러한 생각은 비트겐슈타인에게 언어의 창조적 사용과 인격의 고결성의 의의를 가르쳐 준 비엔나의 문인이자 문명비판가였던 크라우스(Karl Kraus)의 영향과 무관하지 않다. 크라우스는 "언어의 벽을 돌파하고자 피투성이가 되어도 다시 도전한다"는 입장에서 일상의 의사소통을 넘어서는 언어의 창조적 사용을 진부한 문인들의 속물근성과 대립시켰다.[15]

---

14 Luis Miguel Isava, *Wittgenstein, Kraus*, and Valery, Peter Lang, 2002, pp.33-34.

15 『논고Tractatus』와 연관되어 잘 알려진 비트겐슈타인의 한계 개념은 쇼펜하우어가 과학적 오성(언표 가능의 영역)과 생의 의미의 영역(영원의 관점에서 세계를 보는 언표 불가능한 지혜의 영역)을 명확히 구분한 것에 연원한다. 오성의 형식이 적용되는 '표상으로서의 세계 밖에 있는' 의지의 영역은 과학적 지성이나 사변적 체계가 적용될 수 없는 구원과 지혜가 문제되는 예술과 윤리-종교적 영역이다. 삶의 의미의 문제는 지성으로는 언표할 수 없고 언표해서도 안 되는, 그래서 동서양 신비가들의 지혜의 성격이 실존적

언어의 한계선이나 벽은 양 쪽의 영역에 대한 변증법적 이해를 전제한다. 모순과 역설을 과감하게 수용하는 문예적 언어 사용은 관습적 의사소통 수단이라는 협소한 언어 사용을 타파한다. 비트겐슈타인은 일상언어 분석에 일차원적으로 머물고 있다는 비판을 받기도 했지만, 언어의 관습적 한계를 넘어서 언어의 범람과 초과라는 창조적 사용방식을 의식하고 있었다. 이러한 문맥에서 그는 "한계를 긋는 것은 여러 가지 이유가 있을 수 있으며", 언어의 한계는 "언어 놀이(Sprachspiel)의 일부분"이라고 말할 수 있었다.[16]

경험적 확증을 통해 명제의 지시체를 언어의 의미로 고정하는 논리는 언어가 가진 긍정과 부정의 대비를 소홀히 한다. 명확한 지시체의 주위에는 미규정의 흐릿한 음영(陰影)이 있다. 이 공간이 새로운 의미로 채워질 창조적 가능성의 영역이다. 명제는 미결정성 때문에 운신의 자유를 향유하며 흥미롭고 이상한 역설들을 창조의 발판으로 삼을 수 있다. 명제는 관습적인 고정된 의미를 벗어나, 즉 과거를 벗어나 새로운 의미를 기다리는 지연된 시간 속에서 움직인다. 미래의 불확실성을 회피하는 보수적 언어철학은 창조의 동력을 상실하고 현재에 고착된 삶의 양식으로 추락할 것이다. '생의 전환(신남철)'과 '생의 긴장(함석헌)' 개념과 함께 '창조의 논리(박종홍)'는 긍정과 부정의 변증법적 대비 안에서 언어를 사용하는 삶의 형태를 암시한다.

이런 의미에서 도래하는 철학이 넘어서야 할 사고 유형이 하나 있다.

으로 음미되고 체험되는 '신비적인 것'의 차원이다. 쇼펜하우어는 SK를 약호로 하는 죄렌 키에르케고르(Sören Kierkegaard)가 자신의 필명(KS)과 거꾸로 되어 있지만, 헤겔과 같은 사변적 체계화를 거부하고 생의 의미의 차원을 실존적 지혜의 영역으로 보는 동일한 사상을 갖고 있다고 간주했다. 이러한 전통을 계승한 비트겐슈타인은 말할 수 있는 것과 없는 것에 경계선을 그었다. 이러한 문맥에서 전통 형이상학은 "언어의 장벽에 부딪혀 생긴 혹"과 같이 무의미한 헛소리(unsinnig)가 될 것이다. 전통 형이상학은 초월적으로 사용된 언어에 실재성을 부여하는 독단이자 유럽의 역사가 보여주듯 광기에 둘러싸인 지성의 세속적 권력을 보여주는 질병이다.

16 비트겐슈타인, 『철학적 탐구*Philosophische Untersuchung*』, 이영철 옮김, 책세상, 2006, 249쪽.

그 유형은 사물의 실체적 동일성을 가정하고 그것을 시공간적 형식 안에서 확인하는 사고방식이다. 이 방식은 서양 근대적 사고방식의 전형이었지만, 사물을 고정시켜 보는 상식과 부합하는 편리함도 지닌다. 스트로슨(Peter F. Strawson, 1919~2006)은 그의 『개체들*Individuals, An Essay in Descriptive Metaphysics*』에서 이러한 사고방식을 언어철학적으로 옹호했다. 그의 주장은 논리경험주의의 유명론적 전통에 따라 기본적 개체들(the basic particulars)이 존재론적 우선성을 갖는다는 것이다. 개체들은 "시간을 통해 지속하는 삼차원적 물체들"이다. 그러나 그에 의하면 "유일하고 통일된 시공간적 체계"가 있다. 이 안에서 동일하게 재확인할 수 있는 위치에 대해 말하는 것이 의미 있다는 것이다. 운동은 위치의 변화에 있다. 사물들은 위치들을 통과해간다. "공간-시간적 관계 체계는 고유한 포괄성과 편재성을 갖는다. 이것이 개체들에 대한 우리의 개별화하는 사고를 조직할 수 있는 틀로 기여하기 위해 자신을 특수하게 한정한다."[17] 이러한 관점은 과학을 정당화하는 칸트의 선험론은 아니지만, 일상적 경험의 조건을 분석하는 속류 칸트주의이다. 스트로슨은 공간에 관한 절대론과 상대론 사이에서 방황한다. 이 때문에 그의 사고는 순환 속에 있다(B. A. O. Williams). 그럼에도 그의 '개념적 도식'은 뉴턴 도식에 접근한다. 차펙에 의하면 그의 도식은 다음의 네 가지를 전제한다.[18]

(1) 물질의 담지자인 유일하고 부동한 절대 공간
(2) 유일한 담지자와 유사한 시간(이 안에서 사건들이 일어남).
(3) 절대적 공간의 한 부분으로서의 절대적 장소(물체의 이동에 대해 부동이며 무차별한 장소).
(4) 시간을 통해 존속하는 개별적 물체들로 분할되는 실체적 물질(물체들은 장소이동을 하고, 이 이동은 공간의 영속성과 등질성 및 부

17 P. F. Strawson, *Individuals, An Essay in Descriptive Metaphysics*, Anchor Books, 1959, p.13.
18 Milič Čapek, *Bergson and Modern Physics*, D. Reidel, 1971, pp.313-329.

동성에 어떤 영향도 미치지 못한다).

스트로슨은 실재에 대한 상식적 도식을 정확히 기술한다. 그러나 그는 이 도식이 어떻게 생겨났는지에 대해서는 묻지 않는다. 그러한 물음이 없는 것은 그 도식이 역사를 갖지 않는다고 보기 때문이다. 그러나 이러한 태도는 인간에 대한 심리·생리적 구성에 대한 진화적 접근과 양립 불가능하다. 피아제(Jean Piaget, 1896~1980)는 초시대적 개념적 도식이 매우 어린 시절에 거시적 경험의 압력하에서 형성된다는 것을 보여준다. 감각의 경우에도 개체 발생은 종족 발생을 되풀이 하고 있다.

그러나 근대 물리학의 위기는 초시대적 도식이 쓸모없게 되었다는 것에 있었다. 따라서 지금의 문제는 그러한 협소한 도식을 넓히는 것이다. 시야의 확장은 스트로슨에게는 더 좋은 사고방식을 주장하는 '개선(改善) 형이상학(revisionary metaphysics)'이 될 것이다. 그러나 그는 개선하고자 하지 않는다. 그가 주장하는 '재사유(rethinking)'는 새로운 삶의 형식을 권고하는 것이 아니라 사유의 초시간적 구조를 기술하는 것이다. 그러나 그는 다음 두 가지의 가능성에 직면할 수 있다.[19]

(1) 그의 '기술적 형이상학(descriptive metaphysics)'은 우리의 사고방식에 대한 신뢰할 만한 현상학적 해명이어야 한다. 그러나 이러한 가능성이 있다 하더라도 유클리드 공간 내에서 움직이는 삼차원적 고체가 존재론적 우선성을 갖는다는 언급은 무의미한 것이 될 것이다.

(2) 사고에 대한 단순한 기술 이상의 어떤 것을 주어야 한다. 그러나 이때 그는 보수적 형이상학에 따르게 될 것이다.

물리학의 발전이 보수적 형이상학을 쓸모없게 했다면, 문제는 그의 현

19 Milič Čapek, 위의 책, 329쪽.

상학적 해명이 어느 정도 완전한지 검토해야 한다. 스트로슨은 사람들이 사용하는 개념적 도식을 올바르게 기술하고 있다. 그러나 그는 스스로 자신에게 부여한 한계 때문에 단점을 갖게 되었다. 그의 도식은 자생적인 감각의 직접성도 갖지 못하고, 고전적인 입자-운동적 모델의 정확성도 갖지 못한다. 이 두 가지 사이 어딘가에 그의 도식이 있으며, 이러한 위치는 모호한 위치일 것이다. 그의 도식은 유클리드-뉴턴의 공간을 닮아 있지만, 이 공간은 일상 언어의 모호성을 넘어서 있는 것이다. 또 통일적인 시공간 체계도 유클리드-뉴턴 도식의 특징을 전적으로 갖고 있는 것은 아니다. 그러나 그의 시공간 체계는 심리적 연장보다는 유클리드-뉴턴의 공간에 가깝다. 그의 '개체들'도 이와 유사한 모호성을 지니고 있다. 개체들은 원자(atom)는 아니지만 원자에 가깝다.[20]

레셔(Nicolas Resher)는 과정 철학의 입장에서 스트로슨의 논증이 갖는 '결정적 취약점'을 거론한다. 스트로슨에 의하면 대상들은 통일적인 시공간 틀을 전제로 파악된다. 그러나 그는 대상들이 충분한 다양성, 풍부성,

---

20 스트로슨은 청각적 소리 그 자체는 공간이 없는 것으로 보아 물질적 실체의 우선성에서 제외한다. 그는 여전히 시공간 형식 안에 사물이 존재한다는 근대적 도식에 집착한다. 드 브로이와 베르그송은 미시적 차원의 이미지 없는 잠재적 실재의 유동성과 진동을 음악에 비유함으로써 청각적 모델의 존재론적 의의를 부각시켰다. 청각적 모델의 특징은 현대 물리학에 접근한다. 차펙은 자신의 책에서 다음과 같이 말한다. 청각적 모델은 수학적 순간들(instants)의 불가능성과 운동의 부동의 담지자의 피상성을 알게 한다. 다성 음악의 복잡한 구조는 더 많은 것을 깨닫게 해준다. 여러 유형의 멜로디가 동시적(contemporary)이고 서로 함께(along side) 진행한다. 리보(Theodule Ribot)는 다성 음악에서의 병행(along side)과 인접(beside)의 관계가 공간적 관계와 유사함을 보여준다. 이 유사성은 현대 물리학의 관점에서 자연철학에 매우 중요하다. 다성 음악적 운동에서 멜로디들은 미래의 방향으로 서로 병행하며, 멜로디의 개별성을 상실하지 않고 총괄적으로 겹친다. 그러나 구성 멜로디들의 역동적 공존은 공간적 외면성의 관계와는 다르다. 상대적인 시공간을 구성하는 세계 선(線)들은 '함께-생성(co-becoming)', '함께 유동(co-fluidity)'한다. 세계 선들의 인과적 상호 작용은 단순 정위의 오류에 대한 비판(화이트헤드)의 근거가 된다. 함께-생성하는 인과적 선들과 인과적 통로들(tubes)의 복수성(plurality)은 단순한 계기적 관계에서는 도출될 수 없다. 상대론적 물리학은 4차원적 세계과정의 연장(extension)이나 총괄적 폭을 배제하지 않는다. 이것이 생성의 화합(unison of becoming)이고, 흐름들의 동시성(simultaneity of fluxes)이다.

안정성, 지속성, 그리고 그에 대한 상호 인격적 설명 가능성 등을 가질 수밖에 없다고 전제하고, 물체들(material bodies) 혹은 물체들을 소유하는 사물들은 인식론적으로 기본적인 개체들임에 틀림없다고 논증 없이 추론한다. 이러한 추론은 위에서 언급한 것처럼, 시공간 도식이 물질적 대상을 가능하게 하고 물질적 대상이 시공간 도식을 가능하게 하는 순환성을 갖는다. 또한 스트로슨의 기술은 개체들이 '물질적 객체 실체주의'에 의거해서만 가능하다고 보고, 생성철학의 뻔한 실패를 보여주려는 의도를 갖고 있다.

그러나 레셔에 의하면 "물질적 실체들을 물리적 과정들의 복합으로 다시 파악하는 것은 가능하지만 그 반대의 경우, 즉 물리적 과정들을 물질적 객체들의 복합체로 다시 개념화하는 것은 가능하지 않다." 이것은 양자 역학이 뉴턴 역학을 설명할 수 있지만, 그 반대는 아닌 것과 같다. 생성철학은 개체들이 "언제나 과정을 통하여 발생하며 불가피하게 과정들에 그 존재의 출현을 빚지고 있다고 주장한다."[21] 이런 의미에서 화이트헤드는 실체와 같은 추상적인 것을 구체적인 것으로 착각하는 습관을 '단순 정위의 오류(Fallacy of Simple Location)'라고 했다. 화이트헤드는 자신의 유기체적 사고가 "인도나 중국의 사유의 기조(some strains)에 접근"하는 것으로 인식했다. 그에 의하면 "인도나 중국의 사유는 과정(process)을 궁극적인 것으로 보지만, 서아시아나 유럽의 사유는 사실(fact)을 궁극적인 것으로 본다."[22]

실체적 사고와 시공간 도식, 즉 "역사를 갖지 않은 인간 사유의 육중한 중심 핵(a massive central core of human thinking which has no history)(P. F. Strawson)"[23]이 있다는 것은 부정할 수 없다. 그러나 이러한 사실의

---

21 레셔(Nicolas Rescher), 『과정 형이상학과 화이트헤드*Process Metaphysics & Whitehead*』, 장왕식 옮김, 이문출판, 2010, 102-113쪽.

22 A. N. Whitehead, *Process and Reality*, The Free Press, 1978, p.7(『과정과 실재』, 오영환 옮김, 민음사, 2005, 59쪽).

23 P. F. Strawson, 앞의 책, x, iv.

인식론적 의미는 스트로슨이 생각하는 것과 다르다. 일상적 경험의 거시적 물체는 우주의 내용물을 대표하지 못한다. 실재의 중요한 요소들은 '공적으로 말하기에 충분한 공통적이고 분명한 사물들(W. V. Quine)'이 아니다. 현대 과학의 가장 혁명적인 발견은, 분명하지 않고 감관에 지각될 수조차 없으며, 아무도 이전에는 말하지 않았던 존재들의 발견이다. 그것에 대해서는 친근한 이름이 적용될 수 없고, '대상', '사물'과 같은 말조차도 적용될 수 없다. '대상(objects)'이라는 말이 '거시적 편견'이 아닌가? 대상이라는 말 자체가 자명하지 않다. 하이데거의 지적처럼 '대상'이라는 말은 객관성을 존재로 보는 서구 근현대의 편견이자 생성으로서의 존재를 망각한 것이다. 생성철학은 대상에 정위된 언어나 논리는 심층적 미시 차원이 아닌 중간적인 거시 차원의 영역에 진화사적으로 적응된 습성이라고 본다. 이러한 통찰은 금세기 물리학의 발전에 따라 개연성이 높게 되었다. 그것은 신라 시대 의상(義湘, 625～702)이 쓴 『법성게法性偈』의 말처럼 "개체들은 자기 동일성을 유지하지 않고 인연에 따라 이루어진다[不守自性隨緣成]"는 관계론적 사유를 환기시킨다.

관계는 인연에 따르는 수연(隨緣)의 관계이다. 이 관계는 일정한 술어를 가진 주어가 자신의 정체성을 배타적으로 사용하는 배제적 관계가 아니다. 이는 무한한 중첩적 관계들로 열려진 개방적 관계이다. 또 중심이 비어 있는 주체가 긍정적 포용성을 바탕으로 수용해가는 관계이다. 장자(莊子)는 이 관계가 비어 있는 중심과 원융한 포괄성을 갖추고 있다는 의미에서 속이 빈 원환이지만 원활하게 움직이는 '원융성[環中]'에 비유했다. 그것은 둘레를 폐쇄하지 않고 열린 환경으로 창조하는 지혜의 반지이다. 환중은 정상과 비정상, 행과 불행의 양극을 초월하여 활동하는 '도추(道樞, 도의 사북)'이다. 전 방위로 열려진 빈 주체는 환경과 소통하지만 지배하는 자아로서가 아니라 비어 있는 자아로서 작용한다. 이 주체는 비어 있다는 의미에서 수동성을 갖지만, 작용한다는 면에서는 자유와 평등을 창조해가는 능동성을 갖는다.

이러한 능동성은 삶 속에 죽음, 정상성 속에 비정상성, 미(美) 속에 추,

안도하는 긍정 속에 불안정이라는 역설이 있음을 수용한다. 그것은 상대적인 것을 평등[同]의 관점에서 본다. 제도적 배타성은 뭉치는 통일성을 만들지만 환중(環中)의 관계는 흩어진 동일성을 만든다. 분산[散]과 동일성[同]의 결합은 해방운동에 저항하는 동원과 배제의 정치학에 적대한다.

새로운 관계를 형성함으로써 보편적 소통으로 나아가는 삶의 방식은 우주적 화해정신[宥和]을 필요로 한다. 이것을 습관으로 만드는 노력이 필요하다. 이 노력은 사물을 고정시켜 파악하는 언어생활에 대한 반성을 통해 시작된다. 장자는 배타적 구분에 고착된 언어 습관이 전제하는 시공간적 폐쇄성에 대한 성찰 과정을 지혜의 여신인 여우(女偶, 사물과의 소통 능력을 지닌 지혜를 상징)의 입을 통해 가르친다.

그에 의하면 자유는 개방적이며 포괄적인 관계 속에서 가능하며, 근원적 혼돈으로 용해하려는 노력에 의해 획득된다. 사물과의 진정한 화해적 관계는 분명한 윤곽을 선호하는 문자와 지각으로부터 청각과 중얼거림을 거쳐 근원적 어둠과 무(無)에 관한 응시에 도달하고, 다시 그 무로부터 생성의 세계로 나오는 회귀에서 확보된다. 생사의 근원으로 환원하는 마음의 운동에서 생 속에서의 죽음이 긍정적으로 포괄된다. 평등의 관점은 근원으로의 환원과 세상으로의 회귀라는 신화적 구조를 통해 비로소 진정한 덕으로 통찰된다. 이러한 우주적 화해의 정신은 시공간적 폐쇄성을 벗어나 '무고금(無古今)'을 체득하고 '불사불생(不死不生)'을 통찰함으로써 삶 속에서 죽음에, 배타적 배제 속에서 평등에, 대낮의 광명 속에서 암흑에 관계한다.

> 고금이 없어진 이후에 불사불생에 들어갈 수 있다. 생을 죽이는 존재는 불사이다. 생을 낳는 존재는 불생이다. 그 존재는 보낼 것은 반드시 보내고 맞이할 것은 반드시 맞이한다. 무너뜨릴 것은 반드시 무너뜨리고 만들 것은 반드시 만든다. 이러한 작용을 엉킴 속에서의 평안, 즉 영녕(攖寧, 관계적 엉킴 속에서도 자유로움)이라 한다. 엉킴 속에서의 평안이란 엉킨 이후에 이루어지는 것이다. 남백자규가 말했다. 선생은 그것을 대체 누구에

> 게서 들었습니까? 나는 그것을 문자[副墨之子, 글월을 상징]에게 들었다. 문자는 그것을 암송하는 기억[洛誦之孫]에게 들었다. 기억은 그것을 분명한 시각, 즉 첨명(瞻明)에게 들었다. 분명한 시각은 그것을 청각적 앎, 즉 섭허(聶許, 들어서 앎)에게 들었다. 청각은 그것을 목에 걸린 흐릿한 소리, 즉 수역(需役)에게 들었다. 목에 걸린 소리는 그것을 순간의 감동, 즉 어구(於謳)에게 들었다. 순간의 감동은 그것을 무차별한 어둠[玄冥]에게 들었다. 어둠은 그것을 초월적 공허, 즉 삼료[參寥]에게 들었다. 초월적 공허는 그것을 근원적 응시(疑始, 의시로 읽으면 근원적 혼돈)에게 들었다.
>
> 無古今而後能入於不死不生, 殺生者不死, 生生者不生, 其爲物, 無不將也, 無不迎也, 無不毁也, 無不成也, 其名爲攖寧. 攖寧也者, 攖而後成者也, 南伯子葵曰; 子獨惡乎聞之. 曰 ; 聞諸副墨之子. 副墨之子聞諸洛誦之孫, 洛誦之孫聞之瞻明, 瞻明聞之聶許, 聶許聞之需役, 需役聞之於謳, 於謳聞之玄冥, 玄冥聞之參寥, 參寥聞之疑始.[24]

근원적 무는 인성 전환의 원리이다. 무에서 전성(轉成)되는 생성을 보는 것은 개방적 실천의 창조를 가능하게 한다. 삶의 양식의 변화는 평등한 연대성[大同]을 폐쇄사회에 작용하게 하는 평등의 정치학을 암시한다. 새로운 우주적 연대성을 창조하려는 노력은 동학과 대종교, 신채호, 박은식에 이르는 줄기찬 노선이었다. 생성의 철학은 고정된 질서와 폐쇄적 사고를 부정하는 실천적 지평 속에서 움직인다. 소통적 관계를 통해서 일어나는 생성은 응고시키는 세속적 관습에 대한 부정을 통해 접근 가능한 것이 된다. 생성에 대한 긍정은 고체의 논리와의 역설적 관계를 피할 수 없다.

원효(元曉, 617~686)는 장자의 환중(環中)을 활용하여 역설적 모습[相]으로 나타나는 포괄적 조화의 관계를 묘사했다. 초기 붓다와 용수(龍樹)의 중도론(中道論) 이래, 생성 전변하지만 집착에 물들어 있는 세

---

24 莊子, 「大宗師」, 『莊子』 1, 안병주 · 전호근 역주, 전통문화연구회, 2001, 282-285쪽.

계의 유(有)와 이의 부정인 무(無), 즉 속제(俗諦)와 진제(眞諦)에 대한 관찰이 진실에 이르는 길이라는 주장은 불교의 핵심 사상들 가운데 하나였다. 그것은 집착과 윤회로 대표되는 유에 대한 부정을 통해 무를 성찰하고 다시 무 역시 가상임을 성찰하여 집착 없는 자유[解脫]에 도달한다는 것이다. 원효는 이 자유가 집착에서 벗어났다는 측면에서는 무이지만, 고통의 세계로 다시 돌아오는 사랑과 화해의 정신을 구현하는 실천적 개입이라는 측면에서는 유이기도 하다는 점을 강조했다. 실천적 지혜는 유와 무의 역설적 융화이다.

이런 의미에서 원효는 다음과 같이 말했다. "진실로 부정이 위대한 긍정이 되기 때문에 (실상을) 표현하는 언어가 신묘하게도 환중에 계합하고, 불합리한 역리가 최상의 합리성이기 때문에 (실상을) 설명하는 종지가 한계 밖으로 초월해 나아간다[良由不然之大然故, 能說之語妙契環中, 無理之至理故, 所詮之宗超出方外]."[25] 고정성에 안주하는 언어는 세간의 생활을 편리하게 하지만, 진정한 언어활동은 존재와 무의 역설에 대면하고, 이 역설을 하나로 융합하는 자유를 실현한다. 언어는 역설적 사용을 통해 "세간적 유(有)와 출세간의 무(無)를 융화하는[融有無]" 자유를 지시해 보인다. 이러한 융화적 관계를 추상하여 배제적 관계로 파악하는 습관이 무지의 길이며, 그것이 자유와 보편적 평등을 억압하는 망상이다. 존재와 무의 융합에서 신채호와 손병희는 저항적 자유의 주체성을 보았으며, 박종홍이 고심했던 무의 형이상학은 문화 창조를 통해 유의 세계를 건설하는 주체성의 토대가 되었다. 그는 존재와 무의 융화를 변증법적 창조의 논리로 발전시키고자 했다.

베르그송은 니체처럼 자신의 유럽 중심적 편견을 보여주는 것이기도 하지만, 불교를 불완전한 소극적 신비주의로 보았다. 그러나 그는 수량화하는 고체적 사고를 편리한 유용성의 맥락에서 형성된 습관으로 보고

---

25 조명기 편, 『金剛三昧經論』 上, 元曉大師全集, 조명기 편, 보연각, 1982, 130쪽; 『元曉의 金剛三昧經論』, 은정희 · 송진현 역주, 일지사, 2000, 20-21쪽.

이 습관을 넘어서려는 노력이 철학이라고 주장했다. 고체의 논리는 불교적 관점에서는 자아집착[我執]에 뿌리를 둔 대상집착[法執]에 습염(習染)된 결과이다. 서양 근대의 기계론적 사고는 수적으로 측정하는 자(척도)를 만들어 운동을 재는 습관을 실재의 질서로 혼동했다. 이 사유의 물화가 자본주의적 삶의 양식에 깊이 각인되어 있었다. 그것이 생활세계에서의 자기분열과 인격의 물화, 소외를 야기하는 문화였다.

헝가리의 루카치(György Lukács, 1885～1971)는 마르크스와 마찬가지로 생성철학의 질적 경험과 자본주의의 수량화된 시간을 대비시켜 현대사회의 사물화를 기술했다.

> 노동과정의 합리화와 기계화가 점차 증가함에 따라 [……] 시간과 공간이 하나의 공통분모로 환원되고 시간이 공간의 수준으로 평준화되는 것이 바로 그것이다. 마르크스가 지적하듯이 '기계 밑으로 인간을 굴복시킴으로써' 다음과 같은 상태가 나타났다. '노동과는 대조적으로 인간들은 사라진 것이다. 두 기관차의 속도를 측정할 때와 마찬가지로 시계추가 두 종류 노동자의 업적을 측정하는 정밀한 척도가 되었다. [……] (수량화된) 시간이 전부이고 인간은 더 이상 아무 것도 아니다. 기껏해야 시간의 구현체일 뿐이다.' [……] 이로써 시간은, 그 변화하고 유동하는 질적 성격을 잃어버렸다. 시간이 한계가 엄밀하게 그어지고 양적으로 측정될 수 있는 연속체, 사물들로 채워진 연속체, 다름 아닌 공간으로 경직화된 것이다.[26]

질적 시간이 노동 과정 속에서 공간화되어 경직되면 인격의 죽음을 가져온다. 임의적이면서도 유용한 습관에서 나온 측정의 수단이 삶을 이끄는 주체로 전도된다. 일정한 간격으로 절단된 측정의 자를 만들어 질적 경험에 적용하는 습성은 사물에 대한 편리한 지배를 가능하게 한다. 그

---

26 루카치, 『역사와 계급의식*Geschichte und Klassenbewusstsein*』, 박정호 · 조만영 옮김, 거름, 2005, 188쪽.

러나 이러한 습성은 산술의 연원이 될 수는 있어도, 생성에 접근하게 해줄 수는 없다. 그것은 인간을 일상세계로부터조차 소외시키는 서양 근대문명의 강력한 권력이었다.

생성철학은 기존의 삶의 방식에 비판적으로 개입하는 정치학을 필요로 한다. 기존의 질서가 곧 현실이다. 그러나 세계상실을 극복하여 그것을 진정한 현실로 전환하려는 의지는 현실을 창조적 가능성의 실현, 즉 변증법적 현실성 개념으로 이해한다. 현실은 현실성으로 전환된다. 이러한 현실성 원리는 세계상실과 이로 인한 사물화를 극복하려는 의지를 자유의지로 이해하게 한다. 이 자유는 관습적 의사소통 방식을 성찰 없는 직접적 소통방식으로 보고, 성찰과 자기 변화를 야기함으로써 현실을 전환하려는 간접적 의사소통 방식을 지향한다. 현실성에 매개되지 않은 철학의 의사소통은 공허한 유령언어 게임이 될 것이다.

새로운 의사소통과 자유의 실현은 무 혹은 무극의 전개인 자연의 창조적 과정 위에서 일어나는 사건이다. 생성철학은 인간을 우주적 과정의 일부로 보아 그 과정의 연속선 상에서 이해한다. 그것은 우주와의 연속성이 파편화된 결과 얻어진 근원적 죄의식인 양심 불안을 극복하려는 노력에서 진정한 윤리를 찾는다. 자연의 생성과 일치된 경험은 사랑과 해방의 체험이기에, 자연과의 분열을 불안과 투쟁의 근본 원인으로 본다. 자연과 하나임을 통찰하는 것에서 존재긍정의 윤리가 나온다. 이 긍정의 윤리에서 평화의 가치를 이해하게 된다.

그러나 서양 근대과학 문명 속에서 성장한 인식론이 주관과 객관의 분열을 전제하고 성립한 것이듯, 주관－객관의 분리는 인위적으로 만들어진 것이다. 이러한 인식론적 주관이 사적 주관이 아니라 보편적 주관으로 선언되었다 하더라도, 그 주관성은 자연과 대립하여 자연을 대상－객관으로 보는 적대적 습관의 산물인 것이다. 사물에 대한 이러한 원한(怨恨)을 숨긴 주관은 자신의 자연사적 연원을 알지 못하는 소외되고 버려진 의식이다. 생성 과정의 일부인 인간은 주관과 객관이라는 불행한 도식을 넘어서서 무(無)와 생성의 융합을 사유하며, 우주적 연대성의 회복이라는 자유의 이념 아래 사회적 실천을 모색한다.

실천은 먼저 사회적 위치와 기능에 예속된 안정된 귀속성으로부터 거리를 둔다. 이 탈귀속성이 주체성을 확립한다. 이 주체성은 사회적 삶의 타성적 경향에 역운동한다. 주체성은 새로운 삶의 양식을 창조하는 구체적 외면화의 길로 나아간다. 이 과정은 과거와 미래의 분열에 의해 움직이며 절대적 화해의 자유는 이러한 균열을 극복하도록 이끌어가는 이념이 된다.

만해 한용운은 자유가 세계와 자아의 절대적 통일의 경계(境界)에 있으며, 이것이 사랑과 원망(怨望), 그리움과 침묵의 역설을 일으킨다는 것을 예술적으로 표현했다. 생의 궁극적 본질은 온갖 대립의 고통과 부자유를 넘어선 절대 자유이다. 절대의 님인 자유로 가는 길은 허무와 결단, 추락과 희망을 통과하여 '눈물의 진주'로 결정화하는 길이다. 한용운은 절대적 이념을, 넘어진 자신의 삶을 일으켜 세우고 쓰러진 사회를 자유의 길로 생기(生起)하게 하는 미래적 희망으로 파악했다. 부재로서 존재하는 이 이념을 좇아가는 길이 '생의 예술(生의 藝術)'이다.

> 님은 갔습니다. [……] 우리는 만날 때에 떠날 것을 염려하는 것과 같이 떠날 때에 다시 만날 것을 믿습니다.
>
> 아 아, 님은 갔지마는 나는 님을 보내지 아니하였습니다. 제 곡조를 못 이기는 사랑의 노래는 님의 침묵을 휩싸고 돕니다. _「님의 沈黙」

> 한숨의 봄바람과 눈물의 수정은 떠난 님을 그리워하는 정(情)의 추수(秋收)입니다.
>
> 저리고 쓰린 슬픔은 힘이 되고 열(熱)이 되어서 어린 양(羊)과 같은 작은 목숨을 살아 움직이게 합니다.
>
> 님이 주시는 한숨과 눈물은 아름다운 생의 예술입니다. _「生의 藝術」[27]

---

27 한용운, 「님의 沈黙」, 「生의 藝術」, 『韓龍雲全集』 1, 불교문화연구원, 2006, 42쪽, 78쪽.

시인은 밤과 새벽 종 사이에 있다. 사이에 존재하는 시인의 모습이 철학의 모범이다. 철학은 기다림 속에서 자기를 잃어버리는 것이다. "우주(宇宙)와 인생의 근본 문제를 해결하는 대철학(大哲學)은 눈물의 삼매(三昧)에 입정(入定)되었습니다. 나의 기다림은 나를 찾다가 못 찾고 저의 자신까지 잃어버렸습니다."[28] 기다림에 충실하기 위해서는 "진정한 사랑을 위해서는, 괴롭게 사는 것이 죽음보다도 더 큰 희생이다."[29] 기다림은 불과 얼음이 만나는 것이다. "미친 불에 타오르는 불쌍한 영(靈)은 절망의 북극(北極)에서 신세계(新世界)를 탐험합니다."[30] 이러한 이별과 탐험이 "미(美)의 창조"의 원천이자 "자유의 정조(自由貞操)"이다. 자유의 절개는 한용운의 개인사와 연관이 있다. 그것은 부친과 형이 동학 1차 혁명 때 죽고 자신은 2차 혁명에 참여했다가 수배자와 도망자가 되었던 시련을 반영하고 있다. 그 후 자유의 정조는 독립운동과 종교운동을 인도한 저항의 이념이 되었다.

"이렇게 만해는 자기 시대를 님이 사라진 시대로, 자기 현실을 님이 침묵하는 현실로 인식했다. 그러나 그에게 있어서 「님」의 침묵은 그 자체가 님의 「소리」이며 님의 부재(不在)는 님의 실재(實在)에 대한 직접적인 증거로 된다. 눈에 보이는 것만이 존재요 목전에 벌어지는 현상이 곧 역사적인 것으로 여기는 자들에게는 님의 침묵이 바로 님의 부재를 뜻하며, 따라서 그들에게는 현상에 순응하는 것만이 삶의 유일한 방법이다. 그러나 만해는 눈에 보이는 현상에 집착하는 것이 거짓과 헛것에 얽매여 그 노예가 되는 길임을 정확하게 꿰뚫어 알았다."[31]

부재하는 것이 현실적인 것이다. 또한 그것이 역사적인 것이다. 보이지 않는 것이 역사를 생성시키고 구성해간다. 절대적 자유의 이념은 한용운의 말대로 "움직이는 가운데 고요하고, 고요한 가운데 움직이는[動

28 한용운, 「苦待」, 앞의 책, 81쪽.
29 한용운, 「離別」, 앞의 책, 47쪽.
30 한용운, 「?」, 앞의 책, 56쪽.
31 廉武雄, 「萬海 韓龍雲論」, 『韓龍雲全集』 4, 401-402쪽.

中靜, 靜中動]”[32] 역설의 결합, 모순의 심정을 통해 시대에 나타난다. 부재를 견디는 자가 님이 여기 와 있다는 현존(顯存)의 명수(名手)이다. 한용운의 역설적 예술 철학은 동학과 대종교로부터 시작한 현대 한국철학의 근본적 절조(節操)를 집약한다. 한국철학은 시대의 시달림을 기다림으로 전환하고, 기다림을 실천적 결단으로 전환하는 생의 형식을 창조했다. 이러한 삶의 양식은 잃어버린 세계를 회복하고 구성하려는 자유의 충동이자 요구였다.

도래하는 시대의 철학은 바로 이 요구에 응답하여 인간과 인간, 인간과 우주의 평등한 연대적 연동 체계를 이념으로 선택할 것이다. 이 이념이 새로운 삶의 형식을 구성하게 한다. 그러한 구성적 이념이 철학으로 하여금 인간에 의해 만들어진 문명이 인간을 신음하도록 하는 전도된 현상을 문제 삼게 할 것이다. 봉건적이거나 자본주의적인 관념과 조직은 인간을 압박하고 인간과 세계를 분열시켜왔다. 철학은 이러한 압열(壓裂)에 자리를 잡는다. 압열은 덩어리진 조직화가 억압으로 작용하여 그 덩어리로부터 찢겨져 나온 생의 감정이다. 생의 감정은 자신에 가해지는 압력을 극복하고 무정한 세상이 마음을 지배하지 못하는 세계를 지향할 것이다. 이러한 개방적 생의 통일성이 철학으로 하여금 감시와 처벌의 세상에 안주하는 토착성을 파괴하고 탈토착화의 방향으로 분기(分岐)하는 경계선에서 움직이게 할 것이며, 새로운 연대적 삶의 양식을 구성하게 할 것이다.

32 韓龍雲, 「제논의 飛矢不動論과 僧肇의 物不遷論」, 『韓龍雲全集』 2, 306쪽.

결론

운명[命]과 이름[名]

20세기 한국철학의 흐름은 한 가지 지울 수 없는 깊은 인상을 남긴다. 그 시대의 사상가들은 질풍광도(疾風狂濤)와도 같은 현실로부터의 탈출과 저항을 회피할 수 없는 운명[命]으로 선택했다. 그들에게 현실은 너무나 치욕스러운 것이기에, 그것을 숙명으로 받아들일 수는 없는 것이었다. 현실에 맞서 새로운 희망이 주는 사유와 행동을 전개하는 것이 그들의 시대적 운명이 되었다. 숙명적인 과거의 속박과 창조적인 미래를 향한 자유가 충돌하는 삶이 그들이 선택한 운명이었다. 이 운명은 회피할 수 없는 시대적 사명으로서 결단을 요구했다. 사명을 지닌 운명으로서의 삶은 궁핍과 시련을 통해서만 실현되었다. 이러한 극복의 과정이 상실한 세계를 탈환하는 생의 운동이며, 이 운동은 자유의 이념에 의해 이끌려가는 것이었다. 그러나 군사적 세계 자본주의 조류 아래에서 경제주의적 근대주의에 매몰되어 있었던 사람들은 그 조류에 따르는 것을 대세로 간주했다. 이러한 대세에 따르는 삶의 방식은 20세기 전체를 통해 전승되었으며 다른 형태로 현재에까지 이어지고 있다.

운명의 삶은 미래 희망의 지평으로부터 현재를 구성하지만, 숙명의 삶은 기존의 조류로부터 대세를 구성한다. 현대 한국철학은 숙명 속에서도 미래의 빛에 의해서 움직이는 운명이 이끌어갔다. 그러므로 그 철학은 절망과 희망, 자기비하와 자부심이 교차하는 지점에서 움직였다. 철학을 한다는 것은 현실과의 실용적 연관에서는 결코 즐거운 일은 아니었다. 그러나 미래 희망이 비록 역사적 사회가 가한 고통을 통해 생겨난 것이긴 하지만, 단순히 사회 문제의 해결을 통해 그것이 충족되리라고 생각할 수는 없었다. 희망은 세계의 존재의미를 묻는 세계 수수께끼에 직면하여, 개체의 존재의미와 그 우주적 연관에 대한 통찰에 도달하고자 하는 형이상학적 충동을 일깨우기도 했다. 신남철과 박치우는 서구 근대의 과학주의적 세계상과 사회변혁의 동기가 주는 무거움 때문에 우주와의 연관에서 제기될 수 있는 문제들에 대한 철학적 사변을 간과했다. 특히 박치우는 그 진보적 명료성에도 불구하고, 사욕의 체계인 시민사회와 자유주의를 극복하려는 논리를 이러한 과정을 제대로 겪지 못한 한국사회에 적용했다. 해방 후 진보적 철학은 그들의 실패한 전략을 제외한다면, 오히려 21세기 오늘의 현실에 적용하기에 적합한 하나의 요소를 갖고 있었다. 바로 억압에 대한 저항과 진정한 민주주의 정신을 환기시키려는 의지와 정치적 상상력이다. 또한 박종홍이 형이상학보다 하위가치로서 인정했던 논리 경험주의는 과학의 논리에 최상의 우선성을 부여했다. 그러나 진보적 철학은 과학적 실재론에 접근하는 반경험주의적 방법과 그 실용성에 대한 강도 높은 믿음을 갖고 있었다.

한편 동학과 대종교 계열로부터 박종홍에 이르는 철학들은 동양적 우주관을 바탕으로 과학과 사회변형의 문제를 논의했다. 그들은 사건들의 인과관계를 수량적으로 기술하는 것보다는 사건들의 유기적인 공감의 관계에 대한 형이상학적 통찰을 과학보다 상위에 놓았다. 그 통찰은 인간을 포함한 만유의 소통적 연대성과 평등성을 자연에 관한 궁극적 지혜이자 정치 사회적 윤리의 기초로 보게 했다. 그들은 과학의 이론적 전제를 비판적으로 반성하기보다는 근대화 문맥에서 그 실용적 적용의 의의와 그 윤리적 한계에 주목했다. 그러나 이 때문에 실제상에서는 권력화된 과학의 지배 아래 있게 되었고, 이론상에서는 양자의 적절한 관계 유형에 대한 적극적인 해명이 미흡했다. 이러한 상황은 오늘에까지 지속되고 있다. 바로 이 지점에서 오늘의 한국철학은 정치경제의 민주화라는 과제와 더불어 과학의 본성에 대한 논리적 반성뿐만 아니라 그에 대한 문명사적 고찰을 과제로 갖게 된다. 이와 함께 미신과 권력의지가 스며들기 쉽고 그래서 지적 명료성의 도움을 필요로 하는, 동서양 형이상학의 학문적 위치와 의의에 대한 고찰이 필요하게 되었다.

내적인 정신적 통찰과 외적인 사회의 변형을 지향하는 한국철학은 인류가 처한 이러한 내외의 주요 문제들 안에서 움직일 것이다. 그리고 그 내외합일적 구조 안에서 주거 환경과 교육, 언어와 예술 등 여러 문화적 생활에 대한 탐구와 변형이 모색될 수 있을 것이다.

1920년대 이후로부터 발전한 현대 물리학은 미시세계를 발견하여 물질의 구조에 관한 기존의 관점을 변형했다. 현대 과학은 중간 크기 세계의 이미지를 떠나 이미지 없는 진동의 차원과 여기에서 일어나는 창조적 전개 과정을 환기시켰다. 그러나 근대과학의 어두운 실천적 귀결을 돌아 볼 때, 오늘날 인간과 미시세계와의 상호 작용이 인간의 삶을 어디까지 변화시킬 것인지 예견할 수 없을 정도가 되었으며, 금세기 물리학과 기술이 확립한 상호 작용은 가공할 만한 것, 거대한 것이 되었다. 미시세계의 힘이 막대한 효과를 생산할 수 있다는 점에서 그 상호 작용은 공포스러운 것이며, 일상의 지각의 한계를 넘어서 침투할 수 있게 되었다는 점에서 거대한 것이다. 인간의 운명은 이전에 없었던 위험한 모험에 내맡겨져 있다. "인류는 자신의 진보의 무게 아래에서 신음하고 있으며 거의 압사 지경에 놓여 있다"(베르그송, 1932). 숙명으로 작용하고 있는 기술 진보의 역사가 반숙명적인 운명에 대한 자각을 요구하고 있다. 인류의 운명은 그의 손아귀에 있으며 미래는 그의 결단에 있다.

이런 의미에서 어두운 숙명을 겪은 현대 한국철학은 다음과 같은 네 가지 선택지가 주는 딜레마를 극복하는 방향을 취하게 될 것이다. 그 네 가지 세계관은 이미 있었던 것이며, 그것들은 더욱 바람직한 철학을 위해 수정되어야 할 것이다.

(1) 사물의 내부 구조에 대한 탐구를 폐기한 논리 실증주의 혹은 현상주의를 수용하거나, 과학적 언어의 구문론적 형식과 현상의 관계를 실용주의 노선에서 탐구하려는 기술지배적 세계관.

(2) 사물의 내부 구조가 수학적 구조로 되어있다고 보는 이른바 수학적 신비주의라고도 할 수 있는 객관적 관념론.

(3) 물질의 진화와 사회사를 절대정신의 전개로 보아 국가주의적 편향을 갖는 유대-기독교적인 객관적 관념론을 수용하는 세계관.

(4) 향외적 관심에 기초한 소비적 개인주의와 개인의 향내적인 관계에 의거하는 종교적 혹은 도덕적 개인주의.

이상의 네 가지 노선은 어느 하나의 선택지도 택할 수 없게 하는 딜레마를 갖고 있다. 그러나 이 문제는 사물의 심층적 내부 구조가 이미지 없는 무형의 맥박으로 구성되어 있으며, 이 진동의 흐름은 창조적 잠재성의 원리로서, 마음의 내적 수렴운동에 의해 이해된다는 생성의 철학에 의해 극복될 것이다. 이 철학은 과학의 발전과 함께할 수 있다. 또한 그것은 기술과 사회조직이 권력의 검은 충동에 희생되는 상황을 생기로운 소통적 실천[生通, 최한기]을 통해 교정하려 할 것이다.

러셀은 과학적 명제에 대한 논리적 분석에서 정치 · 윤리적 관점을 배제했다. 그러나 그의 논리 경험주의는 봉건적 종교 이데올로기에 적대하는 정치적 문맥 안에서 과학의 논리를 옹호했다. 그의 정치 · 윤리적 관점은 점차 심화되었다. 그는 『과학의 미래*Scientific Outlook*』(1931)에서 윤리 정치적 관점을 배제하면서까지 그토록 옹호했던 과학적 세계관이 인간 생체에 대한 과학적 인식과 관리에 몰두하는 체제를 형성하고 그에 순종하는 데에서 쾌락을 발견하고 있음을 확인했다. 오늘날에는 더 확대되었지만, 그는 유럽과 미국, 러시아와 일본으로 대표되는 '과학사회, 과학국가'가 다른 가치들을 차단하는 광기를 '형이상학적 질문'과 '관조', '사랑의 충동'을 몰각했다고 보았다. 이 망각이 '권력의 충동'을 살려냈다는 것이다. 물리학의 발전에 따라 여러 형태의 물리주의가 출현했지만,

이것은 우주의 생명성인 불을 관조한 '헤라클레이토스의 강도 높은 지적 열망'과 사랑의 열정을 망각한 결과로 주어진 것이다. 이른바 객관적 대상은 인식주관이 조작적으로 지배할 수 있는 것이 되었다. "모든 것은 사랑의 대상으로부터 사랑하는 사람에게로 이전되었으며, 사랑의 대상은 차갑고, 무서운, 그러나 그마저도 단지 허상에 지나지 않는, 덜거덕거리는 앙상한 뼈다귀들로 전락해버렸다." 이러한 시대는 과학과 사디스트의 관능이 결합하여 예술과 철학을 그 쾌락의 시녀로 삼게 된다. 자연의 노예가 주인이 되자 자신의 노예근성을 인간과 자연에 대한 폭군으로 실현하는 시대가 되었다는 것이다.[1]

20세기 한국철학은 바로 이러한 상황에 적응하는 것이 아니라 저항하는 활동으로 출발했다. 제국주의적 세계자본주의에 항의하는 사상들은 개체의 존엄성과 우주의 존재의미에 대한 명상이라는 길을 통해 인류사회를 진정으로 화해시키는 생각과 행동에서 기쁨을 발견하도록 했다. 이 기쁨이 실로 무거운 현실을 사색과 행동의 장으로 받아들이게 했다. 철학은 과학의 논리를 모방하여 과학적 삶을 옹호하는 악순환적인 사변적 이론화가 아니라 진정한 삶의 양식을 창조하고 실현하는 활동이었다. 그들에게 세계는 감각주의적으로 일원화된 평평하고 무미건조한 것이 아니라, 표면적 물질의 심층에서 모든 것이 모든 것과 소통하는 연결 체계였다. 그들은 이것을 마음의 본성으로 파악했다. 물질의 소통적 체계에서 마음의 연원을 보려는 착상은 주류 세계관이 상상할 수 없었던 것이었다. 마음은 일차원적 현상에 갇힌 노예 의식이 아니었다. 그래서 그들은 만유와의 전체적 유대를 회복하는 노력을 통해 도달되는 자유를 진정한 윤리 정치적 가치의 근원으로 보아야 했다. 해방 후 대학의 철학은 좌우대립 속에서도 박종홍, 신남철이 이러한 문제의식의 명맥을 유지했지만, 그들의 고심에도 불구하고 그것은 거의 폐기되었다.

그러나 경이로운 미래를 동경하는 20세기 반시대적 사상가들이 역사

---

1 러셀, 『과학의 미래*Scientific Outlook*』, 석기용 옮김, 열린책들, 2012, 342-354쪽.

적 고난으로 원한에 가득 차 하늘을 원망하고 타인을 비난한 것만은 아니었으리라는 예감이 든다. 그리고 상상할 수 없는 고통을 통해 정신이 비로소 화해의 자유와 기쁨을 절감하게 된다는 인생사의 진실은 그들에게서도 그 편린이나마 발견된다. 그들은 자신의 인간적 단점과 민족과 인류의 한계에 대해 연민과 원망을 갖기도 했지만 내면의 한 편에서는 잔잔한 기쁨을 향유할 수 있었다.

그러나 이러한 기쁨에도 불구하고 그들의 심정에는 자신들의 이름[名]을 통해 생애와 사상이 후세에 전승되어 모두가 기뻐하는 세상이 도래하기를 바랐을 것이다. 그러나 근대주의적 조류는 이러한 전승을 방해했다. 서양적 탈근대주의도 자주적 역사의식 없이 철학의 외세로서 작용함으로써 금융 국제화의 폭력 앞에 그 방향감각을 잃고 비틀거렸다. 사상사를 연구하는 것의 의미는 무엇인가? 그것은 사상들이 이름들을 통해 전승되기에, 무명인사(無名人士)들이 기뻐하는 세상이 도래할 때까지는 이름들이 담고 있는 사상들 가운데 소중한 의미를 함축하고 있는 요소들을 발견하여 전개하는 것이 아니겠는가? 사상들의 단점을 비판하기는 쉽다. 그러나 그 장점을 살려 풍요롭게 개진하는 것은 어렵다.

이런 의미에서 구한말 문인 영재 이건창(寧齋 李建昌, 1852～1898)의 사상사 의식을 상기할 필요가 있다. 그는 보수적인 위정척사론과 근대주의적 개화론을 배격하고 주체적 '자아[我]'와 '인도(人道)'의 우선성을 근본으로 한국사회를 개혁해야 한다고 주장했다. 그는 민(民)의 소박한 정서의 발현에서 진정한 예술 감정과 정치적 역사의식의 토대를 인식했다. 그는 자신의 「백이열전비평伯夷列傳批評」에서 사마천(司馬遷)의 사상사 의식을 분석하여 이름을 통한 전승의 의의를 말할 수 있었다.

공자는 권력의 지위를 사양하고 수양산에서 굶어 죽은 백이에 대해 그가 "인을 구하여 인을 얻었으니 또 무엇을 원망했겠는가[求仁而得仁, 又何怨乎](『논어』, 술이편述而篇)"라고 평했다. 사마천은 인성현인(仁聖賢人)은 부귀를 얻지 못하고 불행하게 살다가 이름도 인몰되어버리지만, 도를 상실한 불궤자(不軌者)는 부귀와 이름을 얻으며 산다고 보았다. 이러한 부조리한 현상에 의거하여 사마천은 다시 묻는다. "백이가 원망했겠는가 아닌가?" 주희는 백이가 "원망이 온몸에 가득함[怨望滿腹]"을 강조했으며, 후세 대부분의 해석도 그에 따랐다. 그리고 사마천 역시 하늘[天道]에 대한 회의를 표명한 역사가로 알려져 왔다.

그러나 이건창이 본 「백이열전」이 전달하려는 '본질적 의미[主意]'는 "식량이 자주 떨어졌고[屢空]", "빈민굴[陋巷]에 살면서도 그 즐거움을 바꾸지 않은[不改其樂]" 안회의 덕과 같이 인도(人道)를 즐기고 행하라는 사상이다. "인자는 근심하지 않는다[仁者不憂]"는 삶의 양식은 불후의 도덕이다. 이건창이 보기에 사마천은 인성현인의 삶이 공자와 같은 성인에 의해 기억되어 전하게 되었듯이 인성현인들은 그 이름을 통해 전승되어야 한다고 보았다. "군자는 세대가 다하도록 이름이 칭송되지 않는 것을 유감으로 여기기[君子疾沒世而名不稱焉]" 때문이다.[2]

이건창에 의하면 "태사공 사마천이 『사기』를 지은 것은 유감스러워하면서 분발하는 심정[發憤]에서 나온 것이다." 그러나 "원망을 본질적 의미[主意]로 한 것은 아니다." 사마천이 문제로 삼은 것은 "세상에 인도를 닦은 사람이 있어도 하늘에서 보답을 받지도 못하고, 일신이 끝난 이후에는 이름도 전하지 못하는 것은 진실로 슬퍼할 만한 일이므로, 비록 열사(烈士)라 하더라도 이름에 대해서는 뜻이 없을 수 없다"는 사실이다. 사마천의 역사관에서는 인도를 닦은 성인, 즉 공자가 역사의 중심에 있다. 이런 의미에서 이건창이 보기에 「백이열전」은 "『사기』 전체의 서문(全部史記總序)"에 해당한다는 것이다.[3]

사마천의 사관은 공자주의 입장에서 역사를 보는 것이며, 따라서 중국중심주의 사관이라고도 할 수 있다. 그러나 한국의 주체성을 강조했던 이건창이 이러한 편견을 옹호한 것은 아니었다. 다만 이건창은 사마천이

---

2 李建昌, 「伯夷列傳批評」, 『明美堂集』, 韓國文集叢刊 349, 민족문화추진회, 198-200쪽: 이에 대한 연구는 다음의 논문이 있다: 李熙穆, 「李建昌의 『伯夷列傳批評』 評釋」, 『대동문화연구』 제60집, 대동문화연구원, 2007, 271-291쪽.

3 이건창, 위의 책.

위대한 사상가는 마음의 평정을 지니지만 그 이름을 통해 사상이 전승되기를 바랄 것이라는 논점을 제시한 것으로 보았다. 그는 사마천이 전승의 논리에 대한 일반론을 보여주고 있다고 해석했다.

현대 한국철학은 국제적인 군사적 세력에 의해 휘둘렸던 사회적 관계 속에서 형성되었다. 이 때문에 그것은 비판과 변혁을 지향하는 위험하고도 치열한 사상들이 되었다. 그러나 강렬한 역사의식을 담고 있는 그들의 주체성은 물질문명에 의탁해 있는 연약한 시민에게는 짊어질 수 없는 과부하된 주체성으로 보였다. 근대화와 복지라는 지팡이에 의지한 노쇠한 시민의식은 인류 정치경제사의 험악함에 대처하는 야성적 힘을 갖지 못한다. 거세된 시민의식에 의해 20세기 한국철학이 망각되었다. 위험한 사상들은 사상가의 이름들을 통해 전승되지 못했으며, 토의의 대상조차 되지 못한 비운을 겪었다. 필자는 이 점을 유감으로 생각했다. 그리고 도래하는 시대의 철학이란 과학에 대한 비판적 수용을 전제로 우주적 소통성과 연대성, 그리고 정치 · 사회적 이상을 생성의 철학으로 집약하는 것에 있다고 보았다.

물론 다른 관점에서의 철학적 전망도 가능하다. 이 책에서 누락된 사상가들을 새로이 발견하는 것도 필요하다. 이 책은 1920년대 신개인주의 사조[노월 임장화(蘆月 林長和), 생몰연대 미상)]와 이에 바탕한 여성해방론, 그리고 사회주의 여성해방론을 다루지 못했다. 신개인주의 철학에 입각한 여성해방론에는 일엽 김원주(一葉 金元周, 1896～1971), 탄실 김명순(彈實 金明淳, 1896～195?), 정월 나혜석(晶月 羅蕙錫, 1896～1948)이 있으며, 사회주의 여성해방론에는 허정숙(許貞淑, 1908～1991)이 있다. 임장화와 함께 신개인주의적 여성해방론자들은 개인의 독립성과 예술성을 강조했으나, 이를 이해하지 못한 문인들에 의해 지적 공간에서 철저히 축출, 배제되었다. 그러나 이들의 심미적 개인주의는 프랑스를 중심으로 한 유럽의 목적도 없고 조직도 없는 혁명(1968년 5월 혁명)이 억압적 규범에 대한 개인들의 저항, 즉 개인주의 발전의 위기를 드러낸 이후, 이른바 탈근대주의(포스트모더니즘) 조류가 확산된 상황과 유사성을 갖는다. 유럽의 68 혁명은 아이러니하게도 대중 소비사회에서의 개인의 해방을 추진하여 국제적 자본의 적인 민족과 계급을 증발시킴으로써 쾌락적 개인주의와 자본의 해방을 가능하게 했다. 억압적 규범과 권력에 대한 무정부적 저항은 신고전경제학의 소비적 개인주의와 맞물려 갈 수 있었다. 이는 사실상 탈근대주의의 탈출극이 자본의 적을 제거해줌으로써 자본의 탈영토화에 따른 (진선미의 제품화를 포함한) 보편적 상품화를 촉진하는 무자각적 문화운동이었음을 보여준다. 1920년대 한국의 심미적 개인주의 사조는 오늘의 지적 상황을 이해하는 데에 하나의 선구적인 역사적 사례로서 도움을 줄 수 있다. 이들의 노력과 고뇌, 실패에 대한 이해 없이는 개인주의 사조가 갖는 의의와 문제점을 인지할 수 없으며, 진정한 민주주의와 사회적 연대성의 추구도 불구가 될 것이다.

그러나 무엇보다 20세기 한국철학들을 참신한 관점에서 오늘의 문제에 비추어 다시 논의해보는 것이 중요하다. 이러한 논의는 기존의 사유를 다시 사유하는 재사유(再思惟)의 길이 될 것이다. 재사유는 비판적 개입의 틈을 허용한다. 반성은 각자의 세계관에 어떤 균열을 일으킬 수 있으며, 그것이 새로운 방식으로 생각하는 계기가 될 수 있다. 고유명사인 이름이란 원래 공허하여 비어 있는 것이지만, 그 상징을 통해 전하는 사상들의 논리 그리고 그 번민과 사랑을 이해하고 새로운 지평에서 해석하지 못한다면 진부한 사고에 머무르게 될 것이다. 이 현대철학사 연구가 현대사상을 이름들을 통해 전승할 뿐만 아니라 자각과 창조의 계기로 작용할 수 있다면 저자로서 그보다 더한 보람과 기쁨은 없을 것이다.

참고문헌

서론, 1장

1

金起瀍, 「思想界의 巨星, 버트란드 · 러셀 씨를 소개함」, 『開闢』 권4, 1921년 5월호.

_____, 「盲從으로부터 妥協에, 妥協으로부터 自主에」, 『開闢』 권4, 1921년 6월호.

_____, 「新-人生標의 樹立者, 프리드리히 니체 先生을 소개함」, 『開闢』 권1, 1920년 제2호.

_____, 「部分的 生活로부터 全的 生活에」, 『開闢』 권5, 1921년 11월호.

朴殷植, 『韓國痛史』, 『朴殷植全書』 上, 단국대동양학연구소, 1975.

_____, 『韓國獨立運動之血史』, 『朴殷植全書』 上, 단국대동양학연구소, 1975.

孫秉熙, 『義菴聖師法說』, 『天道教經典』, 천도교중앙총부, 1993.

_____, 『無體法經』, 『法說』, 1993.

_____, 「聖凡說」, 『無體法經』, 1993.

_____, 「大宗正義」, 『法說』, 1993.

_____, 「三戰論」, 『法說』, 1993.

_____, 「性靈出世說」, 『法說』, 1993.

_____, 「吾教의 顯明時代」, 『法說』, 1993.

李敦化, 『水雲心法講義』, 천도교중앙총부, 1925.

_____, 『天道教創建史』, 천도교중앙종리원, 1933.

_____, 『新人哲學』, 천도교중앙총부, 1930.

_____, 『東學之人生觀』, 천도교중앙총부, 1963.

_____, 「時代精神에 합일된 사람性주의」, 『開闢』 권5, 1921년 11월호.
_____, 「최근 사회의 新現狀을 보고 道德心의 수립을 切望함」, 『開闢』 권4, 1921년 8월호.
_____, 「人乃天의 硏究, 續」, 『開闢』 권2, 1920년 11월호.
_____, 「庚申년을 보내면서」, 『開闢』 권2, 1920년 12월호.
_____, 「新時代와 新人物」, 『開闢』 권1, 1920년 8월호.
_____, 「세계를 알라」, 『開闢』 권1, 1920년 창간호.
_____, 「生活의 조건을 本位로 한 朝鮮의 改造事業」, 『開闢』 권5, 1921년 9월호.
_____, 「文化主義와 人格上 平等」, 『開闢』 권2, 1920년 12월호.
_____, 「朝鮮人의 民族性을 논하노라」, 『開闢』 권2, 1920년 11월호.
_____, 「吾人의 新紀元을 宣言하노라」, 『開闢』 권1, 1920년 3월호.
_____, 「人乃天의 硏究」, 『開闢』 권1, 1920년 제2호.
_____, 「생명의 意識化와 의식의 人本化」, 『開闢』 권18, 1926년 5월호.
_____, 「吾人의 新死生觀」, 『開闢』 권6, 1922년 2월호.
_____, 「현대청년의 新修養」, 『開闢』 권14, 1924년 9월호.
_____, 「人類 相對主義와 조선인」, 『開闢』 권7, 1922년 임시호.
_____, 「敎外別傳」, 『開闢』 권14, 1924년 11월호.
이영로, 『海月神師法說解義』, 천법출판, 2000.
一然, 「海月神師의 受刑 전후 實記」, 『新人間』 7, 천도교중앙총부, 1928.
崔時亨, 『海月神師法說』, 『天道教經典』, 천도교중앙총부, 1993.
_____, 「天地理氣」, 『法說』, 1993.
_____, 「天地父母」, 『法說』, 1993.
_____, 「道訣」, 『法說』, 1993.
_____, 「天地人 · 鬼神 · 陰陽」, 『法說』, 1993.
_____, 「虛와 實」, 『法說』, 1993.
_____, 「心靈之靈」, 『法說』, 1993.
_____, 「待人接物」, 『法說』, 1993.
_____, 「守心正氣」, 『法說』, 1993.
_____, 「誠 · 敬 · 信」, 『法說』, 1993.
_____, 「篤工」, 『法說』, 1993.
_____, 「開闢運數」, 『法說』, 1993.
_____, 「向我設位」, 『法說』, 1993.

_____, 「用時用活」, 『法說』, 1993.
_____, 「三敬」, 『法說』, 1993.
_____, 「以天食天」, 『法說』, 1993.
_____, 「以心治心」, 『法說』, 1993.
_____, 「吾道之運」, 『法說』, 1993.
_____, 「其他」, 『法說』, 1993.
_____, 「降詩」, 『法說』, 1993.
_____, 「養天主」, 『法說』, 1993.
_____, 「靈符呪文」, 『法說』, 1993.
_____, 「聖人之德化」, 『法說』, 1993.
_____, 「十毋天」, 『法說』, 1993.
崔濟愚, 『東經大全』, 『天道敎經典』, 천도교중앙총부, 1993.
_____, 『龍潭遺辭』, 『天道敎經典』, 1993.
_____, 「布德文」, 『東經大全』, 1993.
_____, 「論學文」, 『東經大全』, 1993.
_____, 「修德文」, 『東經大全』, 1993.
_____, 「不然其然」, 『東經大全』, 1993.
_____, 「立春詩」, 『東經大全』, 1993.
_____, 「絶句」, 『東經大全』, 1993.
_____, 「歎道儒心急」, 『東經大全』, 1993.
_____, 「偶吟」, 『東經大全』, 1993.

2

구양근, 「東學 가사문학을 통해 본 崔濟愚의 역사적 한국사상 계승 문제」, 『동학연구』 3, 1998.
김경재, 「최수운의 神 개념」, 『동학사상 논총』, 천도교중앙총부, 1983.
_____, 「씨알사상 一考」, 『함석헌, 싸우는 평화주의자』, 동광출판, 1982.
김수산, 『鄭鑑錄』, 홍익출판사, 1968.
김영작, 「동학사상과 농민봉기」, 『동학혁명의 연구』, 노태구 엮음, 백산서당, 1982.
김용휘, 「해월의 마음의 철학」, 동학학회 편저, 『해월 최시형의 사상과 갑진개화운동』, 모시는사람들, 2003.

김월해, 『천도교 사상』, 순환기업사, 1983.
김종민, 『백암록』, 글나무, 2001.
김현태, 『둔스 스코투스의 철학사상』, 카톨릭대출판부, 1994.
노태구 편저, 「동학혁명과 태평천국혁명의 비교」, 『동학혁명의 연구』, 백산서당, 1982.
동학학회 편저, 『동학과 전통사상』, 모시는사람들, 2004.
박응삼, 『동학사상개론』, 원곡문화, 1975.
박종근, 「동학과 갑오 농민전쟁에 관하여」, 『동학혁명의 연구』, 노태구 엮음, 백산서당, 1982.
_____, 「동학과 1894년의 농민 전쟁에 대하여」, 『역사학 연구』 269, 1962.
박종홍, 「崔水雲 동상 銘文」, 『朴鍾鴻全集』 7, 형설출판, 1980.
박찬승, 『한국근대정치사상연구』, 역사비평사, 1992.
백승종, 「18~19세기 『정감록』을 비롯한 각종 예언서의 내용과 그에 대한 당시 대인들의 해석」, 『震檀學報』 88, 1999.
손유경, 「『개벽』의 신칸트주의 수용 양상 연구」, 『철학사상』 20, 2005.
신남철, 「東洋精神의 특색 - 한 개의 東洋에의 反省」 『朝光』 79호, 1942년 5월호.
신용하, 『동학과 갑오농민전쟁 연구』, 일조각, 1993.
_____, 『朴殷植의 社會思想研究』, 서울대출판부, 1982.
신일철, 「崔海月의 汎天主義 세계관」, 『한국사상』 24, 한국사상연구회, 1998.
야마다 케이지(山田慶児), 『朱子의 自然學』, 김석근 옮김, 통나무, 1991.
연갑수, 「이필제 연구」, 『동학학보』 제6호, 2003.
오문환, 『해월 최시형의 정치사상』, 모시는사람들, 2003.
王夫之, 『張子正蒙注』, 自由出版社, 1876.
유병덕 편저, 『東學 · 天道教』, 시인사, 1976.
윤노빈, 『新生哲學』, 학민사, 2003.
윤석산, 「崔時亨 法說의 기초문헌 연구」, 『海月 崔時亨의 사상과 갑진 개화운동』, 동학학회 편저, 모시는사람들, 2003.
_____, 『水雲 崔濟愚』, 모시는사람들, 2004.
이유경, 「수운의 원형적 체험과 치유적 수용」, 『심성연구』, 제23-2호, 2008.
이찬구, 「東學의 靈符觀 고찰」, 『동학학보』 제4호, 2002.
張伯端, 『悟眞篇』, 中華書局, 1990.
程伊川, 「外書」, 『二程集』, 中華書局, 1981.

_____, 「二程遺書」, 『二程集』, 中華書局, 1981.
정혜정, 「이돈화의 인내천주의와 서구 근대철학의 수용」, 『동학학보』 제19호, 2009.
陳獨秀, 「朝鮮獨立運動之感想」, 『獨秀文存』, 亞東圖書館出版, 1933.
조기주 편저, 『동학의 원류』, 보성사, 1979.
차옥숭, 「해월사상과 교인들의 종교 경험」, 『韓國思想』 24, 1998.
최동희, 「海月의 종교적인 기본 방향」, 『韓國思想』 24, 1998.
표영삼, 『동학 1』, 통나무, 2004
함석헌, 「새 윤리」, 『함석헌 선집』 2, 한길사, 1996.
_____, 「삶 · 죽음」, 『수평선 너머』, 『함석헌 저작집』 23, 한길사, 2009.
황문수, 「夜雷에 있어서의 人乃天 사상의 전개」, 『韓國思想』 12, 한국사상연구회, 1974.
황선희, 「동학사상의 인본주의 성격」, 『동학연구』 3, 한국동학학회, 1998.
黃宗羲, 『宋元學案』, 中華書局, 1989.
허수, 「1920년대 전반 이돈화의 改造思想 수용과 '사람性주의'」, 『동방학지』 125, 연세대국학연구원, 2004.

3

들뢰즈(Gilles Deleuze), 『비평과 진단』, 김현수 옮김, 인간사랑, 2000.
리케르트(Heinrich Rickert), 『자연과학과 문화과학』, 윤명노 옮김, 삼성문고 26, 1973.
마트롱(Alexandre Matheron), 『스피노자 철학에서 개인과 공동체』, 김문수 · 김은주 옮김, 그린비, 2008.
베르그송(Henri Bergson), 『도덕과 종교의 두 원천』, 송영진 옮김, 서광사, 1998.
보만(Thorlief Boman), 『히브리적 사유와 그리스적 사유의 비교』, 허혁 옮김, 분도출판, 1975.
셸링(F. W. J. Schelling), 『인간적 자유의 본질』, 최신한 옮김, 한길사, 2000.
쇼펜하우어(Arthur Schopenhauer), 『意志와 表象으로서의 세계』, 곽복록 옮김, 을유문화사, 1994.
_____, 『도덕의 기초에 관하여』, 김미영 옮김, 책세상, 2004.
스피노자(Baruch de Spinoza), 『신학 정치론 정치학 논고』, 최형익 옮김, 비르투, 2011.

아라푸라(J. G. Arapura), 『불안과 평정으로서의 종교』, 유경희 옮김, 서광사, 1995.

언더힐(Evelyn Underhill), 『실천적 신비주의*Practical Mysticism*』, 최대형 옮김, 은성출판, 2003(1914).

에이어(A. J. Ayer), 『러셀』, 신일철 옮김, 이화여대출판부, 1982.

윔즈(Benjamin B. Weems), 『개혁 · 반란 그리고 천도*Reform, Rebellion and Heavenly Way*』, 홍정식 옮김, 신명문화사, 1966(1940).

제임스(William James), 『종교 체험의 여러 모습들』, 김성민 외 옮김, 기독교서회, 1977.

카시러(Ernst Cassirer), 『르네상스 철학에서의 개체와 우주』박지형 옮김, 민음사, 1996.

쿨만(Oscar Cullman), 『그리스도와 시간*Christ and Time*』, 채위 옮김, 신태양사, 1975(1951).

프롬(Erich Fromm), 『정신분석과 종교』, 문학과사회연구소 옮김, 청하, 1983.

하이데거(Martin Heidegger), 『하이데거 「휴머니즘」론』, 최재희 옮김, 박영문고, 1961.

Coudert, Allison P, *Leibniz and The Kabbalah*, Kluwer Academic Publishers, 1995.

Friedman, Michael, *A Parting of the Ways*, Carnap, Cassirer, and Heidegger, Open Court, 2000.

Platon, Parmenides, *Plato 4*, The Loeb Classical Library, Harvard University Press, 1967.

_____, Epistles, *Plato 9*, The Loeb Classical Library, Harvard University Press, 1967.

_____, Symposium, *Plato 3*, The Loeb Classical Library, Harvard University Press, 1967.

Spinoza, Baruch de, *Tractatus Theologico Politicus*, trans by Samuel Shirley, E. J. BRILL, 1989.

Čapek, Milič, *Bergson and Modern Physics*, D. Reidel Pubishing Co, 1971.

2장-3장

1

金教獻, 『神事紀』, 대종교총본사. 1942.

羅喆, 『神理大全』, 대종교총본사, 1942.

朴殷植, 『朴殷植全書』 上 · 中 · 下, 단국대동양학연구소, 1975.

_____, 『韓國痛史』, 『朴殷植全書』 上.

_____, 『大韓獨立運動之血史』, 『朴殷植全書』 上.

_____, 『王陽明實記』, 『朴殷植全書』 中, 1975.

_____, 『夢拜金太祖』, 『朴殷植全書』 中, 1975.

_____, 「宗教說」, 『朴殷植全書』 中, 1975.

_____, 「舊習改良論」, 『朴殷植全書』 下, 1975.

_____, 「物質改良論」, 『朴殷植全書』 下, 1975.

_____, 「儒教求新論」, 『朴殷植全書』 下, 1975.

_____, 「孔夫子誕辰紀念講演會」, 『朴殷植全書』 下, 1975.

_____, 「學의 眞理는 疑로 좇아 求하라」, 『朴殷植全書』 下, 1975.

_____, 「大韓精神의 血書」, 『朴殷植全書』 下, 1975.

_____, 「西友學會趣旨書」, 『朴殷植全書』 下, 1975.

_____, 「日本陽明學會主幹에게」, 『朴殷植全書』 下, 1975.

_____, 「白巖朴殷植先生略歷」, 『朴殷植全書』 下, 1975.

_____, 「누가 우리나라를 求할 자이며, 누가 우리 민중을 살릴 자인가? 實業學家이다」, 『朴殷植全書』 下, 1975.

徐一, 『會三經』, 대종교총본사, 1942.

_____, 『三問一答』, 대종교총본사, 1942.

_____, 『眞理圖說』, 대종교총본사, 1942.

申圭植, 『兒目漏』, 연세국학총서(조선민족문학대계 1), 보고사, 2007.

_____, 『韓國魂』, 김동환 옮김, 범우문고 268, 범우사, 2009.

申采浩, 『丹齋申采浩全集』 上 · 中 · 下, 신채호기념사업회, 1972.

_____, 「浪客의 新年漫筆」(1925), 『丹齋申采浩全集』 下, 1972.

_____, 「大我와 小我」, 『丹齋申采浩全集』 下, 1972.

_____, 「朝鮮獨立宣言」, 『丹齋申采浩全集』 下, 1972.

_____, 「宣言文」, 『丹齋申采浩全集』 下, 1972.

_____, 「歷史와 愛國心의 관계」, 『丹齋申采浩全集』 下, 1972.
_____, 「地動說의 效力」, 『丹齋申采浩全集』 下, 1972.
_____, 「思想家의 努力을 요구하는 때」, 『丹齋申采浩全集』 下, 1972.
_____, 「利害」, 『丹齋申采浩全集』 下, 1972.
_____, 「道德」, 『丹齋申采浩全集』 下, 1972.
尹世復, 『倧經四部合編』, 대종교총본사, 1942.
李榮載 編, 『大倧敎經典』, 대종교출판, 2002.
李沂, 『李海鶴遺書』, 韓國文集叢刊 347, 民族文化推進會, 2005.
_____, 「田制妄言」, 『李海鶴遺書』 권1, 2005.
_____, 「國制」, 『急務八條議』, 『李海鶴遺書』 권2, 2005.
_____, 「敎育宗旨」, 『李海鶴遺書』 권3, 2005.
_____, 「一斧劈破論」, 『李海鶴遺書』 권3, 2005.
_____, 「養氣論」, 『李海鶴遺書』 권3, 2005.
_____, 「楊墨辨」, 『李海鶴遺書』 권3, 2005.
_____, 「與朴君書」, 『李海鶴遺書』 권6, 2005.
_____, 「與梁伯圭書」, 『李海鶴遺書』 권6, 2005.
_____, 「留還堂記」, 『李海鶴遺書』 권8, 2005.
李建芳, 『蘭谷存稿』, 청구문화사, 영인본, 1950.
李建昌, 『明美堂集』, 韓國文集叢刊, 民族文化推進會, 2005.
李光洙, 「脫出途中의 丹齋 印象」, 『丹齋申采浩全集』 下, 1972.
李丁奎, 『友堂 李會榮 略傳』, 을유문화사, 1985.
全秉薰, 『精神哲學通編』 上·下, 현대사, 1980.
鄭寅普, 『薝園文錄』 下, 정양환 옮김, 태학사, 2006.
程子, 『二程集』, 中華書局, 1981.
朱熹, 『朱熹集』, 四川教育出版, 1996.
최광식 역주, 『단재 신채호의 天鼓』, 시대의창, 2004.
韓龍雲, 『韓龍雲全集』 1-6, 불교문화원, 2006.
_____, 「님의 沈黙」, 『韓龍雲全集』 1, 2006.
_____, 「오셔요」, 『韓龍雲全集』 1, 2006.
_____, 「佛敎維新論」, 『韓龍雲全集』 2, 2006.
洪命憙, 「上海時代의 丹齋」, 『丹齋申采浩全集』 下, 신채호기념사업회, 1972.
黃宗羲, 『明儒學案』, 浙江古跡出版, 1987.

『대종교요감』, 대종교총본사, 1983.
『三一神誥』, 梨花女大古書所藏本.
『參佺戒經』, 『大倧教經典』, 2002.
『奪還』, 창간호, 1928년 6월 1일, 국민문화연구소 파일본.
『奪還』, 창간 · 증간호, 1928년 6월 15일, 국민문화연구소 파일본.

2

강만길 편저, 『신채호』, 고려대출판부, 1990.
_____, 「申采浩의 英雄 · 國民 · 民衆主義」, 『신채호』, 고려대출판부, 1990.
고토쿠 슈스이(幸德秋水), 『나는 사회주의자다』, 임경화 옮김, 교양인, 2011.
구승회 외, 『한국아나키즘 100년』, 이학사, 2004.
김구, 『백범일지』, 서문당, 1989.
김낙필, 「全秉薰의 天符經 이해」, 『선도문화仙道文化』 제1집, 2006.
김도형, 「海鶴 李沂의 정치사상 연구」, 『東方學誌』 31호, 1982.
_____, 「개항전후 실학의 변용과 근대개혁론」, 『東方學誌』 124호, 2004.
_____, 「1910년대 박은식(朴殷植)의 사상변화와 역사인식」, 『東方學誌』 114호, 2001.
김동환, 「일제하 항일운동 배경으로서의 단군의 위상」, 『선도문화』 10권, 2011.
김삼웅, 『단재신채호평전』, 시대의창, 2005.
김용섭, 『韓國近代農業史研究』 2, 지식산업사, 2004.
_____, 『나철 · 김교헌 · 윤세복』, 근대인물한국사 305, 동아일보사, 1992.
다카세 타케지로(高瀨武次郎), 『王陽明詳傳』, 廣文堂書店, 1915.
민영현, 「「蘇塗經本訓」에 나타난 삼(三), 일(一)의 의미맥락과 천부경(天符經)의 철학사상」, 『선도문화』 3권, 2007.
_____, 「『參佺經』 해제와 그 문화사상적 의의」, 『선도문화』 6권, 2009.
박성수, 『나철』, 북캠프, 2003.
박영석, 「대종교의 민족의식과 항일 민족운동」(上 · 下), 『한국학보』 9권, 1983.
박환, 「羅喆의 인물과 활동-大倧教 창시 이전을 중심으로-」, 『동아연구』 17권, 1989.
_____, 『식민지 시대 한인 아니키즘 운동사』, 선인, 2005.
박종혁, 『海鶴 李沂의 사상과 문학』, 아세아문화, 1995.
민두기, 『중국의 전통과 근대』, 평민사, 1979.

신용하, 『韓國近代社會思想史研究』, 일지사, 1987
_____, 「民族抵抗時代의 哲學思想」, 『한국철학사』 하, 한국철학회 편, 1987.
_____, 『朴殷植의 社會思想研究』, 서울대출판부, 1982.
신일철, 「申采浩의 近代國家觀」, 『신채호』, 강만길 편, 고려대출판부, 1990.
염무웅, 「萬海 韓龍雲論」, 『韓龍雲全集』 4. 2006.
오장환, 「在中國韓人無政府主義運動」, 『한국사연구논선, 일제, 현대사』 2, 백두문화.
요시다 고헤이(吉田公平), 『일본 양명학』, 정지욱 옮김, 청계, 2004.
유명종, 『왕양명과 양명학』, 청계, 2002.
유병덕, 「韓末 · 日帝 시에 있어서의 民族思想」 『한국철학사』 하, 한국철학회 편, 1987.
윤창대, 『정신철학통편』, 우리출판사, 2004.
이근철, 『천부경철학연구』, 모시는사람들, 2011.
이남영, 「檀君神話와 韓國人의 思惟」, 『檀君神話論集』, 李基白 편, 새문사, 1988.
이덕일, 『아나키스트가 된 조선 명문가, 이회영과 젊은 그들』, 역사의아침, 2009.
이동언, 「서일의 대종교에서의 활동과 항일투쟁」, 『선도문화』 8권, 2010.
이만열, 「丹齋 申采浩의 古代史 認識」, 『신채호』, 姜萬吉 편, 고려대출판부, 1990.
_____, 『朴殷植』, 한길사, 1980.
이정식, 『韓國民族主義의 政治學』, 한밭출판사, 1982.
이종란 역주, 『왕양명실기』, 한길사, 2010.
이현희, 『光復鬪爭의 선구자』, 동방도서, 1990.
이희목, 『이건창 문학연구』, 성균관대대동문화연구원, 2005.
임승국 역주, 「蘇塗經典本訓」, 「太白逸史」, 『桓檀古記』, 정신세계사, 2007.
임채우, 「全秉薰의 『道眞粹言』과 暘星의 『仙佛家眞修語錄』의 관계에 관한 연구」 『철학연구』 제73집, 2006.
_____, 「全秉薰의 천부경 주석이 갖는 선도수련의 의미」, 『선도문화』 5권, 2008.
정인보, 『陽明學 演論』, 홍원식 · 이상호 역, 한국국학진흥원, 2005.
조남호, 「최치원과 천부경」, 『선도문화』 10권, 2010.
_____, 「『桓檀古記』와 『三一神誥』」, 『선도문화』 9권, 2010.
_____, 「대종교의 삼교합일론－尹世復의 인식을 중심으로－」, 『동방학』 17권,

2009.
차인석 편저, 『19세기 독일 사회철학』, 민음사, 1986.
蔡仁厚, 『宋明理學(北宋篇)』, 學生書局, 民國 66, 1977.
최민자, 『천부경』, 모시는사람들, 2008.
최재목, 「박은식의 양명학과 근대 일본 양명학과의 관련성」, 『일본문화연구』 제16집, 2005.
한상도(韓相禱), 「金元鳳의 生涯와 抗日歷程」, 백제문화.
한예원, 「조선 후기 實心實學에 관하여」, 『한자한문교육』 제21호, 2008.
함석헌, 『뜻으로 본 한국역사』, 한길사, 2003.

3

루소(J. J. Rousseau), 『신 엘로이즈』, 서익원 옮김, 한길사, 2008.
맥렐런(David McLellan), 『청년 헤겔운동』, 홍윤기 옮김, 학민사, 1984.
프레포지에(Jean Preposiet), 『아나키즘의 역사』, 이소희 · 이지선 · 김지은 옮김, 이룸, 2003.
Fung Yu-Lan, *A short History of Chinese Philosophy*, edited by Derk Bodde, The Free Press, N.Y, 1948.
Needham, Joseph, *Science and Civilisation in China 2*, Cambridge University Press, 1956.
Stirner, Max, *The Ego and His Own*, Dover, 2005.

4장

박종홍, 『哲學論考』, 『전집』 3, 형설출판, 1980.
_____, 『哲學槪論講義』, 『전집』 3, 1980.
_____, 『認識論理』, 『전집』 2, 1980.
윤명노, 「哲學에 입문하기까지의 人生歷程의 小錨」, 『한국철학회 50년, 역대 회장의 회고와 전망』, 철학과현실사, 2003.
이돈화, 「赤子主義로 돌아오라」, 『開闢』 권15, 1925년 55호, 신년호.
조영래, 『전태일 평전』, 돌베개, 1983.

5장

1

朴鍾鴻,『朴鍾鴻全集』1-7, 형설출판, 1980.

_____,『哲學的 小論』,『朴鍾鴻全集』1, 1928.

_____,『一般論理學』,『朴鍾鴻全集』3, 1948.

_____,『認識論理』,『朴鍾鴻全集』3, 1953.

_____,『辨證法的 論理』,『朴鍾鴻全集』3, 1977.

_____,『否定에 관한 研究』,『朴鍾鴻全集』3, 1959.

_____,『哲學概論講義』,『朴鍾鴻全集』2, 1953.

_____,『哲學概說』,『朴鍾鴻全集』2, 1954.

_____,『韓國思想研究에 관한 序論的 構想』,『朴鍾鴻全集』4, 1958.

_____,『知性과 摸索』, 박영사, 1967.

_____,『哲學的 摸索』, 백영사, 1959.

_____,『새 날의 知性』, 선진문화사, 1961.

_____,『現實과 構想』, 박영사, 1963.

_____,『自覺과 意慾』, 박영사, 1973.

_____,『韓國思想史論考』(儒學編), 서문당, 1977.

_____,『韓國의 哲學』,『朴鍾鴻全集』4, 1980.

_____,『哲學論考』,『朴鍾鴻全集』2, 1980.

_____,『哲學的 隨想』,『朴鍾鴻全集』6, 1980.

2

박종홍,「退溪의 教育思想」,『朴鍾鴻全集』1, 1928.

_____,「하이데거에 있어서의 超越의 내면적 可能性에 관하여」,『朴鍾鴻全集』 1, 1928.

_____,「철학하는 것의 出發點에 관한 一 疑問」,『朴鍾鴻全集』1, 1926.

_____,「철학하는 것의 現實的 地盤」,『朴鍾鴻全集』1, 1934.

_____,「矛盾과 實踐」,『朴鍾鴻全集』1, 1933

_____,「우리의 現實과 哲學」,『朴鍾鴻全集』1, 1935.

_____,「現代哲學의 諸問題」,『朴鍾鴻全集』1, 1938.

_____,「現實把握」,『人文評論』, 1939.

_____, 「四. 七論의 현대 철학적 展開에 관한 覺書」, 『朴鍾鴻全集』 1.
_____, 「理解와 思惟」, 『朴鍾鴻全集』 1, 1942.
_____, 「우리가 요구하는 理論과 實踐」, 『朴鍾鴻全集』 1, 1945.
_____, 「創造의 論理에 대한 豫備的 試考」, 『朴鍾鴻全集』 3, 1948.
_____, 「實存主義와 現代 哲學의 課題」, 『朴鍾鴻全集』 3, 1952.
_____, 「向外的 自覺의 현대적 類型」, 『朴鍾鴻全集』 3, 1953.
_____, 「形而上學的 課題」, 『朴鍾鴻全集』 3, 1953.
_____, 「無의 形而上學과 東洋思想」, 『朴鍾鴻全集』 3, 1953.
_____, 「自覺의 두 方向」, 『朴鍾鴻全集』 3, 1953.
_____, 「崔漢綺의 과학적 哲學思想」, 『朴鍾鴻全集』 5, 1965.
_____, 「思想과 行動」, 『朴鍾鴻全集』 6, 1980.
_____, 「現代哲學과 辨證法」, 1977.
_____, 「지나온 날의 周邊에서」, 『朴鍾鴻全集』 7, 1980.
_____, 「崔水雲의 銅像銘文」, 『朴鍾鴻全集』 7, 1980.
_____, 「젊은이들에게 부침」, 『朴鍾鴻全集』 6, 1980.

3

賈豊臻, 『中國理學史』, 商務印書館, 1969.
김석수, 『한국현대 실천철학』, 돌베개, 2008.
니시다 기타로(西田幾多郎), 『善의 연구』, 서석연 옮김, 범우사, 1990.
니담(Joseph Needam), 『중국의 과학과 문명』, 이석호 외 옮김, 을유문화사, 1986.
멈퍼드(Lewis Mumford), 『個性과 歷史』, 장진욱 옮김, 종로서적, 1983.
미키 기요시(三木淸), 『構想力의 論理』, 한단석 옮김, 광일문화사, 1989.
신남철, 『전환기의 이론』, 백양당, 1948.
엘라이(Lothar Eley), 『피히테, 쉘링, 헤겔』, 백훈승 옮김, 인간사랑, 2008,
열암기념사업회, 『스승의 길』, 천지출판, 1998.
_____, 『현실과 창조』, 천지출판, 1998.
위고(Victor Hugo), 『레미제라블』, 송면 옮김, 학원출판, 1991.
유영, 『타골의 문학』, 연세대출판부, 1983.
이돈화, 『천도교 창건사』, 천도교중앙종리원, 1936.
이병수, 『박종홍의 철학사상』, 한국학술정보, 2005.

최재희, 『하이데거 「휴머니즘론」』, 박영사, 1961.
키에르케고르(Søren Kierkegaard), 『哲學的 斷片』, 표재명 옮김, 『世界의 大思想』 21, 1961.
타고르(Rabindranath Tagore), 「生의 實現」, 『타고르 선집』, 유영 옮김, 혜원세계문학, 1993.
하이데거(Martin Heidegger), 『강연과 논문』, 이기상, 신상희, 박찬국 옮김, 이학사, 2008.
_____, 『숲길』, 신상희 옮김, 나남, 2008.
_____, 『하이데거의 시론과 시문』, 전광진 옮김, 탐구당, 1981.
_____, 『하이데거 휴머니즘론』, 최재희 옮김, 박영사, 1961.
_____, 『칸트와 형이상학의 문제*Kant und das Probrem der Metaphysik*』, 이선일 옮김, 한길사, 2001.
헤겔(G. W. F. Hegel), 『믿음과 지식』, 황설중 옮김, 아카넷, 2003.
Friedman, Michael, 'Overcoming Metaphysics: Carnap and Heidegger', in Ronald N. Giere & Alan W. Richardson, *Origin of Logical Empiricism*, University of Minnesota, 1996.
Heidegger, Martin, *Der Satz von Grund*, Neske, 1971.
_____, *Einfuhrung in die Metaphysik*, vittorion klostermann, 1983.
Schopenhauer, Arthur, *The World as Will and Representation*, trans by E. F. J. Payne, Dover, 1966.
「가전연경」, 「잡아함경」, 『아함경강의』, 조계종출판, 2008.

6장

1

咸錫憲, 『함석헌 전집』, 1-20, 한길사, 1983.
_____, 『함석헌 선집』, 1-5, 한길사, 1996.
_____, 『바가바드 기타』, 『함석헌 선집』, 1996.
_____, 『들 사람, 얼』, 『함석헌 선집』 2, 1996.
_____, 『퀘이커 300년』, 『함석헌 전집』 15, 1983.
_____, 『자전적 인생론』, 정우사, 2003.

_____, 『성서적 입장에서 본 세계역사』, 『함석헌 전집』 9, 1983.
_____, 『뜻으로 본 한국역사』, 한길사,
_____, 「혁명의 철학」, 『함석헌 전집』 2, 1983.
_____, 「저항의 철학」, 『함석헌 선집』 2, 1996.
_____, 「씨알 혁명의 꿈」, 『함석헌 전집』 12, 1983.
_____, 「레지스탕스」, 『함석헌 선집』 2, 1996.
_____, 「이단자가 되기까지」, 『함석헌 선집』 5, 1996.
_____, 「인간혁명」, 『함석헌 선집』 12, 1996.
_____, 「생활의 철학」, 『함석헌 전집』 12, 1983.
_____, 「달라지는 세계의 한길 위에서」, 『함석헌 전집』 10, 1983.
_____, 「동문서답」, 『함석헌 전집』 10, 1983.
_____, 「하나님의 발길에 채어서」, 『함석헌 선집』 5, 1996.
_____, 「하나님에 대한 태도」, 『함석헌 전집』 3, 1983.
_____, 「진리에의 향수」, 『함석헌 선집』 2, 1996.
_____, 「히브리서 강의」, 『함석헌 전집』 11, 1983.
_____, 「압록강」, 『함석헌 선집』 5, 1996.
_____, 「윤형중 신부에게는 할 말이 없다」, 『함석헌 전집』 3, 1983.
_____, 「새 시대의 종교」, 『함석헌 전집』 3, 1983.
_____, 「나는 왜 "씨알의 소리"를 내나」, 『함석헌 전집』 14, 1983.
_____, 「존재하는 종교」, 『함석헌 전집』 3, 1988.
_____, 「기독교 교리에서 본 세계관」, 『함석헌 전집』 14, 1983.
_____, 「산 우주」, 『함석헌 전집』 11, 1983.
_____, 「잠깐 후에 오시는 이」, 『함석헌 전집』 11, 1983.
_____, 「평화운동을 일으키자」, 『함석헌 전집』 14, 1983.
_____, 「사상으로서의 속의 빛」, 『함석헌 전집』 15, 1983.
_____, 「새 것이 어디서 왔느냐」, 『함석헌 전집』 10, 1983.
_____, 「새로 지음」, 『함석헌 전집』 8, 1983.
_____, 「새 삶의 길」, 『함석헌 전집』 2, 1983.
_____, 「새 윤리」, 『함석헌 선집』 2, 1996.
_____, 「달라지는 세계의 한길 위에서」, 『함석헌 전집』 14, 1983.
_____, 「씨알의 소리, 씨알의 사상」, 『함석헌 전집』 14, 1983.
_____, 「영원의 뱃길」, 『함석헌 전집』 19, 1983.

_____, 「예수출현의 우주사적 의의」, 『함석헌 전집』 19, 1983.
_____, 「하나로 통일하는 힘」, 『함석헌 전집』 19, 1983.
_____, 「내면의 예수」, 『함석헌 전집』 19, 1983.
_____, 「오늘의 기독자 상」, 『함석헌 전집』 14, 1983.
_____, 「마지막, 막지마」, 『함석헌 전집』 8, 1983.
_____, 「민족 위에 나타난 신의 섭리」, 『함석헌 전집』 9, 1983.
_____, 「대 선언」, 『함석헌 전집』 6, 1983.
_____, 「하나님을 기쁘시게 하는 음악」, 『함석헌 전집』 10, 1983
_____, 「종교」, 『함석헌 전집』 9, 1983.
_____, 「영원히 불어오고 가는 바람소리」, 『함석헌 전집』 10, 1983.
_____, 「수평선 너머」, 『함석헌 전집』 6, 1983.
_____, 「우으로부터 고쳐 나는 것」, 『함석헌 전집』 18, 1983.
_____, 「씨알의 설움」, 『함석헌 선집』 5, 1996.
_____, 「무엇이 참 문제냐」, 『함석헌 전집』 19, 1983.
_____, 「죄는 참말로는 없다」, 『함석헌 전집』 9, 1983.
_____, 「정치와 종교」, 『함석헌 전집』 3, 1983.
_____, 「주의 길」, 『함석헌 전집』 19, 1983.
_____, 「생각하는 백성이라야 산다」, 『함석헌 전집』 14, 1983.

2

강영안, 『타인의 얼굴』, 문학과지성사, 2005.
김성수, 『함석헌 평전』, 삼인출판, 2001.
김경재, 「함석헌 사관의 기독교적 요소」, 『민족의 큰 사상가 함석헌 선생』, 함석헌기념사업회 편, 한길사, 2001.
김진, 『함석헌 명상집, 너 자신을 혁명하라』, 오늘의책, 2003.
박경미, 『요한복음서의 아이러니 연구』, 이화여대박사학위논문, 1994.
박일봉 편저, 『장자莊子』, 육문사 1992.
박재순, 「함석헌의 민족혼과 기독교 사상」, 『민족의 큰 사상가 함석헌 선생』, 함석헌기념사업회 편, 한길사, 2001.
_____, 「씨알사상의 핵심: 스스로 함, 맞섬, 서로 울림」, 『함석헌 사상을 찾아서』, 삼인출판, 2001.
박현채, 「제3세계와 빈곤」, 『박현채 전집』 4, 해밀출판, 2006.

신채호, 『丹齋申采浩全集』 下, 신채호기념사업회, 1972.
안병무, 「비폭력 저항운동과 평화사상」, 『민족의 큰 사상가 함석헌 선생』, 함석헌기념사업회 편, 한길사, 2001.
유현석, 「정신의 자기복귀와 자기 혁명」, 『민족의 큰 사상가 함석헌 선생』, 함석헌기념사업회 편, 한길사, 2001.
이기상, 「다석 유영모의 생명사상의 영성적 차원」, 『생명사상 재조명』, 오산창립100주년기념사업회, 2004.
이병창, 「함석헌의 대중종교의 개념」, 『씨알의 소리』 680호, 2004.
전대열 편저, 『함석헌, 싸우는 평화주의자』, 동광출판, 1982.
최시형, 『海月神師法說』, 천도교 경전, 천도교중앙총부.
함석헌기념사업회 편, 『민족의 큰 사상가 함석헌 선생』, 한길사, 2001.
_____, 「민중과 새 역사의 지평」, 『끝나지 않는 강연』, 삼인출판, 2001.

3

니그렌(Anders T. S. Nygren), 『아가페와 에로스*Agape and Eros*』, 고구경 옮김, 크리스찬출판, 1998.
뮈르달(Gunnar Myrdal), 『반주류의 경제학』, 조용범 옮김, 삼성문고, 1976.
베르그송(Henri Bergson), 「형이상학입문」, 『사유와 운동*La Pensee et le Mouvant*』, 이광래 옮김, 문예출판, 2001(1975).
보만(Torlief Boman), 『히브리적 사유와 그리스적 사유의 비교』, 허혁 옮김, 분도출판, 1975.
아우구스티누스(Augustinus), 『참회록』, 지경자 옮김, 홍신문화사, 1987.
지젝(Slavoj Zizek), 『까다로운 주체*The Ticklish Subject*』, 이성민 옮김, 도서출판b, 2005.
칼라일(Thomas Carlyle), 『의상철학』, 박상익 옮김, 한길사, 2008.
쾨슬러(Arthur Koestler), 『백주(白晝)의 암흑(暗黑)Darkness at Noon』, 이윤희 옮김, 신교출판사, 1959.
키에르케고르(Søren Kierkegaard), 『철학적 단편』, 표재명 옮김, 휘문출판사, 1981.
토크빌(Alexis de Tocqueville), 『미국의 민주주의』 II, 임효선 · 박지동 옮김, 한길사, 1997.
폭스(George Fox), 『조지 폭스의 일기』, 문효미 옮김, 크리스찬출판, 1994.

플라톤(Platon), 『국가-정체Politeia』, 박종현 옮김, 서광사, 2005.
힐쉬베르거(Johannes Hirshberger), 『서양철학사』, 강성위 옮김, 이문출판, 1987.
Bergson, Henri, *L'evolution Creatrice*, Universitaires de France, Paris, 1948.
Carlyle, Thomas, Sartor Resartus, *The Norton Anthology of Literature*, V 2, W. W. Norton & Company, 1986.
Henrich, Dieter, *Between Kant and Hegel*, Harvard University Press, 2003.
Lauxtermann, P. F. H., *Schopenhauer's Broken World-View*, Kluwer, 2000.
Schelling, F. W. J., *The Age of the World*, trans by F. W. Bolman, Columbia University Press, 1942.
Platon, Epistles, *Plato 9*, trans by R. G. Bury, Harvard University Press, 1967.
_____, Sympposium, *Plato 3*, trans by W. R. M. Lamb, Harvard University Press, 1967.

7장

1

김재현, 『역사철학』(해제), 이제이북스, 2010.
신남철, 『歷史哲學』, 서울출판사, 1948.
_____, 『轉換期의 理論』, 백양당, 1948.
_____, 「現實의 노래」, 『文友』 5호, 1927. 11.
_____, 「혁명시인 하이네-理想과 浪漫의 二元苦와 哲學」, 『東光』 27, 28호, 3권 11, 12호, 1931.
_____, 「이데올로기론」, 『批判』 19호, 1932. 12.
_____, 「파르메니데스적 方法과 헤라클레이토스적 方法」, 『朝鮮日報』, 1932. 12. 6.
_____, 「教育家로서 朝鮮女性에게」, 『全線』 1호, 1933.
_____, 「夜 · 無 · 山-한 개의 序曲-」, 『衆明』 1권 1호, 1933.
_____, 「不安의 思想의 類型化-三木 清씨의 所論을 읽고」, 『衆明』 1권 3호, 1933.
_____, 「최근 世界思潮의 動向」, 『東亞日報』 13-24, 1933. 9.
_____, 「朝鮮硏究의 方法論」, 『青年朝鮮』 1권 1호, 1934. 10.

_____, 「나치스 哲學者 하이데거」, 『新東亞』, 1934. 11.
_____, 「최근 朝鮮文學 思潮의 변천」, 『新東亞』 5권 9호, 1935. 9.
_____, 「現代思想과 리케르트-그에게 있어 산 것과 죽은 것」, 『동아일보』 19-20, 1936. 8.
_____, 「편지, K 군에게」, 『博文』, 1939. 7.
_____, 「文化創造와 教育」, 『人文評論』, 1939. 11.
_____, 「사색일기-荊棘의 冠」, 『人文評論』, 2권 10호, 1940.
_____, 「베르그송의 死와 사상의 運命」, 『朝光』, 1941. 3.
_____, 「馮友蘭, 왜 支那에는 科學이 없나」, 『春秋』, 2권 5호, 1941. 6.
_____, 「東洋精神의 특색」, 『朝光』, 8권 5호, 1942. 5.
_____, 「자치훈련과 교육의 根本義」, 『민성』 제11호.

2

김윤식, 『임화와 신남철』, 역락, 2011.
김재현, 『한국사회철학의 수용과 전개』, 동녘, 2002.
毛澤東, 「新民主主義論」, 『毛澤東著作選讀』 上, 人民出版社, 1986.
미야카와 토루 · 아라카와 이쿠오, 『일본근대철학사』, 이수정 옮김, 생각의 나무, 2001.
박종홍, 『辨證法的 論理』, 형설출판, 1980.
백남운, 『朝鮮民族의 進路 · 再論』, 범우사, 2007.
서대숙, 이정식, 『韓國現代史의 재조명』, 돌베개, 1982.
안진태, 『파우스트의 여성적 본질』, 열린책들, 1999.
李大釗, 『李大釗文集』 3, 人民出版社, 1999.
정종현, 「신남철과 '대학' 제도의 안과 밖」, 『한국어문학연구』 제54집, 2010.
조희영, 「현대 한일 철학사상의 비교연구」, 『용봉논총』, 전남대인문과학연구소, 1982.
진은영, 『니체, 영원 회귀와 차이의 철학』, 그린비, 2007.
胡適, 『胡適文集』 2, 人民文學出版社, 1998.
홍영두, 『한국 근현대 윤리사상』, 현실과과학, 2008.

3

괴테(J. W. V. Goethe), 『빌헬름 마이스터 수업시대』, 안삼환 옮김, 민음사,

1999.
러브조이(A. O. Lovejoy), 『존재의 大連鎖』, 차하순 옮김, 탐구당, 1994.
부르크하르트(Jacob Burckhart), 『이탈리아와 르네상스 문화』, 이기숙 옮김, 한길사, 2003.
우나무노(Miguel de Unamuno), 『生의 悲劇的 感覺』, 장선영 옮김, 휘문출판사, 1981.
칸트(Immanuel Kant), 『判斷力 批判』, 이석윤 옮김, 박영사, 1974.
코지크(Karel Kosik), 『구체성의 변증법』, 박정호 옮김, 거름, 1984.
킴멀레(Heinz Kimmerle), 『유물변증법』, 심광현 · 김광수 옮김, 문예출판사, 1987.
하이네(Heinrich Heine), 『Heine, 노래의 날개 위에』, 임종대 역주, 혜원출판사, 1993.
헤겔(G. W. F. Hegel), 『믿음과 지식*Glauben und Wissen*』, 황설중 옮김, 아카넷. 2003(1802).
Giere, Ronald N., and Richardson, Alan W., *Origins of Logical Empiricism*, University of Minnesota Press, 1996.
Gunter, P. A. Y., *Bergson and The Evolution of Physics*, University of Tennessee Press, 1969.
Jacquette, Dale, *The Cambridge Companion to Brentano*, Cambridge University Press, 2004.
Ruben, D. H., *Marxism and Materialism*, The Harvester Press, Sussex, 1977.
Schopenhauer, Arthur, *Die Welt als Wille und Vorstellung*, Suhrkamp, 1986.
Urondo, Carmen Claudin, *Lenin and The Cultural Revolution*, trans by Brian Pearce, The Hatvester Press, 1977.
Čapek, Milič, *Bergson and Modern Physics*, D. Reidel Publishing Co, 1971.

8장

1

朴致祐, 『사상과 현실, 박치우전집』, 윤대석 · 윤미란 편, 인하대출판부, 2010.
_____, 「아카데미 철학을 나오며」, 『朝光』, 1936.

______, 「철학의 당파성」, 『사상과 현실』, 1946.
______, 「예지로서의 지성」, 『비판』, 1938.
______, 「연구와 발표의 자유」, 『대조』, 1946.
______, 「교양의 현대적 의미」, 『인문평론』, 1939.
______, 「위기의 철학」, 『철학』, 1934.
______, 「나의 인생관」, 『동아일보』, 1935.
______, 「불안의 정신과 인테리의 장래」, 『동아일보』, 1935.
______, 「현대철학과 '인간'의 문제」, 『조선일보』, 1935.
______, 「불안의 철학자 하이데거」, 『조선일보』, 1935.
______, 「불안의식의 인성론적 해명」, 『사해공론』, 1936.
______, 「시민적 자유주의」, 『조선일보』, 1936.
______, 「전체주의의 철학적 해명」, 『조선일보』, 1939.
______, 「형식논리의 패퇴」, 『조선일보』, 1939.
______, 「동아협동체론의 일성찰」, 『인문평론』, 1940.
______, 「전체주의와 민주주의」, 『민중조선』, 1945.
______, 「일대일과 형식논리」, 『인문평론』, 1946.
______, 「민주주의의 철학적 해명」, 『학술-해방기념논문집』, 1946.
______, 「국수주의 파시즘화의 위기와 문학자의 임무」, 『조선일보』, 1946.
______, 「민족과 문화」, 『한성일보』, 1946.
______, 「문화 공동체와 민족의 성립」, 『중외일보』, 1946.
______, 「민족문화 건설과 세계관」, 『신천지』, 1946.
______, 「아메리카 문화」, 『신천지』, 1946.
______, 「돌아가는 맹자」, 『清凉』, 1930.
______, 「두 편의 노작」, 『조선일보』, 1936.
______, 「박치우 연보」, 『사상과 현실』, 2010.
『현대일보』(1권-3권), 제1호-제3호, 해방공간신문자료집성, 선인문화사, 1946-1948.

2

강영철, 「左右合作과 南北協商」, 『韓國史硏究論選』 현대사 6, 백두문화.
김계숙, 「헤겔의 青年時代」, 한국철학회, 『철학』 제1집, 1955.
김운태, 「美軍政의 政策과 國內政治狀況」 『韓國史硏究論選』 현대사 6, 백두문화.

김재현, 「월북 철학자들」, 『시대와 철학』 1호, 천지, 1990.
박종홍, 『辨證法的 論理』, 형설출판, 1980.
_____, 「박치우 저, 사상과 현실」, 『경향신문』, 1946. 12. 12.(마이크로 필름, 이화여대 도서관 소장).
부브너(Rüdiger Bubner), 『현대독일철학』, 김우철 옮김, 문예출판사, 1986.
서대숙 · 이정식, 「美軍政期의 한국공산주의」, 『韓國 現代史의 再照明』, 돌베개, 1982.
신남철, 「사상과 현실, 보전(補塡)되는 진공지대(眞空地帶)」, 『서울신문』, 1946. 12. 17.(마이크로 필름, 이화여대 도서관 소장).
아도르노 & 포퍼(T. W. Adorno and K. Popper), 『사회과학의 논리 – 실증주의 논쟁』, 김종호 옮김, 이문출판사, 1986.
아쿠타카와 유노스케(芥川雄之助), 『西方의 사람』, 하태후 옮김, 형설출판사, 2000.
야지마 교시로(谷嶋喬四郎), 『변증법의 사회사상사적 고찰』, 이대현 옮김, 온누리, 1985.
위상복, 『불화 그리고 불온한 시대의 철학』, 길, 2012.
이광모, 「모순율과 헤겔의 '의미론적 논리학'」, 한국헤겔학회 편, 『헤겔철학재해석』, 철학과현실사, 2003.
이병창, 『영혼의 길을 모순에게 묻다 – 생성하는 주관성의 철학』, 먼빛으로, 2010.
임석진, 「헤겔 辨證法과 矛盾의 構造」(『사상계』, 1962), 『時代와 辨證法』, 青史, 1979.
_____, 「辨證法的 사유와 사회비판이론의 反批判」, 『時代와 辨證法』, 青史, 1979.
_____, 「韓國哲學의 새로운 정립을 위한 과제」, 『時代와 辨證法』, 青史, 1979.
지드(Andre Gide), 『젊은 날의 자서전, 한 알의 밀알이 죽지 않으면』, 권은미 옮김, 나남, 2010.
지드(Andre Gide) 외, 『데미안 · 좁은 문』, 송영택 · 이휘영 옮김, 학원세계문학전집 23, 학원출판공사, 1991.
_____, 「좁은 문 · 전원교향악 · 사전꾼」, 지성찬 옮김, 『우리시대의 세계문학』 26, 1989.
카우츠키(Karl J. Kautsky), 『프롤레타리아 독재』, 강신준 옮김, 한길사, 2006.

토이니센(Michael Teunissen), 『존재와 가상*Sein und Schein*』, 나종석 옮김, 용의숲, 2008(1980).
페이어아벤트(Paul Feyerabend), 『방법에의 도전*Against Method*』, 정병훈 옮김, 한겨레, 1987.
포퍼(Karl Popper), 『추측과 논박*Conjectures and Refutations*』 2, 이한구 옮김, 민음사, 2001(963).
하이네만(Fritz Heinemann), 『실존철학*Existenzphilosophie*』, 황문수 옮김, 문예출판사, 1976.
헤겔(G. W. F. Hegel), 『헤겔자연철학』, 박병기 옮김, 나남, 2008.
_____, 『大論理學(II)－本質論－』, 임석진 옮김, 지학사, 2006.
_____, 『정신현상학』 1, 임석진 옮김, 한길사, 2005.
호르슈트만(R. P. Horstmann), 『헤겔변증법연구』, 김창호, 장춘익 옮김, 풀빛, 1983.
Henrich, Dieter, *Between Kant and Hegel*, Harvard University Press, 2003.

9장

1

康有爲, 『大同書』, 1902.
金東華, 『禪宗思想史』, 보연각, 1985.
閔斗基 編, 『中國現代史의 構造』, 청람, 1983.
李圭成, 「無限矛盾의 변증법과 生成의 세계」, 『시대와 철학』 21권 2호, 2010.
李澤厚, 『中國近代思想史論』, 天津社會科學出版, 2003.
周策縱, 『五四與中國』, 時報文化出版, 臺北, 民國 68, 1979.

2

라이언(Michael Ryan), 『포스트모더니즘 이후의 정치와 문화』, 나병철 · 이경훈 옮김, 갈무리, 1996.
루카치(Georg Lukacs), 『청년 헤겔 2』, 서유석 · 이춘길 옮김, 동녁, 1987.
베버(Max Weber), 『프로테스탄티즘의 윤리와 자본주의 정신』, 박성수 옮김, 문예출판사, 1988.

벡(Ulrich Beck), 『위험사회－새로운 근대(성)를 향하여』, 홍성태 옮김, 새물결, 1997.
사르트르(Jean Paul Sartre), 「검은 올페」, 『침묵하는 공화국』 IV, 천이두 옮김, 일월서각, 1982.
샤이블레(Harmut Scheible), 『아도르노』, 김유동 옮김, 한길사, 1997.
알튀세르(Louis Althusser), 『레닌과 철학』, 이진수 옮김, 백의, 1991.
_____, 『철학에 대하여』, 서관모 · 백승욱 옮김, 동문선, 1997.
에코(Umbert Eco), 『열린 예술작품*Opera operata*』, 조형준 옮김, 새물결, 1995.
켈러(Douglas Keller), 『미디어 문화』, 김수정 · 정종희 옮김, 새물결, 1997.
터클(Sherry Turkle), 『라깡과 정신분석 혁명』, 여인석 옮김, 민음사, 1995.
투렌느(Alain Touraine), 『현대성의 비판』, 정수복 · 이기현 옮김, 문예출판사, 1995.
파스칼(Blaise Pascal), 『팡세』, 김형길 옮김, 서울대출판부, 1996.
프랭클(Viktor E. Frankle), 『죽음의 수용소에서*Man's Search for Meaning*』, 김충선 옮김, 청아출판, 1997.
하버마스(Jurgen Habermas), 『소통행위이론』, 서규환 등 옮김, 의암출판사, 1995.
Deleuze, Gilles, *Anti-Oedipus*, trans by R. Hurley, M. Seem and H. R. Lane, University ofMinnesota Press, 1986.
_____, *Nietzsche & Philosophy*, trans. by H. Tomlinson, New York, Columbia University, 1983.
Schopenhauer, Arthur, *Die Welt als Wille und Vorstellung*, Suhrkamp, 1986.
Whitehead, A. N., *The Function of Reason*, Bacon Press, Boston, 1958.

10장

1

郭齊, 『朱熹詩詞編年箋注』, 巴蜀書社, 2000.
劉宗周, 「子劉子行狀」, 『劉宗周全集』 5, 中國文哲硏究所叢刊, 1997.
申采浩, 『丹齋申采浩全集』 下, 신채호기념사업회, 1927.
李二曲, 「學髓」, 『二曲集』, 中華書局, 1996.

程子, 『二程集』, 中華書局, 1981
周濂溪, 「動靜」, 『通書』.
朱熹, 『通書解』, 김상래 · 권정안 역주, 청계, 2000.
劉述先, 『黃宗羲心學的定位』, 浙江古籍出版, 2006.
崔漢綺, 『氣測體義』 1, 고전국역총서, 민족문화추진회, 1979.
_____, 『仁政』 1 · 2, 고전국역총서, 1980.
洪大容, 「籌解需用外編」 下, 『湛軒書』 3, 고전국역총서, 1974.
_____, 「毉山問答」, 『湛軒書』 1, 고전국역총서, 1974.
「雍也」, 『論語』.
「齊物論」, 『莊子』.

2

박홍규, 『베르그송의 창조적 진화 강독』, 민음사, 2007.
신일철 외, 『韓國의 思想家 12人』, 현암사, 1975.
이연복, 「南坡 朴贊翊 硏究」, 『韓國史硏究論選』, 백두문화.
최정식, 「베르그송은 일원론자인가」, 베르그송 『창조적 진화』 발간 100주년 기념 학술대회 자료집, 2007.

3

라카토스(Imre Lakatos), 『수학적 발견의 논리*Proofs and Refutation: The Logic of Mathematical Discovery*』, 우정호 옮김, 아르케, 2001.
러브조이(A. O. Lovejoy), 『存在의 大連鎖*Great Chain of Being*』, 차하순 옮김, 탐구당, 1994.
레닌(V. I. Lenin), 『국가와 혁명』, 김영철 옮김, 논장, 1988.
레셔(Nicolas Rescher), 『과정 형이상학과 화이트헤드』, 장왕식 옮김, 이문출판, 2010.
마굴리스(Lynn Margulis), 『마이크로 코스모스』, 홍욱희 옮김, 범양사, 1987.
몽테벨로(Pierre Montebello), 「『창조적 진화』에서 물질과 빛」, 프랑스철학학회, 베르그송 『창조적 진화』 발간 100주년 기념 학술대회 자료집, 2007.
베르그송(Henri Bergson), 『물질과 기억』, 박종원 옮김, 아카넷, 2005.
_____, 『창조적 진화*L'evolution Creatrice*』, 황수영 옮김, 아카넷, 2005(1948).
베이트슨(Gregory Bateson), 『마음의 생태학*Steps to an Ecology of Mind*』, 박대

식 옮김, 책세상, 2006.
스튜어트(Matthew Stewart), 『스피노자는 왜 라이프니츠를 몰래 만났나』, 석기용 옮김, 교양인, 2011.
헉슬리(T. H. Huxley), 『진화와 윤리』, 김기윤 옮김, 지식을만드는지식, 2009.
헤겔(G. W. F. Hegel), 『헤겔자연철학』, 박병기 옮김, 나남, 2008.
화이트(Roger M. White), 『논리철학원론』, 곽강제 옮김, 서광사, 2011.
화이트헤드(A. N. Whitehead), 『과학과 근대세계*Science and the Modern World*』, 오영환 옮김, 서광사, 2008(1926).
Adams, R. M., *Leibniz*, Oxford University Press, 1994.
Boutroux, Émile, *The Contingency of the Laws of Nature*, The Open Court Publishing Co, 1920.
Gayon, Jean, *Bergson's Spiritualist Metaphysics and The Sciences*, Continental Philosophy ofScience, ed Gary Gutting, Blackwell, 2005.
Griffin, James, *Wittgenstein's Logical Atomism*, University of Washington Press, 1964.
Guerlac, Suzanne, *Thinking in Time*, Cornell University Press, 2006.
Heidegger, Martin, *The Metaphysical Foundations of Logic*, trans by Michael Heim, Indiana University Press, 1992.
Leibniz, G. W., *New Essays on Human Understanding*, Cambridge University Press, 1996.
_____, *Writings on China*, trans by Daniel J. Cook & Henry Rosemont, Jr. Open Court, 1994.
Meyerson, Emile, *Identity and Reality*, Dover, 1908.
Pearson, Keith Ansell, *Philosophy and the Adventure of the Virtual*, Routledge, 2002.
Russell, Bertrand, *Mysticism and Logic*, Allen & Unwin, 1917.
Stewart, Matthew, *The Courtier and the Heretic*, Norton, 2006.
Čapek, Milič, *Bergson and Modern Physics*, D. Reidel Publishing Co, 1971.
董德福, 『生命哲學在中國』, 廣東人民出版, 2001.
馮友蘭, 「柏格森的哲學方法」, 『三松堂全集』 卷11, 河南人民出版, 1992.
_____, 「中國哲學與未來世界哲學」, 『三松堂全集』 卷11, 河南人民出版, 1992.

11장

1

朴鍾鴻, 「辨證法的 論理」, 『朴鍾鴻全集』 2, 형설출판, 1980.

_____, 「認識論理補遺」, 『朴鍾鴻全集』 2, 1980.

안병주 · 전호근 역주, 『莊子』 1, 전통문화연구회, 2001.

元曉, 『金剛三昧經論』 上, 조명기 편, 元曉大師全集, 보연각, 1982.

義湘祖師, 『法性偈』.

韓龍雲, 「님의 沈黙」, 『韓龍雲全集』 1, 불교문화연구원, 2006.

_____, 「제논의 飛矢不動論과 僧肇의 物不遷論」, 『韓龍雲全集』 2, 2006.

2

염무웅, 「萬海 韓龍雲論」, 『韓龍雲全集』 4, 2006.

은정희 · 송진현 역주, 『元曉의 金剛三昧經論』, 일지사, 2000.

3

니체(Friedrich Nietzsche), 『유고(1870년 -1873년)』, 이진우 옮김, 책세상, 2001.

레셔(Nicolas Rescher), 『과정 형이상학과 화이트헤드』, 장왕식 옮김, 이문출판, 2010.

로마노스(George D. Romanos), 『콰인과 분석철학*Quine and Analytic Philosophy*』, 곽광제 옮김, 한국문화사, 2002.

루카치(Georg Lukacs), 『역사와 계급의식*Geschichte und Klassenbewusstsein*』, 박정호 · 조만영 옮김, 거름, 2005.

비트겐슈타인(Ludwig Wittgenstein), 『철학적 탐구』, 이영철 옮김, 책세상, 2006.

스테그뮐러(Wolfgang Stegmuller), 『현대 경험주의와 분석철학』, 이초식 · 김영남 · 정영기 옮김, 고려대출판부, 1995.

페이어아벤트(Paul Feyerabend), 『방법에의 도전*Against Method*』, 정병훈 옮김, 한겨레, 1987.

포퍼(Karl Popper), 『파르메니데스의 세계*World of Parmenides*』, 이한구 옮김, 영림카디널, 2010.

Bonk, Thomas, *Language*, *Truth and Knowledge*, Kluwer Academic Publishers, 2003.

Isava, Luis Miguel, *Wittgenstein, Kraus and Valery*, Peter Lang, 2002.
Meyerson, Emile, *Identity and Reality*, Dover, 1908.
Quine, W. V., *Word and Object*, The MIT Press, 1960.
Strawson, Peter F., *IndividualsAn Essay in Descriptive Metaphysics*, Anchor Books, 1959.
Čapek, Milič, *Bergson and Modern Physics*, D. Reidel, 1971.

결론

이건창, 「伯夷列傳批評」, 『明美堂集』, 韓國文集叢刊 349, 민족문화추진회, 2005.
이희목, 「李建昌의 『伯夷列傳批評』 評釋」, 『대동문화연구』 제60집, 대동문화연구원, 2007.

찾아보기

인명

ㅁ

ㅂ

한국현대철학사론
세계상실과 자유의 이념

펴낸날 초판 1쇄 2012년 11월 5일
2쇄 2015년 9월 15일
지은이 이규성
펴낸이 김훈순
펴낸곳 이화여자대학교출판부
주소 서울특별시 서대문구 이화여대길 52(우 03760)
등록 1954년 7월 6일 제9-61호
전화 02) 362-2966(편집), 02) 362-6076(마케팅)
팩스 02) 312-4312
전자우편 press@ewha.ac.kr
홈페이지 www.ewhapress.com
책임편집 이정원
디자인 정혜진
찍은곳 네오프린텍

ISBN 978-89-7300-962-6 93150

값 38,000원